Mareile Heiting

Windows 10 Pro

Das umfassende Handbuch

Rheinwerk
Computing

Liebe Leserin, lieber Leser,

Windows 10 hat sich seit seinem Erscheinen 2015 stetig weiterentwickelt und ist inzwischen zu einem ausgereiften und durchdachten System geworden, das seine Vorgänger Windows XP und Windows 7 würdig vertritt. Viele clevere und nützliche Features sind über die Jahre hinzugekommen und machen besonders die Pro-Edition des Betriebssystems zu einem ausgezeichneten Fundament für die tägliche Arbeit im Homeoffice – und das sage ich als überzeugter Linux-Nutzer.

Eine solche Fülle von Features und Tools führt jedoch dazu, dass Sie sich eingehend mit der Konfiguration des Systems beschäftigen sollten. Nicht immer passen die Vorgaben ideal zu Ihren individuellen Anforderungen, und besonders in den Bereichen Datenschutz und Privatsphäre schlägt Ihnen Microsoft oftmals Einstellungen vor, mit denen Sie wahrscheinlich nicht einverstanden sein werden, wenn Sie etwas genauer hinschauen. Ob Ihre persönliche Assistentin Cortana wirklich alle Eingaben analysieren soll oder sogar auf Sprachbefehle lauschen darf, wollen Sie sicherlich lieber selbst entscheiden.

Wie Sie diese Anpassungen vornehmen und geschickt und effizient mit dem System arbeiten, zeigt Ihnen Mareile Heiting in diesem umfassenden Kompendium. Sie geht auf alle fortgeschrittenen Features ein und bespricht auch versteckte Konsolen und Optionen, die nicht einfach über die Systemsteuerung zu finden sind. So erhalten Sie einen strukturierten Überblick über die unterschiedlichen Einsatzgebiete und können gezielt bei Problemen und offenen Fragen nachschlagen. Ich bin mir sicher, dass auch Windows-Profis noch neue Funktionen und Tricks in diesem Handbuch finden, die ihnen die Arbeit mit Explorer, Task-Manager und Co. erleichtern werden.

Abschließend noch ein Wort in eigener Sache: Dieses Werk wurde mit großer Sorgfalt geschrieben, geprüft und produziert. Sollte dennoch einmal etwas nicht so funktionieren, wie Sie es erwarten, freue ich mich, wenn Sie sich mit mir in Verbindung setzen. Ihre Kritik und konstruktiven Anregungen sind jederzeit willkommen.

Ihr Christoph Meister
Lektorat Rheinwerk Computing

christoph.meister@rheinwerk-verlag.de
www.rheinwerk-verlag.de
Rheinwerk Verlag · Rheinwerkallee 4 · 53227 Bonn

Auf einen Blick

Wir hoffen, dass Sie Freude an diesem Buch haben und sich Ihre Erwartungen erfüllen. Ihre Anregungen und Kommentare sind uns jederzeit willkommen. Bitte bewerten Sie doch das Buch auf unserer Website unter **www.rheinwerk-verlag.de/feedback**.

An diesem Buch haben viele mitgewirkt, insbesondere:

Lektorat Christoph Meister
Fachgutachten Thomas Stensitzki
Korrektorat Angelika Glock, Ennepetal
Herstellung Nadine Preyl
Typografie und Layout Vera Brauner
Einbandgestaltung Silke Braun
Coverbilder iStock: 611904222 © mihailomilovanovic; Shutterstock: 1109634761 © Sentavio
Satz SatzPro, Krefeld
Druck C.H.Beck, Nördlingen

Dieses Buch wurde gesetzt aus der TheAntiquaB (9,35/13,7 pt) in FrameMaker.
Gedruckt wurde es auf chlorfrei gebleichtem Offsetpapier (90 g/m²).
Hergestellt in Deutschland.

Bibliografische Information der Deutschen Nationalbibliothek:
Die Deutsche Nationalbibliothek verzeichnet diese Publikation in der Deutschen Nationalbibliografie; detaillierte bibliografische Daten sind im Internet über *http://dnb.dnb.de* abrufbar.

ISBN 978-3-8362-7364-0

1. Auflage 2021

Informationen zu unserem Verlag und Kontaktmöglichkeiten finden Sie auf unserer Verlagswebsite **www.rheinwerk-verlag.de**. Dort können Sie sich auch umfassend über unser aktuelles Programm informieren und unsere Bücher und E-Books bestellen.

Inhalt

TEIL I Der erste Start

TEIL V Internet, Netzwerk und weitere Hardware

TEIL I

Der erste Start

Kapitel 1
Die Geschichte von Windows 10

Im Juli 2015 wurde Windows 10 offiziell veröffentlicht. Seitdem ist das Betriebssystem aber keineswegs auf dem damaligen Stand stehen geblieben, sondern wurde fleißig weiterentwickelt. Dieses Kapitel bietet einen kleinen Rundgang durch die Geschichte von Windows 10 und einen Ausblick auf die wichtigsten Änderungen, auf die sich Umsteiger von älteren Windows-Versionen einstellen müssen.

Viele Jahre galt Windows 7 als Marktführer unter den Betriebssystemen. Mittlerweile wurde es von Windows 10 abgelöst. Dies liegt sicherlich auch daran, dass Microsoft zur Einführung von Windows 10 mit einem kostenlosen Upgrade von Windows 7 und Windows 8.1 auf die neueste Version geworben hatte. Ursprünglich sollte dieses Angebot nur ein Jahr lang gelten. Wer im Besitz einer gültigen Windows 7- oder Windows 8.1-Lizenz ist, kann mit einem kleinen Trick aber auch heute noch gratis zu Windows 10 wechseln, wie in Kapitel 33 beschrieben wird. Das Supportende für Windows 7 im Januar 2020 bescherte Windows 10 nochmals einen starken Zuwachs.

Unabhängig davon, ob Sie Ihren etwas älteren Computer auf Windows 10 hochgerüstet oder sich gleich ein neues Windows 10-Gerät zugelegt haben, die ersten Schritte mit Windows 10 erfordern an einigen Stellen ein erhebliches Umdenken. Und dabei bleibt es nicht, denn Microsoft versieht sein Betriebssystem regelmäßig mit neuen Features. Was es mit dieser neuen Update-Politik auf sich hat, erfahren Sie gleich im nächsten Abschnitt.

Windows 10 wurde in vielen Bereichen überarbeitet. Nicht alles davon findet Anklang bei den Anwendern, doch vieles ist auch sehr gut gelungen. In Abschnitt 1.2, »Ein kurzer Überblick über die Neuerungen in Windows 10«, werden ein paar der wichtigsten Änderungen kurz vorgestellt.

Dass Windows 10 inzwischen das wichtigste Betriebssystem der Welt ist, zeigt Ihnen die Statistik aus Abbildung 1.1. Auffällig ist auch, dass noch immer auf sehr vielen Rechnern Windows 7 läuft. Diese alte Version erhält jedoch keine Sicherheitsupdates mehr und sollte nicht eingesetzt werden.

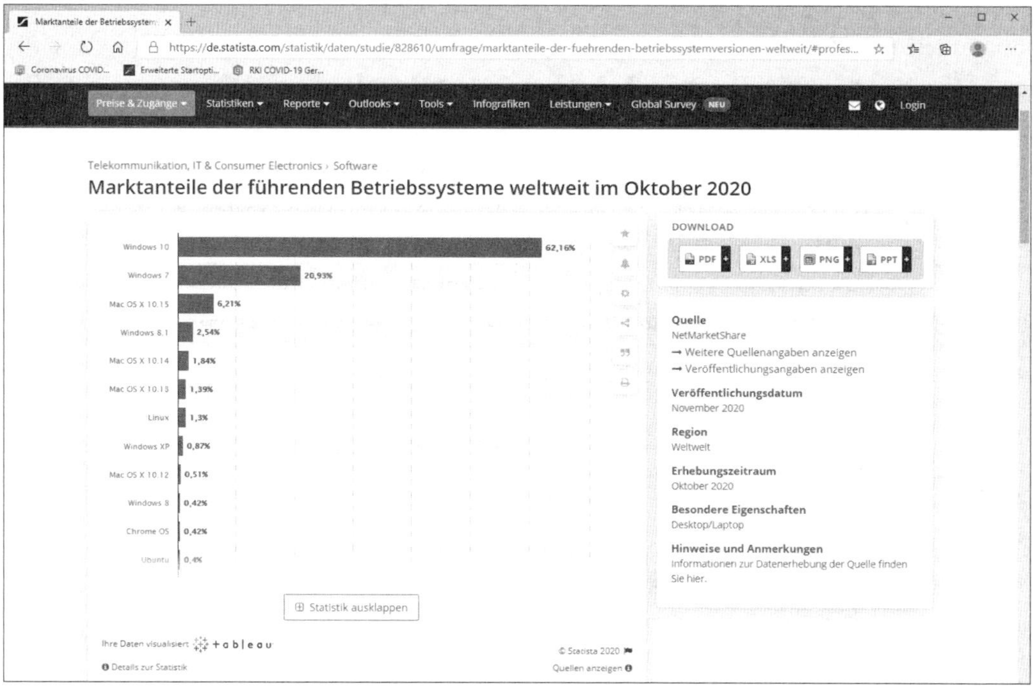

Abbildung 1.1 Verbreitung von Windows 10 (Stand Oktober 2020, Quelle: https://de.statista.com)

1.1 Das neue Konzept: Windows als Dienstleistung

Im Jahr 2009 wurde *Windows 7* veröffentlicht, im Jahr 2012 folgte Windows 8, das bereits 2013 durch das Update *Windows 8.1* ersetzt wurde. Wer nun erwartet hat, dass diese Reihe im Jahr 2015 brav mit Windows 9 fortgesetzt würde, wurde überrascht. Denn stattdessen gab Microsoft seiner neuen Windows-Version die Bezeichnung *Windows 10*. Mit diesem Sprung wollte das Unternehmen deutlich machen, dass nun ein komplett neuer Weg eingeschlagen wird. Microsoft bezeichnete Windows 10 sogar als »letzte Windows-Version«. Dies bedeutet aber nicht, dass Windows 10 auf dem Stand von Juli 2015 stehen geblieben ist. Es wurde und wird auch weiterhin fleißig mit neuen Funktionen versorgt. Dieses neue Konzept nennt Microsoft *Windows as a Service* (kurz *WaaS*, auf Deutsch »Windows als Dienstleistung«).

1.1.1 Das Wirrwarr mit den Versionsbezeichnungen

Die Zeiten, in denen eine Windows-Version mit einem festen Funktionsumfang veröffentlicht wurde, der sich bis zur nächsten kostenpflichtigen Version auch nicht mehr änderte, gehören mit der Einführung von Windows 10 der Vergangenheit an. Stattdessen versorgt Microsoft Windows 10 regelmäßig, genauer gesagt zweimal im Jahr, mit sogenannten *Funktionsupdates*. Wie der Name bereits deutlich macht, beinhalten diese Updates vor allem neue

Funktionen. Im klassischen Sinne erhalten Sie durch das Installieren eines Funktionsupdates also eine neue Windows 10-Version.

Diese Updates spiegeln sich auch im Namen des Betriebssystems wider. Denn mittlerweile ist nicht mehr einfach nur von Windows 10 die Rede, sondern es folgt immer eine Ergänzung, wie etwa *Windows 10 Version 2004* oder auch *Windows 10 Version 20H2*. Die vierstelligen Angaben mögen den ein oder anderen durchaus verwirren, es steckt aber tatsächlich ein System dahinter: Anhand dieser Versionsangabe ist schnell ersichtlich, wann die Version – oder genauer gesagt das Funktionsupdate – veröffentlicht wurde. Version 1607 wurde beispielsweise im Juli 2016, also ein Jahr nach der Erstveröffentlichung, der Allgemeinheit zugänglich gemacht. Sie wird deshalb gerne auch *Anniversary Update* genannt.

Tabelle 1.1 zeigt eine Übersicht über die bisher erschienenen Versionen. Für dieses Buch dient übrigens Windows 10 Version 20H2 als Basis, das im Oktober 2020 veröffentlicht wurde. Mit dieser Version führte Microsoft eine neue Bezeichnung für die Versionsangaben ein. Sie bestehen nun nicht mehr aus der Kombination »zweistellige Jahreszahl und Monatsangabe«, sondern »zweistellige Jahreszahl und Halbjahresbezeichnung«. 20H2 wurde entsprechend im zweiten Halbjahr des Jahres 2020 freigegeben.

Windows 10 Version	Verfügbarkeitsdatum	Supportende
20H2	Oktober 2020	10.05.2022
2004	Mai 2020	14.12.2021
1909	November 2019	11.05.2021
1903	Mai 2019	Support beendet
1809	November 2018	Support beendet
1803	April 2018	Support beendet
1709	Oktober 2017	Support beendet
1703	April 2017	Support beendet
1607	August 2016	Support beendet
1511	November 2015	Support beendet
1507	Juli 2015	Support beendet

Tabelle 1.1 Übersicht über die Windows-Versionen mit Erscheinungstermin und Supportende

Falls Sie in Erfahrung bringen möchten, welche Windows-Version auf Ihrem Computer installiert ist, klicken Sie in das Suchfeld der Taskleiste (es ist mit einer Lupe gekennzeichnet) und geben hier »winver« ein. Drücken Sie dann die [↵]-Taste. Im folgenden Dialog wird

Ihnen die Windows-Version angezeigt. Zusätzlich wird auch eine sogenannte *Build-Nummer* eingeblendet. Diese fünfstellige Zahl gibt die exakte Systemversion an, die auf Ihrem Gerät installiert ist.

Abbildung 1.2 Die Info gibt Auskunft über die installierte Windows-Version.

1.1.2 Updatezwang oder doch nicht?

Die Frage, ob man Updates installieren sollte oder nicht, führt seit jeher unter Windows-Anwendern zu großen Diskussionen. Die einen befürworten sie, da hierdurch vor allem Sicherheitslücken geschlossen werden und im Falle von Windows 10 zudem auch noch neue Funktionen Einzug im System halten. Andere lehnen eine Installation ab, da Updates auch immer wieder große Probleme mit sich bringen. Auch Windows 10 ist vor dieser Problematik nicht gefeit, wie bereits mehrere Funktionsupdates in den letzten Jahren gezeigt haben. So führte beispielsweise das Funktionsupdate von Oktober 2018 (Version 1809) auf einigen Computern zu einem erheblichen Datenverlust, sodass das Update zunächst zurückgezogen werden musste.

In den Anfängen von Windows 10 wurden die Anwender noch gezwungen, ein Funktionsupdate sofort zu installieren. Mittlerweile hat Microsoft diesen Zwang wieder aufgehoben, wie Sie in Kapitel 23, »Windows 10 auf dem aktuellsten Stand halten«, noch genauer erfahren werden. Ewig hinauszögern lässt sich ein Funktionsupdate aber auch jetzt nicht, denn spätestens nach 18 Monaten endet der Support für eine Windows-Version (siehe hierzu auch Tabelle 1.1). Während dieser Zeit wird eine Windows-Version kostenlos mit Sicherheitsupdates versorgt. Läuft der Support aus, erzwingt Microsoft die Installation eines Funktionsupdates. Für die Windows 10-Editionen Enterprise und Education gelten andere Regeln, hier steht ein längerer Supportzeitraum zur Verfügung.

Die Editionen von Windows 10

Dieses Buch beschäftigt sich, wie sein Titel es bereits ausdrückt, mit der Windows 10-Edition Pro. Ein Großteil der hier beschriebenen Funktionen und Konfigurationen lässt sich aber auch unter der nicht ganz so funktionsstarken, dafür aber auch günstigeren Edition Windows 10 Home ausführen. In der Home-Edition finden Sie allerdings keine Features wie BitLocker zur Verschlüsselung Ihrer Daten oder auch die Virtualisierungslösung Hyper-V. Auch die Möglichkeit, den Computer per Remote Desktop Protocol fernzusteuern oder Gruppenrichtlinien anzupassen, fehlt in der Home-Edition. All diese Funktionen werden Sie im Verlauf der folgenden Kapitel kennenlernen. Auf Features, die wiederum nur in den Editionen Windows 10 Enterprise und Windows 10 Education zur Verfügung stehen, wird in diesem Buch nicht eingegangen. Einen ausführlichen Editionsvergleich finden Sie unter der Webadresse *https://www.microsoft.com/de-de/windowsforbusiness/compare*.

Der Rahmen, in dem Windows 10-Computer aktualisiert werden, wird durch die sogenannten *Servicing Channels* (auf Deutsch »Servicekanäle«) festgelegt. Für Windows 10 stehen drei Kanäle zur Auswahl:

- **Semi-Annual-Channel**: Im Semi-Annual-Channel stellt Microsoft zweimal pro Jahr Funktionsupdate-Versionen bereit. Dies ist der Servicekanal, der von den meisten Anwendern genutzt wird.
- **Windows-Insider-Programm**: Wer neugierig ist und schon vorab einen Blick auf die Funktionen der nächsten Windows 10-Version werfen möchte, hat mit dem Windows-Insider-Programm hierzu die Möglichkeit. Wie Sie dem Programm beitreten und in welchem Zeitrahmen Sie dann mit Updates rechnen können, erfahren Sie in Kapitel 34, »Am Windows-Insider-Programm teilnehmen«.
- **Long-Term-Servicing-Channel**: Dieser Channel ist für die Verwendung auf spezialisierten Geräten ausgerichtet. Dazu zählen beispielsweise medizinische Geräte oder auch Geldautomaten. Diese Geräte werden ca. alle zwei bis drei Jahre mit Funktionsupdates versorgt.

Das Aus für die 32-Bit-Version von Windows 10

Mit Windows 10 Version 2004 schaffte Microsoft die 32-Bit-Version von Windows 10 ab. Seitdem erhalten die OEM-Partner für neue Windows 10-Geräte nur noch die 64-Bit-Version des Betriebssystems, die aber sowohl 32- als auch 64-Bit-Anwendungen unterstützt. Wer noch eine alte 32-Bit-Version von Windows 10 im Einsatz hat, muss sich deshalb aber keine Sorgen machen. Denn Microsoft versorgt diese Version auch weiterhin mit Updates und bietet entsprechenden Support an.

Wer befürchtet, dass das Aufspielen der Funktionsupdates viel Zeit kostet, sei etwas beruhigt: Findet die Aktualisierung einer Version direkt von der Vorgängerversion aus statt (also etwa von Windows 10 Version 20H2 auf Windows 10 Version 21H1), ist sie recht schnell erledigt. Das liegt daran, dass Microsoft die Neuerungen bereits mit den monatlichen kumulativen Updates auf die Computer überspielt. Bei dem eigentlichen Funktionsupdate handelt es sich dann nur noch um ein wenige Kilobyte großes sogenanntes *Enablement Package*, mit dem die Features des Funktionsupdates dann freigeschaltet werden.

1.2 Ein kurzer Überblick über die Neuerungen in Windows 10

Das heutige Windows 10 hat in vielen Bereichen kaum noch etwas gemein mit der im Juli 2015 veröffentlichten Version, denn mit jedem Funktionsupdate kommen neue Funktionen hinzu. Manche Änderungen, wie etwa das in Windows 10 Version 20H2 aktualisierte Startmenü, fallen sofort ins Auge: Statt in teils knalligen Farbtönen erscheinen die Kacheln nun in dem weitaus dezenteren Farbmodus, der für das Startmenü ausgewählt wurde (siehe auch Kapitel 5, »Das Startmenü individuell einrichten«). Zum Öffnen des Startmenüs reicht wie unter Windows 7 ein Klick auf das Windows-Logo in der linken unteren Bildschirmecke oder das Drücken der Taste [⊞].

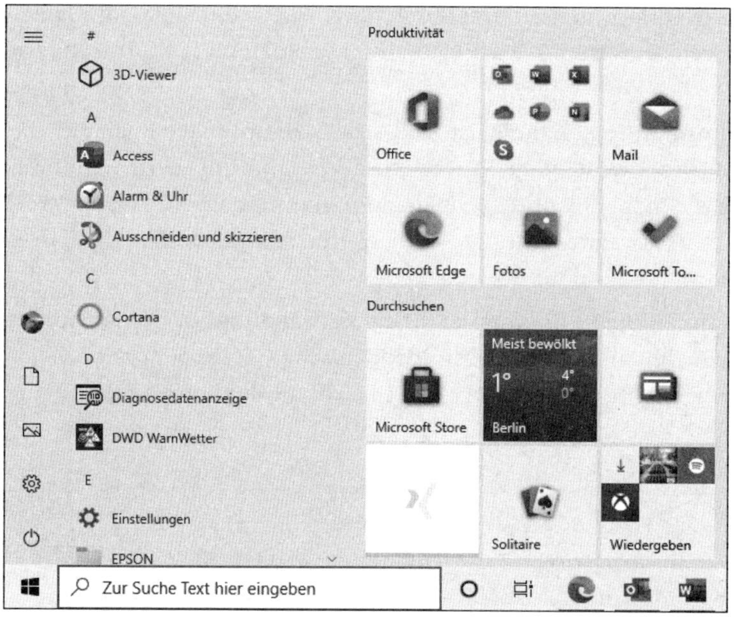

Abbildung 1.3 Änderungen wie das in Windows 10 Version 20H2 aktualisierte Startmenü, das nun in dezenteren Farben erscheint, fallen sofort auf.

Manche Änderungen entdeckt man erst, wenn man etwas in die Tiefe des Systems abtaucht. Benutzer von Geräten ohne Touchscreen konnten beispielsweise bis einschließlich Windows 10 Version 2004 über die Schaltfläche TABLETMODUS im Info-Center zwischen dem Desktop- und dem Tabletmodus wechseln. Mit Windows 10 Version 20H2 steht diese Schaltfläche nur noch auf Geräten mit Touchscreen zur Verfügung. Für diejenigen Leser, die gerade frisch von Windows 7 oder 8.1 auf Windows 10 umsteigen: Das Info-Center selbst lässt sich über die Tastenkombination [Win] + [A] am rechten Bildschirmrand einblenden und bietet neben Benachrichtigungen (etwa neu eingetroffene E-Mails oder Meldungen zum Sicherheitsstatus des Geräts) auch Schaltflächen zum schnellen Ausführen wichtiger Aktionen. Das Info-Center wird ausführlich in Abschnitt 6.3 vorgestellt. Der Grund für das Entfernen der Tabletmodus-Schaltfläche bestand wohl darin, dass manche Anwender sie versehentlich anklickten und sich dann über die über den gesamten Bildschirm angezeigten Anwendungsfenster wunderten, die sich im Tabletmodus auch nicht verkleinern lassen. Weitere Informationen zu diesem speziell für Geräte mit Touchscreen konzipierten Modus, der eine erleichterte Bedienung per Fingergesten ermöglicht, erhalten Sie in Kapitel 10.

Welche besonderen Änderungen Sie ganz allgemein in Windows 10 erwarten (also unabhängig von einem speziellen Funktionsupdate), zeigen die beiden folgenden Abschnitte.

1.2.1 Manches kommt hinzu, manches verschwindet, und einiges bleibt

Einer der großen Kritikpunkte an Windows 8 war das Wegfallen des Startmenüs, das stattdessen durch eine voluminöse Startseite ersetzt wurde. Das Ziel, mit dieser Seite die Bedienung auf Geräten mit Touchscreen zu verbessern, war zwar ehrenwert, da die meisten Anwender Windows 10 jedoch auf einem Desktop-PC oder Notebook einsetzen, kam die Startseite bei diesem Personenkreis nicht wirklich gut an. Unter Windows 10 ist das Startmenü nun wieder zurück und bietet neben einer Übersicht über die installierten Anwendungen auch Schaltflächen zum Herunterfahren oder Neustarten des Systems. Welchen Anwendungen Sie im Startmenü einen eigenen Eintrag in Form einer Kachel spendieren und welche bereits vorhandenen Kacheln Sie entfernen, liegt ganz in Ihrer Hand. Auch die Größe und das Farbschema des Startmenüs selbst lassen sich anpassen. Konfigurationen dieser Art nehmen Sie unter Windows 10 allerdings nicht mehr über die seit Windows-Generationen bekannte Systemsteuerung vor, sondern über die Einstellungen-App.

Diese Einstellungen-App zählt mit zu den größten Neuerungen in Windows 10. Über sie nehmen Sie nicht nur Anpassungen an der Oberfläche von Windows 10 vor (etwa das Austauschen des Desktophintergrundes), sie ist auch die Anlaufstelle für viele weitaus tiefergehende Konfigurationen. Das beginnt beim Hinzufügen von Benutzerkonten, geht weiter beim Einrichten von Netzwerkverbindungen oder bei der Deinstallation von Apps und hört bei der Überwachung wichtiger Sicherheitseinstellungen noch lange nicht auf. Die Systemsteuerung ist in Windows 10 zwar noch nicht ganz verschwunden, aber mit jedem Funktionsupdate werden mehr Einstellungen in die Einstellungen-App verlagert. Irgendwann wird es die Systemsteuerung wohl gar nicht mehr geben.

Ebenfalls in den Hintergrund verdrängt wurde in Windows 10 der Browser Internet Explorer. Für die geringe Anzahl an Anwendern, die so gar nicht auf den doch stark in die Jahre gekommenen und keineswegs mehr als sicher zu bezeichnenden Browser verzichten wollen: Sie erreichen ihn über das Startmenü, in dem Sie weit nach unten bis zum Ordner Windows-Zubehör blättern. In diesem Ordner finden Sie den Internet Explorer.

Abbildung 1.4 Die Einstellungen-App ersetzt immer stärker die Systemsteuerung.

Selbstverständlich kommt Windows 10 aber nicht ohne neuen Browser daher. Er nennt sich nun *Microsoft Edge*. Unter Windows 10 Version 20H2 finden Sie allerdings nicht mehr die mit der ersten Version von Windows 10 ausgelieferte Browser-Variante vor. Diese wurde durch den sogenannten *Microsoft Edge Chromium* ersetzt. Im Gegensatz zu seinem Vorgänger, der auf der Microsoft-eigenen Technik EdgeHTML basierte, setzt der neue Microsoft Edge nun auf Chromium, dem Unterbau von Googles Browser Chrome auf. Wie Tests zeigen, schlägt sich Microsoft Edge Chromium recht gut im direkten Vergleich mit seinen Konkurrenten Mozilla Firefox oder auch Google Chrome. Wer sich bisher also nicht mit einem Microsoft-eigenen Browser anfreunden konnte, sollte der neuesten Version durchaus eine Chance geben. Was Sie hier erwartet, erfahren Sie in Abschnitt 17.1, »Der Browser Microsoft Edge Chromium«.

Diese Chance haben auch einige der weiteren Apps verdient, die unter Windows 10 neu an Bord sind. Speziell die anfangs doch eher belächelte *Fotos*-App wird von Microsoft immer weiter entwickelt. Mittlerweile verfügt sie sogar über Videoschnitt-Funktionen, wie man sie früher vom Windows Movie Maker kannte. Mehr Hintergrundwissen zu den Multimedia-Apps von Windows 10 erhalten Sie in Kapitel 18.

Wer sich mit zusätzlichen Apps eindecken möchte, den führt der Weg in den *Microsoft Store*, kurz auch nur *Store* genannt. Alle Apps, die hier angeboten werden, müssen zuvor einige Sicherheitsüberprüfungen über sich ergehen lassen. Details hierzu und wie Sie die teils kostenlosen, teils kostenpflichtigen Apps über den Store beziehen, erfahren Sie in Kapitel 15, »Apps installieren«.

Doch nicht alles ist neu in Windows 10. Man trifft auch so manchen alten Bekannten wieder, allerdings häufig in einem etwas moderneren, eleganteren Gewand. Das gilt z. B. für den *Explorer*, früher noch bekannt unter dem Namen *Windows-Explorer*. Auch unter Windows 10 ist er die Anlaufstelle, wenn es um die Verwaltung von Dateien und Ordnern geht. Der Datei-Manager verfügt nun über ein Menüband und zeigt häufig genutzte Dateien und Ordner im Schnellzugriff an. Außerdem bietet er Zugriff auf die Cloud *OneDrive*. Die Datensicherung im Onlinespeicher ist ein zentrales Thema unter Windows 10. Sie werden OneDrive im Verlauf des Buches also immer wieder begegnen.

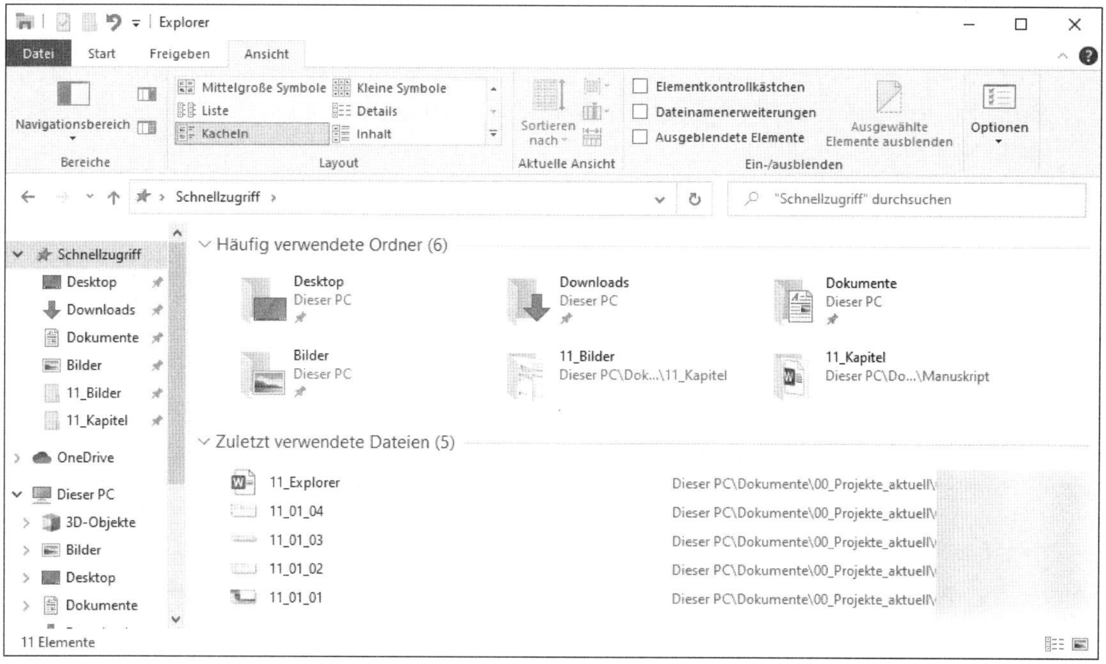

Abbildung 1.5 Menüband und ein Schnellzugriff sind zwei der Neuerungen, die der Explorer unter Windows 10 aufweist.

Für den Zugriff auf OneDrive ist ein Microsoft-Konto erforderlich. Sie können sich mit diesem Account entweder gezielt bei OneDrive anmelden oder auch ganz generell ein mit dem Microsoft-Konto verknüpftes Benutzerkonto anlegen. Dieses Microsoft-Konto ermöglicht Ihnen Zutritt zu einer Vielzahl an zusätzlichen Funktionen, die Ihnen mit einem lokalen Benutzerkonto, das aus älteren Windows-Versionen noch bekannt ist, verwehrt bleiben. Das Microsoft-Konto ist allerdings auch durchaus kritisch zu betrachten, denn Microsoft ist hierdurch in der Lage, einige personalisierte Informationen über Sie einzuholen. In Abschnitt 2.1, »Die Qual der Wahl: Microsoft-Konto oder lokales Benutzerkonto?«, werden die Vor- und Nachteile der beiden Kontenarten näher beleuchtet. Denn auch wenn Microsoft die Nutzung eines Microsoft-Kontos vorzieht: Die Anmeldung mit einem lokalen Benutzerkonto ist auch unter Windows 10 noch möglich.

Manche Anwendungen und Funktionen haben den Sprung von einer älteren Windows-Version zu Windows 10 nicht geschafft. So ist das Windows Media Center z. B. nicht mehr mit an Bord. Führen Sie ein Upgrade von einem Windows 7- oder Windows 8.1-Computer auf Windows 10 durch, wird das Center während der Installation der neuesten Betriebssystemversion entfernt. Auch die Charms Bar sowie die aktiven Bildschirmecken, die es unter Windows 8 noch gab, sind unter Windows 10 verschwunden. Der Wegfall dieser beiden Funktionen lässt sich sicherlich verschmerzen. Für die Heimnetzgruppe, die ebenfalls nicht mehr zur Verfügung steht, gilt das nicht unbedingt. Denn so mancher Anwender schätzte diese bequeme Möglichkeit, Daten innerhalb des heimischen Netzwerkes austauschen zu können. Microsoft präferiert auch hier nun den Onlinespeicher OneDrive, über den sich Daten zwischen unterschiedlichen Geräten austauschen lassen. Welche Freigabeoptionen Ihnen weiterhin unter Windows 10 zur Verfügung stehen, zeigt Kapitel 20, »Datenfreigabe im Netzwerk«.

Windows 10 im S-Modus

Nicht allzu leistungsstarke Windows 10-Tablets werden mittlerweile häufig mit einer speziellen Windows 10-Version ausgeliefert, dem *Windows 10 S-Modus*, kurz auch *Windows 10 S* genannt. Rein oberflächlich betrachtet, unterscheidet sich diese Variante nicht von Windows 10 Home oder Pro, funktional gesehen müssen Anwender allerdings mit ein paar Einschränkungen leben. So lassen sich z. B. unter Windows 10 S lediglich von Microsoft geprüfte Apps aus dem Microsoft Store herunterladen. Anwendungen, die man sonst klassischerweise über das Internet bezieht, wie etwa den Browser Firefox oder eine Sicherheitslösung eines Drittanbieters, lassen sich somit unter Windows 10 S nicht nutzen. Microsoft will damit sicherstellen, dass keine Schadprogramme über ungeprüfte Apps auf den Computer gelangen. Ein weiterer Vorteil von Windows 10 S: Es läuft deutlich schneller, was sich bereits beim Start des Geräts bemerkbar macht.

Wenn Sie sich dennoch nicht mit der abgespeckten Version anfreunden können, haben Sie die Möglichkeit, den Windows 10 S-Modus zu beenden. Rufen Sie hierzu z. B. über die Tastenkombination [Win] + [I] die Einstellungen-App auf, und wechseln Sie in die Kategorie UPDATE UND SICHERHEIT • AKTIVIERUNG. Wenn Sie in der rechten Spalte auf STORE AUFRUFEN klicken, wird die Store-App direkt mit der relevanten Seite geöffnet. Nach einem Klick auf HERUNTERLADEN wechseln Sie nun je nach Computer zu Windows 10 Home bzw. Windows 10 Pro. Doch Vorsicht: Wenn Sie sich einmal für das Beenden des Windows 10 S-Modus entschieden und diesen Schritt auch durchgeführt haben, ist dies endgültig. Eine Rückkehr zum S-Modus ist also nicht mehr möglich.

Abbildung 1.6 Der Wechsel aus dem S-Modus lässt sich nicht mehr rückgängig machen.

1.2.2 Windows 10 und die Sicherheit

Eine der ersten Aktionen, die man in früheren Windows-Versionen durchführen musste, war die Installation eines Antivirenprogramms. In den Anfängen von Windows 10 galt dieser Rat immer noch, obwohl bereits im Juli 2015 das Windows-eigene Tool, der *Windows Defender*, mit an Bord war. Damals konnte er bei Vergleichstests aber noch nicht mit anderen Sicherheitslösungen mithalten. Dies hat sich in den letzten Monaten geändert. Mittlerweile schlägt er sich sogar sehr gut, wie in Kapitel 24, »Viren- & Bedrohungsschutz von Windows 10«, näher beleuchtet wird. Auch beim Surfen im Internet mit dem Browser Microsoft Edge wird Sicherheit großgeschrieben. Hier warnt z. B. der Microsoft Defender SmartScreen, wenn Sie eine schädliche Webseite besuchen oder einen entsprechenden Download durchführen wollen.

Während die Bewertung des Windows Defenders sehr positiv ausfällt, muss Microsoft beim Thema Datenschutz sehr viel Kritik einstecken. Speziell die Weitergabe der Telemetriedaten, die automatisch während der Nutzung von Windows 10 an das Unternehmen gesendet werden, werden von Verbraucher- und Datenschützern besonders bemängelt. Seit der Erstveröffentlichung von Windows 10 hat Microsoft hier etwas nachgebessert und überlässt dem Anwender in manchen Bereichen nun selbst die Entscheidung, welche Daten übermittelt werden dürfen und welche nicht.

Einige dieser Einstellungen werden bereits bei der allerersten Anmeldung am System abgefragt (siehe Abschnitt 2.2, »Die ersten Schritte in Windows 10«). Wer hier nicht aufpasst, stellt schnell einen Freifahrtschein zur Datensammlung aus. In Kapitel 22, »Windows 10 und der Datenschutz«, erfahren Sie, wie sich diese Einstellungen später korrigieren lassen, sofern denn natürlich vom Anwender gewünscht.

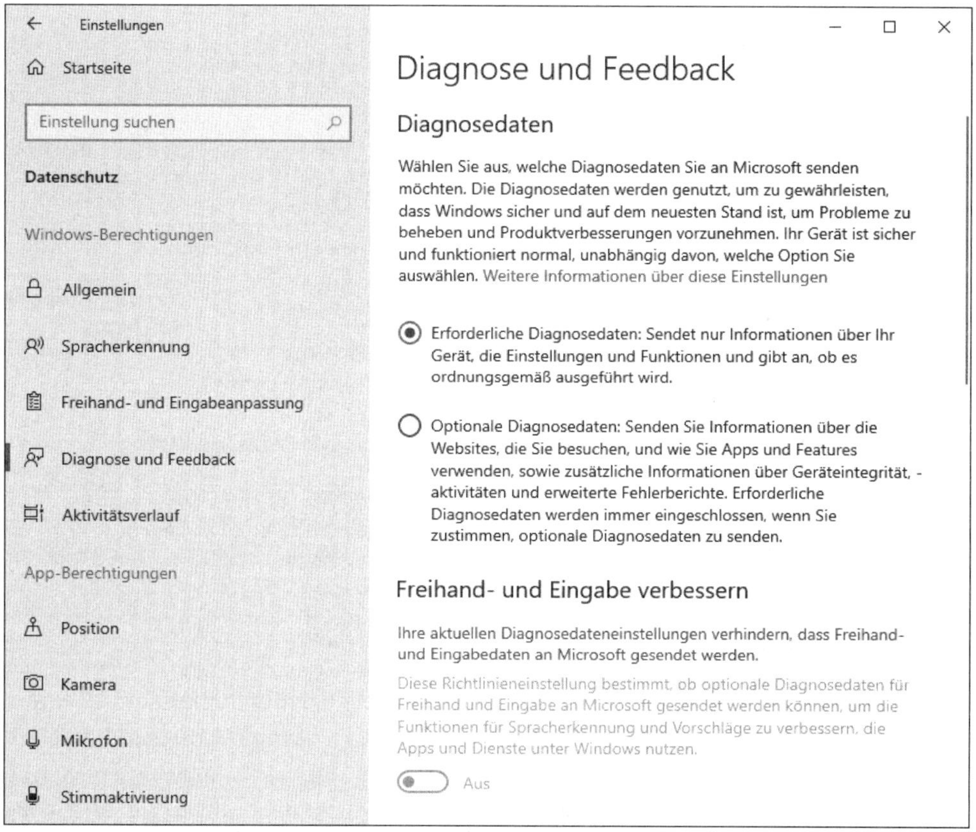

Abbildung 1.7 In der Kategorie »Datenschutz« der Einstellungen-App hat der Anwender die Möglichkeit, die Datensammelwut von Windows 10 selbst zu beeinflussen.

Wer seine Daten besonders schützen möchte, dem steht unter Windows 10 Pro die BitLocker-Laufwerkverschlüsselung zur Verfügung, die ausführlich in Kapitel 13, »Dateien, Ordner und Laufwerke verschlüsseln«, vorgestellt wird.

Sicherheit bereits beim Startvorgang

Manche Sicherheitsfunktionen von Windows 10 sind in den Tiefen des Systems versteckt und werden von den Anwendern gar nicht wahrgenommen. So wird z. B. bereits beim Systemstart dafür gesorgt, dass die gefährlichen Rootkits nicht geladen werden können. Mithilfe von Rootkits versuchen Cyberkriminelle Schadcode auf den Computer einzuschleusen, über den dann z. B. Tastatureingaben protokolliert und an die Kriminellen übermittelt werden. Der sogenannte *Sichere Start* (auf Englisch »Secure Boot«) von Windows 10 sorgt dafür, dass nur ein Betriebssystem-Ladeprogramm geladen wird, das mit einem im UEFI (Abkürzung für *Unified Extensible Firmware Interface*) gespeicherten Zertifikat signiert wurde. Voraussetzung hierfür ist natürlich, dass der Computer über eine UEFI-Firmware verfügt, was bei neueren Geräten mittlerweile gang und gäbe ist. Der *Antischadsoftware-Frühstart* (*Early Launch AntiMalware*, kurz *ELAM*) stellt sicher, dass nur die von Microsoft zertifizierten und signierten Treiber beim Systemstart geladen werden. Die UEFI-Firmware protokolliert den gesamten Startvorgang und speichert diese Informationen auf dem *Trusted Platform Module*-Chip (kurz *TPM*). Beim *kontrollierten Start* (*Measured Boot*) werden diese Informationen mit den neuen Analysedaten verglichen.

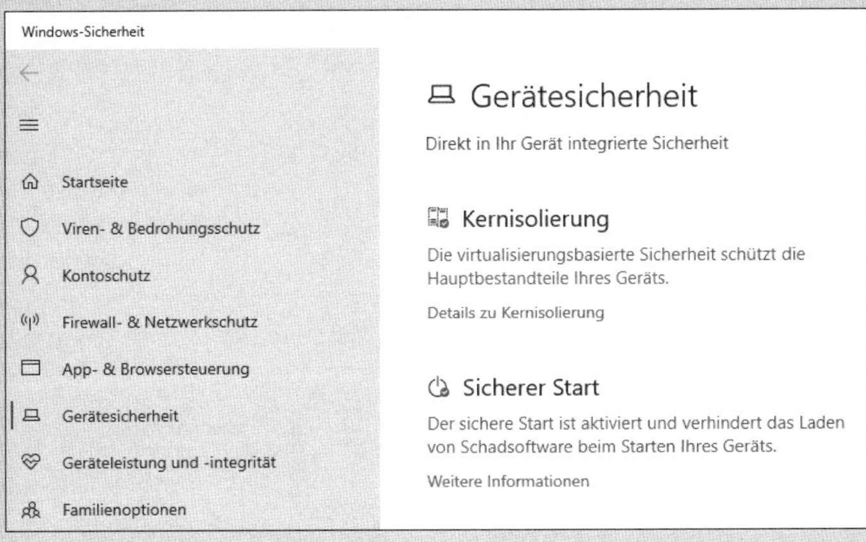

Abbildung 1.8 Der sichere Start verhindert das Laden von Schadsoftware.

Kapitel 2
Der erste Start mit Windows 10

Fahren Sie Ihren Windows 10-Computer das erste Mal hoch, sind zunächst einige Angaben erforderlich, bevor Sie mit der Arbeit am PC beginnen können. Dieses Kapitel führt Sie Schritt für Schritt durch die Ersteinrichtung.

Wer einen neuen Windows 10-Computer oder ein frisch installiertes Windows 10 das erste Mal startet, muss sich zunächst durch eine Fülle an Dialogen arbeiten. Manche der Fragen, die es dabei zu beantworten gilt, sind selbsterklärend, etwa wenn es um die Herstellung einer Internetverbindung geht. Bei anderen sollte man doch kurz überlegen, bevor man vorschnell eine der vorgegebenen Optionen auswählt. Dies betrifft vor allem das Thema Datenschutz, denn mit so manch einer Einstellung gibt der Anwender mehr über sich preis, als ihm womöglich lieb ist. Eine zentrale Rolle bei der Ersteinrichtung spielt auch die Entscheidung, welche Art von Benutzerkonto man wählt. Darf es ein Microsoft-Konto sein, das sich – überspitzt formuliert – munter mit Microsoft austauscht? Oder doch lieber das bereits aus früheren Windows-Versionen bekannte lokale Benutzerkonto, womit man aber wiederum auf zahlreiche neue Funktionen unter Windows 10 verzichten muss? Welche Vor- und Nachteile beide Varianten mit sich bringen, wird gleich im ersten Abschnitt dieses Kapitels beleuchtet.

In Abschnitt 2.2 begleite ich Sie Schritt für Schritt durch die erste Einrichtung des Windows 10-Computers, in der das eben erwähnte erste Benutzerkonto angelegt wird und einige wichtige Einstellungen vorgenommen werden. Einige dieser Dialoge bekommen Sie auch zu Gesicht, wenn Sie sich das erste Mal an einem neu angelegten Benutzerkonto anmelden.

Ist die Ersteinrichtung erfolgreich abgeschlossen, ist der Blick frei auf den Desktop von Windows 10. Wer gerade erst von Windows 7 auf Windows 10 umgestiegen ist, dem fällt die Orientierung zunächst vielleicht etwas schwer. Aus diesem Grund werden in Abschnitt 2.3 die wichtigsten Elemente der Benutzeroberfläche kurz vorgestellt.

2.1 Die Qual der Wahl: Microsoft-Konto oder lokales Benutzerkonto?

Im Rahmen der Ersteinrichtung des Windows 10-Computers wird zugleich das erste Benutzerkonto angelegt. Zur Auswahl stehen das von Microsoft präferierte Microsoft-Konto und das von einigen Anwendern weiterhin bevorzugte lokale Benutzerkonto. Was ein lokales Benutzerkonto ist, lässt sich schnell erklären: Wie der Name bereits impliziert, ist ein lokales Benutzerkonto lokal beschränkt. Es gilt nur auf dem Computer, auf dem es eingerichtet wird.

Damit stehen dem Anwender auch nur die lokalen Ressourcen zur Verfügung. Ein lokales Benutzerkonto wird gerne als *Offlinekonto* bezeichnet, während man beim Microsoft-Konto von einem *Onlinekonto* spricht. Denn für die Verwendung eines Microsoft-Kontos spielt die Internetverbindung eine große Rolle.

Wirklich neu ist das Microsoft-Konto nicht. Es existiert bereits seit mehreren Jahren, erhielt im Laufe der Zeit aber immer wieder einen neuen Namen. Manch einem Leser ist vielleicht eine der älteren Bezeichnungen wie *Microsoft Passwort*, *.NET Passwort* oder auch *Windows Live ID* geläufig. Der Name *Microsoft-Konto* gilt seit Windows 8. Ein Microsoft-Konto ermöglicht es u. a., sich bei Microsoft-Diensten wie Skype, Outlook und in Zeiten der Clouds natürlich OneDrive anzumelden. Seit Windows 8 lässt sich das Konto aber auch für den Login bei Windows selbst nutzen.

Meldet sich ein Anwender mit einem Microsoft-Konto am Windows 10-Computer an, ist er damit automatisch auch bei den in Windows 10 integrierten Diensten und Apps eingeloggt. Die Windows-Anmeldung fungiert somit als sogenanntes *Single Sign-on*, also als einmalige Anmeldung, der Login bei den einzelnen Diensten entfällt hierdurch. Dies ist aber nicht der einzige Pluspunkt eines Microsoft-Kontos.

Mit einem Microsoft-Konto können Sie sich an verschiedenen Windows-Geräten anmelden. Damit kommen Sie in den Genuss eines weiteren Vorteils, nämlich der Synchronisation: Wenn Sie es wünschen, lässt sich eine Vielzahl an Einstellungen auf allen Windows-Geräten synchronisieren, auf denen Sie sich mit dem gleichen Microsoft-Konto anmelden. Auf diese Weise steht Ihnen z. B. Ihr Aktivitätsverlauf, der mit OneDrive synchronisierte Inhalt der Zwischenablage, alle in OneDrive abgelegten Daten und einiges mehr auf allen Windows-Geräten zur Verfügung. Auch die über den Microsoft Store erworbenen Apps lassen sich auf all diesen Geräten installieren, ohne erneut Geld ausgeben zu müssen.

Um im Microsoft Store einkaufen zu können, ist ein Microsoft-Konto übrigens Pflicht. Einige andere Apps, wie etwa die Sprachassistentin Cortana, erfordern ebenfalls ein Microsoft-Konto. Wer nun befürchtet, dass diese Apps nicht zur Verfügung stehen, wenn ein lokales Benutzerkonto verwendet wird, sei beruhigt. Die meisten Apps unter Windows 10 benötigen gar kein Microsoft-Konto. Diejenigen, die sich ausschließlich mit einem Microsoft-Konto nutzen lassen, erlauben meist eine gezielte Anmeldung, ohne sich deshalb bei Windows selbst mit dem Konto anmelden zu müssen.

Ein Microsoft-Konto bietet dem Anwender zweifelsohne viele Vorteile. Doch auch Microsoft selbst wird belohnt, denn das Unternehmen gelangt auf diese Weise an viele Informationen über Sie. Dies beginnt bei den Standorten, an denen Sie sich mit Ihrem Windows 10-Gerät aufhalten, setzt sich bei den besuchten Websites fort und hört mit den von Ihnen getätigten Einkäufen im Store noch lange nicht auf. Den gesammelten Daten lässt sich durch das Microsoft-Konto quasi ein Gesicht zuordnen. Solche Daten sind heutzutage viel wert, denn sie lassen sich gewinnbringend weiterverarbeiten, z. B. als individualisierte Werbung. Mit dieser

Strategie steht Microsoft selbstredend nicht allein da, denn auch Google, Apple und Konsorten agieren so.

Abbildung 2.1 Manche Apps, wie hier der Microsoft Store, erfordern die Anmeldung mit einem Microsoft-Konto.

Die Unternehmen versuchen deshalb mit immer trickreicheren Methoden, den Anwender zur Nutzung ihrer Konten zu überreden, manchmal auch gar zu zwingen. Auch Microsoft stellt hier keine Ausnahme dar. War es früher unter Windows 10 Home bei der Ersteinrichtung des Computers immer noch möglich, ein lokales Benutzerkonto statt des Microsoft-Kontos zu wählen, wird seit Februar 2020 nur noch das Microsoft-Konto angeboten. Für Windows 10 Pro und Enterprise gilt dies nicht. Wie lange dem Anwender hier noch eine Auswahlmöglichkeit bleibt, wird die Zukunft zeigen. Für diejenigen, die – trotz aller Vorteile eines Microsoft-Kontos – bei der Ersteinrichtung weiterhin ein lokales Benutzerkonto wählen möchten, steht eine Hintertür offen, wie im folgenden Abschnitt gezeigt wird. Das Microsoft-Konto kommt in diesem Abschnitt aber selbstverständlich auch nicht zu kurz. Denn beide Kontenarten haben ihre Berechtigung, die Qual der Wahl liegt also beim Anwender.

2.2 Die ersten Schritte in Windows 10

Nach dem allerersten Start des Betriebssystems folgt immer die Ersteinrichtung, ganz egal, ob Sie selbst Windows 10 auf einem älteren Gerät neu installiert haben oder der Computerhersteller dies auf dem Neugerät erledigt hat. In den Dialogen, die es dabei abzuarbeiten gilt, werden diverse Windows-Einstellungen vorgenommen, und das erste Benutzerkonto wird eingerichtet. Ein wichtiger Bestandteil stellen auch die Privatsphäre-Einstellungen dar. Für diesen Bereich wurde Microsoft seit den Anfängen von Windows 10 stark kritisiert. Vor allem die Expresseinstellungen, mit denen man in den ersten Versionen von Windows 10 mit nur einem Mausklick Microsoft einen Freifahrtschein zum Datensammeln erstellte, sorgten zu Recht für großen Unmut. Hier hat sich seitdem doch einiges geändert, denn mittlerweile entscheiden Sie, in welchem Umfang welche Daten erfasst werden dürfen. Ganz verhindern, das sei vorweg bereits gesagt, lässt sich das Sammeln von Informationen allerdings nicht.

Die folgende Beschreibung basiert auf einer Ersteinrichtung von Windows 10 Oktober 2020 Update (auch *Windows 10 20H2* genannt). Sollten Sie mit einer anderen Version arbeiten, kann es sein, dass sich der ein oder andere Unterschied in der Abfolge ergibt. Die Anleitung beschreibt nicht die Installation von Windows 10, sondern lediglich die Schritte, die anschließend nach einem Neustart anstehen. Dem letzten Part dieser Schritte begegnen Sie auch dann, wenn Sie sich das erste Mal an einem neu angelegten Benutzerkonto anmelden. Wie das Hinzufügen von Benutzerkonten funktioniert, erfahren Sie in Kapitel 26, »Windows 10 sicher mit mehreren Benutzern nutzen«. Hinweise zur Installation von Windows 10 erhalten Sie in Kapitel 33, »Windows 10 installieren«.

Spracheinstellungen

Starten Sie ein neues Windows 10-System das erste Mal, müssen Sie als Erstes die Region festlegen. In den meisten Fällen dürfte die Voreinstellung DEUTSCHLAND passen, sodass Sie sofort mit JA fortfahren können. Dies gilt auch für die folgende Frage nach dem Tastaturlayout. Das als Nächstes angebotene zweite Tastaturlayout ist dann sinnvoll, wenn Sie häufig Texte in einer anderen Sprache tippen müssen, für die das zuerst gewählte Tastaturlayout nicht geeignet ist. Benötigen Sie das zweite Tastaturlayout nicht, überspringen Sie diesen Schritt.

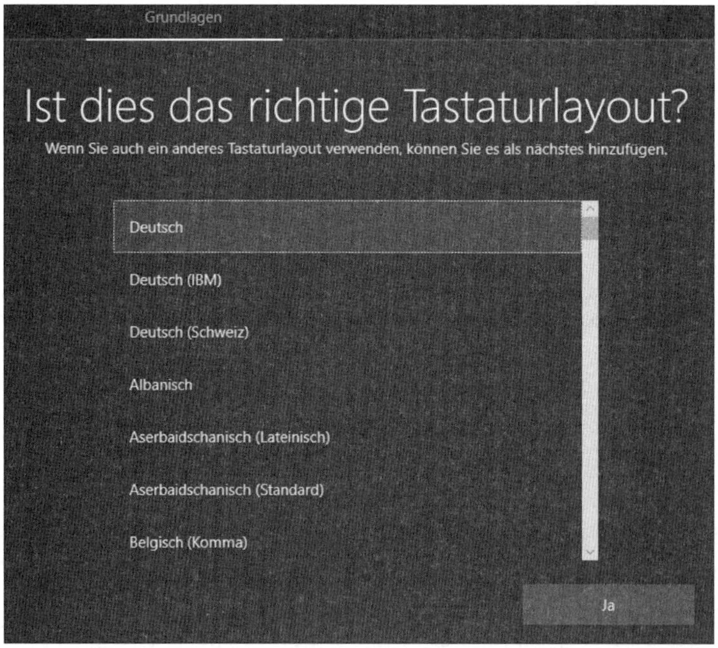

Abbildung 2.2 Wählen Sie für das Tastaturlayout die gewünschte Spracheinstellung aus.

Internetverbindung

Verfügt Ihr Computer über einen WLAN-Adapter, bietet Ihnen Windows als Nächstes an, eine Internetverbindung per WLAN herzustellen. Falls Sie das Gerät bereits per Ethernet-Kabel mit dem Router verbunden haben, erscheint der entsprechende Dialog nicht. Bevor Sie die WLAN-Verbindung einrichten, sollten Sie kurz innehalten. Denn genau an dieser Stelle verbirgt sich ein ganz einfacher Trick, falls Sie für das erste Benutzerkonto ein lokales Benutzerkonto statt des Microsoft-Kontos wählen möchten. Für die Einrichtung des Microsoft-Kontos wird eine Internetverbindung benötigt. Existiert diese nicht, besteht zwangsläufig nur die Möglichkeit, ein lokales Konto hinzuzufügen. Unter Windows 10 Home stellt dieser Trick mittlerweile den einzigen Weg dar, während der Ersteinrichtung ein lokales Benutzerkonto einzurichten. In den Editionen Pro und Enterprise lässt sich zurzeit (Stand Oktober 2020) auch bei bestehender Internetverbindung im Dialog KONTO HINZUFÜGEN noch ein OFFLINEKONTO auswählen (siehe Abbildung 2.4).

Für die Anmeldung mit einem Microsoft-Konto markieren Sie Ihr WLAN in der Liste der verfügbaren Funknetze, geben den Netzwerkschlüssel ein und klicken auf VERBINDEN. Für ein lokales Konto verzichten Sie auf diese Angaben und klicken stattdessen auf ICH HABE KEIN INTERNET. Microsoft versucht Sie anschließend nochmals von den Vorzügen einer Internetverbindung und somit der Anmeldung mit einem Microsoft-Konto zu überzeugen, was Sie mit einem Klick auf WEITER MIT EINGESCHRÄNKTEM SETUP ablehnen können. Sollten Sie den Computer bereits per Netzwerkkabel mit dem Router verbunden haben, ziehen Sie das Kabel einfach wieder ab. Sobald die Ersteinrichtung erfolgreich abgeschlossen ist, können Sie die Internetverbindung selbstverständlich sofort herstellen.

Persönliche Verwendung oder für eine Organisation?

Falls Sie Windows 10 Pro von einem Installationsmedium neu installieren, werden Sie im Verlauf der Ersteinrichtung gefragt, ob Sie Ihr Gerät zur persönlichen Verwendung einrichten oder für eine Organisation.

Für den heimischen Gebrauch bzw. wenn Ihr Computer in eine Windows-Domäne eingebunden wird, wählen Sie die persönliche Verwendung.

Wird Ihr Computer hingegen von einer Organisation (z. B. ein größeres Unternehmen, Universität oder auch Schule) verwaltet, entscheiden Sie sich für die Organisation. In diesem Fall erhalten Sie anschließend die Möglichkeit, sich mit Ihrem *Azure Active Directory-Konto* anzumelden und die von Ihrer Organisation genutzten Azure Active Directory-Dienste, wie etwa Microsoft 365, einzurichten.

Ein Geschäfts- oder Schulkonto lässt sich später auch in der Einstellungen-App in der Kategorie KONTEN • AUF ARBEITS- ODER SCHULKONTEN ZUGREIFEN hinzufügen. Weitere Informationen zu Microsofts Azure Active Directory erhalten Sie unter der Webadresse *https://azure.microsoft.com/de-de/services/active-directory*.

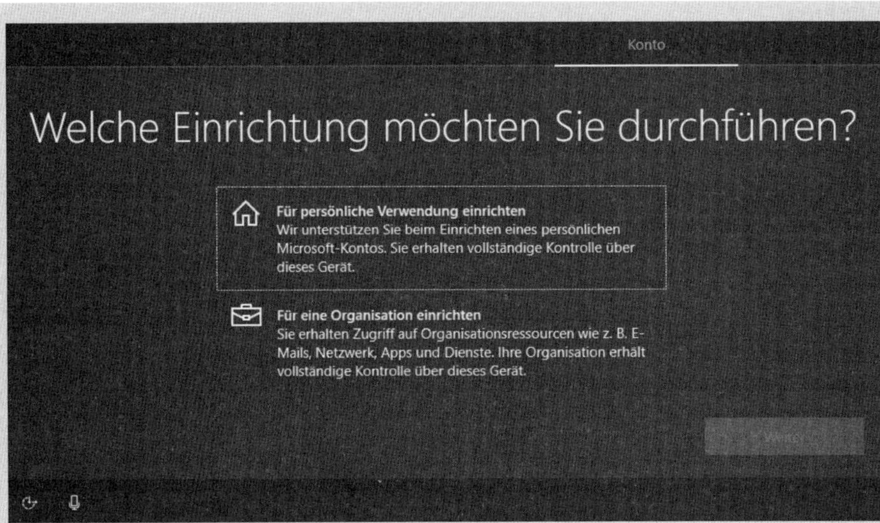

Abbildung 2.3 Während der Neuinstallation von Windows 10 Pro müssen Sie angeben, ob der Computer zur persönlichen Verwendung oder für eine Organisation eingerichtet wird.

Benutzerkonto hinzufügen

Nun geht es an die Einrichtung des bereits häufig erwähnten ersten Benutzerkontos. Sehen wir uns zunächst das Vorgehen im Falle eines Microsoft-Kontos an: Falls Sie noch kein Microsoft-Konto besitzen, können Sie dies im Dialog KONTO HINZUFÜGEN über die Schaltfläche KONTO ERSTELLEN nachholen. Die anschließend notwendigen Schritte ähneln denen in Abschnitt 26.3.1, »Microsoft-Konto hinzufügen«, vorgestellten, wobei die Einrichtung des Microsoft-Kontos dort über die Webadresse *account.microsoft.com* erfolgt. Falls Sie einen anderen Computer mit Internetanschluss zur Verfügung haben, empfehle ich Ihnen, den Weg zur Anlegung des Kontos über die Webadresse zu wählen. Sind Sie bereits im Besitz eines Microsoft-Kontos, geben Sie im Dialog KONTO HINZUFÜGEN die E-Mail-Adresse des Microsoft-Kontos ein. Nach einem Klick auf WEITER werden Sie zur Angabe des Kennwortes aufgefordert. Ein kleiner Hinweis am Rande: Über den Pfeil in der linken oberen Ecke eines jeden Dialogs können Sie immer wieder zum vorherigen Dialog zurückkehren.

Das Kennwort Ihres Microsoft-Kontos sollte im Idealfall möglichst komplex und lang sein. Ein solches Kennwort kann man sich aber meist nur schwer merken. Um Ihnen die Anmeldung am Computer zu erleichtern, werden Sie deshalb im nächsten Dialog dazu aufgefordert, eine PIN zu erstellen. Diese PIN gilt nur auf diesem Computer und wird nicht über das Internet übertragen. Sie ermöglicht Ihnen außerdem, sich auch dann mit Ihrem Microsoft-Konto am Computer anzumelden, wenn dieser nicht mit dem Internet verbunden ist. Die Anmeldung per Kennwort erfordert hingegen eine Internetverbindung. Nach einem Klick auf PIN ERSTELLEN geben Sie einen Zahlencode ein und wiederholen diesen im folgenden Feld. Mit OK schließen Sie die Einrichtung des Microsoft-Kontos ab. Manchmal kommt es an dieser Stelle zu einer Fehlermeldung, in der Sie darauf hingewiesen werden, dass die PIN nicht erzeugt werden konnte. Wer nicht einen neuen Versuch starten möchte, überspringt diesen Schritt einfach. In Abschnitt 3.4 lernen Sie einige weitere Anmeldeoptionen kennen, zu der auch die Erstellung einer PIN gehört. Sie können die Einrichtung also auch gut auf später verschieben.

Wer statt des Microsoft-Kontos lieber ein lokales Benutzerkonto wählen möchte, klickt im Dialog KONTO HINZUFÜGEN unten links auf den gut versteckten Link OFFLINEKONTO (siehe Abbildung 2.4) und im nächsten Dialog auf EINGESCHRÄNKTE ERFAHRUNG. Falls Sie, wie zuvor empfohlen, keine Verbindung zum Internet hergestellt haben, wird der Dialog KONTO HINZUFÜGEN gar nicht erst eingeblendet. Stattdessen gelangen Sie direkt zum Dialog VON WEM WIRD DIESER PC GENUTZT?. Geben Sie einen Namen für das Benutzerkonto ein und nach einem Klick auf WEITER ein Kennwort, das Sie im nächsten Dialog bestätigen.

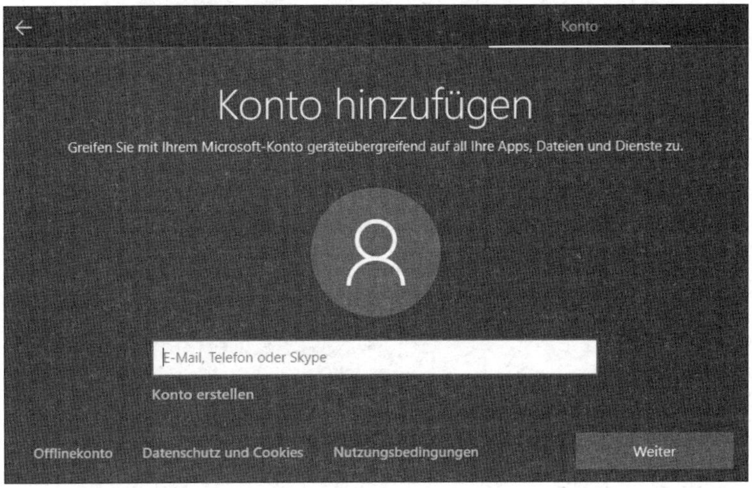

Abbildung 2.4 Im Dialog »Konto hinzufügen« wird von Microsoft die Angabe der E-Mail-Adresse eines Microsoft-Kontos vorgezogen. Der Link »Offlinekonto« ist noch unter Windows 10 Pro verfügbar, aber womöglich nicht mehr lange.

Als Nächstes müssen Sie aus insgesamt sechs Sicherheitsfragen drei auswählen und jeweils beantworten. Sollten Sie das Kennwort einmal vergessen, bietet Ihnen Windows an, das lokale Konto mithilfe der dann hoffentlich korrekt beantworteten Fragen wiederherzustellen. Zur Wiederherstellung eines lokalen Kontos gibt es aber auch andere Methoden, wie etwa die seit vielen Windows-Versionen bekannte Kennwortrücksetzdiskette (siehe Abschnitt 3.4.2). Ob Sie an dieser Stelle also die drei Sicherheitsfragen ehrlich beantworten oder aber schnell einen unsinnigen Text eingeben, bleibt ganz Ihnen überlassen. Um die Angabe kommen Sie jedenfalls nicht herum, es sei denn, Sie haben in den beiden Schritten zuvor auf die Angabe eines Kennwortes verzichtet. Dies ist aus Sicherheitsgründen aber keineswegs zu empfehlen. Mit der Auswahl der Sicherheitsfragen ist auch die Einrichtung des lokalen Benutzerkontos abgeschlossen.

Abbildung 2.5 Aus Sicherheitsgründen sollten Sie für das lokale Benutzerkonto ein Kennwort erstellen.

Abbildung 2.6 Die Sicherheitsfragen sind zweifelsohne lästig, müssen aber auch nicht ehrlich beantwortet werden.

Microsoft-Dienste konfigurieren

Die folgenden Einstellungen haben zunächst den Anschein, nur dem Komfort des Anwenders zu dienen. Sieht man sich die einzelnen Dialoge allerdings genauer an, wird deutlich, dass es sich hier auch um Ihre Privatsphäre und somit den Datenschutz handelt. Denn stimmen Sie der Verwendung eines der angebotenen Dienste zu, hat dies in den meisten Fällen zur Folge, dass einige durchaus sensible Daten in der Cloud gespeichert und auch an Microsoft weitergeleitet werden. Es lohnt sich also, nicht alles sofort abzunicken, sondern zu hinterfragen, ob einem die Nutzung eines bestimmten Dienstes wirklich wichtig ist oder ob man eventuell auch darauf verzichten kann. Alle hier vorgenommenen Einstellungen können später problemlos korrigiert werden. Sollten Sie bei einem Dienst also z. B. die Verwendung abgelehnt haben, stellen später aber fest, dass Sie ihn doch nutzen möchten, aktivieren Sie ihn einfach. Die meisten der Dienste, um die es sich gleich dreht, lassen sich in der Einstellungen-App in der Kategorie DATENSCHUTZ konfigurieren. In Kapitel 22, »Windows 10 und der Datenschutz«, finden Sie hierzu ausführliche Informationen.

Die erste Entscheidung, die Sie im Rahmen der Microsoft-Dienste fällen müssen, betrifft die Spracheingaben, genauer gesagt die Online-Spracherkennung. Ist sie aktiviert, können Sie cloudbasierte Apps wie die Sprachassistentin Cortana per Sprache steuern. Diese Sprachdaten werden allerdings auch an Microsoft weitergeleitet. Da Cortana eine recht neugierige App ist, lautet meine Empfehlung bei dieser Einstellung, sie mit ONLINE-SPRACHERKENNUNG NICHT VERWENDEN zunächst abzulehnen. Markieren Sie Ihre gewünschte Einstellung, und klicken Sie dann auf ANNEHMEN. In Abschnitt 14.4, »Suchen mit Cortana«, lernen Sie die Sprachassistentin genauer kennen.

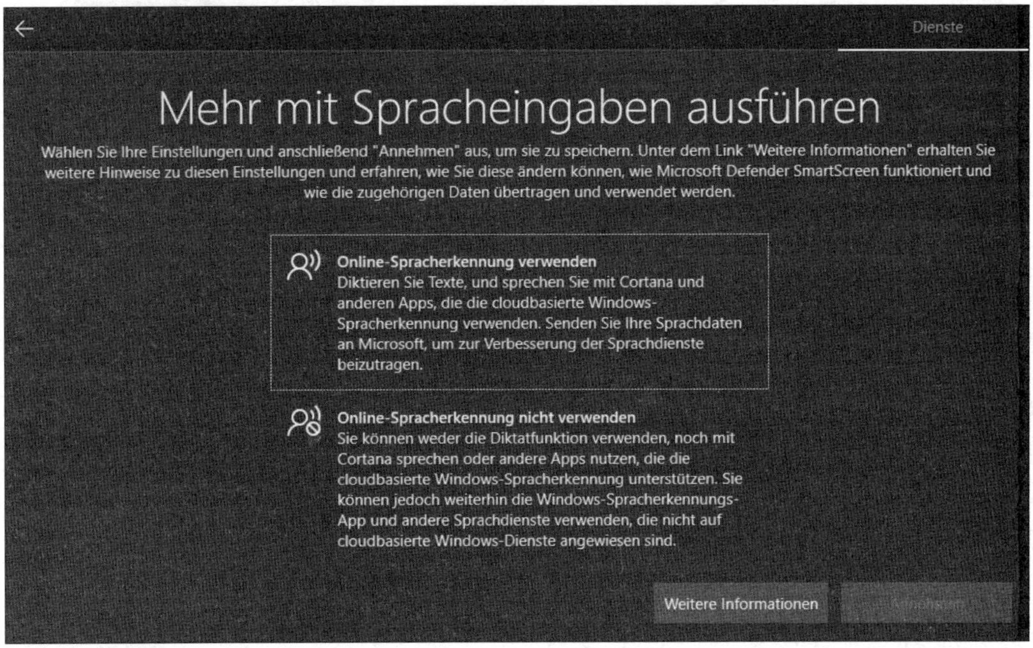

Abbildung 2.7 Stimmen Sie der Verwendung der Online-Spracherkennung zu, werden die Sprachdaten auch an Microsoft weitergeleitet.

Die nächste Einstellung betrifft die Ermittlung Ihres Standortes. Dieses Feature ist sicherlich interessant, wenn man unterwegs ist und eine Wegbeschreibung benötigt oder ein Restaurant in der Nähe sucht. Ob man den Positionsdienst aber daheim in Anspruch nehmen muss und damit in Kauf nimmt, dass Microsoft auch diese Informationen über Sie in die Hände bekommt, ist Ansichtssache. Ähnlich verhält es sich mit der nächsten Einstellung GERÄT SUCHEN. Nutzen lässt sich die Funktion nur, wenn Sie zuvor der Verwendung des Standortes zugestimmt haben. Denn nur so kann das Windows-Gerät anhand der zuletzt gespeicherten Standortdaten geortet werden, falls Sie es verloren haben oder das Gerät geklaut wurde. Eine weitere Voraussetzung der Ortung: Sie müssen bei Windows mit einem Microsoft-Konto angemeldet sein, und die Internetverbindung des Geräts muss aktiviert sein. WEITERE INFORMATIONEN zur Nutzung dieser Funktion erhalten Sie nach einem Klick auf den gleichnamigen Link.

Erfassung von Diagnosedaten

Mit welcher Hardware sind die Windows 10-Computer ausgestattet? Mit welchen Programmen arbeiten die Anwender bevorzugt? Welche Probleme tauchen bei der Bedienung auf? An diesen Informationen ist Microsoft sehr interessiert und sammelt diese sogenannte *Diagnosedaten* deshalb auch eifrig.

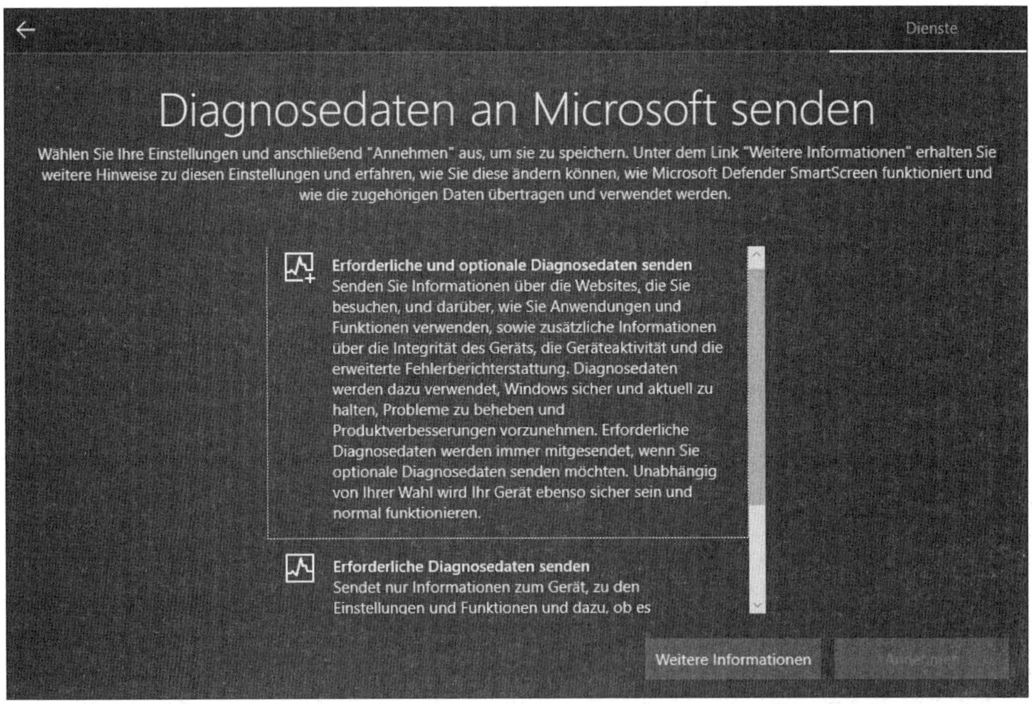

Abbildung 2.8 Wem Datenschutz und Privatsphäre wichtig sind, sollte sich für »Erforderliche Diagnosedaten senden« entscheiden und nicht für die hier im Bild halb eingerahmte Einstellung »Erforderliche und optionale Diagnosedaten senden«.

Mithilfe der Daten soll Windows weiterentwickelt und vor allem optimiert werden. In gewissem Umfang lässt sich das Interesse nachvollziehen. Passt man allerdings bei den Einstellungen nicht auf, gewährt man Microsoft erheblichen Einblick in die eigene Computerarbeit. Ganz lässt sich das Erfassen der Diagnosedaten nicht unterbinden, Sie haben aber zumindest ein kleines Mitspracherecht, was den Umfang der übermittelten Informationen angeht. Im Dialog DIAGNOSEDATEN AN MICROSOFT SENDEN können Sie das Senden auf die erforderlichen Diagnosedaten beschränken oder zusätzlich zu diesen auch optionale Diagnosedaten an Microsoft verschicken. Letzteres führt u. a. dazu, dass Microsoft auch über besuchte Websites und alle genutzten Anwendungen und Funktionen informiert wird. Und nicht nur das! Sollte die Bearbeitung einer Datei zu einer Fehlermeldung führen, wird nicht nur die Meldung an Microsoft weitergeleitet, sondern auch die entsprechende Datei. Bedenken Sie dies, wenn Sie die Entscheidung über den Umgang mit den Diagnosedaten fällen.

Ähnlich kritisch ist auch die nächste Einstellung FREIHAND UND EINGABE VERBESSERN zu bewerten. Möchten Sie tatsächlich, dass Microsoft Ihre Tastatureingaben und im Falle eines Touchscreens Ihre Freihandeingaben in Erfahrung bringt? Treffen Sie die gewünschte Entscheidung, und übernehmen Sie diese wie üblich mit ANNEHMEN.

Werbung erwünscht?

In den nächsten zwei Dialogen legen Sie fest, welche Art von Werbung, Tipps und Tricks Sie von Microsoft erhalten möchten. Im Dialog MITHILFE VON DIAGNOSEDATEN ANGEPASSTE ERFAHRUNGEN ERHALTEN führt die Wahl eines JA dazu, dass Microsoft die gesammelten Telemetriedaten auswertet, um Ihnen auf Basis dieser Informationen Werbung zukommen zu lassen. Mit einem NEIN werden Sie nur allgemeine Tipps erhalten. Eine ähnliche Wirkung hat die im Dialog APPS WERBE-ID VERWENDEN LASSEN vorgenommene Einstellung. Bei der Nutzung von Windows wird für jeden Anwender eine Werbe-ID erzeugt. Falls Sie erlauben, dass Apps auf diese Identifikationsnummer zugreifen dürfen, erhalten Sie personalisierte Werbung. Wer dies nicht wünscht, beantwortet die Frage mit NEIN.

Geräteübergreifende Dienste

Der Vorteil eines Microsoft-Kontos ist, dass Sie es auf mehreren Geräten nutzen können. Stimmen Sie einer Synchronisierung zu, stehen Ihnen so Einstellungen, Daten und mehr auf allen Geräten zur Verfügung. In den folgenden Dialogen können Sie bereits festlegen, welche geräteübergreifende Dienste Sie nutzen möchten. Dazu zählt etwa der Aktivitätsverlauf, in dem die besuchten Webseiten oder auch geöffnete Dateien festgehalten werden, aber auch die Datensicherung in der Cloud OneDrive. Voraussetzung ist natürlich jeweils, dass Sie mit einem Microsoft-Konto am Computer angemeldet sind und dieses auch auf den anderen Geräten nutzen. Wer sich zunächst mit den Funktionen auseinandersetzen möchte, die alle auch in diesem Buch besprochen werden, kann die Dialoge in der Einrichtungsphase mit NEIN bzw. SPÄTER ERLEDIGEN beantworten. Falls Sie Ihre Bilder, Dokumente und mehr nicht in OneDrive speichern möchten, klicken Sie auf DATEIEN NUR AUF DIESEM PC SPEICHERN.

Wie alle vorherigen Einstellungen lässt sich die jetzt vorgenommene Auswahl auch später noch korrigieren.

Abbildung 2.9 Sie können Ihre Daten in der Cloud OneDrive speichern oder auch lokal auf dem PC.

Die Anmeldung mit einem Microsoft-Konto ist auch dann erforderlich, wenn Sie Cortana nutzen möchten. Bis Windows 10 Version 2004 war die Sprachassistentin fest im Betriebssystem integriert und mischte vor allem bei Suchanfragen mit. Genau dies wurde immer wieder heftig kritisiert, da Cortana dabei viele Daten sammelte, die damit auch Microsoft zugänglich waren. Mittlerweile ist Cortana eine eigenständige App, die sich, wie Sie in Abschnitt 14.4, »Suchen mit Cortana«, sehen werden, noch im Ausbau befindet. Die Nutzung von Cortana bietet dem Anwender derzeit also noch keinen allzu großen Mehrwert, was sich mit jedem weiteren Update aber sicherlich ändern wird. Auch für Cortana gilt natürlich: Falls Sie sich noch nicht sicher sind, ob Sie Cortana verwenden möchten, verschieben Sie die Entscheidung mit JETZT NICHT einfach auf später.

Damit ist die Ersteinrichtung auch schon abgeschlossen. Windows wird nun entsprechend Ihren Vorgaben vorbereitet, was nochmals ein paar Minuten Zeit in Anspruch nimmt. Anschließend erhalten Sie endlich einen Blick auf die Desktopoberfläche und seit dem Oktober 2020 Update auch auf den neuen Browser Edge Chromium, den Sie in Abschnitt 17.1, »Der Browser Microsoft Edge Chromium«, genauer kennenlernen werden. Das Browserfenster können Sie zunächst auch wie gewohnt per Klick auf das Schließen-Symbol oben rechts schließen.

Sollte der Computer bereits mit dem Internet verbunden sein, erscheint am rechten Fensterrand die Nachfrage, ob Ihr Computer von anderen Geräten innerhalb des Netzwerkes gefunden werden darf. Im eigenen Netzwerk oder Firmennetzwerk können Sie diese Frage mit Ja beantworten. Sollten Sie sich an einem öffentlichen WLAN angemeldet haben, wählen Sie zum Schutz Ihres Computers stattdessen Nein.

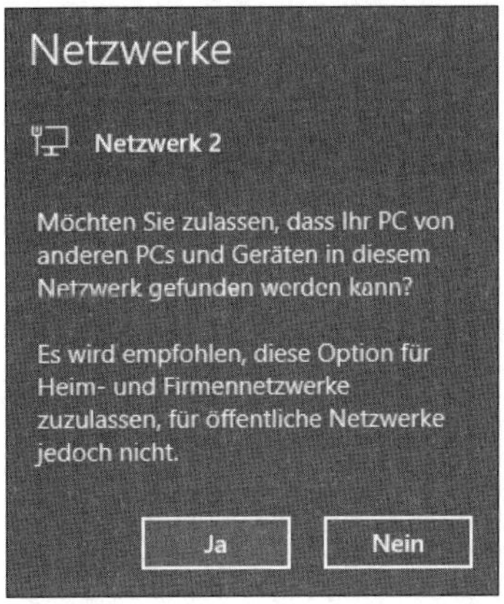

Abbildung 2.10 Ist Ihr Computer mit dem heimischen Netzwerk verbunden, können Sie hier mit »Ja« antworten. In einem öffentlichen Netzwerk sollten Sie hingegen auf »Nein« klicken.

Internetverbindung einrichten

Sollten Sie bei der Ersteinrichtung keine Internetverbindung hergestellt haben, können Sie dies natürlich jederzeit nachholen. Um den Computer per Netzwerkkabel mit dem Router zu verbinden, reicht es, das Kabel einfach in den entsprechenden Anschluss zu stecken. Bereits nach einem kurzen Moment steht die Internetverbindung, wie Sie an dem Symbol im Infobereich der Taskleiste überprüfen können. Um eine WLAN-Verbindung herzustellen, klicken Sie im Infobereich auf das Symbol . Es klappt eine Liste mit allen in der näheren Umgebung verfügbaren Funknetzen auf. Markieren Sie das gewünschte WLAN, und klicken Sie dann auf Verbinden. Nach Eingabe des Netzwerksicherheitsschlüssels klicken Sie auf Weiter. In Kapitel 19 erhalten Sie weitere Informationen rund um die Einrichtung eines Netzwerkes.

2.3 Die Oberfläche von Windows 10

Wer früher bereits mit Windows 7 gearbeitet hat, dem wird die Bildschirmoberfläche, die nach dem Start von Windows 10 zu sehen ist, recht bekannt vorkommen. Am unteren Rand des Desktops findet sich wie gewohnt die Taskleiste. Klicken Sie hier auf das Windows-Logo ganz links, öffnet sich das Startmenü. Alternativ hierzu können Sie auch die Taste auf der Tastatur drücken. Sollten Sie ein Gerät mit Touchscreen nutzen, nimmt das Startmenü den gesamten Bildschirm ein. Welche Besonderheiten es hier zu beachten gibt, erfahren Sie in Kapitel 10, »Windows 10 und der Tabletmodus«.

In der mittleren Spalte des Startmenüs finden Sie eine Liste mit allen auf dem Computer installierten Apps und Programmen. Für einige dieser Anwendungen finden Sie im Kachelbereich eine Verknüpfung in Form einer Kachel. Ein Klick hierauf genügt, und die damit verbundene App wird gestartet. In Kapitel 5 erfahren Sie, wie Sie das Startmenü und damit auch den Kachelbereich individuell anpassen können. Gefallen Ihnen das Hintergrundbild und die Farbgebung von Startmenü und Taskleiste nicht? In Abschnitt 7.1, »Hintergrund und Farbschema anpassen«, wird beschrieben, wie Sie dem Desktop eine persönliche Note geben.

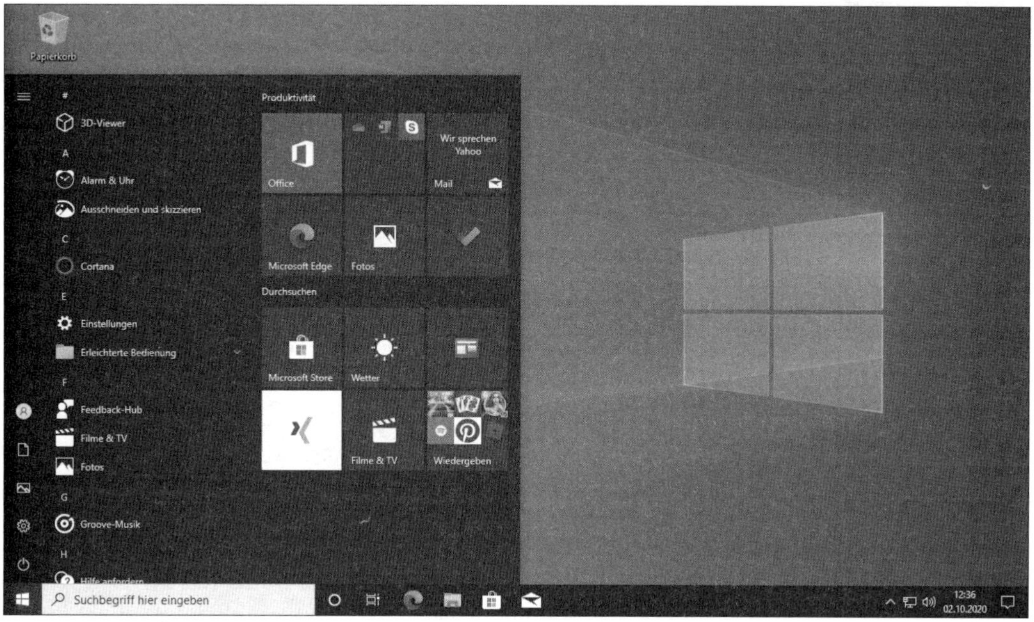

Abbildung 2.11 Die Desktopoberfläche mit geöffnetem Startmenü

Die schmale Spalte am linken Rand zeigt zunächst nur Symbole an. Fahren Sie mit dem Mauszeiger über eines der Symbole, wird jeweils ein kleiner Hinweis zur Funktion der Symbole eingeblendet. Gleiches erreichen Sie, wenn Sie am oberen Rand der Spalte auf das Hamburger-Menü klicken. Nach einem Klick auf den Ein-/Ausschalter wird ein Menü mit den Befehlen zum Herunterfahren oder auch Neustarten des PCs angezeigt. Über das Zahnradsymbol gelangen Sie zur Einstellungen-App, in der Sie die wichtigsten Konfigurationsoptionen finden. Klicken Sie auf die Symbole BILDER oder DOKUMENTE, wird der Explorer mit dem jeweiligen Ordner geöffnet. Möchten Sie den Computer sperren oder sich vom System abmelden, ohne den PC herunterzufahren, klicken Sie auf das Benutzersymbol und wählen den gewünschten Befehl. Die Schaltfläche KONTOEINSTELLUNGEN ÄNDERN führt Sie direkt zur Kategorie KONTEN in der Einstellungen-App, in der Sie z. B. die Anmeldeoptionen ändern können. Mehr zu diesem Thema erfahren Sie in Abschnitt 3.4. Falls Sie das Startmenü wieder ausblenden möchten, ohne hierüber eine der Apps oder Funktionen aufzurufen, reicht ein erneuter Klick auf das Windows-Logo.

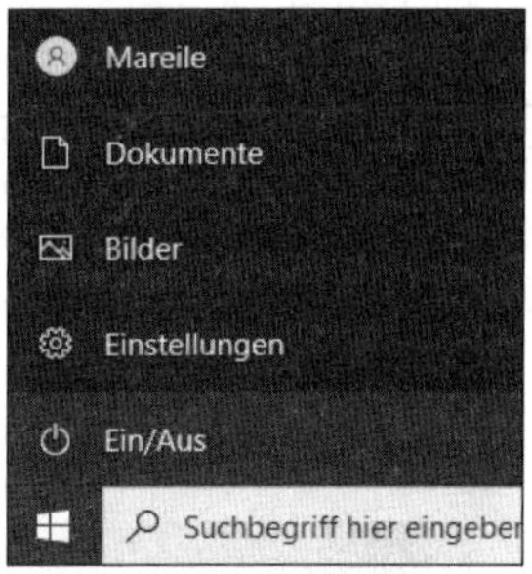

Abbildung 2.12 Fahren Sie mit dem Mauszeiger über die Symbole am linken Rand des Startmenüs, werden Hinweise zu den Funktionen eingeblendet.

Windows 10 zeigt sich sehr mitteilungsfreudig. So erfahren Sie selbstverständlich sofort, wenn eine neue E-Mail eingetroffen ist oder gar ein Sicherheitsproblem festgestellt wurde. Über das Benachrichtigungssymbol am äußersten rechten Rand der Taskleiste blenden Sie das sogenannte *Info-Center* ein, in dem im oberen Abschnitt all diese Benachrichtigungen aufgeführt werden.

Abbildung 2.13 Manche Benachrichtigungen im Info-Center sind sinnvoll, andere hingegen überflüssig.

Manche davon sind wichtig, andere – wie etwa die Empfehlung einer App – können mit der Zeit aber auch nerven. In Abschnitt 6.3, »Benachrichtigungen und Aktionen im Info-Center«, zeige ich Ihnen, wie Sie selbst festlegen, welche Informationen Sie erhalten möchten und welche nicht. Dort erfahren Sie auch, wie Sie die Schaltflächen für schnelle Aktionen geschickt nutzen, um schnell Funktionen ein- oder auszuschalten oder wichtige Einstellungen aufzurufen.

Kapitel 3
Wichtige Einstellungen prüfen und anpassen

Sicherstellen, dass das System auf dem neuesten Stand ist und alle Sicherheitsfunktionen korrekt arbeiten, Anmeldeoptionen einrichten und Synchronisierungseinstellungen vornehmen – auf einem neuen Windows-Gerät stehen gleich zu Beginn einige wichtige Aktionen an.

Bei einem neu erworbenen oder auch neu eingerichteten Windows-Gerät sollten Sie einige Einstellungen überprüfen und gegebenenfalls anpassen. Dabei geht es in erster Linie um sicherheitsrelevante Themen wie die Konfiguration des Windows-Sicherheit-Centers sowie die Anmeldeoptionen am System. Doch wo nimmt man diese Einstellungen vor? Diese Frage lässt sich unter Windows 10 gar nicht so einfach beantworten, denn neben der klassischen Systemsteuerung steht hier auch die Einstellungen-App zur Verfügung.

Während die Systemsteuerung immer mehr an Bedeutung verliert, rückt die Einstellungen-App immer stärker in den Vordergrund. Ganz zu Beginn dieses Kapitels möchte ich Ihnen deshalb die neue Konfigurationszentrale von Windows 10 vorstellen, Ihnen aber auch zeigen, wie Sie weiterhin auf die Systemsteuerung zugreifen können. Nach dieser kurzen Orientierungshilfe geht es u. a. an die Überprüfung wichtiger Sicherheitseinstellungen sowie das Einrichten von Anmeldeoptionen. Sie lernen außerdem, wie Sie ein Rettungsmedium erstellen, um so auch für schlechte Zeiten, in denen der Computer sich nicht mehr starten lässt, gut gerüstet zu sein.

Den Abschluss dieses Kapitels bilden die Synchronisierungseinstellungen. Sollten Sie mehrere Windows 10-Geräte nutzen, auf denen Sie sich überall mit dem gleichen Microsoft-Konto anmelden, lassen sich die Einstellungen mithilfe der Synchronisierung bequem auf allen Geräten übernehmen.

3.1 Einstellungen-App und Systemsteuerung – wo ist denn nun was?

Über viele Jahre hinweg galt die Systemsteuerung als die Anlaufzentrale, wenn es um die Konfiguration des Systems ging. Unter Windows 10 verliert sie aber von Update zu Update immer mehr an Bedeutung. Stattdessen übernimmt die Einstellungen-App viele Aufgaben. Ganz auf dem Abstellgleis ist die Systemsteuerung aber noch nicht angelangt. Der Anwender steht damit leider häufig vor der Frage, wo genau sich denn nun welche Funktion befindet. Dass es keine klare Abgrenzung zwischen beiden Konfigurationszentralen gibt, zeigen die zahlreichen Querverweise von der Einstellungen-App zur Systemsteuerung und umgekehrt. Die folgenden Seiten bieten eine kleine Einstiegshilfe zur besseren Orientierung.

3.1.1 Der Aufruf der Einstellungen-App

Welche Bedeutung der Einstellungen-App zukommt, zeigt sich allein schon an der Vielzahl der Aufrufmöglichkeiten. Die folgende Liste bietet lediglich eine kleine Auswahl:

- Rufen Sie das Startmenü per Klick auf das Windows-Logo oder durch Drücken der -Taste auf, finden Sie hier gleich zwei Möglichkeiten zum Start der Einstellungen-App: per Klick auf das Zahnradsymbol in der linken Spalte des Startmenüs oder über den Eintrag Einstellungen in der App-Liste.

Abbildung 3.1 Aufruf der Einstellungen-App über das Startmenü

- Falls Sie den Weg über den rechten Rand der Taskleiste vorziehen: Nach einem Klick auf das Benachrichtigungssymbol wird im unteren Abschnitt des Info-Centers die Schaltfläche Alle Einstellungen eingeblendet. Sollte die Schaltfläche nicht zu sehen sein, klicken Sie auf Erweitern. In Abschnitt 6.3.1, »Schnelle Aktionen geschickt nutzen«, erfahren Sie, wie Sie selbst festlegen, welche Schaltflächen hier angezeigt werden sollen.

Abbildung 3.2 Aufruf über das Info-Center

- Auch im Explorer (früher *Windows-Explorer* genannt) gibt es eine Schaltfläche für die Einstellungen-App: Markieren Sie im Navigationsbereich des Explorers zunächst Dieser PC.

Rufen Sie dann das Menü COMPUTER auf. Ein Klick auf das Symbol EINSTELLUNGEN ÖFFNEN in der Gruppe SYSTEM führt Sie direkt zur Einstellungen-App. Der Explorer lässt sich übrigens nach wie vor über die Tastenkombination [Win] + [E] öffnen.

- Apropos Tastenkombination: Auch der Shortcut [Win] + [I] führt zur Einstellungen-App.

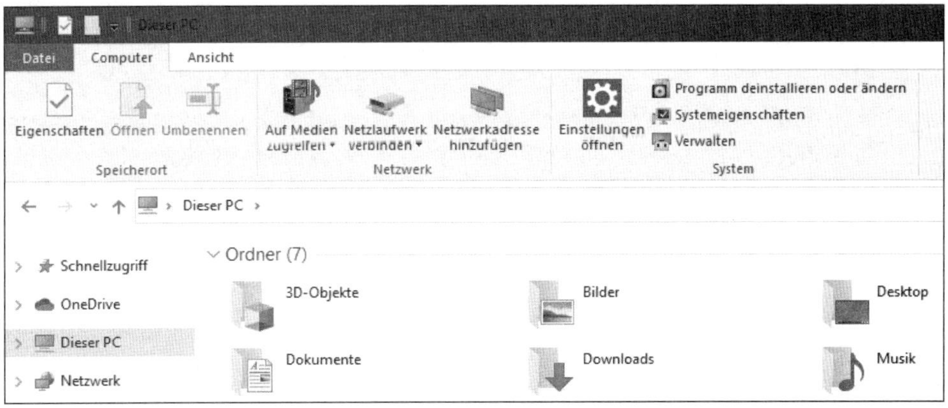

Abbildung 3.3 Aufruf über den Explorer

Egal, für welchen Weg Sie sich entscheiden: Nach dem Start bekommen Sie zunächst die Seite WINDOWS-EINSTELLUNGEN mit einer Übersicht über alle Kategorien zu sehen. Diese Seite wird auch als *Startseite* bezeichnet. Seit den Anfängen von Windows 10 sind ein paar Kategorien neu hinzugekommen, wie etwa TELEFON, APPS, SPIELEN oder auch SUCHE. Es passiert aber auch, dass eine Kategorie wieder verschwindet, wie das Beispiel Cortana zeigt. Unter Windows 10 20H2 (also dem Oktober 2020 Update), sind insgesamt 13 Kategorien verfügbar, die im folgenden Abschnitt kurz vorgestellt werden.

Abbildung 3.4 Übersicht über die Startseite der Einstellungen-App

3.1.2 Übersicht über die Kategorien der Einstellungen-App

Vom Einstellen der Bildschirmauflösung über das Hinzufügen von Benutzerkonten bis hin zum Einrichten einer Datensicherung: All diese Einstellungen werden mittlerweile in der Einstellungen-App vorgenommen. In welcher Kategorie sich allerdings welche Konfigurationsmöglichkeit versteckt, ist nicht immer sofort ersichtlich. Bevor wir einen kurzen Blick in die einzelnen Kategorien werfen, hier noch ein paar Tipps zur Navigation innerhalb der Einstellungen-App:

- Sobald Sie zu einer Kategorie oder von dort zu einer Unterkategorie wechseln, finden Sie in der linken oberen Fensterecke einen kleinen Pfeil. Über diesen gelangen Sie immer wieder zur zuvor besuchten Seite zurück (siehe Abbildung 3.5).

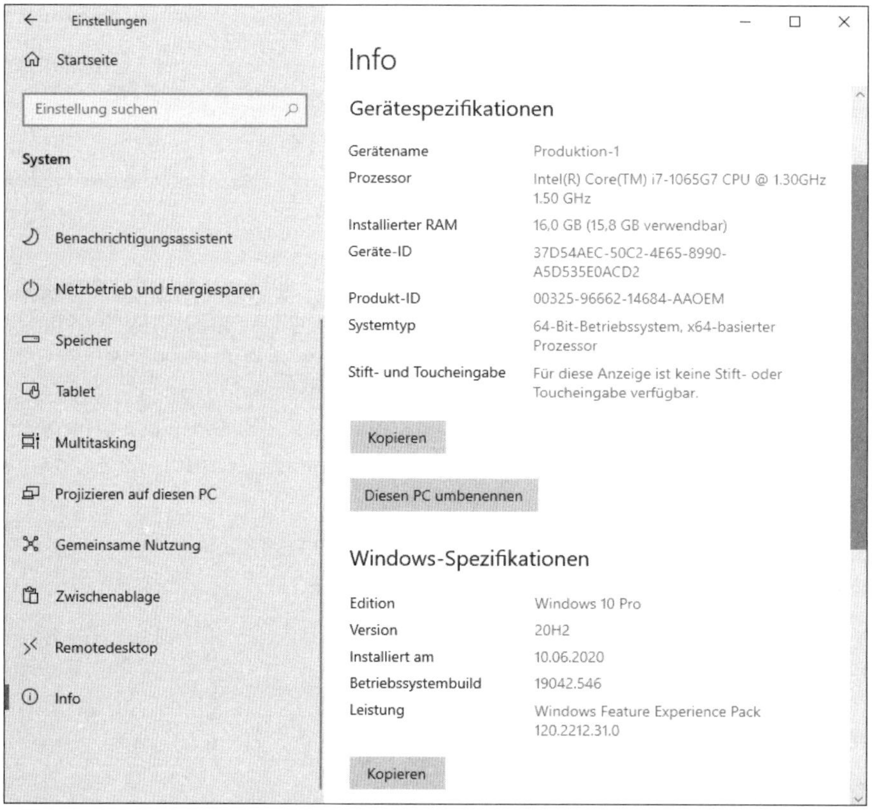

Abbildung 3.5 In der Unterkategorie »Info« der Kategorie »System« erfahren Sie einiges über die Geräte- und Windows-Spezifikationen.

- Die Schaltfläche STARTSEITE führt Sie zur Übersicht über die Kategorien zurück.
- In welcher Kategorie Sie sich gerade befinden, wird unterhalb des Suchfeldes angezeigt. Die ausgewählte Unterkategorie lässt sich leicht anhand des kleinen Farbbalkens am linken Rand erkennen.

System

Gleich die erste Kategorie SYSTEM ist ein Beispiel für die bunte Themenvielfalt, die eine Kategorie beinhalten kann. Die Einstellungsmöglichkeiten reichen von der Konfiguration des Bildschirms über das Anpassen von Energieoptionen und der Speicheroptimierung bis hin zum Umgang mit der Zwischenablage. Dazwischen finden Sie aber auch die Unterkategorie BENACHRICHTIGUNGEN UND AKTIONEN, in der Sie festlegen, welche App Ihnen welche Benachrichtigungen zukommen lassen darf. Die Themenmischung endet am untersten Rand der linken Spalte mit der Unterkategorie INFO. Ein Klick hierauf, und Sie erhalten einige Informationen zu den Gerätespezifikationen sowie zur aktuell installierten Windows-Edition und -Version. Um in der recht langen Liste an Unterkategorien zu blättern, scrollen Sie einfach mit dem Mausrad oder nutzen die Bildlaufleiste. Diese wird unter Windows 10 übrigens zunächst nur sehr schmal eingeblendet und lässt sich erst dann auswählen, wenn sich der Mauszeiger direkt über dem dünnen Balken befindet.

Geräte

Wenn Sie einen Drucker oder ein Bluetooth-Gerät an den Computer anschließen möchten, führt Sie der Weg in die Kategorie GERÄTE. Auch Eingabegeräte wie Maus, Touchpad oder Stift werden über diese Kategorie konfiguriert. Die Unterkategorie MAUS ist ein wunderbares Beispiel dafür, wie ungeordnet die Aufteilung der Einstellungen unter Windows 10 derzeit noch ist und wie wild die Querverweise erfolgen. So lässt sich unter GERÄTE • MAUS u. a. die Tastenbelegung und Cursorgeschwindigkeit einstellen. Maus- und Cursorgröße hingegen legen Sie unter ERLEICHTERTE BEDIENUNG • MAUSZEIGER fest. Der Link MAUS- UND CURSORGRÖSSE ANPASSEN führt Sie direkt zur entsprechenden Seite innerhalb der Einstellungen-App. Klicken Sie unterhalb von VERWANDTE EINSTELLUNGEN stattdessen auf den Link WEITERE MAUSOPTIONEN, öffnet sich der aus vielen Windows-Generationen bekannte Dialog EIGENSCHAFTEN VON MAUS, in dem Sie fast die gleichen Einstellungen vornehmen können wie über die Einstellungen-App. Es ist aber anzunehmen, dass dieser Link mit einem der nächsten Funktionsupdates aus Windows 10 verschwindet und damit auch der Eigenschaften-Dialog. Den Abschnitt VERWANDTE EINSTELLUNGEN finden Sie übrigens recht häufig in der Einstellungen-App, und nicht selten führen die hier aufgeführten Links in die altbekannte Systemsteuerung.

Ein schneller Blick auf den Geräte-Manager

Schließen Sie eine neue Hardware an den Computer an, wird diese von Windows 10 im Normalfall automatisch erkannt. Ob alles funktioniert hat und die Treiber korrekt installiert wurden, können Sie auch unter Windows 10 über den *Geräte-Manager* prüfen. Der schnellste Weg, diesen aufzurufen, erfolgt über das Schnellzugriffsmenü, das Sie über die Tastenkombination [Win] + [X] einblenden. Führte die Treiberinstallation zu Problemen, wird die Hardware im Geräte-Manager meist in der Kategorie ANDERE GERÄTE aufgeführt und mit einem gelben Ausrufezeichen versehen. In Kapitel 21 erfahren Sie, wie Sie Hardware per USB, Bluetooth oder WLAN an den Computer anschließen und Probleme mit Gerätetreibern in den Griff bekommen.

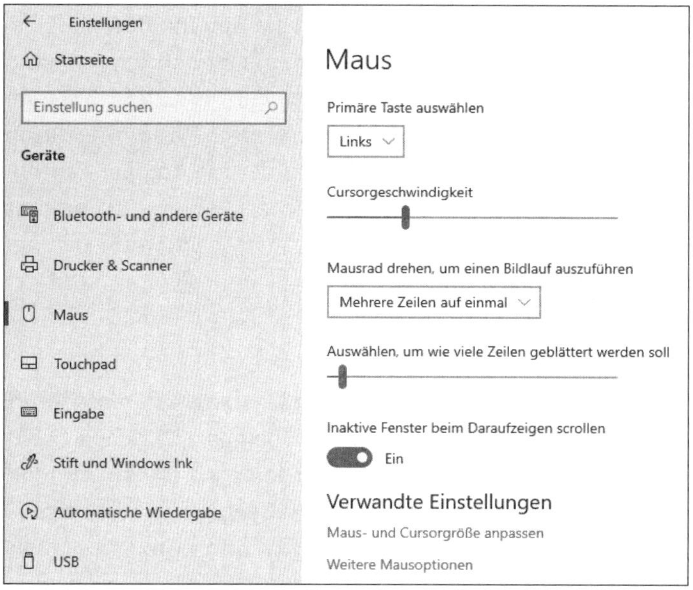

Abbildung 3.6 Die Links unterhalb von »Verwandte Einstellungen« führen Sie manchmal recht kurios sowohl durch die Einstellungen-App als auch in die Systemsteuerung.

Telefon

Über die Kategorie TELEFON verknüpfen Sie Ihr Android-Smartphone oder das iPhone mit dem Windows 10-Computer. Anschließend können Sie z. B. Fotos zwischen den Geräten austauschen oder Textnachrichten direkt vom PC aus abschicken. Weitere Details hierzu erhalten Sie in Abschnitt 17.3.6, »Ihr Smartphone«.

Netzwerk und Internet

Über die Kategorie NETZWERK UND INTERNET nehmen Sie alle wichtigen Einstellungen rund um WLANs, Ethernet, VPNs oder auch mobile Hotspots vor. Direkt nach dem Aufruf der Kategorie erhalten Sie eine Übersicht über den aktuellen Status der Internetverbindung. Die Einrichtung von Netzwerkverbindungen wird ausführlich in Kapitel 19 behandelt, die Datenfreigabe im Netzwerk ist Thema von Kapitel 20.

Personalisierung

Wer dem Desktophintergrund eine etwas persönlichere Note verpassen möchte, ist in der Kategorie PERSONALISIERUNG richtig. Hier finden Sie auch wichtige Einstellungen für den

Sperrbildschirm, das Startmenü sowie die Taskleiste. Auch die Farbauswahl für Titelleisten und Fenster und mehr nehmen Sie hier vor. An dieser Stelle sei kurz ein weiterer Weg zum Aufruf der Einstellungen-App erwähnt: Führen Sie auf einer freien Fläche des Desktops einen rechten Mausklick aus und wählen dann im Kontextmenü den Befehl ANPASSEN, gelangen Sie direkt zur Kategorie PERSONALISIERUNG in der Einstellungen-App.

Apps

Welche Apps und Features sind auf dem Computer installiert? Diese Frage beantwortet die Kategorie APPS. Die Liste enthält dabei nicht nur die bereits in Windows 10 integrierten Apps, sondern auch alle anderen Programme, die Sie selbst auf dem System installieren. Die Deinstallation von Anwendungen nehmen Sie ebenfalls über diese Kategorie vor – zumindest in Bezug auf diejenigen, die sich überhaupt entfernen lassen. Denn einige Apps, die Windows 10 bereits mitbringt, lassen ein Deinstallieren nicht zu. Über die Unterkategorie STANDARD-APPS legen Sie Ihre Lieblingsanwendungen fest, wie etwa den Webbrowser, die App zur Bildanzeige, den Musikplayer oder auch das E-Mail-Programm. Auch der automatische Start von Programmen lässt sich über die APPS-Kategorie steuern. Kapitel 16 beschäftigt sich ausführlich mit allen wichtigen Einstellungen rund um die Apps.

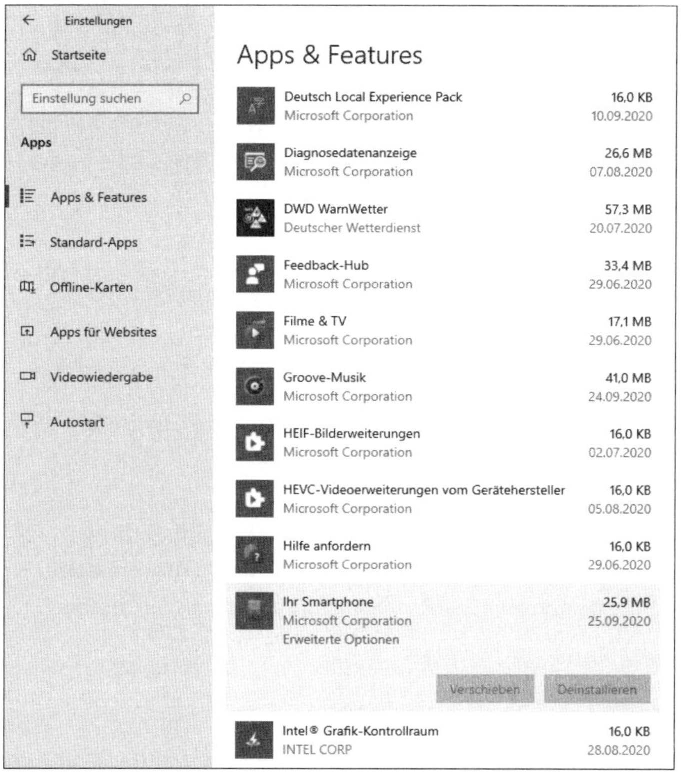

Abbildung 3.7 Nicht alle in der Unterkategorie »Apps & Features« aufgeführten Anwendungen lassen sich deinstallieren.

Konten

Die Kategorie KONTEN UMFASST fast alles, was mit dem Thema Benutzerkonten zu tun hat. So können Sie hier die Anmeldeoptionen für Ihr eigenes Konto festlegen oder auch die Synchronisierungseinstellungen anpassen. Beides wird im Verlauf dieses Kapitel noch detaillierter beschrieben. Das Hinzufügen von Benutzerkonten erledigen Sie über die Unterkategorie FAMILIE UND ANDERE BENUTZER. Wie Sie hierzu vorgehen, erfahren Sie in Kapitel 26, »Windows 10 sicher mit mehreren Benutzern nutzen«.

Zeit und Sprache

Die wichtigsten Spracheinstellungen werden bereits bei der Ersteinrichtung des Systems vorgenommen. Für die meisten Anwender reichen diese auch aus, sodass ein Blick in die Kategorie ZEIT UND SPRACHE eher selten nötig sein dürfte. Für den ein oder anderen könnte aber die Unterkategorie DATUM UND UHRZEIT von Interesse sein, in der sich zusätzliche Kalender zur Anzeige in der Taskleiste auswählen lassen. Wer eine weitere Uhr für unterschiedliche Zeitzonen hinzufügen möchte, wird über den gleichnamigen Link in den bereits aus früheren Windows-Versionen bekannten Dialog DATUM UND UHRZEIT geführt.

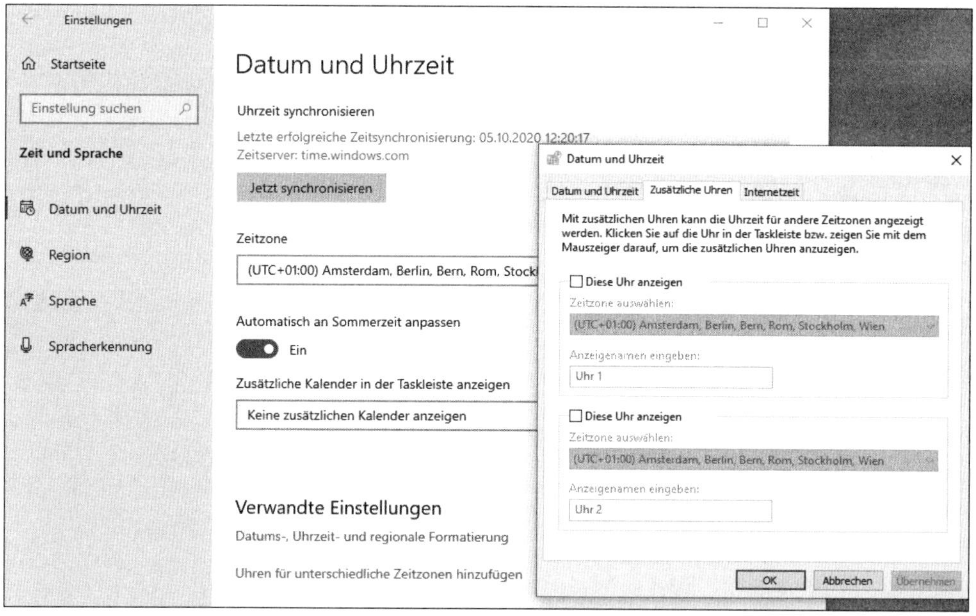

Abbildung 3.8 Der Link »Uhren für unterschiedliche Zeitzonen hinzufügen« führt Sie aus der Einstellungen-App heraus.

Spielen

Windows 10 verfügt über einen speziellen Spielmodus. Über die Kategorie SPIELEN aktivieren Sie diesen, legen Tastenkombinationen fest und bestimmen die Aufzeichnungsmodalitäten.

Erleichterte Bedienung

Der Mauszeiger ist viel zu klein, der Text nur schwer zu entziffern? Die Kategorie ERLEICHTERTE BEDIENUNG bietet viele Einstellungen, mit denen man sich die Arbeit am Computer weitaus bequemer gestalten kann. Bildschirmlupe, Sprachausgabe, Untertitel für Hörgeschädigte und die Spracherkennung sind nur ein paar dieser Funktionen. Kapitel 8 setzt sich ausführlich mit der Kategorie ERLEICHTERTE BEDIENUNG auseinander.

Suche

Sind Sie auf der Suche nach einer bestimmten Datei? Mithilfe der Windows-Suche werden Sie bestimmt schnell fündig. Möglich macht dies der im Hintergrund arbeitende Indexdienst. In der Kategorie SUCHE legen Sie u. a. fest, welche Daten bei der Indexierung berücksichtigt werden sollen.

Datenschutz

Der Datenschutz ist bereits während der Ersteinrichtung des Systems ein wichtiges Thema. Die Einstellungen, die Sie dort vornehmen, kratzen aber nur an der Oberfläche. Rufen Sie die Kategorie DATENSCHUTZ in der Einstellungen-App auf, sehen Sie sich stolzen 27 Unterkategorien gegenüber, die in die Bereiche WINDOWS-BERECHTIGUNGEN sowie APP-BERECHTIGUNGEN unterteilt sind. Die Vergangenheit hat gezeigt, dass Sie diese Einstellungen nicht nur einmalig überprüfen und anpassen sollten, sondern immer mal wieder einen Blick in diese Kategorie werfen sollten. Speziell nach Funktionsupdates kann es sein, dass sich hier einige Änderungen ergeben haben. Das Thema Windows 10 und der Datenschutz wird ausführlich auch in Kapitel 22 behandelt.

Update und Sicherheit

Die letzte Kategorie UPDATE UND SICHERHEIT ist zugleich die bedeutendste, denn hier geht es in der Tat um die Sicherheit Ihres Computers. Ein wichtiger Punkt sind dabei die Windows Updates, mit denen Sie Ihren Windows 10-PC auf dem neuesten Stand halten. Kapitel 23 setzt sich ausführlich mit den nicht von jedem geliebten Aktualisierungen auseinander.

Wenn es um die Computersicherheit geht, darf die Datensicherung natürlich nicht fehlen. Windows 10 bietet hierfür den *Dateiversionsverlauf* an, den Sie über die Unterkategorie SICHERUNG aktivieren. Sollte der Computer einmal nicht so arbeiten, wie Sie es gerne möchten, hat die PROBLEMBEHANDLUNG, die Sie über die gleichnamige Unterkategorie erreichen, eventuell eine Lösung parat. Manchmal ist es aber auch sinnvoll, den PC komplett zurückzusetzen. Unter Windows 10 sind hierfür nur wenige Mausklicks nötig. Die entsprechende Funktion versteckt sich in der Unterkategorie WIEDERHERSTELLUNG. Wer sich einen schnellen Überblick über den Sicherheitsstatus von Firewall, Viren- & Bedrohungsschutz und mehr verschaffen möchte, ist in der Unterkategorie WINDOWS-SICHERHEIT am richtigen Platz, wie in Abschnitt 3.3 zu sehen sein wird.

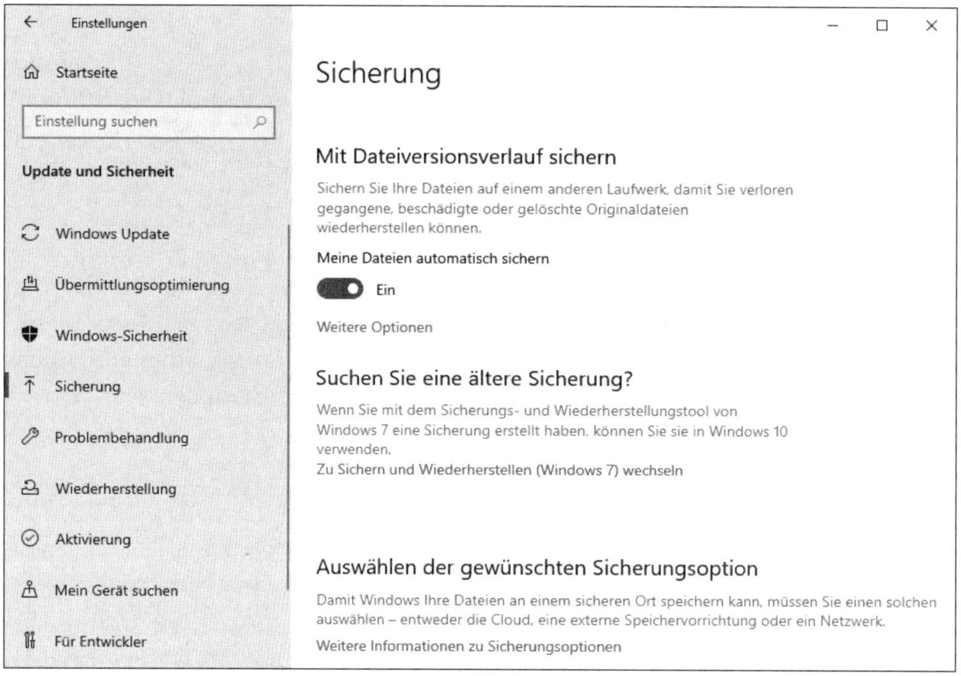

Abbildung 3.9 Wer auf Nummer sicher gehen will, sollte regelmäßig ein Backup durchführen. Unter Windows 10 übernimmt diese Aufgabe der Dateiversionsverlauf.

3.1.3 Der Weg zur Systemsteuerung

Dass der Anwender immer stärker zur Einstellungen-App geführt werden soll, zeigt sich auch an den Aufrufmöglichkeiten der Systemsteuerung. Während die Einstellungen-App mit wenigen Mausklicks erreichbar ist, wie in Abschnitt 3.1.1 gezeigt, muss man für die Systemsteuerung schon tiefer in die Trickkiste greifen. In den Anfängen von Windows 10 ließ sich die Systemsteuerung noch über das Schnellzugriffsmenü starten: Einfach ein rechter Mausklick auf das Windows-Logo oder Drücken der Tastenkombination ⊞ + X, und schon ließ sich die Systemsteuerung über den entsprechenden Menüeintrag auswählen. Dieser Weg funktioniert mittlerweile nicht mehr. Statt der Systemsteuerung finden Sie im Schnellzugriffsmenü nun die EINSTELLUNGEN, über die Sie entsprechend zur Einstellungen-App geführt werden. Wie lange sich die folgenden Tricks noch ausführen lassen, bleibt somit spannend. Aktuell (Stand Anfang 2021) lässt sich die Systemsteuerung folgendermaßen aufrufen:

- Blenden Sie über die Taste ⊞ oder das Windows-Logo das Startmenü ein. Blättern Sie hier ganz nach unten bis zum Ordner WINDOWS-SYSTEM. Klicken Sie ihn an, klappt eine Liste auf, in der Sie auch die SYSTEMSTEUERUNG finden.
- Klicken Sie in das Suchfeld der Taskleiste, und geben Sie den Suchbegriff »Systemsteuerung« ein. Der Treffer SYSTEMSTEUERUNG APP wird bereits nach Eingabe weniger Buchstaben aufgeführt. Per Klick darauf starten Sie die Systemsteuerung.

Abbildung 3.10 Der Eintrag für die Systemsteuerung ist in den Tiefen des Startmenüs versteckt.

- Drücken Sie die Tastenkombination [Windows] + [R], um den Ausführen-Dialog zu öffnen. Tippen Sie hier »control« ein. Nach Drücken der [↵]-Taste oder einem Klick auf OK wird ebenfalls die Systemsteuerung gestartet. Geben Sie »control« im Suchfeld der Taskleiste ein, erhalten Sie als Ergebnis ebenfalls die Systemsteuerung.

Die Systemsteuerung startet klassischerweise in der Ansicht KATEGORIE, in der die Funktionen nach Themen sortiert angezeigt werden. Die Anzahl der hier aufgeführten Konfigurationsmöglichkeiten ist allerdings sehr überschaubar und zudem nicht sehr zielführend. Ich empfehle unter Windows 10 stattdessen die Ansicht GROSSE SYMBOLE bzw. KLEINE SYMBOLE. Die beiden Varianten unterscheiden sich nur in der Größe der Symbole. Welche Sie also wählen, ist Geschmackssache. Um zu einem Thema zu gelangen, reicht wie üblich ein Klick auf den entsprechenden Eintrag. Auch an der Navigation über das Adressfeld und die Pfeile links neben dem Adressfeld hat sich unter Windows 10 nichts geändert.

Dass auch in der Systemsteuerung die zuvor schon im Rahmen der Einstellungen-App erwähnten Querverweise ein teilweise kurioses Spiel treiben, zeigt das Beispiel der Standardprogramme: Klicken Sie auf der Startseite der Systemsteuerung auf STANDARDPROGRAMME und im folgenden Dialog auf STANDARDPROGRAMME FESTLEGEN, werden Sie automatisch zur Seite STANDARD-APPS in der Einstellungen-App geführt. Das Gleiche passiert, wenn Sie auf der Startseite der Systemsteuerung auf TASKLEISTE UND NAVIGATION klicken. In diesem Fall wird die Einstellungen-App mit der Seite TASKLEISTE eingeblendet.

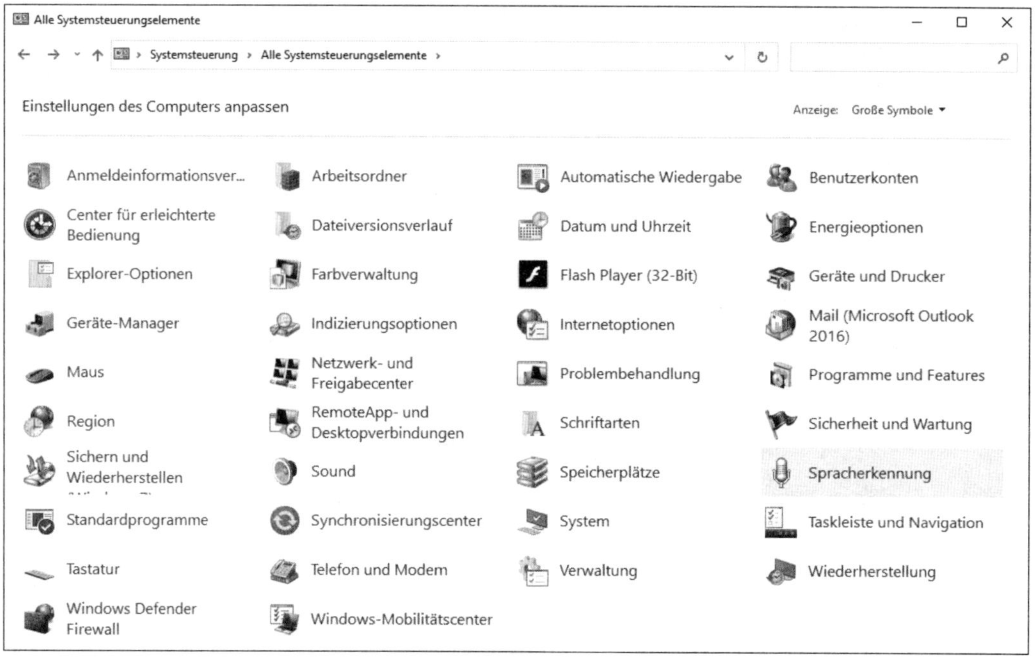

Abbildung 3.11 Die Symbolansicht bietet eine bessere Übersicht.

Den GodMode unter Windows 10 aktivieren

Sie wünschen sich eine übersichtliche Liste aller Funktionen, die über die Systemsteuerung zu erreichen sind? Mit dem sogenannten *GodMode* (auf Deutsch »Gottmodus«), den es bereits seit Windows Vista gibt, lässt sich genau dies umsetzen. Um ihn zu aktivieren, klicken Sie mit der rechten Maustaste auf eine freie Fläche auf dem Desktop und wählen im Kontextmenü den Befehl NEU • ORDNER. Überschreiben Sie den blau markierten Ordnernamen NEUER ORDNER mit folgender Angabe:

```
GodMode.{ED7BA470-8E54-465E-825C-99712043E01C}
```

Ob Sie vor dem .{ den Namen GodMode angeben oder eine andere Bezeichnung wählen, ist unerheblich. Wichtig ist lediglich, dass hier ein Text eingegeben wird. Die folgende Zeichenfolge müssen Sie hingegen exakt so übernehmen wie oben aufgeführt. Sobald Sie die Eingabe durch Drücken der [↵]-Taste übernehmen, ändert sich das Aussehen des Ordnersymbols in das Symbol der Systemsteuerung. Doppelklicken Sie darauf, öffnet sich das Programmfenster des Explorers mit einer Übersicht über alle Funktionen, die Sie aktuell noch über die Systemsteuerung erreichen.

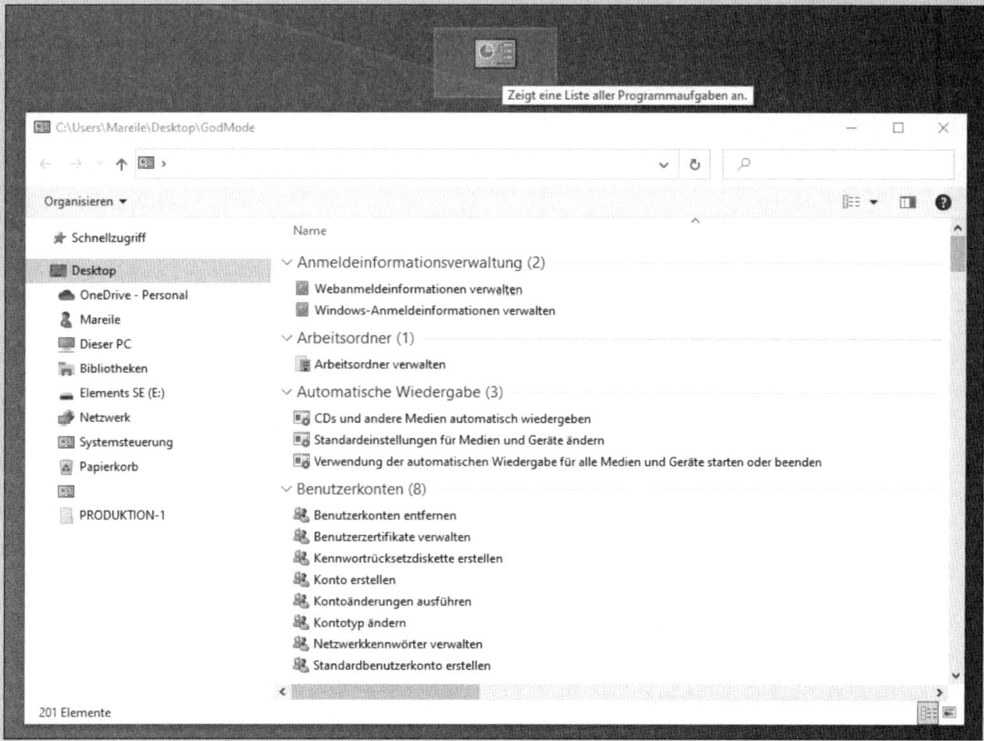

Abbildung 3.12 Der GodMode listet alle Funktionen der Systemsteuerung übersichtlich auf.

3.1.4 Einstellungen-App und Systemsteuerung durchsuchen

Mal die Einstellungen-App, dann doch wieder die Systemsteuerung – bei diesem Durcheinander gilt für die Zukunft wohl verstärkt das Motto »Probieren geht über Studieren«. Wem dies zu lästig ist, kann die Suche nach einer Funktion auch Windows überlassen. Die Suchanfrage stellen Sie am besten über das Suchfeld in der Taskleiste, denn so erhalten Sie als Ergebnis sowohl die Treffer in der Einstellungen-App als auch die der Systemsteuerung. Beide Konfigurationszentralen verfügen auch über ein eigenes Suchfeld. Die Suchanfrage wird damit aber jeweils auf die Einstellungen-App bzw. die Systemsteuerung beschränkt.

Computerverwaltung, Gruppenrichtlinien und mehr

Über die Einstellungen-App und die Systemsteuerung lassen sich hervorragend alle Grundeinstellungen von Windows 10 vornehmen. Um tiefer in das System vorzustoßen, reichen diese beiden Konfigurationszentralen aber nicht immer aus. In Kapitel 37 stelle ich Ihnen einige Verwaltungstools vor. Dazu zählen z. B. der Registrierungs-Editor, die Computerverwaltung sowie der Editor für lokale Gruppenrichtlinien.

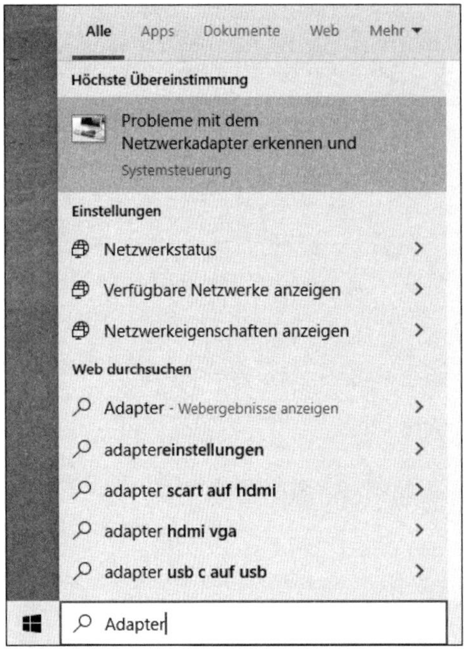

Abbildung 3.13 Stellen Sie die Suchanfrage über das Suchfeld der Taskleiste, werden sowohl Treffer der Systemsteuerung als auch der Einstellungen-App aufgeführt.

3.2 Ein erstes Update durchführen

Zwischen dem Zeitpunkt, zu dem ein Computerhersteller das Betriebssystem auf dem Gerät installiert, und dem Moment, in dem Sie den PC das erste Mal hochfahren, können Wochen, wenn nicht gar Monate liegen. Während dieser Zeit wurde eine Vielzahl an Windows-Aktualisierungen veröffentlicht. Diese sollten so schnell wie möglich auf Ihrem Computer installiert werden, um z. B. in der Zwischenzeit aufgedeckte Sicherheitslücken zu schließen oder das in Windows 10 integrierte Antivirenprogramm Windows Defender Antivirus mit den neuesten Virensignaturen zu versorgen. Die Updatefunktion von Windows 10 funktioniert im Normalfall automatisch. Direkt nach Inbetriebnahme des Geräts schadet es aber nicht, einen prüfenden Blick auf die Funktion zu werfen und gegebenenfalls manuell nachzuhelfen. Hierzu gehen Sie folgendermaßen vor:

1. Rufen Sie die Einstellungen-App z. B. über die Tastenkombination [Win] + [I] auf. Auf der Startseite der App wählen Sie die Kategorie UPDATE UND SICHERHEIT. Stellen Sie sicher, dass in der linken Spalte die Unterkategorie WINDOWS UPDATE markiert ist.
2. In der rechten Fensterhälfte, also auf der Seite WINDOWS UPDATE, wird der Zeitpunkt der letzten Überprüfung eingeblendet. Klicken Sie auf die Schaltfläche NACH UPDATES SUCHEN, um den Suchvorgang nach neueren Updates zu starten.

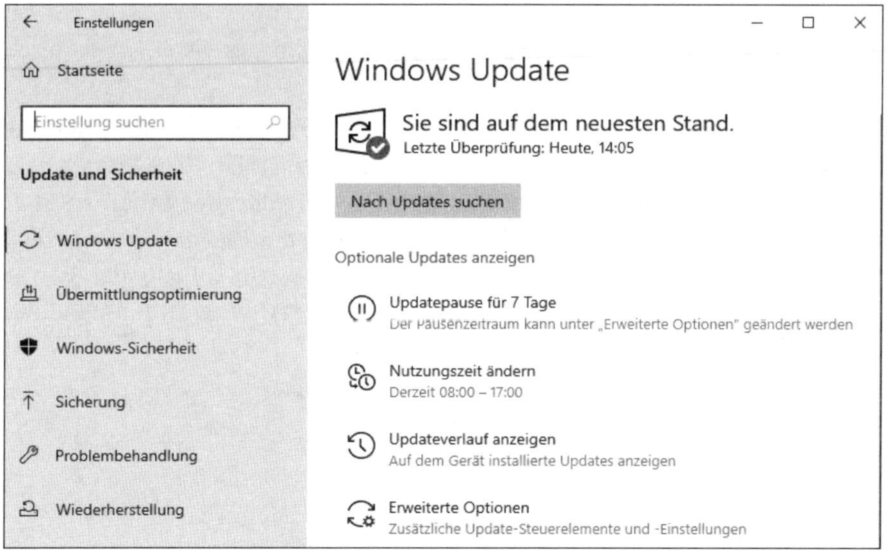

Abbildung 3.14 Über »Nach Updates suchen« starten Sie die Suche nach Aktualisierungen manuell.

Manche Updates installiert Windows 10 sofort automatisch, bei anderen müssen Sie per Klick auf die entsprechende Schaltfläche die Installation und anschließend eventuell auch einen Neustart des Computers selbst anstoßen. In Kapitel 23, »Windows 10 auf dem aktuellsten Stand halten«, wird das Thema Windows Updates ausführlich beleuchtet.

3.3 Ein prüfender Blick auf das Windows-Sicherheit-Center

Windows ist das am häufigsten eingesetzte Betriebssystem. Damit bietet es Cyberkriminellen die lukrativste Angriffsfläche. Mit der Vielzahl an interessanten Sicherheits-Features, mit denen Windows 10 ausgestattet wurde, bemüht sich Microsoft, Angreifern das Leben so schwer wie möglich zu machen. Die Schutzmechanismen nützen allerdings nur etwas, wenn sie aktiviert sind und ordnungsgemäß funktionieren. Mit einem Blick in das Windows-Sicherheit-Center (manchmal auch als *Windows-Sicherheit-App* bezeichnet) lässt sich dies schnell überprüfen, denn hier sind alle wichtigen Sicherheits-Features wie etwa der Viren- & Bedrohungsschutz oder auch die Gerätesicherheit zusammengefasst.

3.3.1 Das Windows-Sicherheit-Center öffnen

Für den Aufruf des Dashboards (in den Anfängen von Windows 10 noch *Windows Defender Sicherheitscenter* genannt) stehen verschiedene Wege zur Verfügung:

- Öffnen Sie das Startmenü, und blättern Sie in der App-Liste nach unten bis zum Eintrag WINDOWS-SICHERHEIT. Ein Klick hierauf startet direkt das Windows-Sicherheit-Center.

- Klicken Sie im Infobereich der Taskleiste auf das Symbol ⌃, wird in der aufklappenden Liste das Symbol WINDOWS-SICHERHEIT eingeblendet, über das Sie ebenfalls direkt zum Windows-Sicherheit-Center gelangen.
- Rufen Sie in der Einstellungen-App die Kategorie UPDATE UND SICHERHEIT auf, finden Sie in der linken Spalte ebenfalls den Eintrag WINDOWS-SICHERHEIT. Ein Klick hierauf zeigt zunächst aber nur eine Übersicht über die einzelnen Schutzbereiche des Windows-Sicherheit-Centers. Diese Kategorien werden auch auf der Startseite des Dashboards angezeigt, die Sie zu Gesicht bekommen, wenn Sie das Center über das Startmenü oder das Symbol aufrufen. Mit einem Klick auf WINDOWS-SICHERHEIT ÖFFNEN wird das Windows-Sicherheit-Center geöffnet.

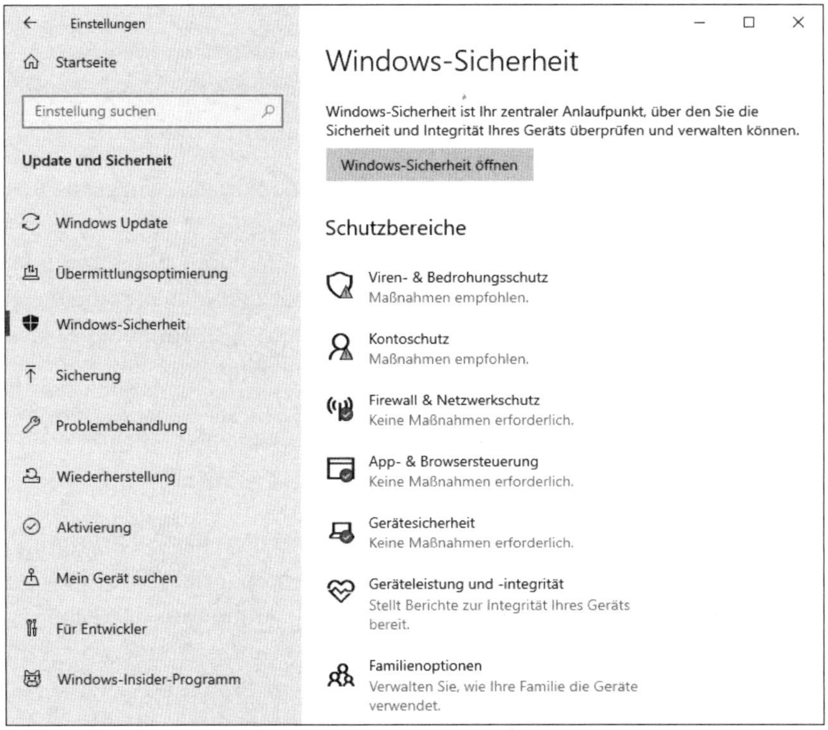

Abbildung 3.15 Übersicht über die Schutzbereiche des Windows-Sicherheit-Centers in der Einstellungen-App

Die sieben Schutzbereiche des Windows-Sicherheit-Centers werden im folgenden Abschnitt kurz vorgestellt. Der Status der Bereiche lässt sich bereits auf der Startseite des Centers sowie auf der Seite WINDOWS-SICHERHEIT in der Einstellungen-App ablesen. Ist ein Bereich mit einem gelben Ausrufezeichen oder gar einem roten X versehen, besteht aus Sicht von Windows 10 Handlungsbedarf. Dabei muss es sich nicht unbedingt um ein schwerwiegendes Problem handeln, manchmal ist auch nur eine simple Maßnahme erforderlich, wie Sie gleich erfahren werden.

3.3.2 Das Windows-Sicherheit-Center im Überblick

Nach dem Aufruf des Windows-Sicherheit-Centers zeigt eine Übersicht, wie es um die Sicherheit Ihres Computers bestellt ist. Das Center überwacht insgesamt sieben Schutzbereiche, die im Folgenden kurz vorgestellt werden. Per Klick auf einen der sieben Titel gelangen Sie zu den Detailseiten des jeweiligen Bereichs. Wie bei der Einstellungen-App führt Sie der Pfeil oben links, der anschließend auf diesen Seiten eingeblendet wird, jeweils auf die zuvor besuchte Seite zurück.

Viren- & Bedrohungsschutz

In älteren Windows-Versionen zählte die Installation eines Antivirenprogramms zu den ersten Aktionen, die man auf einem neuen Computer durchführte. In Windows 10 muss dieser Schritt nicht mehr zwingend vorgenommen werden, denn hier ist der Windows Defender Antivirus bereits mit an Bord. Die ersten Tests, die in den Anfängen von Windows 10 durchgeführt wurden, zeigten ein eher dürftiges Ergebnis. Mittlerweile kann das Windows-eigene Antivirenprogramm in Vergleichstests aber sehr gut mithalten. Über die Seite VIREN- & BEDROHUNGSSCHUTZ gelangen Sie zu den Einstellungen des Schutzprogramms, das ausführlich in Kapitel 24 vorgestellt wird.

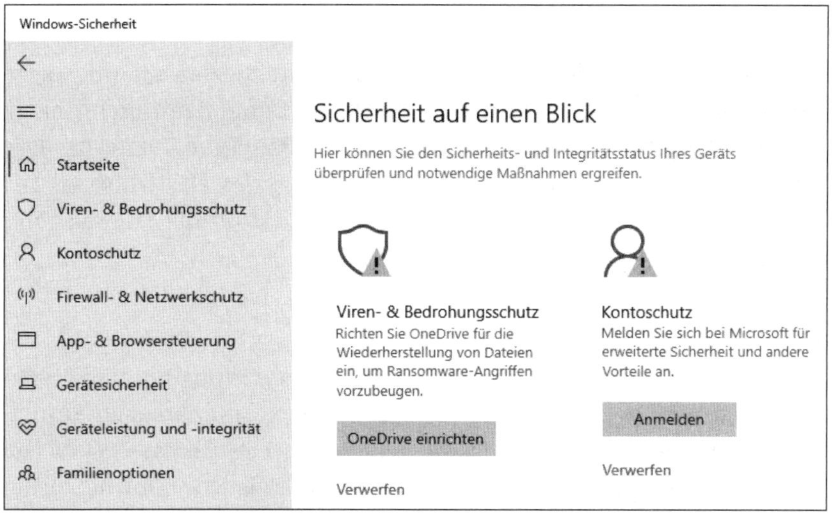

Abbildung 3.16 Die Warnzeichen lassen sich mit einem Klick auf »Verwerfen« schnell ausblenden, falls Sie den Empfehlungen von Microsoft nicht folgen möchten.

Eine große Gefahr stellen sogenannte *Ransomware-Angriffe* dar, bei denen der Computer gesperrt und die Daten verschlüsselt werden. Erst nach Zahlung eines Lösegeldes soll der Zugriff wieder freigegeben werden. Als Schutz vor dieser Erpressungssoftware empfiehlt Windows 10 die Datensicherung in der Cloud OneDrive. Sind Sie mit einem lokalen Benutzerkonto am System eingeloggt und haben sich nicht gesondert bei OneDrive angemeldet, wird das Symbol des Viren- & Bedrohungsschutzes auf der Startseite des Microsoft-Sicherheit-Centers mit einem gelben Ausrufezeichen versehen. Über die Schaltfläche ONEDRIVE EINRICHTEN erhalten Sie die Möglichkeit, sich direkt beim Onlinespeicher anzumelden. Wünschen Sie dies nicht, lässt sich die Meldung mit einem Klick auf VERWERFEN ausblenden. Auch wenn Sie hierfür nicht OneDrive verwenden möchten: Eine Datensicherung sollten Sie unbedingt vornehmen. Hinweise hierzu (auch zu OneDrive) erhalten Sie in Kapitel 12.

Kontoschutz

Der Schutzbereich KONTOSCHUTZ überprüft Ihre Kontoeinstellungen und Anmeldeoptionen. Er wird allerdings nur dann aktiv, wenn Sie mit einem Microsoft-Konto am Computer angemeldet sind. Sollte dies nicht der Fall sein, wird das Symbol des Kontoschutzes auf der Startseite des Windows-Sicherheit-Centers mit einem gelben Warnzeichen versehen. Mit einem Klick auf VERWERFEN wird die Warnung aufgehoben, und Sie bleiben weiterhin mit dem lokalen Benutzerkonto am System angemeldet. Nutzen Sie hingegen das Microsoft-Konto, führen Sie die Links KONTOINFORMATIONEN ANZEIGEN, SYNCHRONISIERUNGSEINSTELLUNGEN ANPASSEN sowie ANMELDEOPTIONEN VERWALTEN auf der Seite KONTOSCHUTZ jeweils zu den entsprechenden Seiten in der Einstellungen-App.

Firewall- & Netzwerkschutz

Bereits seit vielen Versionen ist in Windows eine Firewall integriert, die den ein- und ausgehenden Datenverkehr im Netzwerk prüft und nur zugelassenen Daten den Durchgang gewährt. Wie Sie die Windows Defender Firewall konfigurieren, ist Thema von Kapitel 25, »Firewall und Netzwerkschutz richtig einsetzen«. Auf der Seite FIREWALL- & NETZWERKSCHUTZ des Windows-Sicherheit-Centers sehen Sie bereits auf einen Blick, ob die Firewall ihren Dienst korrekt verrichtet.

App- & Browsersteuerung

Im Schutzbereich APP- & BROWSERSTEUERUNG geht es um den Schutz von Apps und die Onlinesicherheit. Über den Link EINSTELLUNGEN FÜR ZUVERLÄSSIGKEITSBASIERTEN SCHUTZ gelangen Sie zu den Einstellungen des SmartScreen-Filters. Ist der Filter aktiviert, wird jede Webseite, die Sie aufrufen, auf gefährlichen Code hin überprüft sowie jeder Download, den Sie vornehmen. Der SmartScreen-Filter kommt im Browser Microsoft Edge Chromium, aber auch im Microsoft Store zum Einsatz. Nähere Informationen hierzu erhalten Sie in Abschnitt 17.1, »Der Browser Microsoft Edge Chromium«.

Ein großes Risiko stellen Sicherheitslücken dar. Sogenannte *Exploits* können diese auf Ihrem Computer ausfindig machen und über sie Schadprogramme in Ihren Computer einschleusen. Die Einstellungen für den Exploit-Schutz lassen sich nach einem Klick auf den Link EINSTELLUNGEN FÜR EXPLOIT-SCHUTZ auf der Seite APP- & BROWSERSTEUERUNG vornehmen. In Kapitel 24, »Viren- & Bedrohungsschutz von Windows 10«, erfahren Sie mehr hierzu.

Gerätesicherheit

Die Schutz vor Schadsoftware setzt sich auch im Bereich Gerätesicherheit fort. Welche Optionen hier aufgeführt werden, hängt von der auf Ihrem Gerät eingesetzten Hardware ab. Mithilfe der Kernisolierung lässt sich ein geschützter Speicherbereich für wichtige Systemprozesse einrichten, der Schadprogrammen den Zugriff auf den Speicher der Prozesse erschwert.

Um die Funktion zu aktivieren, klicken Sie auf Details zu Kernisolierung, setzen den Regler Speicher-Integrität auf Ein und starten den Computer neu. Die geschützten Speicherbereiche werden nun erst dann ausgeführt, nachdem ihre Integrität geprüft wurde. Sollte tatsächlich ein Schadprogramm eingedrungen sein, sollte dies erkannt und die Ausführung entsprechend verhindert werden. Manchmal kann die Kernisolierung allerdings dazu führen, dass ein Treiber nicht geladen werden kann und eine entsprechende Fehlermeldung eingeblendet wird. Für diesen Fall rät Microsoft zu einer Treiberaktualisierung. Hilft dies nicht, muss die Funktion Speicher-Integrität wieder ausgeschaltet und der Computer anschließend neu gestartet werden.

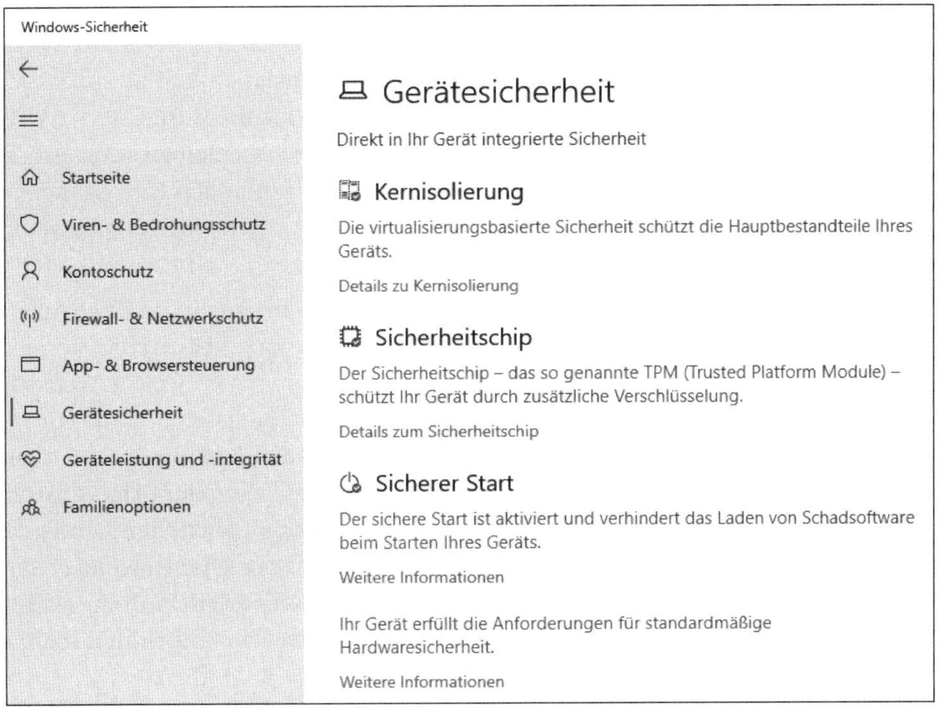

Abbildung 3.17 Übersicht über die Seite »Gerätesicherheit«

Sofern auf Ihrem Computer verfügbar, finden Sie auf der Seite Gerätesicherheit den Eintrag Sicherheitschip. Genauer gesagt handelt es sich dabei um einen TPM-Chip (Abkürzung für *Trusted Platform Module*). Der Chip kommt u. a. bei Verschlüsselungstechnologien wie BitLocker zum Einsatz, wie in Abschnitt 13.2, »Festplatten verschlüsseln mit BitLocker«, beschrieben wird. Im TPM ist der kryptografische Schlüssel gespeichert, der zum Entschlüsseln von Festplatten benötigt wird. Über den Link DETAILS ZUM SICHERHEITSCHIP erhalten Sie Informationen zum TPM.

Ein weiterer Punkt auf der Seite GERÄTESICHERHEIT ist SICHERER START (auch *Secure Boot* genannt). Ist dieser aktiviert, wird beim Start des Computers, noch bevor das Betriebssystem die Kontrolle übernimmt, jedes Softwareelement auf eine gültige Signatur überprüft. So wird sichergestellt, dass nur vertrauenswürdige Software geladen wird. Der sichere Start kommt allerdings nur auf Computern zum Einsatz, die UEFI (Unified Extensible Firmware Interface) unterstützen. Die Aktivierung der Funktion erfolgt in den UEFI-Einstellungen des Computers.

Geräteleistung und -integrität

Dieser Schutzbereich zeigt die Statusinformationen bezüglich Leistung und Systemintegrität an. Dazu zählt z. B. die Speicherkapazität sowie im Falle eines Mobilgeräts die Akkulaufzeit. Im Abschnitt SAUBERER START erhalten Sie die Empfehlung, Windows neu zu installieren, falls Leistungsprobleme auftreten. Über den Link ZUSÄTZLICHE INFORMATIONEN gelangen Sie allerdings lediglich zur Webseite mit weiteren Informationen. Das Zurücksetzen von Windows erfolgt stattdessen über die Kategorie UPDATE UND SICHERHEIT • WIEDERHERSTELLUNG der Einstellungen-App. Kapitel 32, »Den PC wiederherstellen oder zurücksetzen«, setzt sich ausführlich mit diesem Thema auseinander.

Familienoptionen

Wird Ihr Computer auch von Kindern genutzt? Unter Windows 10 haben Sie die Möglichkeit, besondere Schutzeinstellungen für die Kleinsten in der Familie vorzunehmen. So können Sie genau festlegen, zu welchen Zeiten Ihr Kind mit dem PC arbeiten darf, welche Webseite geöffnet und welche Spiele und Apps gestartet werden dürfen. Voraussetzung hierfür ist, dass sowohl Sie als auch Ihr Kind ein Microsoft-Konto zur Anmeldung am Computer verwenden. Die Konfiguration der Microsoft Family-Features erfolgt über die Microsoft-Webseite. Zu dieser werden Sie automatisch geführt, wenn Sie im Windows-Sicherheit-Center die Seite FAMILIENOPTIONEN öffnen und dann auf den Link FAMILIENEINSTELLUNGEN ANZEIGEN klicken. Der alternative Weg führt über die Kategorie KONTEN • FAMILIE UND ANDERE BENUTZER der Einstellungen-App. Dieser Weg wird auch in Abschnitt 26.5 gewählt, in dem Sie Microsoft Family Safety im Detail kennenlernen werden.

3.4 Anmeldeoptionen konfigurieren

Nach dem Hochfahren des Computers ist zunächst der Sperrbildschirm zu sehen, den Sie durch Drücken einer beliebigen Taste auf der Tastatur oder im Falle eines Touchscreens mit einer Wischbewegung vom unteren Bildschirmrand nach oben ausblenden. Nun wird der Anmeldebildschirm eingeblendet. Früher wählte man hier einfach sein Benutzerkonto aus und gab dann das dazugehörige Kennwort ein. Unter Windows 10 lässt sich die Anmeldung per Kennwort natürlich ebenfalls noch nutzen, und viele Anwender setzen diese Methode wahrscheinlich auch noch ein. Es gibt aber noch einige andere interessante Methoden, die im Folgenden vorgestellt werden. Außerdem zeige ich Ihnen, wie Sie einen Kennwortrücksetzdatenträger anlegen. Dieser spielt allerdings nur dann eine Rolle, wenn Sie das Kennwort für Ihr lokales Benutzerkonto vergessen haben sollten.

3.4.1 Die Anmeldeoptionen festlegen

Benutzername und Kennwort eingeben, so sieht seit langer Zeit die Benutzerauthentifizierung an einem Windows-Computer aus. Unter Windows 10 ist diese Methode aber nur eine von insgesamt sechs Varianten, die Ihnen angeboten werden. Neben der in Kapitel 2 bereits erwähnten PIN, einer kurzen Ziffernfolge, stehen Ihnen der Bildcode, ein Sicherheitsschlüssel sowie die Gesichts- und Fingerabdruckerkennung zur Auswahl. Die PIN sowie die biometrischen Verfahren zählen zu den *Windows Hello*-Anmeldeoptionen.

Microsoft setzt bei diesen Verfahren auf die *Zwei-Faktor-Authentisierung* (kurz *2FA*). Das Prinzip dahinter: Um sich authentifizieren zu können, reicht eine einzelne Angabe (z. B. das Kennwort) nicht mehr aus, stattdessen benötigt der Anwender zwei Faktoren. Die Faktoren, die dabei zum Einsatz kommen, lassen sich in drei Kategorien unterteilen:

- **Wissen**: Der Anwender muss eine PIN kennen oder das Muster, das auf einem Bild nachgefahren wird.
- **Besitz**: Zur Anmeldung ist der Besitz z. B. eines Sicherheitsschlüssels erforderlich.
- **Biometrie**: Hier wird ein biometrisches Merkmal wie etwa der Fingerabdruck als zweiter Faktor verwendet.

Während Sie sich mit dem Kennwort Ihres Microsoft-Kontos auf jedem beliebigen Gerät einloggen können, sind die drei Windows Hello-Methoden an das Gerät gekoppelt, auf dem sie eingerichtet wurden. Der Computer dient damit ebenfalls als ein Faktor der Authentifizierung.

Welche Anmeldeoptionen Sie auswählen können, hängt von der zur Verfügung stehenden Hardware ab, aber auch von der Art des Benutzerkontos. Für den Einsatz der biometrischen Verfahren benötigen Sie außerdem eine 64-Bit-Version von Windows 10.

Der Weg zur Konfiguration der Anmeldeoptionen ist immer gleich: Öffnen Sie zunächst die Einstellungen-App z. B. über das Zahnradsymbol ⚙ im Startmenü oder durch Drücken der Tastenkombination ⊞ + I. Rufen Sie dann die Kategorie KONTEN auf, und klicken Sie dort in der linken Spalte auf ANMELDEOPTIONEN. Im Folgenden stelle ich Ihnen die einzelnen Varianten näher vor.

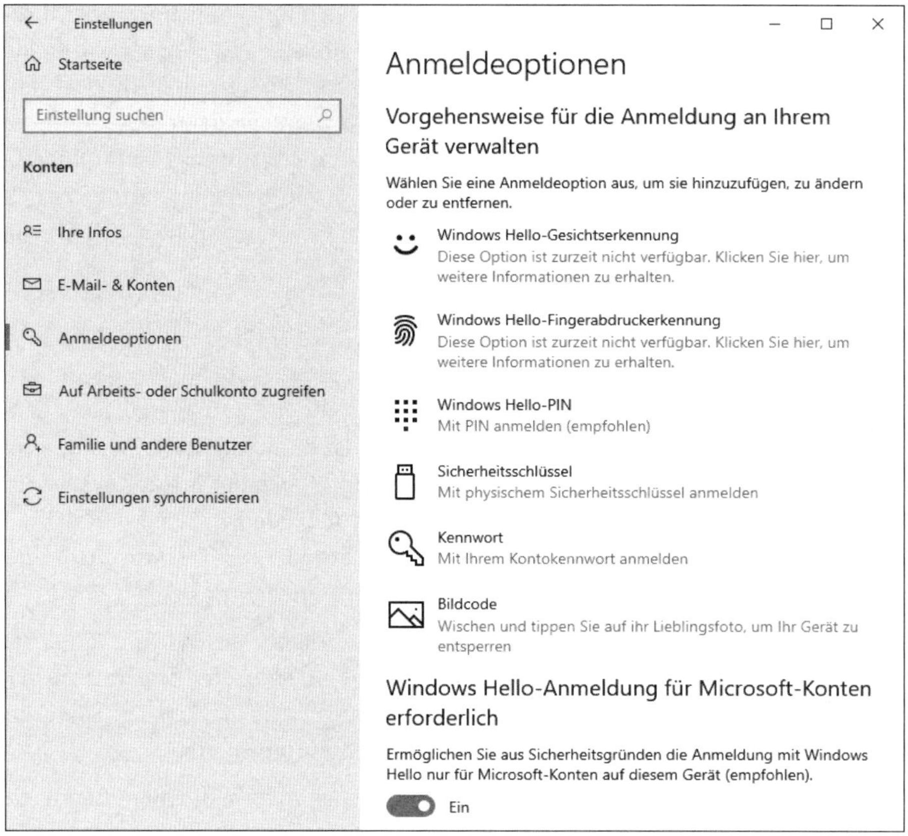

Abbildung 3.18 Übersicht über die Anmeldeoptionen unter Windows 10

Windows Hello-Gesichtserkennung

Um die Windows Hello-Gesichtserkennung einsetzen zu können, reicht eine klassische Webcam nicht aus. Stattdessen benötigen Sie eine spezielle 3D-Infrarotkamera, wie sie z. B. in einigen der Microsoft Surface Go-Tablets integriert ist. Wer eine solche Kamera nachrüsten möchte, sollte unbedingt darauf achten, dass die Webcam Windows Hello-kompatibel ist.

Werden die Hardwareanforderungen erfüllt, können Sie die Windows Hello-Gesichtserkennung einrichten. Eventuell müssen Sie zuvor noch eine PIN erstellen, falls noch nicht geschehen. Die PIN stellt sicher, dass Sie sich auch dann bei Windows 10 einloggen können, wenn die biometrische Anmeldung aufgrund einer Verletzung oder eines Sensorfehlers nicht möglich ist. Wie Sie die PIN erzeugen, wird gleich noch beschrieben.

Zur Einrichtung der Gesichtserkennung rufen Sie die Unterkategorie ANMELDEOPTIONEN in der Einstellungen-App auf, wie zuvor gezeigt. Klicken Sie auf WINDOWS HELLO-GESICHTSERKENNUNG und anschließend auf EINRICHTEN. Im Dialog WINDOWS HELLO-SETUP klicken Sie dann auf ERSTE SCHRITTE. Sie werden nun aufgefordert, sich durch Eingabe der PIN oder des Kennwortes zu identifizieren. Nun findet die Gesichtserkennung statt. Blicken Sie hierzu in die Kamera. Sollten Sie Brillenträger sein, setzen Sie diese am besten ab, um die Erkennung zu optimieren. Ist der Vorgang abgeschlossen, erhalten Sie einen entsprechenden Hinweis. Sie können den Dialog nun schließen.

Windows Hello-Fingerabdruckerkennung

Für die Windows Hello-Fingerabdruckerkennung muss der Computer mit einem entsprechenden Fingerabdrucksensor ausgestattet sein. Diese Sensoren sind um einiges günstiger als die 3D-Infrarot-Webcams und aus diesem Grund auch bereits häufiger in Notebooks, Tablets oder Hybrid-Geräten integriert. Ist Ihr Computer noch nicht mit einem entsprechenden Sensor ausgestattet, ist ein USB-Fingerprint-Sensor bereits ab 20 € erhältlich. Auch hier sollten Sie aber darauf achten, dass der Sensor Windows Hello-kompatibel ist. Nach dem Anschließen des USB-Fingerprint-Sensors wird das Gerät meistens automatisch erkannt. In den Anmeldeoptionen erscheint entsprechend der Hinweis Mit Fingerabdruckscanner anmelden (empfohlen). Sollte weiterhin Diese Option ist zurzeit nicht verfügbar angezeigt werden, gibt es wahrscheinlich Probleme mit dem Scanner-Treiber. Wie Sie diesen z. B. über den Geräte-Manager aktualisieren können, erfahren Sie in Abschnitt 21.5.

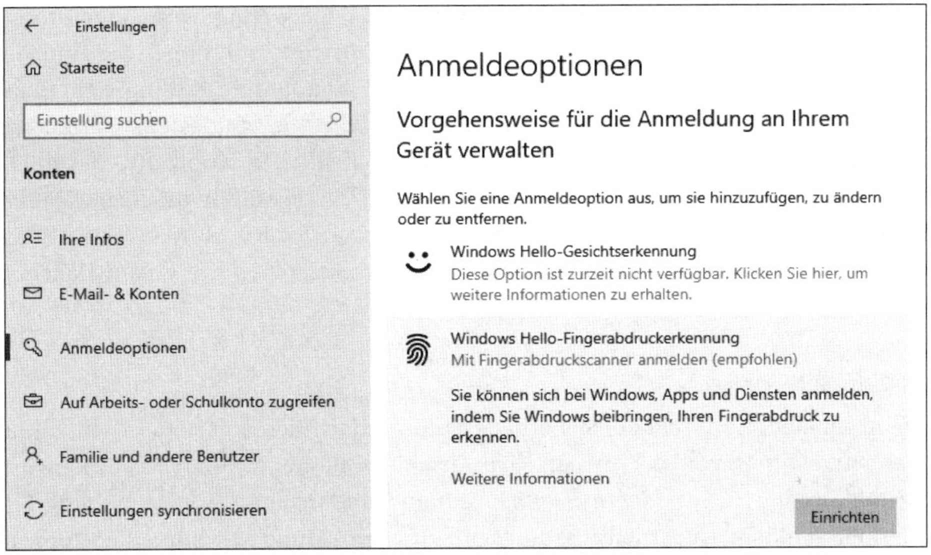

Abbildung 3.19 Der Fingerabdruckscanner wurde korrekt erkannt, die Einrichtung kann beginnen.

Sobald der Fingerabdruckscanner korrekt erkannt wird, klicken Sie auf der Seite Anmeldeoptionen auf Windows Hello-Fingerabdruckerkennung und dann auf Einrichten. Die Willkommen-Seite des Dialogs Windows Hello-Setup bestätigen Sie mit Los geht's. Nun werden Sie aufgefordert, einen Finger auf dem Sensor des Fingerabdruckscanners zu positionieren. Sobald der Fingerabdruck eingescannt wurde, wiederholen Sie den Vorgang auf Anweisung. Dieser Vorgang muss mehrfach wiederholt werden. Folgen Sie hier einfach den Anweisungen. Sie werden abschließend aufgefordert, eine PIN einzurichten, für den Fall, dass die Fingerabdruckerkennung einmal nicht verfügbar ist. Wie Sie dabei vorgehen, sollte diese Situation eintreten, lesen Sie gleich. Ist das Setup abgeschlossen, können Sie sich zukünftig nur mit Ihrem Fingerabdruck bei Windows 10 anmelden. Falls Sie zur Sicherheit weitere Fingerabdrücke hinzufügen möchten, klicken Sie in den ANMELDEOPTIONEN auf WINDOWS HELLO-FINGERABDRUCKERKENNUNG und dann auf WEITERE HINZUFÜGEN. Über die Schaltfläche ENTFERNEN können Sie den bereits gescannten Fingerabdruck auch jederzeit wieder löschen.

Windows Hello-PIN

Falls Sie bei der Ersteinrichtung des Computers für das erste Benutzerkonto ein Microsoft-Konto gewählt haben, wurden Sie automatisch aufgefordert, eine PIN zu erstellen. Bei einem lokalen Benutzerkonto reicht die Angabe des Kennwortes aus. Sie haben aber auch hier die Möglichkeit, eine PIN einzurichten. Wählen Sie hierfür z. B. eine sechsstellige Ziffernfolge, ist diese nicht nur schneller eingegeben als ein komplexes Kennwort, sie lässt sich vor allem auch leichter merken.

Zum Einrichten der PIN klicken Sie in der Einstellungen-App auf der Seite ANMELDEOPTIONEN auf WINDOWS HELLO-PIN und dann auf HINZUFÜGEN. Sie werden nun aufgefordert, sich durch die Eingabe des Kennwortes zu identifizieren. Anschließend tippen Sie eine PIN ein, die Sie im Feld darunter nochmals wiederholen. Per Standardeinstellung sieht Windows 10 nur die Eingabe der Ziffern 0 bis 9 vor. Die PIN sollte aus mindestens vier Ziffern bestehen. In diesem Fall gibt es 10.000 Kombinationsmöglichkeiten (von 0000 bis 9999). Entscheiden Sie sich für eine sechsstellige PIN, sind es bereits eine Million mögliche Kombinationen (von 000000 bis 999999). Falls Sie möchten, können Sie BUCHSTABEN UND SYMBOLE EINSCHLIESSEN, indem Sie das entsprechende Kontrollkästchen mit einem Häkchen versehen. Mit OK schließen Sie die Einrichtung der PIN ab.

Sicherheitsschlüssel

Eine weitere Anmeldeoption stellt der Sicherheitsschlüssel dar. Microsoft sieht hierfür einen *FIDO2-Sicherheitsschlüssel* vor, der in den USB-Anschluss des Computers gesteckt wird. FIDO2 ist die Abkürzung für *Fast Identity Online 2*, einem Standard zur Authentifizierung. Ein FIDO2-Sicherheitsschlüssel ist aktuell allerdings nur zur Anmeldung bei Onlinediensten wie OneDrive, Google Drive oder auch Facebook einsetzbar, nicht aber zur Anmeldung an Ihrem Benutzerkonto auf dem Windows-Computer. Wem der Gedanke gefällt, sich ganz ohne Eingabe eines Kennwortes und nur über das Einstecken eines USB-Sticks am Computer anmelden zu können, kann dies trotzdem leicht umsetzen. Denn mithilfe einer speziellen Software lässt sich auch ein USB-Stick schnell zu einem Sicherheitsschlüssel umwandeln. Das Prinzip hinter dem Sicherheitsschlüssel ist einfach: Nur wenn der USB-Stick am Computer steckt, ist eine Anmeldung möglich. Sobald der Stick entfernt wird, wird auch Windows 10 gesperrt. Ein empfehlenswertes Programm, mit dem aus einem USB-Stick ein Sicherheitsschlüssel wird, ist z. B. USBLogon. Wie Sie dieses Tool einrichten, wird im Kasten »Automatische Anmeldung per USBLogon« beschrieben. Es ist klar, dass der Stick nicht in die Hände Unbefugter gelangen sollte, denn jeder, der ihn besitzt, kann sich damit an Ihrem Computer anmelden.

Automatische Anmeldung per USBLogon

Mit dem kleinen Tool *USBLogon* wird aus einem simplen USB-Stick im Handumdrehen ein praktischer Sicherheitsschlüssel, den Sie auch für die Anmeldung an Ihrem Windows-Benutzerkonto verwenden können. Hierzu müssen Sie zunächst das kostenlose Programm über die Webadresse *https://usblogon.quadsoft.org/de* auf den Computer herunterladen und anschließend installieren. Schließen Sie dann einen USB-Stick (hier reicht eine geringe Speicherkapazität) an den Rechner an, und starten Sie das Tool USBLogon. Im Programmfenster sollte der gerade hinzugefügte USB-Stick bereits aufgeführt werden. Markieren Sie ihn, und klicken Sie auf GERÄT KONFIGURIEREN. Den folgenden Sicherheitshinweis bestätigen Sie mit JA. Folgen Sie nun der Aufforderung, Ihr Windows-Passwort anzugeben (also das Kennwort für das Benutzerkonto, an dem Sie gerade angemeldet sind), und klicken Sie auf OK. Das Kennwort wird nun verschlüsselt auf dem USB-Stick gespeichert. Klicken Sie anschließend im Programmfenster auf das Zahnradsymbol, um festzulegen, welche Aktionen wann ausgeführt werden sollen. Versehen Sie alle drei Kontrollkästchen mit einem Häkchen, meldet Windows Sie automatisch an, sobald Sie den USB-Stick am Rechner anschließen, und sperrt ihn umgekehrt, wenn Sie den Stick abziehen. Über das Feld können Sie auch veranlassen, dass der Computer nicht gesperrt, sondern direkt heruntergefahren wird oder Sie als Benutzer bei Windows abgemeldet werden. Nachdem Sie Ihre Wahl getroffen haben, bestätigen Sie mit OK. Sollte der USB-Stick einmal nicht zur Hand sein, können Sie sich jederzeit mit Ihrem Kennwort bei Windows anmelden. Falls Sie dieses Kennwort ändern oder das Tool USBLogon auf dem Computer deinstallieren, kann der USB-Stick nicht mehr als Sicherheitsschlüssel eingesetzt werden.

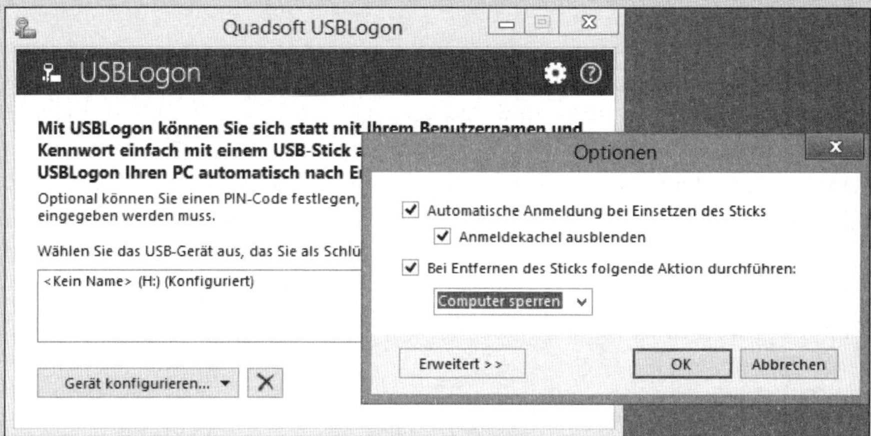

Abbildung 3.20 Mithilfe des Tools USBLogon wird aus einem USB-Stick schnell ein Sicherheitsschlüssel, mit dem Sie sich bequem an Ihrem Windows-Benutzerkonto anmelden können.

Kennwort

Das Hinzufügen oder Ändern eines Kennwortes erfolgt ebenfalls über die Seite ANMELDEOPTIONEN in der Einstellungen-App. Sind Sie aktuell mit einem Microsoft-Konto angemeldet und klicken auf KENNWORT, kann es sein, dass nichts passiert. Der Grund hierfür ist eine Sicherheitseinstellung, die Windows 10 für die Anmeldung mit einem Microsoft-Konto vorsieht. Blättern Sie auf der Seite etwas nach unten, gelangen Sie zum Bereich WINDOWS HELLO-ANMELDUNG FÜR MICROSOFT-KONTEN ERFORDERLICH. Ist der Regler darunter auf EIN gesetzt, können Sie sich nur mit einer der drei Windows Hello-Anmeldeoptionen (also PIN, Gesichtserkennung oder Fingerabdruck) am System einloggen. Setzen Sie den Regler auf AUS, ist das Hinzufügen bzw. Ändern des Kennwortes möglich. Bei einem lokalen Benutzerkonto gibt es diese Einschränkung nicht. Hier können Sie immer auf KENNWORT und dann auf HINZUFÜGEN bzw. ÄNDERN klicken. Zum Ändern des Kennwortes müssen Sie noch das alte Kennwort eingeben, bevor Sie im Dialog KENNWORT ERSTELLEN das neue Kennwort eingeben können. Wiederholen Sie das Kennwort, und ergänzen Sie einen Kennworthinweis. Dieser dient als Erinnerungsstütze und wird im Anmeldebildschirm eingeblendet, falls Sie das falsche Kennwort eingeben. Schließen Sie den Dialog mit WEITER und FERTIG STELLEN.

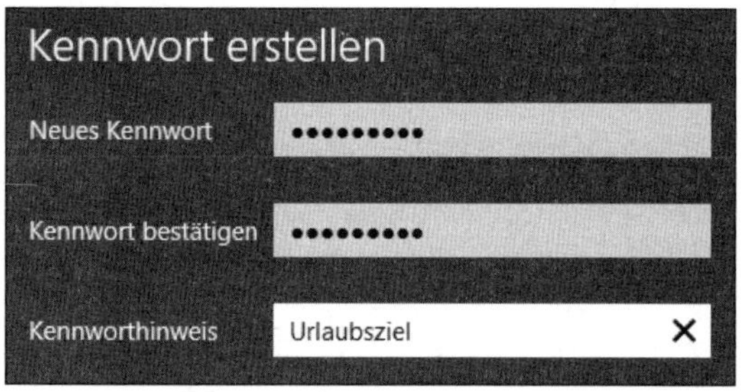

Abbildung 3.21 Wählen Sie den Kennworthinweis so, dass er nur Ihnen als Erinnerungsstütze dient und von anderen Personen nicht leicht zu erraten ist.

Bildcode

Die Anmeldeoption BILDCODE ist insbesondere für Besitzer von Geräten mit Touchscreen interessant. Bei der Anmeldung wird ein von Ihnen ausgesuchtes Bild eingeblendet, auf dem Sie mit der Maus oder mit dem Finger drei vordefinierte Gesten zeichnen. Die Konfiguration erfolgt ebenfalls über die Seite ANMELDEOPTIONEN. Sollten Sie mit einem Microsoft-Konto am Computer angemeldet sein, müssen Sie gegebenenfalls zuvor den Regler unterhalb von WINDOWS HELLO-ANMELDUNG FÜR MICROSOFT-KONTEN ERFORDERLICH auf AUS setzen, wie zuvor für das Kennwort beschrieben. Ist der Regler eingeschaltet, lässt sich kein Bildcode einrichten.

Klicken Sie zunächst auf BILDCODE, dann auf HINZUFÜGEN. Nach Bestätigung des Kennwortes erhalten Sie eine kurze Information zum Bildcode, die Sie sich durchlesen sollten. Nach einem Klick auf BILD AUSWÄHLEN wird der Dialog ÖFFNEN eingeblendet. Wechseln Sie in den Ordner, in dem sich das gewünschte Foto befindet, markieren Sie das Bild, und bestätigen Sie mit ÖFFNEN. Bestätigen Sie Ihre Auswahl mit DIESES BILD VERWENDEN.

Zeichnen Sie nun drei Gesten per Maus oder per Finger über das Bild. Die Gesten können Kreise und Linien, aber auch Klicks oder Bildberührungen sein. Sobald Sie die drei Gesten durchgeführt haben, werden Sie aufgefordert, diese zu wiederholen. Waren alle drei Gesten identisch mit den zuvor festgelegten Gesten, schließen Sie die Einrichtung des Bildcodes mit FERTIG STELLEN ab. Sollte sich ein Fehler eingeschlichen haben, müssen die Gesten wiederholt werden.

Abbildung 3.22 Zeichnen Sie drei Gesten im Bild.

Wenn Sie sich das nächste Mal am Computer anmelden, erscheint im Anmeldebildschirm das ausgewählte Foto. Führen Sie nun die drei Gesten auf dem Bild aus. Achten Sie dabei unbedingt darauf, die korrekten Bildbereiche in der richtigen Reihenfolge zu markieren. Denn erst dann werden Sie erfolgreich am Computer angemeldet.

Sollten Sie sich einmal nicht mehr an die Gesten erinnern können, ist natürlich weiterhin eine Anmeldung per Kennwort möglich. Hierzu klicken Sie im Anmeldebildschirm einfach links auf ANMELDEOPTIONEN und anschließend auf das Schlüsselsymbol. Nun wird wieder das Feld zur Eingabe des Kennwortes eingeblendet. Die Schaltfläche ANMELDEOPTIONEN steht Ihnen übrigens immer dann zur Verfügung, wenn Sie mehrere Anmeldeverfahren eingerichtet haben. Auf diese Weise ist sichergestellt, dass Sie sich auch dann noch am System anmelden können, wenn eines der Verfahren nicht funktionieren sollte.

Sollten Sie den Bildcode später einmal nicht mehr nutzen wollen, rufen Sie in der Einstellungen-App KONTEN • ANMELDEOPTIONEN auf. Klicken Sie auf BILDCODE und dann auf ENTFERNEN, und schon wird der Bildcode bei der nächsten Anmeldung nicht mehr angeboten.

Abbildung 3.23 Sollten Sie sich an die korrekten Gesten nicht mehr erinnern können, haben Sie über die Schaltfläche »Anmeldeoptionen« die Möglichkeit, ein anderes Anmeldeverfahren auszuwählen.

3.4.2 Kennwortrücksetzdatenträger erstellen

Wer ein lokales Benutzerkonto für die Anmeldung am Computer nutzt, sollte gleich zu Beginn einen sogenannten *Kennwortrücksetzdatenträger* erstellen, aus früheren Windows-Zeiten auch noch unter dem Begriff *Kennwortrücksetzdiskette* bekannt. Disketten sind schon lange aus der Mode, stattdessen darf es nun ein USB-Stick sein. Die alte Bezeichnung behält aber auch unter Windows 10 noch ihre Gültigkeit. Auch die Option zur Einrichtung befindet sich immer noch in der Systemsteuerung, wie es bereits seit einigen Windows-Versionen der Fall ist. Bevor Sie sie aufrufen, schließen Sie einen leeren USB-Stick an den Computer an. Der schnellste Weg zum Aufruf erfolgt über das Suchfeld der Taskleiste, indem Sie dort »Systemsteuerung« eingeben und dann den gleichnamigen Treffer wählen. In der Systemsteuerung klicken Sie auf BENUTZERKONTEN • BENUTZERKONTEN und dann in der linken Spalte auf KENNWORTRÜCKSETZDISKETTE ERSTELLEN. Der Assistent für vergessene Kennwörter wird gestartet. Folgen Sie den Anweisungen, indem Sie zunächst das Laufwerk auswählen und dann das Kennwort Ihres lokalen Benutzerkontos angeben. Mit WEITER und FERTIG STELLEN schließen Sie den Assistenten ab.

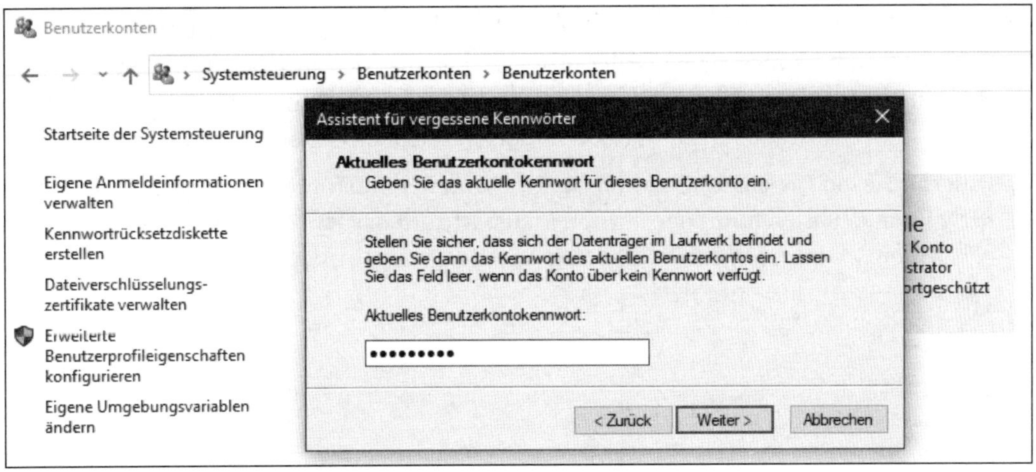

Abbildung 3.24 Der Assistent für vergessene Kennwörter wird nach wie vor über die Systemsteuerung gestartet.

Den Kennwortrücksetzdatenträger, sprich den USB-Stick, sollten Sie nun gut aufbewahren. Sollten Sie sich tatsächlich einmal nicht mehr an das Kennwort erinnern, erscheint im Anmeldebildschirm nach der ersten falschen Eingabe und einem anschließenden Klick auf OK der Hinweis KENNWORT ZURÜCKSETZEN. Schließen Sie den USB-Stick an den Computer an, und klicken Sie auf den Hinweis. Nun startet der Kennwortrücksetz-Assistent, mit dessen Hilfe Sie ein neues Kennwort erstellen. Folgen Sie hierzu einfach den entsprechenden Anweisungen. Melden Sie sich anschließend mit dem neuen Kennwort am lokalen Benutzerkonto an. Die Kontoeinstellungen werden dabei so zurückgesetzt, dass Ihre Zertifikate (z. B. ein im Rahmen der Dateiverschlüsselung erzeugtes Verschlüsselungszertifikat) weiterhin Gültigkeit behalten.

3.5 Vorsorge treffen mit Rettungsmedien

Was tun, wenn Windows sich nicht mehr starten lässt? Wer sich gerade erst einen neuen Computer zugelegt hat, macht sich nur selten Gedanken über solche Situationen. Dabei sollte man genau jetzt, wo alles rundläuft, bereits aktiv werden und vorsorglich ein Rettungsmedium erstellen. Früher übernahm die Windows-Installations-DVD diese Aufgabe, doch die meisten neuen Computer besitzen gar kein integriertes DVD-Laufwerk mehr, und daher ist eine solche DVD gar nicht mehr im Lieferpaket enthalten. Windows 10 bietet zwei Bordmittel an, mit denen Sie selbst ein Recovery-Medium erzeugen können. Dabei handelt es sich zum einen um einen Systemreparaturdatenträger, zum anderen um ein Wiederherstellungslaufwerk. Letzteres ist vor allem für die Geräte gedacht, die kein DVD-Laufwerk mehr besitzen.

3.5.1 Einen Systemreparaturdatenträger erstellen

Verfügt Ihr Computer über ein optisches Laufwerk, bietet es sich an, eine Recovery-CD oder natürlich auch -DVD zu erstellen. Das bereits seit Windows 7 bekannte Tool wird auch unter Windows 10 noch als *Systemreparaturdatenträger* bezeichnet. Gehen Sie folgendermaßen vor:

1. Drücken Sie die Tastenkombination [Win] + [R], um den Ausführen-Dialog zu öffnen. Alternativ können Sie auch mit der rechten Maustaste auf das [Win]-Symbol klicken und im sogenannten *Schnellzugriffsmenü* den Eintrag AUSFÜHREN auswählen.

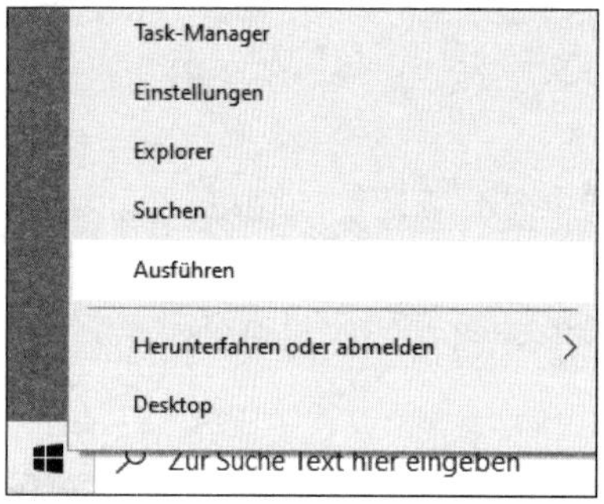

Abbildung 3.25 Der Ausführen-Dialog lässt sich nach einem rechten Mausklick auf das Windows-Logo aufrufen.

2. Geben Sie im Ausführen-Dialog »recdisc.exe« ein. Bestätigen Sie mit OK oder durch Drücken der [↵]-Taste.

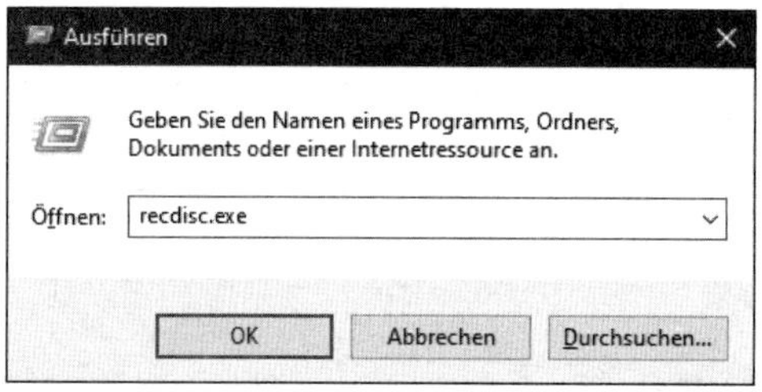

Abbildung 3.26 Das Tool »recdisc.exe« erzeugt den Systemreparaturdatenträger.

3. Der Assistent SYSTEMREPARATURDATENTRÄGER ERSTELLEN wird gestartet. Legen Sie eine leere CD oder DVD in das Laufwerk, das Sie im entsprechenden Feld auswählen. Klicken Sie dann auf DATENTRÄGER ERSTELLEN.
4. Windows 10 brennt nun alle erforderlichen Dateien auf den Datenträger. Nach erfolgreichem Brennvorgang bestätigen Sie die beiden geöffneten Dialoge mit SCHLIESSEN und OK.

Beschriften Sie die CD bzw. DVD anschließend. Sollten Sie Computer mit unterschiedlichen Windows 10-Versionen (also Windows 10 32-Bit oder Windows 10 64-Bit) besitzen, vergessen Sie nicht, die Windows-Version zu ergänzen. Der Reparaturdatenträger lässt sich nur zur Systemwiederherstellung in der Windows-Version einsetzen, in der er auch erstellt wurde.

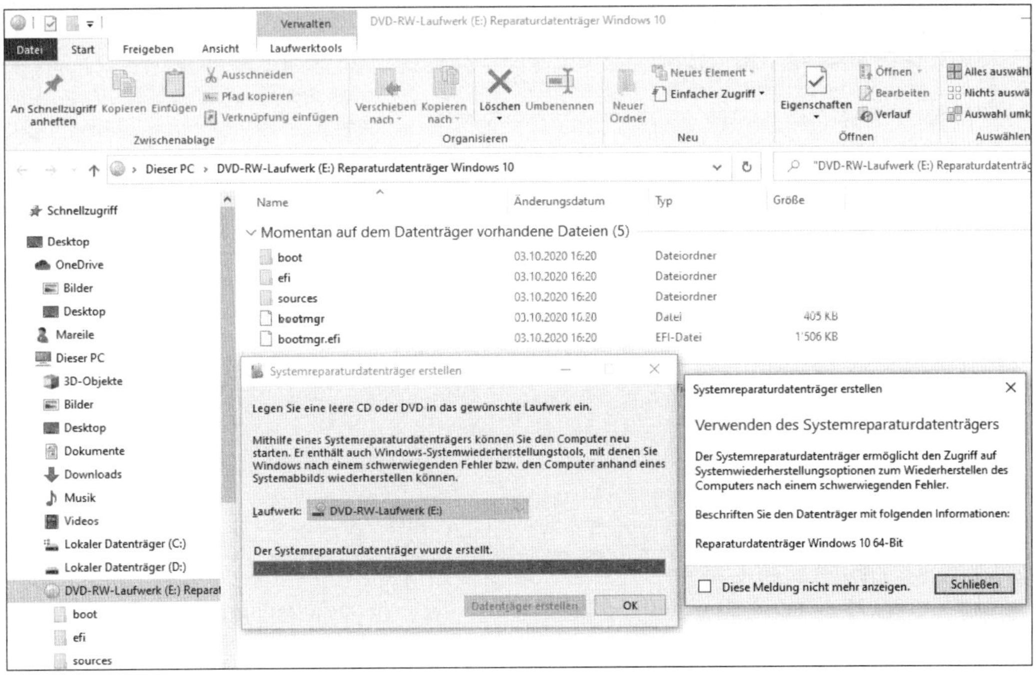

Abbildung 3.27 Prüfen Sie den Inhalt der CD/DVD nach erfolgreichem Brennvorgang. Beschriften Sie den Datenträger, und vergessen Sie hierbei nicht die Angabe der Windows 10-Version.

3.5.2 Ein Wiederherstellungslaufwerk erzeugen

Viele neuere Windows 10-Computer verfügen heutzutage gar nicht mehr über ein CD/DVD-Laufwerk. In diesem Fall haben Sie aber die Möglichkeit, einen Recovery-Stick zu erstellen. Sie benötigen hierfür einen USB-Stick mit einer Speicherkapazität von mindestens 16 GB. Stellen Sie sicher, dass der Stick keine wichtigen Daten enthält, denn beim Erzeugen des Wiederherstellungslaufwerks wird er formatiert, alle auf dem Stick befindlichen Daten gehen damit verloren.

1. Geben Sie im Suchfeld der Taskleiste »Systemsteuerung« ein, und wählen Sie den entsprechenden Treffer aus. Im Dialog SYSTEMSTEUERUNG stellen Sie als Anzeige am besten KLEINE SYMBOLE ein. Damit wird die WIEDERHERSTELLUNG aufgelistet, die Sie nun anklicken.
2. Wählen Sie als Nächstes WIEDERHERSTELLUNGSLAUFWERK ERSTELLEN aus. Den Dialog der BENUTZERKONTENSTEUERUNG bestätigen Sie mit JA.
3. Der Dialog WIEDERHERSTELLUNGSLAUFWERK wird geöffnet. Um im Fall der Fälle Windows 10 gegebenenfalls auch über den USB-Stick neu zu installieren, muss das Häkchen vor SICHERT DIE SYSTEMDATEIEN AUF DEM WIEDERHERSTELLUNGSLAUFWERK gesetzt sein. Klicken Sie auf WEITER.

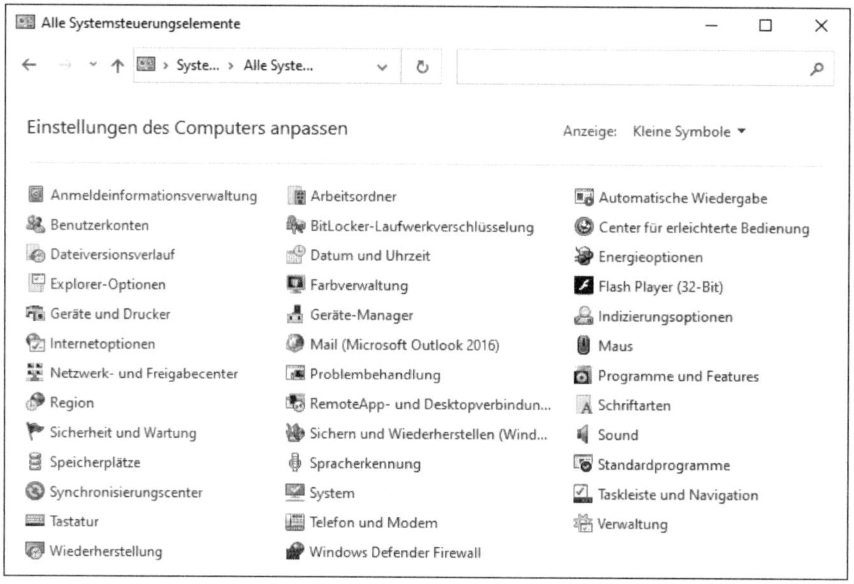

Abbildung 3.28 In der Systemsteuerung wählen Sie die »Wiederherstellung« aus.

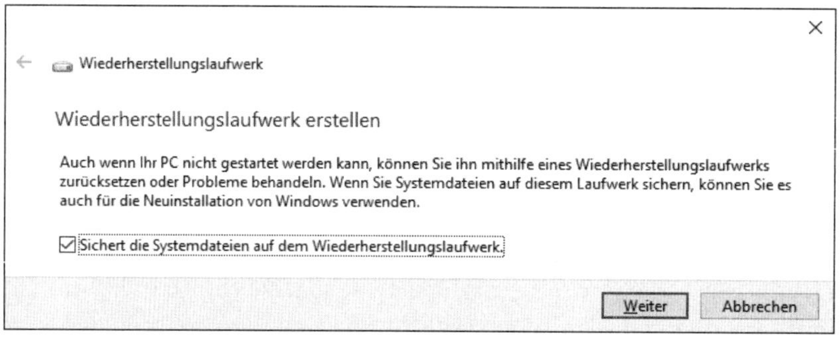

Abbildung 3.29 Die Systemdateien sollten auf dem Wiederherstellungslaufwerk ebenfalls gesichert werden.

4. Wählen Sie im folgenden Dialog das gewünschte Laufwerk aus, und klicken Sie auf WEITER. Den folgenden Hinweis zur Datenlöschung bestätigen Sie mit ERSTELLEN.
5. Nun ist etwas Geduld gefordert, bis alle notwendigen Daten auf den USB-Stick kopiert sind. Ist der Vorgang abgeschlossen, klicken Sie auf FERTIG STELLEN. Ziehen Sie den USB-Stick anschließend nicht direkt ab, sondern klicken Sie im Infobereich der Taskleiste auf das Symbol AUSGEBLENDETE SYMBOLE EINBLENDEN, dann auf das Symbol HARDWARE SICHER ENTFERNEN. Wählen Sie den USB-Stick aus. Erscheint der Hinweis HARDWARE KANN JETZT ENTFERNT WERDEN, ziehen Sie den Stick ab.

Sollte der Fall eintreten, dass das Betriebssystem nicht startet, können Sie den Computer mithilfe des Recovery-Sticks booten und das System wiederherstellen.

3.6 Einstellungen synchronisieren

Falls Sie nicht nur einen Windows 10-Computer nutzen, sondern mehrere, wäre es doch sehr praktisch, wenn Sie Ihre Einstellungen nicht auf jedem Gerät extra vornehmen müssten, sondern diese gleich auf allen Geräten übernommen würden. Wenn Sie ein Microsoft-Konto für die Anmeldung bei Windows 10 gewählt haben, lässt sich dieser Wunsch schnell umsetzen. Sie müssen hierfür lediglich auf jedem der Geräte die Synchronisierung aktivieren. Dies geschieht über die Einstellungen-App.

1. Starten Sie die Einstellungen-App z. B. über die Tastenkombination ⊞ + I. Wechseln Sie in die Kategorie KONTEN, und klicken Sie dort in der linken Spalte auf EINSTELLUNGEN SYNCHRONISIEREN.
2. Aktivieren Sie zunächst die SYNCHRONISIERUNGSEINSTELLUNGEN, indem Sie den Regler per Mausklick auf EIN setzen.
3. Unterhalb von EINZELNE SYNCHRONISIERUNGSEINSTELLUNGEN können Sie nun über die jeweiligen Regler festlegen, welche Einstellungen auf all denjenigen Geräten verfügbar sein sollen, auf denen Sie sich mit dem gerade verwendeten Microsoft-Konto anmelden. Soll eine der Einstellungen nicht auf allen Geräten übernommen werden, setzen Sie den Regler entsprechend auf AUS. Falls Sie z. B. auf jedem Computer einen anderen Desktophintergrund wählen möchten, schalten Sie den Regler DESIGN aus.

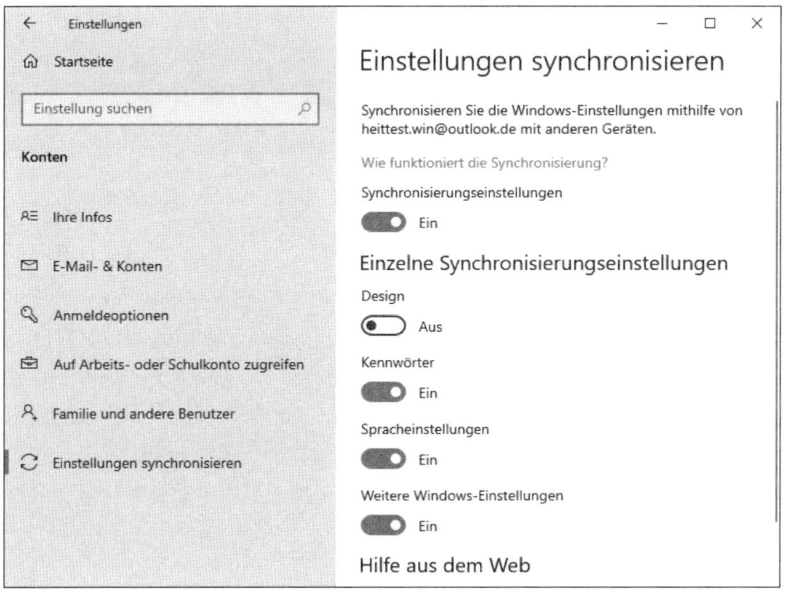

Abbildung 3.30 Bestimmen Sie selbst, welche Einstellungen für all diejenigen Geräte übernommen werden sollen, auf denen Sie sich mit dem gleichen Microsoft-Konto anmelden.

Wie Sie Ihre Dateien in der Cloud OneDrive speichern und synchronisieren, erfahren Sie in Abschnitt 12.3.

TEIL II

Die Oberfläche von Windows 10

Kapitel 4
Persönliche Einstellungen für den Sperrbildschirm

Möchten Sie nach dem Hochfahren des PCs ein privates oder ein von Windows ausgewähltes Foto sehen? Welche App-Benachrichtigungen dürfen auf dem Sperrbildschirm angezeigt werden? Oder würden Sie lieber ganz auf den Sperrbildschirm verzichten und direkt zum Anmeldebildschirm gelangen? All diese Fragen stehen im Fokus dieses Kapitels.

Nach dem Einschalten des Computers wird als Erstes der *Sperrbildschirm* angezeigt, auch *Lockscreen* genannt. Er erscheint auch dann, wenn Sie den Computer gezielt sperren oder über einen längeren Zeitraum hinweg keinerlei Eingaben vornehmen und das Gerät somit in den Energiesparmodus wechselt. Um den PC selbst zu sperren, rufen Sie das Startmenü auf, klicken auf das Symbol Ihres Benutzerkontos und wählen SPERREN. Noch schneller gelingt es über die Tastenkombination [Win] + [L]. Nach Drücken der als Klammeraffengriff bekannten Tastenkombination [Strg] + [Alt] + [Entf] lässt sich ebenfalls der Befehl SPERREN auswählen.

Der Sperrbildschirm wurde vor allem für mobile Geräte konzipiert, um versehentliche Eingaben zu verhindern. Desktop-PC-Nutzer halten ihn meist für überflüssig. Das Sperren des Computers stellt aber auch hier eine sinnvolle Sicherheitsmaßnahme dar: Sollten Sie einmal kurzzeitig den Raum verlassen, ohne den PC ausschalten oder sich abmelden zu wollen, verhindert das Sperren, dass Unberechtigte Zugriff auf Ihr Benutzerkonto erhalten.

Der Sperrbildschirm wird häufiger mit dem Anmeldebildschirm verwechselt. Letzterer tritt allerdings erst dann in Erscheinung, wenn Sie eine beliebige Taste auf der Tastatur drücken, einen Mausklick durchführen oder auf einem Touchscreen von unten nach oben wischen. Auf dem Anmeldebildschirm wählen Sie Ihr Benutzerkonto aus und melden sich z. B. mit Ihrem Kennwort oder Ihrer PIN an.

4.1 Das Aussehen des Sperrbildschirms anpassen

Neben dem aktuellen Datum sowie der Uhrzeit ist auf dem Sperrbildschirm u. a. ein Foto zu sehen. Per Standardeinstellung wird die Bildauswahl von Microsoft oder auch dem PC-Hersteller vorgegeben. Selbstverständlich lässt sich hier aber auch eine persönliche Auswahl anzeigen. Die entsprechende Einstellung passen Sie in der Einstellungen-App in der Kategorie PERSONALISIERUNG an.

4.1.1 Einzelnes Bild oder Diashow

Familienfoto oder Urlaubserinnerung gefällig? Wenn Sie den Sperrbildschirm gerne etwas persönlicher gestalten möchten, rufen Sie START • EINSTELLUNGEN • PERSONALISIERUNG • SPERRBILDSCHIRM auf. Um ein einzelnes Foto auszuwählen, markieren Sie im Feld HINTERGRUND das BILD. Nun können Sie sich entweder unterhalb des Feldes für eine der bereits fünf angezeigten Aufnahmen entscheiden oder sich über die Schaltfläche DURCHSUCHEN in der eigenen Bildersammlung ein Foto aussuchen. Das ausgewählte Bild wird automatisch an die Auflösung Ihres Bildschirms angepasst und gegebenenfalls skaliert.

Abbildung 4.1 Auswahl des Hintergrunds für den Sperrbildschirm

Alternativ zum einzelnen Bild steht im Feld HINTERGRUND die DIASHOW zur Auswahl. Windows 10 sieht hierfür zunächst den gesamten Inhalt des Ordners BILDER vor. Wenn Sie die Diashow auf ein bestimmtes Verzeichnis beschränken möchten, müssen Sie zuvor das Album BILDER markieren und es dann entfernen. Anschließend fügen Sie den gewünschten Ordner hinzu. Nach einem Klick auf den Link ERWEITERTE DIASHOWEINSTELLUNGEN können Sie noch festlegen, ob auch die in OneDrive gespeicherten Bilder in der Diashow berücksichtigt werden sollen. Windows 10 bietet Ihnen außerdem an, nur die Bilder zu verwenden, die sich auch für Ihren Bildschirm eignen. Da die Diashow recht viel Energie frisst, sollten Sie – sofern Sie ein Notebook oder Tablet nutzen – darauf verzichten, die Diashow im Akkumodus wiederzugeben. Damit die Diashow nicht in einer Endlosschleife abgespielt wird, bestimmen Sie abschließend, nach welchem Zeitraum der Bildschirm ausgeschaltet wird. Über den Pfeil oben links gelangen Sie wie gewohnt zu den vorherigen Einstellungen für den Sperrbildschirm zurück.

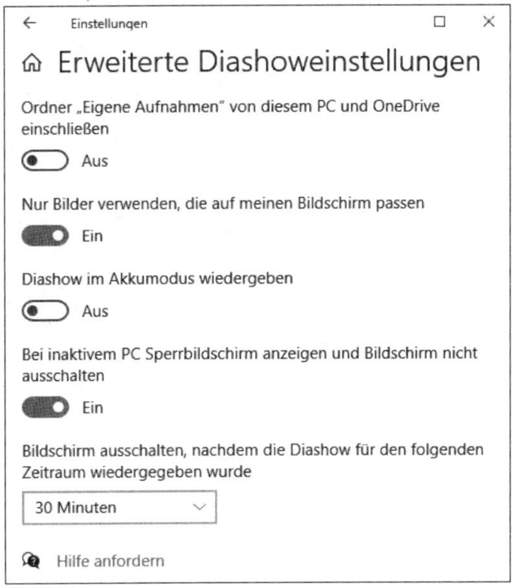

Abbildung 4.2 Einstellungen für die Diashow

Haben Sie sich für ein einzelnes Bild oder auch die Diashow entschieden, würde Microsoft Sie gerne mit Unterhaltung, Tipps und mehr versorgen – kurzum also Werbung. Wer hierauf keinen Wert legt, belässt den entsprechenden Regler einfach auf Aus.

4.1.2 Windows-Blickpunkt im Visier

Als Alternative zur eigenen Fotosammlung steht Ihnen als Hintergrund für den Sperrbildschirm der Windows-Blickpunkt zur Verfügung. Entscheiden Sie sich für diese Option, bekommen Sie neben der ein oder anderen Werbung eine durchaus sehenswerte Fotoauswahl von Microsoft geboten. Bewegen Sie den Mauszeiger oben rechts auf den Schriftzug Gefällt Ihnen, was Sie sehen?, erfahren Sie, wo ein Bild aufgenommen wurde. Über die Links Mir gefällt es! bzw. Kein Fan können Sie Microsoft Ihre Meinung zum Foto mitteilen und so dafür sorgen, dass die Motivauswahl zukünftig Ihrem Geschmack entsprechend angepasst wird.

Abbildung 4.3 Beispiel für Sperrbildschirm mit Benachrichtigung etc.

In der Bildersammlung befindet sich immer mal wieder ein eindrucksvolles Foto, das bei einigen Anwendern den Wunsch weckt, es nicht nur auf dem Sperrbildschirm zu genießen, sondern z. B. auch als Desktophintergrund zu verwenden. Mit einem kleinen Trick können Sie die Bilder speichern und aufgrund des Urheberrechts zumindest für private Zwecke nutzen. Da die Fotos in regelmäßigen Abständen ausgetauscht werden, sollten Sie mit dem Speichern allerdings nicht allzu lange warten, sonst passiert es schnell, dass das gewünschte Bild nicht mehr verfügbar ist. Und so gehen Sie zum Speichern vor:

1. Starten Sie den Windows-Explorer, und geben Sie im Adressfeld *%localappdata%\Packages\Microsoft.Windows.ContentDeliveryManager_cw5n1h2txyewy\LocalState\Assets* ein. Nach Drücken der [↵]-Taste gelangen Sie automatisch zu dem Verzeichnis, in dem die Windows-Blickpunkt-Bilder abgelegt sind.
2. Markieren Sie den Inhalt des Ordners mit der Tastenkombination [Strg] + [A], und kopieren Sie ihn dann mit [Strg] + [C].
3. Legen Sie nun einen neuen Ordner an, in dem Sie die kopierten Dateien mit [Strg] + [V] einfügen.
4. Bei den Dateien handelt es sich um Systemdateien, die Sie zunächst nicht öffnen können. Hierzu müssen Sie sie zuvor in das JPG-Format umwandeln. Stellen Sie sicher, dass nach wie vor der Ordner mit den eingefügten Bildern geöffnet ist, und markieren Sie im Adressfeld den Dateipfad.

5. Geben Sie im Suchfeld der Taskleiste »Eingabeaufforderung« ein, klicken Sie das Ergebnis mit der rechten Maustaste an, und wählen Sie im Kontextmenü den Befehl ALS ADMINISTRATOR AUSFÜHREN.
6. In der Eingabeaufforderung geben Sie den Befehl `cd`, gefolgt von dem zuvor kopierten Dateipfad, ein, um in Ihr Verzeichnis mit den Windows-Blickpunkt-Bildern zu wechseln (z. B. `cd C:\Users\Mareile\Pictures\Spotlight`).
7. Mit dem Befehl `ren *.* *.jpg` versehen Sie alle Dateien innerhalb des Ordners mit der Dateiendung .jpg.

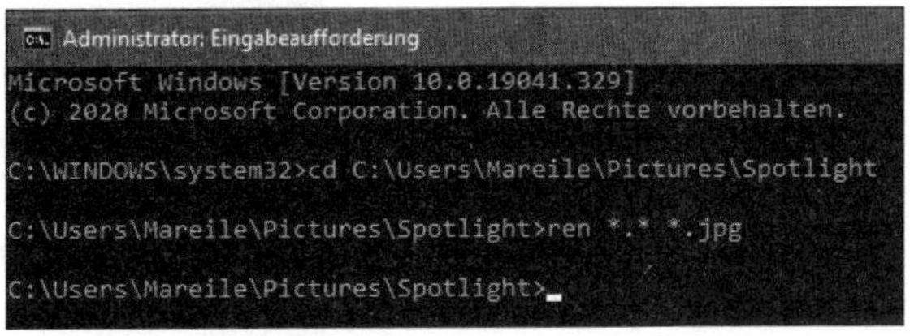

Abbildung 4.4 Über die Eingabeaufforderung mit Administratorrechten versehen Sie die Dateien mit der Dateiendung ».jpg«.

Dies können Sie sofort überprüfen, indem Sie wieder zum Explorer wechseln und einen Blick in das Verzeichnis werfen. Auch wenn sie nicht allzu viel Platz in Anspruch nehmen, sollten Sie die nicht darstellbaren Systemdateien sowie die Bilder, die Ihnen nicht gefallen, löschen. Die Dateien, die Sie beibehalten möchten, versehen Sie am besten mit etwas aussagekräftigeren Dateinamen.

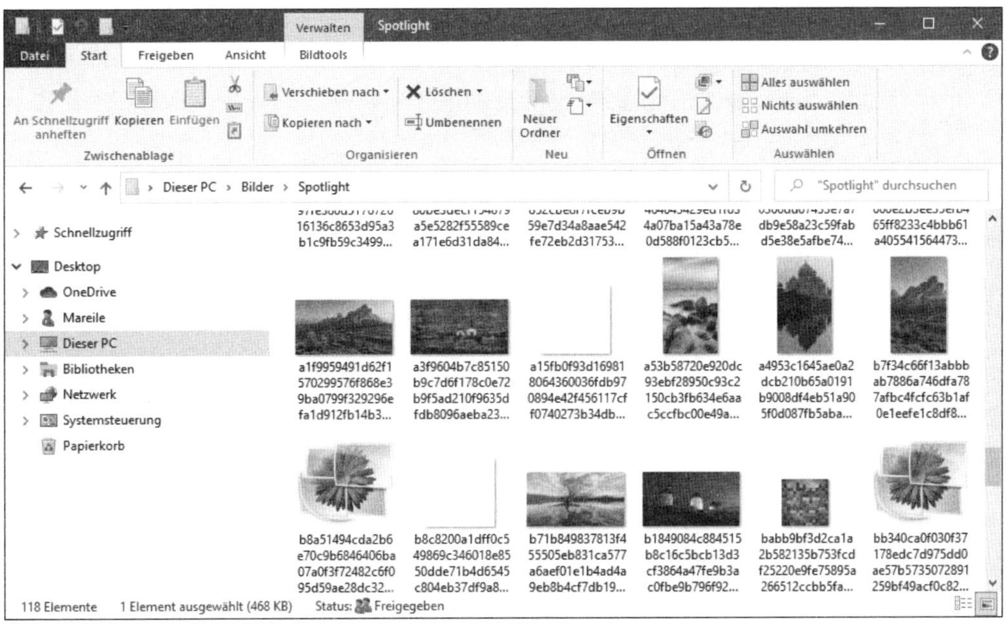

Abbildung 4.5 Löschen Sie alle Dateien bis auf die Bilder, die Sie beibehalten möchten.

4.1.3 Benachrichtigungen auf dem Sperrbildschirm

Während der Computer gesperrt ist, können Sie sich auf dem Sperrbildschirm trotzdem über wichtige Ereignisse wie Termine oder neu eingetroffene E-Mails informieren lassen. Welche App entsprechende Hinweise auf dem Sperrbildschirm einblenden soll, legen Sie in der Einstellungen-App unter PERSONALISIERUNG • SPERRBILDSCHIRM fest. Eine einzelne App darf Sie mit ausführlichen Statusinformationen versorgen, bis zu sieben weitere Apps zumindest mit kurzen Hinweisen. Die ausführlichen Informationen sind gerade aus Datenschutzgründen mit Vorsicht zu betrachten. Hier sollten Sie genau abwägen, ob es im Falle von E-Mails wirklich nötig ist, dass Sie bereits auf dem Sperrbildschirm erfahren, wer Ihnen eine Nachricht geschickt hat, oder ob nicht doch schlicht der Eingang einer neuen Mail ausreicht. Die Auswahl der Apps nehmen Sie jeweils nach einem Klick auf das Symbol unterhalb der Kurzbeschreibung vor. In der Liste werden lediglich die Apps aufgeführt, die die Benachrichtigungsmöglichkeit auch unterstützen. Wenn Sie von einer App keinerlei Statusinformation auf dem Sperrbildschirm mehr wünschen, wählen Sie in der Liste KEINER. In Abschnitt 6.3.2, »Benachrichtigungen verwalten«, erfahren Sie, wie Sie für jede App individuell die Benachrichtigungen als Banner, im Info-Center oder auch auf dem Sperrbildschirm konfigurieren.

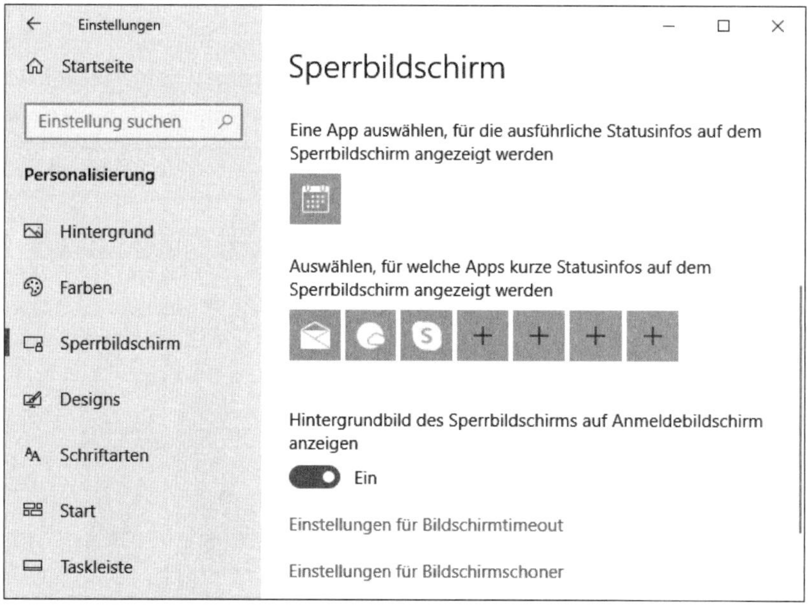

Abbildung 4.6 Sie bestimmen, welche App Benachrichtigungen auf dem Sperrbildschirm anzeigen darf.

Einstellungen für den Anmeldebildschirm

Der Anmeldebildschirm wird erst nach einer beliebigen Tastatureingabe bzw. einem Mausklick oder einer Wischgeste auf dem Sperrbildschirm eingeblendet. Per Standardeinstellung ist auf beiden das gleiche Bild zu sehen. Seit Windows 10 Version 1903 erscheint das Foto allerdings nur verschwommen. Damit will Microsoft den Blick des Anwenders auf die Auswahl des Benutzerkontos und die Kennworteingabe lenken. Für die meisten Nutzer ist dieser Fokus sicherlich mehr als unnötig. Ausgelöst wird der Blur-Effekt durch die TRANSPARENZEFFEKTE, die sich über START • EINSTELLUNGEN • PERSONALISIERUNG • FARBEN schnell deaktivieren lassen. Anschließend erscheint das Foto auf dem Anmeldebildschirm wieder in gewohnter Schärfe. Ziehen Sie statt des Fotos einen einfarbigen Hintergrund vor, setzen Sie in der Einstellungen-App unter PERSONALISIERUNG • SPERRBILDSCHIRM zunächst den Regler HINTERGRUNDBILD DES SPERRBILDSCHIRMS AUF DEM ANMELDEBILDSCHIRM ANZEIGEN auf AUS. Wechseln Sie dann in die Unterkategorie FARBEN, und aktivieren Sie dort START, TASKLEISTE UND INFO-CENTER. Die Farbauswahl nehmen Sie im gleichen Dialog vor.

4.2 Sperrbildschirm deaktivieren

So manch ein Anwender ärgert sich, dass er sich überhaupt am Computer anmelden muss. Der vorgeschaltete Sperrbildschirm ist für diejenigen erst recht des Guten zu viel. Wenn auch Sie zu dem Personenkreis zählen, die sich nicht an der kleinen Fotoablenkung erfreuen können, sondern direkt zur Anmeldung schreiten wollen, können Sie den Sperrbildschirm natürlich auch deaktivieren. Unter Windows 10 Home geschieht dies über den Registrierungs-Editor, in Windows 10 Pro erledigen Sie die Deaktivierung hingegen per Gruppenrichtlinie.

Drücken Sie hierzu die Tastenkombination [Win] + [R]. Im Ausführen-Dialog geben Sie nun »gpedit.msc« ein und bestätigen mit OK. Hierdurch wird der Editor für lokale Gruppenrichtlinien gestartet. Wechseln Sie in der linken Spalte zu *Computerkonfiguration/Administrative Vorlagen/Systemsteuerung/Anpassung*. Nach einem Doppelklick auf SPERRBILDSCHIRM NICHT ANZEIGEN wird der gleichnamige Dialog angezeigt. Aktivieren Sie hier die Option AKTIVIERT, erscheint nach dem Hochfahren oder Entsperren des PCs statt des Sperrbildschirms zukünftig sofort der Anmeldebildschirm.

Solange der Sperrbildschirm deaktiviert ist, haben Sie übrigens keine Möglichkeit, das Foto des Anmeldebildschirms auszutauschen. In der Einstellungen-App erscheint unter PERSONALISIERUNG • SPERRBILDSCHIRM stattdessen der Hinweis EINIGE DIESER EINSTELLUNGEN SIND AUSGEBLENDET ODER WERDEN VON IHRER ORGANISATION VERWALTET.

Wenn Sie dennoch ein neues Foto für den Anmeldebildschirm auswählen möchten, wiederholen Sie einfach die zuvor beschriebenen Schritte und markieren im Gruppenrichtlinien-Editor die Option DEAKTIVIERT. Schon ist der Sperrbildschirm wieder da und kann angepasst werden.

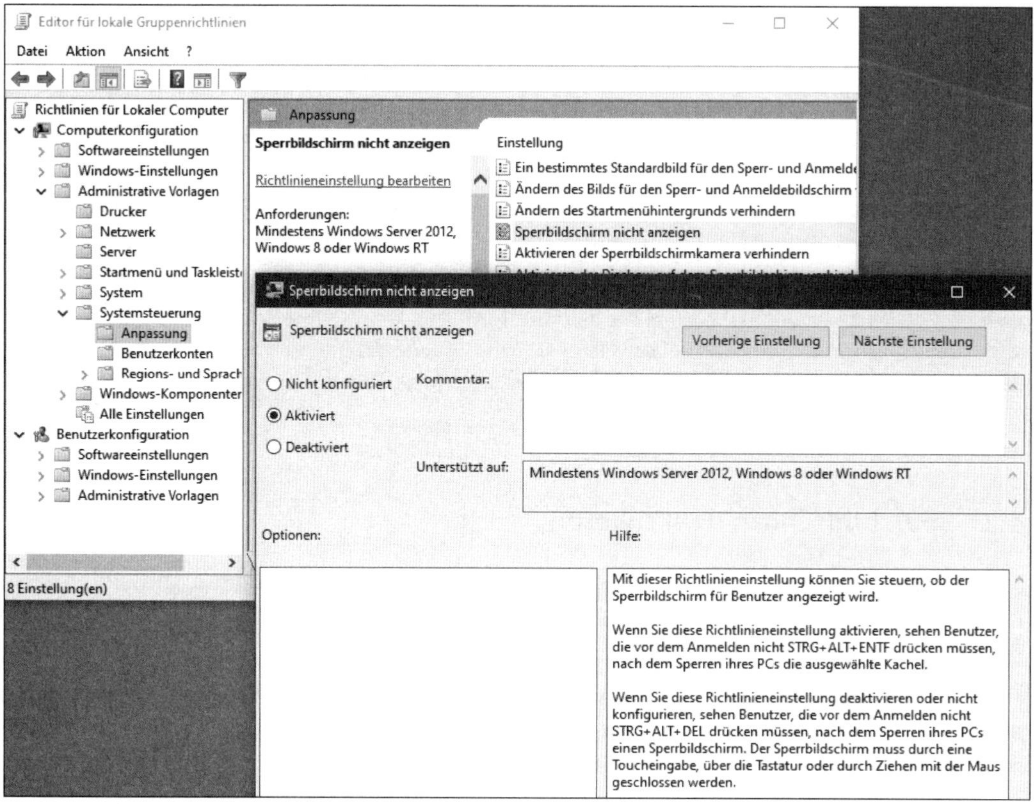

Abbildung 4.7 Der Sperrbildschirm lässt sich unter Windows 10 Pro über den Gruppenrichtlinien-Editor deaktivieren.

Kapitel 5
Das Startmenü individuell einrichten

Das Startmenü ist die erste Anlaufstelle, wenn Sie eine App, ein Programm oder auch Einstellungen öffnen möchten. In diesem Kapitel erfahren Sie u. a., wie Sie das Menü optisch anpassen, nicht benötigte Elemente entfernen und dafür häufig genutzte gut zugänglich positionieren.

Wie groß war doch der Aufschrei, als mit der Einführung von Windows 8 das Startmenü verschwand und stattdessen die für Tastatur- und Mausnutzer recht unbequeme Startseite das Regiment übernahm. Das Startmenü von Windows 10 soll nun möglichst jedem gerecht werden. Auf einem Touchscreen haben sich die mit Windows 8 eingeführten Kacheln bewährt, die sich hervorragend per Fingergeste bedienen lassen. Nutzer von Desktop-PCs oder Laptops wollen nicht auf die gewohnte Desktopoberfläche verzichten. Sie muss daher schnell erreichbar sein und darf nicht wie unter Windows 8 bzw. 8.1 gut versteckt ein Schattendasein fristen. Als Kompromiss bietet Windows 10 ein Startmenü, das sich dem verwendeten Gerät anpasst. Auf Touchscreen-Geräten, auf denen der Tabletmodus aktiviert ist, erscheint das Startmenü bereits nach dem Einschalten des Geräts im Vollbildmodus. Im Desktopmodus hingegen ist nach dem Start des Computers sofort die Desktopoberfläche zu sehen. Das Startmenü muss hier durch Drücken der ⊞-Taste oder mit einem Klick auf das Windows-Symbol in der Taskleiste gezielt eingeblendet werden und nimmt nur einen Teil der Bildschirmoberfläche ein (siehe Abbildung 5.3).

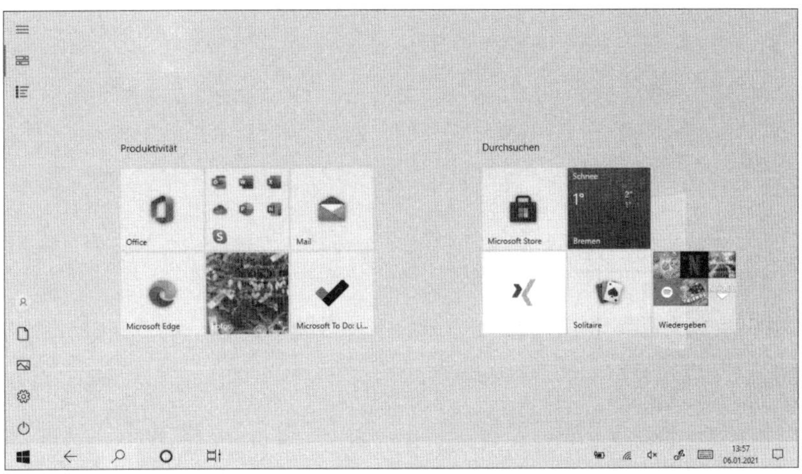

Abbildung 5.1 Das Startmenü erscheint im Tabletmodus über den gesamten Bildschirm hinweg.

Unabhängig davon, ob der Desktop- oder Tabletmodus aktiviert ist: Es liegt ganz in der Hand des Anwenders, welche Elemente im Startmenü zu sehen sind, wie viel Platz dem Kachelbereich und der App-Liste eingeräumt und welche Kacheln wie angeordnet werden.

Das Schnellzugriffsmenü

Für Power-User stellt Windows 10 ein spezielles Startmenü zur Verfügung, das sogenannte *Schnellzugriffsmenü*. Es lässt sich über die Tastenkombination [⊞] + [X] öffnen oder per rechten Mausklick auf das Windows-Logo in der Taskleiste. Das Schnellzugriffsmenü enthält u. a. Verknüpfungen zu wichtigen Systemverwaltungstools wie etwa der Datenträger- oder der Computerverwaltung. Auch der Geräte-Manager lässt sich blitzschnell über das Menü aufrufen, ebenso wie der Task-Manager. In früheren Versionen von Windows 10 ließ sich auch die Eingabeaufforderung über das Schnellzugriffsmenü starten. Mittlerweile wurde sie hier durch die PowerShell ersetzt. Wenn Ihnen die Eingabeaufforderung wichtiger sein sollte, rufen Sie Start • Einstellungen • Personalisierung • Taskleiste auf. Setzen Sie dann rechts den Regler Beim Rechtsklick auf die Schaltfläche »Start« oder beim Drücken von Windows-Taste+X »Eingabeaufforderung« im Menü durch »Windows PowerShell« ersetzen auf Aus.

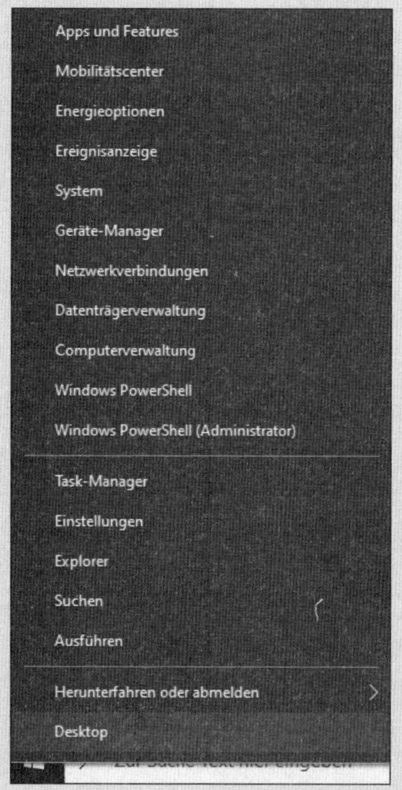

Abbildung 5.2 Das Schnellzugriffsmenü von Windows 10

5.1 Die passenden Einstellungen für das Startmenü

Das Startmenü im Desktopmodus ist dreigeteilt: Am linken Rand befindet sich die Schnellstartleiste mit den zwei fest verankerten Symbolen zum Herunterfahren des Computers sowie dem Profilbild Ihres Benutzerkontos. Zusätzlich können Sie Verknüpfungen zu Standardordnern oder der Einstellungen-App ergänzen. Bewegen Sie den Mauszeiger auf die Schnellstartleiste oder klicken am oberen Rand auf das Hamburger-Menü [≡], werden rechts von den Symbolen entsprechende Beschriftungen eingeblendet.

Die mittlere Spalte enthält die App-Liste mit allen auf dem Computer installierten Anwendungen. Den größten Teil des Startmenüs nimmt rechts der Kachelbereich ein. Er bietet somit auch den meisten Platz, um Verknüpfungen in Form von Kacheln zu beliebten oder auch häufig benötigten Apps, Einstellungen und Ordnern anzuheften.

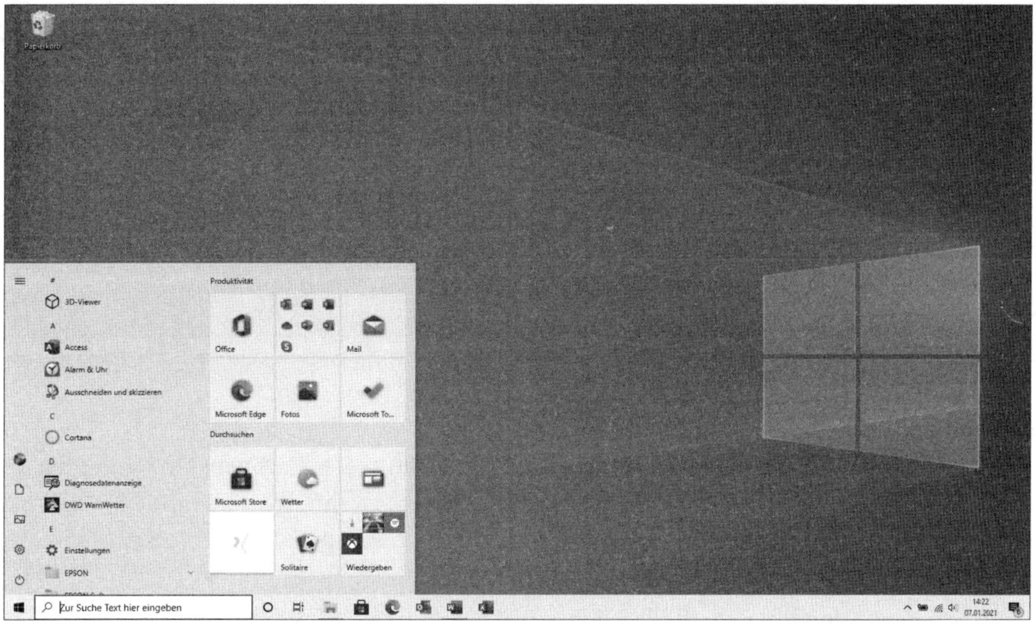

Abbildung 5.3 Das Startmenü im Desktopmodus

Im Tabletmodus sind nur die Schnellstartleiste und der Kachelbereich zu sehen (siehe Abbildung 5.1). Um die App-Liste einzublenden, ist ein Tipp auf das Symbol ALLE APPS nötig. Über ANGEHEFTETE KACHELN gelangen Sie wieder zur Kachelansicht zurück.

5.1.1 Die Darstellung des Startmenüs anpassen

Wem die zweigeteilte Anordnung des Startmenüs besser gefällt, kann diese auch für den Desktopmodus festlegen. Starten Sie hierzu über die Tastenkombination [Win] + [I] die Einstellungen-App, und rufen Sie hier die Kategorie PERSONALISIERUNG auf. In der Unterkategorie START setzen Sie rechts den Regler APP-LISTE IM STARTMENÜ ANZEIGEN auf AUS. Beim Aufruf des Startmenüs sind nun zunächst die Schnellstartleiste und der Kachelbereich zu sehen. Um zwischen der App-Listen-Ansicht und der Kachelansicht zu wechseln, nutzen Sie die beiden entsprechenden Symbole ALLE APPS und ANGEHEFTETE KACHELN im Startmenü oben links.

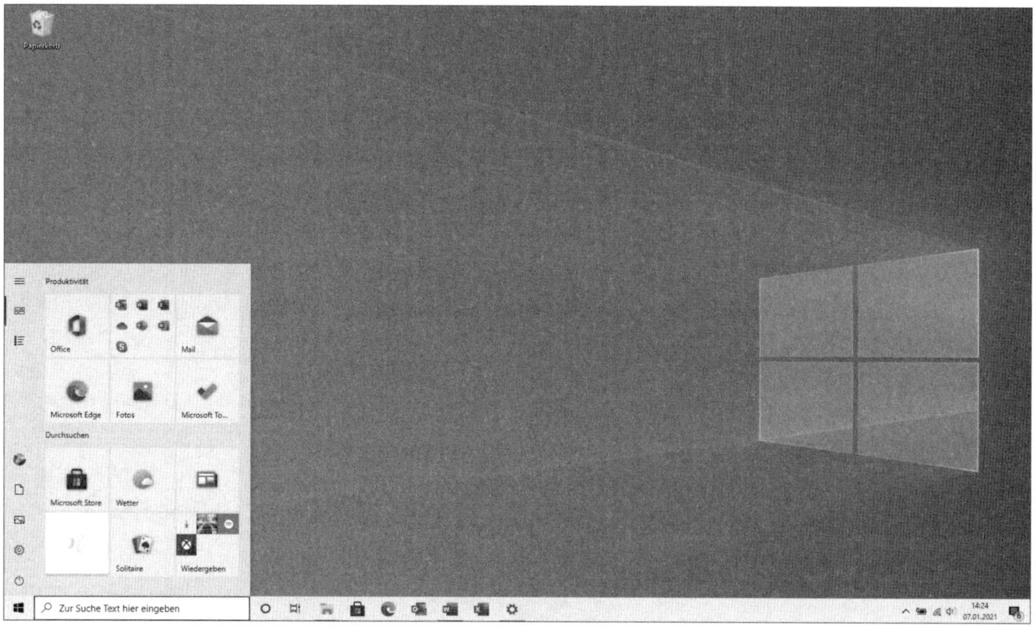

Abbildung 5.4 Das Startmenü im Desktopmodus ohne App-Liste

Im Tabletmodus reicht das Startmenü über den gesamten Bildschirm. Um im Desktopmodus die Größe des Startmenüs zu ändern, blenden Sie es zunächst über die [Windows]-Taste ein und ziehen dann den oberen oder rechten Rand des Menüs mit gedrückter linker Maustaste in die gewünschte Richtung. Alternativ drücken Sie die Tastenkombinationen [Strg] + [←] bzw. [Strg] + [→], um die Breite des Startmenüs anzupassen, und [Strg] + [↑] bzw. [Strg] + [↓] für die Höhenanpassung. Soll das Startmenü wie im Tabletmodus über den gesamten Bildschirm hinweg angezeigt werden, schalten Sie in der Einstellungen-App unter PERSONALISIERUNG • START den Regler STARTMENÜ IM VOLLBILDMODUS VERWENDEN ein.

Die App-Liste ist alphabetisch sortiert. Installieren Sie ein neues Programm, wird dies in der App-Liste mit NEU gekennzeichnet. Zusätzlich erscheint es über einen gewissen Zeitraum hinweg auch zu Beginn der Liste. Wem dies zu viel der Fürsorge ist, setzt in der Einstellungen-App unter PERSONALISIERUNG • START einfach den Regler ZULETZT HINZUGEFÜGTE APPS ANZEIGEN auf AUS. Auch die Werbung, die Microsoft gerne in der App-Liste anzeigt, ist nicht jedermanns Sache. Sie lässt sich auf der gleichen Seite über GELEGENTLICHE VORSCHLÄGE IM STARTMENÜ ANZEIGEN ausblenden.

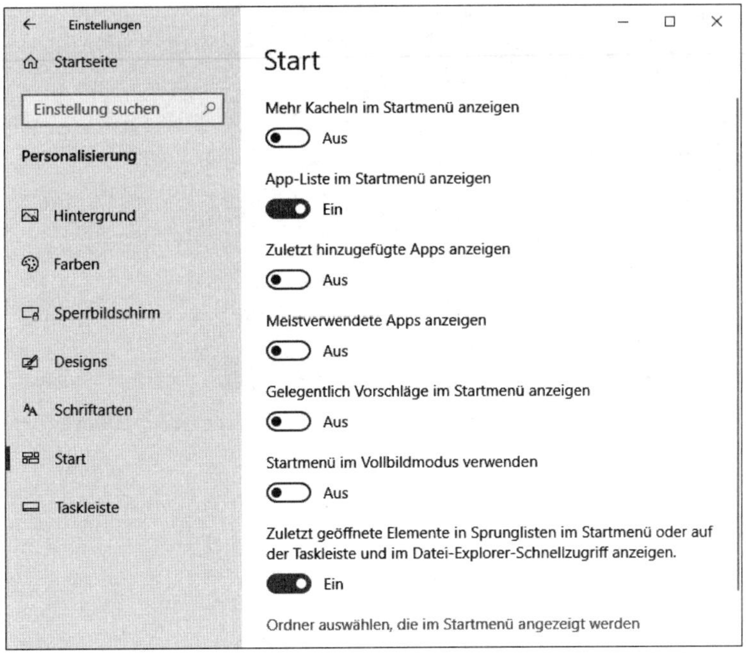

Abbildung 5.5 Die Anpassungsmöglichkeiten für das Startmenü in der Einstellungen-App

Damit Windows 10 die von Ihnen am häufigsten verwendeten Apps zu Beginn der App-Liste aufführt, muss der Regler MEISTVERWENDETE APPS ANZEIGEN eingeschaltet sein. Sollte sich der Eintrag in der Einstellungen-App nicht ändern lassen, hängt dies mit einer Datenschutzeinstellung zusammen: Um protokollieren zu können, welche Apps Sie verwenden, müssen Sie Windows 10 die Genehmigung hierzu erteilen. Die entsprechende Einstellung passen Sie in der Einstellungen-App unter DATENSCHUTZ • ALLGEMEIN an, indem Sie hier rechts den Regler WINDOWS ERLAUBEN, DAS STARTEN VON APPS NACHZUVERFOLGEN, UM START UND SUCHERGEBNISSE ZU VERBESSERN auf EIN setzen. Nun sollte der zuvor erwähnte Regler MEISTVERWENDETE APPS ANZEIGEN nicht mehr hellgrau gefärbt sein.

Taucht in der App-Liste unter MEISTVERWENDET oder ZULETZT HINZUGEFÜGT übrigens eine App auf, die Sie an dieser Position nicht benötigen, reicht ein rechter Mausklick darauf. Im Kontextmenü wählen Sie dann MEHR • AUS DIESER LISTE ENTFERNEN. Wenn Sie möchten, können Sie auch gleich die ganze LISTE LÖSCHEN (siehe Abbildung 5.6).

Die Schnellstartleiste am linken Rand des Startmenüs bietet die Möglichkeit, Verknüpfungen zu wichtigen Ordnern hinzuzufügen. Nach der Installation von Windows 10 finden Sie hier z. B. eine Verknüpfung zum Bilder-Ordner, aber auch zur Einstellungen-App. Um die Auswahl der Elemente selbst festzulegen, klicken Sie in der Einstellungen-App unter PERSONALISIERUNG • START auf ORDNER AUSWÄHLEN, DIE IM STARTMENÜ ANGEZEIGT WERDEN. Aktivieren bzw. deaktivieren Sie nun die Regler von den Ordnern, die Sie sich in der Schnellstartleiste wünschen bzw. von dort entfernen möchten.

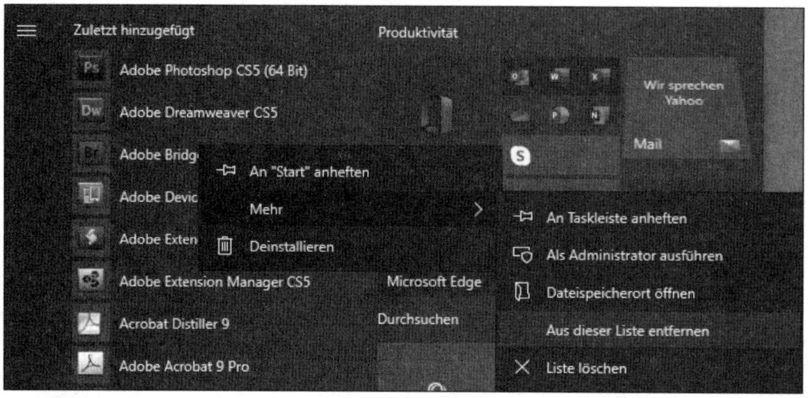

Abbildung 5.6 Nicht benötigte Apps können jederzeit aus dem Abschnitt »Zuletzt hinzugefügt« entfernt werden.

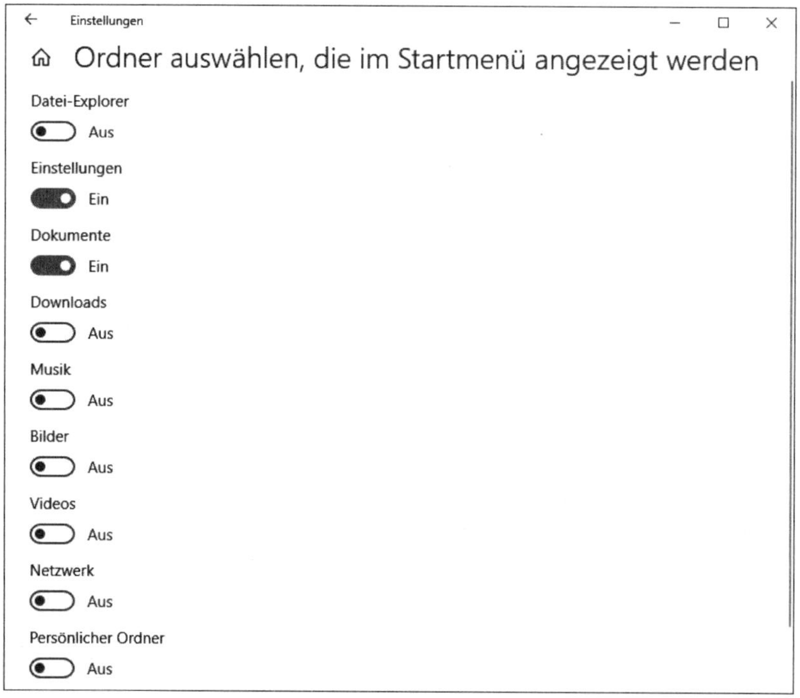

Abbildung 5.7 Ordner, die in der Schnellstartleiste des Startmenüs eingeblendet werden können

5.1.2 App-Liste um eigene Ordner und Verknüpfungen erweitern

Die App-Liste ist alphabetisch sortiert. Lediglich neu installierte sowie meistverwendete Apps werden – sofern die entsprechende Einstellung vorgenommen wurde – zu Beginn der Liste aufgeführt. Bei den meisten Elementen der App-Liste handelt es sich um direkte Verknüpfungen zu Apps bzw. Programmen. Bei der Installation mancher Programme werden im Startmenü aber auch Ordner angelegt, in denen sich dann zusätzlich Verknüpfungen zu Handbüchern oder auch zur Deinstallation finden. Dies ist z. B. häufig bei Sicherheitslösungen der Fall, aber auch bei Druckersoftware. Ein Beispiel für einen Windows-eigenen Ordner ist etwa das Verzeichnis *Windows-Zubehör*, das Verknüpfungen zu altbekannten Programmen wie dem Editor, Paint oder auch WordPad enthält.

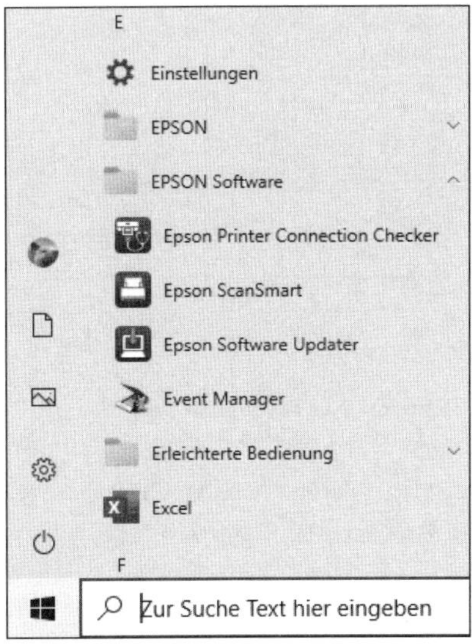

Abbildung 5.8 Manche Verknüpfungen werden in Ordnern zusammengefasst.

Sie können der App-Liste auch selbst Ordner hinzufügen, um etwa Ihre Lieblingsprogramme oder Anwendungen zu einem bestimmten Thema zusammenzufassen. Auch Verknüpfungen zu Dateien oder Webseiten lassen sich in der App-Liste ergänzen. Das ist vor allem praktisch, wenn Sie eine portable App, die nicht in der App-Liste aufgeführt wird, dem Startmenü hinzufügen möchten.

Startmenüeinträge, die nur für Ihr Benutzerkonto gelten, werden standardmäßig unter *C:\Benutzer\IhrBenutzername\AppData\Roaming\Microsoft\Windows\Startmenü\Programme* gespeichert, die für alle Benutzerkonten relevanten Einträge wiederum unter *C:\Benutzer\Alle Benutzer\Microsoft\Windows\Startmenü\Programme*. Die folgenden Schritte zeigen eine von diversen Möglichkeiten, wie Sie für Ihr eigenes Benutzerkonto im Startmenü einen Ordner und in diesem Verknüpfungen hinzufügen.

1. Starten Sie den Explorer z. B. über die Tastenkombination ⊞ + E, und navigieren Sie zum Ordner *%appdata%\Microsoft\Windows\Startmenü\Programme*.
2. Mit der Tastenkombination Strg + ⇧ + N legen Sie nun einen neuen Ordner an. Dieser wird in der App-Liste, wie alle anderen Elemente auch, in alphabetischer Reihenfolge eingefügt. Soll Ihr Verzeichnis möglichst zu Beginn der Liste erscheinen, beginnen Sie den Ordnernamen am besten mit einer oder mehreren Ziffern, z. B. »00_Bildredaktion«.

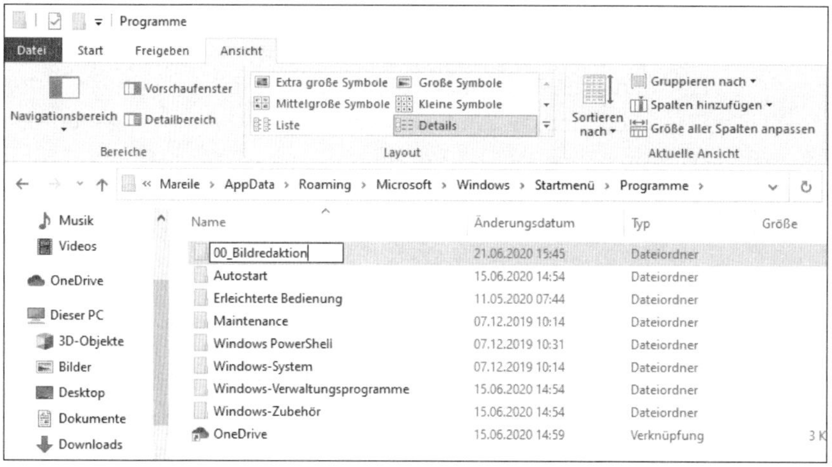

Abbildung 5.9 Legen Sie zuerst einen neuen Ordner an.

3. Diesem Ordner fügen Sie nun Verknüpfungen zu Dateien, anderen Ordnern oder auch Webseiten hinzu. Die Betonung liegt auf Verknüpfungen! Dateien oder Ordner, die Sie hier direkt einfügen, werden in der App-Liste nicht angezeigt. Wechseln Sie in den Ordner, öffnen Sie mit einem rechten Mausklick das Kontextmenü, und wählen Sie NEU • VERKNÜPFUNG.

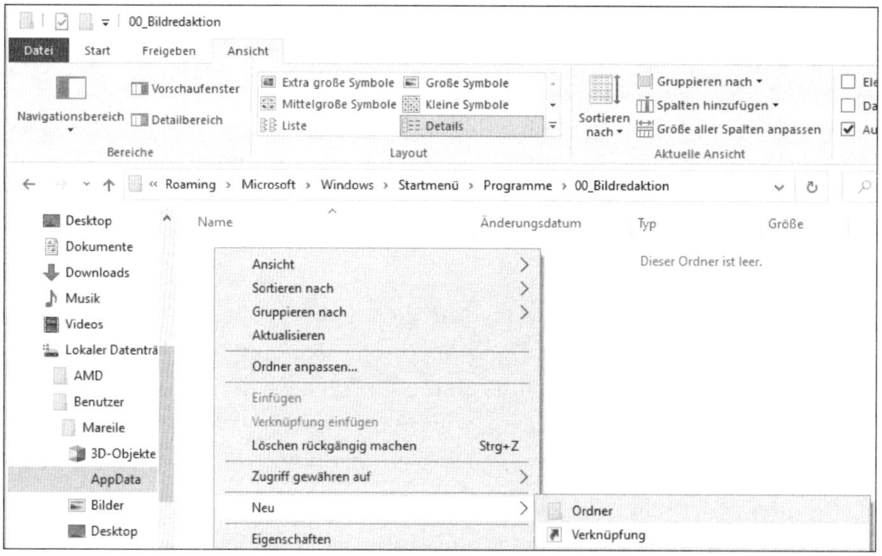

Abbildung 5.10 Legen Sie über den Kontextmenüeintrag »Neu« eine Verknüpfung an.

4. Im folgenden Dialog geben Sie direkt im Feld den Dateipfad oder auch eine Webadresse ein. Ist Ihnen der Dateipfad nicht bekannt, nutzen Sie die Schaltfläche DURCHSUCHEN, um schrittweise zum gewünschten Pfad zu navigieren. Bestätigen Sie den Pfad mit WEITER,

und vergeben Sie einen Namen für die Verknüpfung. Dieser wird für die App-Liste übernommen.

Abbildung 5.11 Der selbst angelegte Ordner in der App-Liste mit einer Verknüpfung zu einer portablen App, einer Word-Datei sowie einem Ordner

Das war es auch schon an notwendigen Schritten. Öffnen Sie nun das Startmenü, finden Sie in der App-Liste den gerade angelegten Ordner mit den dort eingefügten Verknüpfungen. Sollen die Verknüpfungen direkt in der App-Liste erscheinen und nicht innerhalb eines Ordners, verzichten Sie einfach auf das Anlegen des neuen Ordners und ergänzen die Verknüpfungen direkt im Ordner *Programme* des oben aufgeführten Dateipfads.

5.2 Den Kachelbereich anpassen

Bereits nach der Neuinstallation von Windows 10 ist der Kachelbereich des Startmenüs gut gefüllt. Die Zusammenstellung ist allerdings eine etwas kurios anmutende Kombination aus sinnvollen App-Verknüpfungen bis hin zu überflüssiger Werbung. Eine vermeintliche Ordnung ist durch das Zusammenfassen von Kacheln zu einer Gruppe oder Ordnern gegeben. Eine Gruppe ist durch eine Überschrift sowie einen größeren Abstand zur nächsten Gruppe gekennzeichnet. Ein Ordner ist daran zu erkennen, dass innerhalb einer größeren Kachel mehrere kleine zu sehen sind. Bei dieser bunten Mischung wird wohl jeder Anwender schnell Hand anlegen und aufräumen wollen.

5.2.1 Kacheln entfernen und hinzufügen

Nur einen Bruchteil der bereits vorhandenen Verknüpfungen in Form von Kacheln benötigt man tatsächlich. Manch eine der von Windows 10 vorgegebenen Kacheln führt nicht einmal zu einer bereits installierten App. Stattdessen handelt es sich lediglich um eine Werbung:

Nach einem Klick auf die Kachel öffnet sich der Microsoft Store, über den die App zunächst installiert werden muss, sofern man sie denn gerne nutzen möchte. Hat man keinerlei Interesse an der App, ist natürlich auch die entsprechende Kachel überflüssig. Um eine Kachel im Startmenü zu entfernen, reicht ein rechter Mausklick auf die Kachel. Im Kontextmenü wählen Sie den Befehl Von »Start« lösen. Wer mit einem Touchpad arbeitet, hält den Finger etwas länger auf der Kachel gedrückt. Sobald Sie den Finger vom Bildschirm heben, erscheinen zwei Symbole am rechten Rand der Kachel. Mit einem Tipp auf das Pinnnadel-Symbol oben rechts entfernen Sie die Kachel. An der Stelle der gelöschten Kachel entsteht eine Lücke. Durch das Löschen einer Kachel wird die verknüpfte Anwendung übrigens nicht deinstalliert. Wenn Sie die Kacheln neu anordnen möchten, verschieben Sie sie einfach mit gedrückter linker Maustaste.

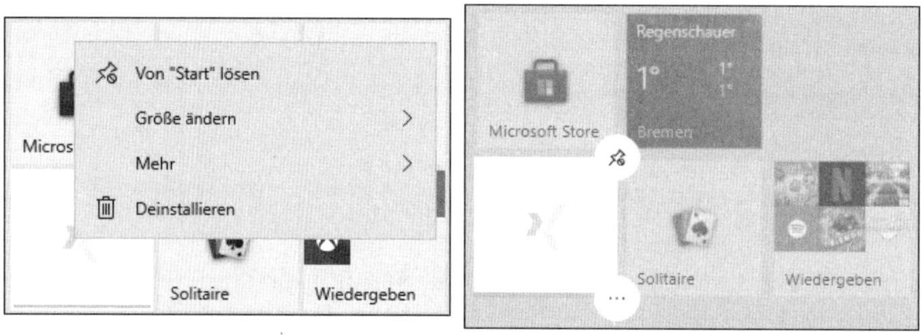

Abbildung 5.12 Das Lösen von Kacheln aus dem Startmenü im Desktopmodus (links) und im Tabletmodus (rechts)

> **Den Kachelbereich aus dem Startmenü entfernen**
>
> Manch ein Anwender zieht die App-Liste dem Kachelbereich vor. Im Gegensatz zur App-Liste, die, wie bereits zuvor beschrieben, über Start • Einstellungen • Personalisierung • Start ausgeblendet werden kann, ist dies mit dem Kachelbereich nicht so leicht möglich. Sie können sich aber behelfen, indem Sie einfach alle Kacheln entfernen. Dies müssen Sie nicht für jede Kachel getrennt erledigen. Um eine Gruppe in einem Rutsch zu löschen, klicken Sie mit der rechten Maustaste auf einen Gruppennamen und dann auf Gruppe von »Start« lösen. Sind alle Kacheln entfernt, müssen Sie nur noch die Breite des Startmenüs anpassen.

Fast ebenso schnell, wie das Entfernen von Kacheln geschieht, ist auch das Hinzufügen erledigt. Möchten Sie für eine bereits installierte App eine Verknüpfung ergänzen, blenden Sie das Startmenü ein und blättern in der App-Liste bis zur gewünschten App. Sie können nun per rechten Mausklick das Kontextmenü einblenden und dann den Befehl An »Start« anheften wählen. Je nach verfügbarem Platz wird die Kachel unterhalb oder rechts der bereits vorhandenen Kacheln eingefügt. Noch einfacher gelingt das Hinzufügen, indem Sie die App einfach mit gedrückter linker Maustaste in den Kachelbereich ziehen und direkt an der gewünschten Stelle positionieren.

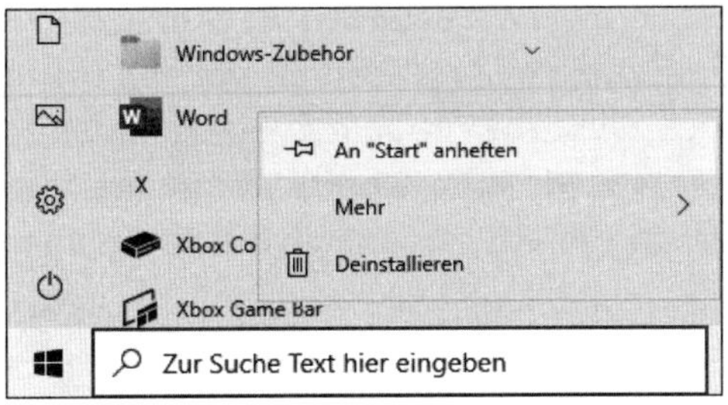

Abbildung 5.13 Die Kachel ist schnell über das Kontextmenü einer App in der App-Liste erzeugt.

Auf die beschriebene Weise lässt sich für jedes Element der App-Liste eine Kachel im Startmenü anpinnen. Dies gilt auch für die selbst ergänzten Verknüpfungen z. B. zu Dateien, Webseiten oder Anwendungen, die Sie in Abschnitt 5.1.2 kennengelernt haben. Die einzige Ausnahme stellen die Ordner innerhalb der App-Liste dar. Hier können Sie nur für den Inhalt des Ordners eine Kachel erstellen.

Der Befehl AN »START« ANHEFTEN steht Ihnen auch in der Einstellungen-App zur Verfügung. Gerade beim Einrichten des Computers ist dies besonders praktisch, wenn Sie immer wieder eine bestimmte Seite benötigen. Statt jedes Mal umständlich zur gewünschten Kategorie (z. B. *Personalisierung*) oder Unterkategorie (z. B. *Sperrbildschirm*) zu navigieren, rufen Sie sie einmalig auf. Rufen Sie per rechten Mausklick auf die (Unter-)Kategorie das Kontextmenü auf, und wählen Sie auf AN »START« ANHEFTEN. Schon haben Sie eine Kachel im Startmenü, die Sie direkt zur gewünschten Seite in der Einstellungen-App führt.

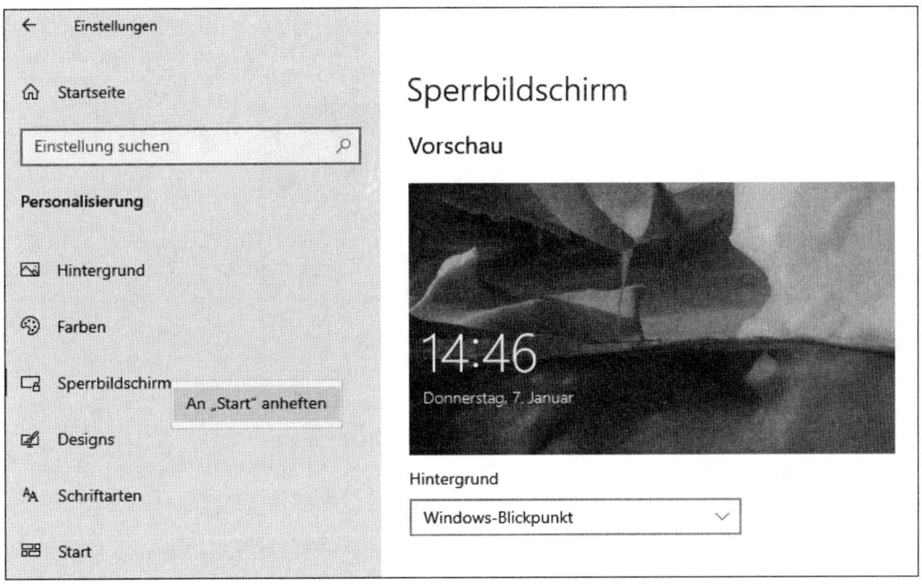

Abbildung 5.14 Häufig genutzte Windows-Einstellungen sind schnell an das Startmenü angeheftet.

Auch im Explorer erscheint im Kontextmenü eines Ordners der Befehl AN »START« ANHEFTEN, über den Sie dem Startmenü eine Verknüpfung zum entsprechenden Ordner hinzufügen können. Für Dateien steht der Befehl im Explorer nicht zur Verfügung. Hier müssten Sie zunächst eine Verknüpfung in der App-Liste ergänzen, wie in Abschnitt 5.1.2 gezeigt, und dann wie gerade beschrieben aus der App-Liste heraus die Datei an das Startmenü anpinnen.

Kacheln können in unterschiedlichen Größen angezeigt werden. Für die meisten Kacheln sind die vier Größen klein, mittel, breit und groß verfügbar, manche lassen sich aber auch nur klein oder mittel darstellen. Um die Größe auszuwählen, klicken Sie mit der rechten Maustaste auf die Kachel, und wählen dann GRÖSSE ANPASSEN, gefolgt von dem gewünschten Format. Auf einem Touchscreen halten Sie den Finger wieder etwas länger auf der Kachel gedrückt. Heben Sie ihn dann vom Bildschirm, und tippen Sie auf das untere Symbol mit den drei Punkten. Nun wird auch hier das Kontextmenü eingeblendet.

Die Kachelgröße ist vor allem im Zusammenhang mit den sogenannten *Live-Kacheln* interessant. Dabei handelt es sich um Kacheln, die ihren Inhalt dynamisch anpassen. So zeigt die Wetter-App z B. regelmäßig die aktuellen Wetterinformationen an, die News-App informiert Sie über wichtige Schlagzeilen, und die Fotos-App erfreut Sie mit Aufnahmen Ihrer eigenen Bildersammlung. Welcher Inhalt angezeigt werden kann, hängt von der Kachelgröße ab. Wählen Sie für die Wetter-App etwa GROSS, wird nicht nur die Tagesvorschau eingeblendet, sondern auch der Wettertrend für die nächsten Tage. Ist hingegen die Kachelgröße KLEIN eingestellt, zeigt die Kachel lediglich das App-Symbol ganz ohne Wetterinformationen. Wer kein Interesse an den Live-Inhalten hat, kann diese auch deaktivieren. Blenden Sie hierzu einfach das Kontextmenü der Kachel ein, und wählen Sie dann MEHR • LIVE-KACHEL DEAKTIVIEREN. Wünschen Sie die Informationen später doch wieder, wiederholen Sie die Schritte, dieses Mal aber mit dem Befehl LIVE-KACHEL AKTIVIEREN.

Abbildung 5.15 Ist die Live-Kachel aktiviert, zeigt die Wetter-App aktuelle Wetterinformationen an.

Bewegen Sie im Kontextmenü einer Kachel den Mauszeiger auf MEHR, werden Ihnen für die meisten Apps einige weitere Befehle angeboten. Sie lassen sich auch per rechten Mausklick auf den entsprechenden Eintrag in der App-Liste aufrufen:

- **An Taskleiste anheften**: Mit diesem Befehl legen Sie eine Verknüpfung zu einer App auf der Taskleiste ab. Sollte sich auf der Taskleiste bereits eine entsprechende Verknüpfung befinden, lässt sie sich mit dem Befehl VON TASKLEISTE LÖSEN entfernen. Weitere Informationen zur Taskleiste erhalten Sie im nächsten Kapitel.
- **App-Einstellungen**: Für jede App gibt es individuelle Einstellungen. So lässt sich z. B. festlegen, wo eine App welche Benachrichtigungen für Sie hinterlegen darf. Über den Befehl APP-EINSTELLUNGEN gelangen Sie direkt zur entsprechenden Seite in der Einstellungen-App. Näheres hierzu erfahren Sie in Kapitel 16, »Wichtige Einstellungen für Apps«.
- **Bewerten und Kritik schreiben**: Jeder App-Entwickler lebt von positiven oder zumindest ehrlichen Rezensionen. Dieser Befehl führt Sie zur Detailansicht der App im Microsoft Store, in dem Sie eine Bewertung der App hinterlegen können. Hierfür ist die Anmeldung mit einem Microsoft-Konto nötig.
- **Teilen**: Eine App gefällt Ihnen besonders gut, und Sie möchten sie gerne anderen Personen empfehlen? Über den Befehl TEILEN gelangen Sie ebenfalls wieder zur Detailseite der App im Microsoft Store. Zusätzlich erscheint ein Dialog, in dem Sie die App auswählen, über die Sie Ihre Empfehlung weiterreichen möchten. Dies kann z. B. über Facebook, Twitter oder auch per Mail geschehen.
- **Als Administrator ausführen**: Für einige Anwendungen finden Sie im Kontextmenü die Möglichkeit, das Programm direkt mit Administratorrechten auszuführen.
- **Dateispeicherort öffnen**: Wählen Sie diesen Befehl, öffnet sich der Explorer direkt mit dem Ordner, in dem für die App, Datei oder auch Webseite die Verknüpfung zum Startmenü hinzugefügt wurde. Das ist z. B. dann praktisch, wenn Sie die selbst hinzugefügten Verknüpfungen schnell wieder aus der App-Liste entfernen möchten.

5.2.2 Kacheln gruppieren oder in Ordnern zusammenfassen

Je mehr Kacheln Sie dem Startmenü hinzufügen, desto unübersichtlicher wird es. Mithilfe der Gruppierung oder auch dem Zusammenfassen von Kacheln in Ordnern lässt sich etwas Ordnung schaffen. Eine Gruppe ist am größeren Abstand zu den anderen Kacheln zu erkennen, wie in Abbildung 5.17 am Beispiel der beiden Gruppen PRODUKTIVITÄT und DURCHSUCHEN gut zu sehen ist.

Per Standardeinstellung ordnet Windows 10 innerhalb einer Gruppe jeweils drei Kacheln nebeneinander an. Über den Regler MEHR KACHELN IM STARTMENÜ ANZEIGEN unter START • EINSTELLUNGEN • PERSONALISIERUNG • START lässt sich die Darstellung auf vier Kacheln erweitern. Die Anpassung im Startmenü erfolgt anschließend aber nicht automatisch. Hier müssen Sie selbst aktiv werden, indem Sie das Startmenü gegebenenfalls etwas verbreitern und die Kacheln neu anordnen.

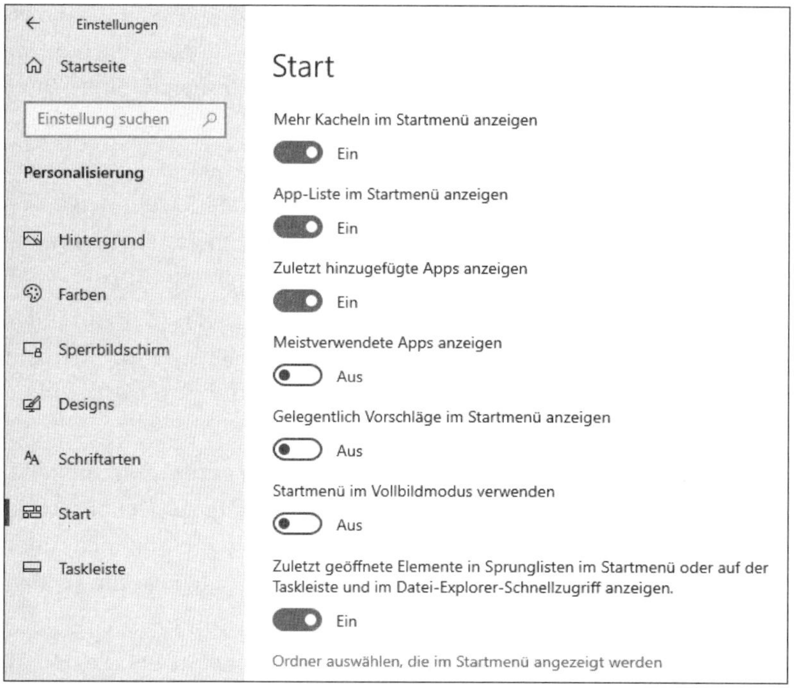

Abbildung 5.16 Die Einstellung »Mehr Kacheln im Startmenü anzeigen« bedeutet vier (statt drei) nebeneinander positionierte Kacheln.

Eine erste neue Gruppe legt Windows automatisch an, sobald Sie eine Kachel wie im vorherigen Abschnitt beschrieben über den Befehl AN »START« ANHEFTEN dem Kachelbereich hinzufügen. Wenn Sie selbst eine neue Gruppe erzeugen möchten, ziehen Sie die erste Kachel einfach auf einen leeren Bereich des Startmenüs außerhalb der bereits vorhandenen Gruppen. Vergrößern Sie hierfür gegebenenfalls das Startmenü über die Tastenkombination [Strg] + [↑] bzw. [Strg] + [→]. Wird oberhalb der Kachel ein Balken eingeblendet, lassen Sie die während des Ziehens gedrückte linke Maustaste los. Positionieren Sie den Mauszeiger über der Kachel, und klicken Sie auf den Schriftzug GRUPPE BENENNEN. Geben Sie im Textfeld einen Namen für die Gruppe ein. Durch Drücken der [↵]-Taste oder einen Klick auf einen Bereich außerhalb des Textfeldes übernehmen Sie den Gruppentitel. Analog lässt sich auch eine bereits vorhandene Gruppe umbenennen, indem Sie den Gruppentitel anklicken und dann mit einer neuen Bezeichnung überschreiben. Der neu angelegten Gruppe können Sie nun beliebig weitere Kacheln hinzufügen.

Eine Gruppe lässt sich übrigens ganz simpel verschieben. Positionieren Sie hierzu den Mauszeiger auf dem Gruppentitel, und ziehen Sie ihn dann mit gedrückter linker Maustaste an die gewünschte neue Stelle im Kachelbereich. Während des Ziehens wird lediglich der Gruppenname angezeigt. Die Kacheln erscheinen erst wieder, wenn Sie die Maustaste loslassen.

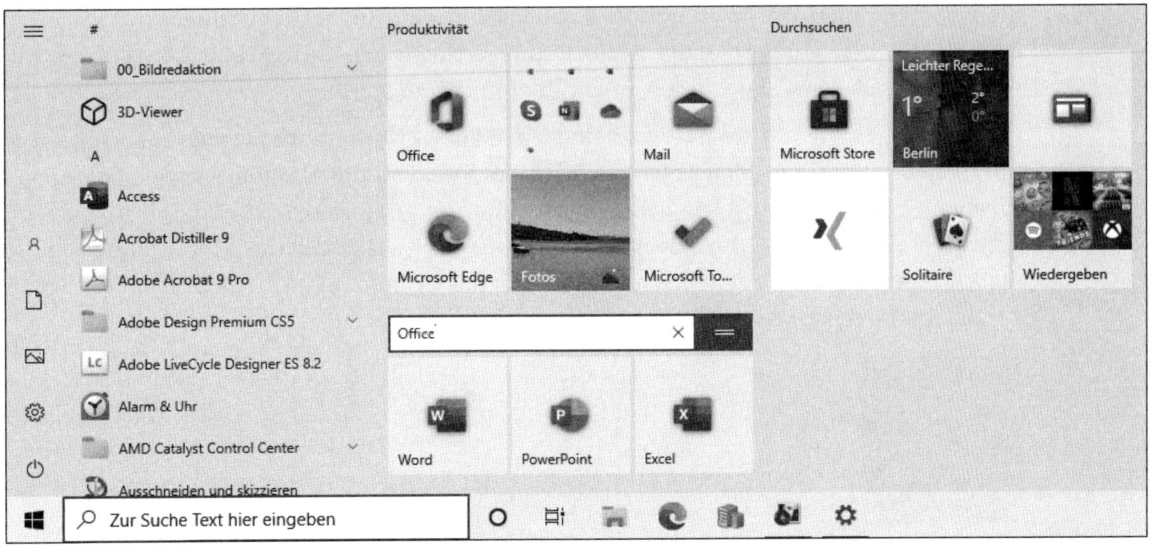

Abbildung 5.17 Eine neu angelegte Gruppe namens »Office«

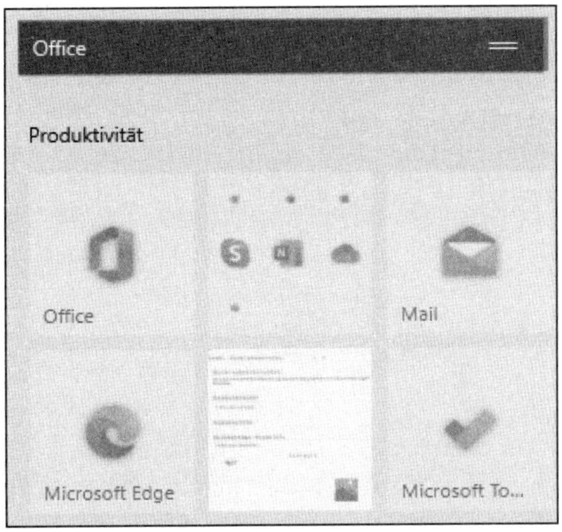

Abbildung 5.18 Während des Verschiebens werden die Kacheln einer Gruppe ausgeblendet.

Wenn Sie eine Gruppe auflösen möchten, ziehen Sie ihre Kacheln nacheinander in eine andere, bereits vorhandene Gruppe. Haben Sie die letzte Kachel entfernt, verschwindet damit auch der Gruppenname.

Mithilfe der Gruppen lassen sich Kacheln thematisch bündeln. Wenn Sie im Kachelbereich viele Verknüpfungen hinzugefügt haben, ist damit aber meist noch nicht ausreichend für Übersicht gesorgt. Hier stellen Ordner die bessere Lösung dar, in denen Sie Kacheln zusammenfassen können. Im Startmenü wird zunächst nur die Kachel des Ordners angezeigt. Erst ein Klick auf diese Kachel blendet alle im Ordner enthaltenen Kacheln ein. Diese können nun per Mausklick ausgewählt werden, um etwa eine App zu starten.

Das Anlegen eines Ordners ist zwar kein Hexenwerk, erfordert aber etwas Fingerspitzengefühl: Bewegen Sie den Mauszeiger auf die erste Kachel, die Sie dem Ordner hinzufügen möchten. Ziehen Sie den Zeiger dann ganz langsam auf die zweite Kachel, die Sie für den Ordner vorgesehen haben. Gehen Sie hierbei zu schnell vor, verschieben Sie die zweite Kachel lediglich. Befindet sich die erste Kachel exakt über der zweiten und wird diese etwas größer angezeigt als die erste, lassen Sie die Maustaste los.

Abbildung 5.19 Um einen Ordner anzulegen, müssen sich beide Kacheln direkt übereinander befinden. Von der hinteren Kachel ist nur noch ein schmaler Rand zu sehen.

Die beiden übereinandergelegten Kacheln werden nun durch eine Kachel mit einem nach oben weisenden Pfeil ersetzt. Die zwei Kacheln sind unterhalb dieser Kachel zu sehen. Wie für eine Gruppe können Sie auch für einen Ordner einen Namen vergeben, indem Sie auf ORDNER BENENNEN klicken und dann einen Titel eingeben. Mit einem Klick auf die Pfeil-Kachel schließen Sie den Ordner.

Abbildung 5.20 Über die Pfeil-Kachel wird der Ordner geschlossen.

Statt des Pfeils zeigt die Kachel nun die Miniaturansichten der hinzugefügten Kacheln. Weitere Kacheln fügen Sie wie beschrieben hinzu, indem Sie sie einfach auf die Ordner-Kachel mit den Miniaturansichten ziehen.

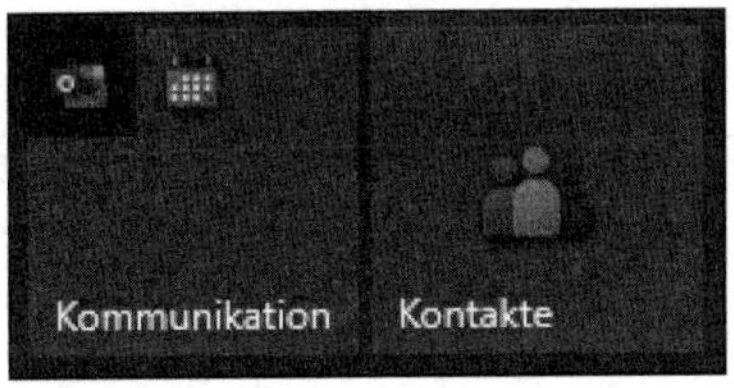

Abbildung 5.21 Dem Ordner können Sie weitere Kacheln hinzufügen.

Um eine Kachel wieder aus einem Ordner zu entfernen, blenden Sie zunächst den Ordnerinhalt per Klick auf die Ordner-Kachel ein. Ziehen Sie dann die zu entfernende Kachel mit gedrückter linker Maustaste auf einen beliebigen Bereich im Startmenü, der sich allerdings außerhalb des Ordnerbereichs befinden muss. Durch Entfernen der letzten Kachel wird automatisch auch der Ordner aufgelöst. In Abschnitt 7.1.2, »Farbschema und Akzentfarbe bestimmen«, erfahren Sie, wie sich die Farbe des Startmenüs anpassen lässt.

Kapitel 6
Taskleiste und Info-Center anpassen

Die Taskleiste ist bereits seit Windows 95 ein wichtiger Bestandteil des Betriebssystems. Über sie wechseln Sie schnell zwischen Anwendungen, rufen das Startmenü auf und starten Suchanfragen nach Programmen, Dateien oder auch Systemeinstellungen. Für Windows 10 wurde sie um einige interessante Elemente erweitert.

So schmal die Taskleiste am unteren Bildschirmrand auch erscheinen mag, so groß ist doch ihr Stellenwert: Schon seit vielen Windows-Generationen dient sie dem Öffnen von Programmen und dem Wechsel zwischen aktiven Anwendungen. Der Infobereich am rechten Rand der Taskleiste hält wichtige Benachrichtigungen und Informationen für Sie bereit.

Die Taskleiste bietet zwar nicht sehr viele Anpassungsmöglichkeiten, die wenigen rentieren sich aber, um sich eine möglichst bequeme Arbeitsumgebung zu schaffen. Ein besonderes Augenmerk sollten Sie dabei auf das Info-Center richten, das über das Benachrichtigungssymbol am rechten Rand der Leiste eingeblendet wird und das wichtige Benachrichtigungen von Apps, aber auch von Windows selbst enthält.

6.1 Die Taskleiste optimal nutzen

Für jede Anwendung, die Sie öffnen, erscheint in der Taskleiste ein Symbol. Schließen Sie die Anwendung, verschwindet auch das Symbol wieder. Es sei denn, Sie heften es fest an die Leiste, was vor allem bei Apps, die Sie häufig benötigen, sinnvoll ist. Sprunglisten ermöglichen einen schnellen Zugriff auf Dateien und Funktionen einer App. Ob die Taskleiste fest fixiert am unteren Bildschirm bleibt oder eine andere Position einnimmt, liegt ganz beim Anwender.

6.1.1 App-Symbole an die Taskleiste anheften

Windows 10 sieht die vier Apps *Edge*, *Explorer*, *Store* und *Mail* als so wichtig an, dass sie bereits per Standardeinstellung an die Taskleiste angeheftet wurden. Die Wahrscheinlichkeit, dass der Explorer häufig genutzt wird, ist recht hoch. Bei den drei anderen Apps mögen die

Prioritäten bei so manch einem Anwender etwas anders liegen. Die Symbole nicht benötigter Apps lassen sich schnell von der Taskleiste lösen: Ein rechter Mausklick auf das App-Symbol und dann VON TASKLEISTE LÖSEN reichen, und schon ist Platz für andere, weitaus wichtigere Apps geschaffen. Benötigen Sie eine der Apps doch wieder, rufen Sie sie einfach über das Startmenü oder auch das Suchfeld der Taskleiste auf.

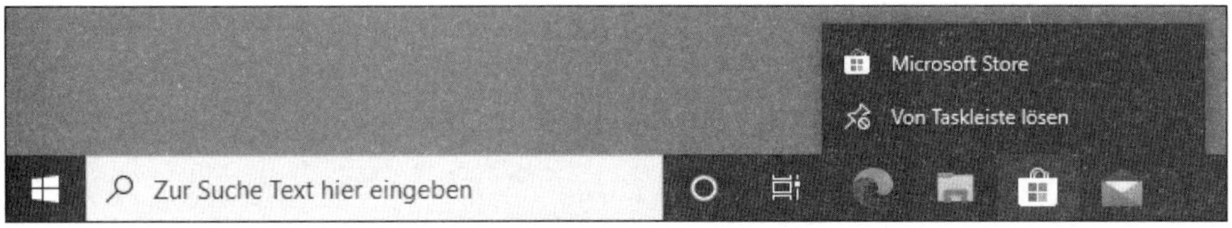

Abbildung 6.1 Die an die Taskleiste angehefteten Apps lassen sich schnell lösen.

App-Symbole und die Besonderheiten des Tabletmodus

Nutzen Sie ein Gerät mit Touchbildschirm, auf dem entsprechend der Tabletmodus aktiviert ist, werden Sie in der Taskleiste zunächst vergeblich nach App-Symbolen suchen – seien es angeheftete oder die der geöffneten Anwendungen. Um die Symbole einzublenden, halten Sie den Finger etwas länger auf der Taskleiste gedrückt. Sobald ein Rahmen sichtbar wird, heben Sie den Finger vom Bildschirm. Versehen Sie im nun aufklappenden Kontextmenü den Befehl APP-SYMBOLE ANZEIGEN per Tipp mit einem Häkchen. Weitere Informationen rund um die Bedienung eines Geräts mit Touchscreen erhalten Sie in Kapitel 10, »Windows 10 und der Tabletmodus«.

Für jedes geöffnete Programm ist in der Taskleiste ein eigenes Symbol zu finden. Aktive Anwendungen erkennen Sie in der Taskleiste gut am Balken unterhalb des App-Symbols. Das Symbol des Programms, dessen Fenster sich im Vordergrund befindet, hebt sich zusätzlich farblich von den anderen App-Symbolen ab. Mit einem Klick auf ein App-Symbol lässt sich ein Programmfenster schnell minimieren oder umgekehrt in den Vordergrund holen.

Um häufig genutzte Programme fest an die Taskleiste anzuheften, gibt es verschiedene Möglichkeiten. Hier eine kleine Auswahl:

- Rufen Sie das Startmenü auf, und ziehen Sie das Symbol der gewünschten App aus der App-Liste oder auch aus dem Kachelbereich mit gedrückter linker Maustaste auf einen freien Bereich der Taskleiste. Verfügt eine App über ein Desktopsymbol, können Sie auch dies auf die Taskleiste ziehen. Sobald Sie die Maustaste loslassen, erscheint das App-Symbol in der Leiste.
- Alternativ zu Drag & Drop führen Sie einen rechten Mausklick auf dem Element in der App-Liste oder dem Kachelbereich aus. Wählen Sie dann MEHR • AN TASKLEISTE ANHEFTEN.

- Geben Sie den Namen der App im Suchfeld der Taskleiste ein und blenden dann per rechten Mausklick auf das gewünschte Suchergebnis das Kontextmenü ein, wird Ihnen ebenfalls der Befehl AN TASKLEISTE ANHEFTEN angeboten.

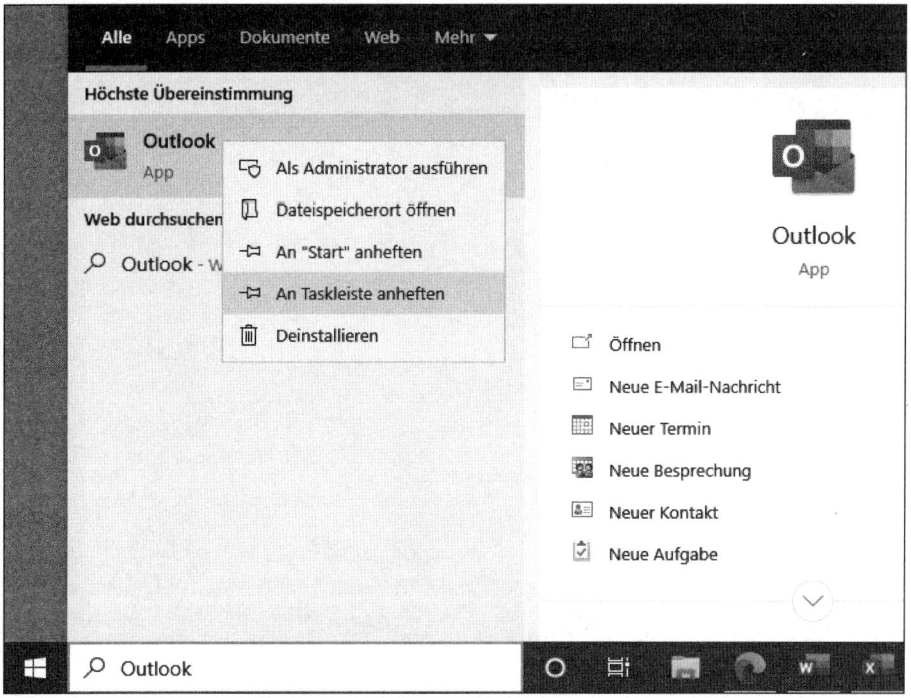

Abbildung 6.2 Eine App kann direkt aus den Suchergebnissen heraus an die Taskleiste angeheftet werden.

- Ist die App bereits geöffnet, klicken Sie mit der rechten Maustaste auf ihr Symbol in der Taskleiste und wählen den bereits erwähnten Befehl.

Alle App-Symbole können in der Taskleiste beliebig angeordnet werden, indem Sie sie einfach mit gedrückter linker Maustaste verschieben. Bewegen Sie den Mauszeiger auf das App-Symbol einer bereits geöffneten Anwendung, erscheint eine Miniaturvorschau des Programmfensters. Setzen Sie den Mauszeiger dann auf die Vorschau, wird das Programmfenster in voller Größe angezeigt. Mit einem Klick auf die Vorschau oder das Programmfenster selbst holen Sie es in den Vordergrund. Das ist vor allem bei mehreren geöffneten Instanzen eines Programms praktisch, um das gewünschte Fenster auszuwählen.

Nicht jede Anwendung lässt allerdings mehrere Instanzen zu. Während Sie durchaus mehrere Fenster eines Browsers (siehe Abbildung 6.3) von Word oder auch des Explorers öffnen können, lassen Microsofts UWP-Apps (z. B. die Fotos- und die Einstellungen-App) nur eine einzige geöffnete Instanz zu.

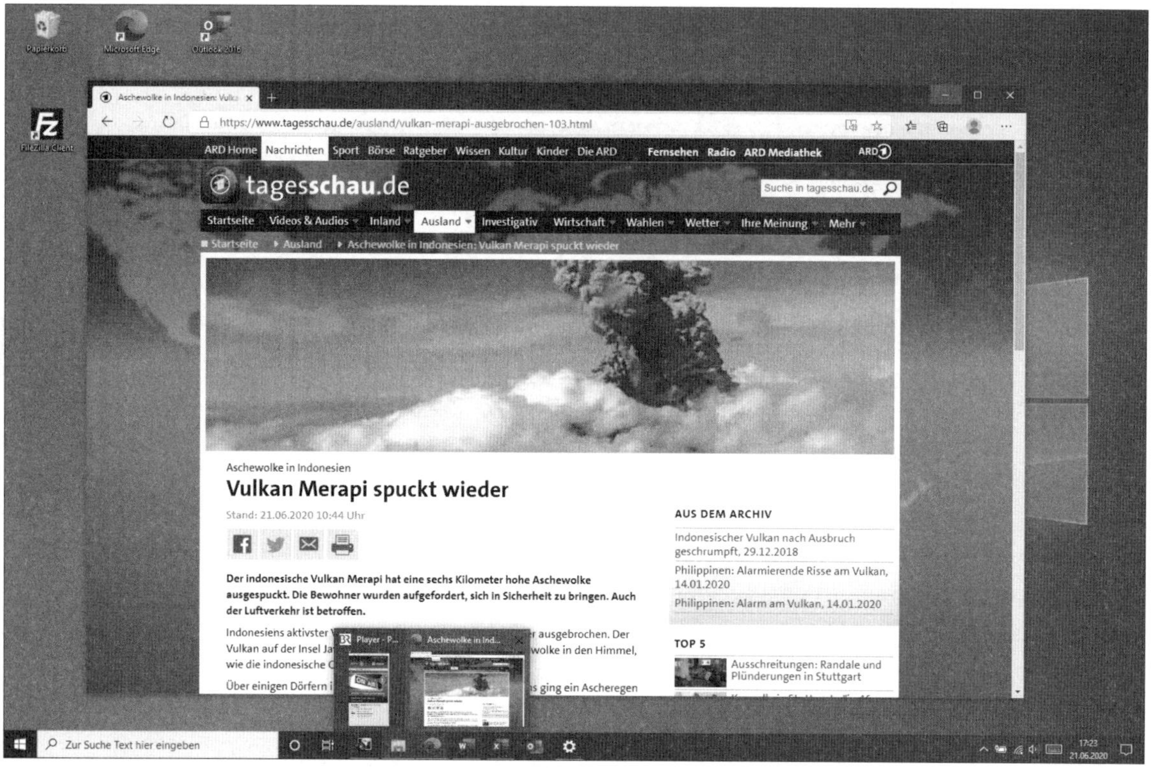

Abbildung 6.3 Für Browser wie Edge lassen sich mehrere Programmfenster öffnen.

6.1.2 Sprunglisten nutzen

Die bevorzugten Apps an die Taskleiste anzuheften ist eine Sache. Doch wie sieht es mit Dateien und Ordnern aus, auf die man immer wieder zugreifen muss? Auch für sie gibt es eine Möglichkeit, sie schnell zu erreichen. Klicken Sie mit der rechten Maustaste auf ein App-Symbol in der Taskleiste oder auch der App-Liste im Startmenü, klappt die sogenannte *Sprungliste* der App auf. Hier finden Sie nicht nur den Befehl zum Anheften einer App an das Startmenü oder die Taskleiste bzw. zum entsprechenden Lösen. Es werden auch die zuletzt mit dieser App geöffneten Dateien bzw. im Fall des Explorers die verwendeten Ordner aufgelistet. Ein Klick auf solch ein Sprunglistenelement reicht, um die App mit dieser Datei bzw. dem Ordner zu öffnen.

Enthält die Liste ein Element, das Sie in naher Zukunft nicht benötigen, können Sie es nach einem rechten Mausklick Aus dieser Liste entfernen. Benötigen Sie es hingegen immer wieder und wollen daher sicherstellen, dass es nicht aus der Liste verschwindet, sobald Sie weitere Dateien öffnen, nutzen Sie den Befehl An diese Liste anheften. Jedes angeheftete Element lässt sich natürlich jederzeit auf gleichem Wege wieder von der Liste lösen.

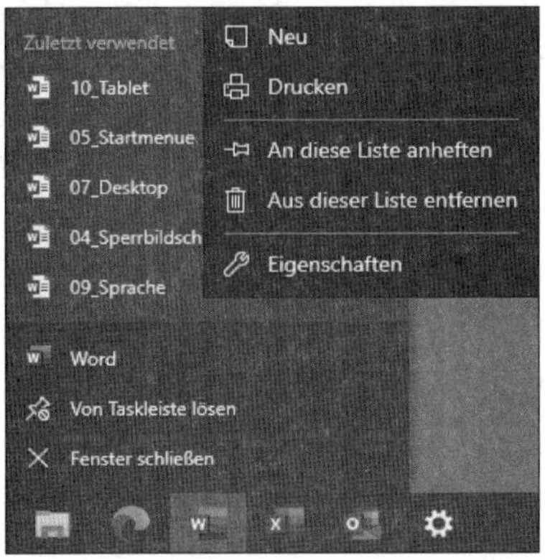

Abbildung 6.4 Über die Kontextmenübefehle lässt sich ein Element aus der Sprungliste entfernen oder auch an die Liste anheften.

Wenn Sie Dateien an die Sprungliste einer Anwendung anpinnen möchten, für die noch kein App-Symbol in der Taskleiste verfügbar ist, gibt es eine praktische Lösung, beides gleich in einem Rutsch zu erledigen: Öffnen Sie den Explorer und wechseln Sie in den Ordner, in dem sich die gewünschte Datei befindet. Ziehen Sie das Dateisymbol nun mit gedrückter linker Maustaste auf einen freien Bereich der Taskleiste. Sobald Sie die Taste loslassen, wird – sofern noch nicht vorhanden – automatisch ein Symbol der App an die Taskleiste angeheftet, mit dem Sie die Datei standardmäßig öffnen. Zugleich öffnet sich die Sprungliste, in der Sie die Datei unter ANGEHEFTET finden. Handelt es sich bei dem im Explorer ausgewählten Element um einen Ordner, wird dieser automatisch dem Explorer zugeordnet.

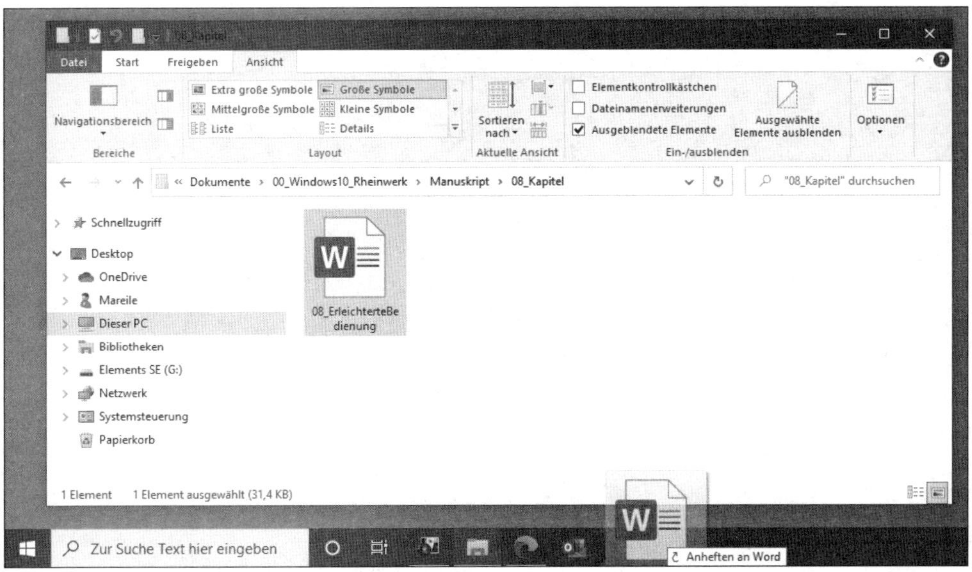

Abbildung 6.5 Häufig genutzte Dateien lassen sich schnell per Drag & Drop an die Taskleiste anheften.

Der schnelle Zugriff auf Dateien und Funktionen einer App bzw. häufig genutzte Dateien und Ordner stellt nicht den einzigen Vorteil der Sprunglisten dar. Manche Programme warten in den Sprunglisten außerdem mit interessanten Aufgaben auf. So lässt sich beim Browser Edge über die Sprungliste z. B. bequem ein neues InPrivate-Fenster öffnen, während Sie bei Outlook Befehle zum Verfassen einer neuen Nachricht oder auch Anlegen eines neuen Kontakts finden. Mit einem Klick auf den Programmnamen wird bei den Anwendungen, die mehrere Instanzen zulassen, ein neues Programmfenster geöffnet.

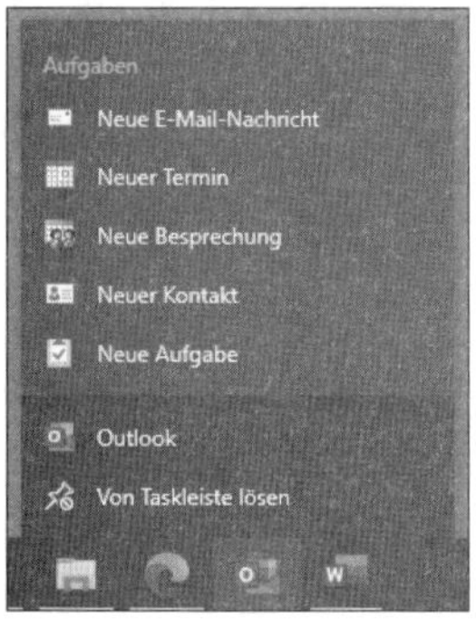

Abbildung 6.6 Über die Sprungliste von Outlook lassen sich blitzschnell wichtige Aufgaben starten.

Wie auch schon in früheren Windows-Versionen können Sie der Taskleiste eigene Symbolleisten hinzufügen. Klicken Sie hierzu mit der rechten Maustaste auf einen freien Bereich der Taskleiste. Unter SYMBOLLEISTEN finden Sie nun die Einträge ADRESSE, LINKS, DESKTOP und NEUE SYMBOLLEISTE. Im Vergleich zum Potenzial der Sprunglisten verblasst ihr Charme allerdings sehr schnell.

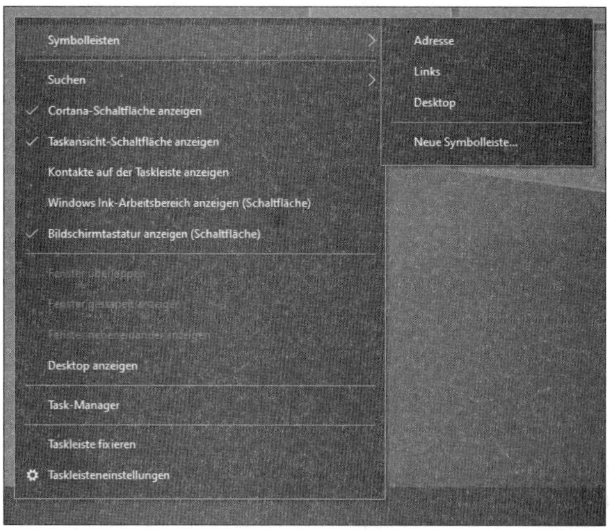

Abbildung 6.7 Auch unter Windows 10 können der Taskleiste weitere Symbolleisten hinzugefügt werden.

6.1.3 Größe, Position und weitere Einstellungen

Von Beginn an ist der untere Bildschirmrand klassischerweise der feste Platz der Taskleiste. Doch wie bereits in früheren Windows-Versionen lässt sich die Position auch unter Windows 10 ändern. Klicken Sie hierzu mit der rechten Maustaste auf einen freien Bereich der Taskleiste, und entfernen Sie im Kontextmenü das Häkchen vor TASKLEISTE FIXIEREN (siehe Abbildung 6.7). Nun können Sie die Taskleiste mit gedrückter linker Maustaste an den oberen, linken oder auch rechten Bildschirmrand verschieben. Wer die Maus hierfür nicht nutzen mag, ruft im Kontextmenü den Befehl TASKLEISTENEINSTELLUNGEN auf. In der Einstellungen-App, die damit geöffnet wird, müssen Sie nun ebenfalls die Fixierung aufheben, bevor Sie über das entsprechende Feld die Position der Taskleiste festlegen.

In den Taskleisteneinstellungen können Sie gleich einige weitere Einstellungen vornehmen. Möchten Sie die Taskleiste z. B. nur dann sehen, wenn Sie den Mauszeiger am unteren Bildschirmrand positionieren, setzen Sie den Regler TASKLEISTE IM DESKTOPMODUS AUTOMATISCH AUSBLENDEN auf EIN. Gleiches lässt sich auch für den Tabletmodus vornehmen. Auf einem Touchscreen blenden Sie die Taskleiste anschließend mit einem Tipp auf den unteren Bildschirmrand ein.

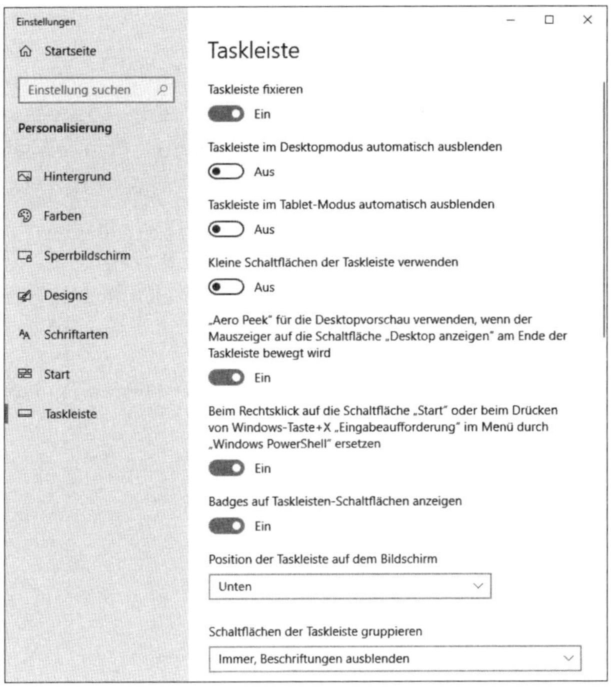

Abbildung 6.8 Die Taskleisteneinstellungen in der Einstellungen-App

Aktivieren Sie KLEINE SCHALTFLÄCHEN DER TASKLEISTE VERWENDEN, wird die Höhe der Taskleiste reduziert; ebenso werden alle Symbole innerhalb der Leiste entsprechend verkleinert. Das schafft zwar Platz, die Bedienung ist allerdings nicht mehr ganz so komfortabel.

Am äußersten rechten Rand der Taskleiste, sogar noch rechts vom Benachrichtigungssymbol, befindet sich eine schmale Schaltfläche mit der Bezeichnung *Desktop anzeigen*. Ihr Zweck: Die Desktopoberfläche einblenden, sobald sich der Mauszeiger auf der Schaltfläche befindet. Damit dies funktioniert, muss in den Taskleisteneinstellungen allerdings der Regler »AERO PEEK« FÜR DIE DESKTOPVORSCHAU VERWENDEN eingeschaltet sein.

Anhänger der Eingabeaufforderung (kurz auch *CMD* genannt) können über den nächsten Regler dafür sorgen, dass statt der Windows PowerShell im Schnellzugriffsmenü wieder die Kommandozeile aufgeführt wird. Das Schnellzugriffsmenü lässt sich über die Tastenkombination [Win] + [X] oder per rechten Mausklick auf das Windows-Logo in der Taskleiste öffnen.

Möchten Sie bereits mit einem Blick auf die Taskleiste sehen, wenn z. B. neue E-Mails eingetroffen sind? Solche kleinen Hinweise, die direkt auf dem App-Symbol eingeblendet werden, werden *Badges* genannt. Den Regler zum Anzeigen der Badges finden Sie ebenfalls in den Taskleisteneinstellungen.

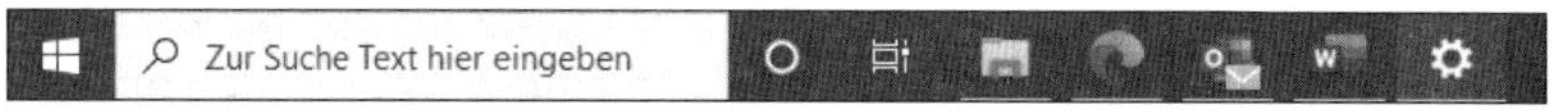

Abbildung 6.9 Sind die Badges in den Taskleisteneinstellungen aktiviert, zeigt das Briefumschlag-Symbol, dass in Outlook neue E-Mails eingetroffen sind.

Bei manchen Anwendungen ist es möglich, mehrere Instanzen zu öffnen. In der Taskleiste erscheint trotzdem lediglich ein Programmsymbol. Erst durch das Positionieren des Mauszeigers auf diesem Symbol wird für jede Instanz jeweils eine eigene Vorschau eingeblendet. Wem diese Gruppierung nicht zusagt, kann in den Taskleisteneigenschaften im Feld SCHALTFLÄCHEN DER TASKLEISTE GRUPPIEREN den Eintrag NIE wählen. Nun erscheint in der Taskleiste für jedes geöffnete Programmfenster ein eigenes Symbol inklusive Beschriftung. Je nach Anzahl der geöffneten Fenster wird es mit dem Platz damit aber schnell eng. Die Einstellung WENN DIE TASKLEISTE VOLL IST verschafft hier Abhilfe.

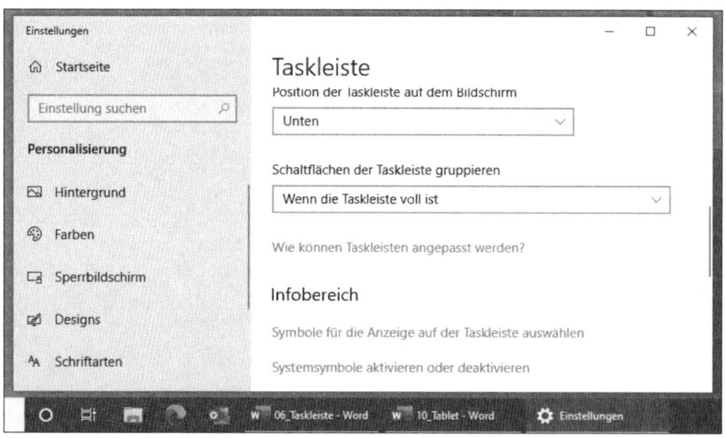

Abbildung 6.10 Verzichten Sie auf die Gruppierung der Schaltflächen, kann der Platz in der Taskleiste schnell knapp werden.

Kontakte in der Taskleiste anzeigen

Für Kontakte, mit denen Sie z. B. einen regen Mailaustausch pflegen oder häufig via Skype telefonieren, können Sie eine Verknüpfung in der Taskleiste anlegen. Rufen Sie hierzu zunächst die Taskleisteneinstellungen in der Einstellungen-App auf, und aktivieren Sie den Regler KONTAKTE AUF DER TASKLEISTE ANZEIGEN. Legen Sie dann fest, wie viele Kontakte in der Taskleiste erscheinen dürfen und welche Form von Benachrichtigungen Sie wünschen. Am linken Rand des Infobereichs finden Sie nun das Kontakte-Symbol. Um die Kontakte auszuwählen, die in der Taskleiste erscheinen sollen, klicken Sie auf das Symbol und dann auf KONTAKTE SUCHEN UND ANHEFTEN. Sobald Sie den Namen des gesuchten Kontakts markiert haben, erscheint in der Taskleiste ein Symbol mit den Initialen des Kontakts. Ein Mausklick auf dieses Symbol reicht, und schon können Sie die gewünschte App auswählen, über die Sie mit dem Kontakt kommunizieren möchten. Auch das Versenden von Dateien per E-Mail lässt sich schnell realisieren: Ziehen Sie die Dateien einfach mit gedrückter linker Maustaste aus dem Explorer-Fenster heraus auf das Initialen-Symbol des gewünschten Kontakts in der Taskleiste. Erscheint die QuickInfo TEILEN MIT..., lassen Sie die Maustaste los. Es wird automatisch das Nachrichtenfenster des Mailprogramms geöffnet, in dem Sie nur noch den Nachrichtentext eingeben müssen, bevor Sie die Mail versenden.

6.2 Der Infobereich der Taskleiste

Der rechte Abschnitt der Taskleiste ist seit vielen Windows-Versionen dem Infobereich vorbehalten. Standardmäßig enthält er unter Windows 10 das Benachrichtigungssymbol, über das das Info-Center eingeblendet wird, die Datums- und Uhrzeitanzeige, das Lautsprechersymbol zum Regulieren der Lautstärke, das Netzwerksymbol und – sofern Sie ein mobiles Gerät nutzen – das Batteriesymbol. Weitere geräte- bzw. anwendungsspezifische Symbole lassen sich per Klick auf das Pfeilsymbol einblenden.

Um selbst festzulegen, welche Systemsymbole im Infobereich erscheinen sollen, rufen Sie entweder die TASKLEISTENEINSTELLUNGEN über das Kontextmenü der Taskleiste auf oder öffnen die Einstellungen-App mit der entsprechenden Unterkategorie über START • EINSTELLUNGEN • PERSONALISIERUNG • TASKLEISTE. Blättern Sie rechts nach unten bis zum INFOBEREICH, und klicken Sie hier auf SYSTEMSYMBOLE AKTIVIEREN ODER DEAKTIVIEREN (siehe Abbildung 6.10). Nehmen Sie die gewünschten Einstellungen vor, und kehren Sie dann über das Pfeilsymbol oben links zur vorherigen Seite zurück. Über den Link SYMBOLE FÜR DIE ANZEIGE AUF DER TASKLEISTE AUSWÄHLEN bestimmen Sie nun, welche geräte- und anwendungsspezifischen Symbole einen Platz im Infobereich erhalten sollen.

Abgesehen vom Benachrichtigungssymbol sowie der Uhrzeit lassen sich die Symbole im Infobereich mit gedrückter linker Maustaste beliebig verschieben. Dies gilt auch für die Symbole, die Sie über das Pfeilsymbol erst einblenden müssen.

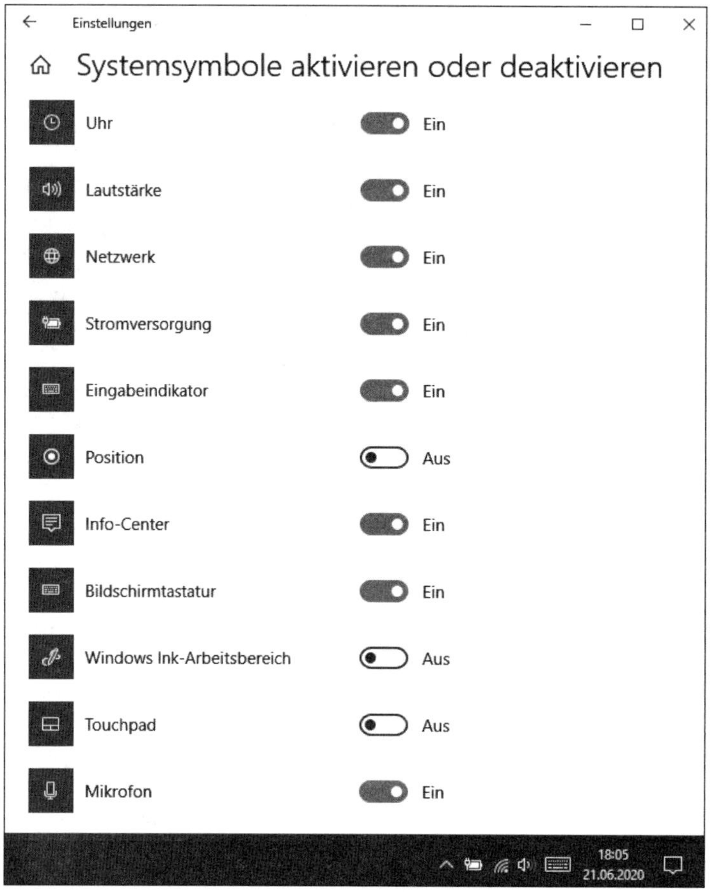

Abbildung 6.11 Sie bestimmen selbst, welche Systemsymbole im Infobereich der Taskleiste angezeigt werden.

6.3 Benachrichtigungen und Aktionen im Info-Center

Über das Benachrichtigungssymbol am äußersten rechten Rand der Taskleiste öffnen Sie das Info-Center. Im oberen Bereich dieser Seitenleiste fasst Windows 10 alle Benachrichtigungen von Apps und vom System selbst zusammen. Dabei kann es sich um neu eingetroffene E-Mails handeln, einen Hinweis auf einen anstehenden Termin oder auch die Aufforderung, nach einem Update einen Neustart durchzuführen.

Über die Schaltflächen im unteren Teil des Info-Centers lassen sich Systemfunktionen schnell ausführen, wie etwa auf einem Mobilgerät das Aktivieren bzw. Deaktivieren des Flugzeugmodus. Windows 10 bezeichnet diese Schaltflächen passenderweise als *Schnelle Aktionen*. Welche App welche Benachrichtigungen veröffentlichen darf und welche Schaltflächen im Info-Center erscheinen, liegt ganz in der Hand des Anwenders.

6.3.1 Schnelle Aktionen geschickt nutzen

Schnell Bluetooth aktivieren oder auf einem Gerät mit Touchscreen den Tabletmodus ausschalten? Statt hierfür kompliziert die Einstellungen-App aufzurufen und zur gewünschten Funktion zu navigieren, lassen sich solche Aktionen auch blitzschnell über die entsprechenden Schaltflächen des Info-Centers erledigen. Wie viele und vor allem welche Schaltflächen zur Verfügung stehen, hängt vom verwendeten Gerät ab. So gibt es den Regler zur Anpassung der Bildschirmhelligkeit z. B. nur auf Mobilgeräten. Welche im Info-Center (manchmal auch *Action Center* genannt) angezeigt werden und in welcher Reihenfolge sie erscheinen, legen hingegen Sie fest.

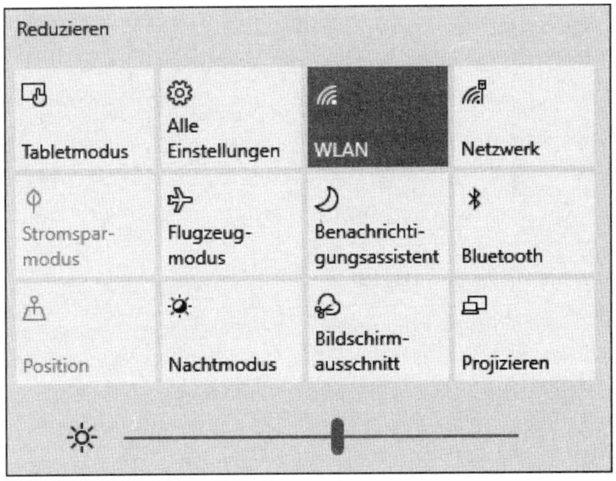

Abbildung 6.12 Über die Schnelle-Aktionen-Schaltflächen im Info-Center lassen sich Funktionen schnell aktivieren. Der Regler zur Helligkeitsanpassung steht nur auf Mobilgeräten zur Verfügung.

Hierzu blenden Sie zunächst das Info-Center über das Benachrichtigungssymbol oder auch die Tastenkombination ⊞ + A ein. Rufen Sie mit einem rechten Mausklick auf eine der Schnelle-Aktionen-Schaltflächen das Kontextmenü auf, und wählen Sie SCHNELLE AKTIONEN BEARBEITEN. Jede der bereits sichtbaren Schaltflächen wird nun mit einer Pinnnadel versehen. Wenn Sie eine Schaltfläche nicht benötigen, reicht ein Klick auf die Pinnnadel, und schon ist die Schaltfläche verschwunden. Um eine deaktivierte Schaltfläche wieder im Info-Center einzublenden, klicken Sie auf HINZUFÜGEN und markieren sie in der aufklappenden Liste. Die Reihenfolge der Schaltflächen lässt sich ganz einfach festlegen, indem Sie die Buttons mit gedrückter linker Maustaste verschieben. Mit FERTIG übernehmen Sie Ihre Änderungen. Über die Schaltflächen REDUZIEREN bzw. ERWEITERN können Sie die Anzahl der eingeblendeten Schnelle-Aktionen-Schaltflächen minimieren bzw. maximieren.

Die meisten der Schaltflächen dienen dazu, eine Funktion zu aktivieren bzw. zu deaktivieren. Dazu zählen z. B. WLAN, Flugzeugmodus oder auch Bluetooth. Klicken Sie diese Schaltflächen mit der rechten Maustaste an, gelangen Sie über den Befehl ZU EINSTELLUNGEN WECHSELN direkt zur entsprechenden Konfigurationsseite innerhalb der Einstellungen-App.

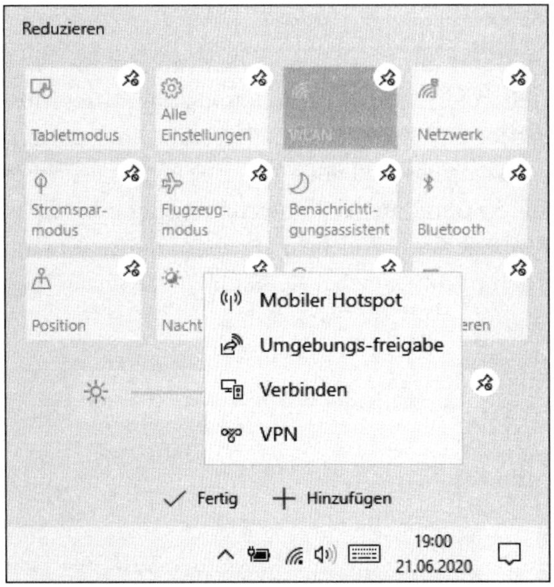

Abbildung 6.13 Über die Pinnnadeln entfernen Sie nicht benötigte Buttons aus dem Bereich »Schnelle Aktionen«.

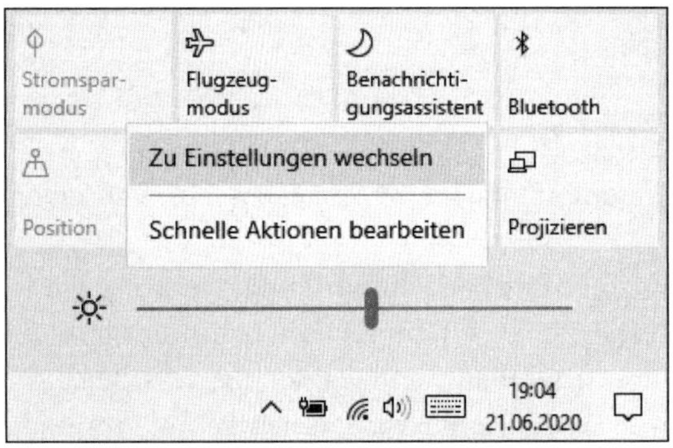

Abbildung 6.14 Über das Kontextmenü einer Schaltfläche gelangen Sie schnell zu den Einstellungen der Funktion.

6.3.2 Benachrichtigungen verwalten

Kaum trifft eine neue E-Mail ein, erhalten Sie eine entsprechende Benachrichtigung. Auch über erfolgreich durchgeführte Installationen einer App, einen aufgenommenen Screenshot oder entgangenen Skype-Anruf werden Sie fleißig informiert. Die Benachrichtigungen von Apps oder auch Systemfunktionen können als Banner oberhalb des Infobereichs der Taskleiste auftauchen, im Info-Center oder auch auf dem Sperrbildschirm. Selbst ein akustischer

Hinweis ist möglich. Manch eine Benachrichtigung ist interessant und wichtig, viele nerven einen mit der Zeit aber auch. Spätestens dann ist es an der Zeit, die Benachrichtigungsoptionen genauer unter die Lupe zu nehmen und anzupassen.

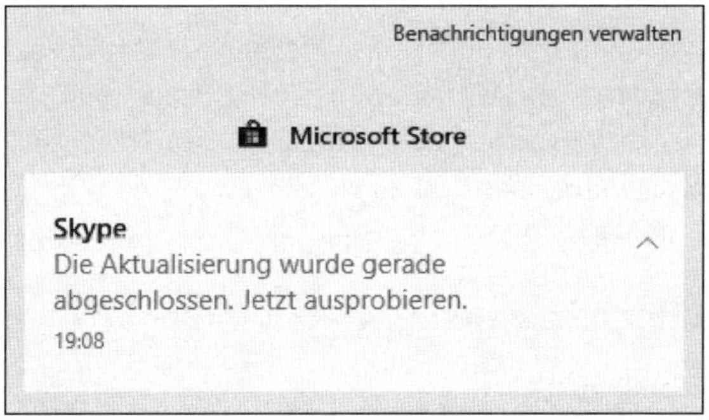

Abbildung 6.15 Auf manche Benachrichtigungen kann man gut verzichten.

Los geht es bereits beim Benachrichtigungssymbol selbst. Interessiert es Sie nicht, wie viele Benachrichtigungen eingegangen sind, klicken Sie mit der rechten Maustaste auf das Symbol und wählen ANZAHL NEUER BENACHRICHTIGUNGEN NICHT ANZEIGEN aus.

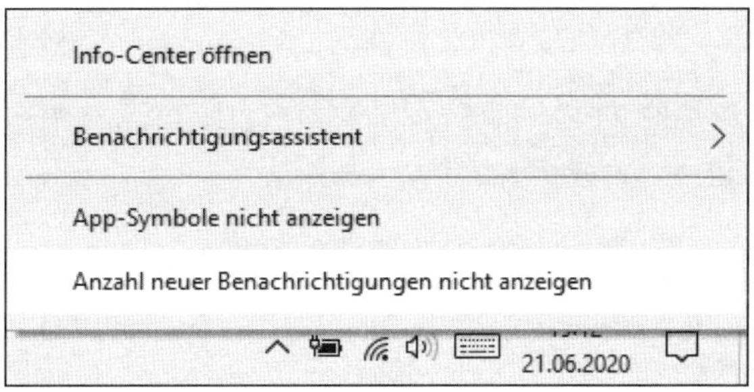

Abbildung 6.16 Die Anzahl neuer Benachrichtigungen muss keineswegs auf dem Benachrichtigungssymbol angezeigt werden.

Die eigentliche Konfiguration der Benachrichtigungen nehmen Sie in der Einstellungen-App vor. Diese können Sie entweder über die Schaltfläche BENACHRICHTIGUNGEN VERWALTEN im Info-Center selbst aufrufen (siehe Abbildung 6.15) oder über START • EINSTELLUNGEN • SYSTEM • BENACHRICHTIGUNGEN UND AKTIONEN. Im Bereich BENACHRICHTIGUNGEN legen Sie zunächst ganz allgemein fest, ob Benachrichtigungen z. B. auf dem Sperrbildschirm angezeigt werden sollen oder ob eine Soundwiedergabe erfolgen soll.

Ein besonderes Augenmerk sollten Sie auf die letzten drei Kontrollkästchen legen. Denn dahinter verbergen sich nicht nur Tipps oder auch Informationen zu neuen Funktionen. Bereits seit Längerem versucht Microsoft die Anwender nach einer Neuinstallation oder einem Upgrade auf Windows 10 dazu zu zwingen, sich mit einem Microsoft-Konto am PC anzumelden. Seit dem Windows 10 Mai Update erscheint nun auch im laufenden Betrieb immer wieder der Hinweis ZIEHEN SIE EINEN NOCH GRÖSSEREN NUTZEN AUS WINDOWS mit der Aufforderung, ein Microsoft-Konto zu verwenden. Sie können den Dialog, der auch noch in voller Bildschirmgröße erscheint, über den Link VORERST ÜBERSPRINGEN schließen. Auf Dauer ist dies aber nicht nur umständlich, sondern vor allem sehr nervend. Entfernen Sie stattdessen in der Einstellungen-App das Häkchen vor MÖGLICHKEITEN ZUM ABSCHLIESSEN DER EINRICHTUNG MEINES GERÄTS FÜR DIE OPTIMALE NUTZUNG VON WINDOWS VORSCHLAGEN, um gar nicht erst mit entsprechenden Hinweisen bombardiert zu werden.

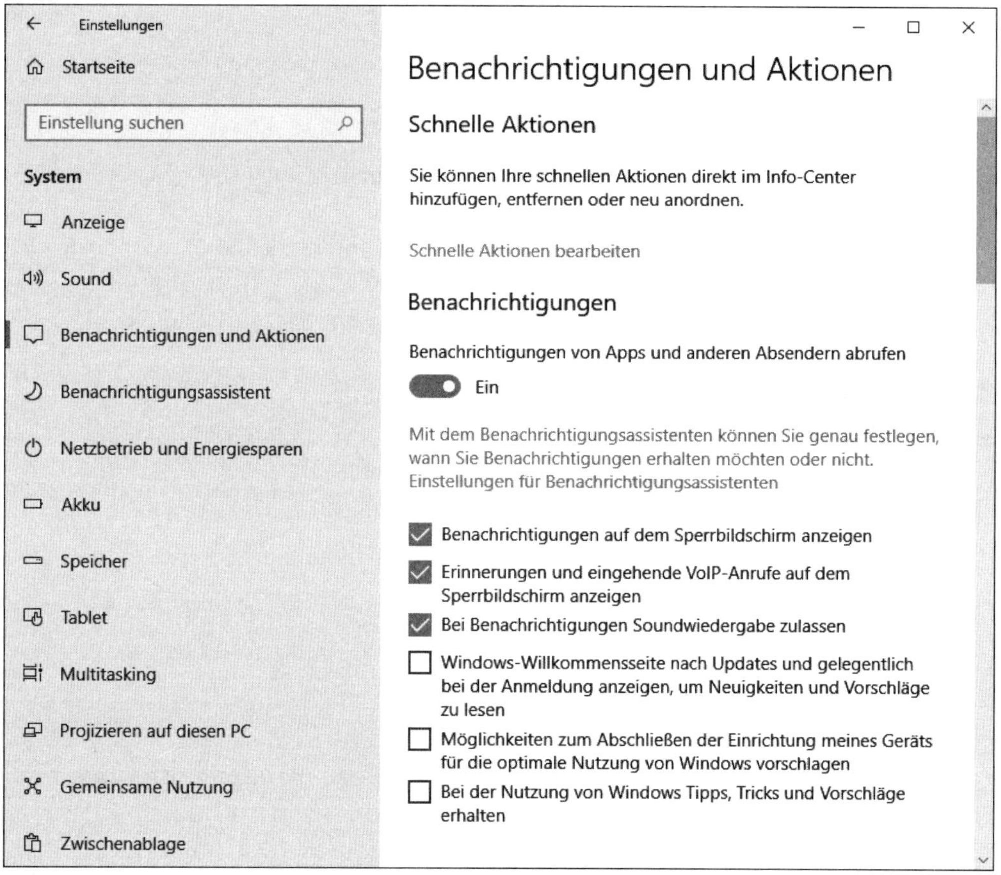

Abbildung 6.17 Allgemeine Einstellungen für Benachrichtigungen

Die drei gerade erwähnten Einstellungen bleiben übrigens auch dann aktiviert, wenn Sie über den Regler BENACHRICHTIGUNGEN VON APPS UND ANDEREN ABSENDERN ABRUFEN alle Benachrichtigungen in einem Rutsch ausschalten. Hier müssen Sie also auf jeden Fall nacharbeiten und die entsprechenden Häkchen entfernen, falls Sie keinerlei Hinweise und Tipps wünschen.

Blättern Sie auf der Seite Benachrichtigungen und Aktionen etwas nach unten, gelangen Sie zum Bereich Benachrichtigungen dieser Absender abrufen. Hier werden alle Anwendungen sowie Systemfunktionen aufgeführt, die Benachrichtigungen veröffentlichen können. Über die Regler dieser Liste können Sie die Hinweise einer App pauschal aktivieren bzw. deaktivieren. Wenn Sie die Einstellungen einer App dagegen detaillierter festlegen möchten, klicken Sie den entsprechenden Listeneintrag an.

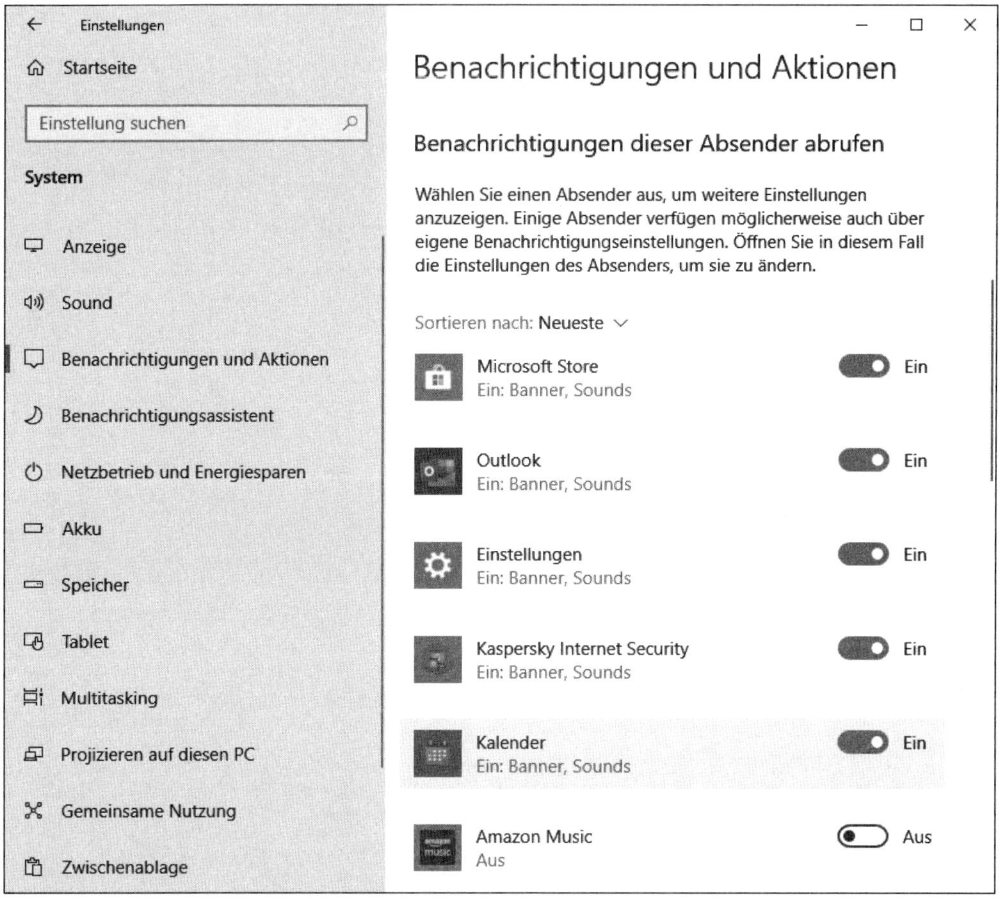

Abbildung 6.18 Über die Regler unterhalb von »Benachrichtigungen dieser Absender abrufen« aktivieren bzw. deaktivieren Sie jegliche Form von Benachrichtigungen einer Anwendung in einem Rutsch.

Auf der folgenden Seite lässt sich nun z. B. individuell einstellen, wo und wie viele Benachrichtigungen die App bzw. Systemfunktion anzeigen darf. Über die Priorität, die Sie den Benachrichtigungen einer Anwendung zuweisen, bestimmen Sie, in welcher Reihenfolge die Hinweise im Info-Center angezeigt werden.

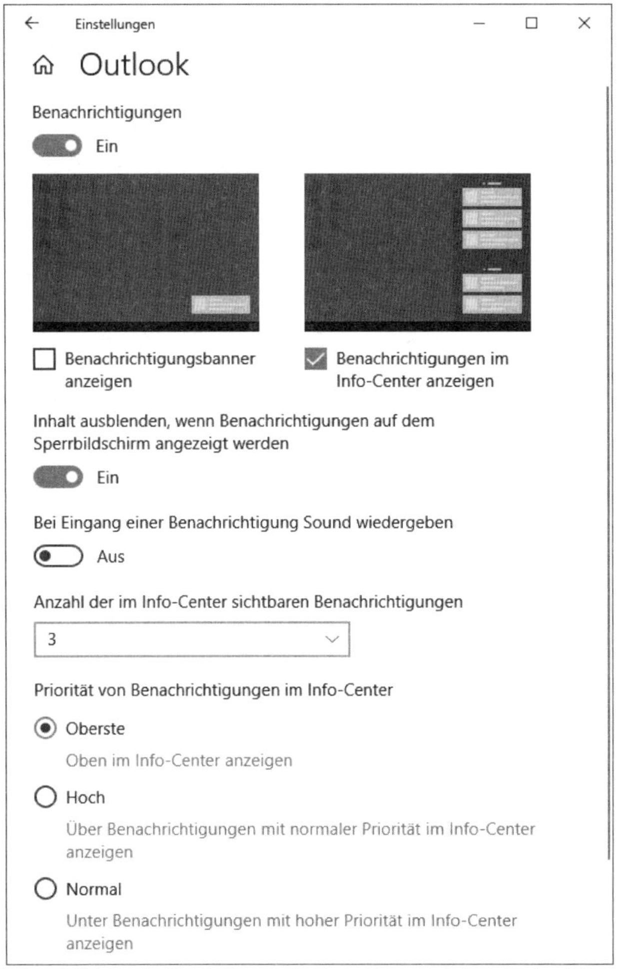

Abbildung 6.19 Sie können für jede App detailliert festlegen, wie diese Sie benachrichtigen darf.

Das Info-Center mithilfe von Gruppenrichtlinien deaktivieren

Manch ein Anwender kann mit dem Info-Center so gar nichts anfangen und würde es am liebsten ganz deaktivieren. Unter Windows 10 Pro ist dies mithilfe einer Gruppenrichtlinie möglich. Drücken Sie hierzu die Tastenkombination [Win] + [R], und geben Sie im Ausführen-Dialog den Befehl »gpedit.msc« ein, um den Gruppenrichtlinien-Editor zu starten. Navigieren Sie hier zum Zweig *Benutzerkonfiguration\Administrative Vorlagen\Alle Einstellungen*, und suchen Sie rechts nach dem Eintrag BENACHRICHTIGUNGS- UND INFO-CENTER ENTFERNEN. Nach einem Doppelklick auf den Eintrag wählen Sie die Option AKTIVIERT und bestätigen mit ÜBERNEHMEN und OK. Das Info-Center ist damit deaktiviert. Sollten Sie es zu einem späteren Zeitpunkt doch wieder einblenden wollen, wiederholen Sie die Schritte, dieses Mal aber mit der Option DEAKTIVIERT. Sollte das Benachrichtigungssymbol anschließend nicht automatisch in der Taskleiste erscheinen, rufen Sie START • EINSTELLUNGEN • PERSONALISIERUNG • TASKLEISTE auf. Klicken Sie auf SYSTEMSYMBOLE AKTIVIEREN ODER DEAKTIVIEREN. Setzen Sie den Regler INFO-CENTER einmal auf AUS und dann wieder auf EIN. Nun sollte das Benachrichtigungssymbol wieder in der Taskleiste verfügbar sein.

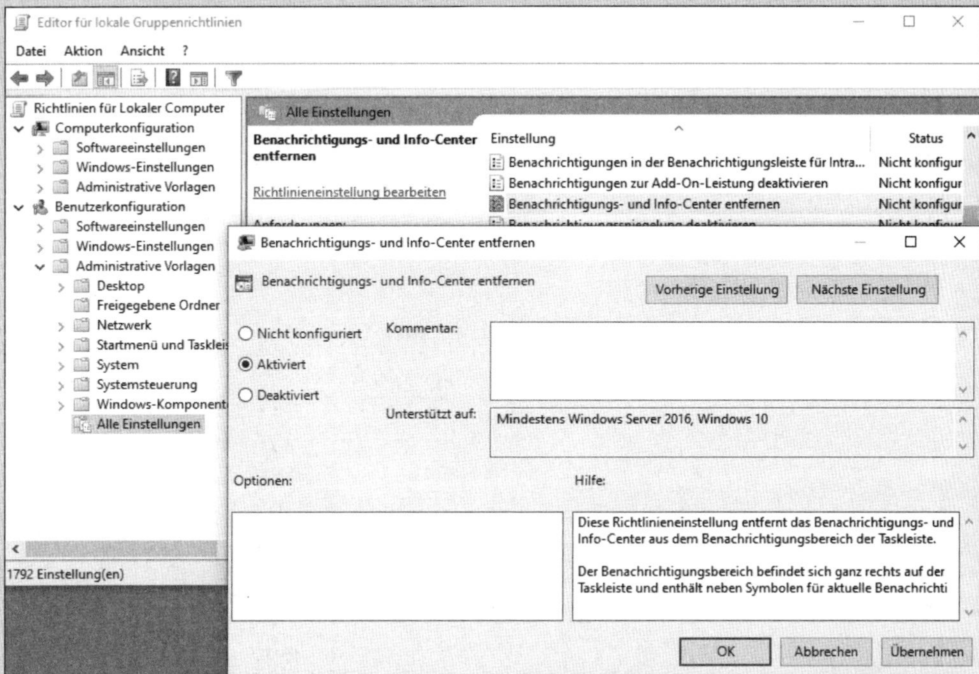

Abbildung 6.20 Per Gruppenrichtlinie lässt sich das Benachrichtigungs- und Info-Center auch ganz deaktivieren.

6.3.3 Der Benachrichtigungsassistent

Sie müssen konzentriert arbeiten oder möchten in Ruhe einen Film ansehen, ohne von überflüssigen Benachrichtigungen gestört zu werden? Statt in solchen Situationen rigoros alle Meldungen zu deaktivieren, haben Sie die Möglichkeit, detailliert festzulegen, wann Sie welche Benachrichtigungen sehen bzw. Alarme hören möchten. Die Konfiguration nehmen Sie mithilfe des Benachrichtigungsassistenten vor, den Sie über START • EINSTELLUNGEN • SYSTEM • BENACHRICHTIGUNGSASSISTENT aufrufen. Mit der Option AUS werden alle Benachrichtigungen von Apps und Kontakten abgerufen. Wählen Sie NUR ALARME, werden nur die als Alarm gekennzeichneten Hinweise (z. B. vom Wecker) weitergereicht. Am interessantesten dürfte die Option NUR MIT PRIORITÄT sein, da sie Ihnen den meisten Handlungsspielraum lässt.

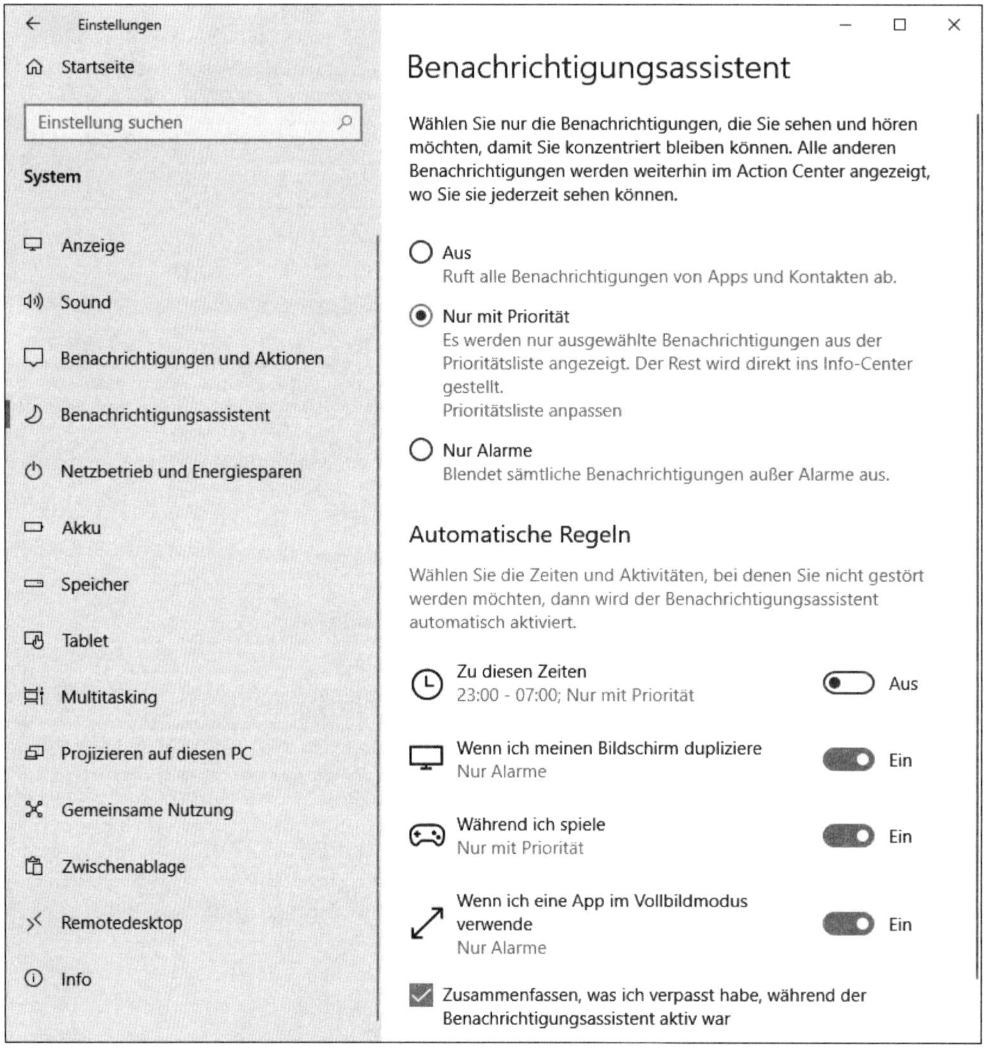

Abbildung 6.21 Mithilfe des Benachrichtigungsassistenten können Sie nicht erwünschte Benachrichtigungen blockieren.

Klicken Sie nach der Aktivierung auf PRIORITÄTSLISTE ANPASSEN, können Sie z. B. festlegen, welche Kontakte Sie stören dürfen. Die Kontakte, die Sie an die Taskleiste angeheftet haben, stuft Windows automatisch als wichtig ein. Teilen Sie diese Meinung nicht, entfernen Sie das Häkchen vor BENACHRICHTIGUNGEN VON FIXIERTEN KONTAKTEN AUF DER TASKLEISTE ANZEIGEN. Über KONTAKTE HINZUFÜGEN wählen Sie nun die Personen aus, deren Benachrichtigungen Sie weiterhin sofort erhalten möchten. Gleiches können Sie im folgenden Abschnitt auch für APPS einstellen. Wird hier eine App aufgeführt, von der Sie keine Benachrichtigung wünschen, klicken Sie den Eintrag an und wählen dann ENTFERNEN.

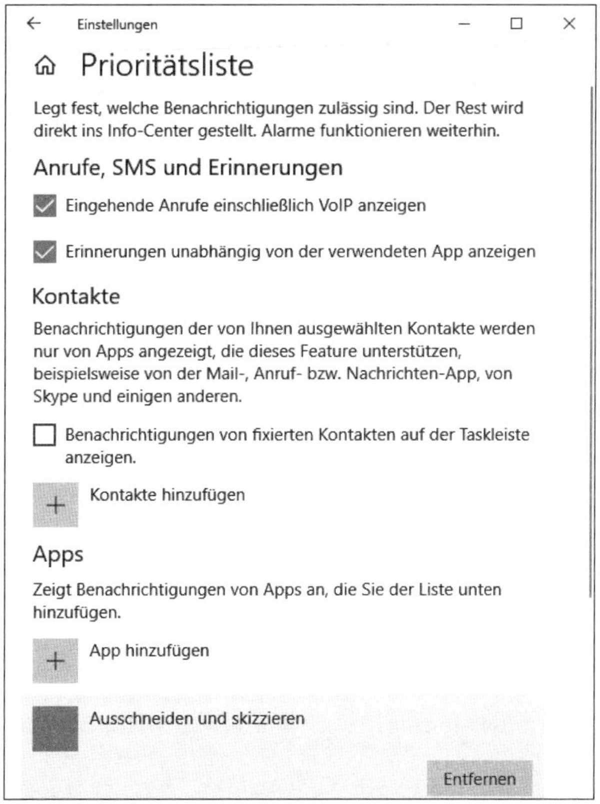

Abbildung 6.22 Legen Sie fest, welche Anrufe, Kontakt- und App-Benachrichtigungen mit höchster Priorität behandelt werden sollen.

Per Standardeinstellung wird der Benachrichtigungsassistent automatisch dann aktiv, wenn Sie z. B. einen Vortrag halten und hierfür den Bildschirm dupliziert haben. Dies gilt auch dann, wenn Sie spielen oder eine App im Vollbildmodus verwenden, wie es etwa beim Ansehen eines Films vermutlich der Fall sein wird. Auf der Seite BENACHRICHTIGUNGSASSISTENT (siehe Abbildung 6.21) können Sie die im Bereich AUTOMATISCHE REGELN bereits eingeschalteten Regler aber auch deaktivieren und stattdessen bestimmte Zeiten festlegen, zu denen Sie nicht gestört werden möchten. Klicken Sie hierzu auf ZU DIESEN ZEITEN, und setzen Sie den Regler auf EIN. Nun lassen sich Start- und Endzeit sowie Wiederholungen festlegen.

Damit Ihnen keine Benachrichtigung entgeht, während der Benachrichtigungsassistent für Ihre Ruhe sorgt, fasst Windows 10 alle Meldungen für Sie zusammen. Diese können Sie sich jederzeit im Info-Center ansehen. Interessieren Sie die Benachrichtigungen nicht, deaktivieren Sie das entsprechende Kästchen auf der Einstellungsseite des Benachrichtigungsassistenten. Dass der Benachrichtigungsassistent aktiv ist, lässt sich übrigens am Benachrichtigungssymbol in der Taskleiste erkennen: Es ist in dieser Phase mit einem kleinen Mondsymbol versehen. Kommt der Benachrichtigungsassistent bei Ihnen häufiger zum Einsatz, bietet es sich an, im Info-Center die entsprechende Schaltfläche unter SCHNELLE AKTIONEN zu aktivieren. Anschließend können Sie den Assistenten per Klick auf den Button ausschalten oder die Optionen NUR MIT PRIORITÄT bzw. NUR ALARME zuweisen. Alternativ nutzen Sie das Kontextmenü des Benachrichtigungssymbols und wählen hier den gewünschten Befehl unter BENACHRICHTIGUNGSASSISTENT aus.

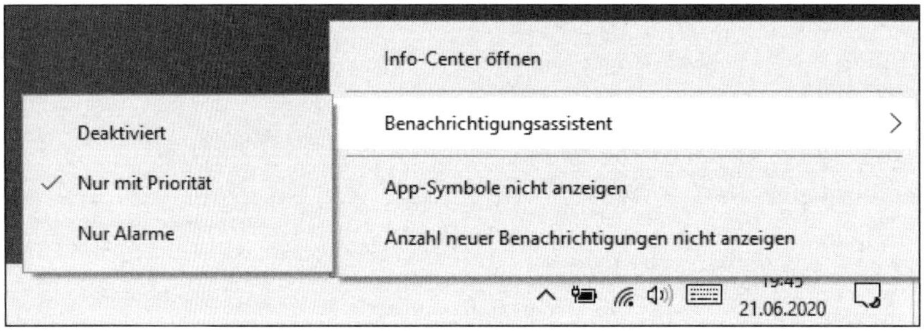

Abbildung 6.23 Der Benachrichtigungsassistent kann über das Kontextmenü des Benachrichtigungssymbols ein- bzw. ausgeschaltet werden.

6.4 Schneller arbeiten mit Tastenkombinationen

Manch ein Anwender zieht Tastenkombinationen dem Griff zur Maus vor. Auch für die Taskleiste stehen diverse Shortcuts zur Verfügung:

- Mit der Tastenkombination [Win] + [1] greifen Sie z. B. auf die erste Taskleistenschaltfläche zu, mit [Win] + [2] auf die zweite etc. Die Ziffer im Shortcut steht dabei für die Position der Schaltfläche in der Taskleiste, wobei von links nach rechts gezählt wird. Geben Sie die Ziffern nicht über den Nummernblock ein. Ist die mit der Schaltfläche verknüpfte Anwendung noch geschlossen, wird sie durch den Shortcut automatisch gestartet. Sind mehrere Instanzen eines Programms geöffnet, werden durch Drücken der Tastenkombination die Miniaturvorschauen der Fenster angezeigt. Halten Sie die [Win]-Taste gedrückt, und drücken Sie dann mehrmals die Ziffertaste, um zwischen den Fenstern zu wechseln.
- Möchten Sie statt des Programmfensters die Sprungliste einer Anwendung öffnen, drücken Sie die Tastenkombination [Win] + [Alt] + [1], [Win] + [Alt] + [2], [Win] + [Alt] + [3] etc.
- Mit der Tastenkombination [Win] + [T] wird die Vorschau der ersten Taskleistenschaltfläche eingeblendet, ein erneutes Drücken des Shortcuts führt zur Vorschau der nächsten Schaltfläche, mit [Win] + [⇧] + [T] gelangen Sie zur vorherigen Vorschau. Sollte eine Anwendung noch nicht geöffnet sein, wird statt der Vorschau lediglich eine QuickInfo eingeblendet. Sind Sie bei der gewünschten Anwendung angelangt, drücken Sie die Leertaste, um das Fenster zu öffnen.
- Um eine neue Instanz einer Anwendung zu starten, drücken Sie die Tastenkombination [Win] + [⇧] + [1], [Win] + [⇧] + [2], [Win] + [⇧] + [3] etc.

Kapitel 7
Ein Desktop nach eigenem Geschmack

Wie auch schon in früheren Windows-Versionen lässt sich die Desktopoberfläche den eigenen Bedürfnissen entsprechend anpassen. Mit der Taskansicht, der Timeline und virtuellen Desktops bietet Windows 10 zusätzliche Funktionen, um nicht den Überblick im Fenster- und Dateichaos zu verlieren. Oder Sie schließen weitere Monitore an, um für mehr Arbeitsfläche zu sorgen.

Der eine mag den Hintergrund möglichst bunt, die andere schlicht. Manche Anwender versehen den gesamten Desktop mit Verknüpfungen, andere lieben es leer und aufgeräumt. Windows 10 bietet Ihnen einiges an Freiraum, um die Arbeitsfläche individuell zu gestalten. Vieles davon kennt man bereits von früheren Windows-Versionen, das ein oder andere, wie etwa die Taskansicht oder auch die virtuellen Desktops, sind neu hinzugekommen.

7.1 Hintergrund und Farbschema anpassen

Nicht nur die Desktopoberfläche kann z. B. mit einem Foto ansprechender gestaltet werden, auch die Titelleisten von Programmfenstern, das Startmenü, die Taskleiste und mehr lassen sich farbig aufpeppen. Wer die Abwechslung liebt, speichert die einmal vorgenommenen Einstellungen in Designs und kann so jederzeit wieder darauf zugreifen. Wollen Sie sich nicht selbst die Arbeit machen, finden Sie im Microsoft Store eindrucksvolle Zusammenstellungen, die schnell auf den eigenen Computer heruntergeladen und installiert sind.

7.1.1 Der Hintergrund

Zu einer der ersten Aktionen, die Anwender unter Windows 10 durchführen, zählt der Austausch des Hintergrundbildes des Desktops. Es ist auch schnell erledigt: Klicken Sie mit der rechten Maustaste auf einen freien Bereich der Desktopoberfläche. Mit dem Kontextmenübefehl ANPASSEN wird die Einstellungen-App direkt mit der notwendigen Unterkategorie HINTERGRUND geöffnet. Sie können nun ein einzelnes Bild aussuchen, sich für einen einfarbigen Hintergrund entscheiden oder für eine Diashow. Die entsprechende Einstellung nehmen Sie im Feld HINTERGRUND vor. Fällt Ihre Wahl auf das Bild oder die Diashow, klicken Sie anschließend auf DURCHSUCHEN und wählen das gewünschte Bild bzw. den Ordner aus, in dem sich die Fotos für die Diashow befinden. Im Falle einer Diashow legen Sie dann das

Intervall fest, in dem die Bilder ausgetauscht werden. Da die Diashow recht leistungshungrig ist, sollte sie nicht im Akkubetrieb ausgeführt werden.

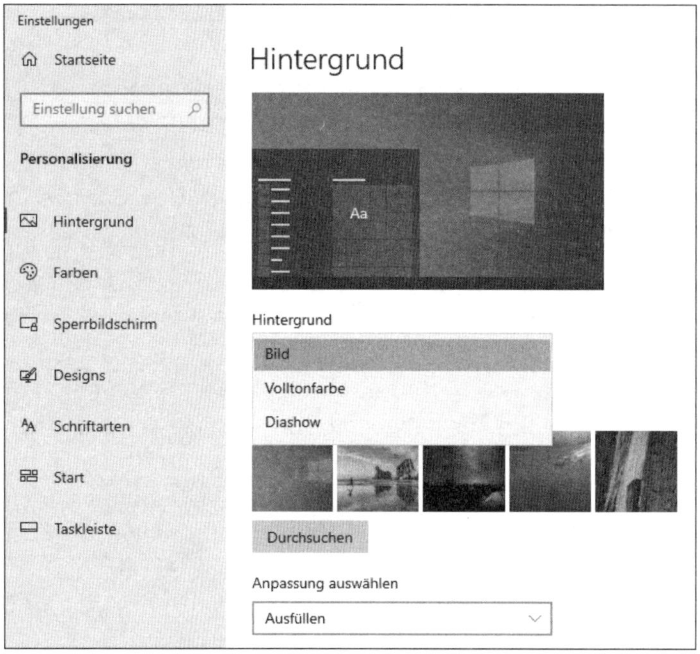

Abbildung 7.1 Für den Desktophintergrund lässt sich ein einzelnes Bild, eine Diashow oder auch ein einfarbiger Hintergrund auswählen.

Die wenigsten Ihrer Bilder werden bereits perfekt zur Auflösung des Bildschirms passen. In einem solchen Fall nimmt Windows 10 die Skalierung automatisch vor. Im Feld ANPASSUNG AUSWÄHLEN haben Sie die Möglichkeit, diverse Verfahren auszuprobieren und die Wirkung auf Ihre Fotos selbst zu beurteilen.

Sobald Sie ein eigenes Foto als Hintergrund auswählen, wird dieses im Bereich BILD AUSWÄHLEN angezeigt. Da hier nur Platz für fünf Bilder ist, wird das Bild am rechten Rand der Übersicht demzufolge automatisch aus der Liste geworfen. Sollten Sie beim Ausprobieren der Hintergrundbilder nun feststellen, dass Ihnen eines der Windows-Standardbilder doch am besten gefallen hat, finden Sie diese unter dem Dateipfad *%windir%\Web\Wallpaper* wieder.

Wer statt eines Fotos einen einfarbigen Hintergrund vorzieht und sich entsprechend für die VOLLTONFARBE im Feld HINTERGRUND entschieden hat, wählt anschließend einen der 24 vorgegebenen Farbtöne aus. Sagt Ihnen keiner zu, klicken Sie auf BENUTZERDEFINIERTE FARBE. Verschieben Sie in den Farbpaletten die Regler, bis im Balken rechts der gewünschte Farbton zu sehen ist. Nach einem Klick auf MEHR haben Sie die Möglichkeit, gezielt den RGB- oder auch Hexadezimal-Farbwert anzugeben. Nach einem Klick auf FERTIG färbt sich der Desktophintergrund sofort um.

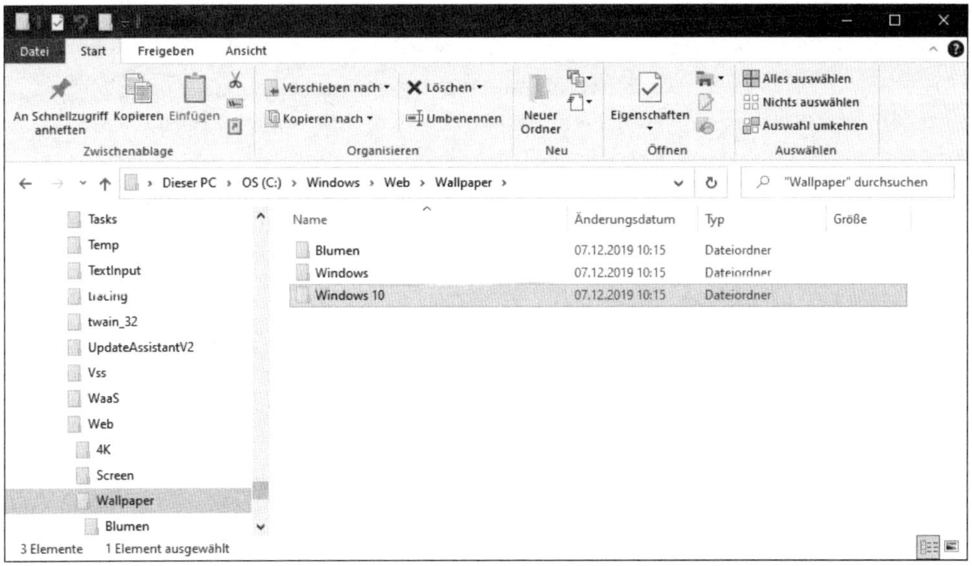

Abbildung 7.2 Die Standardbilder für den Desktophintergrund werden im Ordner »Wallpaper« gespeichert.

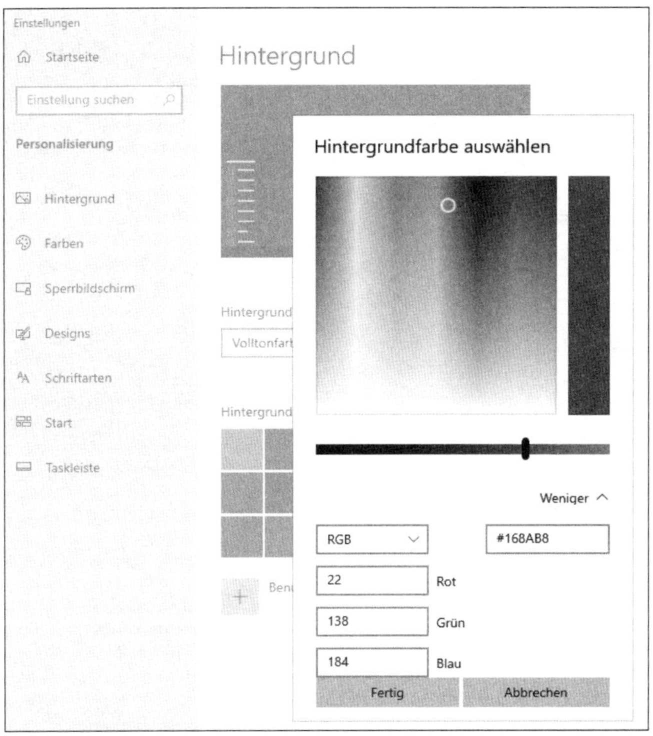

Abbildung 7.3 Die Farbpaletten bieten eine detailliertere Möglichkeit, den Farbton für den Desktophintergrund festzulegen.

Hintergrundbild direkt aus einer App heraus zuweisen

Häufig stolpert man beim Sortieren der letzten Urlaubs- oder Familienbilder über ein Foto, das sich perfekt als Hintergrund eignen würde. Einige Anwendungen wie etwa die Fotos-App oder auch der Explorer bieten die Möglichkeit, ein Bild direkt aus der Anwendung heraus als Desktophintergrund festzulegen. Der entsprechende Befehl wird meist im Kontextmenü aufgeführt, das Sie per rechten Mausklick auf das Bild aufrufen.

7.1.2 Farbschema und Akzentfarbe bestimmen

Nicht nur der Desktophintergrund lässt sich farbenfroher gestalten, sondern auch die Titelleisten von Programm-, App- und Dialogfenstern sowie die Taskleiste, das Startmenü und das Info-Center. Die entsprechenden Einstellungen nehmen Sie in der Einstellungen-App unter PERSONALISIERUNG • FARBEN vor. Per Standardeinstellung zeigt Windows 10 das Startmenü, die Taskleiste sowie das Info-Center in einem dunklen Ton an, während der Hintergrund von UWP-Apps (z. B. der Einstellungen-App) und Dialogfenstern hell erscheint. Wenn Sie die umgekehrte Kombination ausprobieren möchten, markieren Sie im Feld FARBE AUSWÄHLEN den Eintrag BENUTZERDEFINIERT. Unterhalb von STANDARDMÄSSIGEN WINDOWS-MODUS AUSWÄHLEN und STANDARD-APP-MODUS AUSWÄHLEN werden Ihnen jetzt jeweils die beiden Optionen HELL und DUNKEL angeboten. Probieren Sie einfach verschiedene Kombinationen aus, und entscheiden Sie, welche Ihnen besser gefällt.

Abbildung 7.4 Hell oder dunkel? Probieren Sie aus, welche Modi Ihnen mehr zusagen.

Wer es etwas farbenfroher mag, sollte etwas weiter unten auf der Seite einen Blick in den Bereich AKZENTFARBE AUSWÄHLEN werfen. Stellen Sie zuvor sicher, dass unter STANDARDMÄSSIGEN WINDOWS-MODUS AUSWÄHLEN die Option DUNKEL aktiviert ist, denn nur so lässt sich eine Akzentfarbe festlegen. Sie können nun entweder selbst eine der vorgegebenen 48 Farbtöne bzw. eine benutzerdefinierte Farbe auswählen oder die Aufgabe Windows 10 überlassen. Für Letzteres aktivieren Sie einfach AUTOMATISCH EINE AKZENTFARBE AUS MEINEM HINTERGRUND AUSWÄHLEN. Damit der Farbton auch für das Startmenü, die Taskleiste und das Info-Center übernommen wird, versehen Sie das entsprechende Kontrollkästchen mit einem Häkchen. Gleiches gilt für die Titelleisten und Fensterrahmen.

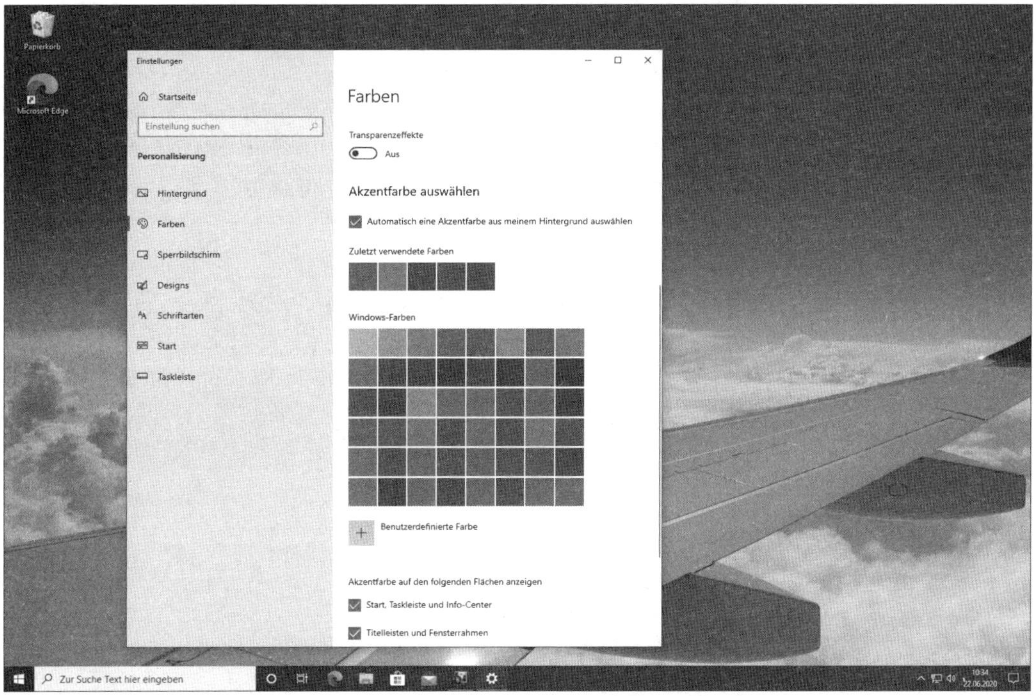

Abbildung 7.5 Windows 10 kann die Akzentfarbe dem Hintergrundbild des Desktops entsprechend anpassen.

Per Standardeinstellung erscheinen sowohl das Startmenü als auch die Taskleiste und das Info-Center transparent. Wenn Sie das Durchscheinen des Hintergrunds stört, deaktivieren Sie die TRANSPARENZEFFEKTE. Ein kleiner Nebeneffekt hiervon: Auch das Foto auf dem Anmeldebildschirm, auf dem Sie sich mit Ihrem Kennwort am Computer anmelden, erscheint nun nicht mehr verschwommen.

Systemklänge anpassen

Ist der Ladezustand des Laptops oder Tablets zu gering, warnt Windows 10 Sie mit einer bestimmten Klangabfolge. Auch beim Eintreffen einer neuen E-Mail oder als Erinnerung an einen anstehenden Termin werden Sie akustisch darauf hingewiesen. Welcher Sound wann zu hören ist, können Sie bereits seit vielen Windows-Versionen selbst festlegen. Um den entsprechenden Dialog SOUND zu öffnen, geben Sie im Suchfeld der Taskleiste »Systemsound« ein und klicken in den Suchergebnissen auf SYSTEMSOUNDS ÄNDERN. Markieren Sie im Register SOUNDS das Programmereignis, dessen Systemklang Sie ändern möchten, wählen Sie einen neuen Sound aus, und testen Sie ihn.

7.1.3 Desktopeinstellungen in Designs speichern

Probieren Sie gerne diverse Desktophintergründe und Farbkombinationen aus? Wenn Sie trotzdem immer wieder auf bewährte Zusammenstellungen zurückgreifen möchten, können Sie diese als sogenannte *Designs* speichern. In einem Design lassen sich die Einstellungen des Hintergrunds, der Farben, des Sounds sowie des Mauszeigers zusammenfassen. Informationen zum Anpassen des Mauszeigers erhalten Sie in Abschnitt 8.2.1, »Maus, Textcursor und Mauszeiger anpassen«.

Um die aktuelle Zusammenstellung aus Hintergrund, Farben und mehr zu speichern, rufen Sie START • EINSTELLUNGEN • PERSONALISIERUNG • DESIGN auf. Prüfen Sie in der Vorschau, ob Ihnen alles gefällt, bevor Sie auf DESIGN SPEICHERN klicken. Geben Sie einen Namen ein, und bestätigen Sie mit SPEICHERN. Ihr Design wird im Verzeichnis *%LocalAppData%\Microsoft\Windows\Themes* als Windows-Designdatei gespeichert.

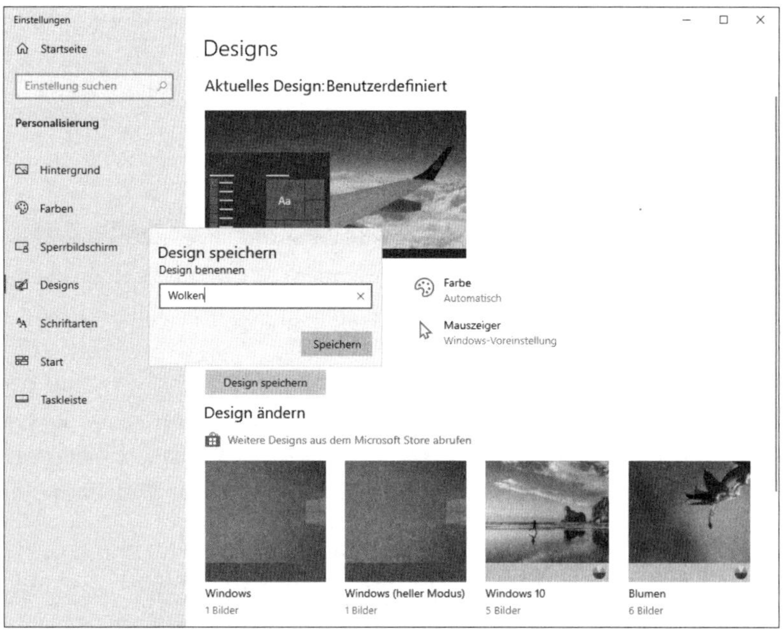

Abbildung 7.6 Speichern Sie Ihre eigene Zusammenstellung von Hintergrundbild, Farben, Mauszeiger und Sound in einem Design.

Das gespeicherte Design erscheint in der Einstellungen-App im Bereich Design ändern und kann dort jederzeit per Mausklick aktiviert werden.

Wenn Sie selbst nicht unbedingt zu den begnadeten Fotografen zählen, aber dafür Freude an Profibildern haben, sollten Sie einen Blick auf die Designauswahl im Microsoft Store werfen, zu der Sie über den entsprechenden Link in der Einstellungen-App gelangen. Hier finden Sie eine Vielzahl an Designs. Hat ein Vorschaubild Ihr Interesse geweckt, klicken Sie es an, um sich weitere Details zu diesem Design anzusehen.

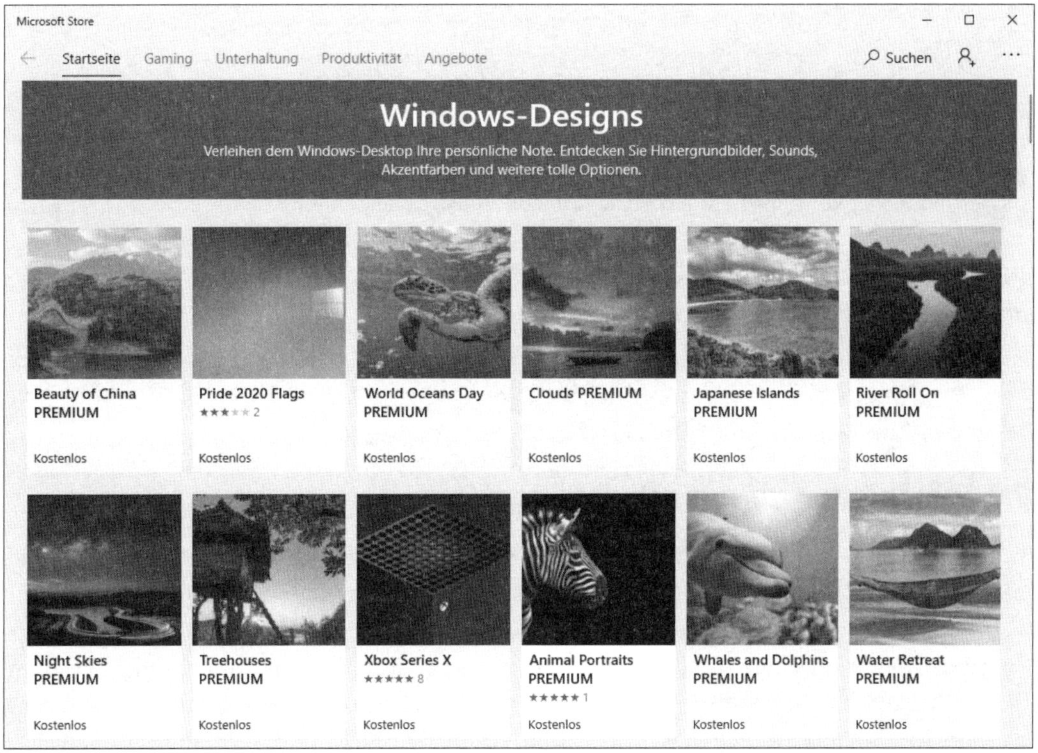

Abbildung 7.7 Im Microsoft Store wird eine Vielzahl an kostenlosen Designs angeboten.

Gefällt Ihnen ein Design, klicken Sie auf die Schaltfläche Herunterladen. Sollten Sie mit einem lokalen Benutzerkonto am Computer angemeldet sein und noch keine der Microsoft-Apps genutzt haben (z. B. die Mail-App, den Store oder auch die Cloud OneDrive), werden Sie aufgefordert, sich mit einem Microsoft-Konto anzumelden. Wie so häufig versucht Microsoft auch an dieser Stelle, den Anwender zur Nutzung eines Microsoft-Kontos anstelle des lokalen Kontos zu drängen. Wenn Sie nicht möchten, dass das lokale Konto in ein Microsoft-Konto umgewandelt wird, klicken Sie auf Nur Microsoft-Apps. Wenn Sie bereits eine andere Microsoft-App genutzt und sich dort entsprechend angemeldet haben, erscheint stattdessen der Dialog Geräteübergreifend verwenden, der die gleiche Intension hat. Mit einem Nein, danke verhindern Sie in diesem Fall die Umwandlung des lokalen Kontos. Sind die

Hürden der Anmeldung genommen, wird das ausgewählte Design heruntergeladen. Sie können es anschließend wie das eigene Design im Einstellungen-Dialog unter DESIGN ÄNDERN per Mausklick auswählen.

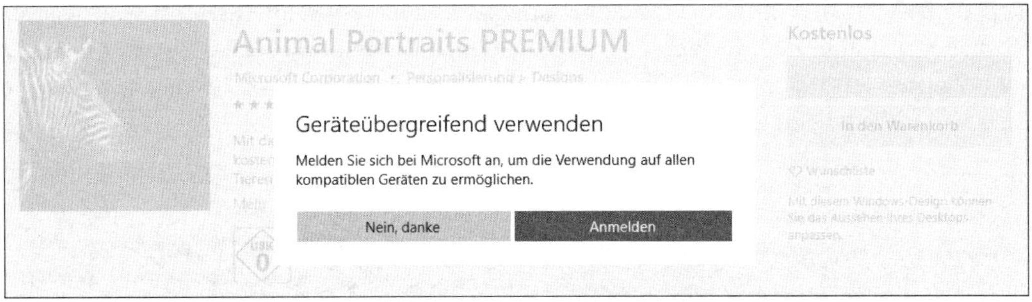

Abbildung 7.8 Wer mit einem lokalen Benutzerkonto am Computer angemeldet ist, muss aufpassen, dass sein Konto nicht in ein Microsoft-Konto umgewandelt wird.

Die gespeicherten Designs lassen sich – ebenso wie Kennwörter, Spracheinstellungen oder auch weitere Windows-Einstellungen – auf anderen Geräten verwenden, sofern Sie dort mit dem gleichen Microsoft-Konto angemeldet sind. Die Synchronisierungseinstellungen nehmen Sie in der Einstellungen-App unter KONTEN • EINSTELLUNGEN SYNCHRONISIEREN vor.

7.2 Verknüpfungen auf dem Desktop

Der Desktop ist eine beliebte Fläche, um Verknüpfungen zu häufig genutzten Elementen zu hinterlegen. Ein Doppelklick auf solch ein Desktopsymbol reicht, und schon wird die damit verknüpfte Anwendung, Funktion oder auch der Ordner bzw. die Datei geöffnet. Einige Desktopsymbole wie etwa der Papierkorb werden automatisch von Windows 10 angelegt, manche auch während einer Softwareinstallation. Natürlich kann der Anwender auch selbst aktiv werden. Alten Windows-Hasen ist dies bereits von früheren Windows-Versionen geläufig.

7.2.1 Desktopsymbole für Apps, Dateien und Ordner

Um für eine Anwendung aus dem Startmenü heraus eine Verknüpfung auf dem Desktop anzulegen, ziehen Sie den gewünschten Eintrag einfach mit gedrückter linker Maustaste auf eine freie Fläche des Desktops. Sobald Sie die Maustaste loslassen, erscheint auch schon das entsprechende Desktopsymbol.

Für Ordner und Dateien steht Ihnen im Explorer ein eigener Befehl zum Erstellen einer Desktopverknüpfung zur Verfügung: Klicken Sie das gewünschte Element einfach mit der rechten Maustaste an, und wählen Sie im Kontextmenü SENDEN AN • DESKTOP (VERKNÜPFUNG ERSTELLEN). Windows 10 ergänzt das Desktopsymbol nun automatisch auf einer freien Position des Desktops. Von dort können Sie es mit gedrückter linker Maustaste an die von Ihnen bevorzugte Stelle verschieben.

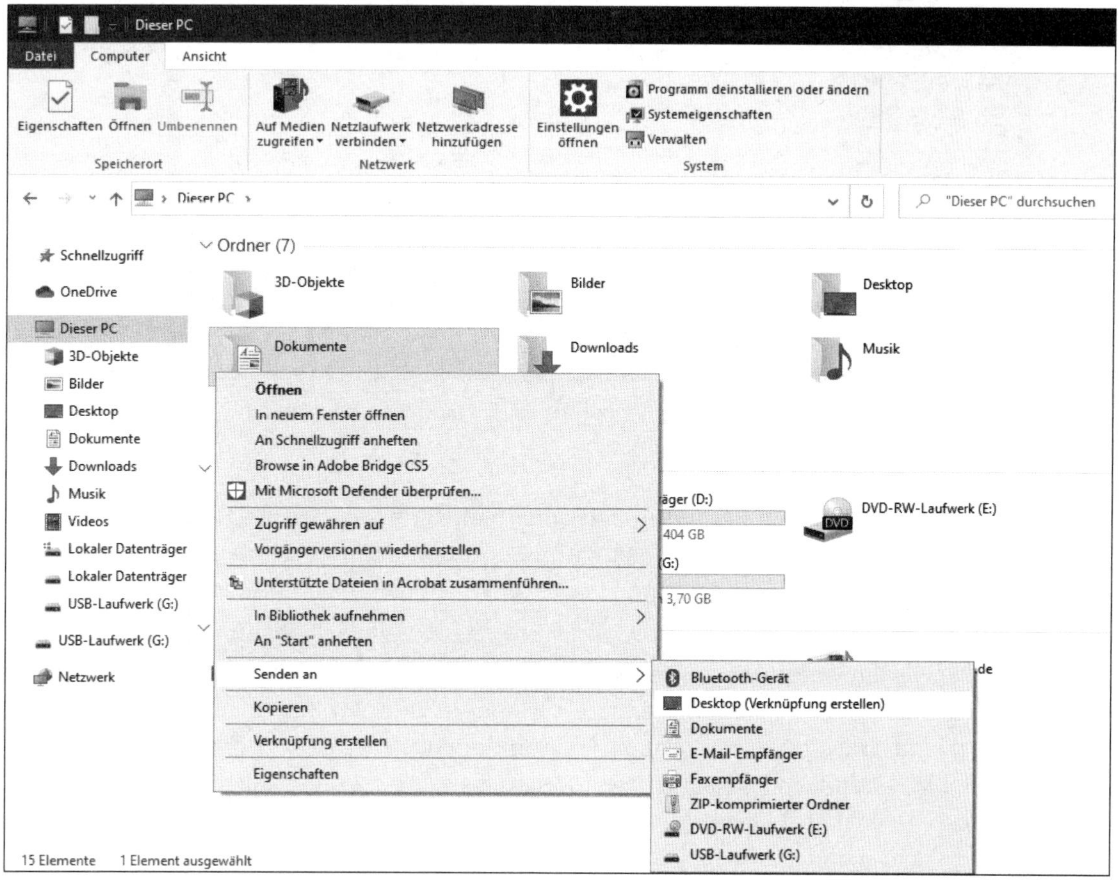

Abbildung 7.9 Im Explorer lässt sich über das Kontextmenü eines Ordners oder einer Datei direkt eine Verknüpfung auf dem Desktop erstellen.

Wenn Sie den Platz auf dem Desktop bereits beim Anlegen selbst bestimmen möchten, ziehen Sie die Datei bzw. den Ordner mit gedrückter rechter Maustaste aus dem Explorer-Fenster heraus auf die gewünschte Position auf dem Desktop. Lassen Sie dann die Maustaste los, und wählen Sie den Befehl VERKNÜPFUNG HIER ERSTELLEN. Lässt Windows 10 die individuelle Anordnung nicht zu, klicken Sie mit der rechten Maustaste auf eine freie Fläche des Desktops und entfernen im Kontextmenü unter ANSICHT das Häkchen vor SYMBOLE AUTOMATISCH ANORDNEN. Wenn Sie nicht möchten, dass andere Personen, die vielleicht gerade gemeinsam mit Ihnen auf den Bildschirm sehen, einen Blick auf die Desktopsymbole werfen können, entfernen Sie im Kontextmenü auch das Häkchen vor DESKTOPSYMBOLE ANZEIGEN. Damit werden alle Verknüpfungen ausgeblendet. Um sie wieder anzuzeigen, müssen Sie nur wieder das Häkchen setzen.

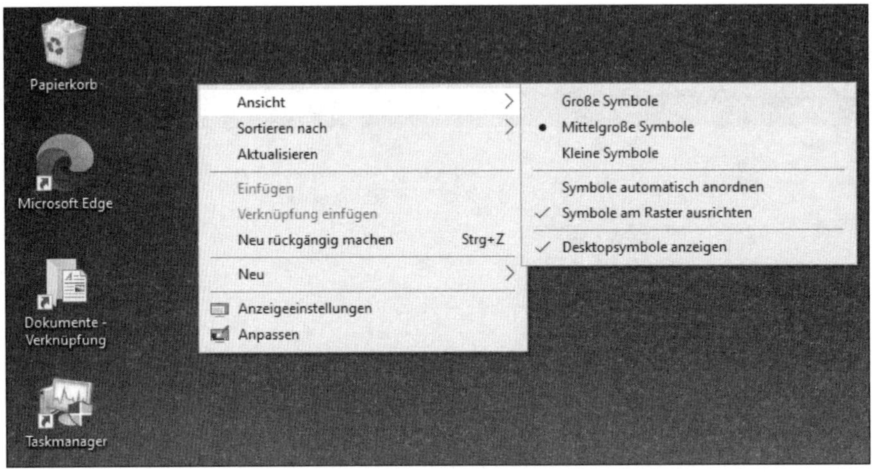

Abbildung 7.10 Nur wenn »Desktopsymbole anzeigen« aktiviert ist, sind die Verknüpfungen auf dem Desktop zu sehen.

Wenn Sie die Größe der Desktopsymbole ändern möchten, können Sie dies z. B. über die entsprechenden drei Befehle unter ANSICHT im Kontextmenü erledigen. Nutzen Sie eine Maus mit Scrollrad gibt es aber einen praktischeren Weg: Halten Sie die Taste [Strg] gedrückt, während Sie am Scrollrad drehen, lässt sich die Größe weitaus nuancierter anpassen.

Erstellen Sie die Verknüpfung über den Explorer, wird unterhalb des Desktopsymbols nicht nur der Datei- bzw. Ordnername angezeigt, sondern auch der Zusatz »Verknüpfung«. Wen dies stört, nimmt einfach eine Namensänderung vor: Klicken Sie das Desktopsymbol mit der rechten Maustaste an, und wählen Sie UMBENENNEN. Nun können Sie im Textfeld den Zusatz löschen oder auch einen ganz neuen Namen eintragen. Mit einem Klick außerhalb des Textfeldes beenden Sie die Eingabe. Im Kontextmenü finden Sie auch den Befehl LÖSCHEN, mit dem sich ein Desktopsymbol vom Desktop entfernen lässt.

7.2.2 Desktopsymbole für Windows-Einstellungen

Wenn Sie bestimmte Windows-Funktionen häufiger benötigen, bietet es sich an, für diese eine Verknüpfung auf dem Desktop anzulegen. Statt die Funktion umständlich über die Windows-Einstellungen, die Suchfunktion oder den Ausführen-Dialog zu starten, reicht zukünftig ein Doppelklick auf das Desktopsymbol. Ist Ihnen der Befehl zum Aufruf der Funktion bekannt, ist die Verknüpfung schnell erstellt: Klicken Sie mit der rechten Maustaste auf eine freie Fläche des Desktops, und wählen Sie im Kontextmenü NEU • VERKNÜPFUNG.

Im Dialog VERKNÜPFUNG ERSTELLEN geben Sie nun den Befehl ein. Für den Aufruf des Task-Managers tragen Sie z. B. »taskmgr« ein, bestätigen mit WEITER und vergeben einen Namen (für das Beispiel etwa »Task-Manager«). Mit FERTIG STELLEN wird das Desktopsymbol erzeugt. Das Ergebnis sehen Sie in Abbildung 7.10.

Abbildung 7.11 Für eine neue Verknüpfung wählen Sie im Kontextmenü den Befehl »Neu • Verknüpfung«.

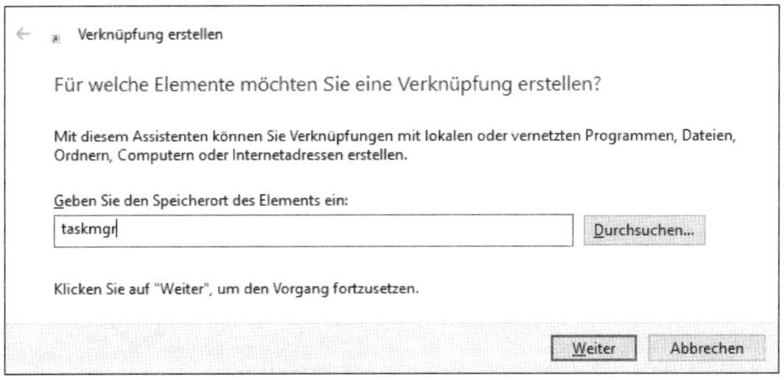

Abbildung 7.12 Im Dialog »Verknüpfung erstellen« reicht die Eingabe des Befehls, um eine Verknüpfung zur Windows-Funktion anzulegen.

In den beiden folgenden Tabellen finden Sie eine Zusammenstellung von Befehlen für einige interessante Windows-Funktionen sowie Windows-Einstellungen, die über die Einstellungen-App vorgenommen werden.

Windows-Funktion	Befehl
Aufgabenplanung	`taskschd.msc`
Computerverwaltung	`compmgmt.msc`
Datenträgerverwaltung	`diskmgmt.msc`
Editor für lokale Gruppenrichtlinien	`gpedit.msc`
Eingabeaufforderung	`cmd`
Ereignisanzeige	`eventvwr.exe`
Gerätemanager	`devmgmt.msc`
Leistungsüberwachung	`perfmon.msc`

Tabelle 7.1 Befehle zum Aufruf wichtiger Windows-Funktionen

Windows-Funktion	Befehl
Microsoft Management Console	`mmc`
PowerShell	`powershell`
Registrierungseditor	`regedit`
Ressourcenmonitor	`resmon`
Systemkonfiguration	`msconfig`
Systemsteuerung	`control`
Task-Manager	`taskmgr`

Tabelle 7.1 Befehle zum Aufruf wichtiger Windows-Funktionen (Forts.)

Windows-Einstellung – Unterkategorie (Kategorie)	Befehl
Startseite der Einstellungen-App	`ms-settings:info`
Benachrichtigung und Aktionen (System)	`ms-settings:notifications`
Speicher (System)	`ms-settings:storagesense`
Bluetooth und andere Geräte (Geräte)	`ms-settings:bluetooth`
Drucker und Scanner (Geräte)	`ms-settings:printers`
Status (Netzwerk und Internet)	`ms-settings:network-status`
Ethernet (Netzwerk und Internet)	`ms-settings:network-ethernet`
WLAN (Netzwerk und Internet)	`ms-settings:network-wifi`
Hintergrund (Personalisierung)	`ms-settings:personalization`
Apps und Features (Apps)	`ms-settings:appsfeatures`
Anmeldeoptionen (Konten)	`ms-settings:signinoptions`
Familie und andere Benutzer (Konten)	`ms-settings:otherusers`
Allgemein (Datenschutz)	`ms-settings:privacy`
Windows Update (Update und Sicherheit)	`ms-settings:windowsupdate`

Tabelle 7.2 Auswahl an Befehlen zum Aufruf von Windows-Einstellungen der Einstellungen-App

Windows-Einstellung – Unterkategorie (Kategorie)	Befehl
Sicherung (Update und Sicherheit)	`ms-settings:backup`
Problembehandlung (Update und Sicherheit)	`ms-settings:troubleshoot`

Tabelle 7.2 Auswahl an Befehlen zum Aufruf von Windows-Einstellungen der Einstellungen-App (Forts.)

7.3 Fenster anordnen per Snap und Aero Shake

Es gibt immer wieder Situationen, in denen man zwei oder auch mehr Anwendungsfenster nebeneinander anordnen muss, um deren Inhalte gleichzeitig im Blick zu behalten. In Windows 10 stehen Ihnen einige praktische Techniken zur Auswahl, mit denen die Platzierung schnell erledigt ist. Ziehen Sie die Titelleiste eines Fensters z. B. mit gedrückter linker Maustaste an den äußersten linken bzw. rechten Bildschirmrand. Sobald der Mauszeiger den Rand erreicht, erscheint in der entsprechenden Bildschirmhälfte ein transparenter Rahmen. Lassen Sie die Maustaste nun los, füllt das Fenster diesen Rahmen aus. Diese Technik wird auch als *Snap* bezeichnet. In der anderen Bildschirmhälfte sehen Sie eine Vorschau aller anderen geöffneten Fenster. Möchten Sie keines dieser Fenster auswählen, drücken Sie die [Esc]-Taste, um die Vorschau auszublenden. Um einem dieser Fenster die zweite Bildschirmhälfte zuzuweisen, reicht ein Klick auf die entsprechende Vorschau, und schon »schnappt« das Fenster auf dieser Seite ein. Über die Trennlinie zwischen den beiden Fenstern lässt sich die Größe der Fenster anpassen, falls Sie einem Fenster mehr Platz einräumen möchten.

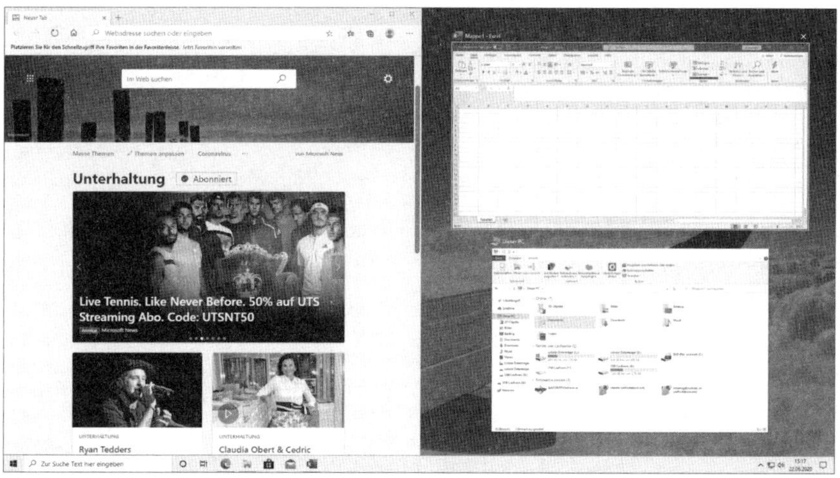

Abbildung 7.13 Mit einem Klick wählen Sie das Fenster aus, das die zweite Bildschirmhälfte einnehmen soll.

Ziehen Sie die Titelleiste eines Fensters in eine der vier Bildschirmecken, nimmt das Fenster ein Viertel des Bildschirms ein. Sobald Sie die Titelleiste Richtung Bildschirmmitte ziehen, erscheint es wieder in der ursprünglichen Größe. Ein Ziehen der Titelleiste zum oberen Bildschirmrand führt dazu, dass das Fenster in voller Bildschirmgröße angezeigt wird. Auch hier lässt sich die vorherige Fenstergröße schnell erzielen, indem Sie die Titelleiste wieder in Richtung Bildschirmmitte ziehen.

Eine weitere nette Fenstertechnik ist das sogenannte *Aero Shake*: Positionieren Sie den Mauszeiger auf der Titelleiste, und bewegen Sie dann die Maus einige Male schnell hintereinander, werden alle geöffneten Fenster außer dem geschüttelten minimiert. Ein erneutes Schütteln der Maus holt die anderen Fenster wieder auf den Bildschirm zurück.

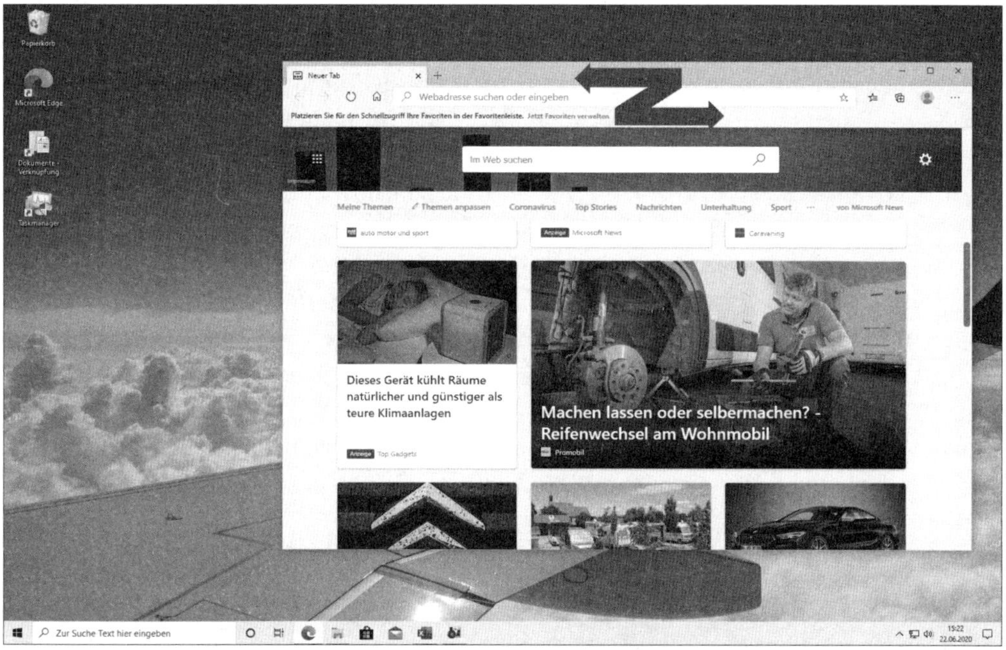

Abbildung 7.14 Einmal die Titelleiste etwas »hin- und herschütteln«, und schon werden alle anderen Programmfenster minimiert.

Diejenigen, die statt der Maus lieber die Tastatur nutzen, finden in der unten stehenden Tabelle einige Tastenkombinationen, über die sich die Größe und Anordnung von Fenstern ebenfalls schnell anpassen lassen.

Tastenkombination	Wirkung
[Win] + [↑]	Fenster maximieren
[Win] + [↓]	Vorherige Größe eines maximierten Fensters herstellen

Tabelle 7.3 Tastenkombinationen zur Anordnung von Fenstern

Tastenkombination	Wirkung
Win + →	Fenster in der rechten Bildschirmhälfte andocken
Win + ←	Fenster in der linken Bildschirmhälfte andocken
Win + M	Alle Fenster minimieren
Win + ⇧ + M	Alle minimierten Fenster wiederherstellen

Tabelle 7.3 Tastenkombinationen zur Anordnung von Fenstern (Forts.)

Wenn die Snap-Techniken bei Ihnen nicht funktionieren, sollten Sie einen Blick in die Einstellungen-App werfen. Rufen Sie hier SYSTEM • MULTITASKING auf. Stellen Sie sicher, dass der Regler FENSTER ANDOCKEN aktiviert ist und die folgenden drei Kästchen jeweils mit einem Häkchen versehen sind. Sollten Sie keinen Wert auf die Fenstertechniken legen, haben Sie hier umgekehrt natürlich auch die Möglichkeit, sie über den Regler bzw. die Kästchen auszuschalten.

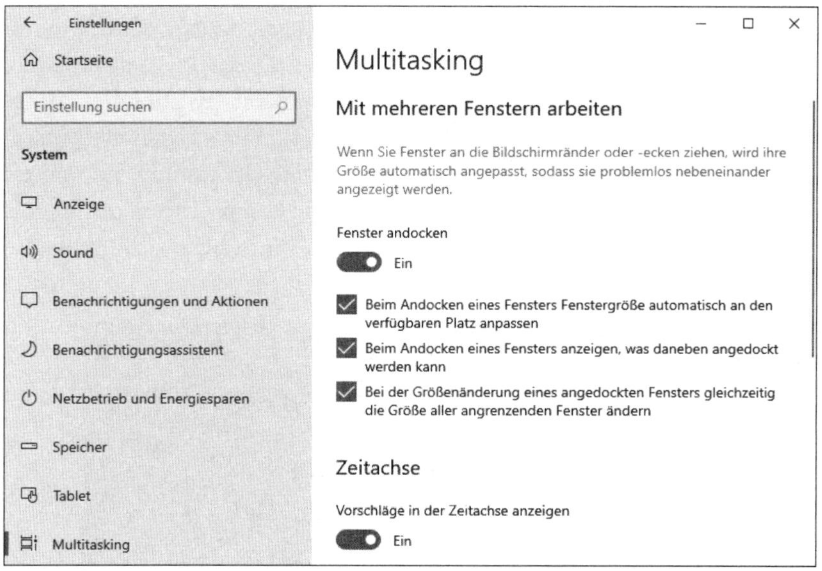

Abbildung 7.15 Damit die Fenstertechniken funktionieren, müssen die entsprechenden Multitasking-Funktionen aktiviert sein.

7.4 Taskansicht und Timeline

Je mehr Apps oder Dateien geöffnet sind, desto länger dauert es meist, zum gesuchten Fenster zu gelangen. Bereits in früheren Windows-Versionen ließ sich über die Tastenkombination Alt + ⇆ eine Übersicht über alle geöffneten Fenster einblenden. Diese Möglichkeit steht Ihnen auch unter Windows 10 noch zur Verfügung. Halten Sie also die [Alt]-Taste gedrückt, und drücken Sie so häufig die [⭾]-Taste, bis das gewünschte Fenster markiert ist. Lassen Sie nun alle Tasten los, wird das gewünschte Fenster im Vordergrund angezeigt.

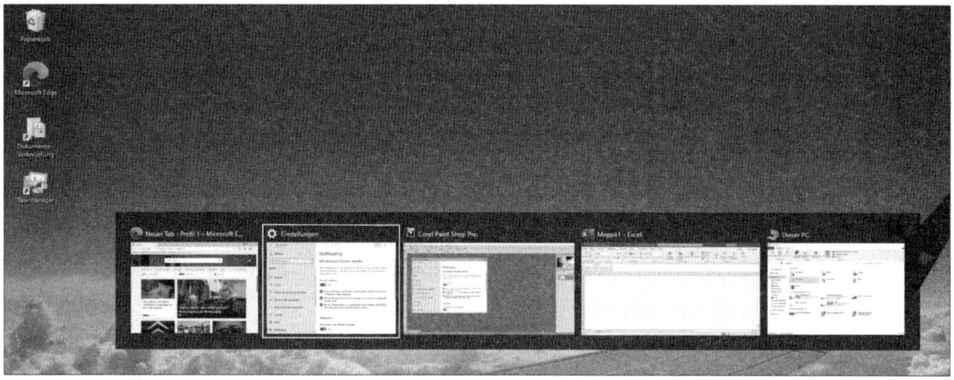

Abbildung 7.16 Die bekannte Tastenkombination [Alt] + [⭾] funktioniert auch unter Windows 10 noch.

Windows 10 bietet eine zusätzliche Möglichkeit, um sich eine Übersicht über geöffnete Anwendungen zu verschaffen: die sogenannte *Taskansicht*. Sie wird per Klick auf das Symbol AKTIVE ANWENDUNGEN [⧉] in der Taskleiste eingeblendet oder alternativ über die Tastenkombination [⊞] + [⭾]. In der oberen Bildschirmhälfte wird nun für jedes geöffnete Fenster eine Miniaturvorschau angezeigt. Mit einem Klick auf eine Vorschau wählen Sie das gewünschte Fenster aus. Entdecken Sie hier ein Fenster, das Sie schließen möchten, positionieren Sie den Mauszeiger auf der Vorschau und klicken dann auf das nun sichtbare Schließen-Symbol [✕] in der rechten oberen Ecke der Miniaturvorschau.

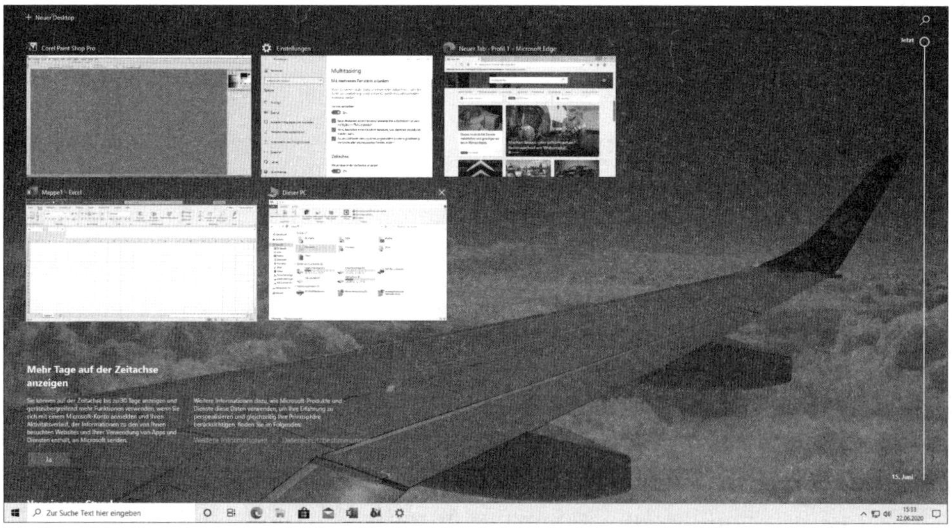

Abbildung 7.17 Die Taskansicht zeigt eine Übersicht über alle geöffneten Anwendungen.

Die untere Bildschirmhälfte der Taskansicht zeigt die sogenannte *Timeline*, auch *Zeitachse* genannt. Hier finden Sie chronologisch sortiert alle Dateien oder auch Webseiten, die Sie in den letzten Tagen geöffnet haben. Mithilfe des Schiebereglers am rechten Fensterrand oder durch Scrollen des Mausrades können Sie einen Blick in die Vergangenheit werfen. Sind Sie mit einem lokalen Benutzerkonto am Computer angemeldet, reicht die Anzeige knapp eine Woche zurück. Ist Ihr Benutzerkonto hingegen mit einem Microsoft-Konto verknüpft, werden die Aktivitäten der letzten 30 Tage angezeigt.

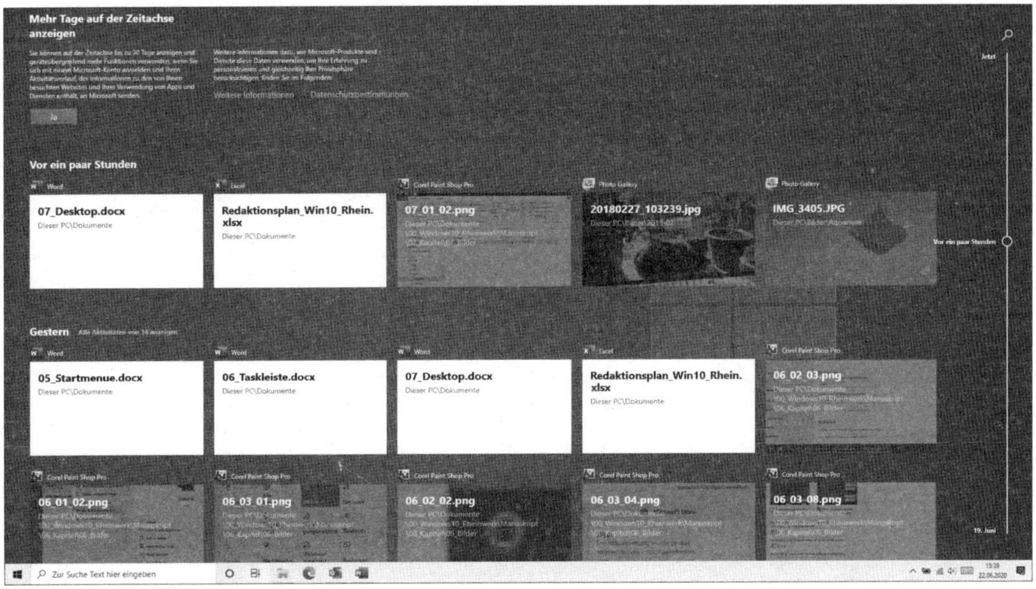

Abbildung 7.18 Nutzen Sie ein lokales Benutzerkonto, werden nur die Aktivitäten der letzten Woche angezeigt.

Finden Sie in der Übersicht nicht das Gewünschte, starten Sie über das Lupensymbol oben rechts eine Suchanfrage. Mit einem Klick auf eines der Elemente in der Zeitachse öffnen Sie die damit verknüpfte Datei, Webseite oder auch Anwendung. Elemente, die Sie sicherlich nicht über die Timeline öffnen werden, können Sie auch entfernen. Den entsprechenden Befehl finden Sie im Kontextmenü des Elements.

Abbildung 7.19 Nicht benötigte Elemente lassen sich schnell aus der Zeitachse entfernen.

Aktivitätsverlauf deaktivieren

Sind Sie mit einem Microsoft-Konto am PC angemeldet und nutzen Sie dieses auf anderen Geräten, finden Sie in der Timeline auch die dort geöffneten Webseiten oder Apps. Benötigen Sie die Übersicht nicht, rufen Sie in der Einstellungen-App Datenschutz • Aktivitätsverlauf auf. Setzen Sie in der rechten Spalte unterhalb von Aktivitäten aus diesen Konten anzeigen den Regler des Microsoft-Kontos auf Aus, dessen Aktivitäten nicht in der Zeitachse angezeigt werden sollen. Wenn Sie die Sammlung der Aktivitäten generell nicht wünschen, entfernen Sie am oberen Rand der rechten Spalte das Häkchen vor Meinen Aktivitätsverlauf auf diesem Gerät speichern. Sollen die erfassten Daten nicht mit anderen Geräten synchronisiert werden, deaktivieren Sie außerdem Meinen Aktivitätsverlauf an Microsoft senden. Über die Schaltfläche Löschen unterhalb von Aktivitätsverlauf löschen lassen sich alle bisher gespeicherten Elemente entfernen.

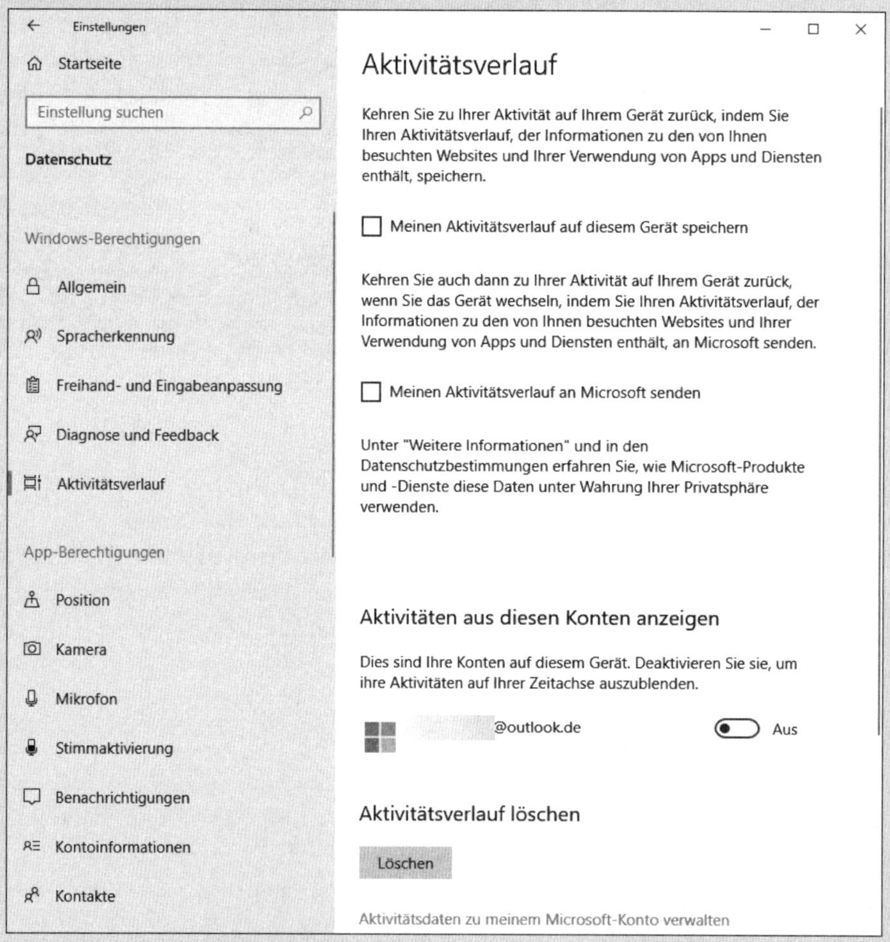

Abbildung 7.20 Wer den Aktivitätsverlauf nicht nutzen möchte, kann ihn in der Kategorie »Datenschutz« der Einstellungen-App auch deaktivieren.

7.5 Virtuelle Desktops

Wie sieht Ihr Computeralltag aus? Im Internet surfen, mit Office-Anwendungen arbeiten, Fotos mit einem Bildbearbeitungsprogramm optimieren und dann auch noch E-Mails abrufen? Schnell sind so mehrere Programmfenster geöffnet, zwischen denen man immer wieder hin- und herspringen muss. Ist der Bildschirm dann auch noch recht klein, bereitet die Arbeit am Computer nicht mehr allzu viel Freude, und der Ruf nach mehr Arbeitsfläche wird laut. Das Problem lässt sich z. B. mit den in Windows 10 neu hinzugekommenen virtuellen Desktops beheben: Fügen Sie einfach der bereits vorhandenen Arbeitsoberfläche weitere Desktops hinzu. Anschließend können Sie alle Programmfenster auf den virtuellen Desktops verteilen. Das ist vor allem praktisch, wenn Sie an verschiedenen Projekten arbeiten und für diese z. B. jeweils einen eigenen Desktop anlegen.

Ein virtueller Desktop ist schnell hinzugefügt: Klicken Sie auf das Taskansicht-Symbol in der Taskleiste und dann in der Taskansicht oben links auf NEUER DESKTOP. Am oberen Bildschirmrand erscheint nun eine Leiste mit den zwei Miniaturansichten DESKTOP 1 und DESKTOP 2. Die wenig aussagekräftigen Bezeichnungen können Sie nach einem rechten Mausklick auf die jeweilige Vorschau auch umbenennen.

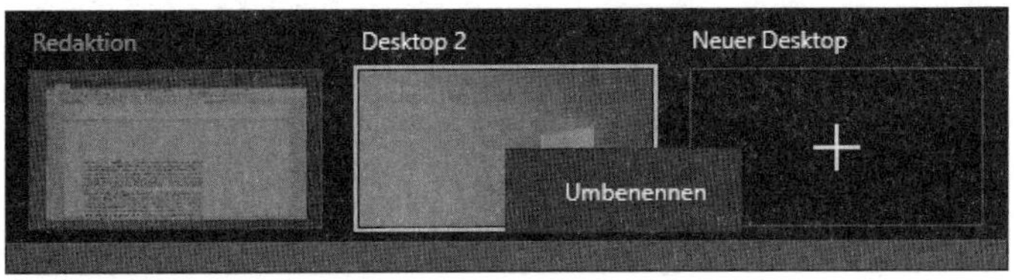

Abbildung 7.21 Sie können den virtuellen Desktops eingängigere Namen geben.

Bewegen Sie den Mauszeiger auf eines der Vorschaubilder, werden unterhalb der Leiste die jeweils auf dieser Desktopoberfläche geöffneten Programmfenster eingeblendet. Per Drag & Drop können Sie die Fenster beliebig von einem Desktop zum anderen schieben und so für eine geeignete Aufteilung sorgen. Alternativ können Sie das zu verschiebende Programmfenster auch mit der rechten Maustaste anklicken und im Kontextmenü den Befehl VERSCHIEBEN NACH wählen. Anschließend müssen Sie sich nur noch entscheiden, ob das Fenster auf den bereits vorhandenen zweiten Desktop geschoben werden soll oder ob Sie einen weiteren virtuellen Desktop erzeugen möchten. Benötigen Sie ein Programmfenster auf allen Desktops, wählen Sie im Kontextmenü den Befehl DIESES FENSTER AUF ALLEN DESKTOPS ANZEIGEN.

Um zu einem bestimmten Desktop zu wechseln, klicken Sie in der Taskansicht die gewünschte Miniaturvorschau an oder eines der auf diesem Desktop befindlichen Programmfenster. Auf jedem virtuellen Desktop können Sie natürlich auch weitere Anwendungen öffnen bzw. schließen. Eine Besonderheit gilt es allerdings zu berücksichtigen: Versuchen Sie eine der UWP-Apps von Microsoft zu öffnen (z. B. die Mail-App oder auch die Fotos-App), die bereits auf einem anderen Desktop geöffnet ist, werden Sie automatisch zu diesem Desktop geführt. Die App lässt sich also kein zweites Mal öffnen. Für klassische Desktopanwendungen wie den Explorer, Microsoft Outlook oder auch Browser gilt dies nicht. Hier können Sie auch auf mehreren virtuellen Desktops jeweils neue Programmfenster platzieren.

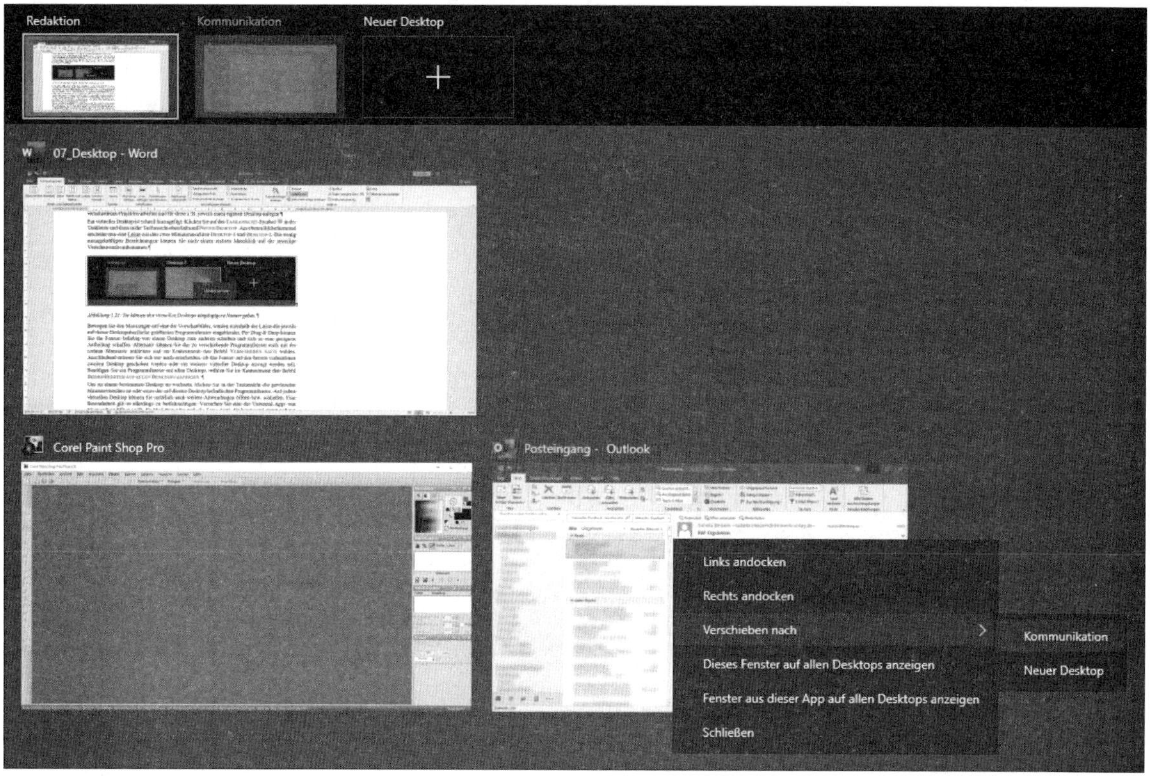

Abbildung 7.22 Programmfenster lassen sich über das Kontextmenü oder auch bequem per Drag & Drop verschieben.

Viele Anwender nutzen die Taskleiste, um schnell zwischen geöffneten Programmfenstern zu wechseln. In der Taskleiste werden standardmäßig allerdings nur die Symbole der geöffneten Anwendungen des aktiven Desktops eingeblendet. Wenn es für Sie praktischer ist, können Sie sich aber auch die Symbole aller geöffneten Anwendungen anzeigen lassen, unabhängig davon, auf welchem Desktop Sie sich gerade befinden. Rufen Sie hierzu START • EINSTELLUNGEN • SYSTEM • MULTITASKING auf. Wählen Sie im Bereich VIRTUELLE DESKTOPS im Feld IN DER TASKLEISTE FENSTER ANZEIGEN, DIE GEÖFFNET SIND AUF den Eintrag ALLEN DESKTOPS aus. Auch die nächste Einstellung ist interessant: Damit über die Tastenkombination [Alt] + [⭾] nicht nur eine Übersicht über die geöffneten Fenster des aktiven Desktops, sondern aller virtuellen Desktops angezeigt wird, stellen Sie im Feld BEIM DRÜCKEN VON ALT + TAB FENSTER ANZEIGEN, DIE GEÖFFNET SIND AUF den Eintrag ALLEN DESKTOPS ein.

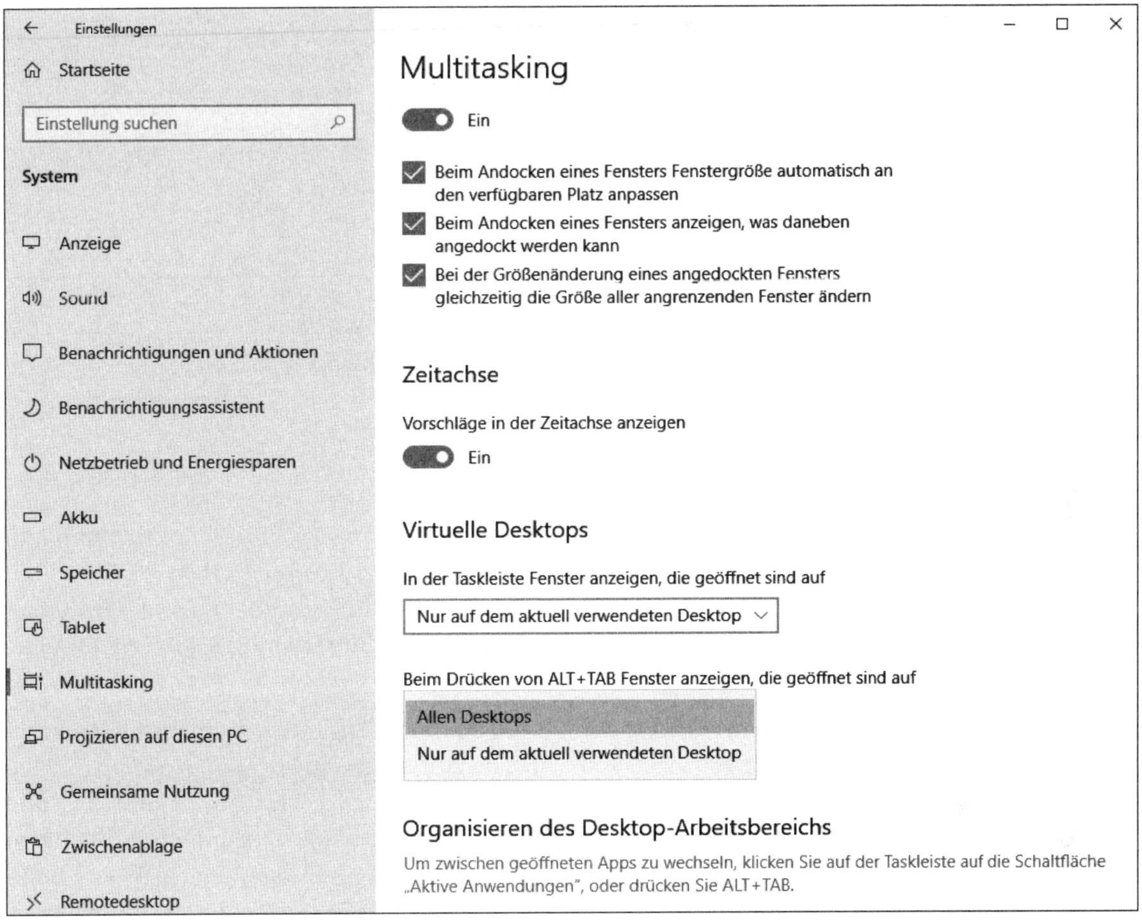

Abbildung 7.23 In der Einstellungen-App legen Sie fest, welche App-Symbole in der Taskleiste erscheinen sollen.

Wenn Sie einen virtuellen Desktop nicht mehr benötigen, können Sie ihn selbstverständlich auch wieder schließen. Klicken Sie hierzu in der Taskleiste auf das Symbol AKTIVE ANWENDUNGEN. Bewegen Sie dann den Mauszeiger auf die entsprechende Vorschau, und klicken Sie auf das Schließen-Symbol in der rechten oberen Ecke der Vorschau. Die auf diesem Desktop noch geöffneten Programmfenster werden hierdurch nicht geschlossen, sondern automatisch einen Desktop nach links verschoben.

Wenn Sie den Computer herunterfahren, werden übrigens lediglich die geöffneten Programme geschlossen, die virtuellen Desktops hingegen bleiben erhalten. Um auf sie zuzugreifen, nutzen Sie entweder die Taskansicht oder eine der in folgender Tabelle aufgeführten Tastenkombinationen.

Tastenkombination	Wirkung
[Win] + [Strg] + [D]	Einen neuen virtuellen Desktop erzeugen
[Win] + [Strg] + [←]	Zum vorherigen virtuellen Desktop wechseln
[Win] + [Strg] + [→]	Zum nächsten virtuellen Desktop wechseln
[Win] + [Strg] + [F4]	Den aktuellen virtuellen Desktop schließen
[Win] + [Tab]	Taskansicht öffnen

Tabelle 7.4 Tastenkombinationen zur Bedienung virtueller Desktops

7.6 Mehrere Monitore nutzen

Wem die Desktopoberfläche zu klein ist, kann sich durch den Anschluss eines weiteren Monitors mehr Platz verschaffen – vorausgesetzt natürlich, dass sich auch auf dem Schreibtisch eine freie Ecke hierfür findet. Eine weitere Voraussetzung: Ihr Computer muss über entsprechend ausreichende Anschlüsse verfügen. Geläufige Anschlüsse sind HDMI, DVI, DisplayPort oder das mittlerweile recht veraltete VGA.

Nachdem Sie den zusätzlichen Bildschirm (oder auch weitere) mit den entsprechenden Videoanschlüssen des Computers verbunden haben, fahren Sie den Rechner hoch und melden sich an. Klicken Sie dann mit der rechten Maustaste auf eine freie Fläche des Desktops, und wählen Sie im Kontextmenü ANZEIGEEINSTELLUNGEN. Hierdurch wird die Einstellungen-App mit der Seite ANZEIGE geöffnet. Ganz zu Beginn zeigt Windows 10 unterhalb von BILDSCHIRME NEU ANORDNEN die erkannten Bildschirme an. Sollte hier ein Monitor fehlen, überprüfen Sie, ob die Kabel auch richtig angeschlossen sind.

Jeder Bildschirm erhält von Windows eine Nummer. Um herauszufinden, welchem Monitor welche Nummer zugewiesen wurde, klicken Sie auf IDENTIFIZIEREN. Die dem Monitor zugeordnete Nummer erscheint für einen kurzen Moment auf dem jeweiligen Bildschirm. Entspricht die in den Anzeigeeinstellungen dargestellte Anordnung nicht der tatsächlichen Anordnung der Monitore auf Ihrem Schreibtisch, sollten Sie dies korrigieren. Positionieren Sie hierzu den Mauszeiger auf der Anzeige 1, und ziehen Sie ihn mit gedrückter linker Maustaste auf die Position, die der Monitoranordnung auf Ihrem Schreibtisch entspricht.

Als Nächstes kümmern Sie sich um die Skalierung, Bildschirmauflösung und Bildschirmausrichtung der angeschlossenen Monitore. Markieren Sie hierzu zunächst zu Beginn der Seite den gewünschten Monitor (er wird nun blau hervorgehoben), und passen Sie seine Einstellungen dann über die entsprechenden Felder im Bereich SKALIERUNG UND ANORDNUNG an. Weitere Informationen zu diesen Anzeigeeinstellungen erhalten Sie in Abschnitt 8.1, »Alles eine Sache der Anzeige«.

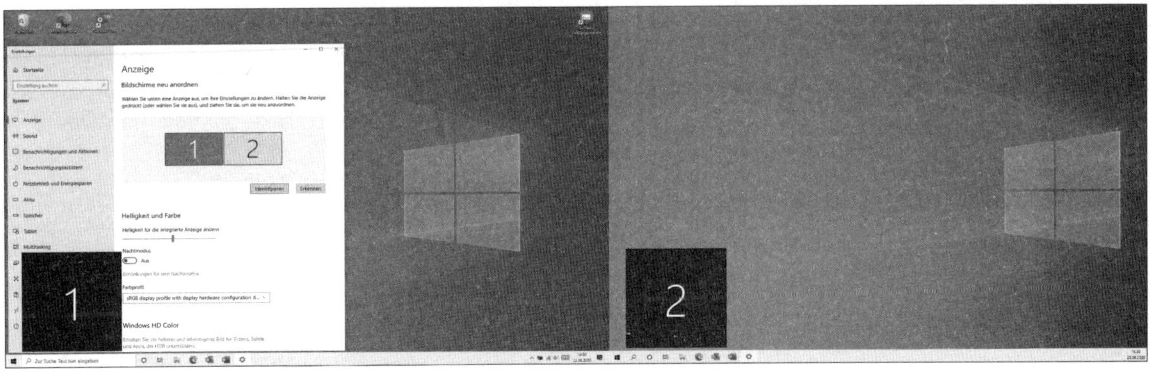

Abbildung 7.24 Stellen Sie sicher, dass die im Dialog angezeigte Anordnung auch der Monitoranordnung auf Ihrem Schreibtisch entspricht.

Per Standardeinstellung wird die Desktopoberfläche über alle angeschlossenen Monitore hinweg verteilt angezeigt. Damit ist auch für die größte Arbeitsfläche gesorgt, auf der Sie die Programmfenster beliebig anordnen können. Am unteren Seitenrand ist im Feld MEHRERE BILDSCHIRME entsprechend der Eintrag DIESE ANZEIGEN ERWEITERN eingestellt. Diese Einstellung können Sie übrigens auch nach Drücken der Tastenkombination [⊞] + [P] in der Spalte PROJIZIEREN vornehmen, die nun am rechten Bildschirmrand eingeblendet wird.

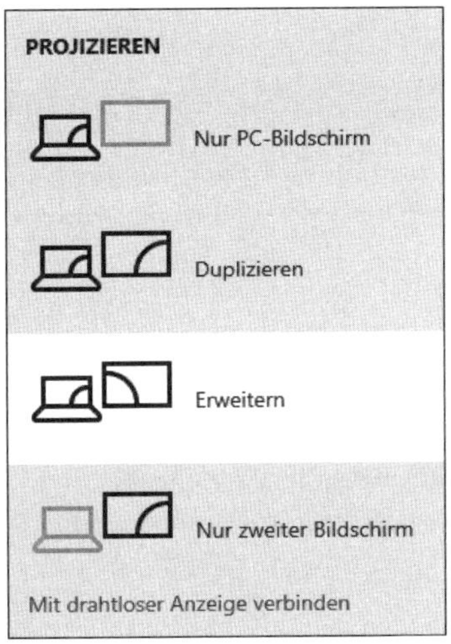

Abbildung 7.25 Nach Drücken der Tastenkombination [⊞] + [P] lässt sich schnell der gewünschte Anzeigemodus auswählen.

Einem der Monitore fällt die Aufgabe der Hauptanzeige zu. Das heißt, alle Fenster, die Sie öffnen, werden zunächst auf diesem Bildschirm angezeigt. Verwenden Sie z. B. zwei Monitore, ist es meist bequem, den linken Bildschirm als Primärmonitor zu nutzen. Markieren Sie in der Anordnung am Seitenanfang entsprechend den linken Monitor, und scrollen Sie wieder zum Seitenende. Sollte das Kästchen DIESE ANZEIGE ALS HAUPTANZEIGE VERWENDEN aktiviert sein, hat Windows 10 den Monitor bereits als Primärmonitor eingestuft. Fehlt das Häkchen hingegen, setzen Sie es per Mausklick.

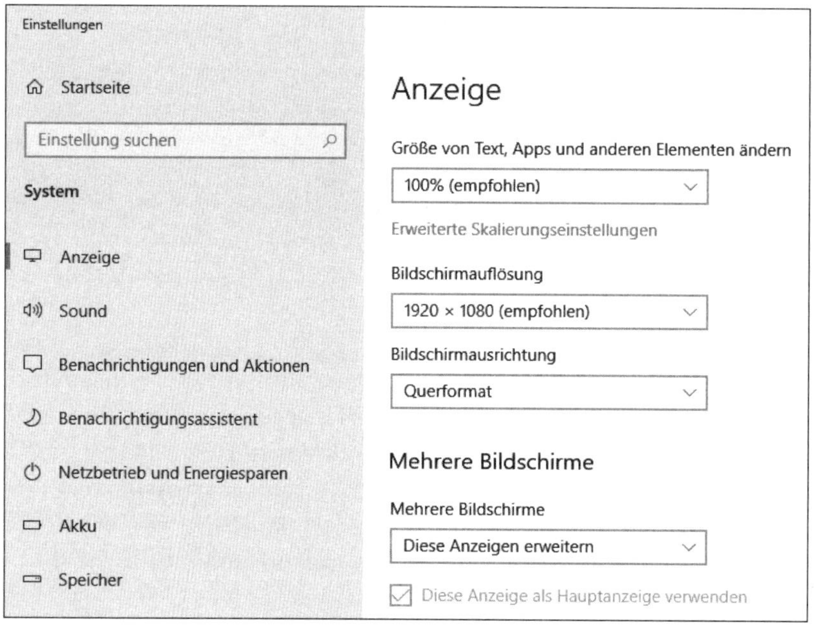

Abbildung 7.26 Ein Monitor wird als Primärmonitor eingestuft.

Sobald Sie mehrere Monitore am PC angeschlossen haben, können Sie übrigens nicht mehr in den Tabletmodus wechseln. Windows 10 aktiviert stattdessen automatisch den Desktopmodus.

Notebook mit zusätzlichem Monitor nutzen

Wer viel mit seinem Notebook auf Reisen ist, entscheidet sich gerne für ein leichtes Gerät mit kleinem Display. Daheim lässt sich das Manko der kleinen Desktopoberfläche gut durch den Anschluss eines größeren Monitors beheben. Soll der Desktop nur auf dem angeschlossenen Bildschirm angezeigt werden, nicht aber auf dem Notebookdisplay, wählen Sie die Tastenkombination [Win] + [P]. In der Spalte PROJIZIEREN markieren Sie nun NUR ZWEITER BILDSCHIRM. Diese Auswahl entspricht der Einstellung NUR AUF ... ANZEIGEN im Feld MEHRERE BILDSCHIRME in den Anzeigeeinstellungen. Der Monitor des Notebooks wird damit schwarz. Sollten Sie zusätzlich zum Monitor noch eine externe Tastatur und Maus z. B. via Bluetooth angeschlossen haben, könnten Sie im Grunde genommen den Notebookdeckel zuklappen und das Gerät beiseiteschieben. Allerdings sollten Sie zuvor sicherstellen, dass Windows 10 hierdurch weder in den Energiesparmodus wechselt noch heruntergefahren wird. Um die Einstellung zu überprüfen, drücken Sie die Tastenkombination [Win] + [X] und wählen im

Schnellzugriffsmenü die Energieoptionen. Auf der Seite Netzbetrieb und Energiesparen der Einstellungen-App klicken Sie auf Zusätzliche Energieeinstellungen und im folgenden Dialog auf Auswählen, was beim Zuklappen des Computers geschehen soll. Da Sie das Notebook daheim wahrscheinlich im Netzbetrieb nutzen, stellen Sie im entsprechenden Feld rechts von Beim Zuklappen den Eintrag Nichts unternehmen ein.

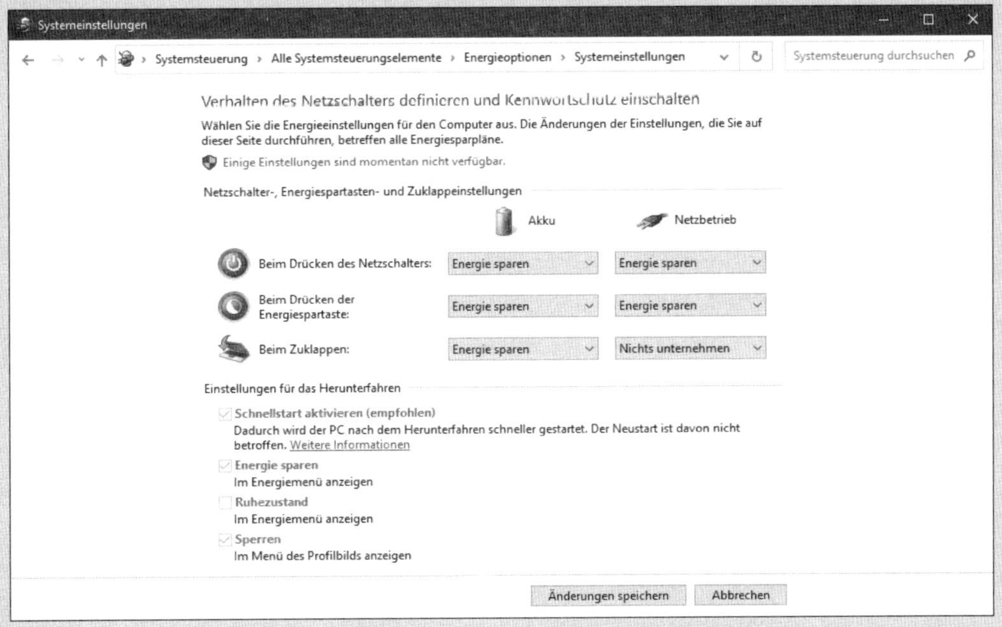

Abbildung 7.27 Stellen Sie sicher, dass das Notebook beim Zuklappen des Deckels nicht in den Energiesparmodus wechselt.

Haben Sie Ihr Notebook für einen Vortrag mit einem Beamer verbunden? In diesem Fall wählen Sie nach Drücken der Tastenkombination [Win] + [P] den Befehl Duplizieren, und schon ist der Bildschirminhalt auf allen Ausgabegeräten gleichermaßen zu sehen.

Abschließend sollten Sie nun noch festlegen, wie die Taskleiste auf den verschiedenen Monitoren dargestellt werden soll. Klicken Sie hierzu mit der rechten Maustaste auf eine freie Fläche der Taskleiste, und wählen Sie Taskleisteneinstellungen. Scrollen Sie auf der Seite Taskleiste der Einstellungen-App nach unten bis zum Bereich Mehrere Bildschirme. Ist der Regler Taskleiste auf allen Anzeigegeräten anzeigen ausgeschaltet, ist die Taskleiste lediglich auf dem Monitor zu sehen, der als Hauptanzeige deklariert wurde. Soll die Taskleiste auf allen Monitoren erscheinen, stellen Sie sicher, dass der Regler eingeschaltet ist. Wählen Sie anschließend im Feld Schaltflächen der Taskleiste anzeigen auf den Eintrag Alle Taskleisten, ist auf allen Monitoren gleichermaßen die Taskleiste inklusive des Windows-Symbols zum Öffnen des Startmenüs sowie der Symbole der angehefteten sowie der geöffneten Apps zu sehen. Der Eintrag HAUPTTASKLEISTE UND TASKLEISTE MIT GEÖFFNETEM FENSTER führt dazu, dass die Taskleiste auf dem Hauptmonitor alle Taskleisten-Symbole anzeigt, während auf den anderen Monitoren in der Taskleiste jeweils nur die Symbole der auf dem entsprechenden Monitor geöffneten Programmfenster zu sehen sind.

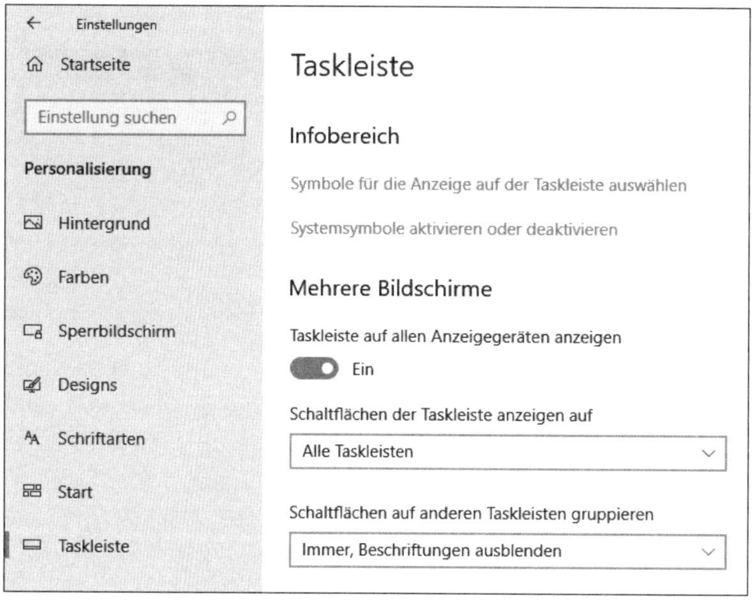

Abbildung 7.28 Taskleisteneinstellungen für mehrere Bildschirme

Wenn Sie alle Einstellungen für die Monitoranordnung und auch die Taskleiste vorgenommen haben, steht der Nutzung der großen Arbeitsoberfläche nichts mehr im Wege. Die geöffneten Programmfenster können Sie beliebig mit gedrückter linker Maustaste auf der Fläche verschieben. Auch die in Abschnitt 7.3, »Fenster anordnen per Snap und Aero Shake«, vorgestellten Fenstertechniken lassen sich hier anwenden.

Für jeden Bildschirm ein eigenes Hintergrundbild

Auf jedem Monitor ein anderes Hintergrundbild? Mit einem kleinen Trick lässt sich dies tatsächlich realisieren. Stellen Sie hierzu über START • EINSTELLUNGEN • PERSONALISIERUNG • HINTERGRUND im Feld HINTERGRUND den Eintrag BILD ein. Sollten die gewünschten Bilder unterhalb von BILD AUSWÄHLEN noch nicht aufgeführt werden, wählen Sie sie nacheinander über die Schaltfläche DURCHSUCHEN aus. Klicken Sie dann mit der rechten Maustaste auf das Foto, das auf dem ersten Monitor zu sehen sein soll. Über den Befehl FÜR MONITOR ... FESTLEGEN weisen Sie das Bild dem gewünschten Bildschirm zu. Die Nummer entspricht dabei der von Windows 10 vergebenen Nummer. Wiederholen Sie dies für alle weiteren angeschlossenen Monitore.

Abbildung 7.29 Jedem Monitor lässt sich ein eigenes Hintergrundbild zuweisen.

Kapitel 8
Erleichterte Bedienung

Der Text ist zu klein, der Cursor kaum zu erkennen, und die Tastatur zickt auch allenthalben rum? In diesem Kapitel erfahren Sie, wie sich die Darstellung von Text, aber auch die Bedienung von Maus und Tastatur komfortabler einstellen lassen.

Für die richtige Sitzposition vor dem Computer gibt es zahlreiche Anregungen. Im optimalen Fall beträgt der Abstand zwischen Bildschirm und Augen im Schnitt zwischen 50 und 80 cm. Je größer der Bildschirm, desto größer sollte auch der Abstand sein. Knie, Hüfte und Ellenbogen bilden idealerweise einen 90°-Winkel. Tastatur und Maus befinden sich auf der gleichen Ebene wie die Unterarme und Hände. Der Rücken ist gerade aufgerichtet. Ausreichend Pausen, in denen man sich bewegt, verstehen sich von selbst.

Soweit die Theorie. Und doch kennt wohl jeder dieses Phänomen: Je länger man am PC sitzt, desto müder werden die Augen, und man beginnt, immer näher an den Bildschirm heranzurücken, um den Text überhaupt noch entziffern zu können. Bevor der Rücken ganz krumm ist, sollten Sie eine der vielen Möglichkeiten von Windows 10 nutzen, um die Lesbarkeit zu optimieren. Wer viel mit Tastatur und Maus arbeitet, kann sich auch hier das Leben um einiges einfacher gestalten. Auch beim Thema Barrierefreiheit ist Microsoft bemüht, Menschen mit Seh- oder Hörbeeinträchtigungen die Bedienung des Computers so angenehm wie möglich zu gestalten. Mit fast jedem Funktionsupdate kommen hier außerdem neue Möglichkeiten hinzu.

8.1 Alles eine Sache der Anzeige

Durch einen zu hell eingestellten Monitor, eine zu klein gewählte Textgröße oder auch eine falsche Bildschirmauflösung kann die Arbeit am Computer zur Tortur für die Augen werden. Damit Sie gar nicht erst Probleme bekommen, sollten Sie die Konfiguration des Bildschirms selbst in die Hand nehmen und quasi Ihrer ganz persönlichen Sicht anpassen. Die entsprechenden Schritte werden nicht mehr in der Systemsteuerung vorgenommen, sondern in der Einstellungen-App.

8.1.1 Anzeigeeinstellungen anpassen

Meist erfolgt das Anschließen eines Bildschirms an den Computer ohne große Schwierigkeiten. Windows 10 erkennt die neue Hardware automatisch, die Treiber für die Grafikkarte werden über das Windows Update auf dem neuesten Stand gehalten. Um die Anzeigeeinstellungen zu überprüfen, klicken Sie mit der rechten Maustaste auf einen freien Bereich auf dem Desktop. Im Kontextmenü wählen Sie dann den Befehl ANZEIGEEINSTELLUNGEN. Damit wird automatisch die Einstellungen-App mit der Kategorie SYSTEM • ANZEIGE geöffnet. Im Feld AUFLÖSUNG können Sie die aktuell gewählte Bildschirmauflösung ablesen. Meist ist es ratsam, hier die empfohlene Auflösung zu wählen. Sollten Sie die eingestellte Auflösung ändern, sehen Sie direkt eine Vorschau. Sind Sie mit dem Ergebnis zufrieden, klicken Sie auf BEIBEHALTEN. Mit einem Klick auf ZURÜCKSETZEN können Sie aber auch wieder zur vorherigen Einstellung zurückkehren. Lassen Sie sich mit der Entscheidung zu lange Zeit, wird die Einstellung automatisch nach 15 Sekunden zurückgesetzt.

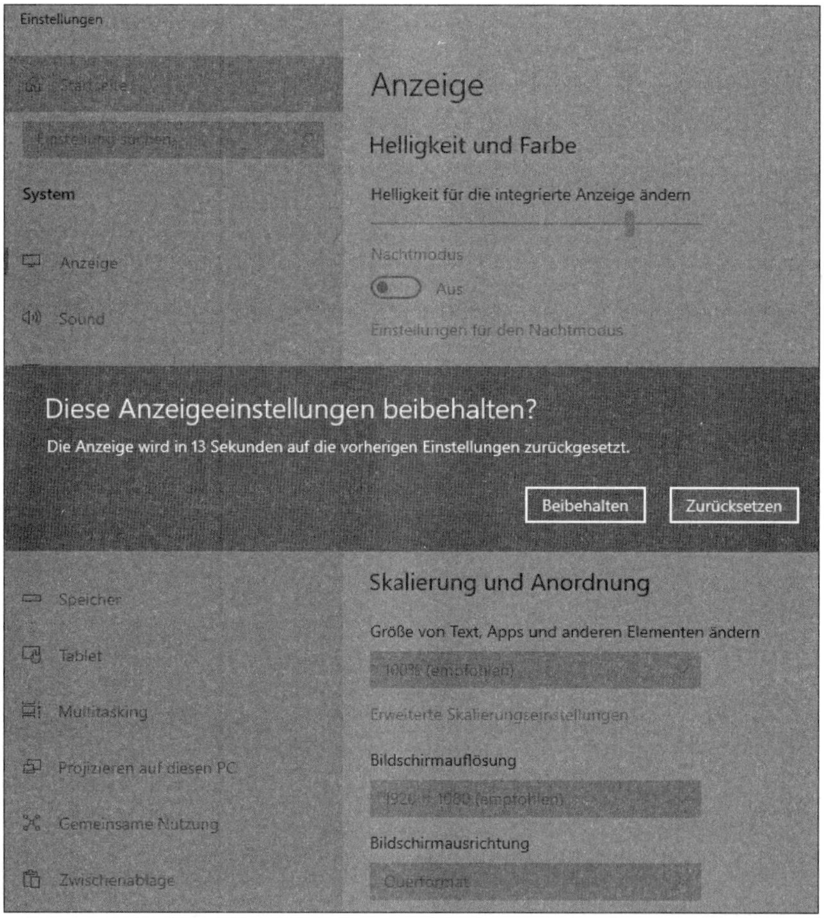

Abbildung 8.1 Geänderte Anzeigeeinstellungen müssen mit »Beibehalten« bestätigt werden, sonst setzt Windows 10 sie automatisch nach 15 Sekunden zurück.

Besonderheiten bei der Verwendung von UHD-Bildschirmen

Sie sind stolzer Besitzer eines UHD-Bildschirms (UHD ist die Abkürzung für *Ultra High Definition*), der eigentlich eine native Auflösung von 4K, also 3840 x 2160 Pixeln, bietet. In den Anzeigeeinstellungen von Windows 10 wird Ihnen als maximale Auflösung aber nur die Full-HD-Auflösung von 1920 x 1080 Pixeln angezeigt? Der Grund hierfür liegt meist bei der Grafikkarte Ihres Computers, die als Anschluss mindestens HDMI-Version 1.4 oder DisplayPort-Version 1.2 unterstützen muss. Ist dies nicht der Fall, steht Ihnen lediglich die Full-HD-Auflösung zur Verfügung. Auch das Kabel muss die entsprechende Version unterstützen.

Das automatische Zurücksetzen nach zehn Sekunden gilt auch für die im Feld AUSRICHTUNG vorgenommenen Änderungen, die allerdings nur dann Sinn machen, wenn Sie ein Hybrid-Gerät oder einen Computer mit schwenkbarem Bildschirm einsetzen. Drehen Sie einen solchen Bildschirm um 90°, ist die Einstellung HOCHFORMAT optimal. Für alle anderen Bildschirme bleibt es besser bei der Voreinstellung QUERFORMAT, sofern Sie sich nicht den Kopf verrenken möchten.

Je höher die Bildschirmauflösung, desto schärfer werden auch die Texte und Bilder angezeigt. Wenn Sie trotzdem Probleme haben, den Text zu entziffern, sollten Sie probeweise die Skalierung anpassen. Wählen Sie hierzu im Feld GRÖSSE VON TEXT, APPS UND ANDEREN ELEMENTEN ÄNDERN einen höheren Skalierungsgrad aus. Windows 10 setzt Ihre Wahl sofort um. Moderne Apps lassen sich ohne Schwierigkeiten skalieren. Bei manchen älteren Programmen kann es hingegen nach der Anpassung der Skalierung zu Darstellungsproblemen kommen. Sollten Sie eine Unschärfe feststellen, klicken Sie auf ERWEITERTE SKALIERUNGSEINSTELLUNGEN, und setzen Sie den Regler WINDOWS KANN VERSUCHEN, APPS MIT UNSCHARFER DARSTELLUNG ZU KORRIGIEREN auf EIN.

Abbildung 8.2 Windows bietet die Möglichkeit, die Darstellung älterer Programme zu optimieren.

Bei besonders hartnäckigen Desktopprogrammen, die sich trotz der gerade erwähnten Funktion nicht korrekt skalieren lassen, sollten Sie Folgendes versuchen:

1. Starten Sie das Programm, und klicken Sie mit der rechten Maustaste auf das Programmsymbol in der Taskleiste. Im Kontextmenü führen Sie einen weiteren Rechtsklick auf dem Programmnamen aus und wählen die EIGENSCHAFTEN.

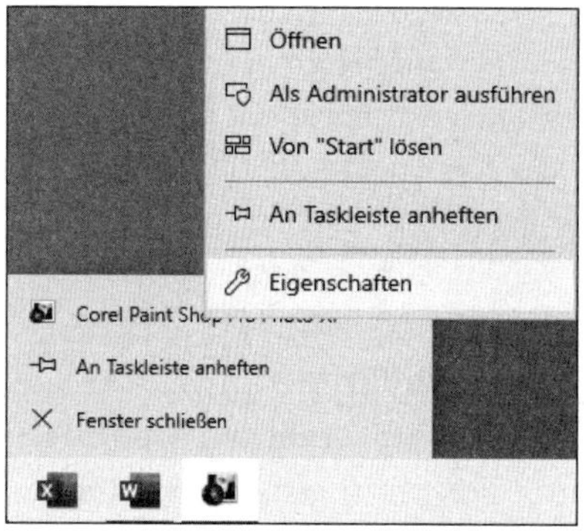

Abbildung 8.3 Rufen Sie den Eigenschaften-Dialog über das Kontextmenü der Anwendung auf.

2. Im Dialog EIGENSCHAFTEN VON ... wechseln Sie in das Register KOMPATIBILITÄT und klicken hier auf HOHE DPI-EINSTELLUNGEN ÄNDERN. Die Abkürzung DPI steht für *Dots per Inch*, auf Deutsch »Pixel pro Zoll«.

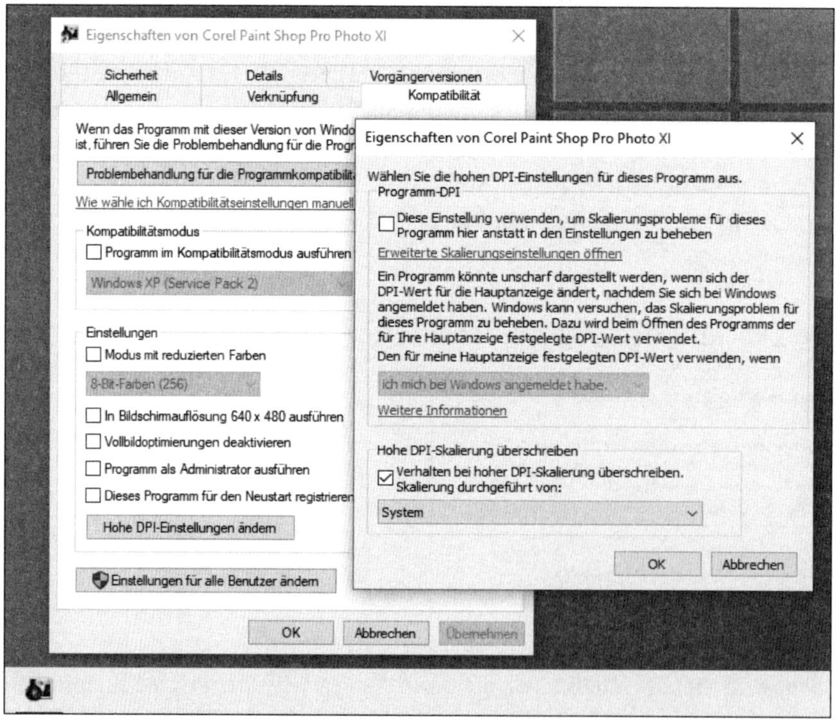

Abbildung 8.4 Diese Einstellung stellt sicher, dass die DPI-Skalierung von Windows übernommen wird und nicht vom Programm selbst.

3. Aktivieren Sie im nächsten Dialog das Kontrollkästchen Verhalten bei hoher DPI-Skalierung überschreiben. Im Feld Skalierung durchgeführt von stellen Sie System ein. Damit wird das Programm gezwungen, die Skalierung von Windows 10 zu übernehmen.

Sollte es nach der Anpassung von Bildschirmkonfigurationen wie etwa der Skalierung zu Darstellungsproblemen kommen, hilft es häufig, sich einmal vom System ab- und dann wieder anzumelden.

Grafikleistungseinstellungen für PCs mit mehreren GPUs

Speziell Hochleistungscomputer sind heute mit mehreren GPUs ausgestattet. Die integrierte GPU zeichnet sich vor allem durch einen geringeren Stromverbrauch aus, was gerade bei Mobilgeräten wie Tablet oder Notebook von Vorteil ist, wenn sich diese im Akkubetrieb befinden. Die separate GPU (z. B. von AMD oder Nvidia) bietet dagegen eine hohe Grafikleistung und somit auch bessere Bildqualität, was z. B. bei Spielen von Bedeutung ist. Seit Windows 10 Version 1803 haben Sie nun die Möglichkeit, selbst zu bestimmen, welche GPU eine Anwendung verwenden soll. Hierzu rufen Sie in der Einstellungen-App System • Anzeige auf und klicken auf Grafikeinstellungen. Im Feld Wählen Sie eine App aus, um die Einstellungen festzulegen stellen Sie zunächst ein, ob es sich bei der App um eine klassische Desktop-App handelt oder eine moderne Microsoft Store-App. Im Fall der Desktop-App navigieren Sie nach einem Klick auf Durchsuchen zur EXE-Datei des Programms und markieren diese. Bei einer Microsoft Store-App können Sie die gewünschte App im entsprechenden Feld auswählen und dann hinzufügen. Sobald die Anwendung unterhalb der Felder angezeigt wird, klicken Sie darauf. Nach einem Klick auf Optionen legen Sie im Dialog Grafikeinstellungen fest, ob Sie für die Anwendung den Energiesparmodus bevorzugen oder eine Hohe Leistung wünschen. In der Standardeinstellung übernimmt Windows die Entscheidung für Sie. Übernehmen Sie Ihre Einstellung mit Speichern.

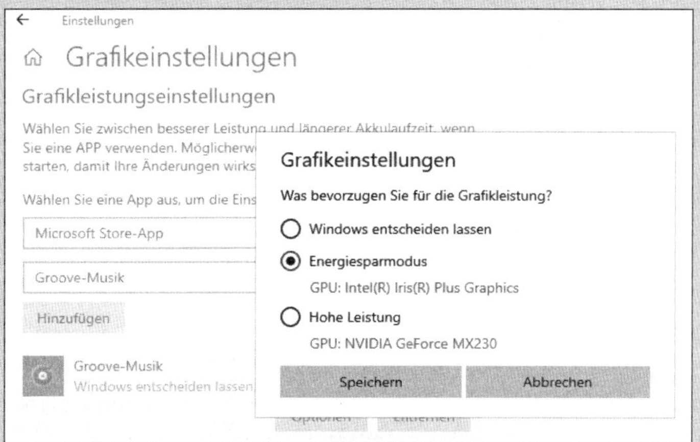

Abbildung 8.5 Verfügt Ihr PC über mehrere GPUs, können Sie jeder App individuell entweder die stromsparende oder die leistungsstärkere GPU zuweisen.

8.1.2 Helligkeit, Farbfilter und Kontrast

Wie schnell die Augen bei der Arbeit am Computer ermüden, hängt wesentlich von den Helligkeits-, Farb- und Kontrasteinstellungen ab. Je heller der Bildschirm, desto anstrengender wird es z. B. für die Augen. Windows 10 bietet mittlerweile eine stattliche Anzahl an Einstellungen, um eine möglichst augenschonende Arbeitsumgebung zu erzielen.

So haben Notebook- und Tablet-Besitzer die Möglichkeit, die Helligkeit des Bildschirms anzupassen. Der entsprechende Regler wird zum einen nach einem Klick auf das Benachrichtigungssymbol im Infobereich der Taskleiste eingeblendet, zum anderen aber auch in der Einstellungen-App unter System • Anzeige. Je dunkler der Bildschirm, desto schonender ist es nicht nur für das Auge. Eine geringere Helligkeit bedeutet auch einen geringeren Energieverbrauch, was wiederum den Akku freut.

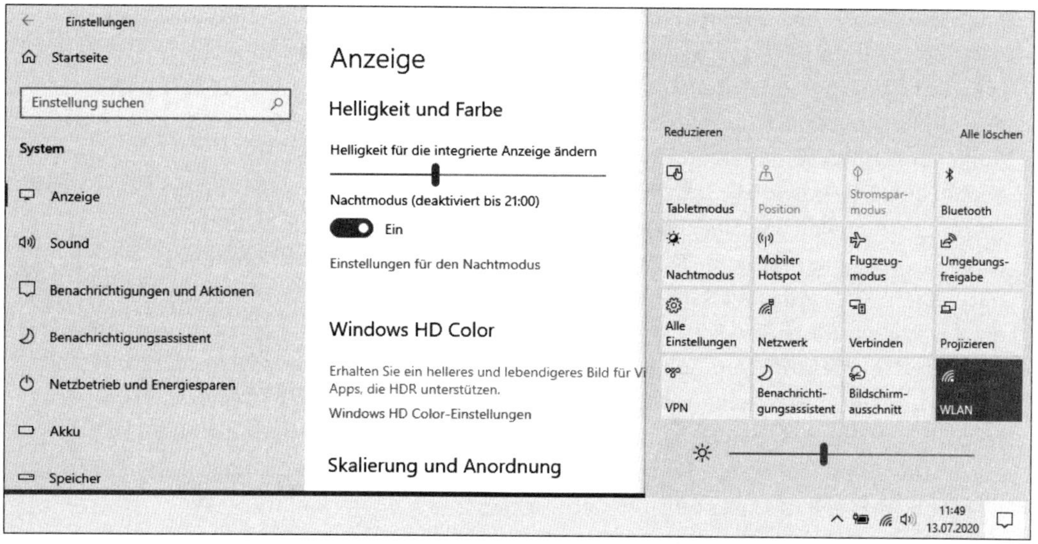

Abbildung 8.6 Die Helligkeit lässt sich auf einem Mobilgerät über die Einstellungen-App oder alternativ über den Regler im Info-Center anpassen.

Auf der Seite Anzeige befindet sich auch der Regler zur Aktivierung des Nachtmodus. Laut einiger wissenschaftlicher Studien stört das blaue Licht, das die Bildschirme von Computern, Smartphones & Co. abstrahlen, die für den Schlaf so wichtige Bildung des Hormons Melatonin. Wer also nachts noch lange am PC sitzt, darf sich nicht wundern, wenn er nicht müde wird. Schalten Sie auf dem Windows 10-Gerät die Funktion Nachtmodus ein, können Sie nach einem Klick auf Einstellungen für den Nachtmodus wärmere Farben auswählen. Ziehen Sie hierzu den Schieberegler Stärke mit gedrückter linker Maustaste nach rechts bzw. links, wird die Farbtemperatur verändert. Sobald Sie die Maustaste loslassen, erscheint der Bildschirm wieder im ursprünglichen recht kalten Licht. Mit einem Klick auf Jetzt aktivieren lässt sich die eingestellte Farbtemperatur sofort aktivieren bzw. nochmals ausprobieren. Windows 10 schlägt für die Aktivierung des Nachtmodus den Zeitraum zwischen

21 und 7 Uhr vor. Über die Felder EINSCHALTEN und AUSSCHALTEN können Sie aber auch einen anderen Zeitraum vorgeben.

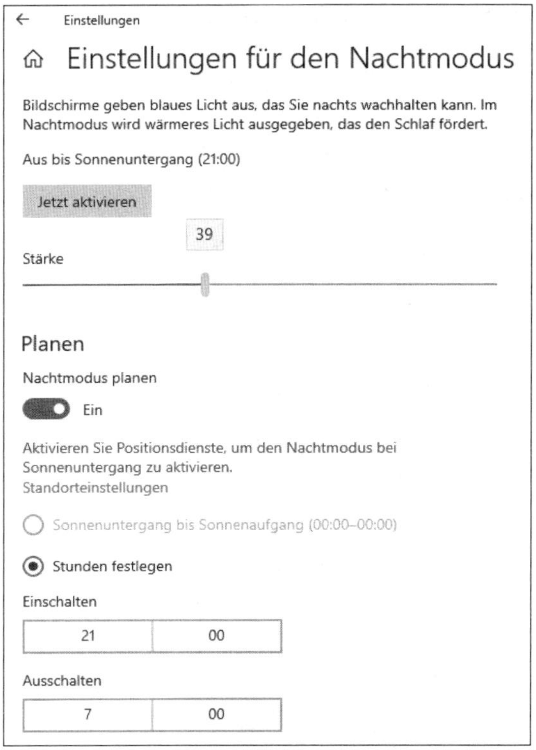

Abbildung 8.7 Mithilfe des Nachtmodus lässt sich für den Bildschirm ein wärmeres Licht einstellen.

Haben Sie auf Ihrem Computer den Positionsdienst eingeschaltet, lässt sich die Aktivierung des Nachtmodus auch automatisch in Abhängigkeit vom Sonnenuntergang vornehmen. Wählen Sie hierzu die Option SONNENUNTERGANG BIS SONNENAUFGANG aus. Ist der Positionsdienst ausgeschaltet, gelangen Sie mit einem Klick auf STANDORTEINSTELLUNGEN direkt zur Seite POSITION in der Kategorie DATENSCHUTZ der Einstellungen-App, auf der Sie den Positionsdienst dann aktivieren können. Um anschließend wieder zur Seite EINSTELLUNGEN FÜR DEN NACHTMODUS zurückzukehren, reicht ein Klick auf das Pfeilsymbol oben links.

Für Menschen mit einer Sehschwäche bietet Windows 10 die Möglichkeit, einen höheren Kontrast zu wählen, um die Lesbarkeit von Texten zu verbessern. Die Einstellung nehmen Sie in der Einstellungen-App in der Kategorie ERLEICHTERTE BEDIENUNG vor. Wählen Sie hier die Unterkategorie HOHER KONTRAST, und setzen Sie dann rechts den Regler HOHEN KONTRAST AKTIVIEREN auf EIN. Bereits nach einem kurzen Moment wird die Oberfläche von Windows 10 abgedunkelt, und der Text erscheint weiß auf schwarzem Grund. Über das Feld DESIGN AUSWÄHLEN können Sie nun verschiedene Kontrastvarianten ausprobieren. Sagt Ihnen eines der Designs zu, übernehmen Sie es mit einem Klick auf ANWENDEN. Empfinden

Sie die Bildschirmanzeige hingegen als unangenehm, deaktivieren Sie den Regler HOHEN KONTRAST AKTIVIEREN wieder.

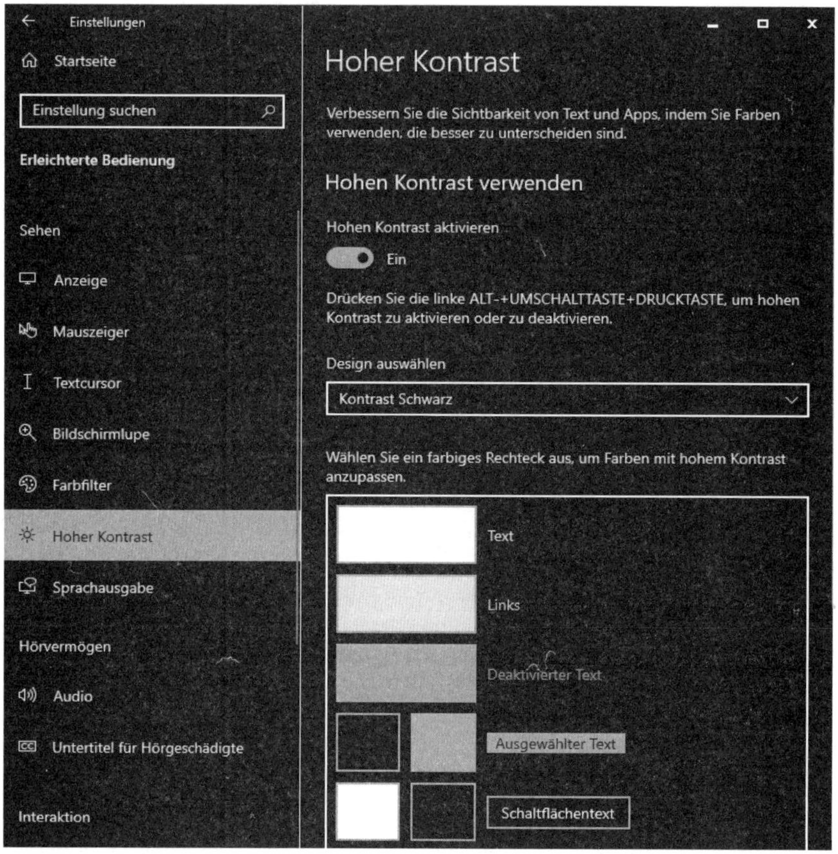

Abbildung 8.8 Ein hoher Kontrast kann die Lesbarkeit von Text verbessern.

Menschen mit einer Farbsehschwäche fällt es manchmal schwer, bestimmte Elemente auf dem Bildschirm zu entziffern. Etwas Abhilfe können hier die FARBFILTER verschaffen, die Sie ebenfalls über die Kategorie ERLEICHTERTE BEDIENUNG in der Einstellungen-App erreichen. Sobald Sie den Regler FARBFILTER EINSCHALTEN aktiviert haben, lässt sich eine der Farbfilteroptionen auswählen. Dazu zählen diverse Graustufenfilter, aber auch Farbenblindheits-Filter. Ob ein Filter das gewünschte Resultat bringt, können Sie anhand des Farbrades am unteren Bildschirmrand prüfen.

8.1.3 Die Bildschirmlupe

Menschen mit einer Sehbeeinträchtigung stellt Windows 10 eine besondere Funktion zur Verfügung: Mithilfe einer Bildschirmlupe lässt sich der Text auf dem Bildschirm z. B. stark vergrößern. Die Funktion wird in der Einstellungen-App in der Kategorie ERLEICHTERTE BE-

DIENUNG aktiviert und konfiguriert. Am schnellsten gelangen Sie in die Kategorie über die Tastenkombination [⊞] + [U]. Sobald die Bildschirmlupe eingeschaltet ist, wird der gesamte Bildschirminhalt stark vergrößert dargestellt. Über das Plus- und Minussymbol in der kleinen Symbolleiste am oberen Bildschirmrand lässt sich die Schriftgröße auch individuell anpassen.

Per Standardeinstellung zeigt Windows 10 den gesamten Bildschirm, sprich das Vollbild vergrößert an. Um auf der Seite zu navigieren, bewegen Sie einfach den Mauszeiger an die äußeren Bildschirmränder. Diese Darstellung wird aber schnell recht unübersichtlich. Probieren Sie in den Einstellungen der Bildschirmlupe stattdessen die Ansicht LUPE aus. Rund um den Mauszeiger erscheint nun ein Rechteck, das als Lupe fungiert. Die Größe des Rechtecks lässt sich über die Regler rechts und unterhalb des Feldes LUPENGRÖSSE ÄNDERN anpassen. Um die Bildschirmlupe wieder zu deaktivieren, drücken Sie die Tastenkombination [⊞] + [Esc] oder klicken auf das kleine Schließen-Symbol in der rechten oberen Ecke der Symbolleiste.

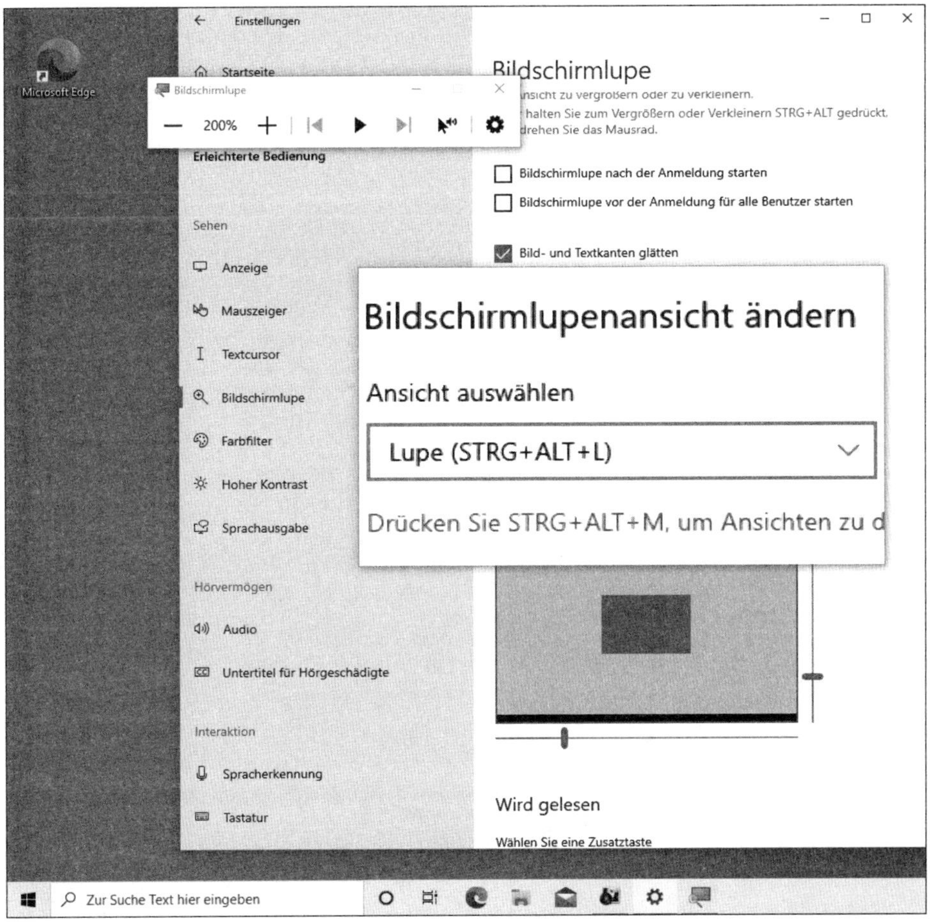

Abbildung 8.9 Mit der Ansicht »Lupe« wird nur ein abgegrenzter Bereich rund um den Mauszeiger vergrößert.

8.1.4 Bildschirmelemente per Sprachausgabe vorlesen lassen

Wer die Texte auf dem Bildschirm nur schwer lesen kann, aber nicht immer die Bildschirmlupe einsetzen möchte, kann sich die Texte auch vorlesen lassen. Zur Aktivierung dieser Sprachausgabe rufen Sie die Kategorie Erleichterte Bedienung in der Einstellungen-App auf, und klicken dann links auf Sprachausgabe. Setzen Sie rechts den Regler Sprachausgabe aktivieren auf Ein, beginnt Windows 10 sofort, wichtige Bildschirmelemente vorzulesen. Der entsprechende Text wird auf dem Bildschirm blau umrahmt. Ist das Kästchen Tastenkombination zum Starten der Sprachausgabe aktiviert, lässt sich die Funktion zukünftig über die Tastenkombination [Win] + [Strg] + [↵] ein- bzw. ausschalten. Scrollen Sie auf der Seite Sprachausgabe nach unten, gelangen Sie zu einer Vielzahl an Einstellungen. So haben Sie z. B. die Möglichkeit, die Stimme des Vorlesers auszuwählen sowie die Sprachgeschwindigkeit, Tonhöhe und Lautstärke anzupassen. Zusätzlich können Sie bis ins Detail festlegen, wie etwa der Text von Steuerelementen und Schaltflächen vorgelesen werden soll. Hier ist Ausprobieren angesagt, um herauszufinden, welche Einstellungen hilfreich sind und welche eher irritierend.

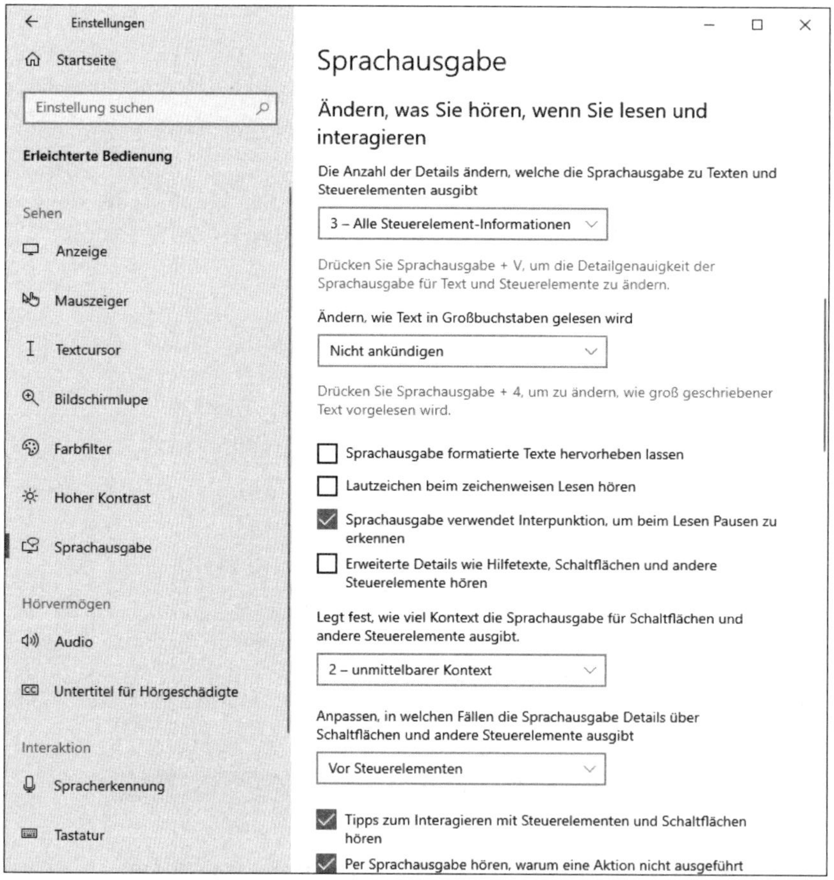

Abbildung 8.10 Die Sprachausgabe lässt sich bis ins kleinste Detail konfigurieren.

8.2 Maus, Touchpad und Tastatur richtig einstellen

Der Mauszeiger ist auf dem Bildschirm kaum zu erkennen, und die Tastatur spielt verrückt? Mit solchen Dingen muss sich in Windows 10 zum Glück niemand mehr abfinden. Die Konfiguration der Eingabegeräte bietet hier viel Spielraum.

8.2.1 Maus, Textcursor und Mauszeiger anpassen

Wie wichtig die Computermaus ist, wird einem erst dann bewusst, wenn sie den Dienst verweigert. Meist lässt sich das Problem schnell wieder durch Austauschen der Batterie oder Prüfen des Kabelanschlusses beheben. Damit ist es für die meisten Anwender aber bereits getan. Denn dass sich die Maus auch konfigurieren lässt, ist vielen gar nicht bewusst. Dabei können Sie mit wenig Aufwand z. B. die Klickgeschwindigkeit anpassen, die Größe des Mauszeigers ändern und sogar dem Textcursor (auch kurz *Cursor* oder *Einfügemarke* genannt) eine leuchtende Farbe verpassen. All diese Einstellungen nehmen Sie mittlerweile in der Einstellungen-App vor, allerdings in unterschiedlichen Kategorien.

Fällt es Ihnen z. B. schwer, den Mauszeiger auf dem Bildschirm ausfindig zu machen, sollten Sie schnell sein Aussehen verändern. Rufen Sie hierzu in der Einstellungen-App ERLEICHTERTE BEDIENUNG • MAUSZEIGER auf. Über den Schieberegler ZEIGERGRÖSSE ÄNDERN lässt sich die Größe anpassen. Klicken Sie auf die Schaltfläche BENUTZERDEFINIERT unterhalb von ZEIGERFARBE ÄNDERN, können Sie dem Mauszeiger sogar mit Farbe versehen. Wem die vorgeschlagenen Zeigerfarben nicht zusagen, wählt einfach eine benutzerdefinierte Farbe aus.

Was für den Mauszeiger möglich ist, lässt sich auch für den Textcursor einstellen (siehe Abbildung 8.11). Er kennzeichnet z. B. in einem Textverarbeitungsprogramm wie Word die Position, an der als Nächstes eingetippter Text oder das eingefügte Bild erscheint. Suchen Sie diesen blinkenden dünnen Strich in längeren Dokumenten vergeblich, sollten Sie ihm in der Einstellungen-App unter ERLEICHTERTE BEDIENUNG • TEXTCURSOR ein etwas auffallenderes Aussehen verpassen. Aktivieren Sie hierzu den Regler TEXTCURSOR-INDIKATOR AKTIVIEREN, und passen Sie dann die Farbe und die Textcursorbreite an.

Linkshänder schätzen die Möglichkeit, die Tastenbelegung der Maus zu vertauschen. Auch diese Konfiguration erfolgt über die Einstellungen-App. Rufen Sie hierfür in der Kategorie GERÄTE die Unterkategorie MAUS auf (siehe Abbildung 8.12). Wählen Sie im Feld PRIMÄRE TASTE AUSWÄHLEN den Eintrag RECHTS aus, ist zukünftig ein rechter Mausklick nötig, um etwa eine Schaltfläche anzuklicken, während Sie mit einem linken Mausklick wiederum ein Kontextmenü einblenden. Über den Regler CURSORGESCHWINDIGKEIT passen Sie das Tempo an, in dem der Mauszeiger über den Bildschirm wandert, wenn Sie die Maus auf dem Schreibtisch bewegen. Verfügt die Maus über ein Scrollrad, können Sie außerdem noch bestimmen, um wie viele Zeilen oder gar Bildschirmseiten geblättert werden soll, wenn Sie das Scrollrad drehen.

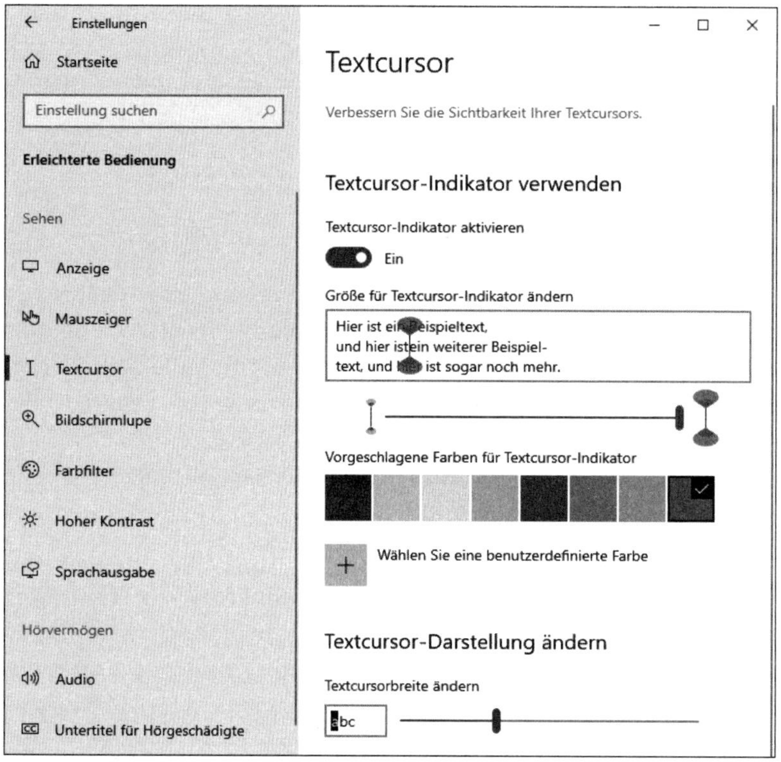

Abbildung 8.11 Rot und dick: So fällt der Textcursor auch in langen Dokumenten sofort auf.

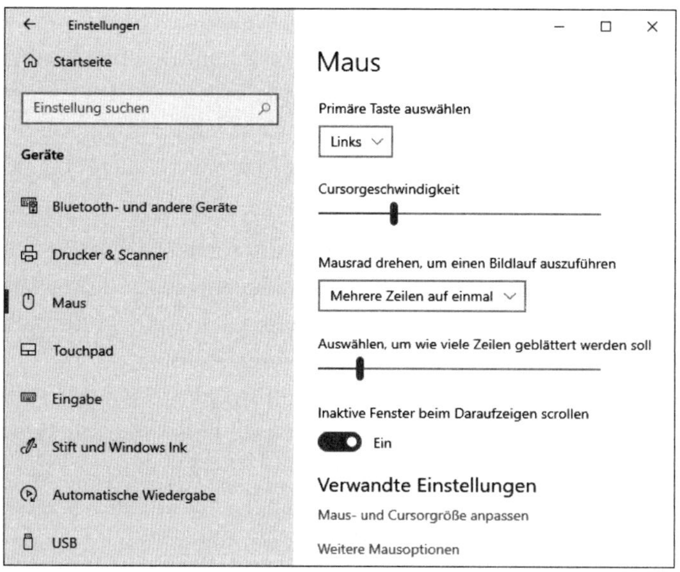

Abbildung 8.12 Die Belegung der Maustasten und die Cursorgeschwindigkeit werden über die Einstellungen-App festgelegt.

Manchen Anwendern fällt es schwer, den Doppelklick, also das zweimalige Drücken der – standardmäßig – linken Maustaste, schnell genug auszuführen, um etwa einen Ordner oder eine Datei im Explorer zu öffnen. Diese Einstellung ist eine der wenigen, die nach wie vor in der Systemsteuerung angepasst wird. Der entsprechende Dialog EIGENSCHAFTEN VON MAUS lässt sich am schnellsten per Klick auf WEITERE MAUSOPTIONEN auf der Seite MAUS der Einstellungen-App aufrufen.

Bildlaufleisten einblenden und Benachrichtigungen länger anzeigen

Um auf Webseiten, in längeren Textdokumenten oder auch Einstellungen zu blättern, reicht es, das Scrollrad der Maus zu drehen. Manche Anwender bevorzugen aber noch ganz klassisch den Weg über die Bildlaufleiste, die z. B. am rechten Rand eines Programmfensters zu finden ist. In Windows 10 wird diese allerdings standardmäßig ausgeblendet und erscheint erst, wenn sich der Mauszeiger direkt über dem Balken der Bildlaufleiste befindet. Um die Bildlaufleiste dauerhaft einzublenden, rufen Sie in der Einstellungen-App ERLEICHTERTE BEDIENUNG • ANZEIGE auf und setzen den Regler AUTOMATISCHES AUSBLENDEN VON BILDLAUFLEISTEN IN WINDOWS auf AUS. Über das Feld BENACHRICHTIGUNGEN ANZEIGEN FÜR können Sie gleich noch bestimmen, wie lange eine Benachrichtigung als QuickInfo über dem Infobereich der Taskleiste erscheinen soll.

8.2.2 Das Touchpad richtig konfigurieren

Wohl jedem Besitzer eines Notebooks ist es schon passiert, dass sich der Textcursor während des Schreibens plötzlich an einer anderen Position befindet und damit auch der weitere Text an einer falschen Stelle erscheint. Ursache hierfür ist eine meist nur ganz leichte Berührung des Touchpads. Wer eine Maus an den Computer angeschlossen hat und somit das Touchpad gar nicht benötigt, kann solch lästige Momente verhindern, indem er das Touchpad einfach deaktiviert. Rufen Sie hierzu in der Einstellungen-App in der Kategorie GERÄTE das TOUCHPAD auf, und setzen Sie den Regler TOUCHPAD auf AUS. Soll das Touchpad nur dann ausgeschaltet werden, wenn Sie eine Maus an den PC anschließen, entfernen Sie einfach das Häkchen vor TOUCHPAD EINGESCHALTET LASSEN, WENN EINE MAUS ANGESCHLOSSEN IST. Damit das Touchpad nicht ganz so sensibel auf leichte Berührungen reagiert, empfiehlt es sich, im Feld TOUCHPAD-EMPFINDLICHKEIT die NIEDRIGE EMPFINDLICHKEIT einzustellen.

Blättern Sie auf der Seite TOUCHPAD etwas nach unten, gelangen Sie zu interessanten Gesten, die Sie mit zwei, drei oder auch vier Fingern auf dem Touchpad ausführen können. Nutzen Sie Ihr Notebook z. B. gerne zum Musikhören, probieren Sie Folgendes aus: Wählen Sie im Bereich DREI-FINGER-GESTEN im Feld WISCHBEWEGUNGEN die Option AUDIO- UND LAUTSTÄRKEEINSTELLUNG ÄNDERN aus. Öffnen Sie nun eine Anwendung wie Groove-Musik oder auch den Windows Media Player, und starten Sie die Musikwiedergabe. Um nun die Lautstärke zu erhöhen, müssen Sie nur mit drei Fingern vom unteren Rand des Touchpads nach oben wischen. Mit der umgekehrten Wischbewegung stellen Sie die Wiedergabe leiser.

Um zum vorherigen Musiktitel zu wechseln, reicht ein Wischen mit drei Fingern von rechts nach links, die umgekehrte Wischrichtung führt Sie zum nächsten Titel.

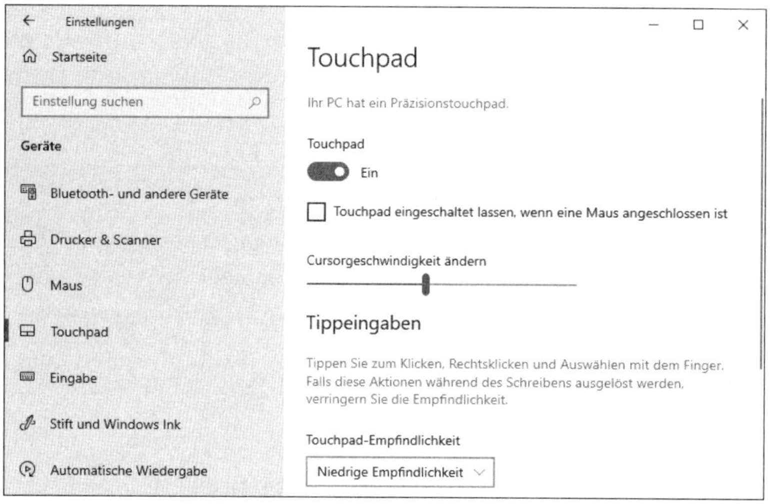

Abbildung 8.13 Wem das Touchpad lästig ist, kann es deaktivieren oder auch automatisch ausschalten lassen, sobald eine Maus am Gerät angeschlossen ist.

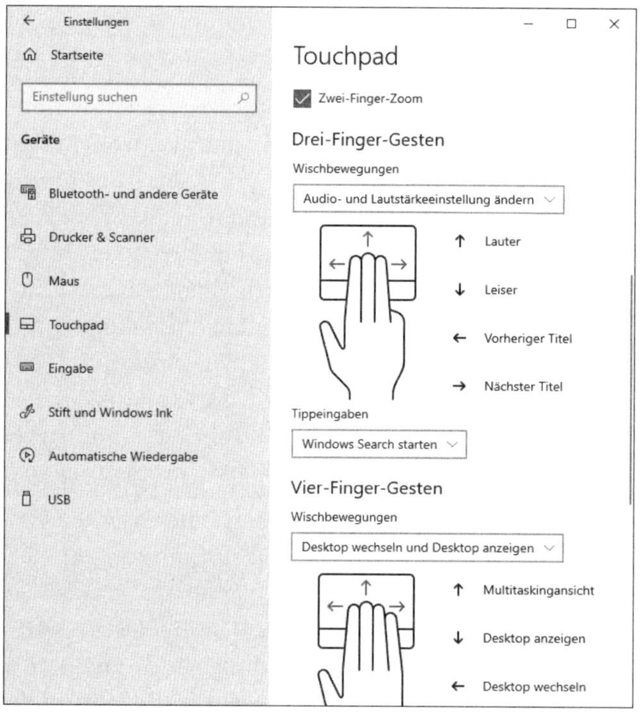

Abbildung 8.14 Über das Touchpad lassen sich interessante Zwei-, Drei- und sogar Vier-Finger-Gesten ausführen.

8.2.3 Die Tastatur optimal einstellen

Es gibt Tasten auf der Tastatur, bei denen man sich nicht nur nach deren Zweck fragt, sondern die einen auch glatt zur Weißglut bringen können. Für viele Anwender zählt hierzu die *Feststell-Taste* [⇩], auch *Caps Lock* genannt. Hat man diese Taste versehentlich gedrückt, erscheint der anschließend eingegebene Text in Großbuchstaben, was bereits lästig ist. Noch schlimmer wird es allerdings, wenn man gerade z. B. in Excel lange Zahlenreihen über die Ziffertasten eingeben möchte, stattdessen aber nur Sonderzeichen erzeugt. Ähnlich verwirrend wird es, wenn man den Nummernblock durch Drücken der [Num]-Taste versehentlich deaktiviert. Damit das Drücken einer dieser Tasten wenigstens nicht unbemerkt bleibt, können Sie sich von Windows 10 per Sound warnen lassen. Rufen Sie hierzu in der Einstellungen-App ERLEICHTERTE BEDIENUNG • TASTATUR auf. Im Bereich UMSCHALTTASTEN VERWENDEN setzen Sie den Regler auf EIN.

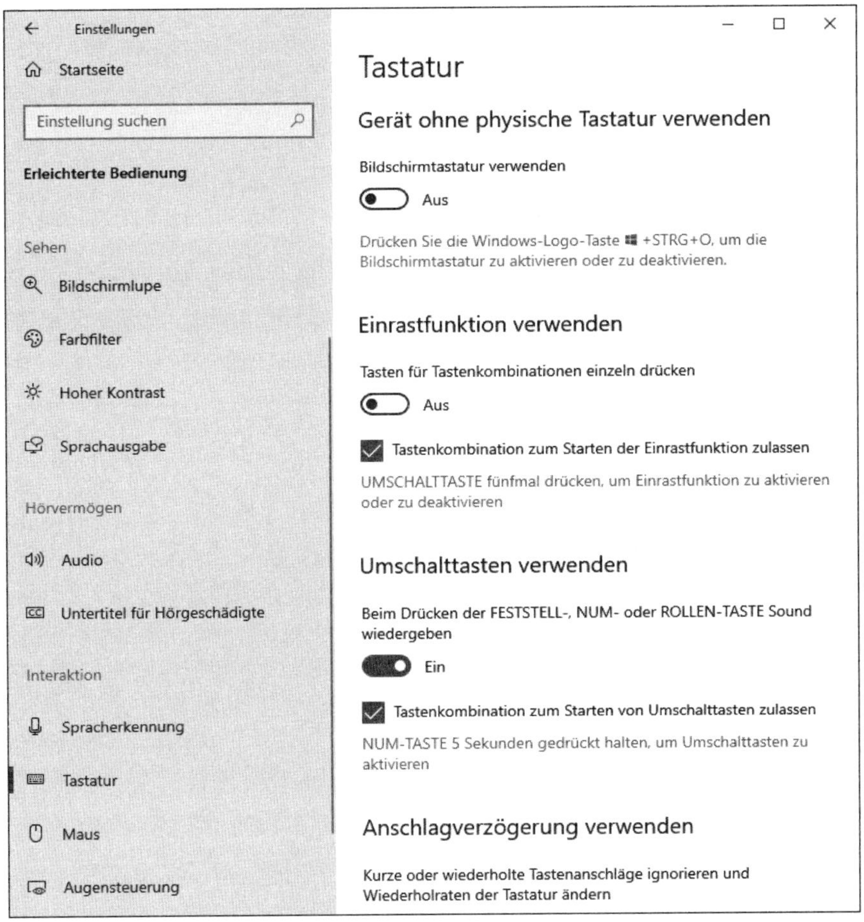

Abbildung 8.15 Lassen Sie sich von Windows 10 mit einem Signalton warnen, wenn Sie versehentlich die Feststell-, »Num«- oder »Rollen«-Taste (sofern auf der Tastatur vorhanden) drücken.

Wer auf seinem Windows-Gerät mehrere Sprachpakete installiert hat, kann manchmal ein weiteres unangenehmes Phänomen bei der Texteingabe erleben: Urplötzlich besitzen die Tasten eine gänzlich andere Belegung, und statt des getippten »z« erscheint auf dem Bildschirm ein »y«. Die Ursache hierfür ist die falsch eingestellte Sprache, im Beispiel also etwa Englisch statt Deutsch. Durch Drücken der Tastenkombination [Windows] + Leertaste lässt sich die Sprache schnell wechseln. Weitere Informationen rund um das Thema »Tastatur und Sprache« erhalten Sie in Abschnitt 9.2.2, »Spracheinstellungen für die Windows-Anzeige und Tastatur«.

Tasten per Software neue Bedeutung zuweisen

So manch ein Anwender hat angeblich zu drastischen Mitteln gegriffen und die lästige Feststell-Taste einfach entfernt. Wer etwas behutsamer vorgehen möchte, kann mithilfe eines Programms wie *SharpKeys* Tasten auch einfach eine neue Bedeutung geben. Das englischsprachige Programm kann kostenlos über die Website *www.randyrants.com/software* heruntergeladen werden.

Kapitel 9
Zeit und Sprache mit Windows 10

Windows 10 ist weltweit im Einsatz. Entsprechend sprachgewandt zeigt sich das Betriebssystem auch: Über 100 Sprachen werden unterstützt. Wie diese installiert und konfiguriert werden und welche regionalen Einstellungen sich in Windows 10 vornehmen lassen, ist Thema dieses Kapitels.

Gemütlich zurücklehnen und den Computer per Sprache steuern? Mit Windows ist dies kein Problem. Sowohl die bereits aus früheren Windows-Versionen bekannte Windows-Spracherkennung, als auch die neu in Windows 10 hinzugekommene Sprachassistentin Cortana stehen Ihnen hier zur Seite. Windows 10 lässt Sie aber auch im Zusammenhang mit Fremdsprachen nicht im Stich. So können Sie eine Vielzahl an Sprachpaketen installieren und anschließend für die Anzeige von Menüs, das Tastaturlayout oder auch die Spracherkennung nutzen. Wer mit seinem Windows-Gerät in unterschiedlichen Zeitzonen auf Reisen ist, wird gegebenenfalls die Datums-, Uhrzeit- und regionalen Einstellungen anpassen müssen. All diese Konfigurationsmöglichkeiten erreichen Sie in Windows 10 bequem über die Einstellungen-App.

9.1 Datum, Uhrzeit und regionale Einstellungen

Bereits während der Installation von Windows 10 nehmen Sie die regionalen Einstellungen vor, die dann als Basis für die Systemsprache, aber auch für die Uhrzeit und das Währungsformat übernommen werden. Im laufenden Betrieb aktualisiert Windows 10 das Datum und die Uhrzeit immer wieder über den Microsoft-Server *time.windows.com*, sodass in der Taskleiste die korrekten Daten angezeigt werden. Voraussetzung hierfür ist natürlich, dass Ihr Computer mit dem Internet verbunden ist. Fehlt die Internetanbindung oder befinden Sie sich auf Reisen in einer anderen Zeitzone, müssen Sie die Zeitangaben gegebenenfalls selbst korrigieren.

9.1.1 Datum und Uhrzeit korrigieren

Sind die Datums- und Uhrzeitangaben nicht korrekt, rufen Sie per rechten Mausklick auf die Zeitangaben in der Taskleiste das Kontextmenü auf und wählen DATUM/UHRZEIT ÄNDERN. Nachdem Sie in der Einstellungen-App die beiden Regler zur automatischen Festlegung von

Uhrzeit und Zeitzone deaktiviert haben, lassen sich Datum und Uhrzeit sowie die Zeitzone manuell einstellen.

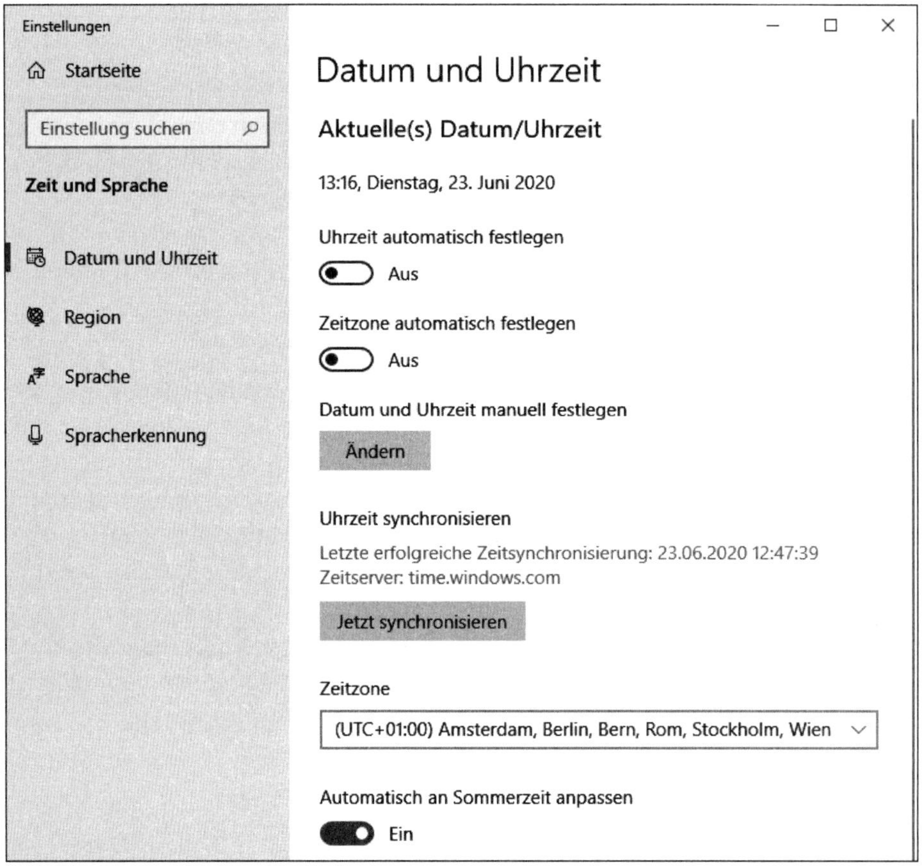

Abbildung 9.1 Datum und Uhrzeit können manuell angepasst werden.

Jede Region hat ihre eigene Art, Datum oder auch Uhrzeit darzustellen. So ist in Deutschland für das Datum etwa die Schreibweise »23.06.2020« üblich, während in den USA das Format »06-23-2020« gebräuchlich ist. Die von Windows 10 zunächst gewählte Darstellung basiert auf den Einstellungen, die während der Installation des Betriebssystems vorgenommen wurden. Wenn Sie ein anderes Format vorziehen, wechseln Sie in der Einstellungen-App in der Kategorie ZEIT UND SPRACHE zu REGION. Die Auswahl des regionalen Formats hängt von den installierten Sprachpaketen ab (Informationen hierzu erhalten Sie in Abschnitt 9.2, »Sprachpakete nachrüsten«). Über den Link DATENFORMATE ÄNDERN können Sie die Datums- und Uhrzeitangaben anpassen.

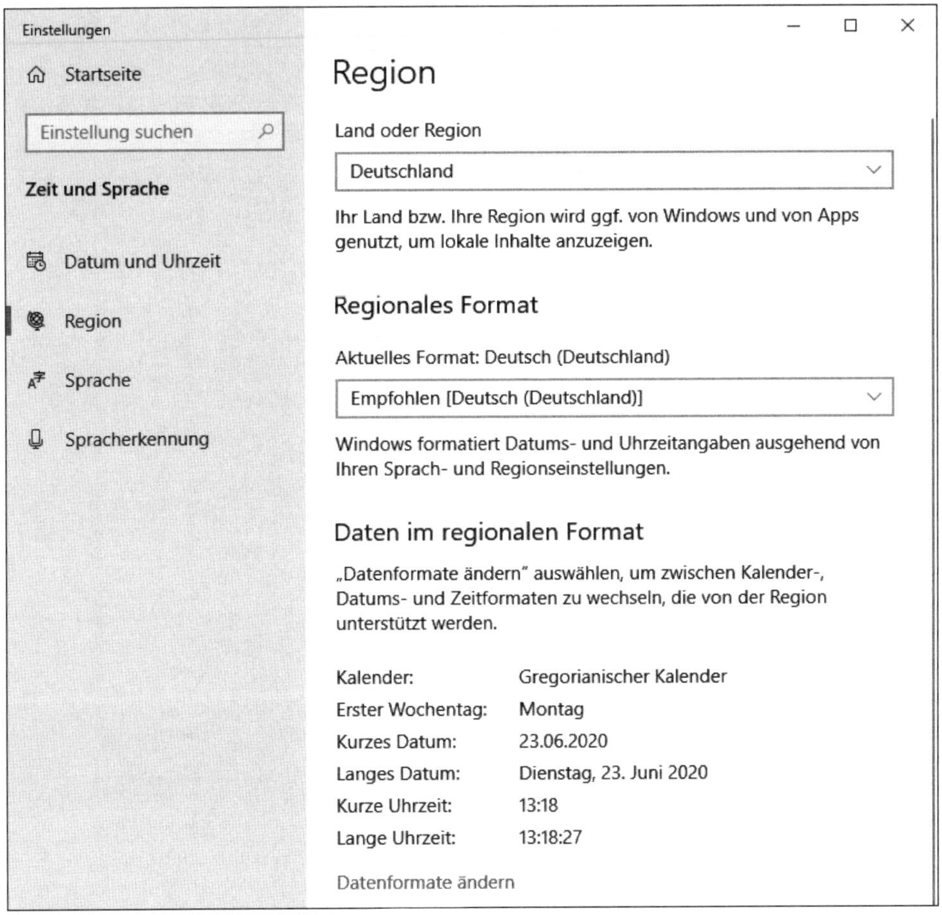

Abbildung 9.2 Die Formate von Datum und Uhrzeit sind regional unterschiedlich.

9.1.2 Zusätzliche Uhren für unterschiedliche Zeitzonen

Haben Sie privat oder beruflich häufiger mit Menschen zu tun, die sich in anderen Zeitzonen aufhalten? Vielleicht sind Sie von diesen Personen auch schon einmal mitten in der Nacht von einem Anruf geweckt worden, da diese die Zeitverschiebung nicht berücksichtigt haben. Mit einer ganz simplen Methode können Sie verhindern, dass Ihnen dies umgekehrt passiert: Fügen Sie einfach weitere Uhren für unterschiedliche Zeitzonen in der Taskleiste hinzu. Hierzu rufen Sie in der Einstellungen-App Zeit und Sprache • Datum und Uhrzeit auf. Über den Link Uhren für unterschiedliche Zeitzonen hinzufügen gelangen Sie zum Dialog Datum und Uhrzeit, in dem Sie nun bis zu zwei weitere Uhren aktivieren können. Diese werden in der Taskleiste eingeblendet, sobald Sie den Mauszeiger auf der Uhrzeit positionieren oder wenn Sie diese anklicken.

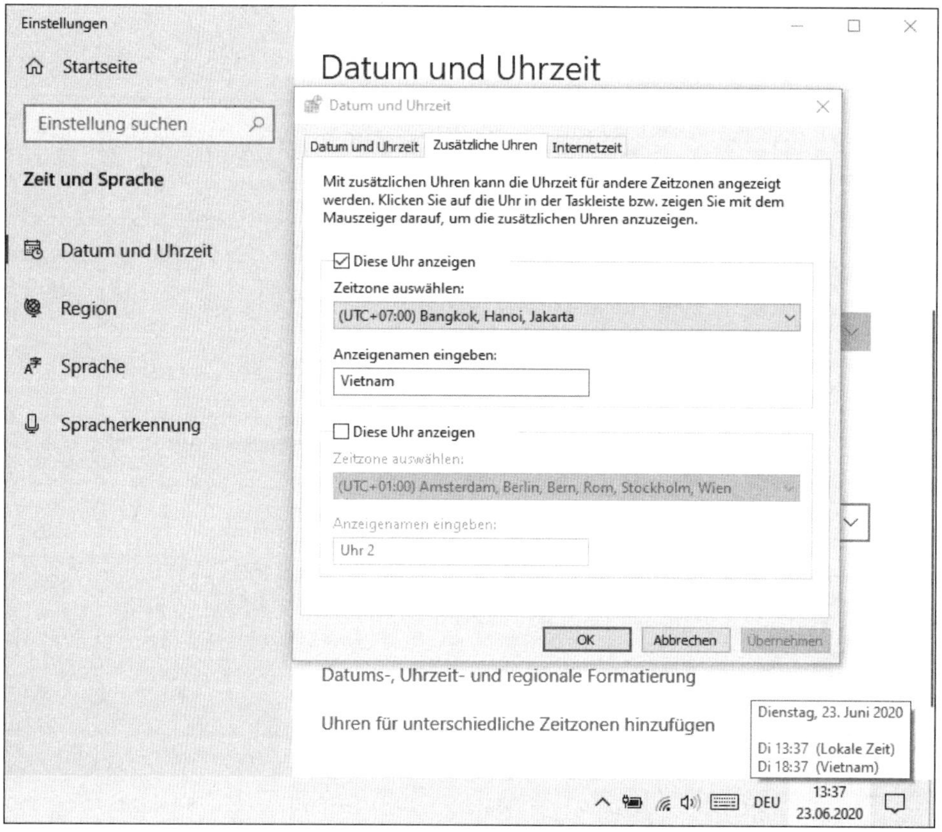

Abbildung 9.3 Der Taskleiste können bis zu zwei weitere Uhren mit unterschiedlichen Zeitzonen hinzugefügt werden.

9.2 Sprachpakete nachrüsten

Windows 10 unterstützt weit über 100 Sprachen, die für die Anzeige von Menüs und Dialogfeldern, aber auch für das Tastaturlayout oder zur Spracherkennung ausgewählt werden können. Bevor dies geschehen kann, müssen Sie allerdings erst die gewünschten Sprachpakete installieren.

9.2.1 Sprachpakete installieren

Bereits während der Installation von Windows 10 wird eine übergeordnete Sprache festgelegt, die für die gesamte Benutzeroberfläche, aber auch für Apps, Tastatur, Spracherkennung und mehr verwendet wird. Diese Systemsprache ist zunächst die einzig verfügbare Sprache. Nutzt eine Person Ihren Computer, deren Muttersprache nicht der Systemsprache entspricht, können Sie ihr die Bedienung von Windows 10 erleichtern, indem Sie das für sie relevante Sprachpaket nachrüsten. Aber auch für Sie selbst kann die Installation weiterer Sprachen interessant sein, etwa wenn Sie häufiger Texte in einer Fremdsprache verfassen müssen, für die die deutsche Tastaturbelegung nicht ideal ist.

Um ein weiteres Sprachpaket zu installieren, starten Sie z. B. über die Tastenkombination [Win] + [I] die Einstellungen-App, in der Sie dann ZEIT UND SPRACHE • SPRACHE aufrufen. Unterhalb von BEVORZUGTE SPRACHEN sehen Sie, welche Sprachen bereits auf dem Computer installiert sind. Um ein weiteres Sprachpaket zu ergänzen, klicken Sie auf SPRACHE HINZUFÜGEN.

9

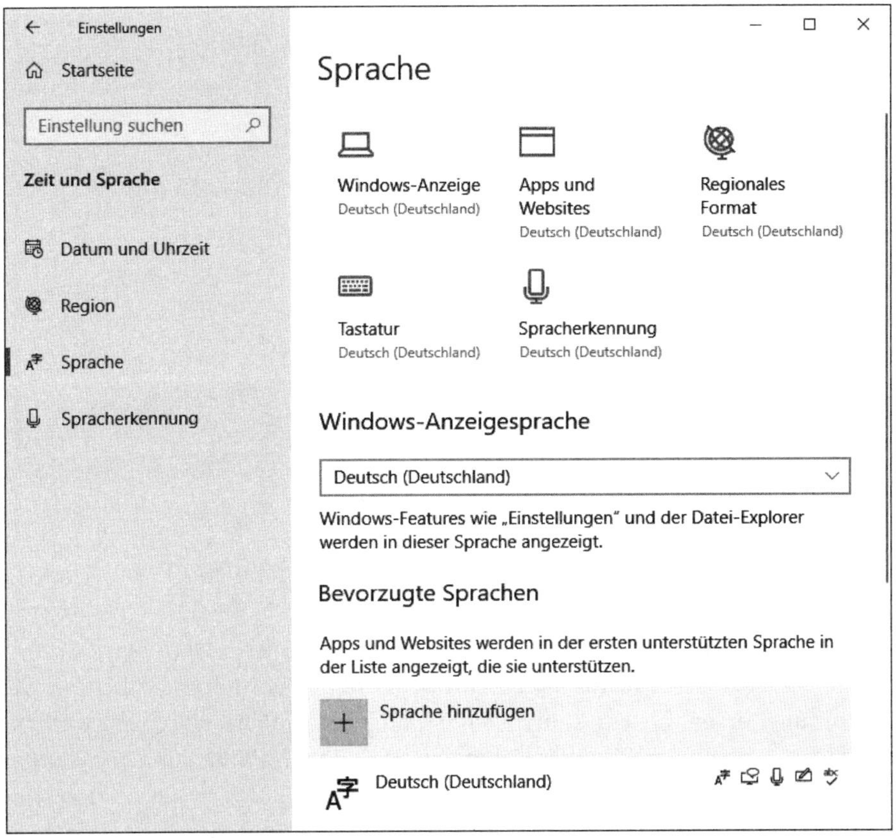

Abbildung 9.4 Zu Beginn steht lediglich die während der Installation von Windows 10 eingestellte Sprache zur Verfügung.

Im folgenden Dialog werden alle verfügbaren Sprachen aufgeführt. Da jedes Land auch seine sprachlichen Besonderheiten hat, sollten Sie bei der Auswahl unbedingt die Region berücksichtigen. Die Symbole rechts von einer Sprache zeigen, ob sich die Sprache nach der Installation als Anzeigesprache, zur Sprachausgabe- und Spracherkennung sowie zur Handschrifterkennung auswählen lässt. Bestätigen Sie die Sprachauswahl mit WEITER.

Abbildung 9.5 Es stehen über 100 Sprachen für fast 200 Länder und Regionen zur Auswahl.

Die Features spielen auch im nächsten Schritt eine Rolle. Nutzen Sie ein Gerät ohne Touchscreen, wie etwa einen klassischen Desktop-PC, auf dem Sie höchstwahrscheinlich nie die Handschrifterkennung nutzen werden, können Sie z. B. auf die Installation des entsprechenden Features verzichten. Wenn Sie Windows 10 hingegen mit der gewählten Sprache steuern möchten, müssen die Features SPRACHAUSGABE sowie SPRACHERKENNUNG installiert werden. Soll eine Sprache direkt nach der Installation als Windows-Anzeigesprache genutzt werden, aktivieren Sie das entsprechende Kästchen. Der Wechsel der Anzeigensprache lässt sich aber selbstverständlich auch zu einem späteren Zeitpunkt erledigen. Sobald Sie auf INSTALLIEREN klicken, wird das Sprachpaket mit den ausgewählten Features heruntergeladen und installiert.

Sollten Sie sich bereits vor dem Start der Installation entschieden haben, die Sprache als Windows-Anzeigensprache zu nutzen, müssen Sie sich nach erfolgreichem Hinzufügen des Sprachpakets einmal am System ab- und dann wieder anmelden, damit der Sprachenwechsel durchgeführt wird.

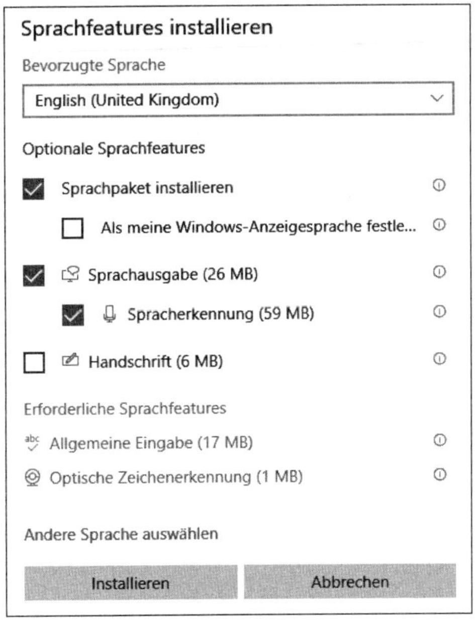

Abbildung 9.6 Wählen Sie aus, welche Sprachfeatures Sie benötigen.

9.2.2 Spracheinstellungen für die Windows-Anzeige und Tastatur

Sobald zusätzlich zur Systemsprache eine weitere Sprache auf dem Computer verfügbar ist, erscheint in der Taskleiste links von der Uhrzeit das Symbol des Eingabeindikators. Sollte es bei Ihnen fehlen, erfahren Sie in Abschnitt 6.2, »Der Infobereich der Taskleiste«, wie Sie das Symbol in der Taskleiste einblenden.

Anhand der angezeigten drei Buchstaben sehen Sie auf einen Blick, welche Sprache für die Tastatur eingestellt ist. So steht DEU für Deutsch, ENG für Englisch etc. Nach einem Klick auf das Symbol wählen Sie schnell die gewünschte Sprache aus. Alternativ drücken Sie so häufig die Tastenkombination [Windows] + Leertaste, bis die gewünschte Sprache eingestellt ist. Diese Tastenkombination ist natürlich auch schnell einmal versehentlich gedrückt. Wundern Sie sich also, warum in Ihrem Brief z. B. statt eines getippten »z« plötzlich ein »y« erscheint, sollten Sie die Spracheinstellung für die Tastatur überprüfen. Dies gilt auch, wenn auf dem Anmeldebildschirm nach Eingabe des Kennwortes der Hinweis KENNWORT FALSCH erscheint, obwohl Sie sich sicher sind, sich nicht vertippt zu haben. Auch hier können Sie über den Eingabeindikator schnell die Sprache wechseln.

Möchten Sie eine Sprache nicht nur für die Tastatur wählen, sondern auch als Windows-Anzeigesprache, führt Sie der Weg wieder in die Einstellungen-App. Die entsprechende Seite SPRACHE rufen Sie schnell über das Eingabeindikator-Symbol in der Taskleiste und dann einen Klick auf SPRACHEINSTELLUNGEN auf. Stellen Sie anschließend im Feld unterhalb von WINDOWS-ANZEIGESPRACHE die gewünschte Sprache ein (siehe Abbildung 9.4). Damit der

Sprachenwechsel vorgenommen wird, müssen Sie sich nun einmal am System ab- und dann wieder anmelden. Denken Sie daran, zuvor alle noch geöffneten Dokumente zu speichern und zu schließen.

Abbildung 9.7 Die Sprachauswahl für die Tastatur ist schnell über den Eingabeindikator in der Taskleiste erledigt.

Das Ergebnis sehen Sie sofort anhand des Suchfeldes in der Taskleiste, in dem nun der Schriftzug in der neu eingestellten Sprache erscheint. Auch die UWP-Apps werden in der App-Liste des Startmenüs in der gewählten Sprache aufgeführt, ebenso wie deren Bedienoberfläche einen entsprechenden Wandel erlebt. Dies sind natürlich nur wenige von vielen Stellen, in denen sich der Sprachenwechsel bemerkbar macht.

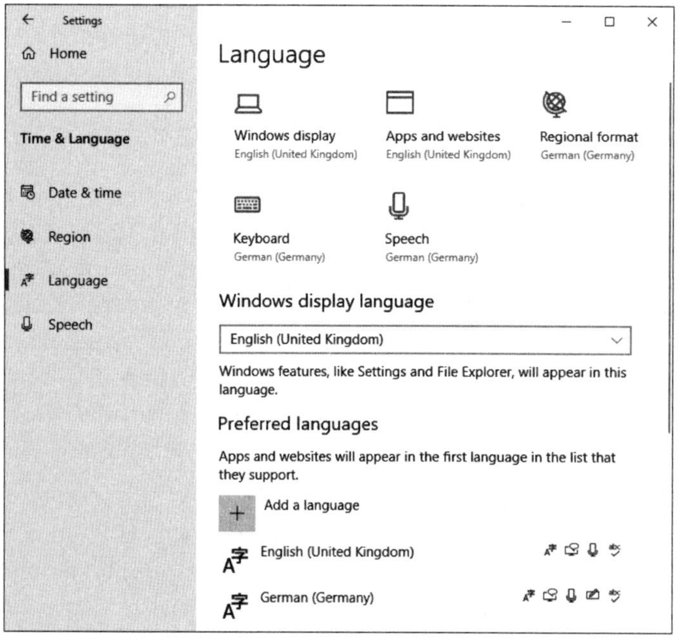

Abbildung 9.8 Die Einstellungen-App mit der Seite »Sprache« nach erfolgreichem Wechsel ins Englische

Wenn Sie eine Sprache nur für eine bestimmte Gelegenheit installiert haben und mittlerweile eher von den versehentlich vorgenommenen Sprachenwechseln per Tastenkombination genervt sind, können Sie die Sprache natürlich auch wieder entfernen. Rufen Sie hierzu in der Einstellungen-App ZEIT UND SPRACHE • SPRACHE auf. Markieren Sie im Bereich BEVORZUGTE SPRACHE die gewünschte Sprache, und bestätigen Sie die Auswahl mit ENTFERNEN. Die Systemsprache, also die Sprache, die während der Installation von Windows 10 ausgewählt wurde, kann nicht entfernt werden. Wenn Sie dies wünschen, müssen Sie Windows 10 komplett neu installieren.

9

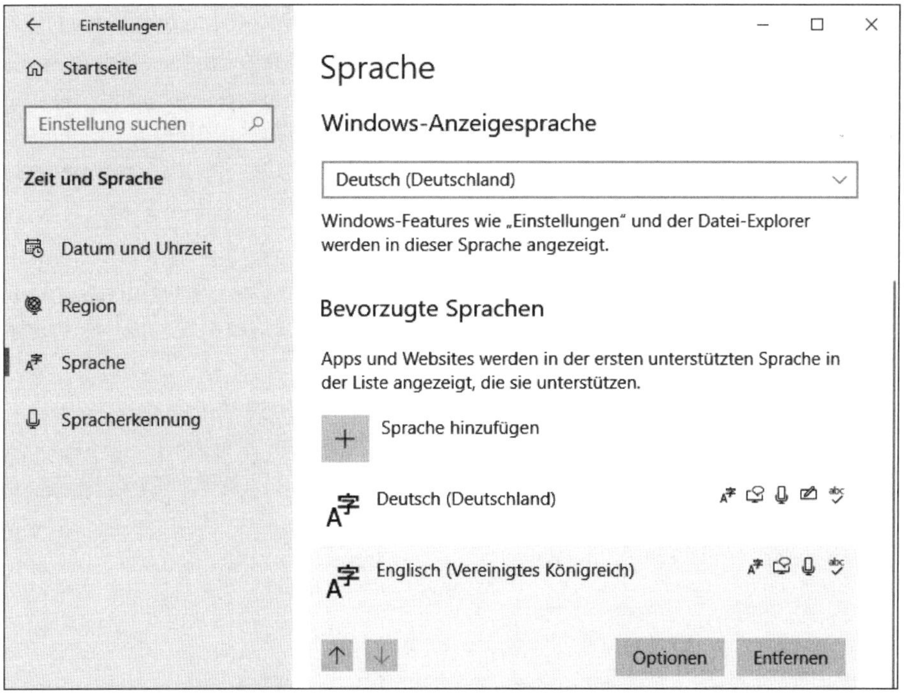

Abbildung 9.9 Sprachen können auch wieder entfernt werden.

9.3 Windows 10 per Sprache steuern

Bereits seit mehreren Windows-Versionen ist es möglich, den Computer per Sprache zu steuern. Das beginnt bei Windows-Befehlen etwa zum Öffnen von Anwendungen oder Ausführen von Suchanfragen und reicht bis hin zum Durchführen längerer Diktate. Bevor Sie damit beginnen, sollten Sie allerdings etwas Zeit in die Einrichtung des Mikrofons und das Training der Spracherkennung investieren. Denn je besser der Computer auf Ihre Stimme angepasst ist, desto besser versteht er sie später. Sowohl die Funktion zum Einrichten des Mikrofons als auch das Trainingsprogramm lassen sich nach wie vor über die Systemsteuerung aufrufen. Wie lange dies noch der Fall sein wird, ist offen.

9.3.1 Die Spracherkennung einrichten

Damit Windows 10 Sie überhaupt hören und die Spracherkennung somit funktionieren kann, benötigen Sie ein Mikrofon. Bei einem Tablet, Notebook oder auch Hybridgerät ist dies im Normalfall bereits eingebaut, bei einem Desktop-PC müssen Sie es hingegen nachrüsten. Wer die Sprachsteuerung intensiv nutzen möchte, sollte bei der Anschaffung gleich auf ein qualitativ hochwertiges Headset (also eine Kombination aus Kopfhörer und Mikrofon) setzen. Denn nichts ist später lästiger, als aufgrund von Qualitätsmängeln fast jedes Wort wiederholen zu müssen.

Das Anschließen eines Headsets ist schnell erledigt: Verbinden Sie hierzu einfach das Headset-Kabel mit der entsprechenden Buchse – USB-Port oder auch Klinkenbuchse – am Computer. Das Gerät wird meist automatisch von Windows 10 erkannt, was im Normalfall ein kurzer Hinweis oberhalb der Taskleiste bestätigt. Sollten Sie sich für ein Bluetooth-Headset entschieden haben, erfahren Sie in Abschnitt 21.3, »Hardware per Bluetooth anschließen«, welche Schritte beim Anschließen zu berücksichtigen sind.

Als Nächstes geht es daran, das Mikrofon für die Spracherkennung einzurichten. Geben Sie hierzu im Suchfeld der Taskleiste »Spracherkennung« ein. In der Trefferliste wählen Sie dann WINDOWS-SPRACHERKENNUNG APP aus. Wie üblich reicht meist bereits die Eingabe weniger Buchstaben, und schon zeigt Windows 10 die gesuchte Funktion an.

Abbildung 9.10 Der Aufruf der Spracherkennung erfolgt am einfachsten über das Suchfeld der Taskleiste.

Der Dialog SPRACHERKENNUNG EINRICHTEN wird automatisch geöffnet. Ein Assistent führt Sie nun Schritt für Schritt durch die Einrichtung des Mikrofons. Nach Bestätigung des Willkommens-Dialogs mit WEITER wählen Sie zunächst den verwendeten Mikrofontyp aus. Auf der folgenden Seite lesen Sie den in Anführungszeichen gesetzten Satz laut vor.

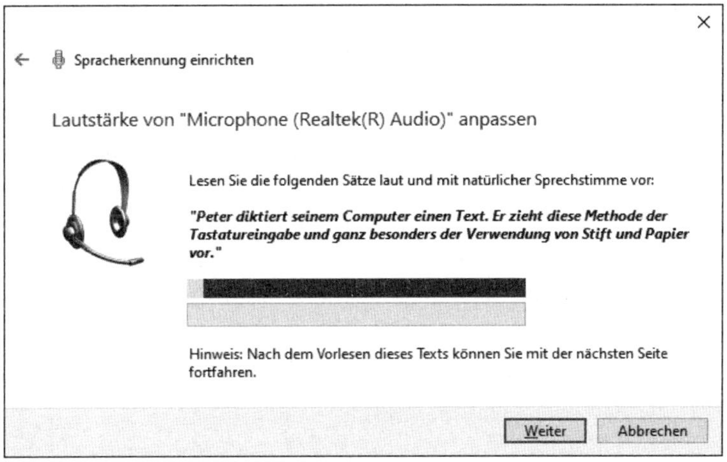

Abbildung 9.11 Erst nach Vorlesen des Satzes können Sie mit der Einrichtung der Spracherkennung fortfahren.

Nach einem Klick auf WEITER haben Sie die Möglichkeit, die Dokumentprüfung zu aktivieren. Dabei wird der Computer nach gängigen Dokumenten (z. B. E-Mails oder Word-Dokumenten) durchsucht, die Ihren persönlichen Wortschatz enthalten. Falls Sie dem aus Gründen des Datenschutzes eher skeptisch gegenüberstehen, wählen Sie die Option DOKUMENTÜBERPRÜFUNG DEAKTIVIEREN, bevor Sie mit WEITER fortfahren. Als Nächstes legen Sie die Aktivierungsmethode fest. Wenn Sie die Spracherkennung per Maus, Fingergeste oder der Tastenkombination [Windows] + [Strg] aktivieren möchten, wählen Sie MANUELLEN AKTIVIERUNGSMODUS VERWENDEN. Mit der Option STIMMAKTIVIERUNGSMODUS VERWENDEN lässt sich die Spracherkennung hingegen mit dem Sprachbefehl »Zuhören starten« aktivieren. Auch diesen Dialog bestätigen Sie wieder mit WEITER.

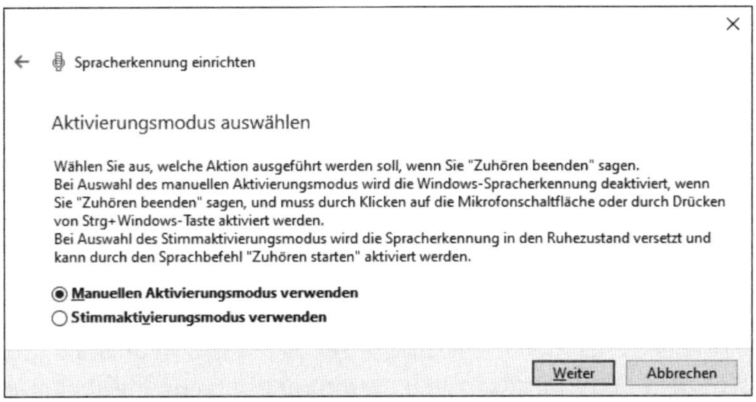

Abbildung 9.12 Bestimmen Sie selbst, wie die Spracherkennung aktiviert werden soll.

Über die Schaltfläche REFERENZBLATT ANZEIGEN haben Sie nun die Möglichkeit, sich eine Übersicht über die wichtigsten Befehle zur Sprachsteuerung des Computers und zum Diktieren längerer Texte anzeigen zu lassen. Die entsprechende Internetseite wird Ihnen im Browser angezeigt und kann über die Schaltfläche DRUCKEN ausgedruckt werden. Den Browser können Sie anschließend wieder schließen und mit dem Einrichten der Spracherkennung fortfahren. Hier schlägt Ihnen Windows 10 vor, die Spracherkennung bereits beim Start auszuführen. Wünschen Sie dies nicht, entfernen Sie das entsprechende Häkchen und bestätigen mit WEITER. Das Lernprogramm, das Ihnen nun angeboten wird, ist kein Muss und kann auch übersprungen werden. Die Einrichtung der Spracherkennung ist damit erfolgreich abgeschlossen. Am oberen Bildschirmrand sehen Sie nun eine kleine schwebende Steuerschaltfläche, ein sogenanntes *Widget*, mit dem sich die Spracherkennung steuern lässt. Wie dies funktioniert, erfahren Sie im nächsten Abschnitt. Sollten Sie die Spracherkennung nicht sofort nutzen wollen, lässt sich das Widget mit einem Klick auf das Schließen-Symbol ausblenden.

Computer trainieren für eine bessere Spracherkennung

Wenn Sie die Spracherkennung intensiv nutzen möchten, um z. B. längere Texte zu diktieren, empfiehlt es sich, ein entsprechendes Stimmtraining durchzuführen. Hierbei lesen Sie die angezeigten Texte vor, die Sie zugleich über wichtige Elemente der Spracherkennung informieren. Um das Stimmtraining zu starten, klicken Sie mit der rechten Maustaste auf das Spracherkennungs-Widget und wählen im Kontextmenü KONFIGURATION • SPRACHERKENNUNG VERBESSERN. Sollte das Widget nicht geöffnet sein, können Sie das Training auch über die Systemsteuerung starten. Geben Sie hierzu im Suchfeld der Taskleiste »Systemsteuerung« ein, und klicken Sie dann den entsprechenden Treffer an. Von der Startseite der Systemsteuerung geht es dann weiter mit ERLEICHTERTE BEDIENUNG • SPRACHERKENNUNG • COMPUTER TRAINIEREN, DAMIT ER SIE BESSER VERSTEHT. Folgen Sie nun den Anweisungen des Assistenten, der Sie durch das Stimmtraining führt. Über die Seite SPRACHERKENNUNG innerhalb der Systemsteuerung können Sie übrigens ebenfalls die Spracherkennung starten, das Mikrofon einrichten oder auch die Sprachreferenzkarte mit der Übersicht über wichtige Befehle öffnen.

9.3.2 Die Spracherkennung einsetzen

Sollten Sie die Spracherkennung nach dem ersten Einrichten beendet haben, lässt sie sich schnell wieder über das Startmenü öffnen, in dem Sie ERLEICHTERTE BEDIENUNG • WINDOWS-SPRACHERKENNUNG wählen. Auf dem Bildschirm erscheint anschließend wieder die schwebende Steuerschaltfläche. Die Spracherkennung ist zunächst ausgeschaltet. Zum Einschalten klicken Sie entweder in der Steuerschaltfläche auf das Mikrofon oder Sie drücken die Tastenkombination [Windows] + [S]. Analog schalten Sie die Spracherkennung auch wieder aus.

Ist die Spracherkennung aktiviert (erkennbar am blauen Mikrofon und an dem Schriftzug ZUHÖREN), können Sie den Computer direkt mit Sprachbefehlen steuern. In Tabelle 9.1 finden Sie eine kleine Auswahl an Sprachbefehlen.

Sprachbefehl	Wirkung
Start	Öffnet das Startmenü von Windows.
»Programm« starten	Startet das Programm, dessen Namen Sie nennen; Beispiele: »Explorer starten« oder »Microsoft Edge starten«.
Windows + S drücken	Dieser Befehl aktiviert das Suchfeld der Taskleiste, über das Sie anschließend eine Suchanfrage starten können.
Zu »Programm« wechseln	Wechselt zur genannten (geöffneten) Anwendung, wenn Sie parallel mehrere Fenster geöffnet haben. Beispiel: »Zu Excel wechseln«.
Doppelklick auf »Ordner-/Dateiname«	Befinden Sie sich im Explorer, öffnet dieser Befehl den angegebenen Ordner bzw. die Datei. Sollte der Explorer das Element mehrfach finden (etwa im Navigationsbereich und im Inhaltsbereich), werden die Fundstellen jeweils mit einer Nummer versehen, anhand derer Sie das gewünschte Element auswählen können. Sagen Sie die Nummer, gefolgt von »Okay«.
Klick auf »Element«	Entspricht dem einfachen Mausklick auf dem angegebenen Element.
Rechtsklick auf »Element«	Blendet das Kontextmenü des Elements ein, dessen Namen Sie nennen.
Desktop anzeigen	Minimiert alle geöffneten Elemente, um den Desktop anzuzeigen.

Tabelle 9.1 Auswahl an Sprachbefehlen zum Steuern des Computers

Die Windows-Spracherkennung lässt sich auch gut zum Diktieren längerer Texte nutzen. Um es auszuprobieren, öffnen Sie z. B. ein Textverarbeitungsprogramm wie Microsoft Word. Ist dies auf Ihrem PC nicht installiert, können Sie auch WordPad wählen, das Sie im Startmenü über den Ordner WINDOWS-ZUBEHÖR starten. Bevor Sie mit dem Diktat beginnen, sollten Sie sicherstellen, dass sich der Mauszeiger auch an der Position im Dokument befindet, an dem der Text eingefügt werden soll. Klicken Sie dann in der Steuerschaltfläche der Spracherkennung auf das Mikrofonsymbol. Nun können Sie langsam und deutlich den gewünschten Text inklusive Satzzeichen diktieren.

Sollte die Spracherkennung ein Wort falsch schreiben, haben Sie die Möglichkeit, es zu korrigieren. Der Befehl hierfür lautet »<Wort> korrigieren«. Sie erhalten nun eine Liste mit verschiedenen Schreibweisen des ausgewählten Ausdrucks. Jede Alternative ist mit einer Nummer versehen. Sagen Sie die Nummer vor dem gewünschten Ausdruck, gefolgt von »Okay«.

Abbildung 9.13 Falsch erkannte Worte lassen sich schnell korrigieren. In diesem Beispiel wird durch Sprechen der Nummer »2« das markierte Wort »würde« durch »wird« ersetzt.

Bei komplizierten Ausdrücken ist es meist einfacher, diese von vornherein zu buchstabieren. Hierzu sagen Sie einfach »Buchstabieren« und diktieren das gewünschte Wort dann Buchstabe für Buchstabe. Mit dem Befehl »Okay« übernehmen Sie das Wort im Vokabular. Taucht es später nochmals in einem Diktat auf, wird die Spracherkennung es höchstwahrscheinlich richtig schreiben.

Kapitel 10
Windows 10 und der Tabletmodus

Für die mit einem Touchscreen ausgestatteten Tablets und Hybridgeräte bietet Windows 10 den speziellen Tabletmodus. In diesem Kapitel erfahren Sie, welche Besonderheiten dieser Modus mit sich bringt, wie Sie den Touchscreen per Fingergesten bedienen und darüber hinaus die Bildschirmtastatur optimal nutzen.

Bereits beim Hochfahren des Computers prüft Windows, welcher Gerätetyp zum Einsatz kommt. Handelt es sich um einen Desktop-PC, ein Notebook oder auch ein Touchscreen-Gerät mit angeschlossener Tastatur, wird automatisch der Desktopmodus aktiviert. Nutzen Sie ein Touchscreen-Gerät – also etwa Tablet oder Hybridgerät – ohne Hardwaretastatur, wählt Windows 10 hingegen den Tabletmodus. Dieser Modus wurde speziell für die Bedienung per Finger konzipiert und zeichnet sich vor allem durch größere Symbole und Schaltflächen aus. Aber auch sonst bringt er ein paar Besonderheiten mit sich, die Sie in diesem Kapitel ebenso kennenlernen wie die wichtigsten Touchgesten sowie die Bildschirmtastatur.

10.1 Die Touchbedienung im Überblick

Tippen und wischen statt klicken und drücken, so lässt sich die Bedienung eines Touchscreen-Geräts kurz und knapp zusammenfassen. Doch wann reicht eine einfache kurze Berührung des Bildschirms? Und in welche Richtung muss eine Wischbewegung ausgeführt werden, um eine bestimmte Aktion korrekt auszulösen?

10.1.1 Wichtige Touchgesten

Für jede Aktion, die Sie auf einem Desktop-PC oder Notebook klassischerweise mit einem linken Mausklick erledigen, reicht auf einem Touchscreen ein kurzer Tipp mit dem Finger auf das entsprechende Element. Möchten Sie im Explorer eine Datei oder einen Ordner öffnen, tippen Sie auch hier das Element analog zum Doppelklick einfach doppelt mit dem Finger an.

Viele wichtige Funktionen lassen sich über das Kontextmenü eines Elements aufrufen. Als Pendant zum rechten Mausklick berühren Sie das Element mit dem Finger und bleiben so lange darauf, bis rund um den Finger ein Quadrat eingeblendet wird. Heben Sie den Finger nun vom Touchscreen, wird das Kontextmenü eingeblendet.

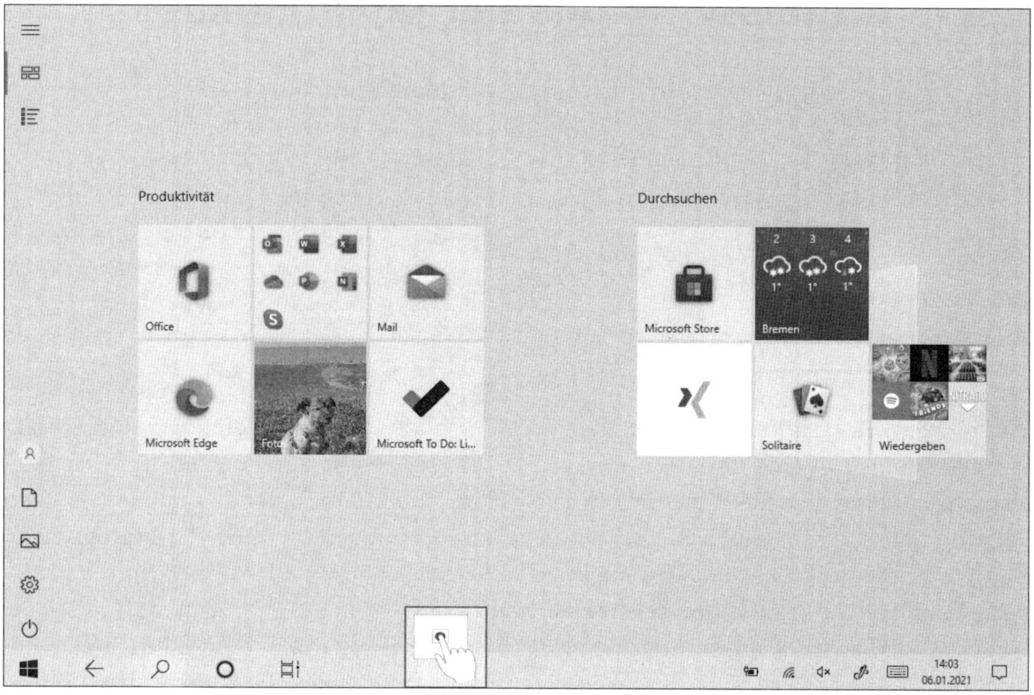

Abbildung 10.1 Um das Kontextmenü der Taskleiste aufzurufen, halten Sie den Finger gedrückt, bis das Quadrat eingeblendet wird.

Möchten Sie das Kontextmenü einer Kachel im Startmenü aufrufen, halten Sie den Finger so lange auf der Kachel, bis alle anderen Kacheln dezent in den Hintergrund gerückt werden und nur die ausgewählte hervorgehoben wird. Am rechten Kachelrand erscheinen nun die zwei Symbole, über die Sie die Kachel entweder vom Startmenü lösen oder die Befehle zum Anpassen der Kachelgröße, Deaktivieren der Live-Kacheln und mehr erreichen. Sobald die beiden Symbole sichtbar sind, können Sie eine Kachel auch mit dem Finger im Startmenü verschieben. Mit einem Tipp auf einen freien Bereich des Startmenüs oder der Taskleiste blenden Sie die Symbole wieder aus.

Reicht der Platz auf dem Bildschirm nicht aus, um z. B. den Inhalt einer bestimmten Anwendung oder einer Webseite im Browser anzuzeigen, ist Scrollen angesagt. Auf dem Touchscreen wischen Sie hierzu einfach mit dem Finger in die gewünschte Richtung.

Eine besondere Wirkung haben Wischbewegungen vom äußersten seitlichen Bildschirmrand Richtung Bildmitte. Wischen Sie z. B. vom äußersten linken Bildschirmrand Richtung Bildmitte, blenden Sie hiermit eine Übersicht über alle geöffneten Apps ein. Die Wirkung ist damit die gleiche, als würden Sie in der Taskleiste das Symbol der Taskansicht antippen.

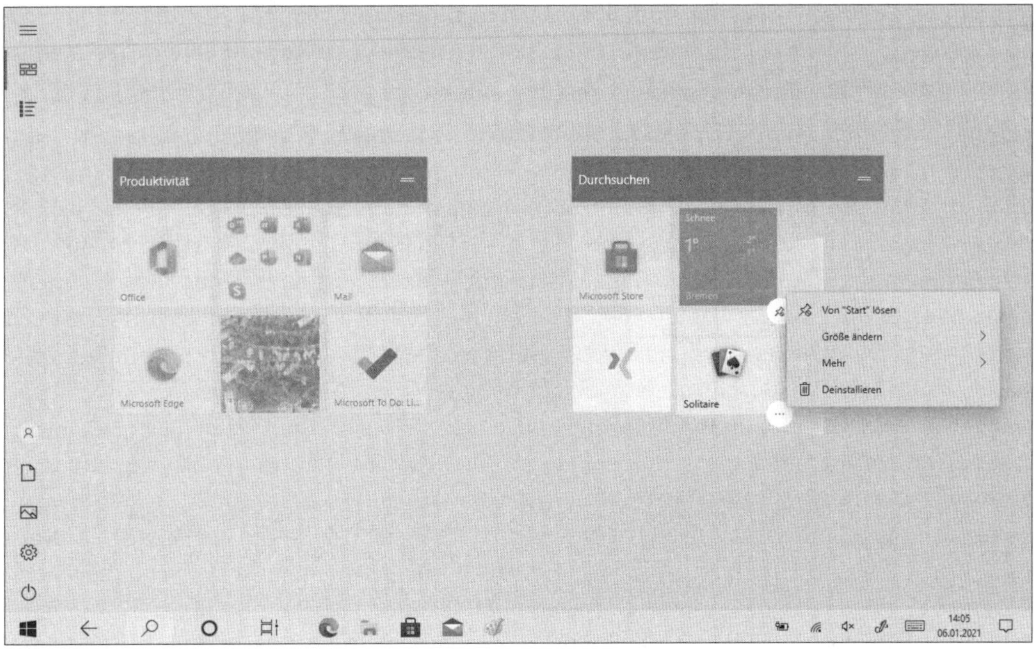

Abbildung 10.2 Beim Aufruf des Kontextmenüs einer Kachel behält nur die länger angetippte Kachel ihre Originalfarbe, alle anderen werden in den Hintergrund gerückt.

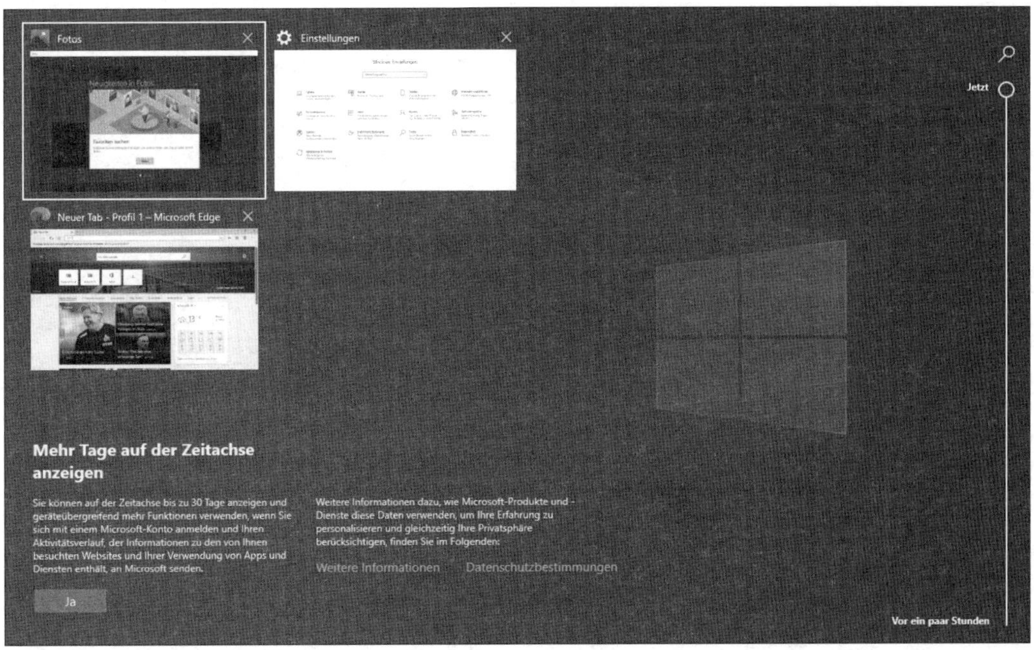

Abbildung 10.3 Mit einer Wischbewegung vom linken Bildschirmrand Richtung Bildmitte blenden Sie die Taskansicht ein.

Führen Sie die Wischbewegung vom äußersten rechten Bildschirmrand Richtung Bildmitte aus, wird automatisch das Info-Center eingeblendet. Diese Geste kommt einem Tipp auf das Benachrichtigungssymbol am äußersten rechten Rand der Taskleiste gleich.

Jedes App- oder Programmfenster wird im Tabletmodus über den gesamten Bildschirm hinweg geöffnet. Mit einem kleinen Trick können Sie aber dennoch zwei Fenster nebeneinander anordnen: Öffnen Sie die gewünschten Anwendungen zunächst, und holen Sie dann eines der Fenster in den Vordergrund. Ziehen Sie den Finger nun vom äußersten oberen Bildschirmrand an den linken bzw. rechten Seitenrand, je nachdem, auf welcher Bildschirmhälfte das Fenster positioniert werden soll. Sobald in der Bildschirmmitte ein schwarzer Balken eingeblendet wird, heben Sie den Finger vom Bildschirm. Das Fenster nimmt nun automatisch die gewünschte Bildschirmhälfte ein. Mit einem Tipp auf die entsprechende Vorschau wählen Sie dann das Fenster für die zweite Bildschirmhälfte aus. Der Balken in der Mitte lässt sich nach rechts bzw. links verschieben, sodass Sie die Größe der Fenster beliebig anpassen können. Um eine App zu beenden, ziehen Sie den Finger einfach vom äußersten oberen Rand des Programmfensters nach unten bis zur Taskleiste. Handelt es sich bei der Anwendung um ein Desktopprogramm, wird in der rechten oberen Fensterecke das Schließen-Symbol angezeigt, über das Sie die Anwendung ebenfalls beenden können. Bei einer UWP-App erscheint das Symbol erst, wenn Sie mit dem Finger etwas vom oberen Bildschirmrand nach unten wischen.

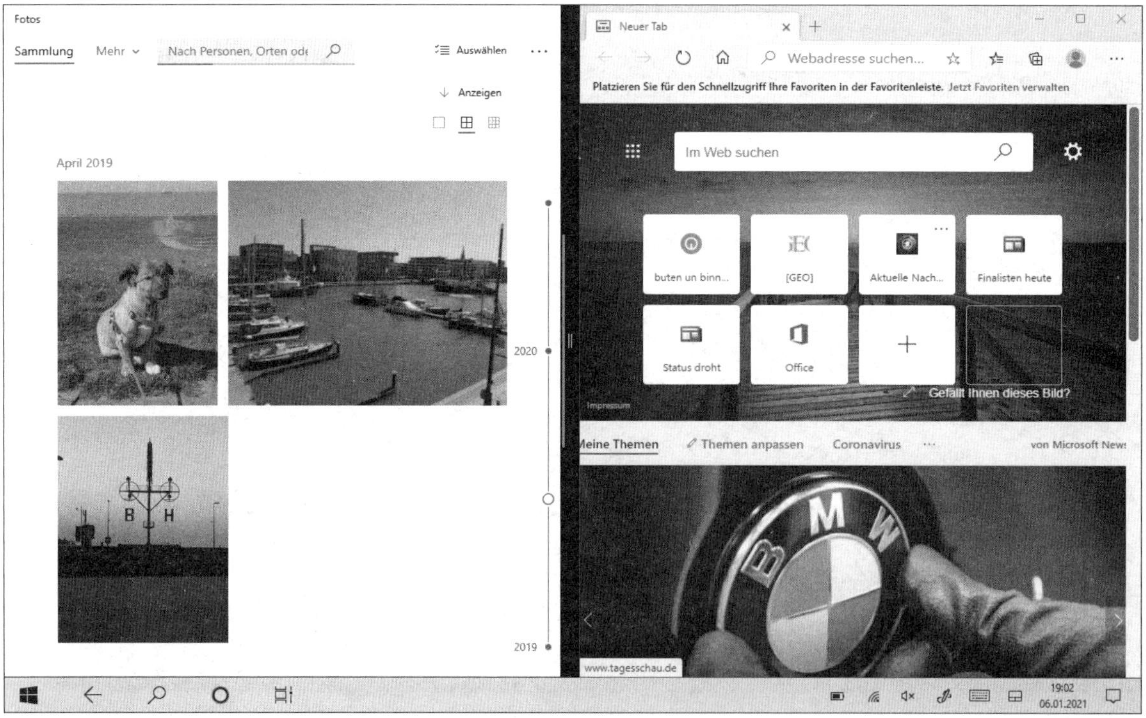

Abbildung 10.4 Auch im Tabletmodus lassen sich Programmfenster nebeneinander anordnen.

Wenn der Text auf einer Webseite zu klein dargestellt ist, drücken Sie zwei Finger leicht auf den Bildschirm und ziehen dann beide Finger gleichzeitig nach außen. Hierdurch wird der Bildschirminhalt vergrößert. Um den Inhalt umgekehrt zu verkleinern, ziehen Sie die Finger entsprechend zusammen. Führen Sie eine Drehbewegung aus, lässt sich ein Element – etwa ein Foto in einem Bildbearbeitungsprogramm – drehen.

10.1.2 Kopieren und Einfügen auf dem Touchscreeen

Copy & Paste, zu Deutsch »Kopieren und Einfügen«, ist ein beliebtes Verfahren, um z. B. längere Textpassagen in einem Dokument zu kopieren und an anderer Stelle wieder einzufügen. Das Verfahren hierzu mit Maus und Tastatur ist wohl fast jedem bekannt: Der Text wird mit gedrückter linker Maustaste markiert, dann mit der Tastenkombination [Strg] + [C] in die Zwischenablage kopiert und von dort aus an gewünschter Stelle mit [Strg] + [V] eingefügt.

Auf einem Touchscreen ist das Vorgehen zwar etwas anders, aber auch kein Hexenwerk: Tippen Sie das erste Wort des zu markierenden Textes an. Verschieben Sie dann die beiden Kreissymbole, die zu Beginn und am Ende des markierten Wortes erscheinen, bis die gewünschte Textpassage farbig hervorgehoben wird. Oberhalb der Markierung erscheint in einer QuickInfo der Befehl KOPIEREN, den Sie nur noch antippen müssen. Den kopierten Text können Sie nun z. B. in einer anderen App einfügen. Halten Sie hier an entsprechender Stelle den Finger etwas länger auf dem Bildschirm gedrückt, um das Kontextmenü einzublenden, und wählen Sie den Befehl EINFÜGEN aus.

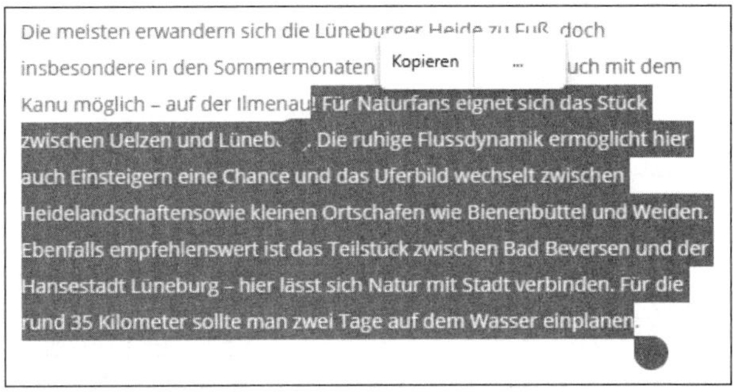

Abbildung 10.5 Über die beiden Kreissymbole bestimmen Sie, welcher Textabschnitt markiert wird.

10.2 Die Bildschirmtastatur von Windows 10

Wenn Sie Ihr Tablet ohne klassische Tastatur nutzen oder beim Hybridgerät die Tastatur abgezogen bzw. umgeklappt haben, erfolgt die Texteingabe über eine Bildschirmtastatur. Diese unterstützt in Windows 10 auch die Handschrifterkennung. Das heißt, statt einen Text über die Tasten der Bildschirmtastatur einzutippen, schreiben Sie ihn entweder mit einem speziellen Stift oder sogar mit dem Finger. Windows 10 erkennt die handschriftliche Eingabe meist erstaunlich gut. Beide Konzepte – sowohl die Tastatur als auch die Handschrifterkennung – sind Thema dieses Abschnitts.

10.2.1 Die klassische Bildschirmtastatur

Sobald Sie auf einem Touchscreen in ein Feld tippen, das eine Texteingabe erfordert, klappt automatisch die Bildschirmtastatur auf. Sollte dies einmal nicht funktionieren, lässt sich die virtuelle Tastatur auch per Tipp auf das Bildschirmtastatur-Symbol im Infobereich der Taskleiste einblenden. Wenn dieses Symbol bei Ihnen nicht angezeigt wird, tippen Sie etwas länger auf einen freien Bereich der Taskleiste, um das Kontextmenü zu öffnen. Versehen Sie dort BILDSCHIRMTASTATUR ANZEIGEN (SCHALTFLÄCHE) per Tipp mit einem Häkchen.

Die Tasten der virtuellen Bildschirmtastatur sind wie die einer mechanischen Tastatur angeordnet und bedürfen größtenteils sicherlich keiner Erklärung. Wenn Sie einen Großbuchstaben eintippen möchten, tippen Sie zuvor auf die Umschalt-Taste ↑. Falls Ihnen ein Tippfehler unterlaufen ist, lässt sich das zuletzt getippte Zeichen über die Rück-Taste löschen. Für das Verschieben der Einfügemarke in einem Text nutzen Sie die beiden Pfeiltasten < >. Mit der Eingabe-Taste erzeugen Sie einen neuen Absatz oder schließen in einem Textfeld die Eingabe ab.

Abbildung 10.6 Die klassische Bildschirmtastatur

Für die Eingabe von Zahlen stehen Ihnen verschiedene Möglichkeiten zur Verfügung: So können Sie z. B. die Taste mit der gewünschten Ziffer (z. B. die 2) etwas mit dem Finger nach oben ziehen, und schon wird die Ziffer statt des Buchstabens, dem ebenfalls diese Taste zugeordnet ist (im Beispiel das »w«), an der Position der Einfügemarke ergänzt. Alternativ zum Ziehen können Sie den Finger auch etwas länger auf der Taste gedrückt halten und in der aufklappenden Leiste dann die gewünschte Ziffer auswählen. Dieses Verfahren lässt sich auch nutzen, um z. B. Buchstaben, die nicht auf der Tastatur zu finden sind, wie etwa das »ß«, einzugeben. In diesem Fall halten Sie den Finger auf dem »s« gedrückt.

Müssen Sie längere Ziffernfolgen eingeben, sollten Sie vom QWERTZ-Layout in das Symbollayout der Bildschirmtastatur wechseln. Hierzu reicht ein Tipp auf die Taste &123. Statt der Buchstaben werden nun Zahlen und einige Sonderzeichen eingeblendet. Zu weiteren Sonderzeichen gelangen Sie per Tipp auf den kleinen nach rechts weisenden Pfeil im Kreis. Wird auch hier ein gesuchtes Sonderzeichen noch nicht aufgeführt, probieren Sie es über das Omega-Symbol Ω. Mit einer horizontalen Wischbewegung blättern Sie in der Übersicht der Sonderzeichen. Um wieder zum QWERTZ-Layout zurückzukehren, reicht ein Tipp auf die Taste abc.

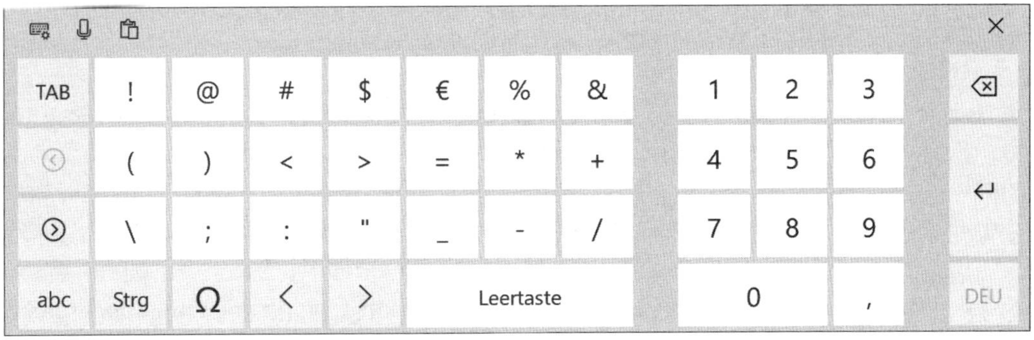

Abbildung 10.7 Über die Tasten »&123« und »abc« wechseln Sie zwischen dem QWERTZ-Layout und der Ansicht von Symbolen und Ziffern.

Emojis sind in der heutigen schriftlichen Kommunikation nahezu unverzichtbar geworden. Auch die Bildschirmtastatur lässt die Eingabe der Gesichter-, Tier- oder Gegenstandssymbole natürlich zu. Welche Emojis unter Windows 10 verfügbar sind, erfahren Sie nach einem Tipp auf das Smiley-Symbol, das Sie im QWERTZ-Layout finden.

Emoji- und Sonderzeicheneingabe per Tastenkombination

Nutzen Sie eine normale Tastatur, müssen Sie auf die Emojis nicht verzichten. Über die Tastenkombination ⊞ + . blenden Sie ein Dialogfenster mit einer Vielzahl an Emojis ein, die in diverse Kategorien unterteilt sind, die Sie über die Symbole am unteren Fensterrand auswählen. Über das Omega-Symbol Ω am oberen Fensterrand gelangen Sie wiederum zu einer Übersicht über Hunderte von Sonderzeichen und Symbolen. Auch hier erfolgt der Kategorienwechsel über die Symbole am unteren Rand des Dialogfensters.

Für die Bildschirmtastatur stehen Ihnen verschiedene Ansichten zur Auswahl, die Sie über das kleine Tastatursymbol mit dem Zahnradsymbol oben links erreichen. Neben der klassischen kompakten Ansicht, die standardmäßig angezeigt wird, lässt sich die Tastatur auch verkleinern oder in zwei Blöcke aufteilen. Die vierte Ansicht gleicht sowohl der einer mechanischen Tastatur als auch der der Bildschirmtastatur des Centers für erleichterte Bedienung, die Sie in der Einstellungen-App über ERLEICHTERTE BEDIENUNG • TASTATUR aktivieren können.

Abbildung 10.8 Für die Bildschirmtastatur lassen sich verschiedene Ansichten einstellen. Diese Ansicht gleicht der Tastatur des Centers für erleichterte Bedienung.

Im Normalfall wird die Bildschirmtastatur am unteren Bildschirmrand fest angedockt. Ist diese Position für Sie störend, tippen Sie zunächst auf das Tastatursymbol mit dem Zahnradsymbol und in der aufklappenden Leiste auf das rechte Symbol in der zweiten Zeile . Nun können Sie die Tastatur mit dem Finger beliebig auf dem Bildschirm verschieben. Über das Symbol docken Sie die Bildschirmtastatur wieder am unteren Bildschirmrand an.

Die Bildschirmtastatur lässt sich übrigens nicht nur per Fingertipp auf einem Touchscreen nutzen, sondern auf dem Bildschirm jedes beliebigen Windows 10-Geräts einblenden. Die Tastenauswahl geschieht dann einfach per Mausklick. Das ist durchaus praktisch, sollte die normale Tastatur einmal ausfallen.

Rechtschreibkorrektur und Wortvorschläge

Die Texteingabe über die Bildschirmtastatur erfordert anfangs doch etwas Übung. Der ein oder andere Tippfehler ist quasi vorprogrammiert. Um sich Tipparbeit zu sparen und damit auch mögliche Fehlerquellen zu verhindern, können Sie sich am oberen Rand der Bildschirmtastatur Wortvorschläge anzeigen lassen. Ein Tipp auf das gewünschte Wort, und schon erscheint es im Text. Das Ganze funktioniert nicht nur bei der Bildschirmtastatur, sondern auch bei der Hardwaretastatur. In diesem Fall erscheinen die Vorschläge in einer QuickInfo direkt über der Einfügemarke und werden dort per Mausklick ausgewählt. Die entsprechende Funktion lässt sich für beide Tastaturtypen getrennt voneinander in der Einstellungen-App unter Geräte • Eingabe aktivieren bzw. natürlich auch wieder deaktivieren. Auf der gleichen Seite können Sie festlegen, ob Rechtschreibfehler automatisch korrigiert und hervorgehoben werden sollen.

10.2.2 Die Handschrifterkennung

Wer lieber mit einem Stift schreibt, statt Buchstaben über die Bildschirmtastatur einzugeben, wird sich über die Möglichkeit der Handschrifterkennung in Windows 10 freuen. Sie können entweder mit einem speziellen Stift oder dem Finger auf dem Touchscreen schreiben oder auch auf einem an den Computer angeschlossenen Grafiktablet.

Den Handschrifteingabebereich blenden Sie über die Bildschirmtastatur ein. Ist diese noch nicht geöffnet, holen Sie dies per Tipp auf das Bildschirmtastatur-Symbol im Infobereich der Taskleiste nach. Tippen Sie dann oben links auf das mit dem Zahnradsymbol versehene Tastatursymbol . Nach einem Tipp auf das Stiftsymbol in der oberen Zeile ganz rechts erscheint die Zeichenfläche.

Abbildung 10.9 Die Handschrifterkennung von Windows 10

Hier können Sie Ihren Text nun per Stift oder Finger schreiben. Je nachdem, wie schön Sie schreiben, erkennt die integrierte Handschrifterkennung von Windows 10 den Text recht gut und fügt ihn automatisch in der gerade genutzten Anwendung an der Position der Einfügemarke ein. Sollte doch eine Korrektur nötig sein, lassen sich über das Symbol die letzten Zeichen löschen. Das Symbol für das Leerzeichen wird erst nach einem Tipp auf die drei Punkte eingeblendet. Einen Zeilenumbruch erzeugen Sie über das Symbol . Wie in der klassischen Tastaturansicht gelangen Sie nach einem Tipp auf das Symbol abc zu den Sonderzeichen. Wenn Sie die Ansicht wieder ändern und zu den klassischen Bildschirmtasten zurückkehren möchten, tippen Sie auf das Symbol und wählen dann die gewünschte Ansicht aus.

Einstellungen für die Handschrifterkennung

Als Schriftart für den handschriftlich eingegebenen Text nutzt Windows 10 standardmäßig *Segoe UI*. Ziehen Sie eine andere Schriftart vor, wählen Sie diese in der Einstellungen-App unter GERÄTE • STIFT UND WINDOWS INK aus. Sollten Sie keinen speziellen Stift zum Schreiben nutzen, sondern mit dem Finger schreiben, aktivieren Sie auf der Seite MIT FINGERSPITZE IM SCHREIBBEREICH SCHREIBEN. Hierdurch wird die Handschrifterkennung optimiert.

Der Windows Ink-Arbeitsbereich

Der *Windows Ink-Arbeitsbereich* mit den drei für die Stifteingabe prädestinierten Apps *Kurznotizen*, *Skizzenblock* und *Bildschirmskizze* ist mit dem Mai Update 2020 aus Windows 10 verschwunden. Zwar lässt sich immer noch das Symbol für den Arbeitsbereich über das Kontextmenü der Taskleiste einblenden. Ein Tippen auf das anschließend im Infobereich der Taskleiste angezeigte Symbol bietet anschließend aber nur den Aufruf der Apps *Whiteboard* sowie *Ausschneiden und Skizzieren* an. Informationen zu diesen beiden Apps erhalten Sie in Kapitel 17, »Neue Apps für Windows 10«.

10.3 Die Besonderheiten des Tabletmodus

Mit Windows 10 bietet Microsoft ein Betriebssystem für alle Geräteklassen gleichermaßen an, egal, ob Desktop-PC, Notebook, Hybridgerät oder Tablet. Wie zu Beginn des Kapitels erwähnt, erkennt Windows 10 nach dem Hochfahren des PCs automatisch, ob eine Hardwaretastatur am Gerät angeschlossen ist oder nicht, und wählt entsprechend den Desktop- oder Tabletmodus aus. Wenn Sie sich das erste Mal unter Windows 10 anmelden, erscheint allerdings zusätzlich ein Dialog, in dem Sie die Auswahl bestätigen oder zum anderen Modus wechseln können. Wenn Sie möchten, können Sie sich diesen Dialog bei jeder Anmeldung einblenden lassen. Festgelegt wird dies in der Einstellungen-App unter SYSTEM • TABLET. Hier bestimmen Sie auch, ob Windows automatisch den Tabletmodus aktivieren soll, wenn Sie das Gerät als Tablet nutzen, sprich keine Tastatur am Tablet oder Hybridgerät angeschlossen ist. Ziehen Sie den Desktopmodus vor, wählen Sie im Feld den Eintrag NICHT IN DEN TABLET-MODUS WECHSELN. Mit dem Eintrag VOR DEM MODUSWECHSEL FRAGEN erscheint in dem Moment, in dem Sie die Tastatur vom Gerät abziehen bzw. den Touchscreen umklappen, der von der Anmeldung bekannte Dialog, in dem Sie von Fall zu Fall entscheiden, welcher Modus gerade der beste ist.

Abbildung 10.10 Sie bestimmen selbst, ob Windows 10 automatisch den Tabletmodus aktivieren darf oder Sie zuvor fragen soll.

Natürlich können Sie auch im laufenden Betrieb den Modus wechseln. Hierzu klicken bzw. tippen Sie auf das Benachrichtigungssymbol im Infobereich der Taskleiste, um zunächst das Info-Center einzublenden. Hier finden Sie im Normalfall im Bereich der schnellen Aktionen die Schaltfläche TABLETMODUS, über die sich der Modus aktivieren und auch wieder deaktivieren lässt. Sollte die Schaltfläche bei Ihnen fehlen, erfahren Sie in Abschnitt 6.3.1, »Schnelle Aktionen geschickt nutzen«, wie Sie sie hinzufügen.

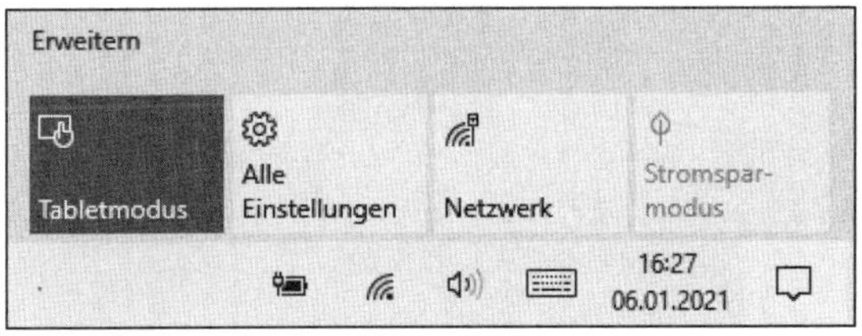

Abbildung 10.11 Der Tabletmodus lässt sich jederzeit über die Schnelle-Aktionen-Schaltfläche im Info-Center aktivieren bzw. deaktivieren.

Ist der Tabletmodus auf Ihrem Gerät aktiviert, können Sie drei maßgebliche Unterschiede zum Desktopmodus feststellen:

- Statt der Desktopoberfläche erscheint das Startmenü direkt nach der Anmeldung am Computer. Es nimmt dabei die volle Bildschirmgröße ein. Diese Größe gilt auch, wenn Sie es zu einem späteren Zeitpunkt mit einem Tipp auf das Windows-Logo am linken Rand der Taskleiste einblenden.
- Jede UWP-App, aber auch jedes Desktopprogramm wird automatisch im Vollbildmodus geöffnet. Das Desktopprogramm lässt sich nicht, wie im Desktopmodus üblich, über das Symbol VERKLEINERN in der rechten oberen Fensterecke verkleinern. Nur ein Minimieren, sprich Ausblenden, ist über das entsprechende Symbol möglich. Bei UWP-Apps stehen Ihnen diese beiden Schaltflächen im Tabletmodus gar nicht erst zur Verfügung.
- Auch die Taskleiste zeigt sich im Tabletmodus in einem anderen Gewand. Statt des Suchfeldes ist nun nur noch das Lupensymbol zu sehen. Links vom Lupensymbol erscheint dafür das Pfeilsymbol. Mit einem Tipp darauf holen Sie die besuchte Anwendung in den Vordergrund. Weiterhin vorhanden sind das Cortana-Symbol sowie das Taskansicht-Symbol. Alle anderen App-Symbole sind verschwunden. Das heißt, es werden weder die Symbole der an die Taskleiste angehefteten Apps angezeigt noch die der geöffneten Anwendungen.

Manche dieser Vorgaben für den Tabletmodus lassen sich nicht verändern. Dazu zählt etwa der Vollbildmodus des Startmenüs sowie der Anwendungsfenster. Wie Sie mithilfe einer Wischgeste dennoch zwei Fenster nebeneinander anordnen können, lesen Sie in Abschnitt 10.1.1, »Wichtige Touchgesten«.

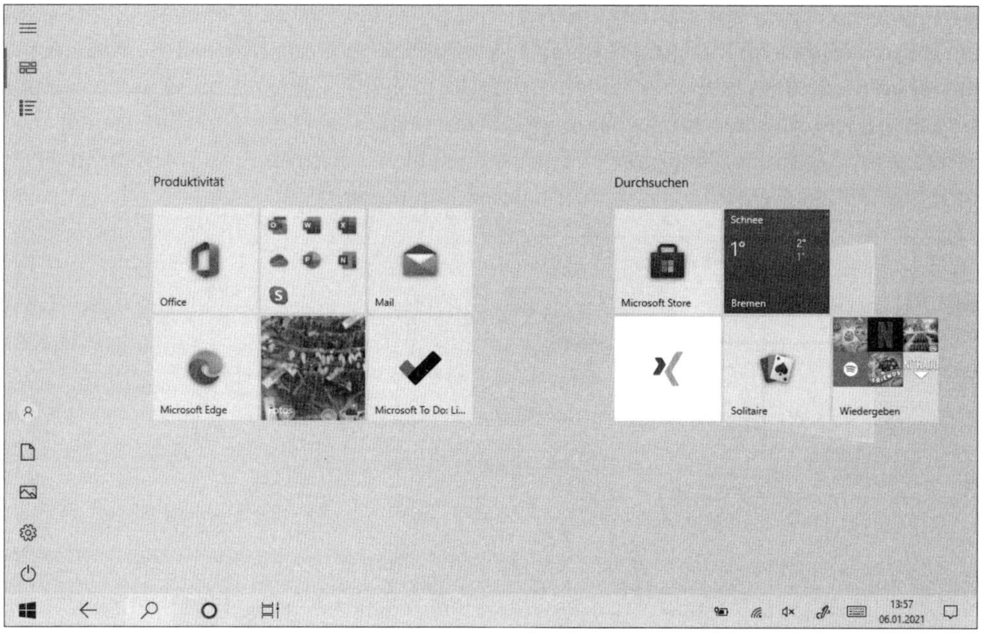

Abbildung 10.12 Startmenü und Taskleiste im Tabletmodus

Eine Möglichkeit zur Anpassung des Tabletmodus steht Ihnen aber dennoch zur Verfügung: die Anzeige der App-Symbole in der Taskleiste. Auch wenn die App-Symbole recht klein sind und sich somit der ein oder andere etwas schwertun mag, sie mit dem Finger anzutippen, sind sie doch recht praktisch, um schnell zwischen geöffneten Anwendungen zu wechseln. Denn die Alternative hieße, über das Pfeilsymbol zu den vorherigen Anwendungen zu navigieren oder die gewünschte Anwendung nach einem Tipp auf das Taskansicht-Symbol in der Übersicht auszuwählen. Die App-Symbole sind schnell wieder eingeblendet: Halten Sie den Finger etwas länger auf der Taskleiste gedrückt, bis das Quadrat eingeblendet wird. Sobald Sie den Finger vom Bildschirm heben, wird das Kontextmenü eingeblendet (siehe Abbildung 10.13). Versehen Sie hier den Eintrag App-Symbole anzeigen per Tipp mit einem Häkchen.

Diese Einstellung lässt sich auch in der Einstellungen-App vornehmen. Rufen Sie hier System • Tablet auf, und klicken Sie links auf Zusätzliche Tableteinstellungen ändern. Auf der folgenden Seite können Sie nun den Tabletmodus ein- bzw. ausschalten, die App-Symbole während des Tabletmodus auf der Taskleiste ausblenden und auch die Taskleiste selbst in diesem Modus ausblenden. Schalten Sie Letzteres ein, reicht ein Tipp auf den unteren Bildschirmrand, um die Taskleiste bei Bedarf einzublenden.

Wenn Sie Ihr Touchscreen-Gerät ohne angeschlossene Tastatur nutzen, bietet der Tabletmodus mit seinen größeren Schaltflächen und der Fensteranzeige im Vollbildmodus den größten Komfort für die Bedienung per Touchgesten. Nicht jeder kann sich aber mit diesem Modus anfreunden. Sollten Sie den Desktopmodus vorziehen, können Sie auf der Seite

Zusätzliche Tableteinstellungen ändern im Bereich Wenn ich den Tabletmodus nicht verwende einige weitere Einstellungen vornehmen, die die Bedienung per Finger auch auf der Desktopoberfläche erleichtern (siehe Abbildung 10.14).

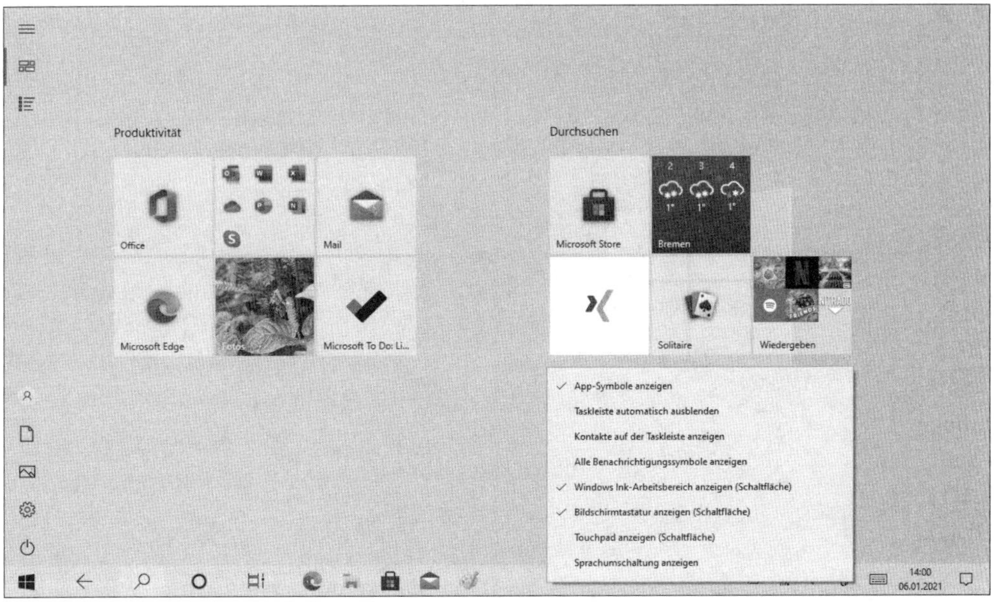

Abbildung 10.13 Die App-Symbole lassen sich schnell über das Kontextmenü der Taskleiste einblenden.

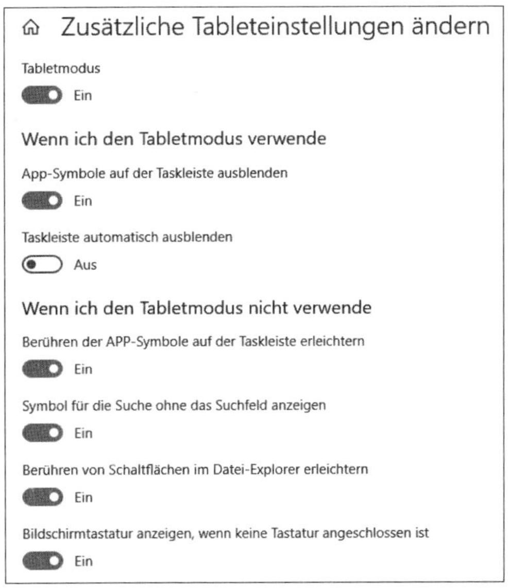

Abbildung 10.14 Mit diesen Einstellungen erleichtern Sie sich die Bedienung des Touchscreens sowohl im Tablet- als auch im Desktopmodus.

Um eine App zu öffnen, geben Sie z. B. nach einem Tipp auf das Lupensymbol in der Taskleiste deren Namen im jetzt sichtbaren Suchfeld ein. Ein Tipp auf das gewünschte Suchergebnis reicht, und schon wird die Anwendung gestartet. Ein anderer Weg zum Öffnen einer Anwendung führt über das Startmenü, das Sie jederzeit über das Windows-Logo einblenden können. Wie zu Beginn erwähnt, nimmt das Startmenü im Tabletmodus den gesamten Bildschirm ein. Dabei zeigt es zunächst nur links die Schnellstartleiste sowie rechts den Kachelbereich. Wenn sich hier noch keine Kachel für die zu öffnende Anwendung findet, blenden Sie über das Symbol ALLE APPS die App-Liste ein. Mit einer vertikalen Wischbewegung scrollen Sie in der Liste.

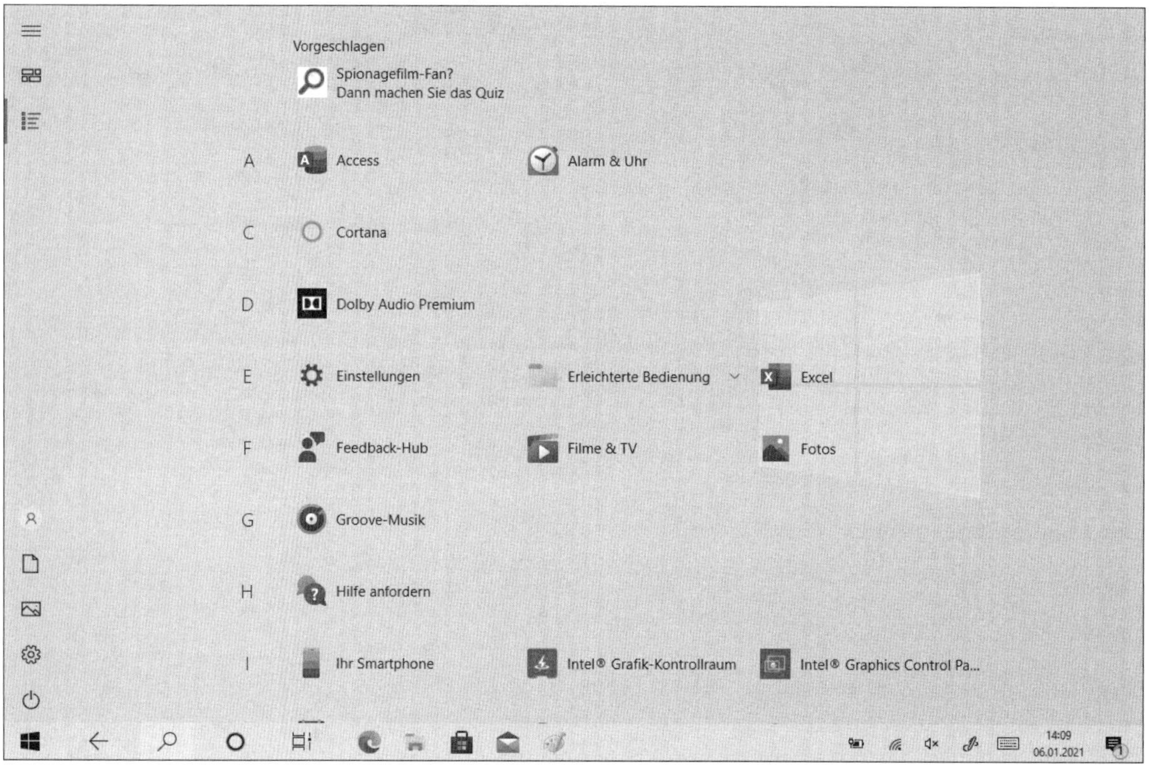

Abbildung 10.15 Ansicht »Alle Apps« im Startmenü

Befindet sich die Anwendung im unteren Teil der Liste, gibt es allerdings einen schnelleren Weg, um zu ihr zu gelangen: Tippen Sie am linken Rand der App-Liste auf einen beliebigen Buchstaben und in der folgenden Übersicht dann auf den Buchstaben, mit dem der Name der gewünschten App beginnt. Über das Uhrsymbol gelangen Sie zu den am häufigsten verwendeten Anwendungen und über das &-Symbol zu den neu hinzugefügten Anwendungen. Das Rautensymbol führt Sie wiederum zu den Anwendungen, die mit einer Ziffer beginnen. In der Übersicht werden übrigens nur die Buchstaben bzw. Symbole hervorgehoben, für die auch Anwendungen auf Ihrem Gerät verfügbar sind. Wenn Sie von der App-Liste wieder zur

Kachelansicht wechseln möchten, tippen Sie auf das Symbol oben links. Ein Tipp auf das Hamburger-Menü oberhalb dieses Symbols blendet übrigens die Beschriftungen der Elemente der Schnellstartleiste ein.

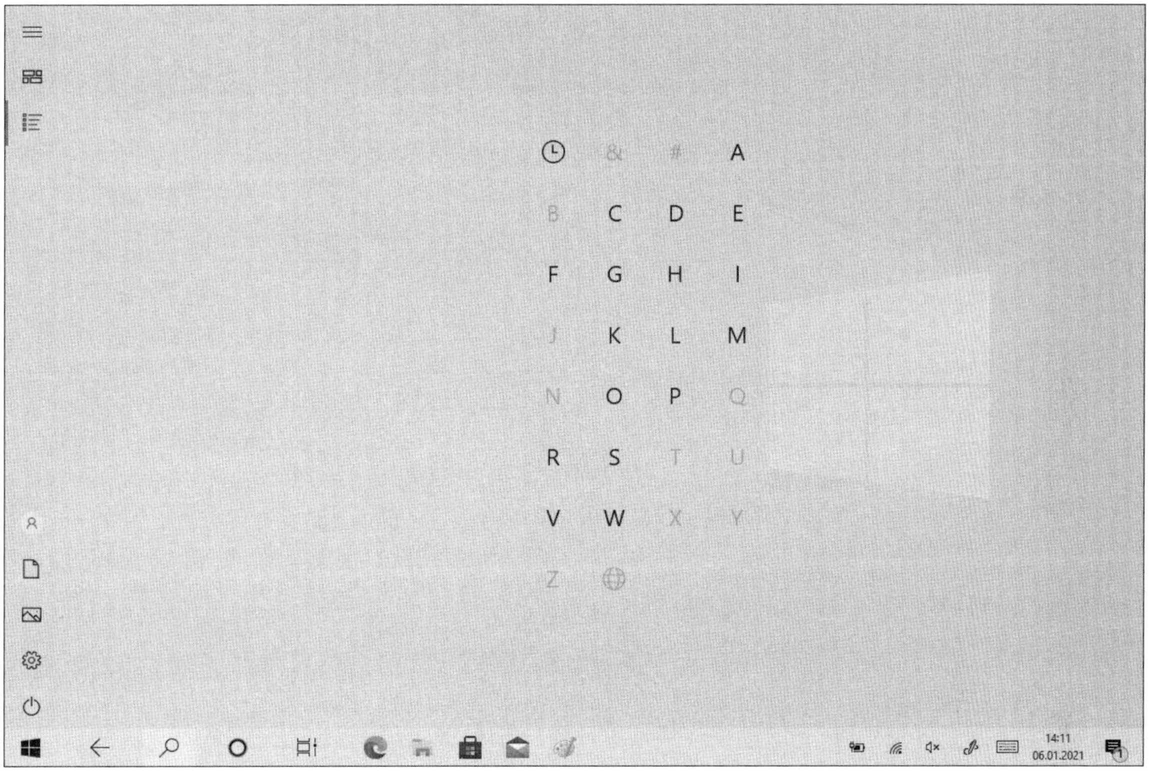

Abbildung 10.16 Blenden Sie in der App-Liste das Alphabet ein, um schneller zu einer App zu gelangen.

Die Schnellstartleiste des Startmenüs unterscheidet sich im Tabletmodus nicht von der Darstellung im Desktopmodus. Auch hier finden Sie das Symbol , über das Sie den Computer herunterfahren, neu starten oder in den Energiesparmodus bringen können. Mit einem Tipp auf das Symbol öffnen Sie die Einstellungen-App, und über das Symbol können Sie den Computer sperren, sich an Ihrem Benutzerkonto abmelden oder auch zu den Kontoeinstellungen wechseln. Welche weiteren Symbole in der Schnellstartleiste zu sehen sein sollen, legen Sie selbst fest (siehe Abschnitt 5.1.1, »Die Darstellung des Startmenüs anpassen«).

TEIL III

Dateien verwalten und sichern

Kapitel 11

Den Explorer zur Datei- und Ordnerverwaltung nutzen

Wer mit Windows arbeitet, kommt um die Nutzung des Explorers nicht herum. In diesem Kapitel erfahren Sie daher, wie Sie den Datei-Manager optimal einrichten und mit welchen Tricks Sie noch komfortabler und schneller mit ihm arbeiten.

Mehr als 25 Jahre sind das Betriebssystem Windows und der Explorer nun schon ein festes Team. Dabei wurde er von Version zu Version immer wieder überarbeitet. Wer ihn bereits in früheren Windows-Versionen genutzt hat, dem sind die grundlegenden Arbeitsschritte wie etwa das Kopieren, Verschieben oder Löschen von Dateien und Ordnern sicherlich vertraut. Sie werden in diesem Kapitel daher auch nur am Rande Erwähnung finden. Dafür werden wir einen intensiveren Blick auf die Neuerungen unter Windows 10, wichtige Einstellungen, aber auch versteckte Funktionen werfen. Denn der Explorer ist noch immer das Herzstück von Windows und die zentrale Stelle, wenn es um das Bearbeiten und Organisieren von Dateien und Ordnern geht. Dort hat die Bedienung des Explorers Maßstäbe gesetzt, an dem sich fast alle anderen Windows-Programme orientierten. Los geht es mit einer kurzen Tour durch die überarbeitete Oberfläche.

11.1 Der Explorer im Überblick

Der früher als *Windows-Explorer* bezeichnete, mittlerweile aber nur noch kurz *Explorer* genannte Datei-Manager lässt sich auf vielen Wegen öffnen: Manch einer liebt die Tastenkombination [Win] + [E], andere ziehen das Symbol in der Taskleiste vor oder auch den Zugriff über die Symbole in der Schnellstartleiste des Startmenüs, sofern diese denn hinzugefügt wurden. Nicht zu vergessen natürlich auch der Start über gezielt angelegte Verknüpfungen auf dem Desktop oder im Startmenü. Selbst beim Speichern oder Öffnen z. B. von Microsoft Office-Dateien kommt der Anwender mit einer etwas abgespeckten Form eines Explorer-Fensters in Berührung, denn auch Office-Programme wie Word oder Excel nutzen den Explorer, um Dateien abzulegen und zu öffnen.

Abbildung 11.1 Der Explorer lässt sich auf vielfältige Weise starten.

11.1.1 Die Besonderheiten des Menübands

Vom Aufbau zunächst recht gleich geblieben ist der untere Bereich des Explorers. Die linke Spalte, der sogenannte *Navigationsbereich*, zeigt in einer Baumstruktur die Laufwerke, Wechseldatenträger, Ordner und noch einiges mehr an. In der rechten Spalte, auch *Inhaltsbereich* genannt, ist der Inhalt des links markierten Elements zu sehen.

Für diejenigen, die Windows 8/8.1 ausgelassen haben und stattdessen direkt von Windows 7 zu Windows 10 gewechselt sind, ist das Menüband unterhalb der Titelleiste ein Novum. Hier finden Sie alle Funktionen des Explorers zum Kopieren, Verschieben und Löschen von Dateien und Ordnern, Freigeben von Daten, Brennen von DVDs oder Erzeugen komprimierter Ordner, um nur ein paar zu erwähnen. Die Funktionen sind thematisch sortiert auf verschiedenen Registerkarten verteilt, wobei es vom markierten Element (also z. B. ein bestimmter Dateityp, ein Ordner oder auch ein Laufwerk) abhängt, welche Register angezeigt werden.

Per Standardeinstellung ist das Menüband nach dem Start des Explorers zunächst minimiert, d. h., es sind lediglich die Registerreiter zu sehen (z. B. START, FREIGEBEN und ANSICHT in Abbildung 11.1). Mit einem Klick auf einen Reiter klappt das Menüband auf und zeigt die Funktionen des jeweiligen Registers. Da es in dieser Einstellung wichtige Elemente des Navigations- sowie Inhaltsbereichs überdeckt, empfehle ich, das Menüband mit einem Doppelklick auf einen der Registerreiter zu erweitern. Damit rutschen die beiden Bereiche zwar etwas nach unten, sind dafür aber vollständig zu sehen. Wenn Sie das Menüband doch wieder minimieren möchten, reicht ein erneuter Doppelklick auf einen Reiter.

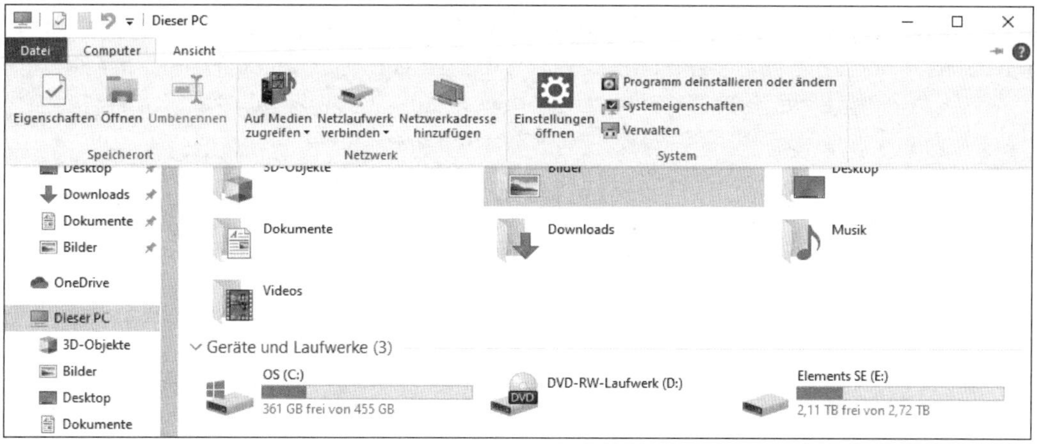

Abbildung 11.2 Hier überdeckt das Menüband den oberen Teil des Navigations- und Inhaltsbereichs.

Sehen wir uns kurz den Aufbau einer Registerkarte an: Jedes Register ist in Gruppen aufgeteilt. Im Register START finden Sie z. B. die Gruppen ZWISCHENABLAGE, ORGANISIEREN, NEU, ÖFFNEN und AUSWÄHLEN. Jede Gruppe enthält wiederum verschiedene Befehle. In der Gruppe ORGANISIEREN sind dies VERSCHIEBEN NACH, KOPIEREN NACH, LÖSCHEN und UMBENENNEN. Sollten Sie das Programmfenster in voller Größe geöffnet haben, sehen Sie zu jedem Befehl nicht nur ein Symbol, sondern auch die Beschriftung. Bei kleineren Fenstern finden Sie nur noch ein Symbol, wenn nicht sogar nur noch die Gruppenbezeichnung. Ist man auf der Suche nach einer bestimmten Funktion, ist es also durchaus sinnvoll, das Programmfenster zumindest kurzzeitig im Vollbildmodus anzuzeigen.

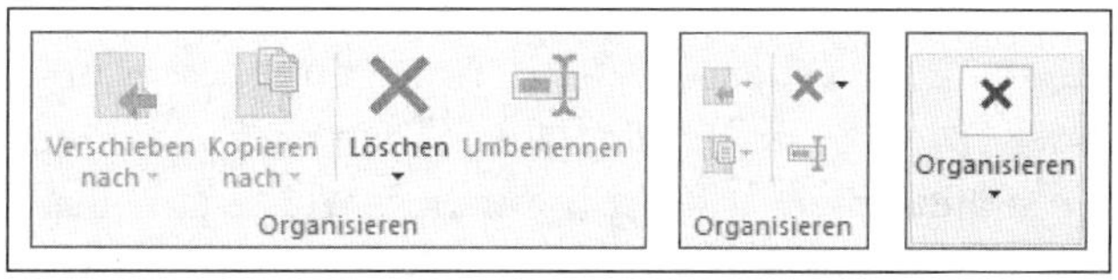

Abbildung 11.3 Je nach Größe des Programmfensters sehen Sie im Menüband die vollständigen Befehle (links), nur noch die Symbole (Mitte) oder ausschließlich die Gruppenbezeichnung (rechts).

Das Menü »Datei«

Am äußersten linken Rand des Menübands finden Sie das blau hervorgehobene Menü DATEI, das einen Befehl zum Öffnen eines neuen Explorer-Fensters, aber auch zum Schließen des aktuellen Fensters bereithält. Weitaus interessanter ist allerdings der Eintrag WINDOWS POWERSHELL ÖFFNEN, mit dem Sie die Befehlszeilen-Shell mit oder auch ohne Administratorrechte direkt aus dem Explorer heraus starten können. Der gerade markierte Ordner wird dabei auch als Pfad für die PowerShell übernommen. Wer lieber mit der altbekannten Eingabeaufforderung arbeitet, kann diese anstelle der PowerShell im Menü DATEI verankern. Die entsprechende Einstellung nehmen Sie in der Einstellungen-App unter PERSONALISIERUNG • TASKLEISTE vor, indem Sie dort den Regler BEIM RECHTSKLICK AUF DIE SCHALTFLÄCHE »START« ODER BEIM DRÜCKEN VON WINDOWS-TASTE+X »EINGABEAUFFORDERUNG« IM MENÜ DURCH »WINDOWS POWERSHELL« ERSETZEN ausschalten. Die Einstellung gilt damit auch für das Schnellzugriffsmenü, das Sie über die Tastenkombination [Win] + [X] aufrufen.

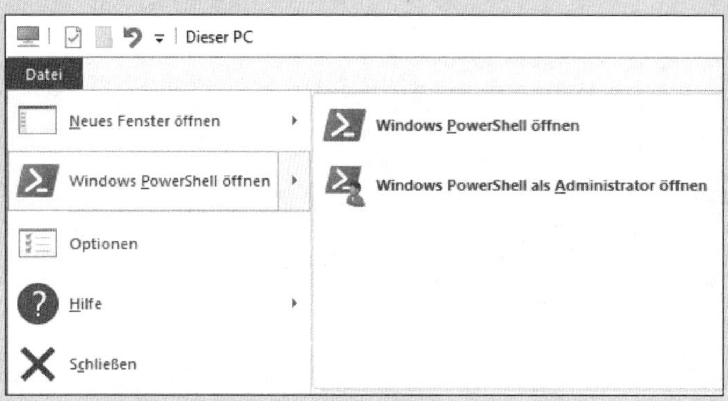

Abbildung 11.4 Das Menü »Datei«

11.1.2 Der Schnellzugriff

Im Navigationsbereich des Explorers können Sie unter Windows 10 ebenfalls etwas Neues entdecken: den *Schnellzugriff*. Wobei es sich nur bedingt um ein neu hinzugekommenes Feature handelt, denn Windows-Veteranen kennen es von früher unter dem Namen *Favoriten*. Ist der Schnellzugriff im Navigationsbereich markiert, werden im Inhaltsbereich häufig verwendete Ordner sowie zuletzt verwendete Dateien angezeigt. Starten Sie den Explorer über das Symbol in der Taskleiste oder mit der Tastenkombination [Win] + [E], wird der Inhalt des Schnellzugriffs automatisch angezeigt. Gefällt Ihnen das Prinzip, auf diese Weise schnell auf wichtige Dateien und Ordner zuzugreifen, können Sie es natürlich noch weiter zu Ihrem Vorteil ausreizen.

Um einen Ordner fest an den Schnellzugriff zu heften, klicken Sie ihn mit der rechten Maustaste an und wählen im Kontextmenü AN SCHNELLZUGRIFF HEFTEN. Gleiches ist auch für Dateien möglich, die noch nicht im Schnellzugriff aufgeführt werden. Angeheftete Elemente sind am Pinnnadel-Symbol erkennbar. Um ein Element aus dem Schnellzugriff zu lösen, wählen Sie nach einem rechten Mausklick AUS SCHNELLZUGRIFF ENTFERNEN. Damit können Sie auch die Ordner DESKTOP, DOWNLOADS, DOKUMENTE und BILDER aus dem Schnellzugriff eliminieren, die hier eigentlich standardmäßig einen festen Platz haben.

Der Schnellzugriff ist durchaus Geschmackssache und somit nicht bei jedem beliebt. Im nächsten Abschnitt erfahren Sie, wie Sie verhindern, dass der Explorer mit dieser Ansicht startet und jede geöffnete Datei und jeder Ordner in diesem Bereich erscheint.

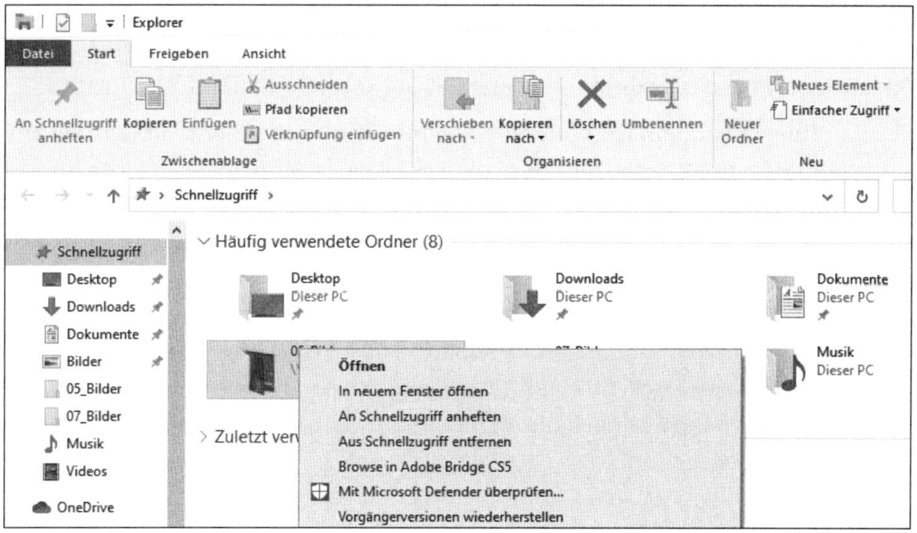

Abbildung 11.5 Ordner können an den Schnellzugriff angeheftet oder von dort auch wieder entfernt werden.

Kontextmenü mit zusätzlichen Befehlen aufrufen

Ein rechter Mausklick auf eine Datei oder einen Ordner, und schon werden die am meisten genutzten Befehle wie AUSSCHNEIDEN, KOPIEREN, UMBENENNEN oder auch EIGENSCHAFTEN eingeblendet. Halten Sie während des rechten Mausklicks zusätzlich die [⇧]-Taste gedrückt, wird das Kontextmenü um einige zusätzliche Befehle erweitert. Sehr interessant ist z. B. der Befehl ALS PFAD KOPIEREN, mit dem Sie den kompletten Dateipfad des markierten Elements in die Zwischenablage kopieren und von dort in anderen Anwendungen einfügen können.

11.2 Alles eine Frage der Einstellung

Per Standardeinstellung zeigt sich die Oberfläche des Explorers recht übersichtlich. Das macht sich nicht nur beim minimierten Menüband bemerkbar, sondern auch bei fehlenden Elementen im Navigationsbereich, wie etwa dem Papierkorb, der Systemsteuerung oder den Bibliotheken. Auf den folgenden Seiten erfahren Sie, wie Sie solch wichtige Elemente einblenden.

11.2.1 Den Navigationsbereich optimal einstellen

Manch ein Anwender ärgert sich, dass der Explorer in der Standardkonfiguration mit der Ansicht des Schnellzugriffs startet und nicht, wie von früheren Windows-Versionen gewohnt, mit der Übersicht DIESER PC. Mit wenigen Mausklicks ist dieses Ärgernis aus der Welt geschafft: Klicken Sie im Navigationsbereich mit der rechten Maustaste auf SCHNELLZUGRIFF, und markieren Sie im Kontextmenü OPTIONEN. Im Register ALLGEMEIN des Dialogs ORDNEROPTIONEN klicken Sie in das Feld DATEI-EXPLORER ÖFFNEN FÜR und wählen DIESER PC.

Wer lieber Verknüpfungen auf dem Desktop oder auch im Startmenü nutzt, um schnell auf häufig genutzte Elemente zuzugreifen, benötigt die Dienste des Schnellzugriffs im Grunde genommen gar nicht. Vielleicht ist es Ihnen sogar unangenehm, dass jeder, der einen Blick auf Ihren Explorer werfen kann, sofort sieht, mit welchen Ordnern und Dateien Sie häufig arbeiten. Um das unkontrollierte Protokollieren zu unterbinden, entfernen Sie im Register ALLGEMEIN des Dialogs ORDNEROPTIONEN einfach die Häkchen vor ZULETZT VERWENDETE DATEIEN IM SCHNELLZUGRIFF ANZEIGEN und HÄUFIG VERWENDETE ORDNER IM SCHNELLZUGRIFF ANZEIGEN. Mit einem Klick auf LÖSCHEN leeren Sie den Verlauf des Explorers. Im Schnellzugriff sind anschließend nur noch die angehefteten Elemente zu sehen, sofern denn vorhanden.

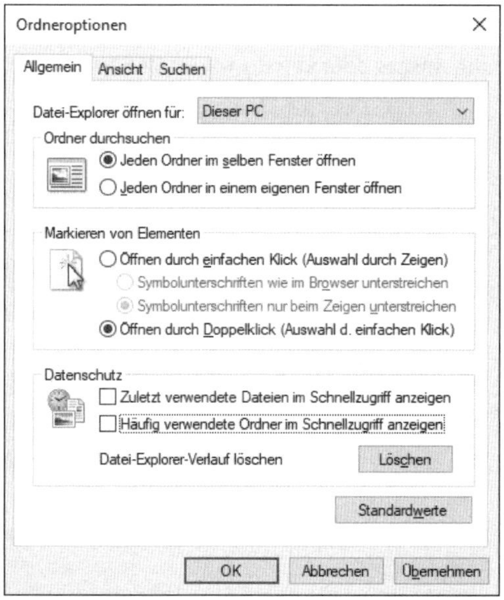

Abbildung 11.6 Über die »Ordneroptionen« lassen sich die Einstellungen für den Schnellzugriff anpassen.

Wer von einer früheren Windows-Version zu Windows 10 gewechselt ist, wird im Navigationsbereich vergeblich den Papierkorb, die Systemsteuerung sowie die Bibliotheken suchen. Um diese Elemente wieder einzublenden, rufen Sie im Menüband das Register ANSICHT auf und klicken in der Gruppe BEREICHE auf NAVIGATIONSBEREICH. Das erste Häkchen vor NAVIGATIONSBEREICH in der aufklappenden Liste stellt sicher, dass die linke Spalte im Explorer angezeigt wird. Aktivieren Sie zusätzlich ALLE ORDNER ANZEIGEN und BIBLIOTHEKEN ANZEIGEN, erscheinen die vermissten Elemente wieder im Navigationsbereich. Mit der Aktivierung des vierten Listeneintrags ERWEITERN, UM ORDNER ZU ÖFFNEN lässt sich dem Explorer eine lästige Eigenheit austreiben: Navigieren Sie über den Inhaltsbereich jeweils per Doppelklick von Ordner zu Ordner, wird der Navigationsbereich nicht entsprechend angepasst. Das heißt, hier bleibt der übergeordnete Ordner markiert, mit dem Sie die Navigation quasi begonnen haben. Den aktuellen Pfad können Sie somit lediglich über die Adresszeile in Erfahrung bringen. Aktivieren Sie das Listenelement ERWEITERN, UM ORDNER ZU ÖFFNEN, wird der über den Inhaltsbereich ausgewählte Ordner auch im Navigationsbereich eingeblendet und markiert.

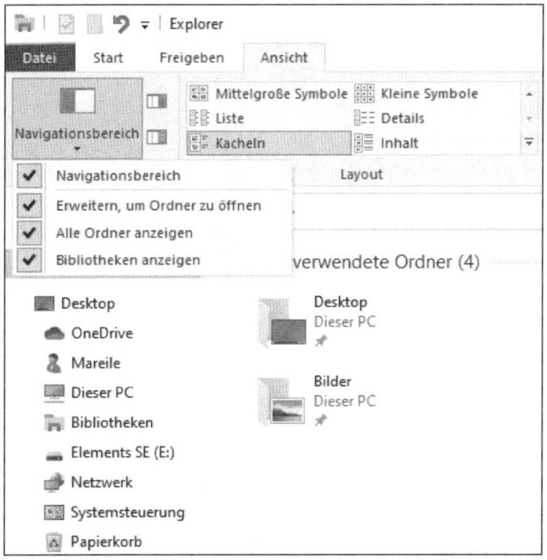

Abbildung 11.7 Bibliotheken, Systemsteuerung und Papierkorb lassen sich schnell im Navigationsbereich einblenden.

Sensible Dateien und Ordner, wie etwa vom Betriebssystem und Programmen genutzte Systemdaten, werden im Explorer standardmäßig nicht angezeigt. Dies dient in erster Linie dem Schutz, damit unbedarfte Anwender nicht ungewollt Änderungen vornehmen, die weitreichende negative Auswirkungen auf das ganze System hätten. Als fortgeschrittener Anwender werden Sie allerdings immer mal wieder auf diese Daten zugreifen wollen. Damit im Explorer auch versteckte Dateien und Ordner angezeigt werden, sollten Sie im Register ANSICHT in der Gruppe EIN-/AUSBLENDEN das Kästchen AUSGEBLENDETE ELEMENTE mit einem Häkchen versehen.

In der gleichen Gruppe EIN-/AUSBLENDEN des Registers ANSICHT finden Sie das Kästchen DATEINAMENERWEITERUNGEN, das Sie allein schon aus Sicherheitsgründen unbedingt aktivieren sollten. Viele Schadprogramme tarnen sich mit vermeintlichen Dateiendungen wie .pdf. Durch Einblenden der Dateiendungen lässt sich die wahre Dateiendung (z. B. .exe) aufdecken (siehe Abbildung 11.8).

Die ELEMENTKONTROLLKÄSTCHEN sind wiederum auf einem Gerät mit Touchscreen interessant. Aktivieren Sie diese Funktion, wird im Inhaltsbereich jeweils links von einem Element ein Kästchen eingeblendet, das sich leicht per Fingertipp auswählen lässt, um das Element zu markieren.

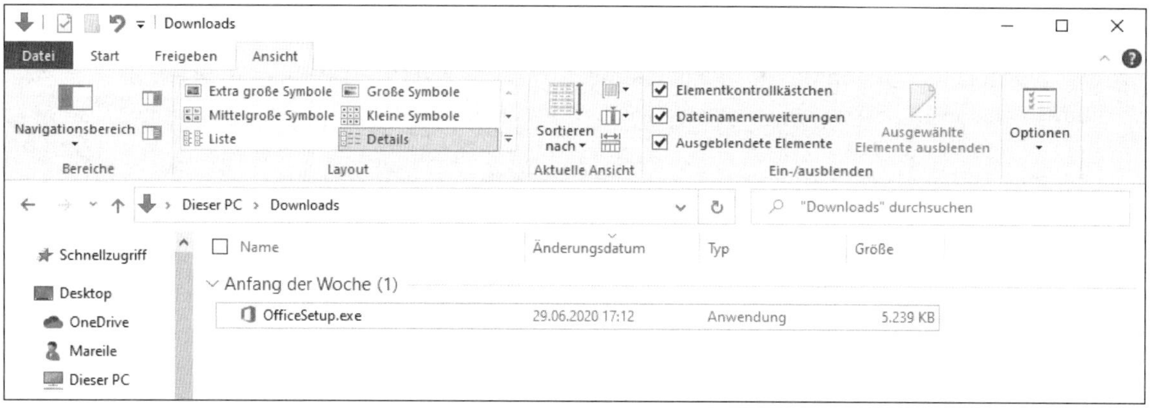

Abbildung 11.8 Zur Sicherheit sollten Sie die Dateinamenerweiterungen einblenden.

11.2.2 Die passende Ansicht wählen

Jedes Element wird im Inhaltsbereich des Explorers auf eine bestimmte Weise dargestellt. So ist ein Ordner sofort am klassischen Ordnersymbol erkennbar, während Office-Dateien mit dem zugehörigen Programm-Logo (z. B. Excel, Word oder auch PowerPoint) gekennzeichnet werden. Für Bilder wählt der Explorer meist eine Miniaturvorschau. Über die Optionen in der Gruppe LAYOUT im Register ANSICHT können Sie diese Darstellungen auch schnell ändern. Um zu prüfen, welches Layout das geeignetste für Ihre Zwecke ist, klicken Sie am besten einmal auf das Symbol MEHR und bewegen dann den Mauszeiger auf die nun sichtbaren Optionen (acht an der Zahl). Der Explorer passt die Anzeige der Elemente im Inhaltsbereich sofort an. Mit einem Mausklick übernehmen Sie die gewünschte Darstellung. Alternativ können Sie auch die Taste Strg gedrückt halten, während Sie das Scrollrad der Maus drehen. Auf diese Weise lässt sich vor allem die Größenanpassung der Symbole weitaus feiner justieren.

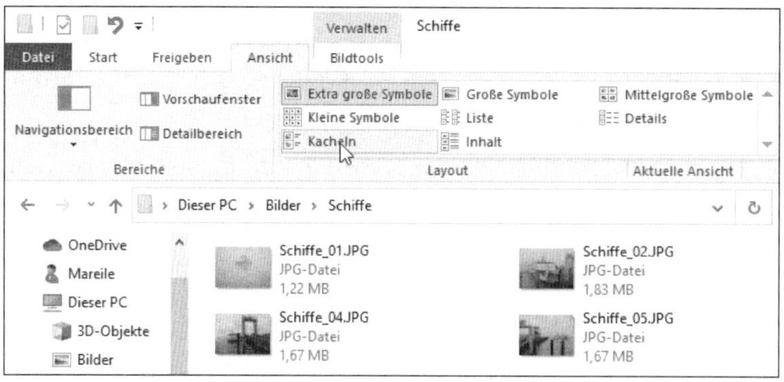

Abbildung 11.9 Wählen Sie die für Ihre Zwecke passende Ansicht aus.

Das Vorschaufenster und der Detailbereich

Auch wenn man sich noch so sehr bemüht, einer Datei einen möglichst aussagekräftigen Namen zu geben, vergisst man nach einer gewissen Zeit doch häufig, was in welcher Datei gespeichert wurde. Um dem Rätsel auf die Spur zu kommen, was sich hinter »Rechnung_4711.docx« versteckt, müssen Sie die Datei nicht extra im Textverarbeitungsprogramm Word öffnen. Markieren Sie sie einfach im Explorer, und aktivieren Sie dann im Register ANSICHT in der Gruppe BEREICHE die Option VORSCHAUFENSTER. Ein solches wird nun rechts vom Inhaltsbereich eingeblendet und zeigt den Inhalt der markierten Datei an. Mit einem erneuten Klick auf VORSCHAUFENSTER blenden Sie die Vorschau wieder aus. Das funktioniert natürlich nicht nur mit Word-Dokumenten, sondern auch mit vielen anderen Dateitypen. Interessante Informationen über die Eigenschaften einer Datei erhalten Sie über den DETAILBEREICH, der ebenfalls im Register ANSICHT der Gruppe BEREICHE aktiviert wird.

Um Dateien zu sortieren oder auch zu filtern, eignet sich die Layoutoption DETAILS am besten, bei der die Elemente im Inhaltsbereich in Tabellenform dargestellt werden. Welche Spaltenüberschriften angezeigt werden, hängt zunächst vom ausgewählten Ordnertyp ab. Handelt es sich um einen Musik-Ordner, werden abgesehen vom NAMEN auch die Spalten TITELNUMMER, TITEL, MITWIRKENDE INTERPRETEN und ALBUM angezeigt. Haben Sie dagegen im Navigationsbereich DIESER PC markiert, informiert Sie die Detailansicht z. B. über die Gesamtgröße sowie den freien Speicherplatz der verfügbaren Geräte und Laufwerke. Reichen Ihnen diese Informationen nicht aus, können Sie jederzeit Spalten hinzufügen oder umgekehrt natürlich auch entfernen. Klicken Sie hierzu mit der rechten Maustaste auf eine Spaltenüberschrift. Um eine Spalte auszublenden, entfernen Sie in der aufklappenden Liste das entsprechende Häkchen per Mausklick. Durch Setzen eines Häkchens hingegen sorgen Sie dafür, dass eine Spalte eingeblendet wird. Wird das gewünschte Detail in der Liste nicht angezeigt, wählen Sie den Eintrag WEITERE und nehmen die gewünschte Auswahl im Dialog DETAILS AUSWÄHLEN vor. Die hinzugefügten Spalten gelten nur für den Ordner, in dem Sie sich gerade befinden (siehe Abbildung 11.10).

Die Spaltenanordnung lässt sich übrigens ebenfalls individuell anpassen. Hierzu ziehen Sie eine Tabellenüberschrift einfach mit gedrückter linker Maustaste nach rechts oder auch links an die gewünschte Position. Die Breite einer Spalte verändern Sie, indem Sie den Mauszeiger auf die Trennlinien zwischen zwei Spaltenüberschriften setzen. Nimmt der Zeiger die Form eines Doppelpfeils an, ziehen Sie ihn mit gedrückter linker Maustaste in die gewünschte Richtung.

Mit einem Klick auf eine Spaltenüberschrift lassen sich die Dateien und Ordner schnell dem Kriterium entsprechend sortieren. Ein erneuter Klick auf die Spaltenüberschrift kehrt die Sortierreihenfolge um. Positionieren Sie den Mauszeiger auf einer Spaltenüberschrift, wird an ihrem rechten Rand ein kleiner Pfeil eingeblendet. Nach einem Klick hierauf klappt eine Liste mit Filtermöglichkeiten auf. Haben Sie z. B. die Spalte DATUM gewählt, können Sie über den Kalender gezielt ein bestimmtes Datum auswählen oder mit gedrückter linker Maustaste einen Datumsbereich markieren (siehe Abbildung 11.11). Im Inhaltsbereich werden anschließend nur noch die Dateien und Ordner angezeigt, die Ihrem Filterkriterium entsprechen.

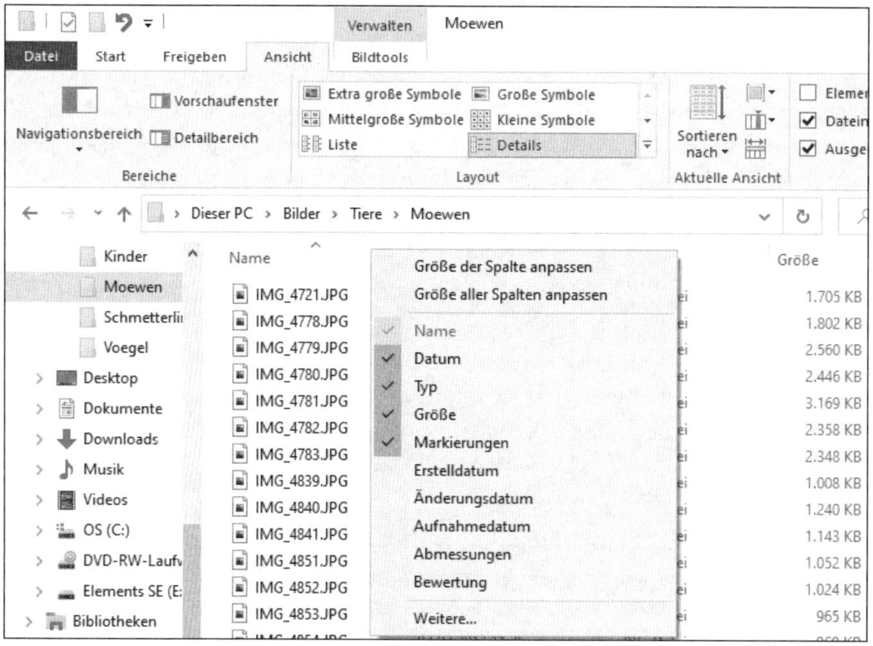

Abbildung 11.10 In der Detailansicht lassen sich Spalten hinzufügen oder auch entfernen.

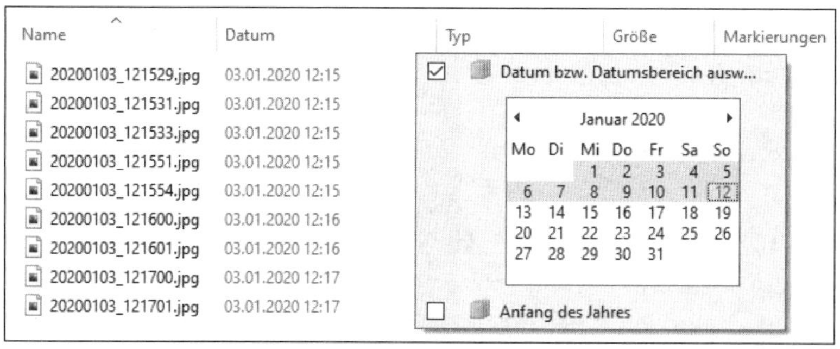

Abbildung 11.11 Sie können einen Ordner z. B. nach einem bestimmten Datum oder einem Datumsbereich filtern.

11.3 Im Explorer navigieren

Wer sich bei der Navigation im Explorer auf den Navigationsbereich oder den Doppelklick auf ein Element im Inhaltsbereich beschränkt, um sich von Ordner zu Ordner zu hangeln, schöpft nur einen Bruchteil des Potenzials aus. Der eigentliche Clou des Explorers versteckt sich in der so unscheinbar wirkenden Adresszeile.

11.3.1 Klassische Navigation über die Adresszeile

Die kleinen Dreieckssymbole im Navigationsbereich kennzeichnen die Ordner, die Unterordner enthalten. Mit einem Klick auf solch ein Symbol blenden Sie diese ein bzw. aus. Der Pfad zu dem im Navigationsbereich ausgewählten Ordner lässt sich auch in der Adresszeile ablesen, die sich unterhalb des Menübands befindet. Die Dreieckssymbole hier haben die gleiche Funktionalität wie die des Navigationsbereichs und ermöglichen somit einen schnellen Wechsel zu über- bzw. untergeordneten Verzeichnissen. Links von der Adresszeile finden Sie vier Pfeilsymbole: Mit den Symbolen [←] und [→] blättern Sie zu zuvor besuchten Orten zurück bzw. vor, mit dem Symbol [⌄] blenden Sie die zuletzt besuchten Speicherorte ein, und mit [↑] gelangen Sie direkt zum übergeordneten Ordner.

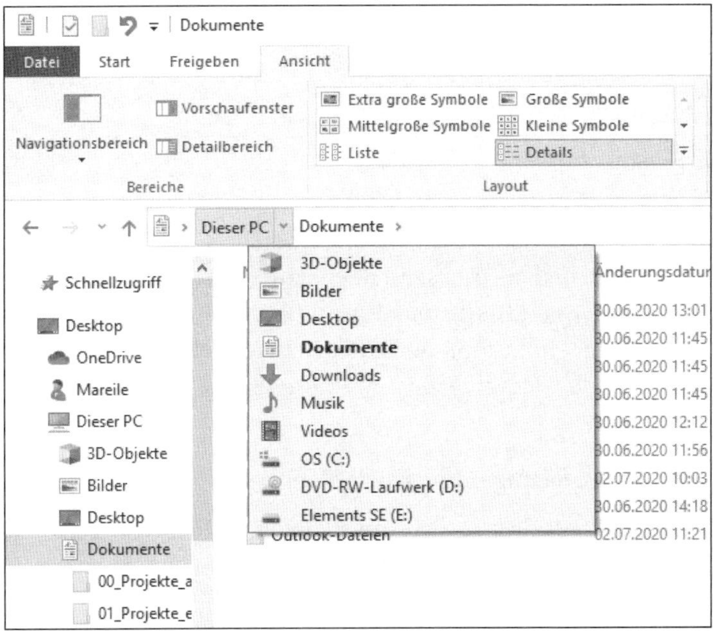

Abbildung 11.12 Häufig lässt sich ein Ordner schneller über die Adresszeile ansteuern.

Die Pfadangabe in der Adresszeile ist mit etwas Vorsicht zu genießen, da sie nicht immer dem wahren Pfad auf dem Datenträger entspricht. Dieser lässt sich aber schnell in Erfahrung bringen, indem Sie auf einen freien Bereich innerhalb der Adresszeile klicken oder alternativ die Tastenkombination [Alt] + [E] drücken. Aus dem Pfad *Dieser PC • Bilder • Eigene Aufnahmen* wird nun z. B. *C:\Users\<Benutzer>\Pictures\Camera Roll*. Diese unterschiedlichen Angaben rühren daher, dass die Systemverzeichnisse unter Windows 10 englische Bezeichnungen tragen, die im Explorer dann allerdings »eingedeutscht« werden.

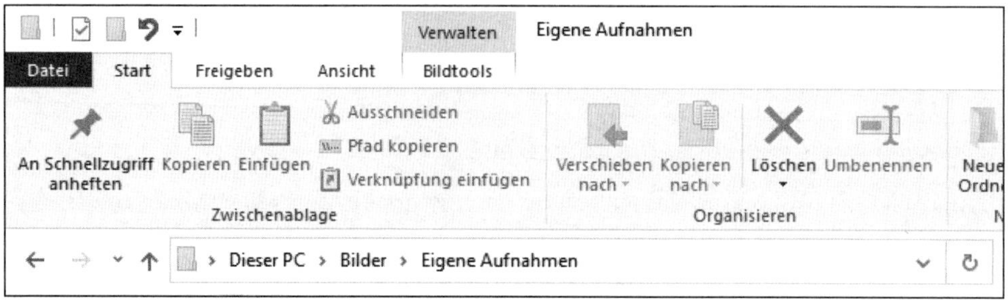

Abbildung 11.13 Der von Windows 10 vorgegaukelte Dateipfad ...

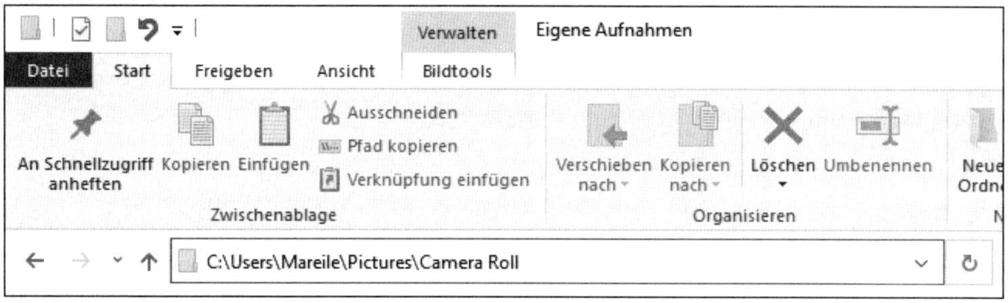

Abbildung 11.14 ... und der wahre Dateipfad

Wie so häufig gilt leider auch beim Explorer der Spruch »Ausnahmen bestätigen die Regel«. Denn probieren Sie die zuvor erwähnten beiden Tricks mit den Elementen 3D-Objekte, Bilder, Desktop, Dokumente, Downloads, Musik und Videos aus, die sich direkt eine Ebene unterhalb von Dieser PC befinden, funktionieren sie nicht. Hier tritt der eigentliche Pfad erst dann in Erscheinung, wenn Sie ein Unterverzeichnis dieser Elemente öffnen.

11.3.2 Schneller navigieren mithilfe von Umgebungsvariablen

Viele Anwender legen lange Wege per Mausklick zurück, um sich von Ordner zu Ordner bis zu einem bestimmten Verzeichnis zu hangeln. Das gilt vor allem bei so manch einem Systemordner. Mithilfe von Windows-Umgebungsvariablen lassen sich diese gut versteckten Elemente weitaus schneller aufrufen. Geben Sie in der Adresszeile des Explorers z. B. »%windir« ein, werden Sie automatisch zum Windows-Verzeichnis Ihres Computers geführt, und das ganz unabhängig davon, auf welcher Festplatte und an welchem konkreten Speicherort sich dieser befindet. Auf den meisten Systemen dürfte dies *C:\Windows* sein. Mit der Eingabe »%userprofile%« wiederum gelangen Sie zu Ihrem eigenen Benutzerverzeichnis. Um eine Übersicht über die auf Ihrem System vergebenen Umgebungsvariablen zu erhalten, starten Sie die Eingabeaufforderung z. B. durch Drücken der Tastenkombination [Win] + [R] und Eingabe von »cmd«. Geben Sie in der Eingabeaufforderung dann den Befehl `set` ein.

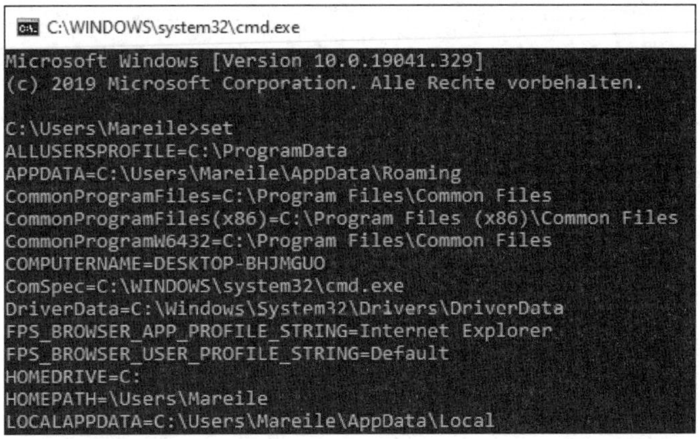

Abbildung 11.15 Mit dem Befehl »set« erhalten Sie in der Eingabeaufforderung eine Übersicht über die verfügbaren Umgebungsvariablen.

Sie können auch selbst Umgebungsvariablen definieren, um schnell zu häufig genutzten Ordnern zu gelangen. Hierzu gehen Sie folgendermaßen vor:

1. Geben Sie im Suchfeld der Taskleiste »umg« ein, und wählen Sie in den Suchergebnissen SYSTEMUMGEBUNGSVARIABLEN BEARBEITEN SYSTEMSTEUERUNG aus. Hierdurch wird der Dialog SYSTEMEIGENSCHAFTEN mit dem Register ERWEITERT geöffnet, in dem Sie auf UMGEBUNGSVARIABLEN klicken.

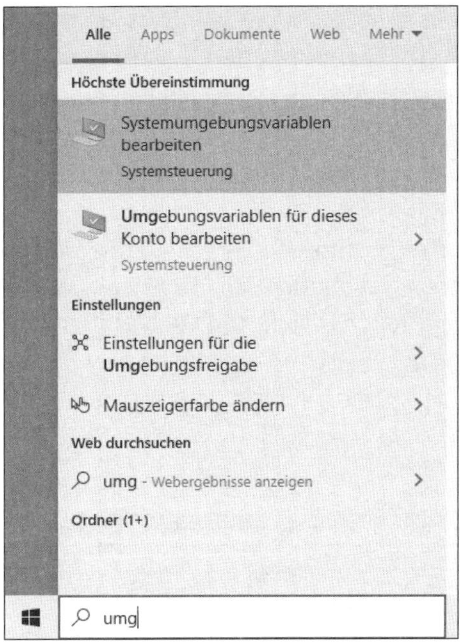

Abbildung 11.16 Den Dialog »Systemeigenschaften« rufen Sie über das Suchfeld der Taskleiste auf.

2. Bei den Windows-Umgebungsvariablen wird zwischen Systemvariablen und Benutzervariablen unterschieden. Während Letztere nur für den angemeldeten Benutzer gelten, sind die Systemvariablen für alle Anwender eines Computers verfügbar. Klicken Sie im gewünschten Bereich, also etwa BENUTZERVARIABLEN FÜR ..., auf NEU.

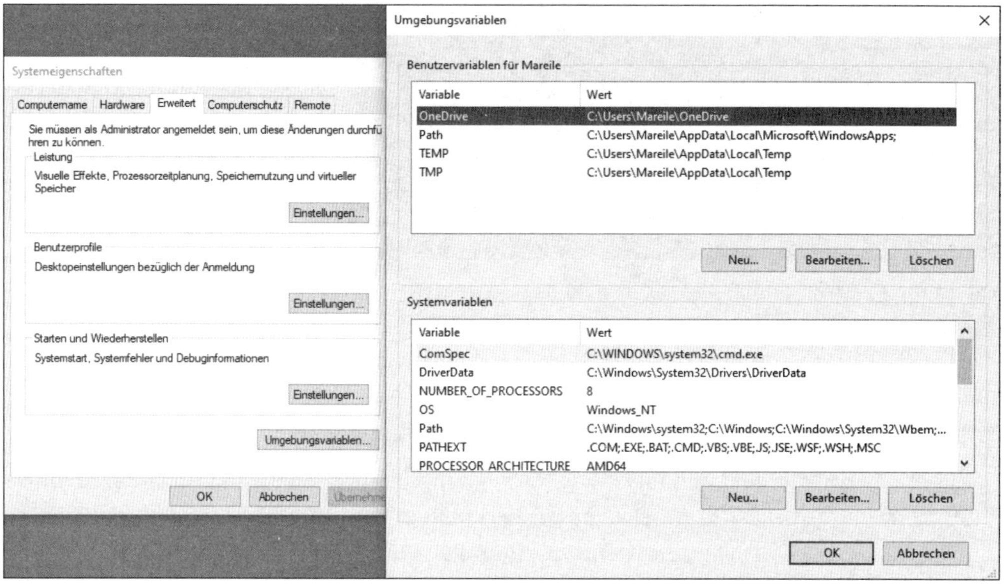

Abbildung 11.17 Bei Umgebungsvariablen wird zwischen Benutzer- und Systemvariablen unterschieden.

3. Geben Sie einen wirklich kurzen Namen für die Variable ein, wenn möglich nur wenige Buchstaben, um sich später Tipparbeit zu sparen. Achten Sie aber darauf, dass dieses Kürzel noch nicht vergeben ist, da das bereits vorhandene sonst durch Ihre neue Definition überschrieben wird.
4. Über die Schaltfläche VERZEICHNIS DURCHSUCHEN bestimmen Sie nun den Wert, durch den die Eingabe der Umgebungsvariable später ersetzt werden soll, im Beispiel also den Pfad, der geöffnet werden soll. Sobald Sie alle geöffneten Dialoge mit OK bestätigt haben, steht Ihnen die Umgebungsvariable zur Verfügung.

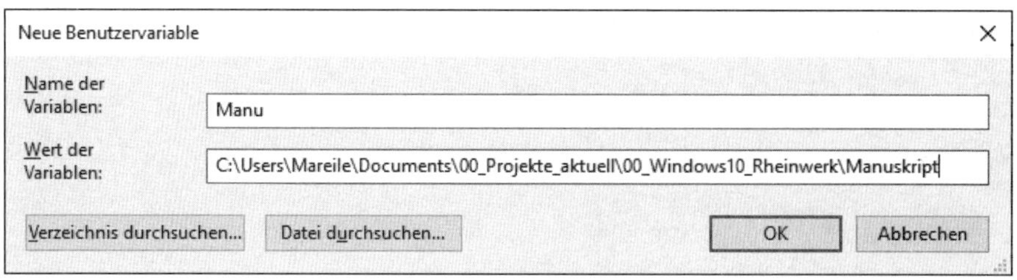

Abbildung 11.18 Vergeben Sie einen möglichst kurzen Namen, und bestimmen Sie den Wert der Variablen.

5. Wie bei all diesen Variablen üblich, fügen Sie zu Beginn und am Ende der Variablen das Prozentzeichen hinzu. Für die Benutzervariable *Manu* aus dem Beispiel in Abbildung 11.18 führt also die Eingabe von »%Manu%« zum damit verknüpften Pfad.

Die selbst definierten Umgebungsvariablen lassen sich anschließend nicht nur im Explorer, sondern auch in der Eingabeaufforderung und der PowerShell nutzen, um schnell zu einem Verzeichnis zu navigieren. Allerdings ist hier zunächst eine Ab- und dann wieder Anmeldung am System notwendig, damit Ihnen die Umgebungsvariablen zur Verfügung stehen. In der Eingabeaufforderung geben Sie `cd %manu%` ein, um zum mit der Umgebungsvariablen verknüpften Pfad zu gelangen, in der PowerShell erfolgt der Aufruf für unser Beispiel über `cd $env:manu`.

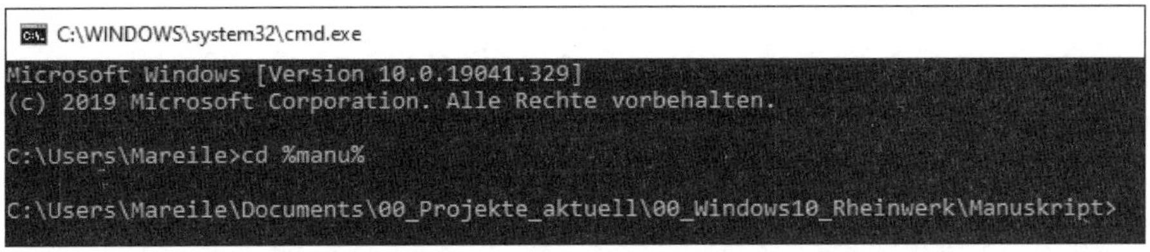

Abbildung 11.19 Aufruf der Umgebungsvariablen in der Eingabeaufforderung

Abbildung 11.20 Aufruf der Umgebungsvariablen in der PowerShell

11.4 Schnellzugriffsleiste anpassen

Am linken Rand der Titelleiste befindet sich die sogenannte *Schnellzugriffsleiste* mit Schaltflächen für häufig genutzte Befehle. Per Standardeinstellung werden hier bereits die drei Funktionen RÜCKGÄNGIG, NEUER ORDNER sowie EIGENSCHAFTEN eingeblendet. Nach einem Klick auf das Symbol lassen sich auch LÖSCHEN, WIEDERHOLEN und UMBENENNEN hinzufügen. All diese Funktionen rufen die meisten Anwender wahrscheinlich eher per Tastenkombination oder Kontextmenü auf.

Was viele aber nicht wissen: Die Schnellzugriffsleiste lässt sich um jede beliebige Funktion, die Sie auf den Registerkarten des Explorers finden, ergänzen. Nutzen Sie also häufig eine Funktion, die gut versteckt und nur mit einigen Mausklicks zu erreichen ist, sollten Sie ihr einen Platz in der Schnellzugriffsleiste gönnen. Hierzu reicht ein rechter Mausklick auf die entsprechende Schaltfläche und dann die Auswahl des Kontextmenübefehls ZUR SYMBOLLEISTE FÜR DEN SCHNELLZUGRIFF HINZUFÜGEN. Enthält die Schnellzugriffsleiste viele Symbole, schieben Sie sie am besten über den Kontextmenübefehl SYMBOLLEISTE FÜR DEN SCHNELLZUGRIFF UNTER DEM MENÜBAND ANZEIGEN zwischen das Menüband und die Adressleiste.

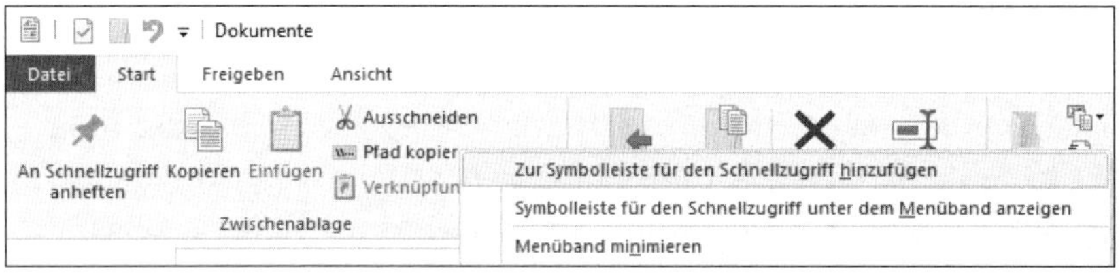

Abbildung 11.21 Häufig genutzte Befehle können Sie ganz einfach der Schnellzugriffsleiste hinzufügen.

»Senden an«-Menü konfigurieren

Wenn Sie mehrere Dateien in einem komprimierten Ordner zusammenfassen möchten, gelingt dies am schnellsten über das SENDEN AN-Menü: Markieren Sie die gewünschten Daten einfach, und klicken Sie sie dann mit der rechten Maustaste an. Im Kontextmenü wählen Sie SENDEN AN • ZIP-KOMPRIMIERTER ORDNER. Windows 10 erstellt sofort einen komprimierten Ordner, dem Sie noch einen neuen Namen geben können. Das SENDEN AN-Menü ist aber auch praktisch, um eine Verknüpfung auf dem Desktop zu erstellen oder Daten auf angeschlossene USB-Laufwerke zu kopieren. Sobald Sie das Laufwerk vom Gerät abziehen, verschwindet auch der Eintrag im Kontextmenü. Wenn Sie dem SENDEN AN-Menü eigene Verknüpfungen hinzufügen möchten, geben Sie in der Adresszeile des Explorers einfach »shell:SendTo« ein. Damit gelangen Sie automatisch zu dem Ordner, der alle Elemente des Menüs enthält. Hier können Sie nun beliebig neue Verknüpfungen z. B. zu Ordnern oder auch Anwendungen ergänzen und bereits vorhandene löschen. Letzteres dürfte z. B. für den Eintrag FAXEMPFÄNGER gelten, den wohl kaum noch jemand nutzen dürfte.

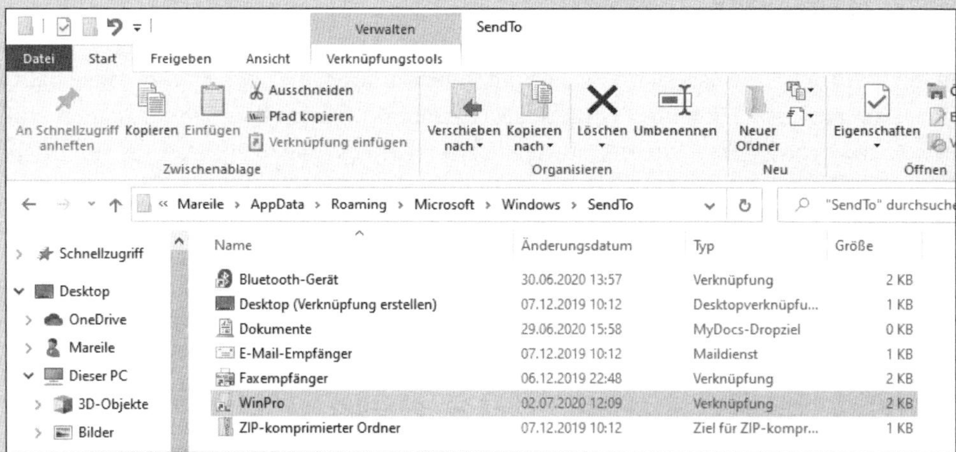

Abbildung 11.22 Das »Senden an«-Menü kann um eigene Verknüpfungen ergänzt werden.

11.5 Bibliotheken geschickt nutzen

Bereits seit Windows 7 sind die Bibliotheken fester Bestandteil des Betriebssystems. Mithilfe dieser virtuellen Verzeichnisse können Sie Dateien und Ordner thematisch zusammenfassen. Die Daten müssen sich dabei nicht am gleichen Speicherort befinden, sondern können auf Ihrem PC, in freigegebenen Netzwerkordnern, auf externen Laufwerken oder auch in der Cloud OneDrive gespeichert sein. Eine Bibliothek selbst enthält lediglich Verknüpfungen zum Originalspeicherort der Daten.

Windows 10 bringt bereits die Standardbibliotheken *Bilder*, *Dokumente*, *Musik*, *Video*, *Eigene Aufnahmen* und *Gespeicherte Bilder* mit. Sollten Sie bei Ihnen noch nicht im Navigationsbereich des Explorers eingeblendet werden, klicken Sie mit der rechten Maustaste auf einen freien Bereich innerhalb des Navigationsbereichs. Versehen Sie dann im Kontextmenü den Eintrag BIBLIOTHEKEN ANZEIGEN mit einem Häkchen. Sie können aber auch eigene Bibliotheken erstellen, wie im folgenden Abschnitt beschrieben.

11.5.1 Eine neue Bibliothek anlegen

Bibliotheken eignen sich wunderbar, um Ordner, die quer über den Computer, externe Laufwerke oder auch Netzwerkordner verstreut sind, in einem virtuellen Verzeichnis zusammenzufassen. Auf die Bibliothek können Sie dann zentral zugreifen und z. B. Suchanfragen starten, die Daten sortieren oder auch freigeben. Die wichtigste Voraussetzung, damit ein Ordner einer Bibliothek hinzugefügt werden kann, ist, dass er indiziert ist. Das ist z. B. bei internen Laufwerken der Fall, die mit NTFS oder FAT32 formatiert sind, aber auch bei externen USB- oder IEEE 1394-Festplatten mit ebenfalls NTFS- oder FAT32-Formatierung sowie freigegebenen, indizierten Netzwerklaufwerken. Nähere Informationen zum Windows-Suchindex erhalten Sie in Kapitel 14, »Erfolgreich auf die Suche gehen«.

Um eine eigene Bibliothek anzulegen, klicken Sie im Navigationsbereich des Explorers mit der rechten Maustaste auf BIBLIOTHEKEN und im Kontextmenü anschließend auf NEU • BIBLIOTHEK. Geben Sie der Bibliothek am besten einen aussagekräftigen Namen (siehe Abbildung 11.23).

Um der Bibliothek Ordner hinzuzufügen, markieren Sie sie im Navigationsbereich. Wechseln Sie im Menüband in das Register VERWALTEN BIBLIOTHEKTOOLS, und klicken Sie links auf BIBLIOTHEK VERWALTEN (siehe Abbildung 11.24). Im Dialog ORTE FÜR BIBLIOTHEK... wählen Sie über die Schaltfläche HINZUFÜGEN alle gewünschten Ordner aus, die Sie der Bibliothek zuordnen möchten. Versehentlich hinzugefügte oder in der Bibliothek nicht mehr benötigte Ordner lassen sich im gleichen Dialog auch jederzeit wieder entfernen. Da es sich nur um eine Verknüpfung zum eigentlichen Speicherort des Ordners handelt, wird der eigentlichen Ordner durch das Entfernen nicht gelöscht, sondern nur der Verweis in die Bibliothek aufgehoben.

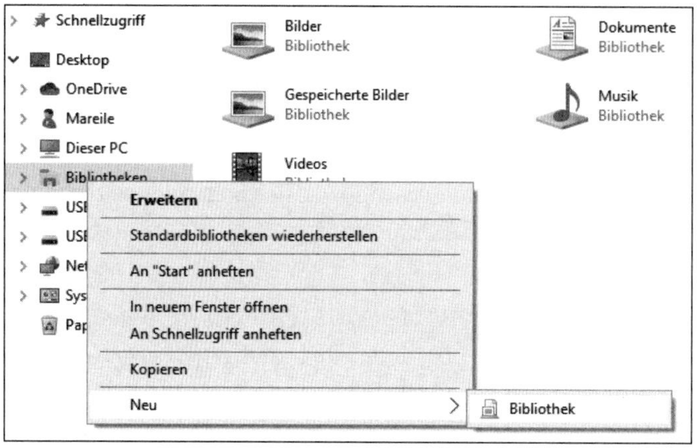

Abbildung 11.23 Über das Kontextmenü von »Bibliotheken« legen Sie eine neue Bibliothek an.

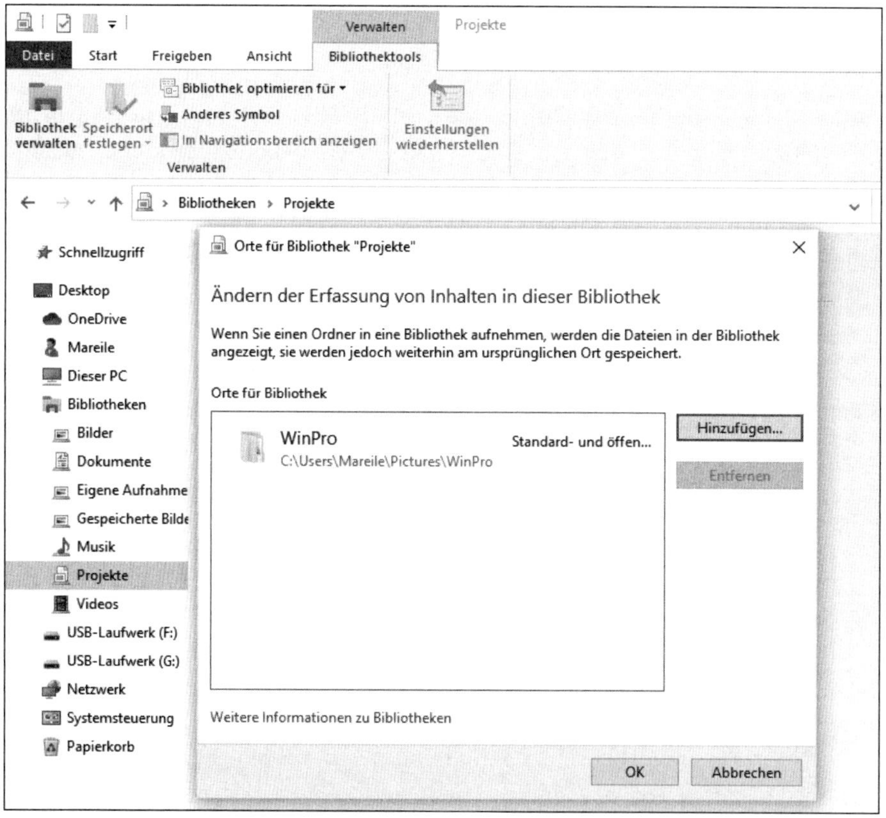

Abbildung 11.24 Fügen Sie der Bibliothek dann die gewünschten Ordner hinzu.

Alternativ zum Weg über das Register VERWALTEN BIBLIOTHEKTOOLS können Sie Ordner natürlich auch per Drag & Drop einer Bibliothek hinzufügen. Dies sollten Sie allerdings nicht wie gewohnt mit gedrückter linker Maustaste erledigen, da der Ordner damit in die Bibliothek verschoben wird. Halten Sie während des Ziehens stattdessen die rechte Maustaste gedrückt. Lassen Sie die Maustaste über dem Bibliotheksnamen los, und wählen Sie im Kontextmenü IN BIBLIOTHEK AUFNEHMEN.

11.5.2 Einstellungen für Bibliotheken vornehmen

Markieren Sie im Navigationsbereich des Explorers die Standardbibliothek BILDER oder auch MUSIK, wird im Menüband zusätzlich zum Register VERWALTEN BIBLIOTHEKTOOLS das Register VERWALTEN BILDTOOLS bzw. WIEDERGEBEN MUSIKTOOLS eingeblendet. Diese Register bündeln Funktionen, die speziell auf die jeweiligen Medientypen zugeschnitten sind. Wenn Sie dies auch für Ihre eigene Bibliothek wünschen, markieren Sie die Bibliothek im Navigationsbereich und klicken im Register VERWALTEN BIBLIOTHEKTOOLS auf BIBLIOTHEK OPTIMIEREN FÜR und dann auf den gewünschten Medientyp.

Wie im vorherigen Abschnitt erwähnt, werden Daten, die Sie per klassisches Drag & Drop, also mit gedrückter linker Maustaste, auf den Bibliotheksnamen im Navigationsbereich ziehen, automatisch in die Bibliothek verschoben. Als Speicherort wählt Windows 10 den sogenannten *Standardspeicherort* der Bibliothek. Dies ist zunächst der erste Ordner, den Sie der Bibliothek hinzugefügt haben. Ist Ihnen einer der anderen Ordner lieber, markieren Sie die Bibliothek wieder im Navigationsbereich. Klicken Sie im Register VERWALTEN BIBLIOTHEKTOOLS auf SPEICHERORT FESTLEGEN und dann auf den gewünschten Ordner.

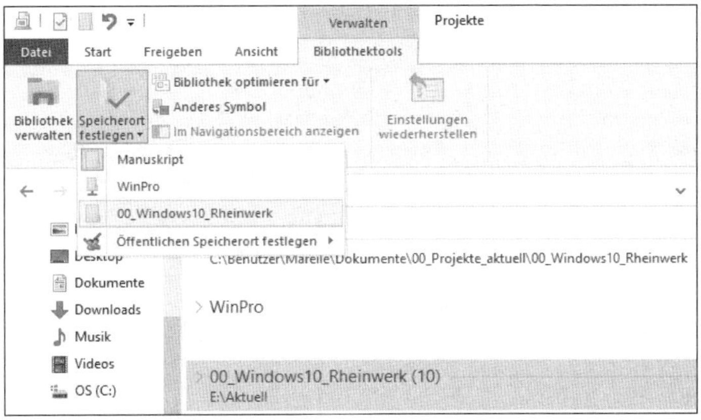

Abbildung 11.25 Einstellungen für die Bibliothek wie etwa den Speicherort nehmen Sie im Register »Verwalten Bibliothektools« vor.

Gefällt Ihnen das Symbol nicht, das Windows für die Anzeige Ihrer Bibliothek gewählt hat, lässt sich dies über die Schaltfläche ANDERES SYMBOL austauschen. Mit einem Klick auf IM NAVIGATIONSBEREICH ANZEIGEN blenden Sie eine Bibliothek im Navigationsbereich ein. Die Schaltfläche lässt sich allerdings nur betätigen, wenn Sie im Register ANSICHT unter NAVIGATIONSBEREICH den Eintrag ALLE ORDNER ANZEIGEN deaktiviert haben.

Benötigen Sie eine Bibliothek nicht mehr, klicken Sie sie im Navigationsbereich mit der rechten Maustaste an und wählen LÖSCHEN. Sollten Sie versehentlich eine der Standardbibliotheken entfernt haben, klicken Sie mit der rechten Maustaste auf BIBLIOTHEKEN und wählen im Kontextmenü STANDARDBIBLIOTHEKEN WIEDERHERSTELLEN. Bibliotheken werden übrigens bei einer Sicherung mit dem Dateiversionsverlauf berücksichtigt. Diesen lernen Sie in Kapitel 12, »Datensicherung mit Windows 10«, kennen.

11.6 Nicht mehr benötigte Daten löschen

Dateien oder Ordner, die nicht mehr benötigt werden, sollte man löschen, um nicht unnötig Speicherplatz zu verschwenden. Wählen Sie hierfür z. B. den Befehl LÖSCHEN aus dem Kontextmenü einer Datei oder eines Ordners, landet das gelöschte Element zunächst im Papierkorb. Wenn Sie sich sicher sind, dass Sie es nie mehr benötigen, können Sie auch die Taste [⇧] gedrückt halten, bevor Sie den LÖSCHEN-Befehl wählen. Anschließend müssen Sie den Vorgang meist noch bestätigen, damit die Daten endgültig gelöscht werden.

Manchmal löscht man ein Element auch versehentlich. Sind die Daten im Papierkorb gelandet, haben Sie die Möglichkeit, sie wiederherzustellen. Rufen Sie hierzu den Papierkorb entweder über das Desktopsymbol oder den Eintrag im Navigationsbereich des Explorers auf. Im Menüband erscheint damit das Register VERWALTEN PAPIERKORBTOOLS. Mit AUSGEWÄHLTE ELEMENTE WIEDERHERSTELLEN stellen Sie zuvor markierte Dateien oder Ordner wieder her.

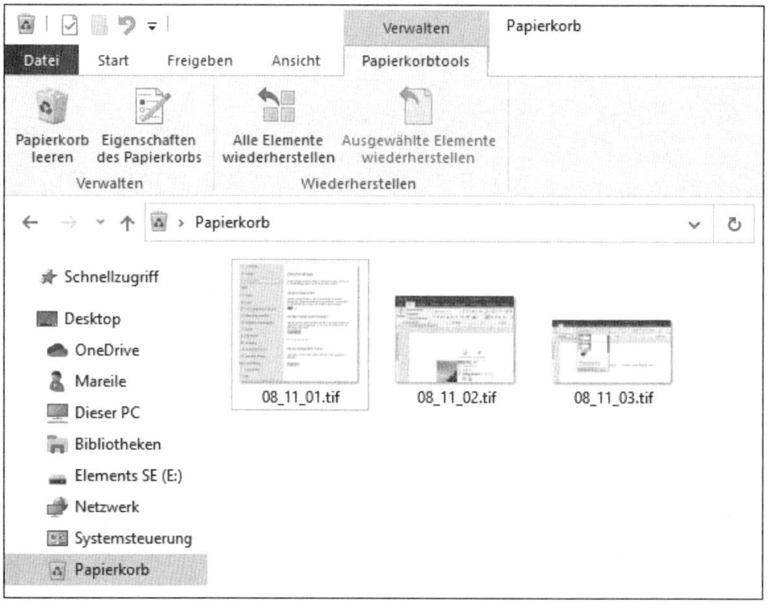

Abbildung 11.26 Versehentlich gelöschte Elemente können über den Papierkorb wiederhergestellt werden.

Kann der gesamte Inhalt des Papierkorbs gelöscht werden, um den zu Beginn erwähnten Speicherplatz wiederzugewinnen, reicht ein Klick auf PAPIERKORB LEEREN. Über die Schaltfläche EIGENSCHAFTEN DES PAPIERKORBS rufen Sie den Eigenschaften-Dialog auf, in dem Sie erfahren, wie viel Speicherplatz der Papierkorb maximal nutzen kann. Den angegebenen Wert können Sie auch reduzieren. Hat der Papierkorb den zur Verfügung stehenden Speicherplatz tatsächlich ausgeschöpft, werden die ältesten Elemente innerhalb des Papierkorbs automatisch gelöscht.

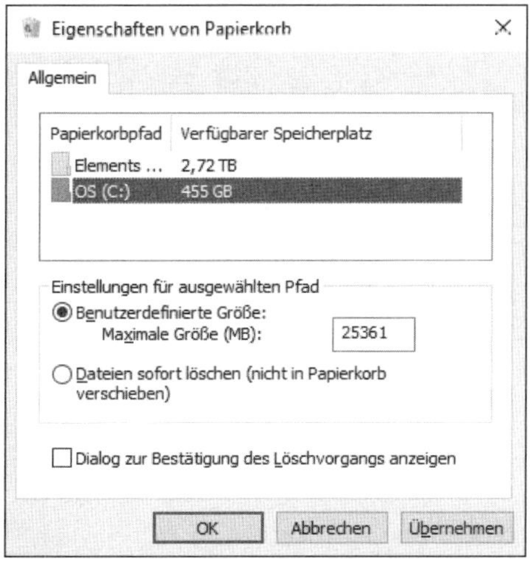

Abbildung 11.27 Sie können selbst vorgeben, wie viel Speicherplatz Sie dem Papierkorb einräumen.

Windows fordert nur beim endgültigen Löschen Ihr Einverständnis. Möchten Sie zur Sicherheit bei jedem Löschvorgang einen Hinweis erhalten, aktivieren Sie DIALOG ZUR BESTÄTIGUNG DES LÖSCHVORGANGS ANZEIGEN.

Löschen Sie übrigens Daten von einem Wechseldatenträger oder aus einem komprimierten Ordner, werden diese immer sofort endgültig gelöscht. Hier haben Sie also keine Chance, sie über den Papierkorb wiederherzustellen. Welche Besonderheiten es beim Löschen von Daten aus dem Onlinespeicher OneDrive zu berücksichtigen gilt, erfahren Sie in Abschnitt 12.3, »Daten in der Cloud OneDrive speichern«.

Die automatische Speicheroptimierung von Windows 10

Wer unter Windows nicht mehr benötigte temporäre Dateien löschen will, greift meist zu Drittanbieterprogrammen wie etwa dem Tool *CCleaner*. Was aber nicht jedem bekannt ist: Seit dem Windows Creators Update bietet auch Windows selbst eine Funktion, die automatisch den Papierkorb leert, den Download-Ordner von überflüssigen Elementen befreit und temporäre Daten löscht. Diese sogenannte *Speicheroptimierung* ist per Standardeinstellung ausgeschaltet. Um sie zu aktivieren, rufen Sie in der Einstellungen-App SYSTEM • SPEICHER auf. Sobald Sie den Regler gesetzt haben, sollten Sie über den Link Konfigurieren Sie die Speicheroptimierung, oder führen Sie den Vorgang jetzt aus bestimmen, ob die Speicheroptimierung erst bei wenig freiem Speicherplatz oder bereits täglich, jede Woche oder jeden Monat ausgeführt werden soll. Im Bereich Temporäre Daten legen Sie fest, welche Dateien gelöscht werden dürfen und wie alt diese sein müssen. Mit Jetzt bereinigen lässt sich die Speicheroptimierung sofort durchführen. Die Option Vorherige Windows-Versionen löschen ist mit Vorsicht zu betrachten, denn sollten Sie tatsächlich in den nächsten Tagen in die Situation kommen, das System auf die Vorgängerversion zurücksetzen zu müssen, ist dies dann nicht mehr möglich.

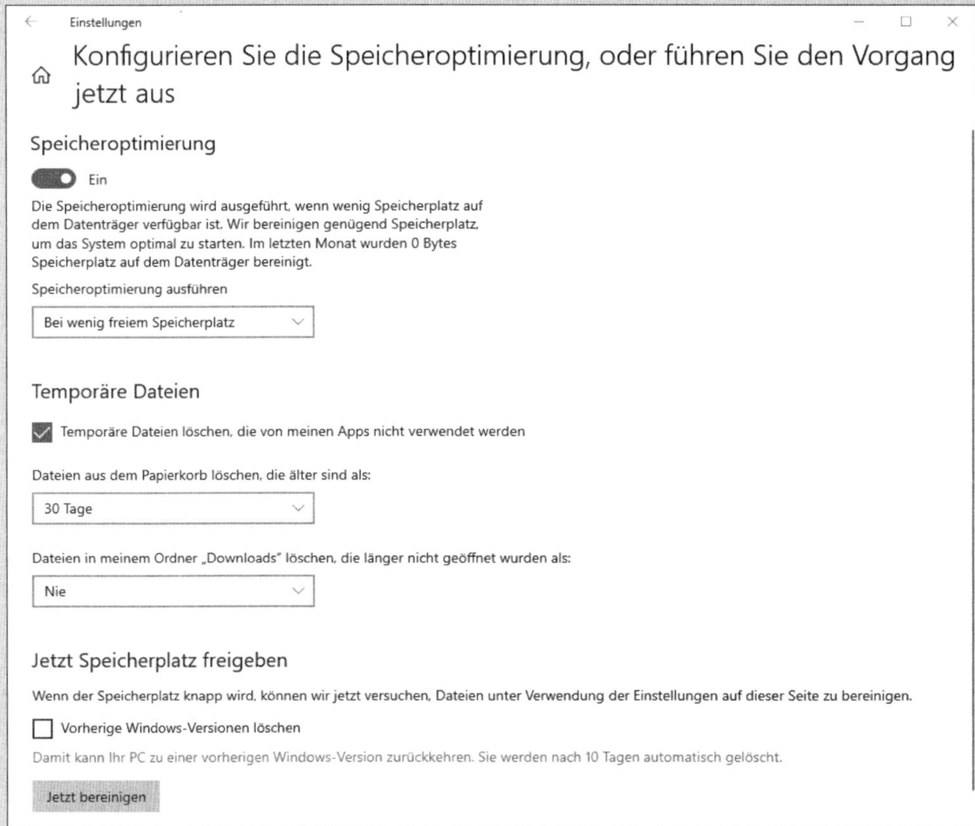

Abbildung 11.28 Konfiguration der Speicheroptimierung

Die aus älteren Windows-Versionen bekannte *Datenträgerbereinigung* gibt es auch unter Windows 10 noch. Sie lässt sich wie gewohnt im Explorer per rechten Mausklick auf das gewünschte Laufwerk, dann Auswahl des Befehls Eigenschaften und einen anschließenden Klick auf Bereinigen aufrufen.

11.7 Die neue Zwischenablage von Windows 10

Eine Funktion, die wir alle wahrscheinlich mehrmals täglich nutzen, ohne uns allzu große Gedanken darüber zu machen, ist die *Zwischenablage*. Sobald Sie ein zuvor markiertes Element (z. B. eine Datei, einen Ordner, Texte, Bilder etc.) per Tastenkombination oder auch Mausklick kopieren bzw. ausschneiden, wird es automatisch in der Zwischenablage gespeichert und kann von dort an anderer Stelle wieder eingefügt werden. Klassischerweise bietet die Zwischenablage nur Platz für ein Element. Sobald also ein neues Element kopiert oder ausgeschnitten wird, wird der vorherige Eintrag in der Zwischenablage überschrieben. Seit dem Herbst-Update 2018 bietet Windows 10 nun eine erweiterte Zwischenablage an, mit der sich bis zu 25 Elemente in der Ablage speichern lassen. Wer möchte, kann den Inhalt der Zwischenablage sogar über die Cloud OneDrive mit anderen Geräten synchronisieren.

11.7.1 Die erweiterte Zwischenablage aktivieren und verwenden

Um in den Genuss der erweiterten Zwischenablage zu kommen, müssen Sie die Funktion erst aktivieren. Das ist schnell erledigt: Starten Sie z. B. über die Tastenkombination ⊞ + I die Einstellungen-App, und rufen Sie hier SYSTEM • ZWISCHENABLAGE auf. Setzen Sie nun rechts den Regler ZWISCHENABLAGEVERLAUF auf EIN, und schon steht die erweiterte Zwischenablage zur Verfügung. Auf dem gleichen Weg lässt sie sich später natürlich auch wieder deaktivieren.

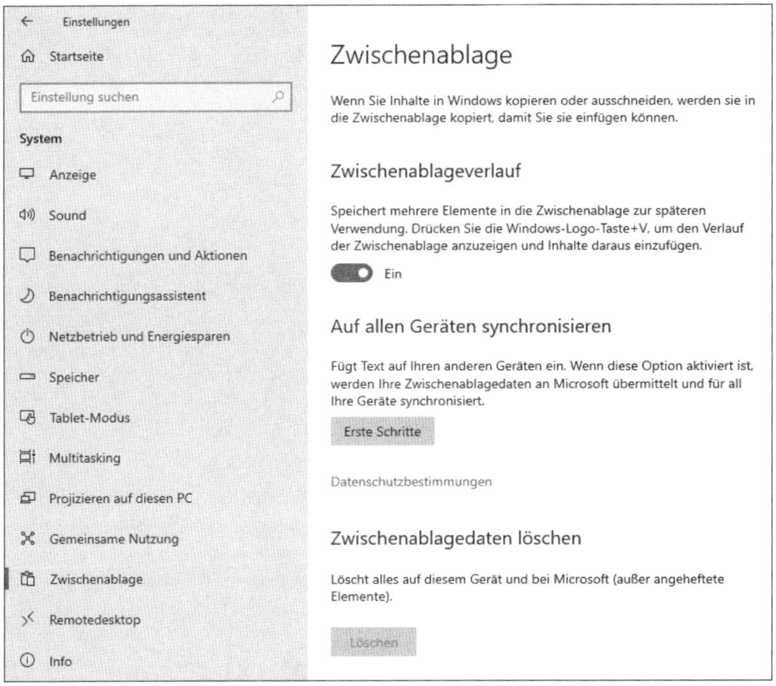

Abbildung 11.29 Der Zwischenablageverlauf muss erst aktiviert werden.

Um Elemente in der Zwischenablage zu speichern, stehen Ihnen alle auch bisher gewohnten Wege zur Verfügung. Sie können also weiterhin z. B. Texte, Bilder und mehr mit der Tastenkombination Strg + C oder dem entsprechenden Kontextmenübefehl kopieren oder auch einen Screenshot mit der Taste Druck oder der Tastenkombination Alt + Druck aufnehmen. Es gibt nur eine Einschränkung: Die Größe eines jeden Elements in der erweiterten Zwischenablage ist auf 4 MB beschränkt.

Wenn Sie das zuletzt der Zwischenablage hinzugefügte Element an anderer Stelle einfügen möchten, reicht weiterhin die Tastenkombination Strg + V oder auch der entsprechende EINFÜGEN-Befehl, den Sie über das Kontextmenü oder das Menüband eines Programms erreichen.

Um auf ältere Elemente im Zwischenablageverlauf zuzugreifen, drücken Sie die Tastenkombination ⊞ + V. Im Dialog ZWISCHENABLAGE sehen Sie zunächst die letzten vier hinzugefügten Elemente, wobei sich das neueste Element zu Beginn der Liste befindet. Um zu älteren Elementen zu gelangen, scrollen Sie einfach in der Liste. Ein Mausklick auf das gewünschte Element reicht, und schon wird es an der gewünschten Stelle eingefügt.

Befinden sich bereits 25 Elemente im Zwischenablageverlauf und Sie fügen noch ein weiteres Element hinzu, wird automatisch das älteste Element gelöscht, um Platz für das neue zu schaffen. Wenn Sie lieber selbst für freien Platz sorgen möchten, suchen Sie sich im Zwischenablageverlauf ein nicht mehr benötigtes Element heraus. Klicken Sie am rechten Rand des Elements auf das Symbol ··· und im aufklappenden Menü dann auf LÖSCHEN. Benötigen Sie den gesamten Inhalt des Zwischenablageverlaufs nicht mehr, wählen Sie stattdessen ALLE LÖSCHEN. Der Inhalt des Zwischenablageverlaufs wird automatisch geleert, wenn Sie den PC herunterfahren.

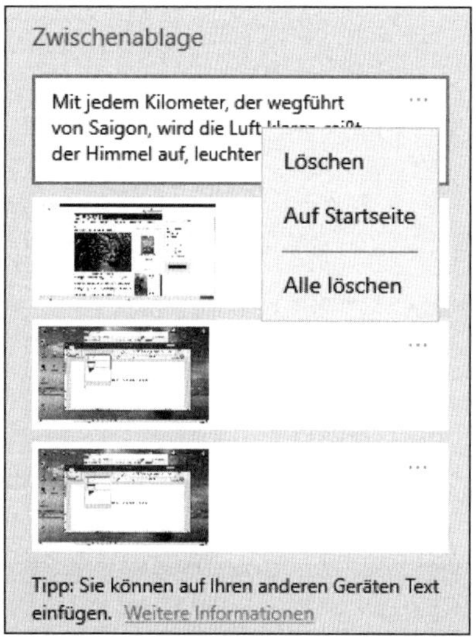

Abbildung 11.30 Nicht benötigte Elemente sollten Sie im Zwischenablageverlauf löschen.

Wenn Sie ein Element häufiger benötigen, können Sie es auch fest im Zwischenablageverlauf anheften. Der entsprechende Befehl, den Sie ebenfalls über das Symbol [...] erreichen, lautet AUF STARTSEITE. Soll das angepinnte Element doch irgendwann aus dem Zwischenablageverlauf entfernt werden, wählen Sie den Befehl LOSLÖSEN.

11.7.2 Den Zwischenablageverlauf mit anderen Geräten synchronisieren

Arbeiten Sie mit unterschiedlichen Geräten, auf denen Sie sich aber jeweils mit demselbem Microsoft-Konto anmelden? In diesem Fall können Sie den Zwischenablageverlauf über die Cloud OneDrive synchronisieren und so den Inhalt der Zwischenablage auf jedem dieser Geräte nutzen. Da die Synchronisation auf jedem Gerät zunächst aktiviert werden muss, können Sie selbst festlegen, auf welchem Gerät Sie sie tatsächlich benötigen.

Zur Aktivierung rufen Sie in der Einstellungen-App wieder SYSTEM • ZWISCHENABLAGE auf. Stellen Sie sicher, dass der Regler ZWISCHENABLAGEVERLAUF eingeschaltet ist, bevor Sie unterhalb von AUF ALLEN GERÄTEN SYNCHRONISIEREN auf ERSTE SCHRITTE klicken (siehe Abbildung 11.29). Microsoft überprüft als Nächstes Ihre Identität, indem es einen Code an die von Ihnen hinterlegte Mobilfunknummer oder E-Mail-Adresse schickt. Nach erfolgreicher Prüfung erscheint anstelle der Schaltfläche ERSTE SCHRITTE ein Regler, den Sie nun auf EIN setzen.

Unterhalb von AUTOMATISCHE SYNCHRONISIERUNG finden Sie nun zwei Optionen (siehe Abbildung 11.31). Per Standardeinstellung ist MEINEN KOPIERTEN TEXT AUTOMATISCH SYNCHRONISIEREN aktiviert. In diesem Fall wird die Synchronisation ganz ohne Ihr Zutun mit allen Geräten durchgeführt. Aus Sicherheits- und Datenschutzgründen ist dies ausgesprochen kritisch zu sehen. Denn was auch immer Sie während Ihrer Arbeit am PC kopieren, landet in der Zwischenablage und von dort dann auch in der Cloud OneDrive. Handelt es sich bei den kopierten Elementen um harmlose Texte oder Bilder, ist es nicht weiter schlimm. Nutzen Sie aber z. B. einen Passwort-Manager und kopieren aus diesem heraus ein Kennwort, gelangt dieses damit ebenfalls automatisch in die Zwischenablage und dann in die Cloud. Solch sensible Daten haben in einer Cloud aber nichts verloren. Aus Sicherheitsgründen sollten Sie sich daher für die zweite Option MEINEN KOPIERTEN TEXT NIE AUTOMATISCH SYNCHRONISIEREN entscheiden (siehe Abbildung 11.31). In diesem Fall entscheiden Sie selbst, welche Einträge des Zwischenablageverlaufs in die Cloud übertragen und mit anderen Geräten synchronisiert werden sollen.

Um die entsprechenden Einträge auszuwählen, rufen Sie wieder den Zwischenablageverlauf über die Tastenkombination [Win] + [V] auf. Blättern Sie bis zu dem Element, das synchronisiert werden soll. Klicken Sie an seinem rechten Rand auf das Symbol [...] und dann auf SYNCHRONISIERUNG (siehe Abbildung 11.32). Wird Ihnen der Befehl nicht angeboten, ist das Element höchstwahrscheinlich zu groß für die Synchronisation per Cloud.

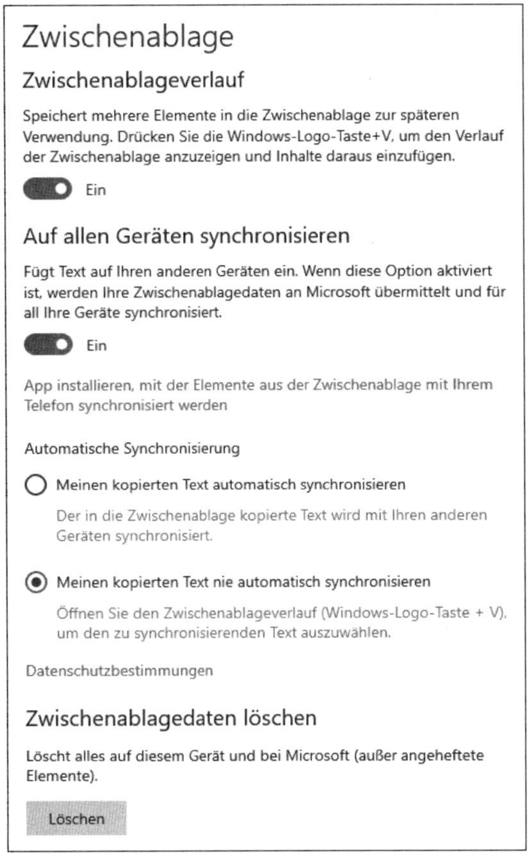

Abbildung 11.31 Lassen Sie die Synchronisierung aus Sicherheitsgründen nicht automatisch durchführen.

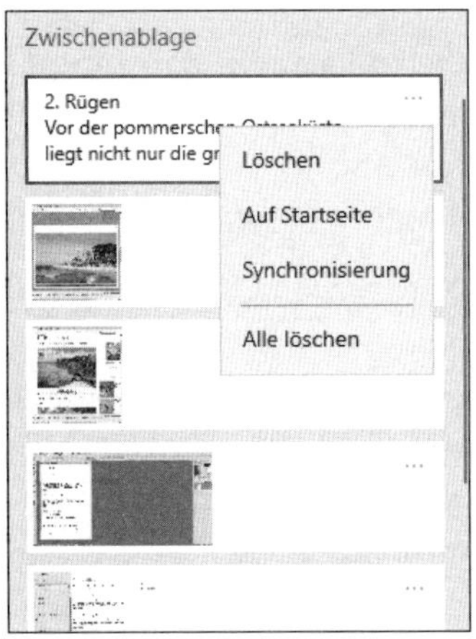

Abbildung 11.32 Bei der manuellen Synchronisierung entscheiden Sie selbst, welche Elemente in die Cloud übertragen werden.

Wenn Sie die Zwischenablagedaten komplett löschen möchten, also nicht nur auf Ihrem Gerät, sondern auch in der Cloud, rufen Sie in der Einstellungen-App SYSTEM • ZWISCHENABLAGE auf und klicken dann rechts auf LÖSCHEN. Benötigen Sie den Zwischenablageverlauf oder zumindest die Synchronisierung nicht mehr, sollten Sie sie über die entsprechenden Regler in der Einstellungen-App deaktivieren.

11.8 Nützliche Tastenkombinationen für den Explorer

Zum Abschluss dieses Kapitels erhalten Sie eine Übersicht über beliebte Shortcuts für den Explorer.

11

Tastenkombination	Wirkung
[Windows] + [E]	Öffnet den Explorer.
[Alt] + [↵]	Öffnet den Eigenschaften-Dialog von zuvor markierten Dateien oder Ordnern.
[Alt] + [D]	Öffnet das Menü DATEI.
[Alt] + [P]	Blendet das Vorschaufenster am rechten Rand des Programmfensters ein bzw. aus.
[Alt] + [←]	Wechselt zu einem zuvor geöffneten Ordner.
[Alt] + [↑]	Führt in der Ordnerhierarchie eine Stufe nach oben.
[Strg] + [E]	Aktiviert das Suchfeld rechts oben.
[Strg] + [N]	Öffnet ein weiteres Programmfenster des Explorers.
[Strg] + [⇧] + [N]	Erzeugt einen neuen Ordner im aktuellen Ordner.
[Strg] + Mausrad nach oben bzw. unten	Vergrößert bzw. verkleinert Symbole in der aktuellen Ansicht.
[Strg] + [A]	Markiert alle Elemente innerhalb eines zuvor ausgewählten Ordners.
[Strg] + [C]	Kopiert zuvor markierte Elemente.
[Strg] + [V]	Fügt die zuvor kopierten Elemente ein.
[Strg] + [X]	Schneidet zuvor markierte Elemente aus.
[⇧] + [Entf]	Löscht zuvor markierte Dateien oder Ordner permanent.

Tabelle 11.1 Mit Tastaturkürzeln ist die Bedienung des Explorers noch komfortabler.

Tastenkombination	Wirkung
⇧ + F10	Blendet das erweiterte Kontextmenü ein.
⊞ + V	Öffnet den Dialog ZWISCHENABLAGE, sofern zuvor der Zwischenablageverlauf über START • EINSTELLUNGEN • SYSTEM • ZWISCHENABLAGE aktiviert wurde.
F2	Benennt ein markiertes Element um.
F4	Zeigt die Adressleiste an.
F11	Wechselt zwischen Normal- und Vollbildmodus.

Tabelle 11.1 Mit Tastaturkürzeln ist die Bedienung des Explorers noch komfortabler. (Forts.)

Kapitel 12
Datensicherung mit Windows 10

Auch wenn den meisten Anwendern durchaus bewusst ist, wie wichtig eine Datensicherung ist, setzen doch die wenigsten sie konsequent um. Dabei ist ein Backup selbst mit den Bordmitteln von Windows 10 schnell eingerichtet. In diesem Kapitel lernen Sie verschiedene Varianten kennen.

Gefahren für Ihre Daten drohen von überall: So reicht ein unbedachter Moment, und schon gibt die Festplatte aufgrund eines umgestürzten Wasserglases ihren Dienst auf. Oder Ihr System wird von sogenannter *Ransomware* infiziert. Durch diesen Erpressungstrojaner werden alle Daten auf der Festplatte verschlüsselt und lassen sich nie wieder entschlüsseln. Selbst im Rahmen eines Updates kann es passieren, dass Daten gelöscht werden, wie es einige Nutzer leider beim Update zur Windows 10 Version 1809 zu spüren bekamen. Nur wer regelmäßig seine Daten sichert, kann solchen Momenten relativ entspannt begegnen.

Doch was ist die richtige Backup-Strategie? Eine gute Orientierung bietet hier die *3-2-1-Backup-Regel*. Sie empfiehlt

- mindestens drei Kopien der Daten zu erstellen,
- die auf zwei unterschiedlichen Speichermedien gesichert werden,
- von denen eines an einem anderen Ort aufbewahrt wird.

Der andere Ort bezeichnet dabei tatsächlich einen Platz außerhalb Ihres Hauses bzw. des Bürogebäudes. Denn nur so ist das Backup auch im Falle eines Einbruchs oder – noch schlimmer – Hausbrandes gesichert. Ein solcher Platz könnte z. B. ein Onlinespeicher wie OneDrive sein, aber auch das Haus eines sehr guten Freundes oder Familienmitglieds, der für Sie die externe Festplatte mit der Datensicherung aufbewahrt.

Wie häufig Sie ein Backup durchführen, hängt davon ab, wie häufig Sie Änderungen an den Dateien vornehmen. Auch der Wert, den die Daten für Sie haben, spielt eine Rolle. Wenn Sie gerade Hunderte von unwiederbringlichen Urlaubsbildern auf den PC überspielt haben, schreit dies regelrecht nach einer sofortigen Datensicherung, während das Begleitschreiben an eine Versicherung wahrscheinlich keine allzu hohe Priorität hat. Hier müssen Sie also selbst abwägen, ab welchem Moment ein Datenverlust für Sie schmerzhaft wird.

Die für ein Backup nötigen Programme bringt Windows 10 bereits mit. Eines davon, die Funktion *Sichern und Wiederherstellen*, kennt der ein oder andere bereits aus Windows 7-Zeiten. Das Tool zum Erstellen eines Systemabbilds hat seine Vor- und Nachteile, besser als gar keine Datensicherung ist es aber allemal. Durchaus gute Dienste leistet der *Dateiversionsverlauf*, mit dem Sie, wie der Name bereits deutlich macht, die unterschiedlichen Versionen Ihrer Dateien sichern. Er hielt bereits mit Windows 8 Einzug ins Betriebssystem, wurde seitdem aber stark weiterentwickelt. Eine weitere Backup-Möglichkeit, die Sie in diesem Kapitel kennenlernen werden, stellt die Cloud *OneDrive* dar. Mit der Einrichtung eines Microsoft-Kontos stehen Ihnen als Privatanwender automatisch 5 GB kostenloser Speicherplatz in der Cloud zur Verfügung. Verfügen Sie z. B. über ein Microsoft 365 Family-Abonnement (früher Office 365 Home genannt) oder ein Microsoft 365 Single-Abonnement (früher als Office 365 Personal bekannt), beläuft sich der kostenlose Speicherplatz sogar auf 1 TB pro Benutzer.

12.1 Backup mit dem Dateiversionsverlauf

Mit dem in Windows 10 integrierten Dateiversionsverlauf speichern Sie all Ihre Daten aus Ihrem persönlichen Benutzerprofil auf einem lokalen oder externen Laufwerk oder auf einem Netzwerklaufwerk.

Sobald die Funktion aktiviert und die erste Datensicherung durchgeführt wurde, prüft der Dateiversionsverlauf in den von Ihnen vorgegebenen Abständen, ob neue oder geänderte Dateien vorliegen und führt diese automatisch dem Backup hinzu. Die Datensicherung lässt sich bequem durchsuchen, was eine Wiederherstellung verloren gegangener oder beschädigter Daten, aber auch älterer Dateiversionen sehr einfach gestaltet.

12.1.1 Den Dateiversionsverlauf einrichten

Bevor der Dateiversionsverlauf seinen Dienst antreten kann, müssen Sie die Funktion aktivieren und einrichten. Verwenden mehrere Benutzer den Computer, muss der Dateiversionsverlauf für jeden getrennt vorgenommen werden. Ein Bestandteil der Konfiguration ist die Auswahl des Speicherortes für die Datensicherung. Hierfür sollten Sie keinesfalls den Datenträger wählen, auf dem sich das Systemvolume befindet. Gut geeignet sind hingegen z. B. eine externe Festplatte oder auch ein Netzwerkspeicher, für den Sie über die nötige Lese- und Schreibberechtigung verfügen. Entscheiden Sie sich für das externe Laufwerk, erfolgt die Aktivierung des Dateiversionsverlaufs über die Einstellungen-App. Bei einem Netzwerkspeicher (engl. »Network Attached Storage«, kurz *NAS* genannt) führt Sie der Weg noch in die Systemsteuerung, wie Sie etwas weiter unten in diesem Abschnitt sehen werden. Mit jedem neuen Funktionsupdate verlagert Microsoft Funktionen aus der Systemsteuerung in die Einstellungen-App. Es ist also nur eine Frage der Zeit, wann sich auch der Dateiversionsverlauf komplett über die App konfigurieren lässt.

Um die Datensicherung auf einem externen Laufwerk, etwa einer per USB an den PC angeschlossene Festplatte, durchzuführen, gehen Sie folgendermaßen vor:

1. Nachdem Sie das Laufwerk angeschlossen haben, rufen Sie in der Einstellungen-App UPDATE UND SICHERHEIT • SICHERUNG auf. Nach einem Klick auf LAUFWERK HINZUFÜGEN listet Windows 10 alle für die Datensicherung geeigneten Laufwerke auf. Markieren Sie das gewünschte Laufwerk. Nach einem kurzen Moment erscheint statt der Schaltfläche LAUFWERK HINZUFÜGEN nun der bereits eingeschaltete Regler MEINE DATEIEN AUTOMATISCH SICHERN. Der Dateiversionsverlauf ist damit aktiviert.

Abbildung 12.1 Der Dateiversionsverlauf wird automatisch aktiviert, sobald Sie ein Laufwerk ausgewählt haben.

2. Klicken Sie auf WEITERE OPTIONEN, um dort weitere Einstellungen für die Funktion vorzunehmen.
3. Per Standardeinstellung prüft Windows 10 stündlich, ob neue Dateien oder Dateiversionen verfügbar sind und sichert diese. Sie können das Intervall aber auch von ALLE 10 MINUTEN bis hin zu TÄGLICH anpassen. Eine noch feinere Justierung ist per Aufgabenplanung möglich, wie im nächsten Abschnitt gezeigt.
4. Irgendwann einmal kommt der Zeitpunkt, an dem der verfügbare Speicherplatz auf einem Speichermedium erschöpft ist. Standardmäßig werden die Sicherungen immer beibehalten. Sie können in den Sicherungsoptionen des Dateiversionsverlaufs aber auch festlegen, dass ältere Dateiversionen z. B. bereits nach einem Monat, erst in zwei Jahren oder dann, wenn Platz benötigt wird, gelöscht werden.
5. Im Bereich DIESE ORDNER SICHERN werden alle Ordner aufgelistet, die vom Dateiversionsverlauf bei der Datensicherung berücksichtigt werden. Dabei handelt es sich um die

Ordner Ihres Benutzerprofils, die klassischerweise unter *C:\Users\<Benutzer>* gespeichert sind. Nutzen Sie OneDrive, werden auch die zwischen Gerät und Onlinespeicher synchronisierten Daten berücksichtigt, die lokal auf dem Gerät verfügbar sind. Enthält die Liste ein Element, das nicht gesichert werden soll, markieren Sie es und klicken dann auf ENTFERNEN. Umgekehrt können Sie über die Schaltfläche ORDNER HINZUFÜGEN Verzeichnisse auswählen, die bisher noch nicht aufgeführt wurden.

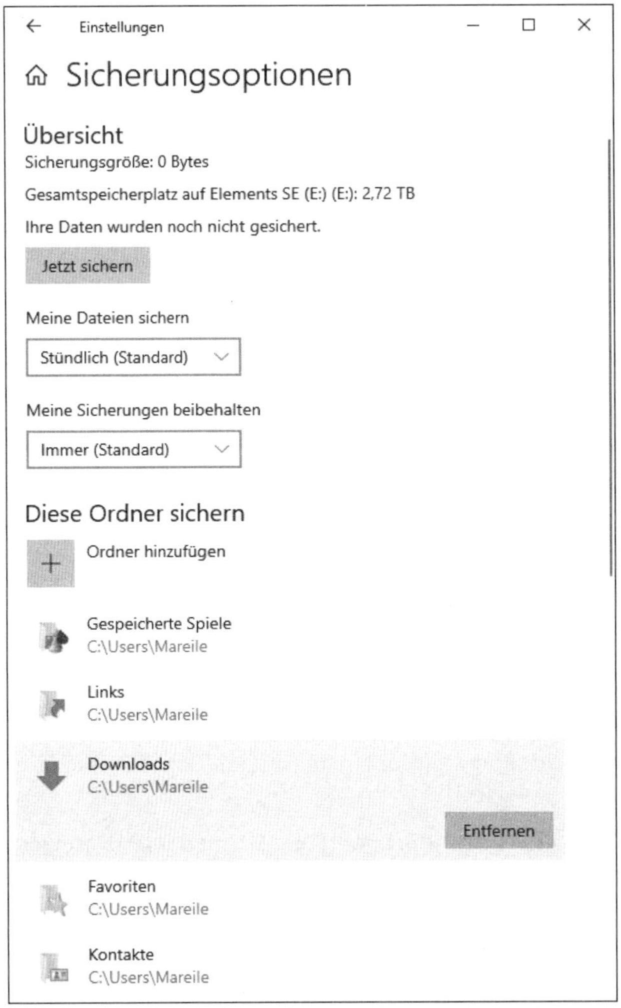

Abbildung 12.2 Um Speicherplatz zu sparen, entfernen Sie nicht benötigte Ordner aus der Liste der zu sichernden Ordner.

6. Die unter DIESE ORDNER SICHERN aufgeführten Pfade beinhalten jeweils auch die Unterordner eines Verzeichnisses. Gibt es einen Ordner z. B. innerhalb des Verzeichnisses *Dokumente*, der beim Backup nicht berücksichtigt werden soll, ergänzen Sie diesen über

die Schaltfläche ORDNER HINZUFÜGEN unterhalb von DIESE ORDNER AUSSCHLIESSEN (siehe Abbildung 12.3).

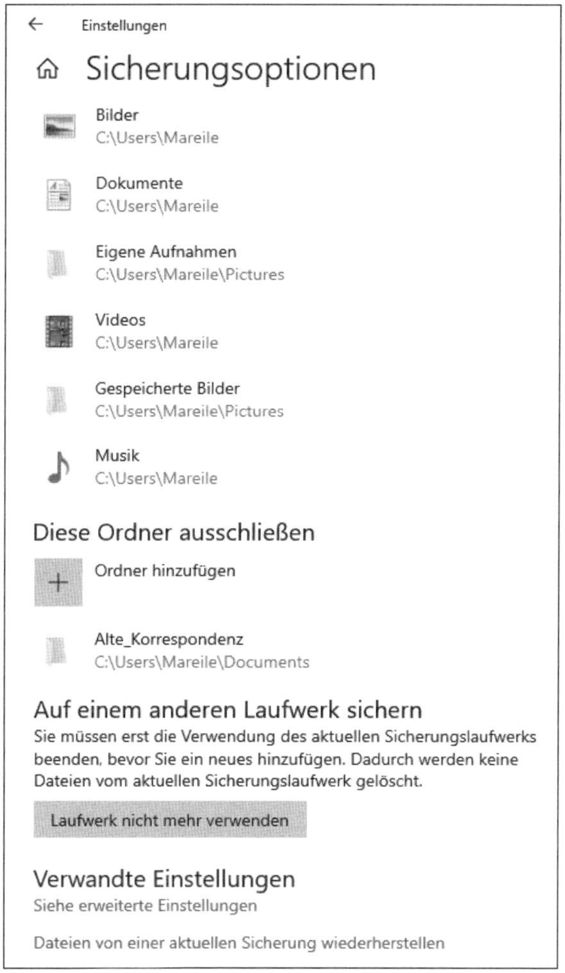

Abbildung 12.3 Bevor Sie ein neues Laufwerk für den Dateiversionsverlauf wählen können, müssen Sie die Verwendung des bisherigen beenden.

7. Haben Sie alle Einstellungen vorgenommen, kehren Sie zum Seitenanfang zurück. Wenn Sie noch keine Sicherung durchgeführt haben, wird als Sicherungsgröße 0 BYTES angezeigt. Mit einem Klick auf JETZT SICHERN stoßen Sie die Datensicherung manuell an.

Zukünftig übernimmt Windows 10 diese Aufgabe automatisch nach dem von Ihnen vorgegebenen Intervall. Sie können aber natürlich auch zwischendurch eine Datensicherung starten, falls Ihnen der nächste turnusmäßige Zeitpunkt zu weit entfernt scheint. Das erste Backup nimmt etwas Zeit in Anspruch, alle folgenden sind schneller erledigt, da dann lediglich geänderte sowie neue Daten erfasst werden.

Sollten Sie das Laufwerk für die Datensicherung nicht mehr verwenden bzw. gegen ein anderes austauschen wollen, rufen Sie wieder die Seite Sicherungsoptionen in der Einstellungen-App auf. Klicken Sie am Ende der Seite auf Laufwerk nicht mehr verwenden. Der Dateiversionsverlauf ist damit so lange deaktiviert, bis Sie wie in Schritt 1 beschrieben ein neues Laufwerk hinzugefügt haben.

Statt einer externen Festplatte können Sie für die Datensicherung via Dateiversionsverlauf auch ein Netzlaufwerk verwenden, sofern Sie denn über die nötigen Lese- und Schreibberechtigungen verfügen. Um das Backup zu aktivieren und einzurichten, rufen Sie in der Einstellungen-App Sicherheit und Update • Sicherung auf. Klicken Sie auf Weitere Optionen und auf der Seite Sicherungsoptionen auf Siehe erweiterte Einstellungen. Damit gelangen Sie automatisch zum Dialog Dateiversionsverlauf innerhalb der Systemsteuerung, in dem Sie auf Laufwerk auswählen klicken. Über die Schaltfläche Netzwerkadresse hinzufügen bestimmen Sie den Netzwerkspeicherort, in dem das Backup abgelegt werden soll. Zurück im Dialog Dateiversionsverlauf, können Sie über die Schaltfläche Ordner ausschliessen noch festlegen, welche Verzeichnisse nicht beim Backup berücksichtigt werden sollen. Den Zeitrahmen für die Datensicherung bestimmen Sie in den Erweiterten Einstellungen. Im Gegensatz zur Einstellungen-App, in der der Dateiversionsverlauf mit dem Hinzufügen des Laufwerks automatisch aktiviert wird, müssen Sie die Funktion in der Systemsteuerung noch Einschalten. Damit wird zugleich die erste Datensicherung gestartet.

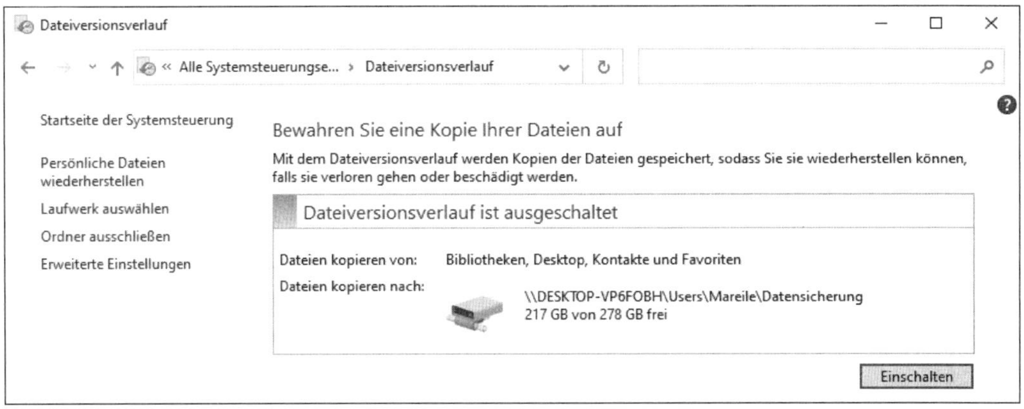

Abbildung 12.4 In der Systemsteuerung muss der Dateiversionsverlauf explizit eingeschaltet werden.

Ereignisprotokoll des Dateiversionsverlaufs überprüfen

Immer wieder hört man bei Backup-Programmen als Kritikpunkt, dass nicht alle Dateien zuverlässig gespeichert werden. Der Grund hierfür sind häufig zu lange Dateipfade, die durch zu stark verschachtelte Unterverzeichnisse entstehen. Beim Dateiversionsverlauf werden zudem alle gespeicherten Dateien um das aktuelle Datum sowie die Uhrzeit erweitert, was wiederum zu einem längeren Dateinamen führt. Die Kombination aus vielen Unterverzeichnissen und einem langen Dateinamen führt dann teilweise dazu, dass die in Windows maximal zulässige Pfadlänge von 260 Zeichen überschritten wird. Diese Dateien werden damit beim Dateiversionsverlauf nicht berücksichtigt. Auch beim Versuch, sie zu löschen, kommt es häufig zu Fehlermeldungen. Damit solche Probleme gar nicht erst entstehen, sollten Sie von vornherein auf möglichst kurze Pfade sowie Dateinamen achten. Ob bei der Datensicherung via Dateiversionsverlauf alles vorschriftsmäßig geklappt hat, lässt sich über das Ereignisprotokoll überprüfen. Rufen Sie hierzu in der Einstellungen-App UPDATE UND SICHERHEIT • SICHERUNG • WEITERE OPTIONEN auf und auf der Seite SICHERUNGSOPTIONEN dann SIEHE ERWEITERTE EINSTELLUNGEN. Im Dialog DATEIVERSIONSVERLAUF der Systemsteuerung klicken Sie auf ERWEITERTE EINSTELLUNGEN und dann auf ÖFFNEN SIE DIE DATEIVERSIONSVERLAUF-EREIGNISPROTOKOLLE, UM KÜRZLICH AUFGETRETENE EREIGNISSE ODER FEHLER ANZUZEIGEN.

12.1.2 Dateiversionsverlauf per Aufgabenplanung steuern

Manchen Anwendern genügen die Optionen nicht, die sich über die Einstellungen-App oder auch die Systemsteuerung für den Dateiversionsverlauf festlegen lassen. Hier bietet das Kommandozeilentool `fhmanagew` weitaus mehr Konfigurationsmöglichkeiten. Möchten Sie etwa gezielt ältere Dateiversionen aus der Datensicherung entfernen, um so selbst für freien Speicherplatz auf der externen Festplatte zu sorgen, lässt sich dies schnell mithilfe des Tools realisieren. Rufen Sie hierzu z. B. über das Suchfeld der Taskleiste die Eingabeaufforderung auf. Um Dateiversionen zu löschen, die älter als 45 Tage sind, geben Sie dann den Befehl `fhmanagew -cleanup 45` ein. Wenn Sie lediglich die aktuellsten Dateiversionen beibehalten möchten, ersetzen Sie die Angabe »45« durch »0«, also `fhmanagew -cleanup 0`. Die Wiederherstellung älterer Versionen einer Datei ist damit nicht mehr möglich.

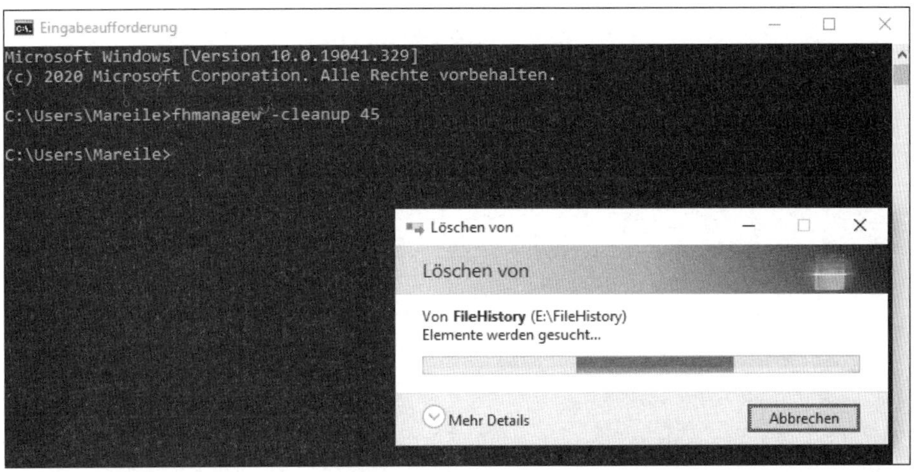

Abbildung 12.5 Mit dem Kommandozeilentool »fhmanagew« lassen sich gezielt ältere Dateiversionen löschen.

Kombinieren Sie das Kommandozeilentool mit der Aufgabenplanung, ergeben sich zusätzliche interessante Szenarien. So lässt sich z. B. auf die Minute genau festlegen, wann die Datensicherung durchgeführt werden soll. Im folgenden Beispiel soll dies täglich um 16:00 Uhr geschehen. Und so legen Sie die Aufgabe fest:

1. Drücken Sie die Tastenkombination [Win] + [X], und wählen Sie im aufklappenden Schnellzugriffsmenü die COMPUTERVERWALTUNG aus. Markieren Sie dort die AUFGABENPLANUNG, und rufen Sie im Menü AKTION den Befehl AUFGABE ERSTELLEN auf.
2. Im Register ALLGEMEIN des Dialogs AUFGABE ERSTELLEN vergeben Sie für die Aufgabe einen aussagekräftigen Namen.
3. Im Register TRIGGER klicken Sie auf NEU, um im folgenden Dialog NEUER TRIGGER die Bedingungen für die Aufgabe festzulegen. Für unser Beispiel behalten Sie die Einstellung NACH EINEM ZEITPLAN im Feld AUFGABE STARTEN bei. Nach Auswahl der Option TÄGLICH werden Datum und Uhrzeit für den Start der Aufgabe festgelegt. Die Wiederholung soll jeden Tag erfolgen, die Angabe 1 kann also übernommen werden. Erweiterte Einstellungen sind für das einfache Beispiel nicht nötig. Wichtig ist hier lediglich, dass AKTIVIERT mit einem Häkchen versehen ist, bevor Sie den Dialog mit OK schließen.

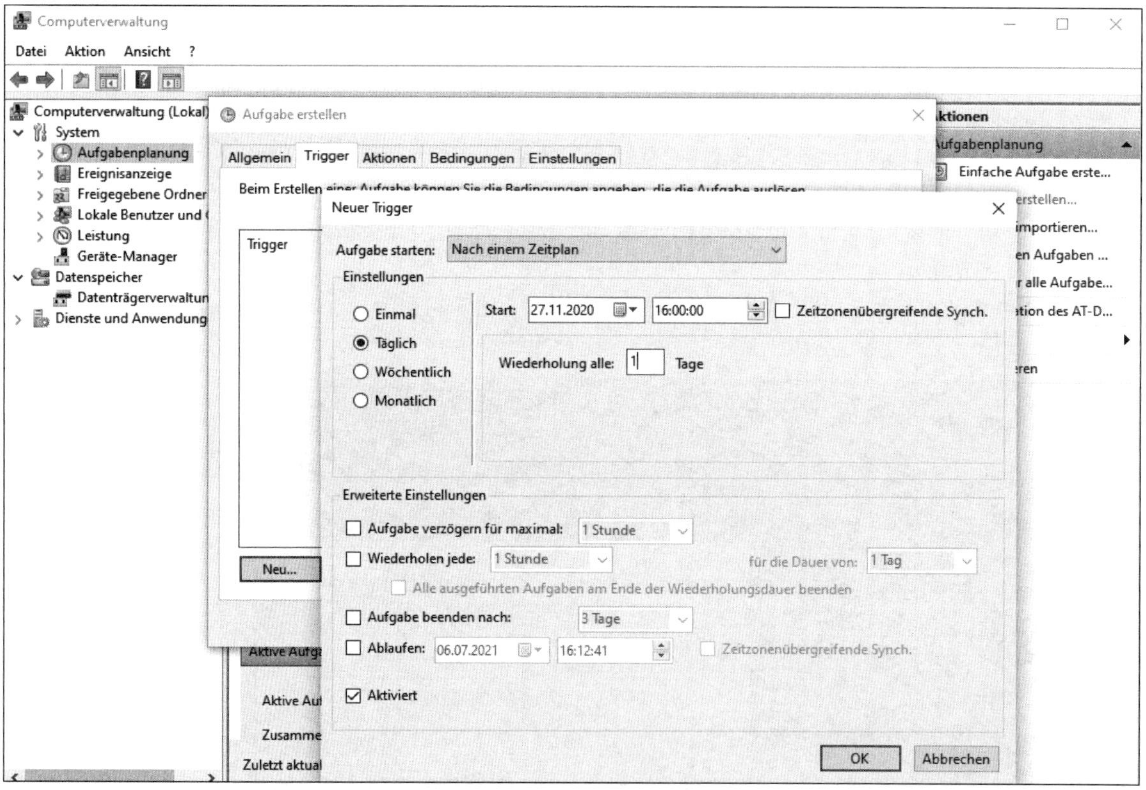

Abbildung 12.6 Die Datensicherung lässt sich nach einem exakten Zeitplan durchführen.

4. Wechseln Sie in das Register AKTIONEN, und klicken Sie dann auf NEU. Im Feld AKTION behalten Sie die Auswahl PROGRAMM STARTEN bei. Im Feld PROGRAMM/SKRIPT geben Sie »fhmanagew.exe« ein. Wer den Namen nicht selbst vollständig tippen will, klickt auf DURCHSUCHEN. Bereits nach Eingabe der ersten drei Buchstaben wird das gesuchte Tool FHMANAGEW.EXE vorgeschlagen, das Sie nur noch markieren müssen.

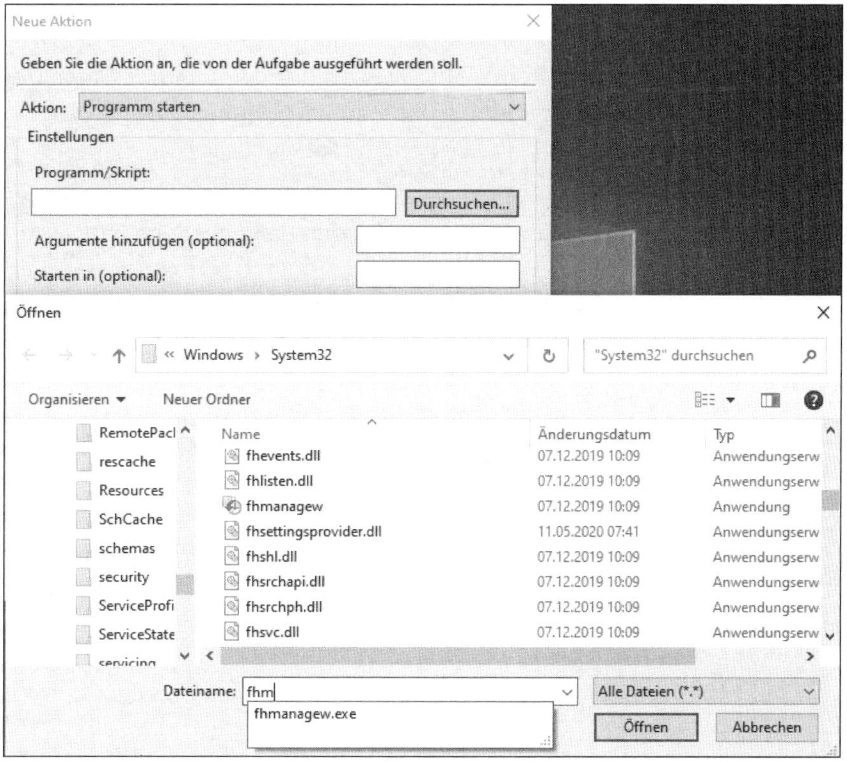

Abbildung 12.7 Sie müssen den Namen des Kommandozeilentools nicht einmal selbst eingeben.

Sobald Sie alle geöffneten Dialoge mit OK bestätigt haben, wird der Dateiversionsverlauf automatisch zum festgelegten Zeitpunkt durchgeführt.

12.1.3 Daten aus dem Dateiversionsverlauf wiederherstellen

Bei der Datensicherung durch den Dateiversionsverlauf legt Windows 10 auf dem Speichermedium einen Ordner namens *FileHistory* an. Dieser enthält wiederum einen Unterordner mit dem Namen des Benutzers. Sollten mehrere Benutzer das Speichermedium für die Datensicherung nutzen, finden Sie für jeden einen eigenen Ordner. Jeder dieser Benutzerordner enthält wiederum ein Unterverzeichnis für das Gerät, auf dem die Datensicherung durchgeführt wurde. Öffnen Sie diesen Geräteordner, finden Sie die beiden Ordner CONFIGURATION sowie DATA vor. Der Ordner CONFIGURATION enthält insgesamt vier Dateien, die u. a. eine schnelle Suche im Dateiversionsverlauf sicherstellen. Im Ordner DATA werden alle durch den Dateiversionsverlauf gespeicherten Dateien abgelegt, und das in genau der Hierarchie, die auch am Originalspeicherort vorherrscht. Sie können im Explorer also wie vom Originalspeicherort gewohnt von Ordner zu Ordner navigieren, um zu einer Datei oder einem Ordner zu gelangen, den Sie wiederherstellen möchten. Ebenfalls praktisch: Per Copy & Paste lassen sich so die zuvor z. B. auf einer externen Festplatte gesicherten Daten auf einen neuen PC übertragen.

Windows 10 bietet Ihnen für die Wiederherstellung gelöschter oder kaputter Dateien und Ordner aber auch eine recht komfortable Methode an. Der hierfür nötige Dialog DATEIVERSIONSVERLAUF lässt sich auf unterschiedlichen Wegen öffnen:

- Einer führt z. B. über die Einstellungen-App, in der Sie UPDATE UND SICHERHEIT • SICHERUNG • WEITERE OPTIONEN aufrufen und dann am unteren Rand der Seite SICHERUNGSOPTIONEN auf DATEIEN VON EINER AKTUELLEN SICHERUNG WIEDERHERSTELLEN klicken. Per Doppelklick auf einen Ordnernamen oder über die Adressleiste am oberen Fensterrand hangeln Sie sich nun bis zu dem Verzeichnis vor, in dem sich das wiederherzustellende Element befindet.
- Alternativ zur Einstellungen-App navigieren Sie direkt im Explorer zum gewünschten Verzeichnis oder auch zu der Datei. Markieren Sie das Element, und klicken Sie im Register START in der Gruppe ÖFFNEN auf VERLAUF, wird ebenfalls der Dialog DATEIVERSIONSVERLAUF geöffnet.

Der Dialog zeigt zunächst die aktuellste Version des Ordners. Handelt es sich um eine Datei, erhalten Sie sogar eine Vorschau auf ihren Inhalt. Sollte dies bei Ihnen noch nicht der Fall sein, doppelklicken Sie die Datei im Dialog einfach an.

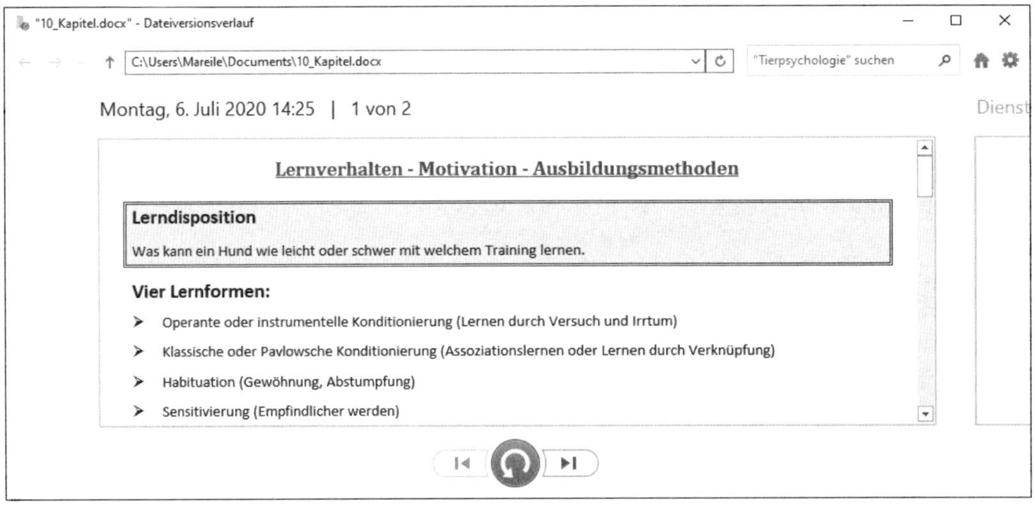

Abbildung 12.8 Über den Dialog »Dateiversionsverlauf« lassen sich mühelos ältere Datei- oder Ordnerversionen wiederherstellen.

Wann die Sicherung des ausgewählten Elements erfolgt ist, entnehmen Sie dem Datum und der Uhrzeit unterhalb der Adressleiste. Rechts von den Zeitangaben erfahren Sie, wie viele Sicherungen, sprich Versionen existieren. Über die beiden Pfeiltasten am unteren Fensterrand gelangen Sie zu den älteren bzw. neueren Versionen. Haben Sie die Version gefunden, die Sie wiederherstellen möchten, müssen Sie sich nur noch entscheiden, an welchem Ort diese gespeichert werden sollen. Mit einem Klick auf die grüne Schaltfläche wählt Windows 10 automatisch den Ursprungsort aus. Neuere Datei- oder Ordnerversionen an diesem Ort werden hierdurch automatisch überschrieben. Soll dies nicht geschehen, klicken Sie die grüne Schaltfläche mit der rechten Maustaste an. Wählen Sie nun WIEDERHERSTELLEN IN, und bestimmen Sie den Ordner, in dem die ausgewählte Version gespeichert werden soll.

12.2 Eine Komplettsicherung des Systems vornehmen

Der zuvor vorgestellte Dateiversionsverlauf ist ein solides Tool, um all Ihre Dateien und Ordner zu speichern. Um das gesamte System inklusive Einstellungen, Anwendungen und Daten zu sichern, erstellen Sie am besten ein Systemabbild, auch *Systemimage* genannt. Das Programm, das Windows 10 hierfür vorsieht, war bereits Bestandteil von Windows 7, wie der Zusatz im Namen *Sichern und Wiederherstellen (Windows 7)* deutlich macht. Sobald Sie eine Komplettsicherung durchgeführt haben, können Sie Ihren PC jederzeit in genau diese Konfiguration zurücksetzen, in der sie sich zum Zeitpunkt der Sicherung befand. Im Gegensatz zum Dateiversionsverlauf ist es aber nicht möglich, nur einzelne Elemente wie Dateien aus der Systemabbildsicherung wiederherzustellen. Das Systemabbild ist somit nicht als Backup-Alternative zum Dateiversionsverlauf zu sehen, sondern als sinnvolle Ergänzung.

12.2.1 Ein Systemabbild erstellen

Der neue Computer ist perfekt eingerichtet, alle persönlichen Einstellungen sind vorgenommen. Vor allem aber haben Sie auch den PC von all den überflüssigen Anwendungen befreit, mit denen so manch ein Hersteller seine Geräte vollpflastert, und stattdessen Ihre Lieblingsprogramme installiert. Damit ist der perfekte Zeitpunkt für das Erstellen des ersten Systemabbilds gekommen. Sollte später eine kritische Situation entstehen, können Sie Ihren Computer schnell in genau diesen Zustand zurücksetzen, ohne anschließend wieder all die nervenden Arbeiten des Neueinrichtens durchführen zu müssen. Für die Speicherung des Systemabbilds benötigen Sie eine interne oder externe Festplatte, die im NTFS-Dateisystem formatiert ist. Alternativ können Sie für die Komplettsicherung auch ein freigegebenes Netzlaufwerk wählen.

Um das Systemabbild zu erstellen, rufen Sie in der Einstellungen-App UPDATE UND SICHERHEIT • SICHERUNG auf und klicken auf ZU SICHERN UND WIEDERHERSTELLEN (WINDOWS 7) WECHSELN. Alternativ hierzu können Sie im Suchfeld der Taskleiste auch »sdclt« eingeben und in den Suchergebnissen den entsprechenden Befehl auswählen.

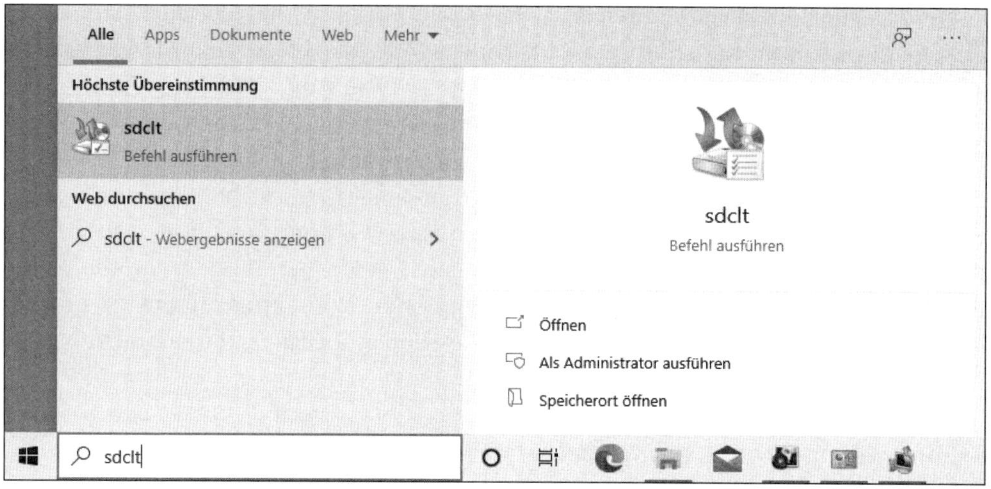

Abbildung 12.9 Die Funktion »Sichern und Wiederherstellen« lässt sich auch über das Suchfeld der Taskleiste starten.

Im Dialog SICHERN UND WIEDERHERSTELLEN (WINDOWS 7) der Systemsteuerung klicken Sie links auf SYSTEMABBILD ERSTELLEN. Als Nächstes legen Sie fest, wo die Sicherung gespeichert werden soll. Zur Auswahl stehen Festplatte, DVD-Laufwerk und Netzwerkadresse. Da auf neueren Computermodellen meist gar kein DVD-Laufwerk mehr vorhanden ist, wird die zweite Option AUF DVD(S) als Speichermedium für einige Anwender gar nicht mehr infrage kommen. Davon abgesehen benötigt ein Systemabbild viel Speicherplatz, sodass meist eine einzelne DVD nicht ausreicht. Eine externe Festplatte oder ein Netzlaufwerk stellen somit den bequemeren Weg dar.

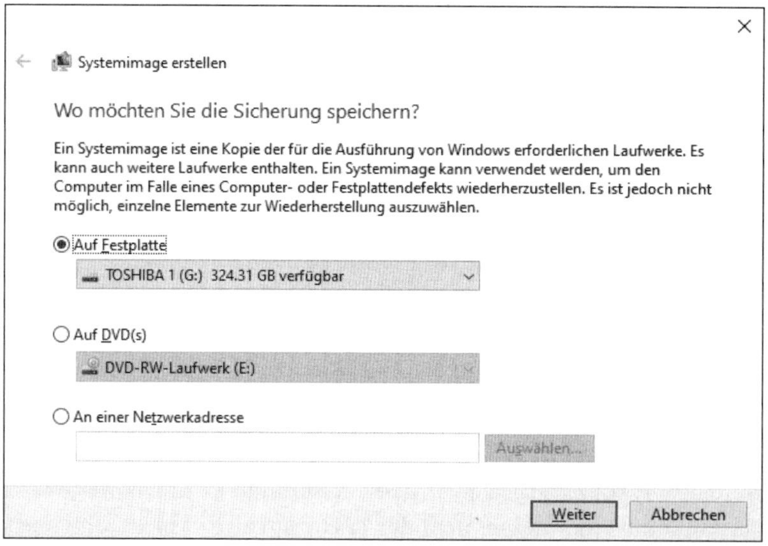

Abbildung 12.10 Bestimmen Sie den Speicherort für das Systemabbild.

Haben Sie bereits eine geeignete Festplatte angeschlossen, wird diese im Feld AUF FESTPLATTE angezeigt. Bestätigen Sie mit WEITER, und bestimmen Sie dann, welche Laufwerke in die Sicherung mit eingeschlossen werden sollen. Das Systemlaufwerk wird von Windows 10 bereits automatisch ausgewählt. Bestätigen Sie Ihre Auswahl mit WEITER und SICHERUNG STARTEN.

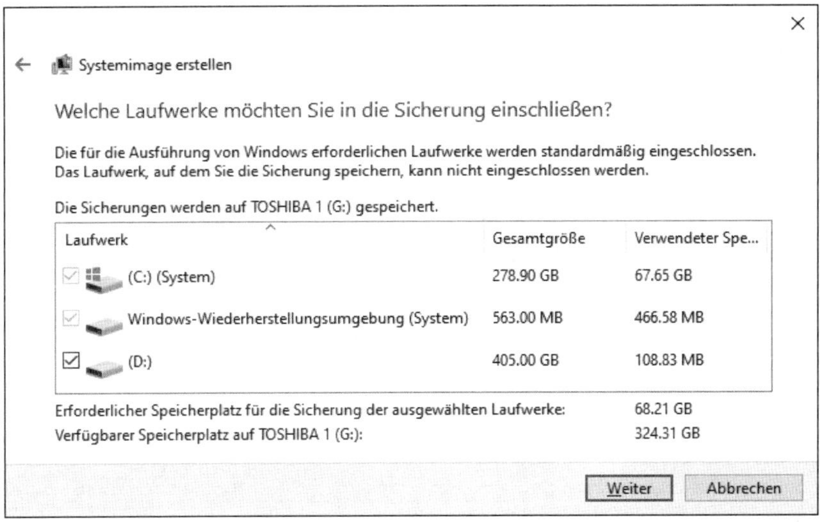

Abbildung 12.11 Das Systemlaufwerk wird von Windows 10 automatisch markiert.

Haben Sie Zugriff auf ein Netzlaufwerk, können Sie auch die Option AN EINER NETZWERKADRESSE wählen (siehe Abbildung 12.10). Nach einem Klick auf AUSWÄHLEN werden Sie aufgefordert, die Netzwerkadresse, den Benutzernamen sowie das Kennwort für diese Adresse einzugeben. Die Komplettsicherung stoßen Sie dann ebenfalls mit WEITER und SICHERUNG STARTEN an. Das Systemabbild wird im gewählten Speicherort im Ordner *WindowsImageBackup* abgelegt.

Nach erfolgreicher Sicherung des Systemabbilds bietet Ihnen Windows 10 an, einen Systemreparaturdatenträger zu erstellen. Mit dieser DVD lässt sich ein Computer im Fall der Fälle wieder booten und Windows aus einem gesicherten Systemabbild wiederherstellen. Alternativ hierzu können Sie aber auch – sofern vorhanden – die Windows 10-Installations-CD nutzen. Nähere Informationen hierzu erhalten Sie in Kapitel 32, »Den PC wiederherstellen oder zurücksetzen«.

12.2.2 Ein Systemabbild wiederherstellen

Läuft Ihr Computer nicht mehr rund oder ist das System beschädigt, können Sie ihn auf ein gesichertes Systemabbild zurücksetzen bzw. ein solches wiederherstellen. Sollten Sie die Festplatte aufgrund eines Defekts ausgetauscht haben, achten Sie darauf, dass die neue Festplatte über mindestens so viel Speicherplatz verfügt wie die alte. Ist die neue Festplatte kleiner, lässt sich das Systemabbild nicht wiederherstellen, selbst wenn genügend Speicherplatz zur Verfügung stände. Sollten Sie auf dem Quellsystem mehrere Laufwerke in die Systemabbildsicherung aufgenommen haben, muss auch das Zielsystem über die entsprechende Anzahl verfügen.

Bevor Sie mit der Wiederherstellung beginnen, sollten Sie berücksichtigen, dass alle Änderungen, die Sie seit der Erstellung des Systemabbilds am Computer vorgenommen haben, hierdurch verloren gehen. Das betrifft sowohl vorgenommene Einstellungen, neu installierte Anwendungen als auch alle Änderungen an Dateien und Ordnern.

Um das Systemabbild wiederherzustellen, müssen Sie den Computer über den *Erweiterten Start* neu starten.

1. Rufen Sie in der Einstellungen-App UPDATE UND SICHERHEIT • WIEDERHERSTELLUNG auf, und klicken Sie im Bereich ERWEITERTER START auf JETZT NEU STARTEN. Alternativ hierzu können Sie auch auf das Windows-Logo in der Taskleiste klicken und dann auf EIN/AUS. Halten Sie nun die [⇧]-Taste gedrückt, während Sie auf NEU STARTEN klicken.

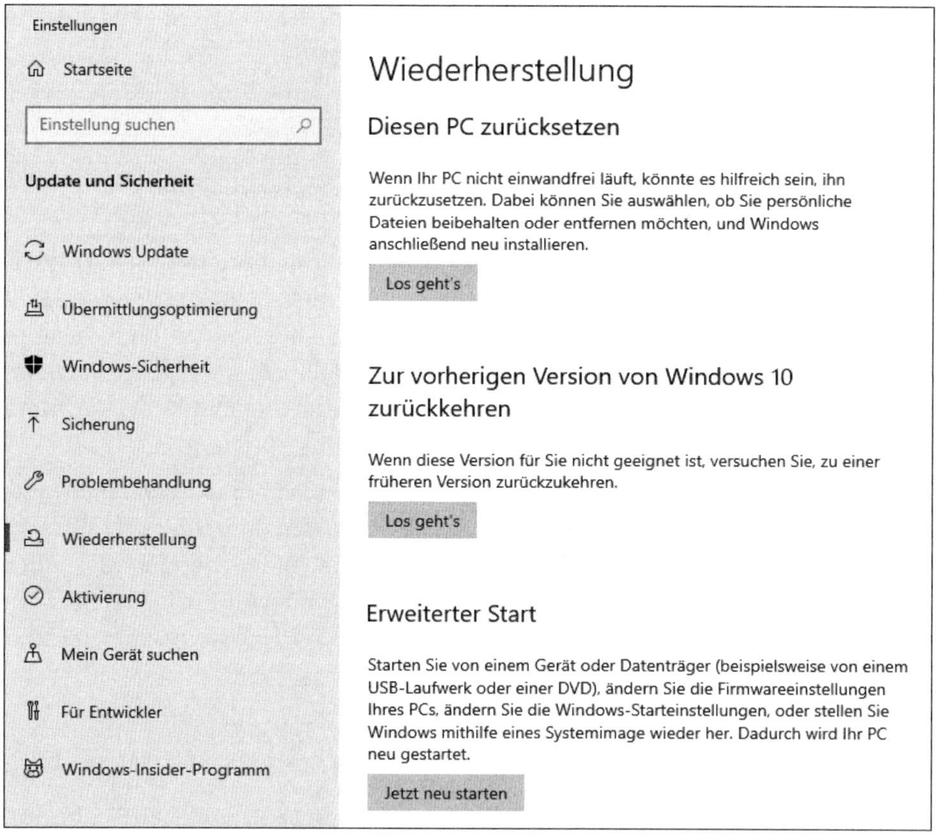

Abbildung 12.12 Die Wiederherstellung einer Systemabbildsicherung muss über den erweiterten Start erfolgen.

Sollte sich der Computer nicht mehr starten lassen, müssen Sie ihn von einem Installationsmedium (z. B. DVD oder USB-Stick) booten. Nach Auswahl der gewünschten Sprache klicken Sie auf COMPUTERREPARATUROPTIONEN.

Abbildung 12.13 Während des Windows Setups über ein Installationsmedium wählen Sie die »Computerreparaturoptionen«.

2. Im folgenden Dialog wählen Sie die Option PROBLEMBEHANDLUNG aus, klicken auf ERWEITERTE OPTIONEN und dann auf SYSTEMIMAGE-WIEDERHERSTELLUNG.

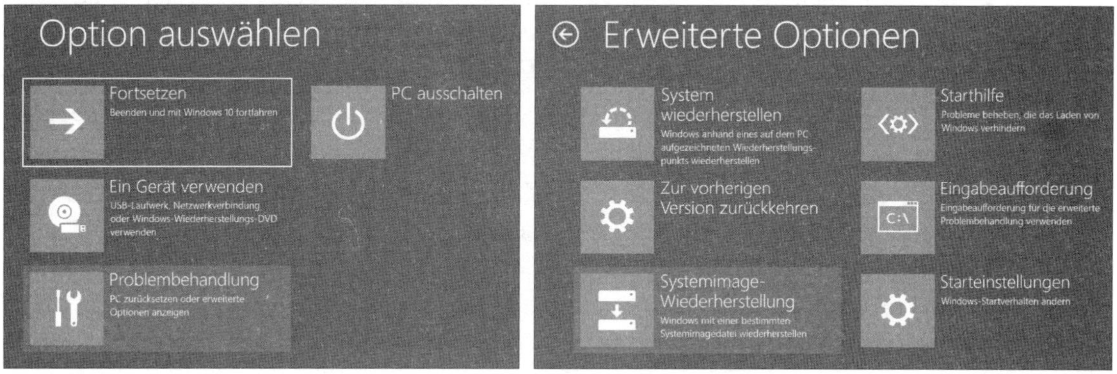

Abbildung 12.14 Über die Problembehandlung gelangen Sie zu den erweiterten Optionen, in denen Sie die Systemimage-Wiederherstellung aufrufen.

3. Als Nächstes werden Sie aufgefordert, ein Benutzerkonto auszuwählen und anschließend das Kennwort einzugeben.
4. Liegt das Systemabbild auf einem lokalen Datenträger vor, wird dieses im folgenden Dialog sofort angezeigt. Windows empfiehlt Ihnen, das jüngste verfügbare Systemimage zu verwenden. Entspricht das auch Ihrem Wunsch, bestätigen Sie den Dialog mit WEITER.

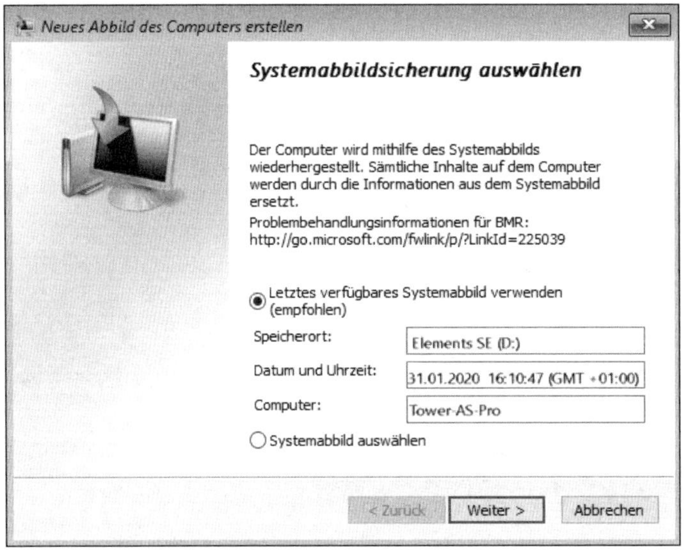

Abbildung 12.15 Wählen Sie das gewünschte Systemabbild aus, das wiederhergestellt werden soll.

5. Falls das Systemabbild auf einem Netzlaufwerk gespeichert wurde oder eine ältere Sicherung von einem lokalen Laufwerk wiederhergestellt werden soll, markieren Sie stattdessen die Option SYSTEMABBILD AUSWÄHLEN und klicken auf WEITER.
6. Sie sehen nun eine Liste mit allen auf dem lokalen Laufwerk vorhandenen Systemabbilddateien. Wählen Sie das gewünschte Systemimage aus, und bestätigen Sie mit WEITER.
7. Befindet sich das wiederherzustellende Systemabbild auf einem Netzlaufwerk, klicken Sie stattdessen auf ERWEITERT und dann auf IM NETZWERK NACH EINEM SYSTEMABBILD SUCHEN. Nach Eingabe der Netzwerkadresse werden Sie aufgefordert, den Benutzernamen und das Kennwort einzugeben. Wählen Sie dann das gesuchte Systemabbild aus, und bestätigen Sie mit WEITER.
8. Sollte auf dem Datenträger bereits ein Windows-System vorhanden sein, haben Sie nun die Möglichkeit, den Datenträger zu formatieren und neu zu partitionieren. Liegen mehrere Datenträger vor, lässt sich über die Schaltfläche DATENTRÄGER AUSSCHLIESSEN ein Ausschluss veranlassen.
9. Mit einem Klick auf FERTIG STELLEN und JA starten Sie die Wiederherstellung des Systemabbilds.

12.2.3 Systemabbild mit WBAdmin erzeugen und wiederherstellen

Mit dem Tool *WBAdmin*, das über eine Befehlszeile mit erhöhten Rechten ausgeführt wird, stellt Windows 10 ein weiteres Programm zum Erzeugen eines Systemabbilds zur Verfügung. Möchten Sie beispielsweise den gesamten Inhalt des Laufwerks C auf einer externen Festplatte mit der Laufwerksbezeichnung G sichern, drücken Sie die Tastenkombination ⊞ + X und wählen im Schnellstartmenü WINDOWS POWERSHELL (ADMINISTRATOR). Nach Bestätigung der Benutzerkontensteuerung geben Sie in der PowerShell den Befehl `WBAdmin start backup -BackupTarget:G: -Include:C:` ein, den Sie durch Drücken der ↵-Taste abschließen. Die Frage, ob Sie den Sicherungsvorgang starten möchten, bestätigen Sie durch Eingabe eines »J«. Das Kommandozeilentool erzeugt nun eine Schattenkopie des Volumes. Dies kann einige Zeit in Anspruch nehmen. Im Ordner *C:\Windows\Logs\WindowsBackup* finden Sie anschließend eine Protokolldatei über den Vorgang. Die Datensicherung selbst finden Sie auf dem Ziellaufwerk im Ordner *WindowsImageBackup*.

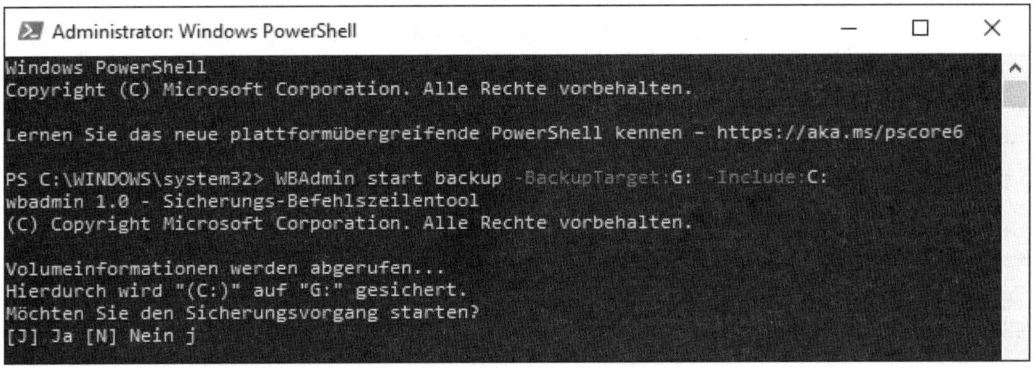

Abbildung 12.16 Erstellen eines Systemabbilds mit dem Befehlszeilentool WBAdmin

Die Wiederherstellung eines Systemabbilds, das Sie mit WBAdmin erzeugt haben, erfolgt über die Windows RE-Eingabeaufforderung. Die Abkürzung RE steht für *Recovery Environment*, auf Deutsch »Wiederherstellungsumgebung«. Hierzu gehen Sie zunächst wie in den Schritten 1 und 2 im vorherigen Abschnitt gezeigt vor, klicken dann aber nicht auf SYSTEMIMAGE-WIEDERHERSTELLUNG, sondern auf EINGABEAUFFORDERUNG (ebenfalls in Abbildung 12.14 rechts zu sehen). Mit dem Befehl `WBAdmin get versions -backuptarget:g:` erfahren Sie, welche Datensicherungen auf dem Laufwerk G verfügbar sind. Um z. B. eine Sicherung von Volume G wiederherzustellen, die am 8. Juli 2020 um 13:10 Uhr durchgeführt wurde, ist dieser Befehl einzugeben:

```
WBAdmin start recovery -version:07/08/2020-13:10 -itemType:Volume -items:g:
```

Backup-Software von Drittanbietern nutzen

Wer sich so gar nicht mit den Windows 10-eigenen Lösungen zum Erstellen einer Datensicherung anfreunden mag, sollte ein Programm von Drittanbietern in Erwägung ziehen. Interessant sind hier z. B. der *Paragon Festplatten Manager* (*www.paragon-software.com/de*), *Acronis True Image* (*www.acronis.com/de-de*) oder auch *EaseUS Todo Backup Home* (*www.easeus.de*).

Ausführliche Informationen zum Tool mit einer Auflistung aller Befehle sowie interessanter Beispiele erhalten Sie unter *https://docs.microsoft.com/de-de/windows-server/administration/windows-commands/wbadmin*.

12.3 Daten in der Cloud OneDrive speichern

Ganz zu Beginn dieses Kapitels habe ich Ihnen die 3-2-1-Backup-Regel vorgestellt. Die »1« in dieser Regel besagt, dass mindestens eine Sicherung wichtiger Daten außer Haus aufbewahrt werden sollte. Nutzen Sie hierfür eine sogenannte *Cloud*, also einen Onlinespeicher wie Microsofts *OneDrive*, ist diese Bedingung damit automatisch erfüllt. Ein weiterer Vorteil: Sie können jederzeit von jedem beliebigen Gerät auf die in OneDrive abgelegten Daten zugreifen, sofern dies mit dem Internet verbunden ist. Der Zugriff kann per App, über einen Browser oder auf einem Windows 10-Gerät auch per Explorer geschehen. Sie müssen sich nur jeweils mit dem Microsoft-Konto anmelden, das Sie für OneDrive gewählt haben.

Mit der Einrichtung eines Microsoft-Kontos stehen jedem Anwender in OneDrive automatisch 5 GB kostenloser Speicherplatz zur Verfügung. Wer ein Microsoft 365-Abonnement abgeschlossen hat, kann sogar 1 TB ohne zusätzliche Kosten nutzen. Benötigen Sie noch mehr Speicherplatz, können Sie diesen kostenpflichtig erwerben. Bei 2 TB ist für Privatanwender allerdings die Grenze erreicht.

Nicht nur auf eine Sicherungsmethode setzen

Cloud-Server stehen bei Hackern ganz besonders im Fokus. Dabei geht es nicht nur darum, die Zugangsdaten abzugreifen oder an die dort gespeicherten Daten zu gelangen. Durch sogenannte *Denial-of-Service-Attacken* (kurz *DoS-Attacken*) werden z. B. so viele Anfragen an einen Server geschickt, dass dieser nicht mehr reagieren kann. Denial of Service lässt sich mit »Verweigerung des Dienstes« übersetzen. Wird diese Attacke von vielen Computern aus gestartet, spricht man auch von einer *Distributed-Denial-of-Service-Attacke*, also einer verteilten DoS-Attacke (kurz *DDoS-Attacke*). Solange die Server nicht mehr erreichbar sind, haben Sie auch keinen Zugriff auf Ihre Daten. Aus diesem Grund sollten Sie Ihre Daten nicht ausschließlich in der Cloud aufbewahren, sondern zusätzlich auch auf Backup-Methoden wie die Datensicherung auf externen Festplatten setzen.

12.3.1 OneDrive konfigurieren und verwenden

OneDrive ist bereits fest in Windows 10 integriert, eine Installation ist also nicht notwendig. Haben Sie sich mit einem Microsoft-Konto an Ihrem Windows-Gerät angemeldet, sind Sie damit automatisch auch beim Onlinespeicher angemeldet. Im Falle eines lokalen Benutzerkontos muss die Anmeldung bei OneDrive erst erfolgen. Rufen Sie hierzu z. B. über das Startmenü den Eintrag OneDrive auf. Alternativ können Sie auch im Navigationsbereich des Explorers auf OneDrive klicken oder im Infobereich der Taskleiste auf das OneDrive-Symbol . Die durchgestrichene Wolke zeigt hier, dass Sie noch nicht bei OneDrive angemeldet sind. In allen drei Fällen werden Sie nun aufgefordert, sich mit der E-Mail-Adresse und dem Kennwort Ihres Microsoft-Kontos anzumelden. Anschließend wird Ihnen der lokale Speicherort für Ihre synchronisierten Daten angezeigt. Standardmäßig ist dies der Pfad *C:\Benutzer\<Benutzername>\OneDrive*. Ziehen Sie ein anderes Laufwerk vor, wählen Sie dies nach einem Klick auf Speicherort ändern aus. Nach einem Klick auf Weiter sehen Sie, dass Windows 10 die Ordner Desktop, Dokumente und Bilder automatisch für die Synchronisation mit OneDrive vorsieht. Über die Häkchen können Sie einen Ordner bereits in dieser Phase von dem Automatismus ausschließen. Die Einstellung lässt sich aber auch später jederzeit anpassen.

Abbildung 12.17 Hier wurde die automatische Synchronisation des Ordners »Desktop« deaktiviert.

In den weiteren Schritten der Einrichtung erhalten Sie ein paar Informationen rund um OneDrive. Ist der Vorgang abgeschlossen, startet auch schon die erste Synchronisierung. Sollten Sie diese im Verlauf Ihrer Arbeit einmal aussetzen wollen, klicken Sie im Infobereich der Taskleiste auf das OneDrive-Symbol (siehe Abbildung 12.18). Eventuell muss dies über das Pfeilsymbol Ausgeblendete Symbole einblenden erst angezeigt werden. Klicken Sie im aufklappenden OneDrive-Menü auf Mehr • Synchronisierung anhalten, und wählen Sie den gewünschten Zeitrahmen aus, in dem keine Synchronisierung mit der Cloud erfolgen soll.

Abbildung 12.18 Die automatische Synchronisierung lässt sich für einen bestimmten Zeitrahmen auch unterbrechen.

Seit Windows 10 Version 1709 gibt es für OneDrive die Funktion »Dateien bei Bedarf«, die per Standardeinstellung aktiviert ist. Öffnen Sie im Explorer den Ordner ONEDRIVE, sehen Sie dank der Funktion Platzhalter für alle in der Cloud gespeicherten Daten. Jedes Element ist mit einem kleinen Symbol versehen, das den Verfügbarkeitsstatus kennzeichnet. Daten, die nur online verfügbar sind, werden mit einer kleinen Wolke markiert. Sobald Sie eine Datei aus der Cloud auf Ihrem Gerät geöffnet haben, ist es von nun an auf diesem verfügbar, auch wenn Sie nicht mit OneDrive verbunden sind. Zu erkennen ist dieser Status an einem grünen Häkchen auf weißem Grund. Sie müssen eine Datei aber nicht erst öffnen, um sie auch offline nutzen zu können. Hierzu reicht auch ein rechter Mausklick auf die Datei. Im Kontextmenü wählen Sie dann den Befehl IMMER BEHALTEN AUF DIESEM GERÄT. Das Element wird im Explorer nun mit einem weißen Häkchen auf grünem Grund gekennzeichnet. Ein rotierender Pfeil zeigt übrigens an, dass diese Daten gerade synchronisiert werden.

Bei aktivierter DATEIEN BEI BEDARF-Funktion sehen Sie, wie zuvor erwähnt, alle in OneDrive verfügbaren Daten. Möchten Sie bestimmte Ordner des Onlinespeichers im Explorer verbergen, klicken Sie im Navigationsbereich mit der rechten Maustaste auf ONEDRIVE und wählen im Kontextmenü EINSTELLUNGEN. Wechseln Sie in das Register KONTO, und klicken Sie auf ORDNER WÄHLEN. Deaktivieren Sie nun die Kontrollkästchen vor den Ordnern, die im Explorer ausgeblendet werden sollen.

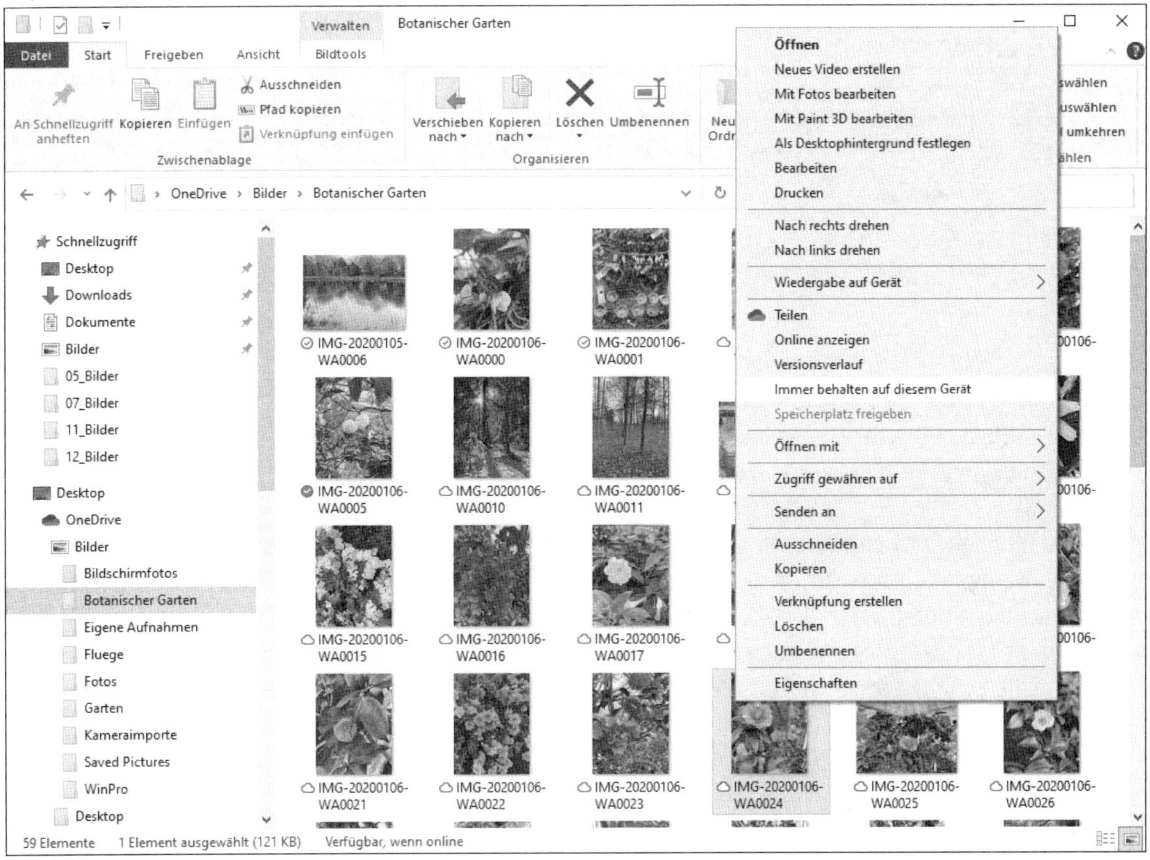

Abbildung 12.19 In der Cloud gespeicherte Daten lassen sich schnell offline verfügbar machen.

Deaktivieren Sie die Funktion DATEIEN BEI BEDARF, sehen Sie im Explorer generell nur die Daten, die Sie zwischen der Cloud und Ihrem Gerät synchronisieren. Um die Funktion auszuschalten, rufen Sie im Explorer ebenfalls über das Kontextmenü des Eintrags ONEDRIVE die EINSTELLUNGEN auf. Im gleichnamigen Register entfernen Sie nun das Häkchen vor SPAREN SIE PLATZ, UND LADEN SIE DATEIEN HERUNTER, WENN SIE SIE VERWENDEN. Im gleichen Register können Sie auch festlegen, ob OneDrive automatisch bei der Anmeldung bei Windows gestartet werden soll und welche Benachrichtigungen Sie wünschen.

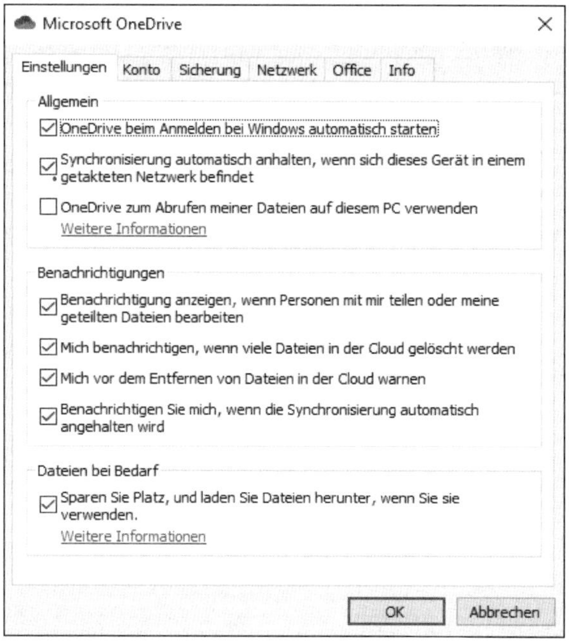

Abbildung 12.20 In den Einstellungen lässt sich die »Dateien bei Bedarf«-Funktion deaktivieren, und Sie können hier Benachrichtigungsoptionen festlegen.

Welche Ordner zwischen Cloud und Ihrem Gerät automatisch synchronisiert werden, legen Sie bereits nach der Anmeldung bei OneDrive fest. Sollten Sie hier eine Änderung vornehmen wollen, rufen Sie wie gerade beschrieben die EINSTELLUNGEN auf. Im Register SICHERUNG des Dialogs MICROSOFT ONEDRIVE klicken Sie dann auf SICHERUNG VERWALTEN. Über die Schaltfläche SICHERUNG BEENDEN brechen Sie die automatische Synchronisierung ab. Möchten Sie lokal gespeicherte Daten in OneDrive ablegen, müssen Sie dies nun manuell z. B. per Drag & Drop erledigen.

Sicherheitseinstellungen des Microsoft-Kontos anpassen

Im Rahmen Ihrer Arbeiten mit Windows 10 fordert Microsoft Sie immer mal wieder auf, sich zu identifizieren. Diese Sicherheitsinformationen, etwa in Form Ihrer Mobiltelefonnummer oder einer alternativen E-Mail-Adresse, geben Sie in den Kontoeinstellungen des Microsoft-Kontos an. Wenn Sie einen Blick in die Einstellungen werfen und gegebenenfalls Daten ändern möchten, rufen Sie die Webseite *https://account.microsoft.com* auf und melden sich mit der E-Mail-Adresse und dem Kennwort Ihres Microsoft-Kontos an. Wechseln Sie in die Kategorie SICHERHEIT, und rufen Sie dort die SICHERHEITSEINSTELLUNGEN auf. Auf der folgenden Webseite haben Sie die Möglichkeit, die bisherige Sicherheitsinformation (also z. B. die Mobiltelefonnummer oder E-Mail-Adresse) zu entfernen und eine neue hinzuzufügen.

12.3.2 Sensible Daten im persönlichen Tresor ablegen

Seit Ende 2019 verfügt die Cloud OneDrive über einen sogenannten *persönlichen Tresor*, in dem Sie besonders sensible und wichtige Daten speichern können. Während es beim Zugriff auf einen normalen Ordner in OneDrive ausreicht, im Besitz der Zugangsdaten für das Microsoft-Konto zu sein, kommt beim Tresor eine zusätzliche Authentifizierungsmethode zum Einsatz: Zur Bestätigung der Identität können Sie sich z. B. per SMS oder E-Mail einen Code zuschicken lassen (siehe auch den Kasten »Sicherheitseinstellungen des Microsoft-Kontos anpassen«). Erst nach Eingabe des Codes wird der Tresor geöffnet. Alternativ kann die Identitätsüberprüfung auch per Authenticator-App erfolgen. Wenn Sie über ein Abonnement von Microsoft 365 verfügen, lassen sich beliebig viele Daten im Tresor ablegen, sofern das zur Verfügung stehende Limit des Onlinespeichers noch nicht erreicht ist. Nicht-Abonnenten können maximal drei Dateien im Tresor speichern.

Um den persönlichen Tresor nutzen zu können, müssen Sie ihn zunächst einrichten. Markieren Sie hierzu im Navigationsbereich des Explorers ONEDRIVE, und klicken Sie dann im Inhaltsbereich doppelt auf PERSÖNLICHER TRESOR. Nach ein paar Informationen zum Tresor erteilen Sie mit einem Klick auf ZULASSEN die Genehmigung, den persönlichen Tresor einzurichten. Nachdem Sie die Benutzerkontensteuerung bestätigt haben, steht die Identitätsprüfung an. Haben Sie in den Einstellungen Ihres Microsoft-Kontos eine alternative E-Mail-Adresse oder auch eine Mobiltelefonnummer hinterlegt, erscheint im Dialog IDENTITÄT ÜBERPRÜFEN ein entsprechender Hinweis. Nach einem Klick darauf ergänzen Sie die geforderten Informationen wie etwa die letzten vier Ziffern Ihrer Mobilfunknummer und bestätigen die Angabe mit CODE SENDEN. Nach Eingabe des Codes, der Ihnen per SMS oder E-Mail zugesendet wurde, wird der persönliche Tresor entsperrt und in einem neuen Explorer-Fenster geöffnet. Nun können Sie wie gewohnt Dateien und Ordner in den Tresor verschieben oder auch kopieren sowie aus dem Tresor heraus öffnen und bearbeiten.

Abbildung 12.21 Um auf den persönlichen Tresor in OneDrive zugreifen zu können, ist zuvor eine Überprüfung der Identität nötig.

Greifen Sie über einen Zeitraum von 20 Minuten hinweg nicht auf den Tresor zu, wird dieser automatisch gesperrt. Sie können ihn auch selbst sperren, indem Sie den Eintrag PERSÖNLICHER TRESOR im Navigations- oder Inhaltsbereich des Explorers mit der rechten Maustaste anklicken und dann »PERSÖNLICHER TRESOR« SPERREN wählen. Um wieder darauf zugreifen zu können, ist eine erneute Identifizierung nötig.

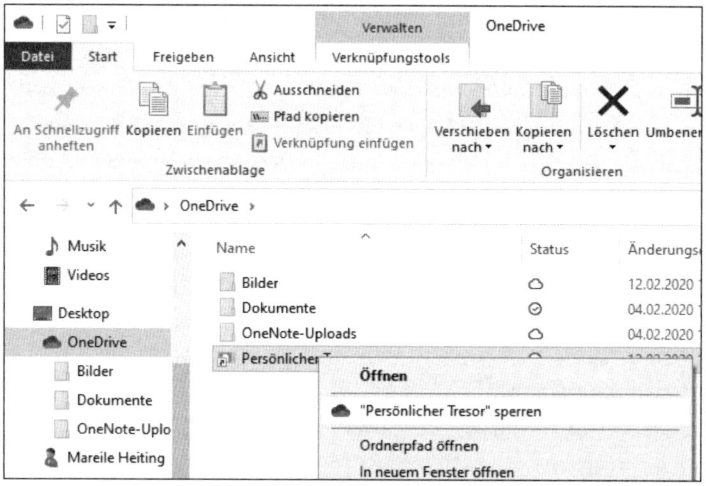

Abbildung 12.22 Haben Sie die Arbeiten im Tresor abgeschlossen, können Sie ihn auch manuell sperren.

So werden Ihre Daten in OneDrive geschützt

Mit dem persönlichen Tresor bietet Microsoft den Nutzern seiner Cloud einen besonderen Sicherheitsmechanismus. Wenn es Sie interessiert, wie Microsoft generell Ihre Daten in OneDrive schützt, werfen Sie einen Blick auf diese Webseite: *https://tinyurl.com/ycysgwng*.

In der Cloud selbst sind Ihre Daten übrigens nicht verschlüsselt. Windows 10 stellt hierfür auch keine Mechanismen zur Verfügung. Wer sensible Daten in OneDrive verschlüsseln möchte, muss auf Lösungen von Drittanbietern setzen. Eine sehr gute Verschlüsselungssoftware speziell für Cloud-Dienste bietet z. B. *Boxcryptor* (*www.boxcryptor.com/de*).

12.3.3 Online gespeicherte Daten mit anderen teilen

Die in OneDrive abgelegten Dateien können Sie jederzeit mit anderen teilen. Um anderen Personen den Zugriff auf ausgewählte Daten zu ermöglichen, klicken Sie im Explorer im OneDrive-Ordner mit der rechten Maustaste auf die gewünschte Datei bzw. einen Ordner und wählen im Kontextmenü den Befehl TEILEN. Im folgenden Dialog legen Sie nach einem Klick auf JEDER MIT DEM LINK KANN BEARBEITEN fest, ob Sie eine Bearbeitung zulassen, bis zu welchem Zeitpunkt die Person auf die Daten zugreifen darf und ob für den Zugriff ein

Kennwort nötig ist. Übernehmen Sie die Einstellung, geben Sie die E-Mail-Adresse der Person ein, und bestätigen Sie mit SENDEN. Die Person erhält nun eine E-Mail, die einen Link enthält, der zu den freigegebenen Daten führt. Dateien und Ordner, die Sie in Ihrem persönlichen Tresor in OneDrive abgelegt haben, lassen sich nicht mit anderen Personen teilen.

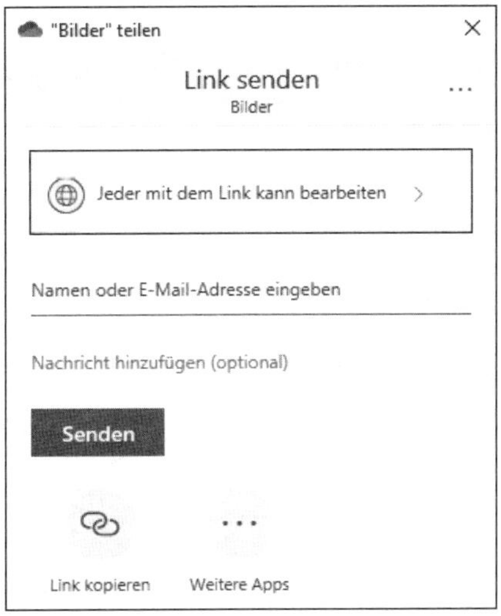

Abbildung 12.23 In OneDrive gespeicherte Daten können mit anderen Personen geteilt werden, sofern sie sich nicht im persönlichen Tresor befinden.

Dateien aus OneDrive wiederherstellen

Sie können zwar in der Cloud gespeicherte Dateien über den Explorer löschen, Daten, die nur online verfügbar sind, landen hierdurch aber nicht im lokal verfügbaren Papierkorb und lassen sich somit auch nicht über diesen wiederherstellen. Dies ist nur über die Onlineversion von OneDrive möglich. Über die Webadresse *onedrive.live.com* können Sie diese direkt in jedem beliebigen Browser öffnen. Alternativ hierzu klicken Sie im Infobereich der Taskleiste auf das OneDrive-Symbol und dann auf ONLINE ANZEIGEN. Auf der Webseite, die nun geöffnet wird, melden Sie sich mit der E-Mail-Adresse und dem Kennwort des Microsoft-Kontos bei OneDrive an. Nach der Anmeldung markieren Sie in der linken Spalte den Eintrag PAPIERKORB und rechts dann das Element, das Sie versehentlich gelöscht haben. Nun noch ein Klick auf WIEDERHERSTELLEN, und die Datei ist wieder in OneDrive verfügbar. Gelöschte Elemente werden bei einem privaten Konto im OneDrive-Papierkorb nur für maximal 30 Tage aufbewahrt, anschließend ist eine Wiederherstellung nicht mehr möglich.

12.3.4 OneDrive deinstallieren

Nicht jeder Anwender kann sich mit dem Onlinespeicher OneDrive anfreunden. Dies mag bei manch einem aus Gründen der Sicherheit geschehen, oder es liegt ganz einfach daran, dass bereits die Cloud eines anderen Anbieters eingesetzt wird. Wer OneDrive ganz von seinem Computer verbannen möchte, kann die App auch deinstallieren. Hierzu reicht ein rechter Mausklick auf den Eintrag OneDrive im Startmenü und dann die Auswahl des Befehls Deinstallieren. Damit ist nicht nur der Ordner OneDrive im Explorer verschwunden, sondern auch das OneDrive-Symbol im Infobereich der Taskleiste.

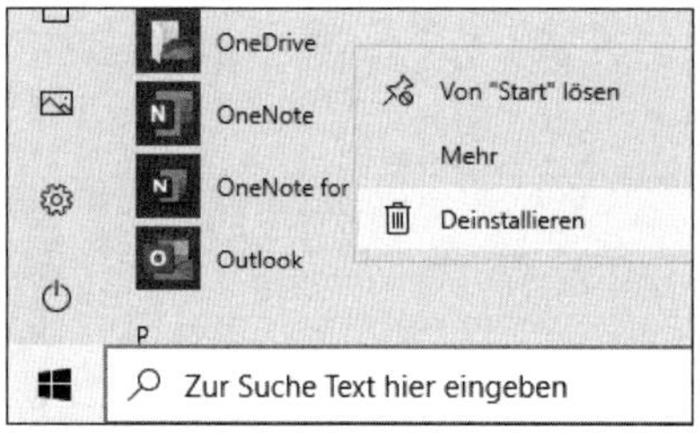

Abbildung 12.24 OneDrive lässt sich über das Startmenü deinstallieren.

Sollten Sie OneDrive später doch einmal wieder nutzen wollen, müssen Sie OneDrive erneut installieren. Da die hierfür nötige Setup-Datei bei der Deinstallation nicht gelöscht wird, können Sie die erneute Installation folgendermaßen vornehmen: Rufen Sie im Explorer den Pfad *%userprofile%\appdata\local\Microsoft\OneDrive* auf. Doppelklicken Sie auf die Datei OneDrive.exe, um die Installation zu starten. Nach erfolgreicher Installation erscheint im Startmenü wieder der Eintrag OneDrive, im Explorer ist der Ordner *OneDrive* wieder verfügbar, und auch das OneDrive-Symbol im Infobereich wird wieder eingeblendet. Um wieder auf den Onlinespeicher zugreifen zu können, müssen Sie sich mit Ihrem Microsoft-Konto bei OneDrive anmelden.

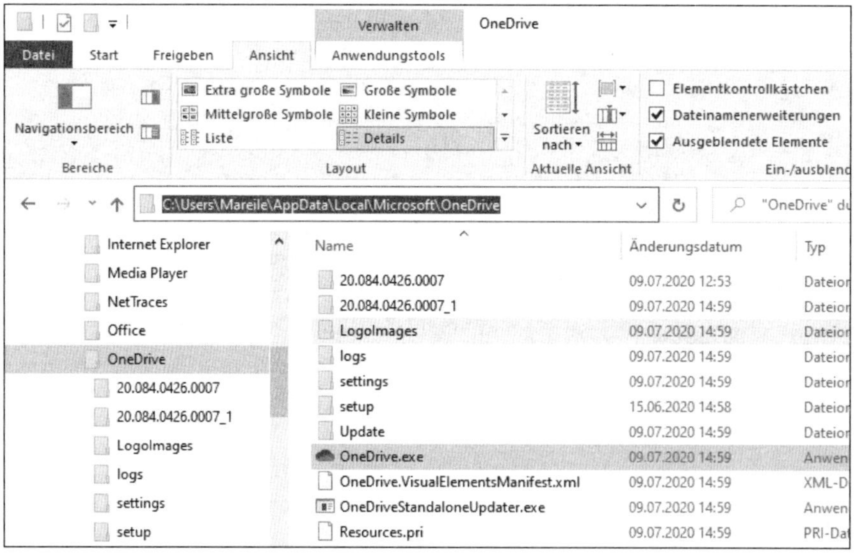

Abbildung 12.25 Die Setup-Datei »OneDrive.exe« erreichen Sie im Explorer über den Pfad »%userprofile%\appdata\local\Microsoft\OneDrive«.

Kapitel 13
Dateien, Ordner und Laufwerke verschlüsseln

Besonders sensible Daten bedürfen auch eines besonderen Schutzes. Mit den in Windows 10 Pro integrierten Verschlüsselungsverfahren stellen Sie sicher, dass kein Unbefugter Zugriff auf Ihre Dateien, Ordner oder auch Laufwerke erhält.

Sich am Computer mit einem Passwort anzumelden oder auch Dateien selbst mit einem Kennwort zu versehen, reicht heutzutage nicht aus, um seine Daten zu schützen. Denn ein solches ist schnell gehackt. Doch was tun, um anderen Benutzern des PCs, Hackern oder Dieben, die das Notebook klauen, den Zugriff auf sensible Daten zu verwehren? Der sicherste Weg besteht darin, die Daten zu verschlüsseln. Wer Windows 10 Pro oder Enterprise im Einsatz hat, dem stehen drei verschiedene Verschlüsselungsmethoden zur Verfügung: das verschlüsselnde Dateisystem (*Encrypting File System*), BitLocker für die Verschlüsselung von Laufwerken und BitLocker To Go, mit dem sich portable USB-Speichergeräte verschlüsseln lassen. BitLocker To Go basiert auf der gleichen Technologie wie BitLocker. In diesem Kapitel lernen Sie alle drei Methoden kennen und erfahren, was Sie bei der Verschlüsselung unbedingt beachten sollten.

13.1 EFS-Verschlüsselung für Dateien und Ordner

Mit dem *Encrypting File System*, kurz einfach *EFS* genannt, haben Sie die Möglichkeit, einzelne Dateien oder auch Ordner auf NTFS-formatierten Datenträgern zu verschlüsseln. Auch wenn EFS bereits seit Windows 2000 verfügbar ist, ist es keineswegs als veraltet anzusehen. Das im Betriebssystem integrierte Verschlüsselungsverfahren verwendet als Verschlüsselungsmethode AES (Advanced Encryption Standard) mit einem 265-Bit-Schlüssel, das ein hohes Maß an Sicherheit bietet. Die Verschlüsselung ist mit wenigen Mausklicks erledigt. Bevor Sie damit beginnen, sollten Sie sich allerdings die folgenden Punkte in Ruhe durchlesen, um später kein Fiasko zu erleben, wenn Sie auf verschlüsselte Daten zugreifen möchten.

- Bei der ersten Verwendung von EFS generiert Windows ein Schlüsselpaar, bestehend aus einem öffentlichen Schlüssel und einem privaten. Beim Verschlüsseln einer Datei bzw.

eines Ordners wird außerdem ein sogenannter *File Encryption Key* (kurz *FEK*) erzeugt. Dieser FEK wird mit dem öffentlichen Schlüssel verschlüsselt und gemeinsam mit der Datei bzw. dem Ordner gespeichert. Beim Öffnen der verschlüsselten Datei bzw. des Ordners wird der FEK mithilfe des privaten Schlüssels entschlüsselt. Beide Schlüssel – also öffentlich und privat – legt Windows in einem Zertifikat ab. Dieses Zertifikat wird auch für alle weiteren Verschlüsselungen von Daten genutzt.

- Daten können nur dann entschlüsselt werden, wenn das Verschlüsselungszertifikat verfügbar ist. Das Verschlüsselungszertifikat ist an das Benutzerkonto gebunden, das es erstellt hat. Andere Benutzer haben keinen Zugriff auf das Zertifikat. Somit ist nur das Benutzerkonto, das eine Datei oder einen Ordner verschlüsselt hat, in der Lage, es auch wieder zu entschlüsseln. Wird das Benutzerkonto gelöscht oder ändert der Administrator das Kennwort des Kontos, ist der Zugriff auf die verschlüsselten Daten nicht mehr möglich. Wird das Kennwort hingegen durch den Benutzer selbst geändert, hat dies keine Auswirkungen auf die verschlüsselten Daten, der Zugriff kann also weiterhin erfolgen.
- Sobald ein Benutzer auf selbst verschlüsselte Daten zugreift, werden diese entschlüsselt. Beim Schließen der Dateien werden diese automatisch wieder verschlüsselt, ohne dass der Anwender hiervon etwas bemerkt.
- Nur der Benutzer, der die Dateien oder Ordner verschlüsselt hat und somit im Besitz des Zertifikats ist, kann sie kopieren oder verschieben. Sollte er als neues Speichermedium ein Volume wählen, das nicht EFS unterstützt (also z. B. ein FAT32-Volume), werden die Daten automatisch entschlüsselt. Sie sind somit nicht mehr geschützt.

Diese wenigen Punkte machen bereits deutlich, wie wichtig das Verschlüsselungszertifikat ist: Ohne gültiges Zertifikat kann kein Zugriff mehr auf verschlüsselte Dateien erfolgen. Vergessen Sie also keineswegs, das EFS-Zertifikat nach dem ersten Verschlüsseln von Daten zu sichern, wie im übernächsten Abschnitt gezeigt. In Abschnitt 13.1.5, »Der Datenwiederherstellungs-Agent für Administratoren«, erfahren Sie, welche Möglichkeiten Administratoren haben, um auch dann auf verschlüsselte Daten zuzugreifen, wenn es den eigentlichen Zertifikatsinhabern nicht mehr möglich ist.

Dateisystem eines Datenträgers ermitteln

Sie sind sich nicht sicher, mit welchem Dateisystem ein Laufwerk formatiert ist? Das lässt sich schnell herausfinden. Klicken Sie den Datenträger im Explorer mit der rechten Maustaste an, und wählen Sie EIGENSCHAFTEN. Im Register ALLGEMEIN des Eigenschaften-Dialogs wird das Dateisystem (z. B. NTFS oder auch FAT32) angezeigt.

13.1.1 Dateien und Ordner mit EFS verschlüsseln

Die Verschlüsselung von Dateien oder Ordnern mit EFS ist schnell erledigt. Ausgangspunkt hierfür ist der Explorer.

1. Starten Sie den Explorer, und navigieren Sie zum gewünschten Element. Klicken Sie es mit der rechten Maustaste an, und wählen Sie im Kontextmenü den Befehl EIGENSCHAFTEN.
2. Im Dialog EIGENSCHAFTEN VON... klicken Sie im Register ALLGEMEIN auf ERWEITERT. Im folgenden Dialog versehen Sie INHALT VERSCHLÜSSELN, UM DATEN ZU SCHÜTZEN mit einem Häkchen. Es ist übrigens nicht möglich, komprimierte Dateien zu verschlüsseln. Sollten Sie die Komprimierung bereits aktiviert haben, deaktiviert Windows sie automatisch, sobald Sie die Daten verschlüsseln. Um eine verschlüsselte Datei zu komprimieren, legen Sie diese am besten in einem ZIP-komprimierten Ordner ab.
3. Bestätigen Sie die geöffneten Dialoge mit OK.

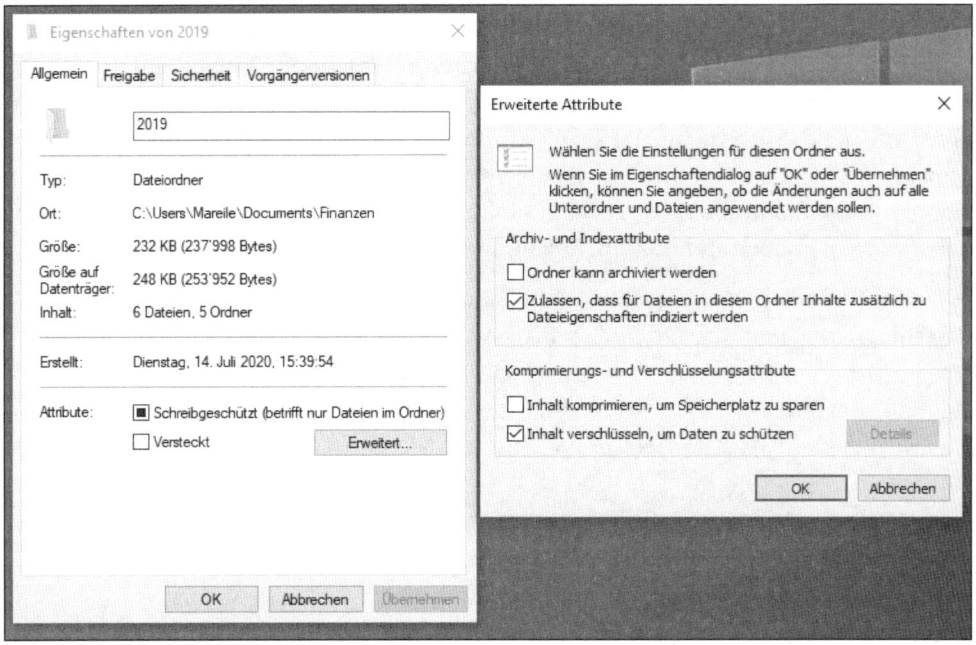

Abbildung 13.1 Dateien und Ordner können entweder komprimiert oder verschlüsselt werden, aber nicht beides zusammen.

4. Enthält der zur Verschlüsselung ausgewählte Ordner Dateien oder Unterordner, fragt Windows nach, ob die Verschlüsselung nur für diesen Ordner übernommen werden soll oder zusätzlich auch für die untergeordneten Ordner und Dateien. Entscheiden Sie sich für ÄNDERUNGEN NUR FÜR DIESEN ORDNER ÜBERNEHMEN, werden die bereits im Ordner enthaltenen Dateien nicht verschlüsselt. Erst wenn Sie neue Dateien im Ordner ablegen, erfolgt die Verschlüsselung.

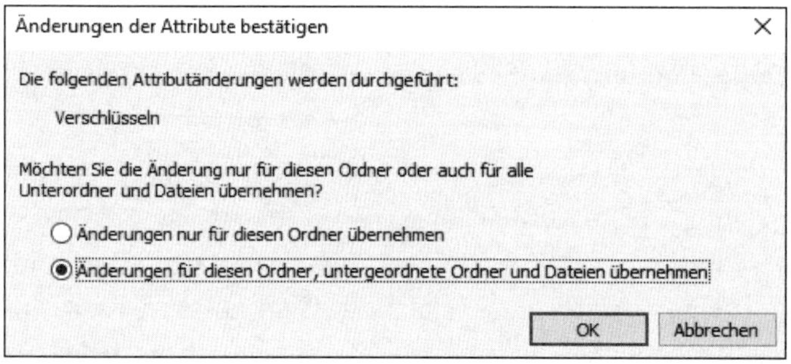

Abbildung 13.2 Enthält ein Ordner bereits Daten, müssen Sie entscheiden, ob die Änderungen auch für diese übernommen werden sollen oder nicht.

Eine ähnliche Frage erhalten Sie auch, wenn Sie gerade dabei sind, eine Datei zu verschlüsseln. In diesem Fall müssen Sie entscheiden, ob nur die Datei oder auch der übergeordnete Ordner verschlüsselt werden soll. Wählen Sie Letzteres, wird zunächst ebenfalls nur die ausgewählte Datei verschlüsselt und erst die im späteren Verlauf neu hinzukommenden Dateien und Ordner. Dieses ist auf jeden Fall die bessere Wahl. Denn denken Sie daran, dass einige Programme (z. B. Word oder auch Excel) während der Bearbeitung eine temporäre Kopie der Originaldatei erzeugen. Sollten Sie sich entschieden haben, nur die ausgewählte Datei zu verschlüsseln, wäre die Kopie nicht verschlüsselt und somit ungeschützt. Die verschlüsselten Dateien werden im Explorer mit einem kleinen Schlosssymbol gekennzeichnet.

Verschlüsselung von Dateien und Ordnern wieder aufheben

Sollten Sie zu einem späteren Zeitpunkt die Verschlüsselung wieder aufheben wollen, ist dies natürlich auch möglich. Hierzu führen Sie einfach erneut die Schritte 1 bis 3 durch, nur dass Sie dieses Mal das Häkchen vor INHALT VERSCHLÜSSELN, UM DATEN ZU SCHÜTZEN wieder entfernen.

13.1.2 Das EFS-Zertifikat sichern

Sobald Sie das erste Mal mit EFS Dateien oder Ordner verschlüsseln, erzeugt Windows 10 das Verschlüsselungszertifikat. Dieses ist fest an das Benutzerkonto gebunden, auf dem es generiert wurde. Sind Sie mit diesem Konto am Computer angemeldet, können Sie dank des Verschlüsselungszertifikats jederzeit problemlos auf die verschlüsselten Daten zugreifen, ohne überhaupt zu merken, dass sie im Hintergrund vom System ent- bzw. beim Schließen wieder verschlüsselt werden. Doch Vorsicht: Sollte das Verschlüsselungszertifikat nicht mehr verfügbar sein, wird damit auch ein Zugriff auf die verschlüsselten Daten unmöglich.

Der wichtigste Schritt nach der ersten Verschlüsselung sollte deshalb darin bestehen, das Zertifikat auf einem externen Speicher zu sichern. Tritt dann tatsächlich einmal der Fall ein, dass z. B. die Festplatte, auf der Windows 10 installiert ist, kaputtgeht und eine Neuinstallation des Betriebssystems erforderlich ist, können Sie ganz gelassen bleiben. Auch wenn Sie das System zurücksetzen und anschließend ein neues Benutzerkonto anlegen, können Sie dank des gespeicherten Zertifikats auf die verschlüsselten Daten zugreifen. Importieren Sie einfach das gesicherte Verschlüsselungszertifikat, und schon ist der Zugriff wieder möglich. Um das Zertifikat aber zunächst einmal zu exportieren, gehen Sie folgendermaßen vor:

1. Wenn Sie das erste Mal Daten mit EFS verschlüsseln, wird für einen kurzen Moment der Hinweis Den Schlüssel für die Dateiverschlüsselung sichern über dem Infobereich der Taskleiste eingeblendet. Klicken Sie diesen an. Sollten Sie nicht schnell genug gewesen sein und der Hinweis ist bereits wieder verschwunden, finden Sie ihn im Normalfall im Info-Center, das Sie mit einem Klick auf das Benachrichtigungssymbol einblenden.

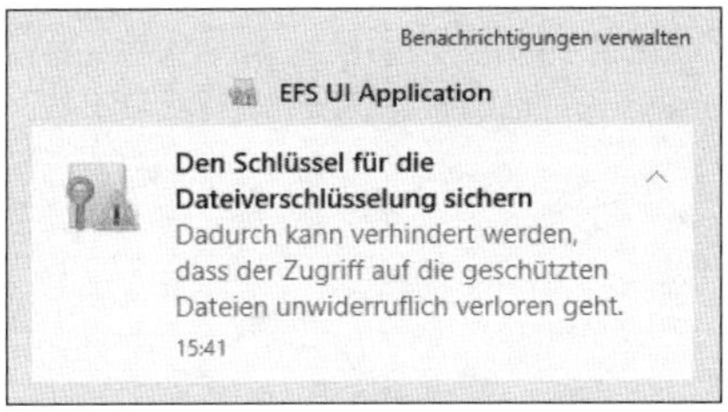

Abbildung 13.3 Hinweis zur Sicherung des Verschlüsselungszertifikats

2. Wird der Hinweis auch im Info-Center nicht mehr angezeigt, führt Sie der Weg in den Eigenschaften-Dialog einer bereits verschlüsselten Datei bzw. eines Ordners, in dem Sie auf Erweitert und dann auf Details klicken (siehe Abbildung 13.1). Markieren Sie im folgenden Dialog Ihr Benutzerkonto, und klicken Sie auf Schlüssel sichern.
3. Es wird nun der Zertifikatexport-Assistent gestartet. Nach Bestätigen des Willkommens-Dialogs mit Weiter wird Ihnen das Format der zu exportierenden Datei angezeigt.

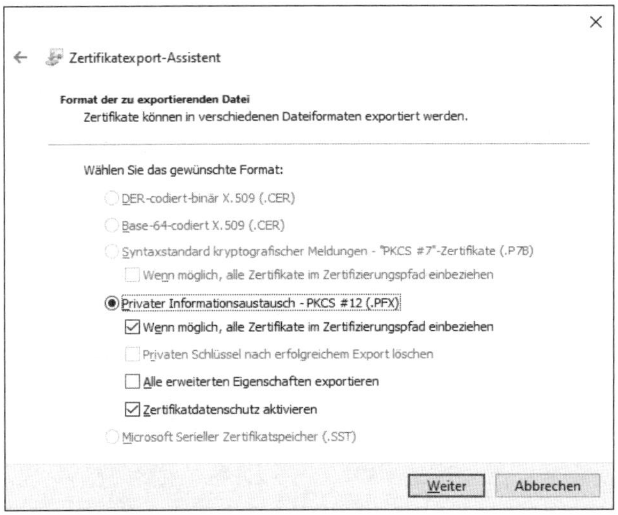

Abbildung 13.4 Das Format der zu exportierenden Datei

4. Nach einem Klick auf Weiter führt Sie der Assistent zum Dialog Sicherheit, in dem Sie das Kontrollkästchen Kennwort mit einem Häkchen versehen. Geben Sie im Feld darunter ein Kennwort ein, das Sie nochmals bestätigen. Dieses Kennwort wird später benötigt, um auf das Zertifikat zugreifen zu können. Sie sollten es also nicht vergessen.

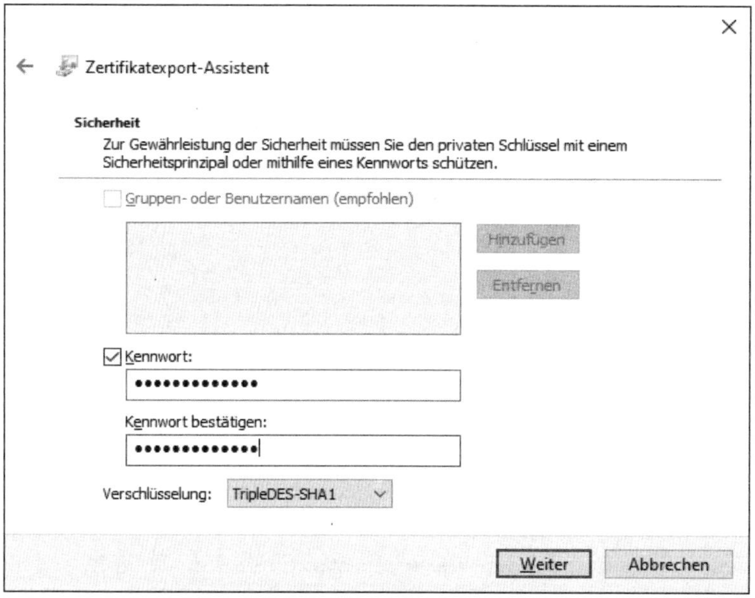

Abbildung 13.5 Ohne das vergebene Kennwort ist später kein Zugriff auf das gesicherte Zertifikat möglich.

5. Im Dialog Zu exportierende Datei wählen Sie nach einem Klick auf Durchsuchen den Speicherort für die Datei aus und vergeben einen Dateinamen. Gut geeignet als Speichermedium ist ein USB-Stick, den Sie anschließend an einem sicheren Ort aufbewahren. Nach einem Klick auf Weiter erhalten Sie nochmals eine Übersicht über die gewählten Einstellungen. Sobald Sie mit Fertig stellen bestätigen, wird das Zertifikat im PFX-Dateiformat gespeichert (die Abkürzung *pfx* steht für *Personal Information Exchange*).

Der Exportvorgang ist damit erfolgreich abgeschlossen. Wer auf Nummer sicher gehen möchte, erstellt von dieser Datei eine Kopie auf einem weiteren Speichermedium.

Zertifikat über die Microsoft Management Console einsehen und exportieren

Mithilfe des MMC-Snap-Ins *certmgr.msc* können Sie sich eine Übersicht über Ihre Zertifikate ansehen und diese auch sichern. Sie benötigen hierfür Administratorrechte. Zum Start des Snap-Ins drücken Sie die Tastenkombination [Win] + [R], und geben im Ausführen-Dialog »certmgr.msc« ein. Im Dialog der Microsoft Management Console können Sie dann im Zweig

Eigene Zertifikate einen Blick auf Ihre Zertifikate werfen. Um ein Zertifikat zu exportieren, klicken Sie es mit der rechten Maustaste an und wählen Alle Aufgaben • Exportieren. Damit wird der Zertifikatexport-Assistent gestartet, den Sie in Abschnitt 13.1.2 bereits kennengelernt haben.

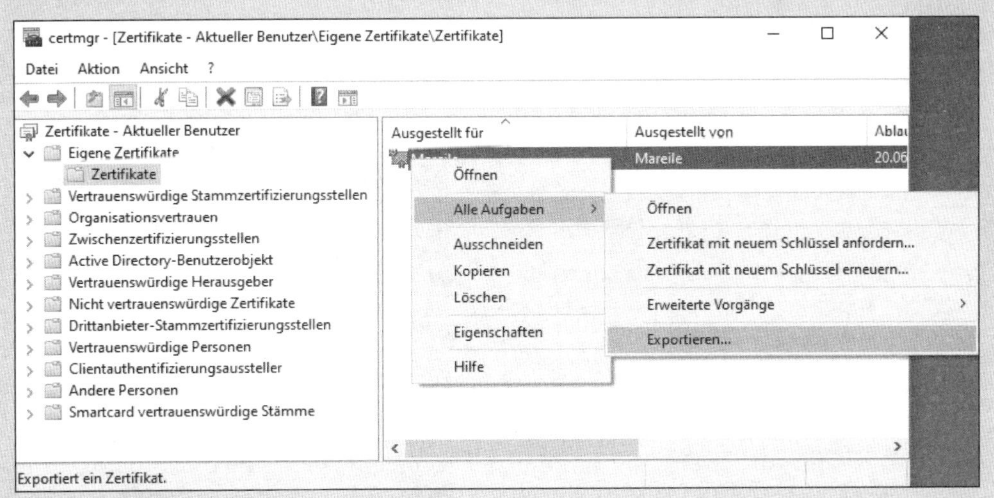

Abbildung 13.6 Das MMC-Snap-In »certmgr.msc«

13.1.3 Das EFS-Zertifikat importieren

Wenn alles rundläuft, werden Sie höchstwahrscheinlich nie in die Verlegenheit kommen, das EFS-Zertifikat wiederherstellen zu müssen. Wurde das Zertifikat versehentlich gelöscht oder die PFX-Datei zerstört, sieht die Situation allerdings anders aus. In diesem Fall müssen Sie das gesicherte Zertifikat importieren, um auf die verschlüsselten Dateien zugreifen zu können. Dies gilt auch dann, wenn das Kennwort Ihres Benutzerkontos nicht von Ihnen selbst, sondern durch den Administrator geändert wurde. Denn hierdurch verliert Ihr Zertifikat seine Gültigkeit. Der Import des Zertifikats ist schnell erledigt:

1. Schließen Sie das Speichermedium, auf dem das Zertifikat gesichert wurde, am Computer an, und navigieren Sie im Explorer zu der entsprechenden PFX-Datei. Mit einem Doppelklick auf diese Datei starten Sie den Zertifikatimport-Assistenten.
2. Belassen Sie im Willkommens-Dialog Aktueller Benutzer aktiviert, und bestätigen Sie mit Weiter. Im nächsten Dialog sollte bereits der korrekte Pfad der PFX-Datei angezeigt werden, sodass Sie auch hier mit Weiter fortfahren können.
3. Im Dialog Schutz für den privaten Schlüssel werden Sie aufgefordert, das Kennwort einzugeben, das Sie während des Exports festgelegt haben. Belassen Sie im folgenden Dia-

log die Option ZERTIFIKATSPEICHER AUTOMATISCH AUSWÄHLEN aktiviert. Nach einem Klick auf WEITER und FERTIG STELLEN wird das Zertifikat importiert.

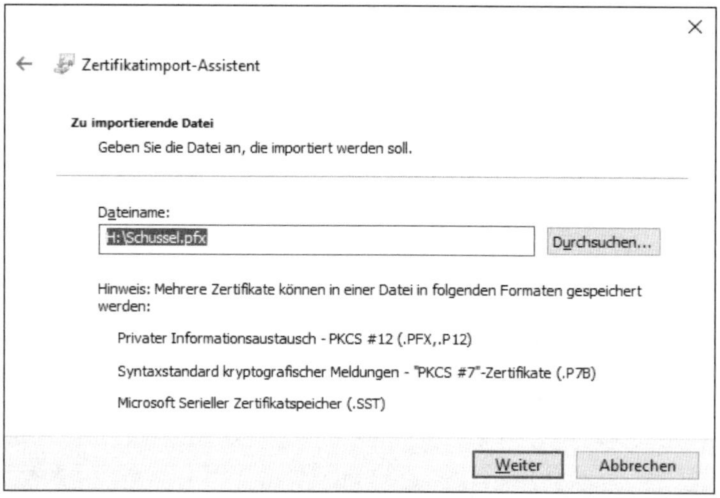

Abbildung 13.7 Der Zertifikatimport-Assistent mit der zu importierenden PFX-Datei

13.1.4 Anderen Benutzern Zugriff auf EFS-verschlüsselte Daten gewähren

Sofern erforderlich, können Sie anderen Benutzern Ihres Computers den Zugriff auf verschlüsselte Dateien und Ordner ermöglichen. Voraussetzung hierfür ist, dass diese Benutzer bereits selbst einmal Daten mit EFS verschlüsselt haben und somit ein Verschlüsselungszertifikat für das entsprechende Benutzerkonto erzeugt wurde. Ist dies der Fall, gehen Sie folgendermaßen vor, um ihm den Zugriff auf Ihre verschlüsselten Daten zu gestatten:

1. Klicken Sie im Explorer die verschlüsselte Datei bzw. den Ordner mit der rechten Maustaste an, und wählen Sie im Kontextmenü EIGENSCHAFTEN. Im Register ALLGEMEIN des Eigenschaften-Dialogs klicken Sie auf ERWEITERT und im folgenden Dialog auf DETAILS.
2. Im Dialog BENUTZERZUGRIFF AUF... klicken Sie auf HINZUFÜGEN und im Dialog VERSCHLÜSSELNDES DATEISYSTEM auf WEITERE OPTIONEN. Sie erhalten nun eine Übersicht über die Benutzerkonten, für die auf dem Computer bereits ein Zertifikat angelegt wurde. Wählen Sie das gewünschte Konto aus, und schließen Sie alle geöffneten Dialoge mit OK.

Sollten Sie später der Person den Zugriff wieder entziehen wollen, rufen Sie erneut den Dialog BENUTZERZUGRIFF AUF... auf und markieren den Benutzer in der Liste BENUTZER MIT ZUGRIFF AUF DIESE DATEI. Nach einem Klick auf ENTFERNEN kann dieser Benutzer nicht mehr auf die verschlüsselte Datei bzw. den Ordner zugreifen.

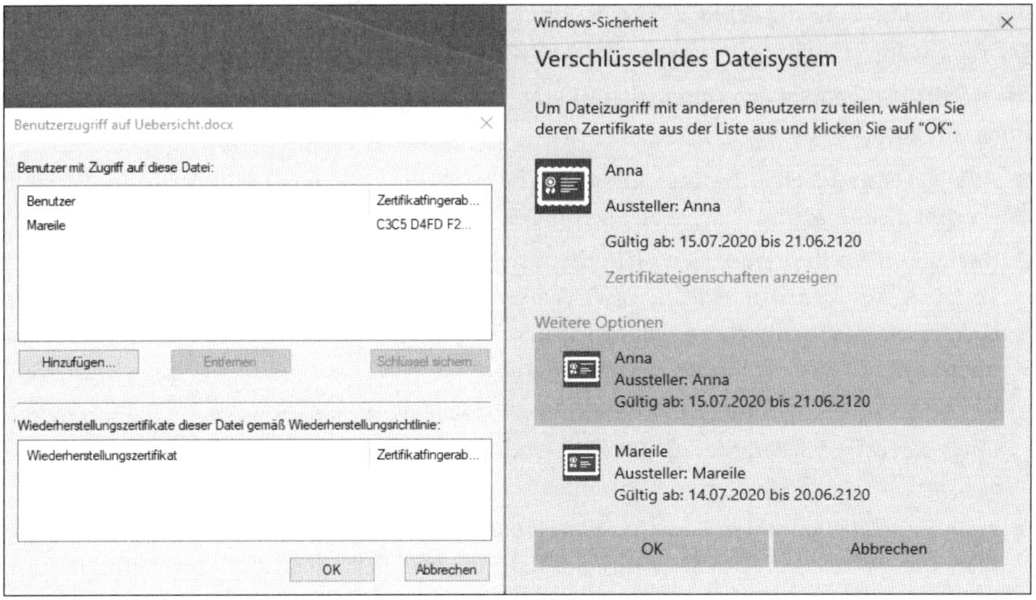

Abbildung 13.8 Nur Benutzern, die bereits selbst Daten verschlüsselt haben, können Sie den Zugriff auf Ihre verschlüsselten Dateien und Ordner gewähren.

13.1.5 Der Datenwiederherstellungs-Agent für Administratoren

Wird Ihr Computer von mehreren Benutzern genutzt, die ihre Daten mit EFS verschlüsseln, sollten Sie als Administrator sicherheitshalber einen sogenannten *Datenwiederherstellungs-Agenten* (auf Englisch »Data Recovery Agent«, kurz *DRA*) einrichten. Mit dem Zertifikat des DRA haben Sie Zugriff auf alle verschlüsselten Daten auf dem Computer, also auch dann, wenn ein Benutzer z. B. sein Zertifikat versehentlich gelöscht hat. Das Zertifikat wird folgendermaßen erstellt:

1. Geben Sie im Suchfeld der Taskleiste »Eingabeaufforderung« ein, klicken Sie das entsprechende Suchergebnis mit der rechten Maustaste an, und wählen Sie ALS ADMINISTRATOR AUSFÜHREN.
2. Geben Sie nun `cipher /r:zertifikatdra` ein, wobei `zertifikatdra` der Dateiname des Zertifikats ist, den Sie natürlich beliebig anders wählen können. Die Eingabe bestätigen Sie durch Drücken der [↵]-Taste.
3. Als Nächstes geben Sie ein Kennwort ein, das später für den Import des Zertifikats benötigt wird.

Es werden nun zwei Dateien erstellt: Die Datei *zertifikat.cer* enthält den öffentlichen Schlüssel, die Datei *zertifikat.pfx* wiederum den privaten Schlüssel. Speichern Sie die PFX-Datei auf einem Wechseldatenträger, den Sie an einem sicheren Ort aufbewahren. Denken Sie daran, dass jeder, der im Besitz der PFX-Datei ist, auf alle auf dem System verschlüsselten Daten zugreifen kann.

Als Nächstes fügen Sie den Datenwiederherstellungs-Agenten den lokalen Sicherheitsrichtlinien hinzu.

1. Drücken Sie zunächst die Tastenkombination [Win] + [R], geben Sie im Ausführen-Dialog »secpol.msc« ein, und bestätigen Sie mit OK.
2. Navigieren Sie in den lokalen Sicherheitsrichtlinien zu RICHTLINIEN FÜR ÖFFENTLICHE SCHLÜSSEL • VERSCHLÜSSELNDES DATEISYSTEM. Führen Sie auf VERSCHLÜSSELNDES DATEISYSTEM einen rechten Mausklick aus, und markieren Sie im Kontextmenü DATENWIEDERHERSTELLUNGS-AGENTS HINZUFÜGEN.
3. Im Willkommens-Dialog des Assistenten für das Hinzufügen eines Datenwiederherstellungs-Agenten klicken Sie auf WEITER und im folgenden Dialog auf ORDNER DURCHSUCHEN.
4. Im Öffnen-Dialog wählen Sie die zuvor erzeugte CER-Datei, in meinem Beispiel also ZERTIFIKATDRA.CER. Den Warnhinweis, der nach einem Klick auf ÖFFNEN erscheint, bestätigen Sie mit JA.

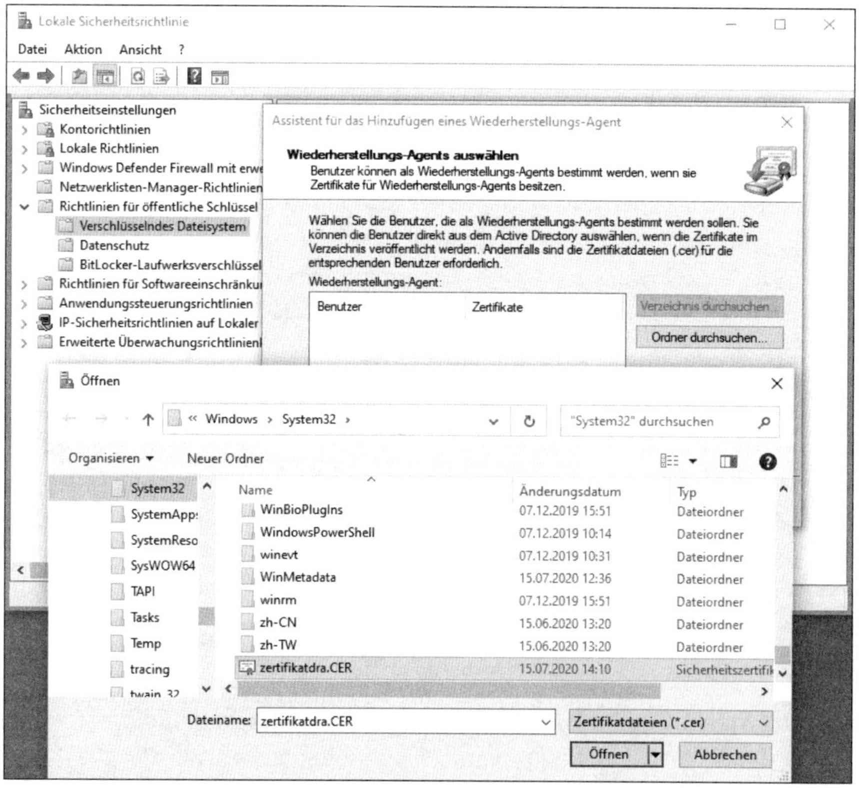

Abbildung 13.9 Über die lokalen Sicherheitsrichtlinien wird der Datenwiederherstellungs-Agent hinzugefügt.

5. Schließen Sie das Hinzufügen des Datenwiederherstellungs-Assistenten mit WEITER und dann FERTIG STELLEN ab. Der Data Recovery Agent ist damit erfolgreich eingerichtet.
6. Als Nächstes müssen noch die Gruppenrichtlinien aktualisiert werden. Rufen Sie hierzu wieder die Eingabeaufforderung auf, geben Sie `gpupdate` ein, und drücken Sie die [↵]-Taste.

Durch das Erstellen des DRAs werden Daten, die bereits zuvor verschlüsselt wurden, nicht automatisch aktualisiert. Um auch diese Daten mithilfe des DRAs wieder entschlüsseln zu können, gibt es zwei Möglichkeiten: Die Daten müssen einmal geöffnet und wieder geschlossen werden. Hierdurch aktualisiert der DRA automatisch die Dateien mit dem neuen Zertifikat. Je nach Anzahl der verschlüsselten Dateien kann dies natürlich ein langwieriger Vorgang sein, vor allem, da es jeder Benutzer für seine eigenen Daten vornehmen muss. Der Vorgang lässt sich aber auch einfacher durchführen, indem Sie die Eingabeaufforderung mit Administratorrechten öffnen und den Befehl `cipher /u` eingeben. Hierdurch werden alle verschlüsselten Dateien auf dem Laufwerk aktualisiert.

Um im Falle eines Falles das Zertifikat des DRAs wiederherzustellen, gehen Sie wie in Abschnitt 13.1.3 gezeigt vor.

13.2 Festplatten verschlüsseln mit BitLocker

Mit *BitLocker* bietet Windows 10 eine in das Betriebssystem integrierte Sicherheitsfunktion, mit der sich Systemlaufwerke, Festplatten oder auch Wechseldatenträger verschlüsseln lassen. Wie das zuvor vorgestellte EFS ist auch BitLocker nur in den Windows 10-Editionen Pro und Enterprise verfügbar.

Mit BitLocker können Sie reine Datenlaufwerke verschlüsseln, aber auch die Partitionen, die das Betriebssystem enthalten. Um die Betriebssystempartition verschlüsseln zu können, benötigt BitLocker eine eigene Systempartition der Festplatte. Auf dieser befinden sich die notwendigen Daten, um den Computer hochzufahren und die verschlüsselten Daten der Betriebssystempartition zu laden. Unter Windows Vista musste der Benutzer diese noch selbst erstellen. Seit Windows 7 geschieht dies automatisch, sobald Sie BitLocker aktivieren. Die Systempartition startet noch vor dem Betriebssystem und versucht dabei in der Standardeinstellung auf ein sogenanntes *Trusted Platform Module* (kurz *TPM*) zuzugreifen. Ein TPM-Chip ist Teil des Mainboards eines Computers und mittlerweile bei den meisten modernen Rechnern vorhanden. Im TPM ist der kryptografische Schlüssel gespeichert, der zum Entschlüsseln der Festplatte benötigt wird. Anhand des TPMs kann so überprüft werden, ob die Hardware unverändert ist und die Boot-Konfigurationsdateien nicht manipuliert wurden. Nur wenn BitLocker keine Probleme feststellt, wird die Festplatte entschlüsselt und das Betriebssystem gestartet. Sollte z. B. bei einem geklauten Computer die Festplatte ausgebaut und in einen anderen eingebaut werden, verhindert BitLocker, dass das Laufwerk entsperrt wird. Stattdessen wechselt es automatisch in den Wiederherstellungsmodus und fordert den

Anwender auf, einen 48-stelligen Wiederherstellungsschlüssel einzugeben. Dieser wird bei der Aktivierung von BitLocker erstellt.

Ein TPM bietet einen guten Schutz, da die Systemintegrität so bereits vor dem Start des Betriebssystems geprüft werden kann. Wie Sie überprüfen, ob auf Ihrem Computer ein TPM vorhanden ist, lesen Sie im Kasten »TPM-Chip verfügbar oder nicht?«. Steht ein solches TPM auf Ihrem Computer nicht zur Verfügung, können Sie aber trotzdem die Verschlüsselung mit BitLocker nutzen. Sie müssen in diesem Fall nur über die Gruppenrichtlinien festlegen, dass BitLocker die kryptografischen Daten z. B. von einem USB-Stick einlesen darf. Manche Anwender ziehen dieses Vorgehen sogar dem Einsatz des TPMs vor.

Ein wichtiger Hinweis noch vorab: Bevor Sie mit der Verschlüsselung der Partitionen und Datenträger beginnen, sollten Sie zur Sicherheit unbedingt ein Backup des kompletten Systems erstellen. Sollte es wider Erwarten doch zu Schwierigkeiten bei der Verschlüsselung kommen, sind somit Ihre Daten nicht verloren.

TPM-Chip verfügbar oder nicht?

Ein Trusted Platform Module ist der bequemste Weg, um BitLocker einzusetzen. Um zu überprüfen, ob auf Ihrem Computer ein entsprechender TPM-Chip verfügbar ist, drücken Sie die Tastenkombination [Win] + [X] und wählen im Schnellzugriffsmenü den Geräte-Manager. Unter dem Eintrag Sicherheitsgeräte sollte hier das Trusted Platform Module zu finden sein. BitLocker unterstützt die Versionen 1.2 sowie 2.0 der TPM-Spezifikationen. Alternativ hierzu rufen Sie die BitLocker-Laufwerkverschlüsselung über das Suchfeld der Taskleiste auf und klicken im Dialog unten links auf TPM-Verwaltung. Wird das TPM nicht aufgeführt, muss dies nicht bedeuten, dass es nicht vorhanden ist. Eventuell ist es auch nur deaktiviert und muss im BIOS erst aktiviert werden. Das Vorgehen hierfür ist von Computer zu Computer unterschiedlich.

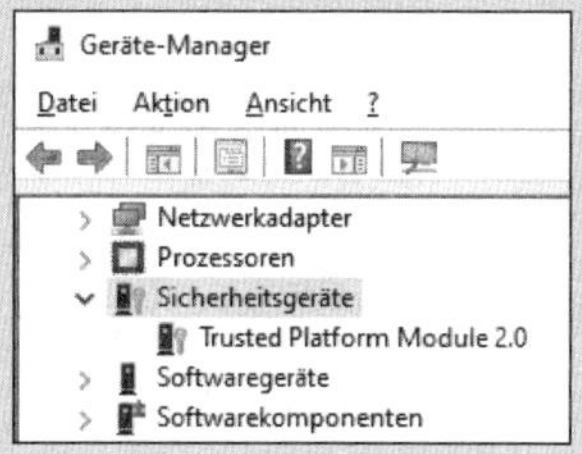

Abbildung 13.10 Über den Geräte-Manager bringen Sie in Erfahrung, ob Ihr Computer über TMP verfügt.

13.2.1 Gruppenrichtlinien anpassen zur Verwendung von BitLocker ohne TPM

Ist auf Ihrem Computer kein TPM verfügbar, müssen Sie bei der Verschlüsselung der Betriebssystempartition nicht auf BitLocker verzichten (für die Verschlüsselung einer Datenpartition ist kein TPM erforderlich, wie Sie in Abschnitt 13.2.3 erfahren werden). Mit einer kleinen Änderung in den Gruppenrichtlinien lässt sich festlegen, dass BitLocker auch ohne TPM aktiviert werden kann.

1. Um den Editor für lokale Gruppenrichtlinien zu starten, drücken Sie die Tastenkombination [⊞] + [R] und geben im Ausführen-Dialog »gpedit.msc« ein.
2. Navigieren Sie hier zu COMPUTERKONFIGURATION • ADMINISTRATIVE VORLAGEN • WINDOWS-KOMPONENTEN • BITLOCKER-LAUFWERKVERSCHLÜSSELUNG • BETRIEBSSYSTEMLAUFWERKE.
3. Doppelklicken Sie im nächsten Menü rechts auf ZUSÄTZLICHE AUTHENTIFIZIERUNG BEIM START ANFORDERN.
4. Im folgenden Dialog wählen Sie die Option AKTIVIERT. Stellen Sie außerdem sicher, dass das Kontrollkästchen BITLOCKER OHNE KOMPATIBLES TPM ZULASSEN mit einem Häkchen versehen ist. Sie werden bereits hier in Klammern darauf hingewiesen, dass Sie in diesem Fall ein Kennwort vergeben müssen oder ein USB-Flashlaufwerk mit Systemstartschlüssel benötigen. Beides lässt sich später im Rahmen der BitLocker-Aktivierung vornehmen. Schließen Sie den Dialog mit OK.

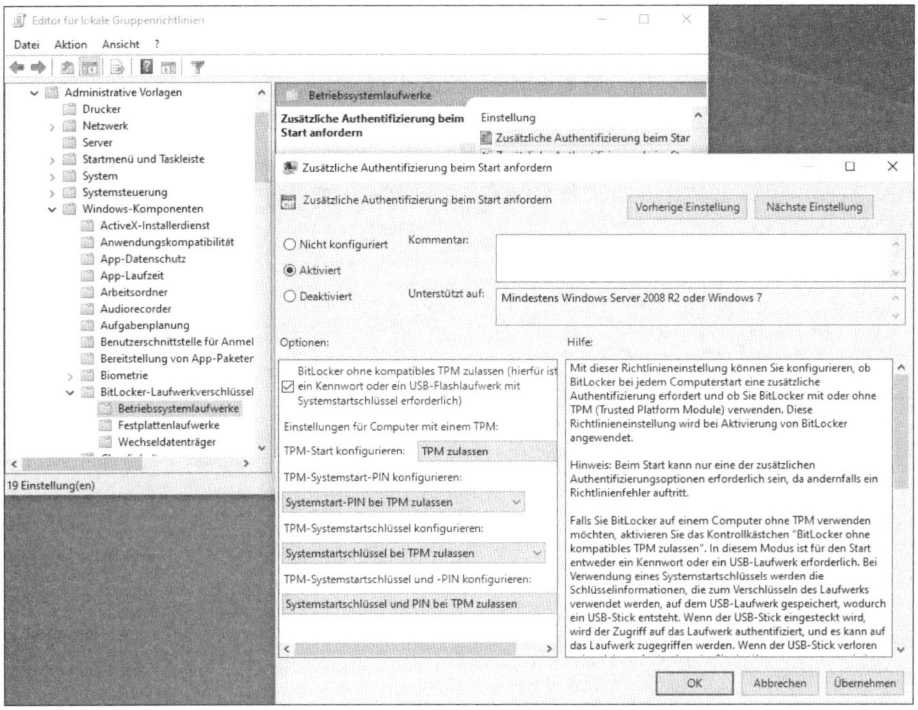

Abbildung 13.11 Aktivieren Sie »Zusätzliche Authentifizierung beim Start anfordern«, um BitLocker auch ohne TPM für die Verschlüsselung der Betriebssystempartition nutzen zu können.

Sobald Sie ZUSÄTZLICHE AUTHENTIFIZIERUNG BEIM START ANFORDERN aktiviert haben, können Sie auch die Mehr-Faktoren-Authentifizierung bei der Verschlüsselung von Betriebssystemlaufwerken nutzen. Dabei werden mehrere Authentifizierungsverfahren angewendet, um die verschlüsselte Partition zu entsperren. Nähere Informationen hierzu erhalten Sie in Abschnitt 13.2.7, »BitLocker mithilfe des Befehlszeilentools konfigurieren«.

Da der Gruppenrichtlinien-Editor bereits geöffnet ist, können Sie – sofern gewünscht – auch gleich die Verschlüsselungsmethode von AES 128-Bit auf AES 256-Bit setzen, wie im Kasten »Höhere Datensicherheit mit der Verschlüsselungsmethode AES 256-Bit« beschrieben. Diese kleine Maßnahme erhöht den Schutz Ihrer Daten.

Höhere Datensicherheit mit der Verschlüsselungsmethode AES 256-Bit

In der Standardeinstellung kommt bei der Verschlüsselung mit BitLocker der Verschlüsselungsalgorithmus *Advanced Encryption Standard* (kurz *AES*) mit einer Schlüssellänge von 128 Bit zum Einsatz. Aktuell würde diese Schlüssellänge durchaus ausreichen, falls ein Hacker im Rahmen eines Brute-Force-Angriffs per Trial and Error (auf Deutsch »Versuch und Irrtum«) versucht, den Schlüssel in Erfahrung zu bringen. Bei den immer leistungsfähigeren Computern ist es allerdings sinnvoll, auch jetzt schon auf die stärkere Verschlüsselung mit einer 256-Bit-Schlüssellänge zu setzen. Die Umstellung der Verschlüsselungsmethode nehmen Sie im Editor für lokale Gruppenrichtlinien vor. Um diesen zu starten, drücken Sie die Tastenkombination [Win] + [R], geben im Ausführen-Dialog »gpedit.msc« ein und bestätigen mit OK. Navigieren Sie in der linken Spalte zur Kategorie COMPUTERKONFIGURATION • ADMINISTRATIVE VORLAGEN • WINDOWS-KOMPONENTEN • BITLOCKER-LAUFWERKVERSCHLÜSSELUNG. Doppelklicken Sie dann rechts auf VERSCHLÜSSELUNGSMETHODE UND VERSCHLÜSSELUNGSSTÄRKE FÜR LAUFWERK AUSWÄHLEN (WINDOWS 10 [VERSION 1511] UND HÖHER). Im folgenden Dialog wählen Sie die Option AKTIVIERT.

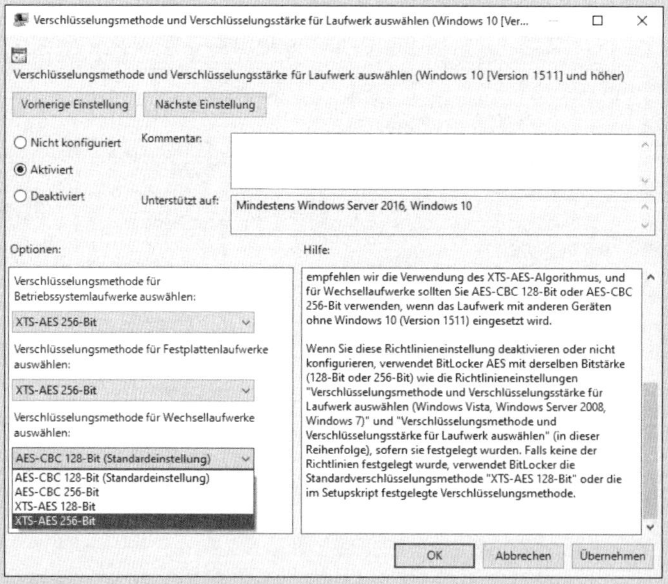

Abbildung 13.12 Sie können die Verschlüsselungsstärke AES 128-Bit auf AES 256-Bit erhöhen.

Im Bereich OPTIONEN können Sie nun jeweils die Verschlüsselungsmethode XTS-AES 256-BIT für Betriebssystemlaufwerke, Festplattenlaufwerke und Wechsellaufwerke auswählen. Schließen Sie dann alle geöffneten Dialoge mit OK. Sollten Sie bereits Partitionen mit BitLocker verschlüsselt haben, müssen Sie die Verschlüsselung für die betreffenden Partitionen deaktivieren und dann erneut verschlüsseln, damit auch hier die stärkere Verschlüsselungsmethode verwendet wird.

13.2.2 BitLocker auf der Betriebssystempartition aktivieren

Mit BitLocker können Sie sowohl die Betriebssystempartition als auch Datenpartitionen oder Festplatten verschlüsseln. Für die Verschlüsselung der Betriebssystempartition sieht Windows 10 per Standardeinstellung die Verwendung von TPM vor. Ist keines verfügbar, müssen Sie zunächst wie im vorherigen Abschnitt beschrieben die entsprechende Konfiguration in den Gruppenrichtlinien anpassen, bevor Sie BitLocker aktivieren können. Die Aktivierung selbst erfolgt mit oder ohne TPM fast identisch, wie die folgenden Schritte zeigen. Die Verschlüsselung selbst nimmt einige Zeit in Anspruch, währenddessen können Sie den Rechner aber weiterhin nutzen.

1. Am schnellsten veranlassen Sie die Aktivierung, indem Sie den Explorer starten und das gewünschte Laufwerk mit der rechten Maustaste anklicken. Im Kontextmenü wählen Sie den Befehl BITLOCKER AKTIVIEREN.

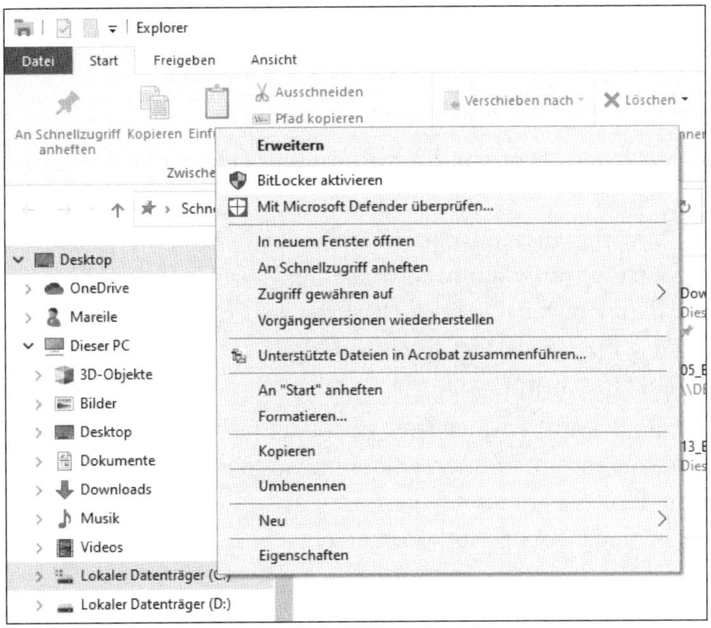

Abbildung 13.13 BitLocker lässt sich über den Explorer für den gewünschten Datenträger aktivieren.

2. Alternativ zum Explorer können Sie auch im Suchfeld der Taskleiste »BitLocker« eingeben und in den Suchergebnissen BITLOCKER VERWALTEN auswählen. Im Dialog BITLOCKER-LAUFWERKVERSCHLÜSSELUNG wird das Betriebssystemlaufwerk entsprechend gekennzeichnet. Klicken Sie rechts vom Laufwerk auf BITLOCKER AKTIVIEREN.

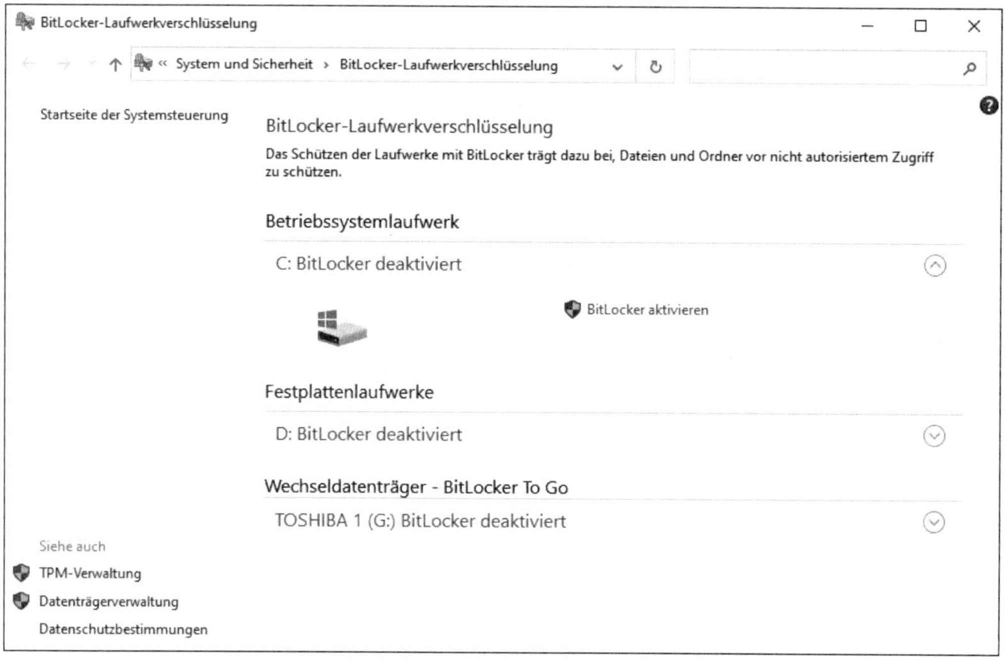

Abbildung 13.14 Im Dialog »BitLocker-Laufwerkverschlüsselung« wird das Betriebssystemlaufwerk entsprechend gekennzeichnet.

Die nächsten Schritte hängen davon ab, ob auf Ihrem Computer TPM zur Verfügung steht oder nicht.

3. Ist auf Ihrem Computer TPM vorhanden und aktivieren Sie BitLocker das erste Mal, werden Sie jetzt aufgefordert, den Computer aus- und wieder einzuschalten. Hierdurch wird das TPM eingeschaltet und aktiviert. Nach dem Hochfahren des PCs startet BitLocker automatisch. Sie werden nun gefragt, wie Sie den Wiederherstellungsschlüssel sichern möchten. Für Sie geht es direkt in Schritt 6 weiter.
4. Auf einem PC ohne TPM kann die Authentifizierung entweder per USB-Speicherstick geschehen, der bei jedem Startvorgang am PC angeschlossen sein muss, oder per Kennworteingabe. Nach Schritt 2 wird der PC ebenfalls neu gestartet. Anschließend werden Sie aufgefordert, sich für eine der beiden Entsperrmethoden zu entscheiden.

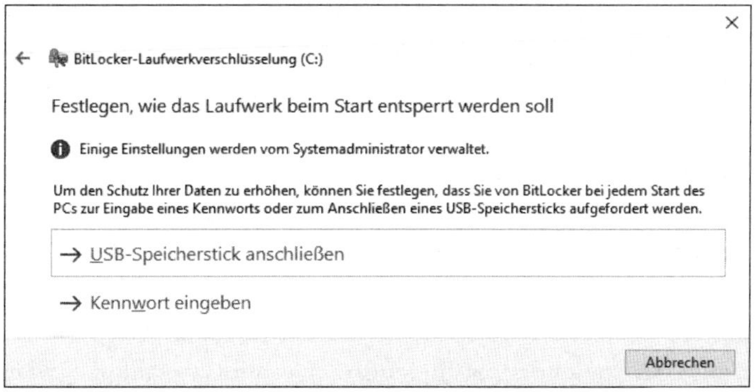

Abbildung 13.15 Kennworteingabe oder USB-Speicherstick – Sie bestimmen, welche Entsperrmethode nach dem Start des PCs zum Einsatz kommt.

5. Haben Sie den USB-Stick gewählt, schließen Sie diesen jetzt an den Computer an und klicken nach Auswahl des USB-Speichersticks auf SPEICHERN. Wenn Sie sich für das Kennwort entschieden haben, müssen Sie dies nun festlegen. Hierzu ein Warnhinweis: Das Kennwort wird später bei der sogenannten *Pre-Boot-Authentifizierung* abgefragt, die noch vor dem eigentlichen Start des Betriebssystems erfolgt. Auch wenn Sie für Windows 10 als Installationssprache Deutsch ausgewählt haben, ist für die Tastatur in dieser Phase meist das amerikanische Tastaturlayout eingestellt. Dieses weist aber eine andere Tastenbelegung auf als die deutsche Tastatur. So sind z. B. die Tasten »z« und »y« vertauscht, und auch die Sonderzeichen befinden sich an einer anderen Position. Umlaute wie »ä« oder »ö« sind gar nicht verfügbar. Berücksichtigen Sie diesen Umstand unbedingt bei der Wahl Ihres Kennwortes, um bei der Authentifizierung kein Fiasko zu erleben. Sollten Sie das Kennwort bei der Pre-Boot-Authentifizierung nicht korrekt eingeben können, hilft Ihnen nur noch der Wiederherstellungsschlüssel, um auf das System zugreifen zu können.

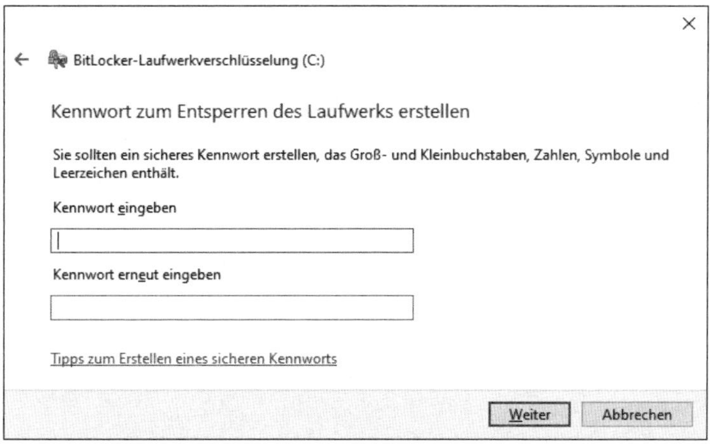

Abbildung 13.16 Wählen Sie ein Kennwort, das Sie auch ohne Probleme auf einem amerikanischen Tastaturlayout eingeben können.

6. Als Nächstes müssen Sie festlegen, wie der Wiederherstellungsschlüssel gesichert werden soll. Diesen benötigen Sie, falls Sie Ihr System mit den zuvor festgelegten Methoden nicht mehr entsperren können (siehe hierzu auch Abschnitt 13.2.5, »Mit BitLocker und BitLocker To Go geschützte Geräte wiederherstellen«). Sind Sie mit Ihrem Microsoft-Konto am Computer angemeldet, können Sie die von Microsoft empfohlene Variante IN MICROSOFT-KONTO SPEICHERN wählen. In diesem Fall wird der Wiederherstellungsschlüssel in der Cloud OneDrive im Verzeichnis *recoverykey* abgelegt. Bedenken Sie hierbei, dass jeder, der Zugriff auf Ihr Microsoft-Konto hat, damit auch auf den Wiederherstellungsschlüssel zugreifen kann. Als Alternative zum Microsoft-Konto können Sie den Wiederherstellungsschlüssel auch auf einem USB-Speicherstick speichern, in einer Datei oder – ganz altmodisch, aber dafür durchaus bewährt – ausdrucken.

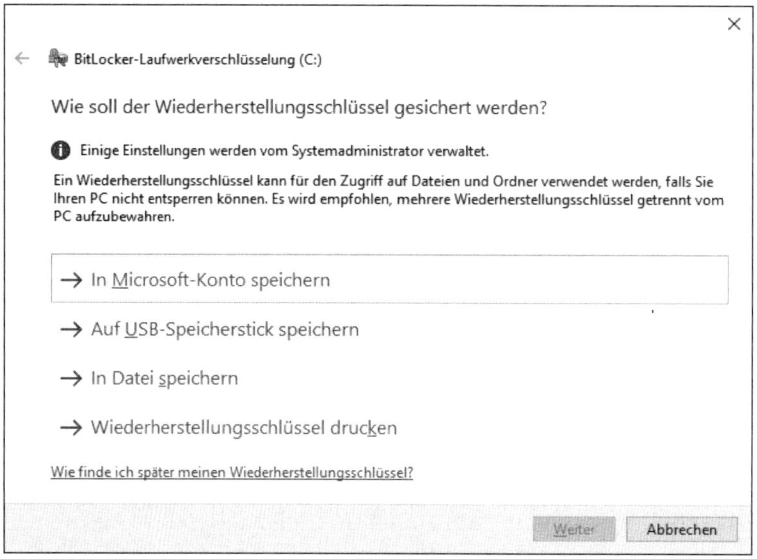

Abbildung 13.17 Wählen Sie aus, wo der Wiederherstellungsschlüssel gespeichert werden soll.

7. Nach einem Klick auf WEITER müssen Sie nun entscheiden, ob nur der verwendete Speicherplatz oder das gesamte Laufwerk verschlüsselt werden soll. Hier können Sie sich gut an den Empfehlungen von Microsoft orientieren: Im Falle eines neuen Computers oder Laufwerks reicht es aus, nur den verwendeten Speicherplatz zu verschlüsseln, bei älteren Geräten ist es dagegen ratsam, das gesamte Laufwerk zu verschlüsseln. Denn hierdurch werden auch die Dateien verschlüsselt, die zwar bereits gelöscht wurden, sich aber womöglich durch Wiederherstellungstools wiederherstellen lassen. Bestätigen Sie Ihre Wahl mit WEITER.

8. Sie erhalten nun das Angebot, eine BitLocker-Systemprüfung durchführen zu lassen, bevor die eigentliche Verschlüsselung durchgeführt wird. Auch wenn dieser Vorgang etwas länger dauert, sollten Sie ihn in Anspruch nehmen und das Kontrollkästchen entsprechend aktiviert lassen.

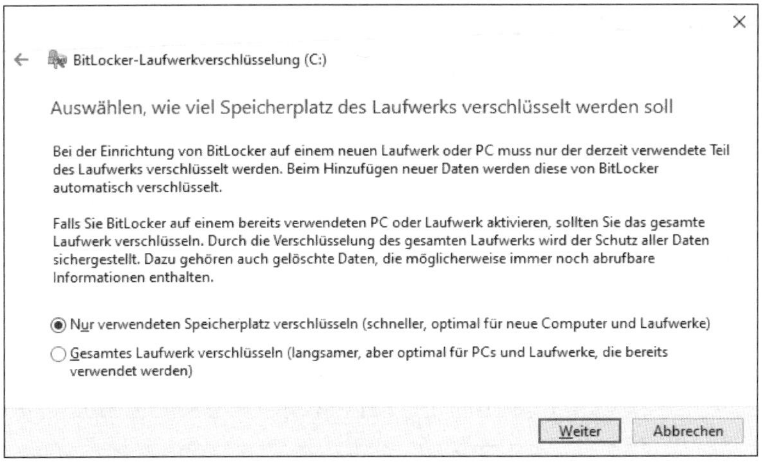

Abbildung 13.18 Es kann entweder nur der verwendete Speicherplatz verschlüsselt werden oder auch das gesamte Laufwerk.

9. Zu guter Letzt starten Sie den Computer neu. Sollten Sie einen USB-Stick als Entsperrmethode gewählt haben (siehe Schritt 4), muss dieser nun fortan beim Neustart des PCs angeschlossen sein. Wenn Sie einen USB-Stick zum Speichern des Wiederherstellungsschlüssels verwendet haben, können Sie diesen vor dem Neustart entfernen. Klicken Sie hierzu im Infobereich der Taskleiste auf das Symbol AUSGEBLENDETE SYMBOLE EINBLENDEN und dann auf das Symbol . Markieren Sie nun den USB-Stick, und warten Sie, bis der Hinweis erscheint, dass Sie den Stick vom Gerät abziehen können.

Sobald Sie sich neu angemeldet haben, erhalten Sie in einer QuickInfo oberhalb des Infobereichs der Taskleiste den Hinweis, dass mit der Verschlüsselung des Laufwerks begonnen wurde. Sie können währenddessen problemlos Ihre Arbeit am Computer fortsetzen. Je nach Größe des Datenträgers kann der Vorgang durchaus einige Stunden in Anspruch nehmen. Über das BitLocker-Symbol im Infobereich der Taskleiste können Sie prüfen, ob die Verschlüsselung noch in Bearbeitung ist.

Abbildung 13.19 Die Verschlüsselung der Betriebssystempartition wird erfolgreich durchgeführt.

13.2.3 BitLocker auf einer Datenpartition oder Festplatte aktivieren

BitLocker lässt sich nicht nur zur Verschlüsselung der Betriebssystempartition einsetzen, sondern auch für reine Datenpartitionen. Ein TPM ist hierfür nicht erforderlich. Bevor Sie BitLocker für die Datenpartition bzw. Festplatte aktivieren, sollten Sie eine Datensicherung durchführen. Das weitere Vorgehen ähnelt stark der Verschlüsselung der Betriebssystempartition.

1. Starten Sie den Explorer z. B. über die Tastenkombination [Win] + [E]. Klicken Sie dann die gewünschte Partition mit der rechten Maustaste an, und wählen Sie BITLOCKER AKTIVIEREN.
2. Wählen Sie nun die Methode aus, mit der Sie die Partition später entsperren möchten. Zur Auswahl stehen die Vergabe eines Kennwortes und der Einsatz einer Smartcard.

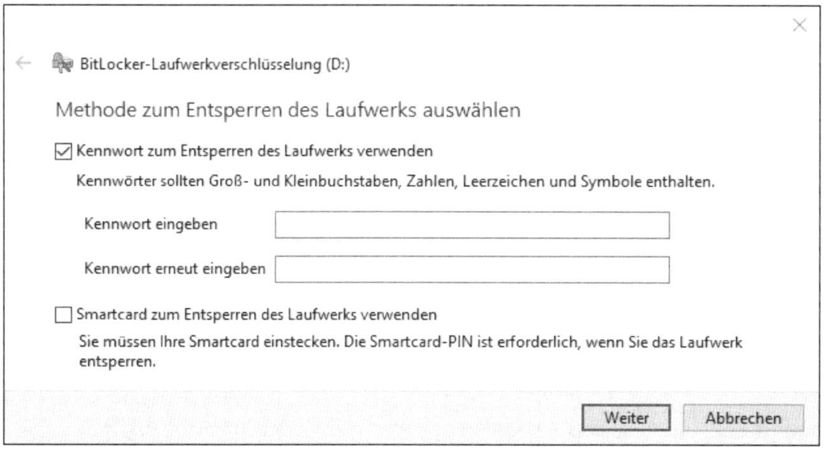

Abbildung 13.20 Das Laufwerk kann durch ein Kennwort oder eine Smartcard entsperrt werden.

3. Als Nächstes legen Sie fest, wie der Wiederherstellungsschlüssel gesichert werden soll. Sie haben hier die gleichen Optionen wie bei der Betriebssystempartition (siehe Abbildung 13.17).
4. Ebenfalls analog zur Verschlüsselung der Betriebssystempartition müssen Sie sich anschließend entscheiden, ob nur der verwendete Speicherplatz oder das gesamte Laufwerk verschlüsselt werden soll. Handelt es sich um eine neue Festplatte, wählen Sie am besten nur den verwendeten Speicherplatz, da die erste Verschlüsselung somit weitaus schneller erfolgt. Alle Dateien, die Sie zukünftig auf der Festplatte speichern, werden automatisch verschlüsselt.
5. Gegebenenfalls werden Sie nun noch aufgefordert, den Verschlüsselungsmodus zu bestimmen. Sollte das Laufwerk, das Sie gerade verschlüsseln möchten, auch auf älteren Geräten eingesetzt werden, wählen Sie die Option KOMPATIBLER MODUS. Wird es hingegen nur mit dem aktuellen Gerät verwendet, behalten Sie die Option NEUER VERSCHLÜSSELUNGSMODUS bei.

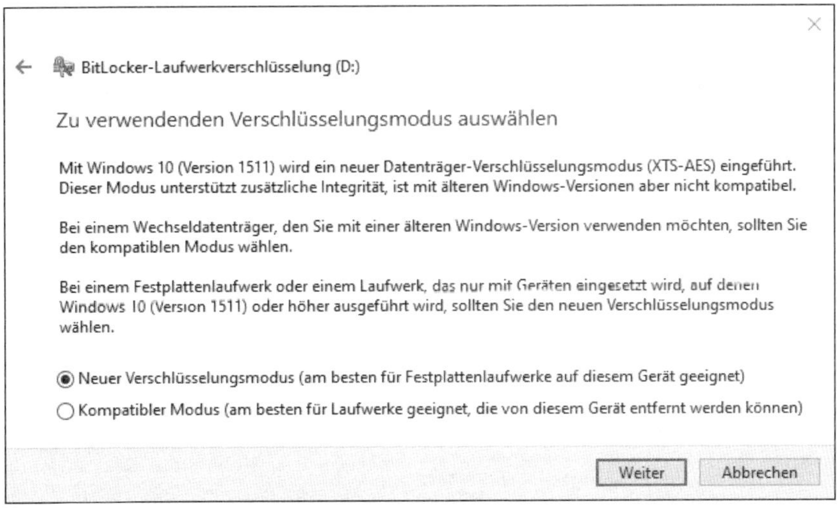

Abbildung 13.21 BitLocker setzt seit Windows 10 Version 1511 den Verschlüsselungsmodus XTS-AES ein, der von älteren Geräten nicht unterstützt wird. Berücksichtigen Sie dies bei der Wahl des gewünschten Modus.

6. Bestätigen Sie die Wahl des Verschlüsselungsmodus mit WEITER, und klicken Sie dann auf VERSCHLÜSSELUNG STARTEN.

Die Datenpartition wird nun verschlüsselt. Je nach Größe des Datenträgers kann dieser Vorgang einige Stunden andauern. Verschlüsselte Partitionen werden im Explorer mit einem Schlosssymbol gekennzeichnet. Das geöffnete Schloss zeigt, dass die Partition entsperrt ist und Sie somit darauf zugreifen können. Starten Sie den Computer neu, ist die Partition gesperrt. Doppelklicken Sie sie im Explorer an, werden Sie aufgefordert, das Kennwort zum Entsperren einzugeben.

13.2.4 BitLocker To Go für Wechseldatenträger

Wechseldatenträger sind ausgesprochen praktisch, wenn es darum geht, Daten zu sichern, die man auf einem anderen Computer benötigt. Enthalten sie sensible Daten, die nicht in fremde Hände geraten dürfen, sollten Sie den Wechseldatenträger unbedingt verschlüsseln. Unter Windows 10 Pro und Windows 10 Enterprise steht Ihnen hierfür *BitLocker To Go* zur Verfügung. BitLocker To Go basiert auf der gleichen Technologie wie die BitLocker-Laufwerkverschlüsselung, kann aber Flashlaufwerke, SD-Speicherkarten und externe Festplatten verschlüsseln, die mit dem Dateisystem NTFS, FAT16, FAT32 oder exFAT formatiert wurden. Um den Wechseldatenträger mit BitLocker zu verschlüsseln, gehen Sie folgendermaßen vor:

1. Schließen Sie den Wechseldatenträger am Computer an. Geben Sie dann im Suchfeld der Taskleiste »BitLocker« ein, und wählen Sie das Suchergebnis BITLOCKER VERWALTEN SYSTEMSTEUERUNG aus. Im folgenden Dialog wird Ihnen unterhalb von WECHSELDATENTRÄ-

GER – BITLOCKER TO GO bereits der Wechseldatenträger angezeigt. Markieren Sie ihn, und klicken Sie dann auf BITLOCKER AKTIVIEREN. Alternativ hierzu können Sie den Befehl auch im Explorer nach einem Rechtsklick auf den Wechseldatenträger auswählen.

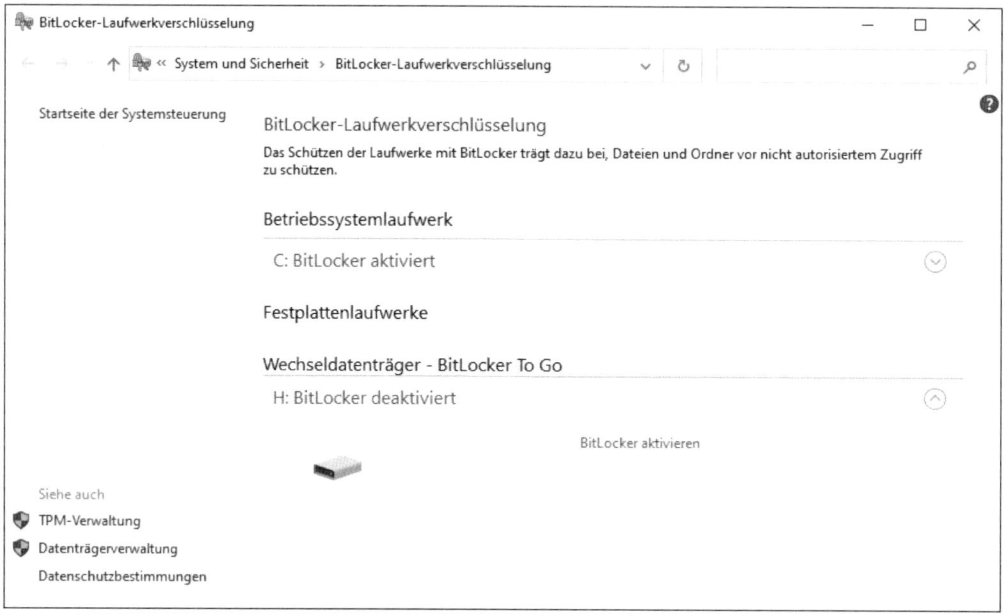

Abbildung 13.22 BitLocker To Go kann über den entsprechenden Dialog der Systemsteuerung aktiviert werden.

2. Legen Sie als Nächstes die Methode zum Entsperren des Laufwerks fest. Wie bei der Datenpartition haben Sie die Wahl zwischen Kennworteingabe und Verwendung einer Smartcard.
3. Nach einem Klick auf WEITER bestimmen Sie, wo der Wiederherstellungsschlüssel gesichert werden soll. Diesen benötigen Sie, falls Sie den Wechseldatenträger durch die zuvor gewählte Entsperrmethode nicht entsperren können. Für die Sicherung stehen Ihnen das Microsoft-Konto, eine Datei oder das Ausdrucken des Wiederherstellungsschlüssels zur Auswahl.
4. Nun müssen Sie festlegen, ob nur der verwendete Speicherplatz oder das gesamte Laufwerk verschlüsselt werden soll. Sollten Sie auf dem Wechseldatenträger bereits Daten gespeichert haben, wählen Sie am besten das gesamte Laufwerk aus. Dies gilt auch dann, wenn Sie die Daten gelöscht haben und der Datenträger somit aktuell leer ist. Denn beim Verschlüsseln des gesamten Laufwerks werden auch gelöschte Daten verschlüsselt. Sollte jemand versuchen, gelöschte Daten mithilfe von Wiederherstellungstools wiederherzustellen, ist ihm dies somit nicht möglich.
5. Klicken Sie zum Abschluss auf WEITER und dann auf VERSCHLÜSSELUNG STARTEN.

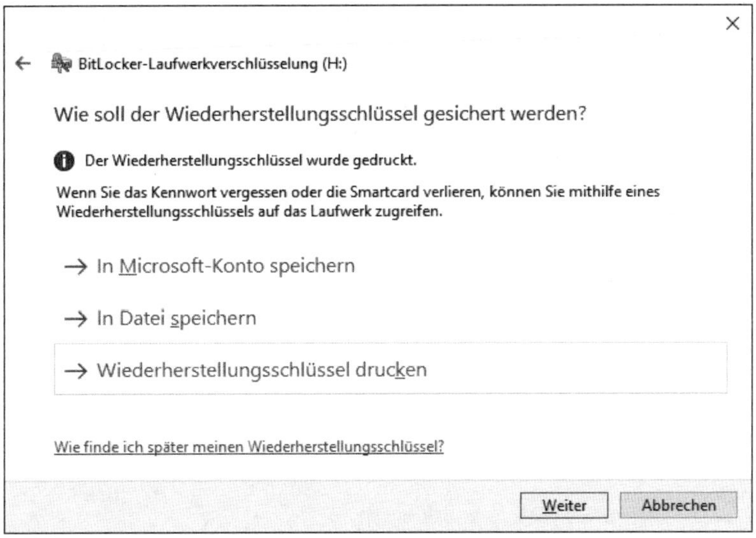

Abbildung 13.23 Der Wiederherstellungsschlüssel muss entweder im Microsoft-Konto oder in einer Datei gespeichert bzw. ausgedruckt werden, bevor Sie mit der Verschlüsselung fortfahren können.

Die Verschlüsselung des Wechseldatenträgers kann einige Zeit in Anspruch nehmen. Während dieser Zeit sollten Sie ihn natürlich nicht vom Computer entfernen. Ist der Vorgang erfolgreich abgeschlossen, wird das Symbol des Datenträgers im Explorer mit einem Schlosssymbol versehen. Wann immer Sie den Wechseldatenträger zukünftig an einen Computer anschließen, müssen Sie ihn mit der gewählten Entsperrmethode entsperren, um auf ihn zugreifen zu können. Die Verwendung ist dabei nicht auf Windows 10 Pro/Enterprise-Geräte beschränkt. Sobald Sie den Wechseldatenträger am Gerät anschließen, erhalten Sie den Hinweis, dass der Wechseldatenträger mit BitLocker verschlüsselt wurde. Klicken Sie diesen Hinweis an, und geben Sie im folgenden Dialog das Kennwort zum Entsperren ein.

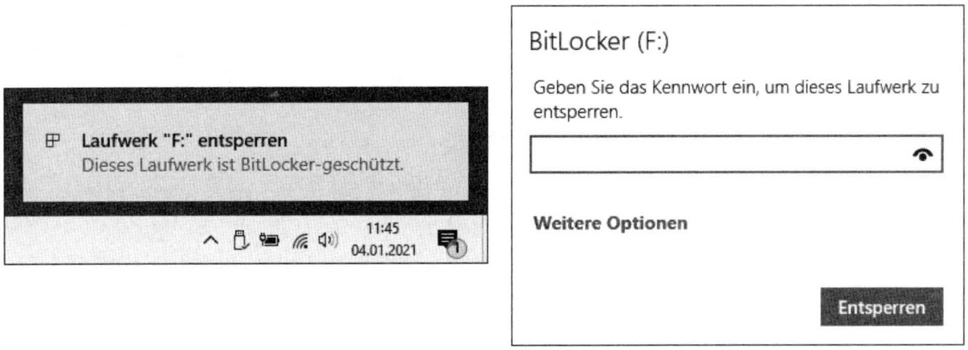

Abbildung 13.24 Zum Entsperren des mit BitLocker geschützten Wechseldatenträgers ist die Eingabe des Kennwortes nötig.

13.2.5 Mit BitLocker und BitLocker To Go geschützte Geräte wiederherstellen

Sie haben das Kennwort zum Entsperren des mit BitLocker verschlüsselten Laufwerks vergessen oder zu häufig falsch eingegeben? Oder hat BitLocker beim Start des Systems ein Problem festgestellt? In all diesen Fällen wechselt BitLocker automatisch in den BitLocker-Wiederherstellungsmodus. Um das Laufwerk wieder entschlüsseln zu können, benötigen Sie den Wiederherstellungsschlüssel, den Sie im Rahmen der ersten Verschlüsselung in Ihrem Microsoft-Konto, auf einem USB-Stick oder in einer Datei gespeichert bzw. ausgedruckt haben. Erst nach Eingabe des 48-stelligen Wiederherstellungsschlüssels wird das Laufwerk entsperrt. Sollten Sie mehrere Laufwerke mit BitLocker verschlüsselt und die Wiederherstellungsschlüssel nicht entsprechend gekennzeichnet haben, hilft die Schlüssel-ID bei der Zuordnung.

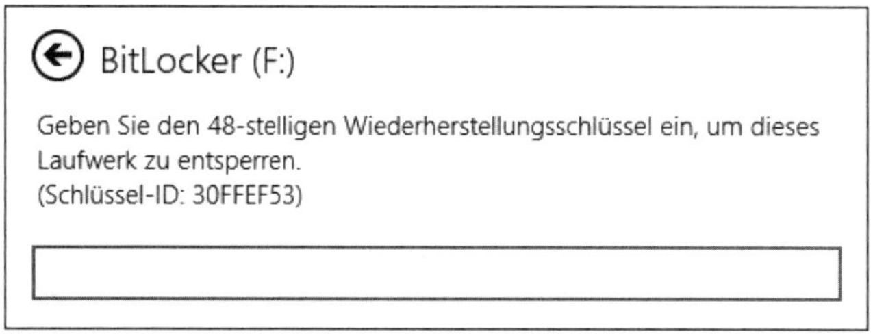

Abbildung 13.25 Erst durch Eingabe des 48-stelligen Wiederherstellungsschlüssels lässt sich das Laufwerk entsperren.

13.2.6 BitLocker-Laufwerkverschlüsselung verwalten

Sie möchten gerne das Kennwort für die BitLocker-Verschlüsselung ändern oder zur Sicherheit nochmals den Wiederherstellungsschlüssel sichern? Diese Aufgaben lassen sich bequem im Dialog BitLocker-Laufverschlüsselung der Systemsteuerung erledigen. Um ihn aufzurufen, geben Sie im Suchfeld der Taskleiste »BitLocker« ein und wählen in den Suchergebnissen BitLocker verwalten Systemsteuerung aus. Markieren Sie im Dialog nun das gewünschte Laufwerk, das mit BitLocker aktiviert ist, und schon können Sie in der Übersicht eine Funktion wie Wiederherstellungsschlüssel sichern auswählen. In der Übersicht finden Sie auch die Funktion BitLocker deaktivieren, mit der Sie die Verschlüsselung der entsprechenden Partition wieder aufheben.

Im Falle des Betriebssystemlaufwerks wird Ihnen ein spezieller Befehl, nämlich Schutz anhalten, angeboten. Wenn Sie BitLocker für die Betriebssystempartition aktiviert haben, überprüft die Funktion noch vor dem Systemstart, ob eine Manipulation stattgefunden hat. Möchten Sie eine Aktualisierung des BIOS oder UEFI vornehmen, kann aber genau dieser Schutzmechanismus zum Problem werden, da das TPM das Update als Angriff interpretiert. Damit Windows 10 nun nicht in den Wiederherstellungsmodus wechselt, sollten Sie vor dem Ausführen der Aktualisierung den BitLocker-Schutz über die gerade erwähnte Funktion

SCHUTZ ANHALTEN pausieren. Nach erfolgreich durchgeführtem Update setzen Sie die Laufwerkverschlüsselung mit SCHUTZ FORTSETZEN wieder in Gang.

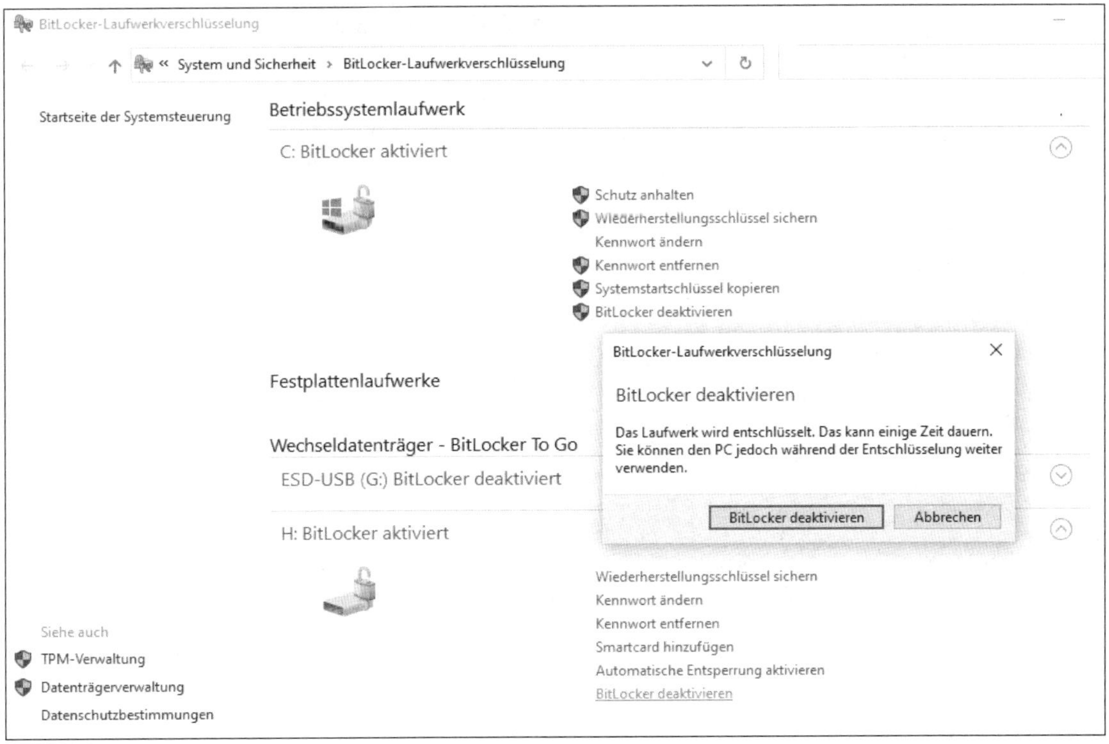

Abbildung 13.26 Im Dialog »BitLocker-Laufwerkverschlüsselung« der Systemsteuerung finden Sie u. a. den Befehl zum Deaktivieren von BitLocker.

13.2.7 BitLocker mithilfe des Befehlszeilentools konfigurieren

BitLocker lässt sich auch bequem mithilfe des Befehlszeilentools *manage-bde.exe* verwalten. Hierfür benötigen Sie allerdings Administratorrechte. Um sich zunächst Informationen über alle Laufwerke des Computers anzeigen zu lassen, unabhängig davon, ob diese durch BitLocker geschützt werden oder nicht, gehen Sie folgendermaßen vor:

1. Drücken Sie die Tastenkombination [Win] + [X], und wählen Sie im Schnellzugriffsmenü WINDOWS POWERSHELL (ADMINISTRATOR). Bestätigen Sie die Benutzerkontensteuerung mit JA.
2. Geben Sie nun `manage-bde -status` ein. Nach Drücken der [↵]-Taste erhalten Sie die gewünschte Übersicht.

Im Folgenden habe ich für Sie drei Beispiele für den Einsatz des Befehlszeilentools `manage-bde.exe` zusammengestellt.

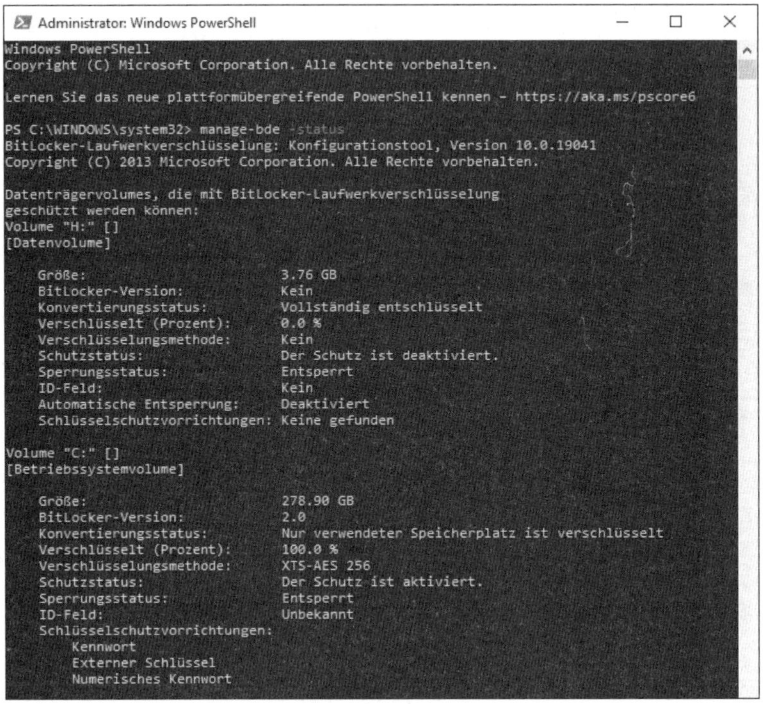

Abbildung 13.27 Der Statusbericht informiert Sie darüber, welche Laufwerke vorhanden sind und ob diese verschlüsselt wurden.

Beispiel 1: BitLocker auf Betriebssystempartition mit TPM aktivieren

Verfügt Ihr Computer über das TPM und möchten Sie die Betriebssystempartition mit BitLocker verschlüsseln, erreichen Sie dies über folgenden Befehl, den Sie wieder in der Windows PowerShell mit Administratorrechten eingeben:

```
manage-bde -on%systemdrive%
```

Beispiel 2: BitLocker auf Datenpartition aktivieren

Auch die Verschlüsselung einer Datenpartition lässt sich natürlich mit dem Befehlszeilentool starten. Stellen Sie auch hier wieder sicher, dass Sie die Windows PowerShell mit Administratorrechten geöffnet haben. Im folgenden Beispiel soll eine Datenpartition mit dem Laufwerksbuchstaben *D:* verschlüsselt werden, die durch Eingabe eines Kennwortes entschlüsselt wird. Folgende Schritte sind hierfür nötig:

1. Geben Sie zunächst `manage-bde -protectors -add -pw d:` ein.
2. Nach Drücken der [↵]-Taste werden Sie aufgefordert, das Kennwort einzugeben. Die Eingabe schließen Sie wieder mit der [↵]-Taste ab.
3. Geben Sie nun `manage-bde -on d:` ein, um die Laufwerkverschlüsselung mit BitLocker zu starten.

Beispiel 3: Mehr-Faktoren-Authentifizierung einrichten

Aktivieren Sie BitLocker für die Betriebssystempartition auf einem Computer mit TPM, werden beim Hochfahren des Systems keine weiteren Aktionen von Ihnen gefordert. Wer sich doppelt absichern möchte, kann eine Mehr-Faktoren-Authentifizierung einrichten. Hierfür wählen Sie zusätzlich zum bereits vorhandenen TPM eine weitere Authentifizierungsmethode, wie etwa einen USB-Stick, der beim Hochfahren des Systems angeschlossen werden muss, oder auch die Eingabe einer PIN. Windows 10 unterstützt dabei folgende Kombinationen:

- TPM mit PIN
- TPM mit USB-Stick und
- TPM mit PIN und USB-Stick

Um die Mehr-Faktoren-Authentifizierung nutzen zu können, müssen Sie zunächst wie in Abschnitt 13.2.1, »Gruppenrichtlinien anpassen zur Verwendung von BitLocker ohne TPM«, beschrieben in den Gruppenrichtlinien ZUSÄTZLICHE AUTHENTIFIZIERUNG BEIM START ANFORDERN aktivieren. Die Konfiguration der Authentifizierungsmethode erfolgt wieder über die Windows PowerShell mit Administratorrechten. Bei den folgenden drei Beispielen wird davon ausgegangen, dass BitLocker für die Betriebssystempartition bereits aktiviert wurde (siehe Beispiel 1).

Um einer verschlüsselten Betriebssystempartition mit TPM eine PIN hinzuzufügen, geben Sie diesen Konsolenbefehl ein:

```
manage-bde -protectors -add%systemdrive% -TPMandPIN
```

Die Kombination TPM und USB-Stick erzielen Sie für ein verschlüsseltes Laufwerk mit diesem Befehl:

```
manage-bde -protectors -add%systemdrive% -TPMandStartupKey
```

Um TPM mit PIN und USB-Stick zu kombinieren, ist die Eingabe folgenden Befehls nötig:

```
manage-bde -protectors -add%systemdrive% -TPMandStartupKey
```

Weiterführende Informationen zum Befehlszeilentool

Wer Interesse an weiteren Informationen und Beispielen zur Nutzung des Befehlszeilentools `manage-bde.exe` hat, sollte einen Blick auf die Webseite *docs.microsoft.com/de-de/Windows-server/administration/windows-commands/manage-bde* werfen. Eine englischsprachige Referenzliste über die Parameter des Befehlszeilentools erhalten Sie unter *docs.microsoft.com/de-de/previous-versions/windows/it-pro/windows-7/dd875513(v=ws.10)*.

Kapitel 14
Erfolgreich auf die Suche gehen

Mit der passenden Suchstrategie spüren Sie jede noch so versteckte Datei, App oder Einstellung auf. Der ausgefeilte Suchindex von Windows 10 ermöglicht selbst komplexe Suchanfragen. Diese lassen sich über das Suchfeld der Taskleiste starten oder über die leistungsstarke Suchfunktion des Explorers.

Windows 10 bringt eine Vielzahl an Funktionen, Konfigurationsmöglichkeiten und Apps mit. Hinzu kommen noch all die Programme, die Sie selbst installieren sowie Dokumente, Bilder, Musik und Videodateien, die Sie auf dem Computer abspeichern. Es ist mehr als verständlich, wenn man hier nicht sofort die gewünschte Anwendung oder auch eine dringend benötigte Datei findet. Dank der vielseitigen Suchmethoden, die Windows 10 unterstützt, werden Sie aber nicht lange suchen müssen. In diesem Kapitel erfahren Sie, welche Mechanismen Windows 10 bei Suchanfragen einsetzt. Außerdem lernen Sie einige interessante Suchstrategien kennen, mit denen Sie in kürzester Zeit zum gewünschten Ziel kommen.

Eine große Veränderung gibt es bei der Windows-Suche im Zusammenhang mit der Sprachassistentin Cortana zu verzeichnen: In den Anfängen von Windows 10 war Cortana noch fest an das Suchfeld in der Taskleiste gekoppelt. Mit Windows 10 Version 2004 wurde sie zur eigenständigen App. Weitere Informationen hierzu erhalten Sie am Ende dieses Kapitels.

14.1 Die Suche über das Suchfeld der Taskleiste

Welch hohen Stellenwert die Suche in Windows 10 hat, zeigt sich bereits an der Platzierung des Suchfeldes in der Taskleiste: Es befindet sich direkt rechts vom Windows-Logo, über das sich das Startmenü öffnen lässt. Ist auf Ihrem Gerät der Tabletmodus aktiviert, wird statt des Suchfeldes das Lupensymbol angezeigt. Wer dies auch im Desktopmodus bevorzugt, klickt das Suchfeld mit der rechten Maustaste an und wählt im Kontextmenü SUCHEN • SUCHSYMBOL ANZEIGEN.

Mit einem Klick in das Suchfeld bzw. auf das Lupensymbol blenden Sie den Suchdialog ein, über den Sie Ihre Suchanfragen starten. Alternativ hierzu können Sie auch die Tastenkombination [Win] + [S] oder [Win] + [Q] drücken. Haben Sie in der Einstellungen-App unter DATENSCHUTZ • AKTIVITÄTSVERLAUF festgelegt, dass Ihr Aktivitätsverlauf auf diesem Gerät gespeichert werden darf, sehen Sie im Suchdialog einige der zuletzt geöffneten Dateien. Mit einem Klick auf IN ZEITSKALA VERWALTEN gelangen Sie zur Timeline-Übersicht. Diese lässt sich alternativ natürlich auch über das Symbol [Taskansicht-Symbol] in der Taskleiste ein- bzw. wieder ausblenden (siehe hierzu auch Abschnitt 7.4, »Taskansicht und Timeline«). Wer sich nur schnell über das Wetter, die Top-Nachrichten oder die besten Filme informieren oder sich mit einem Bing Quiz amüsieren möchte, nutzt hierfür die entsprechenden Schaltflächen der Schnellsuche, die im Suchdialog integriert wurden. Als Suchmaschine kommt hier jeweils Microsofts Bing zum Einsatz. Auch die von Ihnen häufig eingesetzten Apps erhalten im Suchdialog einen prominenten Platz und lassen sich so schnell aufrufen.

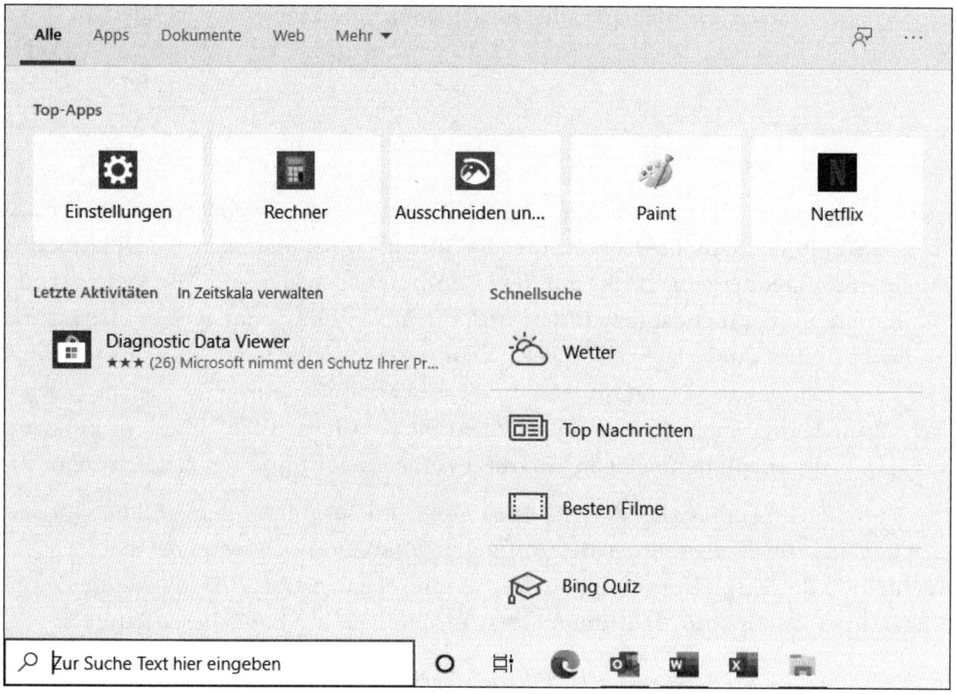

Abbildung 14.1 Die Schnellsuche führt Sie direkt zu aktuellen Wettermeldungen oder auch den neuesten Nachrichten.

Um eine Suchanfrage zu starten, geben Sie den Suchbegriff im Suchfeld ein. Bereits während der Eingabe zeigt Windows 10 Ihnen die ersten Suchergebnisse an. Ist der gewünschte Treffer dabei, wählen Sie ihn per Mausklick aus. Falls nicht, setzen Sie die Eingabe fort und starten die Suche durch Drücken der Taste [↵]. Über das Suchfeld können Sie nach UWP- und Desktop-Apps suchen, aber auch nach Windows-Funktionen und Einstellungen, Dateien und Ordnern und vielem mehr. Die Suche wird dabei nicht nur lokal auf Ihrem Computer durchgeführt, sondern automatisch auch im Web. Anders als in den ersten Jahren von Windows 10 lässt sich diese Onlinerecherche nicht mehr über die Einstellungen-App deaktivieren.

Die Ergebnisse der Websuche werden durch ein vorangestelltes Lupensymbol gekennzeichnet. Klicken Sie einen solchen Treffer an, wird automatisch der Browser mit einer Übersicht über die Webergebnisse gestartet. Je nach Suchanfrage ist allerdings gar nicht unbedingt ein

Klick auf einen Treffer nötig, um an die gesuchte Information zu gelangen. Interessiert es Sie z. B., wie das Wetter morgen in München wird, reicht die Eingabe »Wetter München morgen«. Bereits nach einem kurzen Moment werden die Wetteraussichten im Suchdialog angezeigt.

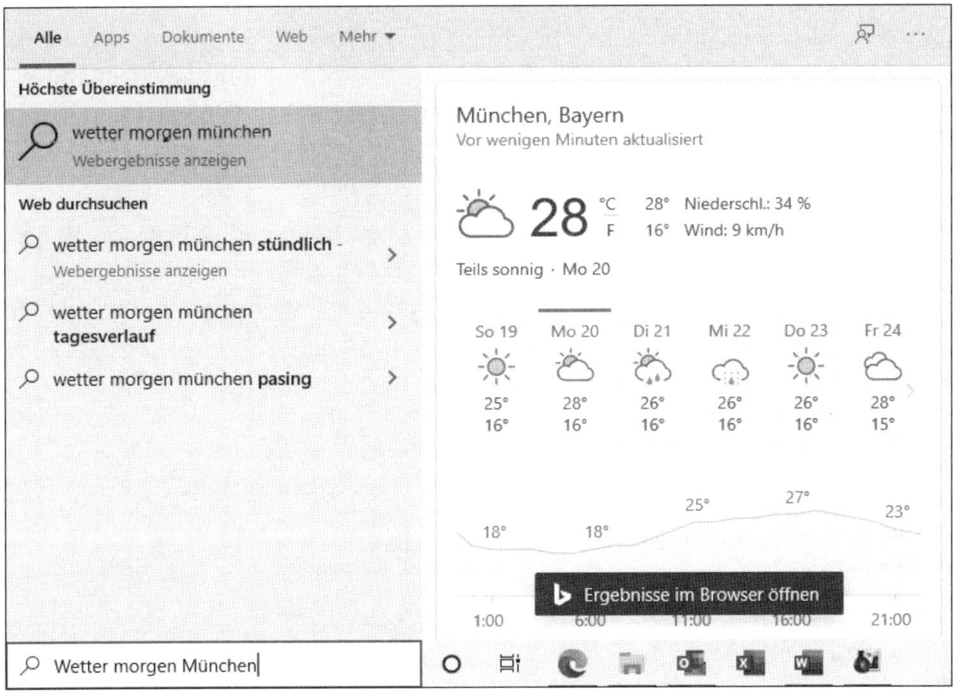

Abbildung 14.2 Suchanfragen sind nicht auf den lokalen Computer begrenzt.

Berechtigungen und Verlauf der Websuche anpassen

Starten Sie über das Suchfeld der Taskleiste eine Suchanfrage, wird automatisch auch das Web durchsucht. Per Standardeinstellung werden hierbei nicht jugendfreie Bilder und Videos herausgefiltert, sprich nicht angezeigt. Um die entsprechende Einstellung zu überprüfen oder auch anzupassen, rufen Sie in der Einstellungen-App SUCHE • BERECHTIGUNGEN UND VERLAUF auf. Markieren Sie in der rechten Fensterhälfte die gewünschte Option STRENG, MITTEL oder auch AUS. Soll die Windows-Suche auch die in der Cloud OneDrive gespeicherten Dateien durchsuchen sowie Apps, bei denen Sie sich mit Ihrem Microsoft-Konto angemeldet haben, müssen die Regler unterhalb von MICROSOFT-KONTO sowie GESCHÄFTS-, SCHUL- ODER UNIKONTO jeweils auf EIN gesetzt sein.

Wie das Wetterbeispiel zeigt, ist eine Suchanfrage nicht auf einen einzelnen Begriff beschränkt. Je nachdem, wie differenziert Ihre Suchanfrage war, erhalten Sie mehr oder weniger Treffer. Ist die Liste zu unübersichtlich und finden Sie das Gesuchte nicht, lassen sich die

Ergebnisse weiter eingrenzen. Am oberen Rand des Dialogs finden Sie hierzu bereits einige Filter, über den Pfeil rechts von MEHR lassen sich weitere einblenden. Möchten Sie z. B. eine bestimmte Konfiguration an Windows 10 vornehmen und finden Sie die gewünschte Funktion hierfür nicht, empfiehlt sich der Filter EINSTELLUNGEN. In diesem Fall wird Ihre Suche sowohl in der Einstellungen-App als auch in der Systemsteuerung durchgeführt. Ebenso können Sie Ihre Suche auf DOKUMENTE beschränken, die Sie entweder lokal oder in der Cloud OneDrive abgelegt haben. Letzteres sieht allerdings eine Anmeldung am PC per Microsoft-Konto vor. Außerdem müssen Sie Windows 10 die entsprechende Berechtigung zum Suchen in der Cloud erteilen. Lesen Sie hierzu auch den Kasten »Berechtigungen und Verlauf der Websuche anpassen«.

Bei der Auswahl eines Treffers sollten Sie nicht nur die Bezeichnung selbst berücksichtigen, sondern auch den Hinweis darunter. APP ist z. B. die Kennzeichnung für eine auf Ihrem Computer installierte Anwendung. Für den Treffer zu Beginn der Liste werden in der rechten Hälfte des Suchdialogs bereits wichtige Befehle angezeigt (z. B. ALS ADMINISTRATOR AUSFÜHREN), die Sie sonst über das Kontextmenü abrufen müssten. Um diese Befehle auch für einen Treffer zu erhalten, der sich weiter unten in der Liste befindet, klicken Sie einfach auf den Pfeil rechts von diesem Treffer.

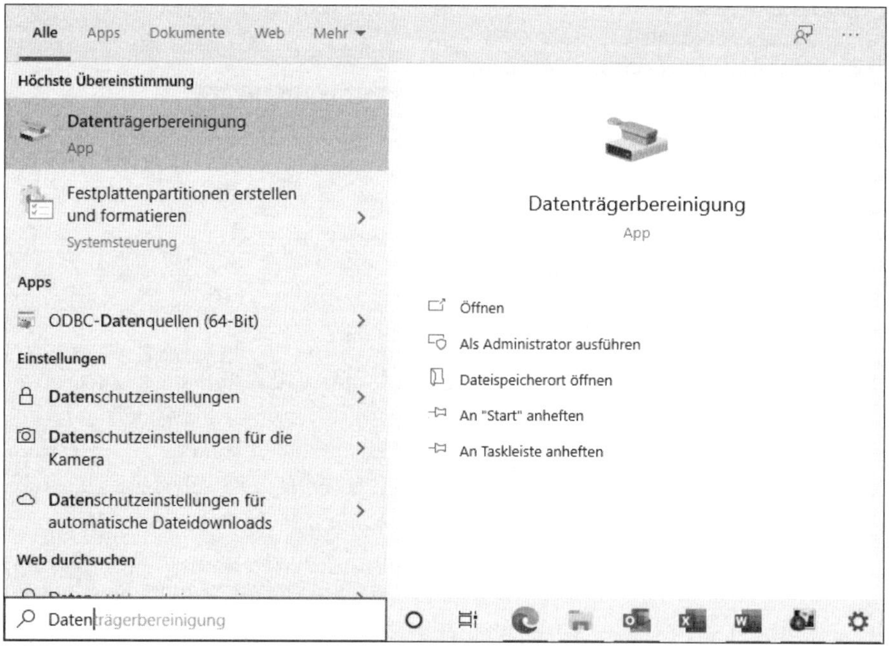

Abbildung 14.3 Im Falle von Apps oder auch Einstellungen finden Sie in der rechten Fensterhälfte des Suchdialogs wichtige Befehle.

Die Websuche deaktivieren

Nicht allen ist die automatisch durchgeführte Websuche über das Suchfeld der Taskleiste recht. In der Pro-Edition lässt sich diese unter Windows 10 Version 2004 über die Gruppenrichtlinien deaktivieren. Damit wird zugleich auch die Schnellsuche im Suchdialog ausgeblendet. Um den Editor für lokale Gruppenrichtlinien zu starten, drücken Sie die Tastenkombination [Win] + [R], geben im Ausführen-Dialog »gpedit.msc« ein und bestätigen mit OK. Navigieren Sie im Editor zum Pfad Benutzerkonfiguration • Administrative Vorlagen • Windows-Komponenten • Datei-Explorer. Doppelklicken Sie dann rechts auf Anzeige der letzten Sucheinträge im Datei-Explorer-Suchfeld deaktivieren. Um die Websuche zu deaktivieren, wählen Sie die Option Aktiviert aus. Bestätigen Sie die Auswahl mit Übernehmen und OK. Nach einem Neustart des Computers führt Windows 10 keine Websuche über das Suchfeld der Taskleiste mehr durch. Sollten Sie die Einstellung später wieder rückgängig machen wollen, gehen Sie wie zuvor beschrieben vor, wählen dann aber entweder die Option Deaktiviert oder Nicht konfiguriert, um die Websuche wieder zu aktivieren.

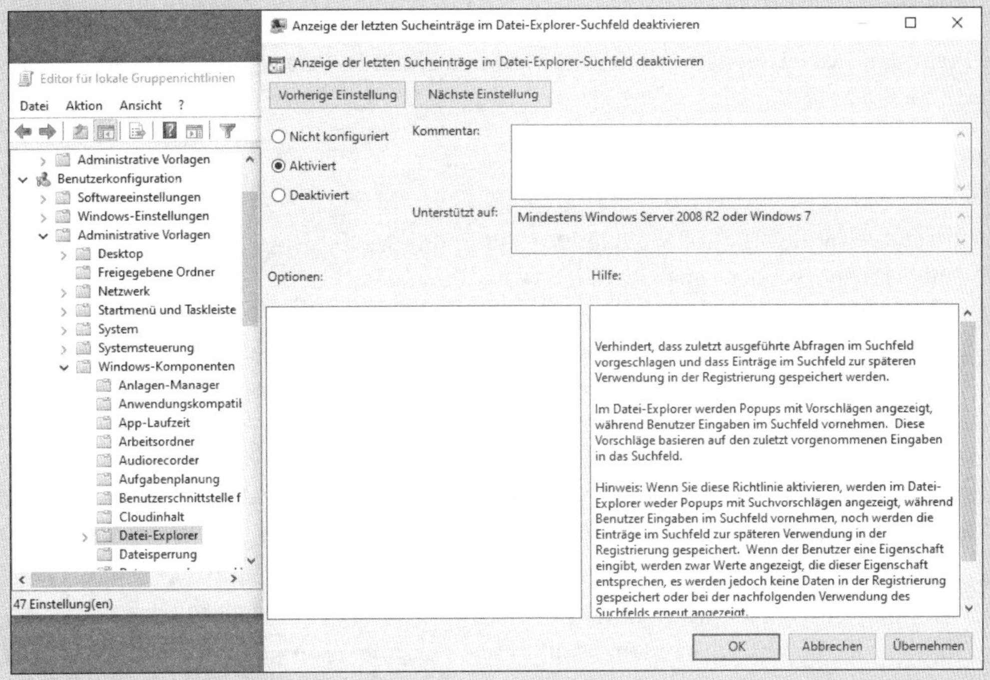

Abbildung 14.4 Über den Editor für lokale Gruppenrichtlinien lässt sich unter Windows 10 Pro Version 2004 die Websuche deaktivieren.

14.2 Optimale Voraussetzungen für die Dateisuche schaffen

Selbst bei einer hervorragenden Ordnerstruktur und aussagekräftigen Dateinamen kann es passieren, dass man eine Datei nicht mehr wiederfindet. Zum Glück verfügt Windows 10 über eine leistungsstarke Suchfunktion. Richtig eingesetzt, führt sie schnell zum gesuchten Element. Die Windows-Suche unterstützt dabei zwei Modi: die dateibasierte und die indexbasierte Suche. Bei der dateibasierten Suche prüft Windows 10, ob in den vom Anwender vorgegebenen Ordnern und Unterordnern der Suchbegriff in einem Datei- oder Ordnernamen auftaucht. Dieser Suchmodus benötigt gegebenenfalls etwas mehr Zeit, kann dafür aber überall eingesetzt werden, also z. B. auch auf externen Laufwerken. Die dateibasierte Suche wird über den Explorer ausgeführt.

Die indexbasierte Suche greift auf einen Suchindex zurück, der in einer Datenbank verwaltet und immer wieder auf den neuesten Stand gebracht wird. Der Index erfasst nicht nur den Namen von Dateien und Ordnern, sondern auch den Dateipfad, ihre Eigenschaften und für einige Dateitypen sogar den Dateiinhalt. Die indexbasierte Suche erfolgt weitaus schneller als die dateibasierte. Sie kommt immer dann zum Einsatz, wenn Sie die Suchanfrage über das Suchfeld der Taskleiste starten oder im Explorer einen indizierten Ordner als Ausgangspunkt der Suche wählen.

14.2.1 Den Suchindex konfigurieren

Wie bereits erwähnt, erfasst der Suchindex von Windows 10 nicht nur die Namen von Ordnern und Dateien, sondern auch ihre Eigenschaften und bei einigen Dateitypen ihren Inhalt. Erstellt wird der Index vom Systemdienst *Windows Search*. Werfen Sie einen Blick in den Task-Manager, finden Sie ihn im Register DIENSTE unter der Bezeichnung *Wsearch*. Der Dienst startet automatisch bei jedem Systemstart und prüft von da an permanent im Hintergrund die Speicherorte, die für die Indizierung festgelegt wurden. Diese umfassen all Ihre persönlichen Ordner, Offlinedateien sowie die Einträge des Startmenüs. Ausgenommen von der Indizierung sind hingegen Programm- und Systemdateien. Windows Search aktualisiert den Suchindex, sobald Sie neue Dateien hinzufügen, vorhandene ändern oder auch löschen.

Sie selbst müssen sich im Grunde genommen nicht die Arbeit machen, dem Suchindex neue Ordner hinzuzufügen. Da die Bibliotheken zu den indizierten Orten zählen, reicht es, einen Ordner in einer bereits vorhandenen Bibliothek aufzunehmen oder eine neue Bibliothek hierfür zu erstellen. Wie Sie hierzu vorgehen, lesen Sie in Abschnitt 11.5, »Bibliotheken geschickt nutzen«. Alle den Bibliotheken hinzugefügten Ordner werden dann automatisch indiziert.

Um sich eine Übersicht über die indizierten Ordner anzusehen, rufen Sie die Einstellungen-App auf und dort die Kategorie SUCHE • WINDOWS DURCHSUCHEN. In der rechten Fensterhälfte wird der aktuelle Indizierungsstatus angezeigt. In der Standardeinstellung KLASSISCH berücksichtigt Windows 10 lediglich die Bibliotheken und den Desktop bei der Indizierung. Mit der Option Erweitert wird der gesamte PC aufgenommen. Welche Ordner vom Suchindex ausgeschlossen sind, erfahren Sie im Bereich Ausgeschlossene Ordner.

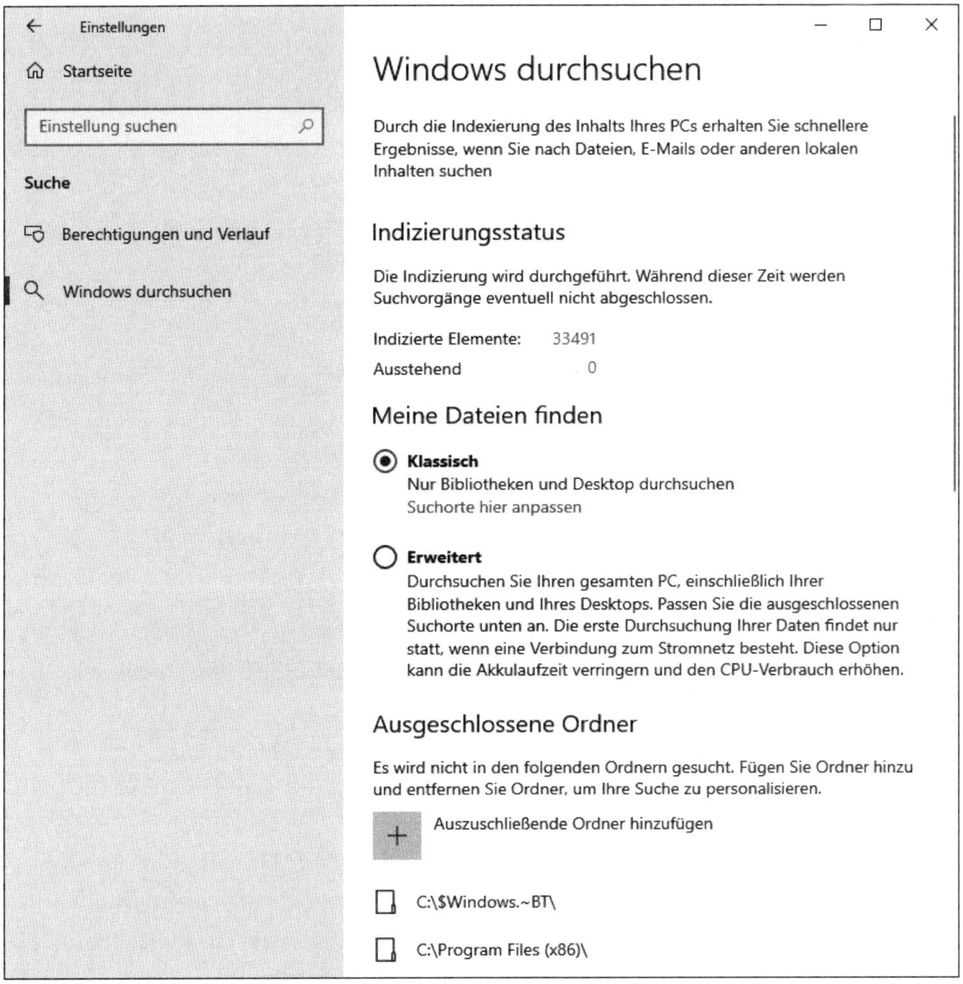

Abbildung 14.5 In der Einstellungen-App erfahren Sie den aktuellen Indizierungsstatus.

Wenn Sie die klassische Sucheinstellung beibehalten, aber bestimmte Ordner z. B. ausschließen möchten, klicken Sie unterhalb von Klassisch auf Suchorte hier anpassen. Im Dialog Indizierungsoptionen klicken Sie auf Ändern. Alle Einträge, die im Dialog Indizierte Orte mit einem Häkchen versehen sind, werden vom Suchindex berücksichtigt. Entfernen Sie per Mausklick die Häkchen vor den Ordnern, die im Falle einer Suche nicht relevant sind. Umgekehrt können Sie natürlich auch die Ordner mit einem Häkchen versehen, in denen Sie häufiger Suchanfragen durchführen werden. Praktischer ist es allerdings, diese Ordner wie zuvor erwähnt einer Bibliothek hinzuzufügen. Über die Schaltfläche ALLE ORTE ANZEIGEN können Sie sich als Administrator die Benutzerprofile anderer Benutzer einblenden lassen und diese ebenfalls anpassen. Mit OK übernehmen Sie die Änderungen.

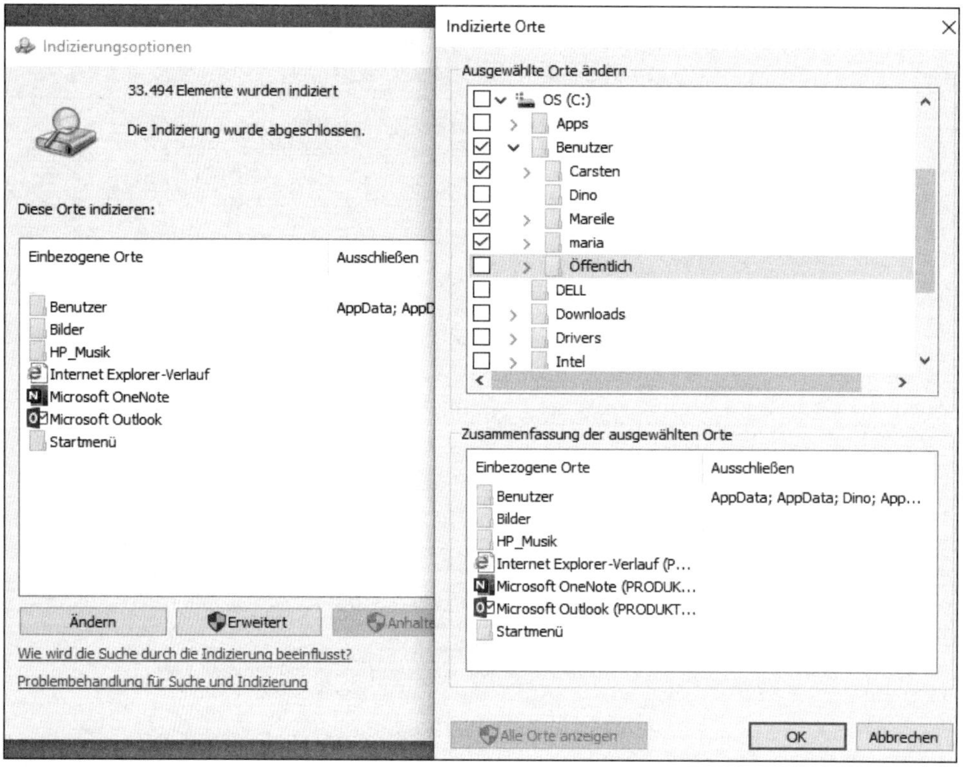

Abbildung 14.6 Nicht benötigte Ordner können von der Indizierung ausgenommen werden.

Wie zu Beginn erwähnt, wird bei bestimmten Dateitypen auch der Inhalt der Dateien indiziert. Um zu überprüfen, bei welchen Dateitypen dies der Fall ist, klicken Sie im Dialog INDIZIERUNGSOPTIONEN auf ERWEITERT. Wie das Symbol auf der Schaltfläche zeigt, benötigen Sie Administratorrechte, um hierdurch den Dialog ERWEITERTE OPTIONEN aufrufen zu können. Wechseln Sie in diesem Dialog in das Register DATEITYPEN. Der Spalte FILTERBESCHREIBUNG können Sie nun für jeden aufgeführten Dateityp entnehmen, ob lediglich ein Dateieigenschaftenfilter zum Einsatz kommt (in diesem Fall wird der Inhalt nicht indiziert) oder ein spezieller Filter (der sogenannte *IFilter*), wie etwa ein HTML-Filter oder auch ein Microsoft Office-Filter, der auch den Inhalt einer Datei indizieren kann. Sobald Sie einen Dateityp in der Liste markiert haben, legen Sie über die beiden Optionen unterhalb der Dateitypenliste fest, ob lediglich die Eigenschaften einer Datei indiziert werden sollen oder Eigenschaften und Dateiinhalt. Der Eintrag in der Spalte FILTERBESCHREIBUNG wird entsprechend angepasst. Ist für ein Dateityp kein IFilter registriert, erscheint stattdessen der *Klartextfilter*.

Die Registrierung der IFilter erfolgt übrigens meist automatisch bei der Installation eines Programms, das spezielle Dateiformate verwendet. Klassische Beispiele hierfür sind etwa Bildbearbeitungsprogramme.

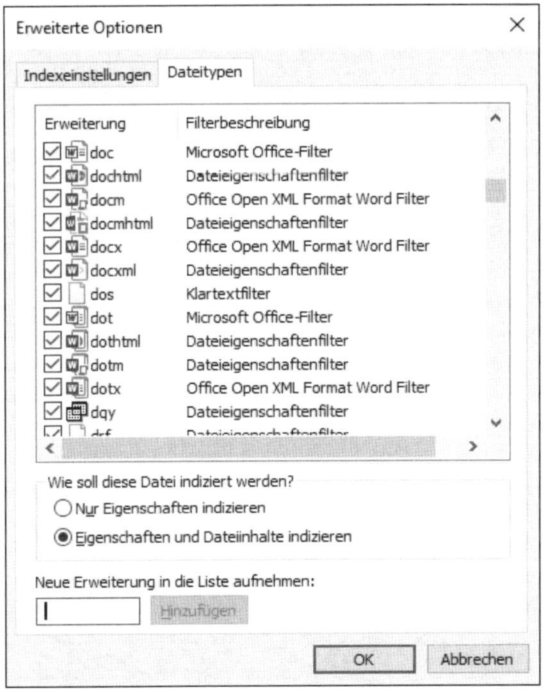

Abbildung 14.7 Für jeden Dateityp lässt sich individuell festlegen, ob nur die Eigenschaften oder zusätzlich auch Dateiinhalte indiziert werden sollen.

Falls Sie häufig mit verschlüsselten Dateien arbeiten, die ebenfalls vom Suchindex erfasst werden sollen, wechseln Sie im Dialog ERWEITERTE OPTIONEN in das Register INDEXEINSTELLUNGEN und aktivieren das Kästchen VERSCHLÜSSELTE DATEIEN INDIZIEREN. Haben Sie alle gewünschten Einstellungen vorgenommen, schließen Sie den Dialog ERWEITERTE OPTIONEN mit OK und den Dialog INDIZIERUNGSOPTIONEN mit SCHLIESSEN.

Diakritische Zeichen bei Suchanfragen berücksichtigen

»Bar« oder »Bär«? Für uns ein großer Unterschied, für die unter Windows 10 vorgenommene Suchanfrage allerdings nicht. Denn die Suche berücksichtigt die sogenannten *diakritischen Zeichen*, also Zusätze wie Punkte, Häkchen oder Striche, die z. B. über oder unter einen Buchstaben gesetzt werden, nicht. Geben Sie im Suchfeld der Taskleiste oder im Explorer also einen Begriff mit einem diakritischen Zeichen ein (etwa »ä« oder »à«), wird dieses bei der Suche ignoriert. Kommen diese Zeichen sehr häufig bei Ihren Suchanfragen vor, können Sie im Dialog ERWEITERTE OPTIONEN im Register INDEXEINSTELLUNGEN das Kästchen ÄHNLICHE

WORTE, DIE DIAKRITISCHE ZEICHEN ENTHALTEN, ALS UNTERSCHIEDLICHE WORTE BEHANDELN mit einem Häkchen versehen. In diesem Fall wird der Index sofort neu erstellt, was einige Stunden dauern kann. Führen Sie in dieser Zeit Suchanfragen durch, werden die Suchergebnisse höchstwahrscheinlich nicht vollständig sein.

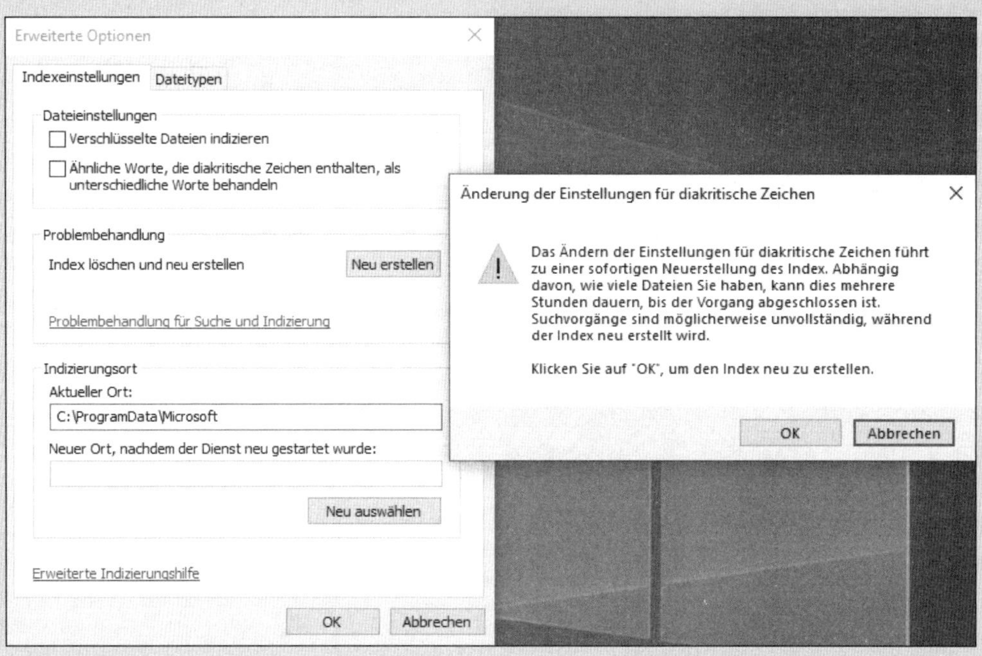

Abbildung 14.8 Damit auch diakritische Zeichen bei Suchanfragen berücksichtigt werden, ist eine Neuerstellung des Index nötig.

Entsprechend den vorgenommenen Änderungen wird der Index nun aktualisiert. Dies geschieht auch dann, wenn Sie z. B. viele Dateien von der Digitalkamera oder dem Smartphone auf den PC übertragen oder umgekehrt gründlich aufräumen und überflüssige Daten löschen. Die Indizierung kann wenige Sekunden dauern oder auch weitaus länger. Die Geschwindigkeit hängt dabei nicht nur von der Datenanzahl ab, sondern z. B. auch von der Leistung der CPU. Bricht die Leistung des Computers ein, erhoffen sich einige Anwender durch die Deaktivierung des Dienstes Windows Search eine erhebliche Verbesserung. Dem ist allerdings nicht so. Der Indizierungsprozess läuft im Hintergrund und nimmt nur einen Bruchteil der Prozessorleistung in Anspruch. Werden gerade andere Aufgaben durchgeführt, wird die Geschwindigkeit zudem reduziert. Im Dialog INDIZIERUNGSOPTIONEN erscheint in einer solchen Situation der Hinweis DIE INDIZIERUNGSGESCHWINDIGKEIT WURDE DURCH EINE BENUTZERAKTIVITÄT REDUZIERT. Sobald der Prozess abgeschlossen ist, erhalten Sie eine entsprechende Information.

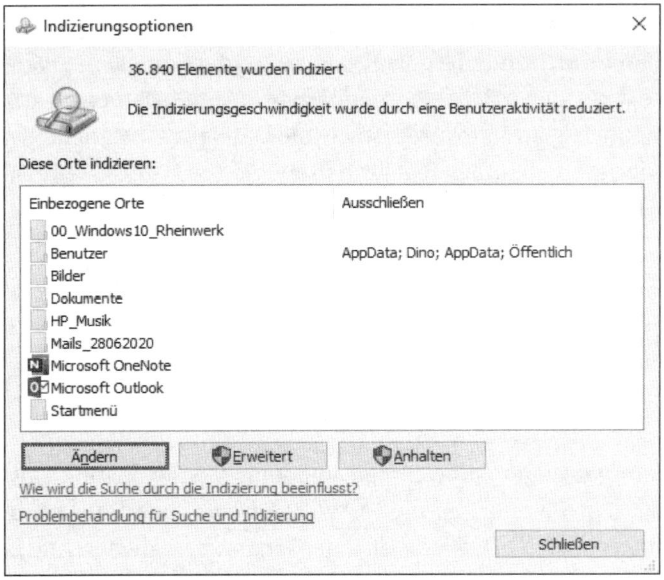

Abbildung 14.9 Die Indizierungsgeschwindigkeit wird automatisch reduziert, wenn der Computer andere Aufgaben ausführt.

Die Index-Problembehandlung starten

Die Suchfunktion findet eine bestimmte Datei nicht, obwohl sich diese ganz sicher an einem indizierten Ort befindet? Die Ursache hierfür kann ein beschädigter Suchindex sein. In einer solchen Situation ziehen Sie am besten die Problembehandlung von Windows 10 zurate. Diese lässt sich z. B. in der Einstellungen-App in der Kategorie Suche • Windows durchsuchen über den Link Starten Sie die Index-Problembehandlung zum Beheben häufiger Suchprobleme. Alternativ klicken Sie im Dialog Indizierungsoptionen auf Problembehandlung für Suche und Indizierung (siehe Abbildung 14.9). Im folgenden Dialog markieren Sie die Probleme, die Ihnen aufgefallen sind, und bestätigen mit Weiter. Die Problembehandlung analysiert nun das Problem und schlägt anschließend entsprechende Reparaturverfahren vor. Sollten diese kein zufriedenstellendes Ergebnis liefern, kann die Neuerstellung des Index Abhilfe verschaffen. Wählen Sie hierfür wenn möglich einen Zeitpunkt, zu dem Sie den PC selbst nicht nutzen. Bevor Sie die Funktion zur Neuerstellung aufrufen, starten Sie den Computer neu. Geben Sie im Suchfeld der Taskleiste »Indizierungsoptionen« ein, und wählen Sie den gleichnamigen Treffer der Systemsteuerung aus. Nach einem Klick auf Erweitert im Dialog Indizierungsoptionen klicken Sie im folgenden Dialog im Register Indexeinstellungen auf Neu erstellen (siehe Abbildung 14.8). Im gleichen Dialog erfahren Sie auch den Speicherort des Suchindex. Per Standardeinstellung wird er unter *%ProgramData%\Microsoft\Search\Data* gespeichert. Der Zugriff auf diesen Ordner erfordert Administratorrechte. Da dieser Ordner keineswegs verändert werden sollte, ist es jedoch im Grunde genommen überflüssig, diesen zu öffnen.

14.2.2 Die Chancen für gute Suchergebnisse erhöhen

Windows berücksichtigt bei einer Suche nicht nur den Dateinamen, sondern auch alle Eigenschaften, die für eine Datei festgelegt wurden. Klassische Eigenschaften einer Datei sind z. B. das Datum, an dem sie erstellt oder auch geändert wurde, sowie die Dateigröße. Manche Geräte, wie etwa Digitalkameras, generieren ebenfalls Eigenschaften, die im Dateisystem gespeichert werden. Zu diesen Metadaten zählen die Blende, Verschlusszeit oder auch Bildauflösung. Zusätzlich lassen sich benutzerdefinierte Metadaten hinzufügen, wie etwa Kommentare, Markierungen oder Bewertungen. All diese Eigenschaften können geschickt für Suchanfragen verwendet werden. Es rentiert sich daher, einen Blick auf die Dateieigenschaften zu werfen und diese gegebenenfalls anzupassen.

Dateieigenschaften einblenden

Um die Eigenschaften einer Datei anzuzeigen, gibt es verschiedene Möglichkeiten. Ausgangspunkt ist jeweils der Explorer, den Sie z. B. über die Tastenkombination [Win] + [E] starten. Markieren Sie im Explorer die gewünschte Datei, deren Eigenschaften Sie prüfen möchten. Im Register Ansicht klicken Sie dann in der Gruppe Bereiche auf das Symbol Detailbereich. Dieser Detailbereich erscheint nun in der rechten Fensterhälfte. Hier lässt sich bereits eine kleine Auswahl an Dateieigenschaften in Erfahrung bringen.

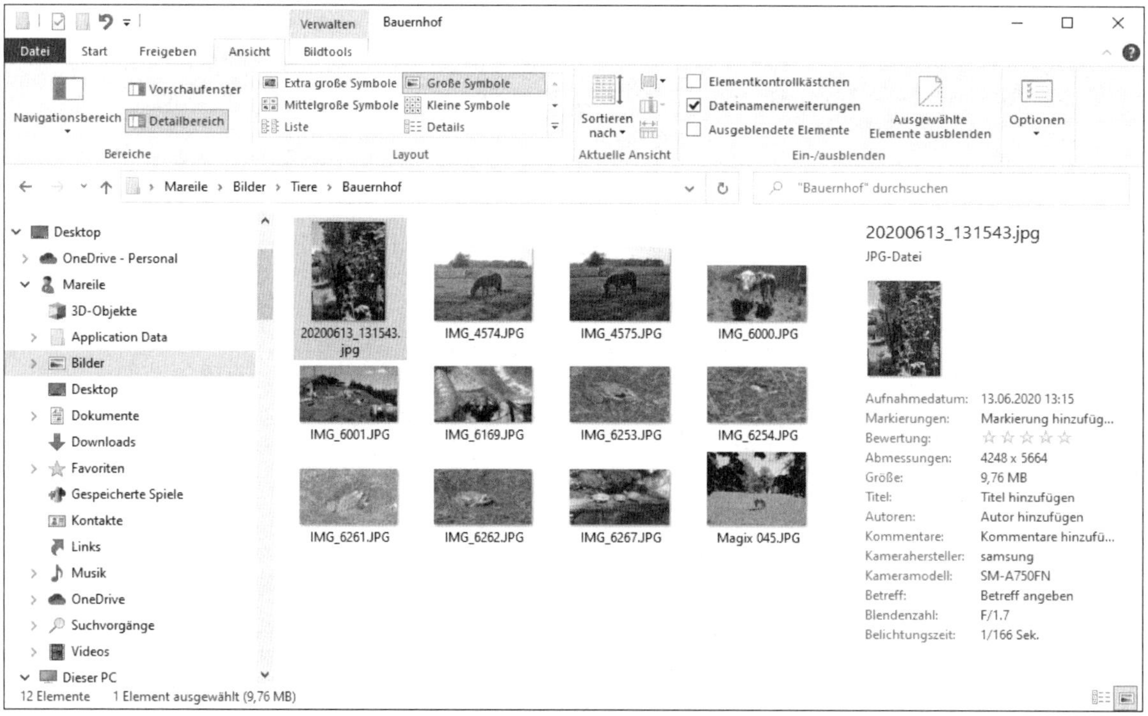

Abbildung 14.10 Über den Detailbereich lassen sich bereits einige Dateieigenschaften in Erfahrung bringen.

Mehr Informationen erhalten Sie, wenn Sie eine Datei im Explorer mit der rechten Maustaste anklicken und im Kontextmenü den Befehl EIGENSCHAFTEN wählen. Alternativ hierzu drücken Sie die Tastenkombination `Alt` + `↵`, nachdem Sie die Datei markiert haben. Im Dialog EIGENSCHAFTEN VON... wechseln Sie in das Register DETAILS. Blättern Sie in der Liste, um sich alle Eigenschaften anzusehen. Manche dieser Eigenschaften lassen sich bearbeiten, andere sind wiederum fest vorgegeben. Im Falle der in Abbildung 14.10 sowie Abbildung 14.11 dargestellten JPG-Datei können Sie z. B. das Aufnahmedatum verändern, die Blendenzahl hingegen nicht.

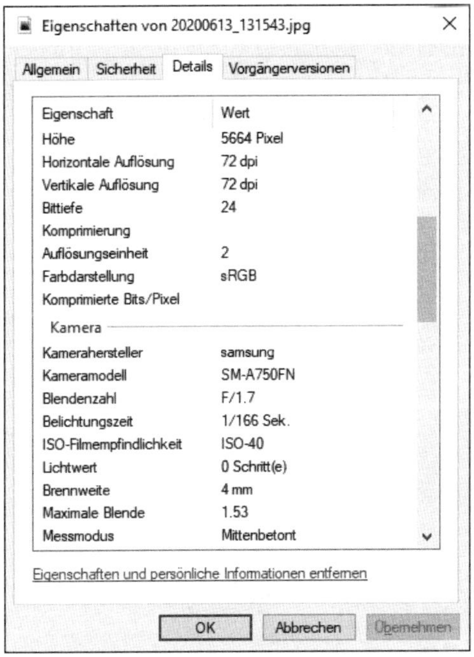

Abbildung 14.11 Im Eigenschaften-Dialog einer Datei werden weitaus mehr Eigenschaften angezeigt.

Benutzerdefinierte Metadaten in Dateieigenschaften hinzufügen

Wie Sie in Abschnitt 14.3, »Die Suche mit dem Explorer«, sehen werden, lassen sich alle Dateieigenschaften für Suchanfragen nutzen. So können Sie z. B. gezielt nach Fotos suchen, die an einem bestimmten Tag aufgenommen wurden, oder nach Musiktiteln, die einem speziellen Genre zugeordnet sind. Bei vielen Dateiformaten ist es möglich, sogenannte *benutzerdefinierte Metadaten* hinzuzufügen, die Sie dann für Suchanfragen verwenden können. Zu diesen Formaten zählen beispielsweise die Bildformate JPG und TIFF, während das PNG-Format hingegen nicht unterstützt wird. Klassische Audioformate wie MP3 und WMA können ebenfalls um benutzerdefinierte Metadaten ergänzt werden, WAV-Dateien dagegen nicht.

Eine der interessantesten Dateieigenschaften, die sich bei vielen Dateiformaten ergänzen lässt, ist die sogenannte *Markierung*, im Englischen auch *Tag* genannt. Eine solche Markierung kann im Falle eines Fotos z. B. der Ort sein, an dem das Bild aufgenommen wurde, oder der Name der Person, die auf dem Bild zu sehen ist. Versehen Sie Ihre Dateien geschickt mit solchen Tags, wird die Suche später zum Kinderspiel. Um einen oder auch mehrere Tags hinzuzufügen, markieren Sie im Explorer zunächst die Datei. Möchten Sie mehreren Bildern in einem Rutsch das gleiche Tag zuweisen, halten Sie die Taste `Strg` gedrückt, während Sie die einzelnen Bilder per Mausklick auswählen. Blenden Sie nun per Klick auf das Symbol DETAILBEREICH im Menü ANSICHT den gleichnamigen Bereich am rechten Fensterrand ein. Alternativ hierzu können Sie über die Tastenkombination `Alt` + `↵` auch den Eigenschaften-Dialog aufrufen und dort ins Register DETAILS wechseln.

Klicken Sie nun im Detailbereich bzw. Eigenschaften-Dialog auf den Eintrag rechts vom Feld MARKIERUNGEN, und geben Sie das Stichwort ein, das für alle zuvor markierten Fotos gilt, also etwa das Motiv, das auf den Aufnahmen zu sehen ist. Falls Sie gleich mehrere Stichworte eintragen möchten, trennen Sie diese jeweils durch ein Semikolon (;) voneinander. Durch Drücken der `↵`-Taste oder einen Klick auf SPEICHERN übernehmen Sie die Änderungen an den Dateieigenschaften.

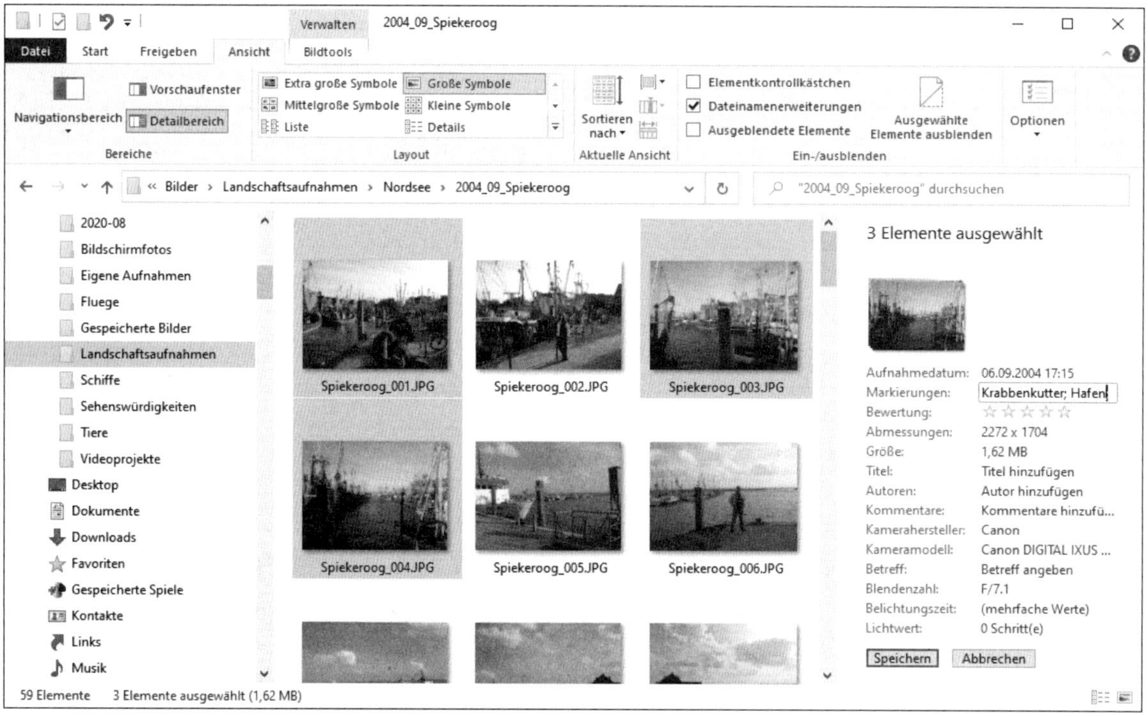

Abbildung 14.12 Die im Feld »Markierungen« ergänzten Stichworte helfen Ihnen später, gezielt bestimmte Fotomotive ausfindig zu machen.

Hilfreiche Dienste bei der Zusammenstellung der Lieblingslieder oder auch der besonders gelungenen Urlaubsaufnahmen leistet zudem die Eigenschaft BEWERTUNG, die Sie in der

Eigenschaftenliste direkt unterhalb der MARKIERUNGEN finden. Mithilfe der Sterne, es lassen sich maximal fünf Sterne als Wert zuweisen, können Sie festhalten, wie gut Ihnen ein Musiktitel oder ein Foto gefällt. Bewegen Sie den Mauszeiger über die Sterne, färben sie sich gelb. Klicken Sie z. B. auf den ganz rechts befindlichen Stern, um eine 5-Sterne-Bewertung zu vergeben, und für eine 3-Sterne-Bewertung auf den mittleren Stern. Vergessen Sie nicht, die Änderungen an den Dateieigenschaften zu speichern.

Probieren Sie einfach aus, welche weiteren Dateieigenschaften sich ändern lassen und welche zusätzlichen Metadaten für Ihre Dateien und damit spätere Suchanfragen Sinn machen. Falls eine Eigenschaft keine Ergänzung oder Korrektur zulässt, lässt sich das entsprechende Feld rechts von der Eigenschaft nicht auswählen.

Benutzerdefinierte Metadaten aus Dateieigenschaften entfernen

Das Hinzufügen von Metadaten ist zur Optimierung von Suchanfragen ausgesprochen praktisch. Die Dateieigenschaften können aber auch einige Informationen enthalten, die nicht unbedingt für fremde Augen bestimmt sind. Dazu können z. B. die GPS-Koordinaten zählen, die eine Smartphone-Kamera bei aktivierter Standorterkennung den Dateieigenschaften hinzufügt. Auch selbst ergänzte Markierungen können verräterisch sein. Denn stellen Sie sich vor, Ihr Chef bekommt auf diese Weise mit, dass Sie am Aufnahmedatum eines Fotos gar nicht im Homeoffice waren, sondern stattdessen einen schönen Ausflug unternommen haben. Bevor Sie eine Datei an andere Personen weiterreichen oder über eine Cloud teilen, ist es durchaus ratsam, die Dateieigenschaften genau zu überprüfen und, sofern denn möglich, die ein oder andere Angabe zu entfernen. Was sich entfernen lässt und was nicht, lässt sich unter Windows 10 schnell über den Eigenschaften-Dialog einer Datei herausfinden, den Sie per rechten Mausklick auf die Datei und dann Auswahl des Befehls EIGENSCHAFTEN öffnen. Klicken Sie im Register DETAILS auf den Link EIGENSCHAFTEN UND PERSÖNLICHE INFORMATIONEN ENTFERNEN. Alternativ hierzu können Sie eine Datei auch im Explorer markieren und dann im Register START in der Gruppe ÖFFNEN auf den Pfeil unterhalb von EIGENSCHAFTEN klicken und dann EIGENSCHAFTEN ENTFERNEN wählen.

Im Dialog EIGENSCHAFTEN ENTFERNEN (siehe Abbildung 14.13) bietet Ihnen Windows 10 nun an, alle Eigenschaften, die sich entfernen lassen, zu löschen und die Datei unter einem neuen Dateinamen zu speichern. Dieser Dateiname besteht aus der Originalbezeichnung, die um den Zusatz »- Kopie« ergänzt wird. Die entsprechende Option ist bereits markiert. Möchten Sie das Entfernen der Eigenschaften lieber selbst übernehmen, aktivieren Sie stattdessen die Option FOLGENDE EIGENSCHAFTEN AUS DIESER DATEI ENTFERNEN. Blättern Sie nun in der Eigenschaftenliste, lässt sich anhand der Kontrollkästchen feststellen, welche Eigenschaften gelöscht werden können und welche nicht. Verfügt eine Eigenschaft über kein Kästchen, lässt sich ihr Wert nicht entfernen. Versehen Sie die zu entfernenden Eigenschaften mit einem Häkchen, und bestätigen Sie mit OK.

Abbildung 14.13 Bevor Sie ein Foto mit anderen Personen teilen, sollten Sie gegebenenfalls die persönlichen Informationen aus den Dateieigenschaften entfernen.

14.3 Die Suche mit dem Explorer

Wenn Sie auf der Suche nach einer bestimmten Datei sind, ziehen Sie am besten die Suchfunktion des Explorers zurate. Sie lässt nicht nur einfache Suchanfragen zu, sondern bietet eine Vielzahl an Möglichkeiten, mithilfe geschickt eingesetzter Methoden schnell das Gesuchte zu finden. Das Menü SUCHEN stellt Ihnen hierfür einige praktische Suchtools zur Verfügung. Sie können aber auch selbst komplexe Abfragen formulieren.

14.3.1 Einfache Suchanfragen

Bevor Sie eine Suchanfrage im Explorer starten, markieren Sie im Navigationsbereich den Ordner, in der Sie die gesuchte Datei vermuten. Wenn Sie sich nicht sicher sind, in welchem Verzeichnis sich die gesuchte Datei befinden könnte, wählen Sie den Eintrag BIBLIOTHEKEN oder zur Sicherheit auch DIESER PC. Mit Letzterem wird der gesamte PC durchforstet.

Geben Sie nun in das Suchfeld rechts oben den gewünschten Suchbegriff ein. Auf die korrekte Groß- bzw. Kleinschreibung müssen Sie hierbei nicht achten. Windows 10 beginnt bereits während der Eingabe der ersten Buchstaben mit der Suche. Ist der zuvor markierte Ordner Teil der indizierten Orte, werden bei der Suche nicht nur Datei- oder Ordnernamen sowie Dateieigenschaften berücksichtigt, sondern auch Dateiinhalte und E-Mails.

Um die Suche stärker einzuschränken, können Sie mehrere Suchbegriffe angeben. In diesem Fall listet Windows 10 alle Treffer auf, die diese Begriffe an beliebiger Stelle enthalten, sei es im Dateinamen, im Inhalt oder in den Eigenschaften. Sind Sie nur an Treffern interessiert, in denen die Suchbegriffe in exakt der von Ihnen vorgegebenen Reihenfolge erscheinen, setzen Sie die Stichworte in Anführungszeichen. Diese Art der Suchstrategie wird auch als *Phrasensuche* bezeichnet.

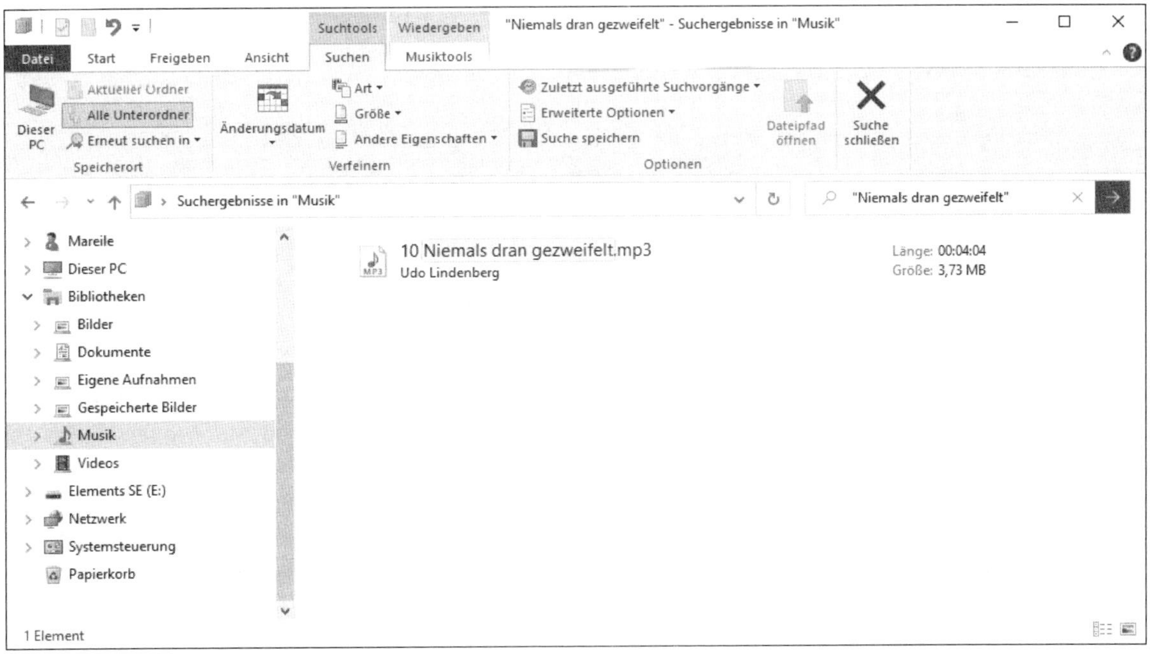

Abbildung 14.14 Für die Phrasensuche setzen Sie die Suchbegriffe in Anführungszeichen.

Ist in den ersten, direkt unterhalb des Suchfeldes eingeblendeten Ergebnissen bereits die gewünschte Datei dabei, können Sie sie direkt per Mausklick öffnen. Falls Sie nicht die Datei öffnen möchten, sondern nur den Ordner, in dem sie gespeichert ist, klicken Sie mit der rechten Maustaste auf das Suchergebnis. Im Kontextmenü wählen Sie nun den Befehl SPEICHERORT ÖFFNEN. Es wird ein neues Explorer-Fenster geöffnet, in dem der Ordner ausgewählt ist, in dem sich die gewünschte Datei befindet. Über den ebenfalls im Kontextmenü angebotenen Befehl VOLLSTÄNDIGEN PFAD KOPIEREN lässt sich der Dateipfad des Speicherortes in die Zwischenablage kopieren und von dort z. B. über die Tastenkombination `Strg` + `V` in einer E-Mail oder einem Word-Dokument einfügen.

Wird die gewünschte Datei in den ersten Treffern nicht aufgeführt, geben Sie den Suchbegriff vollständig ein und drücken die Taste `↵` oder klicken auf das Pfeilsymbol. Die Suchergebnisse werden nun im Inhaltsbereich des Explorers aufgelistet. Zum Öffnen einer Datei reicht ein Doppelklick. Um zum Speicherort eines Suchergebnisses zu gelangen, markieren

Sie den Treffer im Inhaltsbereich des Explorers und wählen dann im Register SUCHEN in der Gruppe OPTIONEN den Befehl DATEIPFAD ÖFFNEN. Der Befehl lässt sich alternativ auch über das Kontextmenü einer zuvor markierten Datei aufrufen.

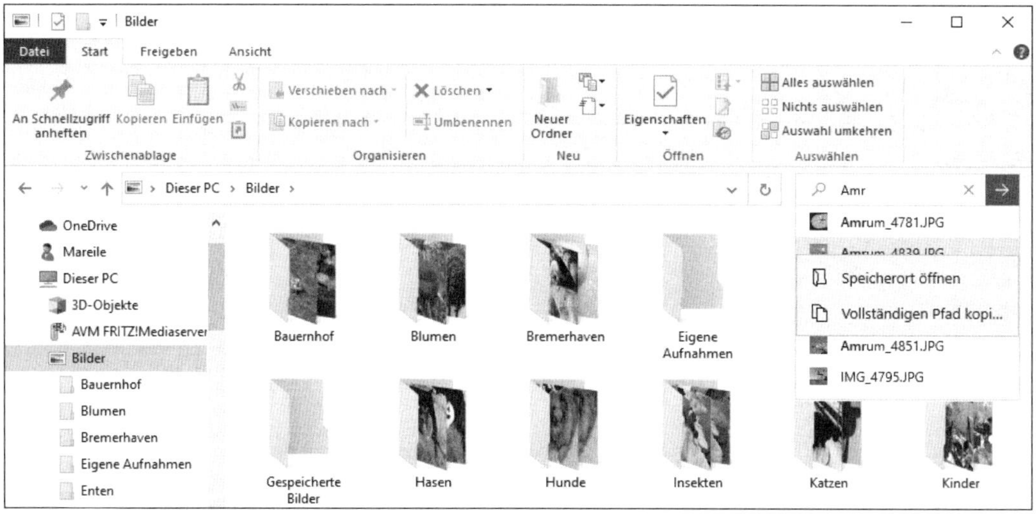

Abbildung 14.15 Über den Befehl »Speicherort öffnen« gelangen Sie direkt zum Ordner, in dem die gesuchte Datei gespeichert ist.

Sollte Ihre Suchanfrage zu viele Treffer erzeugt haben, können Sie die Suche mithilfe der Suchtools, die im Register SUCHEN angeboten werden, weiter sinnvoll einschränken. Wie Sie hierzu am besten vorgehen und wie Sie eigene Abfragen formulieren, erfahren Sie im nächsten Abschnitt.

Den Suchbereich anpassen

Die Suche wird nur in dem von Ihnen zu Beginn festgelegten Ordner bzw. der Bibliothek durchgeführt. Falls Sie das falsche Verzeichnis gewählt haben, können Sie über die Schaltfläche DIESER PC im Register SUCHEN die Suche auf den gesamten Computer ausweiten. Eine erneute Eingabe des Suchbegriffs ist nicht nötig. Um die Bibliotheken als Suchbereich auszuwählen, klicken Sie im gleichen Register auf ERNEUT SUCHEN IN • BIBLIOTHEKEN.

14.3.2 Suchfilter einsetzen

Geben Sie lediglich einen einzelnen Suchbegriff im Suchfeld des Explorers an, ist die Wahrscheinlichkeit recht hoch, dass Sie eine sehr lange Liste mit Treffern erhalten. Je detaillierter Sie Ihre Suchanfrage formulieren, desto bessere Ergebnisse erzielen Sie. Beim Eingrenzen einer Suche können Sie sich die Eigenschaften einer Datei zunutze machen. Die passenden Filter hierfür finden Sie im Register SUCHEN des Explorers.

Das Register »Suchen« einblenden

In früheren Windows-Versionen ließ sich das Register SUCHEN bequem mithilfe der Tastenkombination [Strg] + [F] einblenden. Seit Windows 10 Version 1909 wird durch den Shortcut lediglich die Einfügemarke im Suchfeld positioniert, sodass Sie dort direkt den Suchbegriff eingeben können. Das Register SUCHEN erscheint erst nach Durchführung einer Suchanfrage. Fällt Ihnen kein sinnvoller Suchbegriff ein, lässt sich das Register mit einem kleinen Trick trotzdem einblenden: Tragen Sie im Suchfeld das Zeichen »*« ein. Drücken Sie dann die Taste [↵] oder klicken auf das Pfeilsymbol, wird im Inhaltsbereich des Explorers zunächst der gesamte Inhalt des links markierten Ordners angezeigt. Die Eingabe des Sterns bietet sich somit auch dann an, wenn Sie nicht diverse Unterordner nach einer Datei durchforsten wollen, sondern gleich direkt den Inhalt aller Unterverzeichnisse aufgelistet bekommen möchten.

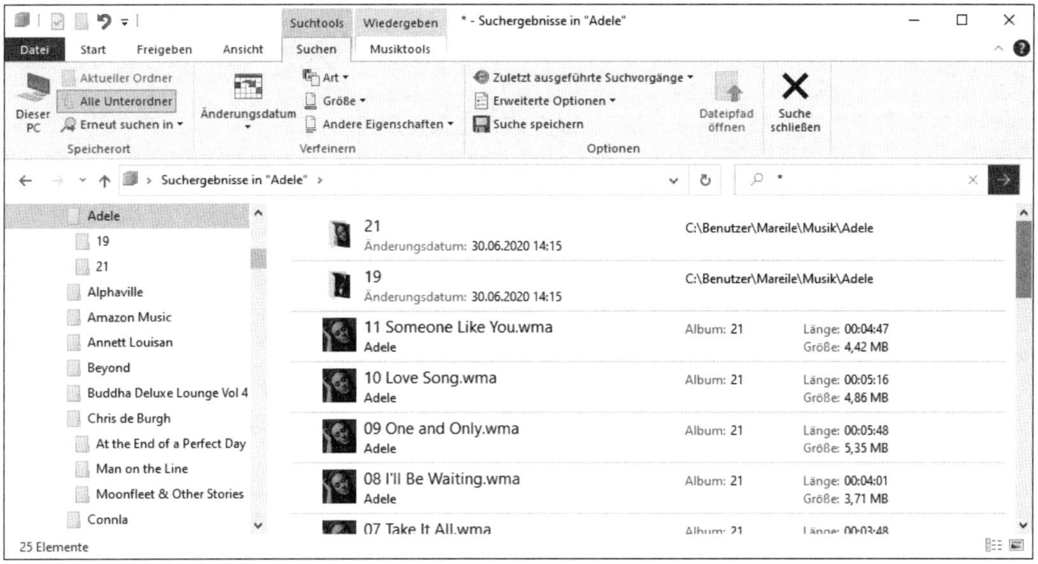

Abbildung 14.16 Geben Sie als Suchbegriff den Stern ein, wird der gesamte Inhalt des zuvor markierten Ordners aufgelistet.

Sobald Sie die Suchanfrage gestartet haben, erscheint das Register SUCHEN. Mit einem Klick auf das Kreuzsymbol im Suchfeld lässt sich das zuvor eingetragene Zeichen entfernen, ohne dabei das Suchregister zu schließen. Haben Sie schon einen Suchbegriff eingegeben, der lediglich zu viele Ergebnisse gebracht hat, ist das Register SUCHEN ebenfalls zu sehen. In beiden Fällen können Sie nun die Suchfilter einsetzen.

Vordefinierte Suchfilter wählen

Falls Sie sich noch daran erinnern können, wann Sie ungefähr die letzten Änderungen an einer Datei vorgenommen haben, lässt sich diese Zeitangabe zum Verfeinern der Suchanfrage nutzen. Hierzu klicken Sie in der Gruppe VERFEINERN des Registers SUCHEN auf ÄNDERUNGSDATUM. In der aufklappenden Liste finden Sie nun gängige Zeitangaben, wie etwa GESTERN, DIESE WOCHE oder auch LETZTES JAHR. Das gewünschte Kriterium wird per Mausklick ausgewählt. Nach seiner Auswahl erscheint im Suchfeld die entsprechende Eigenschaft »änderungsdatum«, gefolgt vom gewählten Zeitraum, also etwa »letzte Woche«. Eigenschaft und Wert werden durch einen Doppelpunkt (:) voneinander getrennt, also »änderungsdatum:letzte Woche«.

Suchen Sie ausschließlich nach einem Bild? In einem solchen Fall bietet es sich an, die Suche auf den Dateityp einzuschränken. Den entsprechenden Filter können Sie über das SUCHEN-Register auswählen: Klicken Sie in der Gruppe VERFEINERN auf ART und markieren dann in der aufklappenden Liste den gewünschten Eintrag, also etwa BILD. Im Suchfeld wird entsprechend die Eigenschaft »art« mit dem Wert »picture« (für »Bild«) ergänzt. Auch hier wird beides – Eigenschaft und Wert – wieder durch einen Doppelpunkt voneinander getrennt. Weitere Dateitypen, die Sie in der Liste ART finden, sind etwa MUSIK, DOKUMENTE oder auch E-MAIL.

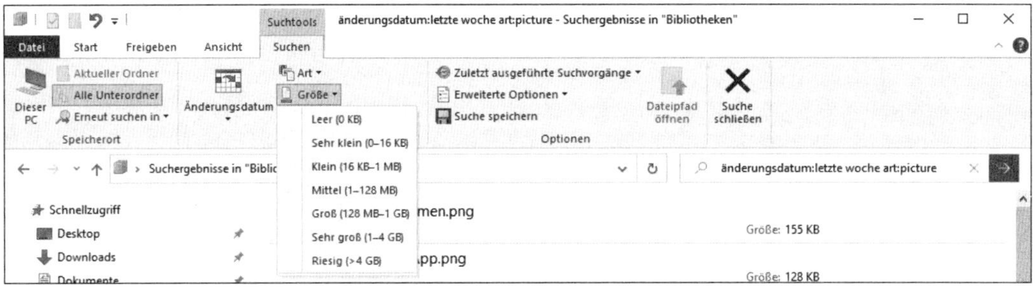

Abbildung 14.17 Im Register »Suchen« werden Ihnen einige vordefinierte Filter angeboten.

Mithilfe des dritten Filters GRÖSSE, den Sie in der Gruppe VERFEINERN auswählen können, lässt sich eine Suchanfrage auf eine bestimmte Dateigröße einschränken. Das ist vor allem dann praktisch, wenn Sie die Speicherfresser unter den Dateien ausfindig machen möchten. Markieren Sie nach einem Klick auf GRÖSSE etwa den Eintrag RIESIG (> 4 GB), wird im Suchfeld die Eigenschaft »größe« ergänzt, gefolgt vom Wert »gigantisch«.

Klicken Sie in der Gruppe VERFEINERN des Registers SUCHEN auf ANDERE EIGENSCHAFTEN, werden Ihnen diverse Filter angeboten. Welche dies im Einzelnen sind, hängt vom im Navigationsbereich ausgewählten Ordner bzw. von der Bibliothek ab. Haben Sie z. B. die Bibliothek BILDER markiert, lässt sich mithilfe des Filters MARKIERUNGEN nach selbst hinzugefügten Stichworten (z. B. Ortsangaben oder auch Namen von Personen) suchen. Falls Sie Ihre Fotosammlung mit Sternebewertungen versehen haben, können Sie auch dieses Kriterium über die Kategorie ANDERE EIGENSCHAFTEN für Suchanfragen auswählen. Wie Sie die Bewertungen vornehmen und Markierungen hinzufügen, können Sie in Abschnitt 14.2.2, »Die Chancen für gute Suchergebnisse erhöhen«, nachlesen.

Wählen Sie einen der Filter unter ANDERE EIGENSCHAFTEN aus, werden Ihnen im Gegensatz zu den zuvor vorgestellten Filtern ÄNDERUNGSDATUM, ART und GRÖSSE keine vordefinierten Werte angeboten. Stattdessen müssen Sie diese selbst eingeben. Suchen Sie z. B. Bilder, denen Sie eine bestimmte Markierung zugewiesen haben, blenden Sie zunächst wie zuvor beschrieben das Register SUCHEN ein. Nach einem Klick auf ANDERE EIGENSCHAFTEN wählen Sie die MARKIERUNGEN aus.

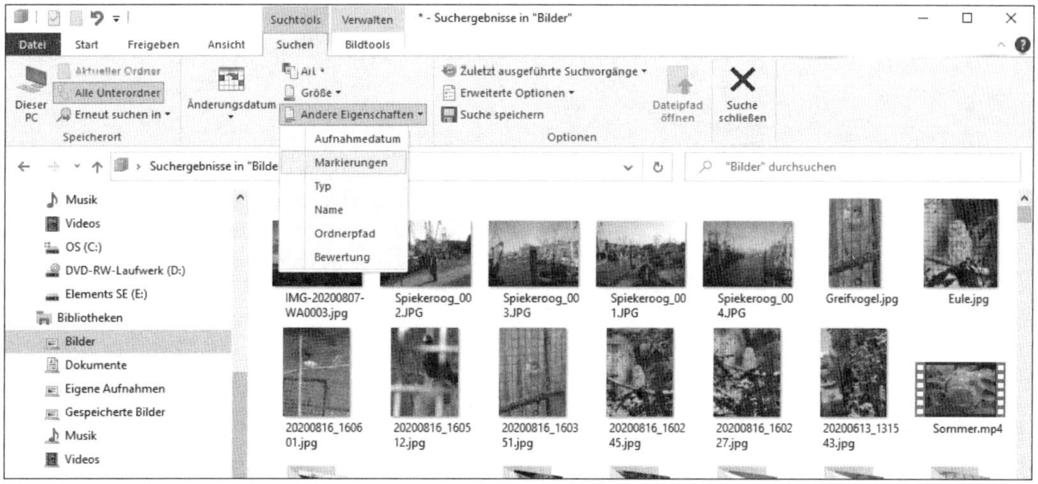

Abbildung 14.18 Welche Filter unter »Andere Eigenschaften« angeboten werden, hängt vom ausgewählten Ordner bzw. von der Bibliothek im Navigationsbereich ab.

Sobald Sie den Filter markiert haben, erscheint im Suchfeld die Eigenschaft »markierungen«, gefolgt von einem Doppelpunkt. Hinter diesem tippen Sie nun die gesuchte Markierung ein, also etwa die Ortsangabe oder den Namen der Person.

Analog können Sie Ihre Fotosammlung nach den von Ihnen vorgenommenen Bewertungen durchsuchen. Der Filter wird Ihnen allerdings nur unter ANDERE EIGENSCHAFTEN angeboten, wenn Sie einen Bilder-Ordner oder die Bibliothek BILDER ausgewählt haben. Nach Auswahl von BEWERTUNG wird im Suchfeld entsprechend die Eigenschaft »bewertung«, gefolgt von einem Doppelpunkt, ergänzt. Sollte sich die Eigenschaft nicht über die Schaltfläche ANDERE EIGENSCHAFTEN auswählen lassen, geben Sie einfach selbst im Suchfeld »bewertung:« ein. Die gesuchte Sternenanzahl ergänzen Sie nach dem Doppelpunkt, also etwa NICHT BEWERTET oder 1 STERN für die nicht so gut gelungenen Aufnahmen, oder auch 5 STERNE für die Bilder, denen Sie die volle Sternenanzahl gegeben haben.

Mit jedem Suchkriterium, das Sie im Suchfeld ergänzen, wird die Suche stärker eingeschränkt. Das Suchfeld lässt sich übrigens bequem vergrößern, indem Sie den Mauszeiger an den linken Rand des Suchfeldes setzen. Nimmt der Zeiger die Form eines Doppelpfeils an, ziehen Sie ihn mit gedrückter linker Maustaste nach rechts.

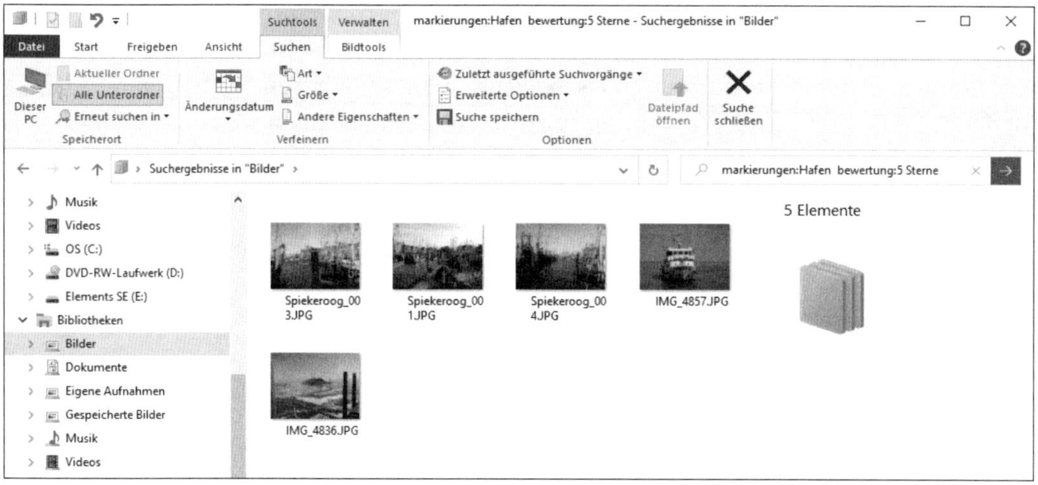

Abbildung 14.19 Die Werte (im Beispiel »Hafen« und »5 Sterne«) tragen Sie selbst im Suchfeld ein.

Wie bereits erwähnt, können Sie alle Dateieigenschaften für Ihre Suchanfragen nutzen. Sollte in der Gruppe VERFEINERN des Registers SUCHEN kein entsprechender Filter zur Verfügung stehen, tragen Sie das Kriterium mit dem gewünschten Wert selbst im Suchfeld ein. Die Schreibweise folgt dabei immer dem gleichen Schema »Eigenschaft:Wert«, also z. B. »genre:Jazz«, wenn Sie auf der Suche nach Jazz-Musik sind, oder auch »typ:mp3« für alle im MP3-Format gespeicherten Musikdateien. Geben Sie mehrere Kriterien an, trennen Sie sie jeweils durch ein Leerzeichen voneinander (z. B. »genre:Jazz typ:mp3«).

14.3.3 Operatoren für bessere Suchergebnisse nutzen

Je mehr Suchkriterien Sie eingeben, desto bessere Suchergebnisse erhalten Sie. Ergänzen Sie im Suchfeld mehrere Suchkriterien hintereinander ohne jegliche weitere Angaben, werden nur die Dateien angezeigt, die alle Kriterien erfüllen. Manchmal ist es aber auch schon ausreichend, wenn eines von zwei aufgeführten Suchkriterien greift. Mit dem booleschen Operator OR (hier ist die Großschreibung sehr wichtig), den Sie zwischen zwei Suchkriterien ergänzen, erzielen Sie genau dies. So werden mit der Suchanfrage »aufnahmedatum: 20.05.2020 OR aufnahmedatum:27.05.2020« sowohl die am 20. Mai 2020 als auch die am 27. Mai 2020 aufgenommenen Bilder als Ergebnis angezeigt.

Ebenso können Sie dafür sorgen, dass bestimmte Begriffe von der Suche ausgeschlossen werden. Hierfür ist der boolesche Operator NOT zuständig (bitte auch hier auf die Großschreibung achten). Die Suchanfrage »aufnahmedatum:20.09.2020 NOT bewertung:1 stern« zeigt als Ergebnis z. B. die Bilddateien an, die am 20. September 2020 aufgenommen wurden, nicht aber die, die mit nur einem Stern bewertet wurden. Alle Bilder, die keine Bewertung oder zwei bis fünf Sterne erhalten haben, sind dagegen in der Ergebnisliste dabei – vorausgesetzt, wie gesagt, das Aufnahmedatum entspricht dem 20. September 2020. Bei der Datumsangabe zeigt sich die Suchfunktion übrigens großzügig: Ob Sie »20.09.2020«, »20.9.20« oder auch »20. September 2020« eingeben, ist egal.

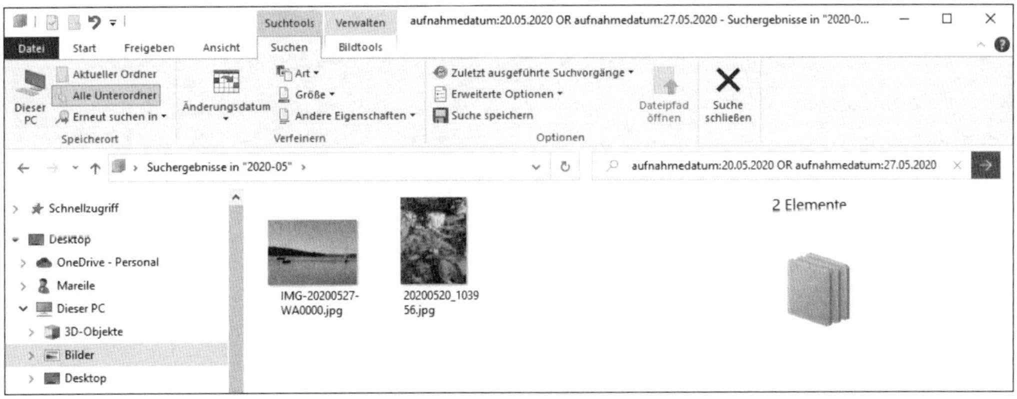

Abbildung 14.20 Der boolesche Operator OR zeigt als Ergebnis die Dateien, die dem einen oder dem anderen Suchkriterium entsprechen.

Wie Sie bereits an einigen Beispielen gesehen haben, werden bei einer Suchanfrage Eigenschaft und Wert durch einen Doppelpunkt voneinander getrennt, also etwa »markierungen:Möwe«. Diese Anfrage gibt als Ergebnis allerdings nicht nur alle mit der Markierung »Möwe« versehenen Dateien als Ergebnis aus, sondern auch »Möwen«, »Möwenfutter« oder »Möwennest«. Sind Sie nur an den Treffern interessiert, die die exakte Markierung »Möwe« enthalten, ergänzen Sie nach dem Doppelpunkt einfach ein Gleichheitszeichen »=«, also »markierungen:=Möwe«.

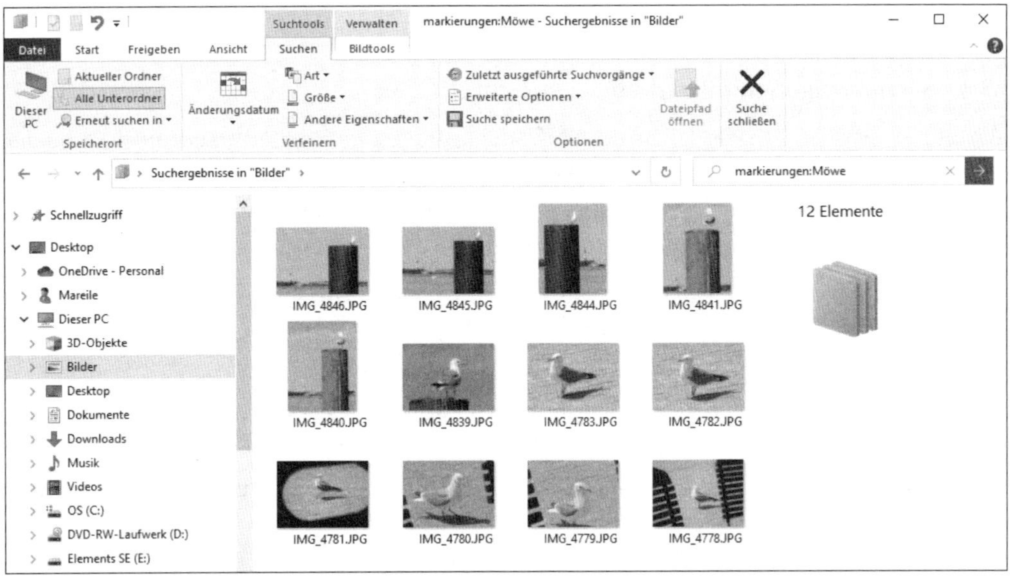

Abbildung 14.21 Die Suchanfrage ohne Gleichheitszeichen ...

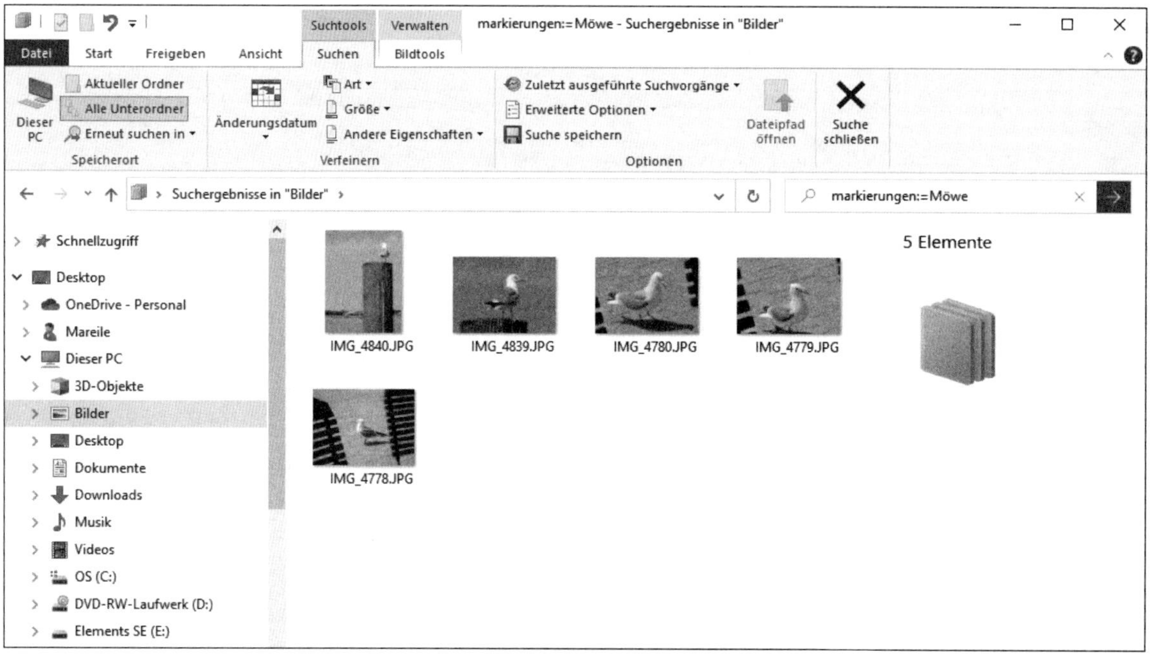

Abbildung 14.22 ... und hier mit dem Operator »=«

Analog können Sie auch die Operatoren »>« (größer als), »<« (kleiner als) oder auch »<>« (ungleich) nutzen. Die Suchanfrage »erstelldatum:>05.10.2020« liefert beispielsweise nur die Dateien als Ergebnis, die nach dem 05. Oktober 2020 erstellt wurden, die Angabe »größe:<2MB« listet wiederum Dateien auf, die kleiner als 2 MB sind.

14.3.4 Suchanfragen mit Platzhaltern erleichtern

Ein weiteres unverzichtbares Hilfsmittel bei Suchanfragen in indizierten Orten sind die beiden Platzhalter »?« und »*«. Mithilfe des Fragezeichens können Sie einen einzelnen Buchstaben in einem Suchbegriff ersetzen, während das Sternchen (auch *Asterisk* genannt) für eine beliebig lange Zeichenkette eingesetzt werden kann.

Geben Sie in das Suchfeld des Explorers also »Sedlm?ir« ein, wird sowohl »Sedlmeir« als auch »Sedlmair« gefunden. Die Suchanfrage »Sedlm*r« bringt als Ergebnis sowohl »Sedlmair«, »Sedlmaier«, »Sedlmayer«, »Sedlmeier« als auch »Sedlmeyer«.

Die beiden Platzhalter können sowohl innerhalb eines Wortes gesetzt werden als auch zu Beginn. Die Eingabe »*see« bringt als Treffer also sowohl die »Nordsee« als auch die »Ostsee«. Am Ende eines Wortes muss der Platzhalter nicht explizit angegeben werden, dies erledigt Windows automatisch.

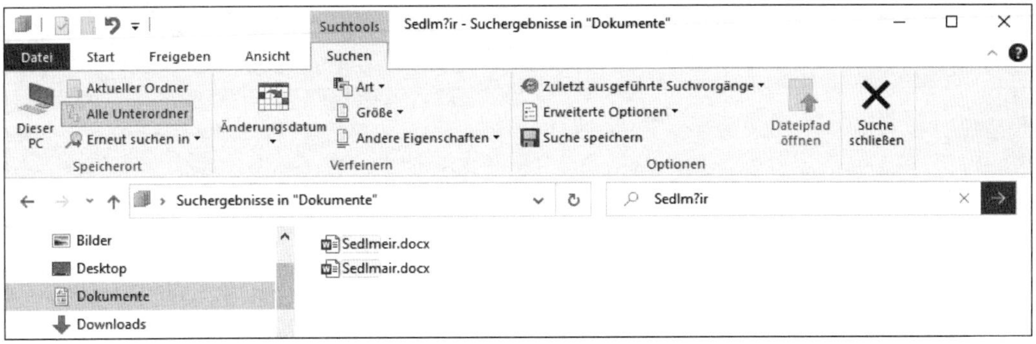

Abbildung 14.23 Mithilfe des Fragezeichens lässt sich ein einzelner Buchstabe in einem Suchbegriff ersetzen.

14.3.5 Optionen für nicht indizierte Ort anpassen

Einer der großen Vorteile von Suchanfragen in indizierten Orten ist, dass nicht nur der Dateiname und Eigenschaften wie das Änderungsdatum einer Datei berücksichtigt werden, sondern auch der Inhalt. Soll der Dateiinhalt auch in einem Ordner berücksichtigt werden, der nicht im Suchindex erfasst ist, lässt sich dies mit einer kleinen Einstellung erzielen. Wechseln Sie hierzu im Explorer ins Register ANSICHT, und klicken Sie auf die Schaltfläche OPTIONEN. Im Dialog ORDNEROPTIONEN rufen Sie das Register SUCHEN auf. Versehen Sie unterhalb von BEIM DURCHSUCHEN NICHT INDIZIERTER ORTE den Eintrag IMMER DATEINAMEN UND -INHALTE SUCHEN mit einem Häkchen. Damit werden nun auch die Inhalte von Dateien, die sich an nicht indizierten Orten befinden, bei der Suchanfrage berücksichtigt. Soll bei der Suche auch der Inhalt von ZIP-Archiven berücksichtigt werden, aktivieren Sie auch den Eintrag KOMPRIMIERTE DATEIEN. Übernehmen Sie Ihre Einstellungen mit OK.

Sollten Sie irgendwann feststellen, dass die Suche mit den vorgenommenen Einstellungen zu lange dauert und im Grunde genommen weder die Dateiinhalte noch die Inhalte von ZIP-Archiven durchsucht werden müssten, sollten Sie die entsprechenden Einstellungen wieder rückgängig machen. Hierzu entfernen Sie die gesetzten Häkchen einfach wieder. Ist das Register SUCHEN im Explorer geöffnet, können Sie hier auch in der Gruppe OPTIONEN auf ERWEITERTE OPTIONEN klicken und dann die entsprechenden Häkchen setzen bzw. entfernen.

14.3.6 Suchanfragen speichern und Suchverlauf löschen

Müssen Sie eine bestimmte komplexe Suchanfrage, die diverse Suchfilter enthält, häufiger ausführen, bietet es sich an, diese zu speichern. So müssen Sie die einzelnen Kriterien nicht für jede Suche erneut eingeben. Zum Speichern reicht es, wenn Sie direkt nach Ausführung der Suche im Register SUCHEN in der Gruppe OPTIONEN auf SUCHE SPEICHERN klicken. Im folgenden Dialog SPEICHERN UNTER geben Sie einen Dateinamen an, anhand dessen Sie die Suche später wieder identifizieren können, und bestätigen mit SPEICHERN. Um die Suche später erneut durchzuführen, klicken Sie im Navigationsbereich des Explorers auf SUCHVORGÄNGE und wählen dann die gewünschte Suche aus.

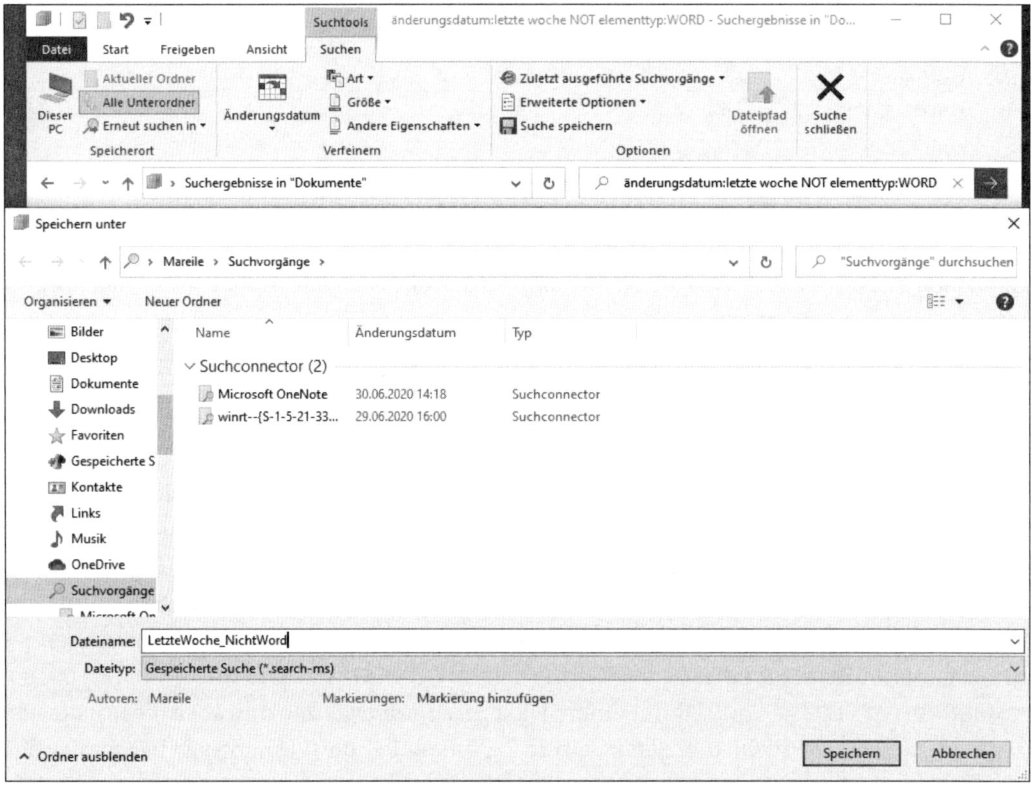

Abbildung 14.24 Jede Suchanfrage kann gespeichert und so später erneut durchgeführt werden.

Markieren Sie im Navigationsbereich einen Ort, an dem Sie zuvor bereits gesucht haben, und klicken dann in das Suchfeld des Explorers, werden Ihnen bereits die zuletzt durchgeführten Suchanfragen zur Auswahl angeboten. Diese Übersicht erhalten Sie auch, wenn Sie im Register SUCHEN auf die Schaltfläche ZULETZT AUSGEFÜHRTE SUCHVORGÄNGE klicken. Wenn Sie die Suchanfragen nicht erneut durchführen möchten, lässt sich die Liste mit einem Klick auf SUCHVERLAUF LÖSCHEN schnell leeren.

14.4 Suchen mit Cortana

In den Anfängen von Windows 10 stellten die Sprachassistentin Cortana und die Windows-Suche eine feste Einheit dar. Dies zeigte sich nicht zuletzt am gemeinsam genutzten Suchfeld in der Taskleiste. Denn kaum blendete man die Suchmaske ein, meldete sich auch schon die digitale Assistentin zu Wort und fragte, was sie für einen erledigen dürfe. Cortana unterstützte bei der Planung von Terminen, dem Durchführen von Suchanfragen oder einfach nur bei der Steuerung des PCs per Sprache. Dabei zeigte sich die Sprachassistentin ausgesprochen neugierig. Um den Anwender möglichst umfassend unterstützen zu können, wurde mehr oder weniger alles an Daten gesammelt, was Cortana finden konnte: E-Mails, Kalendereinträge, den aktuellen Standort bis hin zu den besuchten Internetseiten, alles war für sie von Interesse. Um Cortana umfassend nutzen zu können, war die Anmeldung mit einem Microsoft-Konto Pflicht. Dies gilt auch noch für Cortana unter Windows 10 Version 2004. Auch an der Wissbegierde hat sich nichts geändert. Seit dem Frühjahr 2020 zeigt sich Cortana allerdings als eigenständige App, die entweder über den gleichnamigen Eintrag in der App-Liste des Startmenüs geöffnet werden kann oder per Klick auf das Cortana-Symbol rechts vom Suchfeld der Taskleiste. Das Anwendungsfenster der App kann beliebig auf dem Desktop verschoben werden, indem Sie die Titelleiste mit gedrückter linker Maustaste an die gewünschte Position ziehen.

Die Kategorie CORTANA in der Einstellungen-App ist mit der neuen Cortana-App verschwunden. Wer die Assistentin per Sprache steuern möchte, muss allerdings doch einen Blick in die Einstellungen-App werfen. Nur wenn hier unter DATENSCHUTZ • SPRACHERKENNUNG der Regler ONLINE-SPRACHERKENNUNG eingeschaltet ist, können Sie mit Cortana sprechen.

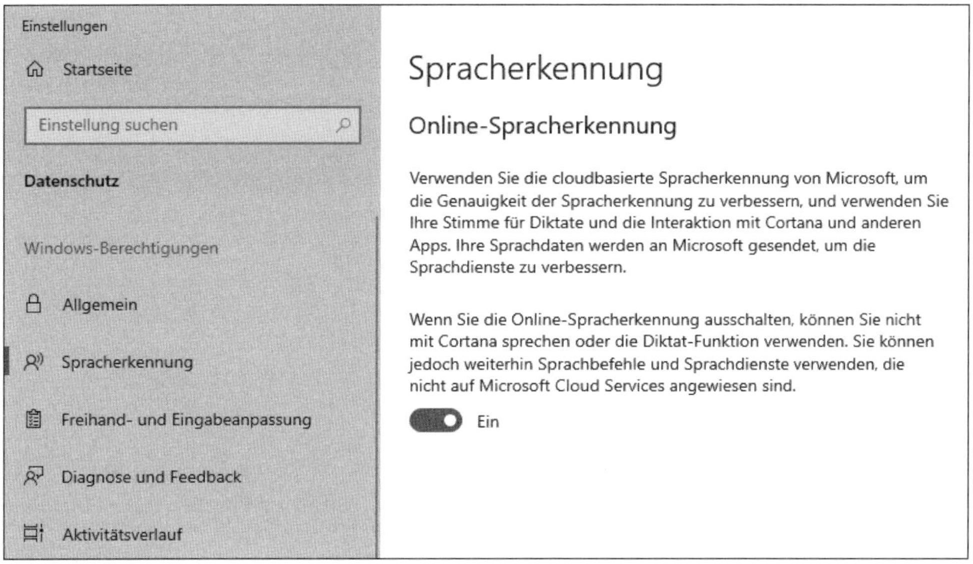

Abbildung 14.25 Um mit Cortana sprechen zu können, muss die Online-Spracherkennung in der Einstellungen-App aktiviert sein.

Die neue Cortana-App ist noch lange nicht ausgereift und fertig entwickelt, wie sich an vielen Stellen zeigt. Manch eine der aus den Anfängen von Cortana bekannten Funktionen soll in Zukunft auch gar nicht mehr zur Verfügung stehen, wie etwa die Musiksteuerung. Diverse Befehle, die früher gerne mithilfe von Cortana ausgeführt wurden, zeigen sich in der neuen App wiederum noch recht unwillig. So lässt sich eine App wie Paint 3D etwa durch die Eingabe des Befehls »Starte Paint 3D« derzeit nicht öffnen. Stattdessen erhält der Anwender nach Eingabe des Befehls eine Kurzanleitung zum Erstellen eines ersten Paint 3D-Projekts. Inwieweit solche Funktionen zukünftig wieder verfügbar sein werden, muss sich zeigen.

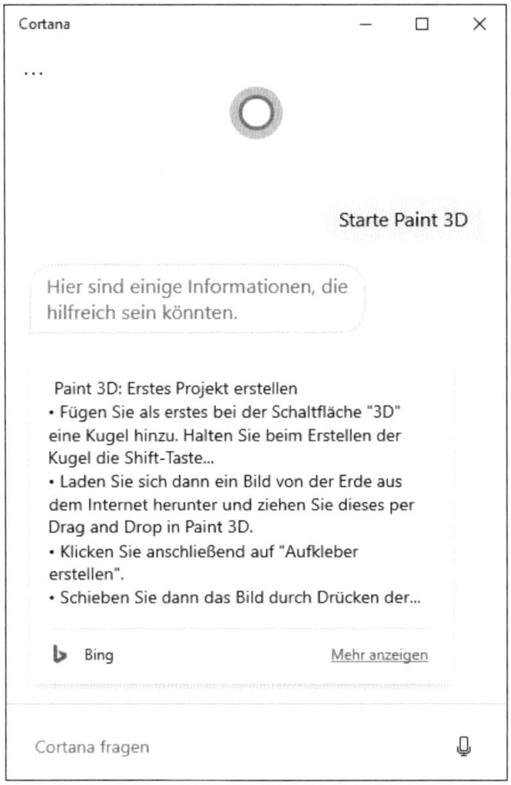

Abbildung 14.26 Einige Funktionen, wie etwa hier der Start eines Programms wie Paint 3D, führt Cortana noch nicht wie gewohnt aus.

Das Unterstützungsspektrum, das Cortana aktuell zu bieten hat, ist also leider sehr übersichtlich. Wer sich für Cortana interessiert, wird jedoch in den nächsten Monaten sicher einiges auszuprobieren und zu entdecken haben. Damit Sie sich dann schneller in der App zurechtfinden, erfahren Sie in den nächsten Abschnitten, wie Sie Cortana starten und welche Einstellungen Sie bei ihrer Nutzung im Blick behalten sollten. Der Abschnitt über die Aufgaben, die die digitale Assistentin schon jetzt für Sie durchführen kann, fällt den Umständen entsprechend sehr knapp aus. Ihre Updates erhält Cortana übrigens wie alle UWP-Apps über den Microsoft Store.

14.4.1 Bei Cortana anmelden

Wenn Sie Cortana ausprobieren möchten, wählen Sie zum Start der App entweder in der App-Liste des Startmenüs den Eintrag CORTANA oder klicken auf das Cortana-Symbol ◯ in der Taskleiste. Sollte dieses dort nicht eingeblendet sein, klicken Sie mit der rechten Maustaste auf die Taskleiste und versehen den Eintrag CORTANA-SCHALTFLÄCHE ANZEIGEN mit einem Häkchen. Alternativ hierzu lässt sich Cortana auch über die Tastenkombination ⊞ + C starten.

Cortana nicht automatisch bei der Anmeldung am System ausführen

Cortana zählt zu den Apps, die per Voreinstellung automatisch gestartet werden, sobald Sie sich mit Ihrem Benutzerkonto am System anmelden. Wünschen Sie dies nicht, rufen Sie die Einstellungen-App auf, wechseln in die Kategorie APPS • APPS & FEATURES und markieren hier CORTANA. Nach einem Klick auf ERWEITERTE OPTIONEN setzen Sie auf der folgenden Seite den Regler unterhalb von WIRD BEI DER ANMELDUNG AUSGEFÜHRT auf AUS.

Um Cortana nutzen zu können, ist ein Microsoft-Konto zwingend nötig. Zur Anmeldung klicken Sie auf ANMELDEN und markieren das gewünschte Konto. Wird das Konto noch nicht aufgeführt, wählen Sie unter ANDERES KONTO VERWENDEN das MICROSOFT-KONTO und geben dann die Anmeldeinformationen des Kontos an.

Abbildung 14.27 Um Cortana nutzen zu können, müssen Sie sich mit einem Microsoft-Konto bei der App anmelden.

Nach einem Klick auf WEITER müssen Sie Cortana über die Schaltfläche ZUSTIMMEN UND FORTFAHREN die Genehmigung erteilen, auf personenbezogene Daten zuzugreifen. Ist Ihnen der Zugriff nicht recht, wählen Sie ABLEHNEN UND ABMELDEN. In diesem Fall ist die Cortana-Reise an dieser Stelle allerdings für Sie auch schon beendet. Sie können sich aber auch jederzeit später bei der App abmelden. Hierzu klicken Sie einfach im Anwendungsfenster oben links auf das Menü-Symbol [···] und wählen dann den Befehl ABMELDEN (siehe Abbildung 14.28). Um das Fenster zu schließen, klicken Sie wie bei jeder anderen App auch oben rechts auf das Schließen-Symbol [X].

14.4.2 Wichtige Einstellungen im Blick behalten

Sobald Sie sich bei Cortana angemeldet haben, steht der Kommunikation mit der Sprachassistentin bzw. der – wie Microsoft sie mittlerweile bezeichnet – Produktionsassistentin nichts mehr im Wege. Bevor Sie damit beginnen, sollten Sie aber zunächst einen Blick in die Einstellungen der App werfen. Klicken Sie hierzu auf das Menü-Symbol [···] und dann auf EINSTELLUNGEN.

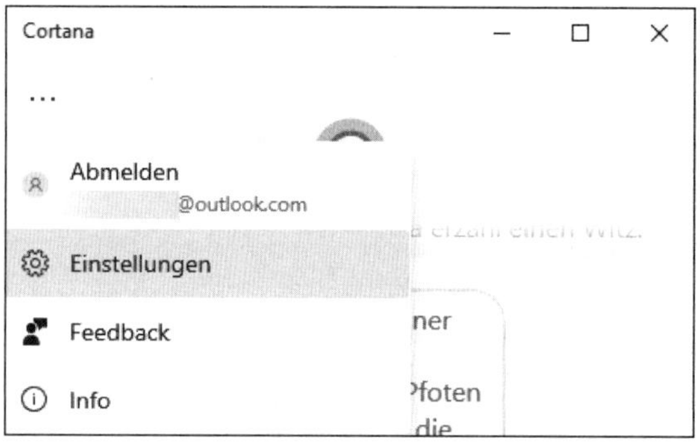

Abbildung 14.28 Über das Menü-Symbol rufen Sie die Einstellungen auf oder melden sich bei Cortana ab.

Um sich zu informieren, wie Sie die Kommunikation mit Cortana beginnen, wählen Sie im folgenden Dialog MIT CORTANA SPRECHEN. In den Anfängen der Sprachassistentin ließ sich Cortana mit dem Weckruf »Hey Cortana« aktivieren. Dies war zum Zeitpunkt, als dieses Buch geschrieben wurde, in der neuen Cortana-App noch nicht möglich. Stattdessen müssen die Befehle direkt eingetippt werden bzw. es muss das Lautsprechersymbol angeklickt werden, um mit Cortana reden zu können. Wie dies im Detail funktioniert, erfahren Sie in Abschnitt 14.4.3, »Cortana in Aktion«. Mit einem Klick auf den Pfeil oben links kehren Sie zur Auswahl der Einstellungen zurück.

Damit Cortana Sprachbefehle entgegennehmen kann, muss sie auf das Mikrofon zugreifen können. Zusätzlich muss die Spracherkennung aktiviert sein, wie bereits zuvor erwähnt. Klicken Sie in der Einstellungen-Übersicht auf BERECHTIGUNGEN, gelangen Sie zur Seite GERÄ-

TEBERECHTIGUNGEN, auf der Sie nun überprüfen können, ob der entsprechende Zugriff jeweils erteilt wurde. Falls nicht, gelangen Sie per Klick auf MIKROFON bzw. SPRACHERKENNUNG direkt zu den jeweiligen Konfigurationsmöglichkeiten in der Kategorie DATENSCHUTZ der Einstellungen-App.

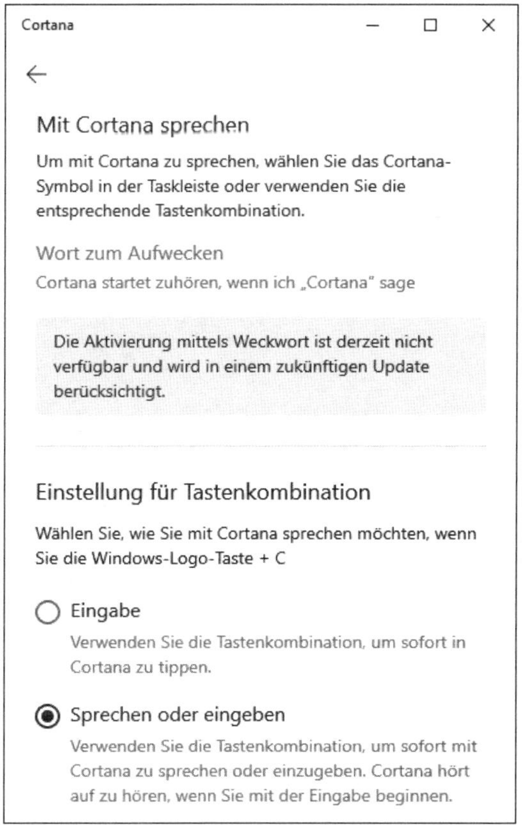

Abbildung 14.29 Zum Zeitpunkt, zu dem dieses Buch geschrieben wurde, ließ sich Cortana noch nicht per Sprachbefehl aktivieren.

Mit der Anmeldung bei Cortana haben Sie der App automatisch den Zugriff auf personenbezogene Daten erlaubt. Die digitale Assistentin kann somit Ihren Kalender einsehen, auf alle Kontaktdaten zugreifen, den Inhalt von E-Mails sowie den Suchverlauf im Internet analysieren und Informationen aus anderen Microsoft-Apps abgreifen. Wer sich dafür interessiert, welche personenbezogenen Daten von Microsoft erfasst werden, sollte einen Blick in die Microsoft-Datenschutzbestimmungen werfen. Sollten Sie sich noch auf der Seite GERÄTEBERECHTIGUNGEN befinden, klicken Sie oben links auf den Pfeil, um zur Einstellungen-Übersicht zurückzukehren. Auf dieser Seite klicken Sie auf DATENSCHUTZ. Über den Link MICROSOFT-DATENSCHUTZBESTIMMUNGEN gelangen Sie zur Webseite mit den entsprechenden Informationen.

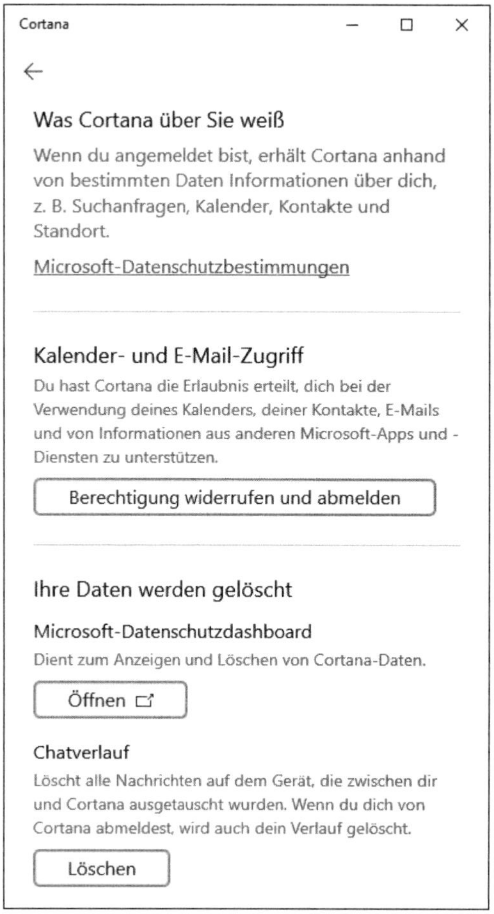

Abbildung 14.30 In den Microsoft-Datenschutzbestimmungen erfahren Sie, welche personenbezogenen Daten Microsoft sammelt.

In der Cortana-App selbst werden Sie nochmals darüber informiert, dass Sie Cortana die Erlaubnis erteilt haben, auf Ihren Kalender, Ihre E-Mails und mehr zuzugreifen. Über die Schaltfläche BERECHTIGUNG WIDERRUFEN UND ABMELDEN könnten Sie die Erlaubnis rückgängig machen. Damit ist zugleich die Nutzung von Cortana beendet.

Wer diesen Schritt nicht gehen will, sondern Cortana weiterhin eine Chance einräumen möchte, hat die Möglichkeit, über das Microsoft-Datenschutzdashboard in Erfahrung zu bringen, welche Daten bisher gesammelt wurden. Um zum Dashboard zu gelangen, klicken Sie unterhalb von MICROSOFT-DATENSCHUTZDASHBOARD auf ÖFFNEN. Es wird der Browser mit der Webseite gestartet, auf der Sie sich bei Ihrem Microsoft-Konto anmelden können. Nach erfolgreicher Anmeldung befinden Sie sich automatisch auf der Seite PRIVATSPHÄRE. Hier können Sie sich all die Daten ansehen, die im Zusammenhang mit Ihrem Microsoft-

Konto gespeichert wurden. Dazu zählen z. B. der Browserverlauf oder auch die Standortaktivitäten. In Abschnitt 22.3, »Das Microsoft-Konto und der Datenschutz«, erhalten Sie detaillierte Informationen zu dieser Seite und erfahren, wie Sie die Daten löschen können. Im Zusammenhang mit Cortana ist auf dieser Seite der Abschnitt CORTANAS NOTIZBUCH interessant.

Abbildung 14.31 In »Cortanas Notizbuch« können Sie alle Daten einsehen, die die App über Sie gesammelt hat.

Das Notizbuch enthält alle Informationen, die Cortana bisher über Sie in Erfahrung bringen konnte. Das reicht von möglichen Reisedaten, die Sie im Kalender eingetragen haben, über Finanzdaten, die Cortana anhand Ihrer Suchanfragen ermittelt hat, bis hin zu Aufgabenlisten, die Sie erstellt haben. Wie bereits erwähnt, sind einige Funktionen in der neuen Cortana-App noch nicht verfügbar. Entsprechend leer zeigt sich das Notizbuch daher auch zunächst noch, da Cortana derzeit noch nicht allzu viele Informationen sammelt. Dies wird sich aber in den nächsten Monaten sicherlich noch ändern. Über den Link LÖSCHEN VON CORTANA-DATEN haben Sie dann die Möglichkeit, die von der App gesammelten Daten zu löschen, falls die Informationen für Sie nicht mehr relevant sind.

In der Cortana-App selbst haben Sie jederzeit Einsicht in Ihren Chatverlauf, sprich in den Kommunikationsverlauf mit der App, wie Sie im folgenden Abschnitt sehen werden. Um diesen Verlauf zu löschen, rufen Sie über das Menü-Symbol [...] die EINSTELLUNGEN und dann DATENSCHUTZ auf. Blättern Sie auf der Seite ganz nach unten bis zum CHATVERLAUF, und klicken Sie hier auf LÖSCHEN (siehe Abbildung 14.30). Den folgenden Hinweis bestätigen Sie ebenfalls mit LÖSCHEN.

14.4.3 Cortana in Aktion

Haben Sie sich erfolgreich bei Cortana mit Ihrem Microsoft-Konto angemeldet, können Sie die erste Frage stellen. Diese tippen Sie am unteren Rand des Anwendungsfensters im Feld CORTANA FRAGEN ein. Die Antwort erhalten Sie nach Drücken der [↵]-Taste. Ist an Ihrem

Computer ein Mikrofon angeschlossen bzw. bereits integriert, können Sie nach einem Klick auf das Lautsprechersymbol am rechten Rand des Feldes die Frage auch per Sprache eingeben.

Direkt nach Veröffentlichung von Windows 10 Version 2004 trug die Cortana-App noch den Status »Beta«. Mittlerweile ist dieser zwar verschwunden und die Testphase der App damit eigentlich beendet, dennoch merkt man der App an, dass sie noch lange nicht ausgereift ist. Denn so manch einer Aufgabe, der sie sich in ihren Anfängen mit Bravour stellte, ist Cortana in der neuesten Version noch nicht gewachsen. Auf die klassische Frage »Was steht als Nächstes an?« reagiert die App z. B. mit einem lapidaren »Tut mir leid, darauf habe ich keine Antwort«. Die Frage »Wie spät ist es?« wird hingegen korrekt beantwortet.

Rechenaufgaben wie etwa »Was ist 120 mal 73?« ist Cortana ebenso gewachsen wie Begriffserklärungen à la »Definiere Einkommensteuer«. Wer sich für Börsenkurse interessiert, wird nach Eingabe der Frage »Wie stehen die <Unternehmen>-Aktien?« ebenfalls umfassend und korrekt informiert. Wem die Antworten noch nicht ausreichen, kann über den Link MEHR ANZEIGEN die Frage auch an die Suchmaschine Bing weiterleiten.

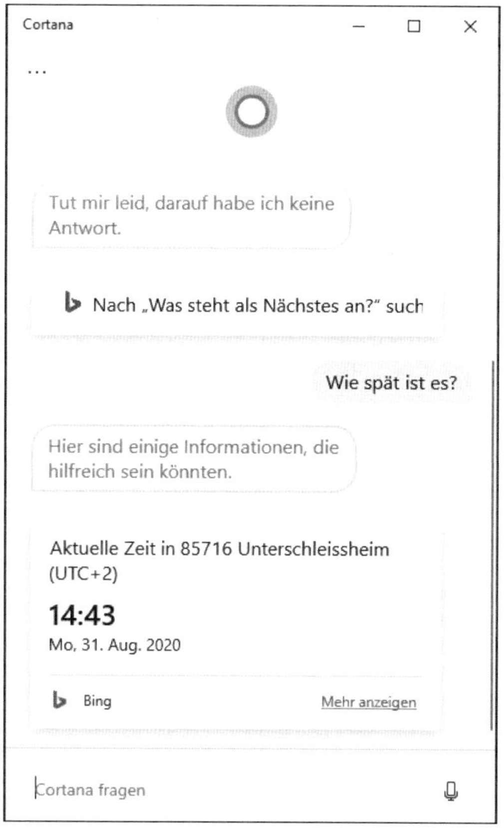

Abbildung 14.32 Die Frage nach dem nächsten anstehenden Termin kann Cortana nicht beantworten, allgemeine Informationen wie die Uhrzeit sind ihr hingegen bekannt.

Suchen Sie etwas Zeitvertreib, können Sie sich nach wie vor von Cortana mit Märchen, Witzen oder auch Liedern unterhalten lassen. Wer sich sein kindliches Gemüt bewahrt hat oder kleinere Kinder erfreuen möchte, sollte Cortana die Frage »Wie macht der Elefant?« stellen. Die Sprachassistentin zeigt sich bestens mit der Tierwelt vertraut.

Ihre eigentlichen Aufgaben, wie etwa das Hinzufügen von Aufgaben, Überprüfen von Kalendereinträgen oder das Herstellen einer Verbindung mit Kontakten via E-Mail oder anderen Kommunikationsmitteln, erfüllt Cortana hingegen noch nicht.

Alle Fragen und Antworten werden in der oberen Hälfte des Anwendungsfensters aufgeführt. Durch Scrollen des Mausrads oder über die Bildlaufleiste am rechten Fensterrand können Sie im Chatverlauf blättern und sich die bisherige Kommunikation mit Cortana ansehen. Einzelne Fragen und Antworten lassen sich nach einem Rechtsklick auf das Element über den Befehl LÖSCHEN entfernen. Der Befehl KONVERSATIONSVERLAUF LÖSCHEN leert den gesamten Chatverlauf.

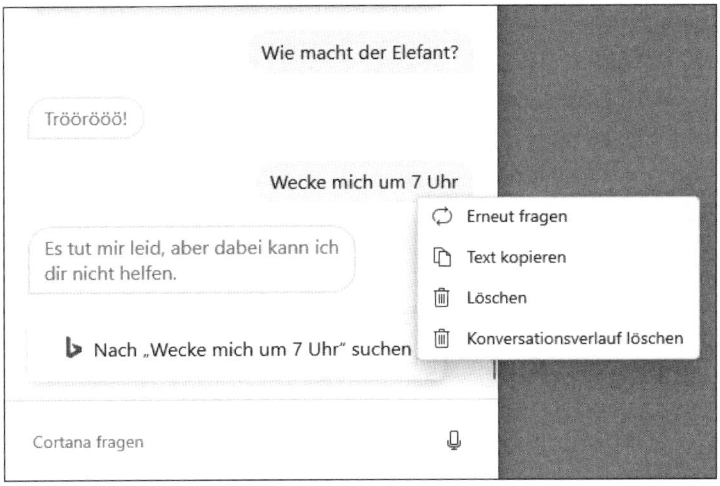

Abbildung 14.33 Einzelne Fragen oder Antworten können im Chatverlauf direkt gelöscht werden.

TEIL IV

Apps und Programme

Kapitel 15
Apps installieren

Was ist eigentlich der Unterschied zwischen einer UWP-App und einer Desktop-App? Und wie lassen sich diese Apps unter Windows 10 installieren oder auch wieder entfernen? In diesem Kapitel werden wir all diesen Fragen auf den Grund gehen.

Welchen Nutzen hätte ein Computer ohne Anwendungen? Auch wenn Windows 10 bereits einige Apps mit an Bord hat, die ein sofortiges Arbeiten ermöglichen, wird doch jeder Benutzer recht zügig seine eigenen Lieblingsanwendungen nachrüsten wollen. Windows 10 unterscheidet bei den Anwendungen zwischen den beiden Kategorien UWP-Apps und Desktop-Apps, die jeweils über unterschiedliche Quellen installiert werden. Doch bevor wir uns mit der Installation auseinandersetzen, soll zunächst etwas mehr Klarheit in das Begriffswirrwarr gebracht werden.

15.1 UWP-App versus Desktop-App: Was ist der Unterschied?

Beschäftigt man sich etwas eingehender mit den Apps, die sich unter Windows 10 installieren lassen, stößt man zunächst auf ein wahres Begriffschaos: So ist mal die Rede von Universal Windows Platform-Apps (kurz *UWP-Apps* genannt), dann wieder von modernen Apps oder auch vertrauenswürdigen Microsoft Store-Apps. Hinter allen drei Bezeichnungen verstecken sich die Apps, die Sie unter Windows über den Microsoft Store beziehen können.

Demgegenüber stehen die *Desktop-Apps*, die auch *klassische Windows-Programme* bzw. *Desktopprogramme* oder *Win32-Anwendungen* genannt werden. Jeder, der bereits mit einer älteren Windows-Version gearbeitet hat, kennt sie. Programme wie Microsoft Office bis Version 2016 zählen beispielsweise hierzu. Wie der Name bereits deutlich macht, sind die Desktop-Apps für den Einsatz im Desktopmodus vorgesehen. Die Bedienung erfolgt ganz klassisch per Maus oder Tastatur. Im Tabletmodus ist die Nutzung zwar auch möglich, Touchgesten fallen aufgrund der meist sehr kleinen Schaltflächen und umständlichen Menüleisten aber recht schwer.

Dies ist bei den UWP-Apps nicht der Fall. Mit der Universal Windows Platform stellt Microsoft Entwicklern eine Programmierschnittstelle für Anwendungen (auf Englisch »Application Programming Interface«, kurz *API*) zur Verfügung, die auf allen Windows 10-Geräten identisch ist. Somit lassen sich Apps entwickeln, die ebenso gut auf einem Tablet installiert werden können, wie auf einem Desktop-PC, Notebook oder gar der Xbox. Die Benutzeroberfläche der Apps passt sich jeweils an die verschiedenen gerätespezifischen Bildschirmgrößen und Auflösungen an. Entsprechend den unterschiedlichen Geräteklassen lassen sich UWP-Apps nicht nur per Maus und Tastatur bedienen, sondern auch sehr gut per Touchgesten. UWP-Apps werden über den Microsoft Store angeboten. Bevor sie dort zur Installation bereitgestellt werden, unterzieht Microsoft sie einer ausführlichen Überprüfung, um u. a. sicherzustellen, dass sie keinen Schadcode enthalten. Ein weiteres Sicherheitsmerkmal von UWP-Apps: Nach ihrer Installation werden sie unter Windows 10 in einer Sandbox ausgeführt. Die Apps sind damit nicht in der Lage, Systemdateien zu bearbeiten.

Der Vertrieb von älteren, klassischen Desktopanwendungen oder Spielen ist über den Microsoft Store nicht möglich. Hier bietet Microsoft Entwicklern mit der sogenannten *Desktop Bridge* aber mittlerweile eine Möglichkeit, den Programmcode auf die Universal Windows Platform zu migrieren. Im Vordergrund steht dabei die Anpassung der Benutzerschnittstellen. Hierbei verschwinden z. B. die in älteren Programmen eingesetzten Menüleisten und werden durch eine auf die Touchbedienung optimierte Benutzeroberfläche ersetzt. Auch neue, von UWP-Apps unterstützte Funktionen wie etwa die Live-Kacheln lassen sich den Anwendungen hinzufügen. Die entsprechend konvertierten Apps und Spiele können anschließend über den Microsoft Store vertrieben werden.

Besondere Einstellungen unter Windows 10 für Entwickler

Interessieren Sie sich für die Entwicklung von UWP-Apps, und möchten Sie selbst damit beginnen? Unter *docs.microsoft.com/de-de/windows/uwp/get-started* erhalten Sie viele hilfreiche Informationen hierzu. Unter anderem erfahren Sie auch, wie Sie den ENTWICKLERMODUS in der Einstellungen-App unter UPDATE UND SICHERHEIT • FÜR ENTWICKLER aktivieren und welche Funktionen Ihnen anschließend zur Verfügung stehen.

15.2 Apps über den Microsoft Store beziehen

Am liebsten wäre es Microsoft, wenn Sie Ihre Apps ausschließlich über den Microsoft Store beziehen würden. Als Argument hierfür wird immer wieder die hohe Sicherheit genannt, da die Apps eine intensive Überprüfung über sich ergehen lassen müssen, bevor sie über das virtuelle Kaufhaus vertrieben werden dürfen. Die Tatsache, dass das Unternehmen am Verkauf der Apps über den eigenen Store natürlich ebenfalls verdient, wird aber sicherlich auch nicht ganz unbedeutend sein. Einen Blick wert ist der Microsoft Store allemal, denn sein Angebot wächst von Tag zu Tag. Von Apps und Spielen bis hin zu Filmen und TV-Sendungen ist alles zu finden. Die Installation einer App über den Microsoft Store erfolgt übrigens immer auf Benutzerbasis, d. h., sie wird nur unter dem gerade aktiven Benutzerkonto installiert. Wenn die App auch anderen Benutzern Ihres Computers zur Verfügung gestellt werden soll, muss sie hier für jedes Benutzerkonto explizit installiert werden.

15.2.1 Im Angebot des Microsoft Stores stöbern

Der Microsoft Store lässt sich entweder über das Store-Symbol in der Taskleiste aufrufen (sofern Sie es noch nicht entfernt haben) oder über den entsprechenden Eintrag im Startmenü. Nach dem Start sehen Sie die sogenannte *Startseite*, die Sie auch beim Stöbern im Store immer wieder über den gleichnamigen Eintrag am oberen Seitenrand erreichen. Die Seite enthält einige Empfehlungen für Sie bereit sowie Hinweise auf kostenlose Spiele und Apps sowie neue Filme und TV-Sendungen. Um sich einen Eindruck vom Angebot des Stores zu machen, sehen Sie sich am besten die Kategorien GAMING, UNTERHALTUNG, PRODUKTIVITÄT und ANGEBOTE an. Diese sind wiederum in Unterkategorien wie SPECIALS FÜR APPS oder auch APP-BESTSELLER unterteilt, zu deren Inhalt Sie über den Link ALLE ANZEIGEN gelangen. Mithilfe der Filter, die Ihnen auf den so erreichten Seiten angeboten werden, können Sie die Anzeige z. B. auf kostenpflichtige bzw. kostenlose Apps beschränken oder auch gezielt eine bestimmte Kategorie auswählen wie etwa DIENSTPROGRAMME & TOOLS, ENTWICKLUNGSTOOLS, FOTOS & VIDEOS oder auch SICHERHEIT.

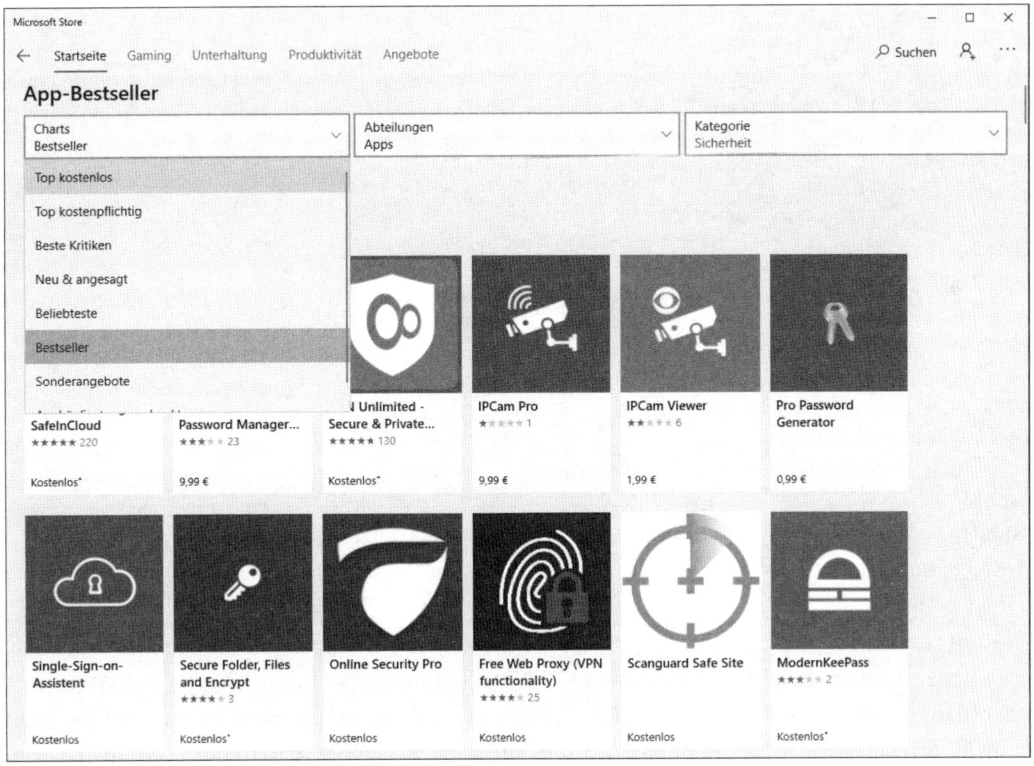

Abbildung 15.1 Jede Kategorie lässt sich noch weiter eingrenzen.

Der Preis für eine kostenpflichtige App wird in der Miniaturvorschau unterhalb des Namens angezeigt. Ist dieser mit einem kleinen Stern versehen, weist dies auf sogenannte *In-App-Käufe* hin. Dabei handelt es sich meist um zusätzliche Funktionen, die Sie gegen Gebühr nach der Installation der App hinzukaufen können. In einem solchen Fall sollten Sie sich besonders intensiv die Bewertungen anderer Nutzer durchlesen, die sich auf der Detailseite befinden. Denn nicht selten ist eine App erst durch diese In-App-Käufe wirklich funktionsfähig. Für manch eine kostenpflichtige App steht aber auch eine kostenlose Testversion zur Verfügung, sodass Sie nicht die Katze im Sack kaufen müssen. Die Detailseite rufen Sie per Klick auf die Miniaturvorschau der App auf. Hier erfahren Sie auch, welche Berechtigungen eine App erfordert, sprich welchen Zugriff auf andere Apps sie benötigt. Auch die Altersfreigabe und die ungefähre Größe werden hier angezeigt.

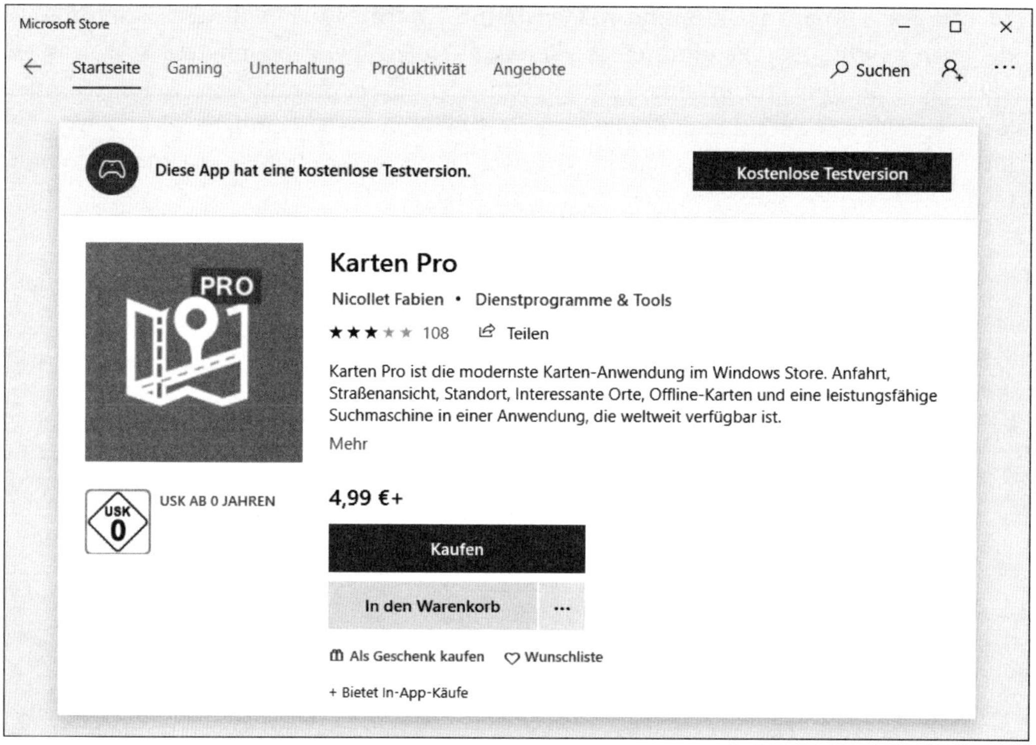

Abbildung 15.2 Diese kostenpflichtige App mit In-App-Käufen bietet eine kostenlose Testversion an.

Wissen Sie bereits genau, welche App Sie gerne hätten, müssen Sie natürlich nicht mühselig den ganzen Store durchsuchen. Geben Sie stattdessen einfach den Namen der App oben rechts in das Suchfeld ein. Durch Drücken der Taste [↵] wird die Suche gestartet. Sollte es zum Suchbegriff mehr Treffer geben, wählen Sie die gewünschte App in der Ergebnisliste per Mausklick aus.

Falls Sie sich dazu entschließen, eine App zu installieren, hängt das weitere Vorgehen davon ab, ob es sich um eine kostenlose oder eine kostenpflichtige App handelt.

15.2.2 Eine kostenlose App aus dem Microsoft Store installieren

Sie haben im Store ein kostenloses Spiel oder eine kostenlose App entdeckt, die Sie gerne auf Ihrem Computer installieren möchten. Dies ist mit wenigen Schritten erledigt. Klicken Sie auf der Detailseite der App auf die Schaltfläche HERUNTERLADEN.

Abbildung 15.3 Eine kostenlose App ist schnell installiert.

Sollten Sie mit einem lokalen Benutzerkonto am Computer angemeldet sein, bietet Ihnen Microsoft an, die App geräteübergreifend zu verwenden. In diesem Fall müssten Sie sich über ANMELDEN mit dem Microsoft-Konto am PC anmelden, das Sie auch auf anderen Geräten (z. B. einem Tablet) nutzen. Da Sie die App auch auf anderen Geräten blitzschnell kostenlos installieren können, ist eine solche Anmeldung im Grunde genommen unnötig, sodass Sie den Hinweis mit NEIN, DANKE schließen können.

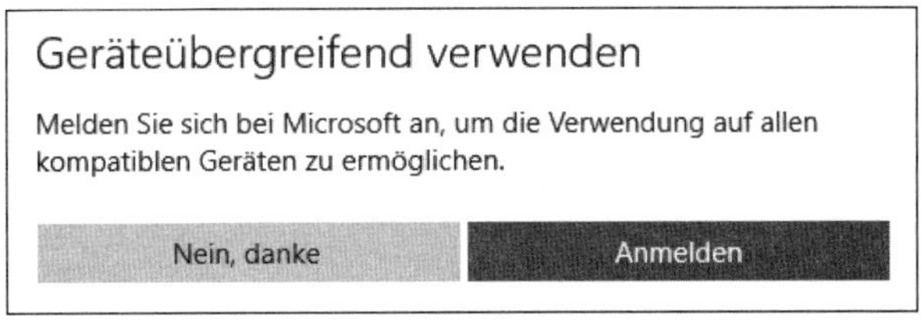

Abbildung 15.4 Selbst wenn Sie die kostenlose App auch auf anderen Geräten nutzen möchten, ist hierfür nicht die Anmeldung mit dem Microsoft-Konto nötig.

Die ausgewählte Anwendung wird nun heruntergeladen und sofort installiert. Je nach Dateigröße kann dieser Vorgang etwas dauern. Nach erfolgreicher Installation erscheint die Schaltfläche STARTEN bzw. SPIELEN, über die Sie die Anwendung direkt öffnen können. Wenn Sie die App erst später ausprobieren möchten, erfolgt der Aufruf wie gewohnt über die App-Liste im Startmenü. Kürzlich installierte Anwendungen werden hier mit NEU gekennzeichnet.

15.2.3 Eine kostenpflichtige App kaufen

Möchten Sie über den Microsoft Store eine kostenpflichtige App oder ein Spiel erwerben? Auf der Detailseite der App finden Sie hierfür unterhalb des Preises die Schaltfläche KAUFEN, die Sie anklicken.

Abbildung 15.5 Kostenpflichtige Apps erwerben Sie im Store über die Schaltfläche »Kaufen«.

Im Gegensatz zum Herunterladen einer kostenlosen App ist beim Kauf einer kostenpflichtigen App die Anmeldung mit einem Microsoft-Konto notwendig. Sollten Sie mit einem lokalen Benutzerkonto am Computer angemeldet sein, erscheint entsprechend der Dialog ANMELDEN. Tragen Sie Ihre E-Mail-Adresse und anschließend das Kennwort Ihres Microsoft-Kontos ein, und bestätigen Sie mit ANMELDEN. Im folgenden Dialog DIESES KONTO ÜBERALL AUF IHREM GERÄT VERWENDEN möchte Microsoft gerne das lokale Konto in ein Microsoft-Konto umwandeln. Damit dies nicht geschieht, klicken Sie auf NUR MICROSOFT-APPS.

Abbildung 15.6 Damit Ihr lokales Konto nicht in ein Microsoft-Konto umgewandelt wird, wählen Sie »Nur Microsoft-Apps«.

Als Nächstes legen Sie nach einem Klick auf die gleichnamige Schaltfläche die ZAHLUNGSMETHODE fest. Zur Auswahl stehen zunächst die Bezahlung per Direktüberweisungsverfahren *Sofort* (Informationen hierzu finden Sie unter *www.sofort.com*), *GiroPay* (siehe *www.giropay.de*) sowie per Geschenkgutschein. Informationen zum Geschenkgutschein erhalten Sie im Kasten »Mit Geschenkgutschein im Microsoft Store einkaufen«. Nach einem Klick auf NEUE ZAHLUNGSMETHODE HINZUFÜGEN können Sie zusätzlich zwischen den Methoden Kreditkarte oder Debitkarte, PayPal oder auch Mobiltelefon, also Handyrechnung, wählen. Letzteres ist derzeit nur bei den Anbietern O_2, Telekom Deutschland und Vodafone möglich. Haben Sie die Zahlungsmethode markiert, geben Sie die entsprechenden Daten ein.

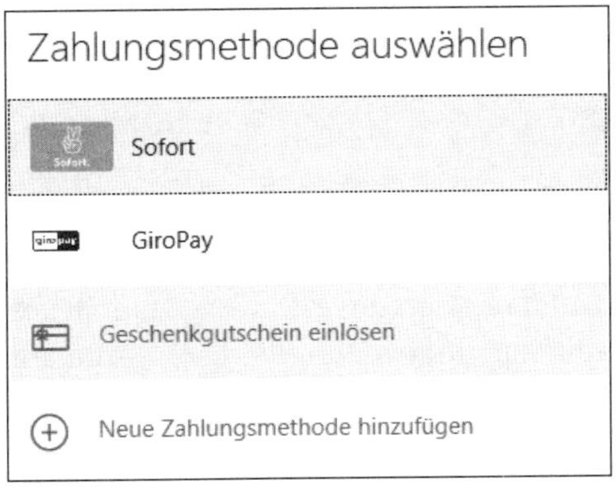

Abbildung 15.7 Weitere Zahlungsmethoden werden über »Neue Zahlungsmethode hinzufügen« angeboten.

Sobald Sie mit ABSENDEN bzw. KAUFEN bestätigen, beginnt die Installation der App. Auch hier wird nach der erfolgreichen Installation ein entsprechender Hinweis auf der Detailseite im Store eingeblendet sowie in einem Banner oberhalb des Infobereichs der Taskleiste.

Wenn Sie im Microsoft Store nicht weiter einkaufen möchten, können Sie sich auch wieder abmelden. Klicken Sie hierzu in der Symbolleiste am oberen Fensterrand auf das Logo Ihres Benutzerkontos. Markieren Sie im folgenden Dialog Ihr Microsoft-Konto, und klicken Sie dann auf ABMELDEN.

Abbildung 15.8 Nach erfolgreichem Einkauf können Sie sich auch wieder beim Store abmelden.

Mit Geschenkgutschein im Microsoft Store einkaufen

Nicht jeder gibt gerne seine Kreditkartendaten über das Internet preis. Auch der Besitz eines GiroPay-Kontos ist keine Selbstverständlichkeit. Es gibt aber noch eine Möglichkeit, wie Sie Ihre Einkäufe im Microsoft Store bezahlen können: mit Geld- und Geschenkgutscheinen. Diese Gutscheine können Sie mit unterschiedlichen Kartenwerten (z. B. 15 € oder 50 €) u. a. in Drogerie-, Super- und Technikfachmärkten oder an Tankstellen erwerben. Um einen Gutschein einzulösen, klicken Sie im Dialog ZAHLUNGSMETHODE AUSWÄHLEN auf GESCHENKGUTSCHEIN EINLÖSEN. Geben Sie anschließend den Code Ihres Gutscheins ein. Sie finden ihn auf der Kartenrückseite, müssen ihn dort allerdings erst freikratzen, damit er sichtbar wird. Sobald Sie den 25-stelligen Code korrekt eingegeben und auf EINLÖSEN geklickt haben, können Sie auch schon in Höhe des Gutscheinwertes im Store einkaufen.

15.2.4 Erworbene Apps auf anderen Geräten nutzen

Einmal gekaufte Apps lassen sich bequem auch auf anderen Geräten installieren, auf denen Sie das gleiche Microsoft-Konto nutzen. Rufen Sie hierzu einfach den Microsoft Store auf. Sollten Sie mit einem lokalen Benutzerkonto am Computer angemeldet sein, klicken Sie oben rechts auf das Benutzersymbol und dann auf ANMELDEN. Wird Ihr Microsoft-Konto bereits aufgeführt, wählen Sie es aus. Andernfalls markieren Sie WEITERES KONTO. Geben Sie dann die E-Mail-Adresse und das Kennwort des Microsoft-Kontos an. Achten Sie auch hier darauf, dass Ihr lokales Konto nicht in ein Microsoft-Konto umgewandelt wird. Sollte also der Dialog DIESES KONTO ÜBERALL AUF IHREM GERÄT VERWENDEN eingeblendet werden, wählen Sie NEIN, DANKE.

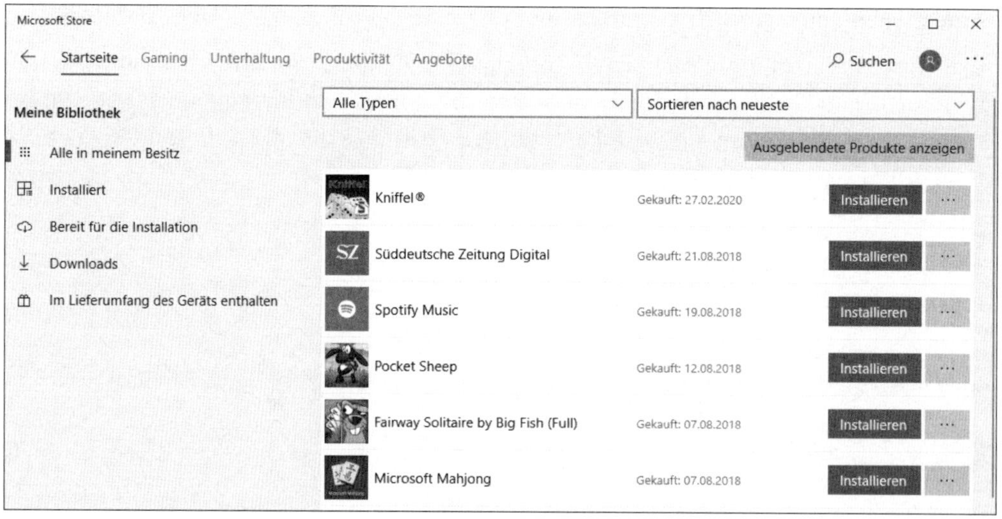

Abbildung 15.9 Neben den tatsächlich von Ihnen gekauften Apps erscheinen in dieser Übersicht auch Vorschläge von Windows sowie dem Gerätehersteller.

Nach erfolgreicher Anmeldung klicken Sie im Microsoft Store oben rechts auf das Symbol mit den drei Punkten. Im aufklappenden Menü wählen Sie MEINE BIBLIOTHEK. Stellen Sie sicher, dass links ALLE IN MEINEM BESITZ markiert ist. Die App-Übersicht, die Sie nun erhalten, zeigt nicht nur die bereits gekauften Apps an, sondern auch die, die Windows Ihnen im Startmenü vorschlägt oder die vom Hersteller Ihres Geräts dort angeboten werden. Ein Klick auf INSTALLIEREN reicht, und schon wird die App auf Ihrem Gerät eingerichtet.

Alternativ zu diesem Vorgehen können Sie auch die Detailseite der App im Microsoft Store ansteuern. Wenn Sie bereits mit dem Microsoft-Konto am Store angemeldet sind, erscheint der Hinweis DIESES SPIEL GEHÖRT IHNEN. Mit einem Klick auf INSTALLIEREN wird die App auf Ihr Gerät heruntergeladen und dort installiert. Auf diese Weise können Sie auch gekaufte Apps, die Sie auf Ihrem Gerät deinstalliert haben, nach Belieben erneut installieren.

15.2.5 Zahlungsmethoden für den Microsoft Store ändern

Sie haben eine neue Kreditkarte erhalten, die Sie zukünftig für Ihre Einkäufe im Microsoft Store verwenden möchten? Oder möchten Sie prüfen, wie viel Guthaben vom letzten Geschenkgutschein noch übrig ist? Diese Informationen erhalten Sie über die Website Ihres Microsoft-Kontos. Rufen Sie hierzu die Internetadresse *https://login.live.com* auf, und melden Sie sich mit der E-Mail-Adresse und dem Kennwort Ihres Microsoft-Kontos an. Im Menü ZAHLUNG UND ABRECHNUNG wählen Sie die ZAHLUNGSOPTIONEN aus. Auf der folgenden Seite können Sie Ihre aktuellen Zahlungsoptionen einsehen, vorhandene Kredit- oder auch Bankdaten entfernen und neue Bezahlmethoden hinzufügen. Auch das Guthaben eines Geschenkgutscheins wird hier aufgeführt, neue Gutscheine können außerdem bequem eingelöst werden. Haben Sie Ihre Zahlungsoptionen aktualisiert, können Sie sich nach einem Klick auf das Symbol Ihres Benutzerprofils wieder beim Microsoft-Konto abmelden.

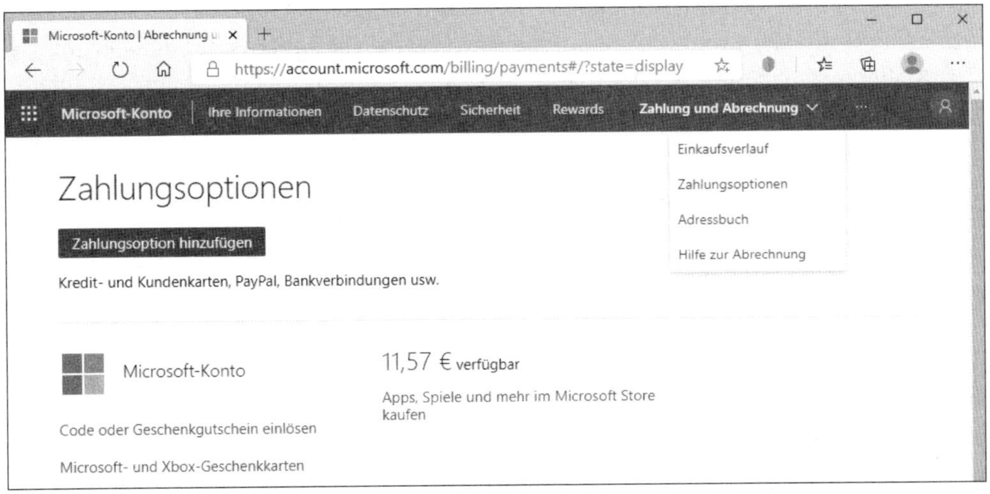

Abbildung 15.10 Über die Website Ihres Microsoft-Kontos lassen sich die Zahlungsoptionen aktualisieren.

15.3 Desktop-Apps installieren

Grundsätzlich lassen sich alle klassischen Desktopprogramme, die unter Windows 7 problemlos liefen, weiterhin auch unter Windows 10 nutzen. Wie bereits zu Beginn dieses Kapitels erwähnt, suchen Sie klassische Desktop-Apps im Microsoft Store allerdings vergeblich. Stattdessen können Sie solche Anwendungen meist auf den Webseiten der Hersteller oder bei anderen Anbietern erwerben, aber natürlich auch in Onlineshops oder ganz klassisch im Fachhandel. Wählen Sie den Weg über Onlineshops oder den Fachhandel, erhalten Sie häufig eine Box. Während diese früher eine CD oder DVD mit entsprechenden Installationsdateien enthielt, findet man heutzutage meist nur noch einen Zettel, auf dem eine Internetadresse sowie der Product Key zur Aktivierung des Programms notiert ist. Über die Adresse müssen Sie das Programm zuerst herunterladen, bevor Sie es auf Ihrem Gerät installieren können. Hersteller wollen mit diesem Vorgehen die hohen Produktionskosten von CDs bzw. DVDs umgehen. Hinzu kommt, dass viele Geräte auch gar nicht mehr über das nötige Laufwerk verfügen. Aber auch die Anwender haben einen Vorteil, denn so kommen sie weitaus schneller und bequemer in den Genuss aktueller Programmversionen.

Haben Sie noch eine Programm-CD oder -DVD und verfügt Ihr Computer über das nötige Laufwerk, können Sie die Programminstallation wie gewohnt vornehmen. An der Vorgehensweise hat sich im Verlauf der letzten Jahre nichts geändert. In Abschnitt 15.3.3 erfahren Sie, wie Sie ältere Anwendungen im Kompatibilitätsmodus starten können, für den Fall, dass ein Programm unter Windows 10 nicht rundläuft.

Wie der Download und die Installation eines Programms über eine Internetadresse erfolgt, werde ich am Beispiel des kostenlosen Browsers Mozilla Firefox zeigen. In diesem Zusammenhang erfahren Sie zugleich, wie das Herunterladen von Dateien mit dem neuen Browser Microsoft Edge Chromium funktioniert, der mit der Version 2004 Einzug in Windows 10 hielt. Auch wenn Sie sich anschließend für einen anderen Standardbrowser entscheiden: Diese Installationsdateien müssen Sie quasi zwangsläufig über Microsoft Edge herunterladen. Um sicherzustellen, dass Sie überhaupt Programme aus fremden Quellen installieren dürfen, ist zuvor aber noch ein Blick in die Einstellungen-App nötig.

15.3.1 Quellen für die Installation von Apps festlegen

Damit über den Microsoft Store nur sichere Apps vertrieben werden, überprüft Microsoft jede im Store angebotene Anwendung. Als besonderen Schutz gibt es seit dem Creators Update von Windows 10 die Möglichkeit, die Installation von Desktop-Apps aus fremden Quellen zu unterbinden und nur die Installation aus dem Microsoft Store zuzulassen. Mit dieser rigiden Einstellung könnten Sie zwar die Installationsdatei eines Browsers wie des Mozilla Firefox aus dem Internet herunterladen, die Installation selbst wäre aber nicht möglich. Da es – nicht nur im Fall von Mozilla Firefox – genügend sichere Quellen gibt, über die sich klassische Desktopanwendungen beziehen lassen, werden die wenigsten Anwender diese recht massive Einmischung in die Auswahl von Programmen akzeptieren.

Um die entsprechende Einstellung zu überprüfen und gegebenenfalls anzupassen, starten Sie die Einstellungen-App z. B. durch die Tastenkombination [Win] + [I]. Nach dem Aufruf der Kategorie APPS sollte links bereits APPS & FEATURES aktiviert sein. Im Feld QUELLEN FÜR DAS ABRUFEN VON APPS AUSWÄHLEN legen Sie nun fest, aus welchen Quellen Apps installiert werden dürfen. Einen guten Kompromiss zwischen der rigiden Form NUR MICROSOFT STORE (EMPFOHLEN) und der sehr laschen Variante ÜBERALL stellen die beiden Einträge ÜBERALL – ABER BENACHRICHTIGEN, FALLS EINE VERGLEICHBARE APP IM MICROSOFT STORE VERFÜGBAR IST und ÜBERALL – ABER VOR DER INSTALLATION EINER APP WARNEN, DIE NICHT AUS DEM MICROSOFT STORE STAMMT dar.

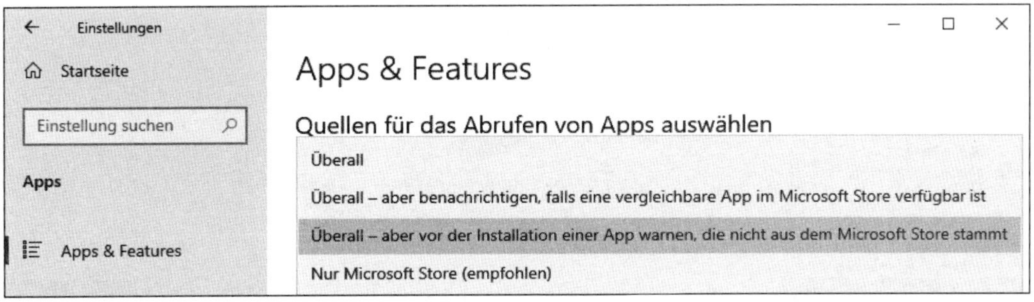

Abbildung 15.11 Um auch Apps aus fremden Quellen installieren zu können, sollte nicht die Einstellung »Nur Microsoft Store (empfohlen)« gewählt werden.

15.3.2 Download und Installation eines Programms über den Browser Microsoft Edge

Am Beispiel des Browsers Mozilla Firefox zeige ich Ihnen kurz, wie das Herunterladen eines Programms aus dem Internet und die anschließende Installation erfolgen. Vielen Lesern werden die folgenden Schritte aber sicherlich geläufig sein.

Nach dem Start des Browsers Microsoft Edge öffnen Sie die Webseite *www.mozilla.org/de*. Klicken Sie auf dieser Seite oben rechts auf FIREFOX HERUNTERLADEN. Je nach gewählter Download-Einstellung (siehe Kasten »Speicherort für Downloads in Microsoft Edge festlegen«) legen Sie im Dialog SPEICHERN UNTER selbst den Speicherort für die Installationsdatei fest, oder Microsoft Edge wählt hierfür automatisch den Standardordner aus. Nach erfolgreichem Download klicken Sie im Programmfenster unten links auf DATEI ÖFFNEN. Alternativ können Sie natürlich auch den Explorer öffnen und dort im Ordner DOWNLOADS doppelt auf die Installationsdatei FIREFOX INSTALLER.EXE klicken. Wenn Sie sich, wie im vorherigen Abschnitt beschrieben, für eine der moderaten Einstellungen zum Installieren von Programmen aus fremden Quellen entschieden haben, erhalten Sie nun einen Warnhinweis sowie die Empfehlung, statt Mozilla Firefox den Browser Microsoft Edge zu nutzen. Wenn Sie auch weiterhin lieber Mozilla Firefox einsetzen möchten, klicken Sie auf TROTZDEM INSTALLIEREN.

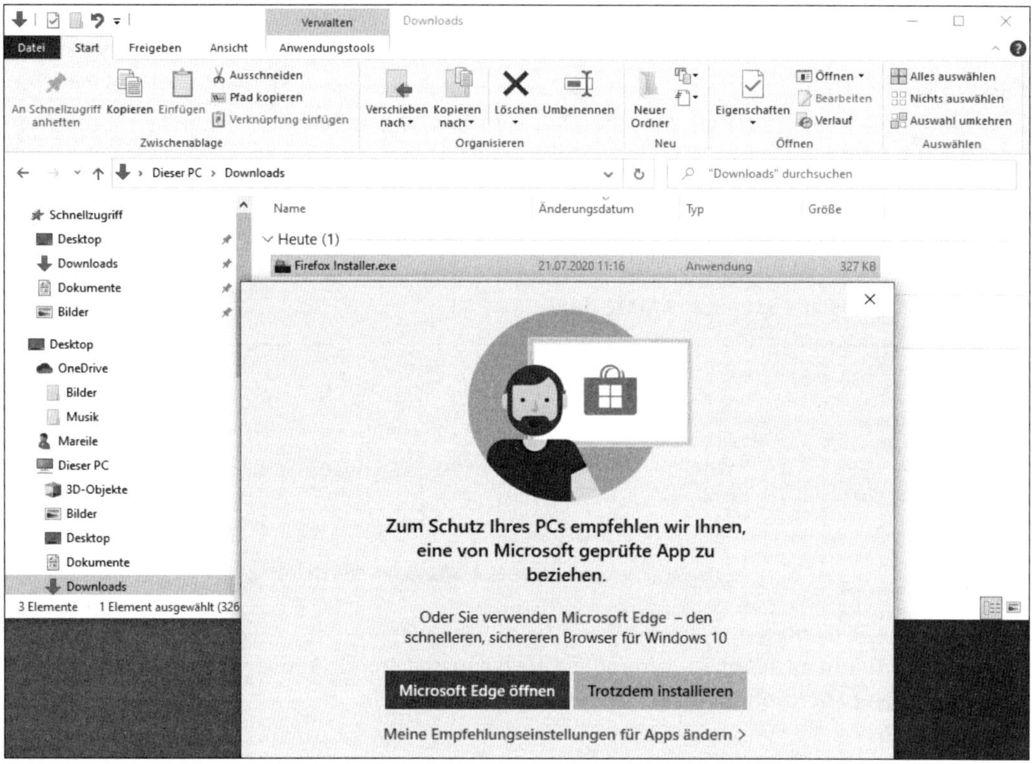

Abbildung 15.12 Die Installation von Mozilla Firefox ist möglich, allerdings erhalten Sie zuvor noch eine Empfehlung für eine von Microsoft geprüfte App – in diesem Fall für den bereits in Windows 10 integrierten Browser Microsoft Edge.

Nach Bestätigung der Benutzerkontensteuerung wird der Browser installiert. Manche Programme erfordern nach der Installation einen Neustart des Computers. Folgen Sie in diesem Fall den entsprechenden Anweisungen. Im Falle des Browsers ist dies nicht nötig. Sie können ihn nun z. B. über das Desktopsymbol oder auch den entsprechenden Eintrag im Startmenü starten. Wie Sie Mozilla Firefox als Standardprogramm zum Surfen im Internet festlegen, erfahren Sie in Abschnitt 16.3.1, »Standardprogramm für alle unterstützten Dateitypen festlegen«.

Speicherort für Downloads in Microsoft Edge festlegen

Per Standardeinstellung werden die aus dem Internet heruntergeladenen Dateien von Microsoft Edge automatisch im Ordner Downloads Ihres Benutzerprofils gespeichert. Möchten Sie einen anderen Speicherort festlegen, klicken Sie im Browser oben rechts auf das Symbol mit den drei kleinen Punkten. Im aufklappenden Menü wählen Sie Einstellungen. Klicken Sie im Tab Einstellungen, das nun geöffnet wird, in der linken Spalte auf Downloads. Ist das Programmfenster des Browsers zu klein, müssen Sie die Spalte mit einem Klick auf das Hamburger-Menü oben links zunächst einblenden. Klicken Sie dann auf ÄNDERN, und wählen Sie den entsprechenden Speicherort aus. Möchten Sie den Speicherort erst zu Beginn eines Downloads festlegen, aktivieren Sie VOR DEM DOWNLOAD FRAGEN, WO DIE EINZELNEN DATEIEN GESPEICHERT WERDEN SOLLEN.

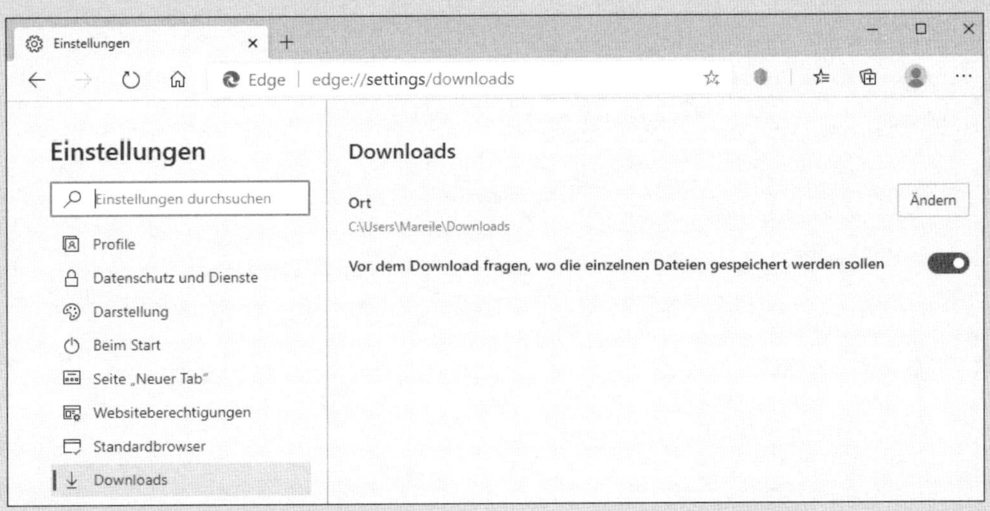

Abbildung 15.13 Den Speicherort für Downloads im Browser Edge festlegen

15.3.3 Ältere Desktop-Apps im Kompatibilitätsmodus starten

Die meisten Programme, die unter Windows 7 problemlos liefen, bereiten auch unter Windows 10 keine Schwierigkeiten. Möchten bzw. müssen Sie eine Anwendung installieren, die mit Windows 10 nicht kompatibel ist, nutzen Sie am besten den Kompatibilitätsmodus. Hierzu gehen Sie folgendermaßen vor:

1. Starten Sie den Explorer, und suchen Sie die EXE-Datei des Programms. Nach einem rechten Mausklick auf die Datei wählen Sie im Kontextmenü den Befehl EIGENSCHAFTEN.
2. Im Eigenschaften-Dialog wechseln Sie in das Register KOMPATIBILITÄT. Aktivieren Sie hier das Kontrollkästchen PROGRAMM IM KOMPATIBILITÄTSMODUS AUSFÜHREN FÜR. Anschließend wählen Sie im Feld darunter die Windows-Version, von der Sie wissen, dass das Programm hier korrekt funktionierte.
3. Wenn Sie möchten, legen Sie nun verschiedene Einstellungen für das Programm fest, wie etwa den MODUS MIT REDUZIERTEN FARBEN, die BILDSCHIRMAUFLÖSUNG und über die Schaltfläche HOHE DPI-EINSTELLUNGEN ÄNDERN die DPI-Einstellungen, falls es zu Skalierungsproblemen kommt.
4. Benötigt das Programm zur Ausführung Administratorrechte, aktivieren Sie das entsprechende Kästchen. Falls sich dieses nicht mit einem Häkchen versehen lässt, klicken Sie auf

Einstellungen für alle Benutzer ändern. Nehmen Sie im Dialog Kompatibilität für alle Benutzer nochmals alle wichtigen Einstellungen vor, bevor Sie alle geöffneten Dialoge mit Übernehmen und OK schließen.

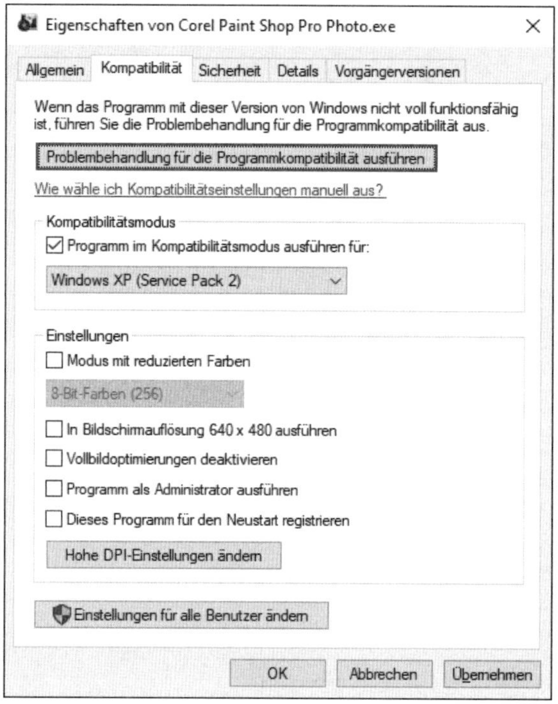

Abbildung 15.14 Für die Ausführung älterer Programme bietet Windows 10 einen Kompatibilitätsmodus an.

15.4 Windows-Features aktivieren bzw. deaktivieren

Windows 10 bietet eine Vielzahl an Funktionen, von denen aber nicht alle von Beginn an aktiviert sind. Ein Beispiel hierfür ist die seit Windows 10 Pro Version 1903 verfügbare Windows-Sandbox, die Sie in Kapitel 37, »Verwaltungstools für Profis«, noch näher kennenlernen werden.

Zur Aktivierung eines Windows-Features rufen Sie in der Einstellungen-App die Kategorie Apps auf. Klicken Sie in der Unterkategorie Apps & Features dann auf Optionale Features. Die folgende Übersicht zeigt eine sehr abgespeckte Liste von Funktionen, wie etwa Microsoft Paint oder auch Windows-Fax und -Scan. Benötigen Sie Letzteres z. B. nicht, markieren Sie es und klicken dann auf Deinstallieren.

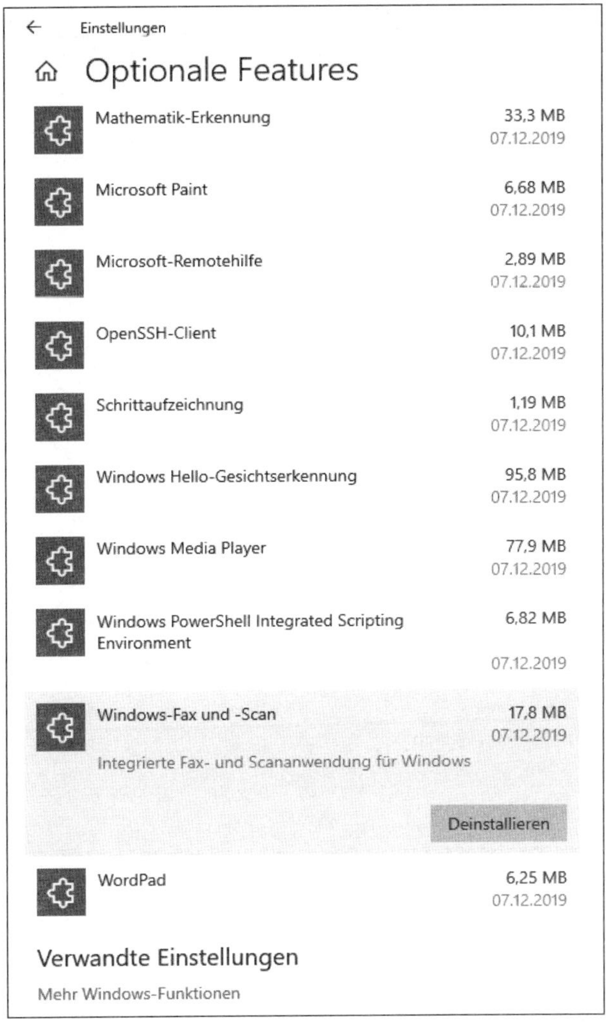

Abbildung 15.15 Die Liste der optionalen Features ist recht übersichtlich.

Um Windows-Features wie die Windows-Sandbox oder auch Hyper-V zu aktivieren, klicken Sie auf der Seite OPTIONALE FEATURES auf MEHR WINDOWS-FUNKTIONEN. Wer sich den Weg über die Einstellungen-App sparen möchte, kann auch direkt im Suchfeld der Taskleiste »Windows-Features« eingeben und dann den Treffer WINDOWS-FEATURES AKTIVIEREN ODER DEAKTIVIEREN SYSTEMSTEUERUNG auswählen. In beiden Fällen wird der Dialog WINDOWS-FEATURES geöffnet, in dem Sie durch Setzen oder Entfernen eines Häkchens im entsprechenden Kontrollkästchen Funktionen aktivieren bzw. deaktivieren. Ein vorangestelltes Plussymbol zeigt wie üblich, dass der entsprechende Eintrag über Untereinträge verfügt. Findet sich im Kontrollkästchen ein schwarzes Quadrat, wurden einige der Untereinträge bereits aktiviert, andere noch nicht. Haben Sie die gewünschten Einstellungen vorgenommen, schließen Sie den Dialog mit OK.

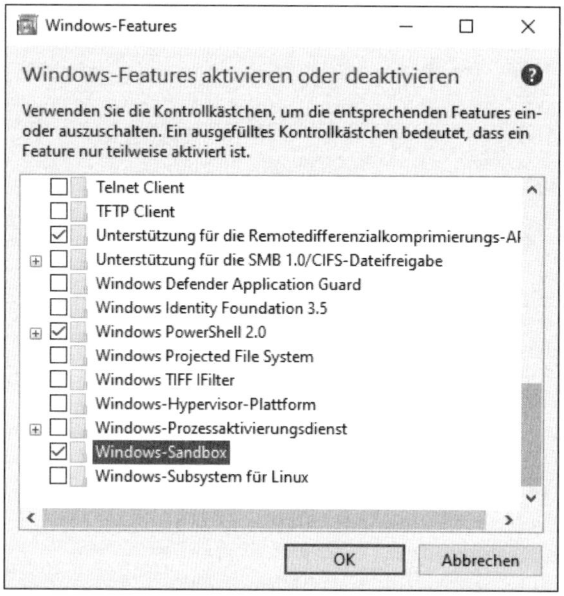

Abbildung 15.16 Im Dialog »Windows-Features« lassen sich Funktionen aktivieren oder auch deaktivieren.

Windows-Features über die Windows PowerShell konfigurieren

Liebhaber der Windows PowerShell können diese auch nutzen, um Windows-Features zu aktivieren bzw. zu deaktivieren. Wichtig ist, dass Sie die Windows PowerShell mit Administratorrechten öffnen. Am schnellsten gelingt dies durch Drücken der Tastenkombination [Windows] + [X] und einen anschließenden Klick auf den entsprechenden Eintrag im Schnellzugriffsmenü. Um beispielsweise Hyper-V für Clients zu aktivieren, geben Sie das Cmdlet `Enable-WindowsOptionalFeature -Online -FeatureName Microsoft-Hyper-V -All` ein. Um ein Windows-Feature umgekehrt zu deaktivieren, wählen Sie das Cmdlet `Disable-WindowsOptionalFeature`. Alternativ können Sie auch das Befehlszeilentool *DISM* nutzen, das generell der Reparatur und Administration von Windows-Komponenten dient. Der Befehl zur Aktivierung von Hyper-V, den Sie in der Windows PowerShell mit Administratorrechten eingeben, lautet `Dism /online /Enable-Feature /FeatureName:Microsoft-Hyper-V /all`. Weitere Informationen zur Aktivierung bzw. Deaktivierung von Windows-Features mithilfe von DISM erhalten Sie unter *https://docs.microsoft.com/de-de/windows-hardware/manufacture/desktop/enable-or-disable-windows-features-using-dism*.

15.5 Apps deinstallieren

Jede installierte App lässt sich natürlich auch wieder vom Computer entfernen. Falls Sie eine App deinstallieren wollen, weil sie nicht korrekt funktioniert, sollten Sie zuvor die in Abschnitt 16.6, »Apps reparieren und zurücksetzen«, vorgestellten Rettungsversuche ausprobieren. Fruchten diese nicht oder benötigen Sie die App schlichtweg nicht mehr, führt der einfachste Weg der Deinstallation über das Startmenü. Öffnen Sie dieses, und klicken Sie anschließend die zu entfernende App mit der rechten Maustaste an. Dies gilt für UWP-Apps genauso wie für Desktop-Apps. Im Kontextmenü wählen Sie nun den Befehl DEINSTALLIEREN. Handelt es sich um eine UWP-App, müssen Sie nur noch den folgenden Dialog mit DEINSTALLIEREN bestätigen, und schon wird die App entfernt. Wie bereits die Installation muss auch die Deinstallation einer UWP-App für jedes Benutzerkonto getrennt vorgenommen werden.

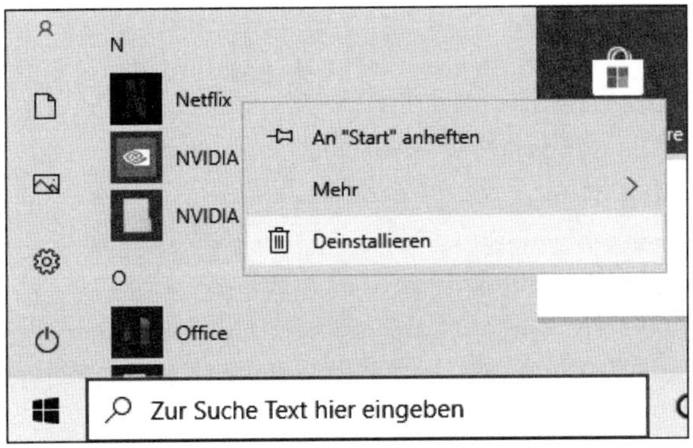

Abbildung 15.17 Am schnellsten lässt sich eine App über das Startmenü entfernen.

Bei Desktop-Apps startet nach dem Klick auf DEINSTALLIEREN in den meisten Fällen ein Assistent, der Sie durch die weiteren Schritte der Deinstallation führt. Bei einigen älteren Programmen wird zuvor der Dialog PROGRAMME UND FEATURES der Systemsteuerung geöffnet. Markieren Sie das gewünschte Programm hier, klicken Sie dann auf DEINSTALLIEREN, und folgen Sie schließlich den weiteren Anweisungen.

Statt den Weg über das Startmenü zu wählen, können Sie alternativ auch die Einstellungen-App nutzen. Rufen Sie hier die Kategorie APPS und dann APPS & FEATURES auf. Die Liste in der unteren Fensterhälfte zeigt nicht nur alle installierten Apps, Sie erfahren hier zugleich auch, wann eine App installiert wurde und wie viel Speicherplatz sie in Anspruch nimmt. Markieren Sie in der Liste die App, die Sie entfernen möchten, und klicken Sie dann auf DEINSTALLIEREN. Die nächsten Schritte sind identisch mit den zuvor für das Startmenü aufgeführten.

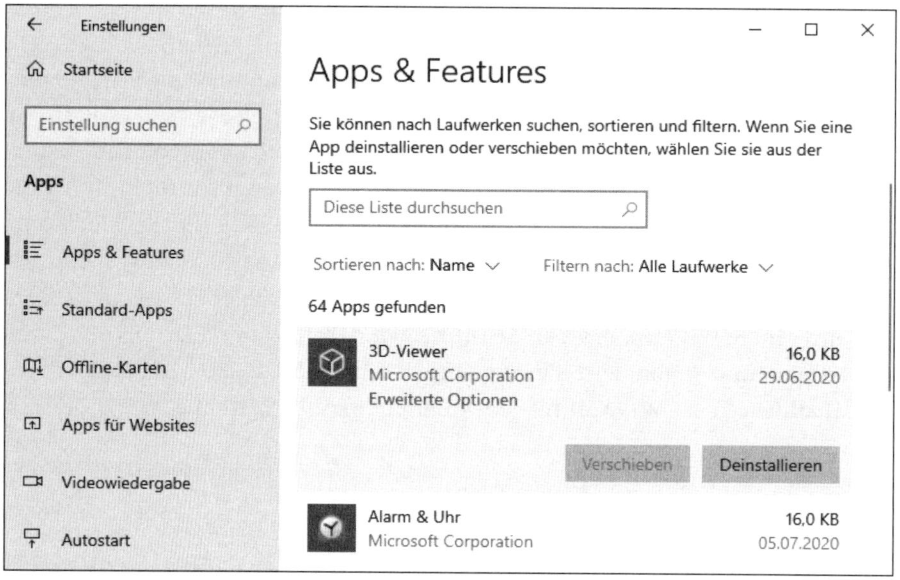

Abbildung 15.18 Auch über die Einstellungen-App ist das Deinstallieren von Apps möglich.

Was tun, wenn für eine UWP-App »Deinstallieren« nicht verfügbar ist?

Manch eine der UWP-Apps, die Windows 10 bereits an Bord hat, lässt sich über den beschriebenen Weg nicht entfernen. Hierzu zählen z. B. die *Alarm & Uhr*- sowie die *Kontakte*-App. Rufen Sie das Kontextmenü der App über das Startmenü auf, wird der entsprechende Befehl gar nicht erst angeboten, in der Einstellungen-App ist er zwar sichtbar, lässt sich aber nicht auswählen. Möchten Sie eine solche App trotzdem unbedingt entfernen, führt der Weg über die Windows PowerShell, die mit Administratorrechten geöffnet werden muss. Hier lassen Sie sich zunächst mit dem Cmdlet `Get-AppxPackage` eine Liste aller Pakete anzeigen, die auf Ihrem Computer installiert sind. Suchen Sie sich in der Liste den Wert *PackageFullName* der App heraus, die Sie deinstallieren möchten. Diesen übergeben Sie dann als Argument an das Cmdlet `Remove-AppxPackage`. **Bei diesem Vorgehen ist äußerste Vorsicht geboten!**

Entfernen Sie eine tief in das System integrierte App, wie es bei vielen der vorinstallierten Apps der Fall ist, kann dies zu großen Problemen führen. Das gilt z. B. für den Microsoft Store. Der Store kann anschließend nicht mehr neu installiert werden, hierfür wäre eine komplette Neuinstallation von Windows 10 notwendig. Wer sich also nicht sicher ist, welche Auswirkung die Deinstallation einer App über die Windows PowerShell hat, sollte besser die Finger davon lassen.

Kapitel 16
Wichtige Einstellungen für Apps

Wie richtet man sein Lieblingsprogramm als Standard-App ein? Und wie verhindert man, dass eine App bereits beim Hochfahren des Systems automatisch gestartet wird? In diesem Kapitel erfahren Sie, wie Sie solche Standardeinstellungen für die Apps anpassen. Außerdem erfahren Sie einige Tricks, wie Sie Apps, die nicht mehr korrekt funktionieren, wieder in Schwung bringen.

Einmal die App installiert, und schon kann man sie nutzen und muss sich um nichts mehr kümmern. Rein theoretisch kann man natürlich so vorgehen, in der Praxis ist es allerdings ratsam, die ein oder andere Einstellung zu überprüfen und anzupassen. Ein wichtiger Punkt sind z. B. die Berechtigungen, die eine App einfordert. Häufig genug versucht eine App hier Informationen abzugreifen (etwa Ihren aktuellen Standort), die für den Betrieb der App gar nicht relevant sind. Ein weiterer wichtiger Aspekt, den Sie im PC-Alltag immer im Blick behalten sollten, ist die Aktualisierung der Apps, um so möglicherweise vorhandene Sicherheitslücken schnell zu schließen. Einstellungen wie etwa die Auswahl der Standard-Apps dienen zwar mehr der Bequemlichkeit, sind aber aus Sicht des Benutzers mindestens ebenso wichtig. Wie all dies funktioniert, ist Thema dieses Kapitels. Für den Fall, dass eine App einmal zicken sollte, erhalten Sie außerdem einige Tipps zur Problemlösung.

16.1 Apps auf dem neuesten Stand halten

Die meisten Apps werden stetig weiterentwickelt: So kommen neue Funktionen hinzu, mögliche Fehler werden ausgebessert und Sicherheitslücken geschlossen. Die Aktualisierung von UWP-Apps erfolgt automatisch, vorausgesetzt, die entsprechende Funktion ist aktiviert. Um dies zu überprüfen, starten Sie den Microsoft Store. Nach einem Klick auf das Symbol [...] oben rechts wählen Sie EINSTELLUNGEN. Auf der folgenden Seite sollte der Regler APPS AUTOMATISCH AKTUALISIEREN eingeschaltet sein. Natürlich können Sie auch selbst kontrollieren, ob Updates verfügbar sind, und diese gegebenenfalls installieren. Das ist vor allem dann sinnvoll, wenn Ihr Gerät längere Zeit nicht mit dem Internet verbunden war oder Sie mit einem lokalen Benutzerkonto angemeldet sind. Ist Letzteres der Fall, sollten Sie sich zunächst mit Ihrem Microsoft-Konto beim Microsoft Store anmelden. Nach erfolgreicher Anmeldung klicken Sie oben rechts auf das Symbol [...] und dann auf DOWNLOADS UND UPDATES. Die Übersicht auf der folgenden Seite zeigt, für welche Apps Updates verfügbar sind.

Sie können nun entweder mit Alle aktualisieren alle in einem Rutsch auf den neuesten Stand bringen oder dies für jede App individuell mit einem Klick auf den Download-Pfeil rechts erledigen. Um sich über eine App genauer zu informieren, klicken Sie den App-Namen an. Hierdurch gelangen Sie zur Detailseite der App im Microsoft Store.

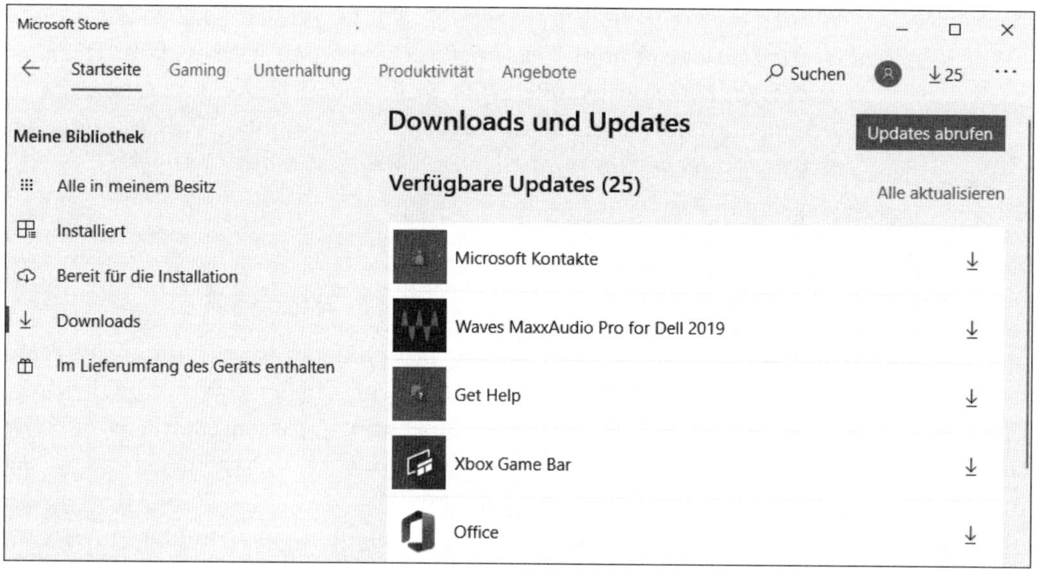

Abbildung 16.1 Am schnellsten lassen sich Apps mit dem Befehl »Alle aktualisieren« auf den neuesten Stand bringen.

Mehr Sicherheit beim Einkauf im Microsoft Store

Microsoft möchte Ihnen den Einkauf im Microsoft Store so bequem wie möglich machen. So wird Ihnen während des Bezahlvorgangs z. B. angeboten, sich nicht jedes Mal per Kennwort anmelden zu müssen. Falls mehrere Personen Zugang zu Ihrem Computer haben, ist dies aus Sicherheitsgründen nicht ratsam, da diese sonst womöglich unautorisierte Einkäufe über Ihr Konto durchführen. Um die entsprechende Einstellung zu überprüfen, klicken Sie im Microsoft Store oben rechts auf das Symbol [...] und wählen dann Einstellungen. Stellen Sie auf der folgenden Seite sicher, dass sich der Regler unterhalb von Anmeldung für den Einkauf auf Aus befindet.

Auch die Entwickler von Desktop-Apps aktualisieren natürlich ihre Anwendungen. Die Installation der Updates erfolgt bei einigen Programmen automatisch. Bei anderen müssen Sie selbst prüfen, ob Aktualisierungen bereitstehen, und diese dann gegebenenfalls auch selbst anstoßen. Einen entsprechenden Befehl hierfür finden Sie in aller Regel im Menü Hilfe. Suchen Sie hier nach Einträgen wie »Update«, »aktualisieren« oder Ähnlichem.

Speziell bei Programmen wie Browsern oder auch E-Mail-Programmen werden immer wieder Sicherheitslücken entdeckt, durch die Schadsoftware auf Ihren Computer gelangen kann. Diese Lücken werden meist sehr schnell geschlossen, und entsprechende Programmaktualisierungen werden zur Verfügung gestellt. Per Standardeinstellung werden die Updates automatisch installiert; zur Sicherheit sollten Sie aber überprüfen, ob die entsprechende Option auch wirklich aktiviert ist. Nutzen Sie z. B. den Browser Mozilla Firefox, klicken Sie hierzu im Programmfenster oben rechts auf das Hamburger-Menü [≡] und in der aufklappenden Liste auf EINSTELLUNGEN. Auf der folgenden Seite sollte links ALLGEMEIN markiert sein. Am unteren Seitenrand stellen Sie im Bereich FIREFOX-UPDATES sicher, dass die Option UPDATES AUTOMATISCH ZU INSTALLIEREN (EMPFOHLEN) aktiviert ist. Sollten Sie einen Hinweis auf eine kritische Sicherheitslücke im Browser erhalten haben, können Sie mit einem Klick auf NACH UPDATES SUCHEN auch sofort dafür sorgen, dass die neueste Version von Mozilla Firefox installiert wird.

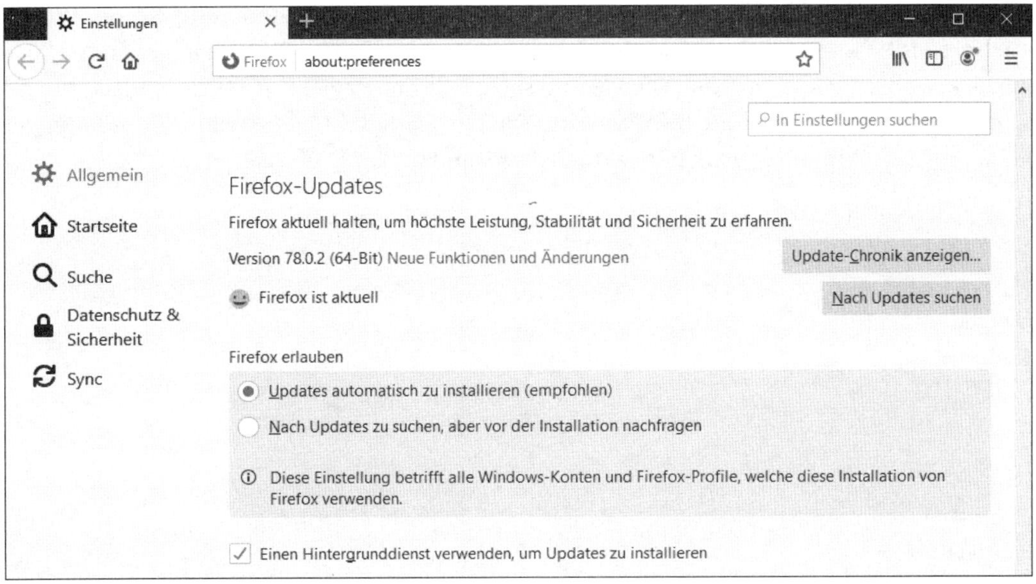

Abbildung 16.2 Speziell Browser, aber auch E-Mail-Programme sollten aus Sicherheitsgründen immer auf dem neuesten Stand sein.

16.2 Berechtigungen der Apps eingrenzen

Dass eine UWP-App wie Skype auf das Mikrofon und die Kamera des Geräts zugreifen können muss, damit Sie ein Videotelefonat durchführen können, ist verständlich. Warum sie aber auch automatisch den Zugriff auf den Positionsdienst erhält, mit dem Ihr Standort ermittelt wird, ist weniger nachvollziehbar. Es ist also durchaus sinnvoll, sich die Berechtigungen, die einer App eingeräumt werden, einmal näher anzusehen und diese gegebenenfalls zu korrigieren. Rufen Sie hierzu in der Einstellungen-App APPS • APPS & FEATURES auf, und markieren Sie die UWP-App, die Sie überprüfen möchten. Klicken Sie auf ERWEITERTE OPTIONEN (dieser Link steht nur für UWP-Apps zur Verfügung). Auf der folgenden Seite können Sie über die Regler im Bereich APP-BERECHTIGUNGEN festlegen, welchen Zugriff auf andere Apps Sie der App gestatten möchten und welchen nicht. Deaktivieren Sie den Regler für die HINTERGRUND-APPS, darf die App nicht mehr im Hintergrund ausgeführt werden, während Sie mit anderen Apps arbeiten. Damit verbraucht die App zwar keine unnötigen Ressourcen, dafür kann sie aber auch keine Benachrichtigungen mehr im Info-Center anzeigen. Sollten Sie einer App eine Berechtigung entziehen, die später doch benötigt wird, erhalten Sie einen entsprechenden Hinweis. Sie können dann selbst entscheiden, ob Sie die Berechtigung wieder erteilen möchten oder lieber nicht.

Sollte ein Regler deaktiviert sein und sich auch nicht aktivieren lassen, wurde der entsprechende Dienst bzw. die App über die Datenschutzeinstellungen ausgeschaltet. Falls Sie den Zugriff für die gerade ausgewählte App unbedingt gestatten möchten, führt Sie der Weg in die Kategorie DATENSCHUTZ in der Einstellungen-App. Markieren Sie dort in der linken Spalte die gewünschte App bzw. den Dienst, und setzen Sie den Regler ZULASSEN, DASS APPS AUF ... ZUGREIFEN auf EIN. Weitere Informationen zu den Datenschutzeinstellungen erhalten Sie in Kapitel 23, »Windows 10 auf dem aktuellsten Stand halten«.

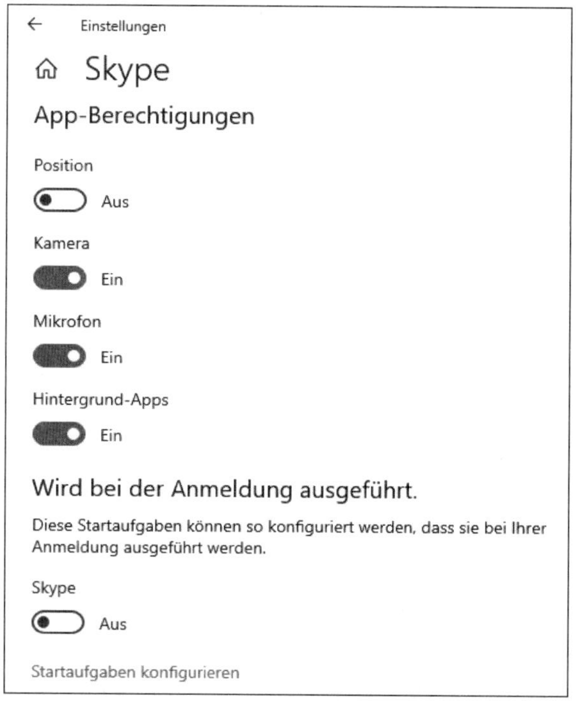

Abbildung 16.3 Nicht immer sind die Berechtigungen, die eine App einfordert, nachvollziehbar. Ein nicht benötigter Zugriff auf eine App sollte deaktiviert werden.

16.3 Standardprogramme festlegen

Windows 10 weist jedem Dateityp eine bestimmte Anwendung zu, die automatisch zum Öffnen verwendet wird. Diese Programme werden deshalb auch als *Standardprogramme* oder *Standard-Apps* bezeichnet. Doppelklicken Sie im Explorer z. B. auf ein Foto im JPG-Format, startet die Fotos-App. Ein Klick auf einen Link in einer E-Mail wiederum reicht, und schon wird der mit dem HTML-Format verknüpfte Browser Microsoft Edge gestartet.

Nicht immer zählen die von Windows festgelegten Standard-Apps aber zu den eigenen Lieblingsprogrammen. Auf den folgenden Seiten lernen Sie verschiedene Varianten kennen, wie Sie das von Ihnen bevorzugte Programm auswählen können, um Windows noch besser auf Ihre persönlichen Vorlieben abzustimmen.

16.3.1 Standardprogramm für alle unterstützten Dateitypen festlegen

Gesetzt den Fall, Sie können sich so gar nicht mit dem neuen Browser Microsoft Edge anfreunden. Trotzdem wird genau dieser und nicht Ihr Lieblingsbrowser geöffnet, sobald Sie einen Link z. B. in einer E-Mail anklicken. Über die Einstellungen-App lässt sich schnell das Standardprogramm für die Kategorien E-MAIL, KARTEN, MUSIKPLAYER, BILDANZEIGE, VIDEOPLAYER sowie WEBBROWSER festlegen. Wählen Sie hierzu in der Einstellungen-App APPS • STANDARD-APPS aus. Wenn Sie z. B. Ihre Lieblingsmusik lieber mit dem altbekannten Windows Media Player statt mit der Groove-Musik-App hören möchten, klicken Sie unterhalb von MUSIKPLAYER auf GROOVE-MUSIK. In der Liste werden alle auf Ihrem Computer vorhandenen Apps eingeblendet, die sich zum Abspielen von Musik nutzen lassen. Markieren Sie die gewünschte App.

Sollte Ihnen keine der angebotenen Apps zusagen, wählen Sie SUCHEN SIE NACH EINER APP IM MICROSOFT STORE. Hierdurch wird der Microsoft Store geöffnet, in dem Sie bereits die Ergebnisse für ».mp3«, also das Dateiformat für Musikdateien, angezeigt bekommen. Suchen Sie sich hier nun die gewünschte App heraus, und installieren Sie diese.

Die auf der Seite STANDARD-APPS vorgenommene Einstellung wird für alle der App zugeordneten Dateitypen übernommen. Welche Dateitypen dies sind, erfahren Sie nach einem Klick auf STANDARDEINSTELLUNGEN NACH APP FESTLEGEN. Sie erhalten nun eine Übersicht über mehr oder weniger alle auf dem Computer verfügbaren Apps.

Eine Ausnahme stellen lediglich recht alte Programme dar, die hier nicht aufgeführt werden. Markieren Sie in der Liste die App, für die Sie gerne die zugeordneten Dateitypen in Erfahrung bringen möchten. Diese werden nach einem Klick auf VERWALTEN angezeigt. Auch hier können Sie wieder per Klick auf eine Anwendung eine andere Standard-App auswählen oder diese aus dem Microsoft Store beziehen.

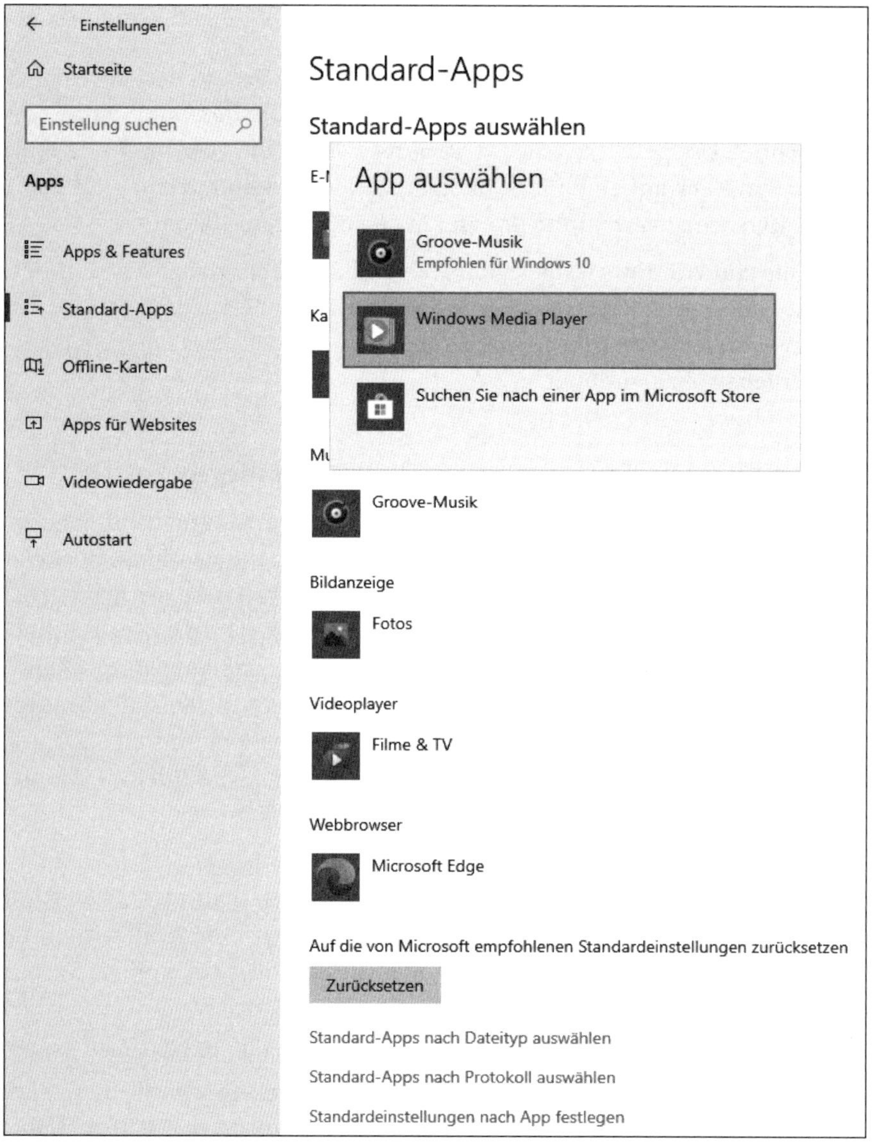

Abbildung 16.4 Wählen Sie für die sechs vorgegebenen Kategorien jeweils Ihre Lieblingsanwendung aus.

Es gibt einen Dateityp, den Sie mit einer ganz bestimmten App öffnen möchten. Nur genau dieser Dateityp wird in der Liste Dateityp- und Protokollzuordnungen der App nicht aufgeführt? Kehren Sie in diesem Fall wieder per Klick auf den Pfeil oben links zur Seite Standard-Apps zurück, auf der Sie am unteren Seitenrand nun auf Standard-Apps nach Dateityp auswählen klicken. Sie erhalten jetzt eine sehr umfangreiche Liste aller Dateitypen, die Windows 10 bekannt sind. Um einem Dateityp eine andere App zuzuweisen, navigieren Sie bis zu diesem Dateityp. Klicken Sie die aktuell zugeordnete Anwendung an, und wählen Sie die gewünschte Alternative aus. Auch hier haben Sie wieder die Möglichkeit, im Microsoft Store nach einer passenden App zu suchen.

Abbildung 16.5 Jeder App lassen sich individuell Dateitypen zuordnen.

Abbildung 16.6 Auswahl der Standard-App in Abhängigkeit vom Dateityp

16.3.2 Standardprogramm über den Explorer festlegen

Nach einem Doppelklick auf eine Datei im Explorer stellen Sie fest, dass sie nicht mit Ihrem Lieblingsprogramm geöffnet wird. Anstatt die Zuordnung über die Einstellungen-App anzu-

16

passen, können Sie auch direkt im Explorer das gewünschte Standardprogramm auswählen. Klicken Sie hierzu einfach mit der rechten Maustaste auf die zu öffnende Datei. Im Kontextmenü positionieren Sie den Mauszeiger auf dem Befehl ÖFFNEN MIT. Im Untermenü finden Sie nun alle auf dem Computer verfügbaren Apps, mit denen sich die Datei öffnen lässt. Wenn Sie nur einmalig eine andere Anwendung für diesen Dateityp auswählen möchten, reicht ein Klick auf die gewünschte App. Um dem Dateityp dagegen dauerhaft ein anderes Standardprogramm zuzuordnen, wählen Sie ANDERE APP AUSWÄHLEN. Versehen Sie im folgenden Dialog das Kästchen IMMER DIESE APP ZUM ÖFFNEN VON ...-DATEIEN VERWENDEN mit einem Häkchen, bevor Sie die gewünschte App markieren und mit OK bestätigen.

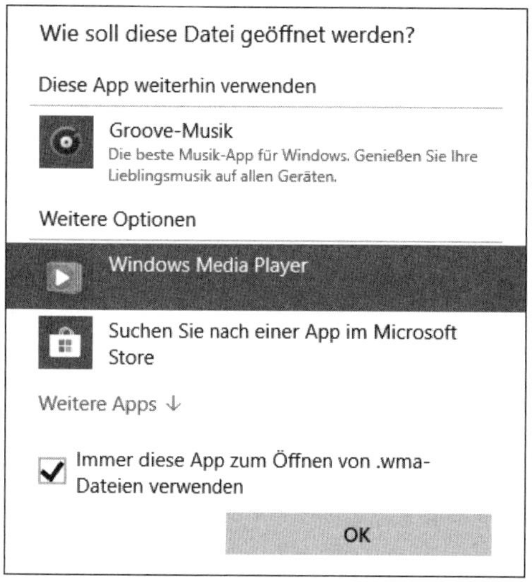

Abbildung 16.7 Die Zuordnung einer Standard-App zu einem bestimmten Dateityp lässt sich auch über den Explorer vornehmen.

16.4 Den Speicherort von Apps ändern

Desktop-Apps werden standardmäßig in einem der beiden Ordner *C:\Program Files* oder *C:\Program Files (x86)* gespeichert. Um den genauen Speicherort in Erfahrung zu bringen, klicken Sie am besten im Startmenü mit der rechten Maustaste auf den Eintrag der Desktop-App und wählen dann MEHR • DATEISPEICHERORT ÖFFNEN. Im hierdurch geöffneten Explorer wird zunächst der Ordner mit dem Inhalt des Startmenüs angezeigt. Klicken Sie hier mit der rechten Maustaste auf die Anwendung und wählen dann DATEIPFAD ÖFFNEN, gelangen Sie zum Ordner mit den Programmdateien.

Ganz so einfach lässt sich der Speicherort von UWP-Apps nicht erreichen. UWP-Apps werden standardmäßig unter *%ProgramFiles%\WindowsApps* gespeichert. Dabei handelt es sich allerdings um einen versteckten und vor allem gesperrten Ordner, auf den Sie nicht ohne Weiteres zugreifen können. Damit soll verhindert werden, dass weder Sie noch andere Änderungen an den Dateien der App ausführen können.

Der Grundgedanke ist zwar sinnvoll, doch was tun, wenn z. B. der Speicherplatz auf der Festplatte knapp wird und Sie die App-Dateien deshalb an einem anderen Ort speichern möchten? Für diese Situation bietet Windows 10 zwei praktische Lösungen an: Zum einen können Sie festlegen, wo UWP-Apps zukünftig gespeichert werden sollen, zum anderen lassen sich UWP-Apps, die Sie selbst installiert haben, bequem verschieben. Letzteres müssen Sie allerdings für jede App getrennt vornehmen. Starten Sie hierfür die Einstellungen-App, und rufen Sie APPS • APPS & FEATURES auf. Markieren Sie die selbst installierte UWP-App, und klicken Sie dann auf VERSCHIEBEN.

Für Desktop-Apps sowie die UWP-Apps, die Bestandteil von Windows 10 sind (z. B. die Groove-Musik-App), steht die Schaltfläche nicht zur Verfügung. Im folgenden Dialog wählen Sie ein neues Laufwerk aus und bestätigen mit VERSCHIEBEN.

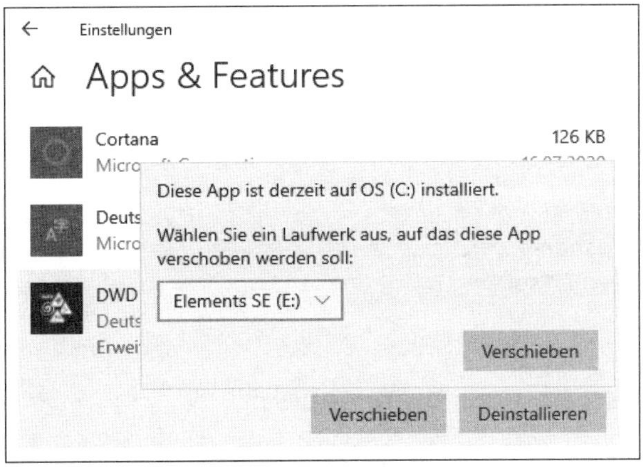

Abbildung 16.8 Apps, die Sie selbst über den Microsoft Store bezogen haben, können an einen neuen Speicherort verschoben werden.

Damit der Microsoft Store zukünftig für UWP-Apps automatisch einen anderen Speicherort wählt, wechseln Sie in der Einstellungen-App in die Kategorie SYSTEM • SPEICHER. In der rechten Fensterhälfte erfahren Sie nun, wie viel Speicherplatz APPS & FEATURES, MUSIK, BILDER oder auch TEMPORÄRE DATEIEN in Anspruch nehmen. Klicken Sie am unteren Seitenrand auf SPEICHERORT FÜR NEUEN INHALT ÄNDERN (siehe Abbildung 16.9).

Im Feld NEUE APPS WERDEN GESPEICHERT IN wählen Sie das gewünschte Laufwerk aus, in dem Apps zukünftig abgelegt werden sollen, und bestätigen dies mit ANWENDEN. Auf der gleichen Seite können Sie analog festlegen, welche Standardspeicherorte Programme zukünftig zum Speichern von Dokumenten, Musik, neuen Fotos und Videos, neuen Filmen und TV-Sendungen sowie Offlinekarten wählen sollen.

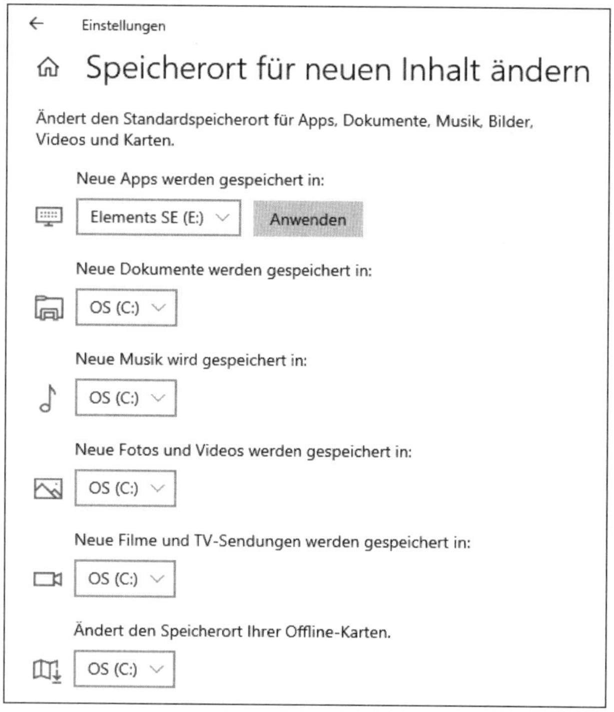

Abbildung 16.9 Legen Sie fest, an welchem Standardspeicherort Apps, Dokumente und mehr zukünftig gesichert werden sollen.

16.5 Den automatischen Start von Programmen steuern

Wenn Sie Ihren Computer hochfahren und sich bei Windows anmelden, werden währenddessen einige Programme bereits automatisch gestartet. Dieser Vorgang wird auch als *Autostart* bezeichnet. Welche Programme dies betrifft, wird u. a. über die Aufgabenplanung, die Registry, aber auch über den Autostart-Ordner festgelegt. Die Festlegung erfolgt meist bereits während der Programminstallation. Nur selten erhält der Benutzer dabei die Möglichkeit, diesen Autostart abzulehnen. Für manche Programme ist der automatische Start nicht nur sinnvoll, sondern auch essenziell. Dazu zählen z. B. Sicherheitssoftware wie ein Antivirenprogramm oder auch eine Software zur Datensicherung. Andere Apps (z. B. Spiele) verzögern hingegen nur unnötig den Systemstart.

16.5.1 Autostart-Programme ermitteln und deaktivieren

Seit Windows 10 Version 1803 lässt sich über die Einstellungen-App eine Übersicht über die Apps einblenden, die automatisch beim Systemstart geladen werden. Sie blenden sie über Apps • Autostart ein. Für jede App erfahren Sie unterhalb des Reglers, ob der Start der App eine hohe oder eher geringe Auswirkung auf den Startvorgang des Systems hat. Um den automatischen Start einer App zu unterbinden, setzen Sie den entsprechenden Regler einfach auf AUS. Hinter dem Eintrag WINDOWS SECURITY NOTIFICATION ICON verbirgt sich das Symbol des Windows-Sicherheit-Centers, das im Infobereich der Taskleiste eingeblendet wird. Deaktivieren Sie diesen Regler, erscheint das Symbol ab dem nächsten Systemstart nicht mehr in der Taskleiste. Um nun in das Windows-Sicherheit-Center zu gelangen, rufen Sie z. B. in der Einstellungen-App UPDATE UND SICHERHEIT • WINDOWS-SICHERHEIT • WINDOWS-SICHERHEIT ÖFFNEN auf.

Abbildung 16.10 Übersicht über die beim Systemstart automatisch gestarteten Anwendungen

Alternativ zur Einstellungen-App können Sie sich die Autostart-Elemente auch über den Task-Manager ansehen. Drücken Sie hierzu die Tastenkombination [Win] + [X], und wählen Sie im Schnellzugriffsmenü den TASK-MANAGER aus. Im gleichnamigen Dialog wechseln Sie nun in das Register AUTOSTART, in dem Sie die gleichen Elemente vorfinden wie auf der Seite AUTOSTART der Einstellungen-App. Wenn Sie sich nicht sicher sind, was sich hinter einem Element verbirgt, sollten Sie es nicht voreilig deaktivieren, sondern zunächst Informationen hierüber einholen. Klicken Sie es hierzu mit der rechten Maustaste an, und wählen Sie im Kontextmenü ONLINE SUCHEN. Im Browser können Sie sich nun in Ruhe die Suchergebnisse ansehen, bevor Sie eine Entscheidung fällen. Den Befehl zum Deaktivieren des automatischen Starts einer App erreichen Sie ebenfalls über das Kontextmenü.

16

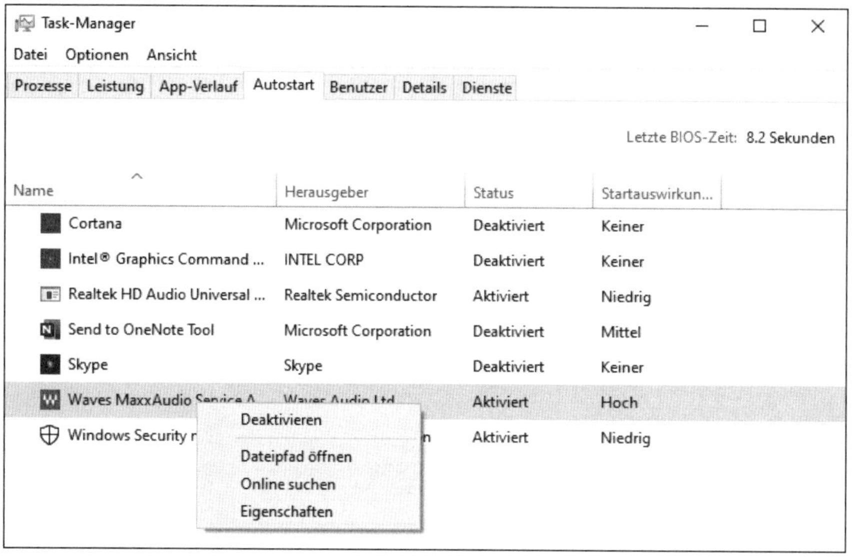

Abbildung 16.11 Bevor Sie eine App deaktivieren, können Sie sich erst einmal in Ruhe über sie informieren.

Für eine Desktop-App eine Verknüpfung im Autostart-Ordner hinzufügen

Sie möchten gerne, dass eine Desktop-App automatisch gestartet wird, sobald Sie sich am System anmelden? Das ist in wenigen Schritten erledigt. Blenden Sie zunächst das Startmenü ein, und klicken Sie den Eintrag der Desktop-App mit der rechten Maustaste an. Wählen Sie MEHR • DATEISPEICHERORT ÖFFNEN. Im Explorer wird nun der Startmenü-Ordner geöffnet. Markieren Sie hier die Verknüpfung zum Desktop, und kopieren Sie sie mit der Tastenkombination [Strg] + [C]. Klicken Sie in die Adressleiste, und geben Sie hier »shell:startup« ein. Nach Drücken der [↵]-Taste gelangen Sie automatisch zum Ordner *C:\Users\<Ihr Benutzername>\AppData\Roaming\Microsoft\Windows\Start Menu\Programs\Startup*. Drücken Sie die Tastenkombination [Strg] + [V], um die zuvor kopierte Verknüpfung einzufügen. Bei Ihrer nächsten Anmeldung am System wird das Programm automatisch gestartet. Soll dies nicht nur für Ihr Benutzerkonto gelten, sondern für alle Benutzerkonten, geben Sie statt »shell:startup« den Befehl »shell:common startup« ein. Damit gelangen Sie zum Ordner *C:\ProgramData\Microsoft\Windows\Start Menu\Programs\Startup*. Verknüpfungen im Autostart-Ordner lassen sich nur für Desktop-Apps hinzufügen, bei UWP-Apps ist dies nicht möglich. Ob eine UWP-App für den Autostart vorgesehen ist, können Sie auch der Detailseite der App entnehmen, die Sie in der Einstellungen-App über APPS • APPS & FEATURES erreichen. Klicken Sie hier auf die gewünschte App und dann auf ERWEITERTE OPTIONEN. Falls sich die App auch beim Systemstart ausführen lässt, finden Sie auf der folgenden Seite den Abschnitt WIRD BEI DER ANMELDUNG AUSGEFÜHRT. Über den Regler können Sie nun festlegen, ob der Autostart erlaubt werden soll oder nicht (siehe Abbildung 16.3).

Wie zu Beginn des Abschnitts erwähnt, lässt sich über den Autostart-Ordner festlegen, ob eine App beim Systemstart automatisch gestartet wird (siehe auch den Kasten »Für eine Desktop-App eine Verknüpfung im Autostart-Ordner hinzufügen«). Dies geht aber auch über die Aufgabenplanung sowie die Registry. Den Weg über die Registry nutzen vor allem Programme, für die der Autostart bereits während der Installation konfiguriert wird. Wenn Sie sich die in der Registry hinterlegten Startinformationen von Apps ansehen möchten, gehen Sie folgendermaßen vor:

1. Drücken Sie die Kombination [⊞] + [R], und geben Sie dann im Ausführen-Dialog »regedit« ein, um den Registrierungs-Editor zu starten. Bestätigen Sie die Benutzerkontensteuerung.
2. Um eine Übersicht über die Apps zu erhalten, die gestartet werden, sobald sich ein bestimmter Benutzer am System anmeldet, navigieren Sie zum Registrierungsschlüssel *HKEY_CURRENT_USER\SOFTWARE\Microsoft\Windows\CurrentVersion\Run*.
3. Eine Übersicht über Apps, die nach dem Systemstart automatisch für alle Benutzer zur Verfügung stehen, erreichen Sie über den Registrierungsschlüssel *HKEY_LOCAL_MACHINE\SOFTWARE\Microsoft\Windows\CurrentVersion\Run*.

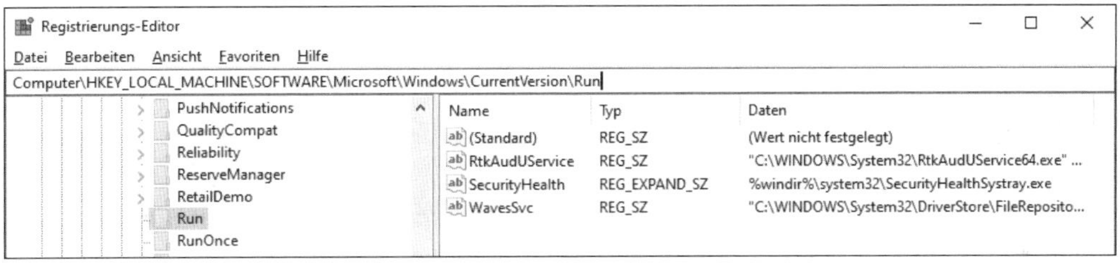

Abbildung 16.12 Der Registrierungsschlüssel »Run« für alle Benutzer

Neben diesen beiden Registrierungsschlüsseln gibt es noch eine Vielzahl weiterer Schlüssel, die von Programmen verwendet werden. Sie können zwar durch Löschen der Apps in den entsprechenden Registrierungsschlüsseln ihren automatischen Start verhindern, diesen Weg sollten allerdings nur diejenigen wählen, die sehr gute Kenntnisse über die Registry besitzen. Ein winziger Fehler kann hier fatale Folgen für das gesamte System haben. Nähere Informationen zur Registry erhalten Sie in Kapitel 37, »Verwaltungstools für Profis«.

Start von nicht beendeten Apps beim Neustart verhindern

Nicht immer denkt man beim Herunterfahren oder Neustart des Computers daran, zuvor alle Apps zu schließen. Sobald man sich dann wieder am PC angemeldet hat, öffnet Windows 10 diese nicht beendeten Apps automatisch. Mit der Version 2004 von Windows 10 können Sie dies nun verhindern. Rufen Sie hierzu START • EINSTELLUNGEN • KONTEN • ANMELDEOPTIONEN auf. Im Bereich APPS NEU STARTEN setzen Sie den Regler MEINE APPS, DIE NEU GESTARTET WERDEN KÖNNEN, BEIM ABMELDEN AUTOMATISCH SPEICHERN UND NACH DER ANMELDUNG NEU STARTEN auf AUS.

Ein weitere Möglichkeit, um sich über die Apps zu informieren, die automatisch beim Systemstart gestartet werden, sind die sogenannten *Systeminformationen*. Um diese zu öffnen, geben Sie im Suchfeld der Taskleiste »Systeminformationen« ein und wählen den gleichnamigen Treffer aus. Navigieren Sie in der linken Spalte SYSTEMÜBERSICHT zu SOFTWAREUMGEBUNG • AUTOSTARTPROGRAMME, erhalten Sie rechts eine weitere Übersicht über Autostart-Programme.

16.5.2 Autostart überprüfen mit Autoruns

Alle unterschiedlichen Wege, die im vorherigen Abschnitt vorgestellt wurden, nacheinander ausprobieren zu müssen, um sich einen Überblick über die Autostart-Apps zu verschaffen, kann recht mühsam sein. Microsoft selbst bietet das Programm *Autoruns* an, das weitaus detailliertere Informationen zutage bringt. Es ist Teil der Windows Sysinternals Suites, einem pfiffigen Werkzeugkasten mit einer Vielzahl an Tools zum Analysieren, Reparieren und Tunen des Systems. Der Download des englischsprachigen Programms Autoruns erfolgt über die Internetadresse *https://docs.microsoft.com/de-de/sysinternals/downloads/autoruns*. Nach dem Download müssen Sie die ZIP-Datei lediglich im Explorer extrahieren und dann per Doppelklick die Datei AUTORUNS.EXE starten. Die Kommandozeilenvariante lässt sich über AUTORUNSC.EXE starten.

Nach dem Start von Autoruns erhalten Sie im Register EVERYTHING eine Übersicht über alle Bereiche, über die Windows Programme startet. Die Reihenfolge der Elemente entspricht der Reihenfolge, in der sie in Windows abgearbeitet werden. Über die weiteren Register wie SCHEDULED TASKS, SERVICES oder auch DRIVERS lässt sich die Anzeige nach Kategorien filtern. Interessant ist hier vor allem das Register LOGON, in dem alle Elemente aufgeführt werden, die bei der Anmeldung des Benutzers gestartet werden.

Markieren Sie ein Element, werden am unteren Fensterrand ein paar Informationen hierzu eingeblendet. Um den Autostart eines Elements zu unterbinden, entfernen Sie einfach das entsprechende Häkchen im Kontrollkästchen am linken Rand des Eintrags. Sind Sie sich bei einem Element unsicher, klicken Sie das Element mit der rechten Maustaste an und wählen im Kontextmenü den Befehl SEARCH ONLINE. Der Browser startet hierdurch automatisch und zeigt sofort die Suchergebnisse zum ausgewählten Element an. Durch Setzen eines Häkchens kann ein Element schnell wieder aktiviert werden. Auch hier gilt erneut: Vorsicht vor »blindem« Deaktivieren von Elementen!

Als besonderes Sicherheitsschmankerl arbeitet Autoruns mit dem Virenscanner-Dienst *VirusTotal* zusammen, mit dem sich Schadcode aufspüren lässt, der beim Systemstart ausgeführt wird. Der Dienst ist zunächst deaktiviert. Rufen Sie im Menü OPTIONS den Befehl SCAN OPTIONS auf. Versehen Sie im folgenden Dialog sowohl CHECK VIRUSTOTAL.COM sowie SUBMIT UNKNOWN IMAGES mit einem Häkchen, und bestätigen Sie mit RESCAN. Autoruns sendet nun die Hash-Werte der Dateien an VirusTotal. Falls eine Datei bereits mit VirusTotal untersucht wurde, wird die Einschätzung des Virenscanners zurückgesendet.

Mit einem Klick auf den entsprechenden Eintrag in der Spalte VIRUSTOTAL können Sie sich die Informationen hierzu ansehen.

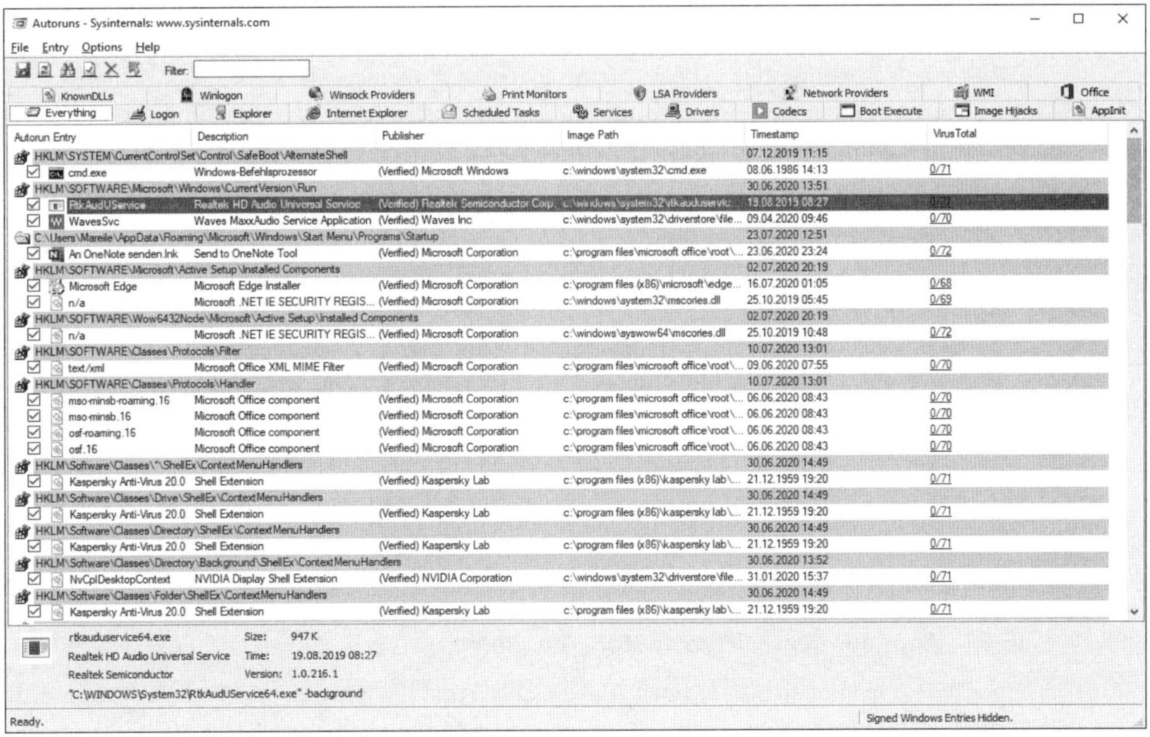

Abbildung 16.13 Ein starkes Team: Autoruns und VirusTotal

Wenn Sie häufig neue Software installieren, ist die Vergleichsfunktion von Autoruns zu empfehlen. So können Sie schnell erkennen, welche Elemente neu in Autostart hinzugekommen sind. Um einen Vergleich durchführen zu können, müssen Sie zunächst den aktuellen Zustandsbericht speichern. Dies geschieht über den Befehl SAVE im Menü FILE. Sobald eine weitere Software installiert wurde, starten Sie Autoruns erneut und rufen im Menü FILE den Befehl COMPARE auf. Sie werden nun aufgefordert, einen gespeicherten Zustandsbericht auszuwählen. Dieser wird dann mit dem aktuellen Zustand verglichen. Sollte es Unterschiede geben, werden diese entsprechend angezeigt.

16.6 Apps reparieren und zurücksetzen

Ab und an kommt es doch einmal vor, dass eine App nicht mehr reibungslos funktioniert. Der häufigste Ratschlag in einer solchen Situation lautet: App deinstallieren und dann wieder erneut installieren. Dieser rigide Schritt ist in letzter Instanz womöglich tatsächlich notwendig, zuvor gibt es aber noch eine Reihe anderer Möglichkeiten, die Sie ausprobieren sollten. Eine ganz simple Lösung besteht z. B. darin, den Computer einmal herunter- und anschließend wieder hochzufahren. Wurde hierdurch das Problem nicht behoben, sollten Sie versuchen, die App zu reparieren bzw. zurückzusetzen. Bei besonders hartnäckigen oder auch kurios anmutenden Fehlern bietet sich auch die Schrittaufzeichnung an, mit der sich das Problem dokumentieren lässt. Die Aufzeichnung können Sie dann z. B. an einen Experten schicken und ersparen sich somit mühselige Erklärungen. Wie dies funktioniert, erfahren Sie in Kapitel 17, »Neue Apps für Windows 10«.

Sprachwirrwarr nach App-Update

Nach einem Update (siehe auch Abschnitt 16.1) kommt es immer mal wieder vor, dass eine App plötzlich nicht mehr eine deutsch-, sondern eine englischsprachige Benutzeroberfläche aufweist. Auch der Dateiname selbst erscheint auf Englisch. Im Startmenü finden Sie also eine App wie *Fotos* nicht mehr unter dem Buchstaben F, sondern unter P wie *Photos*. In einem solchen Fall ist es meist ratsam, sich etwas in Geduld zu üben. Denn meist wird das Problem bereits mit dem nächsten Update behoben. Ein solches Update wird übrigens gerade installiert, wenn Sie im Startmenü auf einer Kachel statt des eigentlichen Motivs einen nach unten weisenden Pfeil vorfinden.

16.6.1 Apps aus dem Microsoft Store reparieren

Eine UWP-App lässt sich zwar noch starten, aber kurz danach verschwindet das Programmfenster schon wieder? Für solche Situationen bietet Ihnen Windows 10 die Möglichkeit, eine App zurückzusetzen. Das Vorgehen ist denkbar einfach:

1. Rufen Sie das Startmenü auf, und klicken Sie die gewünschte App mit der rechten Maustaste an. Im Kontextmenü wählen Sie MEHR • APP-EINSTELLUNGEN. Alternativ hierzu können Sie auch den etwas längeren Weg über die Einstellungen-App wählen, indem Sie hier APPS • APPS & FEATURES aufrufen, dann die gewünschte App markieren und schließlich auf ERWEITERTE OPTIONEN klicken.

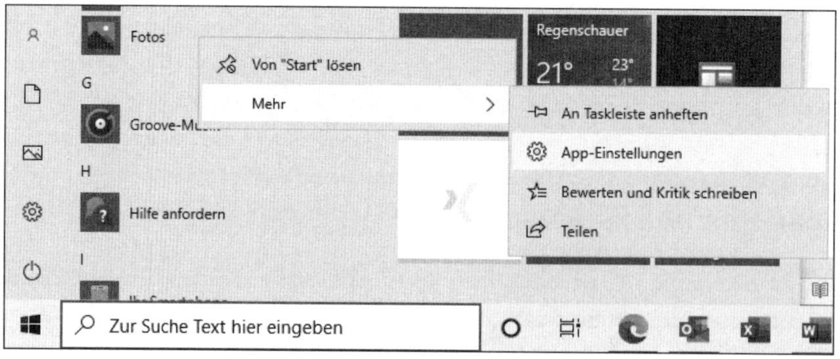

Abbildung 16.14 Am schnellsten rufen Sie die Einstellungen einer bestimmten App über das Startmenü auf.

2. Blättern Sie auf der Einstellungen-Seite der ausgewählten App nach unten bis zum Bereich ZURÜCKSETZEN. Bei manchen Apps, wie etwa der in Abbildung 16.15 dargestellten Fotos-App, wird Ihnen hier die Funktion REPARIEREN angeboten. Steht sie zur Verfügung, sollten Sie sie als Erstes ausprobieren, denn hierbei bleiben alle gespeicherten Daten und Einstellungen erhalten.
3. Sollte die Reparatur keinen Erfolg gebracht haben bzw. wird das Reparieren gar nicht erst angeboten, wählen Sie die Funktion ZURÜCKSETZEN. Die folgende Warnung weist Sie darauf hin, dass hierbei alle App-Daten, Einstellungen und Anmeldeinformationen dauerhaft vom Gerät gelöscht werden. Mit ZURÜCKSETZEN bestätigen Sie den Hinweis. Erfordert eine App ein Microsoft-Konto, müssen Sie sich nach dem Zurücksetzen der App erneut anmelden. Auch eventuell vorgenommene Einstellungen müssen erneuert werden.

Abbildung 16.15 Nicht alle UWP-Apps bieten die Möglichkeit der Reparatur, dafür lassen sie sich aber zurücksetzen.

Probleme mit dem Microsoft Store beheben

Speziell der Microsoft Store bereitet immer wieder Schwierigkeiten. So kommt es häufig vor, dass das Fenster der App bereits kurz nach dem Öffnen wieder verschwindet. Auch Microsoft selbst ist sich des Problems bewusst und liefert mit Windows 10 gleich das passende Tool *wsreset.exe* zur Reparatur mit. Zum Start des Tools geben Sie den Namen »wsreset.exe« im Suchfeld der Taskleiste ein und wählen den gleichnamigen Treffer per Klick aus. Das Tool löscht nun automatisch den Cache des Microsoft Stores. Während des Prozesses sehen Sie auf dem Bildschirm nur ein leeres Kommandozeilenfenster, das sich nach einem kurzen Moment automatisch wieder schließt. Probieren Sie aus, ob der Microsoft Store nun wieder problemlos funktioniert.

16.6.2 Desktop-Apps reparieren

Die im vorherigen Abschnitt vorgestellte Funktion ZURÜCKSETZEN steht nur für UWP-Apps zur Verfügung. Zwar nicht alle, aber doch so manch eine Desktop-App bietet die Möglichkeit der Reparatur. Zum Aufruf der Funktion gehen Sie folgendermaßen vor:

1. Starten Sie die Einstellungen-App, und rufen Sie APPS • APPS & FEATURES auf.
2. Markieren Sie in der Liste aller installierten Apps die Anwendung, die Probleme bereitet und die Sie deshalb reparieren möchten. Bietet das Programm eine solche Funktion an, lässt sich die Schaltfläche ÄNDERN anklicken. Dies ist z. B. bei den Microsoft Office Suites der Fall, der Browser Mozilla Firefox ermöglicht hingegen kein Ändern.

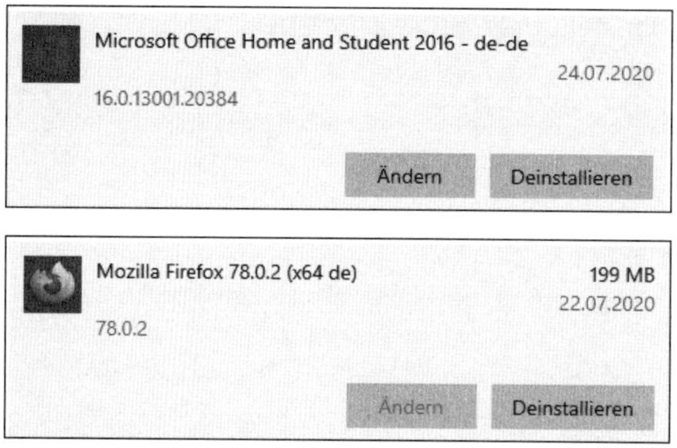

Abbildung 16.16 Nicht jede Desktop-App unterstützt das Ändern, sprich Reparieren des Programms.

3. Die weiteren Schritte sind von Anwendung zu Anwendung unterschiedlich. Bei einem Office-Programm stehen z. B. die zwei Reparaturfunktionen SCHNELLREPARATUR und ONLINEREPARATUR zur Auswahl. Markieren Sie die gewünschte Option, und klicken Sie dann auf REPARIEREN.

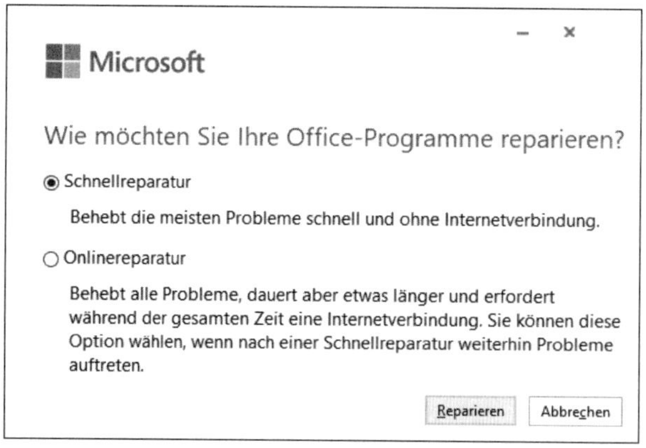

Abbildung 16.17 Für Office-Programme stehen Ihnen gleich zwei Reparaturoptionen zur Auswahl.

16.7 Apps per Task-Manager beenden

Ein Programm reagiert überhaupt nicht mehr auf Ihre Eingaben? In der Titelleiste des Programmfensters erscheint entsprechend der Hinweis »Keine Rückmeldung«? Haben Sie gerade eine Aufgabe angestoßen, die viel Zeit in Anspruch nimmt, sollten Sie dem Programm diese Zeit auch geben und trotz des Hinweises nicht nervös werden. Bei Aktionen hingegen, die im Normalfall blitzschnell erledigt sind, müssen Sie selbst aktiv werden und das Programm beenden. Hierzu können Sie zunächst den Versuch über die Schließen-Schaltfläche in der rechten oberen Fensterecke starten. Alternativ hierzu drücken Sie die Tastenkombination [Alt] + [F4].

Führt beides nicht zum gewünschten Ziel, müssen Sie das Schließen des Programms mithilfe des Task-Managers erzwingen. Um diesen zu starten, drücken Sie die Tastenkombination [Win] + [X] und wählen im Schnellzugriffsmenü den TASK-MANAGER aus. Im Register PROZESSE klicken Sie gegebenenfalls auf MEHR DETAILS, um eine vollständige Übersicht über alle aktiven Prozesse zu erhalten. Diese Prozesse werden in die drei Kategorien APPS, HINTERGRUNDPROZESSE und WINDOWS-PROZESSE unterteilt. Wünschen Sie diese Gruppierung nicht, entfernen Sie im Menü ANSICHT das Häkchen vor NACH TYP GRUPPIEREN.

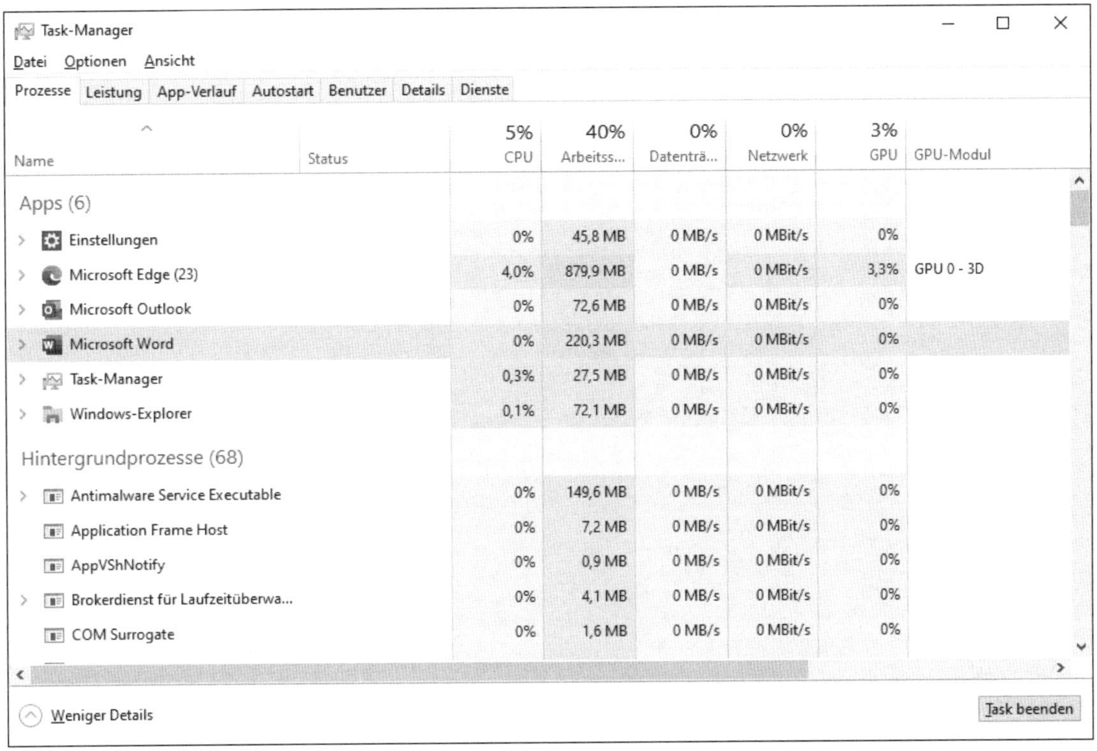

Abbildung 16.18 Mithilfe des Task-Managers lassen sich Programme, die nicht mehr auf Eingaben reagieren, beenden.

Alle Prozesse werden zunächst in alphabetischer Reihenfolge angezeigt. Mit einem Klick auf eine der Spaltenüberschriften können Sie die Sortierung beliebig ändern. Mit einem Klick auf CPU können Sie so z. B. prüfen, welcher Prozess die höchste Prozessorleistung in Anspruch nimmt. Im Zusammenhang mit nicht mehr reagierenden Programmen ist die Spalte STATUS wichtig, denn hier erscheint entsprechend der Hinweis KEINE RÜCKMELDUNG. Sollte die Spalte nicht eingeblendet werden, klicken Sie eine der anderen Spaltenüberschriften mit der rechten Maustaste an und versehen dann im Kontextmenü den Eintrag STATUS mit einem Häkchen. Um ein Programm zu schließen, markieren Sie es und klicken dann unten rechts auf TASK BEENDEN. Bedenken Sie bei diesem Vorgehen immer eines: Durch das abrupte Beenden wird das Programm sofort inklusive aller noch geöffneter Dateien beendet, ohne dass Sie die Möglichkeit haben, die Dateien zuvor noch zu sichern.

In Kapitel 30 erhalten Sie weitere Informationen rund um den Task-Manager. Unter anderem erfahren Sie dort, wie Sie den Task-Manager optimal zur Leistungsüberwachung des Systems einsetzen.

Kapitel 17
Neue Apps für Windows 10

Windows 10 hat bereits einige Apps an Bord, mit denen Sie wichtige Aufgaben sofort erledigen können. Und so manch eine App überrascht dabei mit versteckten, pfiffigen Funktionen.

Es gibt genügend Anwender, die nur milde lächeln, wenn die Rede auf die bereits in Windows 10 integrierten Apps kommt. Bei der Bewertung einer App sollte man allerdings fairerweise immer abwägen, welche Ansprüche man hat und ob sich der Aufwand wirklich immer lohnt, die Anwendung eines Fremdanbieters zu installieren. Ebenfalls nicht außer Acht lassen sollte man den Kostenpunkt, denn immerhin muss für die bereits vorhandenen Apps kein einziger Cent mehr gezahlt werden. In diesem Kapitel stelle ich Ihnen einige der Basis-Apps von Windows 10 vor. Der Fokus liegt dabei nicht darauf, Ihnen bis ins letzte Detail die Bedienung jeder einzelnen App zu erklären, sondern zu zeigen, welchen Nutzen Sie aus ihnen ziehen können. Los geht es mit dem neuen Browser Microsoft Edge Chromium, der sich keineswegs mehr hinter seinen Konkurrenten verstecken muss.

17.1 Der Browser Microsoft Edge Chromium

Microsoft tat sich über viele Jahre ausgesprochen schwer, mit seinem Internet Explorer sowie dem Nachfolger Microsoft Edge gegen die großen Browser-Konkurrenten Mozilla Firefox, Google Chrome oder auch Opera anzukommen. Mit dem im Januar 2020 veröffentlichten neuen Browser Microsoft Edge Chromium änderte sich die Lage. Wie der Name bereits andeutet, basiert der Browser nicht mehr auf der Microsoft-eigenen Technik EdgeHTML, sondern auf Chromium, dem Unterbau von Googles Chrome. Seit Juni 2020 wird Microsoft Edge Chromium kostenlos via Windows Update ausgeliefert und ersetzt automatisch den »Legacy«-Edge. Dass der Austausch auch auf Ihrem Gerät bereits stattgefunden hat, können Sie am einfachsten anhand des neuen Browser-Icons erkennen.

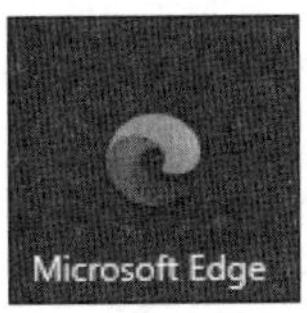

Abbildung 17.1 Die Bezeichnung des Microsoft Edge Chromium auf der Kachel lautet wie beim Vorgänger »Microsoft Edge«.

Trotz der Chromium-Basis handelt es sich beim Microsoft Edge Chromium keineswegs um einen eineiigen Zwilling von Googles Chrome. So schaltete Microsoft in seiner Browser-Version z. B. mehr als 50 Google-Dienste ab bzw. ersetzte sie durch eigene Services. Das Resultat kann sich sehen lassen, wie zahlreiche Vergleichstests zwischen dem Microsoft Edge Chromium, Mozilla Firefox, Google Chrome oder auch Opera zeigen. Gerade beim Stichwort »Performance« kann der neue Browser sehr gut mithalten, aber auch seine Funktionen sind mehr als einen Blick wert. Alles in allem also Grund genug, dem Browser in diesem Buch seinen Platz einzuräumen. Gestartet wird mit ein paar grundlegenden Einstellungen in puncto Startseite, Suchmaschine und mehr.

17.1.1 Startseite, Suchmaschine und Design festlegen

Viel hat sich getan im Vergleich zum Vorgänger, doch eines ist auch beim Microsoft Edge Chromium gleich geblieben: Nach dem Start des Browsers wird in der Standardeinstellung zunächst die Informationsseite von MSN angezeigt. Wer kein Interesse an den von Microsoft ausgewählten Themen des Tages hat, wird recht schnell eine eigene Startseite auswählen wollen. Klicken Sie hierzu in der Symbolleiste oben rechts auf das Symbol MEHR [···] und dann auf EINSTELLUNGEN. Im Tab EINSTELLUNGEN markieren Sie links BEIM START. Eventuell müssen Sie die linke Spalte per Klick auf das Hamburger-Menü [≡] oben links erst einblenden. Aktivieren Sie BESTIMMTE SEITE ODER SEITEN ÖFFNEN, und klicken Sie dann auf NEUE SEITE HINZUFÜGEN. Geben Sie nun die Internetadresse der gewünschten Startseite ein oder, falls Sie eine leere Seite vorziehen, den Text »about:blank«. Bestätigen Sie die Eingabe mit HINZUFÜGEN. Wem eine Startseite nicht ausreicht, kann über NEUE SEITE HINZUFÜGEN beliebig weitere Internetadressen hinzufügen. Microsoft Edge startet in diesem Fall mit mehreren Tabs. Zum Löschen oder Bearbeiten einer Startseite reicht ein Klick auf das Symbol [···] rechts von der Internetadresse und dann die Auswahl des gewünschten Befehls.

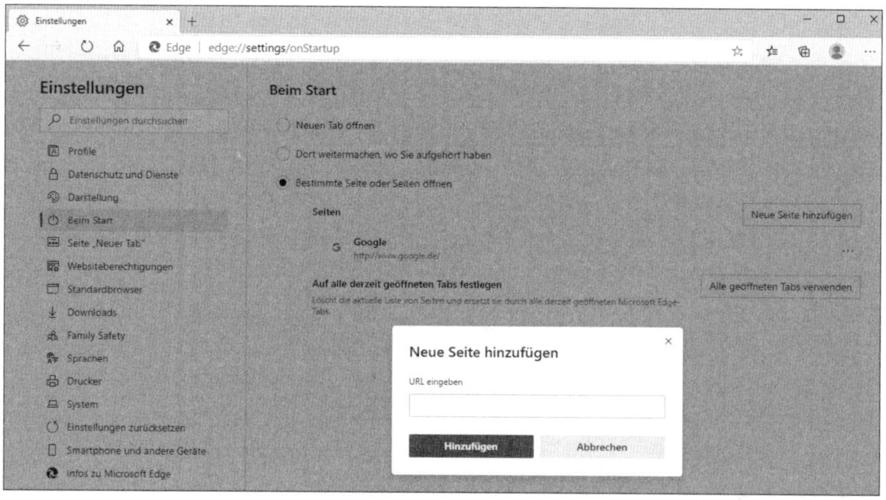

Abbildung 17.2 Sie können nicht nur eine, sondern auch mehrere Startseiten festlegen.

Startseite ist nicht gleich Startseite

Ein Klick auf das Symbol STARTSEITE, und schon wird die damit verknüpfte Webseite im Browser eingeblendet. Dieses Symbol ist Mozilla Firefox-Nutzern wohl bekannt. Auch Microsoft Edge Chromium bietet es, allerdings muss es erst eingeblendet werden. Hierzu rufen Sie über das Symbol MEHR [···] die EINSTELLUNGEN auf und klicken dann links auf DARSTELLUNG. Setzen Sie den Regler SCHALTFLÄCHE »STARTSEITE« ANZEIGEN auf EIN. Das Symbol [⌂] erscheint prompt links vom AKTUALISIEREN-Symbol. Mit einem Klick hierauf öffnet sich zunächst aber die für manch einen leidige MSN-Informationsseite und nicht die gegebenenfalls bereits festgelegte Startseite. Wünschen Sie dies nicht, aktivieren Sie in den Einstellungen die Option URL EINGEBEN. Geben Sie dann die gewünschte Internetadresse ein, und speichern Sie diese.

Einstellungen für neu geöffnete Tabs

Um einen neuen Tab zu öffnen, klicken Sie in der Registerleiste wie üblich auf das Plussymbol. Was diese anzeigen soll, legen Sie ebenfalls über die EINSTELLUNGEN fest. Markieren Sie links SEITE »NEUER TAB«, und klicken Sie dann auf ANPASSEN. Sie können nun eine der drei vorgeschlagenen Layouts im Dialog SEITENLAYOUT markieren oder auch BENUTZERDEFINIERT wählen. In diesem Fall lässt sich über die Regler festlegen, ob die zuletzt besuchten Webseiten – an dieser Stelle DIREKTLINKS genannt – angezeigt werden sollen und ob die Seite durch das Bild des Tages aufgepeppt werden soll. Stören Sie die von MSN ausgewählten Informationen, lassen sich auch diese mit dem Eintrag INHALT AUS im Feld INHALT entfernen.

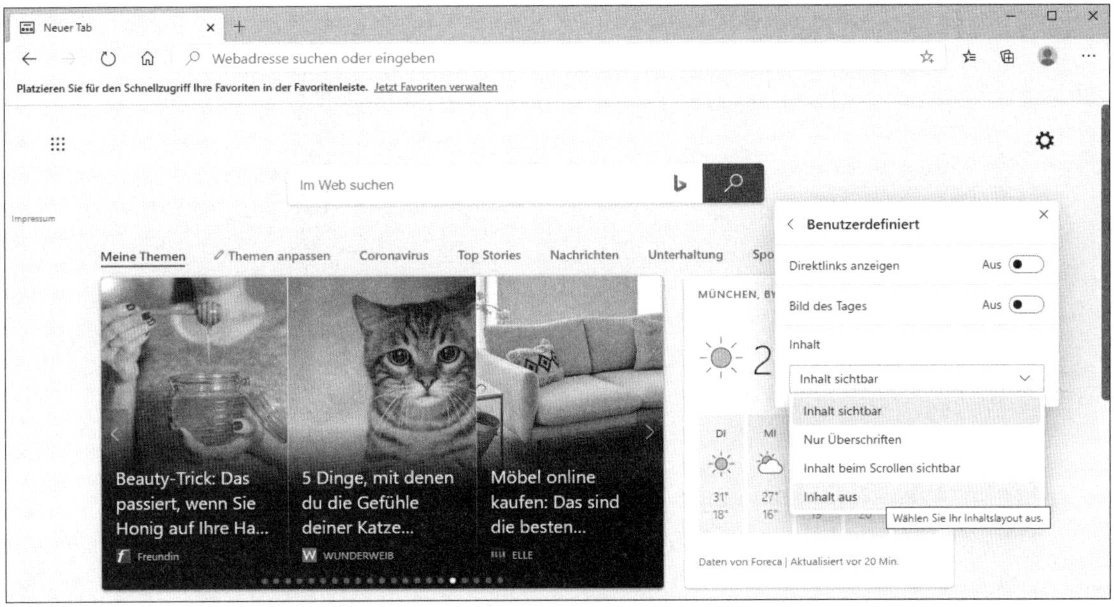

Abbildung 17.3 Wer bei neuen Tabs kein Interesse an MSN-Informationen hat, kann diese über die benutzerdefinierten Einstellungen schnell entfernen.

Suchmaschine ändern

Die Adressleiste, in der Sie die Internetadresse der aufzurufenden Webseite eingeben, fungiert zugleich auch als Suchfeld. Möchten Sie eine Internetrecherche starten, reicht es also, den Suchbegriff direkt in die Leiste einzugeben. Standardmäßig nutzt der Microsoft Edge Chromium allerdings ebenso wie sein Vorgänger Microsofts Suchmaschine *Bing*. Wer den Konkurrenten *Google* vorzieht oder eine Alternative wie etwa die weitaus weniger wissbegierige Suchmaschine *DuckDuckGo* (*https://duckduckgo.com*) oder die ökologische Variante *Ecosia* (*www.ecosia.org*), muss sich wieder in die Einstellungen des Browsers begeben. Nachdem Sie links DATENSCHUTZ UND DIENSTE markiert haben, blättern Sie auf der Seite ganz nach unten und klicken auf den letzten Eintrag ADRESSLEISTE im Bereich DIENSTE. Auf der Seite ADRESSLEISTE können Sie im FELD IN ADRESSLEISTE VERWENDETE SUCHMASCHINE bereits einen der Vorschläge auswählen. Sollte die von Ihnen gewünschte Suchmaschine nicht aufgeführt werden, klicken Sie auf SUCHMASCHINEN VERWALTEN. Über die Schaltfläche HINZUFÜGEN können Sie nun Ihre Lieblingssuchmaschine ergänzen und diese anschließend auf der Seite ADRESSLEISTE im entsprechenden Feld auswählen.

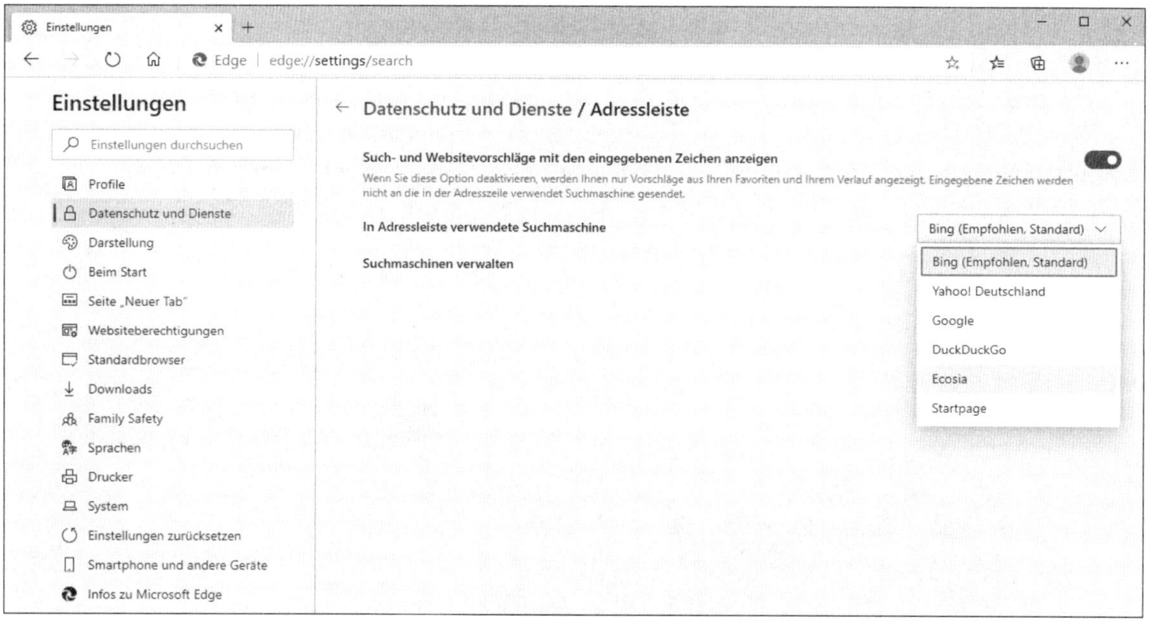

Abbildung 17.4 Bing lässt sich durch eine beliebige andere Suchmaschine ersetzen.

17.1.2 Websites schneller erreichen

Wenn Sie bereits Favoriten in einem anderen Browser angelegt haben, können Sie diese blitzschnell im Microsoft Edge Chromium übernehmen. Hierzu klicken Sie oben rechts auf das Symbol [...], dann auf FAVORITEN • IMPORTIEREN. Nachdem Sie im Feld IMPORTIEREN AUS den gewünschten Browser ausgewählt haben, entfernen Sie die Häkchen vor den Elementen, die nicht aus dem Browser übernommen werden sollen. Nach einem Klick auf Importieren übernimmt Microsoft Edge die ausgewählten Daten.

Seiten als Favoriten hinzufügen

Das Hinzufügen von Seiten zu den Favoriten funktioniert so, wie Sie es sicherlich bereits von anderen Browser kennen: Nach Aufruf der Seite reicht ein Klick auf das Symbol am rechten Rand der Adressleiste. Im folgenden Dialog können Sie einen eingängigen Namen vergeben und den Favorit nach einem Klick auf Mehr in einem Ordner ablegen. Ist noch kein passender Ordner vorhanden, legen Sie diesen über Neuen Ordner schnell an. Sollten sich im Laufe der Zeit viele Favoriten ansammeln, erleichtert Ihnen das Ordnersystem das Wiederfinden einer Webseite. Um später eine der favorisierten Webseiten aufzurufen, klicken Sie in der Symbolleiste auf das Symbol Favoriten, wählen gegebenenfalls den Ordner aus und dann die gewünschte Adresse. Sollte sich die Internetadresse eines Favoriten geändert haben, können Sie diese nach einem rechten Mausklick auf den Favoriteneintrag über den gleichnamigen Befehl Bearbeiten. Wenn Sie einen Eintrag ganz aus der Favoritenliste entfernen möchten, öffnen Sie ebenfalls sein Kontextmenü und wählen dann Löschen.

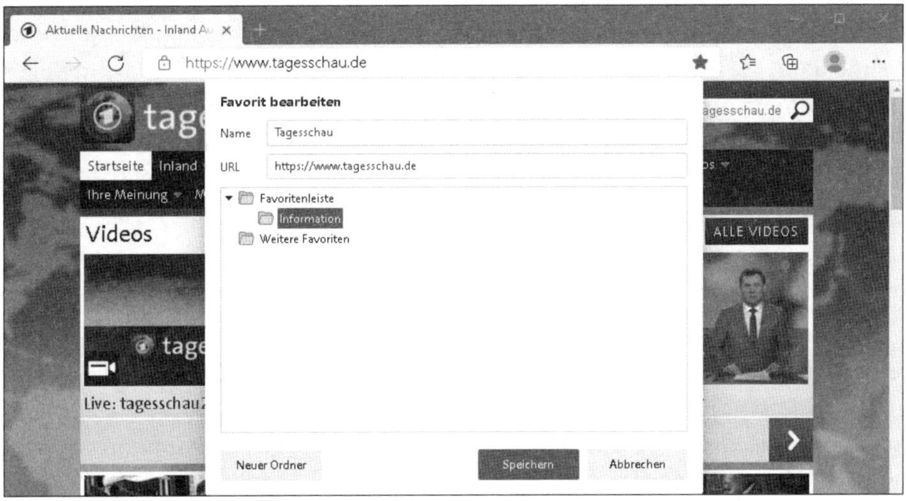

Abbildung 17.5 Zur besseren Übersicht sollten Sie für die Favoriten Ordner anlegen.

Microsoft Edge Chromium geräteübergreifend nutzen

Microsoft Edge Chromium ist zwar speziell für Windows 10 konzipiert worden, es gibt aber auch Versionen für Windows 7/8/8.1 sowie Apps für Android und iOS. Wenn Sie geräteübergreifend z. B. auf Ihre gespeicherten Favoriten zugreifen möchten, müssen Sie sich hierfür beim Browser mit einem Microsoft-Konto anmelden, das Sie auch auf den anderen Geräten nutzen. Hierzu klicken Sie in der rechten oberen Ecke des Programmfensters auf das Profilbild und wählen Anmelden. Wählen Sie nun entweder ein bereits aufgeführtes Konto aus, oder melden Sie sich neu mit der E-Mail-Adresse und dem Kennwort des Kontos an. Im Dialog PROFIL SYNCHRONISIEREN klicken Sie dann auf ANPASSEN. Sie gelangen hierdurch automatisch zu den Einstellungen, die Sie alternativ auch über das Symbol [...] • EINSTELLUNGEN • PROFILE • SYNCHRONISIEREN • SYNCHRONISIERUNG AKTIVIEREN erreichen. Legen Sie nun über die Regler fest, welche Daten synchronisiert werden sollen. Zur Auswahl stehen u. a. Favoriten, Einstellungen, Adressen, Kennwörter und mehr. BESTÄTIGEN Sie Ihre Änderungen. Sollten Sie die Synchronisierung wieder deaktivieren wollen, rufen Sie erneut die Seite PROFILE/SYNCHRONISIEREN in den Einstellungen von Microsoft Edge Chromium auf und klicken auf SYNCHRONISIERUNG DEAKTIVIEREN. Um sich im Browser vom Microsoft-Konto abzumelden, klicken Sie auf das Profilsymbol, dann auf PROFILEINSTELLUNGEN VERWALTEN und schließlich auf ABMELDEN.

Webseite anpinnen

Favoriten sind durchaus praktisch, manchmal ist der Weg aber auch zu aufwendig, wenn Sie eine Webseite lediglich für einen späteren Zeitpunkt kennzeichnen möchten. Fehlt Ihnen an einem Tag z. B. die Zeit, einen Artikel in Ruhe zu Ende zu lesen, verankern Sie die Webseite einfach fest im Programmfenster des Browsers. Hierzu reicht ein Klick auf den Registerreiter der Webseite und dann die Auswahl des Befehls TAB ANPINNEN. Der Tab wird nun am linken Rand des Programmfensters in etwas minimierter Form angezeigt. Wann immer Sie den Browser zukünftig starten, finden Sie den angehefteten Tab an dieser Position und gelangen mit einem Klick darauf blitzschnell zur gewünschten Webseite. Um den Tab wieder zu entfernen, klicken Sie ihn wieder mit der rechten Maustaste an und wählen TAB LÖSEN.

Webseite als App installieren

Wie zaubert man aus einer Webseite eine eigenständige App, die sich sogar über die App-Liste des Startmenüs aufrufen lässt? Im Microsoft Edge Chromium sind hierfür nur wenige Mausklicks nötig, und schon ist die sogenannte *Progressive Web App* (kurz *PWA*), also eine Webseite mit den Eigenschaften einer App, eingerichtet: Rufen Sie die gewünschte Website auf, und klicken Sie dann auf MEHR • APPS • DIESE SITE ALS EINE APP INSTALLIEREN. Geben Sie im Dialog APP INSTALLIEREN einen kurzen, griffigen Namen für die gleich erzeugte App ein, und bestätigen Sie mit INSTALLIEREN.

Die Website wird sofort aus dem Browser ausgelagert und als eigenständiges Fenster angezeigt. Werfen Sie einen Blick in das Startmenü, finden Sie für die App einen eigenen Eintrag. Ein rechter Mausklick hierauf, und es werden die klassischen Befehle einer App zum Anheften an das Startmenü oder auch die Taskleiste und natürlich auch zum Deinstallieren eingeblendet. Letzteres können Sie auch über den Browser erledigen, indem Sie hier nacheinander auf MEHR [...] • APPS • APPS VERWALTEN klicken. In der folgenden Liste finden Sie jeweils rechts von einem App-Namen ein Kreuzsymbol. Nach einem Klick hierauf müssen Sie noch festlegen, ob die Daten der App in Microsoft Edge ebenfalls gelöscht werden sollen, bevor Sie mit ENTFERNEN bestätigen.

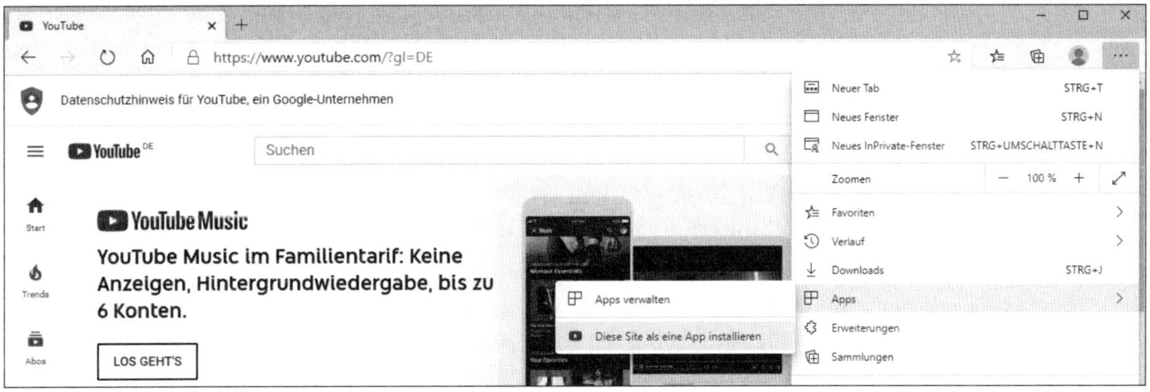

Abbildung 17.6 Mit wenigen Klicks wird aus der Website eine eigenständige App.

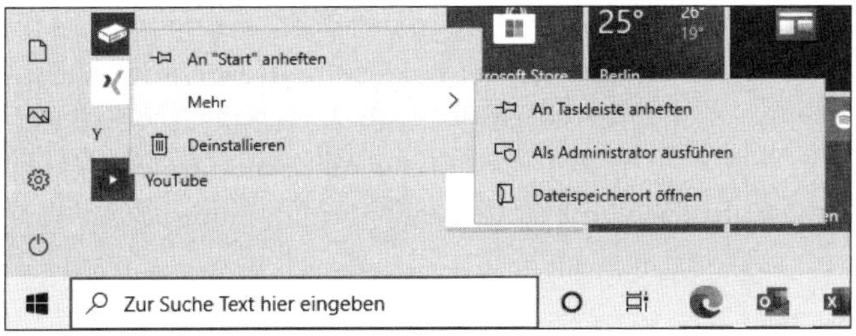

Abbildung 17.7 Für die erzeugte App findet sich im Startmenü ein eigener Eintrag.

Einige Unternehmen bieten bereits eigens programmierte PWAs an, die im Vergleich zu ihren UWP-App-Kollegen deutlich schlanker und somit schneller sind. Beispiele hierfür sind Pinterest, Twitter, Facebook, BMW, NASA und viele mehr. Rufen Sie z. B. die Webseite *maps.google.de* auf und wählen MEHR • APPS, wird nicht der Befehl DIESE SITE ALS EINE APP INSTALLIEREN angezeigt, sondern direkt INSTALLIEREN SIE GOOGLE MAPS. Durch diese Form der Installation sparen Sie sich den manchmal doch recht umständlichen Weg über den Microsoft Store.

17.1.3 Datenschutz und Sicherheit im Microsoft Edge Chromium

Bei den Themen Datenschutz- und Sicherheitseinstellungen hat sich beim Browser Microsoft Edge Chromium im Vergleich zu seinem Vorgänger einiges verändert. Manche Voreinstellungen sind bereits recht gut, manches sollte aber durchaus noch nachgeschärft werden, sofern einem die eigene Privatsphäre und die Sicherheit am Herzen liegen. Um die Einstellungen zu überprüfen, klicken Sie im Browser oben rechts auf das Symbol MEHR [···] und dann auf EINSTELLUNGEN.

Kennwörter, Zahlungsinformationen und mehr speichern oder nicht?

Wann immer Sie sich etwa bei einem Onlineshop oder einem sozialen Netzwerk mit Ihrem Benutzernamen und dem Passwort anmelden, bietet Ihnen der Browser an, diese Daten für Sie zu speichern. Stimmen Sie dem zu, müssen Sie bei der nächsten Anmeldung auf der Webseite nur noch den Benutzernamen auswählen, und schon ergänzt Edge automatisch das dazugehörige Kennwort. Dieses Vorgehen ist sicherlich praktisch, Sie sollten dabei aber eines nicht vergessen: Der Service steht nicht nur Ihnen zur Verfügung, sondern auch jedem anderen, der Zugang zu Ihrem Computer hat. Dabei kann es sich um die Personen handeln, die den PC gemeinsam mit Ihnen nutzen, aber ebenso auch um Schadprogramme, die die sensiblen Daten auslesen. Sollte also jemals die falsche Person diese Daten in die Hände bekommen, kann sie sich bequem in Ihrem Namen auf den entsprechenden Webseiten anmelden und Ihnen so womöglich großen Schaden zufügen. Statt die sensiblen Daten im Browser selbst zu speichern, sollten Sie aus Sicherheitsgründen einen Passwort-Manager wie *LastPass* (*www.lastpass.com/de*) oder auch *1Password* (*www.1password.com/de*) einsetzen.

Möchten Sie dafür sorgen, dass Microsoft Edge Chromium Sie zukünftig nicht mehr mit Fragen zum Speichern der sensiblen Daten nervt, markieren Sie in den Einstellungen links die PROFILE und klicken dann rechts auf KENNWÖRTER. Auf der Folgeseite deaktivieren Sie die Regler AUFFORDERUNG ZUM SPEICHERN VON KENNWÖRTERN und AUTOMATISCH ANMELDEN. Sollten Sie bereits Kennwörter gespeichert haben, können Sie diese im Bereich GESPEICHERTE KENNWÖRTER nach einem Klick auf das Symbol [···] rechts von der entsprechenden Website löschen.

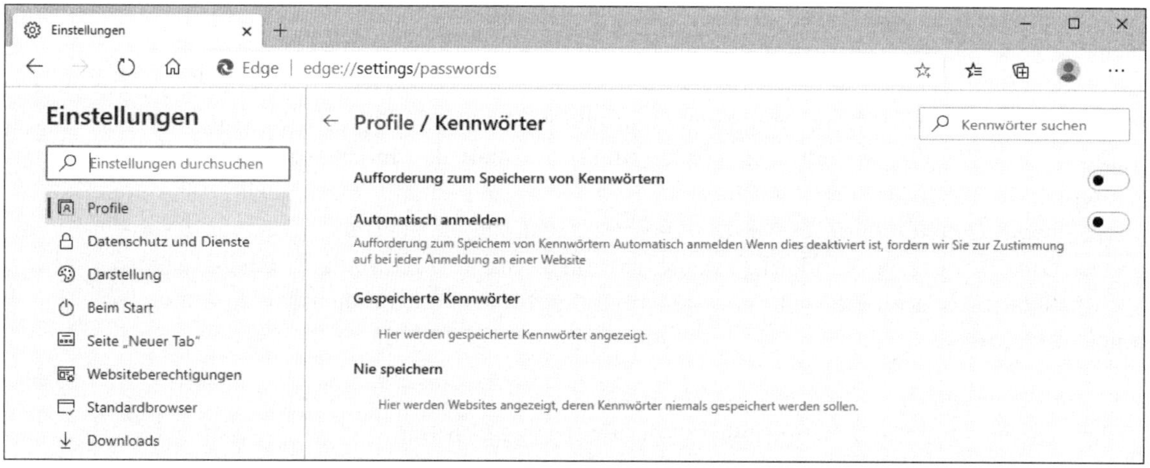

Abbildung 17.8 Aus Sicherheitsgründen sollten Sie dem Browser nicht das Speichern von Kennwörtern, Zahlungsinformationen und mehr überlassen.

Nach einem erneuten Klick auf PROFILE wiederholen Sie das Vorgehen für Zahlungsinformationen, Adressen und mehr.

Tracking-Schutz

Als Nächstes sollten Sie in den Einstellungen den Bereich DATENSCHUTZ UND DIENSTE unter die Lupe nehmen, in dem es in erster Linie um die Bewahrung Ihrer Privatsphäre geht. Für viele Websitebetreiber ist es z. B. hochinteressant, welche Webseiten Sie im Internet besuchen. Anhand Ihres Surfverhaltens versuchen sie, so viel wie möglich über Ihre Interessen herauszufinden und die perfekte Werbung für Sie auf den Webseiten einzublenden. Der im Microsoft Edge Chromium integrierte Tracking-Schutz verhindert eine solche Nachverfolgung, vorausgesetzt, der Regler TRACKING-VERHINDERUNG ist auch eingeschaltet. Unterhalb des Reglers können Sie zwischen drei Sicherheitsstufen auswählen. Mit der Stufe EINFACH werden lediglich bereits bekannte und als schädlich eingestufte Tracker blockiert, alle anderen lässt der Browser auf einer Webseite zu. Ist die Stufe STRENG ausgewählt, werden fast alle Tracker einer Webseite gesperrt, was in manchen Fällen zu Anzeigeproblemen auf der Seite führen kann. Einen guten Mittelweg stellt die Stufe AUSGEWOGEN dar, die zumeist auch voreingestellt ist.

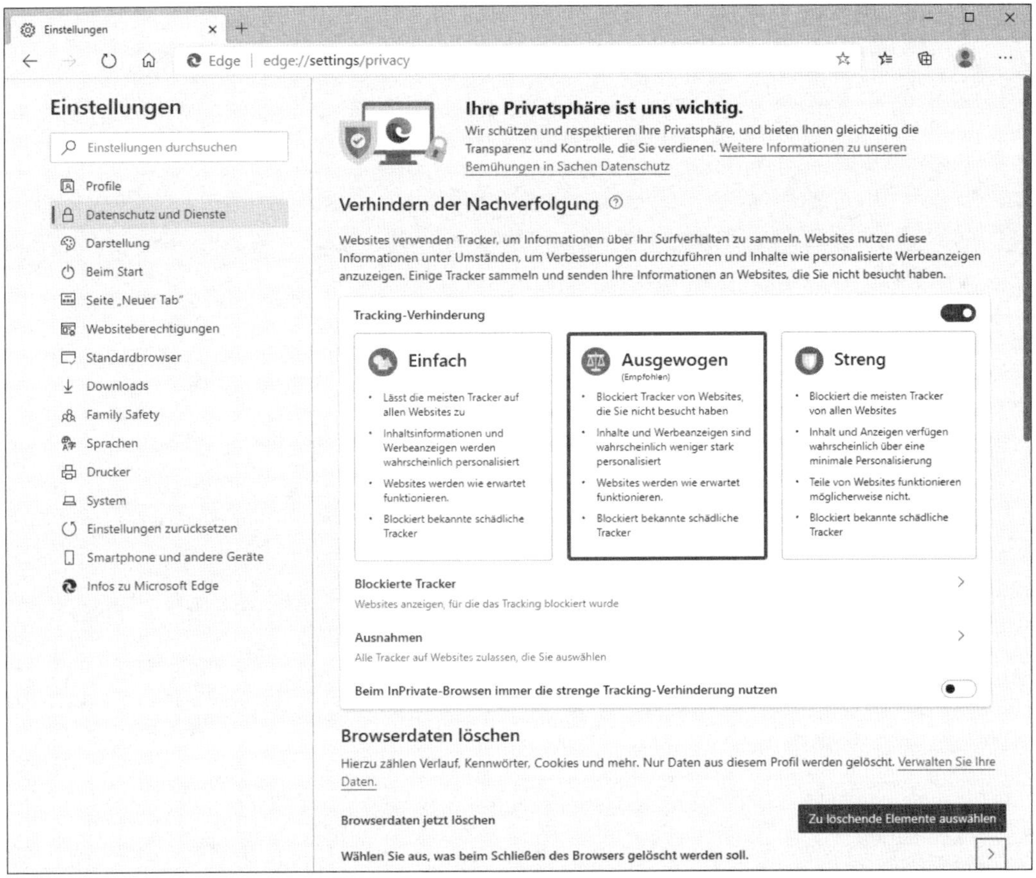

Abbildung 17.9 Der integrierte Tracking-Schutz verhindert die Nachverfolgung durch allzu wissensdurstige Websitebetreiber.

Browserdaten löschen

Während Sie im Internet surfen, protokolliert Microsoft Edge Chromium automatisch, welche Webseiten Sie besucht haben. Klicken Sie auf das Symbol Mehr und dann auf Verlauf, erhalten Sie eine Liste der zuletzt besuchten Webseiten. Auch hier gilt aber: Der Zugriff ist nicht nur Ihnen möglich, sondern allen, die Zugriff auf Ihren Computer erlangen. Abgesehen vom Verlauf speichert der Browser Cookies, AutoAusfüllen-Formulardaten und mehr. Wenn Sie dem Datenmissbrauch vorbeugen möchten, sollten Sie diese regelmäßig löschen. Hierzu klicken Sie auf der Seite Datenschutz und Dienste der Browsereinstellungen auf Zu löschende Elemente auswählen, wählen im Dialog Browserdaten löschen den gewünschten Zeitbereich aus und aktivieren dann die Kontrollkästchen der Daten, die gelöscht werden sollen. Mit Jetzt löschen wird der Browserverlauf geleert. Soll der Browserverlauf zukünftig bei jedem Schließen des Programmfensters gelöscht werden, klicken Sie auf der Seite Datenschutz und Dienste auf Wählen Sie aus, was beim Schliessen des Browsers gelöscht werden soll. Schalten Sie die Regler rechts von den zu löschenden Daten ein.

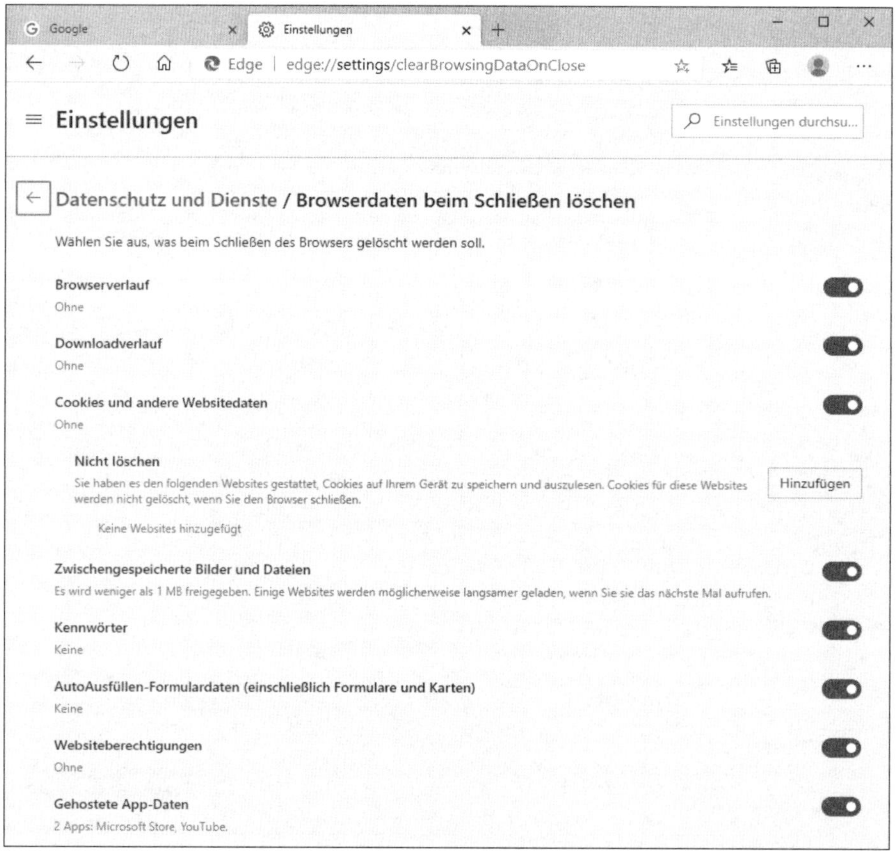

Abbildung 17.10 Wählen Sie aus, welche Daten automatisch beim Schließen von Microsoft Edge Chromium gelöscht werden sollen.

Das Löschen des Browserverlaufs, der Cookies, Adressen, Kennwörter und mehr erreichen Sie auch, indem Sie den InPrivate-Modus beim Surfen nutzen. Dieser wird selbstverständlich auch vom Microsoft Edge Chromium unterstützt. Zum Start klicken Sie auf das Symbol [···] und wählen dann NEUES INPRIVATE-FENSTER. Sobald Sie dieses Fenster wieder schließen, werden automatisch auch die Browserdaten gelöscht.

Schutz vor schädlichen Websites und Downloads

Es gibt immer mehr Websites, die versuchen, sicherheitskritische Daten wie Passwörter auszuspionieren oder heimlich schädliche Software auf dem Gerät zu installieren. Auf solche Websites gelangt man z. B. über Werbungen oder auch über die in Phishing-Mails enthaltenen Links. Der in Windows 10 integrierte *Microsoft Defender SmartScreen* bietet hier einen sehr guten Schutz, indem er jede besuchte Website auf verdächtiges Verhalten hin untersucht und mit einer Liste von gemeldeten Phishing-Websites und Websites mit Schadsoftware vergleicht. Wird der SmartScreen fündig, wird eine entsprechende Warnung eingeblendet. Um sicherzustellen, dass die Funktion im Microsoft Edge Chromium aktiviert ist, rufen Sie im Browser EINSTELLUNGEN • DATENSCHUTZ UND DIENSTE auf.

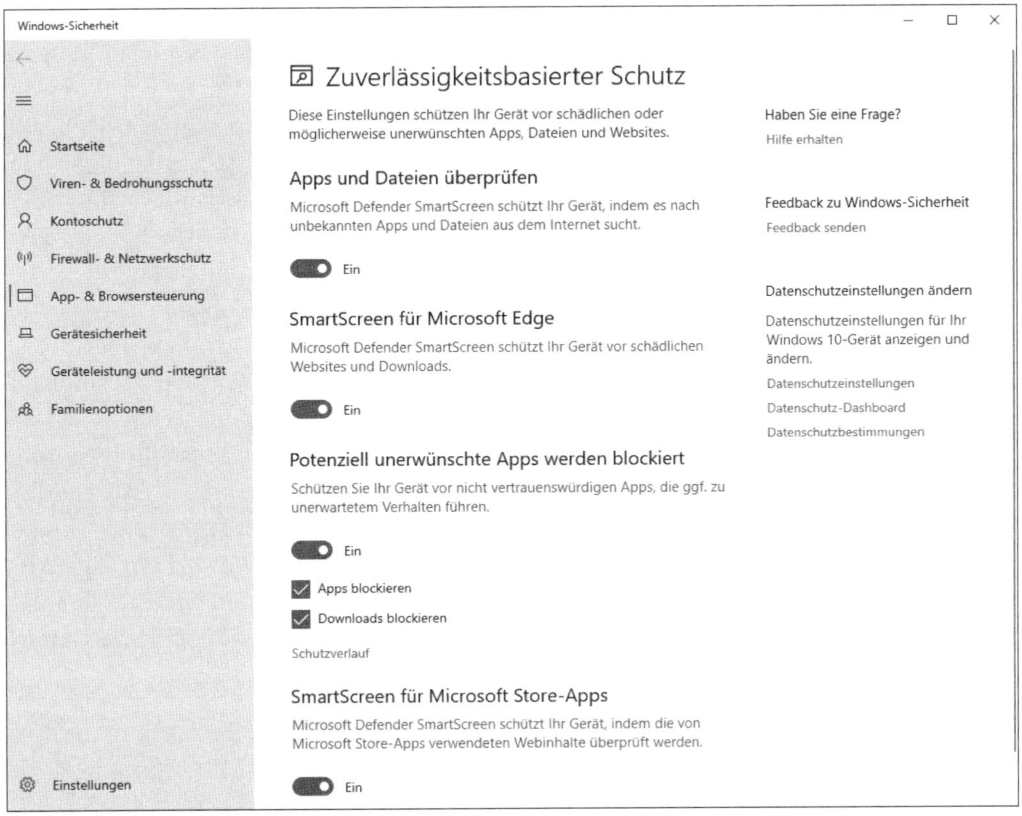

Abbildung 17.11 Der Microsoft Defender SmartScreen lässt sich auch über das Windows-Sicherheit-Center konfigurieren.

Blättern Sie auf der Seite nach unten bis zum Bereich SICHERHEIT. Zusätzlich zum Regler MICROSOFT DEFENDER SMARTSCREEN sollte auch POTENZIELL UNERWÜNSCHTE APPS BLOCKIEREN eingeschaltet sein. Bei diesen potenziell unerwünschten Apps (kurz *PUAs* genannt) handelt es sich nicht um Schadsoftware, sondern um Programme, die z. B bei der Installation eines kostenlosen Windows-Programms zusätzlich auf dem Gerät installiert werden. Solche PUAs können z. B. unerwünschte Werbung einblenden oder auch das Surfverhalten des Nutzers aufzeichnen und an Werbetreibende weiterleiten. Ist der gerade erwähnte Regler gesetzt, blockiert der Browser den Download von PUAs.

Die Einstellung lässt sich alternativ auch über die Kategorie APP- & BROWSERSTEUERUNG des Windows-Sicherheit-Centers vornehmen. Zum Aufruf der entsprechenden Seite geben Sie im Suchfeld der Taskleiste »Zuverlässigkeitsbasierter Schutz« ein und öffnen den gleichnamigen Treffer der Systemsteuerung. Über die jeweiligen Regler können Sie nun den Microsoft Defender SmartScreen für diverse Bereiche wie den Microsoft Edge oder auch für Microsoft Store-Apps aktivieren und dafür sorgen, dass unerwünschte Apps und Downloads blockiert werden.

Websiteberechtigungen prüfen

Darf Microsoft Edge Chromium auf das Mikrofon, die Kamera oder auch Ihren Standort zugreifen, wenn eine Webseite dies fordert? Und wie sieht es mit dem Umgang mit Cookies aus? Gerade Letztere werden im Zusammenhang mit dem Datenschutz sehr kritisch begutachtet. Die Textdateien enthalten zwar keine Viren, sie sammeln aber Daten, über die sich Ihr Surfverhalten ausspionieren lässt. Bei der Beurteilung von Cookies muss berücksichtigt werden, ob es sich um sogenannte *Erstanbieter-Cookies* oder *Drittanbieter-Cookies* handelt. Erstanbieter-Cookies werden von der Webseite gesammelt, auf der Sie sich gerade befinden. Hier sind Cookies teilweise nötig, um z. B. den Inhalt des Warenkorbs festzuhalten. Die Drittanbieter-Cookies werden dagegen von Drittanbietern wie Werbeunternehmen oder Social-Media-Diensten erfasst. Während Letztere unerwünscht sind, führt an den Erstanbieter-Cookies häufig kein Weg vorbei, sofern man das Angebot einer Webseite nutzen möchte. Wie Microsoft Edge Chromium mit Cookies umgeht, prüfen Sie in seinen Einstellungen unter WEBSITEBERECHTIGUNGEN. Nach einem Klick auf COOKIES UND WEBSITEDATEN stellen Sie sicher, dass ZULASSEN, DASS WEBSITES COOKIEDATEN SPEICHERN UND LESEN (EMPFOHLEN) aktiviert, COOKIES VON DRITTANBIETERN BLOCKIEREN hingegen deaktiviert ist. Über ALLE COOKIES UND WEBSITEDATEN ANZEIGEN können Sie sich nicht nur einen Eindruck über bisher gespeicherte Cookies verschaffen, sondern sie über die entsprechende Schaltfläche auch gleich alle entfernen.

Kehren Sie anschließend wieder zur Seite WEBSITEBERECHTIGUNGEN zurück, sollten Sie auch die weiteren Einstellungen genau überprüfen. Möchten Sie z. B. den Zugriff auf den Standort, die Kamera oder auch das Mikrofon unterbinden, müssen Sie auf den jeweiligen

Seiten die Regler VOR DEM ZUGRIFF FRAGEN (EMPFOHLEN) ausschalten. Ein besonderes Augenmerk sollten Sie auf ADOBE FLASH und POPUPS UND UMLEITUNGEN legen, die aus Sicherheitsgründen auf jeden Fall blockiert werden sollten.

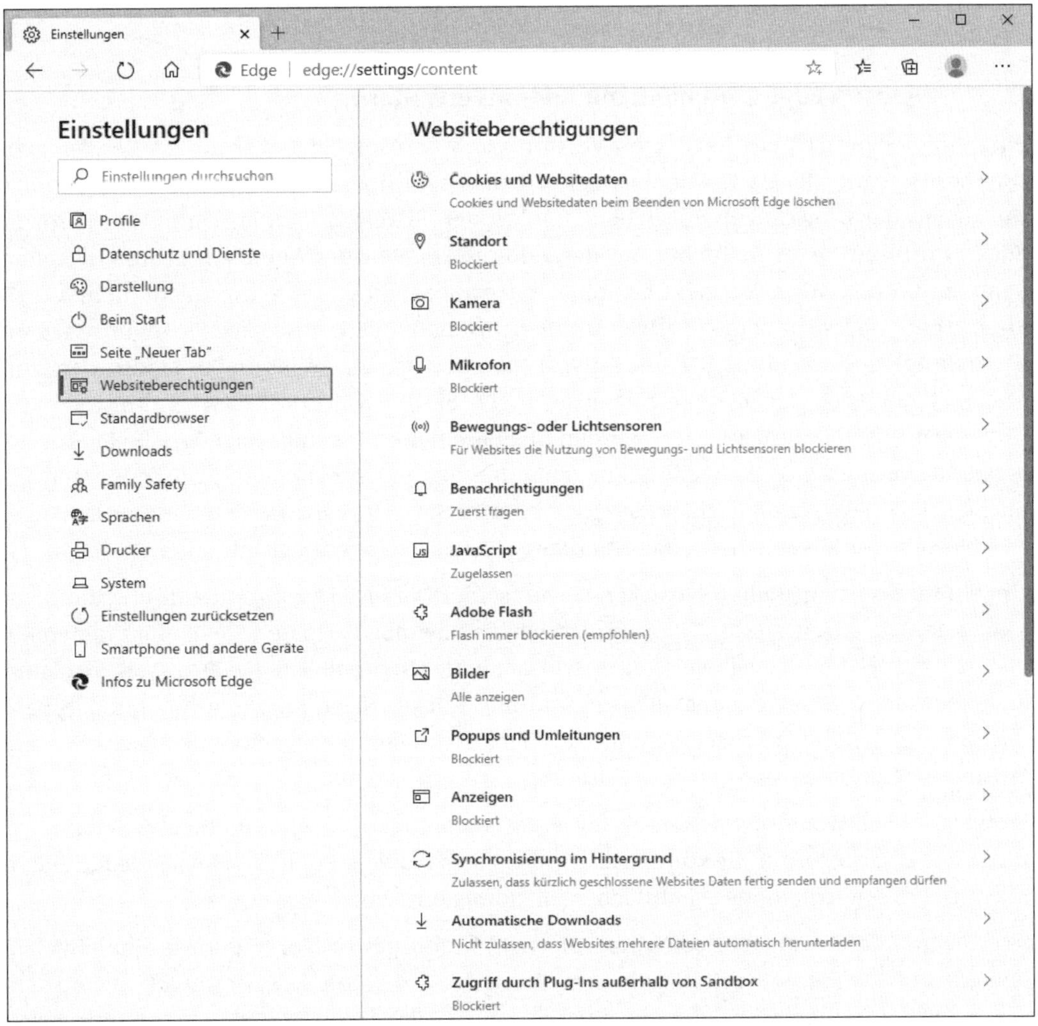

Abbildung 17.12 Die Websiteberechtigungen sollten genau überprüft werden.

Weniger gefährlich, dafür aber manchmal recht lästig ist es, wenn beim Besuch einer Website plötzlich ein Video startet, ohne dass Sie selbst dies veranlasst haben. Auch wenn sich der Ton schnell per Klick auf das Lautsprechersymbol in der Adressleiste ausschalten lässt, wäre es natürlich noch besser, wenn die Wiedergabe gar nicht erst starten würde. Leider lässt sich dies im Microsoft Edge Chromium nicht mehr vollständig blockieren. Um die Wiedergabe wenigstens einzuschränken, blättern Sie auf der Seite WEBSITEBERECHTIGUNGEN ganz nach unten und klicken dort auf AUTOMATISCHE MEDIENWIEDERGABE. Auf der folgenden Seite haben Sie im Feld STEUERN SIE DIE AUTOMATISCHE AUDIO- UND VIDEOWIEDERGABE AUF WEBSITES die Wahl zwischen ZULASSEN und EINSCHRÄNKEN.

17.1.4 Microsoft Edge Chromium mit Add-ons erweitern

Eine große Schwachstelle der ersten Version von Microsoft Edge war die im Vergleich zu Browsern wie Mozilla Firefox oder Google Chrome sehr überschaubare Anzahl an Add-ons, mit denen der Browser um zusätzliche Funktionen erweitert werden kann. Da Microsoft Edge Chromium nicht mehr nur auf das Add-on-Angebot des Microsoft Stores zugreifen kann, sondern auch auf Googles Chrome Web Store, besteht dieses Manko nicht mehr. Wenn Sie sich eine Übersicht über die Erweiterungen ansehen möchten, klicken Sie im Browser auf das Symbol [...] und wählen dann ERWEITERUNGEN (siehe Abbildung 17.13). Zu den von Microsoft angebotenen Erweiterungen gelangen Sie per Klick auf ERWEITERUNGEN FÜR MICROSOFT EDGE ABRUFEN. Diese werden in einem neuen Tab angezeigt. Wissen Sie bereits genau, welches Add-on Sie benötigen, geben Sie den entsprechenden Namen einfach ins Suchfeld ein. Nach Auswahl einer Kategorie können Sie sich aber auch erst in Ruhe das Angebot ansehen. Details zu einem Add-on erhalten Sie nach einem Klick auf seine Vorschau.

Um ein Add-on zu installieren, klicken Sie auf seiner Detailseite auf ABRUFEN und dann auf ERWEITERUNG HINZUFÜGEN. Nach erfolgreichem Download erhalten Sie in einer neuen Registerkarte meist einige Hinweise zum Add-on. In der Symbolleiste des Browsers erscheint zudem das Icon des gerade installierten Add-ons. Klicken Sie auf das Symbol und dann auf das Zahnradsymbol, um gegebenenfalls auf der anschließend angezeigten Webseite weitere Einstellungen für das Add-on vorzunehmen.

Wenn Sie eine Erweiterung wieder entfernen möchten, rufen Sie erneut über das Symbol [...] die ERWEITERUNGEN auf. Sie können das Add-on nun entweder über den Regler deaktivieren oder über die gleichnamige Schaltfläche vollständig entfernen.

Sind Sie im Add-on-Angebot von Microsoft nicht fündig geworden, sollten Sie einen Blick in den *Chrome Web Store* werfen (siehe Abbildung 17.14). Um die Erweiterungen aus diesem Store auch installieren zu können, müssen Sie auf der Seite ERWEITERUNGEN zunächst unten links den Regler LASSEN SIE ERWEITERUNGEN AUS ANDEREN STORES ZU auf EIN setzen und den folgenden Hinweis mit ZULASSEN bestätigen. Zum Chrome Web Store gelangen Sie, indem Sie auf der Seite ERWEITERUNGEN den Link CHROME WEB STORE anklicken. Das weitere Vorgehen erfolgt wie beim Microsoft Store: Suchen Sie sich das gewünschte Add-on aus. Auf seiner Detailseite klicken Sie dann auf HINZUFÜGEN und bestätigen mit ERWEITERUNG HINZUFÜGEN.

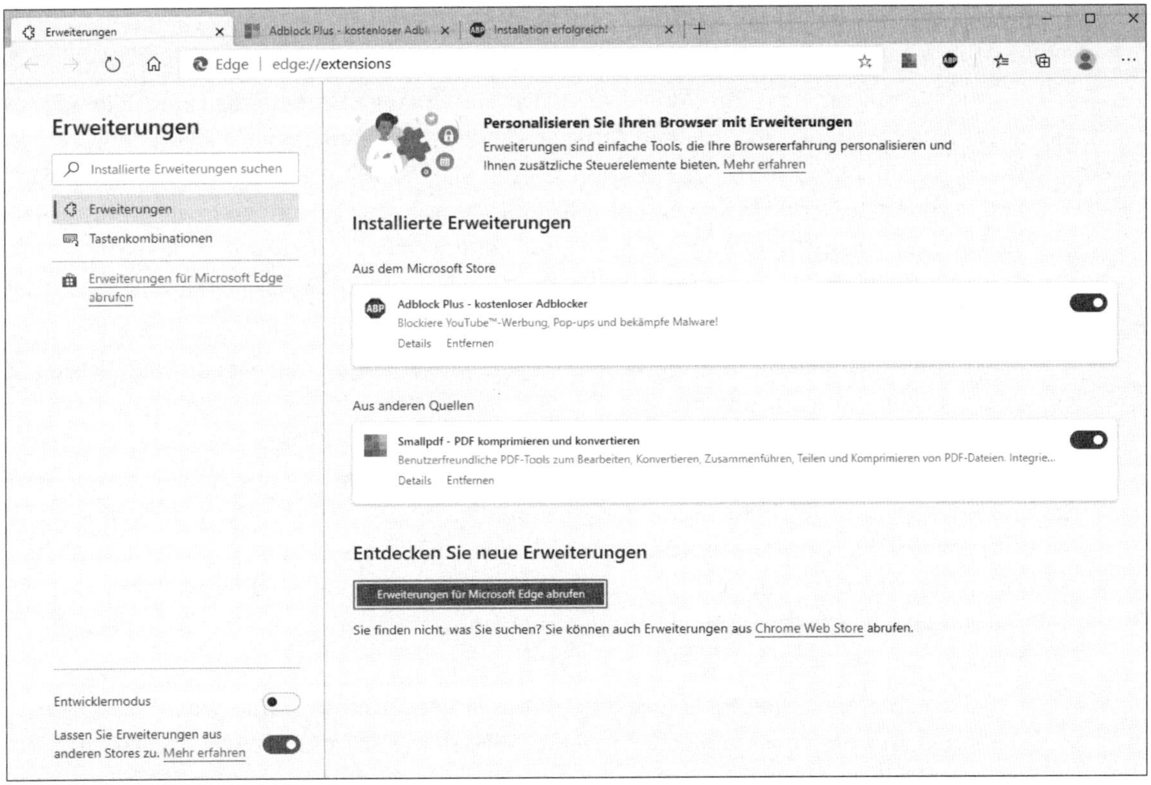

Abbildung 17.13 Über die »Erweiterungen« rufen Sie die Add-ons aus dem Microsoft Store und dem Chrome Web Store auf.

Abbildung 17.14 Die Add-ons aus dem Chrome Web Store sind schnell im Microsoft Edge Chromium hinzugefügt.

17.1.5 Und noch ein paar pfiffige Funktionen zum Schluss

Microsoft Edge Chromium bietet noch so einige interessante Funktionen, die nicht sofort ins Auge springen. Sind Ihre Augen z. B. nach einem langen Arbeitstag müde, Sie würden aber gerne noch einen spannenden Artikel zu Ende lesen? Dann lassen Sie sich den Text einfach vorlesen. Zum Aufruf der Funktion klicken Sie auf das Symbol [···] und wählen dann LAUT VORLESEN. Der Browser beginnt sofort mit dem Vorlesen. Sagt Ihnen die Stimme nicht zu, klicken Sie in der Symbolleiste am oberen Seitenrand auf OPTIONEN FÜR »LAUT VORLESEN«. Im folgenden Dialog können Sie nicht nur eine andere Stimme auswählen, sondern auch die Sprechgeschwindigkeit anpassen.

Eine weitere spannende Funktion sind die sogenannten *Sammlungen*, denen Sie Webseiten, Bilder, Texte und mehr hinzufügen können. Was die Sammlungen ermöglichen, lässt sich am besten anhand eines kleinen Beispiels zeigen, in dem zum Thema »E-Bike« im Internet recherchiert werden soll. Um eine erste Sammlung anzulegen, reicht ein Klick auf das Symbol SAMMLUNGEN in der Symbolleiste von Microsoft Edge Chromium. In der Spalte, die nun am rechten Bildschirmrand eingeblendet wird, klicken Sie auf NEUE SAMMLUNG STARTEN und geben der Sammlung einen Namen. Nun kann die Recherche und damit auch die Sammlung von Informationen beginnen. Hier ein paar Varianten, was Sie im Einzelnen der Sammlung hinzufügen können:

- Bei der Internetrecherche entdeckt man immer wieder interessante Webseiten, die man später gerne nochmals aufsuchen möchte. Mit einem Klick auf AKTUELLE SEITE HINZUFÜGEN wird die Adresse der aktuell besuchten Webseite in der Sammlung aufgenommen.
- Eigentlich benötigen Sie nur einen kleinen Textabschnitt einer Webseite? Dann markieren Sie diesen mit gedrückter linker Maustaste. Ziehen Sie den Abschnitt dann ebenfalls mit gedrückter linker Maustaste nach rechts in die Spalte Ihrer Sammlung.
- Was mit einem Textabschnitt funktioniert, gelingt auch mit Bildern. Auch diese lassen sich direkt aus einer Webseite heraus per Drag & Drop in die Sammlungen-Spalte ziehen.
- Fallen Ihnen noch ein paar Stichworte ein, die Sie im Zusammenhang mit dem Thema Ihrer Internetrecherche nicht vergessen dürfen? Dann klicken Sie am oberen Rand der Spalte rechts von AKTUELLE SEITE HINZUFÜGEN auf das Symbol . Am unteren Rand der Spalte ist nun Platz, um eine eigene Notiz hinzuzufügen.

Klicken Sie eine der hinzugefügten Informationen an, gelangen Sie automatisch zu der Webseite, auf der Sie sie entnommen haben. Benötigen Sie ein Bild, einen Text oder auch einen Link nicht mehr, bewegen Sie den Mauszeiger auf das entsprechende Element und versehen das nun sichtbare Kontrollkästchen mit einem Häkchen. Über das Papierkorbsymbol in der kleinen Symbolleiste oder durch Drücken der Taste [Entf] lässt sich das Element aus der Sammlung entfernen.

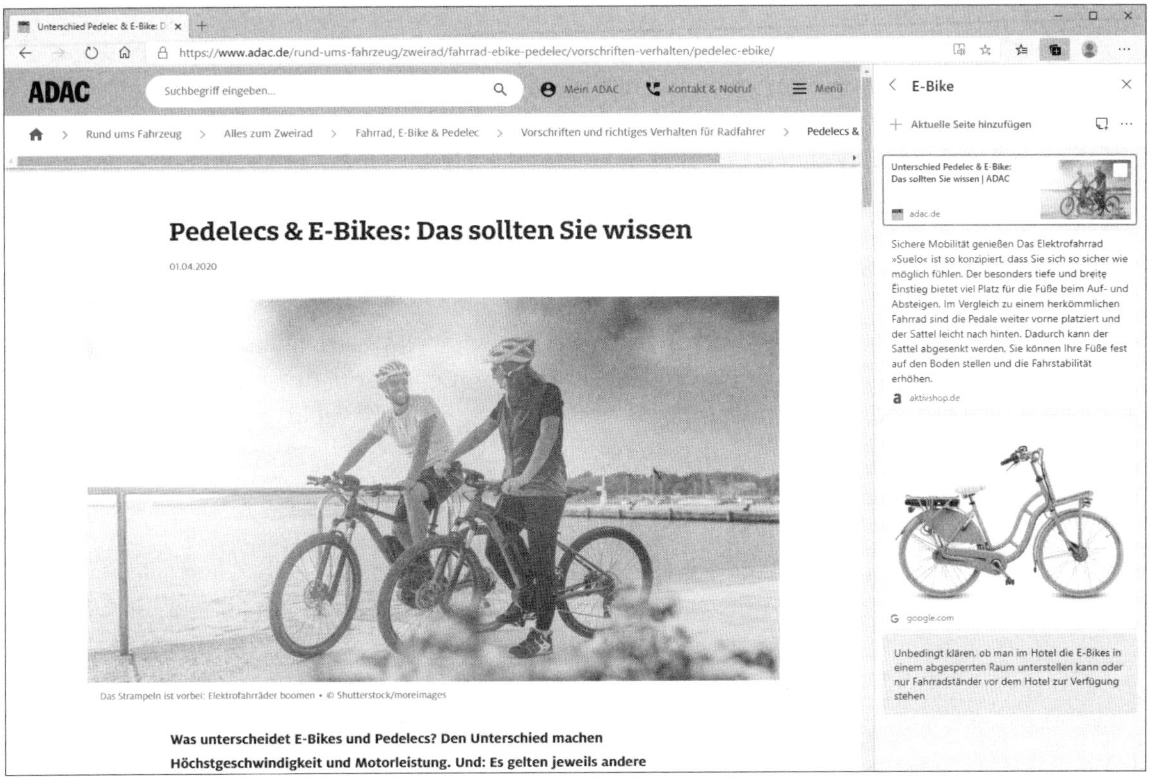

Abbildung 17.15 Ob Link, Textauszug, Bilder oder eigene Notizen: In einer Sammlung lässt sich alles zusammenfassen.

Wenn Sie die Sammlung zwischenzeitlich schließen möchten, klicken Sie auf das Schließen-Symbol rechts vom Sammlungsnamen. Über den Pfeil links gelangen Sie wiederum zur Einstiegsseite der Sammlungen, auf der Sie bereits bestehende Sammlungen auswählen oder eine neue Sammlung starten. Die gesamte Spalte lässt sich auch über das Symbol [⧉] in der Symbolleiste des Microsoft Edge Chromium ausblenden. Sind Sie mit einem Microsoft-Konto im Microsoft Edge Chromium angemeldet, das Sie auch für die Office-Anwendungen Word oder Excel nutzen, können Sie eine Sammlung an das gewünschte Programm senden. Die entsprechenden Befehle werden Ihnen nach einem Klick auf das Symbol [···] in der Sammlungen-Spalte angeboten. Ist die Internetrecherche beendet und Sie benötigen all die gesammelten Informationen nicht mehr, blenden Sie die Sammlungsübersicht ein, markieren die gewünschte Sammlung und drücken dann die Taste [Entf].

E-Books und Formulare im PDF-Format ansehen und bearbeiten

Microsoft Edge Chromium ist nicht nur das Standardprogramm zum Öffnen von Webseiten, sondern auch für PDF-Dateien. Nach dem Öffnen der Datei erscheint unterhalb der Adressleiste des Browsers eine zusätzliche Symbolleiste: Handelt es sich um ein mehrseitiges Dokument, können Sie über das Feld am linken Rand gezielt zu einer bestimmten Seite navigieren. Die Anzeigegröße passen Sie über das Plus- und Minussymbol an. Falls ein Dokument versehentlich verkehrt herum eingescannt wurde, lässt sich die Ausrichtung über das Symbol DREHEN korrigieren. Ein Klick auf das Symbol, und das Dokument wird optimal an die Breite des Browserfensters angepasst. Wenn Sie in einem Dokument einen Textabschnitt markieren möchten, nutzen Sie einfach das ZEICHNEN-Werkzeug. Die Farbauswahl und Stiftstärke passen Sie über die Palette an, die Sie per Klick auf den Pfeil rechts von ZEICHNEN einblenden. Um eine Markierung wieder zu entfernen, klicken Sie auf LÖSCHEN und fahren dann mit gedrückter linker Maustaste über das gezeichnete Element. Suchen Sie in einem mehrseitigen PDF-Dokument nach einem bestimmten Begriff, nutzen Sie einfach die Funktion AUF SEITE SUCHEN, die Sie entweder per Klick auf das Symbol ··· oder über die Tastenkombination Strg + F aufrufen.

Handelt es sich bei dem PDF-Dokument um ein Formular mit interaktiven Feldern, können Sie diese direkt im Browser ausfüllen. Microsoft Edge Chromium erkennt derartige Eingabefelder automatisch und markiert sie farbig. Klicken Sie einfach in ein solches Feld, und geben Sie den gewünschten Text ein. Mit der Taste ⭾ gelangen Sie von einem Feld zum nächsten. Das fertig ausgefüllte Formular können Sie über die entsprechenden Symbole in der Symbolleiste entweder ausdrucken oder speichern.

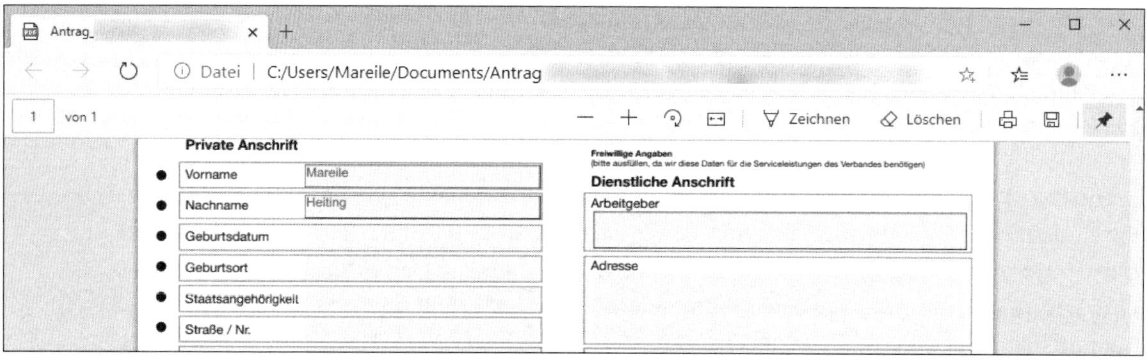

Abbildung 17.16 PDF-Formulare können im Microsoft Edge Chromium direkt ausgefüllt und dann gespeichert oder ausgedruckt werden.

Der Browser-Task-Manager

Den Task-Manager von Windows 10 kennen sicher die meisten Anwender. Aufrufen lässt er sich z. B. per rechten Mausklick auf die Taskleiste und dann Auswahl des Befehls TASK-MANAGER. Haben Sie den Browser Microsoft Edge Chromium geöffnet, wird dieser auf der Registerkarte PROZESSE inklusive aller Unterprozesse, die eine Webseite erzeugt, angezeigt. Letztere tragen allerdings nur die Bezeichnung MICROSOFT EDGE. Was viele nicht wissen: Microsoft Edge Chromium verfügt über einen eigenen Task-Manager, der sich z. B. über die Tastenkombination ⇧ + Esc öffnen lässt. Alternativ hierzu klicken Sie im Browser auf das

Symbol [⋯] und wählen dann WEITERE TOOLS • BROWSER-TASK-MANAGER. Auch der Browser-Task-Manager zeigt die Prozesse und Unterprozesse an, allerdings tragen Letztere eine aussagekräftige Bezeichnung.

Wie beim Task-Manager von Windows 10 können Sie sich zusätzlich zu den bereits eingeblendeten Informationen wie etwa Speicher- oder auch CPU-Auslastung weitere Details anzeigen lassen. Klicken Sie hierzu eine der Spaltenüberschriften mit der rechten Maustaste an, und wählen Sie das gewünschte Element aus. Zum Beenden eines Prozesses oder Unterprozesses markieren Sie ihn und klicken dann auf PROZESS BEENDEN.

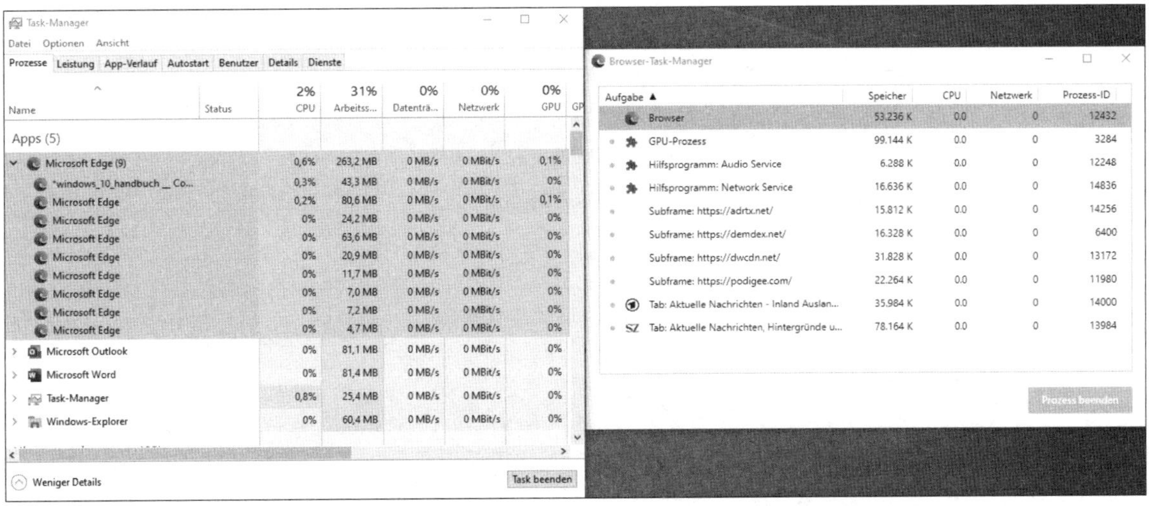

Abbildung 17.17 Der klassische Task-Manager (links) und der Browser-Task-Manager (rechts) im Vergleich

17.1.6 Nützliche Tastenkombinationen für Microsoft Edge Chromium

Wer gerne mit Tastenkombinationen arbeitet, kann mithilfe von Tabelle 17.1 gängige Aktionen im Browser Microsoft Edge noch komfortabler durchführen. Viele der hier aufgeführten Tastaturkürzel funktionieren übrigens auch in anderen Browsern wie etwa Mozilla Firefox.

Tastenkombination	Funktion
[F11]	Den Vollbildmodus aktivieren bzw. deaktivieren
[Strg] + [+]	Darstellung vergrößern
[Strg] + [-]	Darstellung verkleinern
[Strg] + [0]	Zur Standarddarstellung zurückkehren

Tabelle 17.1 Grundlegende Tastenkombinationen zur Bedienung von Edge

Tastenkombination	Funktion
Strg + 1, 2, 3 etc.	Zur Registerkarte Nummer 1, 2, 3 etc. wechseln
Strg + D	Aktuelle Webseite zu den Favoriten hinzufügen
Strg + F	Auf der Seite suchen
Strg + H	Den Verlauf einblenden
Strg + ⇧ + O	Die Favoriten anzeigen
Strg + J	Aktuelle und frühere Downloads anzeigen
Strg + L	In Adressleiste wechseln und aktuelle Adresse markieren
Strg + N	Neues Browserfenster öffnen
Strg + P	Aktuelle Webseite drucken
Strg + R	Webseite aktualisieren
Strg + T	Neue Registerkarte öffnen
Strg + W	Aktuelle Registerkarte schließen
Strg + ⇧ + N	Neues Fenster im InPrivate-Modus öffnen
Strg + ⇆	Zur nächsten Registerkarte wechseln
Strg + ⇧ + ⇆	Zur vorherigen Registerkarte wechseln
Alt + ←	Zur vorherigen Webseite zurückkehren
Alt + →	Zur nächsten Webseite blättern
⇧ + Esc	Browser Task Manager einblenden

Tabelle 17.1 Grundlegende Tastenkombinationen zur Bedienung von Edge (Forts.)

17.2 Mail, Kontakte, Kalender und Skype

Die Kommunikation via E-Mail ist heutzutage weder aus dem privaten noch aus dem beruflichen Umfeld wegzudenken. Auch für das Speichern von Kontaktdaten wie Telefonnummern, E-Mail-Adressen und Postanschrift ist die Unterstützung durch eine App sinnvoll, ebenso bei der Vielzahl an Terminen, die es im Alltag zu koordinieren gilt. Für alles drei bringt Windows 10 jeweils die passende App mit. Die nicht zuletzt in Corona-Zeiten hilfreiche Videochat-Funktion *Skype* rundet das Angebot an Kommunikations-Apps ab.

17.2.1 Die Mail-App im Überblick

Einem Vergleich mit einem E-Mail-Programm wie Microsoft Outlook oder auch Mozilla Thunderbird könnte die in Windows 10 integrierte Mail-App sicherlich nicht standhalten. Für diejenigen allerdings, die nicht täglich eine regelrechte Flut an E-Mails zu bearbeiten haben, bietet die App alles, was man zum Verfassen, Empfangen und Verwalten elektronischer Nachrichten benötigt.

E-Mail-Konten hinzufügen

Starten Sie die Mail-App das erste Mal, werden Sie zunächst aufgefordert, ein E-Mail-Konto hinzuzufügen. Wenn Sie mit einem Microsoft-Konto am Computer angemeldet sind, wird dies bereits im Willkommens-Dialog angezeigt. Die E-Mail-Adresse und das Kennwort des Kontos werden in diesem Fall automatisch in der Mail-App hinterlegt. Sollten Sie keine weiteren E-Mail-Konten hinzufügen wollen, können Sie gleich zum Posteingang wechseln. Nutzen Sie hingegen ein lokales Konto oder verfügen über weitere E-Mail-Konten, die Sie in der Mail-App ergänzen möchten, klicken Sie auf KONTO HINZUFÜGEN. Wird Ihr Provider bereits im folgenden Dialog aufgeführt, markieren Sie ihn. Fehlt er in der Liste, wählen Sie ANDERES KONTO oder auch ERWEITERTES SETUP. In den folgenden Schritten werden Sie aufgefordert, Ihre E-Mail-Adresse und das Kennwort Ihres E-Mail-Kontos anzugeben, sowie – im Falle des erweiterten Setups – auch den Posteingangs- und Postausgangsserver. Mit einem Klick auf ANMELDEN und FERTIG schließen Sie die Eingaben ab. Wiederholen Sie die Schritte gegebenenfalls für weitere Konten, und schließen Sie den Dialog KONTO HINZUFÜGEN mit einem Klick auf ZUM POSTEINGANG WECHSELN.

17

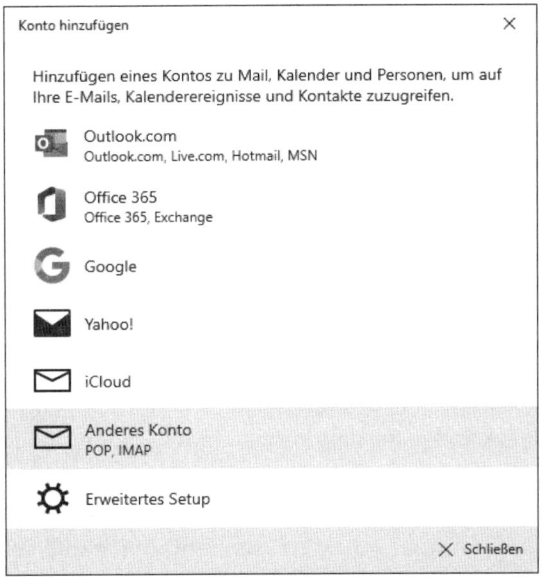

Abbildung 17.18 Wird Ihr E-Mail-Provider nicht aufgeführt, wählen Sie »Anderes Konto« oder auch »Erweitertes Setup«.

Die meisten Provider sind der Mail-App bereits bekannt, sodass die App nach Einrichten des Kontos sofort eine Verbindung zum entsprechenden E-Mail-Server herstellen kann. Sollte dies für Ihren Provider nicht gelten, erhalten Sie beim ersten Synchronisierungsversuch eine Fehlermeldung. In diesem Fall müssen Sie die von der Mail-App gewählten Verbindungsdaten wie Posteingangs- und Postausgangsserver Ihres Providers überprüfen und wahrscheinlich korrigieren. Klicken Sie hierzu im Programmfenster der Mail-App unten links auf das Zahnradsymbol und in der rechten Spalte EINSTELLUNGEN dann auf KONTEN VERWALTEN. Markieren Sie das Konto, das Sie anpassen müssen, und klicken Sie auf EINSTELLUNGEN ÄNDERN.

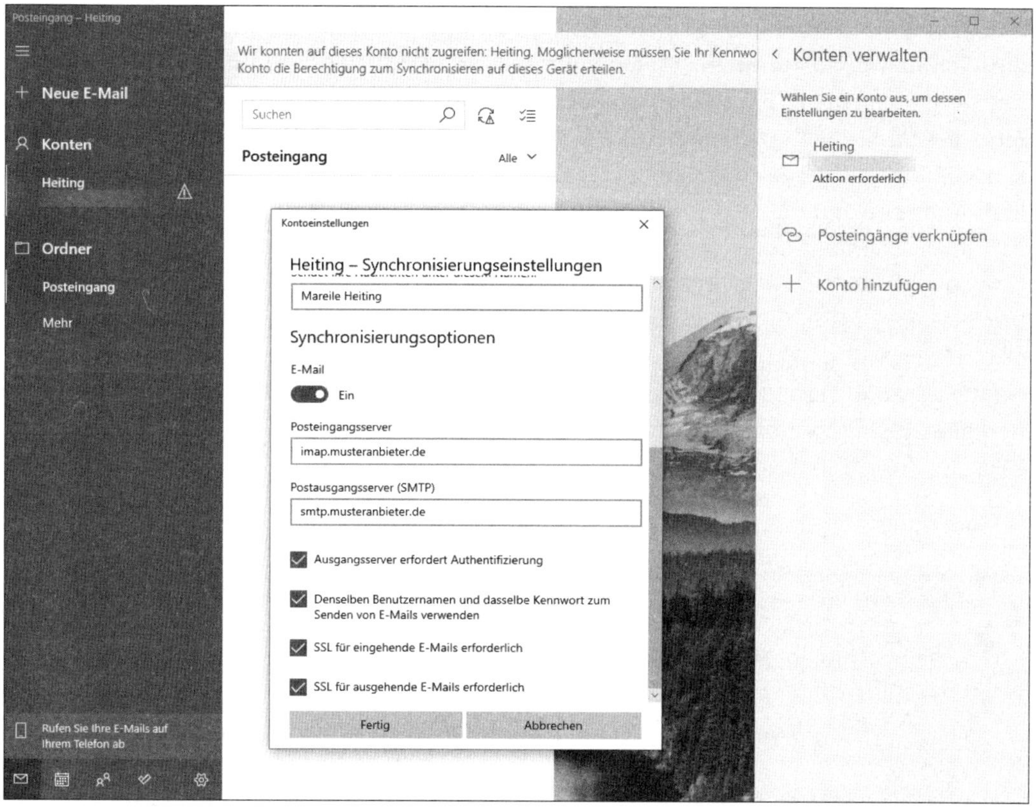

Abbildung 17.19 Die Informationen zum Posteingangs- und Postausgangsserver erhalten Sie von Ihrem E-Mail-Provider.

Muss lediglich das Kennwort korrigiert werden, können Sie dies bereits im folgenden Dialog KONTOEINSTELLUNGEN vornehmen. Hier können Sie auch den Kontonamen anpassen, den die Mail-App für das E-Mail-Konto festgelegt hat. Für weitreichendere Änderungen klicken Sie auf POSTFACHSYNCHRONISIERUNGSEINSTELLUNGEN ÄNDERN. Am unteren Rand der Synchronisierungseinstellungen, die nun angezeigt werden, klicken Sie auf INFORMATIONEN ZUM POSTEINGANGS- UND POSTAUSGANGSSERVER. Ergänzen Sie in den Feldern

Posteingangsserver und Postausgangsserver die entsprechenden Daten, die Sie von Ihrem Provider erhalten. Prüfen Sie außerdem, ob die darunter aktivierten Kontrollkästchen auch für Ihren Provider gelten oder ob auch hier Korrekturen vorgenommen werden müssen. Sind Ihnen diese Informationen nicht bekannt, sehen Sie auf der Website des Providers nach, oder setzen Sie sich mit diesem direkt in Verbindung. Mit Fertig und Speichern übernehmen Sie die neuen Angaben.

Die Protokolle des Posteingangs- und Postausgangsserver

Beim Versenden und Empfangen kommen in erster Linie drei Protokolle zum Einsatz: *POP3* (Abkürzung für *Post Office Protocol Version 3*), *IMAP4* (kurz für *Internet Message Access Protocol Version 4*) und *SMTP* (Abkürzung für *Simple Mail Transfer Protocol*). Während SMTP nur für das Versenden von E-Mails zuständig ist, steuern die Protokolle POP3 und IMAP4 den Empfang von E-Mails. Beim etwas älteren Protokoll POP3 werden die E-Mails vom Server des jeweiligen Providers in das verwendete E-Mail-Programm geladen und im Normalfall anschließend auf dem Server gelöscht. Programme wie Outlook und Thunderbird bieten mittlerweile allerdings auch Einstellungen, bei denen eine Kopie einer Nachricht weiterhin auf dem Server gespeichert wird. Beim Protokoll IMAP4 wird von vornherein lediglich eine Kopie einer Nachricht in das E-Mail-Programm geladen. Die E-Mail selbst bleibt also weiterhin auf dem E-Mail-Server des Providers gespeichert. Wenn Sie von unterschiedlichen Computern aus auf Ihr E-Mail-Konto zugreifen möchten, sollten Sie sich daher für IMAP4 entscheiden. Möchten Sie dagegen, dass die Nachrichten nach dem Übertragen auf Ihren Computer auf dem E-Mail-Server gelöscht werden, wählen Sie das Protokoll POP3. POP3 verwendet als Port im Normalfall 110/TCP, verschlüsselt kommt der Port 995/TCP zum Einsatz. IMAP4 kommuniziert mit dem Port 143/TCP, mit der Verschlüsselung SSL/TLS wird hingegen über den Port 993/TCP gesendet. SMTP nutzt für die Kommunikation den Port 25/TCP oder auch 587/TCP. Um einen reibungslosen Versand und Empfang von E-Mails zu ermöglichen, müssen diese Ports in der Firewall entsprechend freigegeben werden. Für die Mail-App ist hier unter Windows 10 normalerweise kein Eingreifen seitens des Nutzers erforderlich.

Synchronisierungseinstellungen ändern

Windows 10 beobachtet sehr genau, wie häufig Sie die Mail-App öffnen und Ihre E-Mails abrufen. Entsprechend Ihrem Verhalten werden die Synchronisierungsintervalle der Mail-App angepasst. Sollten Sie Ihre E-Mails also relativ selten lesen, werden die Nachrichten auch entsprechend selten vom E-Mail-Server heruntergeladen. Sie können nun natürlich selbst innerhalb der Mail-App per Klick auf das Symbol überprüfen, ob neue E-Mails auf dem Server eingegangen sind. Wem dies zu aufwendig ist, kann aber auch die Synchronisierungseinstellungen ändern. Hierzu klicken Sie in der Mail-App unten links auf das Zahnradsymbol und wählen in den Einstellungen rechts Konten verwalten. Markieren Sie das gewünschte Konto und dann den Befehl Einstellungen ändern. Im Dialog Kontoeinstellungen klicken Sie auf Postfachsynchronisierungseinstellungen ändern. Nach einem Klick auf den Pfeil rechts vom Feld NEUEN INHALT HERUNTERLADEN bzw. E-MAIL HERUNTERLADEN VON wählen Sie aus, wann die Mail-App neue E-Mails herunterladen soll. Die Auswahl reicht hier von BEIM EINTREFFEN VON ELEMENTEN (sprich sofort, wenn eine E-Mail eintrifft) über STÜNDLICH bis hin zu MANUELL (also immer erst dann, wenn Sie auf das Symbol klicken).

Per Standardeinstellung lädt die Mail-App lediglich die E-Mails vom E-Mail-Server, die Sie während der letzten drei Monate erhalten haben. Damit alle erhaltenen E-Mails zu sehen sind, wählen Sie im Feld E-MAIL HERUNTERLADEN VON den Eintrag BELIEBIGER ZEITPUNKT aus. Aus Sicherheitsgründen sollten Sie außerdem IMMER DIE VOLLSTÄNDIGE NACHRICHT MIT INTERNETBILDERN HERUNTERLADEN deaktivieren (lesen Sie hierzu auch den nächsten Abschnitt »Das Laden externer Inhalte unterbinden«). Die vorgenommenen Korrekturen übernehmen Sie mit FERTIG und SPEICHERN.

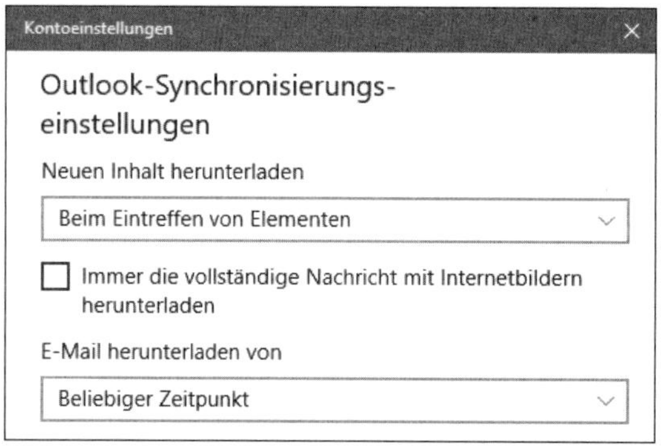

Abbildung 17.20 Um neue E-Mails direkt bei ihrem Eintreffen zu erhalten, sollten Sie die Synchronisierungseinstellungen der Mail-App entsprechend anpassen.

Sobald eine neue E-Mail eintrifft, wird im Info-Center eine entsprechende Benachrichtigung eingeblendet. Zusätzlich erscheint für einen kurzen Moment ein Benachrichtigungsbanner oberhalb des Infobereichs der Taskleiste. Wenn Sie die Benachrichtigungseinstellungen für die Mail-App anpassen möchten, klicken Sie auf das Zahnradsymbol und wählen in den Einstellungen die BENACHRICHTIGUNGEN.

Das Laden externer Inhalte unterbinden

Werbemails versuchen Sie nicht nur mit reißerischem Text zu einem Einkauf zu überreden, sondern auch mit ansprechenden Bildern. Diese Bilder werden meist nicht direkt in die E-Mail eingefügt. Stattdessen enthalten die E-Mails Links zu den extern gespeicherten Daten. Sollten Sie die Bilder per Klick auf den Link laden bzw. diese Aufgabe automatisch dem E-Mail-Programm überlassen, erhält der Absender hiermit die Bestätigung, dass Sie die E-Mail gelesen und Ihre E-Mail-Adresse damit gültig ist. Solche Adressen lassen sich für viel Geld verkaufen. In kürzester Zeit erhalten Sie somit womöglich noch mehr Werbemails. Aber nicht nur das: Im schlimmsten Fall sind die Bilder sogar infiziert. Sollten Sie dem Absender also nicht uneingeschränkt trauen, fahren Sie besser damit, die Bilder nicht zu laden. Neben der im vorherigen Absatz erwähnten Einstellung sollten Sie noch eine weitere überprüfen und gegebenenfalls ändern: Klicken Sie auf das Zahnradsymbol in der linken unteren Ecke der Mail-App, und markieren Sie dann rechts den LESEBEREICH. Am unteren Rand der Spalte finden Sie im Bereich EXTERNER INHALT den Regler EXTERNE BILDER UND FORMATIERUNGEN FÜR S/MIME-MAIL AUTOMATISCH HERUNTERLADEN, den Sie auf AUS setzen sollten. Falls Sie mehrere E-Mail-Konten in der Mail-App eingerichtet haben, können Sie die Einstellung auch gleich auf alle Konten anwenden.

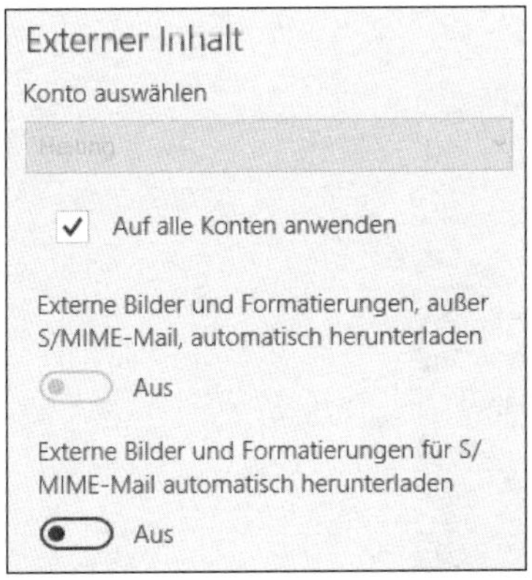

Abbildung 17.21 Verzichten Sie aus Sicherheitsgründen auf das automatische Herunterladen von Bildern.

Relevante und nicht ganz so wichtige E-Mails

Zu Beginn der linken Spalte der Mail-App werden zunächst Ihre Konten aufgelistet. Ist das Programmfenster zu klein, blenden Sie die Spalte mit einem Klick auf das Hamburger-Menü ein. Die Anzahl neu eingetroffener E-Mails wird rechts vom Kontonamen eingeblendet. Markieren Sie nun das Konto, erscheinen in der unteren Hälfte der linken Spalte der Ordner POSTEINGANG und die Schaltfläche MEHR. Klicken Sie Letztere an, werden weitere Ordner wie GESENDETE ELEMENTE, GELÖSCHTE ELEMENTE und JUNK-E-MAIL eingeblendet. Die genaue Bezeichnung dieser Ordner hängt vom E-Mail-Provider ab. Im Normalfall landen alle eintreffenden Nachrichten im POSTEINGANG, es sei denn, sie wurden als Spam eingestuft. Da hier bekanntermaßen auch durchaus wichtige E-Mails landen können, sollten Sie also auch diesen Ordner regelmäßig prüfen. Wenn Sie Ihre E-Mails besser organisieren möchten, können Sie auch eigene Ordner anlegen. Hierzu klicken Sie auf MEHR und dann auf das Plussymbol rechts von ORDNER. Um E-Mails in den Ordner zu verschieben, rufen Sie das Kontextmenü der Nachricht per rechten Mausklick auf, wählen den Befehl VERSCHIEBEN und markieren dann den gewünschten Ordner.

Haben Sie links den Posteingang eines Kontos markiert, werden alle erhaltenen E-Mails in der mittleren Fensterhälfte chronologisch sortiert angezeigt. Für Konten wie etwa ein Outlook-Konto bietet die Mail-App eine ganz besondere Sortierung an: E-Mails, die z. B. von

Ihren Kontakten stammen und somit höchstwahrscheinlich wichtig sind, werden im Register RELEVANT abgelegt, andere, die als nicht so bedeutend eingestuft werden, landen im Register SONSTIGE. Wem diese automatische Priorisierung nicht behagt, kann sie auch abschalten. Klicken Sie hierzu auf das Zahnradsymbol, und wählen Sie in der rechten Spalte dann POSTEINGANG MIT RELEVANZ. Nach Auswahl des Kontos setzen Sie den Regler NACHRICHTEN IN "RELEVANT" UND "SONSTIGE" SORTIEREN auf AUS.

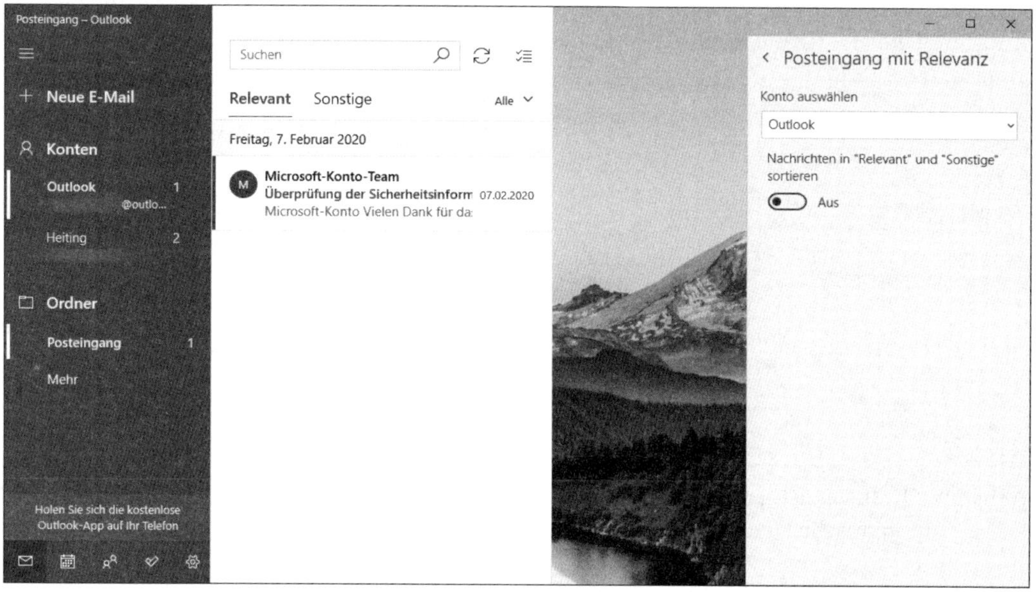

Abbildung 17.22 Wem die Aufteilung in relevante und sonstige E-Mails nicht gefällt, kann die Funktion auch ausschalten.

Posteingänge verknüpfen

Wenn Sie in der Mail-App mehrere E-Mail-Konten hinzugefügt haben, werden diese getrennt voneinander angezeigt. Um in den Posteingang eines Kontos zu gelangen, muss links erst das Konto markiert werden. Ist Ihnen ein gemeinsamer Posteingang lieber, können Sie einzelne Posteingänge zusammenlegen. Klicken Sie hierzu auf das Zahnradsymbol, und wählen Sie in der rechten Spalte KONTEN VERWALTEN • POSTEINGÄNGE VERKNÜPFEN. Im folgenden Dialog werden alle zur Verfügung stehenden Postfächer aufgelistet. Versehen Sie diejenigen mit einem Häkchen, die verknüpft werden sollen, und bestätigen Sie dann mit SPEICHERN. Sie können diese Einstellung jederzeit wieder rückgängig machen.

Neue E-Mail verfassen

Wenn Sie eine neue E-Mail erstellen möchten, markieren Sie gegebenenfalls zunächst das E-Mail-Konto, das Sie zum Versenden nutzen möchten. Nach einem Klick auf NEUE E-MAIL erscheint in der rechten Fensterhälfte die Maske zum Verfassen einer neuen Nachricht. Im Feld An tragen Sie die E-Mail-Adresse des Empfängers ein. Sollten Sie in der Kontakte-App bereits Adressen gespeichert haben, reichen meist bereits wenige Buchstaben, und schon erhalten Sie Vorschläge mit passenden Adressen, in denen Sie nur noch die gewünschte Adresse markieren müssen. Ist die E-Mail an mehrere Personen gerichtet, trennen Sie die E-Mail-Adressen einfach durch ein Semikolon (;) voneinander. Soll ein Empfänger eine Kopie der E-Mail erhalten, klicken Sie auf Cc und Bcc, um die beiden entsprechenden Felder einzublenden. Alle im Cc-Feld (und natürlich auch im An-Feld) eingetragenen E-Mail-Adressen sind für alle E-Mail-Empfänger sichtbar, die im Bcc-Feld aufgeführten Adressen bleiben versteckt. Letzteres ist vor allem dann interessant, wenn Sie eine Nachricht an Personen schicken, die sich untereinander nicht kennen und aus Datenschutzgründen die E-Mail-Adressen der anderen Empfänger nicht erfahren sollten.

Unterhalb des Betreff-Feldes, in dem Sie den Titel der E-Mail eintragen, befindet sich das eigentliche Nachrichtentext-Feld. Die von Windows 10 automatisch ergänzte Signatur Gesendet von Mail für Windows 10 lässt sich natürlich löschen. Wenn Sie eine eigene Signatur anlegen möchten, klicken Sie auf das Zahnradsymbol und wählen dann Signatur. Im Dialog E-Mail-Signatur geben Sie nun den gewünschten Text ein, formatieren diesen und speichern ihn.

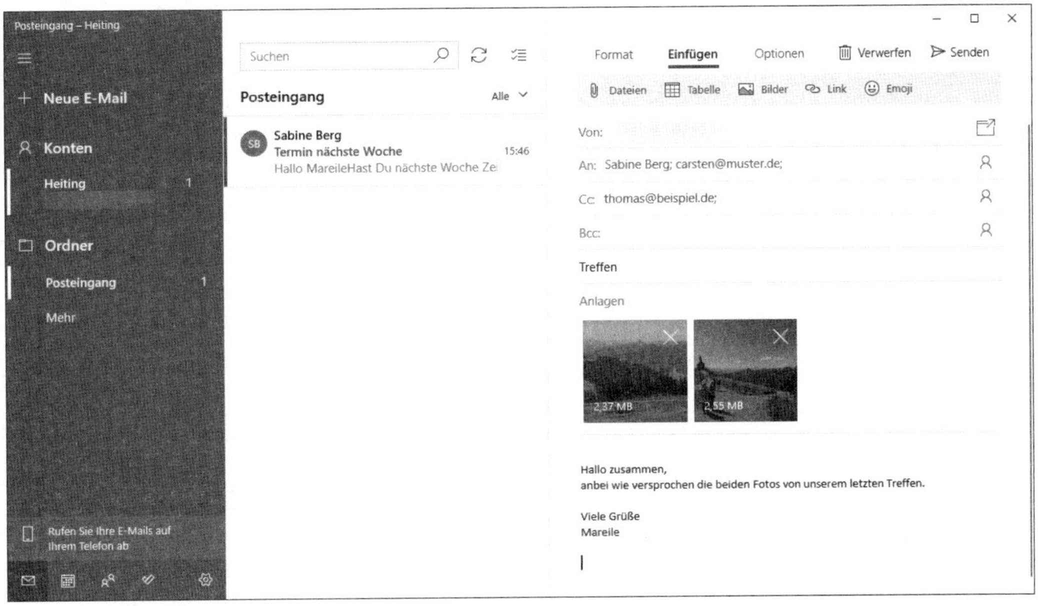

Abbildung 17.23 Der schlichte Aufbau der Nachrichtenmaske macht das Erstellen einer E-Mail besonders einfach.

Wenn Sie Dateien an die E-Mail anhängen möchten, klicken Sie am oberen Rand der Nachrichtenmaske auf Einfügen. Je nach Größe des Programmfensters ist zuvor eventuell ein

Klick auf das Pfeilsymbol nötig. Nach einem Klick auf DATEIEN wählen Sie die gewünschten Dateien aus und bestätigen mit ÖFFNEN. Die Dateien werden oberhalb des Nachrichtentextes als Anlagen eingeblendet. Über das Register EINFÜGEN können Sie neben Dateien auch Tabellen, Bilder, Emojis oder auch einen Link an die E-Mail anhängen. Letzteres ist eine recht pfiffige Funktion, denn statt dem Empfänger eine endlos lange Adresse einer interessanten Internetseite zu schicken, können Sie diesen Link durch einen Alternativtext ersetzen, der gleich benennt, worum es geht. Mit einem Klick auf SENDEN verschicken Sie die E-Mail.

Hintergrund und Farbe des Programmfensters ändern

Der Blauton sowie die Gebirgslandschaft ist sicher nicht jedermanns Geschmack. Sowohl der Hintergrund als auch die Farben des Programmfensters der Mail-App lassen sich jedoch jederzeit individuell verändern. Blenden Sie hierzu per Klick auf das Zahnradsymbol die EINSTELLUNGEN ein, und wählen Sie dann PERSONALISIERUNG. Über die Schaltfläche DURCHSUCHEN am unteren Rand der rechten Spalte wählen Sie ein eigenes Bild für den Hintergrund aus. Bei der Farbgestaltung stehen Ihnen ähnliche Optionen wie bei der Desktopoberfläche zur Auswahl.

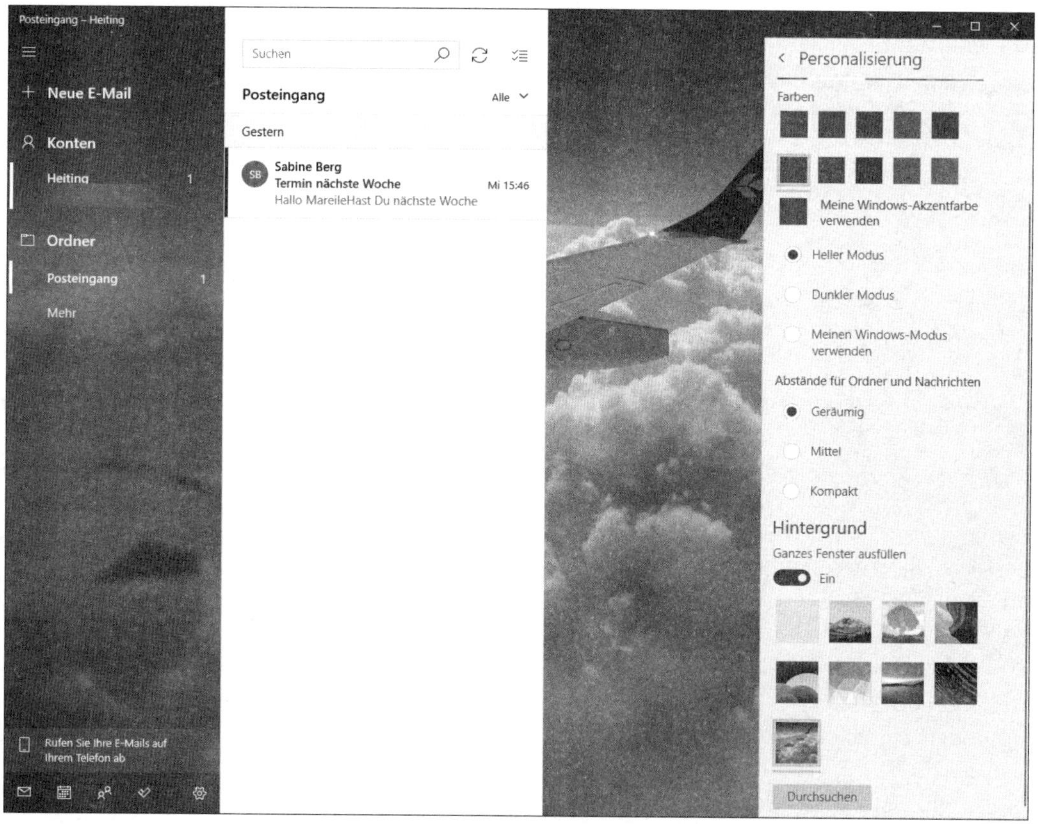

Abbildung 17.24 Die Farb- und Hintergrundgestaltung lässt sich individuell anpassen.

E-Mail-Konto entfernen

Sie möchten ein E-Mail-Konto nicht mehr in der Mail-App nutzen oder besitzen dieses eventuell gar nicht mehr? Um ein Konto zu entfernen, klicken Sie auf das Zahnradsymbol und wählen dann KONTEN VERWALTEN. Markieren Sie das gewünschte Konto, und klicken Sie im Dialog KONTOEINSTELLUNGEN auf KONTO LÖSCHEN. Bestätigen Sie die folgende Nachfrage mit LÖSCHEN.

17.2.2 Kontakte pflegen mit der Kontakte-App

Die drei Apps *Mail*, *Kontakte* und *Kalender* sind eng miteinander verknüpft. Wie eng, zeigt sich z. B. anhand der jeweiligen App-Symbole, die Sie in jeder der drei Apps am unteren linken Fensterrand finden (siehe Abbildung 17.24). So können Sie mit nur einem Mausklick von einer App zur anderen wechseln. Jede App lässt sich aber auch gezielt im Startmenü über den entsprechenden Eintrag in der App-Liste oder – sofern angelegt – die Kachel aufrufen. Das gilt natürlich auch für die Kontakte-App.

Starten Sie die Kontakte-App das erste Mal, erhalten Sie zunächst ein paar Informationen rund um die App. Folgen Sie den ersten Schritten, in denen Sie u. a. genehmigen, ob die in der App erfassten Kontakte zum Versenden von E-Mails verwendet werden dürfen. Sind Sie mit einem Microsoft-Konto am Computer angemeldet oder haben ein solches bereits in der Mail-App hinzugefügt, können Sie dies sofort auch in der Kontakte-App nutzen. Der Vorteil eines solchen Microsoft-Kontos: Sie können Ihre Kontaktdaten automatisch auf allen Geräten synchronisieren, die Sie mit diesem Konto nutzen. Wenn Sie weitere Konten (z. B. Outlook.com, Google, iCloud und mehr) hinzufügen möchten, klicken Sie im Dialog ES GEHT LOS! auf KONTAKTE IMPORTIEREN. Die folgenden Schritte erfolgen analog wie in Abschnitt 17.2.1 bereits für die Mail-App gezeigt. Das Hinzufügen eines weiteren Kontos ist aber keine Pflicht. Mit einem Klick auf LOS können Sie die Kontakte-App auch ohne Konto nutzen.

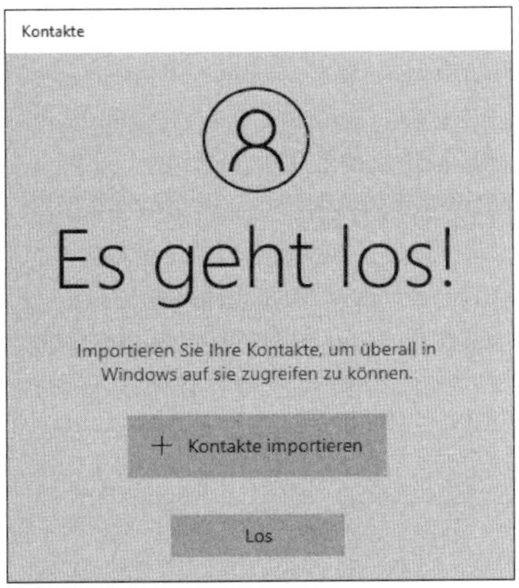

Abbildung 17.25 Das Hinzufügen von Konten über »Kontakte importieren« ist optional.

Wenn Sie in der Kontakte-App einen neuen Kontakt hinzufügen möchten, klicken Sie in der linken Spalte auf das Plussymbol. Füllen Sie nun im Dialog NEUER KONTAKT die gewünschten Felder mit den Kontaktdaten aus. Für die Eingabe des Namens klicken Sie am besten zuvor auf den Stift, um anschließend Vor-, Nach- und auf Wunsch sogar den Spitznamen Ihres Kontakts einzutragen. Mit FERTIG kehren Sie zum Dialog NEUER KONTAKT zurück. Bei einigen Feldtiteln finden Sie rechts einen kleinen Pfeil. Ein Klick hierauf, und Sie können weitere Details auswählen. So lässt sich z. B. festlegen, ob es sich bei der eingetragenen E-Mail-Adresse um die private oder geschäftliche Adresse handelt. Sobald alle Adressdaten ergänzt sind, speichern Sie die Angaben.

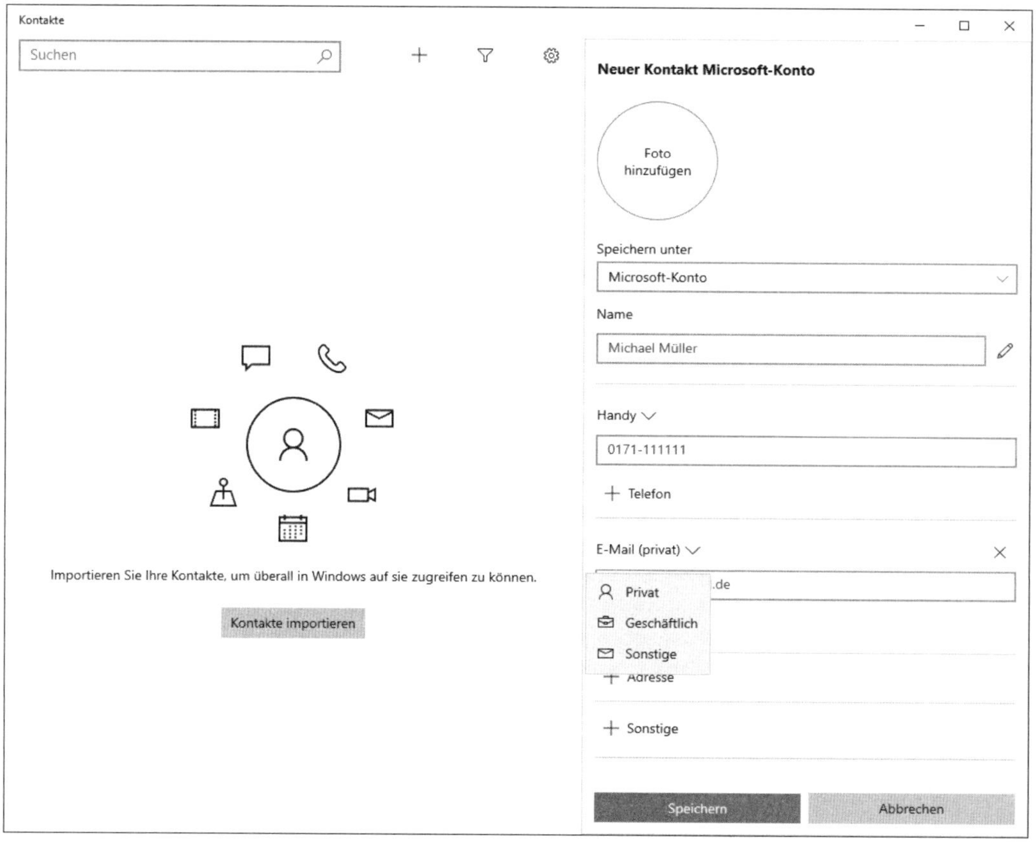

Abbildung 17.26 Dialog zum Erfassen eines neuen Kontakts

Ganz nach amerikanischem Vorbild werden die Kontakte in der App nach Vornamen sortiert angezeigt. Ist Ihnen die Sortierung nach Nachnamen lieber, klicken Sie am oberen Fensterrand der App auf das Zahnradsymbol. Im Dialog EINSTELLUNGEN lassen sich nicht nur die Sortierung und die Anzeige der Namen festlegen, Sie können hier zugleich auch weitere Konten hinzufügen bzw. ein zuvor markiertes Konto von dort wieder entfernen.

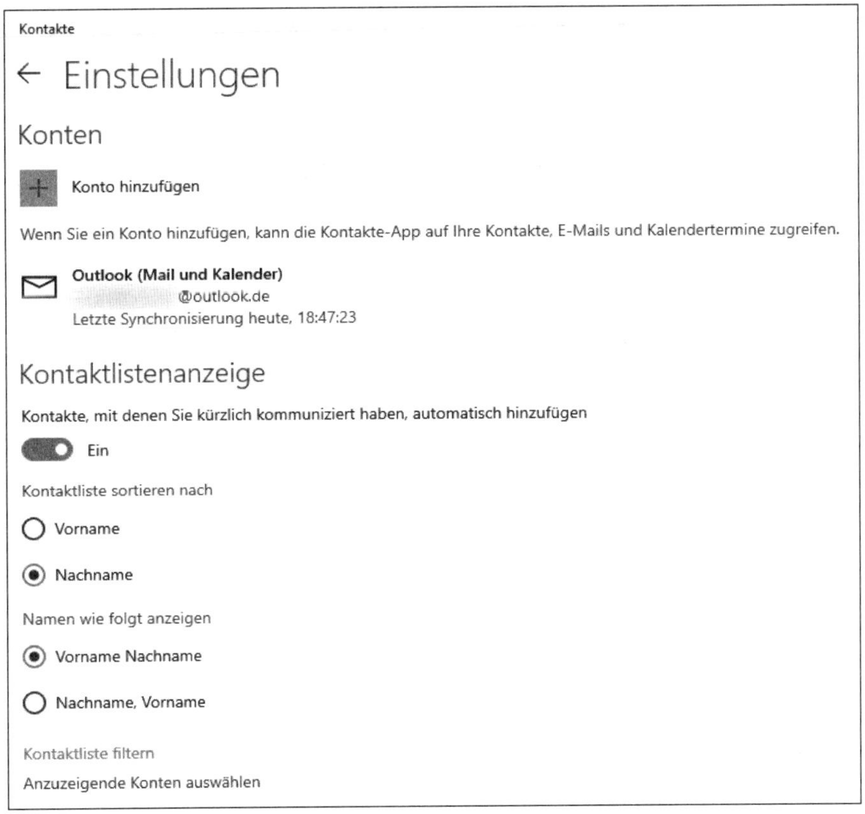

Abbildung 17.27 Einstellungen der Kontakte-App

Zusammengeführte Kontakte wieder trennen

Sollten Sie Kontakte haben, die den gleichen Namen tragen, fasst die Mail-App diese eigenmächtig zu einem Kontakt zusammen, auch wenn Sie sie getrennt erfassen. Um die Kontakte wieder zu trennen, markieren Sie einen der Namen und klicken dann um unteren Rand der rechten Spalte auf WEITERE INFORMATIONEN (siehe Abbildung 17.28). Im Dialog ZUSAMMENGEFÜHRTE KONTAKTE reicht ein Klick auf TRENNEN.

Wenn Sie sich in der Kontakte-App die vollständigen Kontaktdaten einer Person anzeigen lassen möchten, markieren Sie den Kontakt links. Neben den persönlichen Daten sehen Sie rechts nun auch, welche gemeinsamen Termine anstehen, wann Sie zum letzten Mal Nachrichten mit dieser Person ausgetauscht oder Anrufe von ihr erhalten haben. Sollten sich die Kontaktdaten einer Person geändert haben, können Sie diese nach einem Klick auf BEARBEITEN korrigieren. Um einen Kontakt ganz zu entfernen, markieren Sie ihn in der Kontaktliste links und klicken dann auf das Papierkorbsymbol am oberen Rand der rechten Spalte.

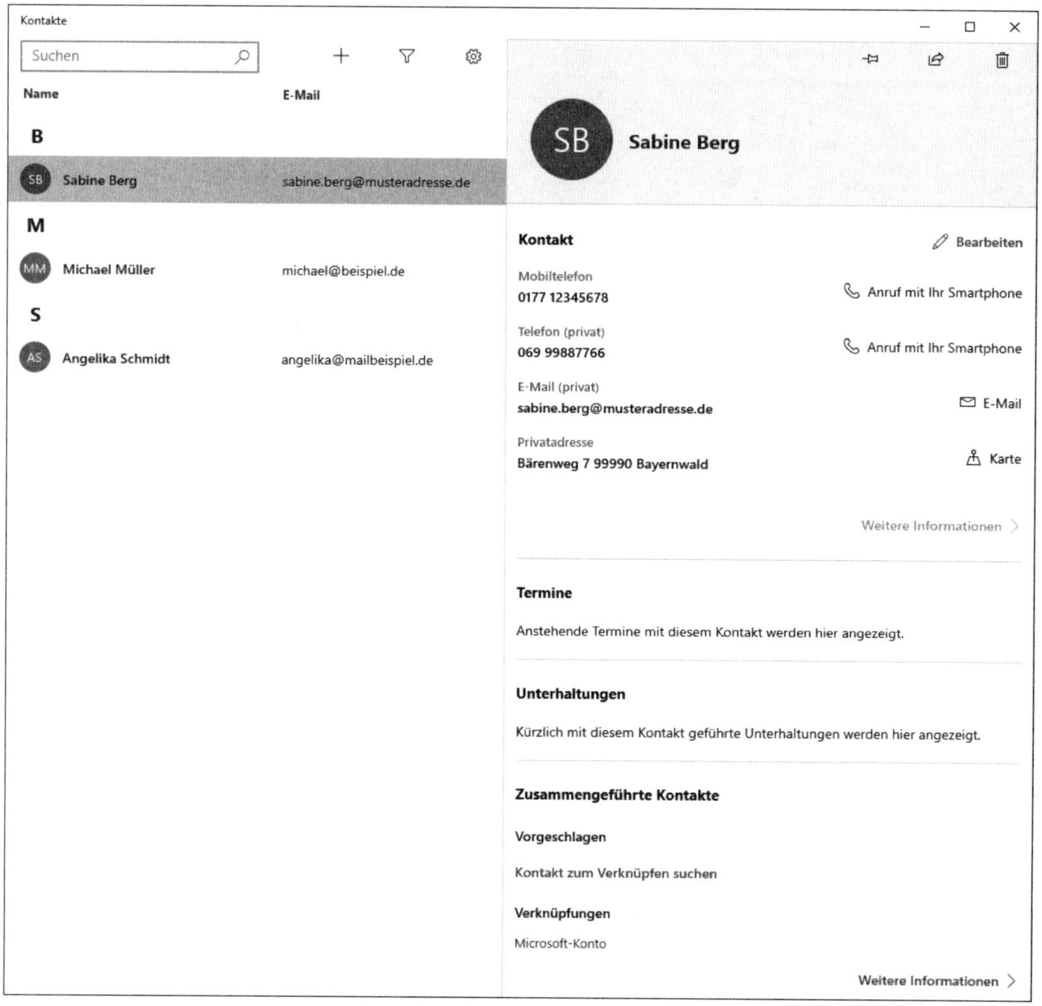

Abbildung 17.28 Kontaktdaten können bearbeitet, aber natürlich auch gelöscht werden.

Wenn Sie einem Kontakt aus der Kontakte-App heraus eine E-Mail schicken möchten, reicht ein Klick auf E-MAIL. Klicken Sie auf KARTE, wird die Karten-App mit der Adresse des Kontakts geöffnet. Sollten Sie Ihr Windows 10-Gerät mit Ihrem Smartphone verknüpft haben, können Sie einen Kontakt per Klick auf ANRUF MIT IHR SMARTPHONE anrufen. Wie sich eine solche Verknüpfung erstellen lässt, erfahren Sie in Abschnitt 17.3.6.

17.2.3 Termine verwalten mit der Kalender-App

Als Nächstes werfen wir einen Blick auf die dritte App im Bunde: die Kalender-App. Zum Aufruf klicken Sie entweder in der Mail-App unten links auf das Kalendersymbol, oder Sie rufen die App direkt über das Startmenü auf.

Starten Sie die App das erste Mal, haben Sie auch hier die Möglichkeit, ein Konto hinzuzufügen. Dabei kann es sich u. a. um ein Google-, iCloud- oder natürlich auch um ein Microsoft-Konto handeln. Sind Sie mit einem Microsoft-Konto am Computer angemeldet, wurde dieses Konto bereits automatisch hinzugefügt. Dies ist auch der Fall, wenn Sie sich bereits bei einer anderen Microsoft-App (z. B. der Mail-App) mit einem Microsoft-Konto angemeldet haben. Um weitere Konten hinzuzufügen, klicken Sie unten links auf das Zahnradsymbol und dann rechts in der Spalte EINSTELLUNGEN auf KONTEN VERWALTEN • KONTO HINZUFÜGEN. Die weiteren Schritte erfolgen wie im Beispiel mit der Mail-App in Abschnitt 17.2.1 beschrieben. Das Hinzufügen eines Kontos ist – wie auch bei der Kontakte-App – optional, Sie können die Kalender-App also auch ohne Konto nutzen.

Per Microsoft-Konto E-Mails, Termine und Kontaktdaten synchronisieren

Sie möchten auf allen Windows 10-Geräten, auf denen Sie sich mit Ihrem Microsoft-Konto anmelden, auf Ihre E-Mails, Kontaktdaten und Termine zugreifen können? Normalerweise werden diese Daten automatisch synchronisiert. Um die Einstellungen zur Sicherheit zu überprüfen, klicken Sie in der Kalender-App oder in der Mail-App auf das Zahnradsymbol. Wählen Sie rechts KONTEN VERWALTEN aus, und markieren Sie das gewünschte Microsoft-Konto. Im Dialog KONTOEINSTELLUNGEN klicken Sie auf POSTFACHSYNCHRONISIERUNGSEINSTELLUNGEN ÄNDERN. Blättern Sie im Dialog SYNCHRONISIERUNGSEINSTELLUNGEN ganz nach unten. Dort finden Sie für die drei Apps (E-Mail, Kalender und Kontakte) jeweils einen Schieberegler. Nur wenn der Regler eingeschaltet ist, werden die Inhalte der entsprechenden App auch auf allen Windows 10-Geräten synchronisiert. Wünschen Sie die Synchronisation für eine App nicht, setzen Sie den Regler entsprechend auf AUS. Mit FERTIG und SPEICHERN übernehmen Sie die Einstellungen.

Nach dem Start der Kalender-App sehen Sie zunächst die Übersicht über den aktuellen Monat. Ist Ihnen die tagesaktuelle oder wöchentliche Darstellung lieber, markieren Sie einfach in der Symbolleiste am oberen Fensterrand die gewünschte Ansicht.

Wenn Sie einen neuen Termin eintragen möchten, stehen Ihnen innerhalb der Kalender-App zwei Möglichkeiten zur Auswahl: Entweder klicken Sie in der linken Spalte auf NEUES EREIGNIS oder rechts im Kalender auf das Datum, an dem die Verabredung ansteht. Entscheiden Sie sich für Letzteres, also den Mausklick auf das Datum, öffnet sich eine Art Maske, in der Sie bereits ein paar Angaben zum Termin eintragen können, wie in Abbildung 17.29 zu sehen ist.

Bequemer geht dies allerdings vonstatten, wenn Sie hier auf WEITERE DETAILS klicken. Hierdurch gelangen Sie zu dem Dialog, der auch nach einem Klick auf NEUES EREIGNIS angezeigt wird. In diesem Dialog lassen sich nun viele Details zum Termin erfassen. Den Namen und Ort der Verabredung müssen Sie selbst eingeben. In den Feldern START und ENDE sollte bereits das richtige Datum eingetragen sein. Ist dies nicht der Fall, klicken Sie auf das Kalendersymbol, das jeweils rechts in den beiden Feldern angezeigt wird. Über die beiden Pfeiltasten rechts vom Monatsnamen blättern Sie zum gewünschten Monat. Den Tag markieren Sie einfach durch Anklicken. Nimmt der Termin nicht den ganzen Tag in Anspruch, entfernen Sie das Häkchen vor GANZTÄGIG. Anschließend können Sie die Uhrzeit festlegen, zu der der Termin beginnt und voraussichtlich endet.

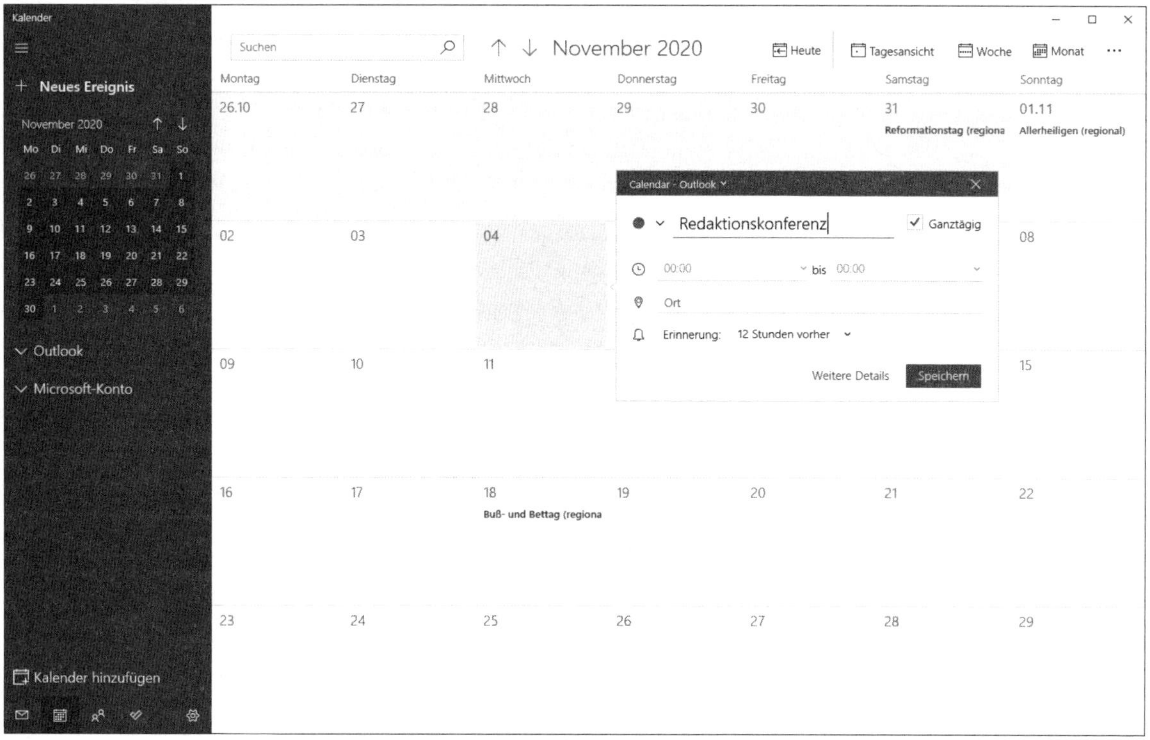

Abbildung 17.29 Übersicht über die Kalender-App

Um die Verabredung nicht zu vergessen, legen Sie am besten im Feld ERINNERUNG fest, wann Sie von der Kalender-App einen entsprechenden Hinweis erhalten möchten. Sollte es sich nicht um einen einmaligen Termin handeln, klicken Sie auf WIEDERHOLEN und geben dann an, wann und wie häufig der Termin stattfindet. Teilen Sie einen Termin mit anderen Kontakten, ist das Feld ANZEIGEN ALS interessant, in dem Sie angeben können, ob Sie zum Zeitpunkt des Termins z. B. voraussichtlich außer Haus sein werden.

Möchten Sie andere Personen zum Termin einladen, geben Sie deren Adressen im Feld PERSONEN EINLADEN ein. Mit einem Klick auf das Kontaktsymbol an dessen rechten Rand können Sie sich eine Übersicht über die in der Kontakte-App gespeicherten Kontakte anzeigen lassen, in der Sie die gewünschten Kontakte nur noch markieren müssen. Die Auswahl übernehmen Sie dann mit einem Klick auf das Häkchen.

Sind alle wichtigen Angaben zum Termin ergänzt, übernehmen Sie ihn mit SPEICHERN in Ihren Kalender. Falls Sie Personen eingeladen haben, erfolgt das Speichern mit einem Klick auf SENDEN. Jede Person erhält nun eine E-Mail, die sie über die Schaltflächen ZUSAGEN, MIT VORBEHALT oder ABSAGEN beantworten kann.

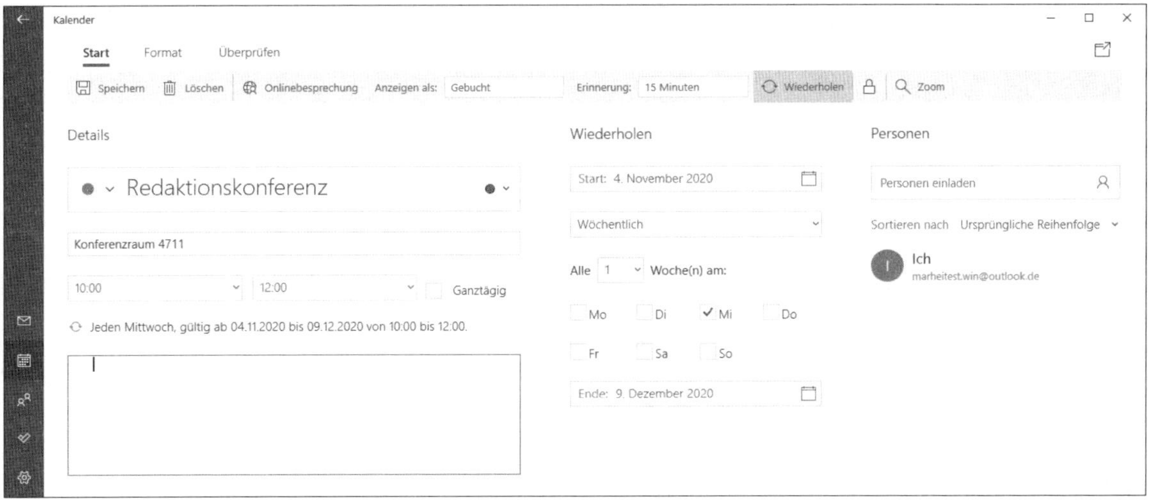

Abbildung 17.30 Erfassen eines Termins in der Kalender-App

Sollte ein Termin doch nicht stattfinden, klicken Sie im Kalender auf den entsprechenden Eintrag und dann in der Symbolleiste auf LÖSCHEN. Verschiebt er sich nur, nehmen Sie einfach die entsprechenden Korrekturen vor und speichern diese dann.

Kalender ausdrucken

Manchmal ist es ganz praktisch, eine Übersicht über anstehende Termine in Papierform vor sich liegen zu haben. In der Kalender-App klicken Sie hierzu oben rechts auf das Symbol [...] und dann auf DRUCKEN. Wählen Sie nun aus, ob Sie nur einen Tag, eine Woche oder auch einen Monat ausdrucken möchten. Legen Sie dann das Startdatum fest, und klicken Sie auf VORSCHAU. Im folgenden Dialog können Sie z. B. noch den Drucker auswählen, bevor Sie den Druckvorgang mit DRUCKEN anstoßen.

Einen neuen Termin können Sie nicht nur in der Kalender-App selbst erfassen, sondern auch über den Kalender, der nach einem Klick auf die Uhrzeit im Infobereich der Taskleiste angezeigt wird. Markieren Sie hierzu einfach das gewünschte Datum im Kalender, und klicken Sie dann in das Feld EREIGNIS ODER ERINNERUNG HINZUFÜGEN. Geben Sie im Feld einen kurzen Beschreibungstext ein. Nach einem Klick auf die beiden Zeitangaben legen Sie den Beginn und das Ende des Termins fest. Vergessen Sie nicht, die Uhrzeit jeweils mit einem Klick auf das Häkchen zu bestätigen. Reichen Ihnen der Titel und die Uhrzeit als Angaben für den Termin, bestätigen Sie mit einem Klick auf SPEICHERN. Wenn Sie noch weitere Eckdaten hinzufügen möchten, klicken Sie auf WEITERE DETAILS. Sie gelangen damit zum bereits bekannten Dialog in der Kalender-App, in dem Sie nun weitere Details eintragen können. Vergessen Sie nicht, den Termin anschließend zu speichern. Alle gespeicherten Termine werden nicht nur in der Kalender-App selbst angezeigt, sondern auch im Kalender der Taskleiste.

Abbildung 17.31 Die Kalenderübersicht, die per Klick auf die Uhrzeit im Infobereich der Taskleiste eingeblendet wird.

17.2.4 Kommunikation via Skype

In Zeiten des Coronavirus ist es nicht so einfach, mit der Familie und Freunden, aber auch den Kollegen aus dem Homeoffice heraus im Kontakt zu bleiben. Windows 10 bietet hierfür die passende App *Skype*, mit der Sie Videotelefonate oder auch Chats durchführen können.

Nutzen Sie und Ihr Gesprächsteilnehmer Skype, sind die Gespräche kostenlos. Das ist vor allem bei sonst doch recht teuren Auslandsgesprächen interessant. Bei Gesprächen ins Fest- oder Mobilfunknetz fallen allerdings Gebühren an. Die Preise erfahren Sie auf der Website *www.skype.de*.

Der Aufruf der Skype-App erfolgt wie üblich über den Eintrag in der App-Liste des Startmenüs. Nach dem ersten Start werden Sie aufgefordert, sich bei Skype anzumelden. Sollten Sie Skype bereits früher verwendet und sich damals einen Skype-Namen eingerichtet haben, können Sie diesen auch heute noch für die Anmeldung nutzen. Besitzen Sie einen solchen Namen nicht, erfolgt die Anmeldung über das Microsoft-Konto. Wenn Sie bereits am Computer mit diesem Konto angemeldet sind, sind Sie damit auch automatisch bei Skype angemeldet. Im Falle eines lokalen Benutzerkontos müssen Sie die Anmeldung erst noch vornehmen. Hierzu geben Sie zunächst die E-Mail-Adresse des Microsoft-Kontos an und dann das dazugehörige Kennwort. In den ersten Schritten nach der Anmeldung bietet Ihnen Skype an, ein Profilbild zu erstellen und das Mikrofon sowie die Kamera für Videoanrufe zu testen.

Abbildung 17.32 Zur Anmeldung bei Skype können Sie einen früheren Skype-Namen oder auch Ihr Microsoft-Konto nutzen.

Bevor Sie über Skype telefonieren können, müssen Sie die Gesprächsteilnehmer in Ihrer Kontaktliste aufnehmen. Hierzu geben Sie im Programmfenster oben links im Feld PERSONEN, GRUPPEN & NACHRICHTEN den Namen, den Skype-Namen oder die E-Mail-Adresse der gesuchten Person ein. Wenn die Person in der folgenden Übersicht aufgeführt wird, markieren Sie sie per Mausklick. Damit sie in Ihrer Kontaktliste aufgenommen wird, müssen Sie Ihr per Klick auf SAGE »HALLO« eine Kontaktanfrage schicken. Meldet sich die Person das nächste Mal bei Skype an, kann sie diese annehmen oder auch blockieren. Gleiches gilt umgekehrt, wenn Sie eine Kontaktanfrage erhalten.

Wenn Sie mit einer Person ein kostenloses Telefonat führen möchten, muss diese ebenso wie Sie bei Skype angemeldet sein. Ob dies der Fall ist, erkennen Sie anhand eines kleinen grünen Punkts im Profilbild der Person. Sobald Sie den Kontakt markieren, wird in der rechten Fensterhälfte unterhalb des Namens der Vermerk JETZT AKTIV eingeblendet. Mit einem

Klick auf die Videokamera oben rechts starten Sie einen Videoanruf, wählen Sie das Telefonhörersymbol, bleibt die Kamera hingegen ausgeschaltet. Ob Ihr Gesprächspartner den Anruf annimmt und auch seine Kamera einschaltet, bleibt natürlich ihm überlassen.

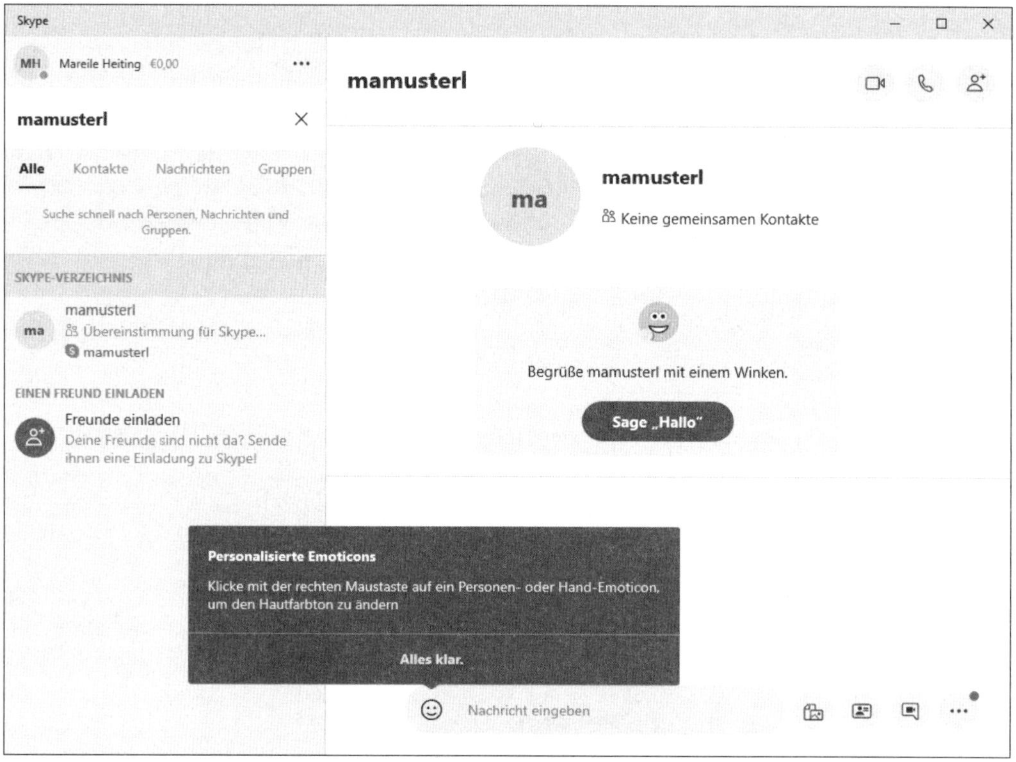

Abbildung 17.33 Sie müssen erst eine Kontaktanfrage schicken, die die Person annehmen muss, bevor sie mit ihr telefonieren oder chatten können.

Wenn man keine Zeit zum Telefonieren hat oder wenn die Umgebung kein Gespräch zulässt, ist über die Skype-App auch ein Austausch mit den jeweiligen Kontakten über kurze schriftliche Nachrichten möglich. Für einen solchen Chat markieren Sie die gewünschte Kontaktperson in der Kontaktliste und geben dann im Feld NACHRICHT EINGEBEN Ihren Text ein. Mit einem Klick auf das Symbol SENDEN verschicken Sie Ihre Nachricht.

17.3 Nützliche Apps für den Alltag

Manche Werkzeuge benötigt man zum Glück nicht allzu häufig. Doch wenn solch eine Situation gekommen ist, sollten sie sofort verfügbar sein. Die Ausschneiden und skizzieren-App, die ich Ihnen gleich als Erstes im Rahmen der nützlichen Apps vorstelle, ist eine davon. Denn wenn eine Fehlermeldung auf dem Bildschirm erscheint, ist schnelle Reaktion gefordert, wenn man sie abfotografieren möchte. Apps wie OneNote und der Rechner, aber auch die

Karten-App können wiederum schnell zu beliebten Alltagsbegleitern werden, sobald man sich einmal näher mit ihnen befasst hat.

17.3.1 Screenshots erstellen mit der Ausschneiden und skizzieren-App

Auf dem Bildschirm erscheint eine rätselhafte Fehlermeldung. Bevor sie verschwindet, ist es ratsam, schnell einen Screenshot davon aufzunehmen. Windows 10 hat das passende Werkzeug hierfür bereits an Bord: die Ausschneiden und skizzieren-App, die das von früher bekannte *Snipping Tool* ersetzen soll. Um einen Screenshot aufzunehmen, drücken Sie die Tastenkombination [Win] + [⇧] + [S]. Der Bildschirm verdunkelt sich hierdurch, am oberen Bildschirmrand erscheint eine kleine Symbolleiste, in der Sie das gewünschte SCHNEIDE-Werkzeug markieren. Voreingestellt ist das RECHTECK-Werkzeug, mit dem Sie mit gedrückter linker Maustaste einen rechteckigen Rahmen um einen Bildschirmbereich aufziehen. Um einen beliebigen Bildschirmbereich mit gedrückter linker Maustaste umfahren zu können, aktivieren Sie FREIES AUSSCHNEIDEN. Wollen Sie ganz gezielt ein bestimmtes Dialogfenster auf dem Bildschirm abfotografieren, ist das Werkzeug FENSTER AUSSCHNEIDEN perfekt geeignet. Hier reicht anschließend ein Klick auf das gewünschte Dialogfenster. Zu guter Letzt gibt es noch das Werkzeug VOLLBILD AUSSCHNEIDEN, falls Sie einen Screenshot des gesamten Bildschirms benötigen.

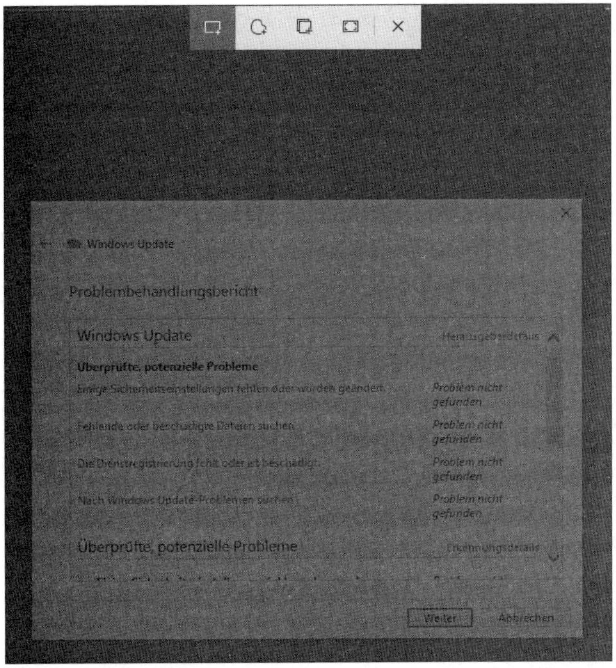

Abbildung 17.34 »Rechteckiges Ausschneiden«, »Freies Ausschneiden«, »Fenster ausschneiden« oder »Vollbild ausschneiden«: Sie haben die Qual der Wahl bei der Auswahl des »Schneide«-Werkzeugs.

Der aufgenommene Screenshot wird in der Zwischenablage gespeichert. Oberhalb des Infobereichs der Taskleiste erscheint entsprechend ein kleiner Hinweis, den Sie anklicken. Hierdurch öffnet sich die Ausschneiden und skizzieren-App, in der Sie den Screenshot nach Auswahl des gewünschten Stiftsymbols noch beschriften können. Möchten Sie eine gerade Linie zeichnen, ist das mit der Maus meist nur schwer möglich. Hier leistet das Lineal eine gute Hilfe, das Sie per Klick auf das Linealsymbol aktivieren. Ziehen Sie das Lineal anschließend mit gedrückter linker Maustaste an die gewünschte Stelle. Soll das Lineal gedreht werden, positionieren Sie den Mauszeiger auf dem Lineal und drehen dann das Scrollrad der Maus. Aktivieren Sie anschließend einen Stift und fahren mit gedrückter linker Maustaste an dem Lineal entlang, gelingt eine wunderbar gerade Linie. Misslungene Zeichnungen lassen sich schnell mit dem RADIERGUMMI-Werkzeug entfernen. Natürlich bietet die App auch ein Schneide-Werkzeug, mit dem Sie den Screenshot zuschneiden können.

Den fertigen Screenshot können Sie entweder auf dem Computer speichern oder auch direkt aus der App heraus mit anderen teilen. Hierzu klicken Sie auf das Symbol TEILEN und wählen im Dialog FREIGEBEN die gewünschte App aus. Entscheiden Sie sich z. B. für die Mail-App, wird automatisch das Nachrichtenfenster geöffnet, in dem der Screenshot bereits als Datei angehängt ist.

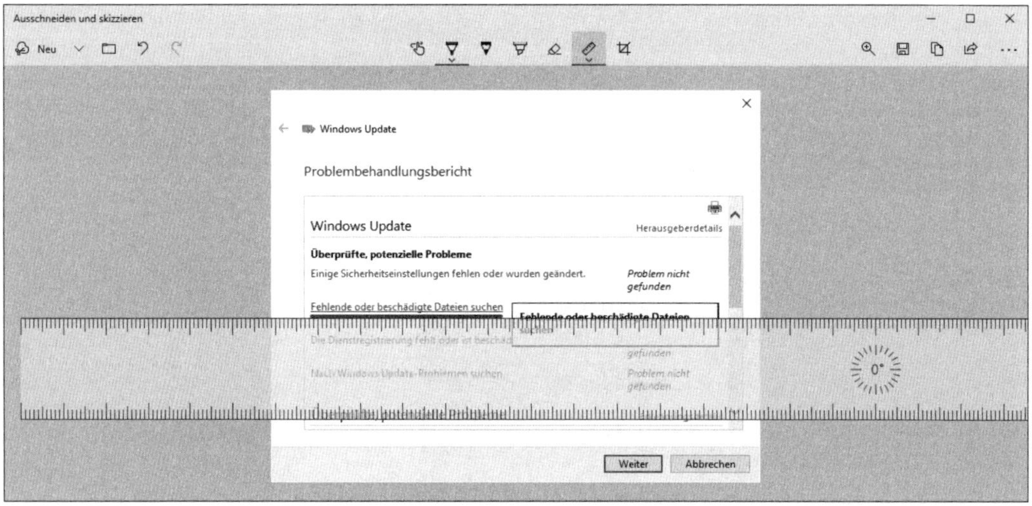

Abbildung 17.35 Das Lineal ist ein pfiffiges Hilfsmittel beim Kennzeichnen wichtiger Bildausschnitte.

17.3.2 Die Schrittaufzeichnung zur Protokollierung von Problemen

Das folgende Werkzeug ist zwar nicht neu, wenn es um die Lösung von Problemen geht, aber mindestens ebenso praktisch wie die zuvor vorgestellte Ausschneiden und skizzieren-App. Die Rede ist von der *Schrittaufzeichnung*, Windows 7-Nutzern auch als *Problemaufzeichnung* bekannt. Während Sie ein Problem z. B. innerhalb einer bestimmten App reproduzieren, nimmt das Werkzeug von allen relevanten Schritten jeweils einen Screenshot auf, die Sie jeweils kommentieren können. Die Aufzeichnung können Sie anschließend an eine Person – sei es ein Freund oder auch ein Support-Mitarbeiter – schicken, die Ihnen bei der Lösung des Problems behilflich sein könnte. Das Szenario lässt sich natürlich auch umkehren, indem Sie die Schrittaufzeichnung nutzen, um einer anderen Person zu zeigen, wie diese wiederum ein Problem lösen kann.

Sie finden die SCHRITTAUFZEICHNUNG im Startmenü im Ordner WINDOWS-ZUBEHÖR. Alternativ hierzu können Sie das Werkzeug aber auch aufrufen, indem Sie im Suchfeld der Taskleiste »Schrittaufzeichnung« eingeben und dann den entsprechenden Treffer anklicken. Auf dem Bildschirm wird eine kleine Symbolleiste eingeblendet, in der Sie auf AUFZEICHNUNG STARTEN klicken. Führen Sie nun die Schritte durch, die zum Problem führen bzw. die umgekehrt das Problem einer anderen Person lösen. Wenn Sie an bestimmten Stellen gerne eine Erklärung ergänzen möchten, klicken Sie in der Symbolleiste auf KOMMENTAR HINZUFÜGEN. Sie können nun z. B. mit gedrückter linker Maustaste einen Bildschirmbereich markieren und im Kommentarfeld eine entsprechende Erklärung ergänzen. Mit OK schließen Sie den Dialog und fahren mit Ihren Schritten fort.

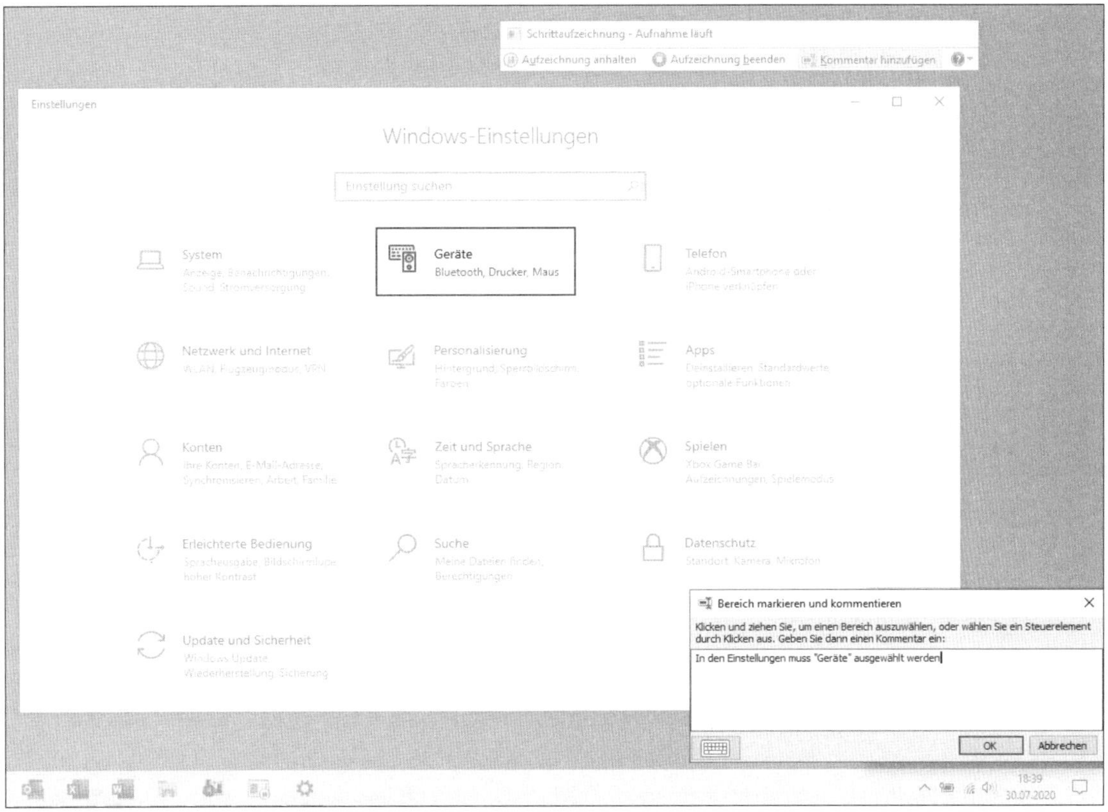

Abbildung 17.36 Sie können während der Schrittaufzeichnung Bildschirmelemente markieren und Kommentare hinzufügen.

Sie können die Aufzeichnung auch jederzeit anhalten und später fortsetzen. Haben Sie das Problem vollständig reproduziert, klicken Sie auf AUFZEICHNUNG BEENDEN. Im Dialog SCHRITTAUFZEICHNUNG finden Sie neben den Screenshots der einzelnen Schritte auch eine von Windows 10 ergänzte Dokumentation. Ist Ihnen beim Aufzeichnen ein Fehler unterlaufen, können Sie eine neue Aufzeichnung starten. Sind Sie mit dem Ergebnis zufrieden, klicken Sie auf SPEICHERN. Die Aufzeichnung wird automatisch als ZIP-Datei gespeichert, die Sie dann z. B. per E-Mail versenden.

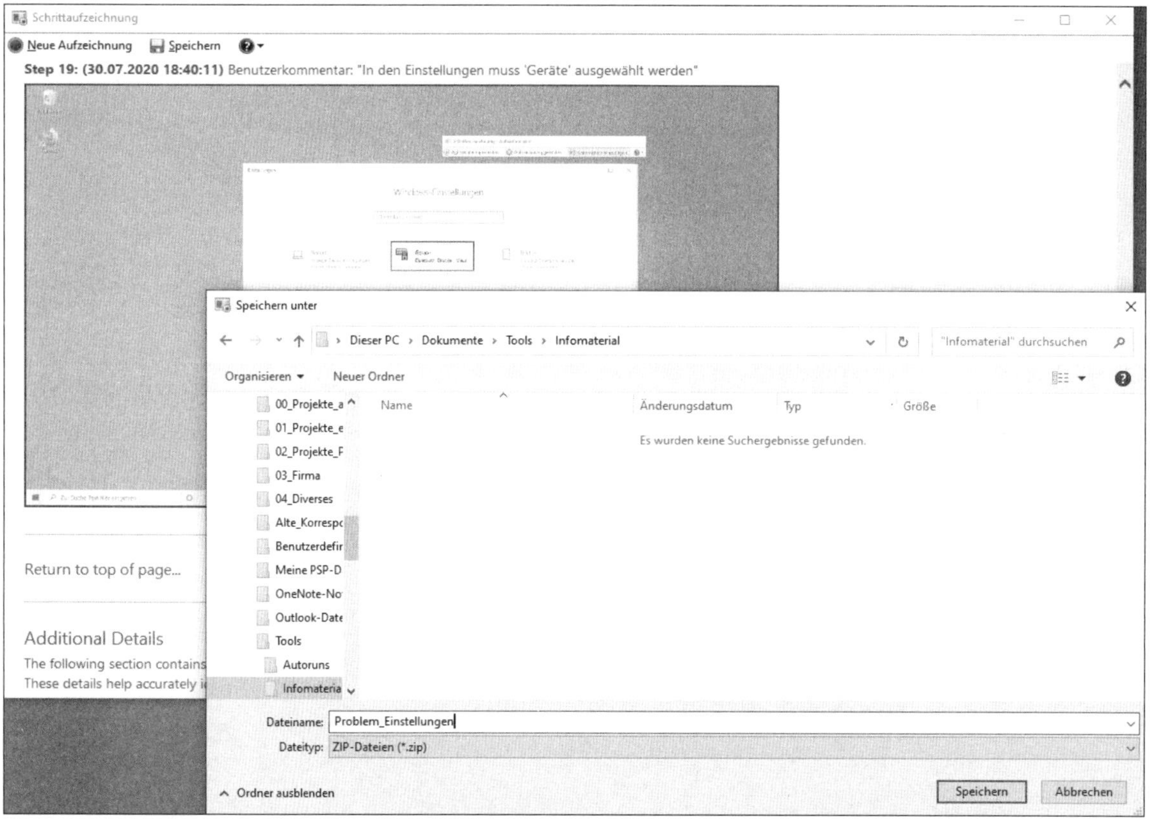

Abbildung 17.37 Die abgeschlossene Schrittaufzeichnung wird als ZIP-Datei gespeichert.

Der Sprachrekorder

Wer nicht gerne lange Texte schreibt, kann Nachrichten auch mit dem Sprachrekorder aufzeichnen und dann z. B. per E-Mail verschicken. Der Aufruf der Sprachrekorder-App erfolgt über den gleichnamigen Eintrag in der App-Liste des Startmenüs. Mit einem Klick auf das Mikrofonsymbol starten Sie die Aufnahme, ein Klick auf das Stoppsymbol beendet sie. Die Aufnahme wird automatisch unter dem gleichen Namen im Ordner *Dokumente\Soundaufnahme* gespeichert. Möchten Sie die Datei direkt aus dem Programmfenster des Sprachrekorders heraus versenden, klicken Sie sie mit der rechten Maustaste an und wählen den Befehl FREIGEBEN. Im folgenden Dialog markieren Sie das gewünschte Programm, z. B. die Mail-App, und schon erscheint ein Nachrichtenfenster, in dem die Sprachaufzeichnung bereits als Dateianhang eingefügt wurde.

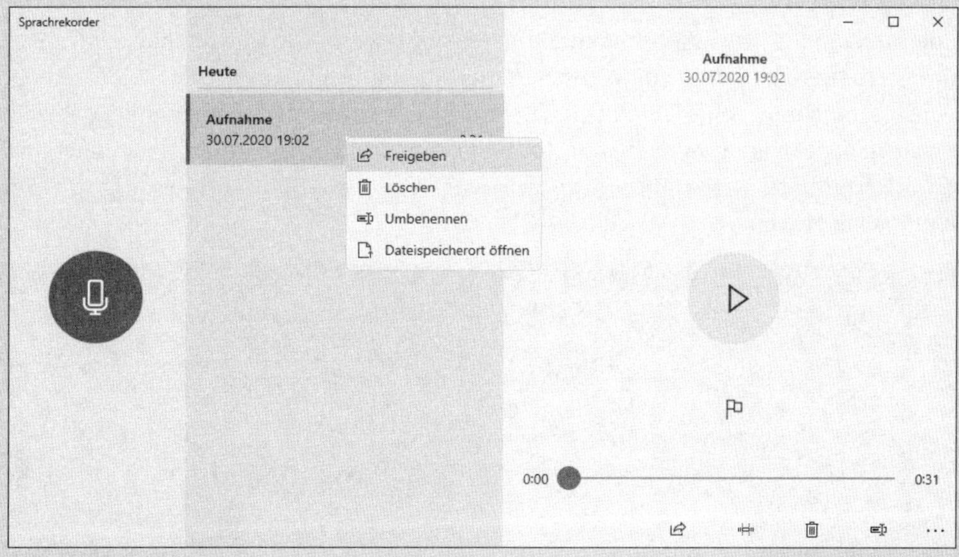

Abbildung 17.38 Die Sprachaufnahme kann direkt aus dem Programmfenster heraus per Mail verschickt werden.

17.3.3 OneNote for Windows 10

Die App *OneNote for Windows 10* ist ein kleiner Tausendsassa, wenn es um das Erfassen von Notizen, Dokumenten, Links und vielem mehr geht. Das digitale Notizbuch ist keineswegs neu. Bis Microsoft Office 2016 war OneNote noch Bestandteil der Office Suite. Wer also Microsoft Office 2016 im Einsatz hat, wird im Startmenü zwei Einträge für OneNote finden: einen für die UWP-App *OneNote for Windows* sowie einen für die Desktop-App *OneNote 2016*. Sowohl für Android-Smartphones als auch iPhones gibt es eine mobile OneNote-App, die Sie über den jeweiligen Store beziehen können. Zusätzlich lässt sich OneNote auch über die Webseite *www.onenote.com* im Browser öffnen. In diesem Abschnitt geht es aber nur um die UWP-App *OneNote for Windows 10*, im weiteren Verlauf nur noch kurz *OneNote-App* genannt.

Ein eigenes Notizbuch erstellen

Nach dem ersten Start der OneNote-App ist die Anmeldung mit einem Microsoft-Konto oder Geschäfts-, Schul- oder Unikonto erforderlich. Alle Notizbücher, die Sie in OneNote anlegen, werden in der Cloud *OneDrive* gespeichert. Ein anderer Speicherort steht Ihnen als Privatanwender nicht zur Auswahl. Im Gegensatz zu Programmen wie Microsoft Word oder Microsoft Excel müssen Sie sich nicht um das Speichern kümmern. Dies erledigt OneNote automatisch für Sie. Aus diesem Grund finden Sie auch kein Speichern-Symbol oder einen entsprechenden Befehl im Programmfenster.

Nach dem ersten Start der App finden Sie bereits ein persönliches Notizbuch mit der Bezeichnung NOTIZBUCH VON ... vor. Wenn Sie OneNote für die Planung unterschiedlicher Projekte nutzen möchten, sollten Sie für jedes Projekt ein eigenes Notizbuch anlegen. Hierzu klicken Sie in der Navigationsspalte auf NOTIZBUCH VON ... und am unteren Rand der Spalte dann auf NOTIZBUCH HINZUFÜGEN. Vergeben Sie einen Namen, und bestätigen Sie mit NOTIZBUCH ERSTELLEN.

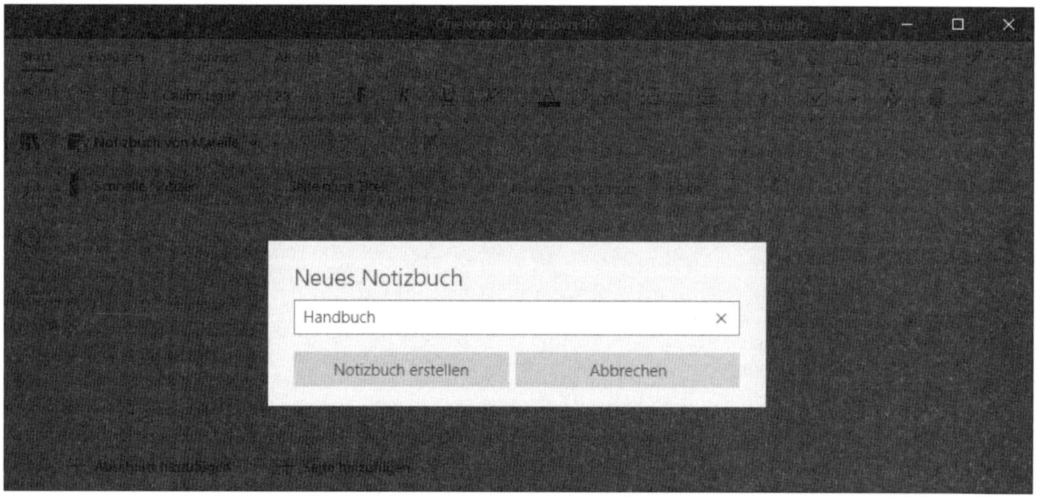

Abbildung 17.39 Legen Sie für jedes Projekt ein eigenes Notizbuch an.

Als Nächstes legen Sie die Struktur des Notizbuchs in Form von Abschnitten fest. Jeder Abschnitt kann hierbei z. B. für eine Projektphase stehen. Den ersten Abschnitt erstellt OneNote automatisch, weitere Abschnitte ergänzen Sie jeweils über die Schaltfläche ABSCHNITT HINZUFÜGEN. Die Abschnitte selbst dienen nur der Struktur des Notizbuchs, vergleichbar mit Registern in einem Aktenordner. Den eigentlichen Inhalt fügen Sie in den Seiten ein. Jeder neu erzeugte Abschnitt verfügt bereits über eine Seite, weitere ergänzen Sie per Klick auf SEITE HINZUFÜGEN. Jede Seite lässt sich auch als Unterseite anlegen. Den hierfür nötigen Befehl rufen Sie über das Kontextmenü auf. Die Reihenfolge der Seite lässt sich beliebig ändern, indem Sie sie mit gedrückter linker Maustaste verschieben. Den Seitentitel tippen Sie im Inhaltsbereich oberhalb des eingeblendeten Datums und der Uhrzeit ein. Diese beiden Angaben können Sie auch löschen, indem Sie sie markieren und dann die Taste `Entf` drücken.

Seiten mit Inhalt füllen

Haben Sie die Struktur des Notizbuchs festgelegt, geht es an das Füllen mit Inhalt. Auch hier zeigt sich wieder eine Besonderheit von OneNote: Sie können an jeder beliebigen Stelle, die Sie anklicken, Texte, Bilder, Links oder auch eigene Zeichnungen einfügen. Haben Sie im Menü Einfügen die Datei ausgewählt und die gewünschte Datei im folgenden Dialog markiert, bietet Ihnen OneNote nun drei Varianten an, wie die Datei in OneNote eingefügt werden kann:

- Auf OneDrive hochladen und Link einfügen: Mit dieser Variante laden Sie eine Kopie der Datei in die Cloud OneDrive hoch und fügen in OneNote eine Verknüpfung zu der Datei ein. Der Vorteil: Sie können auch von unterwegs auf die Datei zugreifen und sie gemeinsam mit anderen Personen bearbeiten. Der Nachteil: Für den Zugriff auf die Datei benötigen Sie eine Internetverbindung. In OneNote können Sie eine kleine Vorschau auf die Datei sehen. Um die Datei aus OneNote heraus zu öffnen, klicken Sie auf den Link. Damit wird automatisch der Browser gestartet. Ein Doppelklick auf das Dateisymbol, und schon wird die Onlineversion der Anwendung (z. B. Word Online) geöffnet, und Sie können die Datei bearbeiten.

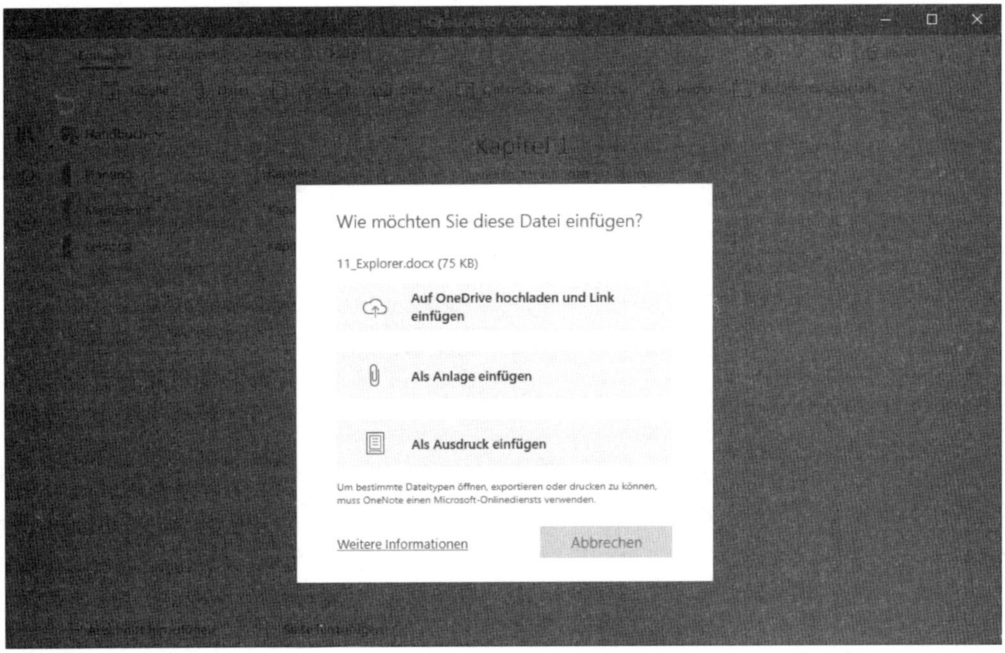

Abbildung 17.40 Dateien lassen sich in OneNote auf verschiedene Weise einfügen.

- Als Anlage einfügen: Entscheiden Sie sich für diese Variante, wird eine Kopie der Datei direkt als Anhang in OneNote eingefügt. Dies lässt sich in etwa mit einem Dateianhang vergleichen, den Sie an eine E-Mail anhängen. Wenn Sie den Inhalt der Datei ansehen und die Kopie öffnen möchten, doppelklicken Sie auf das Dateisymbol. Die entsprechende Anwendung, also etwa Excel, wird damit geöffnet. Vergessen Sie aber nicht: Es handelt sich bei der Datei lediglich um eine Kopie. Änderungen, die Sie hier vornehmen, wirken sich nicht auf die Originaldatei aus.

- ALS AUSDRUCK EINFÜGEN: Mit der dritten Variante wird die ausgewählte Datei in ein PDF-Dokument umgewandelt, und anschließend werden diese Datei sowie ein quasi virtueller Ausdruck in der OneNote-Seite eingefügt. Das ist vor allem dann praktisch, wenn Sie nicht erst eine Datei öffnen möchten, um sich ihren Inhalt ansehen zu können. Außerdem wird der Inhalt der Datei automatisch auch bei Suchanfragen berücksichtigt. Sie können im Ausdruck blättern, eine Bearbeitung ist aber nicht möglich. Hierfür müssen Sie wie zuvor für die Anlage gezeigt die Datei mit einem Doppelklick auf das Dateisymbol öffnen, das zusätzlich zum Ausdruck ergänzt wird. Bei der Datei, die Sie hierdurch öffnen, handelt es sich ebenfalls nur um eine Kopie des Originals.

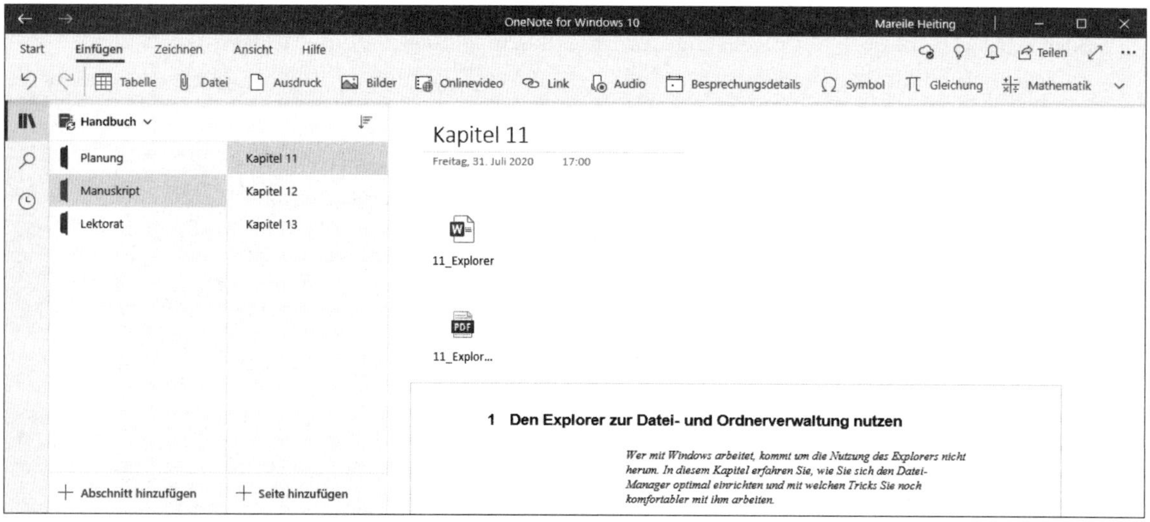

Abbildung 17.41 Die als Ausdruck eingefügte Datei

Alle Elemente – also z. B. Text, Dateien, Bilder oder auch über das gleichnamige Menü erstellte Zeichnungen – werden in sogenannten *Containern* eingefügt, die sich beliebig auf einer Seite verschieben lassen.

Notizbuch mit anderen Personen teilen

An einem umfangreichen Projekt ist meist nicht nur ein Einzelner beteiligt, sondern ein ganzes Team. Möchten Sie ein Notizbuch für andere Personen freigeben, damit diese hier ebenfalls ihre Ideen notieren können, schicken Sie den Teamkollegen eine Einladung. Hierzu klicken Sie in der OneNote-App oben rechts auf TEILEN. Geben Sie nun die E-Mail-Adressen der Personen ein. Die Adressen werden jeweils durch ein Semikolon (;) voneinander getrennt. OneNote schlägt Ihnen vor, dass die Eingeladenen das Notizbuch auch bearbeiten dürfen. Wenn es Ihnen lieber ist, dass sich die Personen das Notizbuch nur ansehen, aber keine Änderungen vornehmen dürfen, klicken Sie auf KANN BEARBEITEN und wählen in der Liste KANN ANZEIGEN aus. Mit einem Klick auf TEILEN schicken Sie die Einladung ab. Die Empfänger Ihrer Einladung finden in der E-Mail einen Link, über den das Notizbuch geöffnet werden kann.

Abbildung 17.42 Wenn Sie Ihr Notizbuch für andere freigeben möchten, schicken Sie ihnen eine E-Mail-Einladung.

Wenn Sie einer Person den Zugriff auf das Notizbuch wieder entziehen möchten, klicken Sie in der OneNote-App wieder auf TEILEN. Markieren Sie in der rechten Spalte die Person, deren Berechtigung Sie ändern möchten. Sie können nun entweder die Zugriffsberechtigung ändern oder mit einem Klick auf TEILEN BEENDEN den Zugriff komplett entziehen.

Kurznotizen erfassen

Früher klebte man sich als Erinnerungsstütze kleine gelbe Post-its an den Bildschirm. Unter Windows 10 gibt es hierfür die Kurznotizen-App, die Sie über die App-Liste im Startmenü aufrufen. Sind Sie mit einem lokalen Benutzerkonto am Computer angemeldet, erhalten Sie eine Aufforderung, sich mit Ihrem Microsoft-Konto anzumelden. Falls Sie nicht auch von anderen Geräten aus auf Ihre Kurznotizen zugreifen möchten, können Sie den Dialog ausblenden. Direkt danach erscheint bereits das erste Post-it auf der Desktopoberfläche, in das Sie den Erinnerungstext eingeben. Das Post-it kann beliebig auf dem Bildschirm verschoben werden. Benötigen Sie weitere Post-its, klicken Sie in der Symbolleiste des Notizzettels auf das Plussymbol. Sollte die Symbolleiste nicht sichtbar sein, klicken Sie einmal auf die Kurznotiz. Über das Symbol mit den drei Punkten lässt sich die Farbe eines Post-its verändern. Hier finden Sie auch den Befehl zum Löschen einer Notiz. Über den Befehl NOTIZENLISTE blenden Sie eine Übersicht über alle angelegten Kurznotizen ein.

Das Whiteboard von Windows 10

In den Anfängen von Windows 10 stand dem Anwender der sogenannte *Windows Ink-Arbeitsbereich* zur Verfügung, der über das gleichnamige Symbol im Infobereich der Taskleiste geöffnet wurde. Über diesen Arbeitsbereich ließen sich die Funktionen *Skizzenblock*, *Bildschirmskizze* und *Kurznotizen* aufrufen. Das Symbol gibt es zwar immer noch, den Arbeitsbereich aber nicht mehr. Seit Herbst 2019 lässt sich über das Symbol eine kleine Menüleiste mit drei Schaltflächen einblenden: Über die Schaltfläche WHITEBOARD lässt sich eine Skizzen-App starten, in der Sie wie auf einem realen Whiteboard zeichnen. Um die App nutzen zu können, müssen Sie sich mit einem Microsoft-Konto anmelden. Ihre Skizzen werden in der Cloud OneDrive gespeichert, wo Sie sie mit anderen Nutzern teilen und so gemeinsam an Projekten arbeiten können. Rufen Sie die App *Whiteboard* zum ersten Mal über das Symbol für den Windows Ink-Arbeitsbereich auf, wird die App zunächst installiert. Klicken Sie auf die zweite Schaltfläche VOLLBILDAUSSCHNITT, wird automatisch ein Screenshot des gesamten Bildschirms erstellt und in der Zwischenablage gespeichert. Mit der Tastenkombination [Strg] + [V] fügen Sie diesen dann in einer anderen App ein. Ein Klick auf das dritte Symbol mit den drei kleinen Punkten führt Sie zu den STIFTEINSTELLUNGEN.

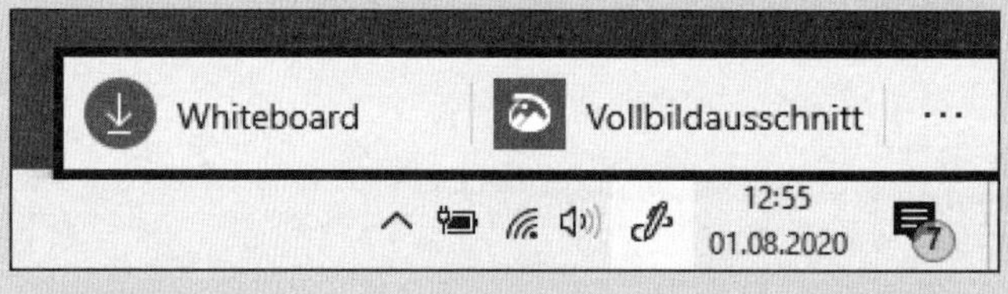

Abbildung 17.43 Über das Symbol »Windows Ink-Arbeitsbereich« blenden Sie seit Herbst 2019 eine kleine Menüleiste ein, über die Sie die Whiteboard-App aufrufen, einen Screenshot erstellen oder zu den Stifteinstellungen wechseln.

17.3.4 Pfiffiges rund um den Rechner

Eine häufig unterschätzte App ist die Rechner-App. Rufen Sie sie über den Eintrag »Rechner« in der App-Liste des Startmenüs auf, sehen Sie zunächst nur eine Oberfläche, die einem simplen Taschenrechner ähnelt. Das wahre Potenzial der App tritt erst nach einem Klick auf das Menü-Symbol in Erscheinung. So können Sie z. B. im Bereich KONVERTER zahlreiche Umrechnungsfunktionen für Währungen, Gewicht, Temperatur und mehr auswählen. Wählen Sie den Modus PROGRAMMIERER, rechnet Ihnen das Tool blitzschnell Binär-, Dezimal- oder Hexadezimalzahlen um. Auch der wissenschaftliche Modus bietet eine Vielzahl an Spezialfunktionen. Im Frühjahr 2020 wurde die App außerdem um einen Diagramm-Modus erweitert, der komplexe Funktionen grafisch darstellt.

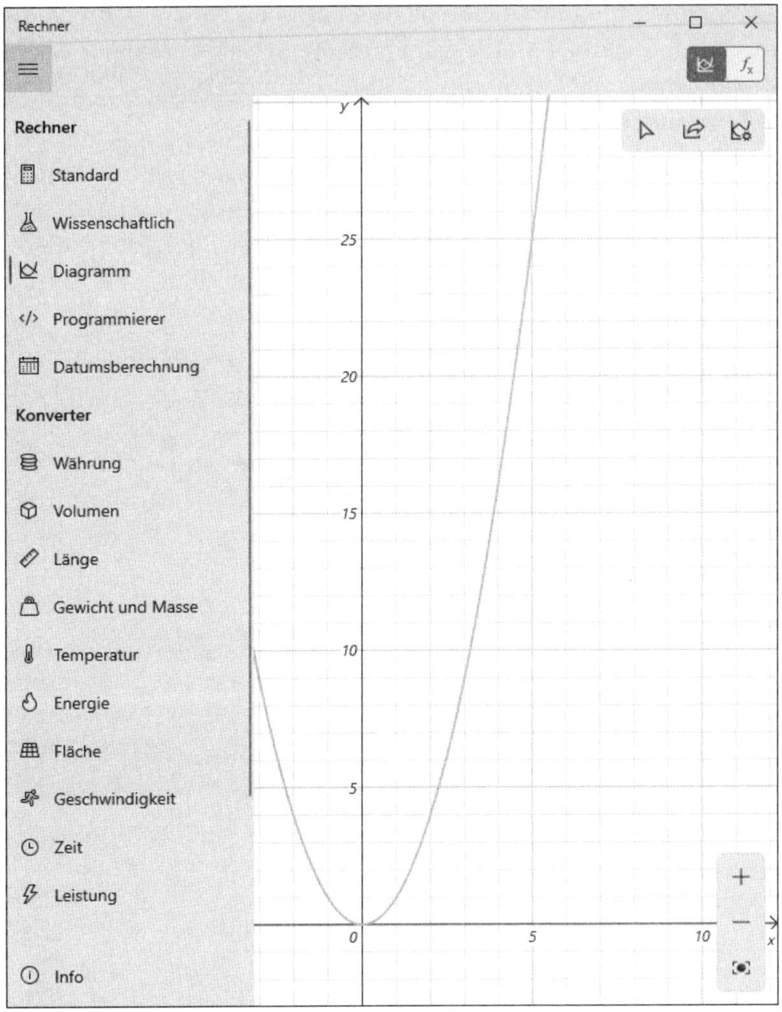

Abbildung 17.44 Die Rechner-App bietet bei Weitem mehr als nur mathematische Standardfunktionen.

17.3.5 Gut orientiert dank Karten-App

Möchten Sie wissen, wie lange Sie zu einer bestimmten Adresse unterwegs sind? Oder suchen Sie ein Restaurant in nächster Nähe? Oder würden Sie gerne mal einen Blick von oben auf Ihren Wohnort werfen? Bei Wünschen dieser Art sollten Sie die Karten-App zurate ziehen, die Sie über den entsprechenden Eintrag in der App-Liste des Startmenüs aufrufen.

Gezielt nach einer Adresse suchen oder aktuellen Standort anzeigen

Nach dem Start der App sehen Sie zunächst eine Weltkarte. Wenn Sie gezielt nach einer bestimmten Adresse suchen, geben Sie diese im Suchfeld oben links ein. Wie bei so vielen Suchanfragen innerhalb von Windows 10 und seinen Apps werden Ihnen bereits während der Eingabe einige Adressvorschläge angezeigt. Ist die gesuchte Adresse dabei, reicht ein Mausklick darauf. Falls nicht, müssen Sie die Daten selbst vollständig eingeben und die Suche durch Drücken der Taste Eingabe starten.

Wenn Sie sich Ihren aktuellen Standort in der Karte anzeigen lassen möchten, müssen Sie nicht selbst die Adresse eingeben, sondern können dies auch der Karten-App überlassen. Damit die Karten-App ermitteln kann, wo Sie sich gerade befinden, muss der Positionsdienst in Windows 10 aktiviert sein. Die entsprechenden Einstellungen nehmen Sie in der Einstellungen-App unter Datenschutz • Position vor. Ist der Dienst ausgeschaltet, klicken Sie auf Ändern und setzen im Dialog Position dieses Geräts den Regler auf Ein. Stellen Sie sicher, dass auch im Einstellungen-Dialog der Regler unterhalb von Zulassen, dass Apps auf Ihren Standort zugreifen eingeschaltet ist. Blättern Sie nun im Einstellungen-Dialog etwas nach unten bis zum Bereich Auswählen, welche Apps auf Ihren exakten Standort zugreifen können, und schalten Sie den Dienst für die Karten-App ein. In der Karten-App selbst reicht nun ein Klick auf das Symbol Meinen Standort anzeigen, und schon wird Ihre aktuelle Position in der Karte angezeigt.

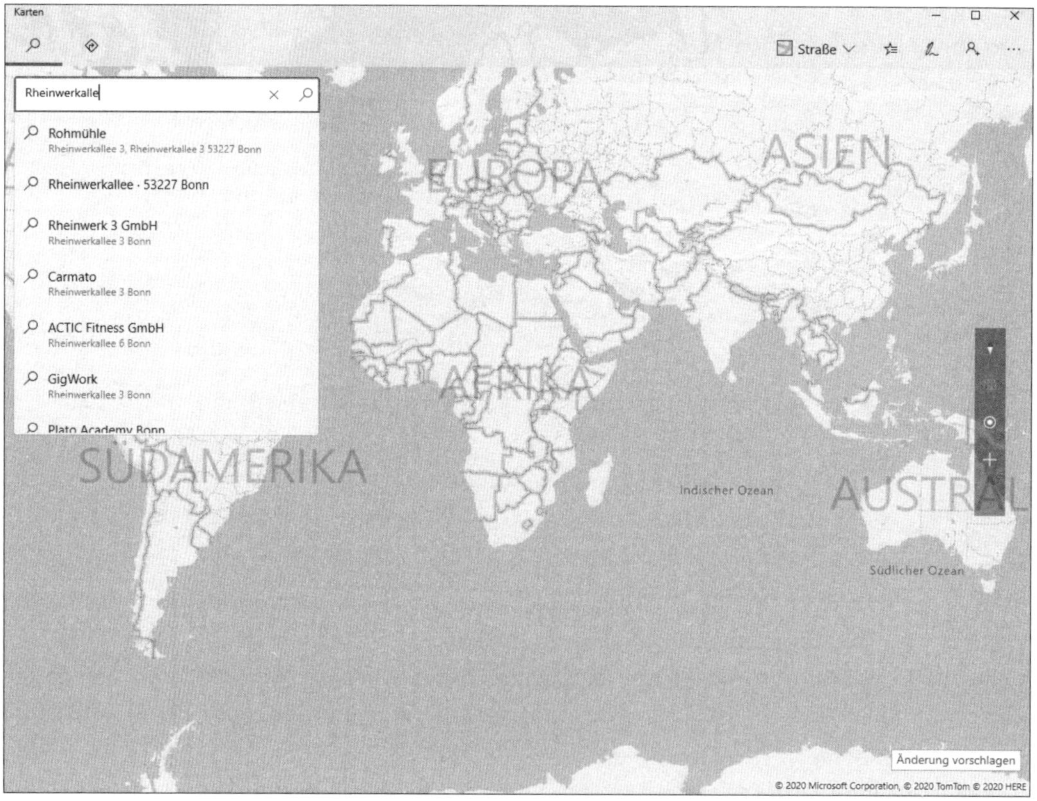

Abbildung 17.45 Die Karten-App schlägt Ihnen bereits während der Eingabe Adressen vor.

Der angezeigte Kartenausschnitt lässt sich über das Plus- und Minussymbol in der kleinen Symbolleiste am rechten Fensterrand vergrößern bzw. verkleinern. Möchten Sie den Ausschnitt verschieben, ziehen Sie ihn mit gedrückter linker Maustaste in die gewünschte Richtung.

Restaurants, Sehenswürdigkeiten und mehr finden

Sobald Sie Ihren Standort oder eine bestimmte Adresse in der Karten-App angesteuert haben, erscheint ein weiteres Dialogfenster. Wenn Sie z. B. auf der Suche nach einem Restaurant in der Nähe der angezeigten Adresse sind, klicken Sie in diesem Fenster links unterhalb von WAS BEFINDET SICH IN DER NÄHE? auf das Symbol 🍴. In dem kleinen Dialogfenster werden Ihnen nun in einem neuen Dialogfenster Restaurants vorgeschlagen. Bewegen Sie den Mauszeiger auf einen der blauen Punkte in der Karte, erfahren Sie den Namen des Restaurants, das sich an diesem Ort befindet. Mit einem Klick auf den Punkt werden im Dialogfenster links Details zum Restaurant (z. B. Anschrift, Telefonnummer und Öffnungszeiten) eingeblendet. Über die weiteren Symbole am unteren Rand des Dialogs können Sie sich in der Karte aber auch Sehenswürdigkeiten, Einkaufszentren, Hotels, Banken, Krankenhäuser sowie Parkplätze anzeigen lassen. Um wieder zur vorherigen Suchanfrage zurückzukehren, klicken Sie auf den entsprechenden Registerreiter oberhalb des kleinen Dialogfensters. Nicht mehr benötigte Suchergebnisse löschen Sie per Klick auf das Kreuzsymbol innerhalb des Registerreiters.

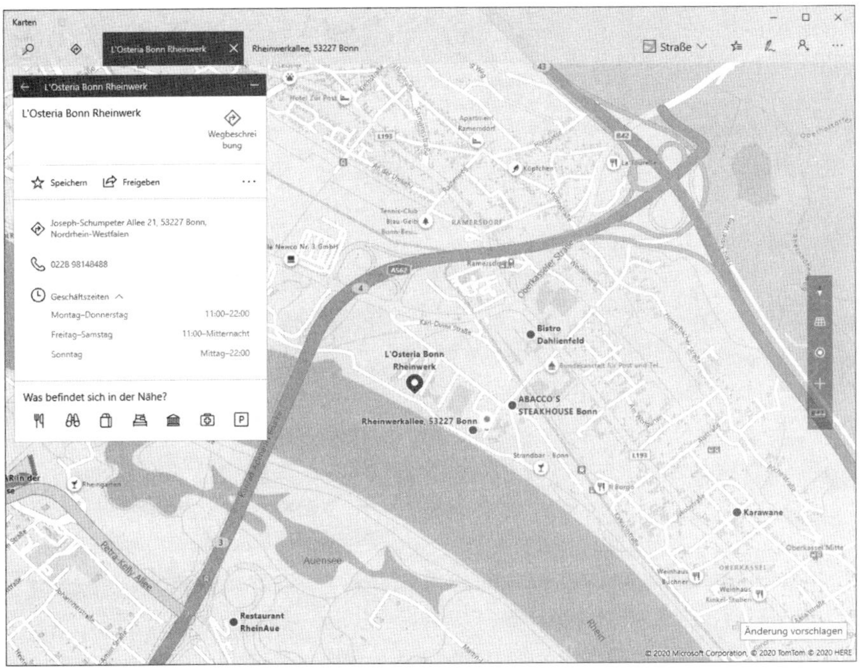

Abbildung 17.46 Auf Wunsch zeigt die Karten-Apps Restaurants, Sehenswürdigkeiten, Parkhäuser oder auch Hotels in nächster Nähe der ausgewählten Adresse an.

Wegbeschreibung anzeigen lassen

Wenn Sie möchten, können Sie sich zur gesuchten Adresse gleich die passende Wegbeschreibung einblenden lassen. Hierzu klicken Sie in dem kleinen Dialogfenster auf WEGBESCHREIBUNG. Der Routenplaner lässt sich aber auch über das Symbol oben links aufrufen. Geben Sie in den entsprechenden Feldern die Start- und die Zieladresse an. Mit einem Klick auf WEGBESCHREIBUNG ANZEIGEN berechnet die Karten-App mögliche Routen und zeigt Ihnen diese anschließend in der Karte an. Links erfahren Sie nicht nur die Fahrtdauer einer Strecke, sondern auch die Entfernung. Wenn Sie die Fahrt nicht sofort beginnen möchten, sondern erst später, markieren Sie nach einem Klick auf das Uhrsymbol die Option ABFAHRT UM. Stellen Sie dann die gewünschte Uhrzeit und das Datum ein. Die Auswahl müssen Sie jeweils per Klick auf das Häkchen bestätigen. Mit einem Klick auf LOS starten Sie die Navigation. Wenn Sie diese wieder beenden möchten, klicken Sie unten rechts auf das Symbol mit den drei Punkten und wählen dann BEENDEN. Die Karten-App zeigt nun wieder den Kartenausschnitt mit dem Startpunkt der Route an. Per Standardeinstellung geht die App davon aus, dass Sie die Reise mit einem Auto antreten werden. Möchten Sie stattdessen die öffentlichen Verkehrsmittel nutzen oder zu Fuß gehen, klicken Sie auf die entsprechenden Symbole.

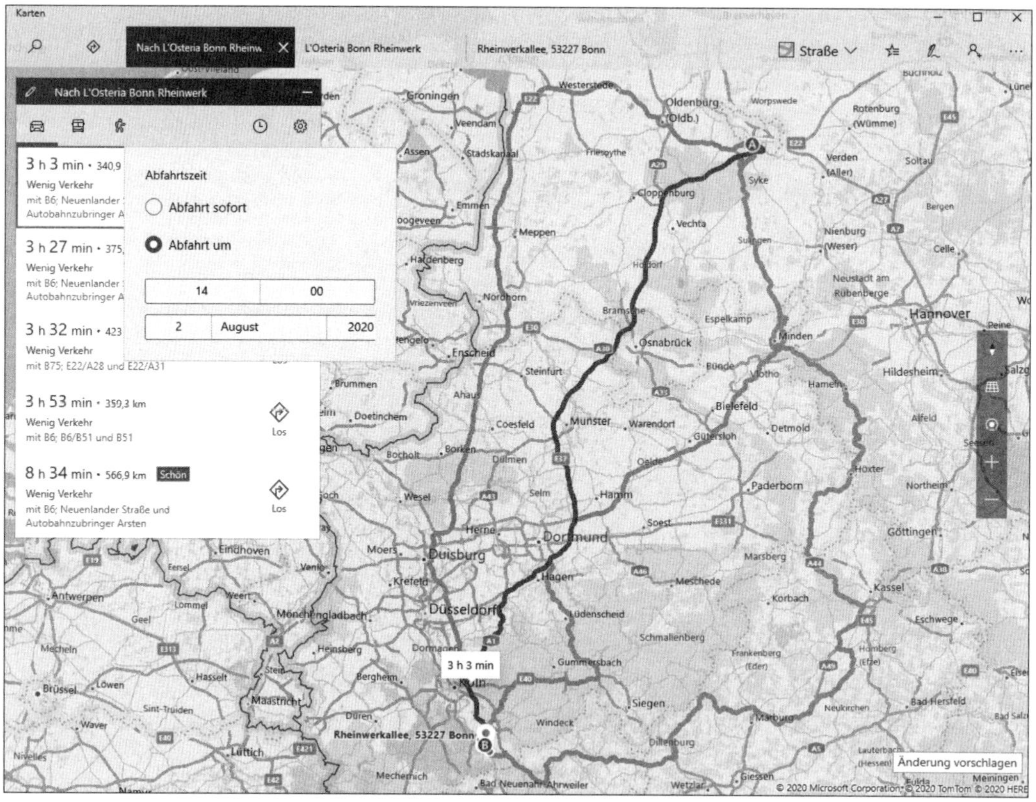

Abbildung 17.47 Die Karten-App verfügt über einen integrierten Routenplaner.

Luftbild statt Straßenkarte anzeigen

Interessiert es Sie, wie Ihr eigener Wohnort von oben aussieht? Oder würden Sie gerne einen Blick auf Ihren Geburtsort werfen? Auch das lässt sich schnell in der Karten-App realisieren. Klicken Sie hierzu im Programmfenster oben rechts auf den Pfeil rechts von STRASSE und wählen dann LUFTBILD. Spannend wird diese Ansicht vor allem dann, wenn Sie mit einem Klick auf das Symbol IN 3D WECHSELN die 3D-Darstellung aktivieren. Durch Drehen des Scrollrades oder auch über das Plus- und Minussymbol können Sie nun in die Luftbildansicht hinein- oder aus ihr herauszoomen. Auch ein Verschieben des Ausschnitts mit gedrückter linker Maustaste ist in dieser Ansicht natürlich möglich. Mit einem erneuten Klick auf das Symbol kehren Sie wieder zur 2D-Darstellung zurück.

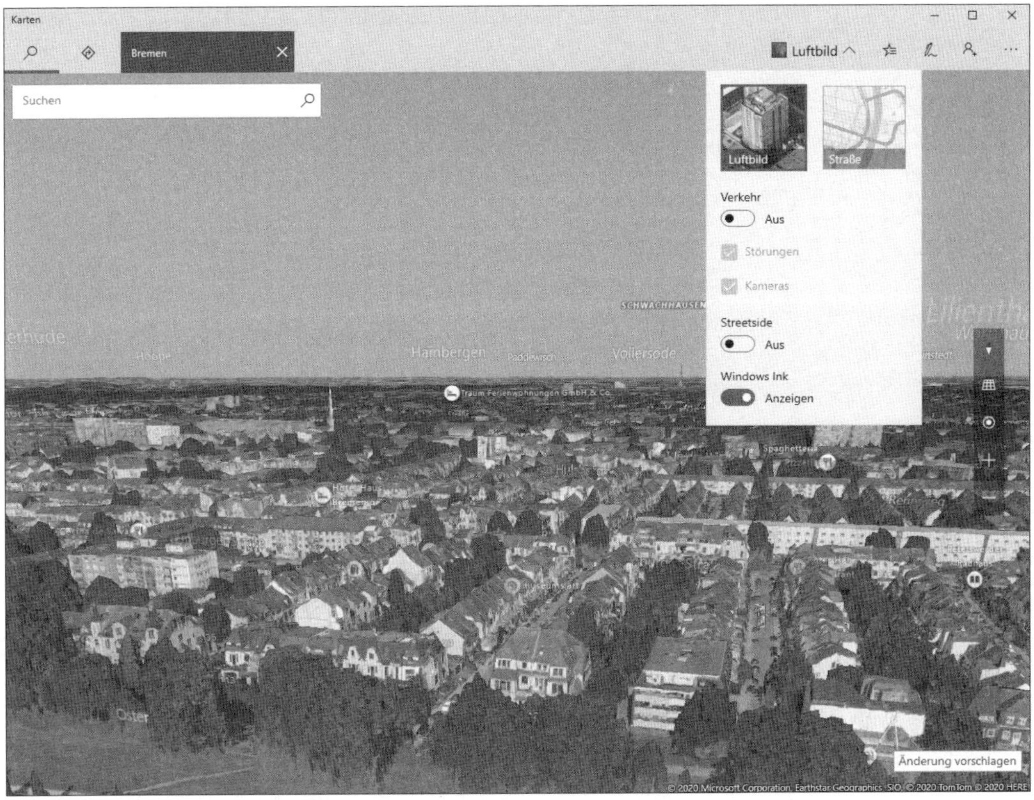

Abbildung 17.48 Die Luftbildansicht bietet einen spannenden Blick von oben.

Karten für die Offlinenutzung herunterladen

Für die Nutzung der Karten-App ist eine Internetverbindung erforderlich. Wenn Sie möchten, können Sie Karten aber auch auf Ihren Computer herunterladen, um diese dann offline ansehen zu können. Klicken Sie hierzu in der Karten-App oben rechts auf das Symbol mit den drei kleinen Punkten und wählen dann EINSTELLUNGEN. Im folgenden Dialog haben Sie die Möglichkeit, sowohl die gewünschte Einheit zur Darstellung von Entfernungen zu ändern, ein anderes bevorzugtes Verkehrsmittel einzustellen als auch das Kartendesign anzupassen. Klicken Sie im Bereich OFFLINEKARTEN auf KARTEN AUSWÄHLEN, wird automatisch die Einstellungen-App mit der Kategorie APPS • OFFLINE-KARTEN gestartet. Klicken Sie hier nun auf KARTEN HERUNTERLADEN, und wählen Sie die gewünschten Karten aus. Da die Daten recht umfangreich sind, kann es je nach Internetverbindung etwas dauern, bis die Karten offline zur Verfügung stehen.

Da sich Straßenführungen immer wieder ändern oder Straßen auch umbenannt werden, sollten Sie darauf achten, immer die aktuellsten Karten zur Verfügung zu haben. Dies stellen Sie sicher, indem Sie in der Einstellungen-App auf der Seite OFFLINE-KARTEN den Regler KARTEN AUTOMATISCH AKTUALISIEREN eingeschaltet lassen.

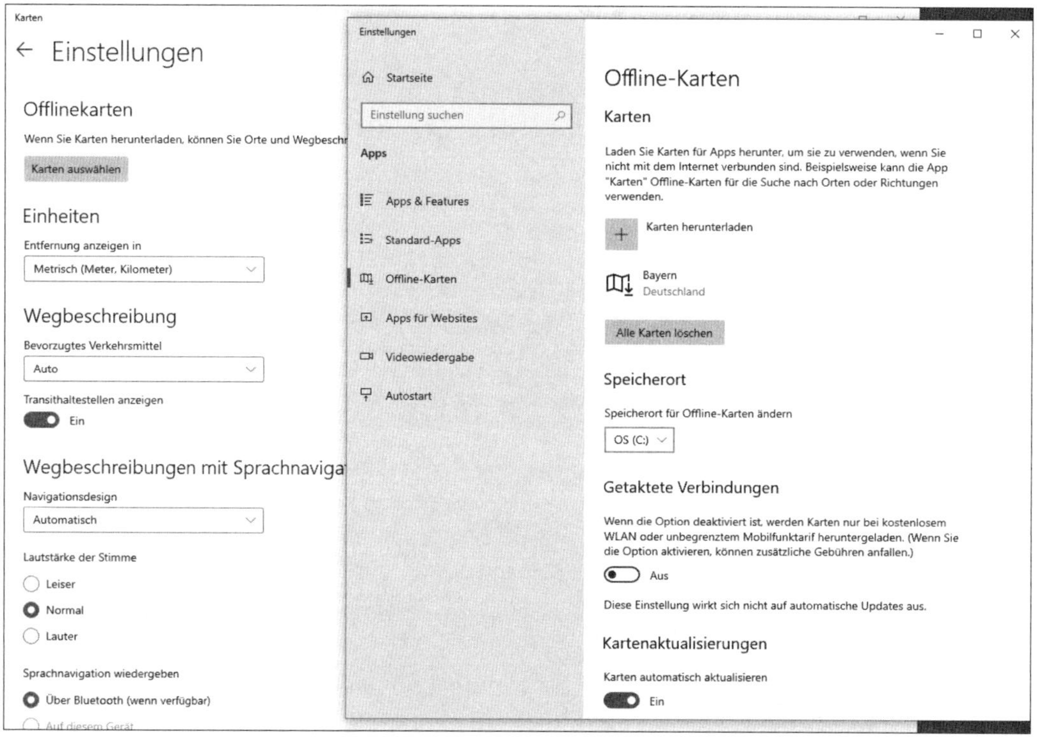

Abbildung 17.49 Einstellungen der Karten-App

17.3.6 Ihr Smartphone

Microsoft hat seine eigenen Smartphone-Pläne mittlerweile zwar ad acta gelegt, die Verknüpfung der Mobilgeräte mit Windows 10-Geräten ist aber weiterhin Thema für das Unternehmen. Mit der Ihr Smartphone-App bietet Windows 10 eine App, mit der sich Computer und Smartphone miteinander verbinden lassen. Anschließend können Sie bequem Ihre Fotos vom Smartphone auf den PC übertragen, vom PC aus Anrufe über Ihr Smartphone tätigen und einiges mehr. Die App wird fleißig weiterentwickelt, sodass hier laufend neue

Funktionen hinzukommen. So ist sogar eine Funktion zum Spiegeln des Smartphone-Bildschirms unter Windows 10 in Planung, die aber zunächst nur die Teilnehmer des Windows-Insider-Programms ausprobieren können. Weitere Informationen zu diesem Programm erhalten Sie in Kapitel 34.

Für die Verbindungsherstellung zwischen Smartphone und PC wird kein USB-Kabel, sondern nur ein Microsoft-Konto benötigt. Das Smartphone (bzw. Tablet) muss mit einer SIM-Karte ausgestattet sein. Außerdem installieren Sie hierauf eine spezielle App. Diese wird für Android-Geräte im entsprechenden Store kostenlos zur Verfügung gestellt. Für iPhone-Besitzer findet die Kopplung der Geräte derzeit noch über den Browser Microsoft Edge für iOS statt. Microsoft forciert aktuell vor allem die Zusammenarbeit mit Android-Geräten, allen voran mit den Smartphones von Samsung. Man kann deshalb wohl davon ausgehen, dass iPhone-Nutzer noch etwas länger auf die ein oder andere Funktion verzichten müssen, die Besitzern eines Android-Smartphones bereits jetzt zur Verfügung steht. Im Folgenden zeige ich kurz, wie einfach sich ein Android-Smartphone und ein Windows 10-PC mit den passenden Apps miteinander verbinden lassen.

Verbindung zwischen Android-Smartphone und Windows 10-PC herstellen

Um Ihr Mobilgerät mit dem Windows 10-Computer zu verknüpfen, rufen Sie auf dem Windows-Gerät das Startmenü auf und wählen in der App-Liste die Ihr Smartphone-App aus. Alternativ hierzu können Sie auch die Einstellungen-App starten, in die Kategorie TELEFON wechseln und dort auf MOBILTELEFON HINZUFÜGEN klicken.

Nach dem ersten Start der App müssen Sie zunächst den Typ Ihres Smartphones auswählen, also im Beispiel ANDROID, und mit WEITER bestätigen. Sollten Sie noch nicht mit einem Microsoft-Konto am Computer angemeldet sein, müssen Sie sich als Nächstes zumindest bei der App mit diesem anmelden. Nehmen Sie nun Ihr Smartphone zur Hand, und rufen Sie dort den Play Store auf. Suchen Sie in diesem nach *Begleiter für Ihr Smartphone – Link zu Windows*. Installieren Sie die App auf Ihrem Smartphone.

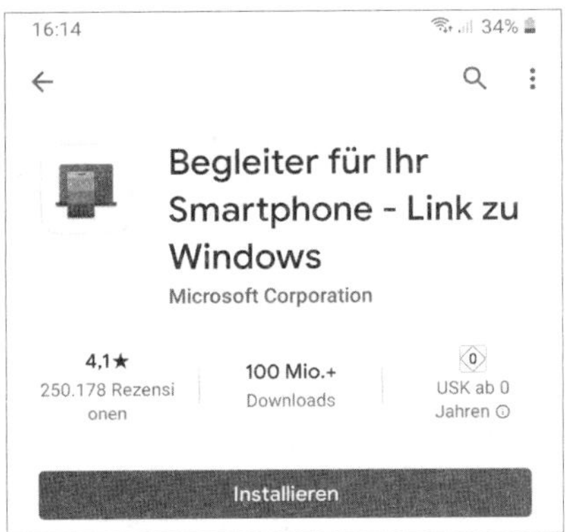

Abbildung 17.50 Installieren Sie die »Begleiter für Ihr Smartphone – Link zu Windows«-App auf Ihrem Android-Smartphone.

Öffnen Sie die gerade installierte App auf dem Smartphone, und scannen Sie den auf dem Windows 10-Gerät angezeigten QR-Code. Folgen Sie hierzu einfach den Anweisungen auf dem Smartphone. Während der folgenden Schritte erfolgt auf dem Smartphone automatisch die Anmeldung mit dem Microsoft-Konto. Außerdem müssen Sie einige Berechtigungen jeweils mit einem Klick auf ZULASSEN erteilen, damit das Mobilgerät eine Verbindung mit der App *Ihr Smartphone* auf Ihrem PC herstellen darf und Sie alle zur Verfügung stehenden Funktionen auch nutzen können. Sobald Sie den allerletzten Schritt mit FERTIG bestätigt haben, steht die Verbindung zwischen den beiden Geräten.

Über die Ihr Smartphone-App auf das Mobilgerät zugreifen

Um z. B. auf Fotos auf dem Smartphone zuzugreifen, öffnen Sie auf dem Windows 10-PC über das Startmenü die Ihr Smartphone-App. Markieren Sie in der linken Spalte der App FOTOS, werden rechts alle auf dem Mobiltelefon gespeicherten Bilder aufgelistet. Beim ersten Aufruf der Funktion müssen Sie zuvor noch eine Benachrichtigung vom PC an das Smartphone senden.

Falls Sie vom PC aus auf die auf dem Mobiltelefon eingegangenen SMS zugreifen möchten, markieren Sie in der Ihr Smartphone-App links NACHRICHTEN. Auch hier ist beim ersten Mal das Senden einer Benachrichtigung erforderlich. Mit einem Klick auf NEUE NACHRICHT können Sie anschließend nicht nur bereits erhaltene SMS lesen, sondern vom PC aus auch eine Nachricht verschicken. Um von der Ihr Smartphone-App aus Anrufe über das Mobilgerät zu starten, muss auf beiden Geräten die Bluetooth-Funktion aktiviert sein.

Abbildung 17.51 Sind Mobilgerät und PC miteinander verknüpft, können Sie vom PC aus auf Fotos und SMS des Smartphones zugreifen sowie Nachrichten verschicken und Anrufe tätigen.

Wenn Sie möchten, können Sie sich in der Ihr Smartphone-App alle Benachrichtigungen anzeigen lassen, die auf dem Mobilgerät eintreffen. Sollten Sie alle Einstellungen, die Sie in der App im Zusammenhang mit Benachrichtigungen, Nachrichten, Fotos und Anrufen vornehmen, anpassen wollen, klicken Sie in der App auf EINSTELLUNGEN. Über die Regler lassen sich erteilte Zugriffe auch wieder deaktivieren.

Verknüpfung zwischen Smartphone und PC aufheben

Wenn Sie die Verknüpfung zwischen dem PC und dem Smartphone irgendwann nicht mehr wünschen, rufen Sie auf dem PC in der Einstellungen-App die Kategorie TELEFON auf. Klicken Sie dann rechts auf VERWALTEN SIE ALLE MIT IHREM MICROSOFT-KONTO VERKNÜPFTEN GERÄTE. Es wird der Browser geöffnet. Melden Sie sich im Dialog ANMELDEN mit der E-Mail-Adresse und dem Kennwort bei Ihrem Microsoft-Konto an. Im Browser werden Ihnen anschließend alle mit diesem Konto genutzten Geräte angezeigt. Um die Verknüpfung zwischen dem Microsoft-Konto und dem Smartphone aufzuheben, klicken Sie in der Übersicht auf das Gerät. In der Detailansicht wählen Sie nach einem Klick auf VERWALTEN den Befehl VERKNÜPFUNG MIT TELEFON AUFHEBEN. Versehen Sie im Dialog TELEFON TRENNEN das Kästchen DIESES HANDY TRENNEN mit einem Häkchen, und bestätigen Sie mit ENTFERNEN und dann OK. Anschließend sollten Sie sich im Browser wieder von Ihrem Microsoft-Konto abmelden.

Abbildung 17.52 Die Verbindungstrennung von Smartphone und PC erfolgt über den Browser.

Die Feedback-Hub-App

Auch wenn Windows 10 nicht mehr ganz so viele Bluescreens erzeugt wie seine Vorgänger, frei von Fehlern ist es trotzdem bei Weitem nicht. Entdecken Sie einen solchen Bug, können Sie Microsoft das Problem über die Feedback-Hub-App mitteilen. Um alle Funktionen der App nutzen zu können, sollten Sie sich mit einem Microsoft-Konto anmelden. Nach dem Start der Feedback-Hub-App, der wie gewohnt über die App-Liste des Startmenüs erfolgt, erhalten Sie einige Informationen zur optimalen Nutzung dieser App.

Kapitel 18
Multimedia mit Windows 10

Manch eine Software, wie etwa das Windows Media Center, ist unter Windows 10 nicht mehr verfügbar. Dafür sind einige neue Apps hinzugekommen, mit denen Sie Ihre Multimediadaten verwalten und bearbeiten können.

Diskutiert man über den Funktionsumfang, den Multimediaprogramme bieten sollten, scheiden sich die Geister. Die einen wünschen sich ausgereifte Profiwerkzeuge, anderen reicht es, wenn sie z. B. ihre Fotos zuschneiden und den ein oder anderen kleinen Schönheitsfehler ausbessern können. Von einem professionellen Bildbearbeitungsprogramm ist die Fotos-App meilenweit entfernt. Aber für die gelegentlichen kleinen Korrekturen reicht sie allemal. Zumal Microsoft die App fortwährend weiterentwickelt. Neue Funktionen werden nicht nur halbjährlich im Rahmen der Feature-Updates ergänzt, sondern auch regelmäßig zwischendurch. So wurde die Fotos-App z. B. Anfang 2020 um den Video-Editor erweitert. Mit diesem Nachfolger des Windows Movie Makers verfügt Windows 10 nun auch über eine App für den einfachen Videoschnitt, die sicherlich zukünftig um weitere Features ergänzt wird. Es rentiert sich also, immer mal wieder einen Blick auf die Fotos-App zu werfen.

Apps wie die Groove-Musik-App oder die Filme & TV-App bieten zwar nur die nötigsten Funktionen zum Musikhören bzw. Filmebetrachten, wer jedoch mit dem sehr übersichtlichen Funktionsumfang leben kann, kommt dafür um die Installation zusätzlicher Programme herum.

18.1 Die Fotos-Apps

Auch wenn viele von uns zum Fotografieren und Filmen mittlerweile das Smartphone einsetzen und die Bilder und Videos auch von dort aus via WhatsApp & Co. mit anderen teilen: Das Archivieren und aufwendigere Bearbeiten der Fotos erledigt man dann doch lieber auf dem Computer mit seinem größeren Bildschirm. Mit der in Windows 10 integrierten Fotos-Apps lässt sich das Bildmaterial bequem auf den PC übertragen und dort in voller Bildschirmgröße begutachten. Wer dabei den ein oder anderen Schönheitsfehler entdeckt, kann diesen gleich korrigieren. Die Fotos-App zählt wohl zu den am stärksten überarbeiteten UWP-Apps. Im Vergleich zu den Anfängen, in denen sie noch milde belächelt wurde, bietet die App mittlerweile für den Alltagsgebrauch einige interessante Funktionen. Bei einer App aus dem Hause Microsoft versteht es sich natürlich von selbst, dass ein Zugriff aus der App heraus auf die Cloud OneDrive möglich ist.

18.1.1 Fotos importieren mit der Fotos-App

Die hohe Speicherkapazität von Smartphones und Digitalkameras lässt einen häufig vergessen, dass man die Aufnahmen irgendwann auch einmal archivieren sollte. Die Erinnerung hieran kommt spätestens dann, wenn die Speicherkarte voll ist. Am schnellsten gelingt das Überspielen der Daten, indem man Kamera oder Smartphone per USB-Kabel an den PC anschließt. Verbinden Sie die Geräte das erste Mal miteinander, installiert Windows 10 automatisch die nötigen Treiber. Sobald auf der Digitalkamera der Wiedergabemodus aktiviert bzw. auf dem Smartphone die Datenübertragung freigeschaltet ist, kann der Datenimport beginnen. Erscheint oberhalb des Infobereichs der Taskleiste der Hinweis WÄHLEN SIE EINE AKTION FÜR DIESES GERÄT AUS, klicken Sie diesen an und markieren im folgenden Dialog FOTOS UND VIDEOS IMPORTIEREN. Alternativ hierzu kann der Import natürlich auch direkt aus der Fotos-App heraus per Klick auf IMPORTIEREN • VON USB-GERÄT gestartet werden. Die Fotos-App lässt sich, wie jede andere App auch, über die App-Liste des Startmenüs aufrufen.

Sobald die Import-Funktion gestartet wurde, wird das angeschlossene Gerät nach Bildern und Videos durchsucht. Die Übersicht zeigt anschließend das gefundene Bildmaterial nach Aufnahmedatum sortiert an. Jede Miniaturvorschau eines Fotos oder Videos verfügt über ein kleines Kästchen. Versehen Sie diejenigen Aufnahmen, die Sie auf den PC übertragen möchten, mit einem Häkchen. Im Feld SELECT haben Sie die Möglichkeit, ALLE ELEMENTE in einem Rutsch oder auch nur ELEMENTE SEIT DEM LETZTEN IMPORT auszuwählen.

Per Standardeinstellung legt die Fotos-App die importierten Elemente automatisch im Ordner BILDER ab. Falls Sie einen anderen Ordner auswählen oder im Bilderordner einen weiteren Unterordner anlegen möchten, klicken Sie auf IMPORTEINSTELLUNGEN und dann auf IMPORTZIEL ÄNDERN. Markieren Sie im folgenden Dialog das gewünschte Verzeichnis, oder legen Sie einen neuen Ordner an. BESTÄTIGEN SIE MIT DIESEN ORDNER ZU »...« HINZUFÜGEN, um zum Dialog IMPORTEINSTELLUNGEN zurückzukehren.

Wenn Sie die Fotos und Videos in unterschiedlichen Monaten aufgenommen haben, legt die Fotos-App während des Imports im zuvor ausgewählten Speicherort automatisch weitere Unterordner mit der Bezeichnung des Monatsnamens an. Dies lässt sich leider nicht verhindern. Sie können die Aufnahmen alternativ nur NACH DATUM oder NACH JAHR gruppieren. Die Auswahl eines Datums führt allerdings entsprechend zu noch mehr Unterordnern, während eine Jahresgruppierung bei einer Vielzahl an Elementen schnell unübersichtlich wird. Die Fotos-App bietet Ihnen an, alle Aufnahmen nach dem Import automatisch von der Speicherkarte der Digitalkamera oder des Smartphones zu löschen. Zur Sicherheit sollten Sie diese Funktion aber nicht aktivieren, sondern das Löschen nach erfolgreichem Import selbst übernehmen. Haben Sie alle Einstellungen vorgenommen, starten Sie mit FERTIG und dann IMPORT...VON... die Übertragung der Aufnahmen auf den Computer.

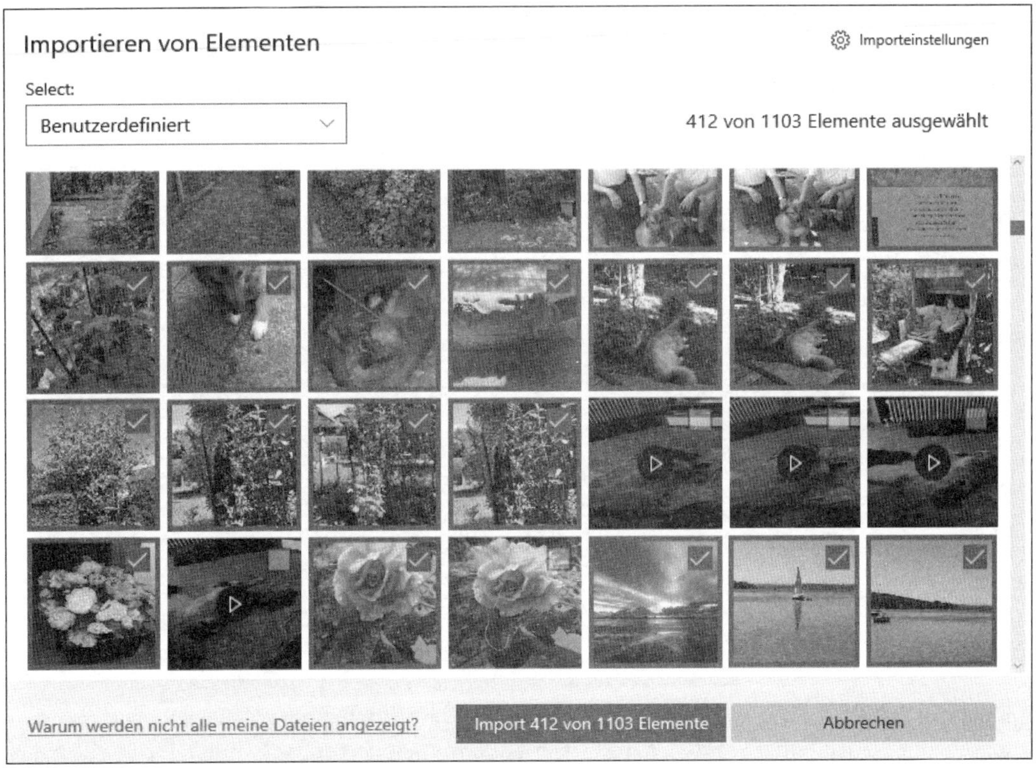

Abbildung 18.1 Bestimmen Sie selbst, welche Bilder vom Smartphone oder von der Digitalkamera auf den PC überspielt werden sollen.

18.1.2 Fotos betrachten und Schönheitsfehler ausbessern

Windows 10 sieht die Fotos-App als Standardprogramm zum Anzeigen und Bearbeiten von Bildern vor. Ein Doppelklick auf eine JPG-Datei im Explorer führt also automatisch zum Start der Fotos-App.

Ordner zur Anzeige in der Fotos-App hinzufügen

Nach dem Start zeigt die Fotos-App eine Übersicht über Ihre im Ordner BILDER gespeicherte Fotosammlung. Die Fotos und Videos werden dabei nach Aufnahmedatum sortiert angezeigt. Über die Zeitleiste am rechten Fensterrand können Sie gezielt zu einem Datum navigieren. Ziehen Sie die Ordneransicht vor, klicken Sie am oberen Seitenrand auf ORDNER. Wenn Sie Ihre Fotos und Videos nicht nur im Bilder-Ordner gespeichert haben, sondern auch in anderen Verzeichnissen, müssen Sie diese hinzufügen, damit sie ebenfalls in der Fotos-App angezeigt werden. Klicken Sie hierzu oben rechts auf das Symbol mit den drei kleinen

Punkten, und wählen Sie Einstellungen. Im Bereich Quellen sehen Sie, welche Ordner bisher bei der Anzeige berücksichtigt werden. Über Ordner hinzufügen ergänzen Sie weitere Verzeichnisse. Dabei kann es sich auch um externe Festplatten oder USB-Sticks handeln. Mit einem Klick auf das Kreuzsymbol rechts neben einem Ordner lassen sich diese wieder entfernen.

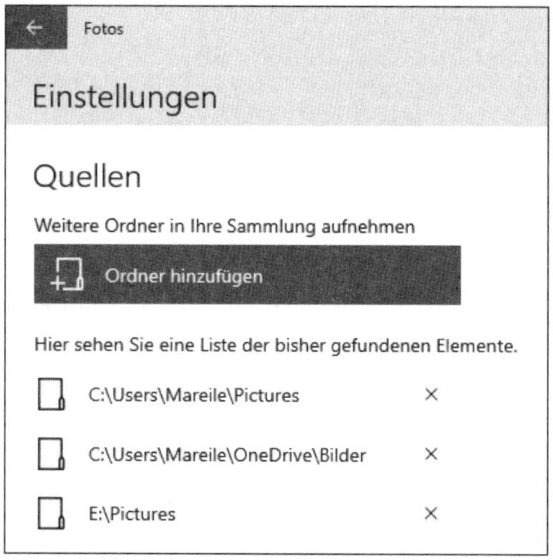

Abbildung 18.2 Bilder-Ordner, die sich z. B. auf externen Festplatten oder USB-Sticks befinden, müssen extra hinzugefügt werden, damit sie in der Fotos-App angezeigt werden.

Zurück zur Windows-Fotoanzeige

Beim Navigieren von einem Bild zum nächsten zeigt sich die Fotos-App nicht immer von ihrer schnellsten Seite. So manch einer sehnt hier die Windows-Fotoanzeige von früher zurück. Auf den meisten Windows 10-Geräten steht diese mittlerweile aber nicht mehr zur Verfügung. Ob dies auch auf Ihrem Computer der Fall ist, lässt sich schnell überprüfen, indem Sie im Explorer mit der rechten Maustaste auf eine Bilddatei (z. B im JPG-Format) klicken und dann den Mauszeiger auf den Befehl Öffnen mit setzen. Sollte die Windows-Fotoanzeige hier nicht aufgeführt werden, können Sie sie über die Registry reaktivieren. Geben Sie hierzu im Suchfeld der Taskleiste »regedit« ein, klicken Sie mit der rechten Maustaste auf den Treffer Registrierungs-Editor, und wählen Sie Als Administrator ausführen. Im Dialog des Registrierungs-Editors navigieren Sie zum Pfad HKEY_LOCAL_MACHINE • SOFTWARE • Microsoft • Windows Photo Viewer • Capabilities • FileAssociations. In der rechten Fensterhälfte sehen Sie nun eine Auflistung der Registrierungsschlüssel, die diesem Eintrag zugewiesen sind. Dabei handelt es sich um die Dateiformate, die mit der Windows-Fotoanzeige geöffnet werden sollen. Hier legen Sie jetzt für alle Formate, die zusätzlich unterstützt werden sollen, einen neuen Eintrag an. Klicken Sie hierzu mit der rechten Maustaste auf eine freie weiße Fläche, und wählen Sie Neu • Zeichenfolge. Geben Sie nun den Namen ein, z. B.

».jpg«, und bestätigen Sie diesen durch Drücken der Taste [↵]. Den neu erstellten Eintrag klicken Sie ebenfalls mit der rechten Maustaste an und wählen nun den Befehl ÄNDERN. Im Feld WERT des folgenden Dialogs tragen Sie nun »PhotoViewer.FileAssoc.Tiff« ein und bestätigen mit OK. Wiederholen Sie dies mit allen weiteren Bildformaten, die Sie zukünftig mit der Windows-Anzeige öffnen möchten (z. B. .png und .bmp). Anschließend können Sie den Registrierungs-Editor schließen.

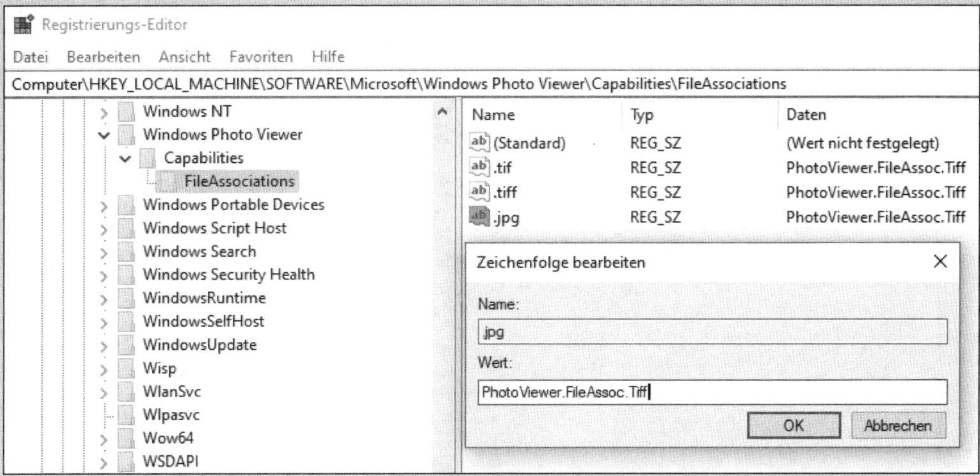

Abbildung 18.3 Legen Sie im Registrierungs-Editor für jedes gewünschte Dateiformat, das zukünftig mit der Windows-Fotoanzeige geöffnet werden soll, einen eigenen Eintrag an.

Damit Windows zukünftig automatisch die Windows-Fotoanzeige zum Öffnen der gerade festgelegten Bildformate wählt, ist noch eine kleine Aktion nötig. Klicken Sie hierzu im Explorer wieder mit der rechten Maustaste auf eine Bilddatei in einem der gerade festgelegten Formate, also etwa ».jpg«, und wählen Sie ÖFFNEN MIT • ANDERE APP AUSWÄHLEN. Markieren Sie im folgenden Dialog die WINDOWS-FOTOANZEIGE, und versehen Sie das Kästchen IMMER DIESE APP ZUM ÖFFNEN VON JPG-DATEIEN VERWENDEN mit einem Häkchen. Bestätigen Sie mit OK. Wiederholen Sie dies mit allen weiteren Formaten, die Sie zuvor im Registrierungs-Editor erfasst haben.

18

Fotos und Videos in voller Schönheit betrachten

Wenn Sie ein Foto gerne in voller Größe betrachten möchten, wählen Sie es einfach per Mausklick aus. Bewegen Sie den Mauszeiger nun an den rechten bzw. linken Rand des Fotos, werden Pfeile eingeblendet, über die Sie zum nächsten bzw. vorherigen Bild gelangen. Enthält Ihre Sammlung auch Videos, können Sie diese per Klick auf das Wiedergabesymbol abspielen. Sie finden dieses Symbol in der Symbolleiste unterhalb des Videos. Über das kleine Kreissymbol spulen Sie im Video vor bzw. zurück.

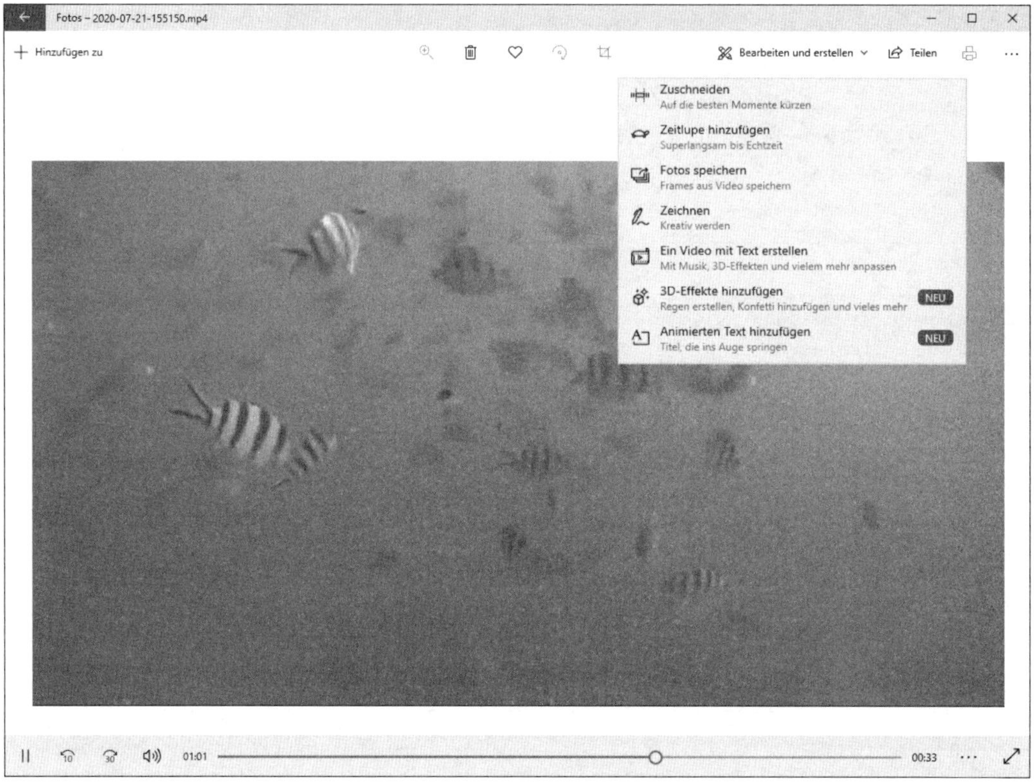

Abbildung 18.4 Auch Videos lassen sich mit der Fotos-App abspielen.

Videos bearbeiten

Sind Sie mit dem Anfang oder Ende eines Videos nicht zufrieden, können Sie es direkt in der Fotos-App kürzen. Hierzu klicken Sie auf BEARBEITEN UND ERSTELLEN • ZUSCHNEIDEN. Verschieben Sie dann die zwei Punkte, die nun unterhalb des Videos eingeblendet werden, um den Anfang und das Ende des Videos neu festzulegen. Mit einem Klick auf KOPIE SPEICHERN wird nur der Bereich zwischen diesen beiden Punkten in einer neuen Videodatei gespeichert.

Manche Szenen eines Videos wirken spannender, wenn man sie in Zeitlupe abspielt. Auch das lässt sich in der Fotos-App umsetzen. Den Befehl rufen Sie ebenfalls über BEARBEITEN UND ERSTELLEN auf. Über den Regler, der nun oberhalb des Videos eingeblendet wird, passen Sie die Abspielgeschwindigkeit an. Der blaue Punkt unterhalb des Videos bestimmt den Zeitpunkt für den Beginn der Zeitlupe. Über die weißen Punkte lässt sich auch hier der Abspielbereich eingrenzen. Sind Sie mit dem Ergebnis zufrieden, speichern Sie die Kopie. Wer seine Videos noch weiter aufpeppen möchte, versieht sie mit 3D-Effekten wie z. B. prasselndem Regen oder animiertem Text. Beide Funktionen erreichen Sie ebenfalls über die Schaltfläche BEARBEITEN UND ERSTELLEN.

Abbildung 18.5 Mithilfe der Zeitlupe lassen sich unscheinbare Szenen aufpeppen.

Bildausschnitt anpassen

Die Fotos-App stellt nicht nur zum Bearbeiten von Videos Werkzeuge parat, sondern natürlich auch für Fotos. So lässt sich z. B. ein verrutschter Horizont gerade rücken, und es lassen sich Bildausschnitte anpassen oder auch blasse Farben auffrischen. Um zu den Bildbearbeitungsfunktionen zu gelangen, wählen Sie das Foto in der Fotosammlung zunächst per Mausklick aus. Klicken Sie dann am oberen Bildschirmrand auf BEARBEITEN UND ERSTELLEN • BEARBEITEN. Rechts vom Foto werden jetzt einige Funktionen zum Optimieren und Anpassen des Bildes eingeblendet. Sind Sie z. B. nicht mit dem Bildausschnitt zufrieden, klicken Sie oben rechts auf ZUSCHNEIDEN UND DREHEN. Soll beim Zuschneiden das ursprüngliche Seitenverhältnis beibehalten werden, wählen Sie nach einem Klick auf SEITENVERHÄLTNIS das ORIGINAL. Über die vier Markierungseckpunkte rund um das Foto legen Sie dann den gewünschten Bildausschnitt fest. Positionieren Sie den Mauszeiger auf dem Foto selbst, können Sie ihn mit gedrückter linker Maustaste verschieben. Sollten Sie die Kamera beim Fotografieren nicht ganz gerade gehalten haben, lässt sich der Bildausschnitt drehen und ein verrutschter Horizont so schnell gerade rücken. Hierzu positionieren Sie den Mauszeiger auf dem Schieberegler AUSRICHTEN und ziehen den Punkt dann mit gedrückter linker Maustaste in die gewünschte Richtung. Während des Drehens wird über dem Foto ein Raster eingeblendet, das die perfekte Ausrichtung vereinfacht. Eine 90°-Drehung erreichen Sie mit einem Klick auf DREHEN, über die Schaltfläche SPIEGELN lässt sich das Bild um die vertikale Achse spiegeln.

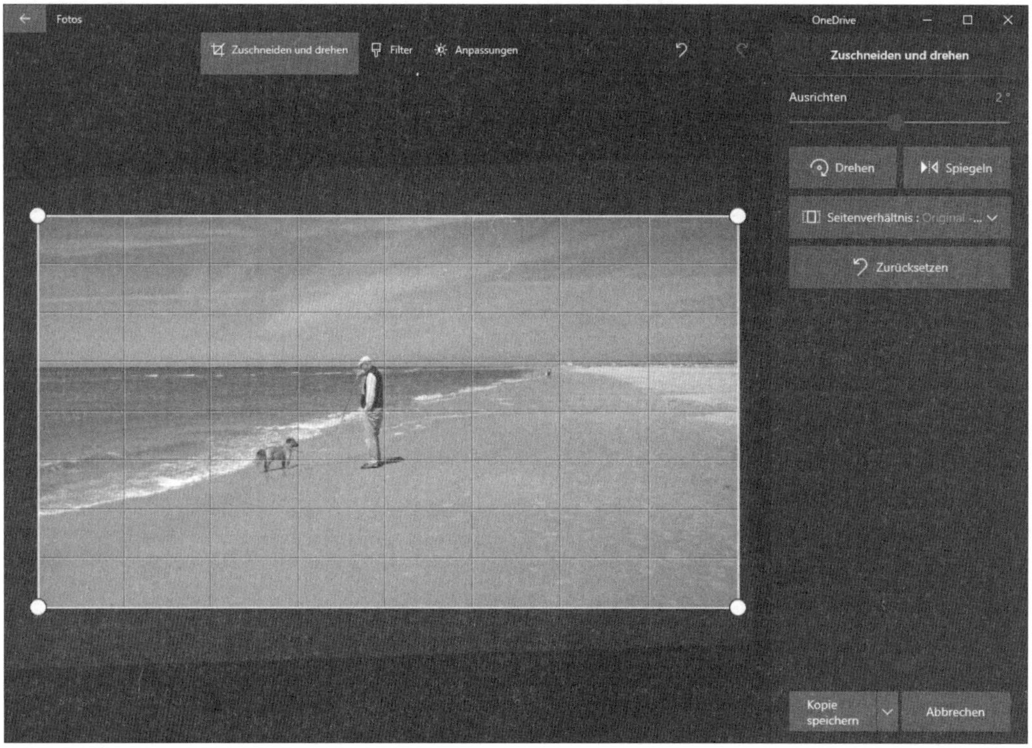

Abbildung 18.6 Bildausschnitt anpassen, Horizont gerade rücken – mit der Fotos-App kein Problem

Sind Sie mit den vorgenommenen Korrekturen doch nicht zufrieden, reicht ein Klick auf ZURÜCKSETZEN, um sie rückgängig zu machen. Mit KOPIE SPEICHERN werden die Korrekturen in einer neuen Datei gespeichert. Dabei wird der alte Dateiname beibehalten, allerdings um eine Versionsnummer ergänzt. Wenn Sie das Originalbild nicht mehr benötigen, klicken Sie auf den Pfeil rechts von KOPIE SPEICHERN und wählen SPEICHERN.

Farben per Filter oder manuell anpassen

Die Farben eines Fotos wirken recht blass und könnten eine Auffrischung gebrauchen? Klicken Sie oberhalb des Fotos auf FILTER, werden rechts vom Bild einige Farbeffektfilter eingeblendet, die Sie per Mausklick auf Ihr Foto anwenden können. Das Ergebnis lässt sich direkt in der Vorschau links begutachten. Sagt Ihnen keiner der Effekte zu, kehren Sie mit einem Klick auf ORIGINAL zum ursprünglichen Aussehen zurück.

Möchten Sie selbst die Farbanpassung vornehmen, klicken Sie oberhalb des Bildes auf ANPASSEN. Rechts werden nun die Werkzeuge LICHT, FARBE, SCHÄRFE und VIGNETTE jeweils mit einem eigenen Schieberegler eingeblendet. Klicken Sie links von LICHT und FARBE auf den kleinen Pfeil, werden weitere Filter angezeigt, die eine noch feinere Anpassung des Fotos erlauben.

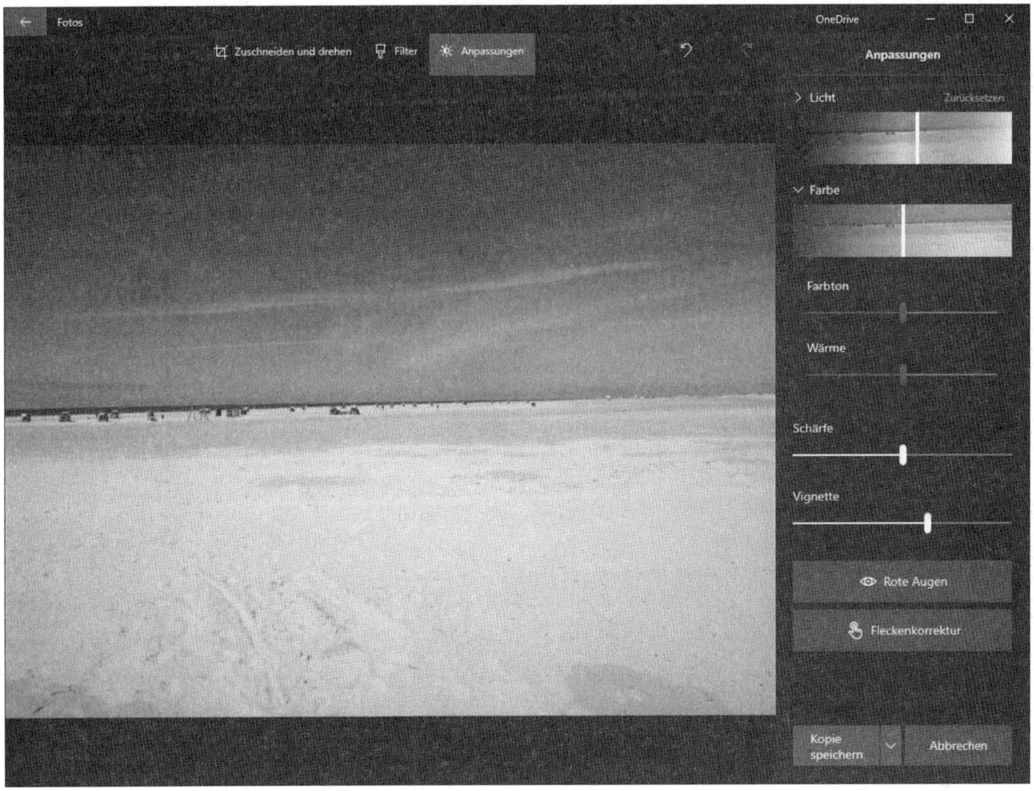

Abbildung 18.7 Die Fotos-App bietet ein paar Werkzeuge zur Farbanpassung an.

Rote Augen und Flecken in Fotos entfernen

Ein Staubkörnchen auf dem Objektiv reicht aus, und schon ziert ein hässlicher Fleck das Foto. Die Fotos-App bietet ein praktisches Werkzeug, mit dem sich diese schnell entfernen lassen. Auch rote Augen, die öfter bei Blitzlichtaufnahmen entstehen, lassen sich retuschieren. Die beiden Werkzeuge finden Sie im gleichen Dialog wie die zuvor vorgestellten Anpassungen. Die Vorgehensweise ist bei beiden identisch. Bevor Sie mit der Korrektur beginnen, sollten Sie gegebenenfalls den Bildausschnitt über das Plussymbol unterhalb des Fotos vergrößern. Der Bildausschnitt lässt sich mit gedrückter linker Maustaste auch verschieben. Aktivieren Sie dann das gewünschte Werkzeug, also ROTE AUGEN oder FLECKENKORREKTUR, und positionieren Sie den Mauszeiger auf dem roten Auge bzw. dem Fleck, der ausgebessert werden soll. Ein Mausklick reicht nun aus, und schon korrigiert die Fotos-App die betreffende Stelle.

Über das RÜCKGÄNGIG-Symbol, das am unteren Rand des Fotos zu sehen ist, lässt sich der letzte Schritt ungeschehen machen. Um alle vorgenommenen Korrekturen in einem Rutsch aufzuheben, klicken Sie auf ZURÜCKSETZEN.

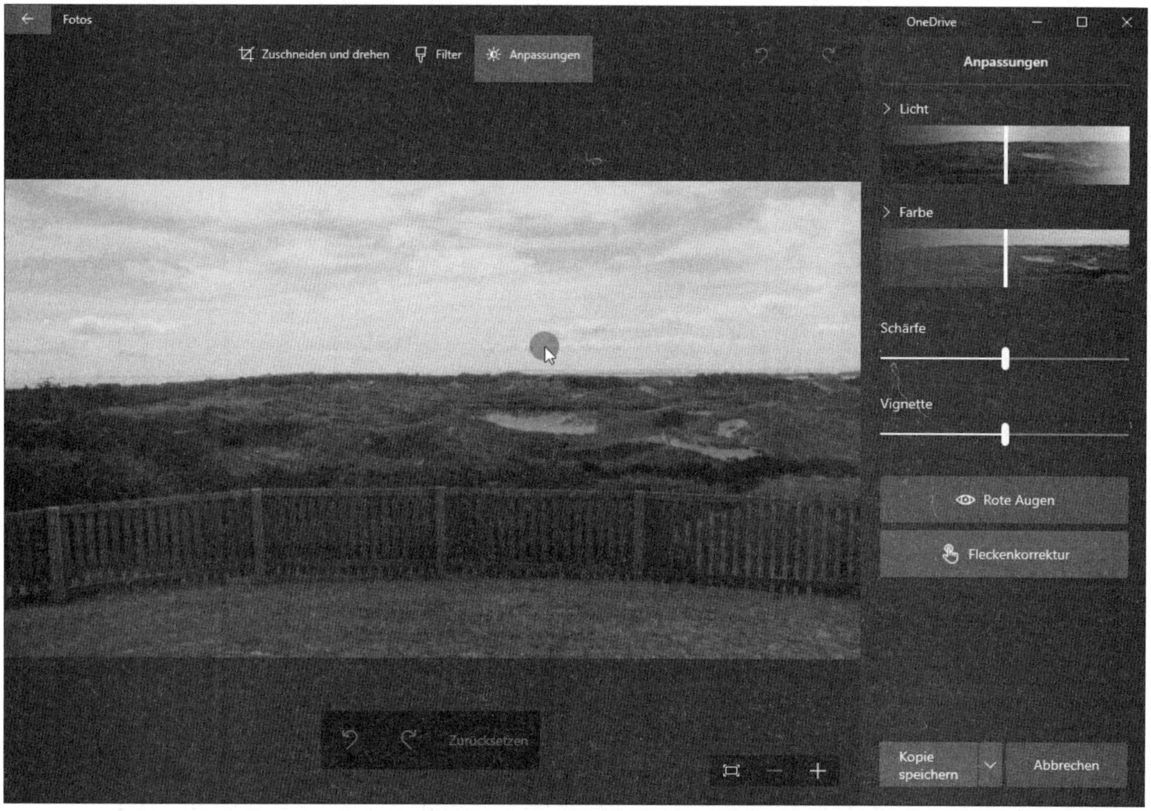

Abbildung 18.8 Hässliche Flecken im Bild lassen sich mit der Fleckenkorrektur perfekt ausbessern.

Fotos drucken

Wer ein oder auch mehrere Fotos selbst ausdrucken möchte, wählt als Ausgangspunkt hierfür am besten den Explorer. Markieren Sie in diesem die gewünschten Fotos. Klicken Sie dann im Register FREIGEBEN in der Gruppe SENDEN auf DRUCKEN. Im Dialog DRUCKEN wählen Sie den DRUCKER, die PAPIERGRÖSSE, die QUALITÄT und den PAPIERTYP aus. Legen Sie über die Vorgaben rechts das gewünschte Layout fest. Ist das Kontrollkästchen BILD AN RAHMEN ANPASSEN aktiviert, kann es sein, dass ein kleiner Bereich des Bildrandes abgeschnitten wird. Probieren Sie aus, ob Ihnen das Ergebnis der deaktivierten oder der aktivierten Funktion besser gefällt. Benötigen Sie mehr als eine Kopie pro Bild stellen Sie im entsprechenden Feld den gewünschten Wert ein. Mit DRUCKEN starten Sie den Druckvorgang.

18.1.3 Alben mit Lieblingsbildern zusammenstellen

Nach dem Start der Fotos-App zeigt diese Ihnen Ihre Bilder chronologisch sortiert als Sammlung an. Die App bietet Ihnen aber auch die Möglichkeit, eigene Alben anzulegen. Ein solches Album ist vor allem dann praktisch, wenn Sie eine Auswahl an Bildern über die Cloud OneDrive veröffentlichen möchten, wie in Abschnitt 18.1.4 gezeigt.

Um ein Album zu erstellen, klicken Sie am oberen Seitenrand auf ALBEN. Auf der folgenden Seite stellt Ihnen die Fotos-App eventuell bereits selbst erzeugte Alben vor, die sie anhand themenverwandter Bilder zusammengestellt hat. Per Klick auf ein Album können Sie die Vorschau begutachten. Gefällt Ihnen das Album bereits recht gut, können Sie es bearbeiten. Hierzu gehen Sie vor, wie gleich am eigenen Album gezeigt. Über den Pfeil oben links kehren Sie zur Alben-Übersicht zurück. Bewegen Sie den Mauszeiger auf das gerade begutachtete Album, können Sie entscheiden, ob Sie es BEIBEHALTEN oder ENTFERNEN möchten. Um ein eigenes Album zusammenzustellen, klicken Sie auf NEUES ALBUM.

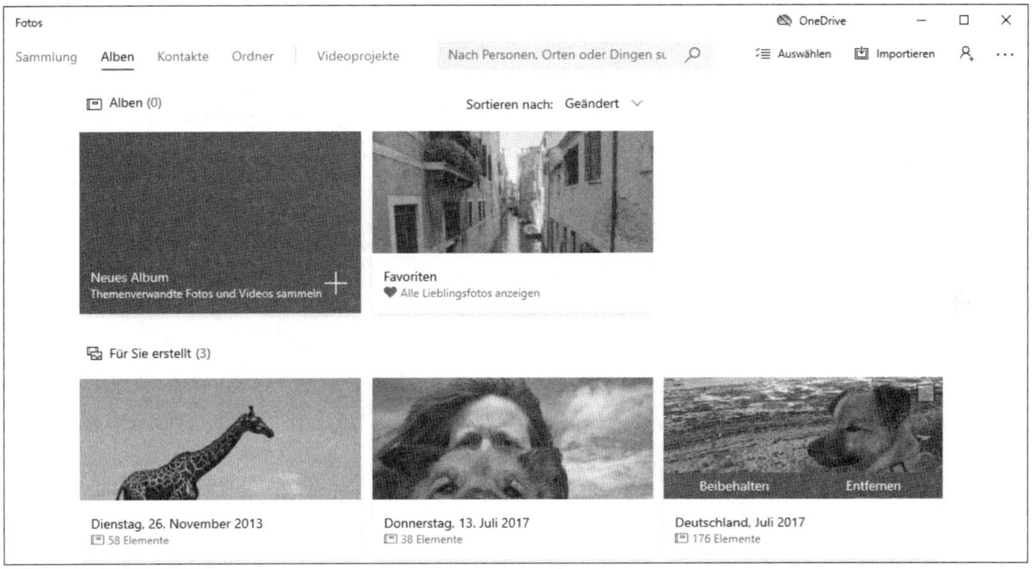

Abbildung 18.9 Die Fotos-App schlägt bereits ein paar Alben vor, die sie selbst zusammengestellt hat.

In der folgenden Übersicht markieren Sie die Fotos und Videos, die Sie im Album aufnehmen möchten, indem Sie jeweils das Kästchen der Miniaturvorschau mit einem Häkchen versehen. Mit einem Klick auf ERSTELLEN übernehmen Sie die Auswahl.

Auf der folgenden Seite klicken Sie auf den kleinen Stift rechts von ALBUM. Überschreiben Sie den nun blau markierten Text mit einem eigenen Albumtitel, und schließen Sie die Eingabe durch Drücken der Taste [↵] ab. In der Vorschau unterhalb des Titels werden die einzelnen Bilder in einer Diashow abgespielt. Sagt Ihnen die Reihenfolge der Fotos nicht zu, können Sie diese weiter unten auf der Seite einfach mit gedrückter linker Maustaste verschieben. Wundern Sie sich nicht, wenn die Bilder anders wirken als im Original, also z. B. einen Farbstich aufweisen. Die Vorschau liefert lediglich einen Vorgeschmack, wie ein aus den Fotos Ihres Albums erzeugtes Video aussehen könnte. Die beiden Schaltflächen ANSEHEN und BEARBEITEN, die unterhalb der Vorschau angezeigt werden, beziehen sich bereits auf das Videoprojekt. Hierbei kommt der Video-Editor zum Einsatz, den Sie in Abschnitt 18.2 genauer kennenlernen. An dieser Stelle können Sie die Fotozusammenstellung aber zunächst mit einem Klick auf FERTIG schließen. Über den Pfeil oben links kehren Sie zur Übersicht über Ihre Alben zurück.

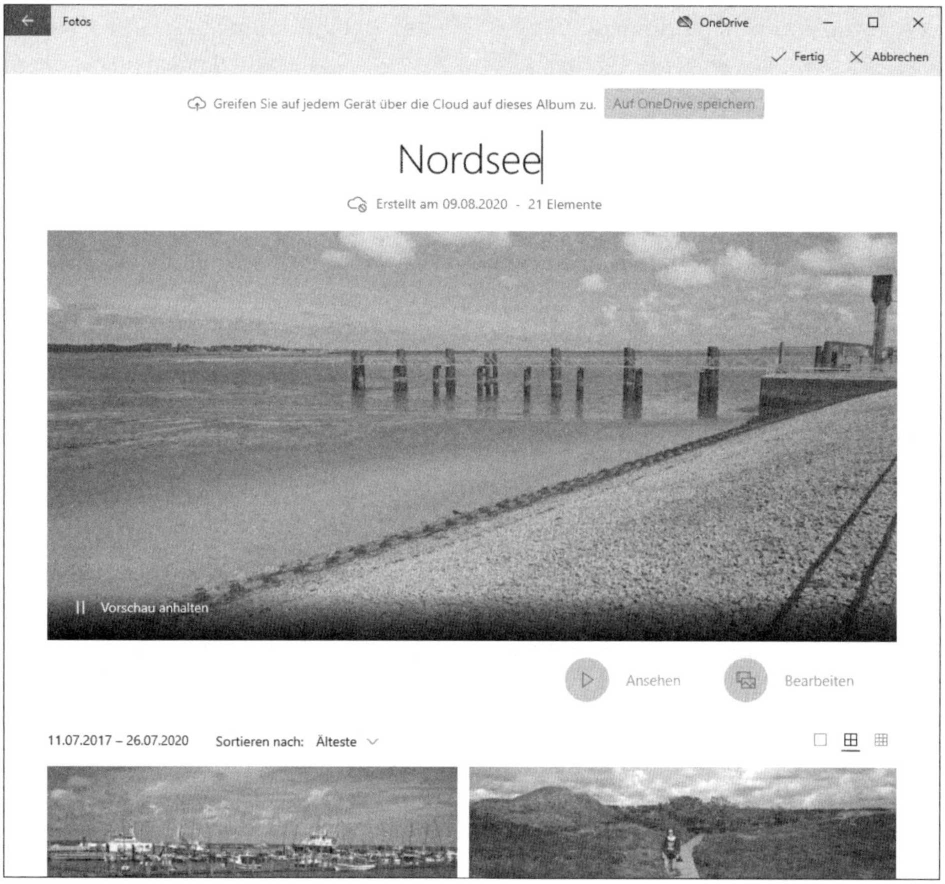

Abbildung 18.10 Nach Überschreiben des Titels überprüfen Sie die Reihenfolge der Bilder in der Vorschau und bestätigen diese dann mit »Fertig«.

Gefällt Ihnen das Foto nicht, das in der Übersicht für das gerade erstellte Album als Miniaturvorschau gewählt wurde, klicken Sie es mit der rechten Maustaste an. Wählen Sie im Kontextmenü den Befehl DECKBLATTFOTO ÄNDERN. Versehen Sie das gewünschte Foto mit einem Häkchen, und bestätigen Sie mit FERTIG. Sollten Sie dem Album zu einem späteren Zeitpunkt weitere Fotos hinzufügen wollen, wählen Sie es in der Übersicht Ihrer Alben aus.

Klicken Sie dann in der Symbolleiste am oberen Bildschirmrand auf FOTOS HINZUFÜGEN, markieren Sie die gewünschten Fotos, und bestätigen Sie mit HINZUFÜGEN. Im nächsten Abschnitt erfahren Sie, wie Sie ein Album in die Cloud OneDrive laden und dort mit anderen Personen teilen.

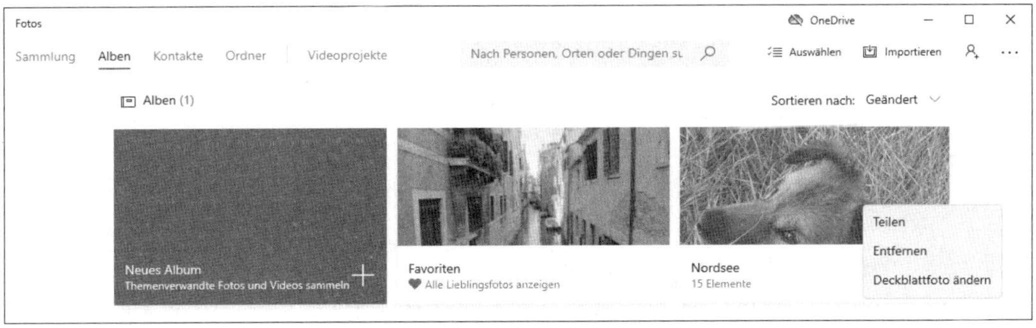

Abbildung 18.11 Das Deckblattfoto lässt sich schnell austauschen.

18.1.4 Fotos und Videos in OneDrive veröffentlichen

Nicht immer hat man die Zeit oder auch Gelegenheit, Freunden und der Familie seine Fotos und Videos persönlich zu zeigen. In solchen Situationen ist ein Onlinespeicher wie OneDrive Gold wert. Haben Sie in der Fotos-App ein Album erstellt, lässt es sich mit wenigen Mausklicks direkt aus der App heraus in die Cloud laden.

Alben in OneDrive hochladen

Um ein Album in OneDrive zu speichern, rufen Sie in der Fotos-App die Kategorie ALBEN auf und öffnen das Album, das in OneDrive veröffentlicht werden soll. Nach einem Klick auf TEILEN wählen Sie INHALT HOCHLADEN UND FREIGEBEN.

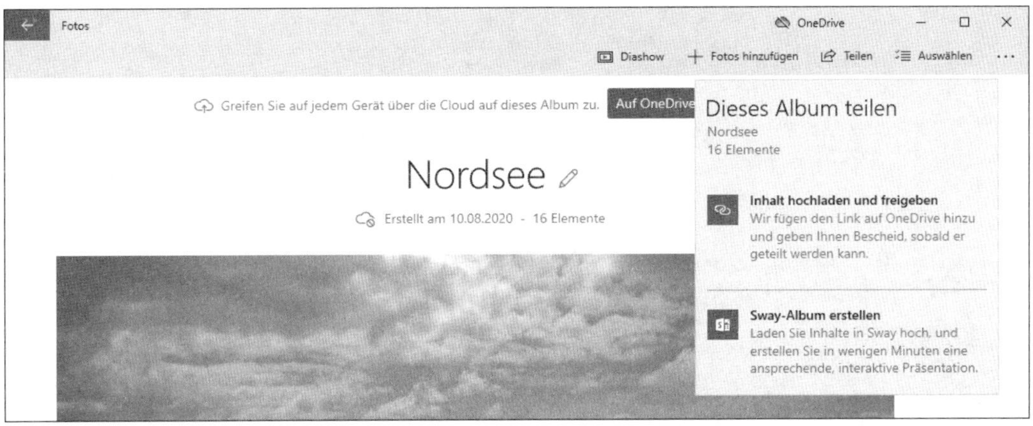

Abbildung 18.12 Sie können Ihre Alben direkt aus der Fotos-App heraus in OneDrive hochladen und freigeben.

Sind Sie bereits mit einem Microsoft-Konto am Computer angemeldet, beginnt die Fotos-App sofort mit dem Hochladen der Bilder. Nutzen Sie dagegen ein lokales Benutzerkonto und sind aktuell nicht bei OneDrive angemeldet, fordert die Fotos-App Sie auf, dies nun nachzuholen. Geben Sie entsprechend die E-Mail-Adresse sowie das Kennwort des Microsoft-Kontos an. Sollte Windows 10 Ihnen die Option DIESES KONTO ÜBERALL AUF IHREM GERÄT VERWENDEN anbieten, klicken Sie auf NUR MICROSOFT-APPS. Damit verhindern Sie, dass Ihr lokales Benutzerkonto in ein Microsoft-Konto umgewandelt wird. Nach erfolgreicher Anmeldung lädt die Fotos-App das ausgewählte Album in die Cloud OneDrive hoch. Je nach Anzahl und Größe der Bilder kann der Upload etwas Zeit in Anspruch nehmen. Den Fortschritt können Sie am oberen Fensterrand verfolgen.

Onlinealbum mit anderen Personen teilen

Damit andere Personen einen Blick auf das nun online verfügbare Album werfen können, müssen Sie den Link, über den der Zugriff auf das Album erfolgt, mit ihnen teilen. Der Link lässt sich z. B. per E-Mail verschicken. Dies können Sie direkt aus der Fotos-App heraus veranlassen oder über die Website der Cloud. Vorteil der Fotos-App: Es funktioniert schnell und einfach. Der Nachteil: Jeder, der im Besitz des Links ist, kann auf Ihr Album zugreifen und sich die Bilder ansehen. Der Weg über die Website erfordert zwar ein paar Schritte mehr, dafür können Sie hier den Zugriff auf das Album per Kennwort schützen. Nur wem dieses Kennwort bekannt ist, kann sich Ihre Fotos ansehen.

Entscheiden Sie sich für den Weg über die Fotos-App, klicken Sie erneut auf TEILEN und wählen dann den Befehl LINK KOPIEREN. Rufen Sie nun z. B. ein E-Mail-Programm wie die Mail-App auf, und erstellen Sie eine neue Nachricht. Über die Tastenkombination [Strg] + [V] fügen Sie den kopierten Link in den Nachrichtentext ein. Der Empfänger der E-Mail muss diesen Link lediglich anklicken, und schon wird der Browser mit der dazugehörigen Webseite geöffnet.

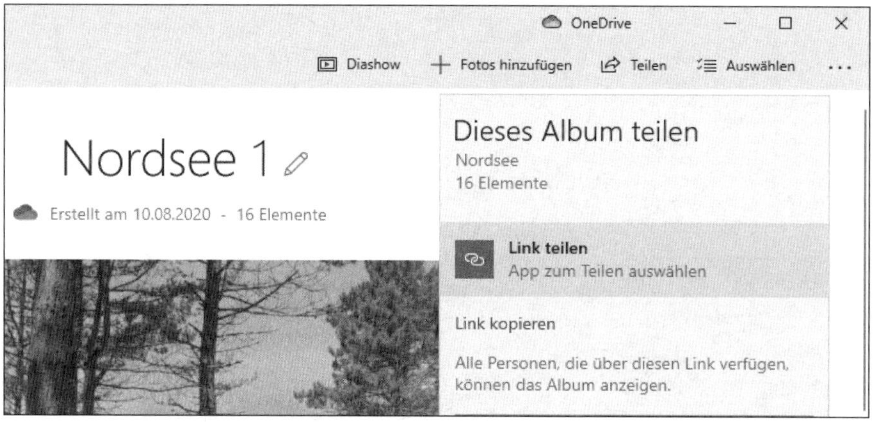

Abbildung 18.13 Wählen Sie in der Fotos-App »Teilen • Link kopieren«, haben Sie keinerlei Möglichkeit, den Zugriff auf das Album in OneDrive per Passwort zu schützen.

Wer sicherstellen möchte, dass nicht jeder, der im Besitz des Links ist, auch auf das Album zugreifen kann, sollte die Einladung über die Website von OneDrive verschicken. Starten Sie hierzu den Browser, und geben Sie die Webadresse *https://onedrive.live.com/about/de-de* ein. Sobald Sie sich auf der Webseite mit der E-Mail-Adresse und dem Kennwort Ihres Microsoft-Kontos angemeldet haben, haben Sie Zugriff auf all Ihre in der Cloud befindlichen Dateien, wie etwa die Fotoalben. Zu den Alben gelangen Sie, indem Sie in der Navigationsspalte links zunächst FOTOS auswählen und dann am oberen Fensterrand ALBEN. Markieren Sie das gewünschte Album, und klicken Sie oben auf TEILEN. Im aufklappenden Dialog ist JEDER MIT DEM LINK VOREINGESTELLT. Um den Zugriff auf das Album per Kennwort zu beschränken, klicken Sie auf diesen Schriftzug. Es werden nun weitere Einstellungsmöglichkeiten eingeblendet. Dürfen andere Personen die Bilder des Albums nicht bearbeiten (z. B. löschen oder umbenennen), entfernen Sie das Häkchen vor BEARBEITUNG ZULASSEN. Im Feld ABLAUFDATUM FESTLEGEN können Sie ein Datum bestimmen, bis zu dem andere Personen einen Blick in das Album werfen dürfen. Geben Sie im Feld KENNWORT nun das Kennwort ein, das für den Zugriff auf das Album angegeben werden muss. Nach einem Klick auf ÜBERNEHMEN wählen Sie im folgenden Dialog den Befehl LINK KOPIEREN. Wechseln Sie dann z. B. in das E-Mail-Programm Ihrer Wahl. Den kopierten Link fügen Sie im Nachrichtenfenster wieder über die Tastenkombination Strg + V ein. Ob Sie dem Empfänger der E-Mail das vergebene Kennwort in der gleichen E-Mail mitteilen wie den Link oder aus Sicherheitsgründen über einen anderen Weg, bleibt Ihnen überlassen. Wenn Sie keine weiteren Aktionen in OneDrive durchführen möchten, sollten Sie nicht vergessen, sich abzumelden.

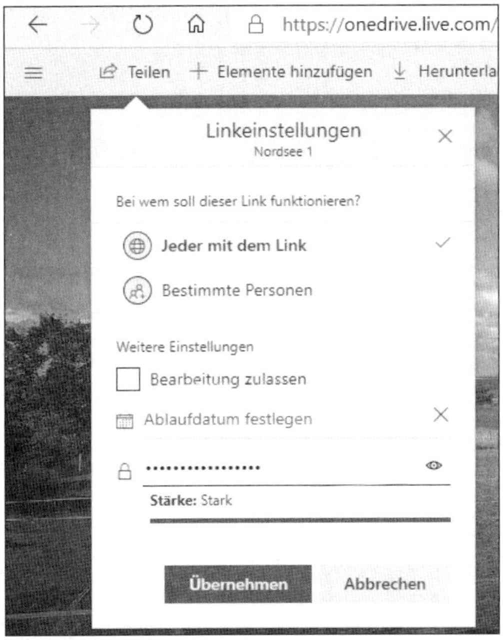

Abbildung 18.14 Wählen Sie den Weg zum Teilen des Albums über die Website OneDrive, haben Sie die Möglichkeit, den Zugriff mit einem Kennwort zu schützen.

Klickt der Empfänger in der E-Mail auf den Link, öffnet sich der Browser mit einer Webseite, auf der nun zunächst das Kennwort abgefragt wird. Wurde dies korrekt eingegeben, kann sich die Person in Ruhe Ihre Fotos ansehen. Über die Schaltfläche HERUNTERLADEN haben Besucher der Webseite die Möglichkeit, zuvor markierte Fotos auf den eigenen Computer zu übertragen. Alle Bilddateien werden hierbei in ein ZIP-Archiv gepackt.

18.2 Der Video-Editor

In früheren Windows-Versionen stand den Anwendern die kostenlose Videoschnittsoftware Windows Movie Maker zur Verfügung. Unter Windows 10 gibt es das von vielen geliebte Programm nicht mehr. Dafür bietet Microsoft mit dem *Video-Editor* einen durchaus interessanten Nachfolger an. Er ist Bestandteil der Fotos-App, lässt sich aber auch gezielt über den Eintrag VIDEO-EDITOR in der App-Liste des Startmenüs aufrufen. Ist die Fotos-App bereits geöffnet, klicken Sie am oberen Fensterrand auf VIDEOPROJEKTE.

Nach dem Start des Editors erhalten Sie eine Übersicht über alle von Ihnen selbst, aber auch von der Fotos-App angelegten Videoprojekte. Dabei handelt es sich u. a. um die Alben, die Sie bereits in Abschnitt 18.1.3 kennengelernt haben. Egal, ob Sie in dieser Übersicht ein bereits vorhandenes Videoprojekt per Mausklick auswählen oder beim Erstellen eines Albums auf die Schaltfläche BEARBEITEN klicken (siehe Abbildung 18.10): Sie bekommen anschließend das gleiche Programmfenster des Video-Editors zu sehen. Wie anschließend die Bearbeitung des Videos erfolgt, erfahren Sie in Abschnitt 18.2.2. Zuvor möchte ich Ihnen jedoch noch kurz zeigen, wie Sie im Video-Editor selbst ein neues Videoprojekt anlegen und dieses mit Fotos und Filmen füllen.

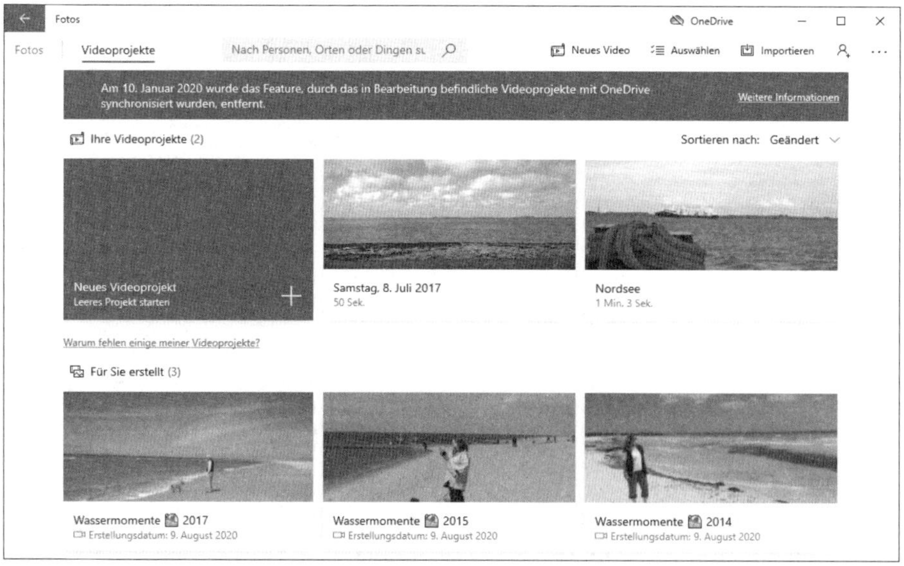

Abbildung 18.15 Die Startseite des Video-Editors

18.2.1 Ein neues Videoprojekt anlegen

Wenn Sie aus Ihren Fotos und Filmschnipseln gerne ein nicht allzu aufwendiges Video mit Bewegungseffekten, Titeln oder auch Musikuntermalung zusammenstellen möchten, ist der Video-Editor das richtige Tool hierfür. Um ein neues Videoprojekt anzulegen, klicken Sie auf die gleichnamige Schaltfläche auf der Startseite des Editors (siehe Abbildung 18.15). Vergeben Sie einen Namen für das Video, und bestätigen Sie mit OK. Um als Nächstes Fotos und Filme auswählen zu können, aus denen Sie ein eigenes Video erstellen möchten, klicken Sie am linken Fensterrand auf den kleinen nach rechts weisenden Pfeil [>]. Es wird nun die Spalte PROJEKTBIBLIOTHEK eingeblendet, in der Sie auf HINZUFÜGEN klicken. Ziehen Sie einen Explorer-Dialog für die Auswahl des Bildmaterials vor, markieren Sie VON DIESEM PC, und mit AUS MEINER SAMMLUNG wird dann innerhalb der Fotos-App Ihre Fotosammlung angezeigt. Bilder aus dem Internet beziehen Sie über AUS DEM WEB. Berücksichtigen Sie hierbei aber unbedingt die Urheberrechte am Bild.

Alle ausgewählten Fotos und Videos werden anschließend in der Projektbibliothek aufgelistet und können von dort per Drag & Drop in das Storyboard am unteren Fensterrand gezogen werden. Bereits dort eingefügte Elemente werden in der Projektbibliothek mit einem blauen »Eselsohr« gekennzeichnet. Gefällt Ihnen die Reihenfolge der Elemente im Storyboard noch nicht, verschieben Sie ein Foto oder Video einfach mit gedrückter linker Maustaste.

Abbildung 18.16 Fotos und Videos ziehen Sie einfach mit gedrückter linker Maustaste aus der Projektbibliothek in das Storyboard.

Gefällt Ihnen ein Foto doch nicht, markieren Sie es im Storyboard per Mausklick und drücken dann die Taste Entf. Über die Schaltfläche HINZUFÜGEN können Sie der Projektbibliothek jederzeit weiteres Bildmaterial hinzufügen. Um einen ersten Eindruck des Videos zu gewinnen, klicken Sie unterhalb der Vorschau auf das Wiedergabesymbol. In der Vorschau ist immer das im Storyboard ausgewählte Element zu sehen. Gegebenenfalls müssen Sie also über die Bildlaufleiste am unteren Seitenrand ganz nach links blättern, um zum ersten Element des Videos zu gelangen und dieses dann markieren zu können. Alternativ hierzu können Sie auch das Kreissymbol auf der Zeitachse unterhalb der Vorschau ganz nach links ziehen, um zum Anfang des Videos zurückzuspulen.

18.2.2 Fotos und Videos im Storyboard bearbeiten

Für Fotos sieht der Video-Editor per Standardeinstellung eine Anzeigedauer von drei Sekunden vor, wie der Zeitangabe in der linken unteren Ecke eines jeden Fotos im Storyboard zu entnehmen ist. Wenn Sie die Anzeigedauer eines Fotos korrigieren möchten, markieren Sie es im Storyboard und klicken dann in der Symbolleiste auf DAUER. Wählen Sie eine der vorgeschlagenen Optionen aus, oder geben Sie selbst einen Wert in Sekunden an. Durch Drücken der Taste ↵ übernehmen Sie den Wert.

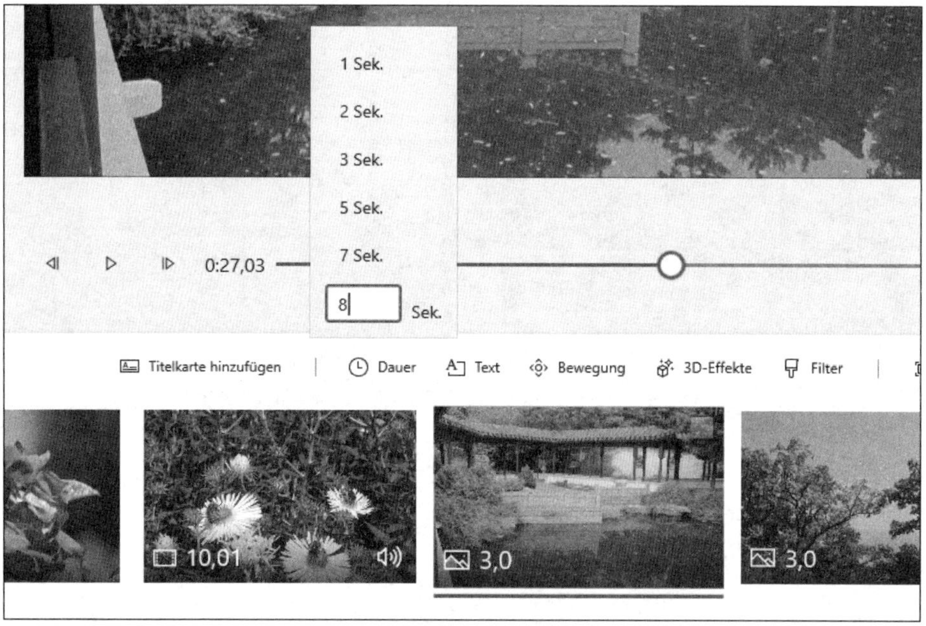

Abbildung 18.17 Die Anzeigedauer der Fotos lässt sich beliebig ändern.

Die Filme, die Sie im Storyboard einfügen, erscheinen zunächst in Originalspiellänge. Soll ein Film noch gekürzt werden, klicken Sie ihn im Storyboard mit der rechten Maustaste an und wählen dann den Befehl Zuschneiden. Im folgenden Dialog legen Sie über den Start- und Endemarker unterhalb des Videos den Anfang und das Ende des Films fest. Bestätigen Sie die Korrektur mit Fertig.

Ein statisches Foto nach dem anderen wirkt in einem Video recht langweilig. Mithilfe der Bewegungseffekte lässt sich dies aber schnell ändern. Markieren Sie hierzu ein Foto (oder auch Video), und klicken Sie dann in der Symbolleiste auf Bewegung. Das Foto erscheint nun in voller Schönheit. Rechts von der Vorschau werden Ihnen diverse sogenannte *Kamerafahrten* angeboten. Markieren Sie zur Probe einen der Bewegungseffekte, und sehen Sie sich die Wirkung per Klick auf die Wiedergabetaste unterhalb der Vorschau an. Gefällt Ihnen ein Effekt, übernehmen Sie ihn mit Fertig. Sagt Ihnen keiner zu, markieren Sie Keine und bestätigen dann mit Fertig. Auf diese Weise entfernen Sie übrigens auch die Bewegungseffekte aus Fotos, die automatisch auf Bilder in Ihren Alben angewendet wurden.

Abbildung 18.18 Mithilfe der Kamerafahrten bringen Sie Bewegung in statische Fotos.

Beim Anlegen eines Albums (siehe Abschnitt 18.1.3) versieht die Fotos-App einzelne Fotos nicht nur mit Bewegungseffekten, sondern teilweise auch mit Farbfiltern. Um einen solchen Filter auf ein Foto oder einen Film anzuwenden bzw. umgekehrt einen bereits gesetzten Filter zu entfernen, markieren Sie das entsprechende Element im Storyboard. Klicken Sie dann auf Filter. Die folgenden Schritte erfolgen wie gerade für die Bewegungseffekte gezeigt: Markieren Sie probeweise einen Filter, begutachten Sie die Wirkung in der Vorschau, und übernehmen Sie bei Gefallen den Effekt mit Fertig. Ziehen Sie ein Foto oder Video ohne Farbeffekt vor, markieren Sie Original und bestätigen dann mit Fertig.

Jedes Foto und jeder Film kann mit einem Untertitel versehen werden. Sobald Sie das gewünschte Element im Storyboard markiert haben, klicken Sie in der Symbolleiste auf Text. Geben Sie zu Beginn der rechten Spalte den gewünschten Text ein. Wählen Sie dann einen animierten Textstil aus und darunter das gewünschte Layout, sprich die Position des Textes auf dem Foto bzw. Film. Auch hier sollten Sie die Wirkung zunächst über die Vorschau links überprüfen, bevor Sie Ihre Auswahl mit Fertig übernehmen.

Abbildung 18.19 Untertitel sind schnell in Fotos und Videos ergänzt.

3D-Effekte für Liebhaber von Kuriositäten

Bewegungs- und Farbeffekte sowie Untertitel reichen Ihnen noch nicht aus? Wer die Zuschauer mit verrückten Elementen wie einer hüpfenden Ente überraschen möchte, sollte einen Blick auf die 3D-Effekte des Video-Editors werfen. Nach Markieren des gewünschten Elements klicken Sie hierzu in der Symbolleiste auf 3D-Effekte. Blenden Sie dann in der linken Spalte die 3D-Bibliothek ein. In den Kategorien, die Ihnen nun angeboten werden, findet sich wirklich fast alles: Vom Golfschläger über Schatzkisten oder künstliche Bärte bis hin zum Dinosaurier ist nahezu alles dabei. Sehen Sie sich einfach in der Kuriositätensammlung um. Gefällt Ihnen ein 3D-Objekt, wählen Sie es per Mausklick aus. Es dauert nun einen Moment, bis das Objekt geladen ist. Mit gedrückter Maustaste lässt es sich anschließend in der Vorschau links an die gewünschte Position verschieben, die Größe des Objekts passen Sie wiederum über die Markierungseckpunkte an. Wenn Sie möchten, können Sie dem Objekt auch noch eine Animation zuweisen, und schon hüpft die Ente auf und ab. Über den blauen Balken unterhalb der Vorschau bestimmen Sie den Zeitraum, über den das 3D-Objekt im Foto zu sehen sein soll. Bevor Sie den Zauber mit FERTIG übernehmen, sollten Sie die Vorschau per Klick auf die Wiedergabetaste begutachten. Jedes Objekt lässt sich per Klick auf das Kreuzsymbol in der rechten Spalte auch wieder entfernen.

Abbildung 18.20 Wer es ein bisschen verrückt mag, peppt seine Videos mit 3D-Objekten auf.

18.2.3 Videos mit Musikuntermalung

Bei einem guten Video sollte die Musikuntermalung nicht fehlen. Der Video-Editor bringt bereits einiges an Hintergrundmusikvorschlägen mit, aus denen Sie nur noch einen Musiktitel auswählen müssen. Alternativ können Sie aber auch einen Song aus der eigenen Musiksammlung wählen. Um sich das Angebot des Video-Editors anzusehen bzw. anzuhören, klicken Sie am oberen Fensterrand auf HINTERGRUNDMUSIK. Über das Wiedergabesymbol links vom jeweiligen Musiktitel können Sie sich diesen probeweise anhören. Damit das Video mit der Musik synchronisiert wird, versehen Sie das entsprechende Kästchen mit einem Häkchen. Mit FERTIG übernehmen Sie die Musikauswahl.

Gefallen Ihnen die Musiktitel des Video-Editors nicht, schließen Sie den Dialog mit ABBRECHEN. Nach einem Klick auf BENUTZERDEFINIERTES AUDIO und dann in der rechten Spalte auf AUDIODATEI HINZUFÜGEN können Sie einen Song aus der eigenen Musiksammlung auswählen und mit FERTIG übernehmen.

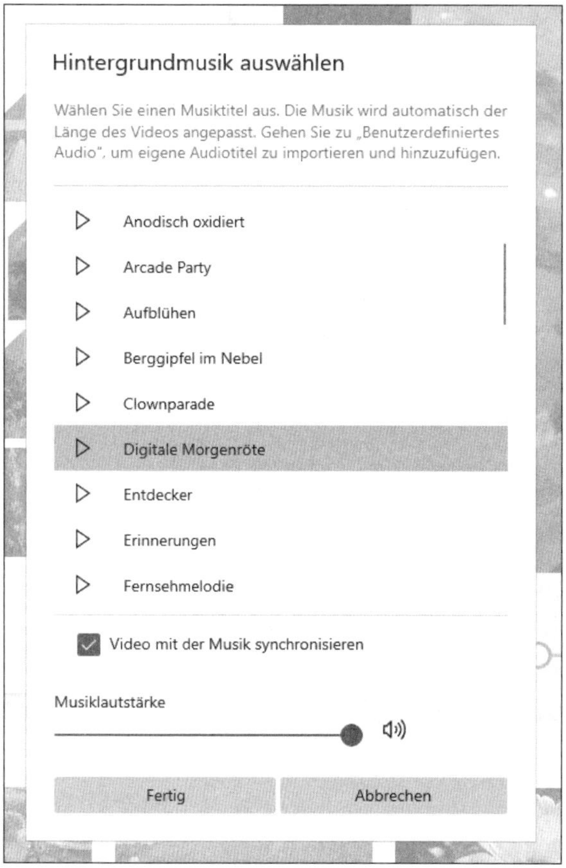

Abbildung 18.21 Der Video-Editor liefert bereits die passende Hintergrundmusik mit.

18.2.4 Video fertig stellen

Der aktuelle Stand Ihres Videos lässt sich jederzeit über das Wiedergabesymbol unterhalb der Vorschau im Video-Editor prüfen. Sollten Sie die Arbeit am Projekt zwischendurch unterbrechen müssen, ist dies kein Problem. Die Fotos-App sichert den aktuellen Stand automatisch. Über die Übersicht Ihrer Videoprojekte können Sie jederzeit auf ein Projekt zugreifen und es fortsetzen. Sind Sie mit Ihrer Bildzusammenstellung, den Effekten und der Musikuntermalung zufrieden, können Sie eine Videodatei im MP4-Format erstellen. Hierzu klicken Sie in der rechten oberen Ecke des Video-Editors auf VIDEO FERTIG STELLEN. Wählen Sie die gewünschte Videoqualität aus, und bestätigen Sie mit EXPORTIEREN.

Wählen Sie anschließend den gewünschten Speicherort aus, und geben Sie einen Dateinamen an. Nach einem Klick auf EXPORTIEREN wird das Video erstellt und nach erfolgreichem Export sofort in einem eigenen Fenster abgespielt. Schließen Sie dieses, befinden Sie sich wieder im Video-Editor. Möchten Sie aus diesem direkt zur Fotos-App wechseln, klicken Sie oben links zunächst auf VIDEOPROJEKTE und dann auf FOTOS.

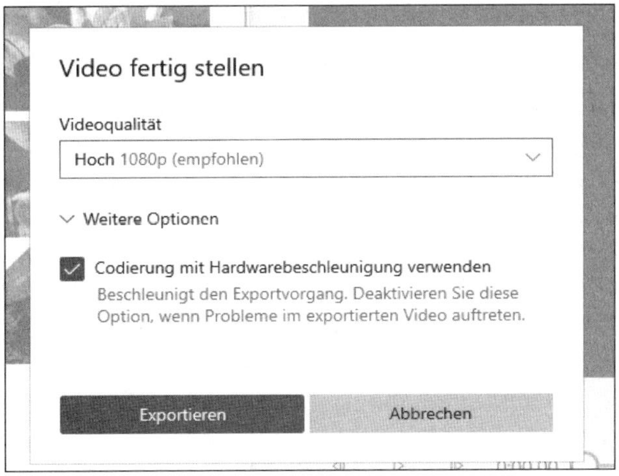

Abbildung 18.22 Vor dem Exportieren des Videos legen Sie die gewünschte Videoqualität fest.

Die Kamera-App

Ist Ihr Computer mit einer Webcam ausgestattet, können Sie zum Fotografieren und Filmen auch die *Kamera*-App nutzen. Sie ist fester Bestandteil von Windows 10 und wird über den entsprechenden Eintrag in der App-Liste des Startmenüs geöffnet. Nach dem ersten Start müssen Sie festlegen, ob Sie der App den Zugriff auf Ihre aktuelle Position gestatten möchten. Ihre Aufnahmen können damit mit Informationen zu Ihrem aktuellen Standort versehen werden. Egal, ob Sie an dieser Stelle dem Zugriff zustimmen oder nicht: Sie können Ihre Auswahl jederzeit in der Kategorie DATENSCHUTZ • POSITION der Einstellungen-App korrigieren, wie in Abschnitt 22.1.2 gezeigt. Bevor Sie mit der Kamera-App zu fotografieren beginnen, sollten Sie einen Blick in ihre EINSTELLUNGEN werfen, die Sie über das kleine Zahnradsymbol oben links einblenden. In der nun sichtbaren Spalte lassen sich u. a. das Seitenverhältnis und die Auflösung von Videoaufzeichnungen einstellen. Schalten Sie in den Einstellungen den Zeitraffer über den Schieberegler ein und aktivieren später in der Kameradarstellung den Selbstauslöser, nimmt die Kamera-App so lange Fotos auf, bis Sie die Kamerataste erneut drücken. Je nach verwendetem Gerät stehen Ihnen weitere Einstellungen zur Verfügung. Mit einem Klick auf einen beliebigen Bereich außerhalb der Einstellungen-Spalte blenden Sie diese wieder aus. Mit einem Klick auf das Kamerasymbol nehmen Sie ein Foto auf. Möchten Sie stattdessen ein Video aufzeichnen, klicken Sie auf das kleine Videokamerasymbol oberhalb der Kamerataste. Mit einem erneuten Klick auf das jetzt größer angezeigte Videokamerasymbol starten Sie die Aufnahme, und über das rote Quadrat im Symbol beenden Sie sie. Alle aufgenommenen Fotos und Videos werden automatisch im Ordner EIGENE AUFNAHMEN im Standardordner BILDER abgelegt.

18.3 Die Filme & TV-App

Klicken Sie innerhalb der Fotos-App auf ein Video, wird dieses direkt in der App wiedergegeben. Öffnen Sie dagegen eine Videodatei per Doppelklick aus dem Explorer heraus, startet automatisch die *Filme & TV*-App. Diese von Windows 10 als Standardprogramm zur Wiedergabe von Filmen vorgesehene App lässt sich natürlich auch gezielt über die App-Liste im Startmenü öffnen. Nach dem ersten Start müssen Sie der App gegebenenfalls den Zugriff auf Ihre Videobibliothek gestatten. Die Filme & TV-App lädt Sie nun ein, das Filmangebot im Microsoft Store zu erkunden. Die gleichnamige Kategorie ist bereits am oberen Fensterrand ausgewählt. Rufen Sie hier die Rubrik FILME auf, werden Ihnen einige Filme vorgeschlagen, die Sie im Store käuflich erwerben können. Über den Pfeil oben links kehren Sie wieder zur vorherigen Übersicht zurück. Ebenfalls über den Store erhältlich sind die TV-SENDUNGEN, die Ihnen in der gleichnamigen Rubrik angezeigt werden. Klicken Sie eine der Miniaturvorschauen eines Films oder einer TV-Sendung an, wird automatisch die Microsoft Store-App geöffnet.

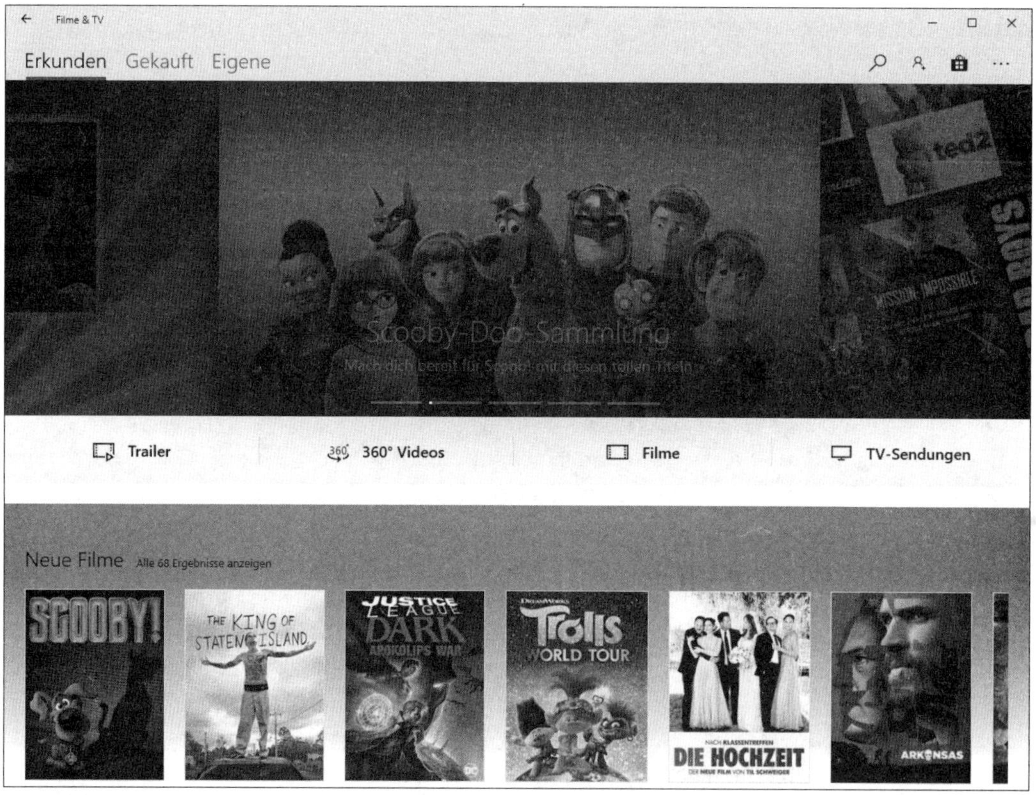

Abbildung 18.23 Die Startseite der Filme & TV-App mit der Kategorie »Erkunden«

Im Microsoft Store haben Sie nun die Möglichkeit, einen Film zu kaufen oder auch nur auszuleihen. Entscheiden Sie sich für das günstigere Ausleihen, haben Sie 14 Tage Zeit, die Wiedergabe eines Films zu starten. Sobald Sie den Film das erste Mal geöffnet und sich wenige Sekunden angesehen haben, bleiben Ihnen nur noch 48 Stunden, um den Rest des Films zu genießen. Alle bereits gekauften Videos erreichen Sie in der Filme & TV-App über die Kategorie GEKAUFT. Wechseln Sie in die Kategorie EIGENE, sehen Sie alle Ihre Filme, die Sie im Standardordner VIDEOS abgelegt haben. Über die Schaltfläche ORDNER HINZUFÜGEN können Sie weitere Speicherorte Ihrer Videos hinzufügen. Um ein Video abzuspielen, reicht ein Klick auf die entsprechende Video-Kachel. Über das Pausensymbol unterhalb des Videos können Sie die Wiedergabe unterbrechen. Während des Abspielens des Videos wird die Symbolleiste ausgeblendet. Eine kleine Bewegung der Computermaus reicht, um sie wieder anzuzeigen. Wenn Sie ein Video bearbeiten möchten, klicken Sie unterhalb des Videos auf das Stiftsymbol. Damit wird automatisch die Fotos-App geöffnet, in der Sie das Video nun z. B. kürzen können, wie in Abschnitt 18.1.2 gezeigt.

Abbildung 18.24 Die Symbolleiste am unteren Bildschirmrand wird nach wenigen Sekunden ausgeblendet.

Einstellungen für die optimale Videowiedergabe

Je nach Internetverbindung kann es beim Streamen eines Videos durchaus zu Rucklern kommen. Mit einem kleinen Trick lässt sich aber schnell für einen störungsfreien Videogenuss sorgen. Rufen Sie hierzu in der Einstellungen-App APPS • VIDEOWIEDERGABE auf. Aktivieren Sie dann rechts ICH BEVORZUGE ES, DASS VIDEOS AUF EINER NIEDRIGEREN AUFLÖSUNG ABGESPIELT WERDEN. Sind Sie mit dem Tablet oder Notebook unterwegs, während Sie sich Filme ansehen, sollten Sie außerdem im Feld BEIM WIEDERGEBEN VON FILMEN UND VIDEOS IM AKKUBETRIEB den Eintrag FÜR AKKULAUFZEIT OPTIMIEREN wählen. Für den Akkubetrieb sollten Sie außerdem ICH BEVORZUGE ES, DASS BEI BATTERIEBETRIEB VIDEOS MIT EINER NIEDRIGEREN AUFLÖSUNG ABGESPIELT WERDEN mit einem Häkchen versehen. Über das Vorschauvideo zu Beginn der Seite können Sie die aktuellen Videoeinstellungen testen.

18.4 Die Groove-Musik-App

Wenn die Umgebung es zulässt, ist ein bisschen Musikuntermalung während der Arbeit am Computer eine schöne Abwechslung. Windows 10 bringt hierfür die Groove-Musik-App mit. Wie alle UWP-Apps ist sie vor allem auf die Bedienung per Touchgesten ausgelegt. Der Aufruf der App erfolgt dann wie gewohnt über den entsprechenden Eintrag in der App-Liste des Startmenüs.

Streamingdienste im Internet

Bis Anfang 2018 bot Microsoft einen eigenen Streamingdienst namens *Groove Music Pass* an, mit dem Musik über das Internet gestreamt, also auf den PC übertragen und dort über die Groove-Musik-App abgespielt werden konnte. Wer auf die Vorteile des Streamings nicht verzichten möchte, muss nun die Streamingdienste anderer Anbieter nutzen. Dazu zählen z. B. *Amazon Prime Video* (*www.amazon.de*), *Apple Music* (*http://www.apple.com/de/apple-music*) sowie der Marktführer *Spotify* (*www.spotify.com/de*). Zwar keine Musik, dafür jedoch Filme und Serien bietet der Streamingdienst *Netflix* (*www.netflix.de*) an.

18.4.1 Musik aus anderen Speicherplätzen hinzufügen

Mit der Groove-Musik-App können Sie alle in der Bibliothek MUSIK gespeicherten Musiktitel abspielen. Sollten Sie mit einem Microsoft-Konto am Computer oder zumindest bei der Groove-Musik-App selbst angemeldet sein, steht Ihnen auch die in OneDrive abgelegte Musiksammlung zur Auswahl. Die Anmeldung aus der App heraus können Sie über die Schaltfläche ANMELDEN vornehmen.

Um eine Übersicht über Ihre Musiksammlung zu erhalten, wählen Sie eine der Kategorien ALBEN, KÜNSTLER oder auch SONGS aus – je nachdem, welche Sortierung der Musiktitel Sie vorziehen. Falls Sie noch keine Audio-CDs auf Ihren Computer überspielt oder Alben über das Internet erworben haben, erscheint in der rechten Spalte nur der Hinweis ZEIGEN SIE UNS, WO WIR NACH MUSIK SUCHEN SOLLEN.

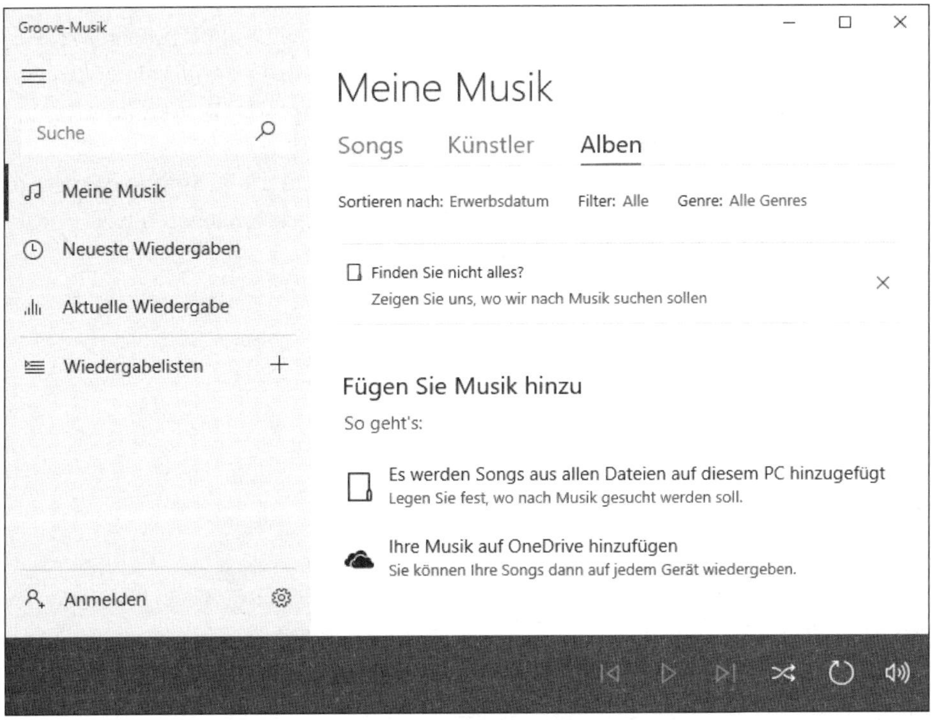

Abbildung 18.25 Sollte die Musik-Bibliothek bei Ihnen noch leer sein, müssen Sie der App zeigen, wo sie nach Musik suchen muss.

Haben Sie Ihre Musik z. B. auf einer externen Festplatte gesichert und diese am PC angeschlossen, können Sie diese Ordner der Groove-Musik-App hinzufügen. Klicken Sie hierzu auf den Hinweis und im folgenden Dialog auf das Plussymbol. Im Dialog ORDNER AUSWÄHLEN markieren Sie nun die Festplatte bzw. den Ordner, der Ihre Musiksammlung enthält, und bestätigen mit DIESEN ORDNER...HINZUFÜGEN und dann FERTIG.

Die auf der externen Festplatte gespeicherte Musik kann nun ebenfalls über die Groove-Musik-App abgespielt werden. Sollten Sie die Festplatte wieder aus der Sammlung entfernen wollen, klicken Sie wieder auf den Hinweis ZEIGEN SIE UNS, WO WIR NACH MUSIK SUCHEN SOLLEN und im Dialog ERSTELLEN SIE EINE SAMMLUNG ... auf das Kreuzsymbol rechts von der externen Festplatte.

Das Importieren von Audio-CDs über die Groove-Musik-App ist übrigens nicht möglich. Hierfür steht Ihnen aber nach wie vor der bereits seit vielen Windows-Versionen bekannte *Windows Media Player* zur Verfügung (siehe Abschnitt 18.5).

18.4.2 Musik abspielen

Je nachdem, welche Kategorie Sie am oberen Fensterrand ausgewählt haben, wird Ihre Musiksammlung nach Künstlern, Alben oder auch einzelnen Songs sortiert angezeigt. Bewegen Sie den Mauszeiger über eines dieser Elemente in der Übersicht, wird das Wiedergabesymbol eingeblendet. Ein Klick hierauf, und die Musikwiedergabe beginnt sofort. Die aktuelle Auswahl wird am unteren Fensterrand eingeblendet. Hier finden Sie auch alle Symbole zum Anhalten der Wiedergabe, Regulieren der Lautstärke oder auch, um zum nächsten bzw. vorherigen Titel zu gelangen.

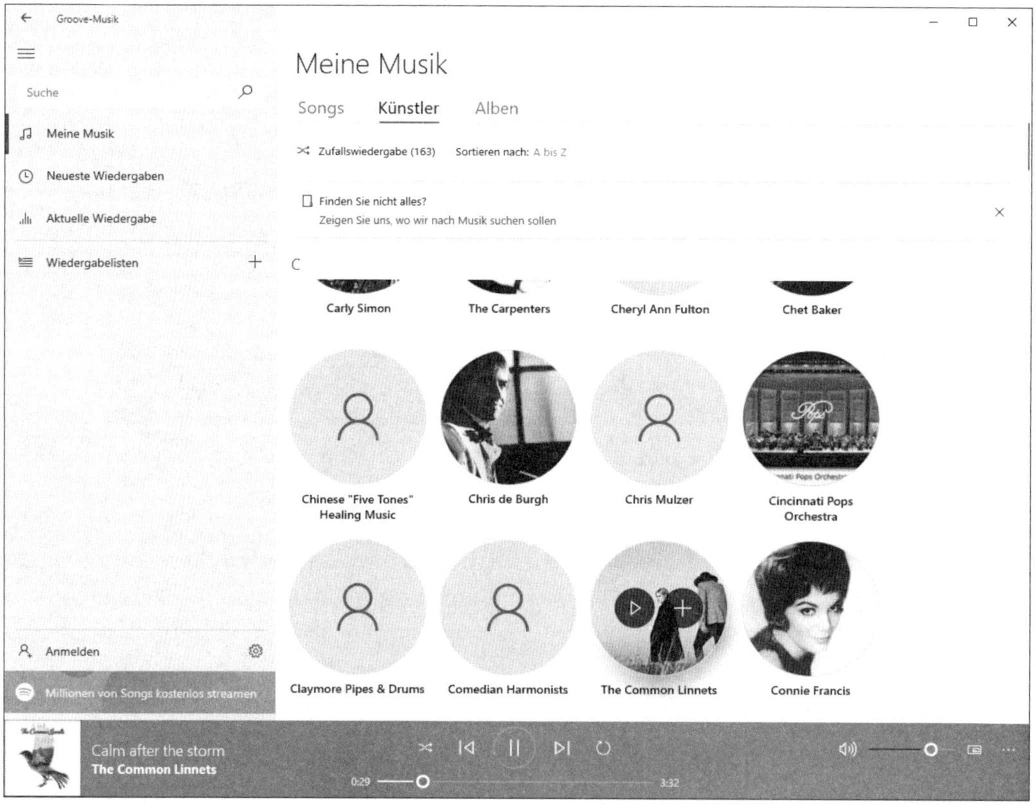

Abbildung 18.26 Über die Symbolleiste am unteren Fensterrand steuern Sie die Wiedergabe.

Klicken Sie in der Miniaturvorschau eines Albums oder Künstlers nicht auf das Wiedergabesymbol, sondern auf eine symbolfreie Fläche, wird eine Liste aller Musiktitel des ausgewählten Albums bzw. des Künstlers angezeigt. Wenn Sie sich alle Musiktitel anhören möchten, klicken Sie am oberen Seitenrand auf ALLE WIEDERGEBEN. Der aktuell abgespielte Titel wird blau hervorgehoben. Interessiert Sie nur ein ganz bestimmter Titel, bewegen Sie den Mauszeiger darauf und klicken zum Start der Wiedergabe auf das nun sichtbare Wiedergabesymbol.

Möchten Sie wieder zur Übersicht über die Musiksammlung zurückkehren klicken Sie in der Navigationsspalte links auf MEINE MUSIK. Falls hier nur die Symbole sichtbar sind, blenden Sie die Beschriftung per Klick auf das Hamburger-Menü zu Beginn der Spalte ein.

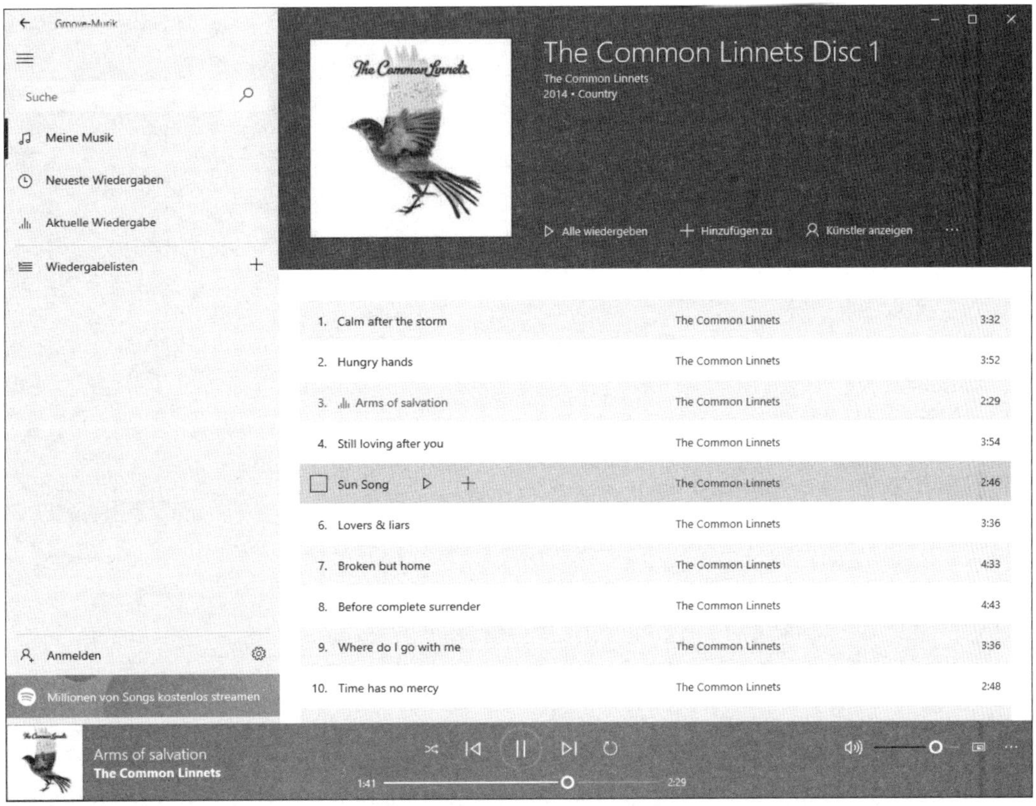

Abbildung 18.27 Um einen Song ganz gezielt auszuwählen, positionieren Sie den Mauszeiger über dem Titel bzw. tippen diesen an, um das Wiedergabesymbol einzublenden. Ein Klick hierauf, und der Song wird wiedergegeben.

Der Equalizer der Groove-Musik-App

So ganz ist die Musikwiedergabe in der Groove-Musik-App noch kein Ohrenschmaus für Sie? Mithilfe der integrierten Equalizer-Funktion lässt sich der Klang verändern. Zum Aufruf der Funktion klicken Sie in der App auf das Zahnradsymbol unten links und in den Einstellungen dann im Bereich WIEDERGABE auf EQUALIZER. Im folgenden Dialog können Sie nun entweder eine der Voreinstellungen wählen oder selbst die Höhen und Tiefen in den fünf Frequenzbereichen anpassen.

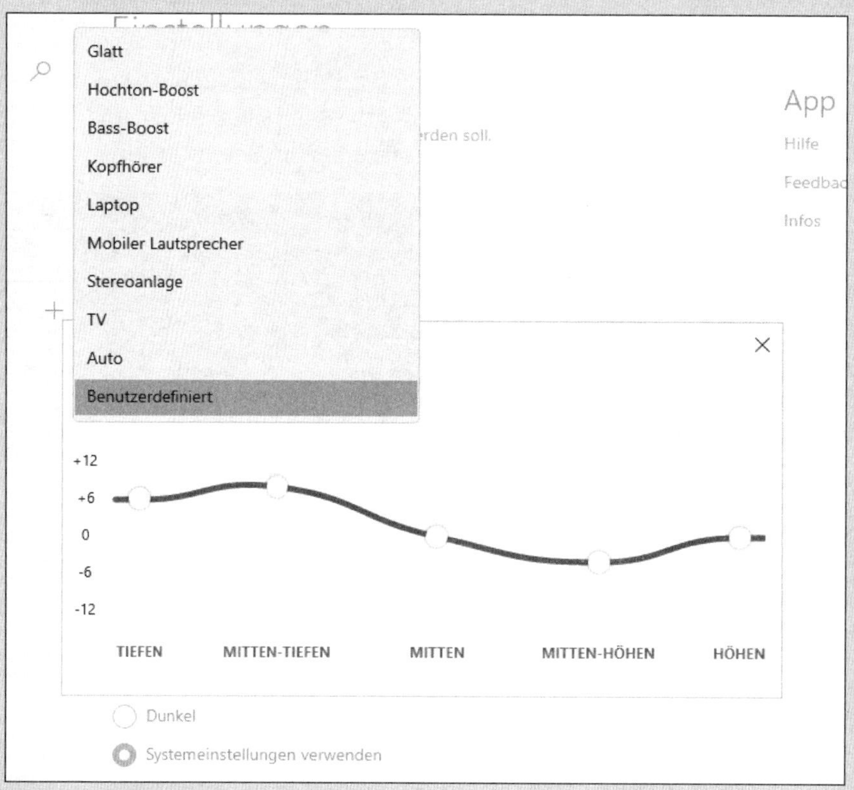

Abbildung 18.28 Die Equalizer-Funktion der Groove-Musik-App

18.4.3 Wiedergabelisten mit Lieblingsmusik erstellen

Nicht immer gefällt einem jeder Song eines Künstlers, andere Titel wiederum würde man am liebsten rund um die Uhr hören. Wer seine Lieblingssongs mit nur einem Mausklick abspielen möchte, legt sich am besten Wiedergabelisten an. Öffnen Sie hierzu in der Groove-Musik-App das Album, in dem sich der erste Musiktitel befindet, den Sie der Wiedergabeliste hinzufügen möchten, und markieren Sie diesen Song. Klicken Sie dann auf das rechts vom Titel eingeblendete Plussymbol (siehe Abbildung 18.27), und wählen Sie in der aufklappenden Liste NEUE WIEDERGABELISTE. Geben Sie einen Namen an, und bestätigen Sie die Eingabe mit WIEDERGABELISTE ERSTELLEN. Wählen Sie nun den nächsten Lieblingssong aus. Nach einem Klick auf das Plussymbol markieren Sie den Namen der gerade erstellten Wiedergabeliste. Wiederholen Sie dies mit allen Titeln, die Sie Ihrer Wiedergabeliste hinzufügen möchten. Die Songs erscheinen in der Liste in der Reihenfolge des Hinzufügens. Jeder Titel kann jedoch mit gedrückter linker Maustaste auch nach Belieben verschoben werden. Gefällt Ihnen ein Titel doch nicht mehr so gut und möchten Sie ihn wieder aus der Wiedergabeliste entfernen, markieren Sie den Song und klicken rechts vom Titel auf das Minussymbol.

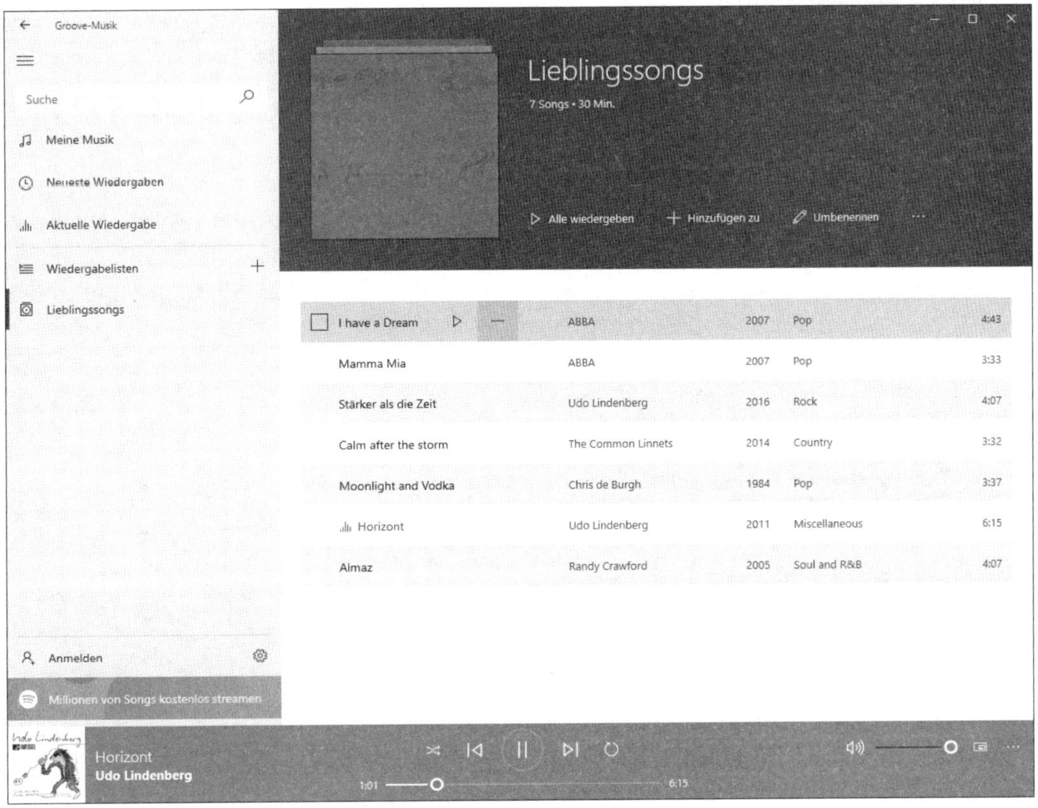

Abbildung 18.29 Musiktitel können schnell wieder aus einer Wiedergabeliste entfernt werden.

Sie können einer Wiedergabeliste beliebig viele Musiktitel hinzufügen oder natürlich auch neue Listen anlegen. Über das Pfeilsymbol oben links gelangen Sie immer wieder zur vorherigen Übersicht zurück, sodass Sie ein neues Album oder einen neuen Künstler auswählen können. Alle selbst angelegten Wiedergabelisten werden in der linken Spalte aufgeführt. Um Ihre Lieblingssongs anzuhören, markieren Sie die gewünschte Liste per Mausklick und spielen die Songs dann per Klick auf ALLE WIEDERGEBEN ab.

Während die Musik abgespielt wird, können Sie natürlich ganz normal am Computer weiterarbeiten. Auch dann, wenn Sie Ihre Arbeit eine Zeit lang unterbrechen und der Sperrbildschirm eingeblendet wird, wird weiterhin Ihre Lieblingsmusik wiedergegeben. Der aktuell abgespielte Song wird unten rechts auf dem Sperrbildschirm angezeigt. Über die Schaltflächen unterhalb des Titels gelangen Sie zum vorherigen bzw. nächsten Song oder pausieren die Wiedergabe.

Abbildung 18.30 Die Groove-Musik-App auf dem aktivierten Sperrbildschirm

18.5 Der Windows Media Player

Zum Glück sind in Windows 10 nicht alle altbewährten Programme verschwunden. Wer in früheren Windows-Versionen bereits gerne den Windows Media Player zur Musikwiedergabe genutzt hat, kann auch unter Windows 10 auf ihn zurückgreifen. Sie finden ihn in der App-Liste des Startmenüs im Ordner WINDOWS-ZUBEHÖR.

Abbildung 18.31 Der Windows Media Player versteckt sich in der App-Liste des Startmenüs im Ordner »Windows-Zubehör«.

Der große Vorteil des Windows Media Players im Vergleich zur Groove-Musik-App: Sie können mit ihm den Inhalt Ihrer Audio-CDs in digitale Mediendateien konvertieren und auf den Computer überspielen. Nachdem Sie die CD in das Laufwerk eingelegt haben, klicken Sie in der Menüleiste des Windows Media Players auf KOPIEREINSTELLUNGEN • FORMAT und wählen dann das gewünschte Dateiformat aus, etwa MP3. Versehen Sie anschließend die Songs, die Sie überspielen möchten, mit einem Häkchen, und starten Sie den Kopiervorgang mit CD KOPIEREN.

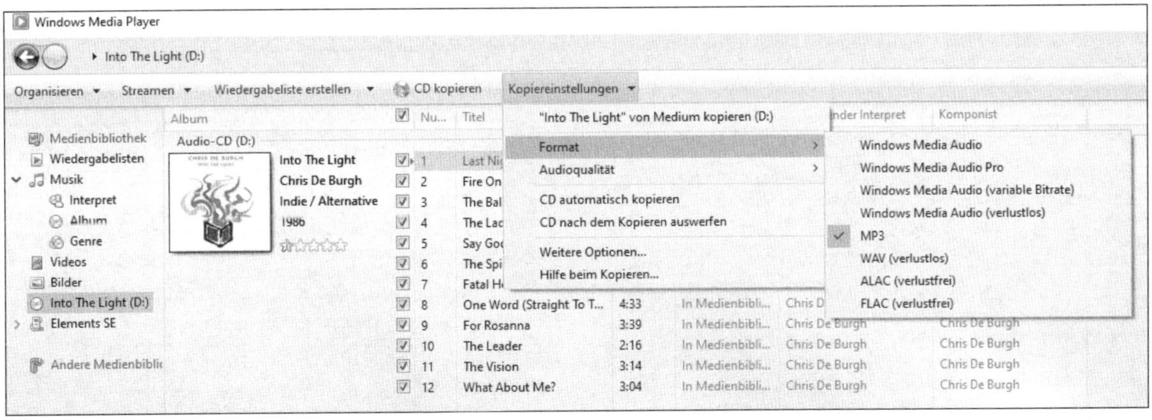

Abbildung 18.32 Vor dem Kopieren der CD sollten Sie das gewünschte Format auswählen.

Ist der Computer mit dem Internet verbunden, bezieht der Windows Media Player im Normalfall Metadaten wie Titel, Genre oder auch den Interpret eines Musiktitels über das Internet. Seit Anfang 2020 funktioniert dies allerdings nicht mehr reibungslos. Wer auf die Anzeige der Metadaten nicht verzichten möchte, muss auf alternative Tools wie z. B. *Mp3tag* (*www.mp3tag.de*) setzen.

18.6 Windows 10 und Spiele

Im Microsoft Store findet sich eine Vielzahl an Spiele-Apps, mit denen man sich die Zeit vertreiben kann. Das Angebot reicht von Wimmelbild-Spielen für Kleinkinder über Denksportaufgaben für die Großen bis hin zu Actionspielen für die Spielprofis.

Speziell für die Profis bietet Windows 10 einen Spielmodus, der dafür sorgt, dass die Rechenleistung des Computers vor allem dem Spiel zugutekommt und nicht den Anwendungsprozessen, die im Hintergrund laufen. Um den Spielmodus zu aktivieren, wählen Sie in der Einstellungen-App die Kategorie SPIELEN und dort die Unterkategorie SPIELMODUS aus. Setzen Sie dann rechts den Regler SPIELMODUS auf EIN.

Während des Spielens lässt sich eine Spieleleiste auf dem Bildschirm einblenden, die sogenannte *Xbox Game Bar*. Hierfür muss allerdings der entsprechende Regler in der Einstellungen-App unter SPIELEN • XBOX GAME BAR aktiviert sein. Ist dies der Fall, reicht die Tastenkombination [Win] + [G], um die Spielleiste einzublenden. Über die Spielleiste können Sie nun verschiedene Widgets einblenden.

Das Widget AUFZEICHNEN bietet z. B. verschiedene Schaltflächen, um schnell einen Screenshot vom Spiel zu erstellen, die letzten 30 Sekunden des Spielverlaufs aufzuzeichnen oder eine Aufzeichnung mit eingeschaltetem oder auch ausgeschaltetem Mikrofon zu starten bzw. zu beenden. Diese Aktionen lassen sich auch per Tastenkombinationen starten. Welche Tastenkombination welche Aktion auslöst, können Sie selbst in der Einstellungen-App unter SPIELEN • XBOX GAME BAR festlegen. Blenden Sie das Widget LEISTUNG ein, erfahren Sie, wie es mit der CPU- oder auch GPU-Auslastung aussieht.

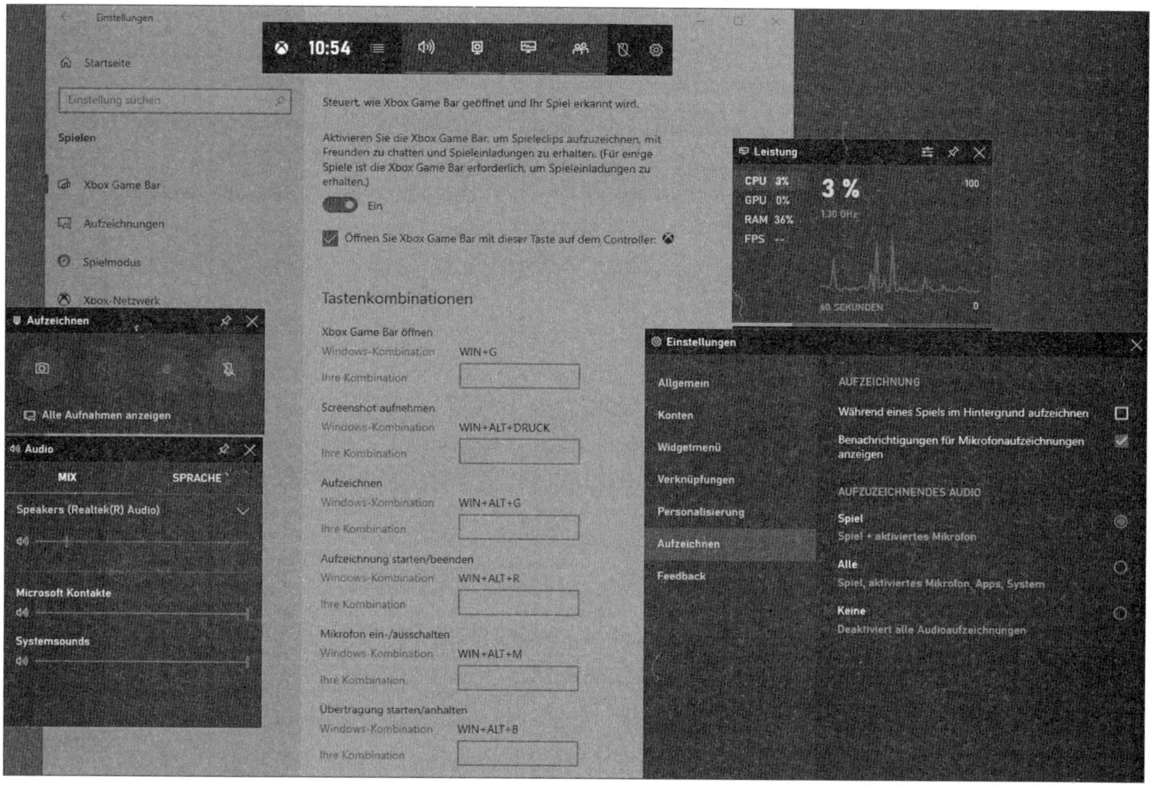

Abbildung 18.33 Die Spielleiste mit den eingeblendeten Widgets »Aufzeichnen«, »Audio«, »Leistung« und »Einstellungen«

TEIL V

Internet, Netzwerk und weitere Hardware

Kapitel 19

Eine Netzwerkverbindung einrichten

Viele Funktionen von Windows 10 erfordern die Verbindung mit dem Internet oder einem lokalen Netzwerk. In diesem Kapitel lernen Sie, wie einfach die Konfiguration von Netzwerken in Windows 10 erfolgt.

Es gibt wohl kaum einen Windows 10-Computer, der heutzutage nicht über einen Netzwerkadapter verfügt. Dabei kann es sich um einen Ethernet- oder einen WLAN-Adapter handeln. In vielen Mobilgeräten ist gleich beides integriert. Wer seinen Computer per Kabel an den Router anschließt, muss sich meist keine weiteren Gedanken um die Netzwerkverbindung machen, denn Windows 10 konfiguriert diese automatisch. Soll das Gerät mit einem WLAN verbunden werden, muss zumindest der Netzwerkschlüssel eingegeben werden, sofern dieser denn eingerichtet wurde. Wieso dies aus Sicherheitsgründen so wichtig ist und welche weiteren Einstellungen in einem kabelgebundenen oder auch kabellosen Netzwerk vorgenommen werden sollten, erfahren Sie im Verlauf dieses Kapitels. Zuvor werden aber ein paar Grundlagen zum Aufbau eines Netzwerkes beleuchtet, um u. a. Begriffe wie *IPv4*, *IPv6* oder auch *Subgateway* zu erläutern. Diese spielen eine wichtige Rolle bei der Konfiguration eines Netzwerkes.

Ethernet-Adapter für den USB-Anschluss

Bei Notebooks im kleineren Format verzichten die Hersteller immer häufiger auf einen Ethernet-Anschluss. Wer z. B. im Rahmen eines Backups nicht auf die meist schnellere und vor allem stabilere kabelgebundene Netzwerkverbindung verzichten möchte, setzt am besten einen USB-Ethernet-Adapter ein. Berücksichtigen Sie beim Kauf den USB-Anschluss Ihres Mobilgeräts. Verfügt dieses über einen USB 3.0- oder auch USB 3.1-Port (USB-C), lässt sich mit dem entsprechenden Ethernet-Adapter eine Datenübertragungsrate mit bis zu 1 GBit/s (1000 MBit/s) erreichen.

19.1 Ein paar Grundlagen vorweg

Um besser verstehen zu können, welche Einstellungen Sie im Verlauf dieses Kapitels prüfen bzw. selbst vornehmen, möchte ich Sie mit ein paar Begriffen rund um das Thema »Netzwerk« vertraut machen.

Client-Server-Netzwerke

Vereinfacht gesagt sind in einem Netzwerk mindestens zwei oder mehr Computer miteinander oder mit anderen elektronischen Geräten (z. B. Router, Drucker) verbunden, sodass ein Datenaustausch möglich ist. Bei Netzwerken, in denen ein Rechner Ressourcen zur Verfügung stellt, die von anderen Computern in Anspruch genommen werden, spricht man auch von *Client-Server-Netzwerken*. Der Server übernimmt die Rolle des Dienstleisters, die Ressourcen oder auch Funktionen werden von den Clients (Kunden) genutzt. In einem heimischen Netzwerk fungiert z. B. der Router als Server, der anderen Computern (sprich Clients) den Zugang zum Internet ermöglicht.

Die TCP/IP-Protokollfamilie

Die Kommunikation zwischen den Geräten wird durch die Netzwerkprotokolle reguliert. Das Internet basiert auf der sogenannten *TCP/IP-Protokollfamilie*. Die Abkürzung TCP steht für *Transmission Control Protocol*, IP wiederum für *Internet Protocol*. Die Bezeichnung *TCP/IP* wird als Überbegriff für die gesamte Protokollfamilie verwendet, zu der aber auch Protokolle wie HTTP (*Hypertext Transfer Protocol*), FTP (*File Transfer Protocol*) oder auch IMAP (*Internet Message Access Protocol*) zählen. Die Protokollfamilie ist von der Hard- und Software unabhängig und steht in allen gängigen Betriebssystemen zur Verfügung. Das gilt natürlich auch für Windows 10. Sie sorgt für einheitliche Kommunikationsstandards und regelt die Adressierung im Netzwerk.

Das TCP/IP-Referenzmodell

Wie Anwendungen, Netzwerkprotokolle und Hardware zusammenspielen, lässt sich anhand von Schichtenmodellen verdeutlichen. Für die TCP/IP-Protokollfamilie dient das TCP/IP-Referenzmodell, in dem vier Schichten unterschieden werden:

- Anwendungsschicht: Die Anwendungsschicht stellt die Schnittstelle für Anwendungen dar, die einen Zugriff auf das Netzwerk benötigen. Hier kommen Protokolle wie HTTP, HTTPS oder FTP zum Einsatz.
- Transportschicht: Die Transportschicht stellt eine Ende-zu-Ende-Verbindung her. Das wichtigste Protokoll dieser Schicht ist das Transmission Control Protocol (TCP), das Verbindungen zwischen jeweils zwei Netzwerkteilnehmern zum zuverlässigen Versenden von Datenströmen herstellt.
- Internetschicht: Die Internetschicht ist für die Weitervermittlung von Paketen und die Wegewahl (Routing) zuständig. Das hierfür zuständige Protokoll ist das Internet Protocol, kurz IP.
- Netzwerkschicht: Die Netzwerkschicht ist zwar im TCP/IP-Referenzmodell spezifiziert, sie enthält aber keine Protokolle der TCP/IP-Protokollfamilie. Sie dient als Platzhalter für die verschiedenen Techniken (z. B. WLAN oder auch Ethernet) zur Datenübertragung zwischen mehreren Punkten.

Die Kommunikation erfolgt nicht zwischen den Schichten einer Ebene (also etwa von Anwendungsschicht zu Anwendungsschicht), sondern von der Anwendungsschicht nach unten zur Netzwerkschicht, dann zum Übertragungsmedium und von dort aus wieder von der Netzwerkschicht nach oben bis zur Anwendungsschicht.

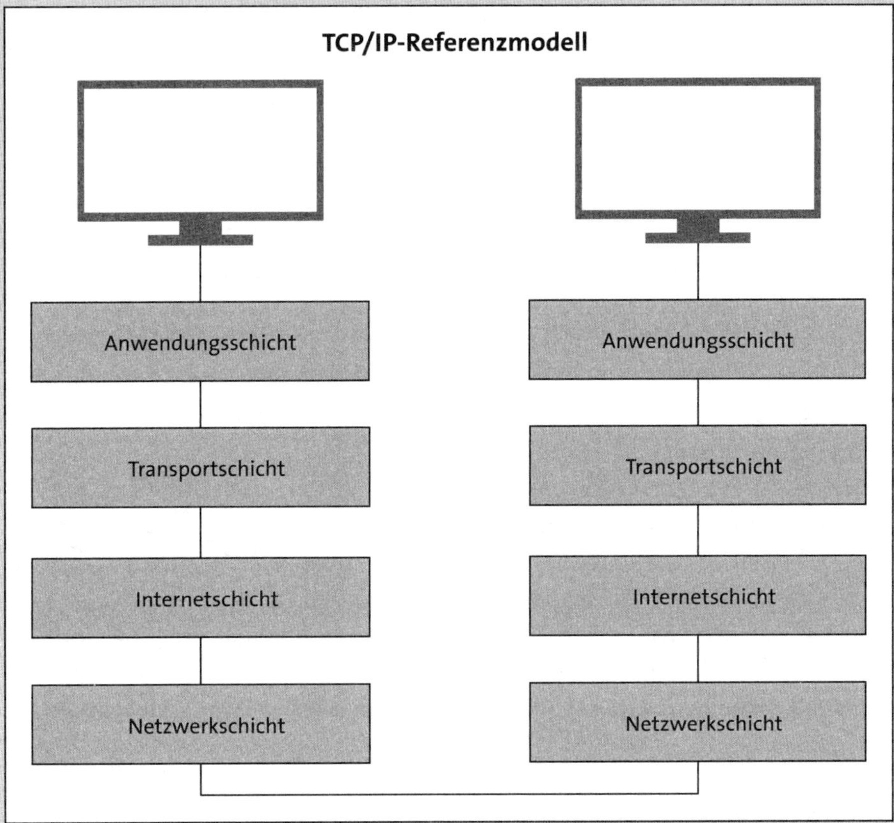

Abbildung 19.1 Das TCP/IP-Referenzmodell

Netzwerkadressen zur eindeutigen Identifikation

Damit die Kommunikation zwischen zwei Geräten (z. B. Computer oder auch Drucker) in einem Netzwerk funktioniert, müssen diese eindeutig identifizierbar sein. Dies geschieht mithilfe der IP-Adresse, die jedem Gerät (dem sogenannten *Host*) eindeutig zugewiesen wird. Das Internet Protocol ist mittlerweile in zwei verschiedenen Versionen verfügbar: IPv4 und IPv6. Entsprechend gibt es auch zwei verschiedene Adressversionen, nämlich die bereits seit Längerem verfügbaren IPv4-Adressen und die neueren IPv6-Adressen.

IPv4-Adressen bestehen aus 32 Ziffern und ermöglichen somit die Generierung von 4,3 Milliarden IP-Adressen. Diese Zahl klingt zunächst immens. Im Gegensatz zu früher steigt aber auch die Zahl der internetfähigen Geräte: So lassen sich mittlerweile nicht nur Computer oder Smartphones mit dem Internet verbinden, sondern auch Fernseher, Kühlschränke, Autos und vieles mehr. IPv6-Adressen sollen das Problem der Adressknappheit zukünftig lösen. Hier besteht jede Adresse aus 128 Stellen, woraus sich ca. 340 Sextillionen (das ist eine 340 mit 36 Nullen) Adressen ergeben.

IPv4-Adressen werden dezimal dargestellt. Die 32 Zeichen werden in Gruppen zu je 8 gruppiert, den sogenannten *Oktetts*, die durch Punkte voneinander getrennt werden. Jedes Oktett kann dabei Werte zwischen 0 und 254 annehmen (z. B. 192.168.254.254). Für IPv6-Adressen wird die hexadezimale Darstellung gewählt, wobei jeweils vier Hexadezimalstellen zu einem Block gruppiert werden. Die Trennung der Blöcke erfolgt hier durch Doppelpunkte (z. B. `2001:0cb7:81a3:08a3:1319:7a1b:0351:6132`).

Ein wichtiger Aspekt in der TCP/IP-Konfiguration sind die Subnetze, die zusammengehörende, aufeinanderfolgende IPv4-Adressen zusammenfassen. Um ein Gerät innerhalb eines IPv4-Netzwerkes identifizieren zu können, muss auch das Subnetz bekannt sein. Dies wird mithilfe der *Subnetzmaske* ermittelt. Anhand der Subnetzmaske lässt sich bestimmen, ob sich der Host im lokalen Subnetz oder in einem anderen Netzwerk befindet. Das Pendant zu den Subnetzmasken sind bei IPv6-Adressen die *Präfixe*, die eingesetzt werden, um ein Netzwerk eindeutig zu definieren.
Möchte ein Computer mit einem Gerät in einem anderen Netzwerk kommunizieren, geschieht dies im Normalfall über einen Router. Dieser wird in der TCP/IP-Terminologie als *Standardgateway* bezeichnet. Das Standardgateway stellt quasi die Verbindungsstelle zwischen Ihrem privaten Netzwerk und dem Internet dar. Der Router ist im Internet mit einer öffentlichen IP-Adresse sichtbar, die ihm von Ihrem Internetprovider zugeordnet wird. *DNS-Server* sorgen für die Übersetzung von IP-Adressen in Domainnamen (z. B. www.rheinwerk-verlag.de oder auch www.google.de). DNS ist die Abkürzung für *Domain Name System*.

19.2 Das Netzwerk konfigurieren

Wie in den Grundlagen bereits erwähnt, verfügt jedes Gerät in einem Netzwerk über eine eindeutige IP-Adresse. Dabei kann es sich um eine dynamisch erzeugte Adresse handeln oder um eine statische Adresse.

19.2.1 Dynamische IP-Adressvergabe per DHCP

In den meisten Routern ist heutzutage ein DHCP-Server integriert, der einen Pool an IP-Adressen für alle Geräte verwaltet, die im Netzwerk erreichbar sein müssen. *DHCP* ist die Abkürzung für *Dynamic Host Configuration Protocol*. Sobald der Computer per Kabel oder auch drahtlos an den Router angeschlossen wird, übernimmt dieser Server automatisch die Vergabe der IP-Adresse sowie die Zuordnung zu einer Subnetzmaske und weiteren Einstellungen. Sie selbst müssen sich im Grunde genommen um nichts mehr kümmern.

Der DHCP-Server sollte im Router normalerweise per Standardeinstellung aktiviert sein. Sie können dies natürlich überprüfen, wie im Folgenden exemplarisch für die FRITZ!Box gezeigt wird.

1. Rufen Sie zunächst über den Browser die Webadresse *http://fritz.box* auf. Alternativ hierzu können Sie auch die IP-Adresse 192.168.178.1 eingeben. Melden Sie sich bei der FRITZ!Box mit dem entsprechenden Kennwort für den Router an.
2. Nach erfolgreicher Anmeldung klicken Sie in der linken Spalte nacheinander auf HEIMNETZ • NETZWERK. Wechseln Sie rechts in das Register NETZWERKEINSTELLUNGEN.
3. Blättern Sie nun nach unten bis zum Bereich IP-ADRESSEN. Hier klicken Sie auf IPV4-ADRESSEN.
4. Stellen Sie sicher, dass das Kontrollkästchen DHCP-SERVER AKTIVIEREN mit einem Häkchen versehen ist. Darunter führt die FRITZ!Box den Adressbereich auf, aus dem die IP-Adressen für die verschiedenen Geräte im lokalen Netzwerk vergeben werden. Hier sollten Sie keinerlei Änderungen vornehmen. Schließen Sie den Dialog mit OK, und melden Sie sich wieder bei der FRITZ!Box ab.

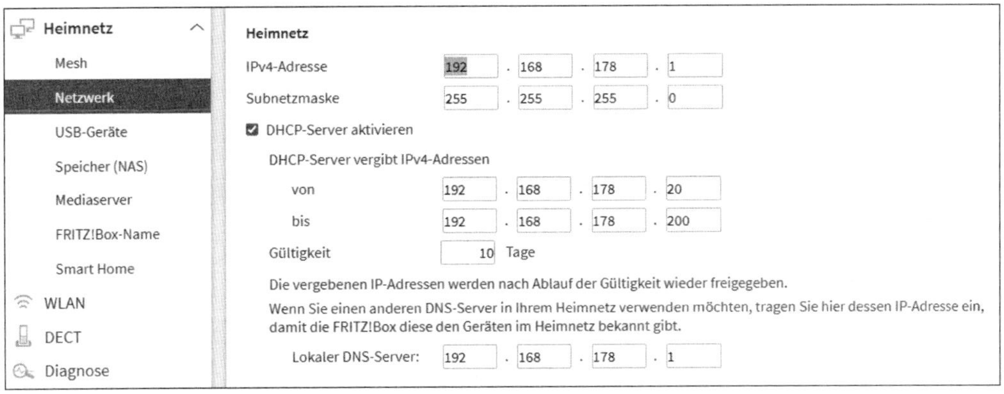

Abbildung 19.2 Aktivieren des DHCP-Servers in der FRITZ!Box

Der Windows 10-Computer ist im Normalfall so eingestellt, dass er die IP-Adresse automatisch per DHCP vom Router bezieht. Um dies zu überprüfen, öffnen Sie die Einstellungen-App z. B. über die Tastenkombination [⊞] + [I] und rufen die Kategorie NETZWERK UND INTERNET auf. In der Unterkategorie STATUS wird der Verbindungstyp angezeigt – also Ethernet oder auch WLAN. Klicken Sie direkt darunter auf die Schaltfläche EIGENSCHAFTEN. Blättern Sie auf der folgenden Seite nach unten, sehen Sie unter IP-EINSTELLUNGEN, ob die IP-Zuweisung AUTOMATISCH PER DHCP erfolgt. Ist hier MANUELL eingestellt, obwohl Sie DHCP bevorzugen, können Sie die Einstellung über die Schaltfläche BEARBEITEN korrigieren. Im Bereich EIGENSCHAFTEN der Seite NETZWERK sehen Sie die IP-Adressen, die dem Computer aktuell zugeordnet sind.

Abbildung 19.3 Übersicht über die IP-Einstellungen und Eigenschaften eines Ethernets in der Einstellungen-App

Diese Netzwerkdaten können Sie sich übrigens auch in der Windows PowerShell über den Befehl `ipconfig /all` anzeigen lassen. Das Befehlszeilentool rufen Sie über die Tastenkombination [Win] + [X] und dann Auswahl von WINDOWS POWERSHELL auf.

19.2.2 Statische IP-Adressen zuweisen

Der Vorteil von dynamischen IP-Adressen ist, dass Sie sich um nichts kümmern müssen, da dem Computer die Adresse automatisch über den DHCP-Server zugewiesen wird. Diese Adressen werden allerdings regelmäßig ausgetauscht und sind somit nicht über einen längeren Zeitraum hinweg gültig. Möchten Sie, dass der Computer auch von außerhalb für andere Computer immer über die gleiche IP-Adresse erreichbar ist, müssen Sie ihm eine statische IP-Adresse zuweisen. Ein Tipp: Nutzen Sie zunächst die Möglichkeit des DHCP-Servers, um dem Computer eine dynamische IP-Adresse zuzuweisen. Lassen Sie sich dann wie im vorherigen Abschnitt beschrieben über den Befehl `ipconfig /all` in der Windows PowerShell die aktuelle Netzwerkkonfiguration anzeigen. Notieren Sie sich alle wichtigen Angaben wie IP-Adresse, Subnetzmaske, Standardgateway und mindestens einen DNS-Server. Diese Daten können Sie nun für die Zuweisung der statischen IP-Adresse nutzen:

1. Rufen Sie EINSTELLUNGEN • NETZWERK UND INTERNET • STATUS auf, und klicken Sie rechts auf ADAPTEROPTIONEN ÄNDERN.
2. Im folgenden Dialog klicken Sie mit der rechten Maustaste auf die Netzwerkverbindung, die Sie konfigurieren möchten, und im Kontextmenü auf EIGENSCHAFTEN.
3. Markieren Sie das Element INTERNETPROTOKOLL.VERSION 4(TCP/IPv4), und klicken Sie dann auf EIGENSCHAFTEN.
4. Aktivieren Sie die Option FOLGENDE IP-ADRESSE VERWENDEN. In den folgenden Feldern geben Sie die IP-Adresse, die Subnetzmaske und das Standardgateway an.
5. Aktivieren Sie außerdem die Option FOLGENDE DNS-SERVERADRESSEN VERWENDEN, und geben Sie die Adresse mindestens eines DNS-Servers an.
6. Beenden Sie die geöffneten Dialoge mit OK und SCHLIESSEN.

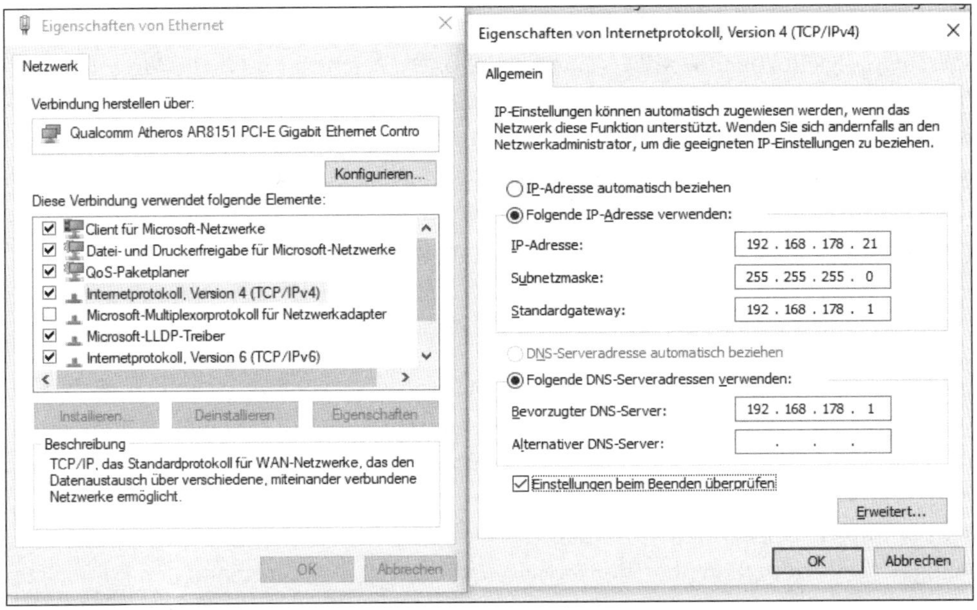

Abbildung 19.4 Vergabe einer statischen IPv4-Adresse

Analog hierzu können Sie auch die Eigenschaften für das INTERNETPROTOKOLL, VERSION 6 (TCP/IPv6) ändern. Sie müssen lediglich in Schritt 3 das gleichnamige Element markieren. In Schritt 4 ist zudem die Angabe der Subnetzpräfixlänge nötig.

Adresszuordnung via APIPA

Ein Computer erhält seine IP-Adresse im Normalfall entweder dynamisch über einen DHCP-Server, oder es wird eine statische IP-Adresse festgelegt. Ist in Ihrem Netzwerk kein DHCP-Server verfügbar und fand auch die statische Zuordnung nicht statt, weist Windows dem Gerät automatisch eine private IP-Adresse aus dem privaten Adressbereich 169.254.0.0 bis

169.254.255.255 zu. Diese Vergabe von IP-Adressen wird *Automatic Private IP Addressing*, kurz *APIPA*, genannt. Die private IP-Adresse ermöglicht es dem Computer, im lokalen Netzwerk mit anderen Geräten zu kommunizieren.

19.3 Verbindung mit einem WLAN herstellen

Nicht jeder schätzt den Kabelsalat eines Ethernets, und so ist es nicht verwunderlich, dass sich Funknetzwerke auch in den eigenen vier Wänden einer großen Beliebtheit erfreuen. Die meisten modernen Router stellen heutzutage eine Kombination aus WLAN Access Point, Switch und eigentlichem Router dar, mit denen das Heimnetzwerk in wenigen Minuten eingerichtet ist. Wer sich einen neuen WLAN-Router zulegen möchte, sollte darauf achten, dass dieser mindestens nach dem Standard IEEE 802.11n arbeitet, der eine maximale Übertragungsgeschwindigkeit von 600 MBit/s sowie eine höhere Reichweite als sein Vorgänger IEEE 802.11g bietet. Erreicht wird dies durch mehrere Antennen und Signalverarbeitungseinheiten (MIMO), die Verdopplung der Funkkanal-Bandbreite auf 40 MHz, sowie die parallele Nutzung des 2,4- und 5-GHz-Frequenzbandes. Wer auch für die Zukunft optimal gerüstet sein möchte, setzt sogar auf den Standard IEEE 802.11ac (manchmal auch *5G Wifi* genannt), der eine maximale theoretische Übertragungsgeschwindigkeit im Gigabit-Bereich erreicht.

19.3.1 WLAN und die Sicherheit

Die Einrichtung eines WLAN-Routers ist mittlerweile kein großes Hexenwerk mehr. Schon nach wenigen Minuten steht die Verbindung zum Internet, und es können die WLAN-Geräte verbunden werden. Das bequeme Vorgehen verführt allerdings viele Anwender dazu, sich keine weiteren Gedanken um die Konfiguration des Routers zu machen, sondern einfach die Werkseinstellungen beizubehalten. Genau diese stellen aber ein großes Sicherheitsrisiko dar. Gelingt Cyberkriminellen über eine Sicherheitslücke z. B. der Zugriff auf den Router, stehen ihm damit auch alle angeschlossenen Geräte offen. Manch einen Angriff bekommt der Anwender mit, etwa wenn die Telefonrechnung überraschend um ein Vielfaches teurer ist als gewohnt. Manche Attacken bleiben aber auch vollkommen unbemerkt, etwa wenn der eigene PC plötzlich Teil eines sogenannten *Botnetzes* wird. Hierbei werden Tausende von Computer, die mit einem speziellen Schadprogramm infiziert wurden, zu einem Netzwerk zusammengeschlossen. Das Botnetz nutzt die Rechenleistung und Daten des infizierten Computers, ohne dass dessen Besitzer Kenntnis davon hat, geschweige denn seine Einwilligung hierfür erteilt hat. Ist ein Computer erst einmal Teil eines Botnetzes, wird er häufig für illegale Zwecke wie etwa das Versenden von Spam-Mails eingesetzt. Dieser illegale Einsatz ist vor allem deshalb für Sie fatal, da Sie für alles haften (legal oder illegal), was über Ihre Internetverbindung geschieht.

Bevor Sie Ihre Geräte mit dem WLAN verbinden, sollten Sie deshalb unbedingt einige Sicherheitseinstellungen des Funknetzwerkes anpassen, um das Funknetz vor Angriffen von außen zu schützen. Mit ein paar Kniffen lässt sich hier bereits viel erreichen – worum es sich dabei im Einzelnen dreht, werde ich Ihnen direkt im Folgenden erläutern.

Vergeben Sie einen eigenen Namen für das WLAN

Jedes Funknetzwerk, also auch Ihr eigenes privates WLAN, verfügt über einen Namen, die sogenannte *SSID* (Abkürzung für *Service Set Identifier*). Hersteller wie AVM vergeben hier per Werkseinstellung meist den Namen des Routers, also z. B. *FRITZ!Box 4790*. Anhand dieses Namens lässt sich leider häufig auch das per Werk vergebene Passwort in Erfahrung bringen. Ein erster Schritt, das eigene WLAN sicherer zu machen, besteht somit darin, die SSID zu ändern. Achten Sie bei der Wahl des Namens darauf, dass keinesfalls der Name des Routers auftaucht, geschweige denn Ihr Name, die Straße oder auch Hausnummer. Wählen Sie außerdem keinen Namen, der bereits für ein Funknetz in der Nachbarschaft vergeben wurde.

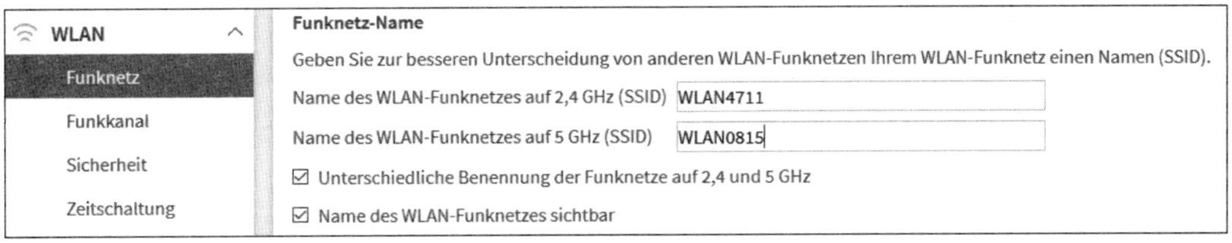

Abbildung 19.5 Vergeben Sie einen eigenen Namen für Ihr WLAN.

Funknetzname unsichtbar machen

Immer wieder hört man den Ratschlag, den Namen eines WLANs unsichtbar zu machen. Denn was man nicht sieht, kann man angeblich auch nicht finden. Dieser Tipp mag geeignet sein, um das WLAN vor neugierigen Nachbarn zu verstecken. Die Umsetzung ist auch schnell erfolgt: Wie man in Abbildung 19.5 am Beispiel einer FRITZ!Box sieht, reicht es, das Häkchen vor NAME DES WLAN-FUNKNETZES SICHTBAR zu entfernen. Ein Profi, der über das nötige Spähprogramm verfügt, lässt sich von diesem simplen Trick allerdings nicht abhalten!

Das Passwort des WLANs ändern

Drehen Sie Ihren WLAN-Router einmal um, werden Sie auf seiner Rückseite häufig das Passwort finden, das zur Anmeldung beim WLAN benötigt wird. Was Sie selbst können, ist findigen Nachbarn ebenfalls möglich. Damit diese sich nicht ungefragt an Ihrem Funknetzwerk anmelden können, sollten Sie das Passwort (auch *WLAN-Netzwerkschlüssel* genannt) also unbedingt durch ein eigenes, möglichst komplexes Passwort ersetzen. Bei einer FRITZ!Box darf dieses z. B. zwischen 8 und 63 Zeichen lang sein und aus einer Kombination von Ziffern, Groß- und Kleinbuchstaben sowie Sonderzeichen bestehen.

WPA- statt WEP-Verschlüsselung wählen

Die Datenübertragung sollte im WLAN unbedingt verschlüsselt erfolgen. Die teilweise in älteren Routermodellen noch zur Verfügung stehende WEP-Verschlüsselung ist extrem unsicher und sollte daher nicht mehr verwendet werden. In neueren Modellen steht sie meist gar nicht mehr zur Auswahl. Stellen Sie hier am besten den als sehr sicher geltenden *WPA2 (CCMP)* ein. Bei dieser Verschlüsselungsmethode kommt der AES-Verschlüsselungsalgorithmus mit einer Schlüssellänge von bis zu 256 Bit zum Einsatz.

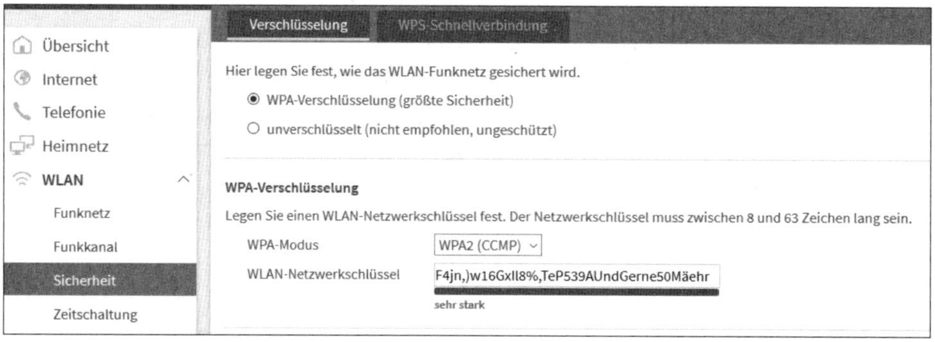

Abbildung 19.6 Die WPA-Verschlüsselung in Kombination mit einem komplexen WLAN-Netzwerkschlüssel bietet eine hohe Sicherheit.

Firmware auf dem aktuellsten Stand halten

Nicht nur Microsoft versorgt Windows 10 regelmäßig mit Updates. Auch die Hersteller von Routern veröffentlichen neue Versionen der Firmware (sprich des Betriebssystems des Routers). Diese enthalten nicht nur neue Funktionen, sondern auch Fehlerbehebungen, was vor allem im Zusammenhang mit dem Schließen von Sicherheitslücken wichtig ist. Achten Sie daher unbedingt darauf, dass die Firmware Ihres Routers immer auf dem neuesten Stand ist. Sollte für Ihren Router der Fernzugriff aktiviert sein, überlegen Sie sich, ob Sie diesen wirklich benötigen. Es mag zwar praktisch sein, unterwegs vom Smartphone aus auf eine an die FRITZ!Box angeschlossene USB-Festplatte zuzugreifen, doch was Ihnen möglich ist, könnte auch Angreifern gelingen.

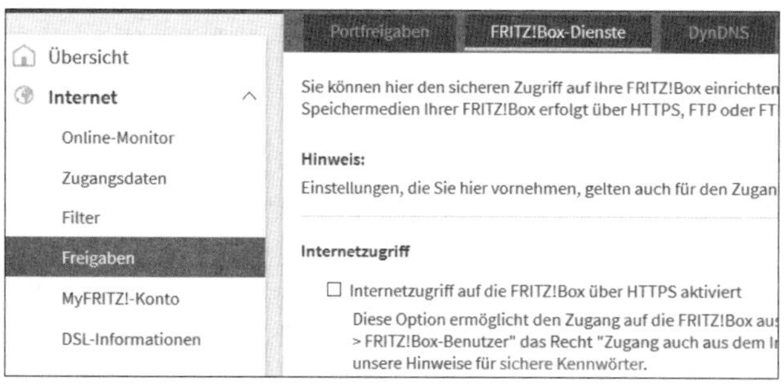

Abbildung 19.7 Wer den Fernzugriff (in der FRITZ!Box »Internetzugriff« genannt) auf den Router nicht unbedingt benötigt, sollte ihn deaktivieren.

Diese kleinen Kniffe umzusetzen dauert nicht lange. Sie erreichen damit aber bereits einiges, um die Sicherheit des eigenen WLANs zu verbessern.

19.3.2 Mit WLAN verbinden

Ist Ihr Computer mit einem WLAN-Adapter ausgestattet und ist dieser auch eingeschaltet, begibt sich Windows 10 automatisch auf die Suche nach Drahtlosnetzwerken in der Nähe. Funknetzwerke finden sich fast überall – sei es in der Firma, bei Freunden, am Flughafen, in Hotels oder auch Restaurants. Es ist daher nur eine Frage von Sekunden, bis Windows fündig wird und Sie die Verbindung zum WLAN herstellen können.

Verbindung mit einem gesicherten, sichtbaren WLAN herstellen

Um eine Verbindung zum WLAN herzustellen, klicken Sie auf das Netzwerksymbol im Infobereich der Taskleiste. Sollte der WLAN-Adapter ausgeschaltet sein, erscheint ein entsprechender Hinweis. Ein Klick auf die Schaltfläche WLAN reicht, um ihn einzuschalten. Sie erhalten nun eine Übersicht über alle verfügbaren Netzwerke – auch die kabelgebundenen, falls der Computer bereits per Kabel mit dem Ethernet verbunden ist. Die kabellosen Netzwerke werden nach Signalstärke sortiert aufgelistet. Die Anzahl der wellenförmigen Linien im WLAN-Symbol geben Aufschluss darüber, wie stark das Signal ist.

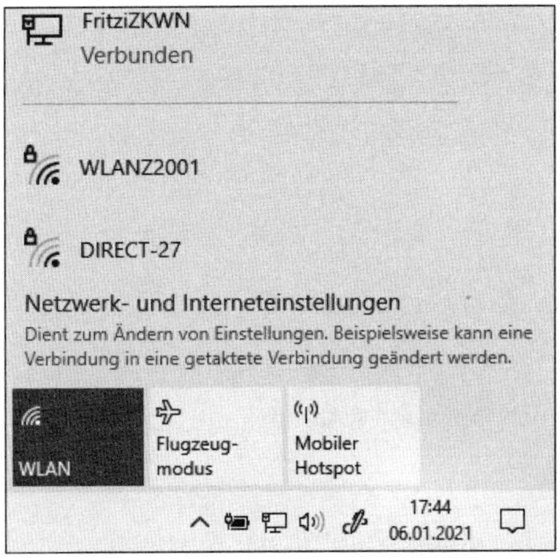

Abbildung 19.8 Übersicht über verfügbare Netzwerke. Es besteht bereits eine Verbindung zu einem Ethernet.

Wählen Sie das WLAN, mit dem Sie die Verbindung herstellen möchten, per Mausklick aus. Um nicht immer wieder den Netzwerksicherheitsschlüssel eingeben zu müssen, der kurz darauf angefordert wird, sollten Sie das Kästchen AUTOMATISCH VERBINDEN aktivieren. Klicken Sie anschließend auf VERBINDEN.

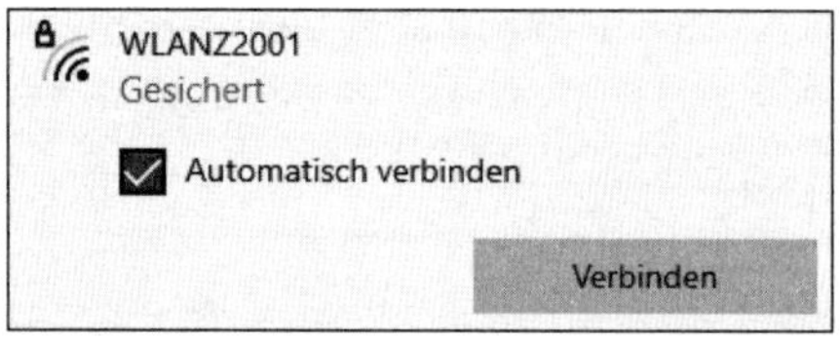

Abbildung 19.9 Nutzen Sie das WLAN häufiger, aktivieren Sie »Automatisch verbinden«, um nicht immer wieder den Netzwerksicherheitsschlüssel eingeben zu müssen.

Geben Sie als Nächstes den Netzwerksicherheitsschlüssel ein. Diesen haben Sie im Idealfall selbst vergeben, falls es sich bei dem WLAN um Ihr eigenes handelt. Sollten Sie unterwegs sein, müssen Sie den Betreiber des WLANs bitten, Ihnen diesen zu geben. Gerade bei komplexen Kennwörtern ist es sinnvoll, sich diese im Klartext anzeigen zu lassen, um die korrekte Eingabe überprüfen zu können. Klicken Sie hierzu auf das Augensymbol am rechten Rand des Eingabefeldes. Haben Sie sich nicht vertippt, bestätigen Sie mit Weiter. Wenn Sie sich das erste Mal bei diesem WLAN anmelden, müssen Sie nun festlegen, ob andere Geräte innerhalb des Netzwerkes gefunden werden dürfen. Im eigenen Netzwerk oder Firmennetzwerk können Sie diese Frage mit Ja beantworten. Damit ist zugleich die erste Weiche gestellt, um später Dateien und Ordner zwischen verschiedenen Geräten im Netzwerk freigeben zu können. In einem öffentlichen Netzwerk sollten Sie aus Sicherheitsgründen unbedingt mit Nein ablehnen.

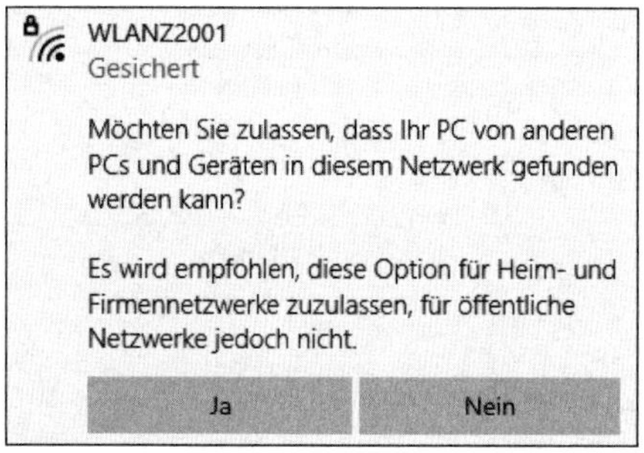

Abbildung 19.10 Handelt es sich bei dem Netzwerk um Ihr privates WLAN oder das Firmennetzwerk, können Sie die Freigabe mit »Ja« erteilen.

Windows 10 stellt nun die Verbindung zum WLAN her. Klicken Sie auf das Netzwerksymbol im Infobereich der Taskleiste, sollte als Status beim Namen des WLANs Verbunden erscheinen.

Manuelle Verbindung zu einem versteckten WLAN herstellen

Im Normalfall sendet jedes Funknetzwerk seinen WLAN-Namen, also die im vorherigen Abschnitt bereits näher definierte SSID. Anhand dieses Namens können Sie das gewünschte WLAN in der Übersicht der Netzwerke auswählen, die Windows 10 Ihnen nach einem Klick auf das Netzwerksymbol im Infobereich der Taskleiste einblendet. Wurde die SSID vom Betreiber des Funknetzwerkes versteckt, erscheint das WLAN nicht in dieser Liste. Wenn Sie dennoch eine Verbindung zu solch einem versteckten Netzwerk herstellen möchten, müssen Sie die SSID sowie die Sicherheitseinstellungen kennen. Ist dies der Fall, geben Sie diese Daten manuell ein. Klicken Sie hierzu mit der rechten Maustaste auf das Netzwerksymbol im Infobereich der Taskleiste, und wählen Sie Netzwerk- und Interneteinstellungen öffnen. Hierdurch wird die Einstellungen-App mit der Kategorie Netzwerk und Internet geöffnet, in der Sie nun links WLAN markieren. Klicken Sie jetzt rechts auf Bekannte Netzwerke verwalten und auf der folgenden Seite auf Neues Netzwerk hinzufügen. Im gleichnamigen Dialog geben Sie nun den Netzwerknamen ein und wählen die Verschlüsselungsmethode aus, die für das WLAN eingestellt wurde. Anschließend erscheint das Feld zur Eingabe des Sicherheitsschlüssels, in dem Sie den Netzwerksicherheitsschlüssel eintragen. Versehen Sie die Kästchen Automatisch verbinden und Verbinden, auch wenn dieses Netzwerk nicht überträgt jeweils mit einem Häkchen. Damit stellen Sie sicher, dass die Verbindung zum WLAN hergestellt wird, sobald es verfügbar ist. Mit einem Klick auf Speichern schließen Sie die manuelle Einrichtung ab.

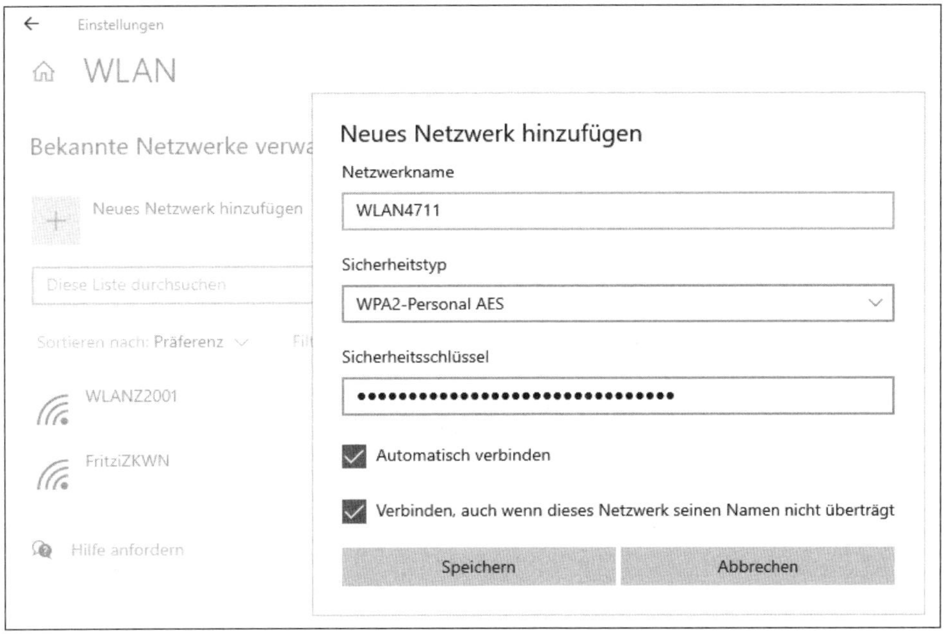

Abbildung 19.11 Manuelle Einrichtung eines Funknetzwerkes, das seine SSID nicht sendet.

Funknetzwerke vorübergehend trennen

Wenn Sie mit dem Flugzeug reisen, werden Sie aufgefordert, während des Starts und der Landung alle Funkverbindungen Ihrer Mobilgeräte auszuschalten. Auf dem Windows 10-Gerät sind hierfür lediglich zwei Mausklicks bzw. Fingertipps nötig. Der erste führt auf das Netzwerksymbol im Infobereich der Taskleiste. Am unteren Rand des aufklappenden Dialogs sehen Sie nun die Schaltfläche FLUGZEUGMODUS. Ein Klick darauf, und es werden automatisch alle drahtlosen Funknetzwerke wie WLAN, Mobilfunk oder auch Bluetooth auf dem Gerät deaktiviert. Ist die Kommunikation mit den Funknetzwerken wieder erlaubt, klicken Sie auf das Flugzeugsymbol im Infobereich der Taskleiste und dann auf FLUGZEUGMODUS.

Gerade unterwegs hat man nicht immer das Glück, ein gleichbleibend stabiles und starkes Funksignal zu haben. Bricht das Signal zwischendurch sogar ganz ab, wirkt sich dies besonders negativ auf den Akku aus, da das Windows-Gerät immer wieder versucht, eine Verbindung zum WLAN herzustellen. Benötigen Sie die WLAN-Verbindung nicht unbedingt, ist es durchaus sinnvoll, diese vorübergehend auszuschalten. Hierzu klicken Sie auf das Netzwerksymbol im Infobereich der Taskleiste und anschließend auf die blaue Schaltfläche WLAN. Über das Feld WLAN ERNEUT AKTIVIEREN können Sie nun einstellen, ob Sie das WLAN später selbst einschalten möchten oder ob Windows dies für Sie nach 1 STUNDE, 4 STUNDEN oder 1 TAG übernehmen soll. Entscheiden Sie sich für MANUELL, klicken Sie zum Aktivieren auf das Netzwerksymbol und dann auf WLAN. Dies gilt natürlich auch, wenn Sie das WLAN vor Ablauf der vorgegebenen Zeit selbst wieder einschalten möchten.

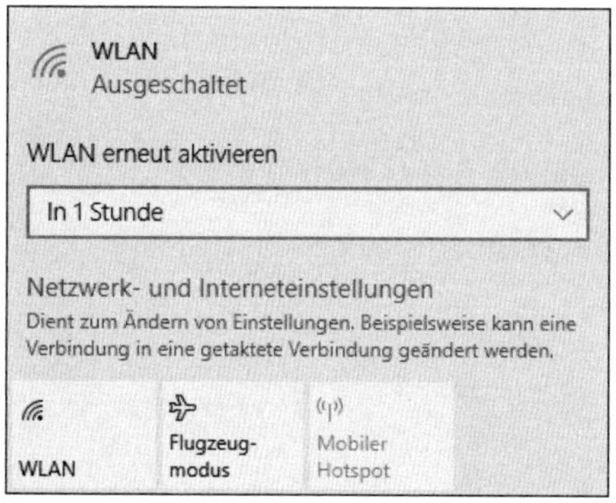

Abbildung 19.12 Über die Schaltfläche »WLAN« deaktivieren Sie nur die WLAN-Verbindung, mit »Flugzeugmodus« werden jegliche Funkverbindungen des Geräts ausgeschaltet.

19.3.3 Besonderheiten von mobilen Hotspots

Viele Smartphones bieten mittlerweile die Möglichkeit, die eigene Mobilfunkverbindung anderen Geräten wie etwa Tablets oder Computern zur Verfügung zu stellen, sodass diese ebenfalls eine Verbindung zum Internet herstellen können. Das ist vor allem unterwegs praktisch, wenn Sie z. B. mit Ihrem Notebook arbeiten müssen, aber kein WLAN zur Verfügung steht. Solch eine gemeinsame Nutzung einer Datenverbindung wird *Tethering* genannt. Das Gerät, das die Verbindung zur Verfügung stellt, bezeichnet man als *Hotspot*. Sie können natürlich auch umgekehrt Ihren Windows 10-Computer zum mobilen Hotspot machen, indem Sie die Internetverbindung für andere Geräte freigeben. Beide Varianten werden im Folgenden beschrieben.

Verbindung zu einem mobilen Hotspot herstellen

Wie Ihr eigenes Smartphone oder natürlich auch das einer anderen Person zum mobilen Hotspot wird, ist von Gerät zu Gerät unterschiedlich. Wichtigste Voraussetzung ist, dass der Mobilfunkvertrag eine solche Funktion auch beinhaltet. Informieren Sie sich zur Sicherheit bei Ihrem Mobilfunkanbieter, denn einige Anbieter beschränken das Tethering oder berechnen zusätzliche Gebühren. Lässt der Mobilfunkvertrag das Tethering zu, erfolgt die Aktivierung auf dem Smartphone über die Einstellungen, in denen Sie die Verbindungseinstellungen aufrufen und dort eine Funktion namens MOBILER HOTSPOT (Android) oder PERSÖNLICHER HOTSPOT (iPhone und iPad) einschalten. Gegebenenfalls müssen Sie erneut auf die jeweilige Schaltfläche tippen, um sich die Verbindungsdaten wie den Name des WLAN Access Points und das Passwort anzeigen zu lassen. Diese Daten benötigen Sie, um von Ihrem Windows 10-Gerät aus eine Verbindung zum Smartphone herstellen zu können.

Auf dem Windows 10-Gerät erfolgt die Anmeldung beim mobilen Hotspot wie bereits in Abschnitt 19.3.2 für ein klassisches WLAN beschrieben. Klicken Sie also auf das Netzwerksymbol im Infobereich der Taskleiste, und stellen Sie sicher, dass WLAN aktiviert ist. Der mobile Hotspot wird nun zusätzlich zu allen anderen in Reichweite befindlichen Netzwerken aufgelistet. Markieren Sie ihn. Im Gegensatz zum klassischen WLAN empfiehlt es sich beim Hotspot, das Kontrollkästchen AUTOMATISCH VERBINDEN nicht zu aktivieren. So stellen Sie sicher, dass nicht versehentlich eine Verbindung zwischen Smartphone und Computer hergestellt wird, falls Sie vergessen sollten, die Funktion später auf dem Smartphone zu deaktivieren. Es können sonst schnell unnötige Kosten entstehen.

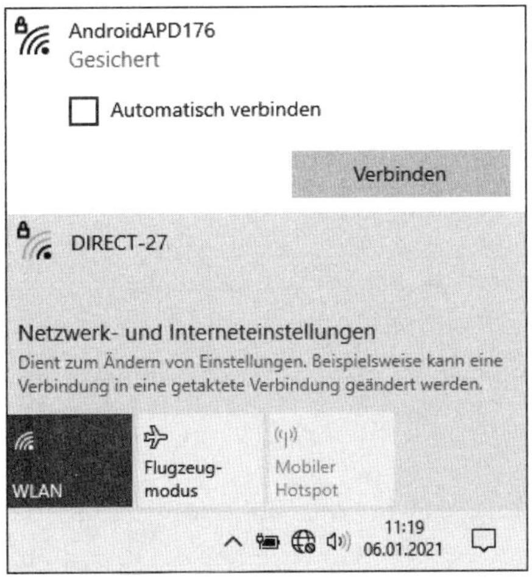

Abbildung 19.13 Beim Verbindungsaufbau mit einem mobilen Hotspot sollten Sie darauf verzichten, die automatische Verbindung zu aktivieren.

Nach einem Klick auf VERBINDEN werden Sie aufgefordert, den Netzwerksicherheitsschlüssel einzugeben, also in diesem Fall das Passwort, das auf dem Smartphone für den WLAN Access Point generiert wurde. Bestätigen Sie mit WEITER. Falls Sie keine Daten zwischen dem eigenen Smartphone und dem Windows 10-Gerät austauschen müssen, beantworten Sie den folgenden Hinweis mit NEIN. Nach diesem letzten Schritt stellt Windows die Verbindung zum Hotspot her.

Je nach Mobilfunkvertrag lässt sich der Mobilfunkanbieter das Tethering gut bezahlen. Hier sollte man also durchaus vorsichtig sein und nicht allzu große Datenmengen übertragen. Dies ist auch dann sinnvoll, wenn der Vertrag ein monatliches Datenlimit vorsieht, denn ist dies erreicht, hat dies die Drosselung der Datengeschwindigkeit zur Folge. Windows 10 bietet eine praktische Einstellung – die sogenannte *getaktete Verbindung* –, die dafür sorgt, dass nicht unnötig Daten übertragen werden. So werden z. B. keine Updates mehr geladen, und auch die Cloud OneDrive wird nicht automatisch synchronisiert. In den meisten Fällen stuft Windows 10 die Verbindung zu einem mobilen Hotspot automatisch als getaktete Verbindung ein. Zur Sicherheit sollten Sie die Einstellung aber überprüfen.

1. Klicken Sie hierzu auf das Netzwerksymbol im Infobereich der Taskleiste. Markieren Sie den Hotspot, mit dem Sie gerade verbunden sind, und klicken Sie auf EIGENSCHAFTEN.
2. Es wird die Einstellungen-App geöffnet, die nun einige Informationen zur aktiven Verbindung anzeigt. Blättern Sie auf der Seite nach unten bis zum Bereich GETAKTETE VERBINDUNG. Sollte der Regler ALS GETAKTETE VERBINDUNG FESTLEGEN noch nicht aktiviert sein, holen Sie dies nach.

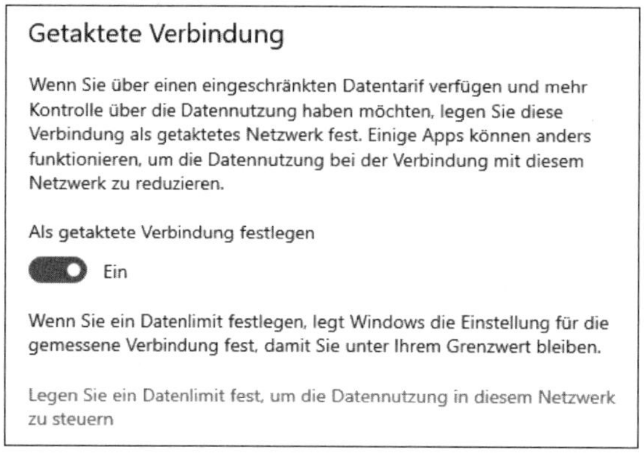

Abbildung 19.14 Bei einer getakteten Verbindung sorgt Windows 10 dafür, dass die übertragene Datenmenge reduziert wird.

3. Möchten Sie selbst einen Grenzwert festlegen, klicken Sie auf LEGEN SIE EIN DATENLIMIT FEST, UM DIE DATENNUTZUNG IN DIESEM NETZWERK ZU STEUERN. Sie kehren damit zur Statusseite der aktuellen Netzwerkverbindung zurück. Klicken Sie hier auf DATENNUTZUNG.
4. Auf der folgenden Seite sehen Sie in einer Übersicht, wie viele Daten die diversen Apps über das am oberen Seitenrand angezeigte Netzwerk während der letzten 30 Tage übertragen haben. Nach einem Klick auf GRENZWERT legen Sie nun selbst ein Datenlimit fest. Bestimmen Sie außerdem, ob dies für einen Monat, einmalig oder unbegrenzt gilt. Entschei-

den Sie sich für monatlich, sollten Sie noch den Tag angeben, an dem das Limit wieder zurückgesetzt wird. Schließen Sie den Dialog mit SPEICHERN.

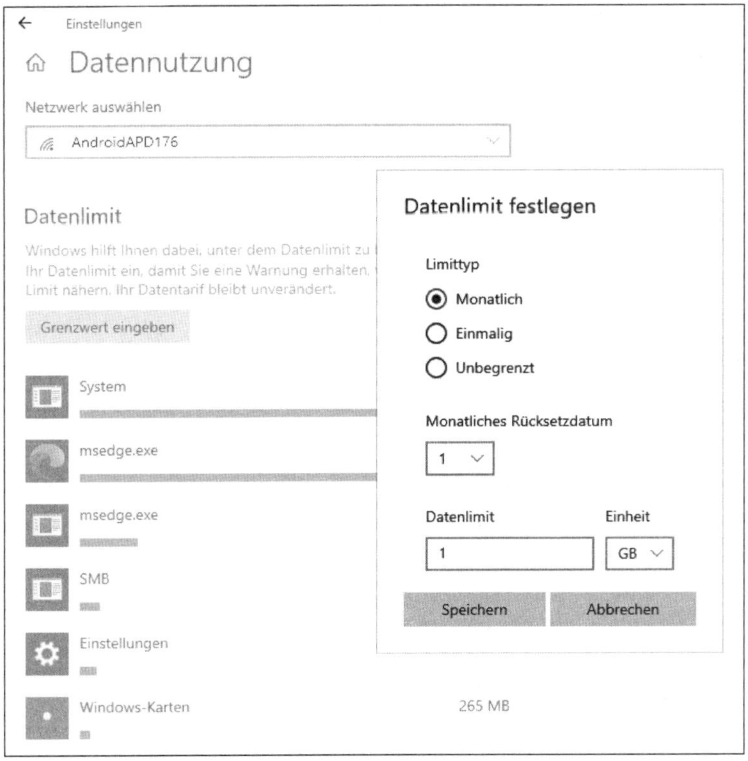

Abbildung 19.15 Sie können selbst das Datenlimit vorgeben, um die Menge der übermittelten Daten im Netzwerk festzulegen.

Vorsicht bei der Nutzung öffentlicher Hotspots

Häufig werden auf größeren Veranstaltungen oder auch an öffentlichen Plätzen wie Flughäfen mobile Hotspots angeboten. Diese stehen Ihnen nicht nur kostenlos zur Verfügung, sondern lassen sich zudem ohne Authentifizierung, sprich Eingabe eines Kennwortes, nutzen. Wenn Sie sich bei solch einem öffentlichen Hotspot anmelden, sollten Sie keinesfalls der Datenfreigabe zustimmen, da Sie sonst jedem, der das gleiche Netzwerk nutzt, quasi freien Zugang auf Ihr Gerät gewähren. Dass über ein ungesichertes WLAN kein Onlinebanking, Onlineshopping oder andere Aktionen getätigt werden sollten, bei dem hochsensible Daten übertragen werden, sollte sich von selbst verstehen. Setzen Sie in einem öffentlichen WLAN außerdem am besten ein *VPN* (Abkürzung für *Virtual Private Network*) ein. Dieses sorgt dafür, dass alle Ihre Daten zunächst verschlüsselt werden, bevor Sie über ein Netzwerk übertragen werden. Dies verhindert, dass Cyberkriminelle Ihre Daten abfangen können. Empfehlenswerte VPN-Dienste sind z. B. *ProtonVPN* (*www.protonvpn.com/de*), *CyberGhost VPN* (*www.cyberghostvpn.com/de_DE*) und *PureVPN* (*www.purevpn.com/de*).

Das eigene Windows 10-Gerät als Hotspot einrichten

Speziell in Hotels kommt es immer wieder vor, dass Sie einen WLAN-Zugang kostenpflichtig buchen können, der dann aber nur für ein Gerät genutzt werden darf. Benötigen Sie das WLAN auch für andere Geräte wie etwa Ihr Smartphone, richten Sie Ihr Windows 10-Gerät einfach als Hotspot ein. Hierzu sind nur wenige Schritte nötig. Bevor Sie damit beginnen, stellen Sie sicher, dass Ihr Gerät bereits mit dem Netzwerk verbunden ist. Anschließend geht es so weiter:

1. Rufen Sie in der Einstellungen-App die Kategorie NETZWERK UND SICHERHEIT und dort die Unterkategorie MOBILER HOTSPOT auf.
2. Setzen Sie den Regler MEINE INTERNETVERBINDUNG FÜR ANDERE GERÄTE FREIGEBEN auf EIN. Im Feld EIGENE INTERNETVERBINDUNG FREIGEBEN VON wird automatisch das gerade aktive Netzwerk, also etwa WLAN, angezeigt.
3. Windows 10 legt automatisch einen Namen und ein Kennwort für das Netzwerk fest. Nach einem Klick auf BEARBEITEN können Sie diese Angaben aber auch ändern. Mit SPEICHERN schließen Sie den Dialog NETZWERKINFOS BEARBEITEN wieder.
4. Damit nicht unnötig Energie verbraucht wird, aktivieren Sie am besten den Energiesparmodus. In diesem Fall schaltet sich der Hotspot automatisch aus, wenn keine Geräte mit ihm verbunden sind.

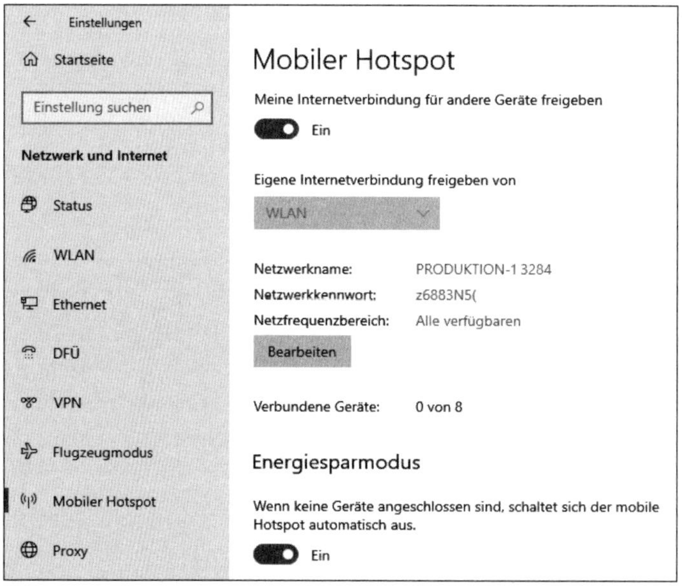

Abbildung 19.16 Ihr Windows 10-Computer lässt sich schnell als mobiler Hotspot einrichten.

Ihr Windows 10-Computer ist damit fertig als Hotspot eingerichtet und auch bereits aktiviert, wie Sie nach einem Klick auf das Netzwerksymbol im Infobereich der Taskleiste überprüfen können. Statt einer deaktivierten Schaltfläche mit der Bezeichnung MOBILER

HOTSPOT sollte hier nun der von Windows oder Ihnen selbst vergebene Netzwerkname erscheinen. Dass der Hotspot eingeschaltet ist, erkennen Sie an der blauen Schaltfläche. Bis zu acht Geräte können nun mit diesem Hotspot verbunden werden. Um den Hotspot zu deaktivieren, klicken Sie auf das Netzwerksymbol und dann auf die Schaltfläche mit dem Namen des Hotspots.

Abbildung 19.17 Der mobile Hotspot ist eingeschaltet, allerdings ist kein Gerät damit verbunden, wie die Anzeige »0/8« zeigt.

Windows 10 und Hotspot 2.0

Windows 10 unterstützt den WLAN-Standard 802.11u für Hotspot 2.0, der die Verbindung zu öffentlichen WLANs etwa an Flughäfen oder in Restaurants und Hotels nicht nur einfacher, sondern vor allem auch sicherer macht. Bei *Hotspot 2.0* (auch *HS2*, *Next Generation Hotspot* oder *WLAN Certified Passport* genannt) handelt es sich um einen Standard der Wi-Fi Alliance, der es Mobilgeräten ermöglicht, sich automatisch mit einem in Reichweite befindlichen WLAN-Hotspot zu verbinden und zu authentifizieren. Alle Hotspot 2.0-Netzwerke setzen die WPA2 Enterprise-Verschlüsselung ein. Für die Authentifizierung muss sich der Nutzer einmalig bei einem der Netzwerkanbieter zertifizieren. Um eine Liste der Hotspot 2.0-Netzwerkanbieter in der Umgebung zu erhalten, rufen Sie in der Einstellungen-App NETZWERK UND SICHERHEIT • WLAN auf und setzen den Regler ONLINEREGISTRIERUNG ZUM VERBINDEN VERWENDEN auf EIN. Sobald Sie das erste Mal ein Hotspot 2.0-Netzwerk auswählen und sich dort anzumelden versuchen, blendet Windows 10 eine Liste der verfügbaren Netzwerkanbieter ein. Wählen Sie einen Anbieter aus, und folgen Sie den weiteren Anweisungen, um bei diesem ein Konto einzurichten und das Profil herunterzuladen. Kommen Sie zukünftig in die Nähe eines Hotspot 2.0-Netzwerkes, stellt Ihr Windows 10-Gerät automatisch eine Verbindung zu diesem her. Für die Anmeldung wird dabei das zu Ihrem Konto gehörige Zertifikat verwendet, sodass Sie selbst keinerlei Anmeldeinformationen eingeben müssen.

19.3.4 Den Netzwerkstandort ändern

Wer sein Notebook, Hybridgerät oder auch Tablet nicht ausschließlich an einem einzigen Ort nutzt (sei es daheim oder im Büro), wird immer wieder Verbindungen zu unterschiedlichen Drahtlosnetzwerken herstellen. Aktivieren Sie bei der ersten Einrichtung eines WLANs die Option AUTOMATISCH VERBINDEN, WENN IN REICHWEITE, müssen Sie zukünftig keinen Handgriff mehr tätigen, um sich bei diesem Funknetzwerk anzumelden. Windows 10 erledigt alles automatisch. Dazu zählt auch die Auswahl des Netzwerkstandorts, den Sie bei der ersten Einrichtung festlegen. Entsprechend der Auswahl passt Windows 10 die Firewall- und Sicherheitseinstellungen an. Es wird zwischen drei verschiedene Netzwerkstandorttypen unterschieden:

- **Öffentlich**: Hierzu zählen alle Netzwerke an öffentlichen Plätzen (Flughäfen, Hotels, Restaurants etc.). Ein öffentliches Netzwerk gilt als nicht vertrauenswürdig. Die Netzwerkerkennung ist entsprechend ausgeschaltet und der Computer für andere Geräte im Netzwerk nicht sichtbar. Sollte ein nicht autorisierter Zugriff erfolgen, wird dieser abgewiesen.
- **Privat**: Diese Einstellung beinhaltet alle vertrauenswürdigen Netzwerke, wie etwa Ihr Netzwerk daheim. Ihnen sind die Geräte bekannt, die mit diesem Netzwerk verbunden werden und auch die Personen, die es nutzen. Bei einem als privat eingestuften Netzwerk aktiviert Windows automatisch die Netzwerkerkennung und ermöglicht so den Datenaustausch zwischen den Geräten innerhalb des Netzwerkes.
- **Domäne**: Dieser Typ bezeichnet Verbindungen zu Unternehmensnetzwerken, in denen Ihr Computer Teil einer Windows-Domäne ist. Diese Einstellung wird Ihnen daher auch nur in diesem Fall angeboten. Die Netzwerkerkennung ist bei diesem Typ eingeschaltet, sodass alle Geräte innerhalb des Netzwerkes sichtbar sind.

Wurde das Netzwerk als PRIVAT eingestuft, können Daten im Netzwerk für andere Geräte freigegeben werden. Sollten Sie der Datenfreigabe versehentlich zugestimmt haben, obwohl es sich beim aktuellen Netzwerk um ein öffentliches und damit nicht vertrauenswürdiges Netzwerk handelt, sollten Sie das Profil des Netzwerkes unbedingt korrigieren.

Um zu prüfen, welcher Netzwerkstandort aktiviert wurde, klicken Sie auf das Netzwerksymbol im Infobereich der Taskleiste und dann auf NETZWERK- UND INTERNETEINSTELLUNGEN. Es wird nun die Einstellungen-App mit der Kategorie NETZWERK UND INTERNET • STATUS geöffnet. Der kleinen Grafik rechts können Sie entnehmen, ob eine Internetverbindung besteht und welches Netzwerkprofil hierfür gewählt wurde.

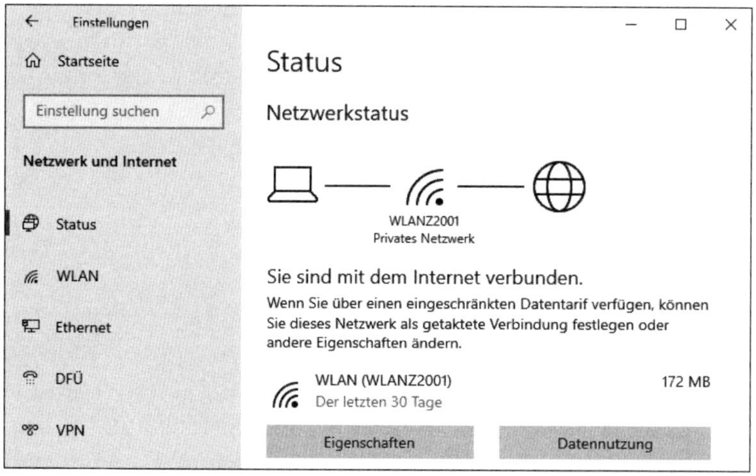

Abbildung 19.18 Der Netzwerkstatus der aktuellen Verbindung

Um ein privates Netzwerkprofil in ein öffentliches umzuwandeln oder auch umgekehrt, klicken Sie unterhalb des Netzwerknamens auf EIGENSCHAFTEN. Auf der folgenden Seite wählen Sie im Bereich NETZWERKPROFIL die gewünschte Option aus, also ÖFFENTLICH oder PRIVAT.

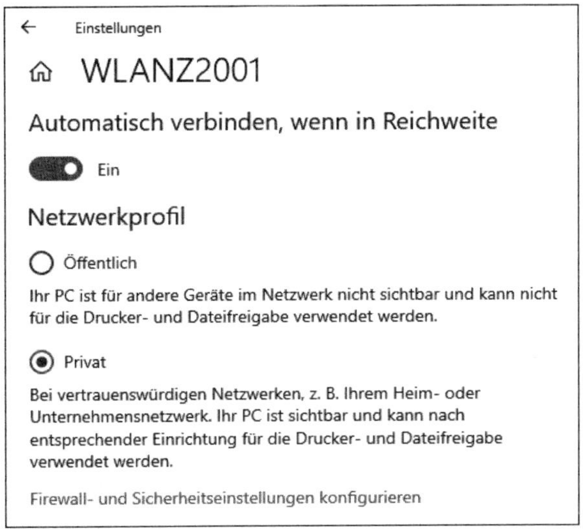

Abbildung 19.19 In einem vertrauenswürdigen Netzwerk kann als Netzwerkprofil »Privat« gewählt werden. Damit ist die Netzwerkerkennung aktiviert und der Computer für andere Geräte innerhalb des Netzwerkes sichtbar.

19.3.5 Nicht mehr genutzte WLAN-Verbindungen entfernen

Windows 10 speichert die Informationen aller WLANs, mit denen der Computer verbunden wurde. Dazu zählen natürlich auch diejenigen, die Sie z. B. im Rahmen eines Urlaubs nur einmalig genutzt haben. Diese Netzwerke, bei denen Sie sich höchstwahrscheinlich nie wieder anmelden werden, lassen sich problemlos aus der Liste der bekannten Netzwerke löschen. Das Vorgehen bietet sich aber auch an, wenn Sie z. B. den Namen des eigenen WLANs oder auch den Sicherheitsschlüssel geändert haben. Anstatt diese Daten zu ändern, entfernen Sie einfach die WLAN-Verbindung mit den alten Daten und verbinden den PC mit dem geänderten WLAN.

Rufen Sie hierzu per Klick auf das Netzwerksymbol im Infobereich der Taskleiste die NETZWERK- UND INTERNETEINSTELLUNGEN auf (siehe Abbildung 19.20). Markieren Sie in der Einstellungen-App links WLAN, und klicken Sie rechts auf BEKANNTE NETZWERKE VERWALTEN. Es wird nun eine Liste aller Drahtlosnetzwerke eingeblendet, mit denen der Computer bisher verbunden wurde. Markieren Sie das Netzwerk, das Sie nicht mehr benötigen, und klicken Sie auf NICHT SPEICHERN. Sollten Sie doch einmal wieder die Verbindung zu diesem WLAN herstellen wollen, müssen Sie bei der ersten Anmeldung wieder den Netzwerksicherheitsschlüssel eingeben.

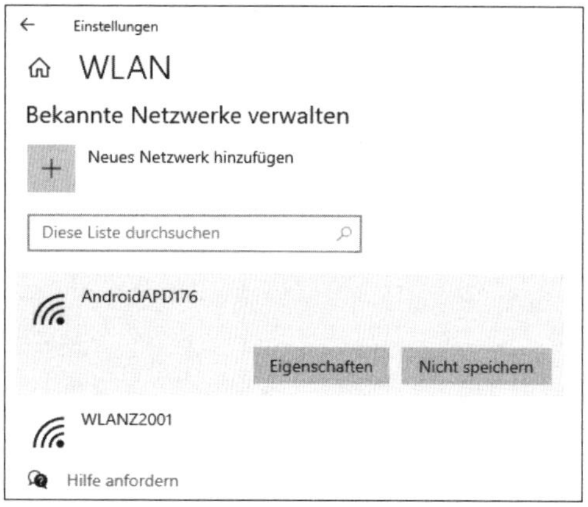

Abbildung 19.20 Nicht mehr benötigte WLANs können Sie aus der Liste der bekannten Drahtlosnetzwerke entfernen.

Vergessenes WLAN-Passwort in Erfahrung bringen

Sie haben sich ein neues Tablet zugelegt, das Sie gerne mit dem heimischen WLAN verbinden möchten. Unglücklicherweise haben Sie den Netzwerksicherheitsschlüssel für das WLAN nicht parat. Verfügen Sie über ein Windows 10-Gerät, das bereits mit diesem WLAN verbunden ist, lässt sich das Kennwort schnell über einen Kommandozeilenbefehl in Erfahrung bringen. Geben Sie hierzu auf dem Windows 10-Gerät im Suchfeld der Taskleiste »Eingabeaufforderung« ein, und starten Sie diese per Klick auf den Treffer. In der Eingabeaufforderung geben Sie den Befehl `netsh wlan show profile name=WLAN-Name key=clear` ein, wobei Sie den Text »WLAN-Name« durch den Namen Ihres WLANs ersetzen.

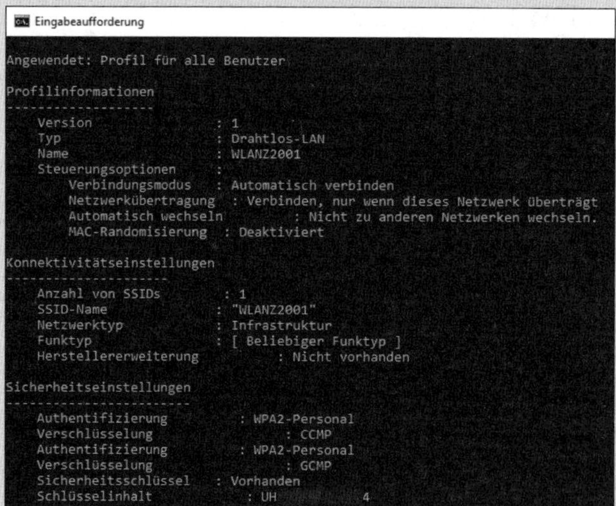

Abbildung 19.21 Im Bereich »Sicherheitseinstellungen« können Sie unter »Schlüsselinhalt« den Netzwerksicherheitsschlüssel des WLANs ablesen.

> Nach Drücken der Taste [↵] wird der Netzwerksicherheitsschlüssel angezeigt. Sind Sie sich nicht ganz sicher, wie die Bezeichnung des WLANs lautet, können Sie sich mit dem Befehl `netsh wlan show profiles` eine Liste aller WLANs anzeigen lassen, mit denen das Gerät bisher verbunden wurde.

19.4 Problembehandlung für Netzwerke

Sie erhalten keine E-Mails, der Aufruf einer Website schlägt fehl oder der WLAN-Drucker ist nicht erreichbar? Die Ursache für diese Probleme zu finden ist aufgrund der Komplexität von Netzwerken nicht einfach. Eventuell ist der Netzwerkadapter des Computers defekt, der Router ausgeschaltet, oder es gibt einen Dienstausfall beim *Internet Service Provider* (kurz *ISP*). Um einem Netzwerkproblem auf die Spur zu kommen, gilt es deshalb als Erstes, den Fehler einzugrenzen.

19.4.1 Netzwerkprobleme eingrenzen

Manchmal ist der Grund für eine nicht funktionierende Internetverbindung ganz simpel. Prüfen Sie deshalb als Erstes, ob das Netzwerkkabel am Computer und am Router richtig eingesteckt ist. Falls Sie das WLAN nutzen, stellen Sie sicher, dass die WLAN-Funktion unter Windows 10 auch aktiviert ist. Der entsprechende Schalter im Bereich SCHNELLE AKTIONEN des Info-Centers sollte also farbig hervorgehoben sein. Vielleicht hatten Sie das WLAN zuvor deaktiviert und nur vergessen, es wieder einzuschalten.

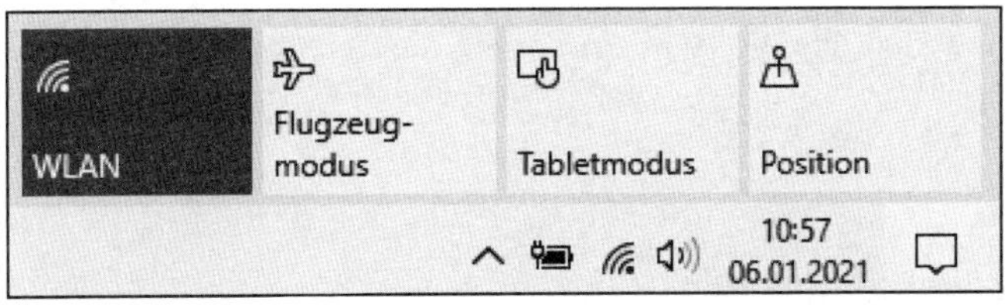

Abbildung 19.22 Manchmal lässt sich ein Netzwerkproblem ganz einfach beheben.

Werfen Sie einen Blick auf den Router. Die meisten Modelle zeigen durch LEDs an, ob sie ordnungsgemäß funktionieren. Blinken eine oder auch alle Statusanzeigen, trennen Sie den Router für mindestens eine Minute von der Stromversorgung. Schließen Sie ihn dann wieder an, und warten Sie einige Minuten, bis das Gerät wieder funktionsbereit ist. Blinken die LEDs weiterhin, spart es häufig Zeit, sich als Nächstes mit dem Internet Service Provider in Verbindung zu setzen. Eventuell werden gerade Wartungsarbeiten durchgeführt, oder der Provider kämpft selbst mit einem Problem.

Kann der Anbieter das Problem nicht identifizieren, müssen Sie selbst die Fehlersuche fortsetzen. Hierfür eignet sich z. B. die Problembehandlung von Windows 10. Um sie aufzurufen, klicken Sie mit der rechten Maustaste auf das Netzwerksymbol im Infobereich der Taskleiste und dann auf PROBLEMBEHANDLUNG. Folgen Sie nun den Anweisungen des Assistenten, um die Netzwerkdiagnose durchzuführen. In vielen Fällen lässt sich das Problem auf diese Weise lösen.

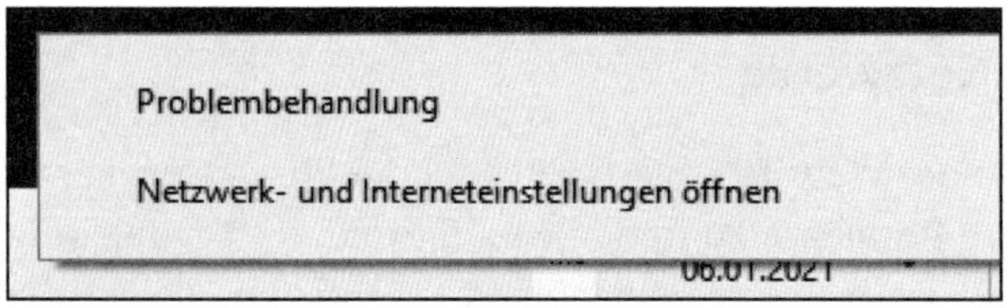

Abbildung 19.23 Die Problembehandlung zur Netzwerkdiagnose lässt sich bequem über das Kontextmenü des Netzwerksymbols im Infobereich der Taskleiste starten.

Wenn gar nichts mehr geht: das Netzwerk zurücksetzen

Lässt sich das Netzwerkproblem nicht lösen, hilft als allerletzter Schritt eventuell das Zurücksetzen des Netzwerkes weiter. Hierdurch werden alle Netzwerkadapter deinstalliert und die damit verbundenen Einstellungen entfernt. Nach einem Neustart des Computers findet die Installation der Netzwerkadapter statt, die Einstellungen werden auf die Standardeinstellungen zurückgesetzt. Sollten Sie VPN-Clientsoftware oder virtuelle Switches im Rahmen einer Virtualisierungssoftware wie Hyper-V verwenden, müssen auch diese gegebenenfalls neu eingerichtet werden. Das Zurücksetzen des Netzwerkes bringt also viel Arbeit mit sich und sollte deshalb nur als allerletzte Lösung angesehen werden. Der Aufruf der Funktion NETZWERK ZURÜCKSETZEN erfolgt über die Einstellungen-App, in der Sie die Kategorie NETZWERK UND INTERNET • STATUS aufrufen.

19.4.2 Tools zum Lösen von Netzwerkproblemen

Windows 10 bietet einige interessante Tools, um Netzwerkprobleme zu diagnostizieren und zu lösen. In Tabelle 19.1 finden Sie ein paar Befehlszeilenprogramme, die diese Aufgabe erfüllen. Gestartet werden sie jeweils aus der Eingabeaufforderung mit erhöhten Rechten. Geben Sie hierzu im Suchfeld der Taskleiste »Eingabeaufforderung« ein, klicken Sie den Treffer mit der rechten Maustaste an, und wählen Sie im Kontextmenü ALS ADMINISTRATOR AUSFÜHREN. Um sich eine Liste aller verfügbaren Parameter eines Tools sowie Erklärungen hierzu anzeigen zu lassen, geben Sie den Namen des Tools ein, gefolgt von einem Leerzeichen und den beiden Zeichen »/?« (beispielsweise `ipconfig /?`).

Befehlszeilentool	Aufgabe
`ipconfig`	Zeigt die aktuelle TCP/IP-Konfiguration des Netzwerkes an und aktualisiert die Einstellungen für das Dynamic Host Configuration Protocol (DHCP) und das Domain Name System (DNS).
`ping`	Prüft die Verbindung zu einem Zielcomputer, indem es eine Abfolge von Netzwerkpaketen an ihn sendet. Mit der Eingabe `ping localhost` lässt sich der eigene Computer überprüfen.
`tracert`	Dieses Tool bestimmt den Pfad zu einem Zielcomputer.
`nslookup`	Das Tool dient dazu, die IP-Adresse zu einem bestimmten Hostnamen oder den Domainnamen zu einer bestimmten IP-Adresse zu finden, und ist damit sehr hilfreich, um DNS-Probleme aufzuspüren.
`netsh`	Mit diesem Tool lässt sich die Netzwerkkonfiguration eines lokalen oder Remotecomputers anzeigen und ändern.

Tabelle 19.1 Befehlszeilentools zur Netzwerkproblembehandlung

19

Kapitel 20
Datenfreigabe im Netzwerk

Damit andere Benutzer auf Ihre Dateien und Ordner zugreifen können, müssen Sie diese erst freigeben. Hierfür stehen Ihnen unter Windows 10 verschiedene Techniken zur Verfügung.

Daten in einer Cloud wie OneDrive zu speichern bietet diverse Vorteile. So können Sie z. B. von jedem beliebigen Gerät aus auf sie zugreifen, und das unabhängig vom zugrunde liegenden Betriebssystem. Ein Onlinespeicher bietet zudem eine bequeme Möglichkeit, anderen Nutzern den Zugriff auf die Daten zu gestatten und diese gemeinsam mit ihnen zu bearbeiten. Nicht jeder schätzt aber diese Form der Datenspeicherung und zieht stattdessen die lokale Sicherung vor.

Wer den quasi klassischen Weg der Datensicherung beibehalten möchte, kann auch unter Windows 10 seine Dateien und Ordner weiterhin für andere Benutzer freigeben. Eine Methode steht hierfür allerdings nicht mehr zur Verfügung: Die Heimnetzgruppe, über die man Computer im heimischen Netzwerk miteinander verbinden, Dateien austauschen und Geräte wie etwa Drucker gemeinsam nutzen konnte, wurde von Microsoft mit dem April 2018 Update von Windows 10 abgeschafft. Es gibt aber ausreichend Alternativen, wie Sie auf den folgenden Seiten sehen werden. Eine davon, die sogenannte *Umgebungsfreigabe*, hielt mit der gerade erwähnten Version 1803 in Windows 10 Einzug. Sie bietet die Möglichkeit, Daten zwischen Windows 10-Geräten auszutauschen, die sich nicht weit voneinander entfernt befinden. Wie dies funktioniert, erfahren Sie in Abschnitt 20.3.

> **Administratoren, Standardbenutzer und mehr**
> Was dürfen Administratoren? Welche Rechte haben Standardnutzer? Und welche Auswirkungen hat dies gegebenenfalls auf das Einrichten von Freigaben im Netzwerk? In Abschnitt 26.1, »Etwas Hintergrundwissen vorab«, erfahren Sie mehr zu diesen Themen.

20.1 Die Netzwerkfreigabe konfigurieren

Wenn Sie anderen Benutzern den Zugriff auf Ihre lokal auf dem Computer gespeicherten Daten freigeben möchten, hängt das Vorgehen davon ab, ob diese Personen vom gleichen Gerät aus auf die Daten zugreifen oder aus Ihrem Netzwerk heraus. Verfügen die Benutzer über ein eigenes Benutzerkonto auf dem gleichen Gerät und melden sich bei diesem an, ist die Freigabe nicht allzu schwierig und erfordert vor allem keine weiteren Vorbereitungen. Wenn Sie eine solche Freigabe erteilen möchten, können Sie direkt zu Abschnitt 20.2 springen und den dortigen Anleitungen folgen.

Damit der Zugriff über das Netzwerk erfolgen kann, muss der Netzwerkstandort auf *Privat* eingestellt und die Netzwerkerkennung aktiviert sein. Je nach Anzahl der Computer im Netzwerk macht es außerdem Sinn, sich Gedanken über den Namen des eigenen Computers zu machen, um so den Zugriff für andere zu erleichtern. Wie Sie die Einstellungen überprüfen und den Computernamen gegebenenfalls ändern, zeigen die folgenden Abschnitte.

20.1.1 Den Netzwerkstandort anpassen

Ein paar Hintergrundinformationen zum Netzwerkstandort haben Sie bereits in Abschnitt 19.3.4, »Den Netzwerkstandort ändern«, erhalten. Wie dort beschrieben, wird zwischen den drei Netzwerkstandorttypen *Öffentlich*, *Privat* und *Domäne* unterschieden. Letzteres bezeichnet die Verbindung zu einem Unternehmensnetzwerk und steht nur dann zur Auswahl, wenn der Computer Teil einer Windows-Domäne ist. Dieser Typ wird im Weiteren nicht berücksichtigt.

Windows 10 passt entsprechend dem ausgewählten Netzwerkstandort automatisch die Firewall- und Sicherheitseinstellungen des Systems an. Ist der für öffentliche Plätze (z. B. Hotels, Flughäfen etc.) empfohlene Standort ÖFFENTLICH aktiviert, ist der Computer für andere Geräte im Netzwerk nicht sichtbar. Dies ist aber die Voraussetzung für die Datenfreigabe im Netzwerk und beim Netzwerkstandorttyp PRIVAT auch entsprechend gegeben.

Um die Datenfreigabe erteilen zu können, sollten Sie also sicherstellen, dass der private Netzwerkstandort aktiviert ist. Klicken Sie hierzu mit der rechten Maustaste auf das Netzwerksymbol im Infobereich der Taskleiste, und wählen Sie NETZWERK- UND INTERNETEINSTELLUNGEN ÖFFNEN. Auf der Seite STATUS der Einstellungen-App, die hierdurch geöffnet wird, klicken Sie unterhalb des Namens des aktiven Netzwerkes (WLAN oder ETHERNET) auf EIGENSCHAFTEN. Auf der folgenden Seite sollte nun im Bereich NETZWERKPROFIL die Option PRIVAT aktiviert sein. Ist dem nicht so, passen Sie die Einstellung entsprechend an. Schließen Sie die Einstellungen-App anschließend nicht, denn hier gibt es gleich eine weitere Einstellung zu überprüfen.

20.1.2 Die Netzwerkerkennung aktivieren

Damit von anderen Geräten innerhalb des Netzwerkes auf Ihren Computer zugegriffen werden kann, muss Ihr Gerät im Netzwerk sichtbar sein. Dies ist normalerweise automatisch der Fall, wenn als Netzwerkstandort PRIVAT eingestellt ist. Zur Sicherheit sollten Sie dies aber prüfen. Ist die Eigenschaften-Seite des aktiven Netzwerkes in der Einstellungen-App noch geöffnet, wie zuvor empfohlen, klicken Sie auf den Pfeil oben links (siehe Abbildung 20.1). Damit gelangen Sie zur Seite WLAN bzw. ETHERNET, je nachdem, mit welchem Netzwerk Sie verbunden sind. Klicken Sie auf dieser Seite auf den Link ERWEITERTE FREIGABEOPTIONEN ÄNDERN. Hierdurch öffnet sich der Dialog ERWEITERTE FREIGABEEINSTELLUNGEN der Systemsteuerung, in dem Sie nun die Einstellungen für das private Netzwerkprofil prüfen. Sollten diese ausgeblendet sein, klicken Sie auf den kleinen Pfeil rechts von PRIVAT (AKTUELLES PROFIL).

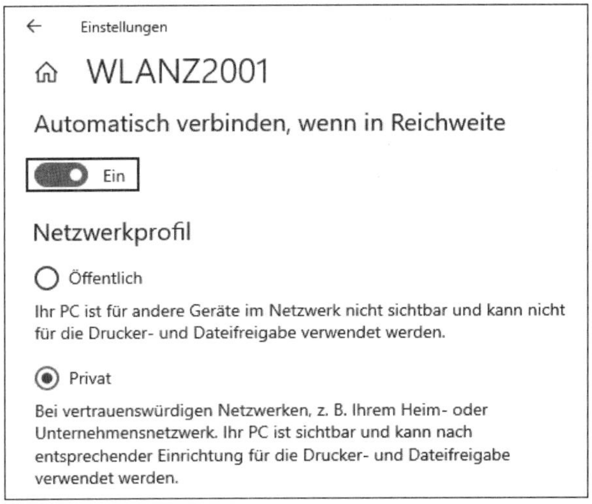

Abbildung 20.1 Für eine Datenfreigabe im Netzwerk sollte das Netzwerkprofil »Privat« aktiviert sein.

Im Bereich NETZWERKERKENNUNG sollte die Option NETZWERKERKENNUNG EINSCHALTEN aktiviert und AUTOMATISCHES SETUP VON GERÄTEN AKTIVIEREN ... mit einem Häkchen versehen sein. Ist dies nicht der Fall, korrigieren Sie die Einstellungen bitte entsprechend. Damit andere Benutzer innerhalb des Netzwerkes auf Dateien und Drucker zugreifen können, die Sie auf Ihrem PC freigeben, muss zusätzlich die Option DATEI- UND DRUCKERFREIGABE AKTIVIEREN ausgewählt sein.

Einstellungen für das öffentliche Netzwerkprofil

In einem privaten Netzwerk ist es erwünscht, dass die Geräte jeweils sichtbar sind und ein Datenzugriff erfolgen darf. Für ein öffentliches Netzwerk gilt genau das Gegenteil. Sollten Sie also irgendwann einmal die Verbindung zu einem öffentlichen Netzwerk herstellen, sollten Sie sicherstellen, dass in den ERWEITERTEN FREIGABEEINSTELLUNGEN für das Netzwerkprofil GAST ODER ÖFFENTLICH die Optionen NETZWERKERKENNUNG AUSSCHALTEN sowie DATEI- UND DRUCKERFREIGABE DEAKTIVIEREN ausgewählt sind.

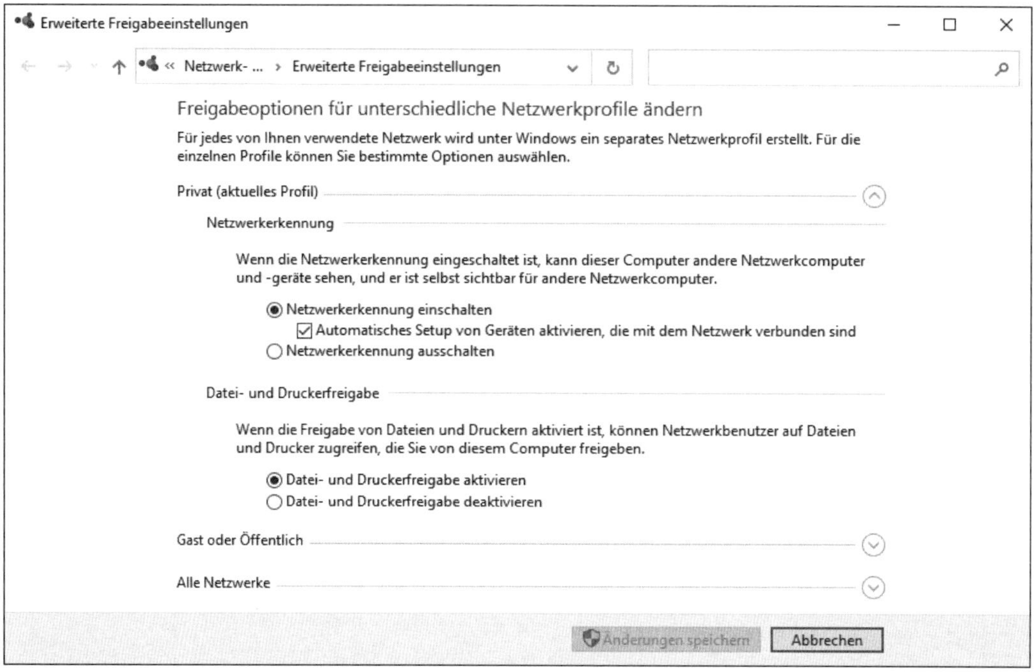

Abbildung 20.2 Für das private Netzwerkprofil sollte die Netzwerkerkennung eingeschaltet und die Datei- und Druckerfreigabe aktiviert sein.

Blenden Sie als Nächstes per Klick auf den nach unten weisenden Pfeil die Einstellungen für ALLE NETZWERKE ein. Wichtig ist hier vor allem der Bereich KENNWORTGESCHÜTZTES FREIGEBEN. Per Standardeinstellung sollte hier die Option KENNWORTGESCHÜTZTES FREIGEBEN EINSCHALTEN bereits aktiviert sein. Versucht ein Benutzer über das Netzwerk auf Daten Ihres Computers zuzugreifen, überprüft Windows 10 seine Anmeldeinformationen (also Benutzernamen sowie Kennwort des Benutzerkontos). Findet sich auf Ihrem Computer ein Benutzerkonto, das genau diese Anmeldeinformationen aufweist (sprich ein Konto mit identischem Benutzernamen und Kennwort), kann der Benutzer problemlos auf die von Ihnen freigegebenen Ressourcen zugreifen – vorausgesetzt natürlich, Sie haben diesem Benutzer auch die entsprechende Freigabe erteilt. Wird kein entsprechendes Benutzerkonto gefunden, wird die Person aufgefordert, entsprechende Anmeldeinformationen anzugeben. Wie dies im Detail funktioniert, erfahren Sie in Abschnitt 20.2.2. Die kennwortgeschützte Freigabe auszuschalten stellt ein großes Sicherheitsrisiko dar und sollte deshalb möglichst nicht erfolgen.

Unter Windows 10 werden Dateifreigabeverbindungen automatisch mit einer 128-Bit-Verschlüsselung gesichert. Probleme mit dieser Verschlüsselung tauchen lediglich bei älteren Geräten auf, sodass Sie die Option 128-BIT-VERSCHLÜSSELUNG ... im Normalfall beibehalten können.

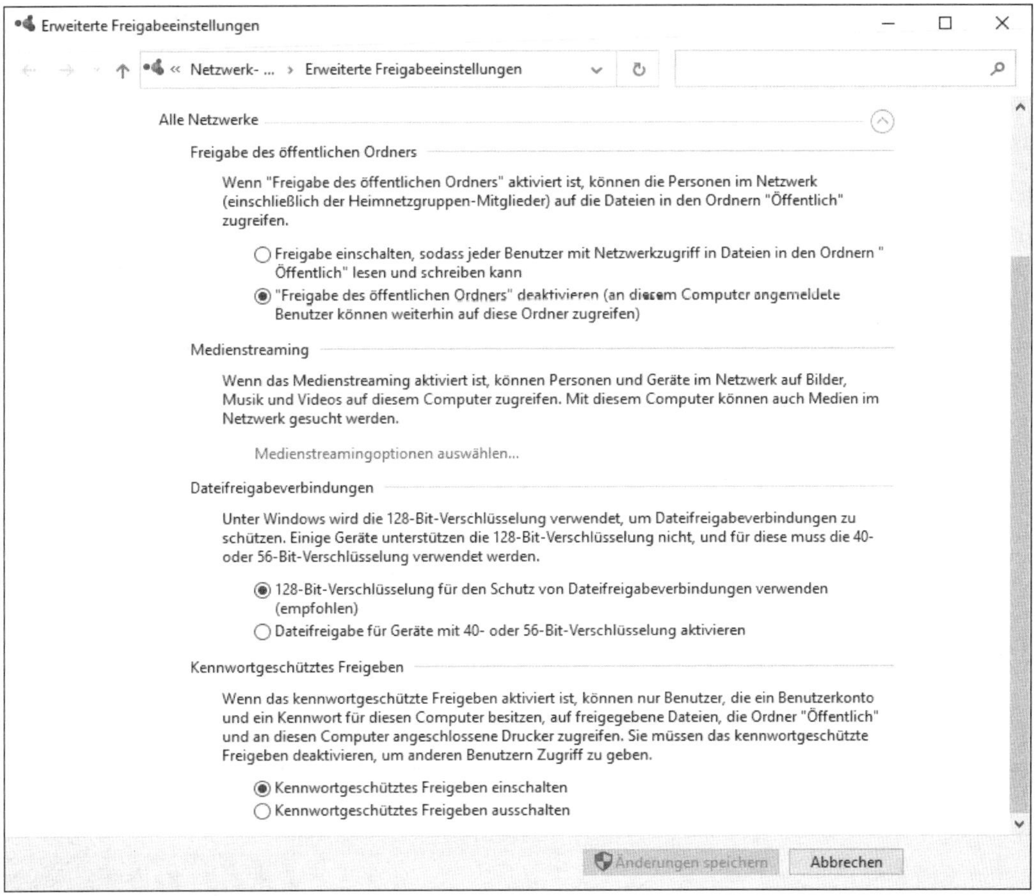

Abbildung 20.3 Das kennwortgeschützte Freigeben stellt sicher, dass nur die Benutzer auf freigegebene Daten zugreifen können, die über die nötigen Anmeldeinformationen verfügen.

Die meisten Anwender nutzen für das Streamen von Musik oder Videos mittlerweile Streamingdienste wie Netflix, Spotify oder auch Amazon Prime. Das Medienstreaming unter Windows wird zwar noch in den erweiterten Freigabeeinstellungen aufgeführt, es zählt aber mittlerweile zum alten Eisen und wird in diesem Buch deshalb nicht weiter berücksichtigt.

Die bereits aus früheren Windows-Versionen bekannten öffentlichen Ordner sind auch unter Windows 10 noch verfügbar, allerdings gut versteckt, wie Sie in Abschnitt 20.2.5, »Datenaustausch über öffentliche Ordner«, sehen werden. Jeder Benutzer, der sich auf Ihrem Computer an seinem Benutzerkonto anmeldet, kann auf die im öffentlichen Ordner abgelegten Daten zugreifen. Möchten Sie den Zugriff auch über das Netzwerk gestatten, müssen Sie in den erweiterten Freigabeeinstellungen im Bereich FREIGABE DES ÖFFENTLICHEN ORDNERS die Option FREIGABE EINSCHALTEN, SODASS ... aktivieren.

Haben Sie alle Einstellungen in den erweiterten Freigabeeinstellungen überprüft und gegebenenfalls angepasst, können Sie den Dialog schließen.

20.1.3 Computernamen ändern

Jeder Computer erhält während der Installation von Windows 10 einen eigenen Computernamen. Diese Bezeichnungen sind teilweise recht kryptisch. Sind mit Ihrem Netzwerk mehrere Computer verbunden, kann es somit schwierig werden, das gewünschte Gerät ausfindig zu machen. Sie können hier aber schnell für Abhilfe sorgen, indem Sie den Computern eindeutige und vor allem für Sie und andere Benutzer gut identifizierbare Namen geben. Das ist schnell geschehen. Da nach dem Ändern des Computernamens ein Neustart des Geräts erforderlich ist, sollten Sie zuvor alle geöffneten Dateien sichern und schließen. Zum Umbenennen des Computers gehen Sie folgendermaßen vor:

1. Klicken Sie mit der rechten Maustaste auf das Windows-Logo am linken Rand der Taskleiste, oder drücken Sie alternativ die Tastenkombination [⊞] + [X]. Im Schnellzugriffsmenü wählen Sie den Eintrag SYSTEM. Es öffnet sich die Einstellungen-App mit der Kategorie SYSTEM • INFO.
2. Im Bereich GERÄTESPEZIFIKATIONEN wird der Gerätename eingeblendet. Sind Sie mit dem Namen nicht zufrieden, klicken Sie auf DIESEN PC UMBENENNEN.
3. Geben Sie einen neuen Namen ein. Achten Sie darauf, dass dieser noch nicht für einen anderen Computer im Netzwerk vergeben wurde. Bestätigen Sie mit WEITER und anschließend JETZT NEU STARTEN.

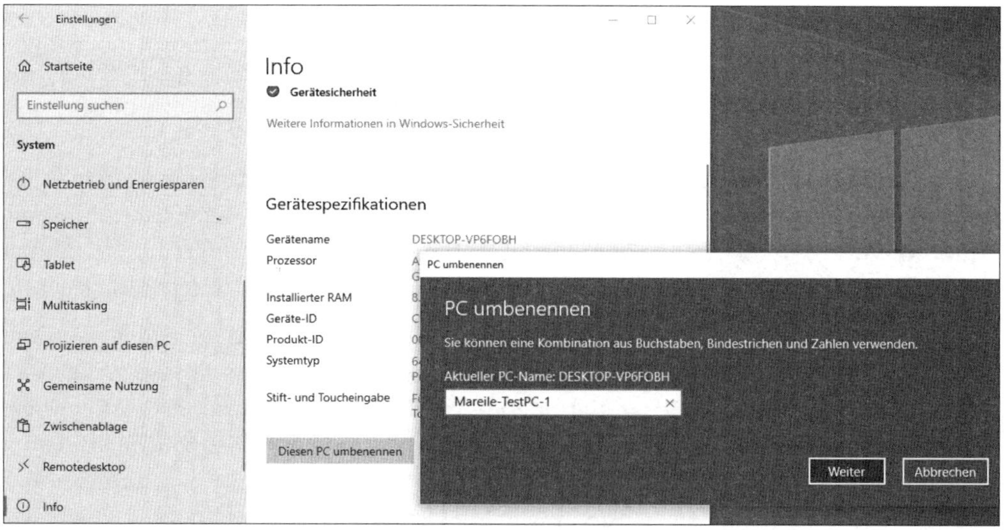

Abbildung 20.4 Der neue Gerätename wird erst nach dem Neustart des Computers übernommen.

Gleiche Arbeitsgruppe für Computer innerhalb des Netzwerkes

Damit zwischen verschiedenen Computern innerhalb eines Netzwerkes Daten ausgetauscht werden können, sollten diese Geräte möglichst der gleichen Arbeitsgruppe (auch *Peer-to-Peer-Netzwerk* genannt) angehören. Die Zuweisung zu einer Arbeitsgruppe erfolgt – wie beim Computernamen – bereits während der Windows-Installation, der vergebene Name lautet normalerweise bei allen Geräten WORKGROUP. Um die Angaben für Ihren Computer zu überprüfen, rufen Sie wie im vorherigen Abschnitt gezeigt in der Einstellungen-App die Seite SYSTEM • INFO auf und klicken dort auf den Link SYSTEMINFO. Es wird damit die Systemsteuerung mit den Basisinformationen über den Computer geöffnet, in denen Sie auch den Namen der Arbeitsgruppe erfahren. Sollten die Computer Ihres Netzwerkes wider Erwarten unterschiedliche Namen haben, können Sie diese ÜBER EINSTELLUNGEN ÄNDERN anpassen.

20.2 Freigabe und Zugriff auf Dateien und Ordner

Unabhängig davon, ob andere Benutzer lokal oder über das Netzwerk auf die Daten zugreifen können sollen: Die entsprechenden Daten müssen erst einmal freigegeben werden. Wie Sie hierzu vorgehen, wie der Zugriff über das Netzwerk erfolgt und wie Sie eine Freigabe auch wieder entziehen können, erfahren Sie in den folgenden Abschnitten.

20.2.1 Dateien und Ordner freigeben

Ist die kennwortgeschützte Freigabe aktiviert, müssen die Benutzer, denen Sie den Zugriff auf Ihre Daten gestatten möchten, über ein Benutzerkonto auf dem Computer verfügen. Sollte dies noch nicht der Fall sein, muss zuvor ein entsprechendes Konto eingerichtet werden. Wie dies funktioniert, erfahren Sie in Abschnitt 26.3.

Tipp: Wählen Sie für das Konto den gleichen Benutzernamen und das gleiche Kennwort, das der Benutzer auch auf anderen Computern nutzt. Die Person kann damit ganz bequem von anderen Computern auf die freigegebenen Daten zugreifen, ohne sich nochmals durch Eingabe der Anmeldeinformationen legitimieren zu müssen. Das gilt natürlich auch für Ihr eigenes Benutzerkonto, wenn Sie von anderen Computern aus dem Netzwerk auf Ihre Daten zugreifen möchten.

Es gibt viele Wege, unter Windows 10 Freigaben für Dateien und Ordner zu erteilen. Ich stelle Ihnen im Folgenden den Freigabe-Assistenten vor, mit dem sich bequem sowohl die NTFS-Berechtigungen festlegen lassen, die den Zugriff auf Dateien und Verzeichnisse auf den Windows-Laufwerken regeln, als auch die Netzwerkfreigaben. Die gewählten Berechtigungen gelten somit unabhängig davon, ob der Zugriff lokal über den Rechner oder über das Netzwerk erfolgt. Der Freigabe-Assistent wird über den Explorer gestartet. Am schnellsten rufen Sie diesen über die Tastenkombination ⊞ + E auf. Anschließend gehen Sie folgendermaßen vor:

1. Markieren Sie die Datei oder den Ordner, den Sie freigeben möchten. Klicken Sie das markierte Element dann mit der rechten Maustaste an, und wählen Sie ZUGRIFF GEWÄHREN AUF • BESTIMMTE PERSONEN. Hierdurch wird der Dialog NETZWERKZUGRIFF geöffnet. Statt den Weg über das Kontextmenü zu wählen, können Sie alternativ auch im Register FREIGEBEN in der Gruppe FREIGEBEN FÜR auf BESTIMMTE PERSONEN klicken (siehe hierzu auch den Kasten »Freigabe-Assistent aktivieren«). Eventuell müssen Sie innerhalb der Gruppe auf das Symbol MEHR ▽ klicken, um den Eintrag im Feld anzuzeigen.

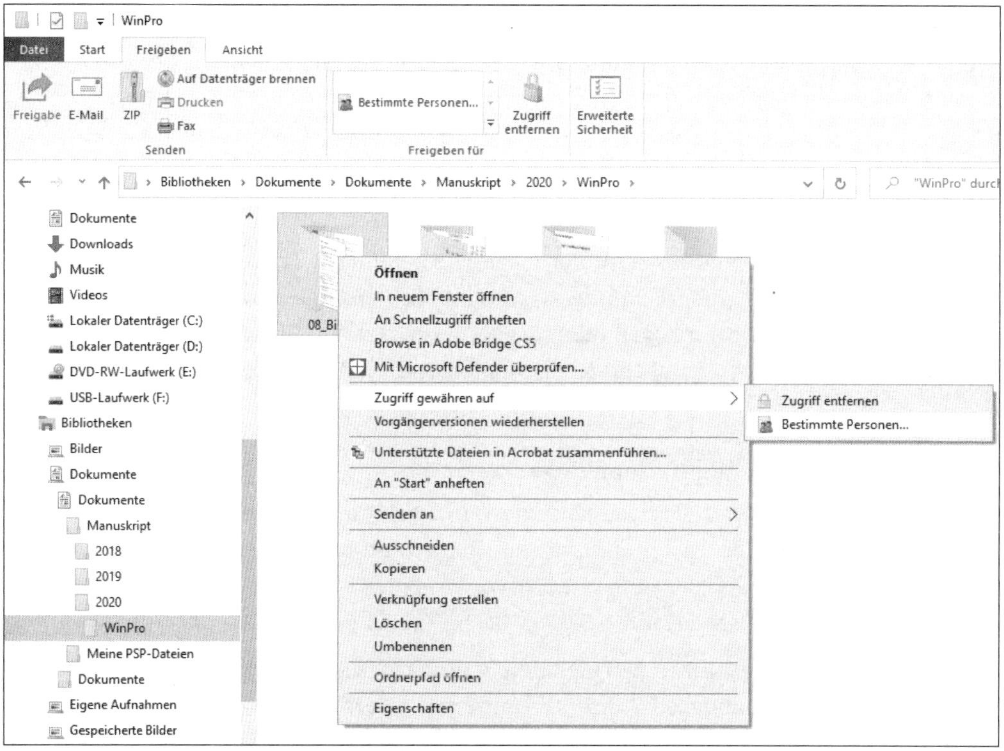

Abbildung 20.5 Über die Befehlsfolge »Zugriff gewähren auf« • »Bestimmte Personen« des Kontextmenüs starten Sie den Freigabe-Assistenten.

2. Im Dialog NETZWERKZUGRIFF wird zunächst nur der Name Ihres eigenen Benutzerkontos aufgeführt. Als BESITZER der Datei bzw. des Ordners verfügen Sie über alle Zugriffsrechte.
3. Um weitere Personen auszuwählen, klicken Sie in das Feld links von der Schaltfläche HINZUFÜGEN. In der aufklappenden Liste werden nun alle Benutzerkonten aufgeführt, die auf dem Computer eingerichtet wurden. Markieren Sie das gewünschte Konto, und klicken Sie auf HINZUFÜGEN. Wiederholen Sie diesen Schritt für alle weiteren Benutzer. Falls Sie allen Personen, die über ein Benutzerkonto auf Ihrem PC verfügen, in einem Rutsch die

Freigabe erteilen möchten, können Sie den Listeneintrag JEDER wählen. »Jeder« bezieht sich in diesem Fall ausschließlich auf die Benutzerkonten auf Ihrem Computer, Sie erteilen also nicht jeder beliebigen Person den Zugriff.

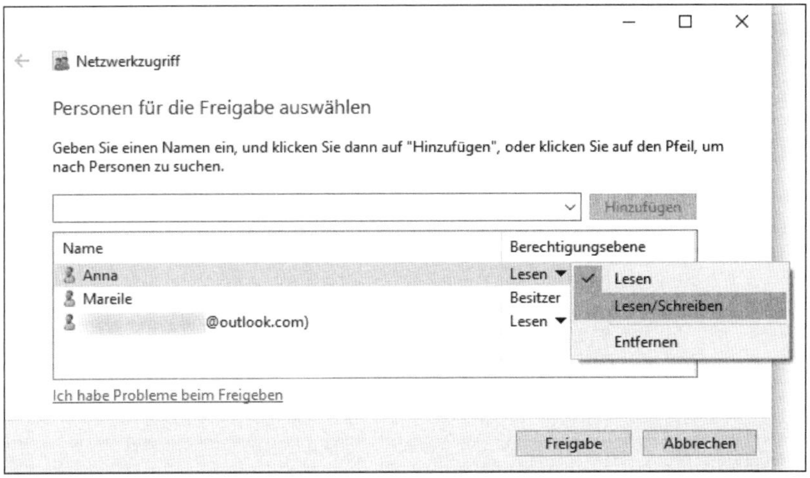

Abbildung 20.6 Legen Sie für jeden hinzugefügten Benutzer die Berechtigungsebene fest.

Von der Systemsteuerung direkt zur Einstellungen-App

Windows 10 bietet Ihnen in der Liste zwar noch an, einen neuen Benutzer zu erstellen, falls ein Benutzerkonto fehlen sollte. Wählen Sie diesen Eintrag aus, werden Sie automatisch in den Bereich BENUTZERKONTEN der SYSTEMSTEUERUNG geführt. Im Gegensatz zu den Anfängen von Windows 10 lässt sich über die Systemsteuerung aber kein neues Benutzerkonto mehr anlegen. Dies ist nur noch in der Einstellungen-App unter KONTEN • FAMILIE UND ANDERE BENUTZER möglich.

4. Wählen Sie nun in der Spalte BERECHTIGUNGSEBENE für jeden gerade hinzugefügten Benutzer aus, welchen Zugriff Sie erlauben wollen. Darf ein Benutzer beispielsweise Dateien lesen, aber nicht ändern oder gar löschen, ist die Auswahl LESEN die passende. Mit LESEN/SCHREIBEN erhält der Benutzer hingegen Vollzugriff auf die Datei bzw. den Ordner. Er kann damit ebenso wie Sie die Daten lesen, ändern, löschen oder im Falle eines Ordners auch neue Dateien hinzufügen. Schließen Sie die Einstellungen mit einem Klick auf FREIGABE ab.
5. Sie erhalten nun eine Bestätigung der Datenfreigabe. Falls Sie mit einem Microsoft-Konto am Computer angemeldet sind, können Sie die Benutzer, für die Sie gerade den Zugriff auf die Daten eingerichtet haben, per E-MAIL über die Freigabe informieren. Im Falle eines lokalen Benutzerkontos lässt sich der Link zunächst KOPIEREN und dann von der Zwischenablage in eine App Ihrer Wahl (z. B. ein E-Mail-Programm) einfügen. Mit einem Klick auf FERTIG schließen Sie den Dialog NETZWERKZUGRIFF.

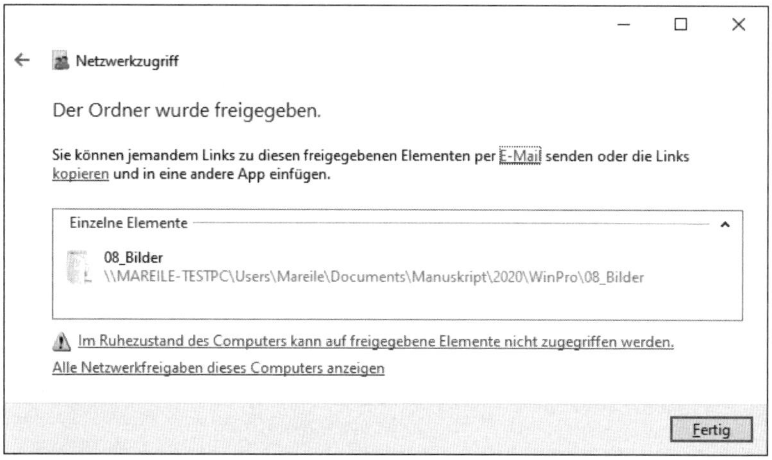

Abbildung 20.7 Die Zusammenfassung zeigt, welche Elemente freigegeben wurden.

Freigabe-Assistent aktivieren

Nach einem rechten Mausklick auf einen Ordner erscheint im Kontextmenü zwar der Befehl ZUGRIFF GEWÄHREN AUF, aber statt BESTIMMTE PERSONEN wird ERWEITERTE FREIGABE angezeigt? In diesem Fall ist der Freigabe-Assistent deaktiviert. Um ihn zu aktivieren, rufen Sie im Explorer über das Register DATEI die Option ORDNER- UND SUCHOPTIONEN ÄNDERN auf. Im Dialog ORDNEROPTIONEN wechseln Sie in das Register ANSICHT und versehen dort FREIGABE-ASSISTENT VERWENDEN (EMPFOHLEN) mit einem Häkchen. Sobald Sie den Dialog mit ÜBERNEHMEN und OK geschlossen haben, sollten Sie im Kontextmenü einer Datei oder eines Ordners unter ZUGRIFF GEWÄHREN AUF auch BESTIMMTE PERSONEN finden.

20.2.2 Auf freigegebene Dateien und Ordner im Netzwerk zugreifen

Wurde ein Ordner oder eine Datei im lokalen Netzwerk freigegeben, ist der Zugriff darauf ein Kinderspiel. Vorausgesetzt natürlich, die Person, die dies versucht, verfügt auch über die entsprechende Berechtigung. Um auf einen freigegebenen Ordner oder eine Datei zuzugreifen, starten Sie den Explorer und markieren im Navigationsbereich das NETZWERK. Im Inhaltsbereich werden unter COMPUTER alle im Netzwerk verfügbaren Computer aufgelistet, die eingeschaltet sind und sich nicht im Ruhezustand befinden. Je nach Berechtigungen, die Ihnen erteilt wurden, können Sie sich per Doppelklick auf einen Computernamen und anschließend auf die Ordner den jeweiligen Inhalt ansehen und hier gegebenenfalls sogar Änderungen vornehmen. Ist für das Benutzerkonto, mit dem Sie aktuell an Ihrem Windows 10-Gerät angemeldet sind, keine Zugriffsberechtigung verfügbar, erscheint ein Dialog, der Sie auf diesen Umstand hinweist. Sie haben nun die Möglichkeit, die entsprechenden Anmeldeinformationen eines Kontos (also den Benutzernamen bzw. die E-Mail-Adresse eines Microsoft-Kontos sowie das dazugehörige Kennwort) anzugeben, das über die Berechtigung verfügt.

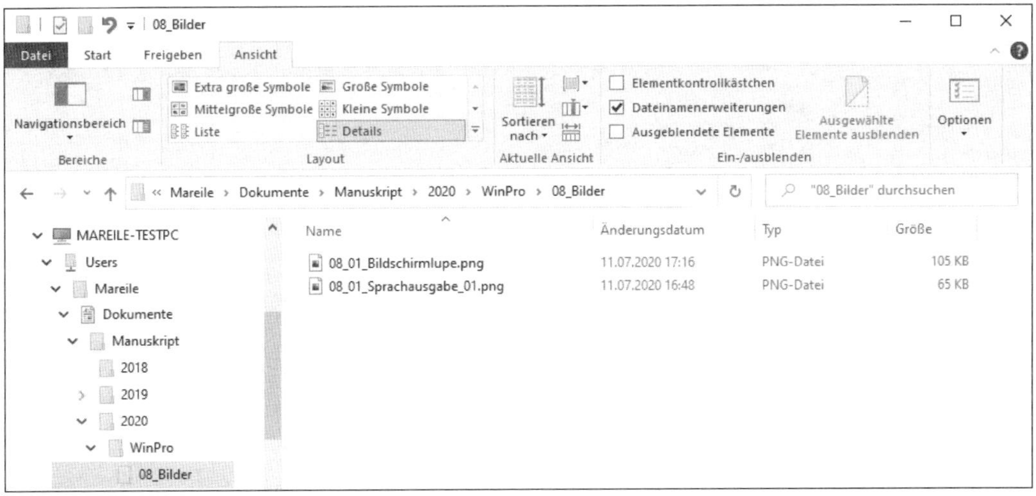

Abbildung 20.8 Der Zugriff auf freigegebene Dateien oder Ordner erfolgt im Explorer über den Eintrag »Netzwerk«.

Übersicht über freigegebene Daten anzeigen

Im Laufe der Zeit gibt man immer wieder einmal Dateien und Ordner frei oder entzieht Freigaben wieder. Der schnellste Weg, um sich eine Übersicht über die auf dem Computer freigegebenen Daten zu verschaffen, führt über den Explorer. Markieren Sie hier im Navigationsbereich zunächst NETZWERK und dann den Namen Ihres Computers. Im Inhaltsbereich sehen Sie nun alle freigegebenen Ordner. Alternativ hierzu können Sie auch die Computerverwaltung zurate ziehen. Drücken Sie hierzu die Tastenkombination [Win] + [X], und wählen Sie im Schnellzugriffsmenü die COMPUTERVERWALTUNG. Navigieren Sie zu COMPUTERVERWALTUNG • SYSTEM • FREIGEGEBENE ORDNER • FREIGABEN. Sie sehen nun eine Übersicht über alle freigegebenen Ordner. Hierbei tauchen auch die sogenannten *administrativen Freigaben* auf. Bei diesen Freigaben handelt es sich um Laufwerke wie C:, D: und C:\Windows, die Windows automatisch während der Installation freigibt. Der Administrator ist somit in der Lage, auch von außen darauf zugreifen zu können. Voraussetzung ist allerdings, dass er auf dem jeweiligen Gerät ebenfalls über ein Administratorkonto mit dem identischen Namen und Passwort verfügt. Damit andere Benutzer kein Schindluder mit diesen administrativen Freigaben treiben können, versteckt Windows sie. Dies wird durch das angehängte Dollarzeichen ($) erreicht. In der Netzwerkübersicht des Explorers werden die administrativen Freigaben somit nicht aufgeführt. Sie können aber trotzdem dort geöffnet werden. Für das oben erwähnte Laufwerk C: würde die Eingabe in der Adressleiste des Explorers z. B. *\\IhrComputername\C$* lauten, wobei Sie »IhrComputername« durch die Bezeichnung Ihres Computers ersetzen.

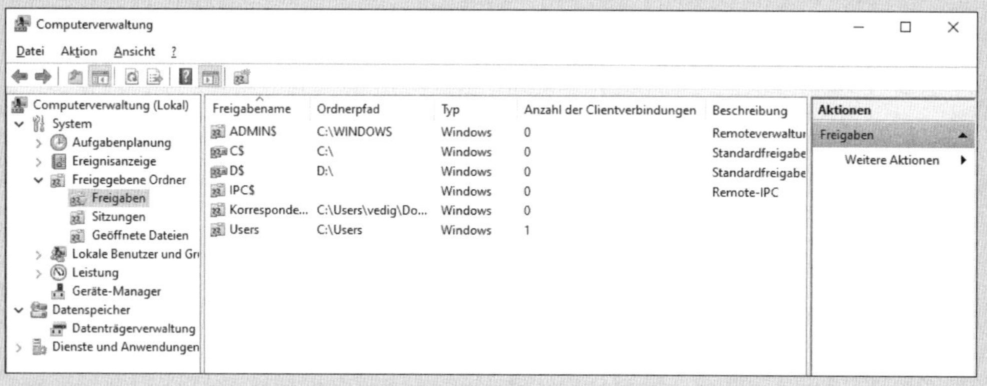

Abbildung 20.9 In der Computerverwaltung werden auch die administrativen Freigaben aufgeführt.

20.2.3 Ordner als Netzlaufwerk verbinden

Um sich unnötige Mausklicks zu ersparen, sollte man sich beim Anlegen von Verzeichnissen auf drei Ordnerebenen beschränken. Dies lässt sich nicht immer in die Tat umsetzen. Somit entstehen schnell lange Dateipfade, wie das Beispiel des Pfades *\\MAREILE-TESTPC\Users\Mareile\Documents\Manuskript\2020\WinPro\08_Bilder* in Abbildung 20.8 zeigt. Um zu einem Verzeichnis zu gelangen, müssen aber nicht nur Sie selbst sich von Ordner zu Ordner hangeln, sondern auch diejenigen, denen Sie eine Freigabe auf den Ordner erteilt haben. Wer häufig auf solch einen Netzwerkordner zugreifen muss, kann sich die langen Wege sparen, indem er den Ordner als Netzlaufwerk verbindet. Der Netzwerkordner erhält damit einen eigenen Laufwerksbuchstaben, über den er bequem mit nur einem Mausklick im Navigationsbereich des Explorers zu erreichen ist.

Verbindung zu Netzwerkordner herstellen

Um eine Verbindung zu einem Netzwerkordner herzustellen, gehen Sie folgendermaßen vor:

1. Markieren Sie im Navigationsbereich des Explorers DIESER PC. Wechseln Sie dann in das Register COMPUTER, und klicken Sie in der Gruppe NETZWERK auf NETZLAUFWERK VERBINDEN. Es wird der gleichnamige Dialog geöffnet.
2. Wählen Sie im Feld LAUFWERK einen Laufwerksbuchstaben für den Netzwerkordner aus. In der Liste werden die aktuell nicht verwendeten Buchstaben aufgeführt.
3. Nach einem Klick auf DURCHSUCHEN navigieren Sie zum gewünschten Netzwerkordner, dessen Auswahl Sie mit OK bestätigen.

4. Soll die Verbindung zum Netzwerkordner automatisch hergestellt werden, sobald Sie sich bei Windows 10 anmelden, belassen Sie das Kontrollkästchen VERBINDUNG BEI ANMELDUNG WIEDERHERSTELLEN aktiviert.
5. Verfügt das Benutzerkonto, mit dem Sie aktuell am Computer angemeldet sind, nicht über die notwendigen Berechtigungen, um auf den Netzwerkordner zuzugreifen, aktivieren Sie VERBINDUNG MIT ANDEREN ANMELDEINFORMATIONEN HERSTELLEN. Nach einem Klick auf FERTIG STELLEN werden Sie aufgefordert, die Anmeldeinformationen anzugeben. Bestätigen Sie dann erneut mit FERTIG STELLEN.

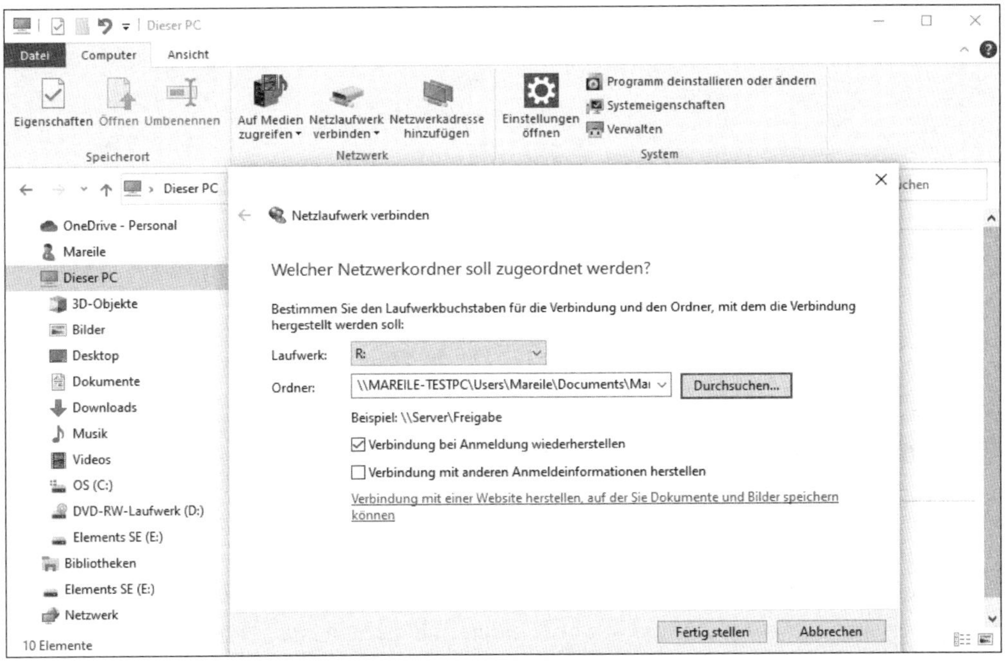

Abbildung 20.10 Dem ausgewählten Ordner wird in diesem Beispiel der Laufwerksbuchstabe »R« zugeordnet.

Der Netzwerkordner wird nun als eigenes Laufwerk im Navigationsbereich angezeigt, auf das Sie wie gewohnt zugreifen können. Auch hier gilt natürlich, dass der entsprechende Computer, auf dem sich der Netzwerkordner befindet, eingeschaltet sein muss und sich nicht im Ruhezustand befinden darf.

Verbindung zu Netzwerkordner trennen

Benötigen Sie den Netzwerkordner irgendwann doch nicht mehr so häufig und möchten deshalb die Verbindung zu ihm trennen, markieren Sie im Navigationsbereich des Explorers wieder DIESER PC. Im Inhaltsbereich wird der Netzwerkordner nun unter NETZWERKADRESSEN aufgeführt. Klicken Sie ihn mit der rechten Maustaste an, und wählen Sie im Kontextmenü den Eintrag TRENNEN. Alternativ hierzu markieren Sie den Ordner per Mausklick und klicken dann im Register COMPUTER auf den Pfeil in der Schaltfläche NETZLAUFWERK VERBINDEN. Im aufklappenden Menü wählen Sie dann den Befehl NETZLAUFWERK TRENNEN.

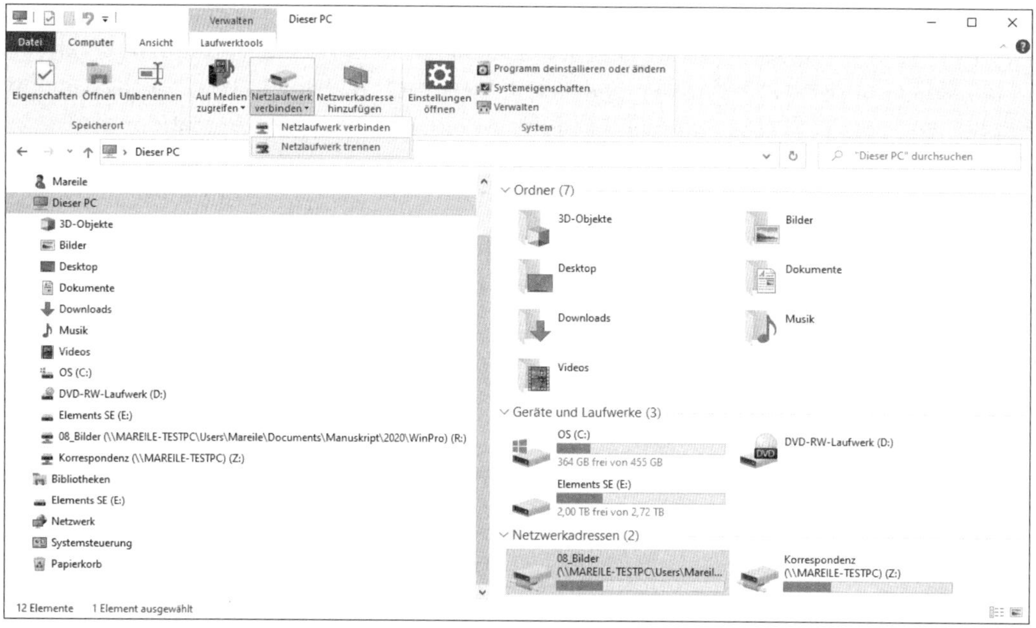

Abbildung 20.11 Die Verbindung zu einem Netzwerkordner kann jederzeit getrennt werden.

Windows 10 weist Sie darauf hin, dass noch Dateien oder Ordner im Netzlaufwerk geöffnet sind. Prüfen Sie, ob alle geöffneten Dateien gespeichert wurden, bevor Sie den Hinweis mit JA schließen. Der Netzwerkordner verschwindet damit im Inhaltsbereich des Explorers. Im Navigationsbereich geschieht dies erst nach dem nächsten Neustart des Explorers. Das rote Kreuz auf dem Laufwerksymbol zeigt aber bereits, dass die Verbindung nicht mehr besteht. Ein Klick auf den Laufwerksbuchstaben führt zu einer Fehlermeldung. Müssen Sie jedoch auf den Ordner zugreifen, bleibt Ihnen jetzt wieder nur der Weg über den Eintrag NETZWERK im Navigationsbereich des Explorers.

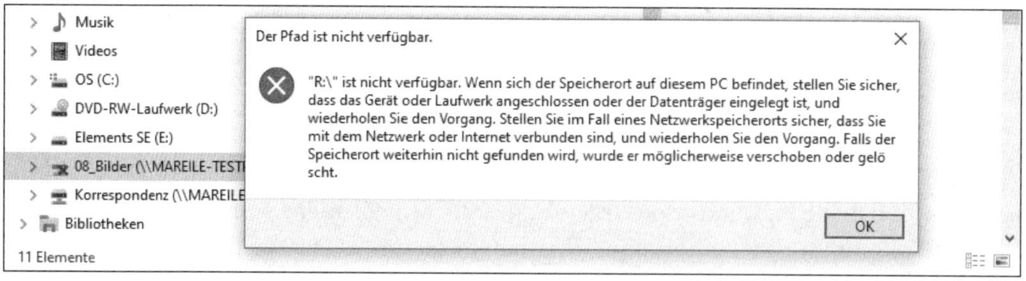

Abbildung 20.12 Sobald die Verbindung zum Netzwerkordner getrennt wurde, ist ein Zugriff über den Laufwerksbuchstaben nicht mehr möglich.

20.2.4 Datenfreigabe beenden

Sie möchten bestimmten Personen, denen Sie die Freigabe für eine Datei oder einen Ordner erteilt haben, den Zugriff wieder verwehren oder die Berechtigungsebene anpassen? Markieren Sie hierfür im Explorer die entsprechenden Daten. Nach einem Rechtsklick auf das markierte Element wählen Sie im Kontextmenü Zugriff gewähren auf • Bestimmte Personen. Wählen Sie nun in der Liste den Benutzer aus, dessen Berechtigungen Sie ändern möchten. Klicken Sie dann in der Spalte Berechtigungsebene auf den zugehörigen Eintrag. In der aufklappenden Liste können Sie nun die Ebene von Lesen auf Lesen/Schreiben setzen oder auch umgekehrt. Wenn Sie dem Benutzer den Zugriff ganz entziehen möchten, wählen Sie Entfernen. Er wird hierdurch aus der Liste entfernt.

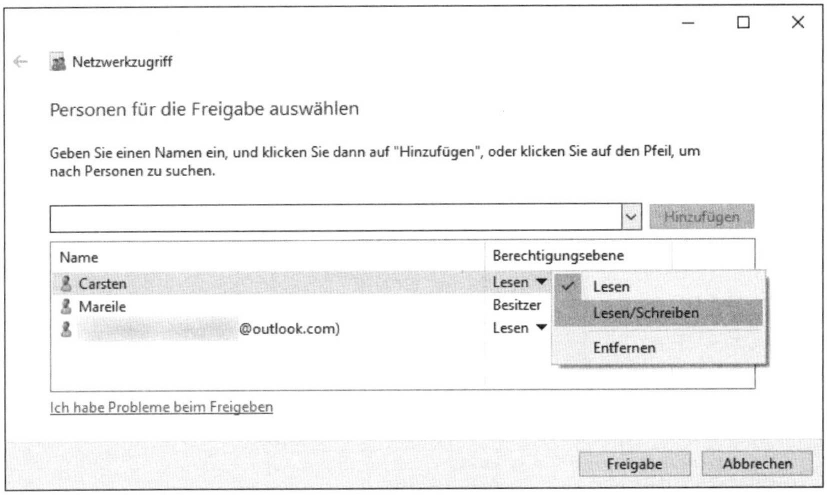

Abbildung 20.13 Es kann jederzeit sowohl die Berechtigungsebene einer Freigabe geändert als auch die Berechtigung ganz entfernt werden.

Wenn Sie die Freigabe auf eine Datei oder einen Ordner grundsätzlich beenden möchten, sodass kein anderer Benutzer mehr darauf zugreifen kann, markieren Sie das Element ebenfalls im Explorer. Nach einem rechten Mausklick wählen Sie nun Zugriff gewähren auf • Zugriff entfernen. Die Datei bzw. der Ordner wird anderen Benutzern nun nicht mehr im Netzwerkordner angezeigt.

20.2.5 Datenaustausch über öffentliche Ordner

Windows 10 bietet ebenso wie seine Vorgänger die Möglichkeit, Dateien oder Ordner über einen der öffentlichen Ordner freizugeben. Wie früher stehen hierfür die Verzeichnisse Öffentliche Dokumente, Öffentliche Downloads, Öffentliche Musik, Öffentliche Bilder und Öffentliche Videos zur Auswahl. Alle Anwender, die über ein Benutzerkonto auf dem Computer verfügen, können auf diese Ordner zugreifen. Dies funktioniert unter Windows 10 allerdings erst dann, wenn die Freigabe aktiviert wurde. Hierzu gehen Sie folgendermaßen vor:

1. Klicken Sie mit der rechten Maustaste auf das Netzwerksymbol im Infobereich der Taskleiste, und wählen Sie Netzwerk- und Interneteinstellungen öffnen. Damit wird die Einstellungen-App mit der Kategorie Netzwerk und Internet • Status gestartet. Klicken Sie hier rechts auf Netzwerk- und Freigabecenter.
2. Im gleichnamigen Dialog der Systemsteuerung klicken Sie links auf Erweiterte Freigabeeinstellungen öffnen.
3. Klicken Sie im folgenden Dialog auf den nach unten weisenden Pfeil rechts von Alle Netzwerke. Aktivieren Sie die nun sichtbare Option Freigabe einschalten, sodass jeder Benutzer mit Netzwerkzugriff in Dateien in den Ordnern »Öffentlich« lesen und schreiben kann. Bestätigen Sie die Einstellung mit Änderungen speichern.

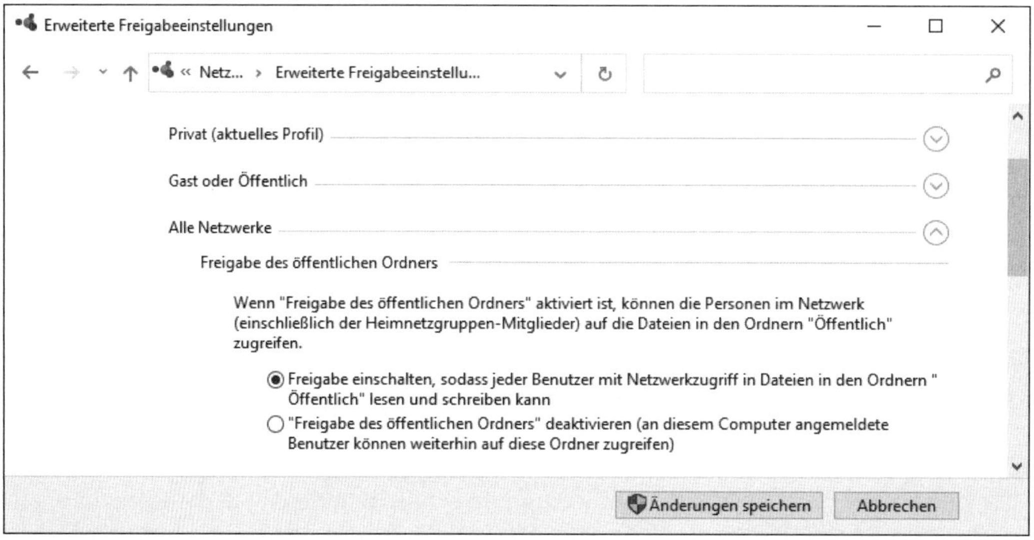

Abbildung 20.14 Die Freigabe für öffentliche Ordner muss unter Windows 10 erst erteilt werden.

Sobald die Freigabe erteilt ist, können alle Benutzer des Computers auf die in den öffentlichen Ordnern abgelegten Daten zugreifen. Unter Windows 10 wurden die Ordner allerdings etwas versteckt. Um sie im Explorer einzublenden, navigieren Sie zum Dateipfad *C:\Benutzer\Öffentlich* (siehe Abbildung 20.15). Alternativ hierzu können Sie im Adressfeld des Explorers auch »%systemdrive%\Benutzer\Öffentlich« eingeben.

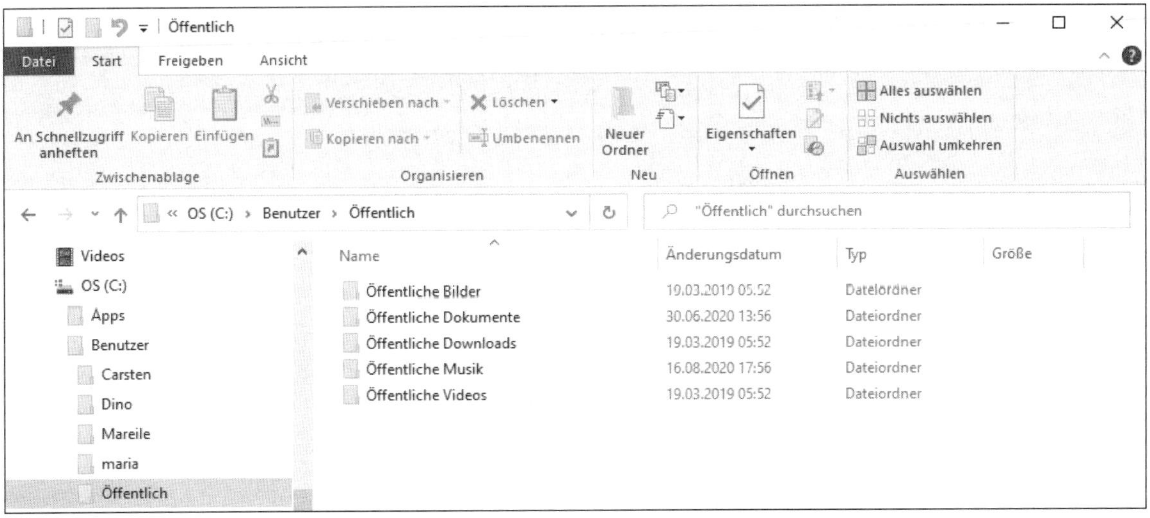

Abbildung 20.15 Die öffentlichen Ordner erreichen Sie im Explorer unter »C:\Benutzer\Öffentlich«.

20.3 Daten sicher und schnell via Bluetooth teilen

Wer über einen längeren Zeitraum hinweg immer wieder Daten mit anderen Benutzern oder zwischen eigenen Geräten austauschen muss, für den stellen sowohl Onlinespeicher wie OneDrive als auch die Netzwerkfreigabe die optimale Lösung dar. Um schnell Bilder, Dokumente oder auch Links an Geräte in der näheren Umgebung weiterzuleiten, sind die beiden Möglichkeiten aber recht umständlich. Weitaus einfacher gelingt dies mit der Funktion *Gemeinsame Nutzung* (häufig auch *Umgebungsfreigabe* genannt), die Windows 10 seit der Version 1803 anbietet. Um die Funktion nutzen zu können, muss auf beiden Geräten (also auf dem Computer, von dem gesendet wird, sowie auf dem Gerät, das die Daten empfängt) mindestens die Version 1803 von Windows 10 installiert sein. Außerdem müssen beide Geräte über Bluetooth verfügen und sich in entsprechender Reichweite zueinander befinden.

20.3.1 Umgebungsfreigabe aktivieren

Angenommen, Sie sitzen mit einem Kollegen zusammen und möchten schnell ein paar Dateien auf Ihren Notebooks austauschen. Mithilfe der Funktion *Gemeinsame Nutzung* ist das schnell erledigt. Sie müssen die Funktion allerdings zunächst auf allen beteiligten Geräten aktivieren. Wenn Sie die Funktion das erste Mal nutzen, sollten Sie hierfür den Weg über die Einstellungen-App wählen, da Sie hier auch gleich einige weitere Einstellungen für die Umgebungsfreigabe prüfen können. Rufen Sie die Einstellungen-App z. B. über die Tastenkombination [Win] + [I] auf, und wechseln Sie in die Kategorie SYSTEM • GEMEINSAME NUTZUNG. Setzen Sie den Regler INHALTE ÜBER BLUETOOTH UND WLAN FÜR EIN GERÄT IN DER NÄHE FREIGEBEN auf EIN. Damit wird automatisch Bluetooth aktiviert.

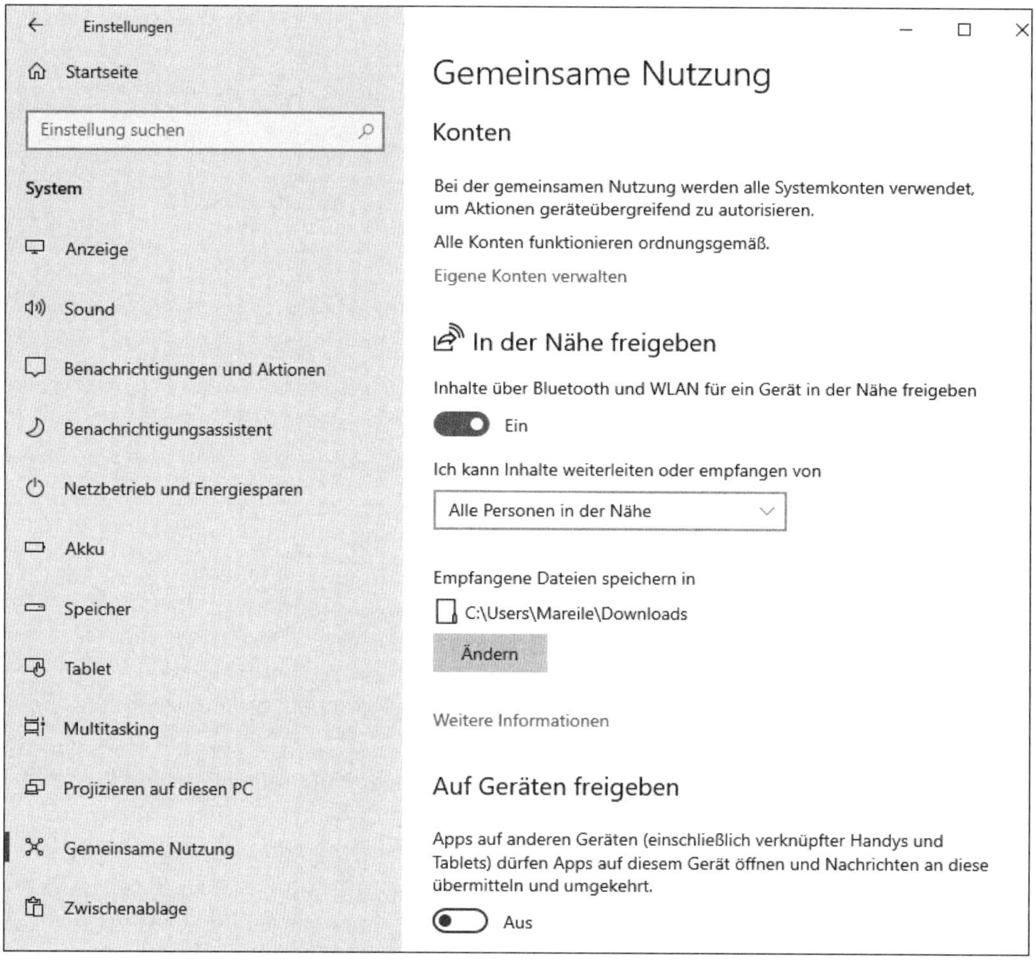

Abbildung 20.16 Mit der Aktivierung der Funktion wird automatisch auch Bluetooth eingeschaltet.

Im Feld Ich kann Inhalte weiterleiten oder empfangen von stehen Ihnen die beiden Varianten Alle Personen in der Nähe und Nur meine Geräte zur Auswahl. Wenn Sie Dateien zwischen Ihren eigenen Geräten austauschen möchten, auf denen Sie jeweils mit demselben Microsoft-Konto angemeldet sind, wählen Sie Nur meine Geräte. Für den Austausch mit Kollegen ist Alle Personen in der Nähe die richtige Wahl.

Per Standardeinstellung werden alle Dateien, die Sie empfangen, automatisch im Ordner Downloads Ihres Benutzerprofils gespeichert. Wenn Sie einen anderen Ordner vorziehen, klicken Sie auf Ändern und legen ein anderes Verzeichnis fest. Damit sind auch schon alle Einstellungen erledigt, und der Datenaustausch zwischen den Geräten kann beginnen, wie im nächsten Abschnitt gezeigt.

Wenn Sie an den vorgenommenen Einstellungen auch zu einem späteren Zeitpunkt nichts verändern möchten, müssen Sie zur Aktivierung bzw. umgekehrt auch Deaktivierung der Funktion nicht mehr den Weg über die Einstellungen-App gehen: Noch schneller gelingt das Ein- bzw. Ausschalten über die Schnelle-Aktionen-Schaltflächen im Info-Center. Hierzu blenden Sie zunächst das Info-Center per Klick auf das Benachrichtigungssymbol im Infobereich der Taskleiste ein. Wer Tastenkombinationen vorzieht: [Win] + [A] öffnet das Info-Center ebenfalls. Möchten Sie Bluetooth und die Umgebungsfreigabe in einem Rutsch deaktivieren, reicht ein Klick auf die Schaltfläche BLUETOOTH. Soll nur die Umgebungsfreigabe deaktiviert, Bluetooth aber weiterhin eingeschaltet bleiben, klicken Sie auf die Schaltfläche UMGEBUNGSFREIGABE. Umgekehrt lässt sich mit einem Klick auf UMGEBUNGSFREIGABE sowohl Bluetooth als auch die Umgebungsfreigabe aktivieren. Falls die Schaltflächen bei Ihnen nicht zu sehen sein sollten: In Abschnitt 6.3.1, »Schnelle Aktionen geschickt nutzen«, erfahren Sie, wie Sie Schaltflächen ein- oder auch ausblenden.

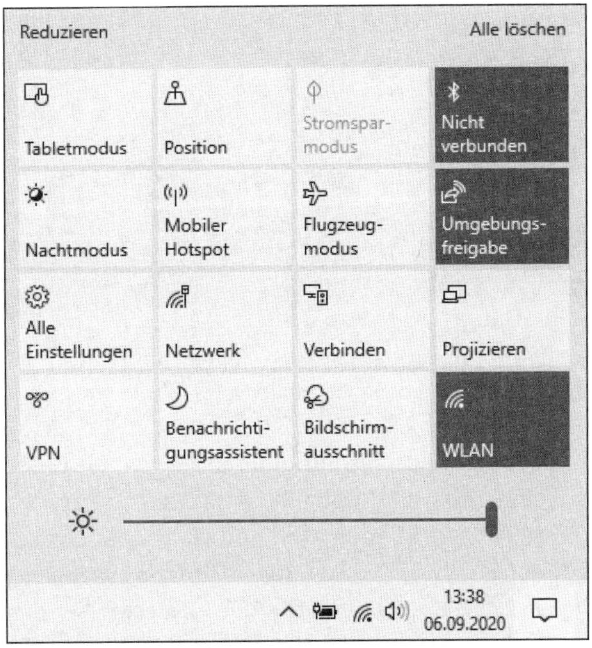

Abbildung 20.17 Wenn Sie die Einstellungen für die Umgebungsfreigabe nicht ändern müssen, ist das Aktivieren bzw. Deaktivieren der Funktion über die Schnelle-Aktionen-Schaltflächen im Info-Center schnell erledigt.

20.3.2 Dateien und Links zwischen den Geräten austauschen

Ist die Umgebungsfreigabe auf allen beteiligten Geräten aktiviert, können Sie Dateien z. B. direkt aus dem Explorer heraus übertragen. Zuvor sollten Sie sicherstellen, dass der Abstand zwischen den Geräten nicht mehr als zehn Meter beträgt. Je näher, desto besser ist dies für die Datenübertragung per Bluetooth. Ist der Abstand gering genug, fahren Sie folgendermaßen fort:

1. Markieren Sie im Explorer die Datei(en), die Sie an das andere Gerät senden möchten. Wechseln Sie in das Register FREIGEBEN, und klicken Sie auf FREIGABE.
2. Im Dialog FREIGEBEN werden alle in der Nähe verfügbaren Geräte aufgelistet. Wählen Sie das gewünschte Gerät per Mausklick aus.

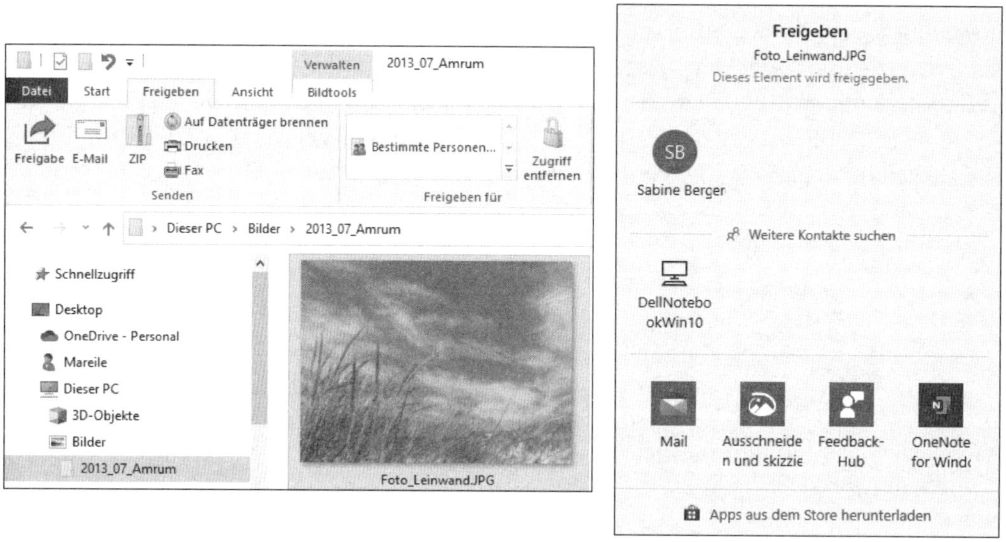

Abbildung 20.18 Sobald Sie die Freigabe-Schaltfläche angeklickt haben, können Sie auch schon das Gerät auswählen, an das die markierte Datei gesendet werden soll.

3. Es sollte nun lediglich einen kurzen Moment dauern, bis auf dem ausgewählten Gerät oberhalb des Infobereichs der Taskleiste ein Hinweis eingeblendet wird, dass Daten zum Empfang bereitstehen. Klicken Sie auf ÖFFNEN, um sich die weiteren Optionen anzusehen. Dies sollte innerhalb von fünf Sekunden geschehen, da dann der Hinweis ausgeblendet wird. Anschließend haben Sie noch ca. 20 Sekunden Zeit, um den Hinweis über das Info-Center zu erreichen. Ist auch dieser Zeitrahmen überschritten, erhält der Sender eine Nachricht, dass der Empfänger nicht geantwortet hat. Er muss nun gegebenenfalls eine erneute Übertragung veranlassen.
4. Der Dateiempfänger hat durchaus die Möglichkeit, den Empfang abzulehnen. Geschieht die Übertragung im gegenseitigen Einvernehmen, reicht ein Klick auf SPEICHERN, und die empfangene Datei wird im dafür vorgesehenen Ordner abgespeichert. Per Standardeinstellung handelt es sich dabei um das Verzeichnis DOWNLOADS. Wer sich die Datei gleich ansehen möchte, wählt die Schaltfläche SPEICHERN & ÖFFNEN.

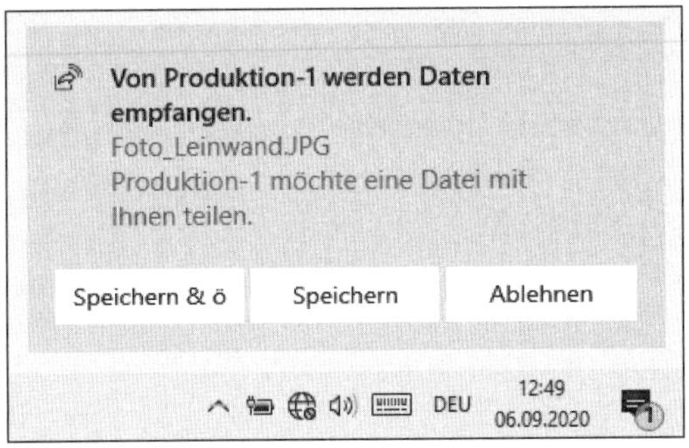

Abbildung 20.19 Mit einem Klick auf »Speichern« wird die Datei im dafür vorgesehenen Ordner abgelegt.

Nutzen Sie den Browser Microsoft Edge, können Sie mithilfe der Umgebungsfreigabe auch Links an andere Geräte schicken. Drücken Sie im Browser einfach die Tastenkombination `Alt` + `F`, um das Menü am rechten Seitenrand einzublenden, in dem Sie dann den Befehl TEILEN wählen. Anschließend gehen Sie vor wie in den Schritten 2 bis 4 gezeigt.

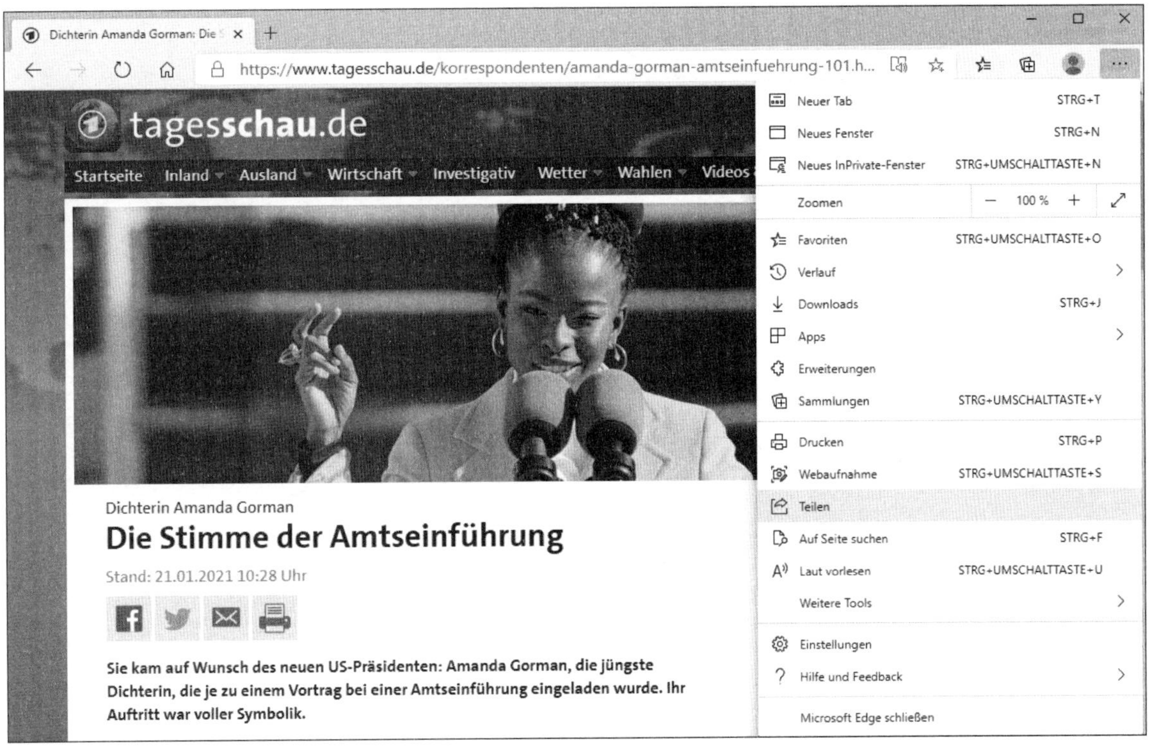

Abbildung 20.20 Über den Befehl »Teilen« lassen sich Links direkt aus dem Browser heraus versenden

Kapitel 21
Geräte anschließen und konfigurieren

Ob per USB, Bluetooth, WLAN, HDMI oder anderen Anschlüssen: Das Hinzufügen von Hardwaregeräten gestaltet sich unter Windows 10 so einfach wie in keiner anderen Windows-Version zuvor. Der altbekannte Geräte-Manager unterstützt weiterhin bei der Verwaltung der Geräte und hilft bei Treiberproblemen.

Ist ein Computer im Haus, bleibt es nur selten bei dieser Anschaffung. Schnell kommt ein Drucker hinzu, externe Wechseldatenträger wie Festplatten oder USB-Sticks, ein Bluetooth-Kopfhörer oder auch ein Fingerabdruckscanner, um die biometrischen Anmeldeoptionen von Windows 10 ausnutzen zu können. Die meisten dieser Geräte erkennt Windows problemlos und übernimmt automatisch die Treiberinstallation. Wie dies funktioniert, erfahren Sie in diesem Kapitel. Der Schwerpunkt liegt dabei auf Druckern bzw. Multifunktionsgeräten. Dabei wird nicht nur das Hinzufügen des Geräts via USB, WLAN oder auch über das Netzwerk beschrieben, sondern auch die Verwaltung der Geräte, wie etwa der Umgang mit Druckerwarteschlangen.

21

Abschnitt 21.3 beschäftigt sich ausführlich mit dem Anschluss von Bluetooth-Geräten wie Lautsprecher, Kopfhörer, Fitnessarmbändern und vielem mehr. Seit Windows 10 Version 1803 unterstützt das Betriebssystem das praktische *Swift Pair*, das das Hinzufügen von Bluetooth-Geräten noch unkomplizierter gestaltet.

Für die Verwaltung aller im Computer verbauten oder an ihm angeschlossenen Hardwaregeräte ist auch unter Windows 10 der Geräte-Manager zuständig. Mit ihm setzt sich Abschnitt 21.5 genauer auseinander. Ein wichtiges Thema sind natürlich auch die Gerätetreiber, die für die reibungslose Interaktion von Hardware und Betriebssystem verantwortlich sind. Wie sich Treiber aktualisieren lassen und wie Sie Probleme mit Gerätetreibern in den Griff bekommen, erfahren Sie am Ende dieses Kapitels.

Mehr Sicherheit dank signierter Treiber

Windows 10 gilt im Vergleich zu seinen Vorgängern als weitaus sicherer. Dies liegt u. a. an der Treibersignierung. Denn alle neuen Kernelmodustreiber (also Treiber, die auf der Ebene des Betriebssystemkerns ausgeführt werden) müssen beim *Windows Hardware Developer Center Dashboard-Portal* eingereicht und digital signiert werden (Informationen zum Portal finden Sie unter der Webadresse *https://developer.microsoft.com/de-de/windows/hardware*). Besteht ein Treiber alle durchgeführten Tests, darf der Gerätehersteller die Hardware mit einem Windows-Logo versehen. Gerätetreiber, die nicht über eine vom *Windows Hardware Quality Lab* (kurz *WHQL*) erteilte Signatur verfügen, werden von Windows 10 nicht geladen. Die Verteilung zertifizierter Treiber erfolgt über Windows Update. Durch die WHQL-Zertifizierung wird es Hackern erschwert, Schadprogramme mithilfe manipulierter Gerätetreiberupdates auf den Windows 10-Computer zu schleusen.

21.1 Einfach loslegen: Plug & Play

Wer früher ein Peripheriegerät an den Computer anschließen wollte, musste hierfür viel Zeit und Arbeit einplanen. Denn meist mussten erst müheselig IRQs (*Interrupt Requests*), DMA-Kanäle (*Direct Memory Access*), Speicheradressen und mehr ermittelt und manuell zugewiesen werden. Bei manchen Geräten war es erforderlich, die Parameter per DIP-Schalter oder Jumper einzustellen. Auch die Treiberinstallation musste manuell vorgenommen werden. Mit der Einführung von *Plug & Play* (auf Deutsch »einstecken und loslegen«, kurz auch *PnP* genannt) gestaltet sich das Anschließen der Geräte weitaus einfacher. Eingeführt wurde das Verfahren mit Windows 95. Die Anfänge verliefen aufgrund von Inkompatibilitäten allerdings noch etwas holprig, sodass sich aus *Plug & Play* der Spruch *Plug & Pray* (»einstecken und beten«) entwickelte. Mittlerweile wird das Verfahren aber seinem wirklichen Namen gerecht, sprich, das Gerät kann nach dem Anschließen an den Computer auch direkt verwendet werden. Der Anwender muss sich im Normalfall weder um die Installation von Treibern noch um die Konfiguration der Hardware kümmern.

Damit Plug & Play reibungslos funktioniert, muss sowohl das anzuschließende Peripheriegerät als auch der Computer selbst mit seiner Hard- und Software das Verfahren unterstützen. Verwenden Sie einen Computer, der mit Windows 7 oder einer neueren Version kompatibel ist, müssen Sie sich hierüber keine Gedanken machen: Diese Rechner sind auf jeden Fall PnP-fähig. Dies gilt auch für Hardware, die über Schnittstellen wie z. B. USB (Abkürzung für *Universal Serial Bus*) oder IEEE 1394 (auch als *Firewire* bekannt) an den Computer angeschlossen wird.

Sobald ein Peripheriegerät mit dem Computer verbunden wird, erstellt es einen eindeutigen Identifizierungscode, die sogenannte *Hardware-ID*, und übermittelt diesen an den PC. Der Computer erkennt das Gerät anhand dieses Codes und kann nun die notwendigen Treiber laden, Geräteeinstellungen vornehmen und Ressourcen verteilen. Der Anwender selbst bekommt von diesen Aktionen abgesehen von einem kleinen Hinweis meist kaum etwas mit. Bereits nach einem kurzen Moment ist das Gerät einsatzbereit. Falls der Geräteanschluss nicht geklappt haben sollte: Im Verlauf dieses Kapitels erfahren Sie, wie Sie am besten vorgehen, falls z. B. doch kein passender Treiber geladen werden konnte.

Abbildung 21.1 Die QuickInfo weist darauf hin, dass der Drucker erfolgreich eingerichtet wurde.

Sicherheitsrisiko Plug & Play: Nutzung von USB-Sticks unterbinden

Die automatische Konfiguration von PnP-Geräten wie etwa USB-Sticks ist leider nicht nur positiv zu sehen, sondern birgt auch ein Sicherheitsrisiko. Denn die Geräte lassen sich derart manipulieren, dass sie den Computer z. B. mit Malware infizieren oder Daten auslesen oder gar löschen können. Viele Unternehmen unterbinden den Anschluss von PnP-Geräten aus diesem Grund, indem sie den Zugriff auf Wechselmedien sperren. Auf einem Computer mit Windows 10 Pro oder Enterprise lässt sich dies schnell über die Gruppenrichtlinien umsetzen. Drücken Sie hierzu die Tastenkombination [Win] + [R], und geben Sie im Ausführen-Dialog »gpedit.msc« ein, um den Editor für lokale Gruppenrichtlinien zu öffnen.

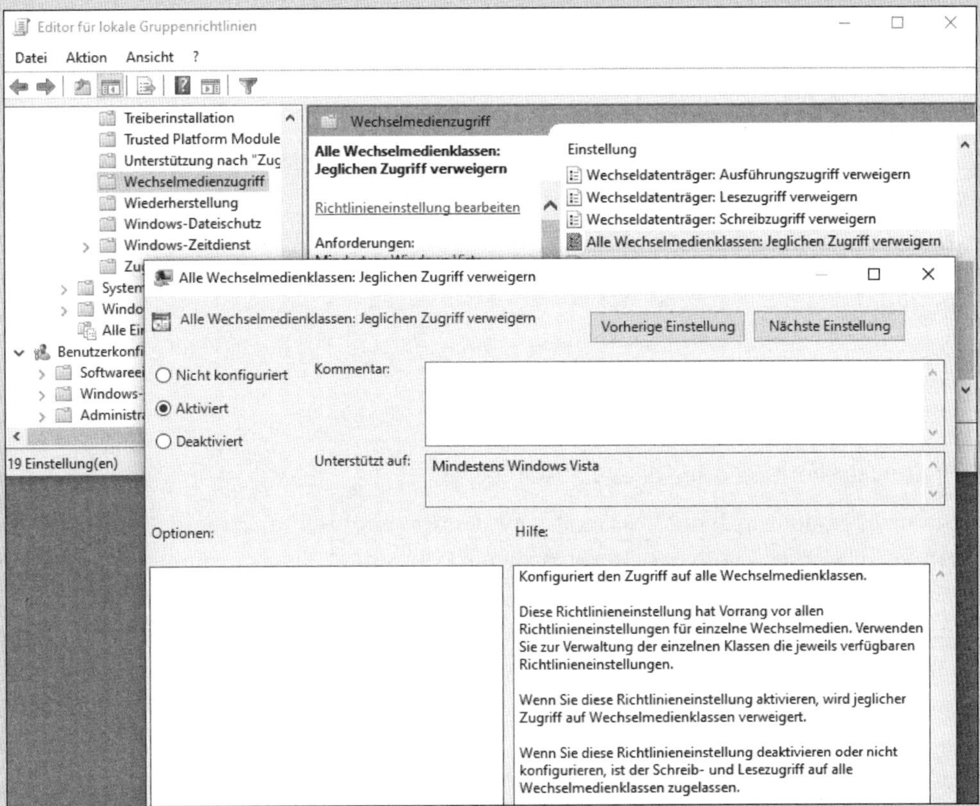

Abbildung 21.2 Per Gruppenrichtlinie lässt sich der Zugriff auf Wechselmedien über die Option »Aktiviert« sperren und über die Optionen »Nicht konfiguriert« sowie »Deaktiviert« auch wieder freigeben.

Navigieren Sie hier in der linken Spalte zum Pfad *Computerkonfiguration\Administrative Vorlagen\System\Wechselmedienzugriff*. In der rechten Spalte können Sie den gewünschten Datenträgertyp auswählen, für den Sie den Zugriff sperren möchten. Dazu zählen neben den Wechseldatenträgern (also z. B. einem USB-Stick) auch CD- und DVD-Laufwerke oder – sofern noch vorhanden – Diskettenlaufwerke. Falls Sie alle Medien in einem Rutsch sperren möchten, markieren Sie ALLE WECHSELMEDIENKLASSEN: JEGLICHEN ZUGRIFF VERWEIGERN. Doppelklicken Sie den gewünschten Eintrag an, und wählen Sie im folgenden Dialog die Option AKTIVIERT aus. Übernehmen Sie die Einstellung mit OK. Schließt ein Benutzer nun einen Wechseldatenträger an den Computer an und versucht auf diesen zuzugreifen, erhält er die Meldung ZUGRIFF VERWEIGERT. Falls Sie die Einstellung doch wieder rückgängig machen möchten, rufen Sie erneut den von Ihnen ausgewählten Eintrag im Pfad *Computerkonfiguration\Administrative Vorlagen\System\Wechselmedienzugriff* auf und wählen dieses Mal die Option NICHT KONFIGURIERT oder DEAKTIVIERT. Beide Einstellungen bewirken, dass ein Zugriff auf das Wechselmedium wieder möglich ist.

21.2 Drucker hinzufügen und verwalten

Drucker zählen sicherlich zu den Hardwaregeräten, die wohl in jedem Haushalt zu finden sind, in dem es auch einen Computer gibt. Bei den meisten dieser Geräte handelt es sich mittlerweile um Multifunktionsgeräte, die nicht nur drucken, sondern zugleich auch scannen, kopieren und manchmal auch noch faxen können. Der Einfachheit halber wird im Folgenden nur von Drucker gesprochen, auch wenn es sich dabei selbstverständlich um ein Multifunktionsgerät handeln kann. Auf den folgenden Seiten erfahren Sie, wie das Hinzufügen eines Druckers unter Windows 10 erfolgt und wie Sie das Gerät im Netzwerk auch für andere Rechner verfügbar machen können.

21.2.1 Drucker per USB oder WLAN anschließen

Falls Sie nicht gerade ein sehr altes Gerät oder ein besonders exotisches Modell verwenden, sollte Ihnen das Anschließen des Druckers an den Computer keine Schwierigkeiten bereiten. Am schnellsten stellen Sie die Verbindung per USB-Kabel her. Dank Plug & Play müssen Sie sich um die weiteren Schritte nicht kümmern, wie bereits im vorherigen Abschnitt erwähnt. Eine QuickInfo oberhalb des Infobereichs der Taskleiste informiert Sie, sobald der Drucker erfolgreich eingerichtet wurde. Der Hinweis wird bereits nach wenigen Sekunden wieder ausgeblendet. Sollten Sie ihn verpasst haben, können Sie auch einen prüfenden Blick in die Einstellungen-App werfen. Rufen Sie hier nacheinander GERÄTE • DRUCKER & SCANNER auf. Wenn die Installation des Druckers erfolgreich verlief, finden Sie unter DRUCKER & SCANNER das gerade angeschlossene Gerät. Ist dies nicht der Fall, müssen Sie es manuell hinzufügen. Das Vorgehen hierzu wird gleich im Anschluss beschrieben.

Falls Sie einen WLAN-Drucker nutzen möchten, muss das Hinzufügen ebenfalls manuell erledigt werden. Wie Sie das Gerät zuvor mit dem WLAN verbinden, das Sie auch für Ihren Computer nutzen, entnehmen Sie der Bedienungsanleitung des Druckers. Da die meisten Geräte mittlerweile den *WPS-Standard* (*Wireless Protected Setup*) unterstützen, ist das Vorgehen im Normalfall recht einfach. Router wie die FRITZ!Box bieten z. B. eine extra WPS-Taste, die Sie kurz drücken. Auch manche Drucker verfügen über eine solche Taste. Ist dies nicht der Fall, erfolgt die Aktivierung des Wi-Fi-Setups über das Displaymenü des Druckers. Nach Drücken der Tasten bzw. Aktivierung des Setups wird automatisch die Verbindung zwischen Router und Hardwaregerät hergestellt.

Drucker manuell hinzufügen

Um den WLAN-Drucker oder auch einen nicht automatisch erkannten Drucker unter Windows 10 manuell hinzuzufügen, können Sie derzeit (Stand Februar 2021) noch den aus früheren Windows-Versionen bekannten Weg über die Systemsteuerung wählen, indem Sie auf der Startseite der Systemsteuerung auf Geräte und Drucker (anzeigen) und dann auf Drucker hinzufügen klicken. Microsoft reduziert die über die Systemsteuerung aufrufbaren Funktionen allerdings immer stärker, und somit ist nicht auszuschließen, dass Geräte in zukünftigen Versionen von Windows 10 nicht mehr auf diese Weise eingerichtet werden können. Für diese Aufgaben steht nun die Einstellungen-App bereit, die Sie z. B. über die Tastenkombination [Win] + [I] starten.

In der Einstellungen-App rufen Sie zunächst Geräte • Drucker & Scanner auf. Klicken Sie dann in der rechten Fensterhälfte auf Drucker oder Scanner hinzufügen. Wird das Gerät aufgeführt, reicht ein Mausklick, um es auszuwählen. Falls nicht, klicken Sie auf Der gewünschte Drucker ist nicht aufgelistet. Im Dialog Drucker hinzufügen werden Ihnen nun verschiedene Optionen angeboten. Im Falle eines WLAN-Druckers wählen Sie z. B. Bluetooth-, Drahtlos- oder Netzwerkdrucker hinzufügen. Nach einem Klick auf Weiter sollte Ihr WLAN-Gerät aufgelistet werden.

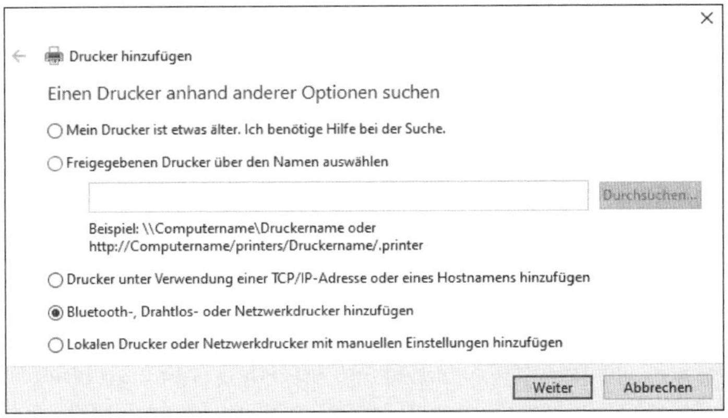

Abbildung 21.3 Möchten Sie einen WLAN-Drucker einrichten, wählen Sie im Dialog »Drucker hinzufügen« die Option »Bluetooth-, Drahtlos- oder Netzwerkdrucker hinzufügen«.

Haben Sie den Drucker per USB oder bei einem älteren Modell sogar über den Parallelport am Computer angeschlossen, aktivieren Sie im Dialog DRUCKER HINZUFÜGEN die Option LOKALEN DRUCKER ODER NETZWERKDRUCKER MIT MANUELLEN EINSTELLUNGEN HINZUFÜGEN. Im nächsten Dialog wählen Sie rechts von VORHANDENEN ANSCHLUSS den Anschluss aus, über den Sie den Drucker mit dem Computer verbunden haben. Nach einem Klick auf WEITER wählen Sie den Hersteller und das Modell Ihres Druckers aus. Sollten Hersteller oder Modell nicht aufgeführt werden, aktualisieren Sie die Liste per Klick auf WINDOWS UPDATE. Falls auch dies nicht weiterhilft, sehen Sie im Handbuch des Geräts nach, ob dort ein kompatibler Treiber für Ihr Druckermodell empfohlen wird, den Sie stattdessen installieren könnten.

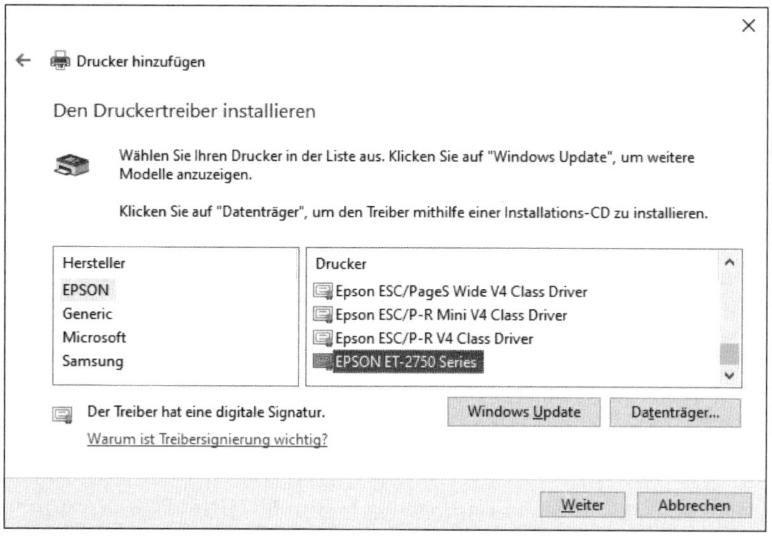

Abbildung 21.4 Wird das gewünschte Druckermodell nicht aufgeführt, aktualisieren Sie die Liste per Klick auf »Windows Update«.

In den folgenden Schritten geben Sie noch einen Namen für das Gerät an und legen fest, ob der Drucker in Ihrem Netzwerk freigegeben werden soll. Das Thema »Netzwerkdrucker« wird ausführlicher in Abschnitt 21.2.2 behandelt. Nach erfolgreicher Installation der Treibersoftware erhalten Sie die Möglichkeit, eine Testseite auszudrucken. Damit ist der Drucker fertig eingerichtet und entsprechend einsatzbereit.

Typ-4-Druckerklassentreiber versus herstellereigene Treiber

Windows 10 nutzt mittlerweile für Druckermodelle den neuen Typ-4-Druckerklassentreiber, auch *v4-Druckertreiber* genannt. Bei diesem mit Windows 8 erstmals eingeführten Typ werden die Drucker in Klassen gruppiert. Die Installation eines individuellen Treibers für jedes Druckermodell entfällt damit. Stattdessen wird ein v4-Druckertreiber eingerichtet, der gleich mehrere Druckermodelle unterstützt. Die Aktualisierung der Treiber erfolgt über Windows Update. Interessierte finden auf der Webseite *https://docs.microsoft.com/en-us/windows-hardware/drivers/print/v4-printer-driver* weitere Informationen rund um die Typ-4-Druckerklassentreiber.

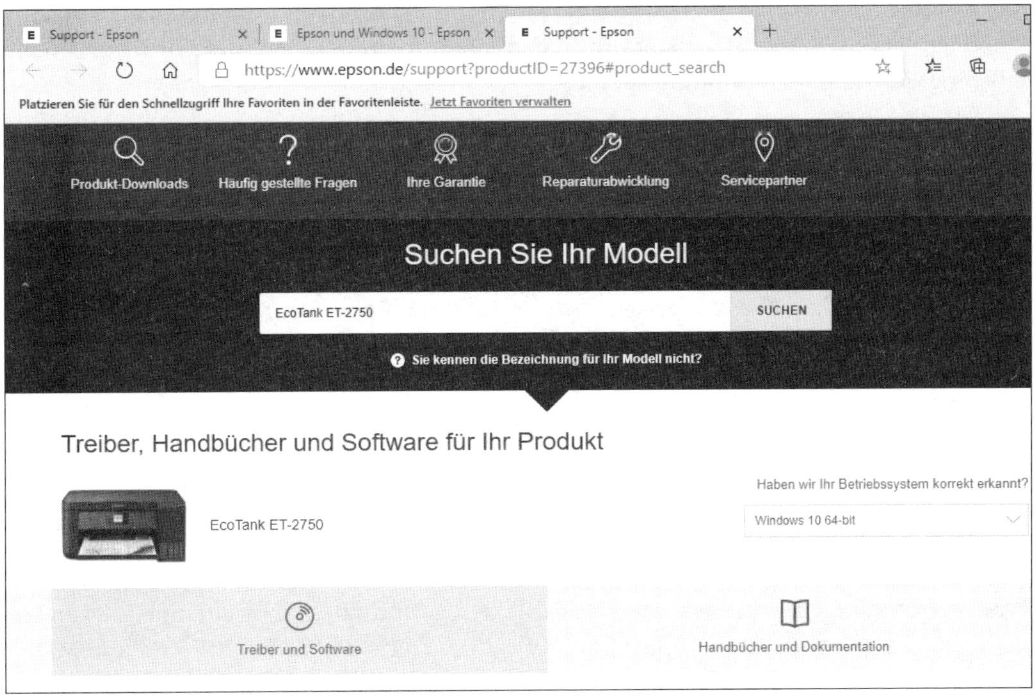

Abbildung 21.5 Prüfen Sie auf der Website des Geräteherstellers, ob dieser spezielle Treiber und die entsprechende Software für Ihr Modell anbietet.

Die v4-Druckertreiber sind schnell installiert, und das Gerät ist somit ebenso schnell betriebsbereit. Dies gilt zumindest für Standardaufgaben wie einen simplen Druckvorgang. Mit der Verwendung dieser Druckertreiber kann es Ihnen allerdings passieren, dass Ihnen nicht die volle Funktionalität Ihres Druckermodells zur Verfügung steht.

Speziell bei Multifunktionsgeräten kann es sich durchaus rentieren, die vom Hersteller zur Verfügung gestellten Treiber zu installieren. Denn auf diese Weise kommen Sie häufig in den Genuss zusätzlicher Funktionen, wie etwa umfangreiche Einstellungen für Druck- oder auch Scanaufträge, eine übersichtliche Darstellung der Füllstandsanzeige der Druckerpatronen oder auch Tools zur Druckkopfreinigung und mehr.

Früher wurden die Treiber inklusive spezieller Software auf CD oder DVD gemeinsam mit dem Drucker ausgeliefert. Mittlerweile müssen Sie diese meistens selbst von der Website des Geräteherstellers herunterladen. Der Vorteil: Sie beziehen so immer die aktuellsten Treiber.

Besuchen Sie also die Hersteller-Website, und suchen Sie dort nach einem passenden Treiber. Werden Sie fündig, starten Sie den Download, und installieren Sie den Treiber anschließend. Neben den Hersteller-Websites finden sich im Internet zahlreiche Webadressen mit umfangreichen Treiberdatenbanken. Diese Websites sind allerdings sehr kritisch zu betrachten, denn nicht selten sind die Dateien, die Sie auf Ihren Computer herunterladen, infiziert. Benötigen Sie diese Treiber wirklich dringend, überprüfen Sie die Datei vor dem Öffnen unbedingt mit einem Antivirenprogramm.

Weitere Informationen rund um das Thema Treiber erhalten Sie in Abschnitt 21.6, »Treiber im Griff«.

21.2.2 Drucker im Netzwerk freigeben und verwenden

In vielen Haushalten gibt es zwar mehrere Computer, häufig aber nur einen Drucker. Im Folgenden erfahren Sie, wie Sie einen lokal eingerichteten Drucker im Netzwerk freigeben und diesen von anderen Computern aus nutzen.

Drucker im Netzwerk freigeben

Sie haben einen Drucker lokal (z. B. via USB-Kabel) an Ihren Computer angeschlossen und möchten diesen nun für andere Rechner im Netzwerk verfügbar machen? Das ist schnell erledigt. Rufen Sie zunächst die Einstellungen-App auf, und wechseln Sie hier in die Kategorie GERÄTE • DRUCKER & SCANNER. Markieren Sie den gewünschten Drucker, und klicken Sie dann auf VERWALTEN. Auf der folgenden Verwaltungsseite des Geräts rufen Sie per Mausklick auf den entsprechenden Link die DRUCKEREIGENSCHAFTEN auf. Im Eigenschaften-Dialog des Druckers holen Sie das Register FREIGABE in den Vordergrund. Versehen Sie das Kontrollkästchen DRUCKER FREIGEBEN mit einem Häkchen, und geben Sie einen aussagekräftigen Freigabenamen für den Drucker ein, über den gegebenenfalls auch andere Nutzer diesen leicht identifizieren können.

Sollten sich in Ihrem Netzwerk noch Computer mit älteren Windows-Versionen befinden, sorgen Sie am besten gleich dafür, dass die entsprechenden Treiber verfügbar sind. Klicken Sie hierzu auf ZUSÄTZLICHE TREIBER. Im folgenden Dialog versehen Sie die gewünschten Systeme mit einem Häkchen. Falls Sie sich nicht sicher sind, welche Treiber benötigt werden, aktivieren Sie einfach alle angebotenen Typen. Bestätigen Sie den Dialog mit OK, und geben Sie dann den Pfad für die Druckertreiber an. Schließen Sie anschließend alle geöffneten Dialoge mit OK. Damit ist die Freigabe Ihres Druckers abgeschlossen. Der Drucker kann zunächst von allen Benutzern verwendet werden, die Zugriff auf das Netzwerk haben. Wie sich der Zugriff einschränken lässt, erfahren Sie im Kasten »Berechtigungen zur Nutzung eines Netzwerkdruckers festlegen«.

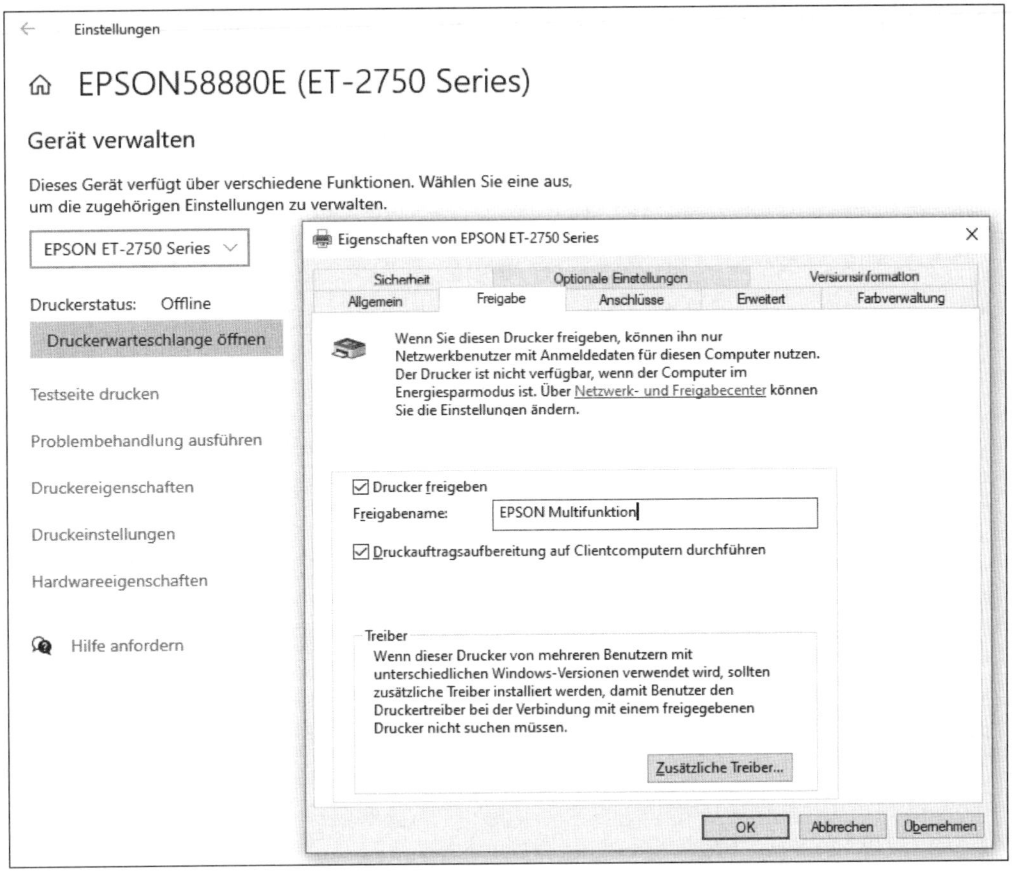

Abbildung 21.6 Über das Register »Freigabe« im Eigenschaften-Dialog eines Druckers geben Sie den Drucker im Netzwerk frei.

Berechtigungen zur Nutzung eines Netzwerkdruckers festlegen

Wenn Sie einen Drucker im Netzwerk freigeben, können zunächst alle Benutzer innerhalb des Netzwerkes das Gerät verwenden. Falls nur ein Drucker zur Verfügung steht, ist dies wahrscheinlich auch so gewollt. Stehen aber mehrere Modelle zur Auswahl – etwa ein billiger Tintenstrahldrucker und ein teurer Farblaserdrucker – kann es z. B. aus Kostengründen ratsam sein, den Zugriff einzuschränken. Die entsprechende Einstellung nehmen Sie als Administrator im Eigenschaften-Dialog vor, den Sie per Klick auf DRUCKEREIGENSCHAFTEN auf der Verwaltungsseite des Geräts öffnen (siehe Abbildung 21.6). Im Eigenschaften-Dialog blenden Sie das Register SICHERHEIT ein. Möchten Sie nicht, dass jeder Benutzer Zugriff auf den Drucker hat, markieren Sie zunächst in der Liste GRUPPEN- ODER BENUTZERNAMEN den Eintrag JEDER. Entfernen Sie dann unter BERECHTIGUNGEN FÜR »JEDER« das Häkchen bei DRUCKEN. Über die Schaltfläche HINZUFÜGEN wählen Sie anschließend die Benutzer aus, denen

Sie die Nutzung des Druckers erlauben möchten. Geben Sie hierzu im Dialog Benutzer oder Gruppen auswählen im Feld Geben Sie die zu verwendenden Objektnamen ein den Namen des Benutzerkontos der Person ein, und klicken Sie dann auf Namen überprüfen und OK. Der Name erscheint nun im Eigenschaften-Dialog und wird automatisch mit dem Häkchen für das Zulassen des Druckens versehen. Sollte es sich bei dem Benutzerkonto um ein Standardkonto handeln, können Sie dem Benutzer auch die Verwaltung des Druckers erlauben. Im Falle eines Administratorkontos ist dies nicht explizit nötig, da diese bereits über die entsprechende Berechtigung verfügen. Übernehmen Sie Ihre Einstellungen, und schließen Sie den Eigenschaften-Dialog mit OK.

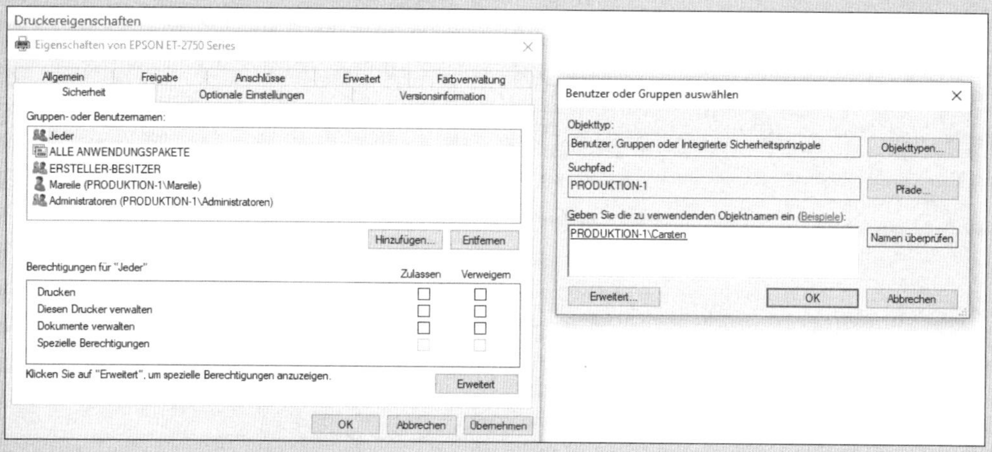

Abbildung 21.7 Als Administrator können Sie bestimmen, welche Benutzer im Netzwerk Zugriff auf den Drucker erhalten und welche nicht.

Einen freigegebenen Netzwerkdrucker hinzufügen

Wurde ein Drucker im Netzwerk freigegeben, kann von jedem anderen Computer innerhalb des Netzwerkes darauf zugegriffen werden. Voraussetzung ist allerdings, dass der Rechner, an dem der PC lokal (also etwa per USB-Kabel) angeschlossen wurde, eingeschaltet ist. Vor der ersten Nutzung muss der Drucker am jeweils anderen Computer hinzugefügt werden. Rufen Sie hierzu die Einstellungen-App auf, und wechseln Sie in die Kategorie Geräte • Drucker & Scanner. Klicken Sie auf Drucker oder Scanner hinzufügen. Wird der gewünschte Drucker bereits aufgeführt, markieren Sie ihn. Andernfalls klicken Sie auf Der gewünschte Drucker ist nicht aufgelistet. Im Dialog Drucker hinzufügen aktivieren Sie die Option Freigegebenen Drucker über den Namen auswählen. Unterhalb des Feldes werden zwei Beispiele eingeblendet, an denen Sie sich zur Einbindung des Netzwerkdruckers orientieren können. Nach einem Klick auf Weiter werden die notwendigen Druckertreiber installiert. Folgen Sie gegebenenfalls den weiteren Anweisungen, um das Hinzufügen des Druckers abzuschließen.

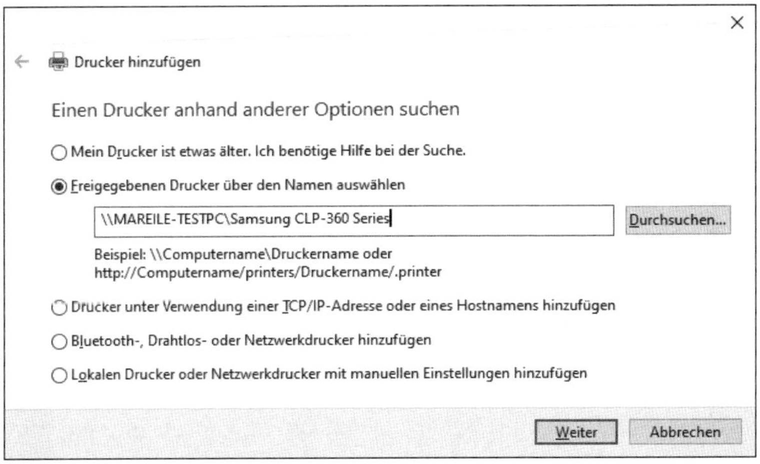

Abbildung 21.8 Freigegebene Drucker können bequem über den Namen hinzugefügt werden. Meist reicht hierfür die Angabe des Namens des Computers, an dem der Drucker lokal hinzugefügt wurde, in Kombination mit dem Druckernamen.

Statt zum Hinzufügen eines freigegebenen Druckers den Weg über die Einstellungen-App zu gehen, können Sie den Drucker auch über den Explorer mit dem Computer verbinden. Rufen Sie diesen z. B. über die Tastenkombination ⊞ + E auf, und doppelklicken Sie dann im Navigationsbereich unter NETZWERK auf den Namen des Computers, an dem der Drucker lokal angeschlossen und freigegeben wurde. Eventuell müssen Sie nun noch Ihre Anmeldeinformationen für den Computer angeben. Anschließend sollte im Inhaltsbereich des Explorers der Drucker aufgeführt werden. Klicken Sie den gewünschten Drucker mit der rechten Maustaste an, und wählen Sie im Kontextmenü den Befehl VERBINDEN. Wird der Drucker nicht eingeblendet, markieren Sie im Navigationsbereich das NETZWERK und klicken dann im Register NETZWERK auf DRUCKER ANZEIGEN.

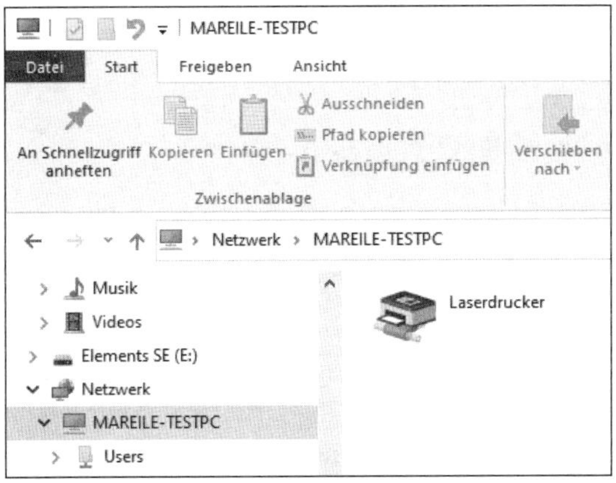

Abbildung 21.9 Sie können die Verbindung zu einem freigegebenen Netzwerkdrucker auch über den Explorer herstellen.

Einen Netzwerkdrucker per TCP/IP-Adresse hinzufügen

Eine weitere Variante, einen Drucker im Netzwerk zur Verfügung zu stellen, besteht darin, ihn direkt per Kabel am Router anzuschließen. Einige moderne und mittlerweile auch gar nicht mehr so teure Geräte lassen sich per Ethernet-Netzwerkkabel mit dem Router verbinden, viele Router wie etwa die FRITZ!Box unterstützen aber auch den Anschluss per USB-Kabel. Wie Sie hierzu bei Ihrem Router vorgehen, entnehmen Sie bitte dem Handbuch. Notieren Sie sich nach dem Anschluss des Geräts an den Router die TCP/IP-Adresse des Druckers. Um den Netzwerkdrucker als Nächstes auf dem Windows 10-Computer verfügbar zu machen, führt der Weg wieder über die Einstellungen-App, indem Sie dort nacheinander GERÄTE • DRUCKER & SCANNER und dann DRUCKER ODER SCANNER HINZUFÜGEN anklicken. In den wenigsten Fällen wird der Netzwerkdrucker nun bereits aufgeführt, sodass Sie auch hier wieder auf DER GEWÜNSCHTE DRUCKER IST NICHT AUFGELISTET klicken müssen, um das Gerät manuell hinzuzufügen. Im Dialog DRUCKER HINZUFÜGEN wählen Sie dieses Mal die Option DRUCKER UNTER VERWENDUNG EINER TCP/IP-ADRESSE ODER EINES HOSTNAMENS HINZUFÜGEN. Nach einem Klick auf WEITER werden Sie aufgefordert, den Hostnamen oder die IP-Adresse des Druckers anzugeben. Diese Eingabe wird automatisch auch als Anschlussname übernommen, den Sie aber auch anpassen können. Stellen Sie sicher, dass DEN DRUCKER ABFRAGEN UND DEN ZU VERWENDENDEN TREIBER AUTOMATISCH AUSWÄHLEN mit einem Häkchen versehen ist, bevor Sie auf WEITER klicken.

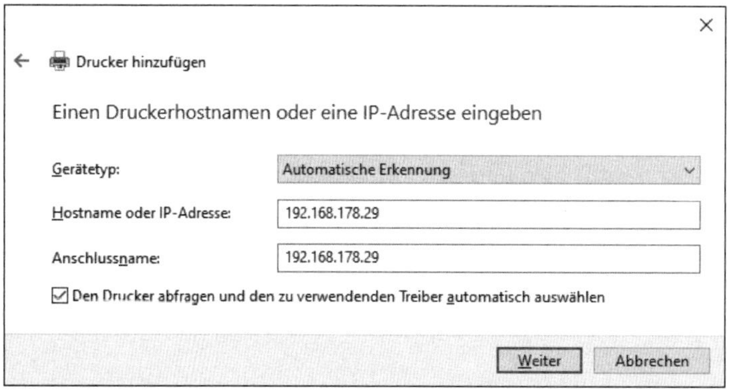

Abbildung 21.10 Den Anschlussnamen können Sie übernehmen oder auch ändern.

Windows führt nun automatisch die TCP/IP-Port-Erkennung durch. Eventuell müssen Sie noch zusätzliche Anschlussinformationen ergänzen, indem Sie den Gerätetyp auswählen. Bestätigen Sie auch diesen Dialog mit WEITER.

Windows versucht nun, den benötigten Druckertreiber zu ermitteln und zu installieren. Gelingt dies nicht, wählen Sie im folgenden Dialog den Hersteller und das Druckermodell selbst aus. Wird Ihr Gerät nicht aufgeführt, können Sie die Liste mit einem Klick auf WINDOWS UPDATE auch aktualisieren, wie bereits in der Beschreibung zu Abbildung 21.4 gezeigt. Wie zuvor für das Hinzufügen eines lokalen Druckers gezeigt geben Sie als Nächstes noch einen

Druckernamen an. Erscheint die Nachfrage, ob das Gerät freigegeben werden soll, behalten Sie die Option Drucker nicht freigeben bei, da es sich bereits um einen Netzwerkdrucker handelt, Wenn Sie möchten, drucken Sie eine Testseite aus, bevor Sie die Einrichtung mit Fertig stellen abschließen.

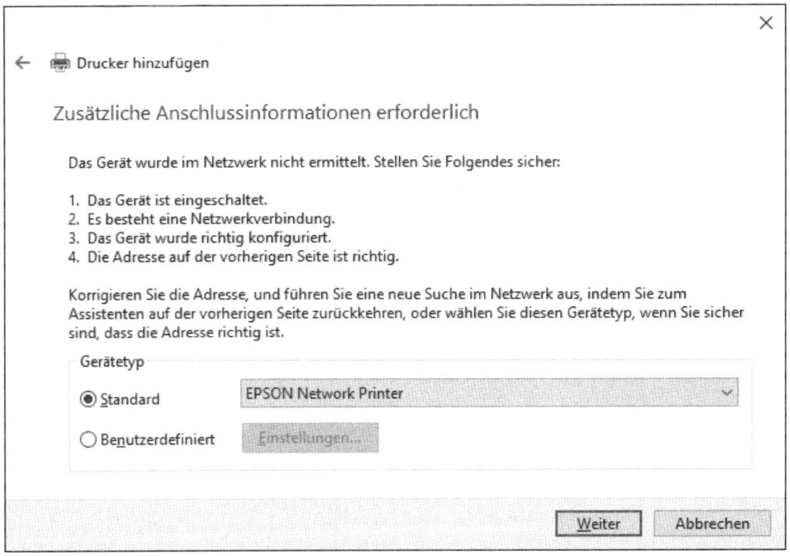

Abbildung 21.11 Werden Sie zur Eingabe weiterer Anschlussinformationen aufgefordert, wählen Sie den Gerätetyp aus.

Blitzschnell PDF-Dokumente erzeugen und Dokumente an OneNote senden

Werfen Sie einen Blick in die Liste Drucker & Scanner auf der gleichnamigen Seite der Einstellungen-App, finden Sie hier bereits die Geräte Microsoft Print to PDF, Microsoft XPS Document Writer sowie OneNote for Windows 10, die Sie selbst gar nicht hinzugefügt haben (siehe Abbildung 21.12). Alle drei werden Ihnen auch in jedem Drucken-Dialog zur Verfügung gestellt. Wählen Sie Microsoft Print to PDF, wird aus Ihrem Dokument eine PDF-Datei erzeugt (*PDF* ist die Abkürzung für *Portable Document Format*, einem von Adobe entwickelten Dateiformat).

Der Microsoft XPS Document Writer stammt aus dem Hause Microsoft und stellt einen Versuch des Unternehmens dar, eine Alternative zum PDF-Format zu etablieren. Wählen Sie diesen Druckertyp aus, wird aus dem Dokument eine XPS-Datei erzeugt (*XPS* ist die Abkürzung für *XML Paper Specification*). Zum Öffnen einer solchen Datei dient z. B. der veraltete Internet Explorer.

Über OneNote for Windows 10 lässt sich das Dokument direkt an die App *OneNote* schicken. Den Speicherort legen Sie fest, sobald Sie den Druckauftrag mit Drucken gestartet haben. Nähere Informationen zu OneNote erhalten Sie in Abschnitt 17.3.3.

21.2.3 Drucker verwalten

Alle hinzugefügten Drucker werden in der Einstellungen-App unter GERÄTE • DRUCKER & SCANNER aufgeführt. Über die Tastenkombination [Strg] + [P] lässt sich aus vielen Anwendungen heraus der Drucken-Dialog öffnen. Dazu zählen z. B. Programme wie Microsofts Word oder Excel, Browser wie Microsofts Edge oder Mozillas Firefox und viele mehr. Sollten Sie mehrere Drucker im Einsatz haben, müssen Sie im Drucken-Dialog auf das ausgewählte Gerät achten. Denn Windows 10 legt automatisch den zuletzt verwendeten Drucker als Standarddrucker fest. Für diejenigen, die hauptsächlich mit einem Gerät (z. B dem Tintenstrahldrucker) arbeiten möchten und den Farblaserdrucker nur in Ausnahmesituationen nutzen, ist diese Einstellung eher lästig. Sie lässt sich aber schnell aufheben. Rufen Sie hierzu in der Einstellungen-App GERÄTE • DRUCKER & SCANNER auf. Entfernen Sie dann unterhalb der Geräteliste das Häkchen vor WINDOWS VERWALTET STANDARDDRUCKER. Markieren Sie in der DRUCKER & SCANNER-Liste das Gerät, das Sie als Standarddrucker einrichten möchten. Per Klick auf VERWALTEN gelangen Sie zur Seite GERÄT VERWALTEN des ausgewählten Druckers, auf der Sie nun auf ALS STANDARD klicken.

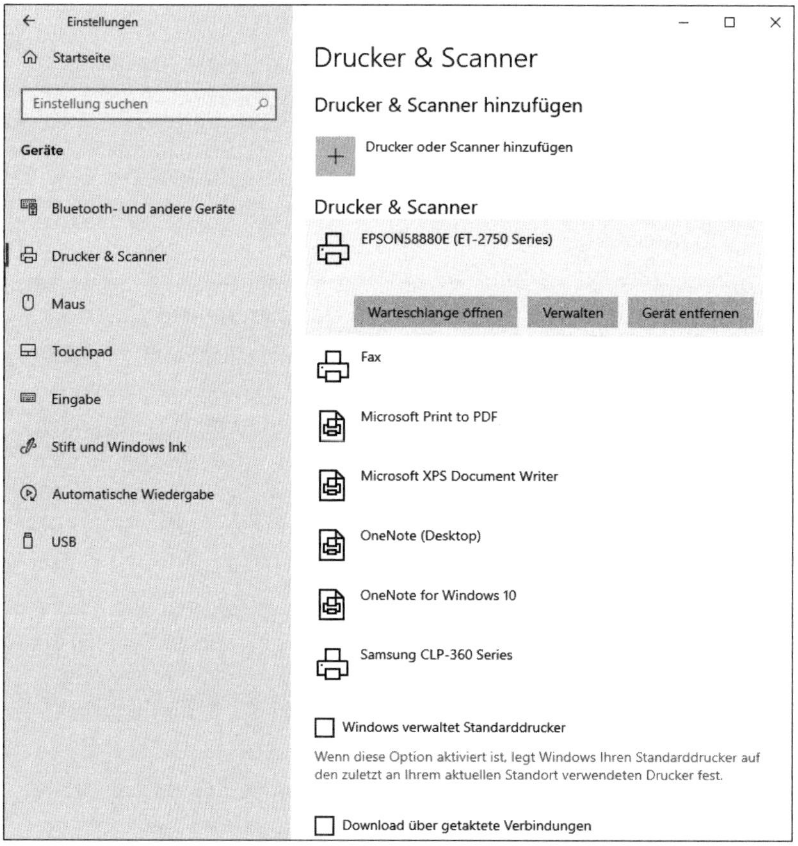

Abbildung 21.12 Möchten Sie den Standarddrucker selbst bestimmen, muss die Funktion »Windows verwaltet Standarddrucker« deaktiviert werden.

Über den Pfeil oben links kehren Sie wieder zur Seite Drucker & Scanner zurück. Hier finden Sie auch das Kontrollkästchen Download über getaktete Verbindungen. Per Standardeinstellung ist diese Funktion deaktiviert, sodass keine Treiber, Infos oder Apps heruntergeladen werden, falls Sie gerade eine getaktete Internetverbindung nutzen. Möchten Sie den Download zulassen, müssen Sie die Funktion explizit aktivieren.

Ein Drucker hält leider in den wenigsten Fällen ewig. Aus Gründen der Übersicht sollten Sie nicht mehr genutzte Geräte aus der Drucker & Scanner-Liste entfernen. Markieren Sie das Gerät hierzu, und klicken Sie dann auf Gerät entfernen.

Übersicht über Geräte und Drucker in der Systemsteuerung

Wer sich einen Überblick über die eingerichteten Drucker und angeschlossenen Geräte wie Wechseldatenträger, Kopfhörer und mehr verschaffen möchte, kann hierfür derzeit noch die Systemsteuerung nutzen. Rufen Sie diese über das Suchfeld der Taskleiste auf, und klicken Sie dann auf Geräte und Drucker (anzeigen). Die folgende Übersicht zeigt ein recht realistisches Bild eines jeden Geräts an, sodass es sich schnell in der Liste finden lässt. Doppelklicken Sie auf ein Bild, gelangen Sie zur bereits unter Windows 7 eingeführten sogenannten *Device Stage* des ausgewählten Geräts. Hier werden alle Funktionen der Hardware aufgeführt, was vor allem bei Multifunktionsgeräten interessant ist, da Sie so nicht nur die Druck-, sondern auch Scanoptionen zu Gesicht bekommen.

21.2.4 Kein Stress mit Druckaufträgen

Wohl jedem ist es schon einmal passiert, dass er versehentlich den Druck eines umfangreichen Dokuments gestartet hat, obwohl nur einzelne Seiten zu Papier gebracht werden sollten. Oder man hat vergessen, den richtigen Drucker auszuwählen, wie im vorherigen Abschnitt bereits erwähnt. In solch einem Moment schlägt die Stunde der Druckerwarteschlange. Mit ihr können Sie aber nicht nur Druckaufträge abbrechen, sondern mit einem kleinen Trick auch auf einen späteren Zeitpunkt verlegen.

Zum Aufruf der Druckerwarteschlange stehen Ihnen mehrere Möglichkeiten zur Auswahl. Falls Sie einen bereits gestarteten Druckauftrag abbrechen möchten, empfehle ich den schnellen Weg über das Drucker-Symbol im Infobereich der Taskleiste. Eventuell müssen Sie zuvor auf das Symbol klicken, um es einzublenden (siehe Abbildung 21.13). Nach einem Doppelklick auf das Drucker-Symbol öffnet sich der Druckerwarteschlangen-Dialog. Alternativ hierzu können Sie in der Einstellungen-App auch die Kategorie Geräte • Drucker & Scanner aufrufen, das gewünschte Gerät markieren und dann auf Warteschlange öffnen klicken (siehe Abbildung 21.12).

Abbildung 21.13 Die Druckerwarteschlange lässt sich über das Drucker-Symbol im Infobereich der Taskleiste öffnen.

Im Dialog werden alle Druckaufträge aufgeführt, die an diesen Drucker gesendet und noch nicht abgearbeitet wurden. Um einen einzelnen Druckauftrag abzubrechen, markieren Sie das Dokument in der Liste. Rufen Sie dann im Menü DOKUMENT den Befehl ABBRECHEN auf. Der Druckauftrag wird hierdurch gelöscht. Soll der Druckvorgang nur vorübergehend angehalten werden, etwa um das Papier im Papierschacht auszutauschen, wählen Sie stattdessen den Befehl ANHALTEN. Mit FORTSETZEN setzen Sie ihn dann wieder in Gang. Falls Sie diese Aktionen nicht nur für ein einzelnes Dokument ausführen möchten, sondern für alle Druckaufträge, rufen Sie den entsprechenden Befehl ALLE DRUCKAUFTRÄGE ABBRECHEN bzw. DRUCKER ANHALTEN über das Menü DRUCKER auf. Über DRUCKER • DRUCKEINSTELLUNGEN haben Sie die Möglichkeit, Einstellungen wie Papierausrichtung, Farbe oder auch zweiseitiges Drucken anzupassen. Die hier angebotenen Konfigurationen hängen vom verwendeten Drucker ab.

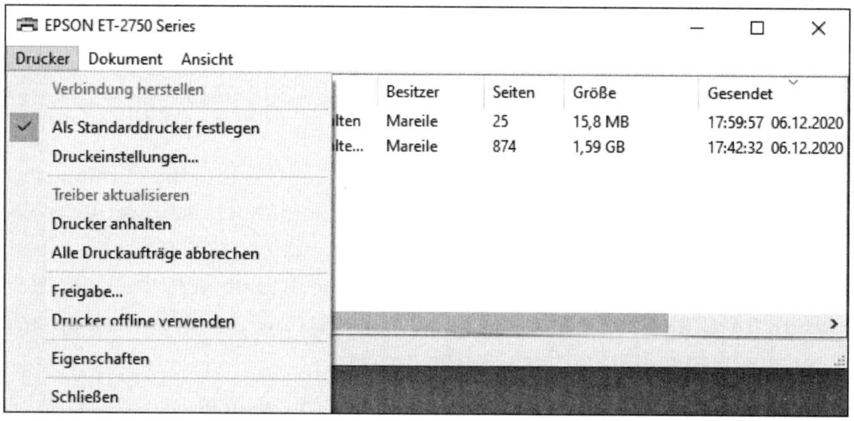

Abbildung 21.14 Über das Menü »Drucker« können Sie alle Druckaufträge in einem Rutsch abbrechen bzw. anhalten, für zuvor markierte Dokumente wählen Sie den Weg über das Menü »Dokument«.

Der Ausdruck umfangreicher Dokumente nimmt viel Zeit in Anspruch. Alle Druckaufträge, die danach gestartet wurden, müssen per Standardeinstellung warten, bis alle Seiten zu Papier gebracht wurden. Um sich selbst oder andere Benutzer durch solche Druckaktionen nicht zu blockieren, ist es sinnvoll, große Druckaufträge auf einen Zeitpunkt zu legen, zu dem der Drucker nicht anderweitig benötigt wird. Mit einem kleinen Trick lässt sich dies schnell bewerkstelligen:

1. Rufen Sie zunächst in der Einstellungen-App GERÄTE • DRUCKER & SCANNER auf, und markieren Sie den gewünschten Drucker. Klicken Sie auf WARTESCHLANGE ÖFFNEN.
2. Im Druckerwarteschlangen-Dialog wählen Sie DRUCKER • DRUCKER ANHALTEN. Damit stellen Sie sicher, dass der Druckauftrag, den Sie gleich starten, nicht sofort ausgeführt wird.
3. Stoßen Sie nun den Druckauftrag z. B. des PDF- oder auch Word-Dokuments an. Sobald er im Druckerwarteschlangen-Dialog aufgeführt wird, markieren Sie ihn und rufen DOKUMENT • EIGENSCHAFTEN auf.
4. Im Eigenschaften-Dialog aktivieren Sie unter ZEITPLAN die Option NUR VON. Geben Sie dann den Zeitpunkt an, zu dem der Druckauftrag ausgeführt werden soll.
5. Über den Schieberegler PRIORITÄT haben Sie die Möglichkeit, einem Druckauftrag eine höhere Priorität zuzuweisen. Dokumente mit einer höheren Priorität werden vor denjenigen ausgedruckt, die eine niedrigere Priorität aufweisen.

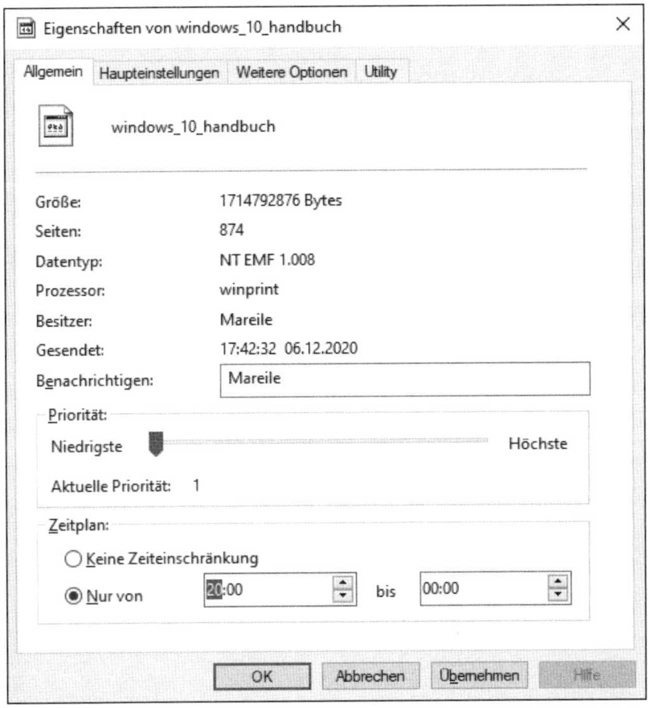

Abbildung 21.15 Sie können selbst bestimmen, wann ein Druckauftrag ausgeführt werden soll.

6. Haben Sie die Einstellungen mit OK übernommen, blenden Sie wieder das Menü DRUCKER ein und entfernen per Mausklick das Häkchen vor DRUCKER ANHALTEN. Der Druckauftrag wird nun zum angegebenen Zeitpunkt ausgeführt. Dies funktioniert natürlich nur, wenn sowohl der Computer als auch der Drucker eingeschaltet ist.

21.2.5 Drucker per Druckverwaltungskonsole verwalten

Über die Einstellungen-App erreichen Sie die wichtigsten Funktionen zur Verwaltung Ihrer Drucker. Für die Editionen Pro und Enterprise von Windows 10 steht Ihnen hierfür auch das Snap-In *Druckverwaltung* der Microsoft Management Console zur Verfügung.

Zum Aufruf drücken Sie die Tastenkombination [Win] + [R] und geben im Ausführen-Dialog »printmanagement.msc« ein. Nach Drücken der [↵]-Taste oder einen Klick auf OK wird die Druckverwaltungskonsole geöffnet. Klicken Sie im Navigationsbereich links z. B. auf DRUCKERSERVER, wird zunächst der Name Ihres Computers angezeigt, der als lokaler Druckerserver fungiert. Markieren Sie diesen, können Sie sich anschließend per Klick auf den entsprechenden Eintrag eine komfortable Übersicht über alle angeschlossenen Drucker und installierten Treiber anzeigen lassen. Öffnen Sie per rechten Mausklick das Kontextmenü eines Druckers, werden alle für den Drucker relevanten Befehle eingeblendet. So können Sie z. B. direkt die Druckerwarteschlange öffnen, Gruppenrichtlinien bereitstellen oder auch Freigaben verwalten.

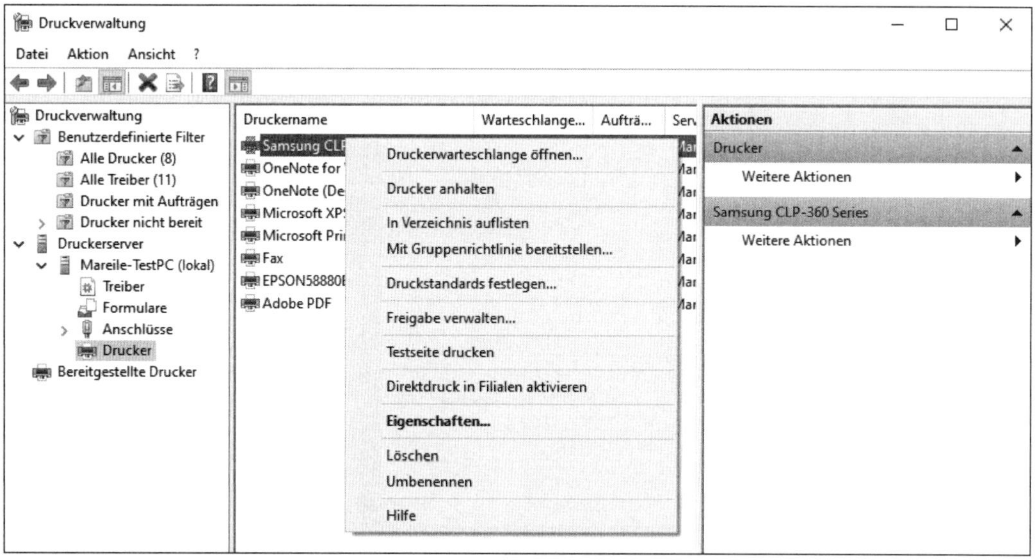

Abbildung 21.16 Übersicht über die Druckverwaltungskonsole mit dem geöffneten Kontextmenü eines Druckers

Wählen Sie im Navigationsbereich den Zweig FORMULARE aus, wird im Detailbereich rechts eine umfangreiche Liste an Papierformaten eingeblendet, die Ihnen zur Verfügung stehen. Sollte das von Ihnen benötigte Format fehlen, rufen Sie im Menü AKTION den Befehl FORMULARE VERWALTEN auf. Im Register FORMULARE des Eigenschaften-Dialogs versehen Sie NEUES FORMULAR ERSTELLEN mit einem Häkchen. Anschließend tragen Sie einen Formularnamen ein und stellen die gewünschte Papiergröße und die Druckbereichsbegrenzungen ein, bevor Sie den Dialog mit OK schließen.

Drucker verwalten per Windows PowerShell

Wer gerne mit der Windows PowerShell arbeitet, dem stehen derzeit 22 Befehle (auch *Cmdlets* genannt) zur Druckverwaltung zur Verfügung. Zum Start der Windows PowerShell drücken Sie am besten die Tastenkombination [Win] + [X] und wählen dann den entsprechenden Eintrag im Schnellzugriffsmenü aus. Um sich eine Übersicht über die Befehle anzeigen zu lassen, geben Sie im Konsolenfenster den Befehl `Get-Command -Module PrintManagement` ein. Benötigen Sie weitere Informationen, etwa zur Syntax eines Befehls, geben Sie `Get-Help <Name Befehl>` ein, z. B. `Get-Help Add-Printer`.

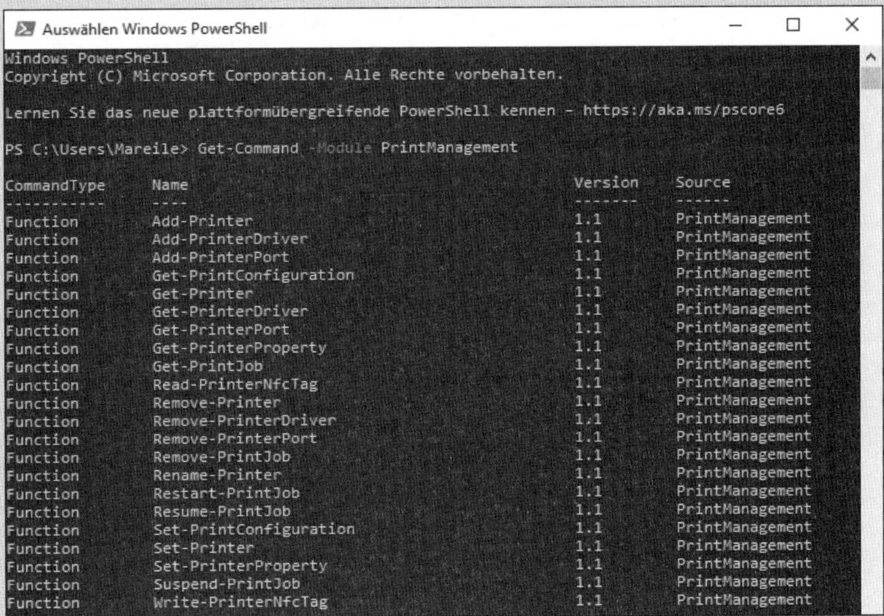


```
Windows PowerShell
Copyright (C) Microsoft Corporation. Alle Rechte vorbehalten.

Lernen Sie das neue plattformübergreifende PowerShell kennen - https://aka.ms/pscore6

PS C:\Users\Mareile> Get-Command -Module PrintManagement

CommandType     Name                          Version    Source
-----------     ----                          -------    ------
Function        Add-Printer                   1.1        PrintManagement
Function        Add-PrinterDriver             1.1        PrintManagement
Function        Add-PrinterPort               1.1        PrintManagement
Function        Get-PrintConfiguration        1.1        PrintManagement
Function        Get-Printer                   1.1        PrintManagement
Function        Get-PrinterDriver             1.1        PrintManagement
Function        Get-PrinterPort               1.1        PrintManagement
Function        Get-PrinterProperty           1.1        PrintManagement
Function        Get-PrintJob                  1.1        PrintManagement
Function        Read-PrinterNfcTag            1.1        PrintManagement
Function        Remove-Printer                1.1        PrintManagement
Function        Remove-PrinterDriver          1.1        PrintManagement
Function        Remove-PrinterPort            1.1        PrintManagement
Function        Remove-PrintJob               1.1        PrintManagement
Function        Rename-Printer                1.1        PrintManagement
Function        Restart-PrintJob              1.1        PrintManagement
Function        Resume-PrintJob               1.1        PrintManagement
Function        Set-PrintConfiguration        1.1        PrintManagement
Function        Set-Printer                   1.1        PrintManagement
Function        Set-PrinterProperty           1.1        PrintManagement
Function        Suspend-PrintJob              1.1        PrintManagement
Function        Write-PrinterNfcTag           1.1        PrintManagement
```

Abbildung 21.17 Übersicht über die Befehle zur Druckverwaltung

21.3 Hardware per Bluetooth anschließen

Bei Mobilgeräten wie Notebooks und Tablets zählt *Bluetooth* bereits zur Standardausstattung, aber auch viele Desktop-PCs verfügen mittlerweile über einen entsprechenden Adapter. Kein Wunder also, dass der Kurzstreckenfunk eine beliebte Methode ist, um z. B. Lautsprecher, Headsets, Computermäuse, Fitnessarmbänder oder auch Smartphones mit dem Computer zu verbinden.

Die Verbindung zwischen den Geräten ist schnell eingerichtet. Schalten Sie zunächst das Bluetooth-Gerät ein, das Sie mit dem Computer verbinden möchten (man spricht hier auch von *koppeln*). Das externe Gerät muss außerdem in den Kopplungsmodus (auch *Paarmodus* genannt) versetzt werden, damit es vom Computer erkannt werden kann. Meist müssen Sie hierzu eine spezielle Taste über einen bestimmten Zeitraum hinweg gedrückt halten. Nähere Informationen entnehmen Sie bitte dem Handbuch des Geräts.

Auf dem Windows-Gerät rufen Sie z. B. über die Tastenkombination [Win] + [I] die Einstellungen-App auf und wechseln in die Kategorie GERÄTE • BLUETOOTH- UND ANDERE GERÄTE. Stellen Sie sicher, dass der Regler BLUETOOTH eingeschaltet ist. Außerdem sollte BENACHRICHTIGUNGEN ANZEIGEN, WENN EINE SCHNELLE KOPPLUNG MÖGLICH IST mit einem Häkchen versehen sein. Der Hintergrund dieser Benachrichtigungen ist folgender: Seit Version 1803 unterstützt Windows 10 die Funktion *Swift Pair*, die eine schnelle Verbindung von Bluetooth-Geräten und Computern ermöglicht. Unterstützt das Bluetooth-Gerät diese Funktion ebenfalls, erscheint auf dem Windows 10-Computer sowohl über dem Infobereich der Taskleiste als auch im Info-Center nur noch eine Benachrichtigung, dass ein Bluetooth-Gerät gefunden wurde. Klicken Sie in diesem Hinweis auf VERBINDEN, wird das Gerät eingerichtet und erscheint anschließend in der Übersicht auf der Seite BLUETOOTH- UND ANDERE GERÄTE.

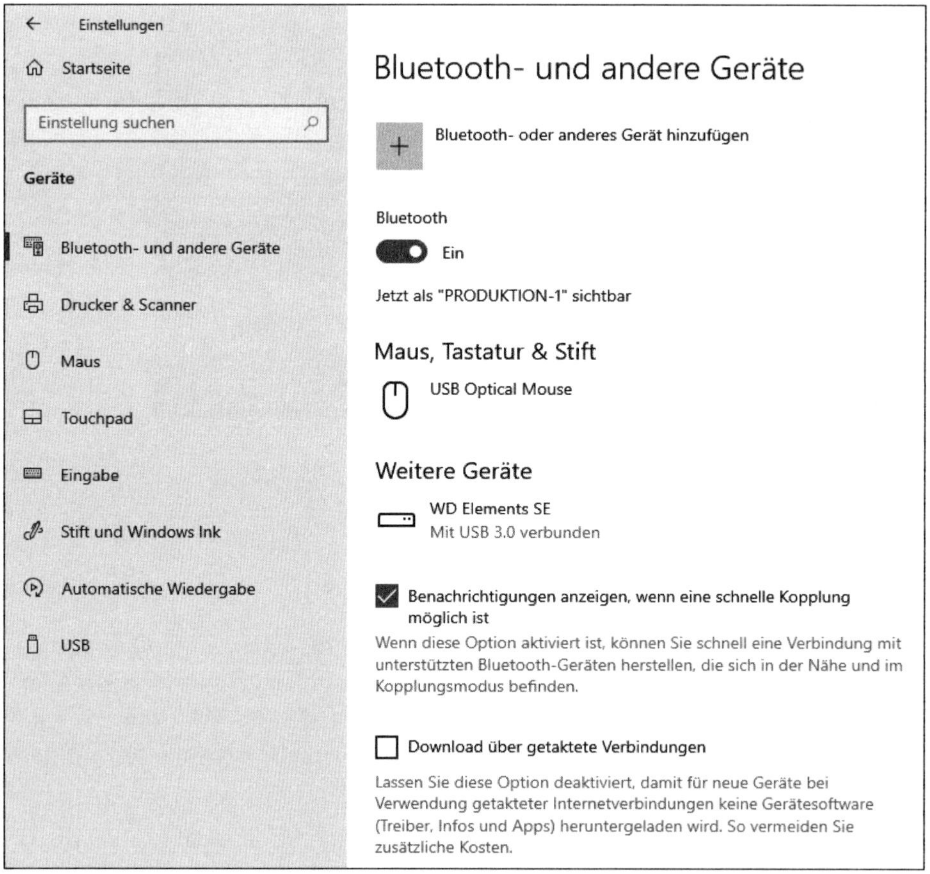

Abbildung 21.18 Um den Computer mit einem Bluetooth-Gerät koppeln zu können, muss der Regler »Bluetooth« eingeschaltet sein.

Geräte drahtlos via Miracast verbinden

Unter Windows 10 haben Sie die Möglichkeit, z. B. einen externen Monitor, ein Smart-TV oder auch einen Projektor mithilfe von *Miracast* drahtlos mit dem Computer zu verbinden. Miracast ist ein Peer-to-Peer-Funkstandard zur Übertragung von Bildschirminhalten einschließlich Ton, der von der *Wi-Fi Alliance* entwickelt wurde. Technisch basiert Miracast auf Wi-Fi Direct: Eine Aktivierung der Funkbrücke auf der Hardware reicht für den Datenaustausch aus, eine Verbindung zu einem WLAN-Netzwerk ist nicht notwendig. Sollte das Gerät (z. B. Ihr Fernseher), auf das Sie Bild und Ton vom Windows 10-Computer übertragen möchten, den Miracast-Standard nicht unterstützen, können Sie sich mit einem Adapter behelfen, der an den HDMI-Eingang des Geräts angeschlossen wird.

Um die Verbindung zwischen dem Windows 10-Computer und dem anderen Gerät (man spricht in diesem Fall auch von einem *Miracast-Empfänger*) herzustellen, klicken Sie in der Einstellungen-App unter GERÄTE • BLUETOOTH- UND ANDERE GERÄTE auf BLUETOOTH- ODER ANDERES GERÄT HINZUFÜGEN. Im Dialog GERÄT HINZUFÜGEN wählen Sie dann DRAHTLOSE ANZEIGE ODER DOCKING-STATION. Windows 10 startet nun die Suche nach Geräten zur drahtlosen Anzeige oder auch Audiogeräten. Stellen Sie sicher, dass das entsprechende Gerät eingeschaltet ist. Sobald der gewünschte Miracast-Empfänger angezeigt wird, wählen Sie ihn per Mausklick aus. Konnte die Verbindung erfolgreich hergestellt werden, drücken Sie die Tastenkombination [⊞] + [P]. Über die Spalte PROJIZIEREN, die nun am rechten Bildschirmrand eingeblendet wird, legen Sie fest, wie der Bildschirminhalt auf den Miracast-Empfänger projiziert werden soll.

In Abschnitt 7.6 erfahren Sie übrigens, wie Sie mehrere Monitore an Ihren Computer anschließen können und welche Einstellungen Sie anschließend vornehmen sollten.

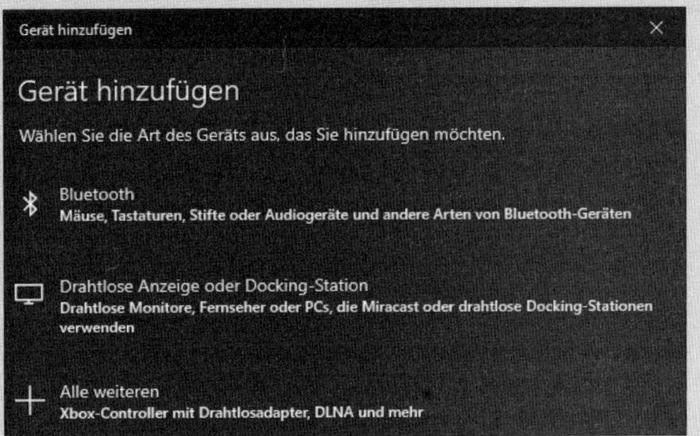

Abbildung 21.19 Windows 10 unterstützt den Miracast-Standard, mit dem Sie Ihren Computer drahtlos mit Miracast-kompatiblen Geräten (z. B. einem Fernseher) verbinden können.

Falls das externe Gerät Swift Pair nicht unterstützt, sind ein paar Schritte mehr notwendig. Klicken Sie auf der Seite BLUETOOTH- UND ANDERE GERÄTE auf BLUETOOTH- ODER ANDERES

GERÄT HINZUFÜGEN. Im Dialog GERÄT HINZUFÜGEN wählen Sie BLUETOOTH aus (siehe Abbildung 21.19). Anschließend werden alle in der Nähe verfügbaren Bluetooth-Geräte aufgelistet. Markieren Sie das gewünschte Gerät. Bei einigen Bluetooth-Geräten (z. B. Tastatur oder Smartphone) ist nun noch eine Autorisierung notwendig, um sicherzustellen, dass die Verbindung auch wirklich erwünscht ist. Ohne diese Autorisierung könnte ein Krimineller z. B. sein Smartphone an Ihren Computer anschließen und diesen somit ausspionieren. Zur Autorisierung wird auf dem Computer ein Zahlencode eingeblendet. Handelt es sich bei dem Bluetooth-Gerät um eine Tastatur, müssen Sie diese PIN auf der Tastatur eintippen. Falls Sie ein Smartphone mit dem Computer koppeln, ist es meist ausreichend, den auf beiden Geräten angezeigten Zahlencode zu vergleichen. Ist die PIN identisch, bestätigen Sie auf dem Windows-PC mit einem Klick auf VERBINDEN und FERTIG. Auf dem Smartphone ist ebenfalls eine Bestätigung erforderlich. Folgen Sie hier einfach den Anweisungen.

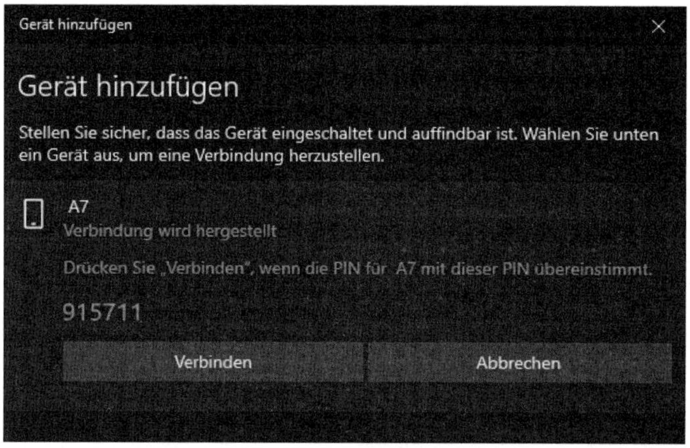

Abbildung 21.20 Prüfen Sie die angezeigte PIN auf beiden Geräten. Stimmt die Ziffernfolge überein, bestätigen Sie mit »Verbinden«.

Auf der Seite BLUETOOTH- UND ANDERE GERÄTE der Einstellungen-App werden alle Geräte aufgelistet, die Sie per Bluetooth mit Ihrem Windows 10-Gerät gekoppelt haben. Falls Sie eines der Geräte nicht mehr verwenden oder womöglich auch gar nicht mehr besitzen, sollten Sie es aus Gründen der Übersicht aus der Liste entfernen. Klicken Sie hierzu einfach auf den Gerätenamen und dann auf GERÄT ENTFERNEN.

Klicken Sie auf der Seite BLUETOOTH- UND ANDERE GERÄTE unter VERWANDTE EINSTELLUNGEN auf WEITERE BLUETOOTH-OPTIONEN, wird der Dialog BLUETOOTH-EINSTELLUNGEN geöffnet. Im Register OPTIONEN lässt sich festlegen, ob Ihr Computer für andere Bluetooth-Geräte sichtbar sein soll und ob Benachrichtigungen angezeigt werden sollen, wenn ein Bluetooth-Gerät eine Verbindung zum Computer herstellen möchte.

Wechseln Sie in das Register HARDWARE, erhalten Sie eine Liste aller Bluetooth-Geräte, die mit Ihrem Computer verbunden sind. Markieren Sie ein Gerät und klicken dann auf EIGENSCHAFTEN, erhalten Sie einige Informationen zu den verwendeten Treibern und mehr.

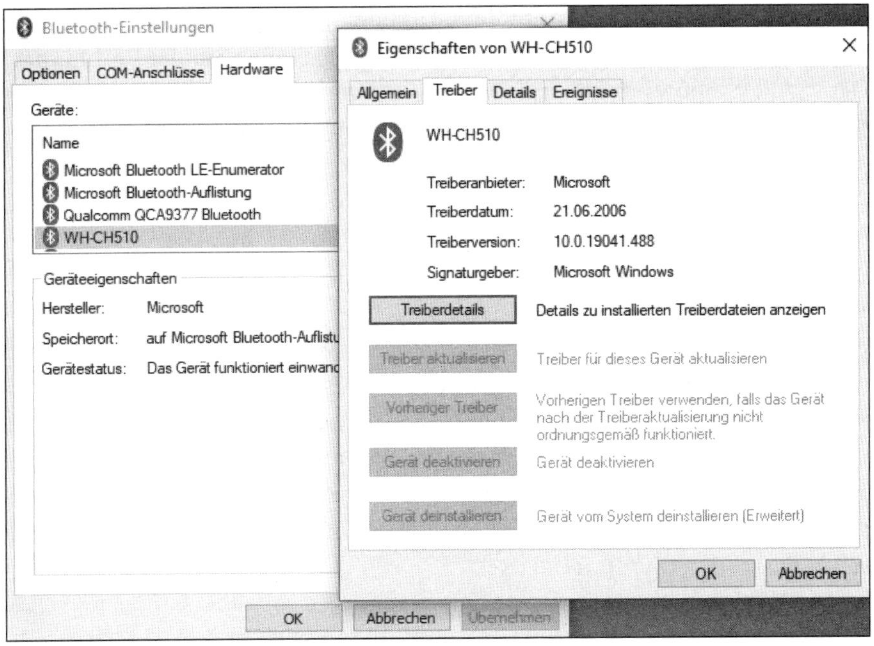

Abbildung 21.21 Im Eigenschaften-Dialog eines Bluetooth-Geräts können Sie sich z. B. Informationen zum verwendeten Treiber anzeigen lassen.

Dateien blitzschnell via Explorer auf das Smartphone übertragen

Haben Sie ein Smartphone per Bluetooth mit dem Windows 10-Computer verbunden, steht Ihnen im Explorer eine bequeme Möglichkeit zur Verfügung, um Dateien vom Computer auf das Smartphone zu übertragen. Markieren Sie einfach die gewünschten Dateien, und klicken Sie diese dann mit der rechten Maustaste an. Wählen Sie im Kontextmenü den Befehl SENDEN AN • BLUETOOTH-GERÄT. Im folgenden Dialog sollte das Smartphone aufgeführt werden. Markieren Sie es, und bestätigen Sie mit WEITER. Auf dem Mobilgerät erscheint nun der Hinweis, dass eine Datei zur Übertragung bereitsteht. Sobald Sie diesen Hinweis bestätigen, wird die Datenübertragung durchgeführt.

21.4 Automatische Wiedergabe für Wechseldatenträger konfigurieren

Ob externe Festplatte, USB-Stick, Digitalkamera, MP3-Player oder gar ein Smartphone, all diese Geräte lassen sich schnell per USB-Kabel mit dem Computer verbinden. Die USB-Geräte unterstützen Plug & Play, sodass die Treiberinstallation im Normalfall automatisch erfolgt. Sollte dies etwa beim Smartphone nicht funktionieren, sehen Sie am besten auf der Website des Geräteherstellers nach, ob dort spezielle Treiber oder auch Software zur Anbindung des Geräts an Windows 10 zu finden sind.

Wurde der Treiber erfolgreich installiert, steht einem Datenaustausch zwischen dem USB-Wechseldatenträger und dem Computer nichts mehr im Wege. Stellen Sie die Verbindung zwischen dem Gerät und Windows 10 das erste Mal her, startet per Standardeinstellung die sogenannte *automatische Wiedergabe* (auch *Autoplay* genannt). Dies geschieht auch, wenn Sie einen Wechseldatenträger wie etwa eine CD bzw. DVD oder eine Speicherkarte in das entsprechende Laufwerk des Computers einlegen. Oberhalb des Infobereichs der Taskleiste wird eine QuickInfo eingeblendet, die Sie dazu auffordert, eine Aktion für den Wechseldatenträger auszuwählen. Klicken Sie auf diesen Hinweis, werden Ihnen im folgenden Dialog mehrere Optionen zur Auswahl angeboten. Welche dies im Einzelnen sind, hängt vom Wechseldatenträger ab. Möchten Sie von einem angeschlossenen Smartphone z. B. Fotos auf den Computer übertragen, lässt sich mit der Option FOTOS UND VIDEOS IMPORTIEREN (FOTOS) direkt die Fotos-App starten, über die Sie dann den Datenimport vornehmen. Wählen Sie ORDNER ÖFFNEN, UM DATEIEN ANZUZEIGEN, wird der Explorer geöffnet, über den Sie bequem auf den Inhalt des Wechseldatenträgers zugreifen können. Handelt es sich bei dem Gerät um ein Smartphone, wie in Abbildung 21.22 der Fall, nennt sich die entsprechende Aktion GERÄT ZUM ANZEIGEN DER DATEIEN ÖFFNEN.

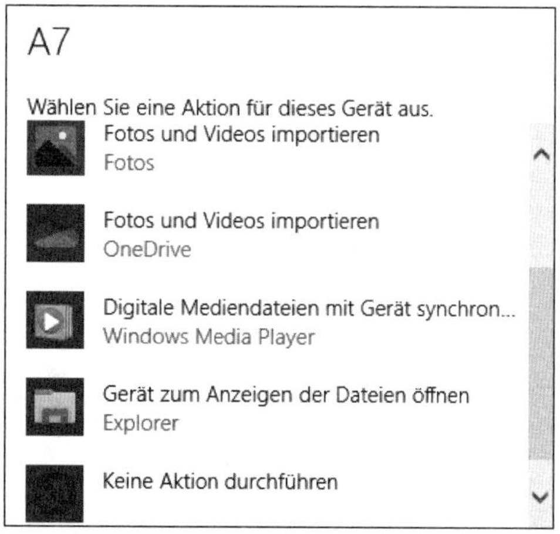

Abbildung 21.22 Wählen Sie eine der angebotenen Aktionen für das Gerät aus.

Windows 10 merkt sich, welche Aktion Sie gewählt haben, und führt diese beim nächsten Verbindungsaufbau zwischen Wechseldatenträger und Computer automatisch aus. Sie können diese Einstellung aber jederzeit wieder ändern. Hierzu rufen Sie die Einstellungen-App auf und wechseln dort in die Kategorie GERÄTE • AUTOMATISCHE WIEDERGABE. Auf der Seite AUTOMATISCHE WIEDERGABE finden Sie nun die drei Felder WECHSELDATENTRÄGER, SPEICHERKARTE und das zuletzt an den Computer angeschlossene Gerät. Stellen Sie in den Feldern jeweils die gewünschte Aktion ein. Möchten Sie die Einstellung jedes Mal neu festlegen, wenn Sie ein Gerät mit dem Computer verbinden, wählen Sie den Eintrag JEDES MAL NACHFRAGEN. Soll gar keine Aktion stattfinden, entscheiden Sie sich für den Eintrag KEINE AKTION DURCHFÜHREN.

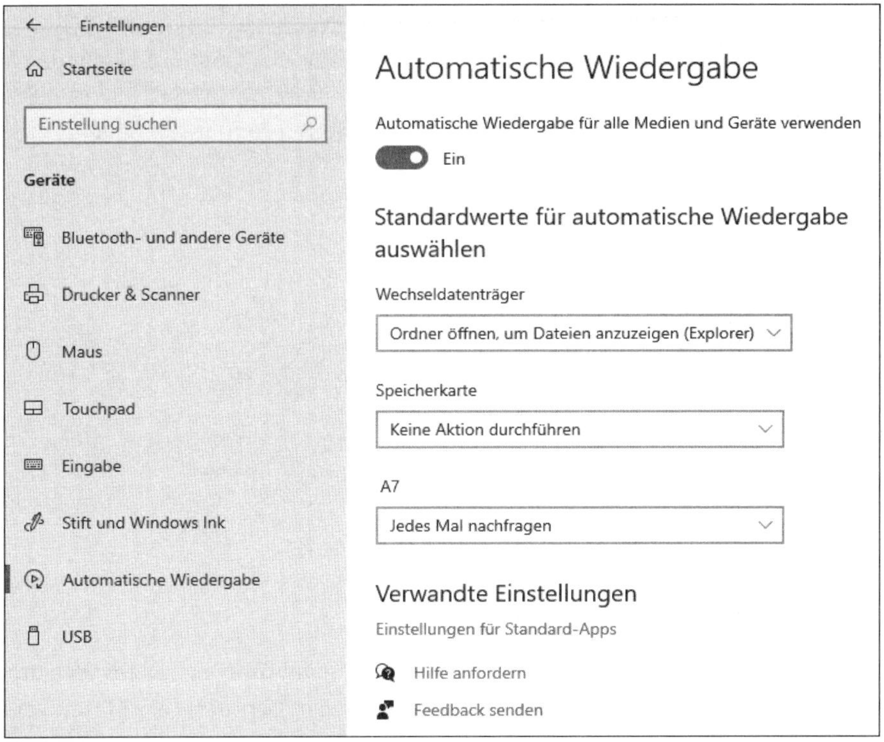

Abbildung 21.23 Die Seite »Automatische Wiedergabe« der Einstellungen-App

Falls Sie die automatische Wiedergabe ganz ablehnen, deaktivieren Sie die Funktion einfach, indem Sie den Regler Automatische Wiedergabe für alle Medien und Geräte verwenden auf Aus setzen.

Wechseldatenträger richtig entfernen

Wird der Wechseldatenträger nicht mehr benötigt, ziehen viele Anwender einfach den USB-Stecker vom Computer ab. Findet in diesem Moment kein Datenaustausch zwischen den Geräten statt, haben Sie Glück gehabt. Das recht sorglose Vorgehen kann aber auch schnell Probleme mit sich ziehen, falls hierdurch noch aktive Schreibvorgänge unterbrochen werden. Im harmlosen Fall führt dies lediglich zu einer beschädigten Datei, im schlimmsten Fall wird das Dateisystem beschädigt. Wollen Sie den Datenträger das nächste Mal verwenden, erhalten Sie von Windows 10 eine entsprechende Warnung, dass das Dateisystem überprüft werden muss. Diese Meldung erscheint allerdings nur, wenn in der Einstellungen-App unter Geräte • USB das Kästchen Bei Problemen mit angeschlossenen USB-Geräten benachrichtigen mit einem Häkchen versehen ist. Um sicherzustellen, dass keinerlei Schreibvorgang mehr stattfindet, wenn Sie den Wechseldatenträger vom Computer abziehen, sollten Sie das Entfernen über den Infobereich der Taskleiste vorbereiten. Klicken Sie hier auf das Symbol ^ und dann auf das Symbol des USB-Sticks. Wählen Sie den Wechseldatenträger aus, den

Sie abziehen möchten. Warten Sie nun, bis der Hinweis HARDWARE KANN JETZT ENTFERNT WERDEN erscheint, bevor Sie die Verbindung trennen. Findet gerade eine größere Schreiboperation statt (etwa eine umfangreiche Datensicherung), warnt Windows 10 Sie, das Gerät noch nicht zu entfernen. Probieren Sie die Schritte zu einem späteren Zeitpunkt erneut.

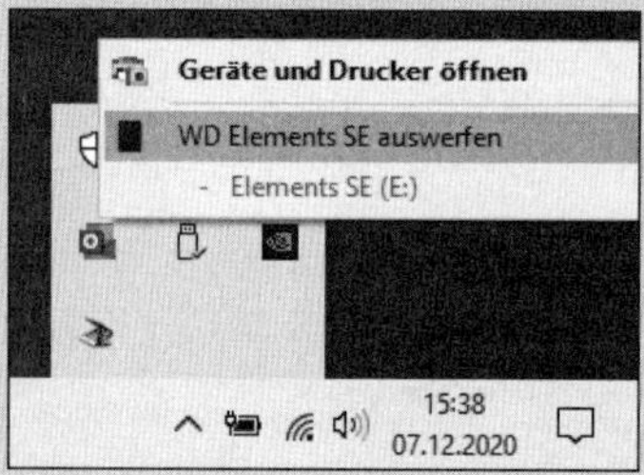

Abbildung 21.24 Wählen Sie den sicheren Weg über die Taskleiste, um einen Wechseldatenträger vom Computer zu entfernen, um möglichen Datenverlust zu vermeiden.

21.5 Hardware verwalten per Geräte-Manager

Wenn es um die Verwaltung von Hardware und deren Treiber geht, führt kaum ein Weg am *Geräte-Manager* vorbei. In dem *Snap-In* der *Microsoft Management Console* (kurz *MMC*) werden alle Geräte aufgeführt, die am Computer angeschlossen bzw. in ihm verbaut sind. Dazu zählen Grafik- und Soundkarten, Eingabegeräte wie Maus und Tastatur, Festplatten, Laufwerke, Netzwerkadapter und vieles mehr. Zu jedem dieser Geräte können Sie sich im Geräte-Manager Informationen wie Status, Hersteller und Details zu den installierten Treibern anzeigen lassen. Außerdem stellt der Geräte-Manager einige Funktionen zur Konfiguration der Hardware bereit.

21.5.1 Den Geräte-Manager optimal nutzen

Der Geräte-Manager fungiert bereits seit einigen Windows-Versionen als zentrale Anlaufstelle, um sich eine Übersicht über Hardware und Treiber zu verschaffen. Für den Aufruf stehen Ihnen verschiedene Möglichkeiten zur Verfügung. Hier eine kleine Auswahl:

- Am schnellsten öffnen Sie den GERÄTE-MANAGER über das Schnellzugriffsmenü, das Sie über die Tastenkombination [Win] + [X] oder per rechten Mausklick auf das Windows-Logo [Win] einblenden.
- Geben Sie im Suchfeld der Taskleiste »Geräte« ein, und klicken Sie dann auf den Treffer GERÄTE-MANAGER, um diesen zu starten.
- Drücken Sie die Tastenkombination [Win] + [R], um den Ausführen-Dialog zu öffnen. Tragen Sie hier »devmgmt.msc« ein. Der Geräte-Manager wird gestartet, sobald Sie mit OK bestätigen oder die [↵]-Taste drücken.

- Wer, wie von früheren Windows-Versionen gewohnt, die Tastenkombination [Win] + [Pause] drückt, gelangt nicht mehr zur Systemsteuerung, sondern auf die Seite INFO der Einstellungen-App. Blättern Sie hier etwas nach unten, finden Sie unter VERWANDTE EINSTELLUNGEN den Link GERÄTE-MANAGER.

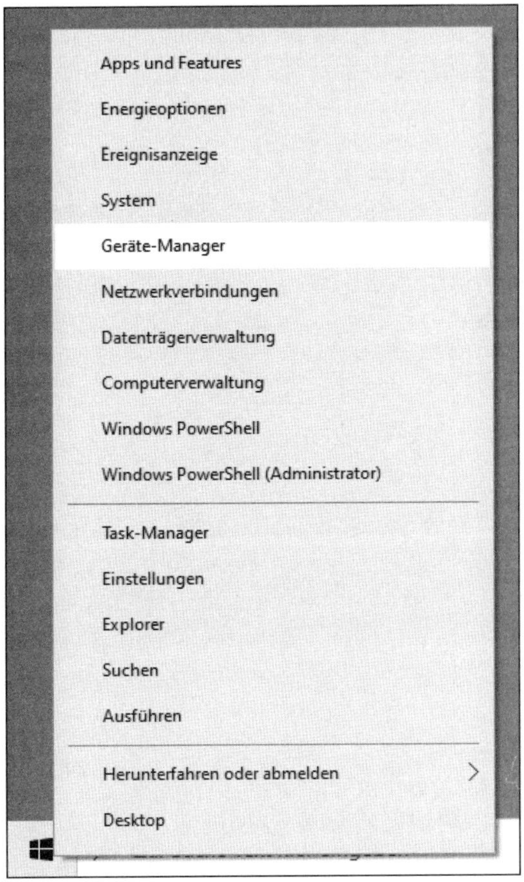

Abbildung 21.25 Am schnellsten lässt sich der Geräte-Manager über das Schnellzugriffsmenü starten.

Nach dem Start zeigt der Geräte-Manager in der Standardansicht alle Geräte nach Typ gruppiert an, z. B. AUDIO, VIDEO UND GAMECONTROLLER, GRAFIKKARTEN oder auch PROZESSOREN. Per Klick auf das kleine Pfeilsymbol vor einem Knoten blenden Sie die Geräte der entsprechenden Kategorie ein bzw. aus. Im Geräte-Manager erscheinen zunächst nur die Geräte, die derzeit auch angeschlossen sind. Falls auch die aktuell nicht mit dem Computer verbundenen Geräte wie etwa Smartphones eingeblendet werden sollen, rufen Sie das Menü ANSICHT auf und versehen AUSGEBLENDETE GERÄTE ANZEIGEN per Mausklick mit einem Häkchen. Nicht Plug & Play-fähige Geräte werden seit Windows 8 nicht mehr im Geräte-Manager aufgeführt.

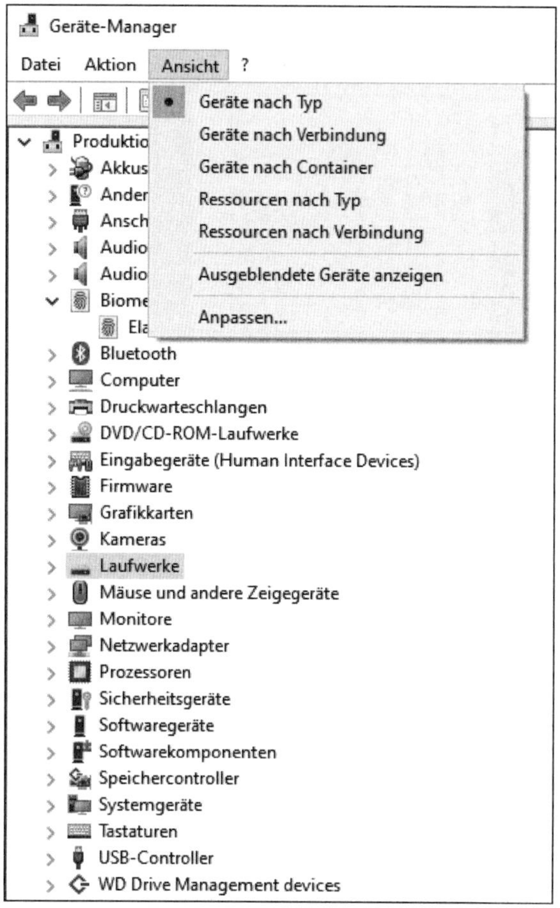

Abbildung 21.26 Die Standardansicht des Geräte-Managers gruppiert alle Geräte dem Typ nach. Über das Menü »Ansicht« lässt sich diese Darstellung ändern.

Zeigt der Geräte-Manager eine Hardware, die Sie gerade an den Computer angeschlossen haben, noch nicht an, rufen Sie im Menü AKTION den Befehl NACH GEÄNDERTER HARDWARE SUCHEN auf. Es wird nun eine Suche nach noch nicht erkannten Geräten gestartet. Wird ein solches Gerät erkannt, wird es dann automatisch konfiguriert. Dass ein Gerät nicht aufgeführt wird, kann manchmal allerdings auch einen ganz simplen Grund haben, etwa dann, wenn man es schlicht vergessen hat einzuschalten oder wenn sich ein Kabel gelockert hat.

21.5.2 Geräteeinstellungen prüfen und konfigurieren

Über den Geräte-Manager lassen sich viele Informationen über eine Hardware in Erfahrung bringen. Klicken Sie ein Gerät doppelt an, wird der hierfür erforderliche Eigenschaften-Dialog geöffnet. Alternativ hierzu können Sie das Gerät auch mit der rechten Maustaste anklicken und dann den Befehl EIGENSCHAFTEN wählen. Welche Register Sie anschließend im Eigenschaften-Dialog vorfinden, hängt vom Gerät ab. Die ersten vier der folgenden Register sind immer dabei:

- **Allgemein**: In diesem Register werden allgemeine Informationen zum Gerät angezeigt, wie etwa Gerätetyp, Hersteller und der Speicherort, sprich Steckplatz. Im Bereich GERÄTESTATUS sehen Sie auf einen Blick, ob das Gerät einwandfrei funktioniert.
- **Treiber**: Über das Register TREIBER können Sie sich über die aktuell installierte Treiberversion und das Datum informieren. Diese beiden Daten sind wichtig, um zu überprüfen, ob ein im Rahmen der optionalen Updates angebotener Treiber aktueller ist als der bereits installierte. Sie erfahren außerdem, wer der Anbieter des Treibers ist und durch wen er signiert wurde. Über die Schaltfläche TREIBERDETAILS können Sie sich Details zu den einzelnen Treiberdateien einblenden lassen. Die weiteren Schaltflächen dienen dem Aktualisieren des Treibers und Deaktivieren oder auch Deinstallieren des Geräts. Weitere Informationen hierzu erhalten Sie im folgenden Abschnitt.
- **Details**: Um alle Eigenschaften des Geräts in Erfahrung zu bringen, wechseln Sie in das Register DETAILS. Klicken Sie auf den Pfeil rechts vom Feld EIGENSCHAFTEN, klappt eine Liste mit allen verfügbaren Eigenschaften auf. Sobald Sie die gewünschte markiert haben, werden die mit der Eigenschaft verknüpften Werte eingeblendet. Eine der wichtigsten Eigenschaften stellt die Hardware-ID dar, über die sich unbekannte Geräte identifizieren lassen. Lesen Sie hierzu auch den gleichnamigen Kasten.
- **Ereignisse**: Interessiert es Sie, wann ein Gerät installiert, konfiguriert oder die Treiber aktualisiert wurden, werfen Sie einen Blick in das Register EREIGNISSE.
- **Ressourcen**: Im Register RESSOURCEN werden die Hardwareressourcen aufgeführt, die vom Gerät verwendet werden. Falls es zu Konflikten bei der Ressourcenverteilung kommt, etwa wenn zwei Geräte denselben Speicherbereich belegen, wird in diesem Register eine entsprechende Information hierzu eingeblendet. Die Einstellungen lassen sich nicht konfigurieren.
- **Energieverwaltung**: Wie das Register RESSOURCEN ist auch das Register ENERGIEVERWALTUNG nicht für jedes Gerät verfügbar. Ist es vorhanden, finden Sie hier die zwei Einstellungen COMPUTER KANN GERÄT AUSSCHALTEN, UM ENERGIE ZU SPAREN und GERÄT KANN DEN COMPUTER AUS DEM RUHEZUSTAND AKTIVIEREN.
- **Volumes**: Das Register VOLUMES wird z. B. bei Festplattenlaufwerken angeboten. Die Datenträgerinformationen werden erst nach einem Klick auf AUFFÜLLEN eingeblendet. Markieren Sie nun das Laufwerk im Bereich VOLUMES und klicken dann auf EIGENSCHAFTEN, wird der Eigenschaften-Dialog geöffnet, über den Sie z. B. Tools zum Defragmentieren oder zur Fehlerüberprüfung starten können (siehe Abbildung 21.27).

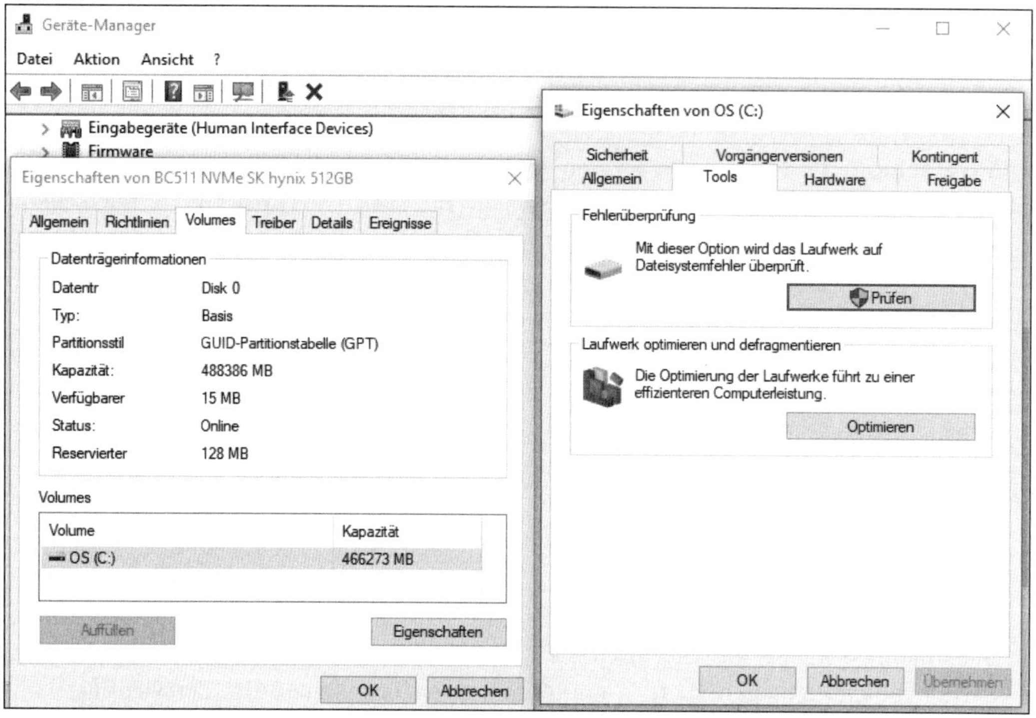

Abbildung 21.27 Die Datenträgerinformationen müssen erst »aufgefüllt« werden. Anschließend lässt sich der Eigenschaften-Dialog aufrufen, über den sich z. B. die Fehlerüberprüfung starten lässt.

Unbekannte Geräte identifizieren

Der Großteil der Hardwaregeräte, die Sie an Ihrem Computer anschließen, wird von Windows 10 korrekt erkannt. Sollte doch ein Problem auftauchen, wird das nicht identifizierte Gerät im Geräte-Manager mit einem Fragezeichen gekennzeichnet und in einer gesonderten Kategorie ANDERE GERÄTE aufgeführt. Aufgrund einer fehlenden Gerätebezeichnung ist nun allerdings guter Rat teuer. Denn wie soll ein passender Treiber gefunden werden, wenn man nicht weiß, wonach man suchen soll? Hier hilft das Register DETAILS des Eigenschaften-Dialogs weiter, den Sie nach einem rechten Mausklick auf das unbekannte Gerät und einem anschließenden Klick auf EIGENSCHAFTEN aufrufen. Wählen Sie im Register DETAILS im Feld EIGENSCHAFTEN die HARDWARE-IDS aus. Im Feld WERT wird nun eine Zeichenfolge eingeblendet, anhand derer Sie sich auf die Spurensuche nach dem Gerät begeben können. Die ersten Zeichen geben an, an welchem Bus die Hardware angeschlossen ist, also etwa PCI oder auch USB. Diese Angaben können Sie für Ihre Rechercheangaben ignorieren. Nach dem Backslash folgt die Herstellerkennung, auch *Vendor-ID* genannt. Die Abkürzung hierfür lautet *VEN*. Nach der Herstellerkennung wird im Normalfall die Gerätekennung angezeigt. Diese Device-ID wird mit *DEV* abgekürzt. Starten Sie den Browser, und geben Sie in einer Suchmaschine die gerade ermittelte Herstellerkennung ein, z. B. »VEN_8086«. Die Suchanfrage für dieses

Beispiel ergibt, dass es sich bei dem Hersteller des Geräts um Intel handelt. Starten Sie eine weitere Suchanfrage, in der Sie nun auch nach der Gerätekennung in Kombination mit der Herstellerkennung suchen. Auf diese Weise lässt sich meist sehr gut der eigentliche Gerätename in Erfahrung bringen. Wenn es an das Herunterladen der Treiber geht, ist allerdings Vorsicht geboten. Viele Treffer der Suchanfragen bieten Ihnen zwar genau dies an, einen Download sollten Sie allerdings nur über absolut vertrauenswürdige Websites durchführen, am besten von der Website des Geräteherstellers selbst. Achten Sie außerdem darauf, dass Sie einen passenden Treiber für Ihre Windows-Version auswählen.

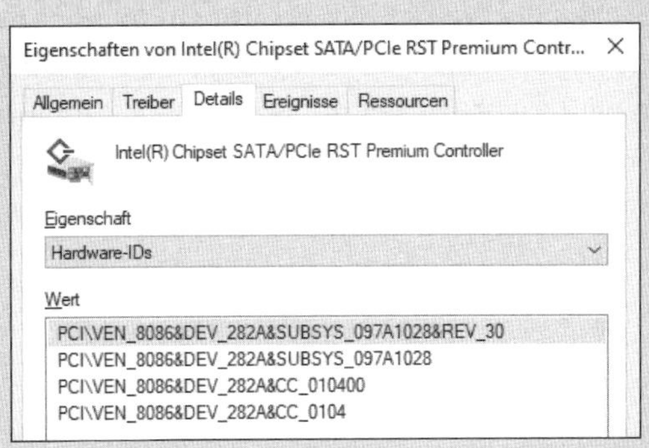

Abbildung 21.28 Mithilfe der Vendor-ID und der Device-ID, die Sie anhand der Hardware-ID ermitteln, lässt sich ein Gerät identifizieren.

21.6 Treiber im Griff

Die Interaktion zwischen Windows 10 und den fest eingebauten oder auch angeschlossenen Hardwaregeräten erfolgt über Gerätetreiber. Dabei handelt es sich um Programme, die sich um die Steuerung der einzelnen Hardwarekomponenten kümmern. Sollte es Probleme mit einer Hardware geben, kann ein inkompatibler oder auch fehlerhafter Treiber die Ursache sein. Auf den folgenden Seiten lernen Sie verschiedene Möglichkeiten kennen, wie sich Treiberprobleme in den Griff bekommen lassen.

21.6.1 Treiber aktualisieren, zurücksetzen oder deaktivieren

Wurde eine Hardware erfolgreich eingerichtet, besteht im Grunde genommen keine Notwendigkeit, Hand an die einmal installierten Treiber zu legen. Ab und an kann aber dennoch eine Treiberaktualisierung erforderlich sein. Etwa dann, wenn ein Hersteller sein Produkt mit neuen Funktionen versieht, die über ein Treiberupdate zur Verfügung gestellt werden. Eventuell wurden aber auch Fehler ausgebessert, sodass ebenfalls eine Aktualisierung der Treiber empfehlenswert ist. Beseitigt ein Update ein bestehendes Problem nicht, können die Deinstallation des Geräts und die anschließende Neueinrichtung notwendig werden.

Treiber aktualisieren

Die meisten von Microsoft signierten Treiber werden über das Windows Update ausgeliefert. Bis Windows 10 Version 1909 konnten Anwender über den Geräte-Manager überprüfen, ob neue Treiberversionen im Internet verfügbar sind. Seit Windows 10 Version 2004 ist hierfür die Einstellungen-App die entsprechende Anlaufstelle. Starten Sie die Einstellungen-App z. B. über die Tastenkombination [Win] + [I], und rufen Sie die Kategorie UPDATE UND SICHERHEIT auf. Treiberupdates werden als optionale Updates angeboten. Klicken Sie auf der Seite WINDOWS UPDATE auf OPTIONALE UPDATES ANZEIGEN (die Schaltfläche erscheint nur, wenn optionale Updates verfügbar sind). Blenden Sie die Treiberupdates mit einem Klick auf den Pfeil [>] links von TREIBERUPDATES ein. Sie können nun selbst entscheiden, ob Sie eines der angebotenen Updates installieren möchten oder nicht. Falls ja, versehen Sie das entsprechende Kontrollkästchen mit einem Häkchen und klicken dann auf HERUNTERLADEN UND INSTALLIEREN. Die ausgewählten Treiberupdates werden nun eingerichtet. Eventuell ist anschließend ein Neustart des Computers notwendig.

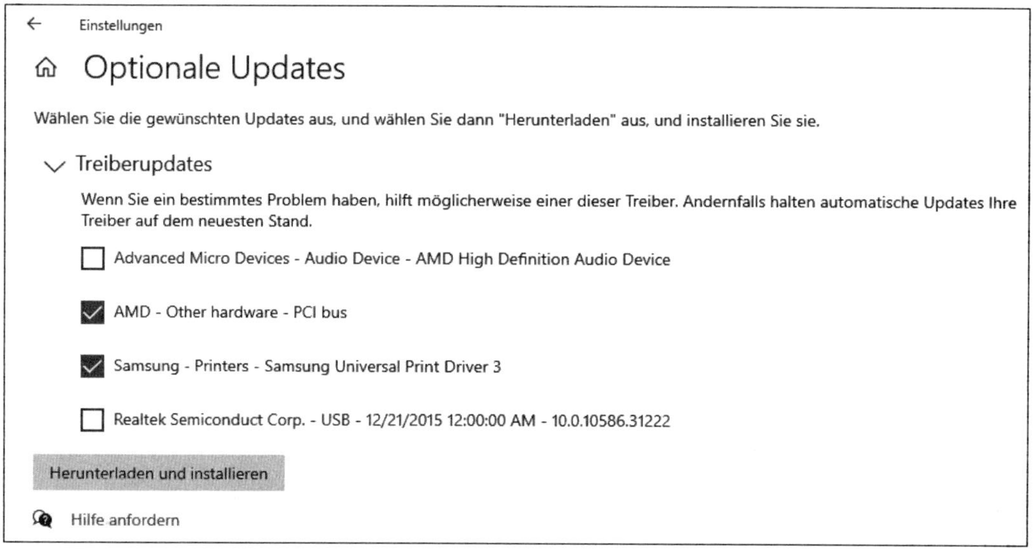

Abbildung 21.29 Updates von signierten Treibern lassen sich seit Windows 10 Version 2004 über die Seite »Optionale Updates« der Einstellungen-App herunterladen und installieren.

Den Weg zur Treiberaktualisierung über den Geräte-Manager gibt es nach wie vor. Die Suche nach Treibern berücksichtigt allerdings nur noch bereits lokal vorhandene Treiber, also auf dem Computer gespeicherte Treiber und führt keine Internetsuche mehr durch.

Haben Sie z. B. eine neue Treiberversion von der Website des Geräteherstellers heruntergeladen, können Sie ihn folgendermaßen installieren:

1. Rufen Sie den Geräte-Manager auf. Am schnellsten gelingt dies mit der Tastenkombination [Win] + [X] und einem Klick auf GERÄTE-MANAGER im Schnellzugriffsmenü.

2. Klicken Sie das Gerät, dessen Treiber Sie aktualisieren möchten, mit der rechten Maustaste an, und wählen Sie den Kontextmenübefehl Treiber aktualisieren. Alternativ hierzu können Sie auch den Eigenschaften-Dialog per Doppelklick auf das Gerät öffnen und dort in das Register Treiber wechseln. Hier wird Ihnen nun ebenfalls die Schaltfläche Treiber aktualisieren angeboten.
3. Im Dialog Treiber aktualisieren finden Sie zwei Optionen: Sie können entweder Windows Automatisch nach Treibern suchen lassen oder die Suche über Auf meinem Computer nach Treibern suchen selbst manuell durchführen. Bei der automatischen Suche überprüft Windows, ob auf dem Computer aktuellere Treiber verfügbar sind. Ist dies nicht der Fall, erhalten Sie das Angebot, Aktualisierte Treiber auf Windows Update zu suchen. Ein Klick auf diesen Link führt Sie zur Seite Windows Update der Einstellungen-App, die bereits zu Beginn des Abschnitts vorgestellt wurde. Falls die Treiberdateien, die Sie von der Website des Herstellers heruntergeladen haben, auch Software enthalten, müssen Sie gegebenenfalls noch den Setup-Assistenten ausführen. Im Dialog Treiber aktualisieren, den Sie über den Geräte-Manager gestartet haben, wählen Sie dann die zweite Option Auf meinem Computer nach Treibern suchen. Auf der folgenden Seite können Sie nun auf Durchsuchen klicken und den Speicherort auswählen, an dem die Dateien gespeichert sind. Alternativ hierzu wählen Sie den Link Aus einer Liste verfügbarer Treiber auf meinem Computer auswählen, um sich eine Liste mit allen verfügbaren und mit dem Gerät kompatiblen Treibern anzeigen zu lassen, den gewünschten Treiber dann auszuwählen und schließlich zu installieren.

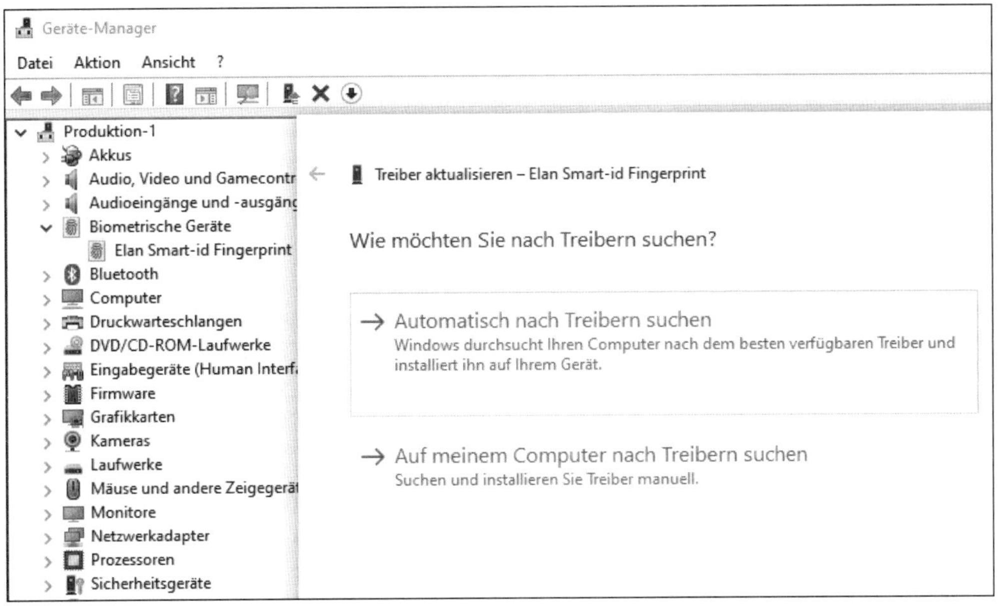

Abbildung 21.30 Sie können Windows automatisch nach Treibern auf dem Computer suchen lassen oder die Suche und Installation manuell vornehmen.

Vorherige Treiberversion wiederherstellen

Bringt eine Treiberaktualisierung nicht den erhofften Erfolg oder führt sogar zu noch größeren Problemen, haben Sie die Möglichkeit, die vorherige Version des Treibers wiederherzustellen. Konnte der Computer normal gestartet werden, rufen Sie hierzu den Geräte-Manager auf und doppelklicken das gewünschte Gerät an. Im Eigenschaften-Dialog wechseln Sie in das Register TREIBER und klicken hier auf VORHERIGER TREIBER. Bestätigen Sie die folgende Frage mit JA. Die Schaltfläche steht Ihnen nur zur Auswahl, wenn zuvor ein Treiber aktualisiert wurde.

Abbildung 21.31 Die Schaltfläche »Vorheriger Treiber« lässt sich nur dann auswählen, wenn zuvor ein Treiber aktualisiert wurde.

Falls das System instabil läuft, muss das Zurücksetzen des Gerätetreibers im abgesicherten Modus erfolgen. Dieser lässt sich z. B. über die Einstellungen-App starten, indem Sie dort in die Kategorie UPDATE UND SICHERHEIT • WIEDERHERSTELLUNG wechseln. Klicken Sie im Bereich ERWEITERTER START auf JETZT NEU STARTEN. Nach dem Neustart des Computers klicken Sie auf der Seite OPTION AUSWÄHLEN nacheinander auf PROBLEMBEHANDLUNG • ERWEITERTE OPTIONEN • STARTEINSTELLUNGEN. Nach einem Klick auf NEU STARTEN wird die Seite STARTEINSTELLUNGEN angezeigt. Drücken Sie nun die Ziffer »4«, die für die Aktivierung des abgesicherten Modus angegeben wird. Das System fährt nun im abgesicherten Modus hoch. Melden Sie sich bei Ihrem Benutzerkonto an, und führen Sie das Zurücksetzen des Gerätetreibers wie zuvor beschrieben über den Geräte-Manager durch. Starten Sie den Computer dann neu.

Gerät deinstallieren

Falls das System trotz versuchter Treiberaktualisierung bzw. trotz Zurücksetzen des Treibers weiterhin instabil ist, hilft manchmal nur eine komplette Deinstallation des Geräts. Das Vorgehen hierfür ist denkbar einfach: Starten Sie wieder den Geräte-Manager, und klicken Sie das entsprechende Gerät mit der rechten Maustaste an. Im Kontextmenü wählen Sie dann den Befehl GERÄT DEINSTALLIEREN aus. Der Befehl wird Ihnen auch im Register TREIBER des Eigenschaften-Dialog des Geräts angezeigt (siehe Abbildung 21.31). Wird Ihnen im Dialog GERÄT DEINSTALLIEREN das Kontrollkästchen TREIBERSOFTWARE FÜR DIESES GERÄT LÖSCHEN angeboten, sollten Sie es aktivieren. Damit stellen Sie sicher, dass Windows die alten Treiber nicht wiederverwenden kann, falls Sie das Gerät anschließend erneut am Computer anschließen und die Treiber installieren möchten. Bestätigen Sie den Dialog mit DEINSTALLIEREN und die folgende Frage mit OK.

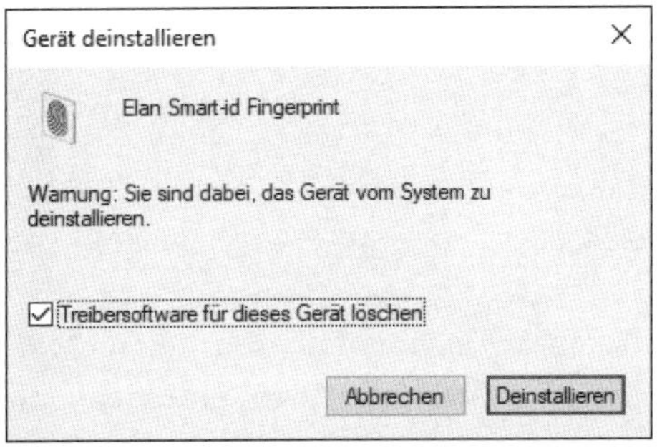

Abbildung 21.32 Lässt sich die Treibersoftware für das Gerät löschen, sollten Sie diese Möglichkeit in Anspruch nehmen. Dies kann Ihnen Ärger ersparen, falls Sie das Gerät erneut an den Computer anschließen möchten.

Fehlermeldungen des Geräte-Managers analysieren

Alle Geräte, die nicht fehlerfrei funktionieren, werden vom Geräte-Manager mit einem gelben Ausrufezeichen markiert. Öffnen Sie per Doppelklick auf das Gerät den Eigenschaften-Dialog, um sich die Fehlermeldung anzusehen. Was es mit diesem Fehlercode auf sich hat, können Sie über die Webadresse *https://docs.microsoft.com/de-de/windows-hardware/drivers/install/device-manager-error-messages* in Erfahrung bringen.

Gerät deaktivieren

Falls Sie ein Gerät derzeit nicht nutzen, es aber auch nicht deinstallieren möchten, können Sie es vorübergehend deaktivieren. Ein solches Gerät könnte z. B. der Bluetooth-Adapter sein, falls Sie nicht planen, ein Bluetooth-Gerät mit dem Computer zu verbinden. Sollten Sie sich später doch ein solches Gerät anschaffen, dürfen Sie nur nicht vergessen, den Bluetooth-

Adapter wieder zu aktivieren. Sowohl die Deaktivierung als auch die Aktivierung sind schnell über den Geräte-Manager erledigt. Klicken Sie das gewünschte Gerät einfach mit der rechten Maustaste im Geräte-Manager an, und wählen Sie im Kontextmenü den Befehl GERÄT DEAKTIVIEREN. Die folgende Nachfrage bestätigen Sie mit JA. Das Gerät wird weiterhin im Geräte-Manager aufgeführt, aber mit einem schwarzen, nach unten weisenden Pfeilsymbol gekennzeichnet.

Abbildung 21.33 Deaktivierte Geräte werden im Geräte-Manager mit einem schwarzen, nach unten weisenden Pfeilsymbol gekennzeichnet.

Um ein deaktiviertes Gerät wieder zu aktivieren, klicken Sie es ebenfalls mit der rechten Maustaste im Geräte-Manager an. Der Befehl, den Sie nun auswählen, lautet entsprechend GERÄT AKTIVIEREN.

21.6.2 Treiberprobleme beheben

Gerätetreiber werden speziell für ein bestimmtes Produktmodell in Kombination mit einer Betriebssystemversion geschrieben. Die meisten Probleme tauchen unter Windows 10 dann auf, wenn ein Treiber installiert wird, der nicht mit Ihrem System kompatibel ist. Hier hilft meist nur das Deinstallieren des Geräts. Wird der Treiber allerdings immer wieder durch ein Windows Update neu eingespielt, nützt dieses Vorgehen gar nichts.

Mithilfe der Problembehandlung *Show or hide updates* (auf Deutsch »Updates anzeigen oder ausblenden«) lässt sich verhindern, dass ein Treiber immer wieder per Windows Update neu installiert wird. Das entsprechende Tool namens *wushowhide.diagcab* können Sie über die Webseite *https://support.microsoft.com/de-de/kb/3073930* herunterladen. Bevor Sie es ausführen, sollten Sie das Gerät, das mit dem neuen Treiber immer wieder Probleme bereitet, deinstallieren. Das Vorgehen hierzu wurde in Abschnitt 21.6.1 beschrieben.

Das Tool *wushowhide.diagcab* wird einfach per Doppelklick über den Explorer gestartet. Bestätigen Sie den Begrüßungs-Dialog mit WEITER. Es wird nun ein Scan durchgeführt, der ermittelt, welche neuen Treiber und Updates zur Verfügung stehen. Klicken Sie auf HIDE UPDATES, und versehen Sie das Update bzw. den Treiber, der ausgeblendet werden soll, mit einem Häkchen. Bestätigen Sie dann mit WEITER und SCHLIESSEN. Möchten Sie den Vorgang später wieder rückgängig machen, starten Sie das Tool einfach erneut. Nachdem der Scan durchgeführt wurde, wählen Sie die Schaltfläche SHOW HIDDEN UPDATES und aktivieren das ausgeblendete Update wieder.

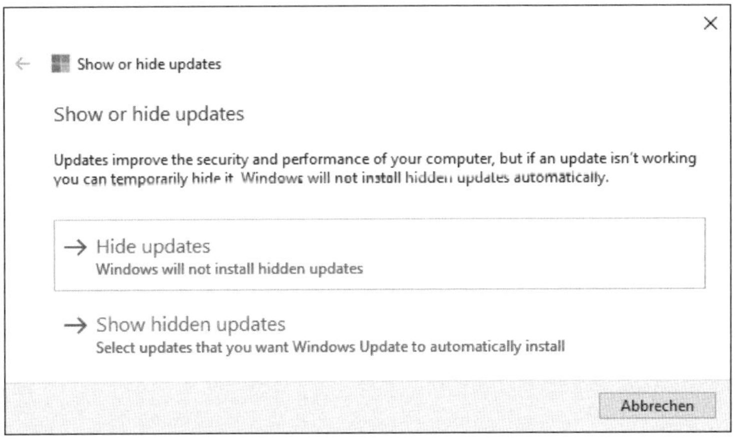

Abbildung 21.34 Mit dem Problembehandlungspaket »Show or hide updates« lassen sich Updates aus- und wieder einblenden.

Probleme beheben mithilfe des Treiberüberprüfungs-Managers

Nicht einwandfrei funktionierende Gerätetreiber können zu einer Instabilität des Systems führen. Den hierfür verantwortlichen Treiber ausfindig zu machen ist manchmal aber gar nicht so einfach. Microsoft stellt hierfür ein spezielles Tool zur Verfügung, das allerdings nur von erfahrenen Benutzern verwendet werden sollte: den *Treiberüberprüfungs-Manager*. Ausführliche Informationen zur Treiberüberprüfung erhalten Sie auf der Webseite *https://docs.microsoft.com/de-de/troubleshoot/windows-server/performance/use-driver-verifier-to-identify-issues*. Sie sollten sich die Anleitung in Ruhe durchlesen, bevor Sie den Treiberüberprüfungs-Manager durch Eingabe von »verifier.exe« in der Eingabeaufforderung mit Administratorrechten starten.

Ein weiteres interessantes Tool ist die *Dateisignaturverifizierung*, mit der sich herausfinden lässt, ob auf dem Computer nicht signierte Treiber installiert wurden. Der Start erfolgt ebenfalls über die Eingabeaufforderung, indem Sie hier »sigverif.exe« eingeben. Administratorrechte sind hierfür nicht erforderlich.

21

TEIL VI

Sicherheit, Datenschutz und Updates

Kapitel 22
Windows 10 und der Datenschutz

Im Zusammenhang mit Windows 10 wurde wohl über kein Thema so viel diskutiert wie über den Datenschutz. Mittlerweile stehen dem Anwender einige Maßnahmen zur Verfügung, den Wissensdurst von Windows 10 in Grenzen zu halten. Ganz stoppen lässt er sich allerdings leider nicht.

Während der letzten Jahre kritisieren Verbraucherzentralen, Datenschützer und nicht zuletzt das Bundesamt für Sicherheit in der Informationstechnik (kurz *BSI* genannt) immer wieder, wie mangelhaft Microsoft das Thema Datenschutz angeht. Im Fokus stehen hier vor allem die Telemetriedaten, die automatisch von Windows 10-Geräten aus an das Unternehmen übermittelt werden. Bei diesen Daten handelt es sich u. a. um Absturzberichte sowie um Einstellungen, die die Nutzer vornehmen, Details zur Computerkonfiguration, aber vor allem auch um Daten, die fleißig bei der Nutzung von Programmen gesammelt werden. Microsoft selbst begründet die Datensammlung damit, auf diese Weise möglichst schnell Fehler ausbessern und Apps benutzerfreundlicher gestalten zu können.

22

Der Druck auf Microsoft wurde immerhin so groß, dass sich seit Veröffentlichung der ersten Windows 10-Version doch ein paar Punkte geändert haben. Dies zeigt sich bereits bei der ersten Einrichtung von Windows 10, die Sie vornehmen, wenn Sie sich das allererste Mal am System anmelden. Gab es hier anfangs noch die Expresseinstellungen, in denen man mit nur einem Mausklick Windows 10 den Freifahrtschein erteilen konnte, alle möglichen Daten abzugreifen, lassen sich hier mittlerweile doch detailliertere Einstellungen vornehmen. Ein paar Informationen zu den Datenschutzeinstellungen haben Sie bereits in Kapitel 2, »Der erste Start mit Windows 10«, kennengelernt. In diesem Kapitel wird das Thema nun weiter vertieft.

22.1 Die Datenschutzeinstellungen anpassen

Der erste Weg zur Anpassung der Datenschutzeinstellungen führt in die Einstellungen-App. Starten Sie diese z. B. über die Tastenkombination [Windows] + [I]. Auf der Startseite der App finden Sie eine eigene Kategorie DATENSCHUTZ, in die Sie per Mausklick wechseln. Die Unterkategorien, die Sie in der linken Spalte auswählen, sind in die zwei Bereiche WINDOWS-BERECHTIGUNGEN und APP-BERECHTIGUNGEN unterteilt. Nicht immer lässt sich anhand einer Beschreibung in diesen Bereichen sofort erkennen, was sich hinter einer bestimmten Option verbirgt. So betreffen z. B. nicht alle Optionen den Datenschutz. Manche beeinflussen auch nur den Umgang mit lästiger Werbung, die Microsoft dem Anwender offeriert. Die folgenden Informationen sollen etwas Licht ins Dunkel bringen und Ihnen die Entscheidung erleichtern, welche Einstellungen für Sie die richtigen sind.

22.1.1 Windows-Berechtigungen prüfen

Einige der Datenschutzeinstellungen aus dem Bereich WINDOWS-BERECHTIGUNGEN werden bereits bei der ersten Anmeldung am System abgefragt sowie nach umfangreichen Funktionsupdates. Es ist aber durchaus ratsam, hier auch zwischendurch einen Blick darauf zu werfen und zu prüfen, ob die Einstellungen noch den eigenen Wünschen entsprechen. Betrachten wir zunächst die Unterkategorie ALLGEMEIN mit ihren vier Optionen:

- Die erste Option steuert, ob Apps die von Windows 10 für jeden Benutzer des Windows-Geräts erzeugte Werbe-ID nutzen dürfen, um Ihnen personalisierte Werbung zu präsentieren.
- Über die nächste Option wird festgelegt, ob Websites, die ihre Inhalte in verschiedenen Sprachen anbieten, gestattet wird, anhand der Sprachliste die von Ihnen bevorzugte Spracheinstellung zu wählen.
- Darf Windows analysieren, welche Apps Sie wann und wie häufig nutzen? Die dritte Option erlaubt oder verbietet genau dies, je nachdem, ob Sie sie aktivieren oder deaktivieren.
- Über den vierten Regler bestimmen Sie, ob Windows Sie auf besondere Einstellungen, die Sie in der Einstellungen-App vornehmen können, hinweisen darf. Auf diese Weise lassen sich zwar die ein oder anderen neuen Funktionen in Windows entdecken, meistens stören sie aber eher bei der jeweils aktuellen Aufgabe.

Keine der vier Optionen ist sicherheitsrelevant, sie geben aber dennoch die ein oder andere Information über Sie preis, sodass hier meine Empfehlung für alle jeweils »deaktivieren« lautet.

Wechseln Sie in die Unterkategorie SPRACHERKENNUNG, finden Sie hier lediglich einen Regler, mit dem sich die Online-Spracherkennung ein- bzw. ausschalten lässt. Mit dieser Funktion ist Microsofts Sprachassistentin Cortana verbunden. Wenn Sie Cortana nutzen möchten, bleibt Ihnen nichts anderes übrig, als diese Funktion zu aktivieren. Datenschützern ist Cortana allerdings ein Dorn im Auge. Denn damit Cortana Sie umfassend informieren und Ihnen als Assistentin zur Seite stehen kann, greift sie mehr oder wenig alle Informationen ab, die sie bekommen kann. Dazu zählen Ihr aktueller Standort, Ihre Kontaktdaten, der Inhalt von E-Mails, Kalendereinträge oder auch der Browserverlauf, sprich die von Ihnen besuchten Webseiten. Wer sich sicher ist, dass er nicht mit Cortana arbeiten wird, sollte den Regler der ONLINE-SPRACHERKENNUNG auf jeden Fall ausschalten. Auf die klassische Windows-Spracherkennung, die in Abschnitt 9.3, »Windows 10 per Sprache steuern«, vorgestellt wurde, wirkt sich das Deaktivieren der Online-Spracherkennung nicht aus.

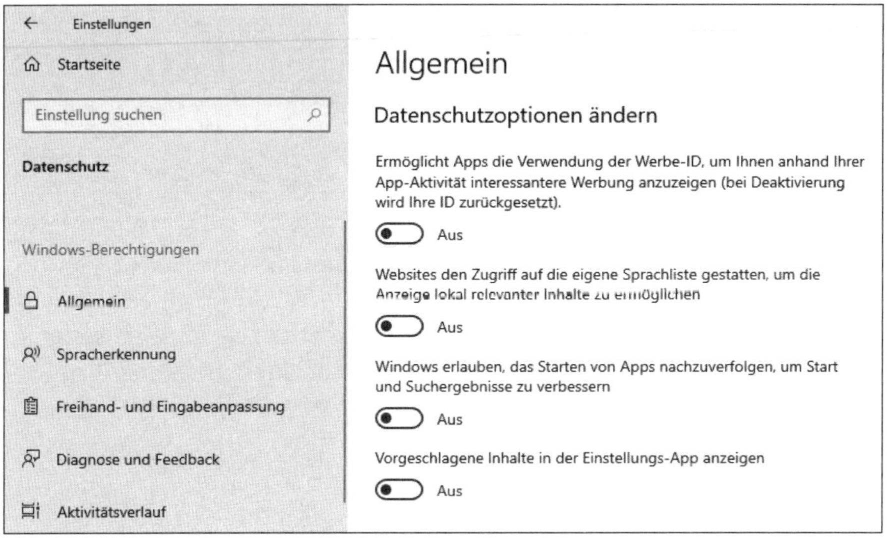

Abbildung 22.1 Wer auf Werbung und Tipps verzichten möchte, sollte alle vier Regler deaktivieren.

Abbildung 22.2 Wer die Dienste der Sprachassistentin Cortana nicht in Anspruch nimmt, sollte die Online-Spracherkennung deaktivieren.

All Ihre Freihand- und Tastatureingaben kann Windows 10 in ein persönliches Benutzerwörterbuch einfließen lassen, um Ihnen somit bessere Wortvorschläge anbieten zu können. Diese Funktion stellt für Sie keinen wirklichen Mehrwert dar. Sind Sie lediglich mit einem lokalen Benutzerkonto am System angemeldet, werden diese Daten auch nur anonymisiert an Microsoft weitergeleitet. Wünschen Sie selbst das nicht, sollten Sie in der Unterkategorie FREIHAND- UND EINGABEANPASSUNG den entsprechenden Regler deaktivieren. Klicken Sie dann auf PERSÖNLICHES WÖRTERBUCH ANZEIGEN und auf der folgenden Seite auf PERSÖNLICHES WÖRTERBUCH LÖSCHEN, um den Inhalt des Wörterbuchs zu entfernen.

Abbildung 22.3 Möchten Sie nicht, dass Microsoft Sie näher kennenlernt, deaktivieren Sie die Freihand- und Eingabeanpassung.

Eine der wichtigsten Datenschutzeinstellungen versteckt sich in der Unterkategorie DIAGNOSE UND FEEDBACK. Windows sammelt regelmäßig Informationen über das Betriebssystem selbst, aber auch über die eingesetzte Hardware sowie über Treiberversionen und die Apps, die Sie nutzen. Auch Fehlerprotokolle werden an Microsoft übermittelt. All diese Daten sollen der Identifizierung von Problemen dienen, die in einer bestimmten Software- oder Hardwarekonfiguration eines Geräts auftauchen können. Diese Informationen werden für die Windows Updates genutzt und sind somit durchaus wichtig. Auf der Seite DIAGNOSE UND FEEDBACK stehen Ihnen die zwei Optionen STANDARD und VOLLSTÄNDIG zur Auswahl, über die Sie steuern, welche erfassten Daten an Microsoft weitergeleitet werden dürfen. Wem die Privatsphäre wichtig ist, sollte hier allerdings keineswegs die voreingestellte Option zur vollständigen Übermittlung von Diagnosedaten übernehmen, sondern stattdessen die Option STANDARD aktivieren. Denn im Unterschied zur Standardeinstellung werden bei der vollständigen Übermittlung auch persönliche Daten weitergereicht. Tritt z. B. bei der Bearbeitung einer Datei ein Problem auf, wird die gesamte Datei an Microsoft übermittelt. Je nach Dokument gelangen auf diese Weise höchstsensible Daten in die Hände der Microsoft-Mitarbeiter. Wenn Sie an weiteren Informationen zu den übermittelten Daten und den Unterschieden zwischen den beiden Optionen interessiert sind, klicken Sie auf der Seite DIAGNOSE UND FEEDBACK auf WEITERE INFORMATIONEN ÜBER DIESE EINSTELLUNGEN. Wie Sie sich die von Microsoft gesammelten Diagnosedaten ansehen und diese vor allem auch löschen können, lesen Sie in Abschnitt 22.2.

Mit der Einstellung INDIVIDUELLE BENUTZERERFAHRUNG, die Sie ebenfalls auf der Seite DIAGNOSE UND FEEDBACK finden, versucht Microsoft wieder, Sie mit Werbung und Tipps zu beglücken. Ein Ausschalten beeinflusst zwar nicht die Anzahl und Art der Daten, die über Sie erfasst werden, wer an den Empfehlungen aber nicht interessiert ist, sollte die Deaktivierung dennoch durchaus in Erwägung ziehen.

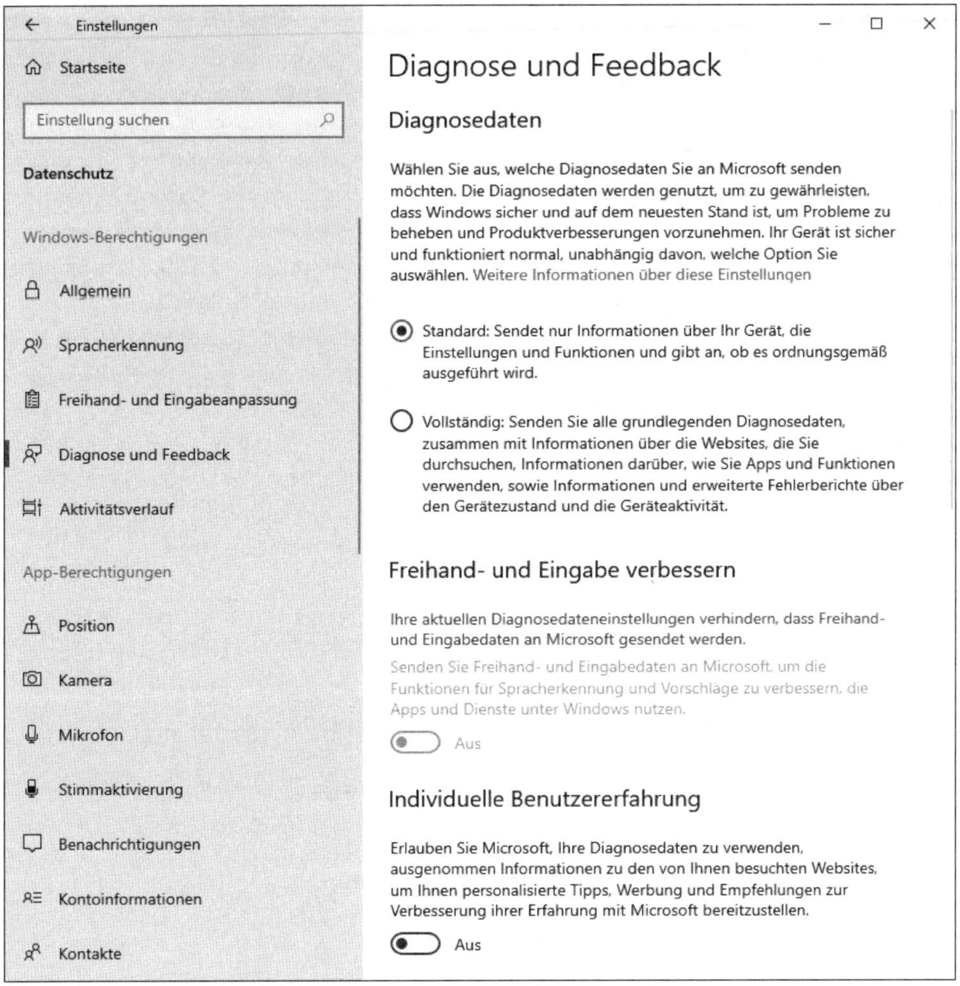

Abbildung 22.4 Mit der Option »Standard« grenzen Sie die Menge und vor allem die Art der Diagnosedaten, die an Microsoft übermittelt werden, auf das größtmögliche Minimum ein.

Falls Sie sich für das Windows-Insider-Programm angemeldet haben (siehe auch Kapitel 34), wird auf der Seite DIAGNOSE UND FEEDBACK der Datenschutzeinstellungen automatisch die Option VOLLSTÄNDIG aktiviert. Dies lässt sich nicht korrigieren, was aber auch nachvollziehbar ist. Denn Ziel des Insider-Programms ist es, vorab Funktionen von Windows zu testen, die dann mit einem der nächsten Feature-Updates für alle Anwender zur Verfügung stehen. Um neue Funktionen zu optimieren und Fehler auszubessern, benötigt Microsoft nicht nur das Feedback der Tester, sondern auch zahlreiche Diagnosedaten. Wie Sie selbst ein »Windows Insider« werden, erfahren Sie in Kapitel 34, »Am Windows-Insider-Programm teilnehmen«.

Windows 10 ist DSGVO-konform – oder auch nicht

Seit dem 25. Mai 2018 gilt in Europa die Datenschutz-Grundverordnung, kurz *DSGVO* genannt. Diese Verordnung regelt, wie Unternehmen personenbezogene Daten verarbeiten dürfen. Microsoft steht aufgrund der Telemetriedaten, die von einem Windows 10-Computer an das Unternehmen übermittelt werden, immer wieder im Fokus von Datenschutzaufsichtsbehörden. Laut des 2019 veröffentlichten Tätigkeitsberichts des Bayerischen Landesamts für Datenschutzaufsicht ist Windows 10 angeblich konform mit der DSGVO. Das klingt im ersten Moment durchaus positiv, bis man den Zusatz liest. Denn auf dem Prüfstand standen lediglich die Editionen Windows 10 Enterprise sowie Windows 10 Education. In diesen lässt sich tatsächlich der Telemetrielevel »Sicherheit« einstellen, wodurch die Übermittlung aller Telemetriedaten deaktiviert wird. Den Nutzern von Windows 10 Home und Windows 10 Pro steht diese Möglichkeit leider nicht zur Verfügung. In Windows 10 Pro wird sie lediglich in den Gruppenrichtlinien aufgeführt, sie wird nach der Auswahl aber nicht umgesetzt. Wenn Sie zumindest einen Blick darauf werfen möchten, starten Sie den Editor für lokale Gruppenrichtlinien. Am schnellsten gelingt dies, indem Sie die Tastenkombination ⊞ + R drücken und im Ausführen-Dialog »gpedit.msc« eingeben. Im Editor navigieren Sie zum Zweig Computerkonfiguration • Administrative Vorlagen • Windows-Komponenten • Datensammlung und Vorabversionen. Doppelklicken Sie nun auf Telemetrie zulassen, und wählen Sie im folgenden Dialog die Option Aktiviert aus. In der unteren Fensterhälfte wird nach einem Klick in das entsprechende Feld die Option Sicherheit angezeigt, allerdings mit dem Zusatz (Nur Enterprise).

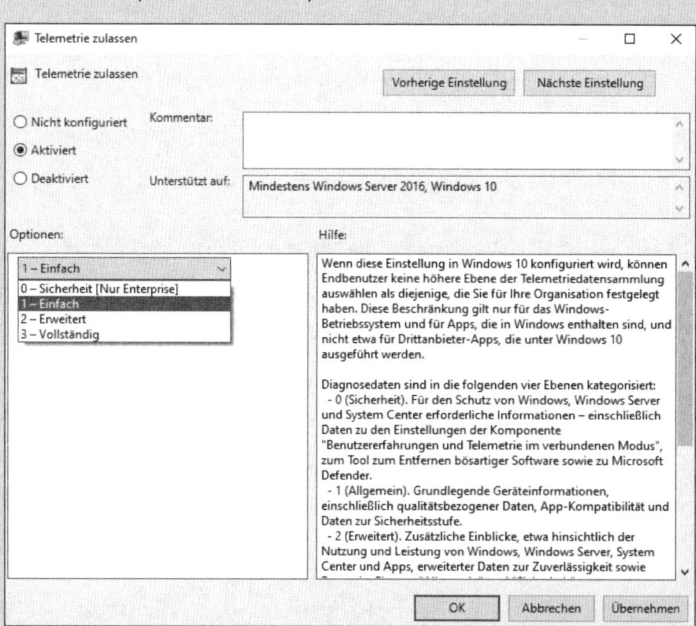

Abbildung 22.5 Die DSGVO-konforme Einstellung »Sicherheit« steht in den Editionen Windows 10 Home und Windows 10 Pro nicht zur Verfügung.

Die letzte Datenschutzeinstellung im Bereich WINDOWS-BERECHTIGUNGEN betrifft den AKTIVITÄTSVERLAUF. Dieser erfasst über einen bestimmten Zeitraum hinweg alle von Ihnen geöffneten Programme, Dateien sowie besuchte Webseiten. Klicken Sie in der Taskleiste auf das Symbol [Symbol], wird eine entsprechende Übersicht angezeigt. Ein Klick auf eines der Elemente reicht, und schon öffnen Sie das Programm, die Datei oder auch die Webseite. Ausführliche Informationen zu dieser sogenannten *Taskansicht* erhalten Sie in Abschnitt 7.4. Im Zusammenhang mit dem Datenschutz ist vor allem interessant, ob der Aktivitätsverlauf auch an Microsoft gesendet werden soll. Diese Funktion ist an die Nutzung eines Microsoft-Kontos gekoppelt. Sind Sie mit einem solchen Konto am Computer angemeldet, können Sie von jedem anderen Gerät aus, auf dem Sie sich mit dem gleichen Konto anmelden, auf den Aktivitätsverlauf zugreifen. Wer auf diesen Komfort verzichten kann, dem empfehle ich, die Funktion MEINEN AKTIVITÄTSVERLAUF AN MICROSOFT SENDEN zu deaktivieren. Setzen Sie im Bereich AKTIVITÄTEN AUS DIESEN KONTEN ANZEIGEN den Regler rechts von Ihrem Microsoft-Konto auf AUS, erscheinen die Aktivitäten nicht mehr in der Taskansicht. Um bisher erfasste Daten zu löschen, klicken Sie unterhalb von AKTIVITÄTSVERLAUF LÖSCHEN auf LÖSCHEN.

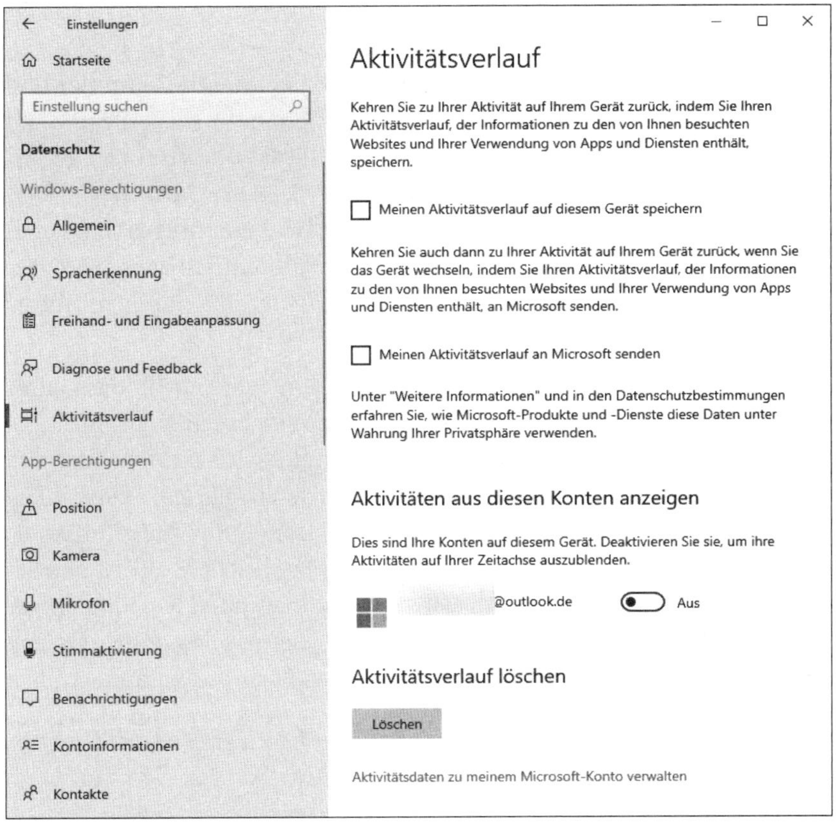

Abbildung 22.6 Müssen Sie nicht von anderen Geräten aus auf den Aktivitätsverlauf zugreifen, sollten Sie die Funktion »Meinen Aktivitätsverlauf an Microsoft senden« deaktivieren.

22.1.2 App-Berechtigungen überprüfen

Der Bereich APP-BERECHTIGUNGEN der Kategorie DATENSCHUTZ nimmt in der Einstellungen-App einen recht umfangreichen Platz ein. Auf jede einzelne der 23 Unterkategorien (Stand Windows 10 Version 2004) einzugehen würde den Rahmen dieses Buches sprengen. Ich werde daher die wichtigsten herausgreifen.

Den Positionsdienst ein- oder ausschalten

Los geht es direkt mit der ersten Unterkategorie POSITION. Ihr Computer muss keineswegs mit einem GPS-Empfänger ausgestattet sein, damit Windows 10 Ihre Position herausfinden kann. Hierfür reichen nämlich auch die Informationen, die sich anhand einer WLAN-Verbindung oder auch der IP-Adresse ermitteln lassen. Diese Informationen sind jedoch wesentlich weniger genau als die Position, die über GPS bestimmt wird.

Manche Apps, wie etwa die Karten-App, benötigen diese Positionsangaben, etwa wenn Sie auf den Landkarten Ihren aktuellen Standort angezeigt bekommen möchten. Nicht nur Apps verarbeiten diese Informationen, sondern auch Microsoft selbst. In der Unterkategorie POSITION der Datenschutzeinstellungen haben Sie unterschiedliche Möglichkeiten, den Zugriff auf Ihren Standort einzuschränken.

Der radikalste Weg ist, die Positionserkennung komplett für den gesamten Computer und somit alle Benutzer zu deaktivieren. Ob dies bereits der Fall ist, erfahren Sie zu Beginn der Seite POSITION im Bereich ZUGRIFF AUF DEN STANDORT AUF DIESEM GERÄT ZULASSEN. Ist die Positionserkennung für dieses Gerät eingeschaltet, klicken Sie zum Deaktivieren auf ÄNDERN und setzen den Regler im Dialog ZUGRIFF AUF DIE POSITION FÜR DIESES GERÄT auf AUS. Hierdurch werden alle weiteren Einstellungen auf der Seite automatisch ebenfalls deaktiviert. Falls andere Benutzer des Geräts den Positionsdienst später aktivieren möchten, benötigen sie hierfür Administratorrechte.

Statt den Positionsdienst komplett zu deaktivieren, können Sie ihn auch nur für das eigene Benutzerkonto ausschalten. Die Positionserkennung muss hierfür eingeschaltet sein. Gegebenenfalls müssen Sie also wieder auf ÄNDERN klicken und den Regler ZUGRIFF AUF DIE POSITION FÜR DIESES GERÄT jetzt auf EIN setzen. Setzen Sie nun den Regler ZULASSEN, DASS APPS AUF IHREN STANDORT ZUGREIFEN auf AUS, ist die Positionserkennung für Ihr Benutzerkonto deaktiviert. Nicht nur Windows selbst, sondern auch Apps speichern über einen begrenzten Zeitraum hinweg, an welchen Positionen sich das Gerät befunden hat. Sind Sie gerade viel unterwegs, lässt sich anhand dieser Daten ein schönes Bewegungsprofil erstellen. Aus diesem Grund ist es durchaus ratsam, immer mal wieder den Positionsverlauf per Klick auf die gleichnamige Schaltfläche zu löschen.

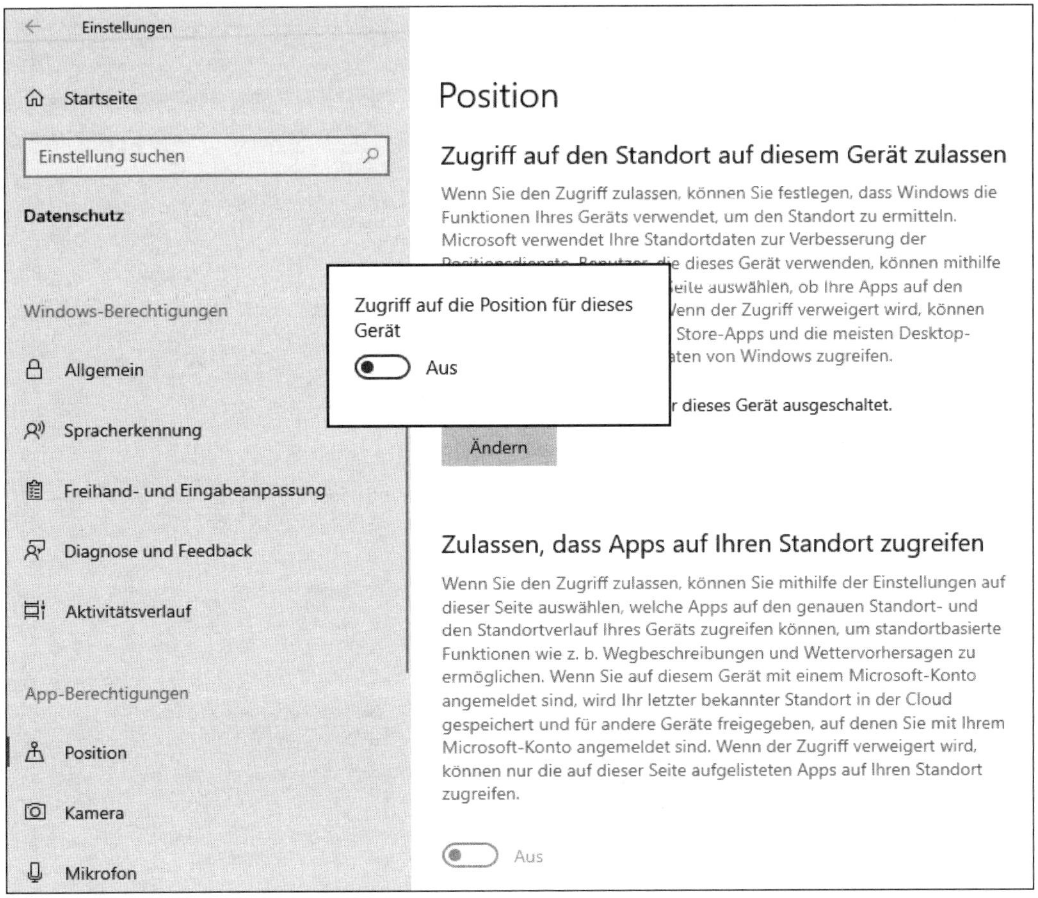

Abbildung 22.7 Sie können die Positionserkennung für den gesamten Computer deaktivieren.

Eine Standardposition festlegen

Ist die Positionserkennung komplett oder zumindest für Ihr Benutzerkonto deaktiviert, lässt sich eine Standardposition festlegen, die Windows oder auch Apps nutzen können, um Ihnen spezielle Informationen anbieten zu können. Klicken Sie hierzu auf der Seite POSITION auf die Schaltfläche ALS STANDARD FESTLEGEN (siehe Abbildung 22.8). Hierdurch wird die Karten-App geöffnet, in der Sie auf STANDARDAUFENTHALTSORT FESTLEGEN klicken. Haben Sie sich in der Karten-App bereits Adressen anzeigen lassen, können Sie eine davon nach einem Klick in das Feld POSITION HIER AUSWÄHLEN markieren. Alternativ hierzu geben Sie eine neue Adresse ein, die zukünftig als Standardaufenthaltsort verwendet wird.

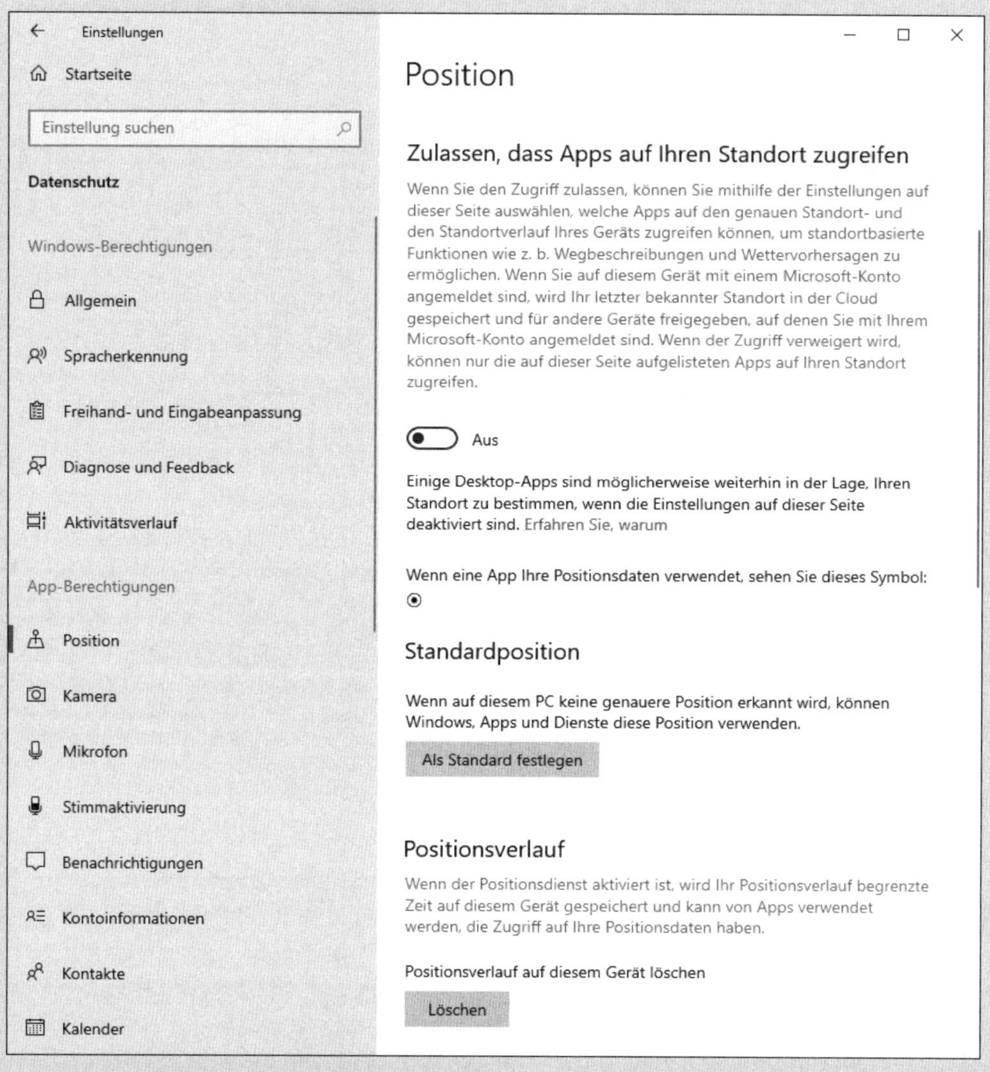

Abbildung 22.8 Die Standortermittlung lässt sich auch nur für das eigene Benutzerkonto deaktivieren.

Die dritte Variante besteht darin, einzelnen Apps den Zugriff auf den Standort zu verweigern bzw. zu erlauben. Hierfür muss sowohl die Positionserkennung als auch der Regler Zulassen, dass Apps auf Ihren Standort zugreifen eingeschaltet sein. Blättern Sie auf der Seite nach unten bis zum Bereich Auswählen, welche Apps auf Ihren exakten Standort zugreifen können, und legen Sie über die Regler fest, welchen Apps Sie den Zugriff gestatten und welchen nicht. Bei den in diesem Bereich aufgeführten Apps handelt es sich lediglich um UWP-Apps. Die Regulierung für Desktop-Apps nehmen Sie über den Regler DESKTOP-APPS DEN ZUGRIFF AUF IHREN STANDORT ERLAUBEN vor.

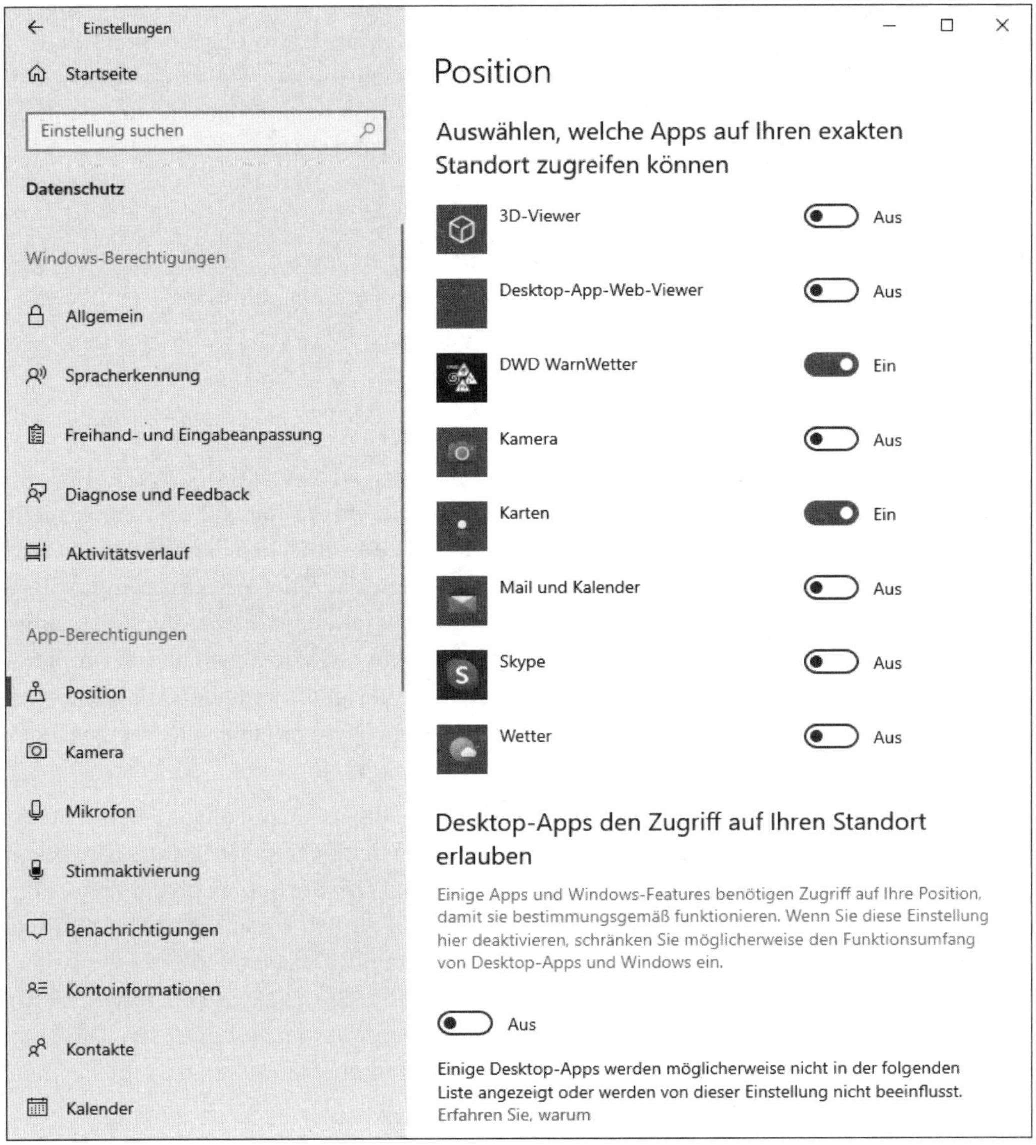

Abbildung 22.9 Als dritte Möglichkeit lässt sich der Zugriff auf den aktuellen Standort für jede App individuell festlegen.

Geofence-Ermittlung einschränken

Mittlerweile gibt es einige Apps, die das sogenannte *Geofencing* unterstützen. Das Kunstwort »Geofencing« setzt sich aus den Wörtern »geographic« (zu Deutsch »geografisch«) und »fence« (auf Deutsch »Zaun«) zusammen. Bei diesem Geofencing wird ein bestimmter Radius rund um ein Objekt festgelegt. Verlässt oder betritt ein mobiles Gerät diesen Bereich, wird eine spezielle Aktion ausgelöst. Mithilfe von Geofencing lässt sich z. B. sicherstellen, dass Mitarbeiter bestimmte Geräte nur in der direkten Arbeitsumgebung nutzen können. Sobald diese den vorgegebenen Radius verlassen, ist das Gerät nicht mehr einsatzbereit. Auch Bluetooth-Geräte wie etwa Kopfhörer nutzen teilweise Geofencing.

Damit Apps unter Windows 10 diese Funktion nutzen können, muss die Positionserkennung aktiviert sein. Im Bereich GEOFENCE, den Sie am unteren Rand der Seite POSITION finden, erfahren Sie, ob eine Ihrer Apps die Funktion einsetzt.

Den Zugriff auf Apps wie Kamera und Mikrofon eingrenzen

Rufen Sie die Unterkategorien KAMERA, MIKROFON oder auch STIMMAKTIVIERUNG auf, können Sie pauschal den Zugriff auf die jeweiligen Funktionen verbieten. Dies ist aber nicht immer der beste Weg, denn oftmals bestehen Abhängigkeiten zwischen den einzelnen Optionen. Wenn Sie z. B. über eine App wie Skype ein Videotelefonat führen möchten, muss diese App sowohl auf die Kamera als auch auf das Mikrofon zugreifen, damit Sie den Gesprächspartner sehen und hören können. Um einen Ihrer Kontakte direkt aus der Kalender-App heraus zu einem dort zuvor erfassten Termin einzuladen, benötigt die Kalender-App wiederum sowohl Zugriff auf die Kontakte als auch auf die Mail-App. Diese zwei Beispiele zeigen, dass es meist sinnvoller ist, den Zugriff auf App-Ebene festzulegen.

Das Vorgehen ist hierfür jeweils ähnlich, sodass ich es im Folgenden nur allgemein erläutere: Öffnen Sie in den Datenschutzeinstellungen die jeweilige Unterkategorie (KAMERA, MIKROFON etc.), und überprüfen Sie anhand des Hinweises zu Beginn der Seiten, ob der Zugriff für das Gerät aktiviert ist. Ist dies nicht der Fall, klicken Sie auf die Schaltfläche ÄNDERN und setzen dann den Regler im folgenden Dialog auf EIN. Der Regler ZULASSEN, DASS APPS AUF ... ZUGREIFEN sollte ebenfalls eingeschaltet sein. Nur so können Sie als Nächstes individuell für jede einzelne der aufgeführten Apps den Zugriff erlauben oder auch verwehren. Die Liste umfasst nur die UWP-Apps, für Desktop-Apps finden Sie am unteren Seitenrand meist einen separaten Regler (siehe Abbildung 22.10).

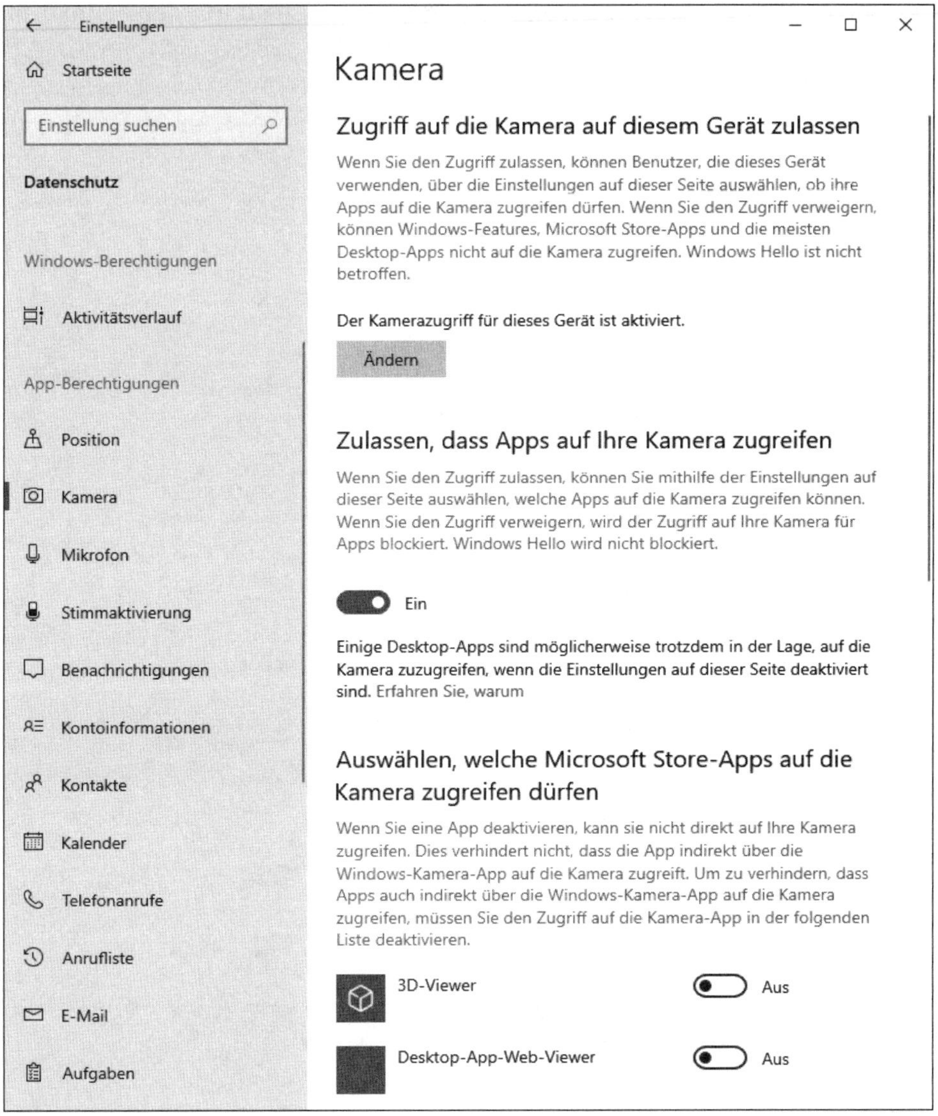

Abbildung 22.10 Den Zugriff auf Kamera & Co. passen Sie am besten für jede einzelne App individuell an.

Die Besonderheiten der Hintergrund-Apps

Die Unterkategorie HINTERGRUND-APPS nimmt eine Sonderstellung ein. Viele Apps versorgen Sie mit Benachrichtigungen, auch wenn Sie gerade nicht mit ihnen arbeiten. Dies ist aber nur dann möglich, wenn Sie in den Datenschutzeinstellungen auf der Seite HINTERGRUND-APPS den Regler AUSFÜHRUNG VON APPS IM HINTERGRUND ZULASSEN eingeschaltet lassen. Auch hier haben Sie aber wieder die Möglichkeit, für jede einzelne der aufgeführten Apps festzulegen, welche im Hintergrund aktiv sein darf, um Sie so gegebenenfalls mit Informationen zu versorgen, und welche nicht. Jede im Hintergrund ausgeführte App verbraucht zudem Energie. Je mehr Apps Sie also die Ausführung verweigern, desto positiver wirkt sich das auch auf den Energieverbrauch aus.

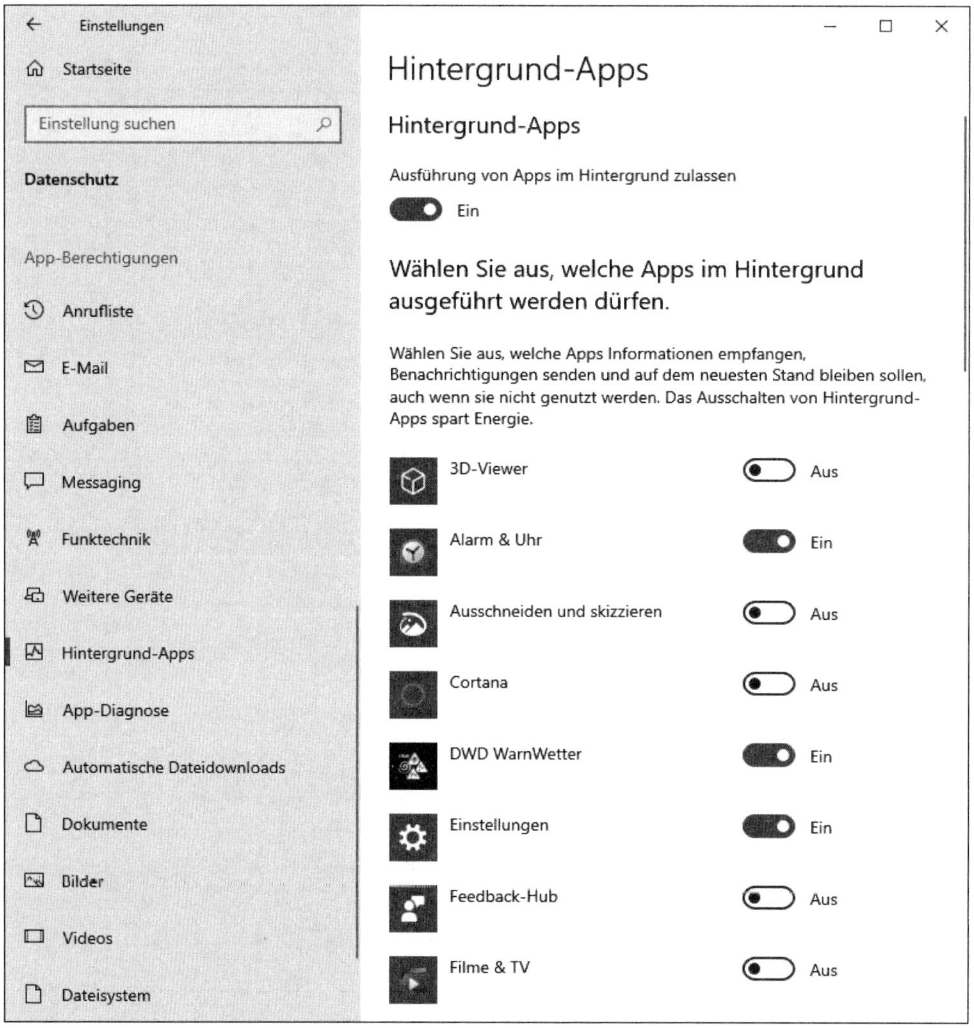

Abbildung 22.11 Gestatten Sie nur denjenigen Apps die Ausführung im Hintergrund, von denen Sie auch Benachrichtigungen erhalten möchten.

Zugriff auf Dokumente, Bilder und Videos steuern

Um in der Filme & TV-App eigene Videos ansehen zu können, muss die App auf den entsprechenden Speicherort der Filme zugreifen können. Im Normalfall handelt es sich dabei um die Video-Bibliothek. In den Unterkategorien DOKUMENTE, BILDER und VIDEOS der Datenschutzeinstellungen legen Sie fest, welche Apps auf diese Bibliotheken zugreifen dürfen. Auch hier ist eine generelle Deaktivierung des Zugriffs nicht ratsam. Passen Sie die Einstellungen am besten für jede einzelne der aufgeführten Apps individuell an. Warum lediglich in der Unterkategorie DOKUMENTE der so wichtige Eintrag WINDOWS-SICHERHEIT auftaucht (Stand Windows 10 Version 20H2), ist allerdings ein Rätsel. Im *Windows-Sicherheit-Center* sind u. a. der Viren- und Bedrohungsschutz, der Firewall- und Netzwerkschutz sowie die App- und Browsersteuerung enthalten, die für die Sicherheit des Systems sorgen. Diesem Center sollten Sie also keinesfalls den Zugriff auf die Bibliothek verweigern.

22.2 Diagnosedaten ansehen und löschen

Wie zu Beginn des Kapitels bereits erwähnt, sammelt Windows 10 eine Vielzahl an Diagnosedaten und leitet diese an Microsoft weiter. Seit Windows 10 Version 1803 bietet Microsoft ein Tool an, mit dem Sie in Erfahrung bringen können, welche Daten konkret gesammelt wurden. Das Tool muss zunächst über den Microsoft Store auf Ihrem Computer installiert werden. Am schnellsten gelingt dies, indem Sie in der Einstellungen-App DATENSCHUTZ • DIAGNOSE UND FEEDBACK aufrufen. Setzen Sie dann im Bereich DIAGNOSEDATEN ANZEIGEN den Regler auf EIN. Nach einem Klick auf die Schaltfläche DIAGNOSEDATENANZEIGE ÖFFNEN wird automatisch der Microsoft Store mit der Detailseite der App *Diagnostic Data Viewer* geöffnet.

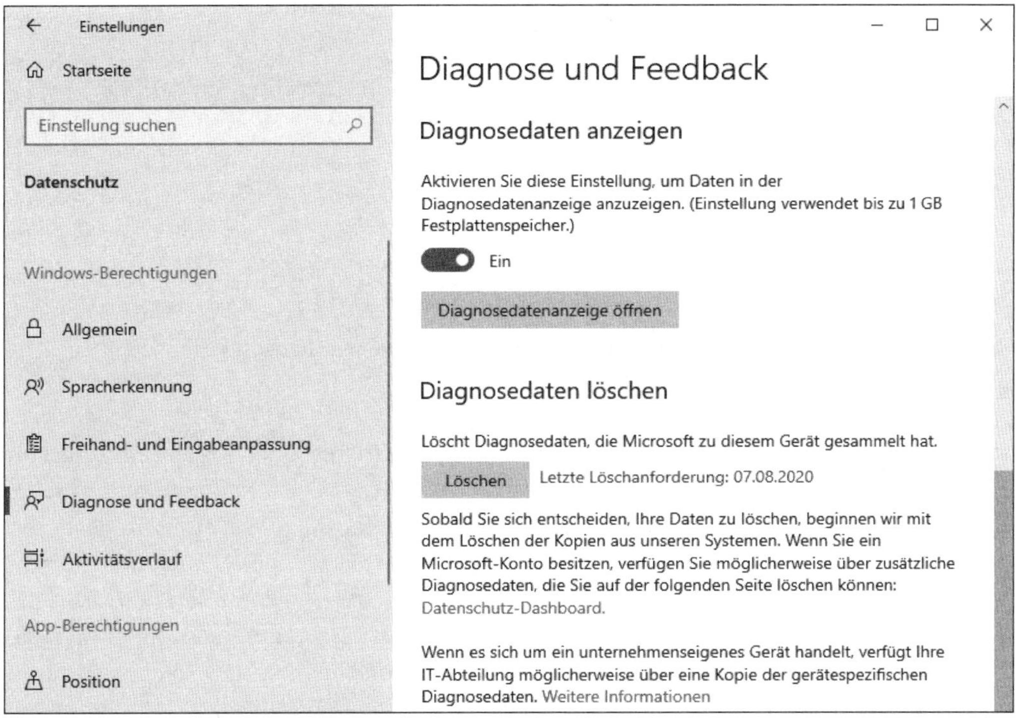

Abbildung 22.12 Um das Tool »Diagnostic Data Viewer« installieren zu können, muss der Regler »Diagnosedaten anzeigen« aktiviert sein.

Mit einem Klick auf HERUNTERLADEN starten Sie den Download des kostenlosen Tools. Hierfür ist ein Microsoft-Konto erforderlich. Sind Sie noch nicht mit einem solchen beim Microsoft Store angemeldet, erhalten Sie eine Aufforderung, dies nun zu tun.

Nach erfolgreichem Download und erfolgter Installation können Sie das Tool in der App-Liste des Startmenüs über den Eintrag DIAGNOSEDATENANZEIGE aufrufen. Alternativ klicken Sie in der Einstellungen-App unter DATENSCHUTZ • DIAGNOSE UND FEEDBACK auf DIAGNOSEDATENANZEIGE ÖFFNEN. Die Diagnosedatenanzeige zeigt nun alle von Windows 10 gesammelten Diagnosedaten an. Da diese Liste meist sehr umfangreich ist, bietet es sich an, die Anzeige zu filtern. Hierzu klicken Sie auf das Filtersymbol am oberen Fensterrand. Nun können Sie z. B. gezielt eine Datenquelle (Windows oder auch den Browser Edge) auswählen. Interessant ist auch der Blick in die PROBLEMBERICHTE, die Sie über den gleichnamigen Eintrag in der linken Spalte erreichen.

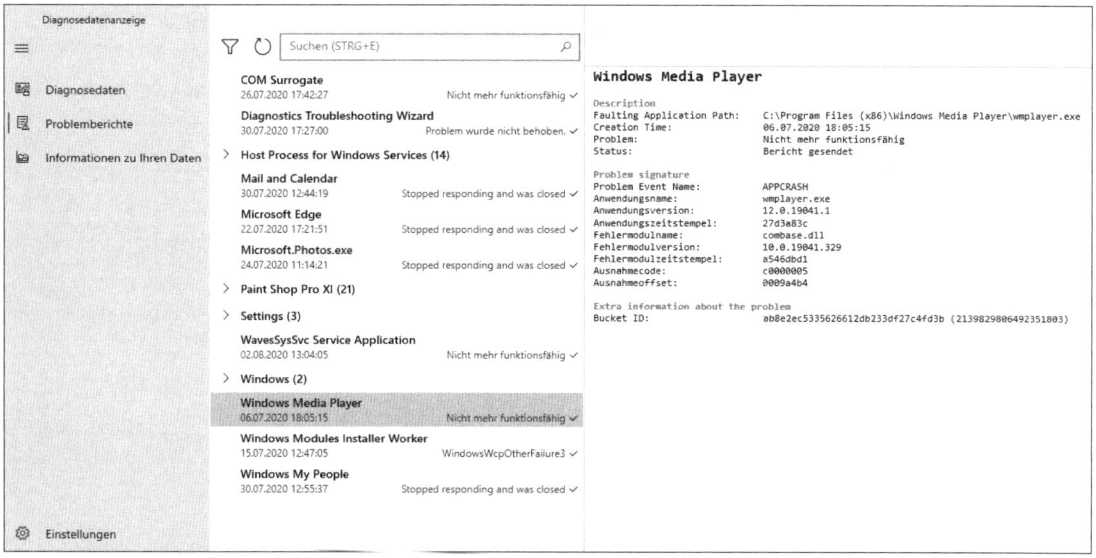

Abbildung 22.13 Die Diagnosedatenanzeige informiert über die an Microsoft gesendeten Diagnosedaten und über Problemberichte.

Windows 10 speichert die Diagnosedaten und Problemberichte über einen Zeitraum von 30 Tagen. Hierfür wird maximal 1 GB Speicherplatz zum Sichern des Diagnosedatenverlaufs in Anspruch genommen. Klicken Sie im Programmfenster der Diagnosedatenanzeige unten links auf EINSTELLUNGEN, können Sie sowohl die Speicherplatzgröße als auch den Zeitrahmen ändern. Möchten Sie die von Windows 10 erfassten Diagnosedaten löschen, führt Sie der Weg wieder auf die Seite DIAGNOSE UND FEEDBACK der Einstellungen-App. Klicken Sie hier im Bereich DIAGNOSEDATEN LÖSCHEN auf die Schaltfläche LÖSCHEN. Rechts wird nun das Datum der letzten Löschanforderung eingeblendet (siehe Abbildung 22.12). Warten Sie einen kurzen Moment und rufen dann wieder die Diagnosedatenanzeige auf, sollte diese entsprechend keinerlei Daten mehr anzeigen.

22.3 Das Microsoft-Konto und der Datenschutz

Die Anmeldung am Computer mit einem Microsoft-Konto hat durchaus seine Vorteile. So können Sie direkt auf die Cloud OneDrive zugreifen, über den Microsoft Store Apps beziehen oder auch die Sprachassistentin Cortana nutzen, ohne sich jeweils extra bei diesen Apps (und natürlich auch einigen anderen, die ein Microsoft-Konto erfordern) anmelden zu müssen. Auch die Synchronisation diverser Daten – von Windows-Einstellungen bis hin zu Anmeldeinformationen – mag für diejenigen, die mit mehreren Windows 10-Geräten arbeiten, praktisch sein. Die Verwendung eines Microsoft-Kontos hat speziell aus Datenschutzsicht aber leider auch so manche Nachteile. Während bei einem lokalen Benutzerkonto alle Daten anonymisiert an Microsoft weitergeleitet werden, geschieht dies bei einem Microsoft-Konto personalisiert, sprich auf Ihr Benutzerkonto zugeschnitten. Microsoft weiß somit nicht nur ganz allgemein, welche Apps auf Ihrem Gerät genutzt werden, sondern mit welchen Apps Sie persönlich arbeiten. Nimmt man noch spezielle Daten hinzu, wie etwa Bezahlmethoden und Kreditkarteninformationen, die z. B. beim Kauf von Apps im Microsoft Store erfasst werden, kommt hier eine Vielzahl an Informationen zusammen, die Microsoft über Sie in der Hand hält. Manche dieser Daten lassen sich einsehen und vor allem auch löschen. Dazu zählen z. B. der Browserverlauf, die über die Suchmaschine Bing veranlassten Suchanfragen, die Standortaktivität und einiges mehr. Die Einstellungen nehmen Sie allerdings nicht in der Einstellungen-App vor, sondern auf der Website Ihres Microsoft-Kontos. Zu dieser gelangen Sie z. B., indem Sie in der Einstellungen-App unter DATENSCHUTZ • DIAGNOSE UND FEEDBACK auf DATENSCHUTZ-DASHBOARD klicken. Der Link findet sich aber auch in den anderen Unterkategorien der Datenschutzeinstellungen. Nach dem Start des Browsers werden Sie aufgefordert, sich mit Ihrem Microsoft-Konto auf der Webseite anzumelden.

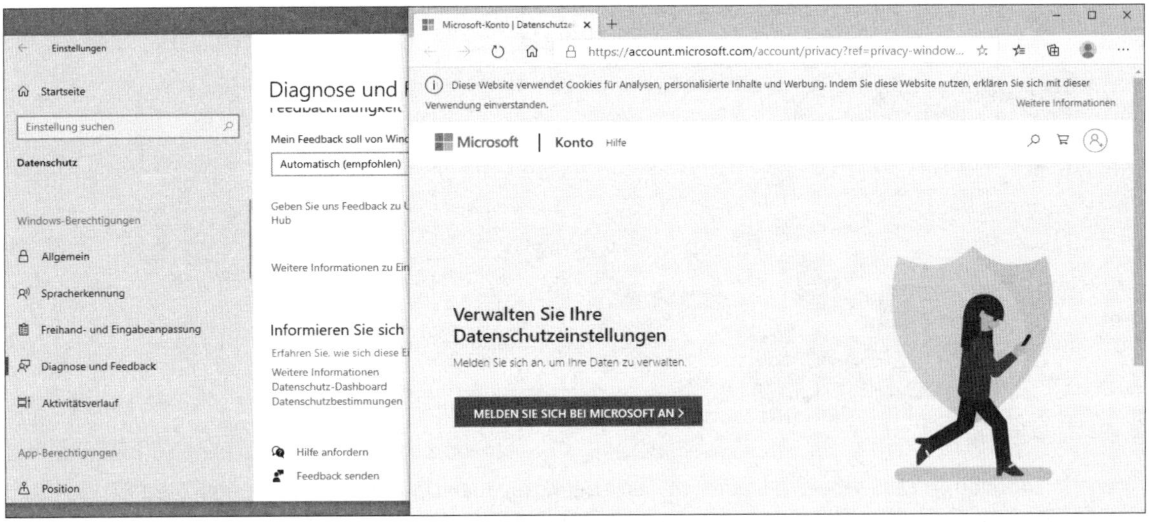

Abbildung 22.14 Um zum Datenschutz-Dashboard zu gelangen, müssen Sie sich bei Ihrem Microsoft-Konto anmelden.

Nach Eingabe der E-Mail-Adresse sowie des Kennwortes des Microsoft-Kontos wird eventuell auch Ihre Identität überprüft. In diesem Fall müssen Sie entweder die als Sicherheitsinformation hinterlegte E-Mail-Adresse bzw. Telefonnummer im angezeigten Dialog ergänzen, an die dann ein Code geschickt wird. Diesen Zugangscode geben Sie ebenfalls im Dialog ein. Erst jetzt erfolgt die eigentliche Anmeldung am Microsoft-Konto. Anschließend befinden Sie sich direkt in der Kategorie DATENSCHUTZ. Sollten Sie über einen anderen Weg die Website Ihres Kontos aufgerufen haben, klicken Sie im Menüband am oberen Seitenrand auf DATENSCHUTZ.

Auf der Seite ÜBERSICHT werden nun diverse Themen wie BROWSERVERLAUF, SUCHVERLAUF, STANDORTAKTIVITÄT oder auch MEDIENAKTIVITÄT aufgeführt. Für jedes dieser Themen finden Sie die Schaltfläche … ANZEIGEN UND LÖSCHEN. Ein Klick hierauf, und Sie gelangen zur Detailseite des jeweiligen Themas, auf der Sie nun genau erfahren, welche Daten gespeichert wurden.

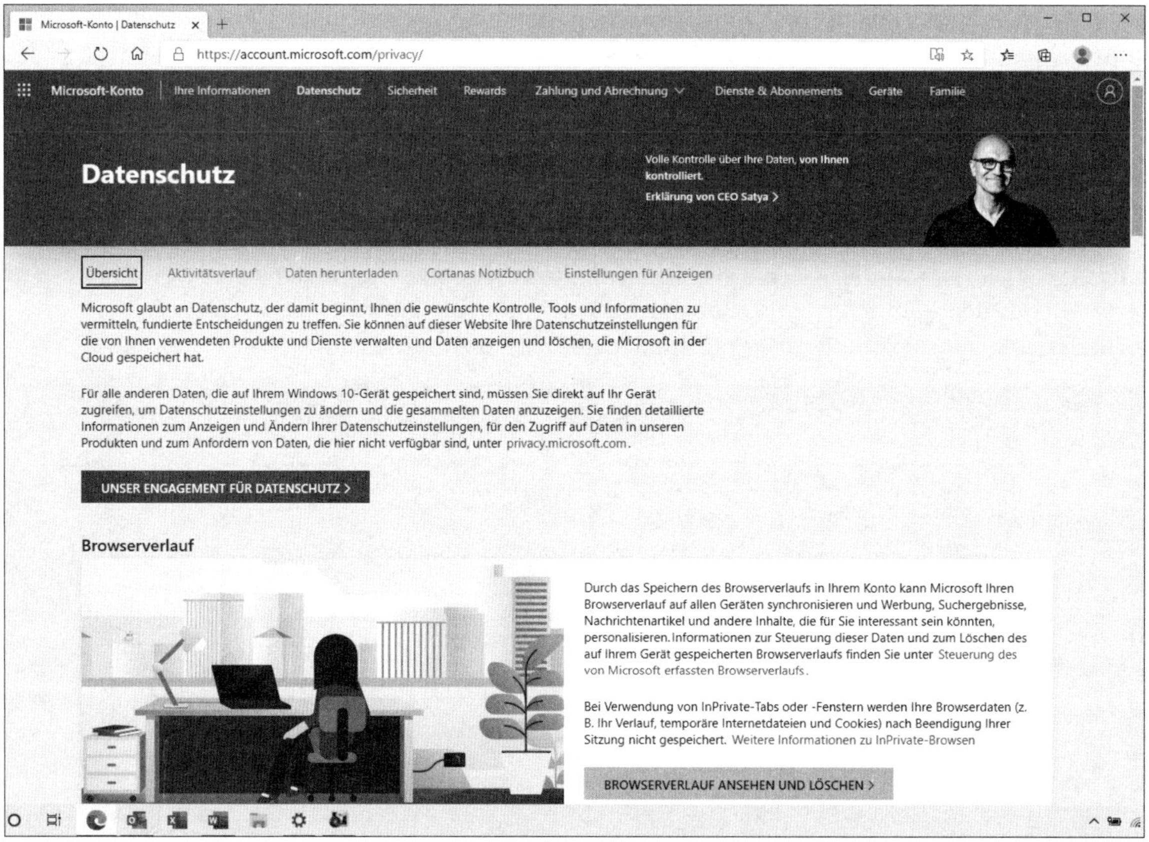

Abbildung 22.15 Über die Übersichtsseite der Kategorie »Datenschutz« gelangen Sie zu Themen wie »Browserverlauf« oder auch »Standortaktivität«.

Jeder der aufgeführten Einträge lässt sich einzeln löschen. Um alle erfassten Daten des Themas (auf der Website auch *Datentyp* genannt) zu entfernen, klicken Sie auf AKTIVITÄT LÖSCHEN. Über die Schaltfläche ÜBERSICHT gelangen Sie immer wieder zur gleichnamigen Seite zurück.

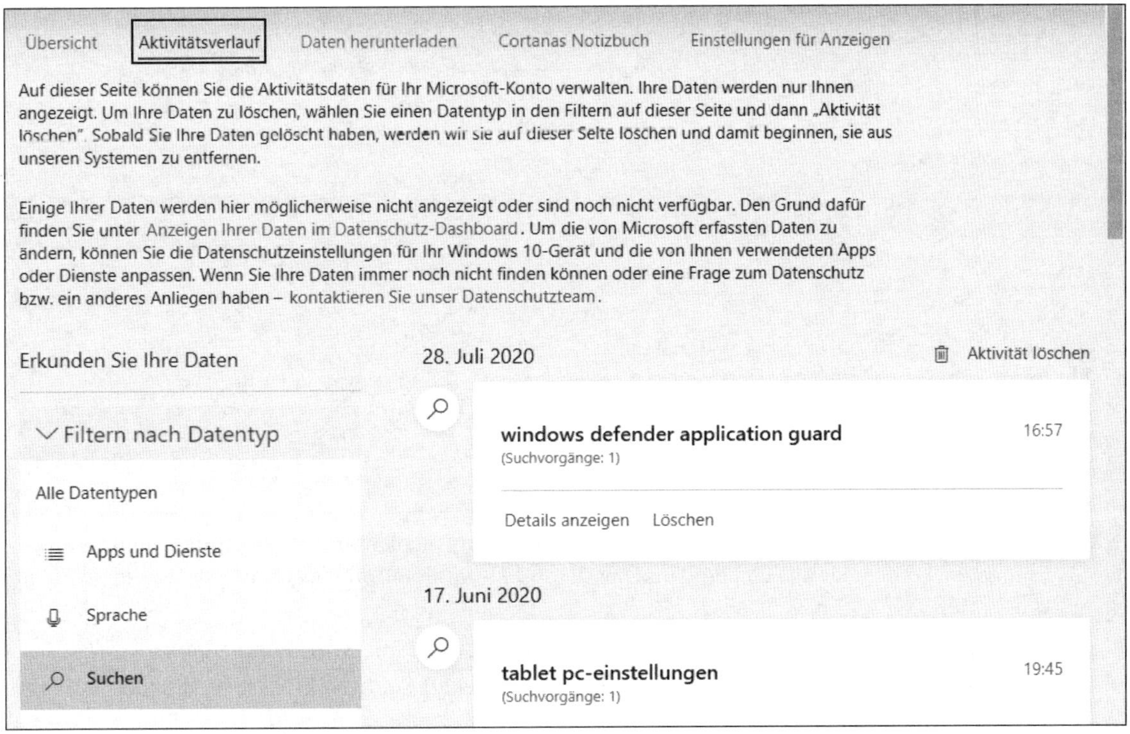

Abbildung 22.16 Sie können die einzelnen Einträge separat, aber auch alles in einem Rutsch aus dem Aktivitätsverlauf der Kategorie »Datenschutz« löschen.

Sollten Sie die Sprachassistentin Cortana nutzen, empfehle ich Ihnen, einen Blick in Cortanas Notizbuch zu werfen, in das Sie ebenfalls über die Kategorie DATENSCHUTZ auf der Website Ihres Microsoft-Kontos gelangen.

Im Notizbuch werden alle Informationen gespeichert, die Cortana über Sie in Erfahrung bringt bzw. die Sie selbst der Sprachassistentin mitgeteilt haben. Dabei kann es sich z. B. um Suchaufträge oder Kalendereinträge handeln, Finanzinformationen, die Cortana für Sie ermittelt hat, den Wetterbericht von vor zwei Monaten und vieles mehr. Sollten Sie Cortana nur einmal ausprobiert haben und zukünftig nicht mehr nutzen wollen, haben Sie auf dieser Webseite die Möglichkeit, mit einem Klick auf die entsprechende Schaltfläche alle Cortana-Daten in einem Rutsch zu löschen.

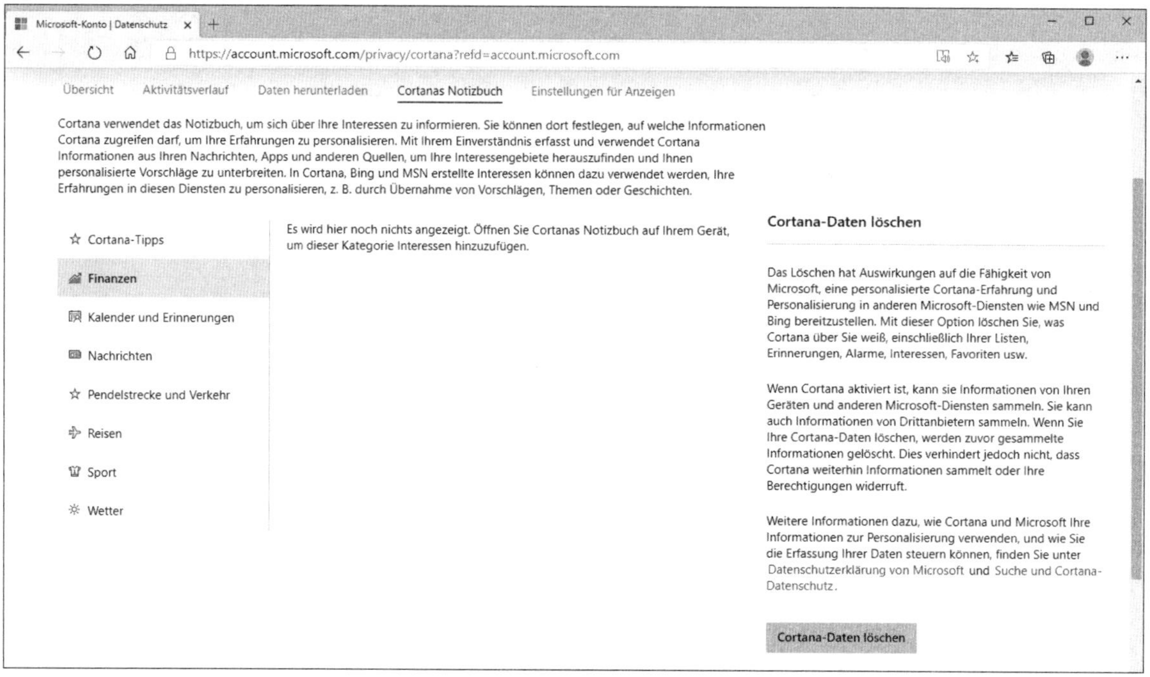

Abbildung 22.17 Falls Sie die Dienste von Cortana zukünftig nicht mehr in Anspruch nehmen möchten, können Sie alle von der Sprachassistentin erfassten Daten löschen.

Wenn Sie keine weiteren Informationen zu Ihrem Microsoft-Konto einsehen möchten, sollten Sie sich auf der Website wieder abmelden. Klicken Sie hierzu oben rechts auf das Logo Ihres Benutzerprofils und dann auf ABMELDEN.

Kapitel 23
Windows 10 auf dem aktuellsten Stand halten

Updates sind wichtig, um die Sicherheit und Stabilität des Systems sicherzustellen. Meistens funktioniert dies auch, doch in manchen Fällen führen ausgerechnet die Aktualisierungen zu Problemen. In diesem Kapitel erfahren Sie, wie sich Updates konfigurieren lassen und welche Möglichkeiten Ihnen zur Problembehandlung zur Verfügung stehen.

In älteren Windows-Versionen stand es dem Anwender frei, ob er Updates automatisch, manuell oder gar nicht installiert. Letzteres, sprich die Deaktivierung von Windows Update, mag zwar vor Abstürzen, Bluescreens oder anderen Problemen schützen, die die Aktualisierungen immer wieder verursachen. Was viele dabei aber nicht berücksichtigen: Mithilfe der Updates wird der Computer mit Sicherheitsupdates versorgt, die vor allem Sicherheitslücken im System stopfen. Diese Sicherheitslücken nutzen Cyberkriminelle als Schlupflöcher, um ihre Schadprogramme auf den Computer zu schleusen. Updates nicht zu installieren bedeutet somit auch, mit einem unzureichend geschützten Windows-Gerät zu arbeiten.

Die Probleme auf der einen Seite und die Sicherheitsaspekte auf der anderen führen nicht nur beim Anwender zu Sorgenfalten, sondern stellen auch Microsoft vor eine große Herausforderung. Die Folge hiervon macht sich bei der immer wieder wechselnden Updatestrategie bemerkbar. Mal setzte das Unternehmen während der letzten fünf Jahre auf Zwangsupdates, die ohne Einwilligung des Benutzers installiert wurden. Dann wiederum konnten Besitzer von Windows 10 Pro plötzlich über die Einstellungen-App Funktionsupdates bis zu 365 Tage zurückstellen. Diese Möglichkeit gibt es seit Windows 10 Version 2004 zumindest über die Einstellungen-App nun aber auch schon wieder nicht mehr. In den folgenden Abschnitten zeige ich Ihnen, welche Konfigurationsmöglichkeiten Ihnen zum aktuellen Stand (Februar 2021) zur Verfügung stehen. Zum Abschluss des Kapitels finden Sie einige Tipps, wie sich Probleme, die die Installation von Updates eventuell mit sich bringen, handhaben lassen.

Der wichtigste Schutz, man kann es gar nicht häufig genug erwähnen, stellt ein Backup Ihrer Daten dar. Dies gilt vor allem, bevor Sie eines der halbjährlichen Funktionsupdates auf Ihrem System installieren. Wie Sie hierzu vorgehen, erfahren Sie in Kapitel 12, »Datensicherung mit Windows 10«.

23.1 Ein paar wichtige Begriffe rund um Windows Update

Die Aufgabe von Updates bestand in früheren Windows-Versionen darin, Probleme zu beheben und Sicherheitslücken zu schließen. Mit der neuen Strategie »Windows als Dienstleistung«, die mit Windows 10 eingeführt wurde, wird das Betriebssystem nun auch noch mit neuen Funktionen versorgt. Microsoft unterteilt die Updates in verschiedene Kategorien:

- **Funktionsupdates**: Wie der Name bereits nahelegt, erweitern Funktionsupdates (teilweise auch *Feature-Updates* genannt) den Funktionsumfang des Betriebssystems. Im klassischen Sinne handelt es sich bei diesen Updates also eigentlich um ein Upgrade. Funktionsupdates werden zweimal pro Jahr veröffentlicht. In den Anfängen von Windows 10 war dies jeweils im März und im September der Fall, was sich auch in der Versionsbezeichnung von Windows 10 widerspiegelte. So wurde Windows 10 1809 beispielsweise im September des Jahres 2018 veröffentlicht. Mittlerweile verzögern sich die Auslieferungstermine allerdings. Das Update 2004, das für April 2020 geplant war, wurde z. B. erst Ende Mai 2020 von Microsoft freigegeben. Mit dem Update im Herbst des Jahres 2020 führte Microsoft nun eine neue Bezeichnung ein. Die im Oktober 2020 freigegebene Version nennt sich z. B. *Windows 10 20H2*, wobei das »H2« für das zweite Halbjahr steht. Nähere Informationen zu den verschiedenen Versionen erhalten Sie in Kapitel 1.
- **Qualitätsupdates**: Die Qualitätsupdates umfassen Sicherheits- und Zuverlässigkeitsupdates sowie Fixes. Sie werden an jedem zweiten Dienstag im Monat bereitgestellt, dem sogenannten *Patch Tuesday*. Bei den Qualitätsupdates handelt es sich meistens um *kumulative Updates*, d. h., ein neues Update enthält alle bis dahin veröffentlichten Updates. Sollten Sie also ein oder auch mehrere Updates verpasst haben, erhalten Sie diese automatisch durch die Installation des neuesten Qualitätsupdates. Ein Qualitätsupdate ist immer auf die aktuell installierte Windows-Version zugeschnitten.
- **Treiberupdates**: Über Windows Update werden auch Treiber- und Firmwareupdates ausgeliefert. In Kapitel 21, »Geräte anschließen und konfigurieren«, erfahren Sie, wie Sie Treiberupdates installieren und mögliche Probleme beheben.
- **Definitionsupdates**: Verwenden Sie die Windows-eigene Sicherheitslösung *Windows Defender*, werden über Windows Update regelmäßig die Signaturdateien des Antivirenprogramms aktualisiert. Dies geschieht über die Definitionsupdates. Die Signaturdateien dienen dazu, Spyware und andere potenziell unerwünschte Software zu erkennen.
- **Wartungsstapel-Updates**: Auch diejenigen Komponenten, die die Windows Updates installieren, werden regelmäßig aktualisiert. Die Bezeichnung für die Komponenten lautet *Wartungsstapel* (auf Englisch »Servicing Stack« genannt), die Updates entsprechend *Wartungsstapel-Updates* (»Servicing Stack Updates« oder kurz *SSU*). Sie sorgen dafür, dass die Installation von Updates auch weiterhin reibungslos funktioniert. Ihre Auslieferung findet nicht unbedingt jeden Monat statt, aber meistens parallel zu den Qualitätsupdates. Wie diese sind auch die Wartungsstapel-Updates versionsspezifisch. Zum Wartungsstapel zählt der *komponentenbasierte Wartungsstapel* (»Component-Based Servicing Stack«,

kurz *CBS*). Dieser ist eine wesentliche Komponente für mehrere Elemente der Windows-Bereitstellung. Dazu zählen z. B. die Tools *DISM* (Abkürzung für *Deployment Image Servicing and Management*, auf Deutsch »Abbildverwaltung für die Bereitstellung«), *SFC* (Abkürzung für *System Integrity Check and Repair*, auf Deutsch »Systemintegritätsüberprüfung und Reparatur«) und Windows-Features.

- **Windows-Tool zum Entfernen bösartiger Software**: Das Windows-Tool zum Entfernen bösartiger Software (auf Englisch »Malicious Software Removal Tool«, kurz *MSRT*) wird seit Windows 10 Version 2004 im Normalfall vierteljährlich im Rahmen des Windows Updates oder als eigenständiges Tool aktualisiert. Ausnahmen bestätigen allerdings auch hier die Regel, sprich, die Auslieferung kann häufiger erfolgen. Mithilfe des Tools, das im Hintergrund läuft, lässt sich bösartige Software von einem bereits infizierten Computer entfernen. Es stellt damit keinen Ersatz eines Antivirenprogramms dar, sondern eine Ergänzung.

Bei den vorgestellten Updates handelt es sich um die wichtigsten Aktualisierungen. Falls gewünscht, können Sie auch andere Microsoft-Produkte durch das Windows Update auf den neuesten Stand bringen lassen. Wie Sie hierzu vorgehen, erfahren Sie im folgenden Abschnitt.

Funktionsupdates sofort oder später installieren?

Der Termin, zu dem Microsoft ein Funktionsupdate freigibt, ist nur selten auch der Termin, an dem das Update auf Ihrem Computer bereitgestellt wird. Dies liegt zunächst einmal daran, dass Millionen von Computern auf den neuesten Stand gebracht werden müssen, was sich schon allein rein organisatorisch nicht in einem Rutsch bewerkstelligen lässt. Sollten für Ihren Gerätetyp z. B. während der Entwicklungsphase Kompatibilitätsprobleme festgestellt worden sein, können sogar einige Wochen bis Monate vergehen, bis Microsoft das Update auch für Ihr Gerät bereitstellt. Sollten Sie doch das Glück haben, zu den Ersten zu zählen, können Sie das Funktionsupdate sofort installieren, müssen es aber nicht. Es kann taktisch auch günstig sein, damit etwas zu warten, um so möglicherweise erst nach dem Erscheinungstermin bekannt werdenden Problemen aus dem Weg zu gehen. Berücksichtigen Sie Ihrer Entscheidung allerdings, dass der Support für jede Windows-Version nur für 18 Monate gilt, der Computer also nur über diesen Zeitraum hinweg mit Updates versorgt wird. In Kapitel 1 finden Sie eine Tabelle mit den Terminen für das Support-Ende einer jeden Windows-Version. Nach Ablauf der Support-Unterstützung muss ein Funktionsupdate installiert werden.

Sobald ein Funktionsupdate für Ihr Gerät verfügbar ist, finden Sie in der Kategorie Update und Sicherheit • Windows Update der Einstellungen-App einen entsprechenden Hinweis. Bevor Sie die Installation starten, sollten Sie unbedingt zur Sicherheit eine Datensicherung vornehmen. Entfernen Sie außerdem alle nicht benötigten Hardwaregeräte vom Computer, wie z. B. externe Festplatten, Drucker bzw. Multifunktionsgeräte oder auch Smartphones. Falls Sie eine Sicherheitslösung von einem Fremdanbieter installiert haben, sollten Sie diese vor Ausführung des Funktionsupdates deinstallieren, da Drittanbieterlösungen häufig einen Installationsabbruch verursachen können. Sind alle Vorbereitungen abgeschlossen, klicken Sie auf der Seite WINDOWS UPDATE auf HERUNTERLADEN UND INSTALLIEREN. Der Download kann in manchen Fällen einige Zeit in Anspruch nehmen. Anschließend ist ein Neustart des Computers notwendig. Eine Alternative zu dem hier beschriebenen Weg stellt die Installation eines Funktionsupdates über das Media Creation Tool dar. Wie Sie hierzu vorgehen, wird in Kapitel 33, »Windows 10 installieren«, beschrieben.

Abbildung 23.1 Ein Funktionsupdate kann sofort installiert werden, Sie können aber auch noch etwas abwarten.

23.2 Updateeinstellungen konfigurieren

Der Dienst *Windows Update* prüft regelmäßig, welche Updates bereits auf dem Computer installiert sind und welche auf dem Microsoft Update Server bereitstehen. Sollten auf dem Server neue Updates hinzugekommen sein, beginnt der Dienst automatisch damit, diese herunterzuladen und auch zu installieren. Beides – Download und Installation – geschieht meist, ohne dass der Anwender dies bemerkt. In manchen Fällen ist allerdings anschließend ein Neustart notwendig. In den Anfängen von Windows 10 wurde dieser zum großen Ärgernis der Anwender automatisch vorgenommen. Mittlerweile lässt sich der Neustart in einem begrenzten Rahmen individuell beeinflussen.

23.2.1 Zeitpunkt für Neustart anpassen

Die meisten Updates installiert Windows Update automatisch im Hintergrund, ohne dass der Anwender selbst aktiv werden muss. Manch ein Update erfordert nach der Installation allerdings einen Neustart des Computers. Windows 10 blendet in einem solchen Fall im Infobereich der Taskleiste das Symbol ein, das den Benutzer über das erforderliche Eingreifen informiert. Rufen Sie in der Einstellungen-App die Kategorie UPDATE UND SICHERHEIT • WINDOWS UPDATE auf, finden Sie hier ebenfalls einen Hinweis auf den notwendigen Neustart. Falls Sie gerade keine wichtige Aktion am Computer durchführen, können Sie den Neustart direkt per Klick auf JETZT NEU STARTEN anstoßen. Alternativ hierzu rufen Sie im Startmenü nacheinander EIN/AUS und dann AKTUALISIEREN UND HERUNTERFAHREN bzw. AKTUALISIEREN UND NEU STARTEN auf.

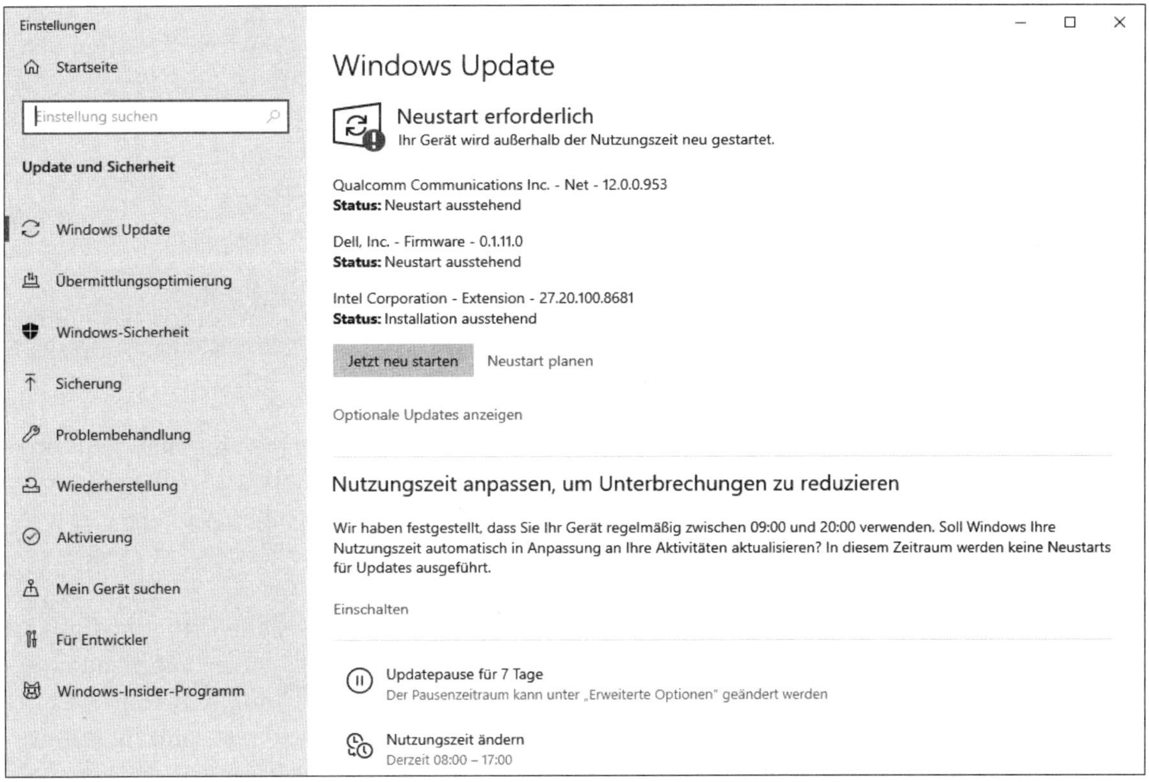

Abbildung 23.2 Der Neustart des Computers kann sofort durchgeführt oder auf einen späteren Zeitpunkt verschoben werden.

Kommt Ihnen der Zeitpunkt ungelegen, verschieben Sie den Neustart, indem Sie auf NEUSTART PLANEN klicken. Auf der Seite NEUSTART PLANEN setzen Sie zunächst den Regler auf EIN und wählen dann die Uhrzeit und den Tag aus, an dem der Neustart durchgeführt werden soll. Er lässt sich um maximal sieben Tage verschieben. Sollte der Computer zum festgelegten Zeitpunkt nicht eingeschaltet sein, wählt Windows selbst den nächstbesten Termin aus.

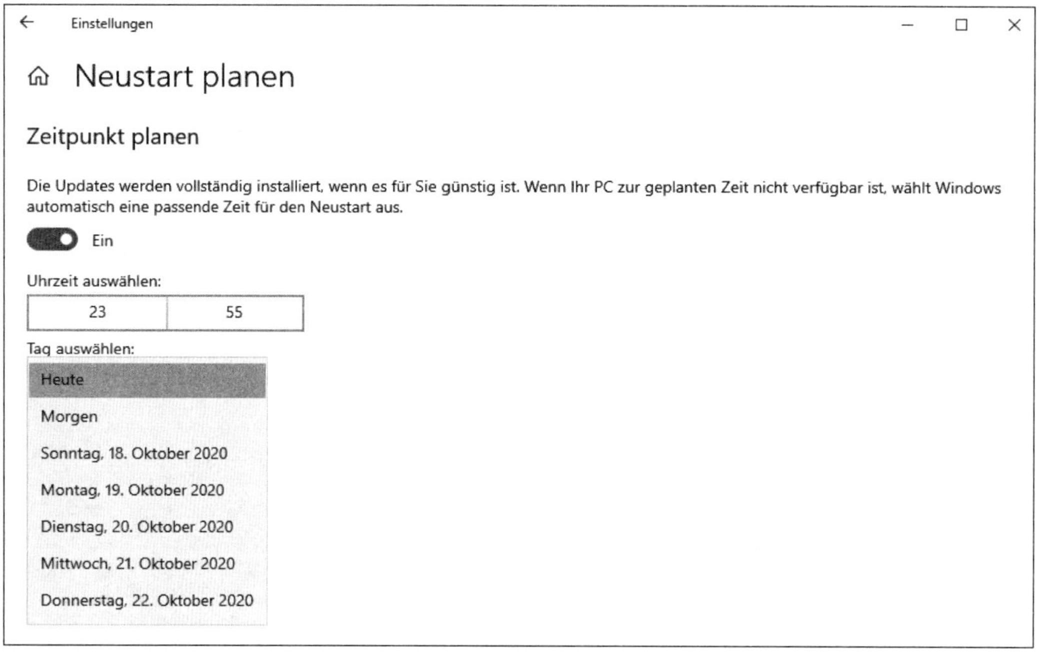

Abbildung 23.3 Der Neustart lässt sich maximal für sieben Tage verschieben.

Ignorieren Sie die Möglichkeiten des sofortigen Neustarts bzw. der Planung eines Neustarts, wird dieser automatisch zum nächstmöglichen Termin ausgeführt. Dabei berücksichtigt Windows die Zeit, zu der Sie normalerweise mit dem Computer arbeiten. Während dieser sogenannten Nutzungszeit wird kein Neustart durchgeführt. Klassischerweise ist dies die Zeit zwischen 8:00 Uhr und 17:00 Uhr. Falls Sie den Computer über einen längeren Zeitraum hinweg zu einer anderen Zeit genutzt haben, weist Windows Sie auf der Seite WINDOWS UPDATE der Einstellungen-App darauf hin und bietet Ihnen an, die Nutzungszeit entsprechend zu ändern (siehe Abbildung 23.2). Sie können unterhalb des Hinweises nun entweder auf EINSCHALTEN klicken oder nach einem Klick auf NUTZUNGSZEIT ÄNDERN und dann auf ÄNDERN selbst die Start- und Endzeit festlegen, zu der Sie am Computer aktiv sind. Eine längere Arbeitszeit als 18 Stunden lässt sich allerdings nicht einstellen. Falls Sie außerhalb des angegebenen Zeitrahmens arbeiten, müssen Sie aber keine Angst haben, dass Windows den Neustart ohne Vorwarnung durchführt. Sofern die entsprechende Funktion aktiviert ist, erhalten Sie im Falle eines Neustarts eine Benachrichtigung. Wie Sie die Benachrichtigungen aktivieren, lesen Sie im folgenden Abschnitt.

23.2.2 Erweiterte Optionen festlegen

Microsoft stellt nicht nur für Windows Updates bereit, sondern auch für Programme wie z. B. Microsoft Office-Anwendungen. Falls auf Ihrem Windows-Computer eine solche Anwendung installiert ist, können Sie diese automatisch aktualisieren lassen. Die entsprechende Funktion muss allerdings erst aktiviert werden. Hierzu klicken Sie in der Einstellungen-App unter Update und Sicherheit • Windows Update auf Erweiterte Optionen. Auf der folgenden Seite setzen Sie den Regler Erhalten Sie Updates für andere Microsoft-Produkte, wenn Sie Windows aktualisieren auf Ein.

Stellen Sie die Internetverbindung z. B. über ein Smartphone her, das Sie als WLAN-Hotspot eingerichtet haben (siehe hierzu auch Abschnitt 19.3), ist der nächste Regler auf der Seite Erweiterte Optionen für Sie interessant. Da bei einer solchen Verbindung erhöhte Kosten auf Sie zukommen können, ist der Regler Updates über getaktete Verbindungen herunterladen per Standardeinstellung ausgeschaltet. Falls die Updates trotzdem heruntergeladen und installiert werden sollen, müssen Sie den Regler also explizit auf Ein setzen.

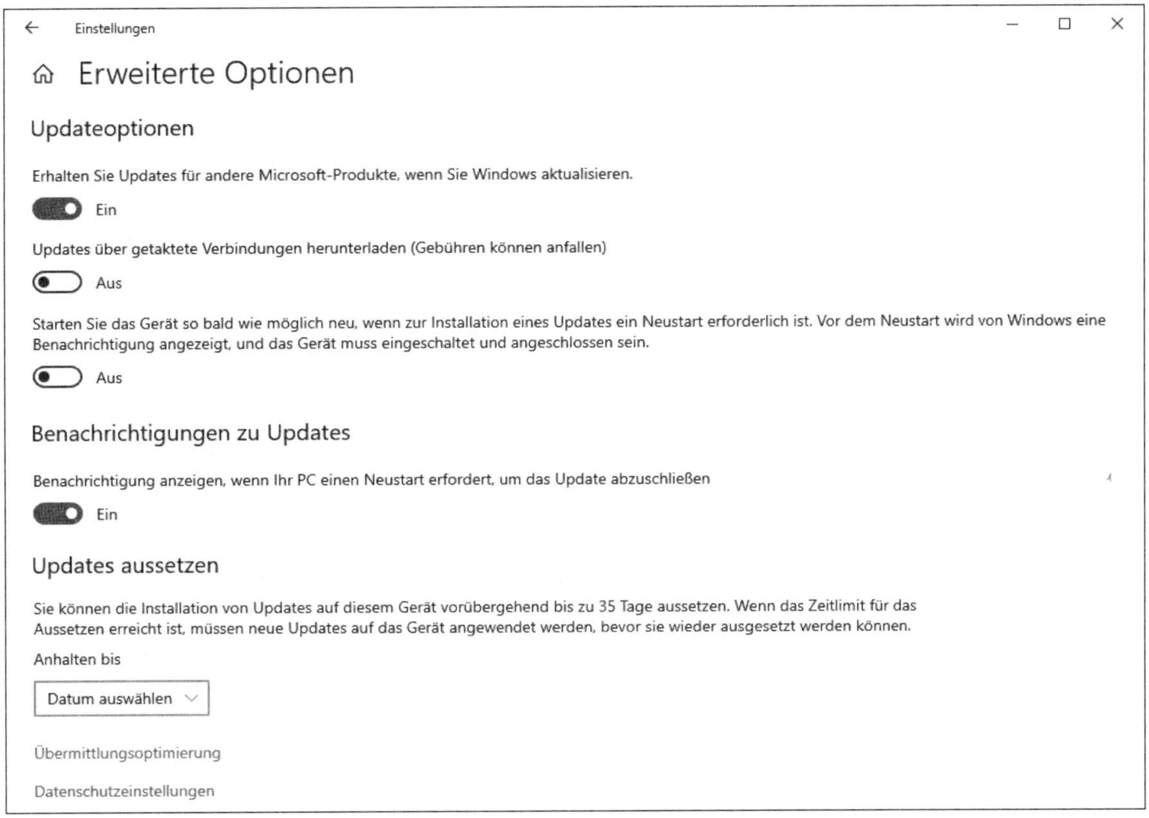

Abbildung 23.4 Die Updateoptionen und Benachrichtigungseinstellungen für das Windows Update

Mit dem Regler STARTEN SIE DAS GERÄT SO BALD WIE MÖGLICH NEU, WENN ZUR INSTALLATION EINES UPDATES EIN NEUSTART ERFORDERLICH IST ... können Sie veranlassen, dass ein Neustart durchgeführt wird, sobald dieser erforderlich ist. Windows informiert Sie über den anstehenden Neustart. Möchten Sie generell – also nicht nur im Falle des vorgezogenen Neustarts – eine Benachrichtigung erhalten, schalten Sie BENACHRICHTIGUNG ANZEIGEN, WENN IHR PC EINEN NEUSTART ERFORDERT, UM DAS UPDATE ABZUSCHLIESSEN ein.

Um ein Update nach dem Neustart abschließen zu können, ist es erforderlich, dass sich der Benutzer wieder am Computer anmeldet. Wenn Sie möchten, kann Windows 10 die Anmeldung automatisch für Sie durchführen. So müssen Sie nicht selbst die ganze Zeit am PC verweilen. Wechseln Sie hierzu in der Einstellungen-App in die Kategorie KONTEN • ANMELDEOPTIONEN. Setzen Sie im Bereich DATENSCHUTZ den Regler MEINE ANMELDEINFORMATIONEN VERWENDEN, UM DIE GERÄTEEINRICHTUNG NACH EINEM UPDATE ODER NEUSTART AUTOMATISCH ABZUSCHLIESSEN ... auf EIN.

23.2.3 Übermittlungsoptimierung einstellen

Zum Abruf der Windows Updates und der Aktualisierungen der Store-Apps benötigt Windows 10 eine stabile Internetverbindung. Klassischerweise werden die Updates von den Microsoft Update-Servern heruntergeladen. Mithilfe der Übermittlungsoptimierung ist es aber auch möglich, die Aktualisierungen von anderen PCs aus dem lokalen Netzwerk oder von anderen Computern im Internet zu beziehen. Dieses Vorgehen ist vor allem dann praktisch, wenn die Internetverbindung nicht optimal ist oder Sie mehrere Computer im Netzwerk mit denselben Updates versorgen müssen. Die Einstellungen nehmen Sie in der Einstellungen-App vor, in der Sie die Kategorie UPDATE UND SICHERHEIT • ÜBERMITTLUNGSOPTIMIERUNG aufrufen. Ist in der Einstellungen-App noch die Seite ERWEITERTE OPTIONEN geöffnet, finden Sie am unteren Seitenrand den Link ÜBERMITTLUNGSOPTIMIERUNG (siehe Abbildung 23.4), der Sie ebenfalls zur gleichnamigen Seite führt.

Um die Übermittlungsoptimierung zu aktivieren, setzen Sie den Regler DOWNLOADS VON ANDEREN PCS ZULASSEN auf EIN. Nun können Sie zwischen zwei Optionen wählen. Entscheiden Sie sich für PCS IN MEINEM LOKALEN NETZWERK, versucht Windows, die Aktualisierungen von anderen Computern innerhalb des lokalen Netzwerkes zu beziehen bzw. umgekehrt die Updates anderen Geräten im LAN zur Verfügung zu stellen, sodass nicht jedes Gerät einzeln die Updates herunterladen muss. Für die Option PCS IN MEINEM LOKALEN NETZWERK UND PCS IM INTERNET gilt dies ebenfalls, allerdings werden hier auch Computer im Internet berücksichtigt, die so konfiguriert wurden, dass sie anderen Geräten Updates zur Verfügung stellen können.

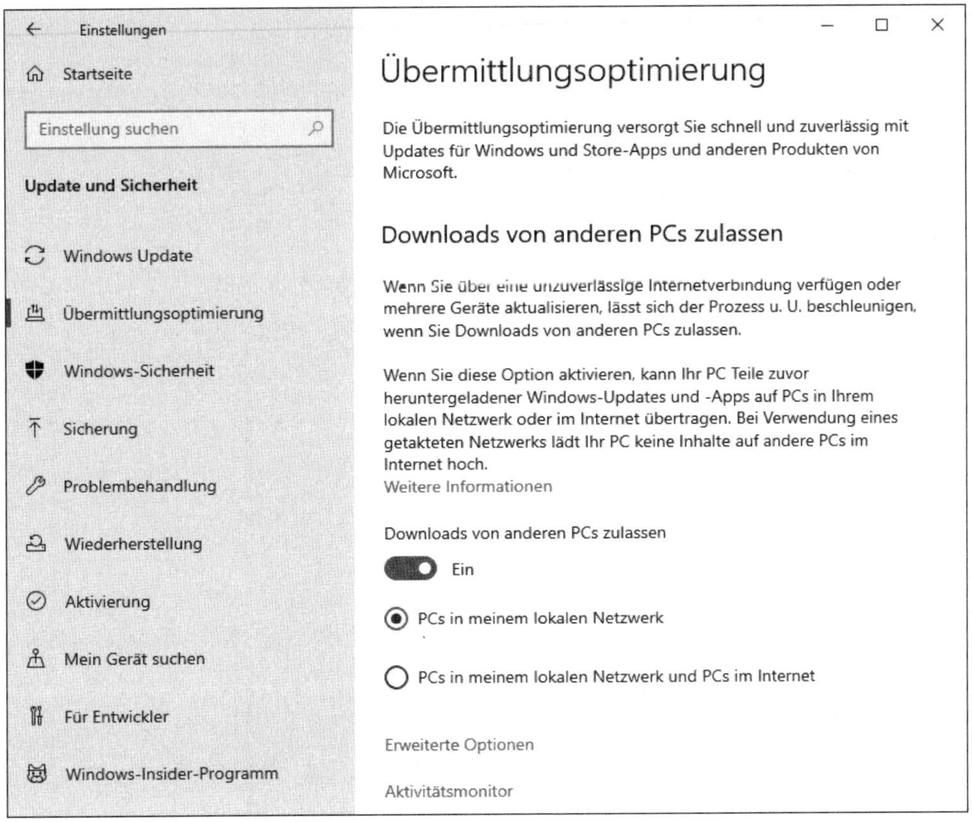

Abbildung 23.5 Ist die Übermittlungsoptimierung aktiviert, lassen sich Updates zwischen den Computern austauschen, was wiederum die Internetverbindung schont.

Im Normalfall wählt Windows 10 für die Installation der Updates dynamisch einen Zeitpunkt aus, zu dem Sie das Gerät nicht nutzen und somit auch nicht während der Arbeit behindert werden. Gesteuert wird dies durch den *Background Intelligent Transfer Service* (auf Deutsch »intelligenter Hintergrundübertragungsdienst«, kurz auch *BITS* genannt). Die Realität sieht manchmal leider etwas anders aus. So kann es durchaus vorkommen, dass während des Streamens von Videos die Netzwerkbandbreite mit dem Download von Updates geteilt werden muss. Damit Sie bei derartigen Tätigkeiten nicht mehr ausgebremst werden, haben Sie die Möglichkeit, die Bandbreite für das Herunterladen bzw. Hochladen von Updates auf andere PCs jeweils zu limitieren. Klicken Sie hierzu auf der Seite ÜBERMITTLUNGSOPTIMIERUNG auf ERWEITERTE OPTIONEN. Auf der folgenden Seite können Sie nun die Einstellungen für den Download und den Upload von Updates vornehmen. Im Bereich DOWNLOADEINSTELLUNGEN lässt sich entweder die absolute Bandbreite angeben oder der Prozentsatz über die Schieberegler festlegen. Um die Download- und Upload-Einstellungen anpassen zu können, muss die jeweils gewünschte Funktion zuvor durch Setzen eines Häkchens aktiviert werden.

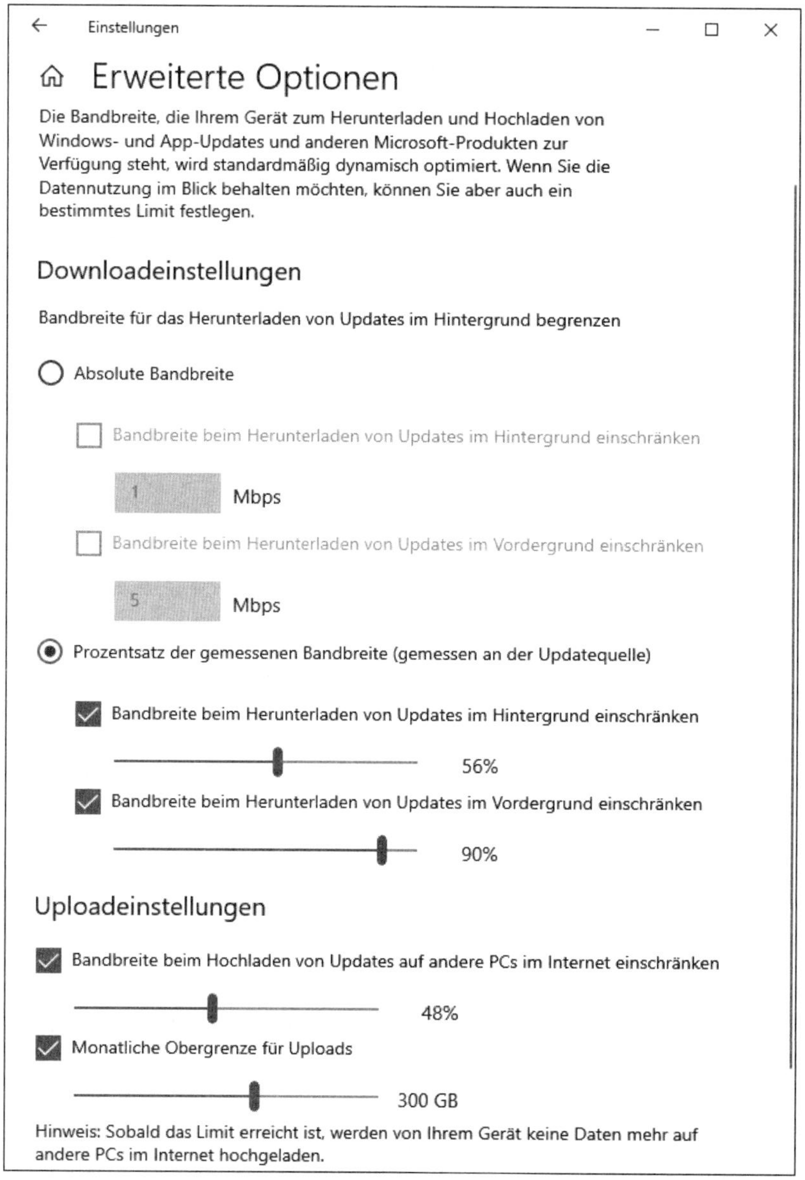

Abbildung 23.6 Wenn Sie verhindern möchten, dass Ihre anderen Internetaktivitäten durch den Download oder Upload von Updates negativ beeinflusst wird, schränken Sie die Bandbreite ein.

Wenn Sie die Download- und Upload-Statistik interessiert, sollten Sie einen Blick auf den Aktivitätsmonitor werfen. Hierzu kehren Sie zunächst per Klick auf den Pfeil oben links von der Seite ERWEITERTE OPTIONEN zurück zur Seite ÜBERMITTLUNGSOPTIMIERUNG (siehe Abbildung 23.5). Klicken Sie hier am unteren Seitenrand auf den Link AKTIVITÄTSMONITOR.

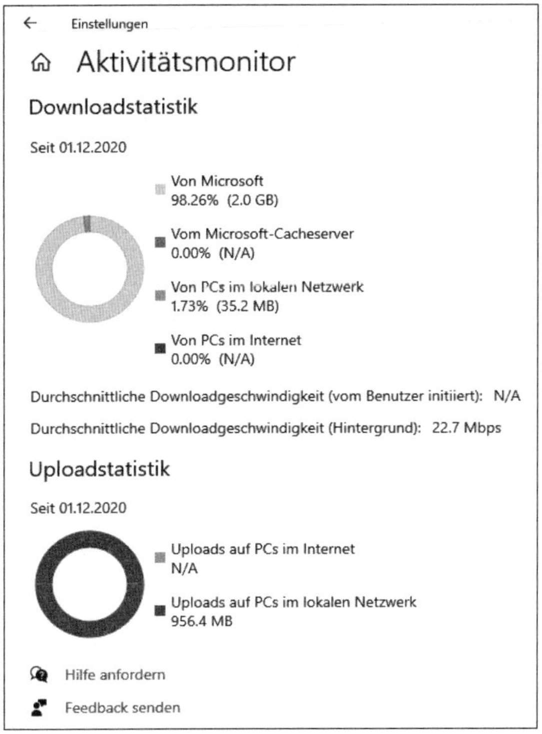

Abbildung 23.7 Der Aktivitätsmonitor zeigt die Menge an Updatedaten an, die übermittelt wurden.

23.3 Eine Updatepause einlegen

So manch einem Anwender ist das eigenmächtige Vorgehen von Windows beim automatischen Herunterladen und Installieren von Updates ein Dorn im Auge. Im Gegensatz zu früheren Windows-Versionen ist eine vollständige Deaktivierung von Windows Updates nicht mehr möglich. Sie können aber zumindest eine Updatepause einrichten, also einen Zeitraum, zu dem keine Updates installiert werden. Bis Windows 10 Version 1909 bot sich Nutzern der Editionen Pro und Enterprise in der Einstellungen-App eine sehr bequeme Möglichkeit, Qualitätsupdates bis zu 30 Tage und Funktionsupdates bis zu 365 Tage zu verschieben. Seit Windows 10 Version 2004 lässt sich eine solch lange Zeitspanne für Funktionsupdates nur noch über die Gruppenrichtlinien erzielen. Wichtige Sicherheitsupdates sind von der Updatepause übrigens ausgenommen.

23.3.1 Updatepause über die Einstellungen-App einrichten

In der Einstellungen-App stehen Ihnen zwei Möglichkeiten zur Aktivierung einer Updatepause zur Auswahl. Klicken Sie auf der Seite WINDOWS UPDATE auf UPDATEPAUSE FÜR 7 TAGE, werden eine Woche lang keine Updates installiert. Mit einem Klick auf UPDATES FÜR

7 WEITERE TAGE AUSSETZEN lässt sich die Updatepause um eine weitere Woche verlängern. Wiederholen Sie dies, können Sie auf diese Weise eine Pause von maximal fünf Wochen erzielen. Das Datum, an dem wieder Updates installiert werden, wird zu Beginn der Seite WINDOWS UPDATE angezeigt. Falls Sie die Updatepause schon vorher beenden möchten, reicht ein Klick auf UPDATES FORTSETZEN.

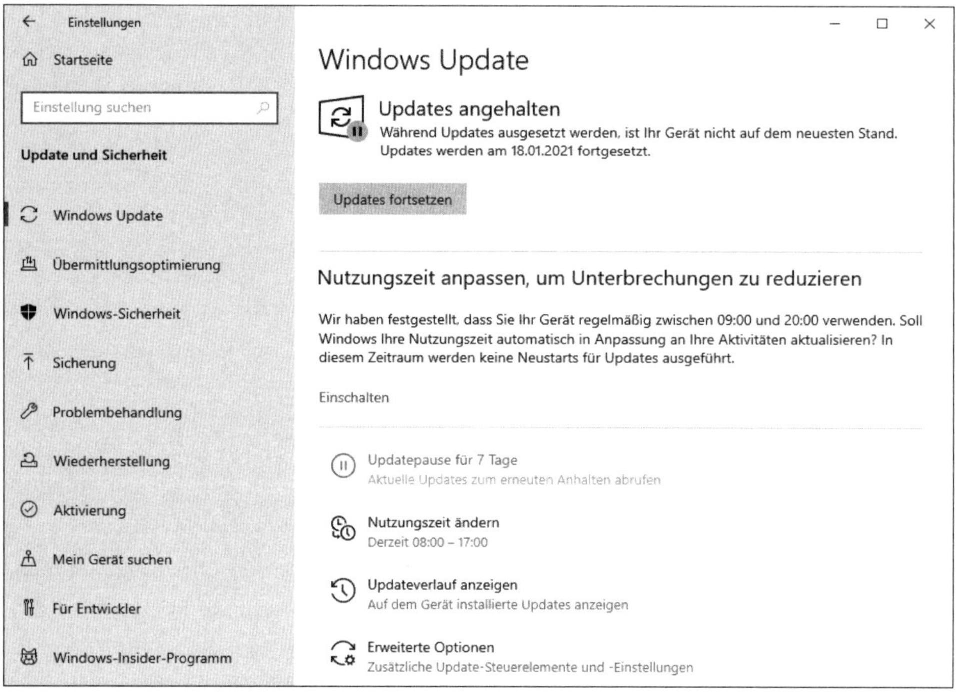

Abbildung 23.8 Die Installation von Updates kann über die Einstellungen-App für maximal 35 Tage angehalten werden.

Statt sich von Woche zu Woche zu arbeiten, können Sie auch direkt einen bestimmten Tag festlegen, bis zu dem keine Update installiert werden dürfen. Hierzu klicken Sie auf der Seite WINDOWS UPDATE auf ERWEITERTE OPTIONEN. Im Bereich UPDATES AUSSETZEN wählen Sie im Feld ANHALTEN BIS das gewünschte Datum aus (siehe Abbildung 23.4). Der Zeitraum beschränkt sich hier aber auch auf maximal fünf Wochen, sprich 35 Tage.

Updatepause für Funktionsupdates per Gruppenrichtlinien steuern

Wenn Sie mit den Editionen Pro oder Enterprise von Windows 10 arbeiten, kann über die Gruppenrichtlinien eine längere Updatepause für Funktionsupdates eingerichtet werden. Hierzu gehen Sie folgendermaßen vor:

1. Drücken Sie die Tastenkombination [Win] + [R], um den Ausführen-Dialog zu öffnen. Geben Sie hier »gpedit.msc« ein, und bestätigen Sie mit OK oder durch Drücken der [↵]-Taste. Der Editor für lokale Gruppenrichtlinien wird geöffnet.

2. Navigieren Sie in der linken Spalte zum Pfad RICHTLINIEN FÜR LOKALE COMPUTER • COMPUTERKONFIGURATION • ADMINISTRATIVE VORLAGEN • WINDOWS-KOMPONENTEN • WINDOWS UPDATE • WINDOWS UPDATE FÜR UNTERNEHMEN.
3. Doppelklicken Sie in der rechten Spalte auf ZEITPUNKT FÜR DEN EMPFANG VON VORABVERSIONEN UND FUNKTIONSUPDATES AUSWÄHLEN.
4. Im Dialog ZEITPUNKT FÜR DEN EMPFANG VON VORABVERSIONEN UND FUNKTIONSUPDATES AUSWÄHLEN aktivieren Sie die Option AKTIVIERT. Wählen Sie dann im Bereich OPTIONEN unterhalb von WÄHLEN SIE DAS WINDOWS BEREITSCHAFTSNIVEAU FÜR DIE UPDATES AUS, DIE SIE ERHALTEN MÖCHTEN den Eintrag SEMI-ANNUAL CHANNEL aus. Im Feld darunter können Sie nun die Anzahl an Tagen angeben, die der Empfang von Funktionsupdates zurückgestellt werden soll. Sie können hier Werte zwischen 1 und 365 eingeben.

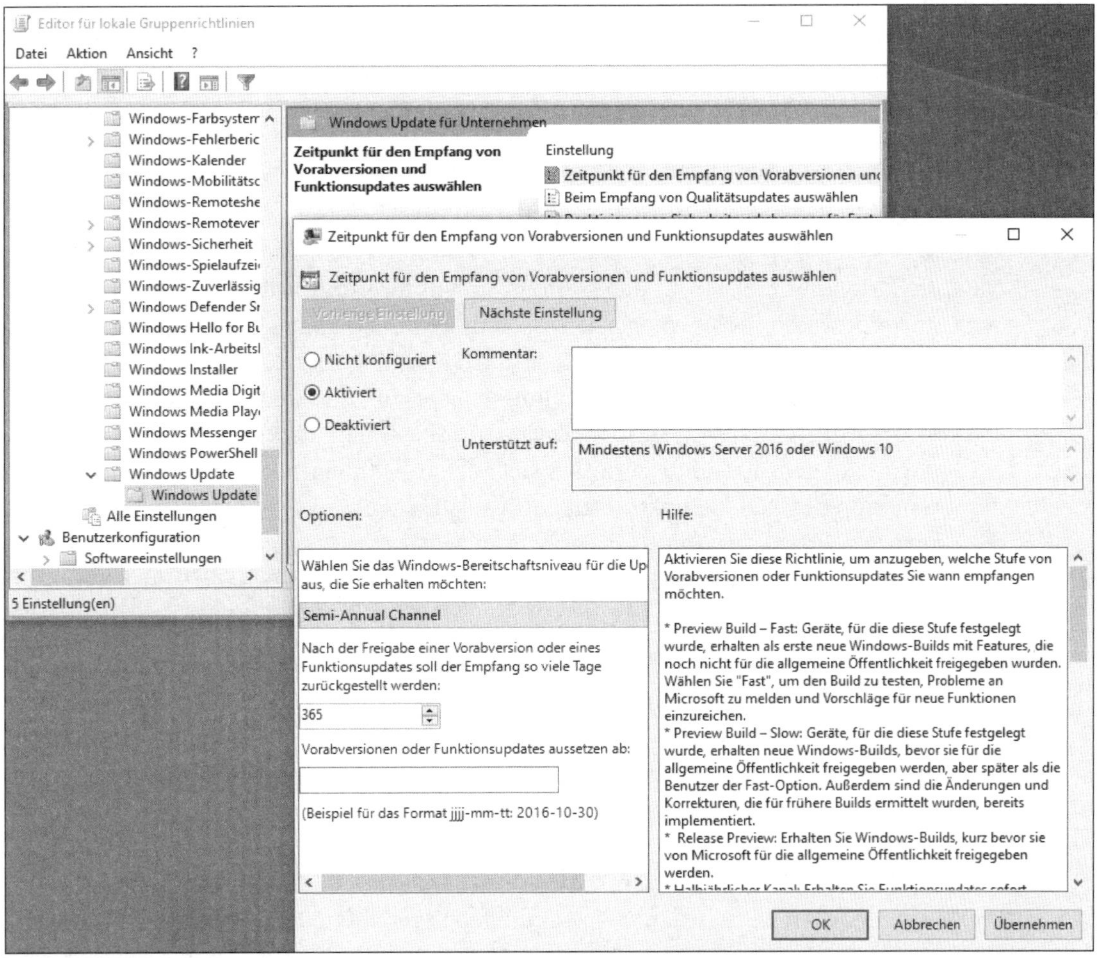

Abbildung 23.9 Im Editor für lokale Gruppenrichtlinien lässt sich der Zeitpunkt für den Empfang von Funktionsupdates um bis zu 365 Tage zurückstellen.

Aber Vorsicht: Diese Angabe bezieht sich nicht auf den aktuellen Tag, an dem Sie die Einstellung vornehmen, sondern auf den Tag, an dem Microsoft ein Funktionsupdate freigibt. Bestätigen Sie Ihre Einstellung mit OK.

Falls Sie ein Funktionsupdate doch früher empfangen möchten, führen Sie wieder die Schritte 1 bis 3 durch. Aktivieren Sie im Dialog nun die Option NICHT KONFIGURIERT oder DEAKTIVIERT, und bestätigen Sie mit OK.

23.4 Probleme mit Updates beheben

In den meisten Fällen funktioniert die Installation von Updates reibungslos. Ab und an kann es aber doch zu Schwierigkeiten kommen, etwa wenn die Internetverbindung nicht stabil ist und der Download deshalb immer wieder abgebrochen wird. Doch auch ein erfolgreich installiertes Update kann ein bisher stabiles System ins Wanken bringen. Im Notfall hilft hier nur eines: das Update wieder deinstallieren. Wie dies funktioniert und welche anderen Methoden Windows 10 bietet, um Probleme mit Updates zu beheben, lesen Sie auf den folgenden Seiten.

23.4.1 Updateverlauf überprüfen

Die Installation der meisten Updates erfolgt im Hintergrund still und leise und vor allem vom Anwender unbemerkt. Wer gerne wissen möchte, was genau auf seinem Computer gelandet ist und welchen Zweck ein Update erfüllt, kann dies über den Updateverlauf in Erfahrung bringen. Rufen Sie hierzu die Einstellungen-App auf, und wechseln Sie in die Kategorie UPDATE UND SICHERHEIT • WINDOWS UPDATE. Nach einem Klick auf UPDATEVERLAUF ANZEIGEN wird auf der folgenden Seite eine Übersicht über alle Updates eingeblendet, die seit der Installation des letzten Funktionsupdates geladen wurden. Die Updates werden dabei in die Kategorien FUNKTIONSUPDATES, QUALITÄTSUPDATES, TREIBERUPDATES, DEFINITIONSUPDATES und WEITERE UPDATES aufgeteilt. Wie üblich blenden Sie die Updates innerhalb einer Kategorie über den Pfeil [>] ein.

Für jedes Update wird zusätzlich zum Namen auch der Installationszeitpunkt aufgeführt. Dieser kann wichtig sein, um ein Update ausfindig zu machen, das z. B. zu einer Instabilität des Systems geführt hat. Die wichtigste Angabe zu einem Update ist aber die Nummer zum Knowledge Base-Artikel, in dem Microsoft alle wesentlichen Informationen zu einem Update inklusive möglicher Probleme zusammenfasst. Die Nummer folgt nach der Abkürzung *KB* für *Knowledge Base*, also z. B. KB4592438. Im Falle eines Qualitätsupdates führt Sie ein Klick auf den Link des Updates direkt zu diesem Artikel. Falls Sie die Webadresse zu einem Knowledge Base-Artikel selbst im Browser eingeben möchten: Der Aufbau der Adresse folgt stets dem gleichen Prinzip *https://support.microsoft.com/de-de/help/<KB_Nummer>*, wobei

Sie die Angabe »<Nummer>« durch die Nummer ersetzen, die im Updateverlauf nach dem KB angezeigt wird (für das vorherige Beispiel also »4592438«).

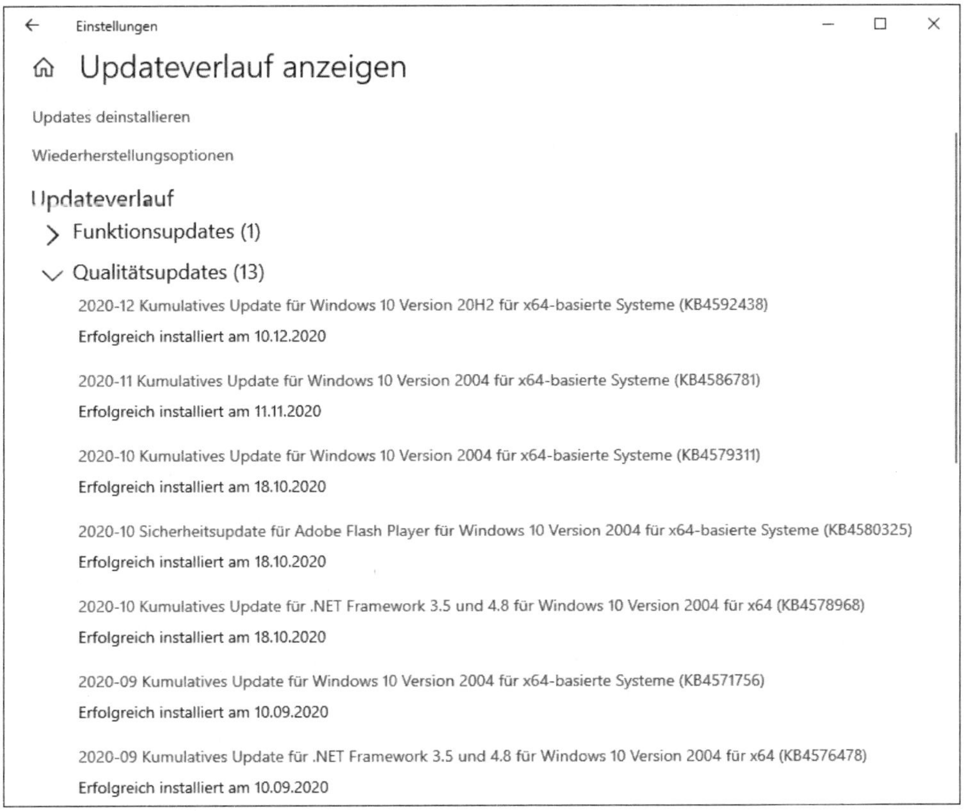

Abbildung 23.10 Per Klick auf einen Link gelangen Sie direkt zum Knowledge Base-Artikel des jeweiligen Updates.

23.4.2 Die Problembehandlung für Windows Update starten

Der Dienst *Windows Update* und der *intelligente Hintergrundübertragungsdienst* sorgen dafür, dass Updates ordnungsgemäß heruntergeladen und installiert werden. Funktioniert einer der beiden Dienste nicht, führt dies zu Problemen. Die in Windows 10 integrierte Problembehandlung kann in einem solchen Fall hilfreich sein. Rufen Sie hierfür die Einstellungen-App auf, und wechseln Sie in die Kategorie UPDATE UND SICHERHEIT • PROBLEMBEHANDLUNG. Klicken Sie auf ZUSÄTZLICHE PROBLEMBEHANDLUNGEN. Auf der folgenden Seite wird im Bereich PROBLEM DIREKT BEHEBEN bereits WINDOWS UPDATE angezeigt. Klicken Sie den Eintrag an, und klicken Sie anschließend auf PROBLEMBEHANDLUNG AUSFÜHREN. Windows überprüft nun u. a., ob eine Internetverbindung besteht und ob die beiden gerade erwähnten Dienste laufen. Spürt es ein Problem, wie einen angehaltenen Dienst, auf, wird es sofort gelöst. Im Falle einer nicht intakten Internetverbindung wird Ihnen meist ein Ratschlag zur Problembehandlung angezeigt.

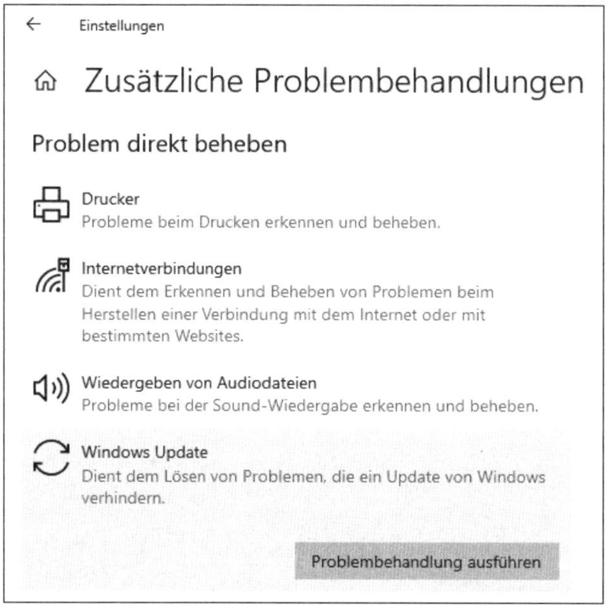

Abbildung 23.11 Probleme, die das Herunterladen oder Installationen von Updates verhindern, lassen sich mithilfe der Problembehandlung ausfindig machen.

Geschwindigkeitseinbußen nach Updateinstallation

Bevor ein umfangreiches Update wie etwa ein Funktionsupdate installiert wird, nimmt Windows eine Sicherung der alten Version vor. Sollten nach der Aktualisierung größere Probleme auftauchen, haben Sie so jederzeit die Möglichkeit, zur vorherigen Version zurückzukehren. Hierzu rufen Sie in der Einstellungen-App die Kategorie UPDATE UND SICHERHEIT • WIEDERHERSTELLUNG auf und klicken dann im Bereich ZUR VORHERIGEN VERSION VON WINDOWS 10 ZURÜCKKEHREN auf LOS GEHT'S. Die Sicherung der älteren Version nimmt viel Speicherplatz in Anspruch. Wird der freie Platz knapp, kann dies zu Leistungseinbrüchen bis hin zu Abstürzen führen. Im schlimmsten Fall lässt sich ein Update gar nicht erst installieren. Benötigen Sie die alten Sicherungen nicht mehr, ist es sinnvoll, sie zu löschen. Dies erfolgt ebenfalls in der Einstellungen-App, in der Sie die Kategorie SYSTEM • SPEICHER aufrufen. Warten Sie einen kurzen Moment, bis der belegte Speicherplatz analysiert wurde, und klicken Sie dann auf TEMPORÄRE DATEIEN. Versehen Sie in der folgenden Auflistung das Kontrollkästchen vor TEMPORÄRE WINDOWS-INSTALLATIONEN mit einem Häkchen. Überprüfen Sie, ob Sie nicht noch weitere Kandidaten finden, die es sich zu löschen lohnt, wie etwa die WINDOWS UPDATE-BEREINIGUNG. Für jeden aufgeführten Punkt werden eine kurze Erläuterung und die

Größe des Speicherplatzes, der freigegeben werden kann, eingeblendet. Mit einem Klick auf DATEIEN ENTFERNEN starten Sie schließlich den Löschvorgang.

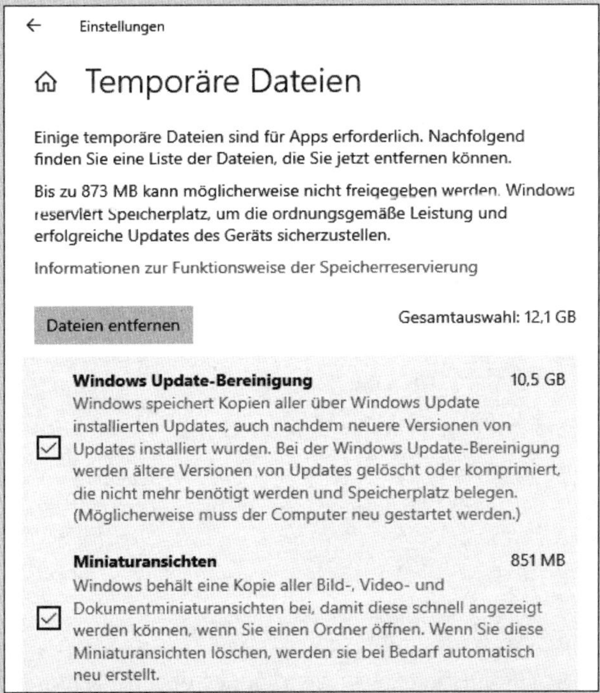

Abbildung 23.12 Das Löschen nicht mehr benötigter Dateien kann bei Problemen helfen, die durch einen Mangel an freiem Speicherplatz verursacht werden.

23.4.3 Fehlerhafte Updates deinstallieren

Um hartnäckige Fehler, die durch die Installation eines Updates entstanden sind, wieder zu beheben, hilft manchmal nur eines: das dafür verantwortliche Update wieder deinstallieren. Hierzu gehen Sie folgendermaßen vor:

1. Starten Sie die Einstellungen-App, und rufen Sie UPDATE UND SICHERHEIT • WINDOWS UPDATE auf. Klicken Sie auf UPDATEVERLAUF ANZEIGEN und auf der folgenden Seite auf UPDATE DEINSTALLIEREN. Hierdurch wird die Seite INSTALLIERTE UPDATES der Systemsteuerung geöffnet.
2. Markieren Sie in der Liste das Update, das deinstalliert werden soll. Wird Ihnen nun am oberen Rand der Liste der Befehl DEINSTALLIEREN angeboten, klicken Sie darauf. Bestätigen Sie die folgende Nachfrage mit JA (siehe Abbildung 23.13).
3. Starten Sie gegebenenfalls den Computer neu, falls Sie hierzu aufgefordert werden.

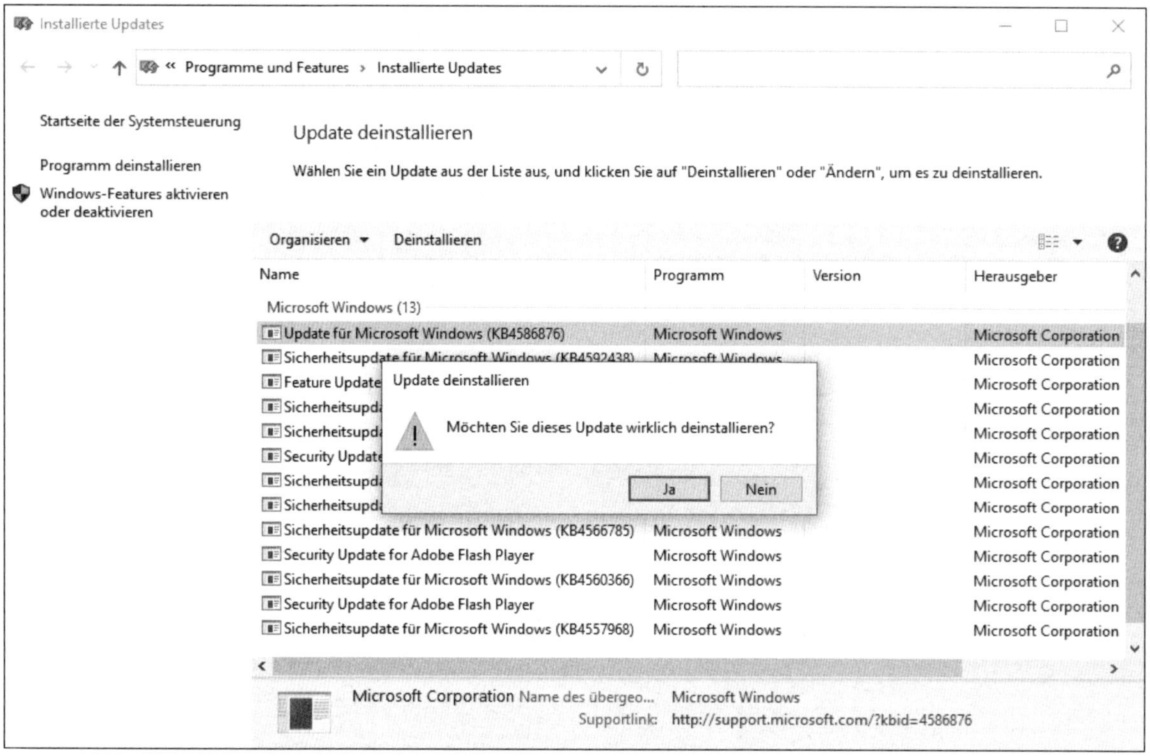

Abbildung 23.13 Updates, die auf dem System Probleme verursachen, können über die Seite »Installierte Updates« der Systemsteuerung deinstalliert werden.

Die Deinstallation eines Updates ist allerdings nur eine vorübergehende Lösung. Denn bei der nächsten Suche nach verfügbaren neuen Updates wird Windows Update es wieder installieren. Damit dies nicht passiert, müssen Sie das unerwünschte Update für den Windows Update-Dienst unsichtbar machen. Dies gelingt mithilfe des Tools *wushowhide.diagcab*, das Sie bereits im Zusammenhang mit der Deinstallation von Treiberupdates in Abschnitt 21.6.2, »Treiberprobleme beheben«, kennengelernt haben. Sie können das Tool über die Webseite *https://support.microsoft.com/de-de/kb/3073930* herunterladen.

Zum Start reicht ein Doppelklick auf die heruntergeladene Datei. Nach einem Klick auf WEITER wird ein Scan durchgeführt, der ermittelt, welche neuen Updates zur Verfügung stehen. Klicken Sie auf HIDE UPDATES, und versehen Sie das Update, das versteckt werden soll, mit einem Häkchen. Beenden Sie den Vorgang mit WEITER und SCHLIESSEN. Möchten Sie den Vorgang später wieder rückgängig machen, starten Sie das Tool einfach erneut. Nachdem der Scan durchgeführt wurde, wählen Sie die Schaltfläche SHOW HIDDEN UPDATES und aktivieren das ausgeblendete Update wieder.

Häufige Fehler und Abhilfemaßnahmen

Der Versuch, ein Update zu installieren, schlägt immer wieder fehl? Stattdessen erscheint ein kryptischer Fehlercode? Das passiert leider immer wieder. Auf der Webseite *https://docs.microsoft.com/de-de/windows/deployment/update/windows-update-errors* finden Sie eine Liste der häufigsten Fehlermeldungen und die von Microsoft dafür jeweils vorgeschlagenen Lösungen. Wird Ihr Fehlercode in dieser Liste nicht aufgeführt, starten Sie am besten eine Suche über das Internet.

Abbildung 23.14 Der angezeigte Fehlercode kann bei der Ursachenforschung eines fehlgeschlagenen Updates helfen.

Kapitel 24
Viren- & Bedrohungsschutz von Windows 10

Schadprogramme lauern überall, und sie können großen Schaden anrichten. Einen Computer ohne entsprechende Schutzsoftware zu nutzen wäre fatal. Windows 10 hat einen Joker im Ärmel und bringt den Microsoft Defender Antivirus sowie weitere interessante Sicherheitslösungen direkt mit.

Viren, Würmer, Trojaner, Spyware oder Ransomware: Dies sind nur ein paar Beispiele für schädliche Software, auf Englisch auch »Malicious Software« oder kurz »Malware« genannt. Sie gelangen z. B. über infizierte E-Mails und Downloads auf den Computer oder schleichen sich über Sicherheitslücken im Betriebssystem und Anwendungen ein.

Einen gewissen Schutz gegen Malware bietet ein Antivirenprogramm. In Windows 10 ist bereits der *Microsoft Defender Antivirus* an Bord. Zusätzlich lässt sich noch ein spezieller *Ransomware-Schutz* einrichten. Ransom bedeutet auf Deutsch »Lösegeld«, und genau das sollen Sie zahlen, wenn ein solches Schadprogramm auf den PC gelangt, diesen sperrt und all Ihre Dateien verschlüsselt. Wie Sie Microsoft Defender Antivirus sowie den Ransomware-Schutz sinnvoll einsetzen, ist Thema dieses Kapitels. Ein weiterer Sicherheitsmechanismus, den Sie kennenlernen werden, ist der *Exploit-Schutz*. Vereinfacht gesagt sind Exploits eine besondere Form von Schadprogrammen, die Sicherheitslücken in Software und Hardware ausnutzen, um so in den Computer einzudringen und dort Schaden anzurichten.

Alle in diesem Kapitel vorgestellten Sicherheitsmechanismen stellen eine wichtige Komponente dar, wenn es um den Schutz Ihres Windows-Computers geht. Sie allein reichen aber nicht aus. Sorgen Sie zusätzlich dafür, dass das System und die Anwendungen immer auf dem neuesten Stand sind, aktivieren Sie die Firewall (siehe Kapitel 25), und nutzen Sie die Möglichkeit von Standardbenutzerkonten in Kombination mit der Benutzerkontensteuerung, wie in Kapitel 26, »Windows 10 sicher mit mehreren Benutzern nutzen«, beschrieben. Vor allem aber: Seien Sie wachsam. Denn Sie selbst können bereits mit Ihrem Verhalten dazu beitragen, dass Ihr Computer gut geschützt bleibt, wie etwa der Umgang mit Phishing-Mails zeigt.

Der richtige Umgang mit Phishing-Mails

Ein großes Problem stellen heutzutage auch Phishing-Mails dar. Das Kunstwort *Phishing* setzt sich aus den Wörtern »Passwort« und »Fishing« zusammen. Mithilfe gefälschter E-Mails und Webseiten versuchen Kriminelle Anwender so unter Druck zu setzen, dass sie freiwillig sensible Daten wie Anmeldeinformationen und Kreditkartendaten preisgeben. So wird in diesen Phishing-E-Mails z. B. behauptet, auf Ihrem Konto seien Unstimmigkeiten oder Sicherheitsrisiken festgestellt worden. Um diese prüfen zu können, sollen Sie sich bei Ihrem Onlinekonto anmelden. Kommen Sie dieser Aufforderung nicht nach, droht eine Kontosperrung – so wird es Ihnen zumindest suggeriert. Der in der E-Mail enthaltene Link führt Sie angeblich direkt zur Anmeldeseite bei Ihrer Onlinebank, dem Onlineshop etc. Die aufgerufene Webseite kann der realen Seite durchaus täuschend ähnlich sehen – und genau das ist ja auch das Fatale. Würden Sie auf dieser nachgeahmten Seite tatsächlich vertrauensvolle Daten eingeben, könnten die Betrüger sie abgreifen und zukünftig nutzen. Doch das ist nicht die einzige Gefahr: Häufig enthält eine solche Webseite auch Schadsoftware, die beim Besuch der Seite auf Ihren Computer heruntergeladen wird.

Aber wie erkennt man, dass es sich womöglich um einen Betrugsversuch handelt? Besonders häufig wird bei Phishing-Mails der Bekanntheitsgrad großer Unternehmen wie Amazon oder T-Online oder auch von Kreditkarteninstituten wie der Deutschen Bank ausgenutzt. Sollten Sie eine E-Mail mit einem entsprechenden Absendernamen erhalten, hinterfragen Sie als Erstes, ob Sie überhaupt dort Kunde sind. Überprüfen Sie außerdem die vollständige Adresse des Absenders. Bei Phishing-Mails unterscheidet sich z. B. der angegebene Name von der eigentlichen Domain, wie in Abbildung 24.1 zu sehen. Solche Differenzen finden sich nicht nur in E-Mails mit bekannten Absendernamen, sondern auch in Nachrichten, in denen Ihnen von Unbekannten eine große Erbschaft, eine Beteiligung an einem Lottogewinn oder die tollsten Schnäppchen angeboten werden.

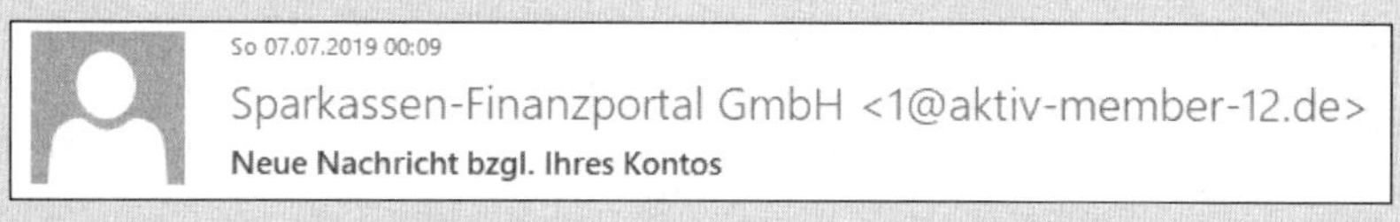

Abbildung 24.1 Bei der angeblich von der Sparkasse versendeten E-Mail handelt es sich eindeutig um eine Phishing-Mail.

Die wichtigste Regel im Umgang mit verdächtig anmutenden E-Mails lautet: Klicken Sie niemals auf die darin enthaltenen Links! Das gilt auch für Links, über die Sie angeblich einen Newsletter abbestellen können, den Sie in Wirklichkeit nie abonniert haben. Außerdem gilt: »Finger weg« von E-Mail-Dateianhängen, die angeblich eine nicht bezahlte Rechnung, Mahnung, Bestätigung einer Reise, die Sie gar nicht gebucht haben, oder Ähnliches enthalten. Diese Dateien sind häufig infiziert. Durch das Öffnen der Datei gelangt der Virus ganz bequem auf Ihren PC. Antivirenprogramme wie der Microsoft Defender Antivirus spüren zwar eine Vielzahl der Schadprogramme auf, aber leider nicht alle.

24.1 Der Microsoft Defender Antivirus

Eine der ersten und auch wichtigsten Aktionen, die man früher auf einem neuen Windows-Computer durchführte, war die Installation eines Antivirenprogramms. Dies galt sogar noch zu Zeiten von Windows 8/8.1 und in den Anfängen von Windows 10, obwohl in diesen Versionen bereits der Microsoft Defender Antivirus fester Bestandteil des Betriebssystems war. Grund hierfür waren vor allem die schlechten Erkennungsraten, die das Microsoft-eigene Antivirenprogramm im Vergleich zu Konkurrenzprodukten erzielte. Das hat sich mittlerweile geändert, wie z. B. die regelmäßig durchgeführten Tests des unabhängigen Prüfinstituts AV-Test (*www.av-test.org*) zeigen. Der Microsoft Defender Antivirus kann also gut mit anderen kostenlosen sowie kostenpflichtigen Virenschutzprogrammen mithalten.

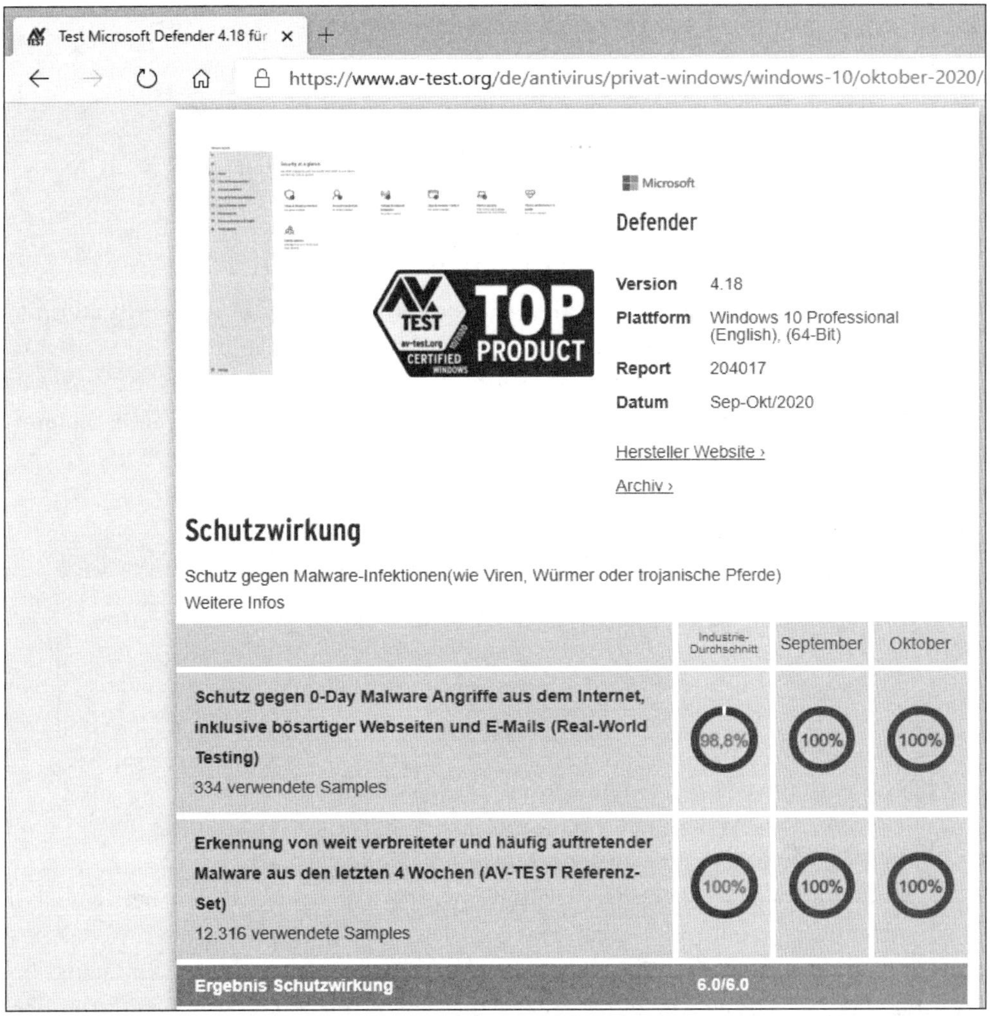

Abbildung 24.2 Der Microsoft Defender Antivirus erzielte bei den Tests von AV-Test im Zeitraum September–Oktober 2020 im Bereich der Schutzwirkung die volle Punktzahl.

Microsoft Defender Antivirus oder doch besser eine Alternative?

Reicht der Microsoft Defender Antivirus, oder sollte man doch besser eine Alternative wählen? Eine für jedermann gültige Antwort lässt sich auf diese Frage nicht geben. Betrachtet man ausschließlich die Schutzleistung, liegt Microsofts Antivirenprogramm bei Tests im guten Mittelfeld und rechtfertigt die Anschaffung eines anderen Virenschutzprogramms somit nicht. Der große Vorteil des Microsoft Defender Antivirus: Das Programm ist bereits in Windows 10 integriert, von Anfang an aktiviert und vor allem gratis. Im Gegensatz zu kostenlosen Alternativen nervt der Microsoft Defender Antivirus auch nicht mit Werbung. Die kostenpflichtigen Konkurrenzprogramme punkten dafür mit einem besseren Funktionsumfang. Wer sich zusätzlichen Schutz beim Onlinebanking oder -shopping wünscht und Wert auf Funktionen wie Passwort-Manager, VPN, zusätzliche Kindersicherung und technischen Support legt, für den lohnt sich auch die Geldausgabe. Vor dem Kauf empfiehlt sich der Blick auf die Websites der unabhängigen Prüfinstitute AV-Test (*www.av-test.org*) und AV-Comparatives (*www.av-comparatives.org*), die sowohl die kostenlosen als auch die kostenpflichtigen Virenschutzprogramme regelmäßig auf Herz und Nieren überprüfen.

24.1.1 Manuelle Überprüfung des Systems starten

Nach der Installation von Windows 10 ist Microsofts Virenschutzprogramm bereits automatisch aktiviert. Werfen Sie einen Blick in den Task-Manager, finden Sie im Register DIENSTE entsprechend die beiden Dienste *Microsoft Defender Antivirus-Dienst* und *Microsoft Defender Antivirus-Netzwerkinspektionsdienst*. Installieren Sie die Sicherheitslösung eines anderen Anbieters, wird der Virenschutz von Windows 10 automatisch deaktiviert. Doch hierzu später mehr.

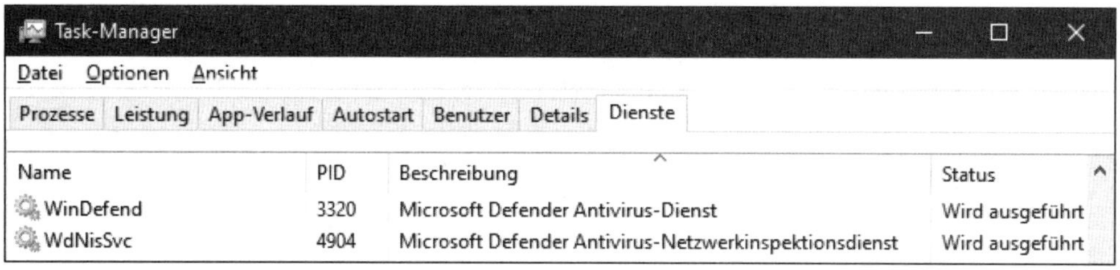

Abbildung 24.3 Der Microsoft Defender Antivirus ist bereits von Start an aktiviert.

Bei der Erkennung von Malware setzt der Microsoft Defender Antivirus u. a. auf klassische Verfahren wie den Abgleich von Virensignaturen sowie heuristische Analysen, bei denen ein Code auf verdächtiges Verhalten hin überprüft wird. Dies geschieht in Echtzeit, d. h., das System wird permanent überwacht. Sie selbst bekommen davon nichts mit, da der Dienst im Hintergrund aktiv ist. Zusätzlich finden in regelmäßigen Abständen Scans statt, die den

Computer auf Malware untersuchen. Es ist durchaus ratsam, ab und an selbst eine ausführliche Überprüfung des Systems anzustoßen. Ebenso können Sie gezielt einen bestimmten Ordner oder auch ein Laufwerk überprüfen lassen. Ausgangspunkt für eine Überprüfung ist der *Viren- & Bedrohungsschutz*, der Bestandteil der App *Windows-Sicherheit* ist. Früher wurde diese App schlicht *Windows-Sicherheitscenter* genannt.

Viren- & Bedrohungsschutz öffnen

Am schnellsten öffnen Sie die App über den Eintrag WINDOWS-SICHERHEIT in der Liste aller Apps des Startmenüs. Alternativ hierzu klicken Sie im Infobereich der Taskleiste auf den nach oben weisenden Pfeil und dann auf das Windows-Sicherheit-Symbol. Im Anwendungsfenster rufen Sie nun den VIREN- & BEDROHUNGSSCHUTZ auf. Auf der gleichnamigen Seite sehen Sie im Bereich AKTUELLE BEDROHUNGEN das Ergebnis der letzten automatischen Überprüfung. Im optimalen Fall wurden »0 Bedrohungen« gefunden.

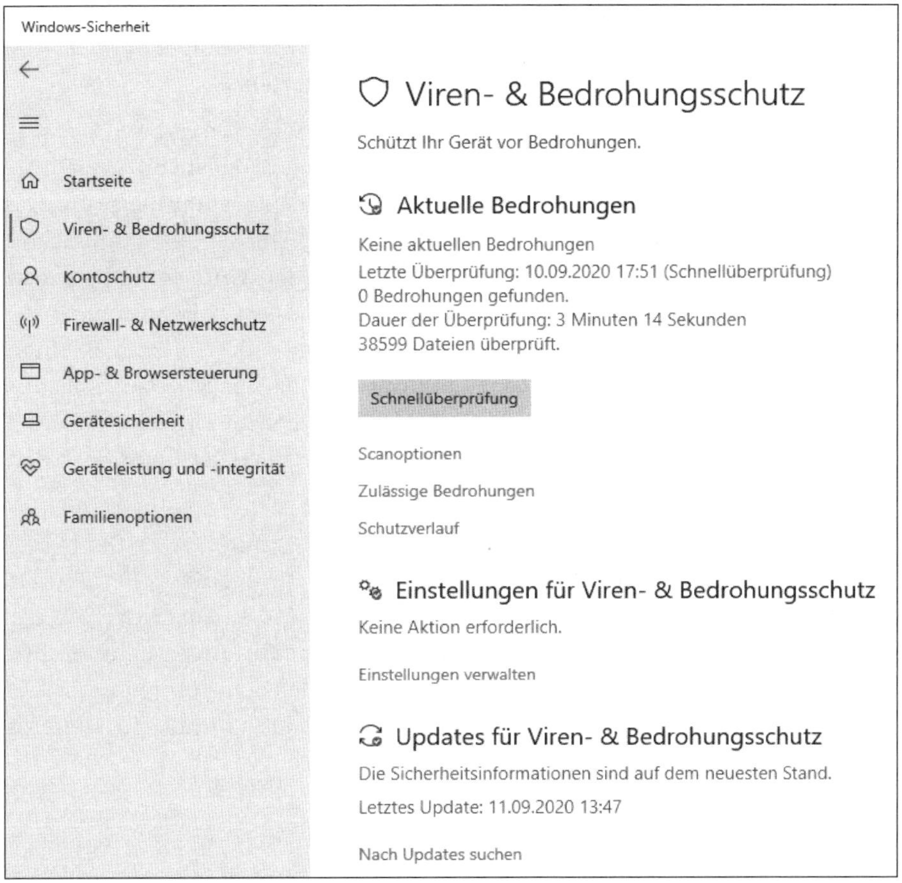

Abbildung 24.4 Bei der letzten Überprüfung wurden auf diesem Computer keine Bedrohungen gefunden.

Virensignaturen aktualisieren

Der Microsoft Defender Antivirus wird automatisch über Windows Updates auf dem aktuellsten Stand gehalten. Im Bereich UPDATES FÜR VIREN- & BEDROHUNGSSCHUTZ erfahren Sie, wann das letzte Update durchgeführt wurde. Möchten Sie eine vollständige Überprüfung des Systems starten, und das letzte Update liegt bereits etwas zurück, ist es sinnvoll, eine Aktualisierung der Virensignaturen durchzuführen. Klicken Sie hierzu auf NACH UPDATES SUCHEN (siehe Abbildung 24.4) und auf der folgenden Seite nochmals auf NACH UPDATES SUCHEN. Die manuelle Suche kann nun ein paar Minuten dauern. Während dieser Zeit können Sie natürlich ganz normal am Computer weiterarbeiten. Mit einem Klick auf VIREN- & BEDROHUNGSSCHUTZ kehren Sie wieder zur vorherigen Seite zurück.

Scanoption auswählen, Überprüfung durchführen

Der Microsoft Defender Antivirus nimmt in bestimmten Abständen automatisch selbst eine Schnellüberprüfung vor. Dabei werden die Elemente des Computers untersucht, in denen sich Malware am häufigsten einnistet. Sie können diesen Scan auch selbst über die gleichnamige Schaltfläche auf der Seite VIREN- & BEDROHUNGSSCHUTZ starten.

Darüber hinaus sollten Sie aber auch regelmäßig einen Scan des kompletten Systems durchführen. Das Antivirenprogramm bietet Ihnen außerdem die Möglichkeit, gezielt bestimmte Ordner oder auch Laufwerke zu überprüfen. Um die gewünschte Überprüfungsmethode auszuwählen, klicken Sie auf der Seite VIREN- & BEDROHUNGSSCHUTZ auf SCANOPTIONEN. Markieren Sie nun die gewünschte Option. Falls Sie den Verdacht haben, dass Ihr Computer infiziert wurde, wählen Sie VOLLSTÄNDIGE ÜBERPRÜFUNG. Der Scanvorgang dauert damit zwar am längsten, ist aber auch am gründlichsten. Möchten Sie z. B. einen Wechseldatenträger gezielt untersuchen, ist die Option BENUTZERDEFINIERTE ÜBERPRÜFUNG perfekt. Nach einem Klick auf JETZT ÜBERPRÜFEN wird die vollständige Überprüfung sofort gestartet, im Falle der benutzerdefinierten Überprüfung wählen Sie zuvor noch den gewünschten Speicherort aus.

Eine besondere Rolle kommt der Scanoption ÜBERPRÜFUNG MIT MICROSOFT DEFENDER OFFLINE zu. Sie ermöglicht es, auch hartnäckige Malware, die im normalen Betrieb nur schwer aufzuspüren ist, zu entdecken. Nach Auswahl der Option und einem Klick auf JETZT ÜBERPRÜFEN startet das System neu und scannt den PC in einem reduzierten Modus offline, d. h. ohne bestehende Netzwerkverbindung. Dies ist gerade bei den Schadprogrammen ein sehr wichtiges Vorgehen, die sich bei bestehender Internetverbindung nicht ohne Weiteres vom System entfernen lassen und sich ständig selbstständig erneut installieren. Der Scanvorgang kann einige Minuten in Anspruch nehmen.

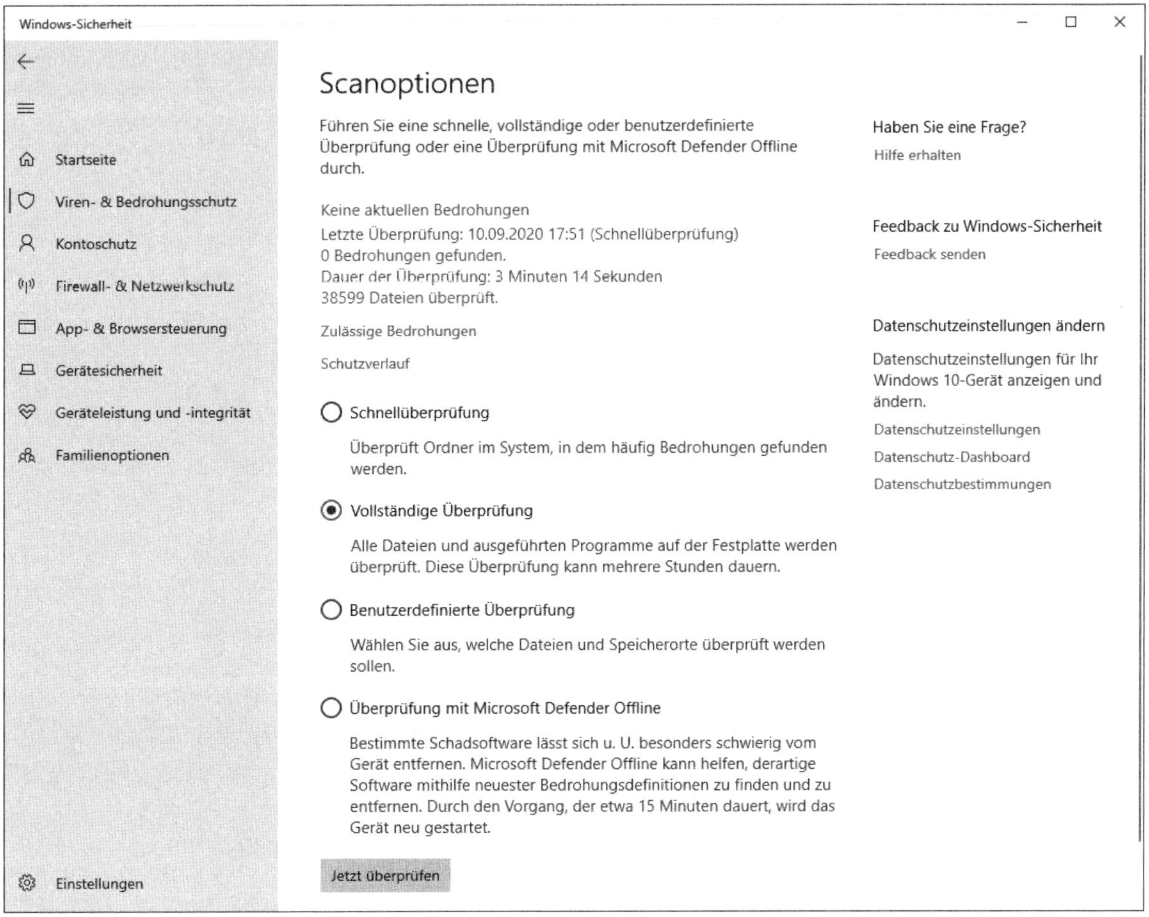

Abbildung 24.5 Der Microsoft Defender Antivirus bietet verschiedene Scanoptionen.

Bedrohung erkannt – was tun?

Sollte Microsoft Defender Antivirus bei der Überprüfung Malware entdecken, erhalten Sie einen entsprechenden Hinweis. Selbst aktiv werden müssen Sie nun nicht, denn der Virenschutz übernimmt das Blockieren und Entfernen des Schadprogramms automatisch. Sie können sich aber über die Details zur aufgespürten Bedrohung informieren, indem Sie auf der Seite VIREN- & BEDROHUNGSSCHUTZ oder alternativ auf der Seite SCANOPTIONEN auf SCHUTZVERLAUF klicken.

Auf der Seite SCHUTZVERLAUF erscheint zunächst nur der Hinweis BEDROHUNG BLOCKIERT. Um weitere Informationen zu dieser Bedrohung zu erhalten, klicken Sie auf diesen Hinweis. Nun wird auch der Name der Malware eingeblendet sowie der Status. Im Beispiel in Abbildung 24.7 wurde der Virus nicht nur erkannt, sondern zugleich auch entfernt. Mit einem Klick auf WEITERE INFORMATIONEN gelangen Sie zu einer Microsoft-Webseite, die Sie ausführlich über den aufgespürten Virus informiert.

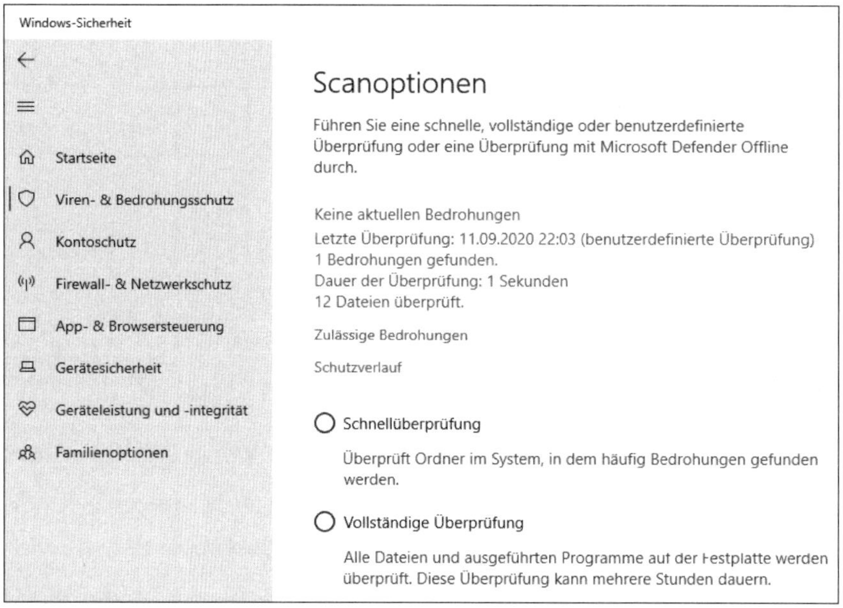

Abbildung 24.6 Wurde bei einer Überprüfung eine Bedrohung entdeckt, können Sie sich über den »Schutzverlauf« weitere Details anzeigen lassen.

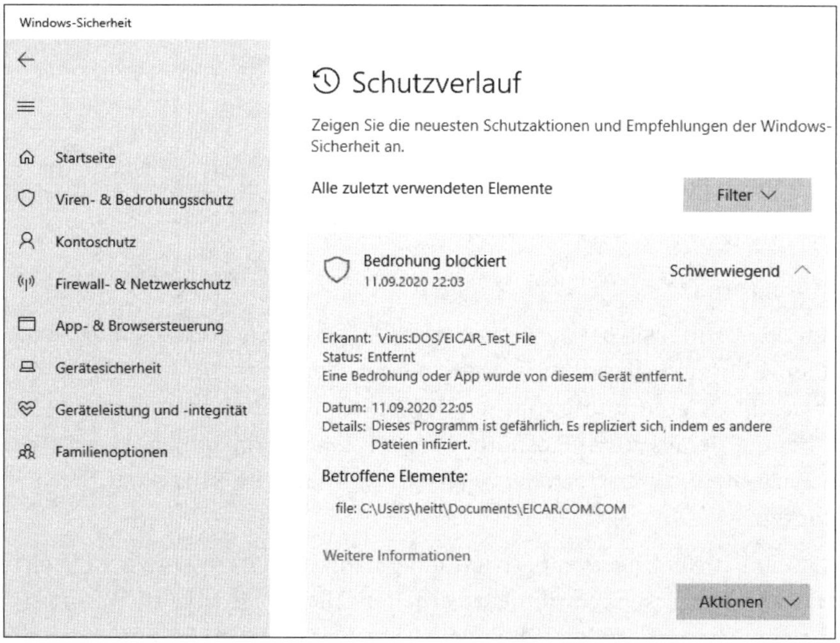

Abbildung 24.7 Bei dem hier von Microsoft Defender Antivirus entdeckten Virus handelt es sich lediglich um eine Testdatei, mit der überprüft werden kann, ob Virenschutzprogramme korrekt ausgeführt werden.

Microsoft Defender Antivirus und ELAM

Der Schutz vor Malware beginnt bereits vor dem eigentlichen Start von Windows 10, denn der Microsoft Defender Antivirus unterstützt den Antischadsoftware-Frühstart (auf Englisch »Early Launch Antimalware«, kurz *ELAM*). ELAM lädt einen von Microsoft zertifizierten Antischadsoftware-Treiber noch vor dem Laden anderer Treiber mit der Aufgabe, alle Startgerätetreiber zu untersuchen und zu überprüfen, ob sie auf der Liste der vertrauenswürdigen Treiber stehen. Wird ein Treiber als nicht vertrauenswürdig eingestuft, lädt Windows ihn nicht. Der Antischadsoftware-Frühstart bietet somit einen Schutz vor als Treiber maskierten Rootkits. Als *Rootkits* bezeichnet man Malware, die über die gleiche Berechtigung wie das Betriebssystem verfügt und bereits vor dem Start des Betriebssystems ausgeführt wird.

24.1.2 Die Einstellungen des Microsoft Defender Antivirus überprüfen

Der Microsoft Defender Antivirus verrichtet seine Arbeit automatisch im Hintergrund, ohne dass ein Einschreiten Ihrerseits nötig ist. Interessieren Sie die Einstellungen für den Virenschutz, klicken Sie auf der Seite VIREN- & BEDROHUNGSSCHUTZ in der Windows-Sicherheit-App im Bereich EINSTELLUNGEN FÜR VIREN- & BEDROHUNGSSCHUTZ auf EINSTELLUNGEN VERWALTEN. Auf der folgenden Seite sollte der Regler ECHTZEITSCHUTZ aktiviert sein, damit Microsoft Defender Antivirus Ihr System überwachen kann. Setzen Sie den Schalter auf AUS, wird der Schutz nur vorübergehend deaktiviert. Nach einer kurzen Zeit schaltet er sich automatisch wieder ein.

Die Regler CLOUDBASIERTER SCHUTZ und AUTOMATISCHE ÜBERMITTLUNG VON BEISPIELEN sind per Standardeinstellung beide aktiviert und sollten es aus Sicherheitsgründen auch bleiben. Potenzielle neue Malwarefunde werden somit direkt an Microsoft übermittelt. Dort werden die Schädlinge anhand ihrer Verhaltensmuster analysiert.

Der MANIPULATIONSSCHUTZ soll dafür sorgen, dass schädliche Apps keine Änderungen an den Einstellungen des Microsoft Defender Antivirus vornehmen können, wie etwa die Deaktivierung des Echtzeitschutzes. Der Regler sollte deshalb eingeschaltet sein.

Blättern Sie auf der Seite EINSTELLUNGEN FÜR VIREN- & BEDROHUNGSSCHUTZ etwas nach unten, gelangen Sie zum Bereich AUSSCHLÜSSE. Über den Link AUSSCHLÜSSE HINZUFÜGEN ODER ENTFERNEN können Sie gezielt Dateien, Dateitypen oder Ordner von einer Überprüfung durch den Microsoft Defender Antivirus ausschließen. Das ist z. B. dann sinnvoll, wenn es bei bestimmten durchaus seriösen Programmen zu sogenannten *false positives* (also Fehlalarmen) kommt. Diese Fehlalarme werden in der Regel von Microsoft durch die Veröffentlichung neuer Signaturdateien eliminiert. Wer sich bis dahin nicht gedulden kann, hat über die Ausschlüsse eine Möglichkeit, die Meldungen bezüglich eines Objekts zu deaktivieren.

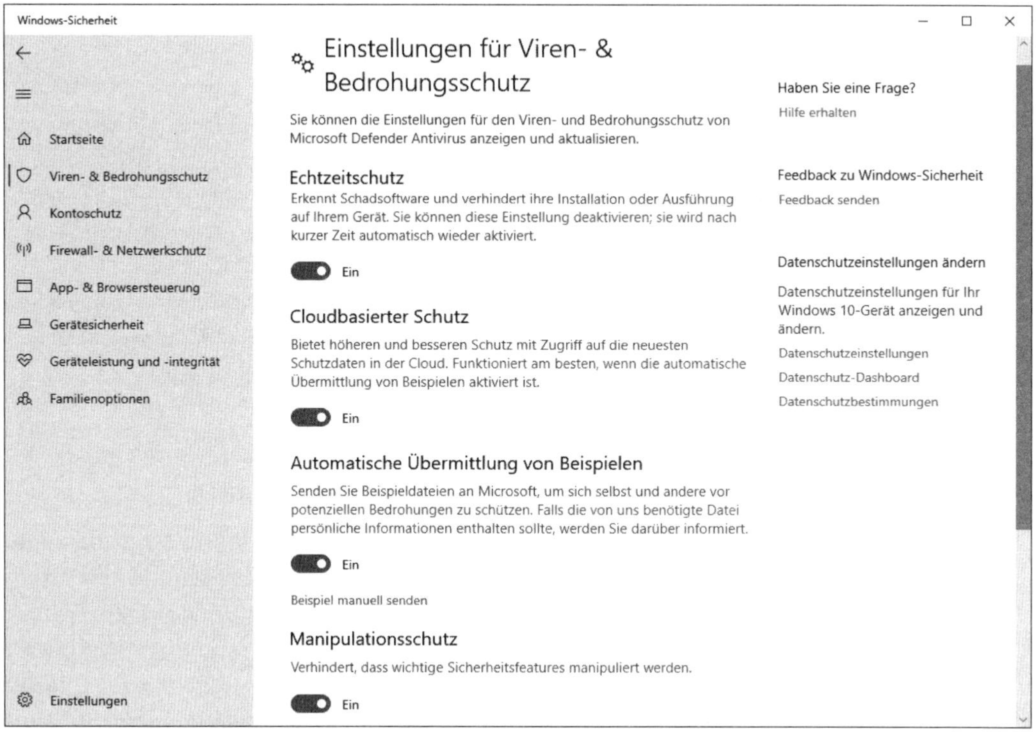

Abbildung 24.8 Aus Sicherheitsgründen sollten die Regler auf der Seite »Einstellungen für Viren- & Bedrohungsschutz« eingeschaltet sein. Der Regler »Echtzeitschutz« aktiviert sich automatisch selbst wieder, sollten Sie ihn vorübergehend ausschalten.

Microsoft Defender Antivirus benachrichtigt Sie automatisch, sobald mögliche Bedrohungen entdeckt wurden. Zusätzlich erhalten Sie in regelmäßigen Abständen einen Statusbericht über die letzten Aktivitäten und Überprüfungsergebnisse. Klicken Sie im Bereich BENACHRICHTIGUNGEN auf den Link BENACHRICHTIGUNGSEINSTELLUNGEN ÄNDERN, können Sie selbst festlegen, welche Benachrichtigungen Sie erhalten möchten (siehe Abbildung 24.9).

Hilfe in der Not: das c't-Sicherheitstool Desinfec't

Manchmal reicht ein einziges Virenschutzprogramm nicht aus, um besonders hartnäckiger Malware auf die Spur zu kommen. Die Redaktion der Computerzeitschrift »c't« des Verlags Heise Medien veröffentlicht regelmäßig ein Notfallsystem namens *Desinfec't*, das diverse Scanner enthält. In der Ausgabe »Desinfec't 2020« stammen diese z. B. von Eset, F-Secure, Sophos und Kaspersky. Das Sicherheitstool kann entweder von der DVD, die dem gleichnamigen Sonderheft beiliegt, gestartet werden oder auf einen USB-Stick kopiert und von dort ausgeführt werden. Detaillierte Anleitungen, wie Sie hierzu vorgehen, finden sich jeweils im Sonderheft.

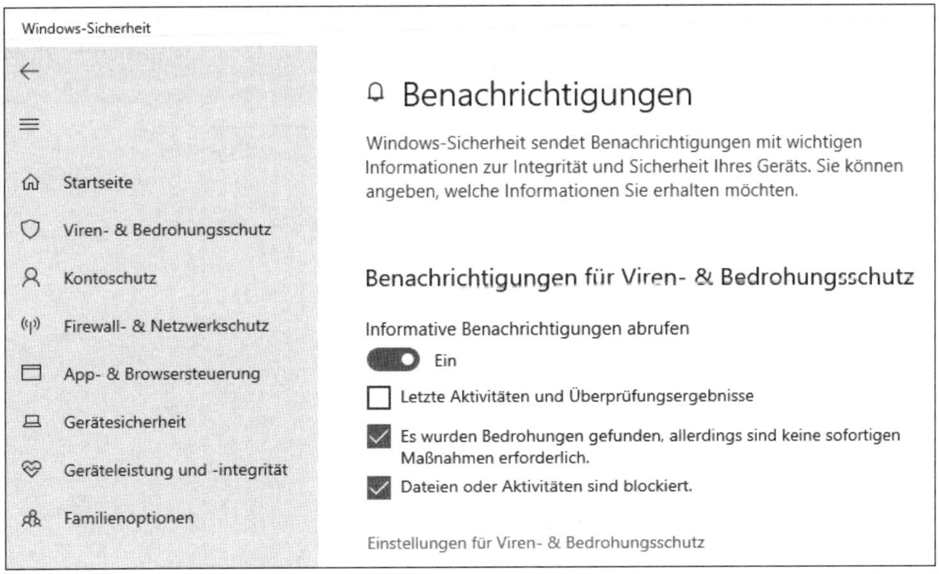

Abbildung 24.9 Welche Benachrichtigungen Sie von Microsoft Defender Antivirus erhalten möchten, liegt ganz in Ihrer Hand.

24.1.3 Lässt sich der Microsoft Defender Antivirus als Zweitprogramm nutzen?

Die Auswahl an Antivirenprogrammen ist immens. Vielleicht haben Sie sich aufgrund des Funktionsumfangs für die Sicherheitslösung eines anderen Anbieters entschieden. Sobald Sie diese auf dem Computer installieren, wird der Microsoft Defender Antivirus automatisch deaktiviert. Umgekehrt gilt aber auch: Sobald Sie das Programm eines anderen Anbieters deinstallieren, schaltet Windows 10 den eigenen Virenschutz wieder ein. Dies mag z. B. dann der Fall sein, wenn Sie sich mit einem auf einem neuen Computer vorinstallierten Antivirenprogramm nicht anfreunden können oder Ihnen die nach einem kurzen Testzeitraum fälligen Kosten zu hoch sind.

Zwei Virenschutzprogramme parallel zu nutzen ist im Normalfall nicht ratsam, da sich diese mit Funktionen wie dem Echtzeitschutz meist gegenseitig negativ beeinflussen. Eine Ausnahme stellen sogenannte *Second-Opinion-Scanner* dar, mit denen Sie sich quasi eine zweite Meinung einholen können. Diese Programme sind extra so angelegt, dass sie parallel zu einem anderen Antivirenprogramm eingesetzt werden können. Ein empfehlenswertes Programm ist z. B. *Malwarebytes* (*https://de.malwarebytes.com*). Aber auch der Windows Defender Antivirus lässt sich als Second-Opinion-Scanner nutzen.

Um die Überprüfung durch Microsofts Virenschutz zusätzlich zu einem anderen Programm zu aktivieren, starten Sie z. B. über das Startmenü die App WINDOWS-SICHERHEIT und rufen den VIREN- & BEDROHUNGSSCHUTZ auf. Im oberen Bereich der Seite werden nun höchstwahrscheinlich einige Informationen der installierten Sicherheitslösung angezeigt. Unter-

24

halb dieses Bereichs finden Sie die Schaltfläche MICROSOFT DEFENDER ANTIVIRUS-OPTIONEN, die Sie anklicken. Schalten Sie den nun sichtbaren Regler REGELMÄSSIGE ÜBERPRÜFUNG ein.

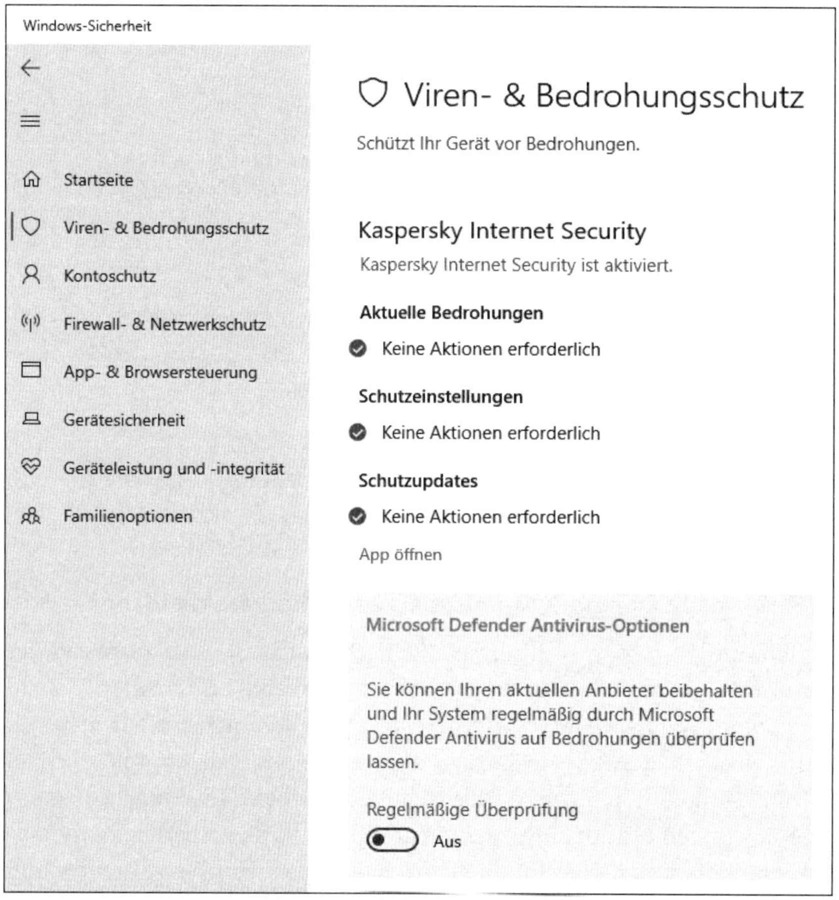

Abbildung 24.10 Windows Defender Antivirus lässt sich auch als Second-Opinion-Scanner einsetzen.

Nach Bestätigung der Benutzerkontensteuerung werden alle wichtigen Einstellungen des Microsoft-eigenen Viren- & Bedrohungsschutzes angezeigt, die Sie bereits zu Beginn dieses Kapitels kennengelernt haben. So können Sie zusätzlich zu Ihrem eigentlich eingesetzten Antivirenprogramm mit Windows Defender Antivirus eine Schnellüberprüfung des Computers durchführen oder nach einem Klick auf SCANOPTIONEN eine vollständige Überprüfung, eine benutzerdefinierte Überprüfung oder auch die Offlineüberprüfung anstoßen. Falls Sie Windows Defender Antivirus doch wieder deaktivieren möchten, klicken Sie am unteren Rand der Seite VIREN- & BEDROHUNGSSCHUTZ wieder auf MICROSOFT DEFENDER ANTIVIRUS-OPTIONEN und setzen den Regler auf AUS.

24.2 Der Ransomware-Schutz von Windows 10

Eine große Gefahr stellt die sogenannte *Ransomware* dar, die all Ihre persönlichen Daten auf dem Computer verschlüsselt und somit den Zugriff darauf unmöglich macht. Beim Start des Systems erscheint ein Hinweis, in dem Sie aufgefordert werden, ein Lösegeld meist in Form einer Kryptowährung wie Bitcoin zu zahlen. Erst dann sollen Sie angeblich den für die Entschlüsselung der Daten notwendigen Schlüssel erhalten. Die Erpressungssoftware kann wie jedes andere Schadprogramm z. B. über infizierte Dateianhänge einer E-Mail oder auch Sicherheitslücken in Anwendungen wie Browser auf Ihren Computer gelangen.

Seit der Version 1709 bietet Windows 10 einen sogenannten *Ransomware-Schutz* an, mit dem Sie bestimmte Ordner vor unbefugten Änderungen durch bösartige Anwendungen schützen können. Dieser überwachte Ordnerzugriff ist per Standardeinstellung nicht aktiviert. Um ihn einzuschalten, rufen Sie die Windows-Sicherheit-App auf und klicken dort auf VIREN- & BEDROHUNGSSCHUTZ. Am unteren Seitenrand klicken Sie wiederum auf RANSOMWARE-SCHUTZ VERWALTEN. Befinden Sie sich auf der Seite EINSTELLUNGEN FÜR VIREN- & BEDROHUNGSSCHUTZ, können Sie alternativ hierzu im Bereich ÜBERWACHTER ORDNERZUGRIFF auf ÜBERWACHTEN ORDNERZUGRIFF VERWALTEN klicken. In beiden Fällen gelangen Sie so zur Seite RANSOMWARE-SCHUTZ.

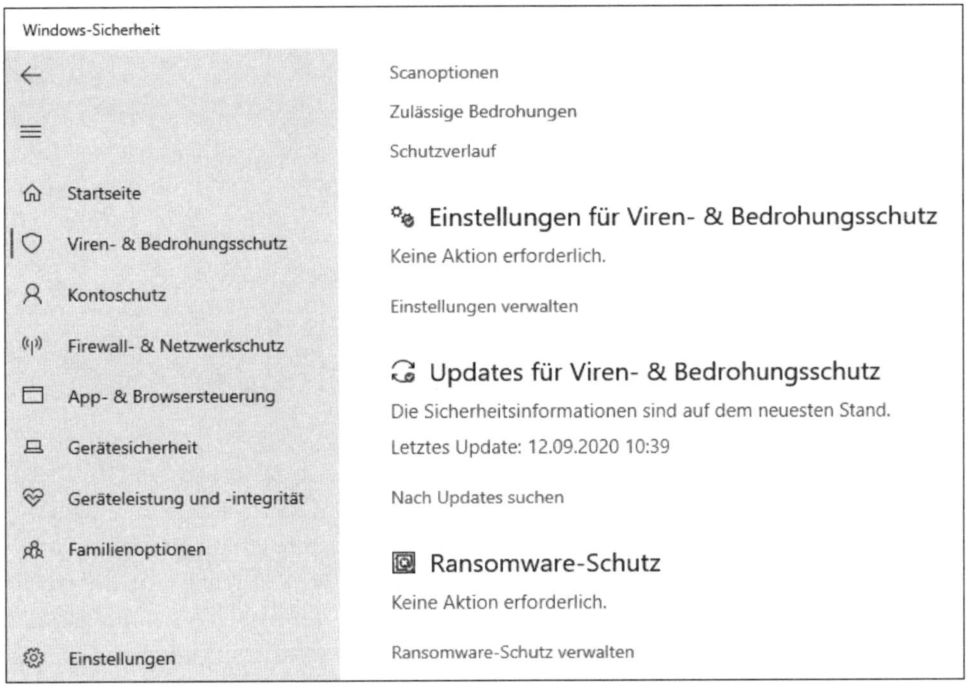

Abbildung 24.11 Die Einstellungen zum Ransomware-Schutz erreichen Sie über die Windows-Sicherheit-App.

Setzen Sie den Regler Überwachter Ordnerzugriff auf Ein, um den Ransomware-Schutz zu aktivieren. Nach einem Klick auf Geschützte Ordner erfahren Sie, welche Verzeichnisse standardmäßig durch den Schutzmechanismus überwacht werden. Über die Schaltfläche Geschützten Ordner hinzufügen können Sie weitere Verzeichnisse ergänzen. Sollte eine App, der Sie vertrauen, durch den überwachten Ordnerzugriff blockiert werden, haben Sie über den Link App durch überwachten Ordnerzugriff zulassen die Möglichkeit, diese App als zulässige App hinzuzufügen.

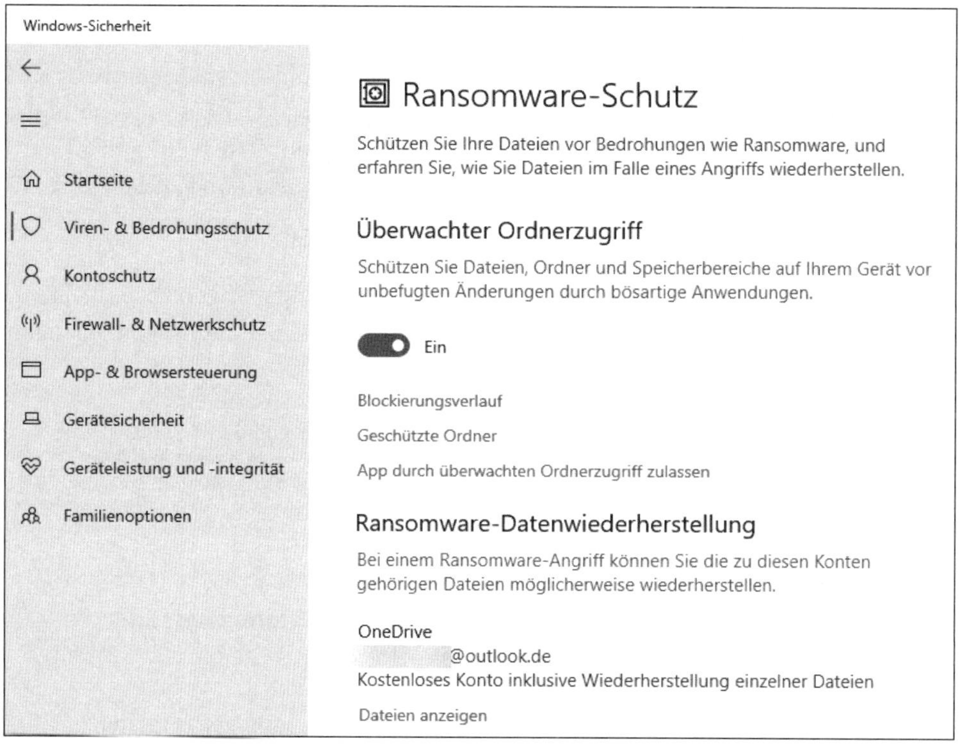

Abbildung 24.12 Durch Einschalten des Reglers »Überwachter Ordnerzugriff« aktivieren Sie den Ransomware-Schutz.

Sollte der Computer tatsächlich von einem Erpressungstrojaner infiziert werden, sind diejenigen gut dran, die ihre Daten zusätzlich auf einem externen Medium oder einem Onlinespeicher wie OneDrive gesichert haben. Letzteres empfiehlt Microsoft. Sollten Sie OneDrive nicht eingerichtet haben, erscheint auf der Startseite der Windows-Sicherheit-App unterhalb von Viren- & Bedrohungsschutz der Hinweis OneDrive einrichten. Wenn Sie der Empfehlung Microsofts folgen möchten, reicht ein Klick auf OneDrive einrichten, um die Datensicherung vorzunehmen. Ein Assistent führt Sie durch die weiteren Schritte. Ziehen Sie eine andere Backup-Methode vor, wie etwa den in Abschnitt 12.1 vorgestellten Dateiversionsverlauf, können Sie mit einem Klick auf Verwerfen den Warnhinweis in der Windows-Sicherheit-App ausblenden.

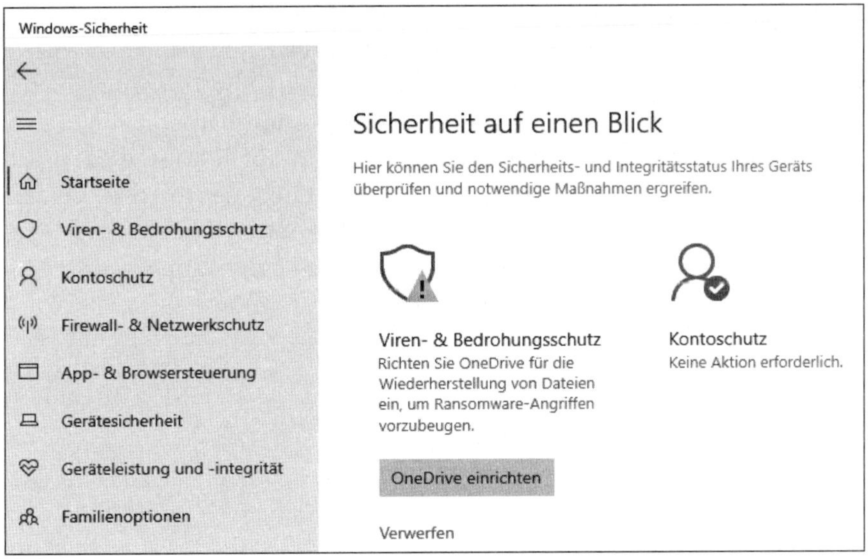

Abbildung 24.13 Bereits auf der Startseite der Windows-Sicherheit-App erhalten Sie die Empfehlung, OneDrive zur Datensicherung zu wählen.

Die Website *ID Ransomware* (*https://id-ransomware.malwarehunterteam.com*) hilft übrigens weiter, wenn sich tatsächlich ein Erpressungstrojaner auf Ihrem Computer eingeschlichen haben sollte. Sie können auf der Website eine Datei mit der Erpresserbotschaft oder eine der verschlüsselten Dateien hochladen. ID Ransomware versucht anhand dieser Daten das Schadprogramm zu identifizieren. Gelingt dies, erfahren Sie meist auch, wie sich Ihre Daten wiederherstellen lassen.

24

24.3 Der Exploit-Schutz

Seit Version 1709 verfügt Windows 10 über einen Exploit-Schutz, mit dem sich einzelne Apps und Betriebssystemprozesse gegen Exploit-Attacken schützen lassen, indem man gezielt bestimmte Zugriffsrechte einschränkt. Der Exploit-Schutz beinhaltet verschiedene Funktionen. So lässt sich mithilfe des Ablaufsteuerungsschutzes (*Control Flow Guard*, kurz *CFG*) z. B. erkennen, ob Angreifer versuchen, den beabsichtigten Codeverlauf von Anwendungen zu ändern. Die Datenausführungsverhinderung (*Data Execution Prevention*, kurz *DEP*) dient wiederum dem Schutz der Daten im Arbeitsspeicher, indem Blöcke so markiert werden, dass sie nur Daten speichern, nicht aber Code ausführen dürfen. Mithilfe der Adressverwürfelung (*Address Space Layout Randomization*, kurz *ASLR*) werden den Programmen die Adressbereiche zufällig zugewiesen, sodass es für Schadprogramme schwierig wird, die benötigten Bereiche zu finden.

Viele Funktionen wurden aus dem sogenannten *Enhanced Mitigation Experience Toolkit* (kurz *EMET*) übernommen, das Microsoft seit Juli 2018 allerdings nicht mehr anbietet. Im Gegensatz zum Ransomware-Schutz ist der Exploit-Schutz bereits aktiviert. Um seine Einstellungen zu überprüfen, öffnen Sie die Windows-Sicherheit-App und rufen dort die APP- & BROWSERSTEUERUNG auf. Klicken Sie im Bereich EXPLOIT-SCHUTZ auf EINSTELLUNGEN FÜR EXPLOIT-SCHUTZ. Auf der folgenden Seite finden Sie die beiden Kategorien SYSTEMEINSTELLUNGEN und PROGRAMMEINSTELLUNGEN. Zu jeder der aufgeführten System- bzw. Programmeinstellungen finden Sie eine kurze Erläuterung und eine Empfehlung, welche Einstellung – aktiviert oder deaktiviert – gewählt werden sollte.

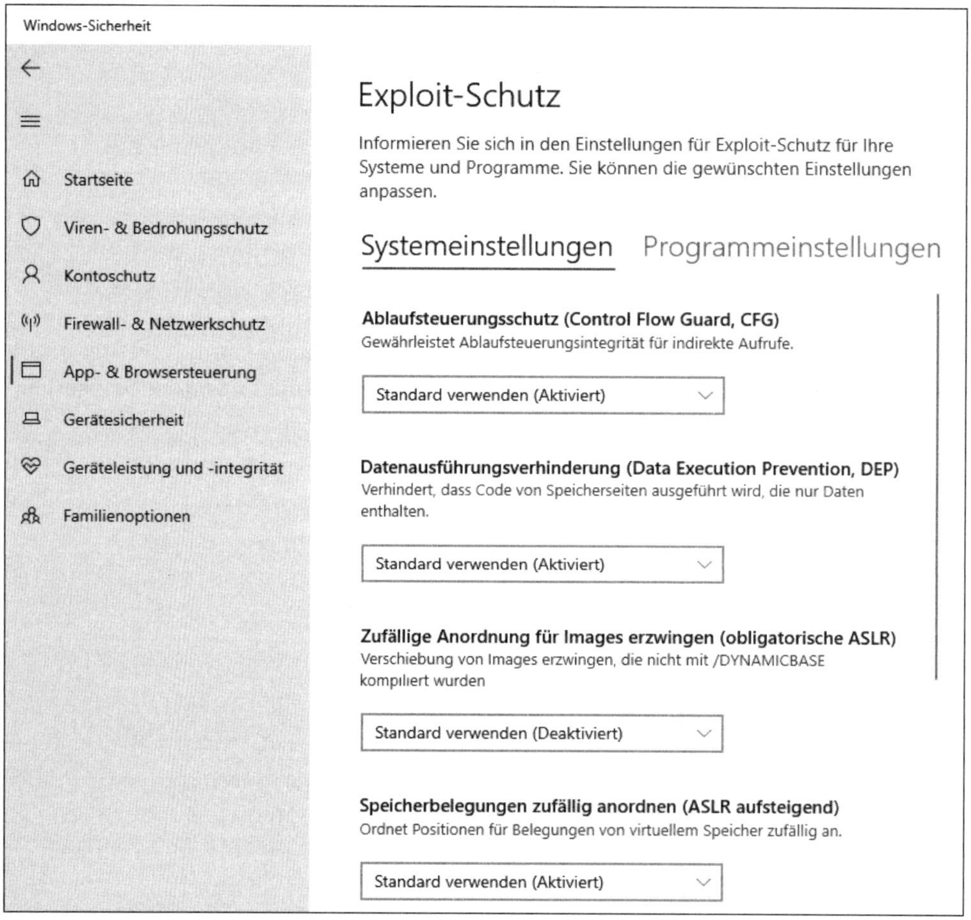

Abbildung 24.14 Beim Exploit-Schutz ist es ratsam, die Standardvorgaben beizubehalten.

Wer an ausführlichen Hintergrundinformationen zum Exploit-Schutz interessiert ist, gelangt über den Link WEITERE INFORMATIONEN auf der Seite APP- & BROWSERSTEUERUNG zur entsprechenden Dokumentation von Microsoft.

Kapitel 25

Firewall und Netzwerkschutz richtig einsetzen

Sobald der Computer mit einem Netzwerk verbunden wird, ist er auch den Angriffen aus dem Internet ausgesetzt. Die Standardeinstellungen der Windows Defender Firewall sorgen bereits für einen guten Schutz. Die Firewall lässt sich aber auch individuell konfigurieren, wie dieses Kapitel zeigt.

Der Begriff *Firewall* bedeutet auf Deutsch »Brandschutzmauer«. Und als solche fungiert eine Firewall auch, denn sie überprüft den gesamten ein- und ausgehenden Datenverkehr zwischen dem Computer und dem Netzwerk. Unerwünschter Netzwerkverkehr wird blockiert, autorisierter wird durchgelassen. Unter Windows 10 übernimmt diese Aufgabe die Windows Defender Firewall. Sie ist per Standardeinstellung aktiviert und sollte es aus Sicherheitsgründen auch bleiben. Dies gilt auch dann, wenn Sie einen Router mit bereits integrierter Firewall einsetzen, denn die beiden kommen sich nicht ins Gehege. Für die softwarebasierte Sicherheitslösung eines anderen Anbieters gilt dies allerdings nicht. Sollten Sie eine solche auf Ihrem Computer installieren, wird die Windows-eigene Firewall deshalb bereits automatisch deaktiviert.

Die Windows Defender Firewall lässt sich für jeden Netzwerkstandort individuell anpassen. Einige Standardeinstellungen sind bereits vorkonfiguriert, sie können aber auch geändert werden. Außerdem lassen sich neue Regeln für den ein- oder auch ausgehenden Datenverkehr erstellen, die z. B. nur für bestimmte Programme, Protokolle oder auch Ports gelten.

25.1 Status der Windows Defender Firewall prüfen

Wie bereits erwähnt, ist die Windows Defender Firewall bereits per Standardeinstellung aktiviert. Überprüfen lässt sich dies am besten über die App *Windows-Sicherheit*, die Sie über den gleichnamigen Eintrag in der App-Liste des Startmenüs öffnen. Auf der Startseite der Windows-Sicherheit-App klicken Sie auf FIREWALL- & NETZWERKSCHUTZ. Wem dieser Weg zu umständlich ist, kann auch im Suchfeld der Taskleiste »Firewall« eingeben, und in der Trefferliste FIREWALL- & NETZWERKSCHUTZ auswählen.

Ein kleiner Hinweis nebenbei: Die Treffer WINDOWS DEFENDER FIREWALL und FIREWALLSTATUS ÜBERPRÜFEN führen Sie noch zum Dialog WINDOWS DEFENDER der Systemsteuerung, in dem Sie ebenfalls eine Übersicht über den aktuellen Status der Firewall erhalten. Da Microsoft immer mehr Einstellungen aus der Systemsteuerung entfernt, ist es ungewiss, wie lange es den Dialog in dieser Form unter Windows 10 noch geben wird.

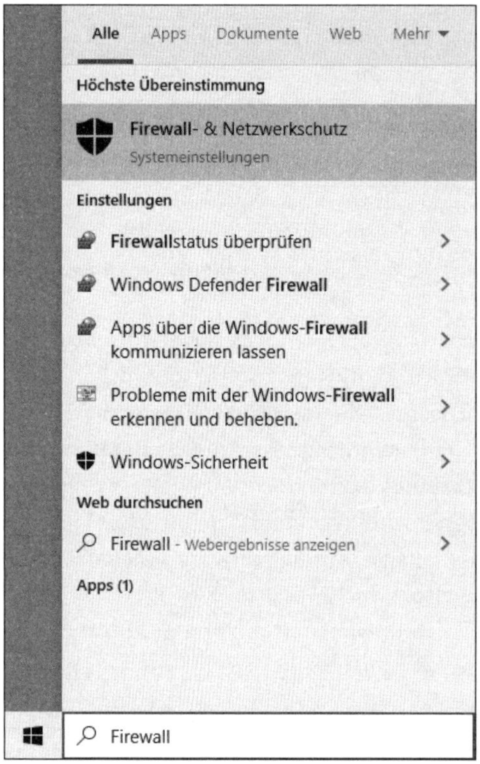

Abbildung 25.1 Nur der Treffer »Firewall- & Netzwerkschutz« führt zur entsprechenden Seite in der Windows-Sicherheit-App.

Nach dem Aufruf der Seite FIREWALL- & NETZWERKSCHUTZ sehen Sie auf einen Blick, welcher Netzwerktyp gerade aktiv ist und für welchen der drei Netzwerktypen die Firewall aktiviert ist. Was es mit den drei Netzwerktypen auf sich hat und wie Sie die Einstellungen anpassen, erfahren Sie in Abschnitt 19.3.4, »Den Netzwerkstandort ändern«.

Die Windows Defender Firewall lässt sich für jeden Netzwerktyp individuell konfigurieren. Die Einstellungen gelten dann generell für den ausgewählten Netzwerktyp. Blockieren Sie also ein bestimmtes Programm mithilfe einer Regel für das öffentliche Netzwerk, gilt diese Regel für alle öffentlichen Netzwerke, mit denen der Computer verbunden wird. In einem privaten Netzwerk oder einem Domänennetzwerk greift diese Regel hingegen nicht.

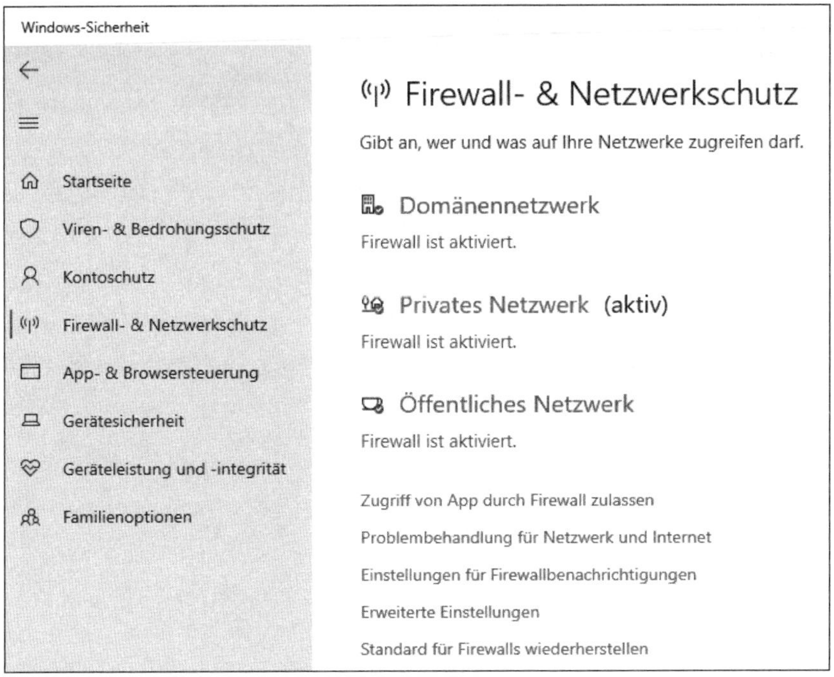

Abbildung 25.2 Übersicht über den Status der Windows Defender Firewall

Klicken Sie einen der drei Netzwerktypen auf der Seite FIREWALL- & NETZWERKSCHUTZ an, gelangen Sie zur jeweiligen Detailseite der Firewall. Die Einstellungen, die Sie hier finden, sind bei allen Netzwerktypen identisch. So können Sie über den Regler SCHÜTZT IHR GERÄT IN … NETZWERKEN die Windows Defender Firewall ein- bzw. ausschalten. Letzteres sollten Sie allerdings nur im absoluten Ausnahmefall tun, etwa wenn Sie eine Firewall eines anderen Anbieters installieren möchten und Windows 10 die eigene Firewall nicht selbst automatisch deaktiviert. Dies dürfte aber nur ausgesprochen selten nötig sein.

Interessant ist hingegen der Bereich EINGEHENDE VERBINDUNGEN, in dem Sie das Kontrollkästchen BLOCKIERT ALLE EINGEHENDEN VERBINDUNGEN, EINSCHLIESSLICH DER IN DER LISTE ZUGELASSENER APPS finden. Versehen Sie es mit einem Häkchen, blockiert die Firewall jeglichen eingehenden Datenverkehr, auch dann, wenn eine App explizit freigegeben wurde. Dies ist vor allem empfehlenswert, wenn Ihr Computer mit einem öffentlichen WLAN verbunden ist, dem Sie nicht zu hundert Prozent trauen.

Der ausgehende Datenverkehr ist von dieser Einstellung nicht betroffen. Sie können also weiterhin z. B. im Internet surfen oder E-Mails versenden. Um auch den ausgehenden Datenverkehr komplett zu unterbinden, hilft nur eines: Internetverbindung trennen. Um Änderungen an der Konfiguration der Windows Defender Firewall vornehmen zu können, benötigen Sie übrigens Administratorrechte. Meldet sich die Benutzerkontensteuerung zu Wort, bestätigen Sie den entsprechenden Hinweis.

Über den Pfeil oben links kehren Sie wieder zur Seite FIREWALL- & NETZWERKSCHUTZ zurück, auf der Sie Links zu weiteren Einstellungen finden.

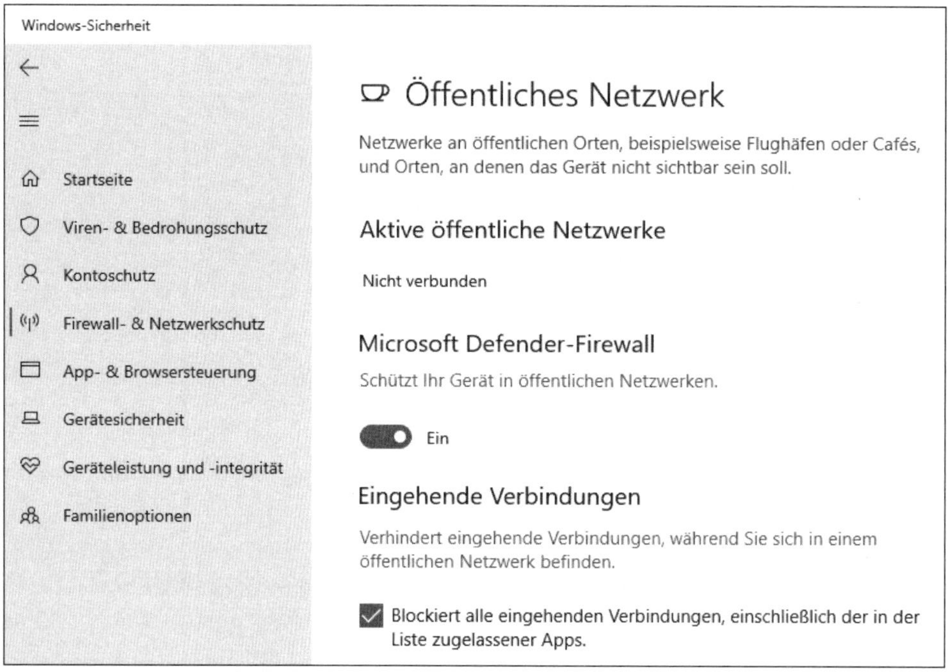

Abbildung 25.3 Eingehende Verbindungen können komplett blockiert werden.

25.2 Windows Defender Firewall konfigurieren

Bei manch einer App, die Sie daheim im privaten Netzwerk unbesorgt nutzen, ist es Ihnen vielleicht lieber, wenn sie im öffentlichen Netzwerk von der Windows Defender Firewall blockiert wird. Wenn es Sie interessiert, welche Apps von der Firewall zugelassen werden, rufen Sie in der Windows-Sicherheit-App die Seite FIREWALL- & NETZWERKSCHUTZ auf. Klicken Sie am unteren Seitenrand auf den Link ZUGRIFF VON APP DURCH FIREWALL ZULASSEN (siehe Abbildung 25.2). Hierdurch öffnet sich der Dialog ZUGELASSENE APPS der Systemsteuerung. Die Liste zeigt einige Apps und Features, die auf Ihrem Computer installiert sind. Für manche Features lässt sich eine kurze Erklärung einblenden, indem Sie den Listeneintrag markieren und dann auf DETAILS klicken. Bei den meisten wird lediglich der Name eingeblendet.

Über die Kontrollkästchen rechts lässt sich jeweils überprüfen, ob eine App oder ein Dienst für das private oder öffentliche Netzwerk zugelassen ist. Falls Sie für eine Anwendung die vordefinierte Einstellung anpassen möchten, klicken Sie zunächst auf die Schaltfläche EINSTELLUNGEN ÄNDERN. Gehen Sie die Liste anschließend in Ruhe durch, und entfernen Sie vor allem die Häkchen bei den Apps, deren Kommunikation blockiert werden soll. Dies gilt in erster Linie für die Spalte des öffentlichen Netzwerkes. Bei Anwendungen, die Sie unbedingt benötigen, belassen Sie das Häkchen bzw. setzen es, falls noch nicht vorhanden. Bei den Diensten sollten Sie recht vorsichtig mit eigenmächtigen Änderungen sein. Mit OK übernehmen Sie alle geänderten Einstellungen.

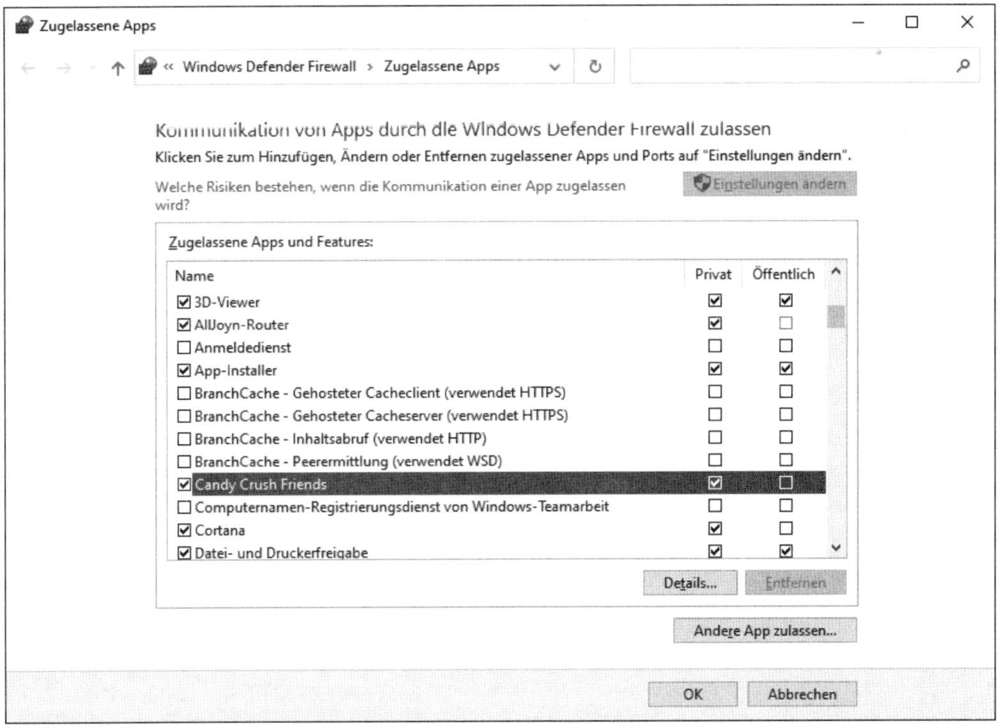

Abbildung 25.4 Sie können selbst bestimmen, für welche App und welchen Dienst die Kommunikation durch die Firewall zugelassen bzw. blockiert werden soll.

Enthält die Liste eine App, die Sie nicht nutzen, können Sie sie auch ganz aus der Liste entfernen. Markieren Sie sie hierzu, und klicken Sie dann auf ENTFERNEN. Starten Sie die App später doch einmal, erhalten Sie von der Windows Defender Firewall einen Hinweis, den Sie, falls Sie den Zugriff gestatten möchten, bestätigen. Die meisten bereits vorhandenen Einträge lassen sich in der Liste allerdings nicht entfernen. Wird eine App, die Sie zulassen oder blockieren möchten, nicht in der Liste aufgeführt, können Sie sie ergänzen. Klicken Sie hierzu zunächst auf EINSTELLUNGEN ÄNDERN, dann ANDERE APP ZULASSEN. Suchen Sie nun im Dialog APP HINZUFÜGEN nach einem Klick auf DURCHSUCHEN die ausführbare Datei der Anwendung. Mit HINZUFÜGEN übernehmen Sie die ausgewählte App.

Falls Sie sich unsicher sind, ob die vorgenommenen Einstellungen die Sicherheit des Computers einschränken könnten: Die Windows Defender Firewall kann jederzeit wieder auf den Standardzustand zurückgesetzt werden. Klicken Sie hierzu in der Windows-Sicherheit-App auf der Seite FIREWALL- & NETZWERKSCHUTZ auf den Link STANDARD FÜR FIREWALLS WIE-

DERHERSTELLEN. Nach einem Klick auf STANDARD WIEDERHERSTELLEN ist nur noch die Bestätigung des Hinweises nötig.

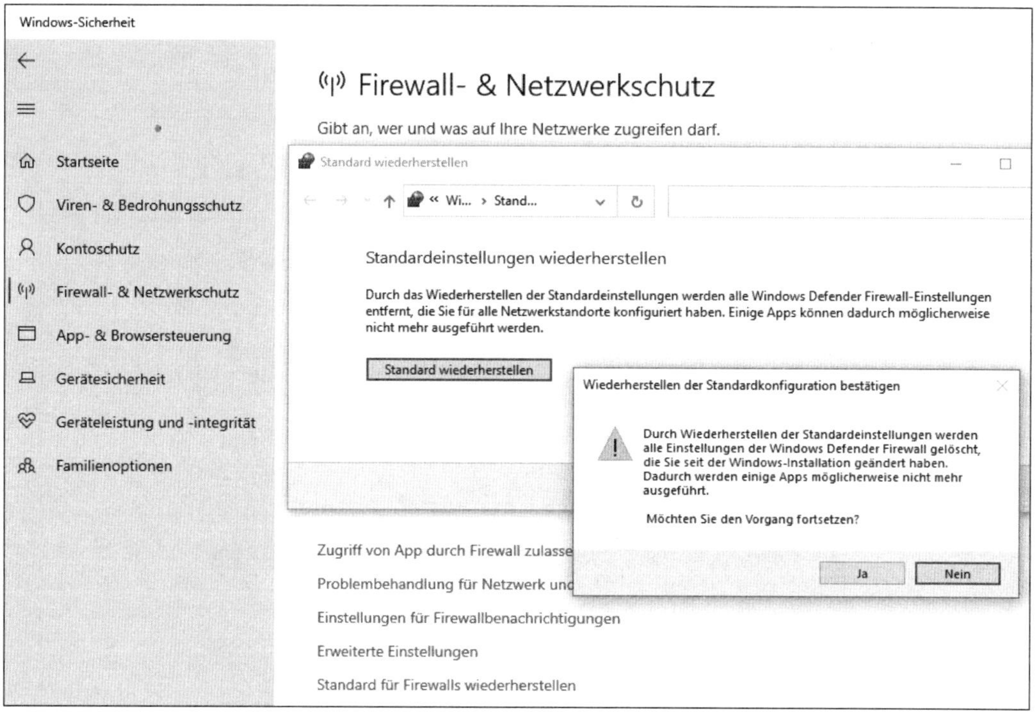

Abbildung 25.5 Die Standardkonfiguration der Windows Defender Firewall kann mit wenigen Mausklicks wiederhergestellt werden.

25.3 Windows Defender Firewall mit erweiterter Sicherheit

Die Einstellungen, die Sie für die Firewall über die Seite FIREWALL- & NETZWERKSCHUTZ in der Windows-Sicherheit-App vornehmen können, sind zwar recht überschaubar, reichen für die klassischen Alltagsaufgaben aber meist aus. Wer tiefer in die Konfiguration einsteigen muss, für den bietet auch Windows 10 die *Windows Defender Firewall mit erweiterter Sicherheit*. Über das Snap-In der Microsoft Management Console (kurz *MMC*) lassen sich benutzerdefinierte Regeln erstellen, die den Datenverkehr im Netzwerk steuern. In der Standardeinstellung wird der gesamte ausgehende Datenverkehr zugelassen, während der unaufgefordert eingehende Datenverkehr blockiert wird.

25.3.1 Windows Defender Firewall mit erweiterter Sicherheit öffnen

Um das MMC-Snap-In zu öffnen, starten Sie zunächst die App WINDOWS-SICHERHEIT, wechseln dort zur Seite FIREWALL- & NETZWERKSCHUTZ und klicken am unteren Seitenrand auf

Erweiterte Einstellungen (siehe Abbildung 25.5). Alternativ hierzu drücken Sie die Tastenkombination [Win] + [R] und geben im Ausführen-Dialog »wf.msc« ein. Sobald Sie den Hinweis der Benutzerkontensteuerung bestätigt haben, wird die Konsole Windows Defender Firewall mit erweiterter Sicherheit geöffnet. Hier sehen Sie zunächst eine Übersicht über die drei Profile Domänenprofil, Privates Profil und Öffentliches Profil.

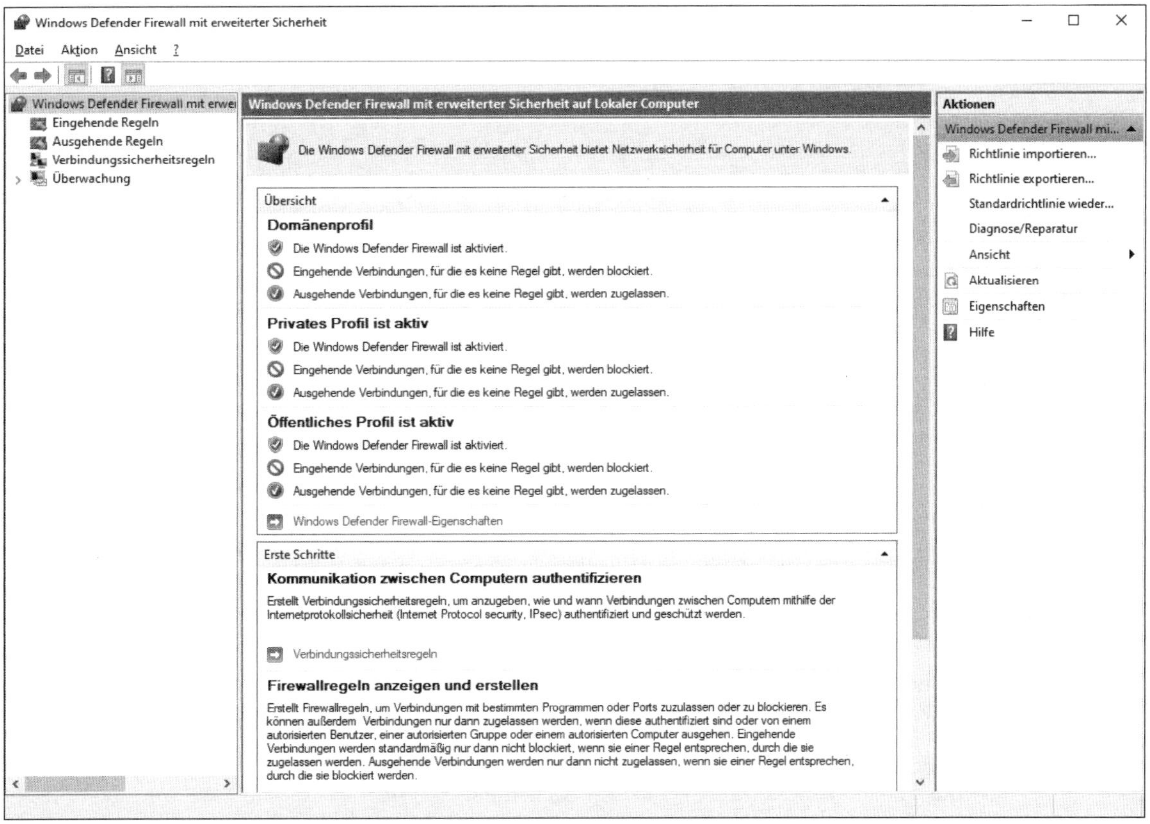

Abbildung 25.6 Die Konsole »Windows Defender Firewall mit erweiterter Sicherheit« direkt nach dem Start

Eigenschaften der Windows Defender Firewall anpassen

Klicken Sie nach dem Aufruf der Konsole Windows Defender Firewall mit erweiterter Sicherheit in der mittleren Spalte auf Windows Defender Firewall-Eigenschaften, können Sie die aktuellen Einstellungen für die drei Netzwerkprofile sowie die IPsec-Einstellungen einsehen und anpassen. So können Sie z. B. veranlassen, dass alle eingehenden Verbindungen blockiert werden.

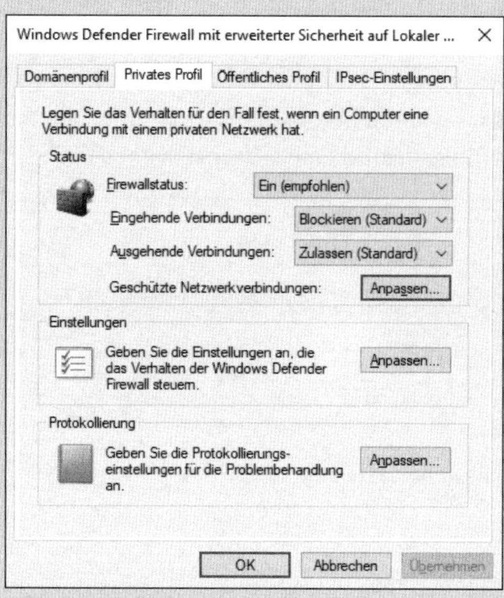

Abbildung 25.7 Die Eigenschaften der Windows Defender Firewall mit erweiterter Sicherheit

Die vier Einträge (man spricht hier auch von *Knoten*), die Sie in der linken Fensterhälfte der Konsole in Abbildung 25.8 sehen, haben folgende Bedeutung:

- **Eingehende Regeln**: Markieren Sie diesen Knoten, werden in der mittleren Spalte alle konfigurierten Regeln für den eingehenden Datenverkehr aufgelistet. Per Doppelklick auf eine Regel blenden Sie ihren Eigenschaften-Dialog mit allen Details zur Regel ein.
- **Ausgehende Regeln**: Dieser Knoten ist das Pendant zu den *Eingehenden Regeln*, nur dass hier entsprechend alle bereits definierten Regeln für den ausgehenden Datenverkehr in der mittleren Spalte aufgeführt werden, sobald Sie den Knoten links markieren. Ein grünes Häkchen vor einer Regel zeigt, dass diese aktiviert auf ZUGELASSEN eingestellt ist. Dies gilt auch für die eingehenden Regeln.
- **Verbindungssicherheitsregeln**: Mithilfe von Verbindungssicherheitsregeln lässt sich bestimmen, welche Authentifizierung Computer erfüllen müssen, damit Daten gesendet werden dürfen. Der Schutz der Datenpakete, die über ein TCP/IP-Netzwerk gesendet werden, wird hier durch die Sicherheitsprotokolle des *IPsec* (*Internet Protocol Security*) gewährleistet.
- **Überwachung**: Markieren Sie diesen Knoten in der linken Spalte, erhalten Sie einen Statusbericht und eine Übersicht über die Einstellungen der Firewall für das private und das öffentliche Profil.

Haben Sie links einen Knoten ausgewählt, können Sie über die in der rechten Spalte eingeblendeten Filter festlegen, welche Regeln in der mittleren Spalte angezeigt werden sollen. Sind Sie z. B. nur an den Regeln für das private Netzwerkprofil interessiert, klicken Sie auf

NACH PROFIL FILTERN und dann NACH PRIVATEM PROFIL FILTERN. Analog lässt sich die Anzeige nach dem Status (aktiviert oder deaktiviert) und nach Gruppen filtern. Mit ALLE FILTER LÖSCHEN deaktivieren Sie alle gesetzten Filter wieder.

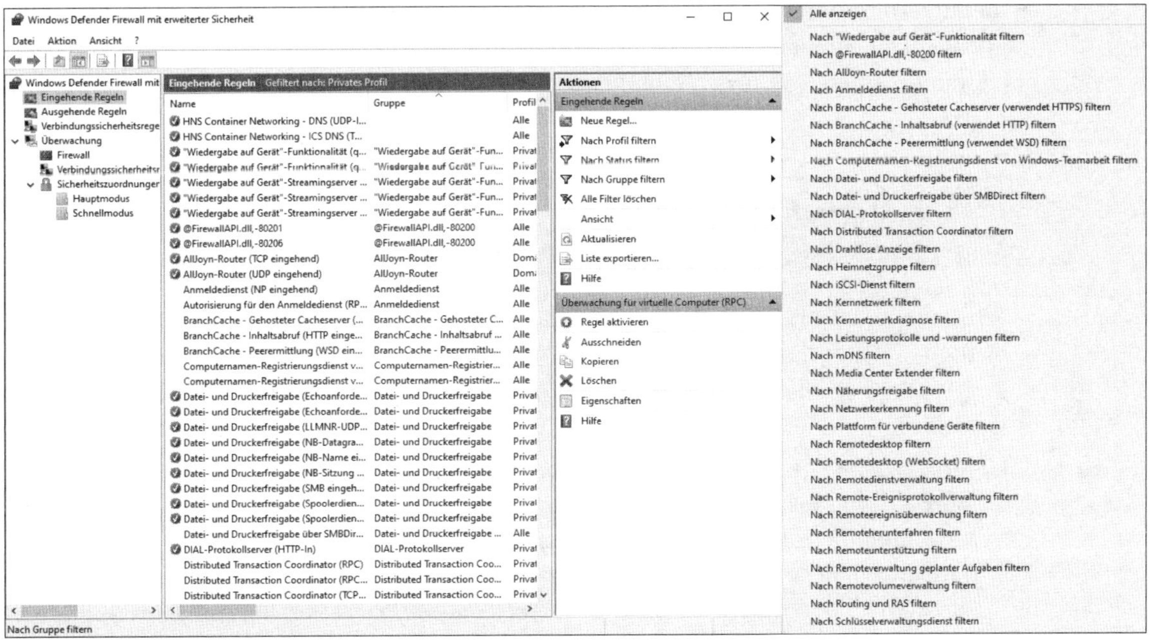

Abbildung 25.8 Die Regeln lassen sich nach Profil, Status oder Gruppe filtern.

25.3.2 Neue Regeln für den ein- oder ausgehenden Datenverkehr erstellen

Möchten Sie für ein bestimmtes Programm oder auch einen Port festlegen, dass eingehende oder umgekehrt ausgehende Datenpakete empfangen bzw. gesendet werden dürfen, erstellen Sie eine entsprechende Regel. Ein Assistent unterstützt Sie hierbei. Welche Schritte vorzunehmen sind, hängt vom Regeltyp ab, für den Sie sich entscheiden. Es stehen folgende vier Regeltypen zur Auswahl:

- **Programm**: Mit diesem Regeltyp können Sie den Netzwerkverkehr für ein bestimmtes Programm (keine App!) definieren. Die Auswahl des Programms erfolgt durch Angabe des Programmpfads und des Namens der entsprechenden EXE-Datei. Die Regel lässt sich auf ein bestimmtes Profil (Domänen-, privates oder öffentliches Profil) beschränken. Außerdem bestimmen Sie, ob die Verbindung für das Programm zugelassen, blockiert oder nur dann zugelassen werden soll, wenn sie sicher ist.
- **Port**: Mit dem Regeltyp *Port* lässt sich der Netzwerkverkehr für einen bestimmten TCP- oder UDP-Port festlegen. Auch hier geben Sie vor, für welches Profil die Regel gilt und ob die Verbindung zugelassen, blockiert oder nur dann zugelassen wird, wenn sie mit IPsec geschützt ist.

- **Vordefiniert**: Windows stellt bereits eine große Anzahl vordefinierter Regeln bereit. Wählen Sie den Regeltyp *Vordefiniert*, können Sie eine dieser Regeln auswählen und aktivieren.
- **Benutzerdefiniert**: Erfahrene Anwender erhalten mit dem Regeltyp *Benutzerdefiniert* die Möglichkeit, eine eigene Regel von Grund auf selbst zu erstellen. Dieser Typ sollte dann gewählt werden, wenn sich eine Regel nicht anhand der anderen drei Typen umsetzen lässt.

Übersicht über verfügbare TCP- und UDP-Ports

Anhand von Portnummern lassen sich Datenpakete einer bestimmten Anwendung zuordnen. Jeder offene Port stellt zugleich ein Sicherheitsrisiko dar, denn er öffnet auch Schadprogrammen die Tür. Die Verbindung über einen bestimmten Port zuzulassen sollte also mit großer Vorsicht erfolgen. Um eine portbasierte Regel erstellen zu können, ist es wichtig, die korrekte Portnummer zu ermitteln. Es gibt über 65.000 Ports, die in drei Gruppen unterteilt werden:

- Ports mit den Nummern 0 bis 1023 werden als sogenannte *Well Known Ports* (auf Deutsch »gut bekannte Ports«) bezeichnet. Sie wurden von der *Internet Assigned Numbers Authority* (kurz *IANA*) festgelegt und sind weltweit eindeutig. So ist der Port 25 z. B. mit dem *Simple Mail Transfer Protocol* (kurz *SMTP*) zum Senden von E-Mails verknüpft, Port 80 mit dem *Hypertext Transfer Protocol* (kurz *HTTP*) und Port 443 mit dem *Hypertext Transfer Protocol Secure* (kurz *HTTPS*).
- Die Ports mit den Nummern 1024 bis 49151 sind die sogenannten *Registered Ports*, die teilweise für Anwendungen bei der IANA registriert wurden.
- Die Ports zwischen 49152 und 65535 sind frei für die dynamische Nutzung.

Eine vollständige Liste der Portnummern erhalten Sie unter *www.iana.org/assignments/port-numbers*.

Wie bereits zuvor erwähnt, hilft Ihnen ein Assistent Schritt für Schritt bei der Erstellung einer Regel. Um welche Schritte es sich im Einzelnen handelt, zeigt das folgende einfache Beispiel, in dem eine eingehende Regel für ein Programm erstellt wird, die den Netzwerkverkehr im privaten Netzwerkprofil zulässt.

1. Rufen Sie zunächst, falls noch nicht geschehen, die Konsole WINDOWS DEFENDER FIREWALL MIT ERWEITERTER SICHERHEIT auf, indem Sie die Tastenkombination [Win] + [R] drücken und im Ausführen-Dialog »wf.msc« eingeben.
2. Markieren Sie in der linken Spalte der Konsole den Knoten EINGEHENDE REGELN. Klicken Sie in der rechten Spalte auf NEUE REGEL. Alternativ hierzu können Sie auch im Menü AKTION den Befehl NEUE REGEL aufrufen. Hierdurch wird der ASSISTENT FÜR NEUE EINGEHENDE REGEL gestartet.

3. Wählen Sie als Erstes den gewünschten Regeltyp aus, für das Beispiel also PROGRAMM. Bestätigen Sie mit WEITER.

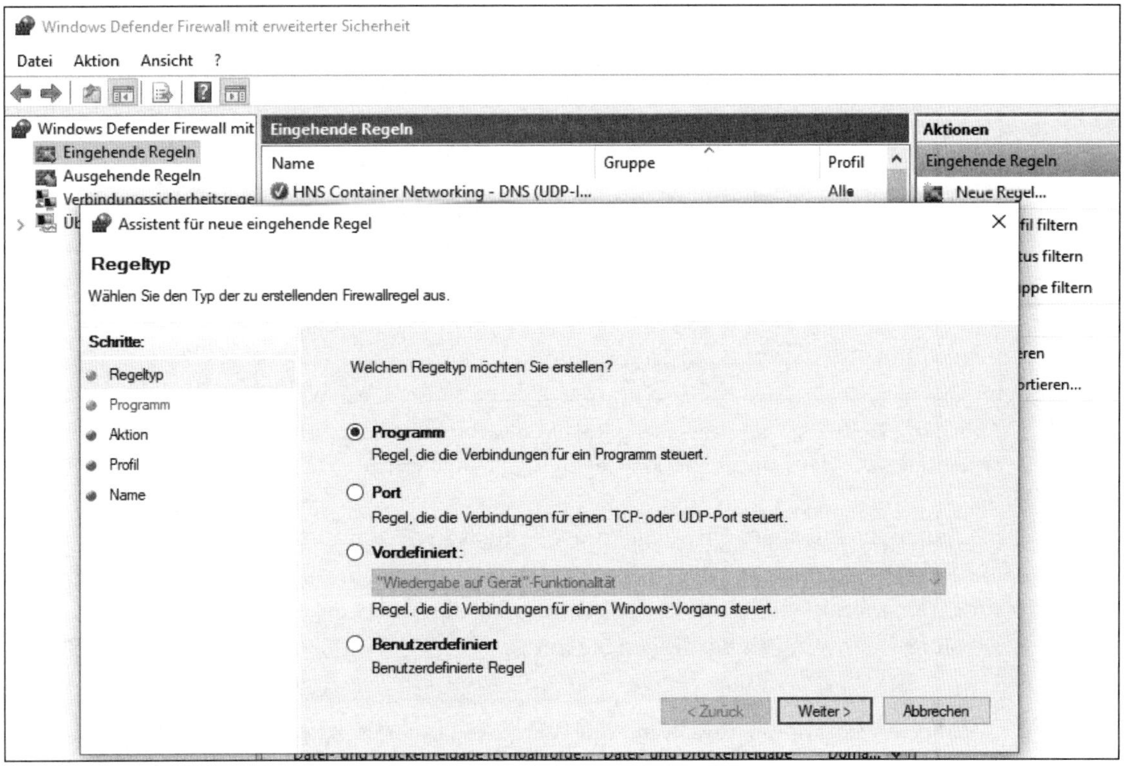

Abbildung 25.9 Als Erstes wählen Sie den Regeltyp aus.

4. Im nächsten Schritt aktivieren Sie die Option DIESER PROGRAMMPFAD. Nach einem Klick auf DURCHSUCHEN navigieren Sie im Dialog ÖFFNEN zu dem Ordner, in dem sich die ausführbare Programmdatei befindet. Markieren Sie diese, bestätigen Sie mit ÖFFNEN und dann WEITER.
5. Nun gilt es, die Aktion festzulegen, die die erstellte Regel sicherstellt. Im Beispiel soll der Netzwerkverkehr für das Programm zugelassen werden. Nach Auswahl der Option VERBINDUNG ZULASSEN klicken Sie auf WEITER.
6. Per Standardeinstellung wendet die Windows Defender Firewall die gerade erstellte Regel automatisch auf alle drei Netzwerkprofile an. Soll sie lediglich für ein bestimmtes Profil gelten (im Beispiel etwa für das private Profil), entfernen Sie die Häkchen vor den beiden anderen Profilen DOMÄNE und ÖFFENTLICH. Bestätigen Sie die Einstellung mit WEITER.
7. Im letzten Schritt geben Sie noch einen aussagekräftigen Namen für die erstellte Regel ein und eine Kurzbeschreibung, um die Regel in der Liste aller eingehenden Regeln jederzeit – sprich auch nach einem längeren Zeitraum – ausfindig zu machen. Mit einem Klick auf FERTIG STELLEN schließen Sie den Vorgang ab.

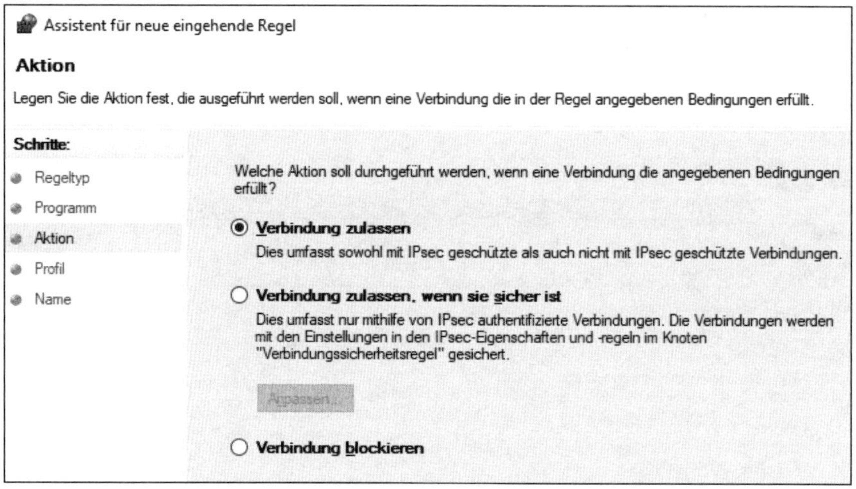

Abbildung 25.10 Darf die Firewall die Netzwerkverbindung zulassen, oder soll sie blockiert werden? Unter »Aktion« legen Sie genau dies fest.

Sie finden die selbst erstellte Regel nun ebenfalls in der mittleren Spalte der Konsole, sofern Sie links Eingehende Regeln markiert haben. Wenn Sie diese Regel wieder entfernen möchten, markieren Sie sie in der mittleren Spalte und klicken dann rechts auf Löschen. Den folgenden Hinweis bestätigen Sie mit Ja.

Windows Defender Firewall mit der Windows PowerShell konfigurieren

Die *Windows Defender Firewall mit erweiterter Sicherheit* lässt sich auch mit Windows PowerShell-Cmdlets konfigurieren. Eine ausführliche deutschsprachige Dokumentation erhalten Sie über die Webadresse *https://docs.microsoft.com/de-de/windows/security/threat-protection/windows-firewall/windows-firewall-with-advanced-security-administration-with-windows-powershell.*

Kapitel 26
Windows 10 sicher mit mehreren Benutzern nutzen

Wenn mehrere Personen Ihren Windows 10-Computer nutzen, sollte jede ihr eigenes Benutzerkonto erhalten. Dabei kann es sich um ein Microsoft-Konto oder auch ein lokales Konto handeln. Wie Sie die Benutzerkonten einrichten und verwalten und welche Mechanismen Windows 10 zum Schutz der Konten bietet, erfahren Sie in diesem Kapitel.

Unabhängig davon, ob Sie nur für sich selbst ein weiteres Konto einrichten oder für andere Benutzer: Beim Einrichten neuer Benutzerkonten sind einige Entscheidungen zu treffen. Soll es sich bei dem Konto z. B. um ein Microsoft-Konto oder ein lokales Konto handeln? Benötigt der Benutzer Administratorrechte, oder reicht es, wenn er Standardbenutzer ist? All diese Entscheidungen wirken sich später auf die Verwaltung eines Benutzerkontos aus. Im Falle eines lokalen Kontos werden alle Einstellungen lokal auf dem Computer durchgeführt. Bei einem Microsoft-Konto erfolgen diese hingegen meistenteils online auf der Website des Microsoft-Kontos. Dort haben Sie auch die Möglichkeit, zusätzliche Sicherheitsmechanismen wie etwa die Zwei-Faktor-Authentisierung zu aktivieren. Wie all dies funktioniert, erfahren Sie in diesem Kapitel.

Windows 10 bietet verschiedene Möglichkeiten, wie sich die Tätigkeiten anderer Benutzer am Computer einschränken lassen. Mithilfe des Microsoft Family Safety-Programms können Eltern festlegen, welche Webseiten für Kinder geeignet sind, welche Apps freigegeben werden und wie lange die Jüngsten den PC nutzen dürfen. Wer sicherstellen möchte, dass Gäste ausschließlich auf eine bestimmte App und sonst keine weitere zugreifen können, findet im Kiosk-Modus die perfekte Unterstützung.

Zum Abschluss dieses Kapitels wird die Benutzerkontensteuerung, ein wichtiger Sicherheitsmechanismus von Windows 10, etwas näher unter die Lupe genommen. Die UAC (*User Account Control*), wie sie auch kurz genannt wird, wird immer dann aktiv, wenn ein Benutzer oder auch ein Programm versucht, Aktionen durchzuführen, die Administratorrechte erfordern.

26.1 Etwas Hintergrundwissen vorab

Dass sich unter Windows 10 verschiedene Benutzerkonten einrichten lassen, ist kein Geheimnis. Doch warum sollte jeder Anwender über sein eigenes Konto verfügen? Was hat es mit den Kontotypen Administrator und Standardbenutzer auf sich? Und welches Sicherheitsrisiko bringt das Arbeiten mit erhöhten Rechten mit sich? Die folgenden Seiten liefern Antworten auf diese Fragen.

26.1.1 Die Kontotypen Administrator und Standardbenutzer für mehr Sicherheit

Benutzerkonten stellen einen wichtigen Bestandteil des Sicherheitskonzepts von Windows 10 dar. Um sich an einem Benutzerkonto anmelden zu können, muss sich ein Benutzer zunächst durch die Eingabe des Benutzernamens und des Kennwortes authentifizieren. Jedes Konto erhält bestimmte Rechte und Berechtigungen, die sicherstellen, dass ein Benutzer nur die Aktionen ausführen kann, die ihm gestattet sind. Mithilfe vordefinierter Gruppen bietet Windows 10 eine bequeme Möglichkeit, mehreren Benutzerkonten dieselben Berechtigungen und Rechte zuzuweisen. Zwei bekannte Gruppen sind die Administratoren und die Benutzer. Welcher dieser beiden Gruppen ein Konto zugeordnet wird, lässt sich mithilfe des Kontotyps – Administrator oder Standardbenutzer – festlegen.

Bei dem allerersten Benutzerkonto, das auf einem Computer eingerichtet wird, handelt es sich immer um ein Administratorkonto. Alle weiteren hinzugefügten Konten werden zunächst als Standardbenutzer eingestuft. Sie verfügen über nur wenige Privilegien und dürfen entsprechend wenige Aufgaben ausführen, die sich auf das gesamte System auswirken. Erlaubt sind einem Standardbenutzer z. B. folgende Aufgaben:

- Kennwort und Profilbild des eigenen Kontos ändern
- Anzeigeeinstellungen und Desktophintergrund ändern
- Zeitzone ändern
- Energieoptionen anpassen
- System- und Treiberupdates über das Windows Update installieren
- Drucker hinzufügen
- Bluetooth-Geräte koppeln und konfigurieren
- Apps aus dem Microsoft Store installieren
- Verbindung zu einem LAN oder WLAN herstellen
- Dateien in den eigenen Ordnern und in freigegebenen Verzeichnissen erstellen, ändern und löschen
- Eigene Dateien aus dem Dateiversionsverlauf wiederherstellen

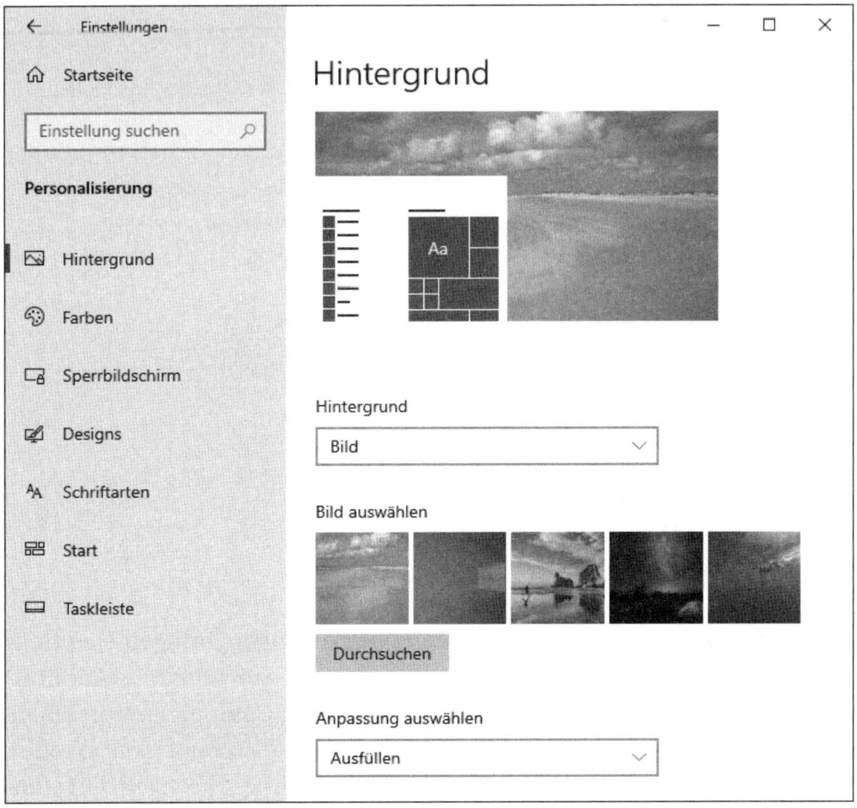

Abbildung 26.1 Ein Standardbenutzer kann z. B. Änderungen in der Kategorie »Personalisierung« der Einstellungen-App vornehmen.

Aufgaben, die sich auf das ganze System auswirken, dürfen nur Administratoren ausführen. Sie haben Vollzugriff auf den Computer. Einem Administrator sind u. a. folgende Aufgaben erlaubt:

26

- Benutzerkonten hinzufügen und entfernen
- Auf die Ordner eines anderen Benutzers zugreifen
- Ordner freigeben und Berechtigungen festlegen
- Dateien in die Ordner *%ProgramFiles%* oder *%SystemRoot%* kopieren oder verschieben
- Gesicherte Systemdateien wiederherstellen
- Kontotyp eines Benutzerkontos ändern
- Desktopanwendungen installieren und deinstallieren
- Hardware-Gerätetreiber installieren
- ActiveX-Steuerelemente installieren
- Einstellungen des Windows Updates konfigurieren

- Einstellungen der Windows Defender Firewall konfigurieren
- Einstellungen der Benutzerkontensteuerung ändern

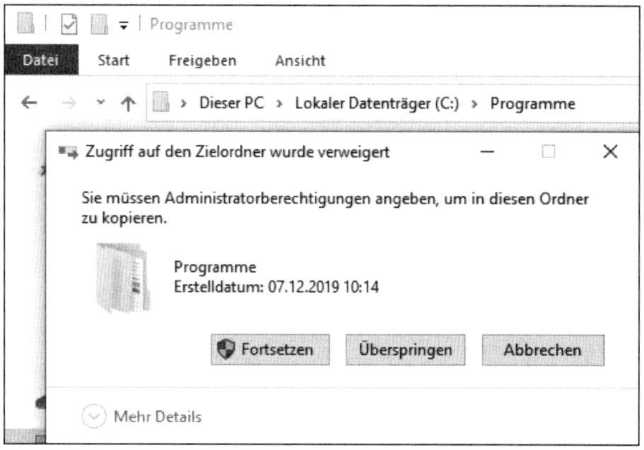

Abbildung 26.2 Das Kopieren oder Verschieben von Dateien in den Ordner »%ProgramFiles%« ist Administratoren vorbehalten.

Die umfassenden Berechtigungen, über die Administratoren verfügen, bringen allerdings auch eine große Gefahr mit: Gelingt es einem Schadprogramm, sich ebenfalls diese Administratorrechte zu verschaffen, kann es damit immensen Schaden am Computer verursachen. Schutz bietet hier die sogenannte *Benutzerkontensteuerung* (*User Account Control*, kurz *UAC*). Ist sie aktiviert, erhält ein Standardbenutzer bei der Anmeldung am System ein Standardtoken. Meldet sich ein Administrator an, bekommt er zwei Sicherheitstoken: Das erste Token erhält die Berechtigungen eines Standardbenutzers, das zweite die eines Administrators. Im normalen Betrieb arbeitet auch ein Administrator lediglich als Standardbenutzer. Man spricht hier auch von einem *Administratorbestätigungsmodus*. Versucht ein Anwender, eine Aufgabe auszuführen, die die Berechtigungen eines Administrators erfordern, prüft Windows 10 das Sicherheitstoken. Ist ein entsprechendes Token mit erhöhten Rechten vorhanden, wird die Durchführung der Aufgabe gestattet, falls nicht, kann die Aufgabe nicht ausgeführt werden. Sobald ein Administrator die Aufgabe erledigt hat, arbeitet er wieder als Standardbenutzer. Weitere Informationen zur Benutzerkontensteuerung erhalten Sie in Abschnitt 26.8, »Mehr Sicherheit dank Benutzerkontensteuerung«, am Ende dieses Kapitels.

Wo sind die Konten »Administrator« und »Gast« geblieben?

Mancher Anwender mag unter Windows 10 die aus früheren Windows-Versionen bekannten Konten *Administrator* und *Gast* vermissen. Beide Konten sind zwar noch vorhanden, aber per Standardeinstellung deaktiviert und sollten es auch bleiben. Das Administratorkonto wird nicht durch die Benutzerkontensteuerung kontrolliert, es verfügt also über alle Berechtigungen. Genau dies stellt aber ein immenses Sicherheitsrisiko für den Computer dar. Da bereits das erste Benutzerkonto, das auf dem System eingerichtet wird, über Administratorrechte verfügt, wird das Administratorkonto unter Windows 10 nicht benötigt. Das Gastkonto kam in früheren Windows-Versionen immer dann zum Einsatz, wenn ein Benutzer den Computer nur gelegentlich verwendete und dabei nur eingeschränkte Rechte und Zugriffe erhalten sollte. Unter Windows 10 funktioniert dieses Konto allerdings nicht mehr ganz zuverlässig und sollte daher ebenso wie das Administratorkonto nicht mehr eingesetzt werden. Benötigt ein Gast tatsächlich Ihren Computer, richten Sie ihm besser ein Standardbenutzerkonto ein oder nutzen gegebenenfalls den in Abschnitt 26.6 vorgestellten Kiosk-Modus.

26.1.2 Was passiert beim Anlegen des Benutzerprofils?

Ein großer Vorteil eines eigenen Benutzerkontos ist, dass jeder Benutzer seine persönlichen Daten und Einstellungen speichern kann und diese bei jeder erneuten Anmeldung am Computer in gewohnter Weise vorfindet. Meldet sich ein Benutzer das erste Mal an seinem Benutzerkonto an, erzeugt Windows 10 das sogenannte *Benutzerprofil*. Dies wird standardmäßig unter *%SystemDrive%\<Benutzername>* abgespeichert, wobei es sich hierbei meist um den Pfad *C:\Benutzer\<Benutzername>* handelt. Bei dem persönlichen Benutzerprofil handelt es sich um eine Kopie des Standardbenutzerprofils. Das Profil enthält u. a. die Standardordner 3D-Objekte, Bilder, Desktop, Dokumente, Downloads, Favoriten, Gespeicherte Spiele, Kontakte, Links, Musik, Suchvorgänge und Videos, in denen bekanntermaßen die persönlichen Dateien abgelegt werden können.

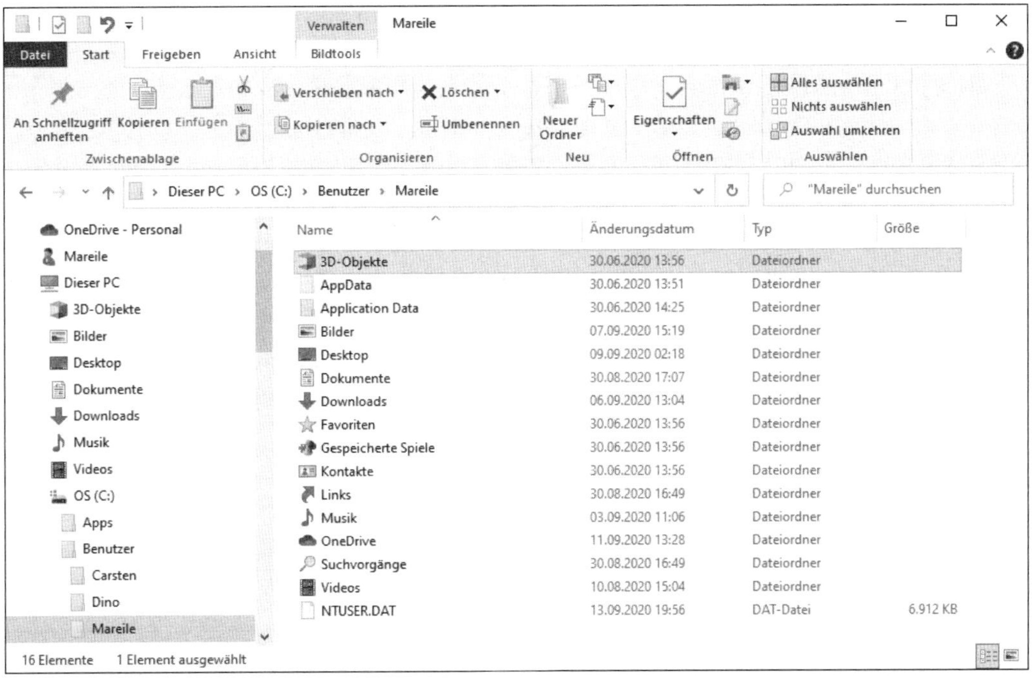

Abbildung 26.3 Das Benutzerprofil wird bei der ersten Anmeldung am Computer erstellt.

Name des Benutzerkontos und des Profilordners unterschiedlich?

Der Ordner des Benutzerprofils wird bei der ersten Anmeldung am Benutzerkonto erzeugt. Als Name für diesen Profilordner wählt Windows 10 den Namen des Benutzerkontos. Der vollständige Kontoname (z. B. »Mareile«) wird allerdings nur im Falle eines lokalen Benutzerkontos übernommen. Haben Sie sich hingegen mit einem Microsoft-Konto am Computer angemeldet, werden lediglich die ersten fünf Zeichen des Benutzernamens verwendet. Lautet der vollständige Benutzername des Microsoft-Kontos also »mareile.heiting@musteradresse.de«, erhält der Profilordner die Bezeichnung »marei«. Die Bezeichnung lässt sich im Nachhinein nicht ändern. Wandeln Sie ein lokales Benutzerkonto in ein Microsoft-Konto um, wie im Kasten »So wird aus dem lokalen Konto ein Microsoft-Konto und umgekehrt« gezeigt, wird übrigens der ursprüngliche Name des Profilordners beibehalten.

Alle persönlichen Einstellungen, die der Benutzer unter Windows 10 oder in einer installierten Anwendung vornimmt, werden ebenfalls im Benutzerprofil gespeichert, genauer gesagt in der Datei *ntuser.dat*. Diese Systemdatei, die mit der Windows Registry verbunden ist, darf keinesfalls gelöscht oder von unerfahrenen Anwendern verändert werden, da dies zu schwerwiegenden Problemen führen kann.

Alle anwendungsspezifischen Daten (z. B. Vorlagen oder Add-ons) werden im Benutzerprofil im Ordner *AppData* gespeichert. Dieser Ordner enthält wiederum folgende drei Unterordner:

- Der Ordner ROAMING wird am häufigsten von Anwendungen genutzt. Geben Sie im Explorer die Umgebungsvariable *%AppData%* ein, gelangen Sie direkt zum Ordner ROAMING. In ihm werden die Daten eines sogenannten *Roamingprofils* gespeichert. Dahinter verbirgt sich ein Profil, das in Unternehmensnetzen auf Servern gespeichert ist. Meldet sich ein Anwender in einem Unternehmen auf unterschiedlichen Computern an, findet er auf jedem Computer die Daten vor, die im Roamingordner abgelegt wurden.
- Der Ordner LOCAL dient wiederum den Daten als Ablageort, die nicht auf einem Server gespeichert werden sollen, wie etwa temporäre Dateien. Der Ordner LOCAL lässt sich über die Umgebungsvariable *%LocalAppData%* aufrufen.
- Der Ordner LOCALLOW wird von Programmen genutzt, die nur über eingeschränkte Rechte verfügen, wie etwa Erweiterungen von Browsern. Der Ordner enthält somit vergleichsweise wenig Daten.

Der Zugriff auf die Daten im Benutzerprofil ist lediglich dem Besitzer des Benutzerkontos möglich, allen Administratoren sowie den Benutzern, denen der Zugriff explizit erlaubt wird. Die Entscheidung, ob jemand auf eine bestimmte Ressource (z. B. eine Datei) zugreifen darf oder nicht, fällt Windows 10 mithilfe der sogenannten *Zugriffssteuerungsliste* (*Access Control List*, kurz *ACL*). Jede Datei und jeder Ordner, der auf einem NTFS-formatierten Volume gespeichert wird, verfügt über eine solche Liste. Die ACL enthält für jeden Benutzer, der

Zugriff auf die Datei bzw. den Ordner erhalten darf, einen sogenannten *Zugriffssteuerungseintrag* (*Access Control Entry*, kurz *ACE*). Die Identifizierung eines Benutzers geschieht anhand der Sicherheitskennung (*Security Identifier*, kurz *SID*). Diese eindeutige und vor allem einmalige SID wird jedem Benutzerkonto zugewiesen, sobald es erstellt wird. Eine SID besteht aus einer meist langen Zeichenkette (z. B. »S-1-5-21-5041773425-6340862047-14257107412-3720«). Wird das Benutzerkonto gelöscht, wird automatisch auch die SID entfernt und nie wieder verwendet. Selbst wenn Sie ein neues Benutzerkonto mit identischem Namen erstellen, erhält dieses eine neue SID.

Wer bin ich, und was bin ich?

Sowohl die SID, die ein Benutzerkonto eindeutig identifiziert, als auch die Gruppe, der ein Konto zugeordnet wird (also z. B. Administrator oder Benutzer), spielen eine wichtige Rolle im Sicherheitskonzept von Windows 10. Mithilfe des Kommandozeilenprogramms *whoami* (auf Deutsch »Wer bin ich?«) können Sie sich diese Informationen zu dem Konto anzeigen lassen, an dem Sie aktuell angemeldet sind. Rufen Sie hierzu die Windows PowerShell z. B. über das Schnellzugriffsmenü auf, das Sie per rechten Mausklick auf das Windows-Logo öffnen. Geben Sie den Befehl `whoami /user` ein, wird die SID Ihres Benutzerkontos eingeblendet. Mit dem Befehl `whoami /groups` bringen Sie wiederum die Gruppen in Erfahrung, bei denen Ihr Konto Mitglied ist. Der Befehl `whoami` ohne weitere Angabe von Parametern zeigt die Domäne und den Benutzernamen an. Eine Übersicht über den Befehl mit allen verfügbaren Parametern erhalten Sie nach Eingabe von `whoami /?`. Sind Sie an den SIDs aller auf dem Computer eingerichteten Benutzerkonten interessiert, geben Sie in der PowerShell den Befehl `gcim Win32_UserAccount | ft Name, SID` ein.

26.2 Microsoft-Konto erstellen und verwalten

26

Wer unter Windows 10 Apps aus dem Microsoft Store beziehen oder auf die Cloud OneDrive zugreifen möchte, benötigt ein Microsoft-Konto. Ein solches Konto ist zudem praktisch, wenn Sie mehrere Windows 10-Geräte nutzen und auf allen Geräten die gleichen Einstellungen nutzen möchten. Details hierzu haben Sie bereits in Kapitel 3 kennengelernt. Im Folgenden zeige ich Ihnen, wie Sie ein neues Microsoft-Konto erstellen und dieses über die Website Ihres Microsoft-Kontos verwalten.

26.2.1 Neues Microsoft-Konto erstellen

Windows 10 fordert Sie an den unterschiedlichsten Stellen immer wieder auf, sich mit einem Microsoft-Konto am System selbst oder bei einer bestimmten App anzumelden. In den entsprechenden Dialogen können Sie entweder direkt die Anmeldeinformationen eines bereits vorhandenen Kontos angeben oder, falls Sie noch kein Microsoft-Konto besitzen, ein neues

Microsoft-Konto erstellen. Ein neues Microsoft-Konto lässt sich auch über die Website von Microsoft anlegen. Dies ist meist der bequemere Weg, zumal Sie anschließend gleich einige Sicherheitsmaßnahmen festlegen können (siehe Abschnitt 26.2.2). Zum Anlegen eines neuen Microsoft-Kontos, das übrigens kostenlos ist, gehen Sie folgendermaßen vor:

1. Rufen Sie in einem Browser Ihrer Wahl die Webadresse *account.microsoft.com* auf. Klicken Sie auf der Webseite auf ERSTELLEN SIE EIN MICROSOFT-KONTO.
2. Sie können für das Microsoft-Konto eine bereits vorhandene E-Mail-Adresse oder eine Telefonnummer verwenden. Um Ihre privat oder auch beruflich genutzten E-Mail-Adressen und Telefonnummern klar von einem Microsoft-Konto abzugrenzen, empfehle ich das Anlegen einer neuen E-Mail-Adresse. Hierzu klicken Sie im Dialog KONTO ERSTELLEN auf NEUE E-MAIL-ADRESSE ANFORDERN.

Abbildung 26.4 Am besten fordern Sie für das Microsoft-Konto eine neue E-Mail-Adresse an.

3. Im nächsten Dialog legen Sie eine neue E-Mail-Adresse an. Den ersten Teil der Adresse bestimmen Sie selbst. Beim zweiten Teil können Sie zwischen @OUTLOOK.DE, @OUTLOOK.COM oder auch @HOTMAIL.COM wählen. Nach einem Klick auf WEITER erfahren Sie, ob die von Ihnen gewählte Adresse bereits vergeben ist. Falls ja, müssen Sie eine Alternative ausprobieren.

Abbildung 26.5 Für die selbst erstellte E-Mail-Adresse stehen Ihnen drei verschiedene Endungen zur Auswahl.

4. Ist die E-Mail-Adresse noch verfügbar, legen Sie als Nächstes das Kennwort für das Microsoft-Konto fest. Das Kennwort sollte sowohl Groß- als auch Kleinbuchstaben, Ziffern und

Sonderzeichen enthalten und natürlich möglichst lang sein. Lassen Sie sich das Kennwort zur Sicherheit anzeigen, um zu prüfen, ob Ihnen ein Tippfehler unterlaufen ist. Bestätigen Sie die Eingabe mit WEITER.

5. Im nächsten Dialog möchte Microsoft gerne wissen, in welchem LAND/REGION Sie sich aufhalten und an welchem Tag Sie geboren sind. Auch diese Angaben bestätigen Sie mit WEITER.
6. Um sicherzustellen, dass kein Roboter, sondern eine reale Person das Konto erstellt, müssen Sie die eingeblendeten Zeichen des Captcha im vorgegebenen Feld eingeben.

Abbildung 26.6 Mithilfe des Captchas wird sichergestellt, dass eine reale Person das Microsoft-Konto erstellt.

Das Microsoft-Konto ist damit erfolgreich erstellt. Was Sie tun können, um Ihr Microsoft-Konto noch stärker abzusichern, erfahren Sie im folgenden Abschnitt. Wenn Sie die Webseite zunächst verlassen möchten, sollten Sie sich zuvor abmelden. Klicken Sie hierzu oben rechts auf das Benutzerprofil-Symbol und dann auf ABMELDEN.

Abbildung 26.7 Melden Sie sich abschließend bei Ihrem Microsoft-Konto ab.

26.2.2 Das Microsoft-Konto absichern

Wenn Sie ein neues Microsoft-Konto erstellen, müssen Sie zwingend ein Kennwort festlegen. Gelangt dieses Kennwort allerdings in die Hände von Kriminellen, hätten diese theoretisch Zugang zu Ihrem Microsoft-Konto mit allen Daten, die zu diesem gespeichert wurden (z. B. Zahlungsinformationen, in OneDrive abgelegte Daten oder auch Abonnements). Damit aus der Theorie keine Praxis wird, bietet Microsoft diverse Möglichkeiten, ein Konto zusätzlich abzusichern. Eine Methode ist z. B. die *zweistufige Überprüfung*. Die von Microsoft so genannte Sicherheitsmethode ist allgemein unter der Bezeichnung *Zwei-Faktor-Authentisierung* (kurz *2FA*) bekannt. Ganz allgemein gesagt kommen bei dieser Methode zwei Faktoren zum Einsatz, sobald Sie sich bei einem Konto anmelden. Die Eingabe eines einzelnen Faktors (z. B. des Kennwortes) reicht nicht aus, es muss eine weitere Angabe, also der zweite Faktor, ergänzt werden. Bei diesem Faktor kann es sich z. B. um einen Sicherheitscode handeln, der an Ihr Smartphone oder eine alternative E-Mail-Adresse geschickt wird. Alternative E-Mail-Adresse bedeutet, dass es sich bei der Adresse nicht um die mit dem Konto verknüpfte Adresse handeln sollte (z. B. der E-Mail-Adresse Ihres Microsoft-Kontos), sondern um eine andere Adresse. Alternativ zur E-Mail-Adresse bzw. Telefonnummer können Sie auch die Microsoft Authenticator-App für die Zwei-Faktor-Authentisierung nutzen, die ich ebenfalls gleich vorstellen werde.

Versuchen Sie selbst oder womöglich fremde, nicht autorisierte Personen, sich von einem neuen Gerät oder einem neuen Standort aus an Ihrem Microsoft-Konto anzumelden, wird der Sicherheitscode abgefragt. Nur wenn Sie diesen korrekt eingeben, erfolgt die Anmeldung beim Microsoft-Konto. Einem Kriminellen, der zwar im Besitz des Kennwortes ist, aber keinen Zugriff auf Ihr Smartphone, die alternative E-Mail-Adresse oder Authenticator-App hat, bleibt die Anmeldung verwehrt.

Unterschied zwischen Authentisierung und Authentifizierung

Als Synonym für *Zwei-Faktor-Authentisierung* wird häufig auch die Bezeichnung *Zwei-Faktor-Authentifizierung* verwendet. Streng genommen beschreiben die beiden Begriffe *Authentisierung* und *Authentifizierung* aber zwei unterschiedliche Phasen eines Anmeldeprozesses: Bei der Authentisierung meldet sich ein Benutzer mit eindeutigen Informationen (z. B. einem Kennwort) bei einem System an. Dieses überprüft die Angaben. War die Eingabe korrekt, authentifiziert das System den Anwender.

Die zweistufige Überprüfung mit Sicherheitsinformation einrichten

Wenn Sie die zweistufige Überprüfung mit Sicherheitsinformation – also E-Mail-Adresse oder Telefonnummer – einrichten möchten, rufen Sie im Browser zunächst die Webadresse *account.microsoft.com* auf und melden sich mit der E-Mail-Adresse und dem Kennwort bei Ihrem Microsoft-Konto an. Wechseln Sie in die Kategorie SICHERHEIT, und klicken Sie dort auf WEITERE SICHERHEITSOPTIONEN. Im folgenden Dialog UNTERSTÜTZEN SIE UNS BEIM

SCHUTZ IHRES KONTOS werden Sie aufgefordert, eine Telefonnummer als Sicherheitsinformation zu hinterlegen. Diese tragen Sie im dafür vorgesehenen Feld ein. Falls Ihnen eine E-Mail-Adresse lieber ist, klicken Sie auf den Pfeil rechts von TELEFONNUMMER und wählen ALTERNATIVE E-MAIL-ADRESSE aus. Geben Sie die Adresse, bei der es sich wie bereits erwähnt nicht um die E-Mail-Adresse Ihres Microsoft-Kontos handeln sollte, ein.

Abbildung 26.8 Sie können als Sicherheitsinformation die Telefonnummer Ihres Smartphones oder eine alternative E-Mail-Adresse angeben.

Nach einem Klick auf WEITER wird an die angegebene Nummer bzw. Adresse eine Nachricht mit einem Code geschickt. Tragen Sie diesen im Dialog CODE EINGEBEN ein, und bestätigen Sie wieder mit WEITER.

Als Nächstes wird Ihre Identität überprüft. Die folgenden Schritte sind zukünftig auch immer dann notwendig, wenn Sie sich mit Ihrem Microsoft-Konto an einem neuen Gerät oder Standort anmelden und wenn Sie auf sicherheitskritische Informationen Ihres Microsoft-Kontos zugreifen möchten. Im Dialog IDENTITÄT ÜBERPRÜFEN wird lediglich ein Teil der angegebenen Sicherheitsinformation angezeigt. Klicken Sie diese grau hinterlegte Information an. Im folgenden Dialog werden Sie aufgefordert, die Sicherheitsinformation – also Telefonnummer oder E-Mail-Adresse – vollständig anzugeben. Klicken Sie dann auf CODE SENDEN. Ihnen wird nun wieder ein Code per SMS bzw. E-Mail zugeschickt. Geben Sie diesen im Dialog CODE EINGEBEN ein. Falls Sie sich gerade auf einem neuen Gerät angemeldet haben, sollten Sie das Kontrollkästchen AUF DIESEM GERÄT NICHT MEHR NACHFRAGEN mit einem Häkchen versehen. Das aktuelle Gerät wird damit in der Liste der mit diesem Microsoft-Konto verwendeten Geräte aufgenommen. Melden Sie sich das nächste Mal mit Ihrem Microsoft-Konto an diesem Gerät an, ist keine erneute Identitätsüberprüfung erforderlich.

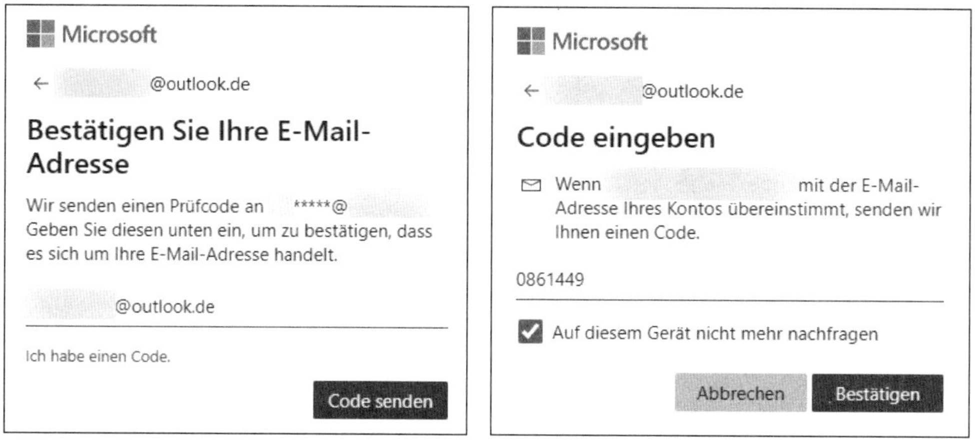

Abbildung 26.9 Melden Sie sich an einem neuen Gerät an, ist eine Überprüfung der Identität nötig. Damit dies nicht erneut passiert, sollten Sie »Auf diesem Gerät nicht mehr nachfragen« aktivieren.

Sollten Sie die Sicherheitsinformation zu einem späteren Zeitpunkt ändern wollen, etwa weil sich die angegebene E-Mail-Adresse bzw. Telefonnummer geändert hat, melden Sie sich wieder unter der Webadresse *account.microsoft.com* mit Ihrem Microsoft-Konto an. Wechseln Sie in die Kategorie SICHERHEIT, und klicken Sie auf SICHERHEITSKONTAKTINFORMATIONEN. Dort können Sie die aktuellen Informationen entfernen und neue hinzufügen. Über den Link BENACHRICHTIGUNGSOPTIONEN ÄNDERN legen Sie fest, wie Microsoft Sie kontaktieren kann, falls ein Problem mit Ihrem Microsoft-Konto festgestellt wird.

Kontoeinstellungen des Microsoft-Kontos anpassen

Wenn Sie im Microsoft Store z. B. Apps kaufen, wird die Zahlungsinformation, die Sie wählen, automatisch in Ihrem Microsoft-Konto gespeichert. Schließen Sie ein Microsoft 365-Abonnement ab, werden die damit verbundenen Daten ebenfalls dem Microsoft-Konto zugeordnet. Eine Übersicht über all diese Daten sowie die Möglichkeit, diese gegebenenfalls zu aktualisieren, erhalten Sie, wenn Sie sich über die Webseite *account.microsoft.com* an Ihrem Microsoft-Konto anmelden. In der Kategorie GERÄTE finden Sie eine Auflistung aller Geräte, auf denen Sie sich mit Ihrem Microsoft-Konto angemeldet haben und die deshalb als vertrauenswürdige Geräte eingestuft wurden. Nutzen Sie eines der aufgeführten Geräte nicht mehr, sollten Sie es aus der Liste entfernen. Die Verknüpfung mit Ihrem Microsoft-Konto wird hierdurch aufgehoben. In der Kategorie IHRE INFORMATIONEN haben Sie die Möglichkeit, ein Profilbild hinzuzufügen und Ihren Profilnamen zu ändern.

Die Microsoft Authenticator-App verwenden

Als weitere Möglichkeit der Zwei-Faktor-Authentisierung bietet Microsoft eine Authenticator-App an. Diese steht sowohl für Android- als auch für iOS-Geräte zur Verfügung. Sie können die *Microsoft Authenticator*-App über den App Store Ihres Smartphones laden und installieren.

Starten Sie die App das erste Mal, müssen Sie zunächst den Datenschutzhinweis bestätigen. Anschließend geben Sie für das Microsoft-Konto, das Sie mit der Authenticator-App verknüpfen möchten, die E-Mail-Adresse und das Kennwort ein. Das verknüpfte Konto erscheint in der Übersicht der Authenticator-App.

Melden Sie sich nun das nächste Mal z. B. über die Website *account.microsoft.com* bei Ihrem Microsoft-Konto an, müssen Sie nicht das Kennwort angeben. Klicken Sie stattdessen bei der ersten Anmeldung auf den Link Weitere Anmeldemöglichkeiten und im folgenden Dialog auf Anforderung in meiner Microsoft Authenticator-App genehmigen. Stellen Sie sicher, dass Ihr Smartphone mit dem Internet verbunden ist, und öffnen Sie dort die Authenticator-App. In der App werden Ihnen nun drei Zahlen angezeigt. Tippen Sie dann genau die Zahl an, die auch auf der Webseite zu sehen ist, und bestätigen Sie mit einem Tipp auf Genehmigung. Damit wird auch schon direkt die Anmeldung am Microsoft-Konto durchgeführt.

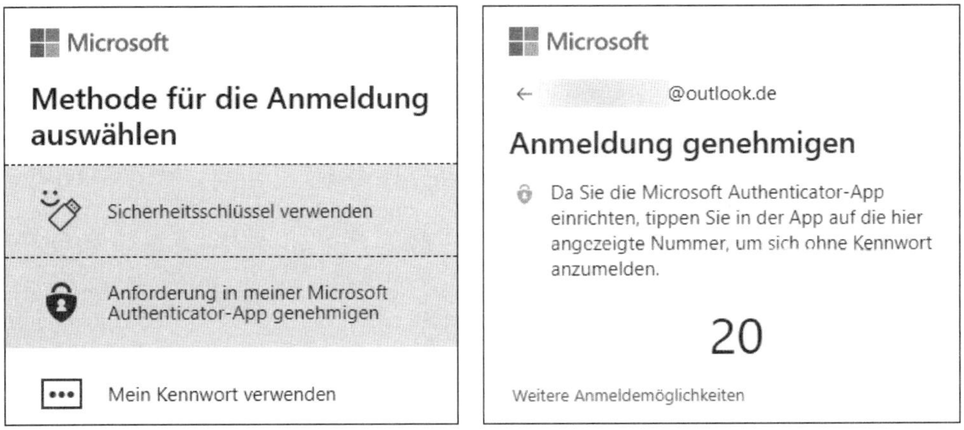

Abbildung 26.10 Die Microsoft Authenticator-App bietet eine bequeme Möglichkeit, sich ohne Kennworteingabe beim Microsoft-Konto anzumelden.

Sobald Sie die Microsoft Authenticator-App mit dem Microsoft-Konto verknüpft haben, lässt sich über diese auch ein Sicherheitscode erzeugen. Dieser wird z. B. benötigt, wenn Sie das Kennwort des Microsoft-Kontos ändern möchten. Tippen Sie in der App das Microsoft-Konto an, wird ein entsprechender Zahlencode angezeigt, der nach 30 Sekunden durch eine neue Zahlenkombination ersetzt wird.

Wiederherstellungscode ausdrucken

Sollten Sie sich einmal nicht mehr an Ihrem Microsoft-Konto anmelden können, etwa weil Sie das Kennwort vergessen haben, hilft ein Wiederherstellungscode weiter. Diesen müssen Sie allerdings zu einem Zeitpunkt ausdrucken, zu dem der Zugriff auf das Konto noch möglich ist, also am besten, sobald Sie das Konto eingerichtet haben. Melden Sie sich hierzu auf der Webseite *account.microsoft.com* mit den Anmeldeinformationen Ihres Microsoft-Kontos an. Wechseln Sie in die Kategorie SICHERHEIT, und klicken Sie dort auf WEITERE SICHERHEITSINFORMATIONEN. Auf der folgenden Seite haben Sie im Bereich WIEDERHERSTELLUNGSCODE die Möglichkeit, den Wiederherstellungscode auszudrucken. Bewahren Sie den Code gut auf. Denn sollten Sie irgendwann in die Verlegenheit kommen, sich nicht mehr an das Kennwort erinnern zu können, lässt sich dies mithilfe des Wiederherstellungscodes zurücksetzen.

26.3 Benutzerkonto in Windows 10 hinzufügen

Wer sich an einem Windows 10-Computer anmelden möchte, benötigt ein Benutzerkonto. Wenn mehrere Personen Ihren Computer nutzen, sollten Sie aus Sicherheitsgründen für jeden ein eigenes Konto erstellen und dieses mit einem Kennwort sichern. Damit stellen Sie sicher, dass niemand auf Daten zugreifen kann, für die er nicht die Zugriffsrechte besitzt. Wie Sie Daten explizit für andere Benutzer freigeben, wird in Kapitel 20, »Datenfreigabe im Netzwerk«, ausführlich behandelt. In diesem Abschnitt erfahren Sie, wie Sie in Windows 10 neue Benutzerkonten hinzufügen.

Microsoft empfiehlt zwar auch hier die Verwendung von Microsoft-Konten, sie sind aber keineswegs Pflicht. Sie können also auch ganz klassisch ein lokales Benutzerkonto anlegen. Weitaus wichtiger bei der Einrichtung des Benutzerkontos ist die Entscheidung, ob dem Konto Administratorrechte eingeräumt werden sollen oder ob es sich um ein Standardbenutzerkonto mit entsprechend eingeschränkten Rechten handeln soll. Was es mit diesen beiden Kontotypen auf sich hat, haben Sie bereits zu Beginn des Kapitels erfahren. In Abschnitt 26.3.3 lesen Sie, wie Sie den Kontotyp festlegen.

Sollte ein Benutzerkonto nicht mehr benötigt werden, etwa weil der Junior ausgezogen ist oder einer der Benutzer nun einen eigenen Computer besitzt, kann das Konto auch entfernt werden. Was es hierbei zu beachten gilt, erfahren Sie in Abschnitt 26.7.

26.3.1 Microsoft-Konto hinzufügen

Diejenigen, die die Vorteile eines Microsoft-Kontos in vollem Umfang genießen möchten, melden sich am besten direkt mit einem Microsoft-Konto am Computer an. Damit steht dem Synchronisieren von Windows-Einstellungen, Bildern, Dokumenten oder auch Musik mit verschiedenen Windows 10-Geräten, aber auch der Nutzung von Apps wie OneDrive, dem Microsoft Store oder Cortana nichts mehr im Wege. Wenn Sie für einen anderen Benutzer ein Microsoft-Konto als neues Benutzerkonto hinzufügen möchten, sind nur wenige Schritte nötig. Das gilt natürlich auch, wenn Sie für sich selbst ein weiteres Benutzerkonto anlegen möchten. Zum Hinzufügen eines neuen Benutzerkontos müssen Sie wie bereits zuvor erwähnt als Administrator angemeldet sein. Öffnen Sie dann die Einstellungen-App, und rufen Sie dort KONTEN • FAMILIE UND ANDERE BENUTZER auf. Sind Sie nicht als Administrator angemeldet, wird Ihnen die Unterkategorie FAMILIE UND ANDERE BENUTZER gar nicht erst angeboten.

Zu Beginn der Seite bietet Ihnen die App an, ein Benutzerkonto für ein Familienmitglied hinzuzufügen. Die Vorteile eines solchen Benutzerkontos bestehen darin, dass Sie für den Benutzer dieses Kontos im Rahmen des *Family Safety-Programms* Zeitlimits festlegen und die Verwendung bestimmter Apps einschränken können. Solche Maßnahmen trifft man im Normalfall aber nur für Kinder. Sind Sie aktuell mit einem lokalen Benutzerkonto am Computer angemeldet, erscheint im Bereich IHRE FAMILIE übrigens der Hinweis, dass keine Verbindung mit Microsoft Family hergestellt werden kann. Der Grund hierfür: Um ein Familienmitglied hinzufügen zu können, müssen Sie mit einem Microsoft-Konto angemeldet sein. Wenn Sie also solche Pläne hegen, aber noch kein Microsoft-Konto auf dem Computer eingerichtet haben, ist dies eventuell eine weitere Motivation, als Nächstes ein solches Konto als neues Benutzerkonto anzulegen. In Abschnitt 26.5 erfahren Sie, wie das Hinzufügen eines Familienmitglieds funktioniert.

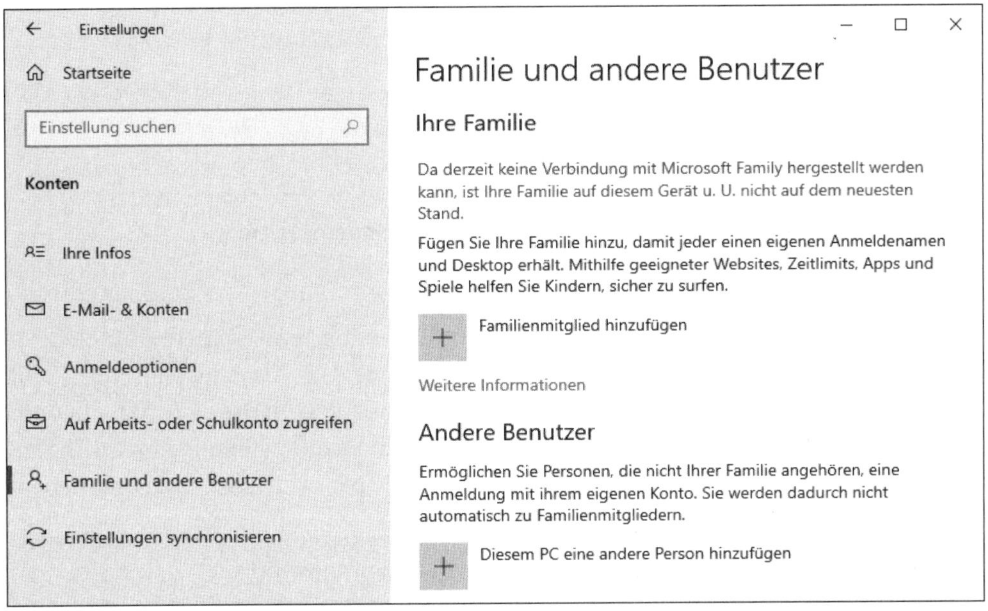

Abbildung 26.11 Das Hinzufügen eines Familienmitglieds ist vor allem dann ratsam, wenn Sie ein Konto für ein Kind einrichten. Hierfür müssen Sie selbst allerdings mit einem Microsoft-Konto angemeldet sein, was in dieser Abbildung nicht der Fall ist, wie der Hinweis zeigt.

26

Richten Sie gerade für einen Erwachsenen ein Benutzerkonto auf dem Computer ein, wählen Sie auf der Seite Familie und andere Benutzer den Weg über den Bereich Andere Benutzer. Klicken Sie hier auf Diesem PC eine andere Person hinzufügen. Im Dialog Wie meldet sich diese Person an? wird die E-Mail-Adresse des Microsoft-Kontos abgefragt. Sollte die Person, für die Sie das Benutzerkonto hinzufügen, noch kein Microsoft-Konto besitzen, können Sie dies zwar auch jetzt über den Link Ich kenne die Anmeldeinformationen für diese Person nicht erledigen. Ich empfehle aber den in Abschnitt 26.2.1 beschriebenen Weg über die Website. Übernehmen nicht Sie, sondern die Person selbst das Erstellen des Microsoft-Kontos, kann sie damit zugleich das Kennwort für das Microsoft-Konto festlegen und weitere wichtige Sicherheitseinstellungen vornehmen.

Doch zurück zum Dialog Wie meldet sich diese Person an?. Nach Eingabe der E-Mail-Adresse klicken Sie auf Weiter. Nun ist nur noch ein Klick auf Fertig stellen nötig, und schon ist das neue Benutzerkonto auf dem Windows 10-Gerät eingerichtet.

Abbildung 26.12 Die Eingabe der E-Mail-Adresse des Microsoft-Kontos reicht, und schon ist das neue Benutzerkonto hinzugefügt.

Das neue Konto wird nun im Bereich Andere Benutzer auf der Seite Familie und andere Benutzer aufgeführt. Außerdem erscheint es natürlich auf dem Anmeldebildschirm und kann dort vom Benutzer ausgewählt werden. Meldet sich die Person das erste Mal auf dem Windows 10-Gerät bei dem Benutzerkonto an, muss sie ein paar Einstellungen zum Thema Datenschutz vornehmen. Welche dies im Detail sind, wurde bereits in Kapitel 2 beschrieben.

So wird aus dem lokalen Konto ein Microsoft-Konto und umgekehrt

Sie selbst haben bei der Ersteinrichtung des Computers ein lokales Konto eingerichtet. Während der Arbeit stellen Sie fest, dass Ihnen ein Microsoft-Konto doch lieber wäre? Oder hat ein Administrator für Sie ein Microsoft-Konto als Benutzerkonto erstellt, obwohl Sie ein lokales Konto bevorzugen? Beides lässt sich schnell korrigieren. Die entsprechenden Schritte lassen sich sowohl als Standardbenutzer als auch als Administrator durchführen. Rufen Sie hierzu einfach in der Einstellungen-App die Kategorie Konten • Ihre Infos auf. Unterhalb Ihres Benutzernamens finden Sie die Schaltfläche Stattdessen mit einem ... anmelden. Klicken Sie darauf, und folgen Sie dann den weiteren Anweisungen. Zukünftig können Sie sich dann statt mit einem lokalen Konto mit einem Microsoft-Konto anmelden oder umgekehrt statt des Microsoft-Kontos ein lokales Konto nutzen.

26.3.2 Neues lokales Benutzerkonto anlegen

Beobachtet man die Entwicklung von Windows 10, gewinnt man den Eindruck, dass Microsoft die Anwender zur Verwendung eines Microsoft-Kontos zwangsverpflichten möchte. Natürlich hat ein Microsoft-Konto einige Vorteile, wie schon häufiger erwähnt. Das gilt aber auch für ein lokales Benutzerkonto: Anwender, die Wert auf Privatsphäre legen und die deshalb möglichst wenig persönliche Informationen an Microsoft weiterleiten möchten, sollten sich für ein lokales Benutzerkonto entscheiden. Auch hier werden zwar Telemetriedaten übermittelt, wie in Kapitel 22, »Windows 10 und der Datenschutz«, gezeigt. Diese sind aber im Gegensatz zum Microsoft-Konto nicht einer bestimmten Person zugeordnet, sondern relativ anonym. Um unter Windows 10 ein neues lokales Benutzerkonto anzulegen, benötigen Sie ebenfalls Administratorrechte.

1. Wechseln Sie in der Einstellungen-App in die Kategorie Konten • Familie und andere Benutzer. Klicken Sie im Bereich Andere Benutzer auf Diesem PC eine andere Person hinzufügen.
2. Den Versuch Microsofts, Sie zu einem Microsoft-Konto zu überreden, umgehen Sie mit einem Klick auf Ich kenne die Anmeldeinformationen für diese Person nicht (siehe Abbildung 26.12). Auch im folgenden Dialog gehen Sie nicht auf die Microsoft-Konto-Hinweise ein, sondern klicken stattdessen auf Benutzer ohne Microsoft-Konto hinzufügen.

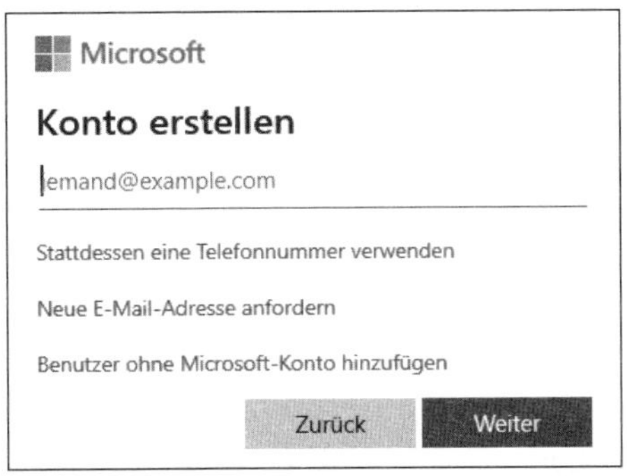

Abbildung 26.13 Auch wenn Microsoft Sie unbedingt von einem Microsoft-Konto überzeugen möchte: Mit »Benutzer ohne Microsoft-Konto hinzufügen« gelingt Ihnen das Anlegen eines lokalen Benutzerkontos.

3. Im Dialog BENUTZER FÜR DIESEN PC ERSTELLEN geben Sie einen Benutzernamen ein. Legen Sie außerdem ein Kennwort fest, das Sie im Feld darunter wiederholen. Bestätigen Sie die Eingaben mit WEITER. Die Kennworteingabe ist zwar keine Pflicht, falls mehrere Benutzer den PC nutzen, sollten Sie aus Sicherheitsgründen aber keineswegs darauf verzichten. Im Falle eines Notebooks, Tablets oder Convertibles, das Sie auch auf Reisen mitnehmen, ist die Kennwortvergabe erst recht wichtig.
4. Sobald Sie das Kennwort eingegeben haben, werden im gleichen Dialog drei Sicherheitsfragen eingeblendet, die Sie beantworten müssen. Mithilfe dieser Sicherheitsfragen lässt sich der Zugriff zum lokalen Konto wiederherstellen, falls der Benutzer das Kennwort vergessen sollte. Sie können aus insgesamt sechs Fragen auswählen. Diese sind seit Jahren unter Windows 10 identisch und lassen sich auch nicht durch persönliche Fragen ersetzen. Wer sich die Fragen genauer ansieht (siehe Abbildung 26.14), wird schnell feststellen, dass es für die Familie, Freunde oder auch Nachbarn keine allzu große Herausforderung darstellen dürfte, die Antworten in Erfahrung zu bringen.

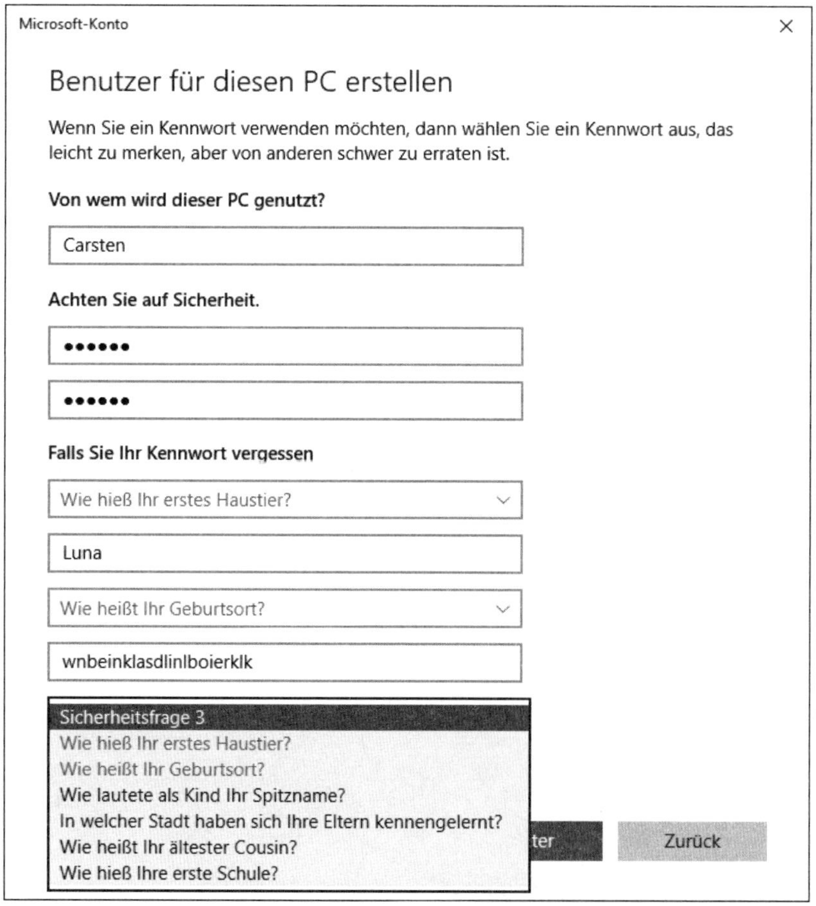

Abbildung 26.14 Ob diese Sicherheitsfragen tatsächlich so sicher sind, ist eher fragwürdig.

Würden Sie die drei ausgewählten Fragen ehrlich beantworten, könnten also auch andere Personen schnell ein zuvor falsch eingegebenes Kennwort wiederherstellen. Um den Sicherheitsfragen tatsächlich das nötige Quantum Sicherheit zu verpassen, sollten Sie bewusst falsche Antworten wählen (z. B. den Namen des Nachbarhundes oder den Geburtsort der Schwiegermutter), die Sie sich aber natürlich merken müssen. Sie können aber genauso gut irgendeinen sinnlosen Text tippen. Denn die Beantwortung der Sicherheitsfragen ist nicht die einzige Möglichkeit, wieder Zugriff auf das Konto zu erhalten, falls Sie das Kennwort vergessen sollten: Auch unter Windows 10 lasst sich weiterhin die altbekannte Kennwortrücksetzdiskette einrichten. Wie dies funktioniert, erfahren Sie in Kapitel 3.

Auch das neu angelegte lokale Benutzerkonto wird nun im Bereich ANDERE BENUTZER aufgeführt. Wird das Konto das erste Mal auf dem Anmeldebildschirm ausgewählt, muss der Benutzer auch hier die Ersteinrichtung vornehmen, die diverse Datenschutzeinstellungen umfasst. Erst dann bekommt er die Desktopoberfläche zu Gesicht und kann mit der Arbeit am Computer beginnen.

Lokales Konto per Eingabeaufforderung oder über die Computerverwaltung hinzufügen

Der schnellste Weg, ein lokales Konto anzulegen, erfolgt über die Eingabeaufforderung. Geben Sie im Suchfeld der Taskleiste »Eingabeaufforderung« ein, klicken Sie den Treffer mit der rechten Maustaste an, und wählen Sie ALS ADMINISTRATOR AUSFÜHREN. Tippen Sie nun den Befehl `net user "Benutzername" "Kennwort" /add` ein, wobei Sie »Benutzername« durch den Namen des gewünschten Benutzers ersetzen und »Kennwort« durch das tatsächliche Kennwort, das Sie vergeben möchten. Schließen Sie die Eingabe durch Drücken der [↵]-Taste ab, wird auch schon das lokale Benutzerkonto angelegt.

Unter Windows 10 Pro, Enterprise und Education lässt sich ein neues lokales Benutzerkonto auch über die Computerverwaltung hinzufügen. Dies funktioniert zwar nicht ganz so schnell wie mit der Eingabeaufforderung, dafür stehen aber mehr Konfigurationsmöglichkeiten zur Auswahl. Klicken Sie mit der rechten Maustaste auf das Windows-Logo in der Taskleiste, und wählen Sie die COMPUTERVERWALTUNG. Navigieren Sie in der linken Spalte zu SYSTEM • LOKALE BENUTZER UND GRUPPEN • BENUTZER. In der rechten Fensterhälfte werden nun alle auf dem Computer eingerichteten Benutzerkonten aufgeführt. Um ein neues Konto zu erstellen, klicken Sie in der linken Spalte mit der rechten Maustaste auf BENUTZER und wählen im Kontextmenü NEUER BENUTZER. Im gleichnamigen Dialog füllen Sie nun die Felder mit Informationen wie Benutzername oder auch Kennwort aus. Per Standardeinstellung muss der Benutzer das Kennwort ändern, wenn er sich das nächste Mal am Computer anmeldet. Entfernen Sie das Häkchen, lässt sich umgekehrt festlegen, dass das Kennwort nicht vom Benutzer geändert werden kann. Mit ERSTELLEN bestätigen Sie Ihre Angaben. Den Dialog NEUER BENUTZER können Sie anschließend schließen. Über den Eigenschaften-Dialog, den Sie per rechten Mausklick auf einen Benutzernamen und dann einen Klick auf EIGENSCHAFTEN öffnen, lassen sich die Einstellungen im Nachhinein noch anpassen. Außerdem haben Sie im Register PROFIL des Eigenschaften-Dialogs die Möglichkeit, den Pfad vorzugeben, unter dem das Profil des Benutzers und damit die Desktop- und App-Einstellungen gespeichert werden. Der Pfad, unter dem die persönlichen Dateien abgelegt werden, lässt sich unter LOKALER PFAD angeben. Per Standardeinstellung legt Windows 10 beim Erstellen des Benutzerkontos hierfür automatisch den Pfad *C:\Benutzer\<Benutzerprofil>* fest.

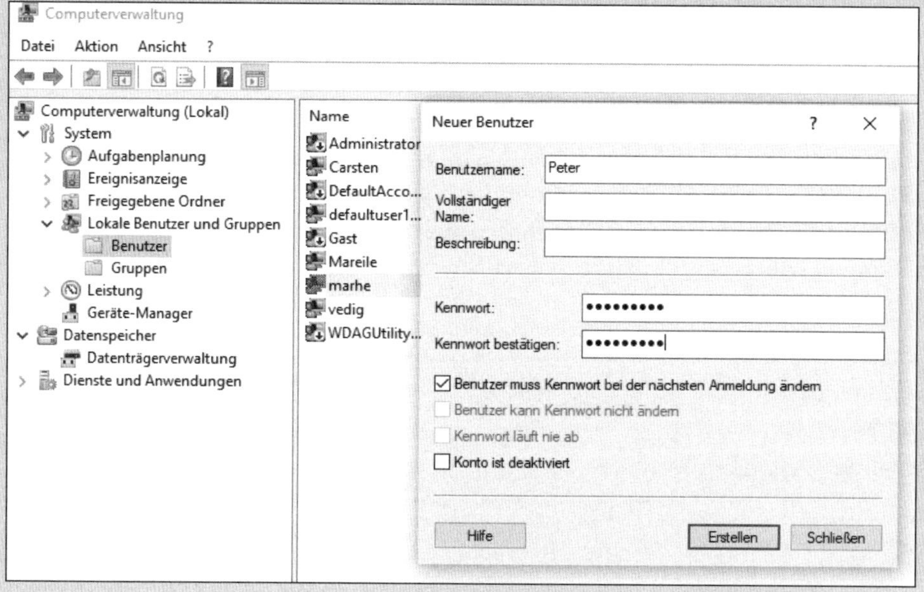

Abbildung 26.15 Auch über die Computerverwaltung lässt sich unter Windows 10 Pro ein neues Benutzerkonto anlegen.

26.3.3 Administrator oder Standardbenutzer?

Jedem neu hinzugefügten Benutzerkonto wird als Kontotyp automatisch der *Standardbenutzer* zugewiesen. Mit den entsprechend stark eingeschränkten Rechten lassen sich keinerlei unautorisierte und vor allem sicherheitskritische Änderungen am System vornehmen. So ist es einem Standardbenutzer z. B. nicht möglich, Programme zu installieren oder zu deinstallieren, auf die Ordner anderer Benutzer zuzugreifen und Benutzerkonten hinzuzufügen oder zu entfernen. Simple Einstellungen, die nur das eigene Benutzerkonto betreffen, wie etwa das Ändern des Desktophintergrundes oder des Kennwortes des eigenen Benutzerkontos, lassen sich problemlos durchführen. Auch das Verbinden mit einem Netzwerk (sowohl LAN als auch WLAN) ist möglich.

Wie bereits zu Beginn dieses Kapitels beschrieben, bringt das Verwenden eines Standardbenutzerkontos vor allem aus Sicherheitsaspekten große Vorteile mit sich. Die Empfehlung vieler Experten lautet daher auch, sich für die Alltagsarbeiten immer bei einem Standardbenutzerkonto anzumelden. Sollte man tatsächlich eine Aktion auswählen, die Administratorrechte erfordert, weist die Benutzerkontensteuerung den Nutzer darauf hin. Im eingeblendeten Dialog hat man nun die Möglichkeit, die Anmeldeinformationen eines Administratorkontos zu ergänzen, und schon steht dem Durchführen der Aktion nichts mehr im Wege – und das, ohne das Benutzerkonto extra wechseln zu müssen.

Sollten Sie dennoch den Kontotyp eines Benutzerkontos von Standardbenutzer in einen Administrator umwandeln wollen, ist das natürlich möglich. Hierfür benötigen Sie allerdings selbst Administratorrechte. Ist dies der Fall, markieren Sie in der Einstellungen-App unter KONTEN • FAMILIE UND ANDERE BENUTZER das Benutzerkonto, dessen Kontotyp Sie anpassen möchten. Klicken Sie dann auf die nun sichtbare Schaltfläche KONTOTYP ÄNDERN, und wählen Sie den gewünschten Kontotyp aus, also etwa Administrator.

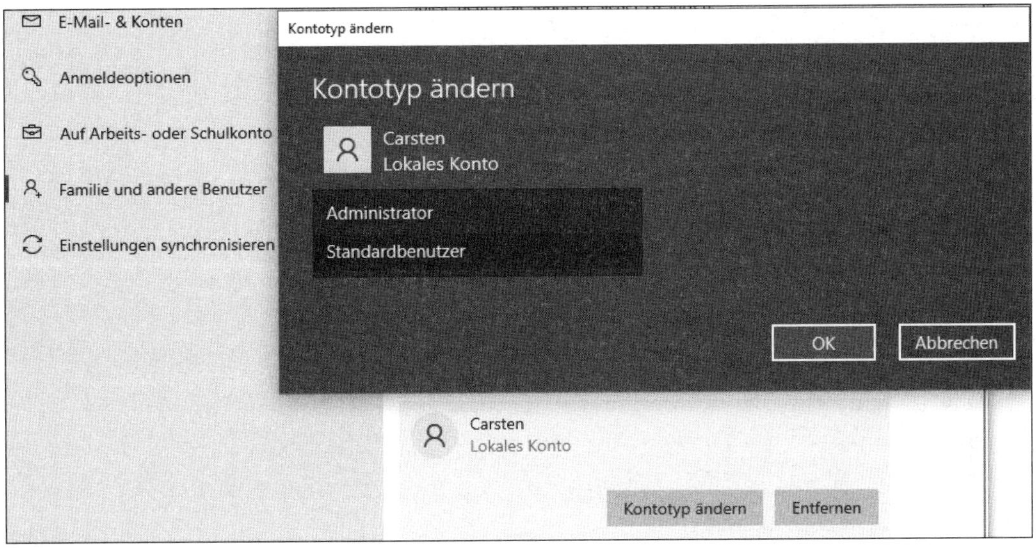

Abbildung 26.16 Verfügen Sie selbst über Administratorrechte, ist der Kontotyp eines Benutzerkontos schnell geändert.

26

26.3.4 Sperren, abmelden oder Konto wechseln

Wenn Sie Ihre Arbeit am Computer unterbrechen oder für einen bestimmen Zeitraum auch ganz beenden möchten, müssen Sie das System natürlich nicht jedes Mal herunterfahren. Damit andere Personen während Ihrer Abwesenheit nicht Ihre E-Mails durchstöbern oder schnell einen Blick auf den Browserverlauf werfen können, sollten Sie den Computer zumindest sperren. Falls ein anderer Benutzer das Gerät in der Zwischenzeit nutzen möchte, ist auch ein Abmelden am Benutzerkonto möglich.

Sperren und Abmelden manuell durchführen

Das Sperren des PCs erreichen Sie am schnellsten durch Drücken der Tastenkombination [Win] + [L]. Anschließend wird der Sperrbildschirm angezeigt. Ausführliche Informationen zu diesem Bildschirm und zu seiner Deaktivierung haben Sie bereits in Kapitel 4, »Persönliche Einstellungen für den Sperrbildschirm«, erhalten. Alternativ zur Tastenkombination können Sie auch das Startmenü über das Windows-Logo öffnen, auf das Symbol Ihres Benutzerprofils klicken und im aufklappenden Menü den Befehl SPERREN wählen. Im gleichen Menü finden Sie auch den Befehl zum ABMELDEN. Während des Sperrens bleiben Ihre Anwendungen weiterhin geöffnet und werden im Hintergrund ausgeführt. Andere Benutzer können sich in der Zwischenzeit am System an ihrem eigenen Benutzerkonto anmelden. Entscheiden Sie sich für das Abmelden, werden alle geöffneten Anwendungen automatisch von Windows geschlossen.

Abbildung 26.17 Alle Befehle zum Sperren, Abmelden oder Wechseln des Benutzerkontos erreichen Sie über das Startmenü.

Möchten Sie selbst nur schnell zwischen zwei Benutzerkonten wechseln (z. B. zwischen einem Microsoft-Konto und einem lokalen Konto), müssen Sie sich hierfür keineswegs vorab abmelden. Rufen Sie einfach das Startmenü auf, klicken Sie auf Ihr Profilbild, und markieren Sie dann das gewünschte Benutzerkonto, zu dem Sie wechseln möchten. Auf dem anschließend sichtbaren Anmeldebildschirm ist bereits das zuvor markierte Konto ausgewählt, sodass Sie nur noch die Anmeldeinformation angeben müssen.

Die Benutzerkonten, bei denen Sie bereits angemeldet sind (oder natürlich auch ein anderer Benutzer), werden im Startmenü mit einem entsprechenden Hinweis gekennzeichnet. Auch über den Task-Manager lässt sich überprüfen, welche Benutzer aktuell am Computer angemeldet sind. Rufen Sie diesen z. B. über die Tastenkombination `Strg` + `Alt` + `Entf` und dann die Auswahl TASK-MANAGER auf. Wechseln Sie dann in das Register BENUTZER. Sollte dies nicht zu sehen sein, blenden Sie es per Klick auf Mehr Details ein. Zwar angemeldete, aber gerade nicht aktive Benutzerkonten werden im Task-Manager mit dem Hinweis Getrennt gekennzeichnet.

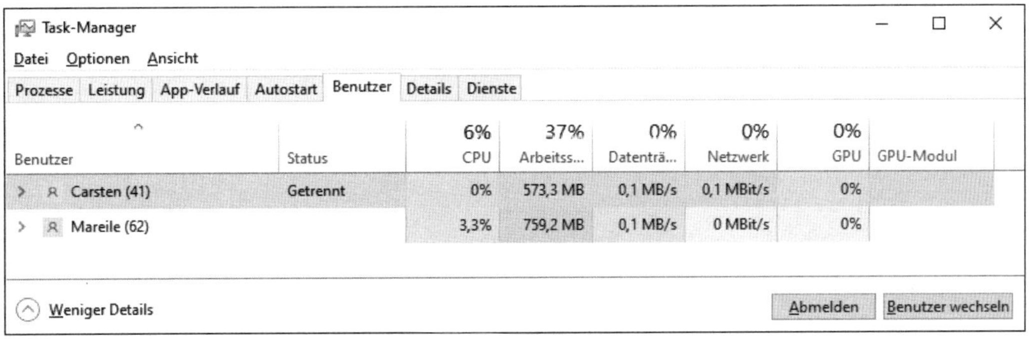

Abbildung 26.18 Im Register »Benutzer« des Task-Managers erfahren Sie, welche Benutzer am Computer angemeldet sind.

Sind Sie als Administrator angemeldet und ist dies auch das gerade aktive Benutzerkonto, können Sie nach einem Klick auf den Pfeil links vom Benutzernamen prüfen, welche Apps der Benutzer geöffnet hat. Einem Standardbenutzer ist dies nicht möglich. Diesem steht im Task-Manager auch nur der Befehl Benutzer wechseln zur Verfügung, während ein Administrator die Möglichkeit hat, einen zuvor markierten Benutzer auch abzumelden (siehe Abbildung 26.18).

Die dynamische Sperre einrichten

Verlässt man den Raum nur für ein paar Minuten, denkt man nicht immer daran, den Computer zu sperren. Das Smartphone mitzunehmen vergessen hingegen nur wenige. Mit der sogenannten *dynamischen Sperre* bietet Windows 10 eine Möglichkeit, beides miteinander zu kombinieren: Ist das Smartphone per Bluetooth mit dem Computer verbunden, wird der Computer automatisch gesperrt, sobald die Entfernung zwischen beiden Geräten zu groß wird. Wie Sie die Bluetooth-Verbindung herstellen, erfahren Sie in Kapitel 21. Um anschließend die dynamische Sperre zu aktivieren, öffnen Sie die Einstellungen-App z. B. über die Tastenkombination [Win] + [I]. Wechseln Sie dann in die Kategorie Konten • Anmeldeoptionen. Versehen Sie das Kästchen Zulassen, dass Windows Ihr Gerät in Ihrer Abwesenheit automatisch sperrt mit einem Häkchen. Das System überprüft nun in regelmäßigen Abständen die Verbindung zwischen beiden Geräten. Sollte das Smartphone auf die Anfrage nicht antworten, da es sich nicht in Reichweite befindet, sperrt Windows den Computer automatisch. Die Funktion klingt hervorragend, hat aber auch ihre Tücken. Die erste besteht darin, dass die Verbindungsüberprüfung zwischen Smartphone und Computer womöglich erst einige Sekunden nach Verlassen des Raumes stattfindet. Der Computer wird also nicht sofort gesperrt, wenn Sie den Raum verlassen. Die weitere Gefahr lauert in der Reichweite selbst. Ist die Signalstärke beider Geräte stark genug, können Sie sich womöglich

26

recht weit vom PC entfernen, bevor die Sperre aktiviert wird. Ist das Sperren des Computers wichtig, da z. B. fremde Personen im Raum sind, die keinesfalls einen Blick auf Ihre Daten werfen dürfen, sollten Sie sich also nicht auf die dynamische Sperre verlassen, sondern das Sperren lieber selbst vornehmen, wie zuvor gezeigt.

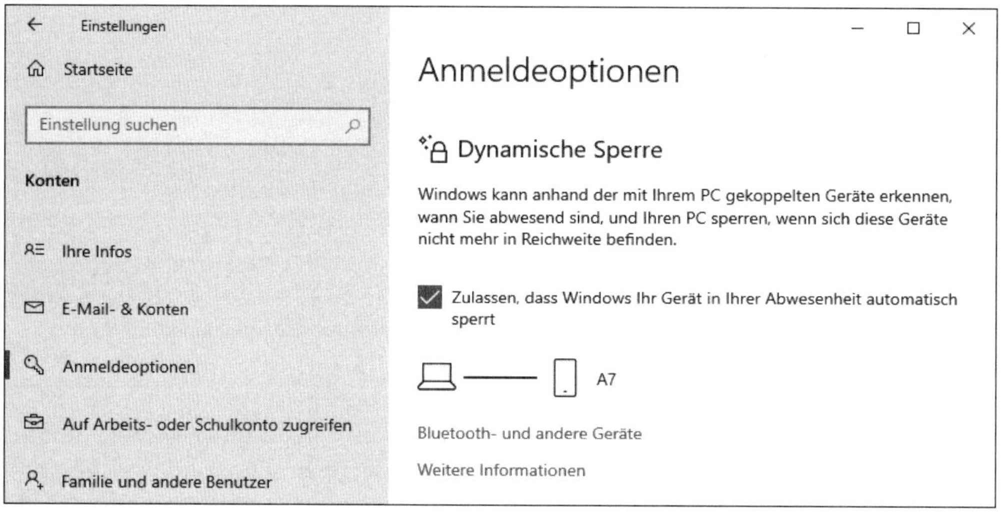

Abbildung 26.19 Die dynamische Sperre ist schnell aktiviert, ihre Zuverlässigkeit hat aber auch ihre Grenzen.

Hinweis auf noch angemeldete Benutzer beim Herunterfahren des PCs

So manch ein Anwender wundert sich, wenn er den Computer herunterfährt und die Meldung erscheint, es wäre noch ein anderer Benutzer angemeldet, obwohl dies gar nicht der Fall ist. Schuld an diesem Hinweis ist eine Funktion, die sich in der Einstellungen-App unter KONTEN • ANMELDEOPTIONEN versteckt. Ist der Regler MEINE ANMELDEINFOS VERWENDEN, UM DIE GERÄTEEINRICHTUNG NACH EINEM UPDATE ODER NEUSTART AUTOMATISCH ABZUSCHLIESSEN eingeschaltet, wird das Benutzerprofil des zuletzt angemeldeten Benutzers nach einem Neustart bereits vorab geladen, um so die Anmeldung zu beschleunigen. Wird der Computer allerdings von mehreren Anwendern genutzt, die sich an unterschiedlichen Konten anmelden, führt genau diese Funktion zu dem irritierenden Hinweis. Schalten Sie den Regler aus, sollte auch der Hinweis nicht mehr erscheinen.

26.4 Benutzerkonten verwalten

Ein persönliches Profilbild hinzufügen, das Kennwort aktualisieren oder auch den Kontonamen ändern: Einige dieser Konfigurationsmöglichkeiten sind mittlerweile in die Einstellungen-App verschoben worden, manches nehmen Sie aber auch weiterhin in der Systemsteuerung vor. Letztere ist z. B. nach wie vor die Anlaufstelle, wenn Sie als Administrator das Kennwort oder den Kontonamen eines anderen lokalen Benutzerkontos ändern möchten.

26.4.1 Ein Profilbild hinzufügen

Jedes Benutzerkonto lässt sich mit einem persönlichen Profilbild versehen. Statt der neutralen Personen-Silhouette erscheint das Foto dann z. B. auf dem Anmeldebildschirm, im Startmenü oder im Falle eines Microsoft-Kontos auch in der Menüleiste von Apps, bei denen Sie sich mit diesem Konto anmelden. Um ein eigenes Profilbild hinzuzufügen oder ein bereits vorhandenes auszutauschen, blenden Sie das Startmenü per Klick auf das Windows-Logo ein. Klicken Sie dann in der Schnellstartleiste auf das Benutzerprofil-Symbol und im aufklappenden Menü auf KONTOEINSTELLUNGEN ÄNDERN. Hierdurch wird die Einstellungen-App mit der Kategorie KONTEN • IHRE INFOS geöffnet.

Abbildung 26.20 Am schnellsten gelangen Sie zu den eigenen Kontoeinstellungen über den entsprechenden Eintrag im Startmenü.

Möchten Sie ein bereits vorhandenes Foto als Profilbild wählen, klicken Sie im Bereich IHR BILD ERSTELLEN auf SUCHEN. Im folgenden Dialog wechseln Sie in den Ordner, in dem sich das Foto befindet, und klicken das gewünschte Bild doppelt an.

Ist Ihr Computer mit einer Webcam ausgestattet, können Sie auch ein neues Foto mithilfe der Kamera-App aufnehmen, die Sie per Klick auf KAMERA öffnen. Gefällt Ihnen das Foto nicht, starten Sie nach einem Klick auf ABBRECHEN einen neuen Versuch, mit FERTIG übernehmen Sie ein gutes Foto als Profilbild. Sie können die Profilbilder immer wieder austauschen. Die letzten zwei werden jeweils rechts vom aktuellen Foto eingeblendet und können direkt per Mausklick ausgewählt werden. Sind Sie mit einem lokalen Benutzerkonto am Computer angemeldet, gilt das Profilbild nur für dieses Gerät. Bei einem Microsoft-Konto wird es für alle Geräte und Apps übernommen, an denen Sie sich mit diesem Konto anmelden.

Abbildung 26.21 Links ist das aktuelle Profilbild zu sehen, rechts die beiden zuletzt gewählten Fotos.

Profilbilder entfernen

Wer an keinem der hinzugefügten Profilbilder Gefallen findet und am liebsten wieder die neutrale Personen-Silhouette verwenden möchte, muss einen kleinen Trick anwenden. Rufen Sie hierzu in der Einstellungen-App die Kategorie KONTEN • IHRE INFOS auf, und klicken Sie auf SUCHEN. Im Dialog ÖFFNEN klicken Sie innerhalb der Adresszeile auf einen weißen Bereich und überschreiben den nun blau markierten Dateipfad mit der Pfadangabe »C:\ProgramData\Microsoft\User Account Pictures«. Nach Drücken der Taste [↵] klicken Sie im Ordner STANDARDMÄSSIGE PROFILBILDER eines der Bilder mit dem Dateinamen USER doppelt an. Damit erscheint die graue Personen-Silhouette wieder als Profilbild.

Sollen die früher hinzugefügten Profilbilder in der Einstellungen-App nicht mehr rechts vom aktuellen Bild angezeigt werden, können Sie sie folgendermaßen löschen: Starten Sie den

Explorer, und überschreiben Sie den aktuellen Dateipfad in der Adressleiste mit der Eingabe »%appdata%\Microsoft\Windows\Profilbilder«. Durch Drücken der Taste [↵] gelangen Sie in den Ordner PROFILBILDER. Markieren Sie hier die zu entfernenden Bilder, und drücken Sie dann die Taste [Entf], um sie zu löschen.

26.4.2 Übersicht über verwendete E-Mail-Adressen und Konten

Rufen Sie in der Einstellungen-App die Kategorie KONTEN • E-MAIL- & KONTEN auf, erhalten Sie zunächst eine Übersicht über alle der Mail-App hinzugefügten E-Mail-Adressen. Markieren Sie eine der Adressen und klicken auf VERWALTEN, gelangen Sie direkt zu den KONTOEINSTELLUNGEN der Mail-App, wie sie bereits in Abschnitt 17.2.1, »Die Mail-App im Überblick«, vorgestellt wurden. Hier können Sie z. B. für die E-Mail-Adresse des Microsoft-Kontos die Synchronisierungseinstellungen festlegen.

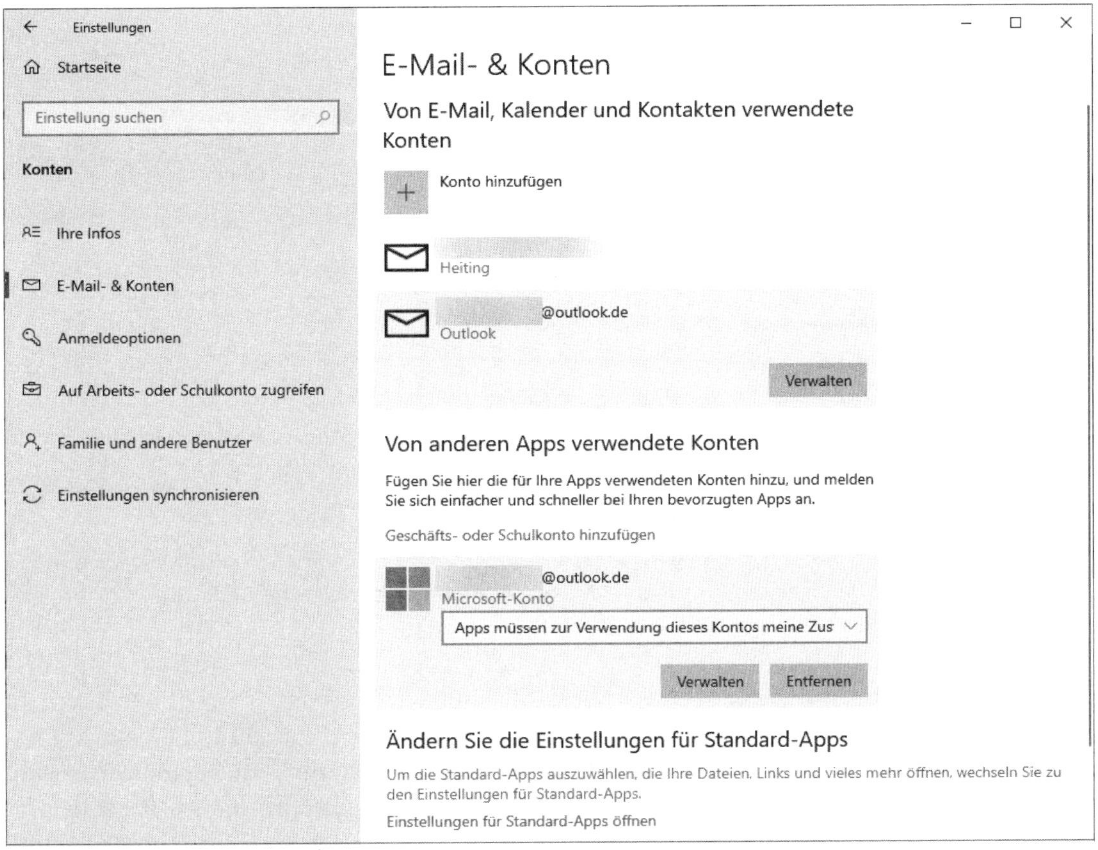

Abbildung 26.22 Um nicht automatisch bei einer Microsoft-App angemeldet zu werden, sollten Sie die Einstellung »Apps müssen zur Verwendung dieses Kontos meine Zustimmung anfordern« wählen.

Der Bereich VON ANDEREN APPS VERWENDETE KONTEN ist vor allem dann interessant, wenn Sie mit einem lokalen Benutzerkonto am Computer angemeldet sind. Hier werden alle Microsoft-Konten aufgelistet, die Sie im Zusammenhang mit Apps wie dem Microsoft Store oder auch der Office Suite *Microsoft 365* (früher *Office 365* genannt) einsetzen. Die Grundeinstellung sieht vor, dass ein Microsoft-Konto, das Sie einmal für eine Microsoft-App hinzugefügt haben, automatisch für alle weiteren Microsoft-Apps verwendet wird. Öffnen Sie also eine weitere Microsoft-App, werden Sie automatisch mit diesem Microsoft-Konto angemeldet, auch wenn Sie dies vielleicht gar nicht möchten. Wenn Sie lieber die Kontrolle über die Anmeldungen behalten möchten, klicken Sie in der Übersicht ein Microsoft-Konto an und wählen im nun eingeblendeten Feld die Einstellung APPS MÜSSEN ZUR VERWENDUNG DIESES KONTOS MEINE ZUSTIMMUNG ANFORDERN. In diesem Fall erscheint nach Aufruf einer Microsoft-App, die Sie bisher noch nicht genutzt haben, ein Dialog, in dem das bereits verwendete Microsoft-Konto aufgeführt und nur noch markiert werden muss (siehe Abbildung 26.23). Weitere Anmeldeinformationen werden nicht gefordert. Sollten Sie die ausgewählte App mit einem ganz anderen Microsoft-Konto nutzen wollen, haben Sie bei dieser Einstellungsvariante die Möglichkeit, ein neues Konto anzugeben.

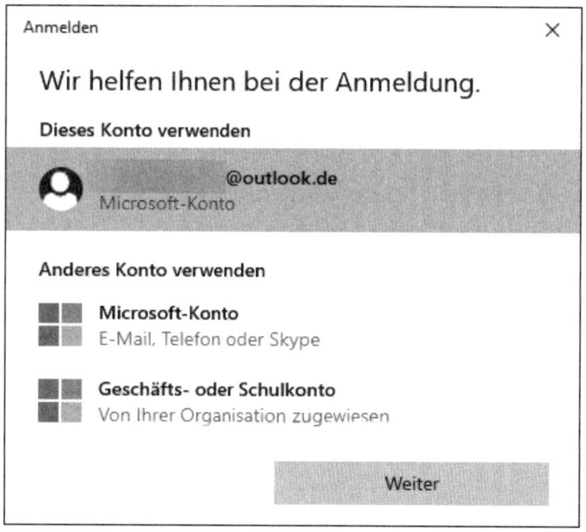

Abbildung 26.23 Beim ersten Aufruf einer Microsoft-App (hier die Cortana-App) werden Sie zur Auswahl eines Kontos aufgefordert.

Möchten Sie einige Einstellungen des Microsoft-Kontos anpassen (z. B. Sicherheitsinformationen ändern oder Abonnements prüfen), reicht ein Klick auf die Schaltfläche VERWALTEN. In diesem Fall startet der Browser, und Sie werden nach Eingabe der Anmeldeinformationen Ihres Microsoft-Kontos zu den Online-Kontoeinstellungen geführt, die Sie in Abschnitt 26.2.2, »Das Microsoft-Konto absichern«, kennengelernt haben. Benötigen Sie eines der aufgeführten Microsoft-Konten nicht mehr für die Verwendung Ihrer Microsoft-Apps, können Sie das Konto über die gleichnamige Schaltfläche auch entfernen.

26.4.3 Kennwörter ändern

Das Kennwort für ein Benutzerkonto sollte man nie an andere weiterreichen. Manchmal passiert es aber doch, dass man genau dies tut. In einem solchen Fall sollten Sie anschließend möglichst schnell ein neues Kennwort festlegen. Falls Sie das Kennwort des eigenen lokalen Benutzerkontos ändern möchten, führt Sie der Weg in die Einstellungen-App. Im Falle eines Microsoft-Kontos ist die Webseite Ihres Microsoft-Kontos die Anlaufstelle hierfür. Das Ändern des Kennwortes des Microsoft-Kontos ist auch dann angeraten, wenn Sie den Verdacht haben, dass Ihr Konto gehackt wurde (siehe auch den Kasten »Wurde meine E-Mail-Adresse gehackt?«). Als Administrator haben Sie auch die Möglichkeit, das Kennwort des lokalen Kontos eines anderen Benutzers zu ändern. Wie Sie hierzu vorgehen, erfahren Sie in Abschnitt 26.4.5.

Kennwort des lokalen Benutzerkontos ändern

Um das Kennwort des lokalen Benutzerkontos zu ändern, rufen Sie die Einstellungen-App auf und wechseln in die Kategorie KONTEN • ANMELDEOPTIONEN. Welche Möglichkeiten zur Anmeldung am Konto Ihnen hier zur Verfügung stehen, wurde in Kapitel 3 beschrieben. Um das Kennwort zu aktualisieren, klicken Sie auf KENNWORT und dann auf ÄNDERN.

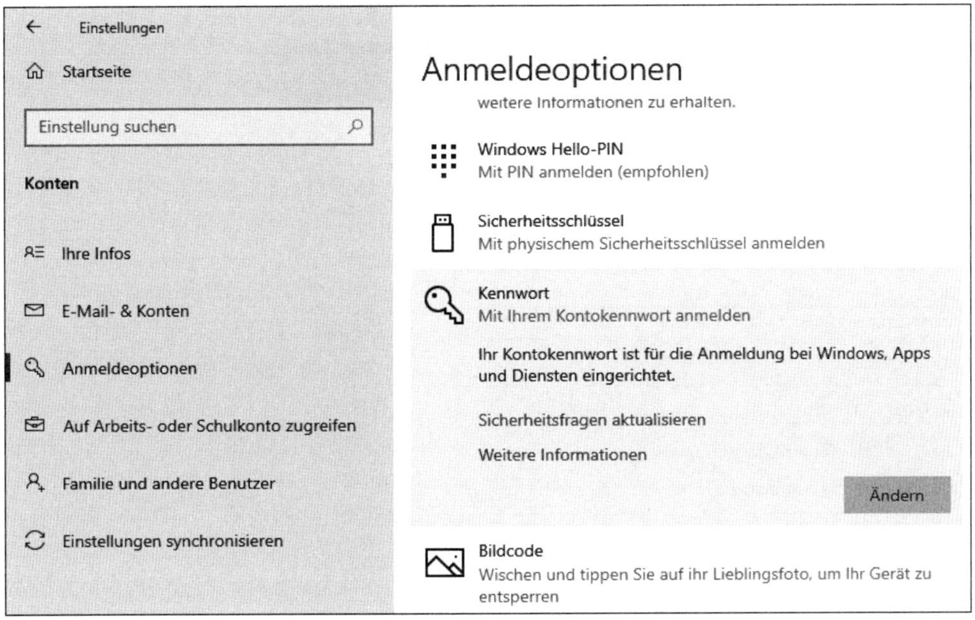

Abbildung 26.24 Das Kennwort und die Sicherheitsfragen eines lokalen Benutzerkontos können über die Einstellungen-App geändert werden.

Bevor Sie das neue Kennwort eingeben können, wird das alte abgefragt. Bei Eingabe des neuen Kennwortes sollten Sie zur Sicherheit einen Kennworthinweis ergänzen. Sollten Sie das Kennwort Ihres Benutzerkontos einmal vergessen, dient der Hinweis als Erinnerungsstütze. Können Sie sich trotzdem nicht an das Kennwort erinnern, hilft die Beantwortung der Sicherheitsfragen eventuell weiter. Falls Sie diese aktualisieren möchten: Über den Link SICHERHEITSFRAGEN AKTUALISIEREN, der nach einem Klick auf KENNWORT eingeblendet wird, lassen sich die Sicherheitsfragen neu zusammenstellen und beantworten. Eine weitere Möglichkeit, sich trotz vergessenen Kennwortes beim Benutzerkonto anzumelden, stellt die Kennwortrücksetzdiskette dar. Wie Sie diese einrichten, erfahren Sie in Kapitel 3.

Kennwort des Microsoft-Kontos ändern

Möchten Sie das Kennwort Ihres Microsoft-Kontos ändern, müssen Sie dies online über die entsprechende Webseite erledigen. Diese können Sie gezielt im Browser über die Adresse *account.microsoft.com* aufrufen. Klicken Sie in der Einstellungen-App in der Kategorie KONTEN • IHRE INFOS auf MEIN MICROSOFT-KONTO VERWALTEN, wird ebenfalls der Browser mit dieser Seite gestartet, auf der Sie sich nun bei Ihrem Microsoft-Konto anmelden. Wechseln Sie in die Kategorie SICHERHEIT, und klicken Sie hier auf KENNWORT ÄNDERN. Sie werden nun aufgefordert, das alte Kennwort einzugeben, bevor Sie ein neues Kennwort eintragen, das Sie nochmals wiederholen müssen. Vergessen Sie nicht, die Angaben zu speichern.

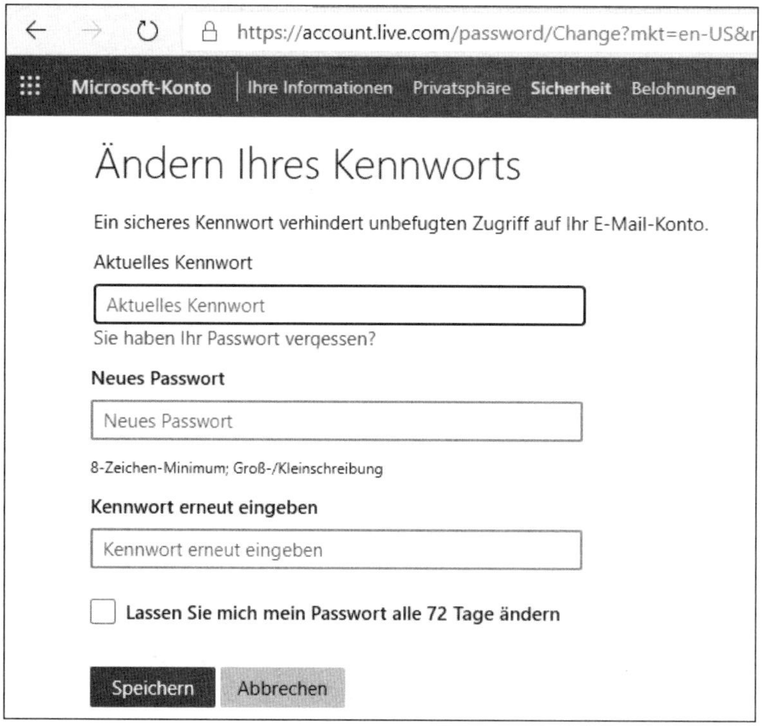

Abbildung 26.25 Das Kennwort eines Microsoft-Kontos kann nur online geändert werden.

Wurde meine E-Mail-Adresse gehackt?

E-Mail-Adressen dienen bei Weitem nicht mehr nur der elektronischen Kommunikation. Sie werden auch für die Anmeldung in Onlineshops, sozialen Netzwerken, Reiseportalen und bei vielen anderen Gelegenheiten benötigt. Jeder Online-Account, den Sie anlegen, birgt aber die Gefahr, dass er gehackt wird. Bekannte Beispiele für Unternehmen, die Opfer eines Hackerangriffs wurden, sind Facebook, Yahoo, Adobe oder auch LinkedIn. Die gehackten Daten (z. B. E-Mail-Adressen in Kombination mit Passwörtern, Telefonnummern oder gar Kreditkarteninformationen) werden von den Cyberkriminellen häufig in unrechtmäßigen Identitätsdatenbanken veröffentlicht. Dort können sie wiederum von Unbefugten eingesehen und für betrügerische Zwecke genutzt werden. Bis Sie dies als Anwender merken, kann sehr viel Zeit vergehen. Das Hasso-Plattner-Institut (*https://sec.hpi.de/ilc*) bietet den sogenannten *Identity Leak Checker*, mit dem Sie überprüfen können, ob auch Ihre E-Mail-Adresse und damit verbundene weitere Zugangsdaten gehackt wurden. Nachdem Sie Ihre Adresse auf der Website des Instituts eingegeben haben, wird diese mit Milliarden von gestohlenen und frei im Internet kursierenden Daten verglichen. Ob Ihre Adresse gehackt wurde, erfahren Sie in einer Antwort-E-Mail des Hasso-Plattner-Instituts. Fällt die Antwort positiv aus, sollten Sie unverzüglich alle mit der E-Mail-Adresse verbundenen Konten überprüfen und die dort vergebenen Kennwörter ändern. Denken Sie unbedingt daran, für jeden Onlinedienst ein anderes Passwort zu wählen. Denn damit verhindern Sie, dass ein Krimineller durch Hacken eines einzelnen Accounts Zugriff auf all Ihre Onlineaktivitäten erhält.

Ergebnis Ihrer Anfrage bei HPI Identity Leak Checker

Achtung: Ihre E-Mail-Adresse taucht in mindestens einer gestohlenen und unrechtmäßig veröffentlichten Identitätsdatenbank (so genannter Identity Leak) auf.
Folgende sensible Informationen wurden im Zusammenhang mit Ihrer E-Mail-Adresse frei im Internet gefunden:

Betroffener Dienst	Datum	Verifiziert	Betroffene Nutzer	Passwort	Vor- und Zuname	Geburtsdatum	Anschrift	Telefonnummer	Kreditkarte	Bankkontodaten	Sozial-versicherungsnr.	IP-Adresse
Unknown (Collection #1-#5)	Jan. 2019		2.191.498.885	Betroffen	–	–	–	–	–	–	–	–
	Dieser Datensatz wurde im Januar 2019 veröffentlicht und enthält riesige Listen von Zugangsdaten unbekannter Herkunft, ältere Leaks und kleinere Datenbankabzüge.											
adobe.com	Okt. 2013	✓	152.375.851	Betroffen	–	–	–	–	–	–	–	–
linkedin.com	Jun. 2012	✓	160.144.040	Betroffen	–	–	–	–	–	–	–	–

Betroffen: Diese Daten wurden in der zum angegebenen Zeitpunkt veröffentlichten Identitätsdatenbank der jeweiligen Quelle gefunden.
–: Es wurden keine solche Daten gefunden.

Abbildung 26.26 Die Anfrage beim HPI Identity Leak Checker hat ergeben, dass die geprüfte E-Mail-Adresse tatsächlich gehackt wurde. Dabei wurde lediglich das Passwort in Erfahrung gebracht, aber keine weiteren Informationen wie etwa Kreditkartendaten.

26.4.4 Kontoeinstellungen des eigenen lokalen Kontos ändern

Viele Konfigurationen wurden unter Windows 10 aus der Systemsteuerung in die Einstellungen-App verlagert. Für die Kontoeinstellungen gilt dies bisher nur bedingt. Möchten Sie den Kontonamen ändern, also den Namen, der u. a. auf dem Anmeldebildschirm, im Startmenü oder auch auf der Seite IHRE INFOS in der Einstellungen-App erscheint, geschieht dies z. B. immer noch in der Systemsteuerung. Am schnellsten rufen Sie diese über das Suchfeld der Taskleiste auf. In der Systemsteuerung selbst stellen Sie am besten die Anzeige KLEINE SYMBOLE ein. Markieren Sie in der Übersicht die BENUTZERKONTEN.

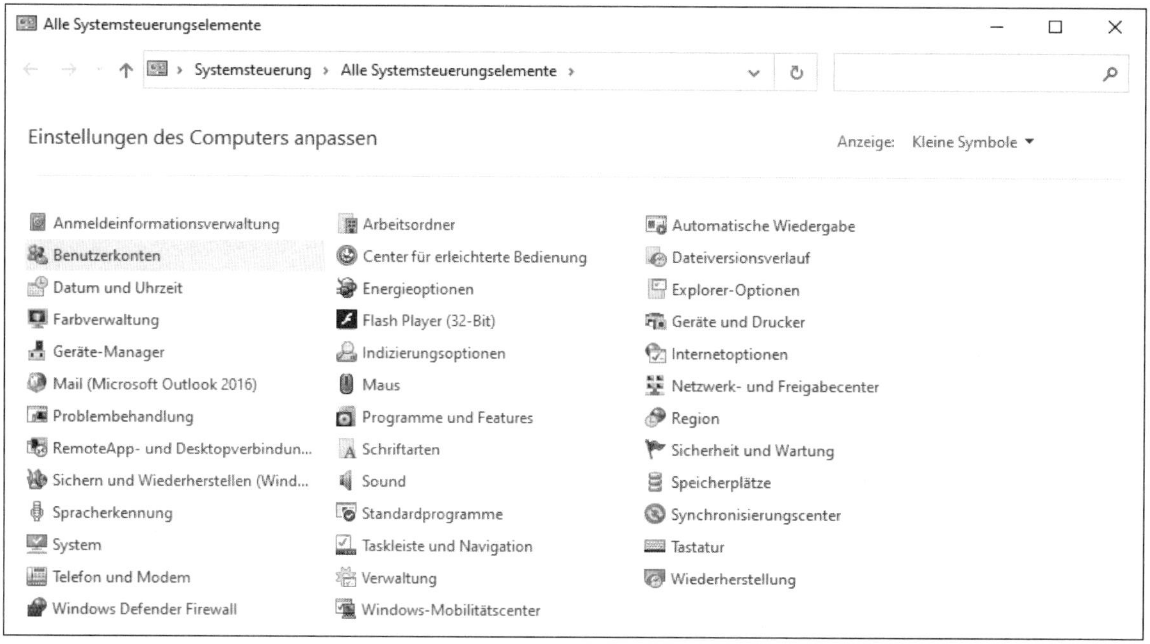

Abbildung 26.27 Einige Konfigurationen werden immer noch über die Systemsteuerung vorgenommen.

Über den Link EIGENEN KONTONAMEN ÄNDERN können Sie nun einen neuen Namen bestimmen. Doch Vorsicht: Dieser neue Name erscheint nur an den zuvor erwähnten Stellen. Der Name des Profilordners, der beim Erstellen des lokalen Kontos erzeugt wurde und den Sie standardmäßig über *C:\Benutzer\<Benutzername>* erreichen, wird hierdurch nicht geändert. Wurde auf dem Computer mehr als ein Administratorkonto eingerichtet, haben Sie als Administrator über den Link EIGENEN KONTOTYP ÄNDERN die Möglichkeit, Ihr Administratorkonto in ein Standardbenutzerkonto umzuwandeln. Ein Administratorkonto muss auf dem Gerät mindestens vorhanden sein. Wie Sie an dem jeweils voranstehenden Symbol erkennen können, sind zum Ändern des Kontonamens und des Kontotyps Administratorrechte notwendig.

Abbildung 26.28 Kontoname und auch Kontotyp lassen sich nur ändern, wenn Sie über Administratorrechte verfügen.

26.4.5 Kontoeinstellungen eines anderen lokalen Benutzerkontos ändern

Als Administrator haben Sie die Möglichkeit, die Kontoeinstellungen anderer Benutzerkonten zu ändern. Der Kontotyp – also Administrator oder Standardbenutzer – wird über die Einstellungen-App angepasst, wie bereits in Abschnitt 26.3.3, »Administrator oder Standardbenutzer?«, gezeigt. Die Einstellung lässt sich für ein Microsoft-Konto ebenso vornehmen wie für ein lokales Konto. Im Falle eines lokalen Benutzerkontos kann ein Administrator zusätzlich auch den Kontonamen und das Kennwort ändern. Dies sollte allerdings nur im absoluten Notfall geschehen, wenn es keinerlei andere Möglichkeit mehr gibt, auf das Konto zuzugreifen. Denn durch das Ändern des Kennwortes und auch des Kontonamens werden alle persönlichen Zertifikate des Benutzers ungültig. Sollte der Benutzer also z. B. Dateien mit dem *Encrypting File System* (kurz *EFS*) verschlüsselt haben, kann er nach Ändern des Kennwortes durch eine andere Person nicht mehr auf diese zugreifen. Ändert der Benutzer das Kennwort seines Kontos selbst, ist der Zugriff weiterhin möglich.

Gelingt es dem Benutzer nicht, z. B. mithilfe des Kennworthinweises, der drei Sicherheitsfragen oder auch einer Kennwortrücksetzdiskette, wieder auf sein lokales Benutzerkonto zuzugreifen, bleibt tatsächlich nur das Ändern des Kennwortes durch einen Administrator. Als solcher rufen Sie über das Suchfeld der Taskleiste die SYSTEMSTEUERUNG auf, klicken auf BENUTZERKONTEN und dann auf ANDERES KONTO VERWALTEN (siehe Abbildung 26.28). Im folgenden Dialog markieren Sie das zu ändernde lokale Konto und wählen dann die gewünschte Aktion aus, etwa KENNWORT ERSTELLEN, wenn das Kennwort geändert werden soll. Wie Sie ein Konto löschen und was Sie dabei beachten sollten, erfahren Sie in Abschnitt 26.7, »Benutzerkonto entfernen«.

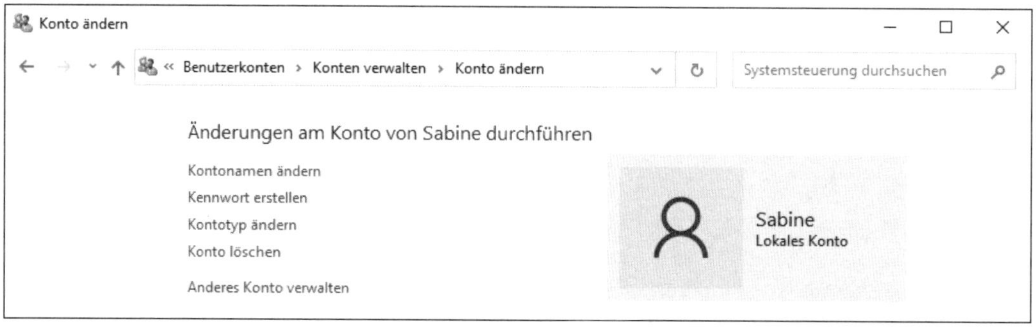

Abbildung 26.29 Das Kennwort oder den Kontonamen eines anderen Benutzers sollte ein Administrator nur im äußersten Notfall für diese Person ändern.

Die Anmeldeinformationsverwaltung von Windows 10

Nicht nur beim Benutzerkonto melden Sie sich mit einem Benutzernamen und einem Kennwort an, sondern auch auf Webseiten, Netzlaufwerken, Anwendungen wie Skype, einem Remotedesktop und vielem mehr. Über die *Anmeldeinformationsverwaltung* können Sie prüfen, welche Anmeldedaten gespeichert wurden. Zum Aufruf dieser Verwaltung geben Sie im Suchfeld der Taskleiste »Anmeldeinformationsverwaltung« ein und markieren den gleichnamigen Treffer. Im Dialog der Anmeldeinformationsverwaltung stehen Ihnen die beiden Kategorien Windows-Anmeldeinformationen und Webanmeldeinformationen zur Auswahl. Über den nach unten weisenden Pfeil am rechten Rand eines Eintrags können Sie sich jeweils Details zu diesem ansehen. Schlägt die Anmeldung bei einem Dienst oder einer Webseite immer wieder fehl, sind eventuell falsch gespeicherte Anmeldeinformationen der Grund hierfür. Über die Schaltfläche Bearbeiten können Sie die Daten korrigieren, mit Entfernen auch ganz löschen.

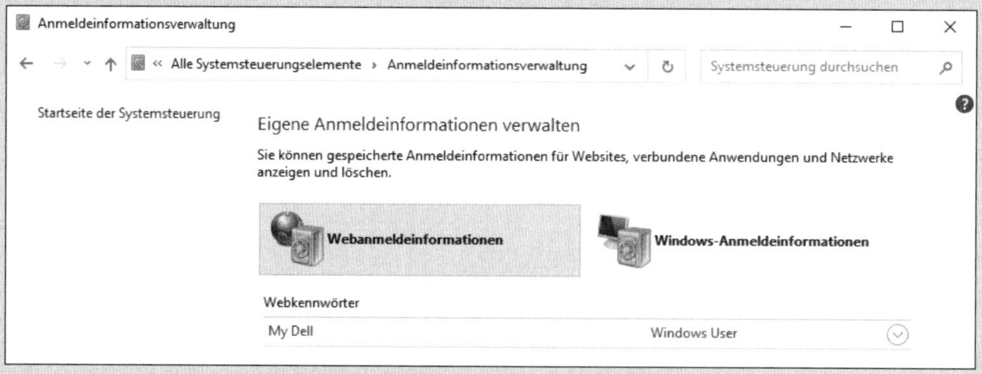

Abbildung 26.30 Die Anmeldeinformationsverwaltung zeigt alle Anmeldeinformationen, deren Speicherung Sie zugestimmt haben.

26.4.6 Automatische Anmeldung am Benutzerkonto einrichten

Aus Sicherheitsgründen sollte sich jeder Benutzer unter Windows 10 per Kennwort oder mit einer der alternativen Anmeldeoptionen, die Sie in Kapitel 3 kennengelernt haben, am Computer anmelden. Es gibt allerdings Anwender, die diese Anmeldeprozedur als lästig empfinden und stattdessen eine automatische Anmeldung am Benutzerkonto wünschen. Empfehlenswert ist dies keineswegs, vor allem dann nicht, wenn Sie mit einem Notebook oder Tablet häufig in der Öffentlichkeit unterwegs sind. Für diejenigen, die sich trotzdem nicht davon abhalten lassen, sei hier der Weg beschrieben, wie sich die automatische Anmeldung einrichten lässt:

1. Drücken Sie die Tastenkombination [Win] + [R], um den Dialog AUSFÜHREN zu öffnen. Geben Sie »netplwiz« ein, und bestätigen Sie mit OK.
2. Entfernen Sie im Dialog BENUTZERKONTEN das Häkchen vor BENUTZER MÜSSEN BENUTZERNAMEN UND KENNWORT EINGEBEN.

   Hinweis: Sind Sie mit einem Microsoft-Konto angemeldet und ist in der Einstellungen-App unter KONTEN • ANMELDEOPTIONEN der Regler WINDOWS HELLO-ANMELDUNG FÜR MICROSOFT-KONTEN ERFORDERLICH eingeschaltet, wird Ihnen im Dialog BENUTZERKONTEN die Einstellung BENUTZER MÜSSEN BENUTZERNAMEN UND KENNWORT EINGEBEN nicht angeboten. Er erscheint erst, wenn Sie den Regler in den Anmeldeoptionen ausschalten.
3. Markieren Sie das Benutzerkonto, das automatisch – also ohne Eingabe eines Kennwortes – angemeldet werden soll, und klicken Sie auf ÜBERNEHMEN.

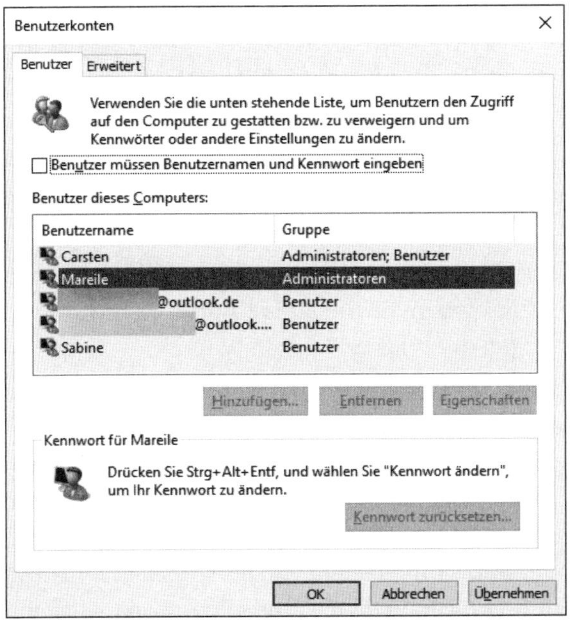

Abbildung 26.31 Einrichten der automatischen Anmeldung

4. Im folgenden Dialog werden Sie aufgefordert, das Kennwort des ausgewählten Kontos einzugeben. Bestätigen Sie dieses, und klicken Sie abschließend auf OK.

Beim nächsten Start des Computers sollte sich der Benutzer ohne Angabe eines Kennwortes am System anmelden können. Die Auswahl eines anderen Benutzerkontos im Anmeldebildschirm ist natürlich weiterhin möglich.

26.5 Microsoft Family Safety

Sie möchten einem Kind gerne die Nutzung des Computers ermöglichen, dabei aber eine gewisse Kontrolle behalten über das, was das Kind wann am PC macht. Früher ließen sich diese Restriktionen mit dem Programm *Windows Live Family Safety* festlegen, unter Windows 10 gibt es hierfür nun *Microsoft Family Safety*. Um das Benutzerkonto für das Kind hinzuzufügen, müssen Sie selbst mit einem Microsoft-Konto am Computer angemeldet sein und über Administratorrechte verfügen. Das Hinzufügen des Kontos können Sie über die Einstellungen-App vornehmen, die Einstellungen für das Konto werden dann online über die Webseite *Ihre Familie* durchgeführt. Durch die Verknüpfung des Familienkontos mit Ihrem Microsoft-Konto können Sie von jedem Computer aus die Aktivität Ihres Kindes am PC überprüfen und auch anpassen. Auch das Kind selbst kann mit unterschiedlichen Geräten arbeiten, sofern auf diesen jeweils das Familienkonto hinzugefügt wurde.

26.5.1 Benutzerkonto für ein Kind erstellen

Um Microsoft Family Safety nutzen zu können, benötigen sowohl Sie als auch das Kind ein Microsoft-Konto. Sollte das Kind noch kein eigenes Microsoft-Konto besitzen, lässt sich dieses wie folgt beschrieben einrichten:

1. Starten Sie die Einstellungen-App, und wechseln Sie in die Kategorie KONTEN • FAMILIE UND ANDERE BENUTZER. Klicken Sie im Bereich IHRE FAMILIE auf FAMILIENMITGLIED HINZUFÜGEN.
2. Im folgenden Dialog markieren Sie die Option MITGLIED HINZUFÜGEN. Sollte das Kind bereits ein eigenes Microsoft-Konto besitzen, geben Sie die E-Mail-Adresse des Kontos im dafür vorgesehenen Feld ein und bestätigen mit WEITER.
3. Über den Link E-MAIL-ADRESSE FÜR EIN KIND ERSTELLEN lässt sich das Konto aber auch erst jetzt erzeugen. Nach dem Klick auf den Link legen Sie die E-Mail-Adresse für das Kind fest und bestätigen mit WEITER. Als Nächstes geben Sie ein Kennwort ein, das Sie mit WEITER bestätigen. Tragen Sie den Namen des Kindes ein, und nach einem Klick auf WEITER machen Sie die entsprechenden Angaben bei LAND/REGION und GEBURTSDATUM. Nach einem Klick auf WEITER wird das Konto für das Kind erstellt. Ein entsprechender Hinweis im Info-Center und eine E-Mail, die an Ihre eigene E-Mail-Adresse geschickt wird, informieren Sie hierüber.

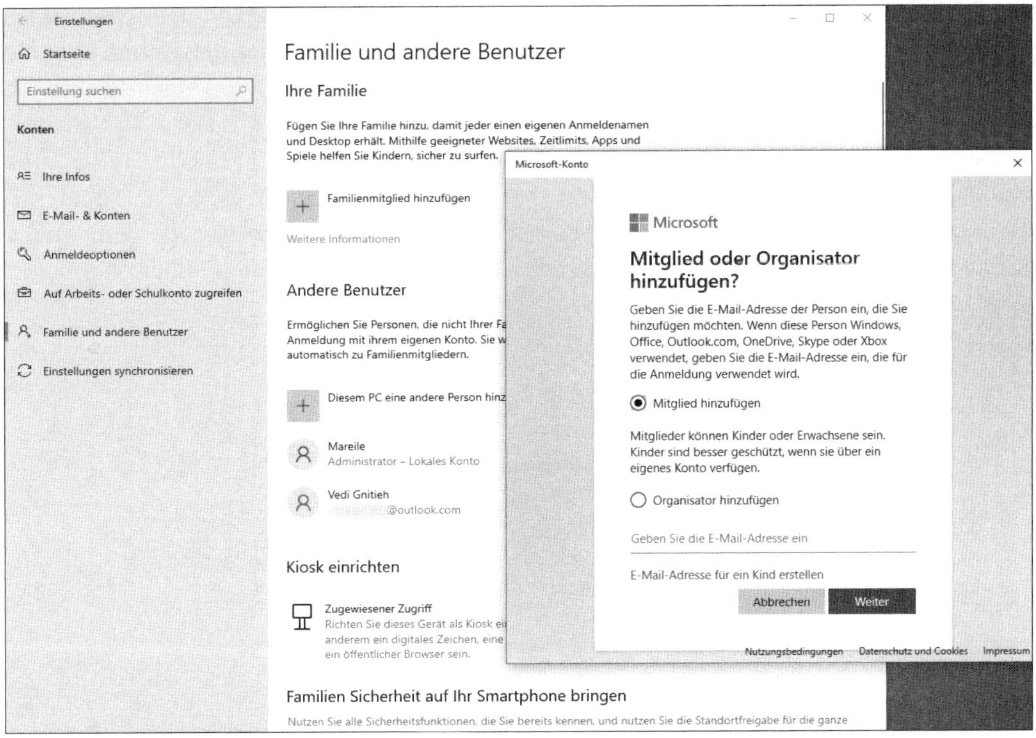

Abbildung 26.32 Um das Microsoft-Konto eines Kindes als Familienmitglied hinzuzufügen, wählen Sie »Mitglied hinzufügen«. Eine bereits vorhandene E-Mail-Adresse kann hier direkt eingegeben werden, es lässt sich aber auch eine neue Adresse für das Kind erstellen.

Den Dialog zum Hinzufügen des Kontos können Sie über das Schließen-Symbol beenden. Im Bereich IHRE FAMILIE erscheint in der Einstellungen-App nun die gerade hinzufügte E-Mail-Adresse des Kindes. Wenn Sie das Microsoft-Konto gerade erst erstellt haben, sind keine weiteren Schritte nötig, außer natürlich das Festlegen der Einstellungen für Microsoft Family Safety, wie im folgenden Abschnitt gezeigt. Haben Sie dagegen eine E-Mail-Adresse eines bereits vorhandenen Microsoft-Kontos ergänzt, wird dem Kind an diese Adresse eine Einladung geschickt. Über den in der E-Mail enthaltenen Link kann das Kind die Einladung annehmen. Wie Sie selbst die Einladung des Kindes annehmen und so dafür sorgen können, dass für das Kind die gleich vorgenommenen Einschränkungen bei der Computernutzung gelten, erfahren Sie ebenfalls im nächsten Abschnitt.

26.5.2 Einstellungen für Microsoft Family Safety verwalten

Als Administrator, der das Konto des Familienmitglieds in Microsoft Family Safety hinzugefügt hat, fungieren Sie zugleich als Organisator von Microsoft Family Safety. Als solcher können Sie die Computerzeit, Nutzungsbeschränkungen für Apps und Spiele sowie einiges mehr für die Mitglieder festlegen und die Aktionen der Jüngsten auch jederzeit überprüfen. Mitglieder können diese Einstellungen nicht ändern. Die Einstellungen werden online über die Webseite Ihres Microsoft-Kontos vorgenommen. Um zu dieser Seite zu gelangen, klicken Sie in der Einstellungen-App unter Konten • Familie und andere Benutzer auf Familieneinstellungen online verwalten. Alternativ hierzu klicken Sie unter Konten • Ihre Infos auf Mein Microsoft-Konto verwalten und dann auf der Webseite in der Menüleiste oben rechts auf Familie. Sie können aber auch direkt im Browser die Webadresse *account.microsoft.com* aufrufen und sich dann mit der E-Mail-Adresse und dem Kennwort Ihres Microsoft-Kontos anmelden.

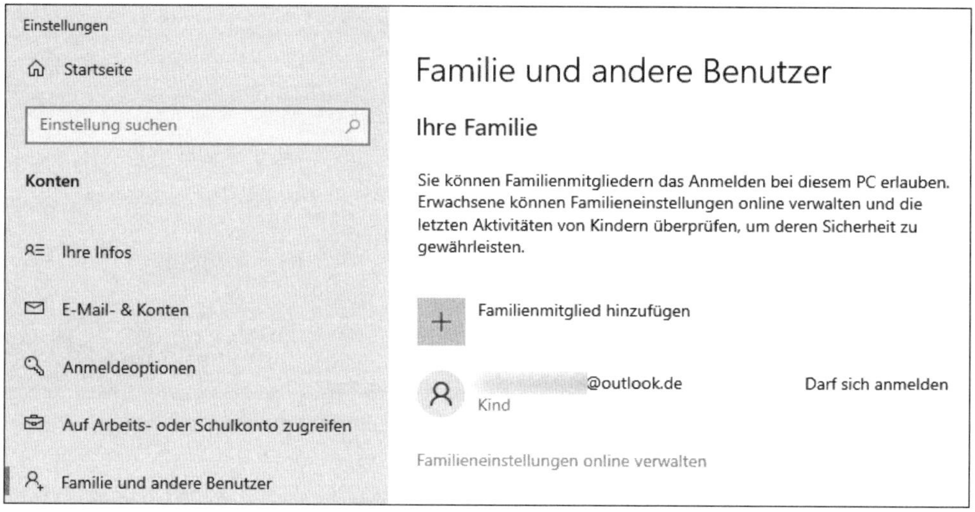

Abbildung 26.33 Über den Link »Familieneinstellungen online verwalten« lässt sich der Browser direkt mit der Webseite »Ihre Familie« starten.

Weitere Familienmitglieder hinzufügen

Auf der Webseite Ihre Familie werden zunächst die ausstehenden Mitglieder aufgeführt, also diejenigen, die Sie zwar bereits hinzugefügt haben, die aber die Einladung noch nicht angenommen haben. Familienmitglieder, die die Einladung bereits akzeptiert haben, erscheinen im Bereich Familienmitglieder. Auch Ihr eigener Name wird hier aufgeführt. Falls Sie nicht darauf warten möchten, dass das noch ausstehende Familienmitglied irgendwann die Einladung annimmt, können Sie dies selbst erledigen. Sie benötigen hierfür allerdings das Kennwort des Microsoft-Kontos der Person. Nach einem Klick auf Jetzt akzeptieren werden Sie von Ihrem Microsoft-Konto abgemeldet und müssen sich anschließend mit der E-Mail-Adresse sowie dem Kennwort des Microsoft-Kontos der ausstehenden Person anmelden. Nach der Anmeldung erscheint der Hinweis auf die Einladung, den Sie mit Jetzt akzeptieren bestätigen. Anschließend können Sie sich beim Microsoft-Konto des Kindes abmelden, indem Sie oben rechts auf das Symbol des Benutzerprofils klicken und dann Abmelden wählen. Melden Sie sich dann wieder bei Ihrem eigenen Microsoft-Konto an.

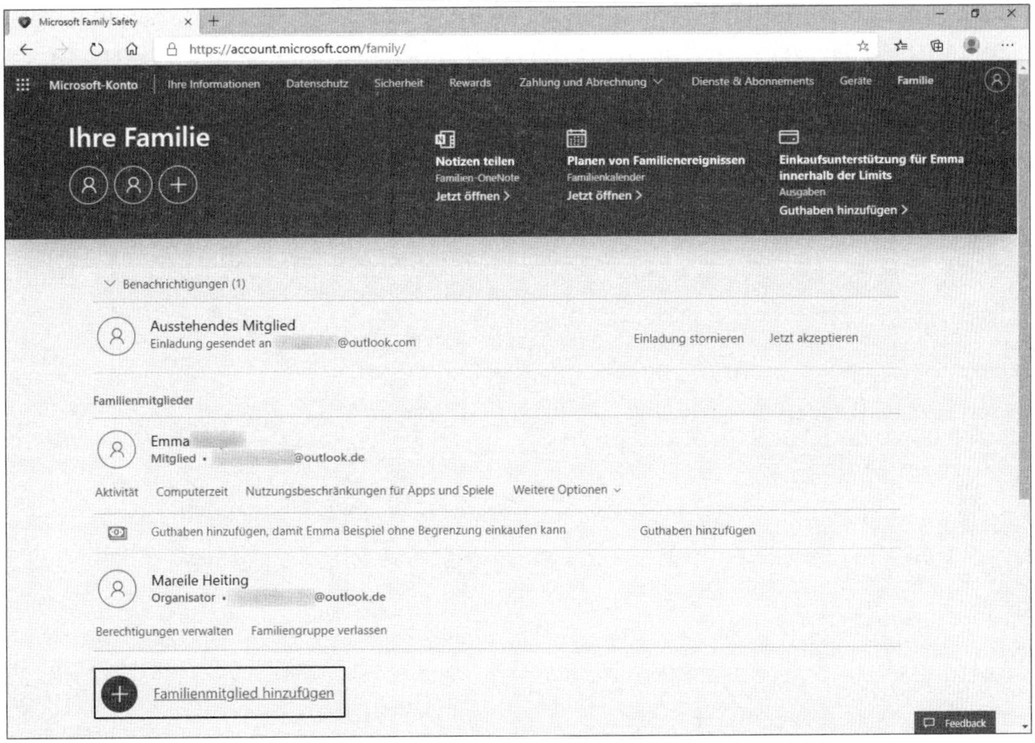

Abbildung 26.34 Übersicht über die Webseite »Ihre Familie« mit insgesamt drei Familienmitgliedern, wobei eine der drei Personen die Einladung noch nicht angenommen hat

Über die Schaltfläche FAMILIENMITGLIED HINZUFÜGEN können Sie auch über die Webseite jederzeit weitere Familienmitglieder hinzufügen, wobei es sich um reine Mitglieder handeln kann oder auch weitere Organisatoren, die Sie bei der Verwaltung der Mitgliedskonten unterstützen. Das ist z. B. sinnvoll, wenn beide Elternteile die Computernutzung der Kinder im Blick behalten möchten.

PC-Aktivitäten einschränken

Um zukünftig überprüfen zu können, welche Aktionen Ihr Kind am Computer getätigt hat, klicken Sie unterhalb des entsprechenden Mitgliedsnamens auf den Link AKTIVITÄT und auf der folgenden Seite auf VERWALTEN. Sind die Regler AKTIVITÄTSBERICHTERSTATTUNG sowie WÖCHENTLICHE E-MAIL-BERICHTE AN MICH aktiviert, werden Sie einmal pro Woche per E-Mail über die Aktivitäten Ihres Kindes informiert. Im weiteren Verlauf der Seite bestimmen Sie, welche Aktionen Ihr Kind ausführen darf. Möchten Sie z. B., dass Ihr Kind ausschließlich jugendfreie Websites besuchen kann, klicken Sie rechts von WEBBROWSEN auf ÄNDERN VON BESCHRÄNKUNGEN. In den beiden nun sichtbaren Feldern geben Sie die Webadressen ein, die Ihr Kind besuchen darf bzw. deren Aufruf blockiert werden soll.

Um die Nutzungszeit festzulegen, während derer das Kind mit dem Computer arbeiten darf, blättern Sie auf der Webseite etwas nach oben und klicken dann auf COMPUTERZEIT. Durch Aktivieren der entsprechenden Regler auf der folgenden Seite bestimmen Sie, ob der Zeitplan für alle Geräte, lediglich die Xbox One-Spielekonsole oder nur für Windows 10 verwendet werden soll. Als Nächstes legen Sie jeweils nach einem Klick auf eine Zeile des Stundenplans die Zeiten fest, zu denen Ihr Kind am PC aktiv sein darf. Sie können so sehr genau bestimmen, wann der Zugriff möglich sein soll.

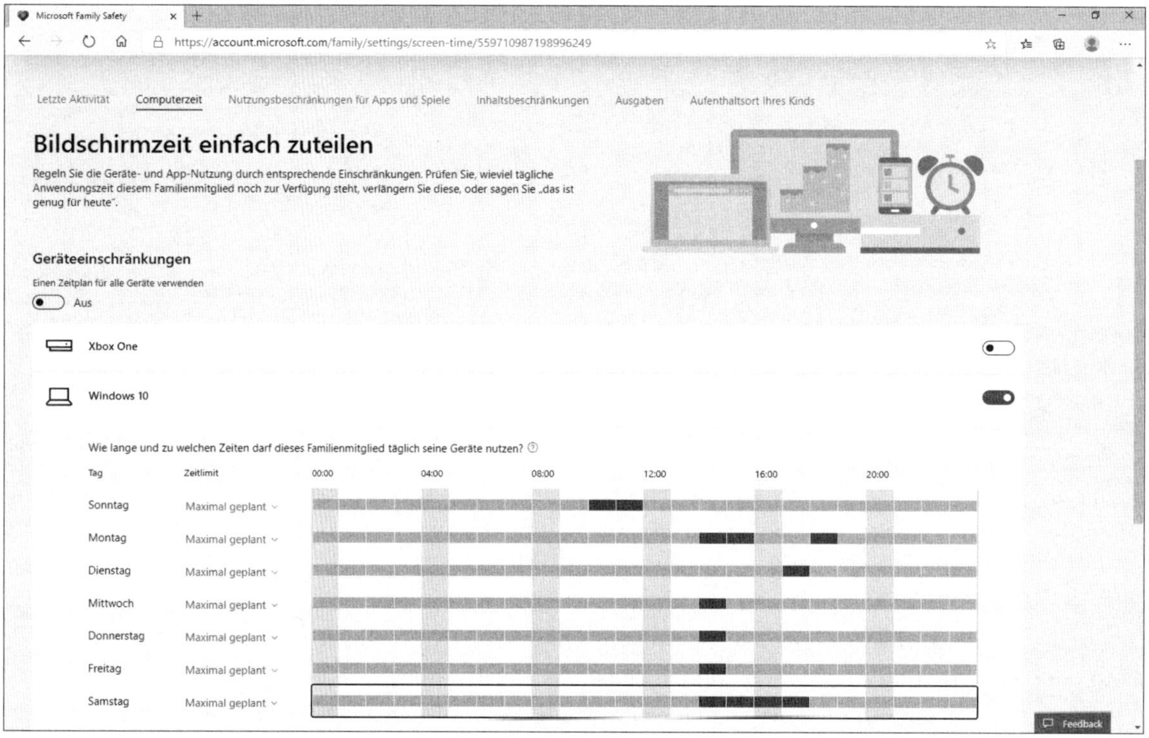

Abbildung 26.35 Bestimmen Sie die Zeit, zu der Ihr Kind den Computer nutzen darf.

Die Nutzungsbeschränkungen für Apps und Spiele lässt sich über die gleichnamige Kategorie festlegen. Wichtig ist hier vor allem die zulässige Altersfreigabe. Sie wird von Microsoft bereits automatisch anhand des Geburtstags festgelegt, der beim Einrichten des Microsoft Kontos abgefragt wurde.

Diese Altersfreigabe greift auch, falls Sie dem Kind Einkäufe über den Microsoft Store gestatten. In der Kategorie AUSGABEN haben Sie die Möglichkeit, ein Guthaben hinzuzufügen. Stellen Sie außerdem durch Aktivierung der entsprechenden Regler sicher, dass das Kind sich vor einem Einkauf die Genehmigung eines Organisators einholen muss.

Alle vorgenommenen Einstellungen greifen sofort, sobald sich das Kind mit seinem Microsoft-Konto am Computer anmeldet. Wenn Sie ein Familienmitglied wieder aus der Familiengruppe entfernen möchten, rufen Sie in der Einstellungen-App KONTEN • FAMILIE UND ANDERE BENUTZER auf. Klicken Sie auf den Namen des entsprechenden Familienmitglieds und dann auf BLOCKIEREN. Bestätigen Sie den folgenden Hinweis mit BLOCKIEREN. Der Benutzer verfügt auf dem Gerät nun nicht mehr über ein eigenes Benutzerkonto und kann sich somit nicht mehr am Computer anmelden. Das Microsoft-Konto selbst bleibt hierdurch erhalten. Wie sich ein Microsoft-Konto löschen lässt, erfahren Sie in Abschnitt 26.7, »Benutzerkonto entfernen«.

26.6 Der Kiosk-Modus in Windows 10

Im Rahmen einer Feier oder einer Konferenz soll eine PowerPoint-Präsentation abgespielt werden. Um sicherzustellen, dass keine andere Person im Veranstaltungsraum auf Ihr Gerät zugreifen und beliebige Apps öffnen kann, bietet Windows 10 einen speziellen Modus an, den sogenannten *Kiosk-Modus*. Dahinter verbirgt sich im Grunde genommen nichts anderes als ein stark eingeschränktes Benutzerkonto, das lediglich eine einzige, zuvor bestimmte App ausführen darf. Der Modus eignet sich natürlich auch, um einem Besucher daheim den Zugriff auf nur eine einzige App, z. B. einen Browser, zu ermöglichen.

Bei der App muss es sich um eine reine UWP-App aus dem Microsoft Store handeln. Eine App wie z. B. Spotify oder iTunes lässt sich nicht nutzen. Wer den Kiosk-Modus also z. B. für einen Partyabend nutzen möchte, muss in diesem Fall als App den Browser Edge wählen und in diesem dann die Website des Musik-Streamingdienstes aufrufen. Doch auch beim Browser gibt es derzeit noch eine Einschränkung: Der neue Browser Microsoft Edge Chromium wird ebenfalls noch nicht vom Kiosk-Modus unterstützt (Stand August 2020). Wer ihn bereits installiert hat – sei es manuell oder per Update – muss den Browser zuvor deinstallieren, womit automatisch wieder der vorherige Browser Microsoft Edge in Windows 10 verfügbar ist. Oder man wartet ab, bis auch Microsoft Edge Chromium im Kiosk-Modus ausführbar ist, was hoffentlich in naher Zukunft der Fall sein wird. Wer nicht so lange auf den Kiosk-Modus in Kombination mit einem Browser verzichten möchte, erfährt im Kasten »Microsoft Edge Chromium deinstallieren«, wie die Deinstallation von Microsoft Edge Chromium erfolgt.

Für die Musikuntermalung einer Feier lässt sich natürlich auch eine Musik-App wie die UWP-Apps *Groove-Musik* oder *VLC* nutzen. Der Wermutstropfen hier: Sie können im Kiosk-Modus nicht auf Ihre lokale Musiksammlung zugreifen, da hierfür die Zugriffsrechte fehlen. Als Lösung bietet es sich an, die Musikdateien in den öffentlichen Ordner oder auf einen USB-Stick zu kopieren. Das Prinzip des öffentlichen Ordners lernen Sie in Abschnitt 20.2.3, »Ordner als Netzlaufwerk verbinden«, kennen. Wie Sie der Groove-Musik-App neue Ordner hinzufügen, können Sie in Abschnitt 18.4, »Die Groove-Musik-App«, nachlesen.

Microsoft Edge Chromium deinstallieren

Wurde der Browser Microsoft Edge Chromium bereits auf Ihrem Computer installiert, ist es gar nicht so einfach, ihn wieder loszuwerden, denn die klassischen Wege zum Entfernen über die Einstellungen-App oder auch die Systemsteuerung sind meist nicht möglich. Mit einem kleinen Trick lässt es sich aber doch bewerkstelligen. Hierzu navigieren Sie im Explorer zum Pfad *C:\Program Files (x86)\Microsoft\Edge\Application*. Öffnen Sie den Ordner der aktuellen Versionsnummer (z. B. 84.0.522.59) und dann den Ordner INSTALLER, in dem sich die Datei *setup.exe* befindet. Klicken Sie nun auf das Register DATEI, und wählen Sie POWERSHELL • POWERSHELL (ADMINISTRATOR) ÖFFNEN. In der PowerShell geben Sie den Befehl `setup.exe --uninstall --system-level --verbose-logging --force-uninstall` ein. Nach Drücken der Taste [↵] wird Microsoft Edge Chromium deinstalliert. Nun noch ein Neustart des Computers, und es steht wieder der Browser Microsoft Edge Legacy zur Verfügung.

Der Kiosk-Modus ist in den Editionen Windows 10 Pro, Enterprise und Education enthalten. Um den Kiosk-Modus einzurichten, benötigen Sie Administratorrechte. Verfügen Sie darüber, rufen Sie die Einstellungen-App auf und wechseln in die Kategorie KONTEN • FAMILIE UND ANDERE BENUTZER. Klicken Sie hier im Bereich KIOSK EINRICHTEN auf ZUGEWIESENER ZUGRIFF. Im folgenden Dialog klicken Sie auf ERSTE SCHRITTE, um den Assistenten zu starten, der Sie nun durch die Einrichtung des Kiosk-Modus führt.

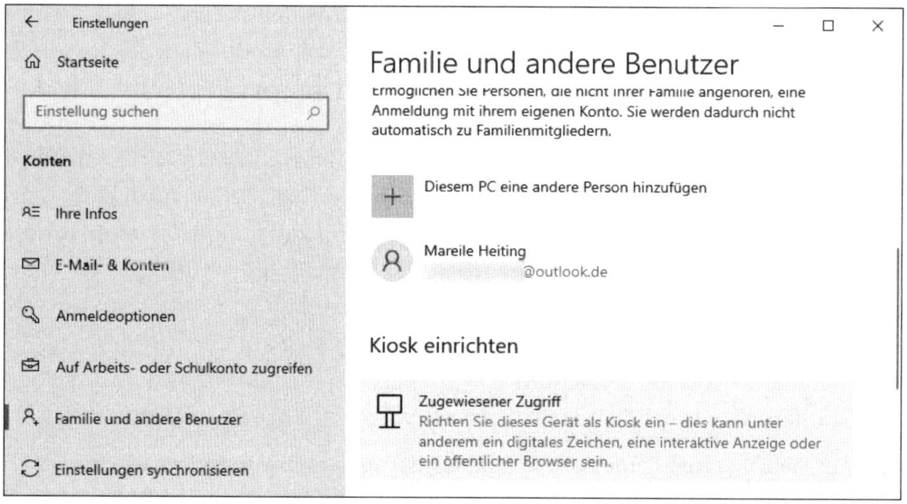

Abbildung 26.36 Der Kiosk-Modus wird über die Einstellungen-App eingerichtet.

1. Im ersten Schritt geben Sie einen Namen für das Kiosk-Konto ein, z. B. »Kiosk« oder »Besucher«, und bestätigen mit WEITER. Über den Link VORHANDENES KONTO AUSWÄHLEN könnten Sie auch ein bereits auf dem Computer vorhandenes Konto auswählen, wobei es sich dabei weder um ein Administratorkonto noch um ein Microsoft-Konto handeln darf. Da das Konto im Kiosk-Modus auf die einzelne App beschränkt wird, macht es im Grunde

genommen jedoch wenig Sinn, ein vorhandenes Konto zu wählen. Ein denkbares Einsatzszenario wäre das Konto eines Kindes, dem Sie nur die Ausführung einer bestimmten App (z. B. eines Spiels) gestatten möchten.

2. Im nächsten Schritt werden alle Apps aufgelistet, die für den Kiosk-Modus ausgewählt werden können. Markieren Sie die gewünschte App, z. B. MICROSOFT EDGE, und bestätigen Sie mit WEITER.
3. Haben Sie sich für den Browser Edge entschieden, müssen Sie nun noch die gewünschte Nutzung festlegen. Die Option ALS DIGITALE SIGNATUR ODER INTERAKTIVE ANZEIGE wird für die wenigsten Anwender infrage kommen, da das Browserfenster in diesem Fall im Vollbildmodus ohne jegliche Navigationselemente angezeigt wird. Besser geeignet ist die Option ALS ÖFFENTLICHER BROWSER, in der Ihnen zumindest eingeschränkte Navigationsmöglichkeiten zur Verfügung stehen. Der Browser wird im InPrivate-Modus gestartet, d. h., der Browserverlauf inklusive Kennwörter, Verlauf etc. wird nach Ende der Sitzung gelöscht.

Abbildung 26.37 Benötigen Sie im Browser Microsoft Edge die Navigationsschaltflächen, müssen Sie »Als öffentlicher Browser« wählen.

4. Nach einem Klick auf WEITER geben Sie die URL der Startseite ein, mit der der Browser geöffnet werden soll. Ein guter Ausgangspunkt ist hier z. B. eine Suchmaschine. Zusätzlich lässt sich festlegen, nach wie viel Minuten Microsoft Edge neu gestartet werden soll, falls der Browser während dieser Zeit nicht genutzt wurde. Mit WEITER und dann SCHLIESSEN beenden Sie die Einrichtung des Kiosk-Modus. 26

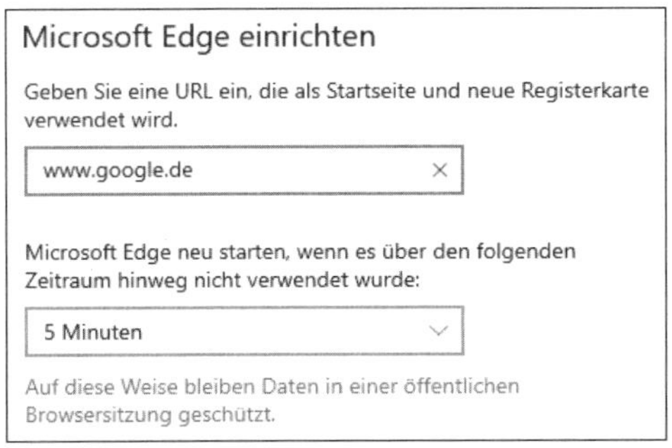

Abbildung 26.38 Bestimmen Sie die Webseite, mit der der Browser gestartet werden soll.

Sie sehen nun auf der Seite KIOSK EINRICHTEN der Einstellungen-App nochmals alle Einstellungen, die Sie gerade vorgenommen haben (siehe Abbildung 26.39). Starten Sie den Computer nun neu, wird im Anmeldebildschirm für einen kurzen Moment das Kiosk-Konto angezeigt, die Anmeldung erfolgt aber sofort automatisch. Anschließend wird die für den Kiosk-Modus ausgewählte App, also etwa der Browser Microsoft Edge mit der eingestellten Webadresse, gestartet. Es kann nun wie gewohnt im Internet gesurft werden.

Wenn Sie den Kiosk-Modus wieder beenden möchten, drücken Sie die Tastenkombination `Strg` + `Alt` + `Entf`. Hierdurch wird der klassische Anmeldebildschirm mit allen auf dem Computer eingerichteten Benutzerkonten angezeigt, und Sie können sich wieder wie gewohnt an Ihrem Konto anmelden. Warten Sie mit der Auswahl der Kontos allerdings zu lange, erfolgt die Anmeldung automatisch am ebenfalls angebotenen Kiosk-Konto.

Um das Kiosk-Konto wieder zu entfernen, melden Sie sich mit Ihrem Administratorkonto am System an. Rufen Sie dann in der Einstellungen-App KONTEN • FAMILIE UND ANDERE BENUTZER auf. Klicken Sie im Bereich KIOSK EINRICHTEN auf ZUGEWIESENER ZUGRIFF. Auf der folgenden Seite sehen Sie wieder die vorgenommenen Einstellungen des Kiosk-Modus. Klicken Sie hier auf den Namen des Kiosk-Kontos und dann auf KIOSK ENTFERNEN. Bestätigen Sie mit ENTFERNEN, wird das Konto gelöscht. Auf der Seite KIOSK EINRICHTEN erscheint nun wieder die Schaltfläche ERSTE SCHRITTE, über die Sie den Kiosk-Modus erneut einrichten können.

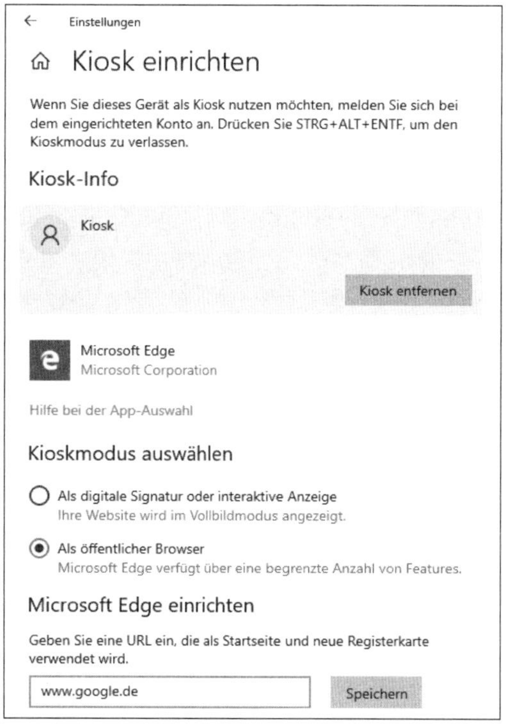

Abbildung 26.39 Benötigen Sie den Kiosk-Modus nicht mehr, entfernen Sie das Kiosk-Konto.

26.7 Benutzerkonto entfernen

Jedes auf dem Computer hinzugefügte Benutzerkonto kann von einem Administrator auch wieder entfernt werden. Je nachdem, welchen Weg Sie hierfür wählen, haben Sie die Möglichkeit, bestimmte Daten des Benutzers zu behalten oder alles komplett zu löschen. Handelt es sich bei dem Konto um ein Microsoft-Konto, wird lediglich das Konto auf dem Windows 10-Gerät entfernt, sodass der Benutzer sich mit diesem nicht mehr am Computer anmelden kann. Das Microsoft-Konto selbst bleibt weiterhin bestehen. Der Kontoinhaber hat also weiterhin die Möglichkeit, sich z. B. über die Webseite des Kontos oder auch auf einem anderen Gerät, auf dem das Microsoft-Konto als Benutzerkonto eingerichtet wurde, anzumelden. Im Folgenden erfahren Sie, wie das Entfernen von lokalen und Microsoft-Konten auf dem Computer funktioniert und wie Sie ein Microsoft-Konto endgültig löschen.

26.7.1 Benutzerkonto auf dem Windows 10-Gerät entfernen

Für das Löschen von Benutzerkonten auf dem Computer sieht Windows 10 eigentlich die Einstellungen-App vor. Im Gegensatz zu früheren Windows-Versionen wird in diesem Fall allerdings das Konto inklusive aller im Benutzerprofil gespeicherten Daten gelöscht. Wer dies nicht möchte, muss weiterhin den Weg über die Systemsteuerung gehen. Um ein Konto löschen zu können, darf der Benutzer an diesem nicht angemeldet sein. Außerdem müssen Sie über Administratorrechte verfügen.

Benutzerkonto und Daten über die Einstellungen-App entfernen

Wenn Sie ein Benutzerkonto auf dem Computer inklusive aller Daten löschen möchten, rufen Sie die Einstellungen-App auf und wechseln in die Kategorie KONTEN • FAMILIE UND ANDERE BENUTZER. Markieren Sie das zu entfernende Konto, und klicken Sie auf ENTFERNEN. Sind Sie sich sicher, dass das Konto inklusive Daten gelöscht werden soll, bestätigen Sie den folgenden Hinweis mit KONTO UND DATEN LÖSCHEN. Das Benutzerkonto steht damit nicht mehr auf dem Computer zur Verfügung.

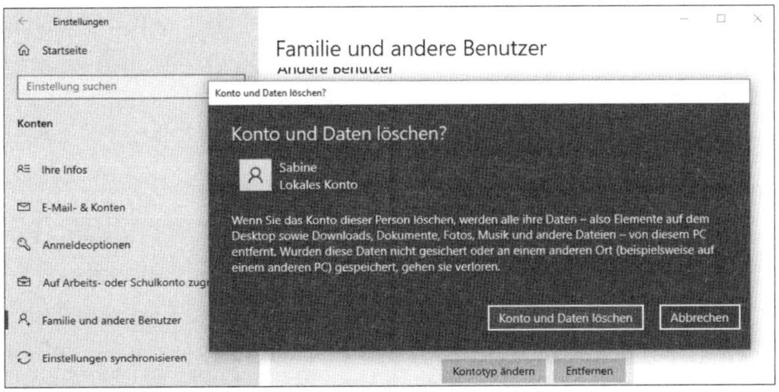

Abbildung 26.40 Über die Einstellungen-App werden Konto und Daten gelöscht.

Benutzerkonto mit Beibehaltung der Daten über die Systemsteuerung entfernen

Sie möchten ein Benutzerkonto löschen, aber die gespeicherten Dokumente, Bilder oder auch die gespeicherte Musik beibehalten? In diesem Fall haben Sie mehrere Möglichkeiten: So können Sie z. B. ein Backup der Daten erstellen, bevor Sie das Konto entfernen. Oder Sie verschieben die Daten vor dem Löschen des Kontos in einen der öffentlichen Ordner. Als dritte Variante bietet es sich an, das Benutzerkonto über die Systemsteuerung zu entfernen, denn in diesem Fall können Sie entscheiden, ob Sie die Dateien aus den Ordnern DESKTOP, DOKUMENTE, FAVORITEN, MUSIK, BILDER und VIDEOS beibehalten oder löschen möchten. Alle in anderen Ordnern abgelegten Daten werden bei dieser Variante ebenfalls gelöscht, ebenso wie Einstellungen, E-Mails und mehr.

Die Systemsteuerung rufen Sie über das Suchfeld der Taskleiste auf. Klicken Sie dann auf BENUTZERKONTEN und anschließend auf ANDERES KONTO VERWALTEN. Markieren Sie nun das zu entfernende Konto, und klicken Sie AUF KONTO LÖSCHEN. Im folgenden Dialog wählen Sie aus, ob Sie die Dateien löschen oder beibehalten möchten. Bestätigen Sie mit KONTO LÖSCHEN.

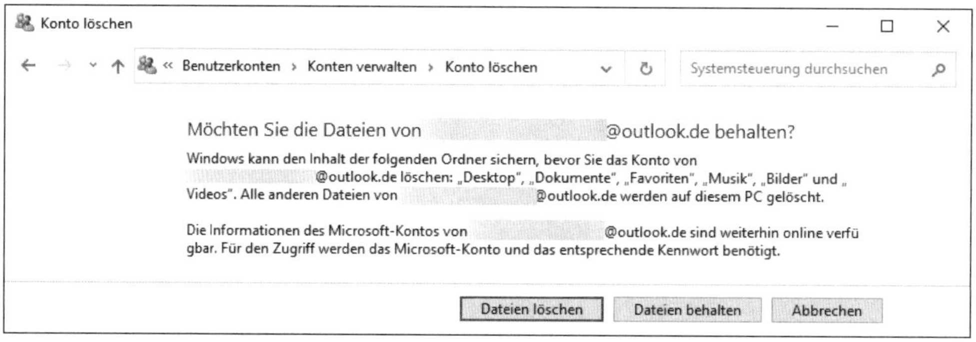

Abbildung 26.41 Beim Löschen eines Kontos über die Systemsteuerung kann der Inhalt der Ordner »Desktop«, »Dokumente«, »Favoriten«, »Musik«, »Bilder« und »Videos« beibehalten werden.

Das Konto wird nun gelöscht. Werfen Sie anschließend einen Blick auf den Desktop, finden Sie hier einen Ordner mit der Bezeichnung des Computernamens. Doppelklicken Sie auf diesen, wird ein Ordner mit dem Namen des gelöschten Kontos angezeigt, in dem sich die beibehaltenen Daten des Kontos befinden.

26.7.2 Microsoft-Konto löschen

Wer sich ein Microsoft-Konto nur zu Testzwecken eingerichtet hat und es nicht mehr benötigt, kann es endgültig löschen. Bevor Sie diesen drastischen Weg gehen, sollten Sie aber berücksichtigen, dass hierdurch auch alle damit verbundenen Daten gelöscht werden. Dazu zählen alle in OneDrive gespeicherten Daten, die mit Ihrem Microsoft-Konto verknüpften Abonnements (z. B. die Office-Anwendung *Microsoft 365*), alle erhaltenen oder gesendeten

E-Mails, die Sie noch nicht gelöscht haben, sowie Ihre Kontaktdaten. Sichern Sie also gegebenenfalls die Daten, die Sie beibehalten möchten, auf dem Computer, kündigen Sie Abonnements, und geben Sie das Geschenkguthaben, das eventuell noch auf dem Microsoft-Konto gutgeschrieben ist, aus. Haben Sie all dies erledigt, können Sie das Microsoft-Konto schließen, wie Microsoft den Vorgang des Löschens selbst bezeichnet.

1. Melden Sie sich hierzu unter der Webadresse *account.microsoft.com* mit dem Microsoft-Konto an, das Sie schließen möchten. Wechseln Sie auf der Webseite in die Kategorie SICHERHEIT, und klicken Sie auf WEITERE SICHERHEITSOPTIONEN.
2. Blättern Sie auf der folgenden Seite nach unten bis zum Bereich SCHLIESSEN IHRES KONTOS. Hier klicken Sie auf EIGENES KONTO SCHLIESSEN. Sie erhalten nun auch von Microsoft die oben erwähnten Ratschläge, was Sie im Einzelnen vor dem Schließen eines Kontos erledigen sollten. Über die aufgeführten Links können Sie sich jeweils Informationen zu den einzelnen Punkten anzeigen lassen. Mit einem Klick auf WEITER fahren Sie mit dem Schließen des Kontos fort.
3. Gehen Sie auf der Seite MARKIEREN VON »…« ZUR SCHLIESSUNG die Liste durch, und versehen Sie die Kontrollkästchen jeweils mit einem Häkchen.
4. Microsoft möchte am Ende der Liste erfahren, weshalb Sie das Microsoft-Konto schließen. Erst wenn Sie im Feld einen Grund ausgewählt haben, können Sie auf ALS ZU SCHLIESSENDES KONTO MARKIEREN klicken.

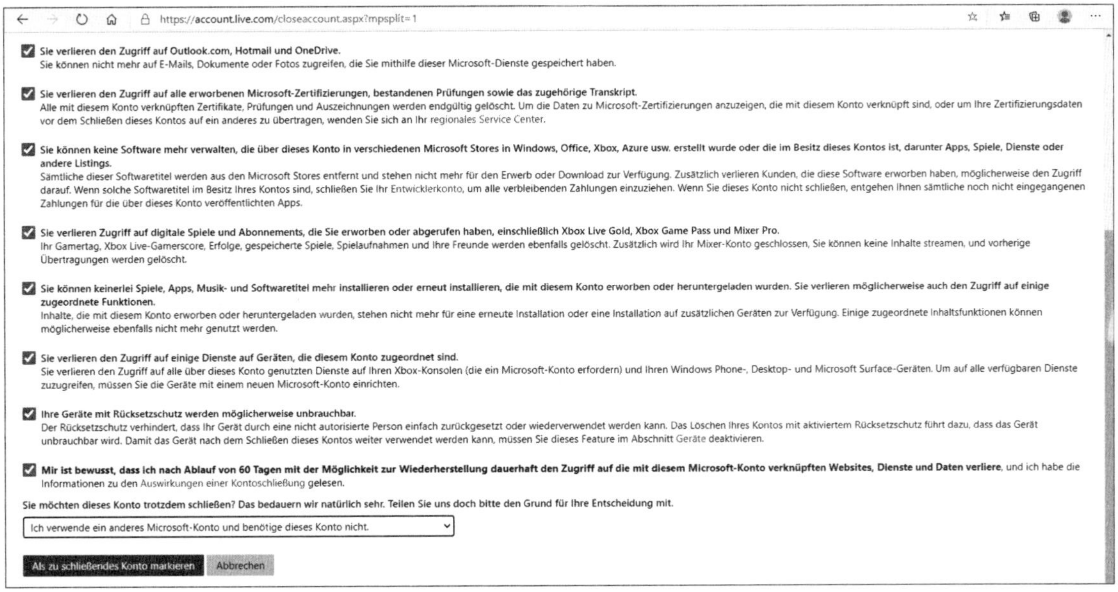

Abbildung 26.42 Erst wenn Sie alle Hinweise durch Setzen eines Häkchens akzeptiert und den Grund für das Löschen des Kontos angegeben haben, kann es auch tatsächlich geschlossen werden.

26

5. Auf der folgenden Seite erfahren Sie, zu welchem Termin das Microsoft-Konto endgültig deaktiviert wird. Bis dahin, sprich in den nächsten 60 Tagen, können Sie die Schließung verhindern, indem Sie sich bei dem Konto erneut anmelden. Um sich anmelden zu können, ist die Angabe Ihrer Kontosicherheitsinformationen notwendig. Schließen Sie die Seite mit einem Klick auf FERTIG.

26.8 Mehr Sicherheit dank Benutzerkontensteuerung

Bereits seit Windows Vista gibt es die Benutzerkontensteuerung (auf Englisch »User Account Control«, kurz *UAC*). Sie meldet sich immer dann zu Wort, wenn am Computer Aktionen durchgeführt werden sollen, die Administratorrechte erfordern. Dies ist z. B. dann der Fall, wenn eine Anwendung oder auch ein Treiber installiert oder eine sicherheitskritische Aktion wie das Deaktivieren des Windows Defender Antivirus ausgeführt werden soll. Stellt die Benutzerkontensteuerung fest, dass eine möglicherweise kritische Änderung am System vorgenommen werden soll, wechselt sie zunächst in den sogenannten *sicheren Desktop*. Dabei wird die gesamte Benutzeroberfläche ausgeblendet und nur noch ein Bestätigungsdialog angezeigt, in dem die Erhöhung der Rechte eingefordert wird. Welche Eingabeaufforderung angezeigt wird, hängt davon ab, ob Sie als Administrator oder als Standardbenutzer angemeldet sind. Als Administrator müssen Sie lediglich die Anhebung der Rechte mit einem Klick auf JA bestätigen – vorausgesetzt natürlich, Sie selbst haben die Aktion initiiert und nicht ein Schadprogramm. Bevor Sie solch einen Dialog bestätigen, sollten Sie also genau überprüfen, für welche Aktion Sie hier gerade die Genehmigung erteilen. Sind Sie als Standardbenutzer angemeldet, ist in der Eingabeaufforderung die Eingabe einer Anmeldeinformation erforderlich. Sie müssen also den Benutzernamen sowie das Kennwort eines Administratorkontos eingeben, bevor Sie die sicherheitskritische Aktion fortsetzen können.

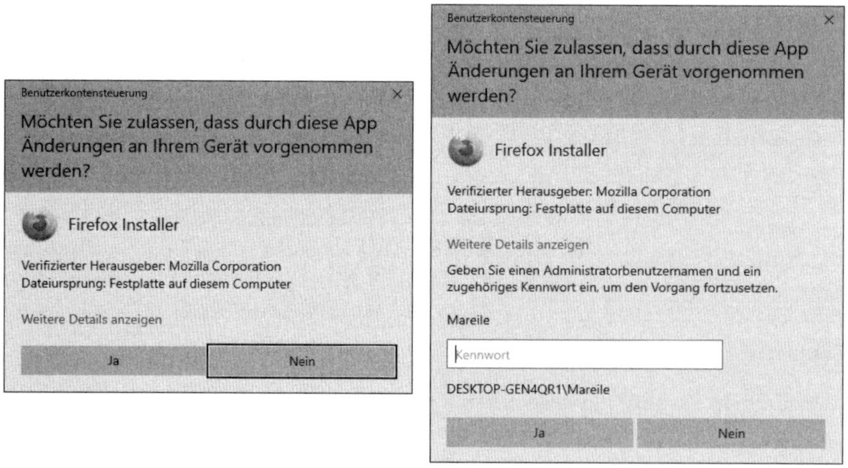

Abbildung 26.43 Die Eingabeaufforderung für einen Administrator (links) und einen Standardbenutzer (rechts)

Während die Benutzerkontensteuerung unter Windows Vista noch sehr häufig mit Bestätigungsdialogen nervte, verhält sie sich unter Windows 10 vergleichsweise zurückhaltend. Als Administrator haben Sie die Möglichkeit, die Einstellungen der Benutzerkontensteuerung anzupassen und so selbst festzulegen, bei welchen Aktionen sie sich melden soll. Stellen Sie hierzu zunächst sicher, dass Sie mit Administratorrechten am Computer angemeldet sind. Geben Sie dann im Suchfeld der Taskleiste »UAC« ein, und markieren Sie den Treffer EINSTELLUNGEN DER BENUTZERKONTENSTEUERUNG ÄNDERN.

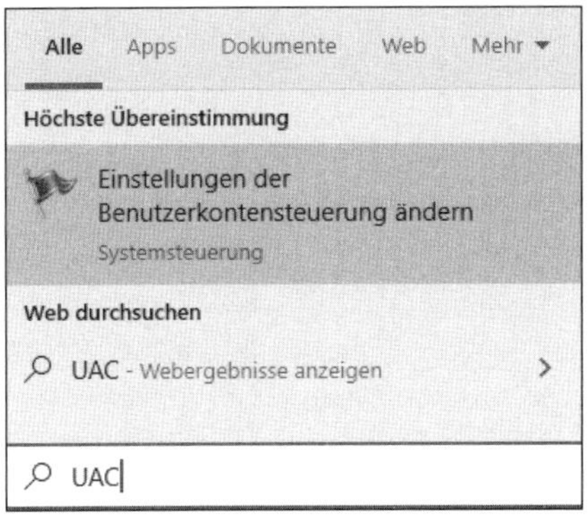

Abbildung 26.44 Die Einstellungen für die Benutzerkontensteuerung lassen sich bequem über das Suchfeld der Taskleiste aufrufen.

Im Dialog EINSTELLUNGEN FÜR BENUTZERKONTENSTEUERUNG können Sie nun mithilfe der Regler einstellen, wann die UAC einen Warnhinweis einblenden darf. Folgende Einstellungen sind verfügbar:

- **In folgenden Situationen nie benachrichtigen**: Mit dieser Stufe, in der sich der Regler ganz unten befindet, ist die Benutzerkontensteuerung quasi deaktiviert. Benutzer, die als Administrator angemeldet sind, können alle Aufgaben durchführen, die die erhöhten Rechte erfordern, ohne diese Aktionen aber extra bestätigen zu müssen. Standardbenutzer erhalten mit dieser Einstellung keinen Bestätigungsdialog angezeigt und können somit keine Aktionen ausführen, die Administratorrechte erfordern. Diese Einstellung ist aus Sicherheitsaspekten keinesfalls zu empfehlen.
- **Nur benachrichtigen, wenn von Apps Änderungen am Computer vorgenommen werden (Desktop nicht abblenden)**: In dieser Stufe wird zwar die Eingabeaufforderung eingeblendet, Windows schaltet aber nicht in den sicheren Desktop um. Die Warnhinweise erscheinen damit zwar recht selten, mangels eines sicheren Desktops geschieht dies aber auf Kosten der Sicherheit.
- **Nur benachrichtigen, wenn von Apps Änderungen am Computer vorgenommen werden (Standard)**: In dieser Stufe erscheint die UAC-Eingabeaufforderung nur dann, wenn eine Anwendung eine Änderung am Computer durchführen will. Nimmt der Benutzer Änderungen an den Systemeinstellungen durch, meldet sich die Benutzerkontensteue-

26

rung hingegen nicht zu Wort. Der sichere Desktop ist aktiv, sobald die Eingabeaufforderung eingeblendet wird. Diese Einstellung wird von Windows 10 bereits standardmäßig vorgenommen und ist auch die empfehlenswerte.

- **In folgenden Situationen immer benachrichtigen**: In dieser Stufe meldet sich die UAC, wann immer Sie selbst Änderungen an den Windows-Einstellungen vornehmen oder eine Anwendung versucht, eine Software zu installieren oder Änderungen am System vorzunehmen. Dies ist zwar die sicherste Einstellung, aufgrund der häufigen Hinweise aber nicht zu empfehlen.

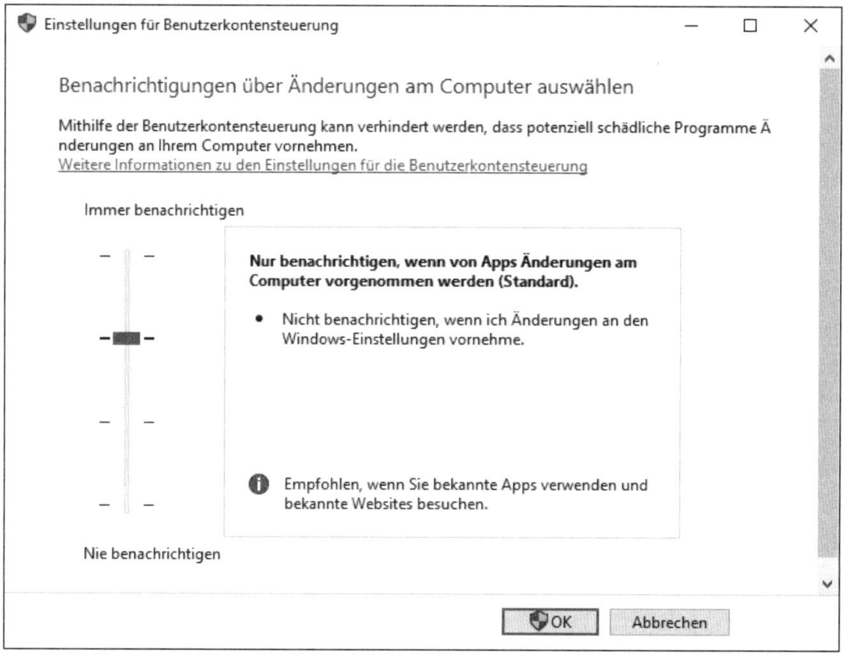

Abbildung 26.45 Die standardmäßig bereits aktivierte dritte Stufe ist diejenige, die am meisten Sicherheit bietet, ohne dass die UAC sich allzu häufig mit Warnhinweisen meldet.

UAC-Einstellungen über lokale Sicherheitsrichtlinien konfigurieren

In den Windows 10-Editionen Pro, Enterprise und Education haben Sie zusätzlich die Möglichkeit, die Einstellungen der Benutzerkontensteuerung über die lokalen Sicherheitsrichtlinien anzupassen. Diese rufen Sie auf, indem Sie im Suchfeld der Taskleiste »lokale Sicherheitsrichtlinien« eingeben und den gleichnamigen Treffer auswählen. Navigieren Sie in der linken Spalte zum Zweig Sicherheitseinstellungen • Lokale Richtlinien • Sicherheitsoptionen. Zu Beginn der rechten Spalte erscheinen nun die Richtlinien mit dem Präfix »Benutzerkontensteuerung«. Nach einem Doppelklick auf eine Richtlinie wird der entsprechende Eigenschaften-Dialog eingeblendet, in dem Sie im Register Erklärung nähere Details zur Sicherheitseinstellung erfahren.

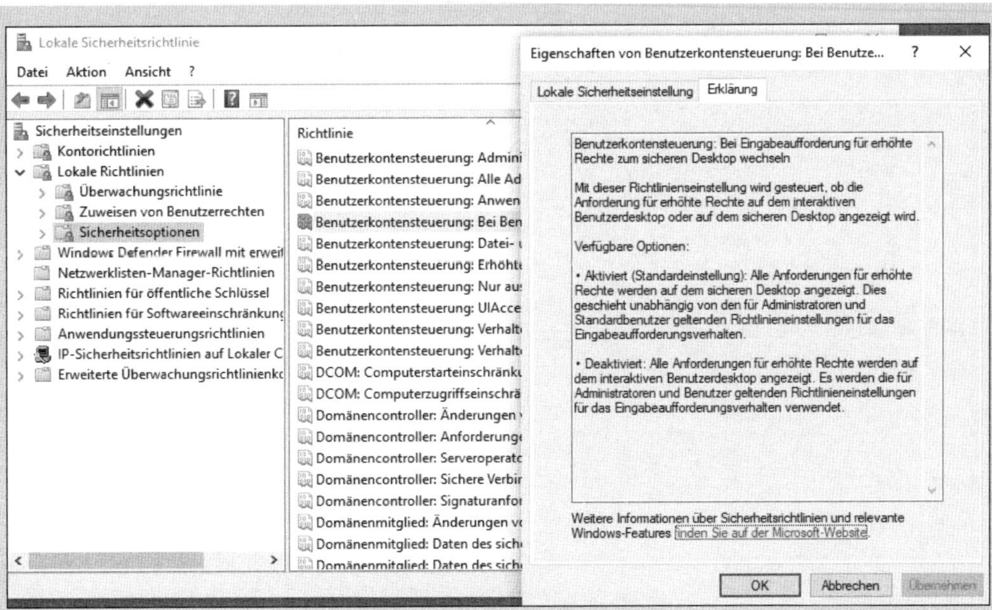

Abbildung 26.46 Konfiguration der Benutzerkontensteuerung über die lokalen Sicherheitsrichtlinien

TEIL VII

Wartungsarbeiten unter Windows 10

Kapitel 27
Datenträger verwalten

Eingebaute Datenträger, externe Festplatten und andere Wechselmedien: Für die Verwaltung all dieser Geräte ist die Datenträgerverwaltung zuständig.

Wer Festplatten formatieren, Volumes verkleinern bzw. vergrößern oder Laufwerksbuchstaben ändern möchte, kommt um die Nutzung der Datenträgerverwaltung nicht herum. In diesem Kapitel lernen Sie die diversen Aufgaben kennen, die sich mit ihr umsetzen lassen.

Zum Abschluss dieses Kapitels erfahren Sie, wie Sie mehrere Festplatten in sogenannten *Speicherpools* zusammenfassen. Ein solcher Speicherpool kann zur Erstellung eines virtuellen Festplattenlaufwerkes (auch *Speicherplatz* genannt) genutzt werden. Dieses Konzept wird häufig eingesetzt, um Daten vor Laufwerksfehlern zu schützen oder um auf einfache Weise mehr Laufwerke hinzufügen zu können, falls der Platz auf den bereits vorhandenen zu knapp wird.

27.1 Einige Grundlagen vorweg

Wer sich an die Konfiguration von Datenträgern macht, wird immer wieder über Begriffe wie MRT, GPT, NTFS und mehr stolpern. Sie tauchen z. B. auf, wenn Sie eine virtuelle Festplatte erzeugen und initialisieren oder ein neues Volume erstellen. Bevor wir uns die Datenträgerverwaltung in Aktion ansehen, sollen die wichtigsten Begriffe daher kurz erklärt werden.

27.1.1 Partitionstabellen

Wenn Sie einen Computer neu zusammenstellen oder auch nur eine neue Festplatte in einem bereits vorhandenen Computer einbauen, muss die Festplatte zunächst partitioniert werden. Bei dieser Partitionierung wird die Festplatte in verschiedene Bereiche, sprich Partitionen, aufgeteilt. Eine Partition kann die gesamte Festplatte umfassen oder auch nur einen Teil davon. Über welche und vor allem über wie viele Partitionen eine Festplatte verfügt, wird in der sogenannten *Partitionstabelle* festgelegt. In der Partitionstabelle wird außerdem festgehalten, an welcher Stelle eine Partition beginnt und wo sie endet. Auch Angaben, welche Partition der Festplatte gegebenenfalls zum Starten des Betriebssystems genutzt wird, sind hier enthalten.

Für die Partitionierung stehen unter Windows die beiden Partitionstabellen *MBR* (Abkürzung für *Master Boot Record*) und *GPT* (Abkürzung für *GUID Partition Table*) zur Auswahl. Beide lassen sich nicht miteinander kombinieren, d. h., bei der Einrichtung einer Festplatte müssen Sie sich für eine der beiden Partitionsstile entscheiden.

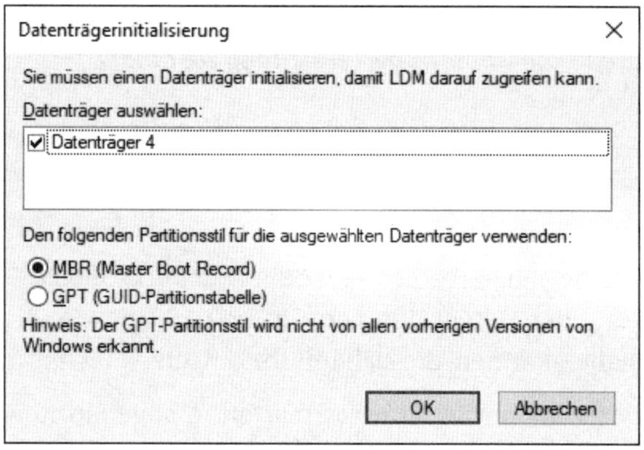

Abbildung 27.1 Richten Sie einen Datenträger das erste Mal auf dem Computer ein, müssen Sie den Partitionsstil angeben.

Bei der älteren MBR-Partitionstabelle gilt es einige Einschränkungen zu beachten. So ist sie z. B. auf maximal vier primäre Partitionen mit einer Größe von bis zu 2 TB beschränkt. Werden mehr Partitionen benötigt, muss eine dieser Primärpartitionen als sekundäre Partition angelegt werden. Im Gegensatz zu einer Primärpartition, die lediglich eine logische Partition enthalten kann, kann eine Sekundärpartition (man spricht hier auch von einer *erweiterten Partition*) in mehrere logische Partitionen aufgeteilt werden.

Bei einer GPT-Partitionstabelle gelten diese Einschränkungen nicht. So kann eine Partition theoretisch 9,4 Zettabyte (ZB) groß sein. Die Anzahl an Partitionen ist bei GPT außerdem nicht beschränkt. Der Einsatz von GPT erfordert allerdings einen modernen PC mit einer UEFI-Firmware. Für ältere Computer mit BIOS muss MBR genutzt werden. Auch bei der Verwendung von 32-Bit-Versionen von Windows ist MBR erforderlich.

MBR oder GPT?

Möchten Sie in Erfahrung bringen, welche Partitionstabelle auf einer Festplatte zum Einsatz kommt, starten Sie die Datenträgerverwaltung. Führen Sie hierzu z. B. einen rechten Mausklick auf dem Windows-Logo aus, und wählen Sie dann im Schnellzugriffsmenü DATENTRÄGERVERWALTUNG. Klicken Sie in der unteren Fensterhälfte den gewünschten Datenträger (z. B. DATENTRÄGER 1) mit der rechten Maustaste an, und wählen Sie im Kontextmenü den Befehl EIGENSCHAFTEN. Im Register VOLUMES des Eigenschaften-Dialogs wird nun der Partitionsstil angezeigt.

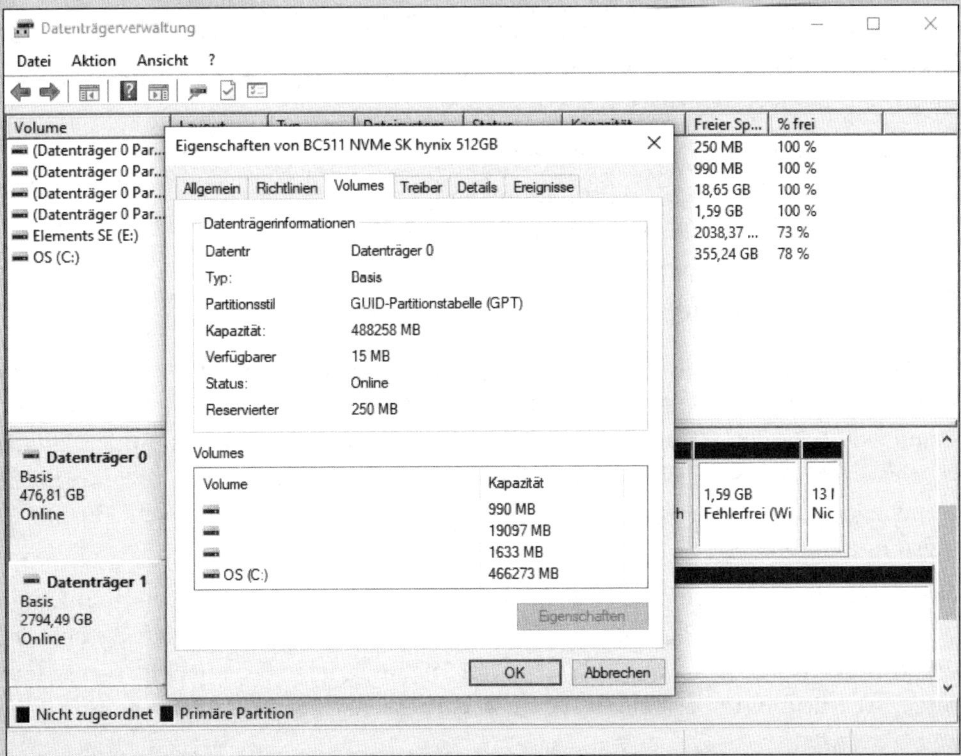

Abbildung 27.2 Über den Eigenschaften-Dialog eines Datenträgers lässt sich der Partitionsstil in Erfahrung bringen.

Einen MBR-Datenträger in GPT konvertieren

Seit Windows 10 Version 1703 verfügt Windows 10 über das Befehlszeilenprogramm *MBR2GPT*, mit dem sich eine mit MBR formatierte Festplatte in GPT umwandeln lässt. Die auf dem Datenträger gespeicherten Daten werden hierdurch weder verändert noch gelöscht. Das Programm kann ausschließlich für Systemdatenträger genutzt werden. Detaillierte Informationen zum Programm erhalten Sie unter der Webadresse *https://docs.microsoft.com/de-de/windows/deployment/mbr-to-gpt*.

27.1.2 Die wichtigsten Dateisysteme im Überblick

Bevor Sie auf einer Partition Daten speichern können, muss die Partition mit einem Dateisystem formatiert werden. Die Aufgabe des Dateisystems ist es, die Daten auf dem Datenträger zu organisieren. Hierfür erstellt es eine Tabelle, in der festgehalten wird, an welcher Position einer Partition die Dateien und Ordner gespeichert werden.

Windows 10 unterstützt die wichtigsten Dateisysteme wie *NTFS* (*New Technology File System*), *FAT* (*File Allocation Table*), *FAT32* und *exFAT* (*extended File Allocation Table*). Seit Windows Vista wird das Betriebssystem standardmäßig auf einer NTFS-Partition eingerichtet. Die Vorteile des NTFS-Formats:

- Es treten deutlich seltener Dateiverluste auf.
- Es bietet Möglichkeiten zur Komprimierung und Verschlüsselung von Dateien und Ordnern.
- Der Zugriff auf Dateien und Ordner lässt sich mithilfe von Berechtigungen beschränken.

Jeder, der Zugriff auf einen mit FAT-, FAT32- oder exFAT-formatierten Datenträger hat, kann die darauf gespeicherten Daten lesen, ändern oder auch löschen. Die Dateisysteme FAT, FAT32 und exFAT werden vor allem für USB-Sticks, externe Festplatten oder auch Digitalkameras verwendet. Sie lassen sich sowohl unter Windows, macOS als auch unter Linux nutzen und eignen sich daher hervorragend zum Datenaustausch zwischen unterschiedlichen Betriebssystem-Geräten.

Weitere Unterschiede zwischen den Dateisystemen ergeben sich aus den Einschränkungen bezüglich Dateigröße und Partitionsgröße. So liegt die maximale Dateigröße bei einer FAT32-Partition z. B. bei 4 GB, während sie bei NTFS bei 16 TB liegt. Bei exFAT ist sie sogar unlimitiert. Die Partitionsgröße ist bei FAT32 auf 32 GB begrenzt, bei NTFS dürfen es 256 TB sein, ebenso bei exFAT.

Ein NTFS-Laufwerk nach FAT32 konvertieren und umgekehrt

Möchten Sie einen in NTFS formatierten USB-Stick zum Datenaustausch mit anderen Computersystemen nutzen? Dann konvertieren Sie ihn einfach entsprechend. Während des Vorgangs werden alle Daten vom USB-Stick gelöscht. Ein Hinweis hierzu am Rande: Mit normalen Hilfsmitteln sind diese Daten damit nicht wiederherstellbar. Profis, die über die entsprechenden Programme verfügen, könnten allerdings darauf zugreifen. Das Formatieren eines Datenträgers reicht also nicht aus, um die Daten darauf endgültig zu löschen!

Um die Konvertierung von NTFS in FAT32 zu starten, klicken Sie den USB-Stick im Explorer mit der rechten Maustaste an und wählen den Kontextmenübefehl FORMATIEREN. Im Feld DATEISYSTEM stellen Sie FAT32 (STANDARD) ein. Die SCHNELLFORMATIERUNG können Sie aktiviert belassen. Nach einem Klick auf STARTEN wird die Formatierung durchgeführt. Bei dem Vorgehen gibt es allerdings eine Einschränkung: Das Dateisystem FAT32 lässt sich nur für Laufwerke bis zu einer Größe von 32 GB einstellen. Verfügt der USB-Stick über mehr Speicherplatz, stehen nur die Dateisysteme NTFS und exFAT zur Auswahl.

Um umgekehrt ein FAT- oder FAT32-Laufwerk nach NTFS zu konvertieren, steht Ihnen das Befehlszeilenprogramm *Convert.exe* zur Verfügung. Starten Sie hierfür z. B. die WINDOWS POWERSHELL über das Schnellzugriffsmenü, das Sie über die Tastenkombination [Windows] + [X] öffnen. Geben Sie dann in der PowerShell den Befehl convert <Laufwerk>: /fs:ntfs ein, wobei Sie <Laufwerk> durch den entsprechenden Laufwerksbuchstaben ersetzen (beispielsweise F:). Sind Sie an weiteren Informationen zu dem Tool interessiert, geben Sie in der PowerShell convert /? ein.

27.2 Datenträger und Partitionen verwalten

Wenn es um die Verwaltung und Konfiguration von Datenträgern geht, steht die *Datenträgerverwaltung* an erster Stelle. So wie bei vielen der Verwaltungstools unter Windows 10 handelt es sich auch bei ihr um ein Snap-In der *Microsoft Management Console* (kurz *MMC*). Dank der grafischen Benutzeroberfläche lassen sich mit der Datenträgerverwaltung bequem Volumes vergrößern oder auch verkleinern, Laufwerksbuchstaben zuordnen, Laufwerke formatieren und vieles mehr. Bevor Sie derartige Aktionen starten, sollten Sie zur Sicherheit immer ein Backup Ihrer Daten erstellen.

27.2.1 Die Datenträgerverwaltung starten

Um die Datenträgerverwaltung optimal nutzen zu können, sollten Sie als Administrator am System angemeldet sein. Zum Start des Verwaltungstools geben Sie im Suchfeld der Taskleiste entweder »Datenträgerverwaltung« oder »diskmgmt.msc« ein und wählen dann den jeweiligen Treffer aus. Alternativ hierzu können Sie auch das Schnellzugriffsmenü per rechten Mausklick auf das Windows-Logo oder über die Tastenkombination [⊞] + [X] öffnen. Per Klick auf DATENTRÄGERVERWALTUNG wird diese dann ebenfalls gestartet.

Nach dem Start wird Ihnen eine Übersicht über alle eingebauten Festplattenlaufwerke sowie alle aktuell angeschlossenen Wechselspeichermedien wie USB-Sticks angezeigt. Das Fenster der Datenträgerverwaltung ist zweigeteilt. In der oberen Hälfte werden alle Volumes aufgelistet, die auf Ihrem Computer verfügbar sind. Zu jedem Volume erhalten Sie Informationen zum Datenträgertyp, Dateisystem, Status und zur Kapazität sowie zu noch freiem Speicherplatz.

Volume oder Partition?

Was ist der Unterschied zwischen einem Volume und einer Partition? Selbst Microsoft bezeichnet den Unterschied zwischen beiden als »somewhat murky«, was frei übersetzt so viel heißt wie »irgendwie undurchsichtig«. Ein Volume kann, muss sich aber nicht über mehrere Festplattenlaufwerke erstrecken. Befindet sich das Volume vollständig auf einem einzigen Festplattenlaufwerk, spricht man auch von Partition. In der Literatur werden beide Begriffe allerdings meist gleichbedeutend verwendet.

In der unteren Fensterhälfte wird jedes angeschlossene Laufwerk in einer eigenen Zeile dargestellt. Jede Zeile beginnt mit dem Namen, unter dem das Laufwerk beim Betriebssystem bekannt ist (z. B. DATENTRÄGER 0). Rechts davon werden die Partitionen des Laufwerkes angezeigt. Über das Menü ANSICHT haben Sie die Möglichkeit, die Standardanzeige zu verändern.

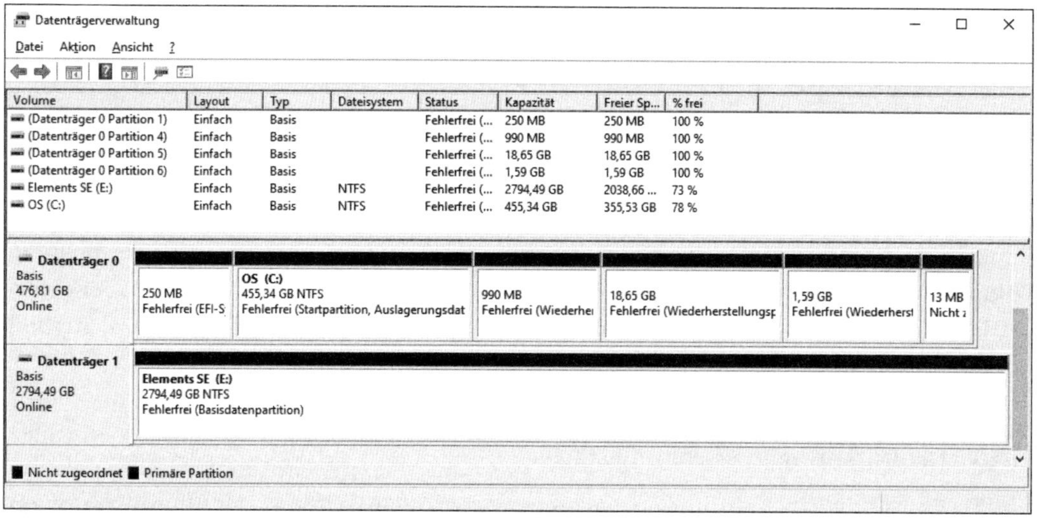

Abbildung 27.3 Das Fenster der Datenträgerverwaltung

27.2.2 Ein Volume verkleinern, vergrößern, neu erstellen oder löschen

Mithilfe der Datenträgerverwaltung lassen sich Laufwerke fast ganz nach Belieben anpassen. So können Sie Volumes verkleinern, vergrößern, neu erstellen oder auch löschen. Welche Aktionen möglich sind, hängt vom zur Verfügung stehenden Speicherplatz ab.

Ein Volume verkleinern

Neue Computer werden häufig mit nur einer Festplatte ausgeliefert. Würden Sie auf dieser gerne ein Multi-Boot-System einrichten, muss das auf der Festplatte vorhandene Volume meist verkleinert werden, um den so frei gewordenen Platz für ein neues Volume zu nutzen. Ist auf dem Volume ausreichend freier Speicherplatz vorhanden, ist das Verkleinern schnell erledigt:

1. Klicken Sie das Volume, das verkleinert werden soll, in der Datenträgerverwaltung mit der rechten Maustaste an, und wählen Sie VOLUME VERKLEINERN.
2. Die Datenträgerverwaltung prüft nun, wie viel Speicherplatz für die Verkleinerung zur Verfügung steht. Das Tool berücksichtigt dabei, wie viel Platz bereits belegt ist. Das Ergebnis wird im Dialog VERKLEINERN VON LAUFWERK ... angezeigt. Im Feld ZU VERKLEINERNDER SPEICHERPLATZ IN MB geben Sie die gewünschte Größe an, um die das Volume ver-

kleinert werden soll. Beim Verkleinern werden keine bereits vorhandenen Daten gelöscht. Stattdessen defragmentiert die Datenträgerverwaltung das Volume, wodurch die gespeicherten Daten in einen zusammenhängenden Bereich verschoben werden.

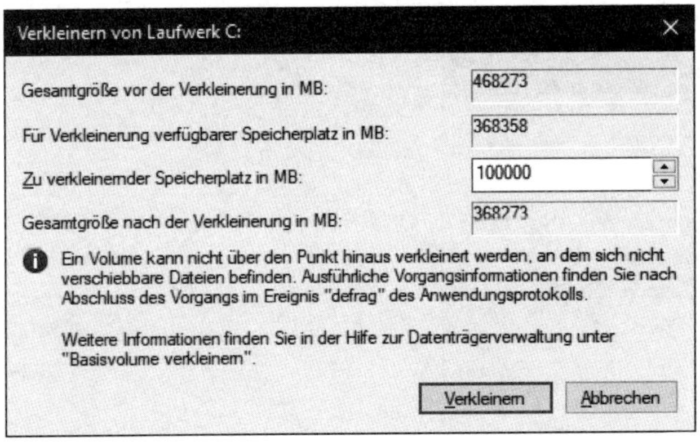

Abbildung 27.4 Verkleinern eines Volumes

3. Mit einem Klick auf VERKLEINERN starten Sie den Prozess.

Der hierdurch frei gewordene Speicherplatz erscheint in der Datenträgerverwaltung direkt hinter dem soeben verkleinerten Volume als NICHT ZUGEORDNET. Nicht zugeordnete Bereiche werden in der unteren Hälfte der Datenträgerverwaltung durch einen schwarzen Balken gekennzeichnet.

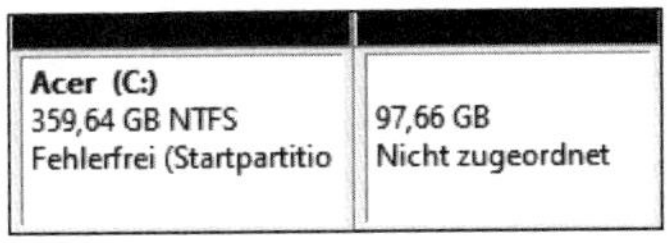

Abbildung 27.5 Der frei gewordene Speicherplatz erscheint hinter dem verkleinerten Volume als »Nicht zugeordnet«.

27

Vergrößern eines Volumes

Ist auf einer Festplatte noch ausreichend freier, nicht zugeordneter Speicherplatz vorhanden, lässt sich ein Volume auch vergrößern. Ein solch nicht zugeordneter Bereich entsteht z. B. beim Verkleinern eines Volumes, wie zuvor gezeigt, oder auch beim Löschen eines Volumes. Handelt es sich bei dem zu erweiternden Volume um eine Start- oder Systempartition, muss sich der nicht zugeordnete Bereich direkt hinter dieser Partition befinden.

Zum Vergrößern eines Volumes klicken Sie es mit der rechten Maustaste an und wählen im Kontextmenü den Befehl VOLUME ERWEITERN. Hierdurch wird der ASSISTENT ZUM ERWEITERN VON VOLUMES gestartet. Klicken Sie im Willkommensdialog auf WEITER. Auf der Seite DATENTRÄGER AUSWÄHLEN wird im Feld AUSGEWÄHLT die Festplatte angezeigt, auf der sich das zu vergrößernde Volume befindet. Dem Feld MAXIMAL VERFÜGBARER SPEICHERPLATZ IN MB können Sie entnehmen, um wie viel MB sich das Volume maximal vergrößern lässt.

Geben Sie nun im Feld SPEICHERPLATZ IN MB an, wie viel Speicherplatz Sie dem Volume hinzufügen möchten. Im Feld GESAMTGRÖSSE DES VOLUMES IN MB wird angezeigt, wie groß das Volume nach dem Hinzufügen sein wird. Nach einem Klick auf WEITER können Sie Ihre Einstellungen nochmals überprüfen, bevor diese mit FERTIG STELLEN angewendet werden.

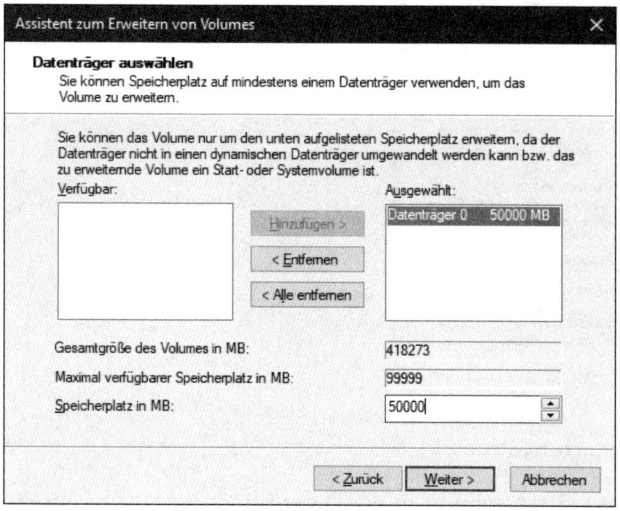

Abbildung 27.6 Der Assistent zum Erweitern von Volumes

Ein neues Volume erstellen

Aus einem nicht zugeordneten Speicherbereich lässt sich mithilfe der Datenträgerverwaltung schnell ein neues Volume erzeugen, dem Sie einen Laufwerksbuchstaben zuweisen und formatieren. Hierzu gehen Sie folgendermaßen vor:

1. Klicken Sie den mit NICHT ZUGEORDNET gekennzeichneten Bereich mit der rechten Maustaste an, und wählen Sie im Kontextmenü den Befehl NEUES EINFACHES VOLUME …. Der ASSISTENT ZUM ERSTELLEN NEUER EINFACHER VOLUMES wird gestartet. Klicken Sie im Willkommens-Dialog auf WEITER.
2. Als Erstes werden Sie aufgefordert, die Volumegröße festzulegen. Falls Sie dem Volume nicht den gesamten freien Speicherplatz zuordnen möchten, reduzieren Sie den im Feld GRÖSSE DES EINFACHEN VOLUMES IN MB angezeigten Wert. Bestätigen Sie Ihre Auswahl mit WEITER.
3. Auf der folgenden Seite können Sie der Partition nun einen Laufwerksbuchstaben zuweisen. Im entsprechenden Feld werden Ihnen mittlerweile auch die beiden Laufwerksbuchstaben A und B angeboten, die früher den Diskettenlaufwerken vorbehalten waren. Alternativ hierzu können Sie die Partition auch in einem leeren NTFS-Ordner auf einer bereits vorhandenen Partition bereitstellen. Die dritte Option bietet Ihnen die Möglichkeit, gar keinen Laufwerksbuchstaben oder -pfad zuzuweisen, was aber wenig Sinn macht. Bestätigen Sie die ausgewählte Option mit WEITER.

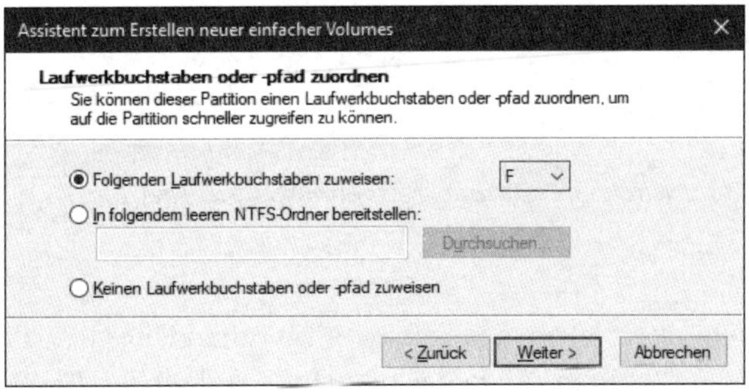

Abbildung 27.7 Laufwerksbuchstaben oder -pfad zuordnen

4. Auf der nächsten Seite legen Sie fest, wie die Partition formatiert werden soll. Als Dateisystem wird Ihnen bereits das Standard-Dateisystem von Windows, NTFS, angeboten. Die Einstellung im Feld GRÖSSE DER ZUORDNUNGSEINHEIT belassen Sie bei STANDARD. Im Feld VOLUMEBEZEICHNUNG geben Sie einen Namen für das Volume ein. Wird das Volume zu einem bestimmten Zweck genutzt, etwa nur zum Speichern Ihrer Bildersammlung, bietet es sich an, hier einen entsprechend aussagekräftigen Namen zu wählen. Das Häkchen vor SCHNELLFORMATIERUNG DURCHFÜHREN können Sie beibehalten. Bei der Schnellüberprüfung wird keine Fehleranalyse des Volumes durchgeführt. Sollen die auf dem neuen Volume gespeicherten Daten komprimiert werden, können Sie dies bereits hier durch Aktivieren von KOMPRIMIERUNG FÜR DATEIEN UND ORDNER AKTIVIEREN veranlassen. Haben Sie alle Einstellungen vorgenommen, klicken Sie auf WEITER.

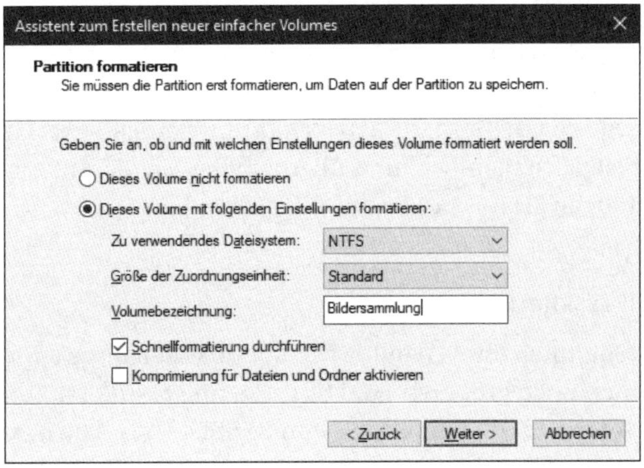

Abbildung 27.8 Einstellungen zur Formatierung der Partition

5. Die folgende Seite zeigt zum Abschluss nochmals eine Zusammenfassung Ihrer Einstellungen. Nach einem Klick auf FERTIG STELLEN wird die neue Partition erstellt. Die neu erstellte Partition erscheint anschließend unter der von Ihnen vergebenen Volumebezeichnung in der Datenträgerverwaltung (siehe Abbildung 27.9).

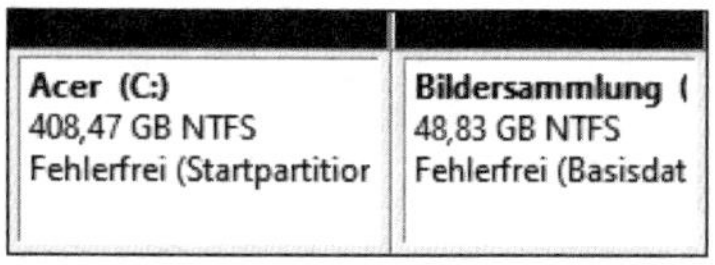

Abbildung 27.9 Die neu erzeugte Partition wird in der Datenträgerverwaltung aufgeführt.

Ein Volume löschen

So, wie Sie ein Volume neu erstellen können, können Sie ein bereits vorhandenes natürlich auch löschen. Diesen Schritt sollten Sie allerdings mit Bedacht ausführen, denn das Löschen lässt sich nicht wieder rückgängig machen. Sind Sie sich sicher, dass Sie die eventuell auf dem Volume noch vorhandenen Daten nicht mehr benötigen, klicken Sie das Volume in der Datenträgerverwaltung mit der rechten Maustaste an und wählen den Kontextmenübefehl VOLUME LÖSCHEN. Bestätigen Sie den folgenden Warnhinweis mit JA.

27.2.3 Laufwerksbuchstaben oder Volumebezeichnungen ändern

Volumebezeichnungen lassen sich ebenso ändern wie fast alle Laufwerksbuchstaben. Davon ausgenommen sind nur das Start- und das Systemvolume sowie alle Volumes, auf denen eine Auslagerungsdatei gespeichert ist. Um eine Volumebezeichnung zu ändern, klicken Sie das gewünschte Volume im Explorer mit der rechten Maustaste an. Wählen Sie nun den Befehl EIGENSCHAFTEN. Im Register ALLGEMEIN des Eigenschaften-Dialogs können Sie anschließend einen neuen Namen eingeben, den Sie mit OK bestätigen.

Wenn Sie einen Laufwerksbuchstaben ändern möchten, führt Sie der Weg in die Datenträgerverwaltung. Führen Sie auf dem gewünschten Laufwerk einen rechten Mausklick aus, und wählen Sie dann die Option LAUFWERKBUCHSTABEN UND -PFADE ÄNDERN. Nach einem Klick auf ÄNDERN aktivieren Sie die Option FOLGENDEN LAUFWERKBUCHSTABEN ZUWEISEN. Legen Sie dann den neuen Laufwerksbuchstaben fest, und übernehmen Sie die Änderung mit OK. Die folgende Nachfrage bestätigen Sie mit JA.

27.2.4 Datenträger verwalten mit DiskPart

Zur Verwaltung von Datenträgern steht Ihnen unter Windows 10 auch das Befehlszeilentool *DiskPart* zur Verfügung. Es bietet einen noch größeren Funktionsumfang als die Datenträgerverwaltung und unterstützt außerdem die Verwendung von Skripts, sodass sich Aufgaben zur Datenträgerverwaltung auch automatisieren lassen. Im Gegensatz zur Datenträgerverwaltung lässt sich DiskPart auch in der Windows-Wiederherstellungsumgebung nutzen, was von großer Hilfe ist, wenn sich das System nicht mehr normal starten lässt oder andere größere Software- bzw. Hardwareprobleme auftauchen. Nähere Informationen zur Windows-Wiederherstellungsumgebung erhalten Sie in Kapitel 31, »Startprobleme beheben mit der Wiederherstellungsumgebung«.

Um DiskPart zu starten, gehen Sie folgendermaßen vor:

1. Drücken Sie die Tastenkombination [Windows] + [X], oder klicken Sie mit der rechten Maustaste auf das Windows-Logo, um das Schnellzugriffsmenü zu öffnen. Klicken Sie hier auf WINDOWS POWERSHELL (ADMINISTRATOR). Bestätigen Sie die Frage der Benutzerkontensteuerung mit JA.
2. Im Fenster der PowerShell geben Sie nun `DiskPart` ein und drücken die [↵]-Taste. DiskPart startet und zeigt seine eigene Befehlszeile an.
3. Um sich eine Liste aller zur Verfügung stehenden DiskPart-Befehle anzeigen zu lassen, geben Sie `help` ein. Durch die Eingabe von `help`, gefolgt von einem Befehlsnamen (etwa `help extend`), erhalten Sie weiterführende Informationen zu diesem Befehl.
4. Um einen Datenträger oder eine Partition mit DiskPart zu bearbeiten, lassen Sie sich zunächst mit `list disk` alle vorhandenen physischen Datenträger auflisten.

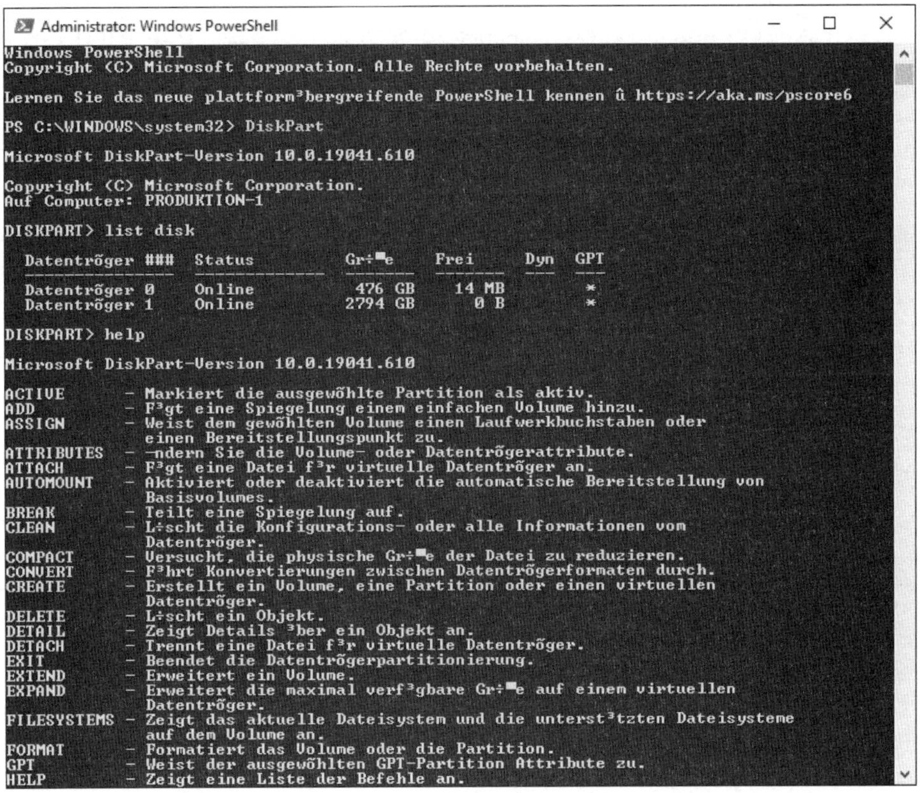

Abbildung 27.10 Das Befehlszeilentool »DiskPart« in der Windows PowerShell

5. Um den Datenträger auszuwählen, den Sie bearbeiten möchten, ist die Eingabe des Befehls `select disk` erforderlich, gefolgt von der Zahl des gewünschten Datenträgers (z. B. `select disk 0`). Benötigen Sie Informationen zu dem Datenträger, geben Sie den Befehl `detail disk` ein.

6. Der Befehl `list partition` gibt eine Liste aller Partitionen des Datenträgers aus. Mit `select partition`, gefolgt von der Partitionsnummer, wählen Sie eine Partition aus. Über den Befehl `detail partition` können Sie sich über die Partitionen des Datenträgers informieren.
7. Wenn Sie das Befehlszeilentool DiskPart wieder beenden möchten, geben Sie `exit` ein.

27.2.5 Laufwerke auf Fehler überprüfen

Wenn eine Festplatte Fehler aufweist, kann dies unangenehme Folgen haben. Mal lässt sich vielleicht nur eine einzelne Datei nicht öffnen, im schlimmsten Fall sind aber womöglich alle Daten zerstört. Windows 10 bringt ein Programm zur Fehlerüberprüfung mit, das Sie auch regelmäßig nutzen sollten. Denn häufig lassen sich so Fehler frühzeitig erkennen und beheben, bevor größerer Schaden entstanden ist.

Um eine Festplatte auf Fehler zu überprüfen, gehen Sie folgendermaßen vor:

1. Rufen Sie den Explorer auf, und klicken Sie hier unter DIESER PC das gewünschte Laufwerk mit der rechten Maustaste an. Im Kontextmenü wählen Sie den Befehl EIGENSCHAFTEN.
2. Wechseln Sie in das Register TOOLS, und klicken Sie dort auf PRÜFEN. Falls Sie als Standardnutzer angemeldet sind, müssen Sie die Anmeldeinformationen eines Administrators angeben, um fortfahren zu können.
3. Windows überprüft zunächst das Fehlerprotokoll des Laufwerkes. Wurden bisher noch keine Fehler festgestellt, erhalten Sie einen entsprechenden Hinweis, dass keine Überprüfung notwendig ist. Sie könnten die Fehlerüberprüfung nun auch noch abbrechen.
4. Möchten Sie das Laufwerk trotzdem überprüfen, klicken Sie auf LAUFWERK SCANNEN.

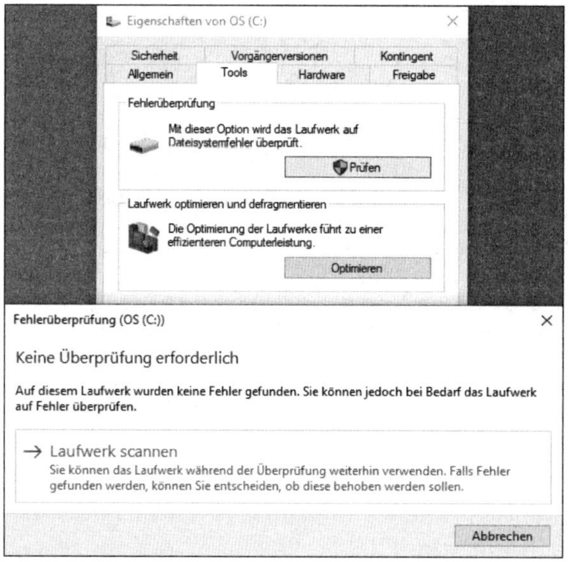

Abbildung 27.11 Die Fehlerüberprüfung wird über den Eigenschaften-Dialog eines Datenträgers gestartet.

5. Windows beginnt nun, das gesamte Laufwerk auf Fehler hin zu überprüfen. Sollten dabei z. B. unbrauchbare Sektoren entdeckt werden, werden diese entsprechend markiert. Sobald der Scanvorgang erfolgreich beendet ist, können Sie sich nach einem Klick auf DETAILS ANZEIGEN das genaue Ergebnis in der Ereignisanzeige ansehen.

Datenüberprüfung über die Eingabeaufforderung

Die Datenträgerüberprüfung lässt sich auch über die Eingabeaufforderung durchführen. Geben Sie hierzu im Suchfeld der Taskleiste »Eingabeaufforderung« ein, klicken Sie den Treffer mit der rechten Maustaste an, und wählen Sie ALS ADMINISTRATOR AUSFÜHREN. Geben Sie nun in der Befehlszeile `chkdsk` ein. Weitere Informationen zu *chkdsk* erhalten Sie mit dem Befehl `chkdsk /?`.

Laufwerke optimieren und defragmentieren

Wenn Sie ständig Dateien auf Ihrer Festplatte löschen und diese wieder mit neuen Daten beschreiben, entsteht mit der Zeit ein ziemlich zerstückeltes System von Datenbruchstücken bzw. Fragmenten. Starten Sie nun ein Programm oder möchten eine Datei öffnen, benötigt das System hierfür im Laufe der Zeit immer länger. Bei der Defragmentierung versucht man, diese brüchige Struktur wieder zu glätten. Bei einem modernen Betriebssystem wie Windows 10 müssen Sie sich diesbezüglich meist keine Gedanken machen: Die Defragmentierung des Dateisystems wird normalerweise diskret im Hintergrund erledigt. Sollten Sie die Aktion dennoch unbedingt durchführen wollen, starten Sie sie über die Schaltfläche OPTIMIEREN im Register TOOLS des Eigenschaften-Dialogs eines Laufwerkes (siehe Abbildung 27.11). Verwenden Sie eine moderne SSD-Festplatte (*SSD = Solid State Device*) ist eine entsprechende Optimierung allerdings sogar kontraproduktiv, denn diese Festplatten fragmentieren den Datenbestand nicht.

27.3 Virtuelle Festplatten erstellen

Die Datenträgerverwaltung eignet sich nicht nur zur Verwaltung physischer Datenträger, Sie können mit ihr auch virtuelle Festplatten erzeugen und verwalten. Dabei werden zwei verschiedene Dateiformate unterstützt: VHD sowie VHDX. Das ältere VHD-Format unterstützt Festplatten bis zu 2 TB, während virtuelle Datenträger im VHDX-Format eine Größe von bis zu 64 TB erreichen dürfen. Die beiden Dateiformate kommen auch bei virtuellen Computern von Hyper-V zum Einsatz. Hyper-V wird ausführlich in Abschnitt 35.2, »Virtualisierung mit Hyper-V«, vorgestellt. An dieser Stelle soll lediglich gezeigt werden, wie sich mithilfe der Datenträgerverwaltung ein virtuelles Laufwerk erstellen lässt. Hierzu gehen Sie folgendermaßen vor:

1. Starten Sie die Datenträgerverwaltung, wie in Abschnitt 27.2.1 gezeigt. Rufen Sie im Menü Aktion den Befehl Virtuelle Festplatte erstellen auf.
2. Im folgenden Dialog wählen Sie nach einem Klick auf Durchsuchen den Speicherort für die virtuelle Festplatte aus und geben einen Namen für sie an.
3. Geben Sie die Größe der virtuellen Festplatte an. Sie können hier zwischen MB, GB und TB wählen.
4. Bestimmen Sie das gewünschte Format der virtuellen Festplatte. Wie zuvor erwähnt, stehen Ihnen hier die Optionen VHD und VHDX zur Auswahl.
5. Im Bereich Art der virtuellen Festplatte legen Sie fest, ob die Festplatte eine Feste Grösse erhalten oder Dynamisch erweiterbar sein soll. Letzteres ist weitaus platzsparender, da die Festplatte nur so viel Platz beansprucht, wie auch wirklich benötigt wird. Bestätigen Sie den Dialog mit OK.

Abbildung 27.12 Dialog zum Erstellen einer virtuellen Festplatte

Die neue virtuelle Festplatte wird nun erzeugt und in der Datenträgerverwaltung im unteren Fensterabschnitt hinzugefügt. Sie erscheint hier zunächst als unbekannter, nicht initialisierter Datenträger, dessen Speicherplatz nicht zugeordnet ist.

6. Klicken Sie in der unteren Fensterhälfte die Bezeichnung des Datenträgers mit der rechten Maustaste an. Im Beispiel in Abbildung 27.13 trägt der Datenträger den Namen Datenträger 4. Wählen Sie den Kontextmenübefehl Datenträgerinitialisierung.
7. Im folgenden Dialog wählen Sie die gewünschte Partitionstabelle – MBR oder GPT – aus. Ist die virtuelle Festplatte größer als 2 TB, müssen Sie hier GPT wählen. Falls Sie sie auch mit einer älteren Windows-Version nutzen möchten, müssen Sie die Option MBR aktivieren. Bestätigen Sie dann mit OK.

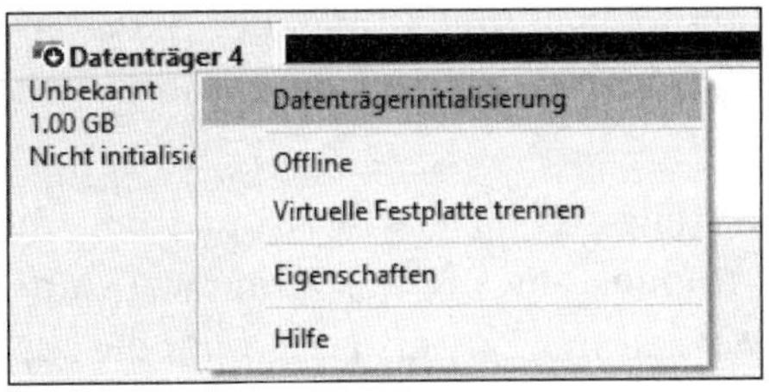

Abbildung 27.13 Die virtuelle Festplatte muss initialisiert werden.

Anschließend können Sie, wie in Abschnitt 27.2.2 gezeigt, ein neues Volume erstellen, formatieren und einen Laufwerksbuchstaben zuweisen. Falls Sie die virtuelle Festplatte wieder entfernen möchten, klicken Sie sie in der Datenträgerverwaltung mit der rechten Maustaste an. Wählen Sie dann den Befehl VIRTUELLE FESTPLATTE TRENNEN. Im folgenden Dialog wird Ihnen der Speicherort der virtuellen Festplatte angezeigt. Diesen müssten Sie über AKTION • VIRTUELLE FESTPLATTE ANFÜGEN wieder auswählen, falls Sie die virtuelle Festplatte doch wieder anfügen möchten.

27.4 Speicherplätze und Speicherpools

Wenn der Platz auf der Festplatte knapp wird, muss ein zusätzlicher Datenträger her. Ein solcher ist auch dann nötig, wenn besonders wichtige Daten vor Laufwerksfehlern geschützt und deshalb auf mindestens einem weiteren Datenträger kopiert werden sollen. Für beides bietet Windows 10 ein interessantes Konzept an: die Speicherplätze. Hierbei werden zwei oder mehr physische Laufwerke zu einem Speicherpool gruppiert. Aus diesem Speicherpool lässt sich ein virtuelles Laufwerk erstellen, der sogenannte *Speicherplatz*. Diesem virtuellen Datenträger wird ein Laufwerksbuchstabe zugewiesen, der auch im Explorer erscheint. Sie finden dort also nicht die einzelnen physischen Laufwerke, sondern nur ein virtuelles.

Beim Erstellen eines Speicherplatzes müssen Sie den sogenannten *Resilienztyp* festlegen, also den Grad der Ausfallsicherheit. Folgende Arten stehen dabei zur Auswahl:

- **Einfach**: Bei einem einfachen Speicherplatz werden die Daten über alle Datenträger verteilt. Dieser Resilienztyp bietet damit keinerlei Schutz vor Datenverlust, falls einer der Datenträger ausfällt. Er eignet sich damit auch nur für die Speicherung temporärer Daten oder Daten, die sich leicht wiederherstellen lassen.
- **Zwei-Wege-Spiegelung**: Für die Zwei-Wege-Spiegelung werden mindestens zwei physische Laufwerke benötigt. Es werden immer zwei Kopien der Dateien erstellt, die auf beiden Laufwerken gespeichert werden. Sollte eine Festplatte ausfallen, steht Ihnen damit immer noch die Kopie zur Verfügung. Damit lässt sich ein Laufwerksfehler abfangen. Die insgesamt zur Verfügung stehende Speicherkapazität halbiert sich durch die doppelte Sicherung der Daten.

- **Drei-Wege-Spiegelung**: Bei der Drei-Wege-Spiegelung werden drei Kopien der Daten erstellt. Dafür benötigen Sie allerdings mindestens fünf Laufwerke. Dafür können aber auch zwei Laufwerksfehler toleriert werden.
- **Parität**: Für diesen Resilienztyp benötigen Sie mindestens drei physische Festplatten, um Schutz vor einem Laufwerksfehler zu bieten, und mindestens sieben, wenn zwei Laufwerksfehler abgefangen werden sollen. Die Daten werden mit Paritätsdaten über die zur Verfügung stehenden Festplatten verteilt. Anhand dieser Paritätsdaten können die Daten wiederhergestellt werden, sollte es zu einem Ausfall einer Festplatte kommen.

Sollte eine Festplatte innerhalb eines Speicherplatzes tatsächlich einmal defekt sein, erhält der Anwender zwar einen Hinweis, er muss seine Arbeit hierdurch aber nicht unterbrechen – es sei denn, für den Speicherplatz wurde der einfache Resilienztyp gewählt. Bei allen anderen Resilienztypen tauschen Sie einfach die kaputte Festplatte durch eine neue aus und binden diese wieder in den Speicherplatz ein. Windows sorgt dann dafür, dass die neue Festplatte analog zum Resilienztyp wieder mit den entsprechenden Daten gefüllt wird.

27.4.1 Einen Speicherplatz erstellen

Um einen Speicherplatz zu erstellen, benötigen Sie zusätzlich zu dem Laufwerk, auf dem Windows installiert ist, mindestens zwei weitere Festplatten, die leer sein sollten. Ist dies nicht der Fall, müssen Sie die darauf befindlichen Daten an einem anderen Speicherort sichern, da sie sonst beim Erstellen des Speicherplatzes gelöscht werden. Aus diesem Grund lässt sich das Systemlaufwerk nicht in einem Speicherplatz einbinden.

Um einen Speicherplatz zu erstellen, gehen Sie folgendermaßen vor:

1. Schließen Sie zunächst die Laufwerke am Computer an, die Sie zu einem Speicherplatz zusammenfassen möchten. Geben Sie dann im Suchfeld der Taskleiste »Speicherplatz« ein, und wählen Sie den Treffer SPEICHERPLATZ VERWALTEN aus.
2. Klicken Sie im folgenden Dialog auf NEUEN POOL UND SPEICHERPLATZ ERSTELLEN. Die Frage der Benutzerkontensteuerung bestätigen Sie mit JA. Es wird der Dialog SPEICHERPLÄTZE der Systemsteuerung geöffnet (siehe Abbildung 27.14).
3. Es werden nun alle Laufwerke angezeigt, die für den Speicherplatz genutzt werden können. Sind Sie sich nicht sicher, ob die Laufwerke auch wirklich leer sind, können Sie dies jeweils per Klick auf DATEIEN ANZEIGEN nochmals prüfen. Hierdurch wird im Explorer der Inhalt des Laufwerkes angezeigt. Wählen Sie die Laufwerke aus, die Sie verwenden möchten, und klicken Sie dann auf POOL ERSTELLEN. Die Datenträger werden nun formatiert. Anschließend erscheinen sie nicht mehr in der Datenträgerverwaltung, da sie nun nur noch für den Speicherplatz genutzt werden.
4. Im folgenden Dialog vergeben Sie einen Namen für den Speicherplatz. Weisen Sie außerdem einen Laufwerksbuchstaben zu, und wählen Sie den gewünschten Resilienztyp aus. Im Bereich GRÖSSE geben Sie die Größe des Speicherplatzes an. Bestätigen Sie die Einstellungen dann mit SPEICHERPLATZ ERSTELLEN (siehe Abbildung 27.15).

Abbildung 27.14 Das Erstellen von Speicherplätzen erfolgt über den Dialog »Speicherplätze« der Systemsteuerung.

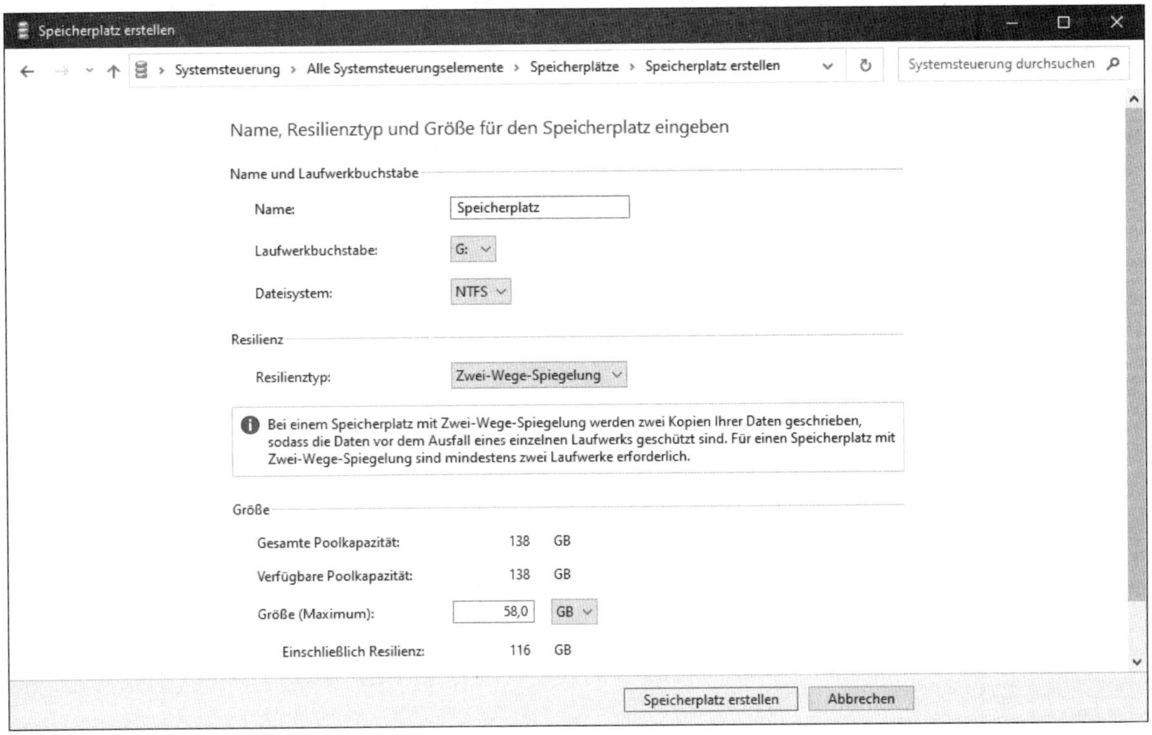

Abbildung 27.15 Dialog zum Erstellen eines neuen Speicherplatzes

Sobald Windows den Speicherplatz erstellt hat, wird dieser mit dem gerade vergebenen Laufwerksbuchstaben auch im Explorer angezeigt. Sie können den Speicherplatz nun wie jede andere Festplatte auch nutzen.

27.4.2 Speicherplätze verwalten

Wenn Sie möchten, können Sie weitere Speicherplätze erstellen. Hierzu rufen Sie wie zuvor beschrieben den Dialog SPEICHERPLÄTZE in der Systemsteuerung auf. Um Änderungen vornehmen zu können, müssen Sie auf EINSTELLUNGEN ÄNDERN klicken und die Benutzerkontensteuerung bestätigen. Anschließend können Sie nach einem Klick auf SPEICHERPLATZ ERSTELLEN einen weiteren Speicherplatz erstellen, indem Sie die Schritte 3 und 4 aus dem vorherigen Abschnitt wiederholen.

Wird die Poolkapazität knapp, lassen sich jederzeit auch weitere Festplatten hinzufügen. Schließen Sie hierzu die Festplatte an den Computer an, und rufen Sie dann wieder den Dialog SPEICHERPLÄTZE der Systemsteuerung auf. Klicken Sie auf EINSTELLUNGEN ÄNDERN. Die Frage der Benutzerkontensteuerung bestätigen Sie mit JA. Klicken Sie auf LAUFWERKE HINZUFÜGEN. Im folgenden Dialog wählen Sie das Laufwerk aus, das hinzugefügt werden soll. Denken Sie daran, dass dieses Laufwerk leer sein sollte. Bestätigen Sie mit einem erneuten Klick auf LAUFWERKE HINZUFÜGEN.

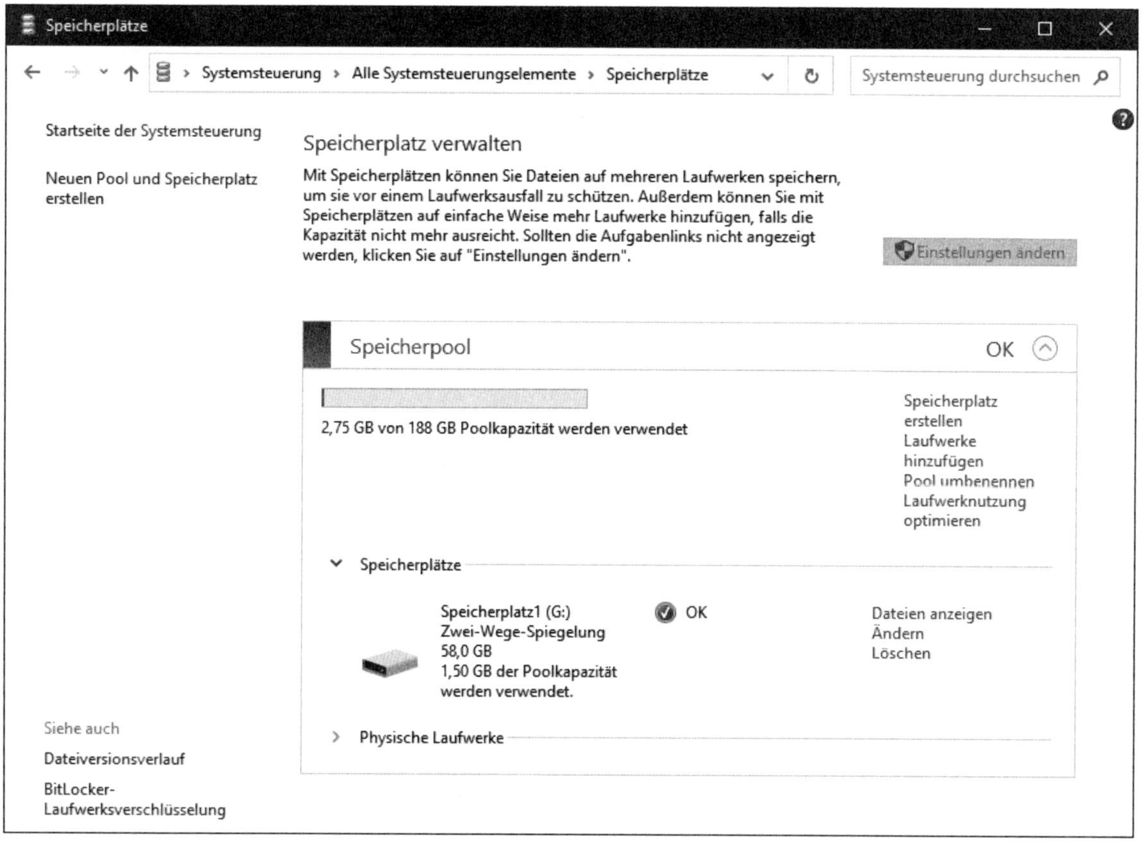

Abbildung 27.16 Über den Dialog »Speicherplätze« der Systemsteuerung können Sie jederzeit weitere Speicherplätze erstellen, dem Speicherpool weitere Laufwerke hinzufügen oder auch Speicherplätze löschen.

Sollte ein Laufwerk ausfallen, erhalten Sie einen entsprechenden Hinweis. Auch im Dialog SPEICHERPLÄTZE wird eine Warnung eingeblendet. Bevor Sie das defekte Laufwerk entfernen, fügen Sie zunächst wie gerade beschrieben ein neues Laufwerk hinzu. Windows beginnt dann automatisch entsprechend dem gewählten Resilienztyp des Speicherplatzes mit der Reparatur. Im Falle einer Zwei-Wege-Spiegelung bedeutet dies beispielsweise, dass die Dateien wieder auf die neue Festplatte kopiert werden, sodass erneut für Ausfallsicherheit gesorgt ist. Ist dieser Vorgang abgeschlossen, entfernen Sie das defekte Laufwerk aus dem Speicherpool. Blenden Sie hierzu im Dialog SPEICHERPLÄTZE die physischen Laufwerke ein. Klicken Sie dann neben dem defekten Laufwerk auf ENTFERNEN. Bestätigen Sie den Vorgang.

27.4.3 Einen Speicherplatz löschen

Benötigen Sie einen Speicherplatz nicht mehr, lässt sich dieser auch löschen. Hierdurch werden allerdings alle Daten, die sich in diesem Speicherplatz befinden, unwiederbringlich entfernt. Um einen Speicherplatz zu löschen, rufen Sie den Dialog SPEICHERPLÄTZE der Systemsteuerung auf. Nach einem Klick auf EINSTELLUNGEN ÄNDERN bestätigen Sie die Benutzerkontensteuerung. Klicken Sie nun rechts von dem Speicherplatz, den Sie entfernen möchten, auf LÖSCHEN, und bestätigen Sie die folgende Nachfrage. Falls Sie auch den Speicherpool löschen möchten, müssen Sie zunächst alle Speicherplätze entfernen. Erst dann lässt sich der Pool per Klick auf POOL LÖSCHEN entfernen.

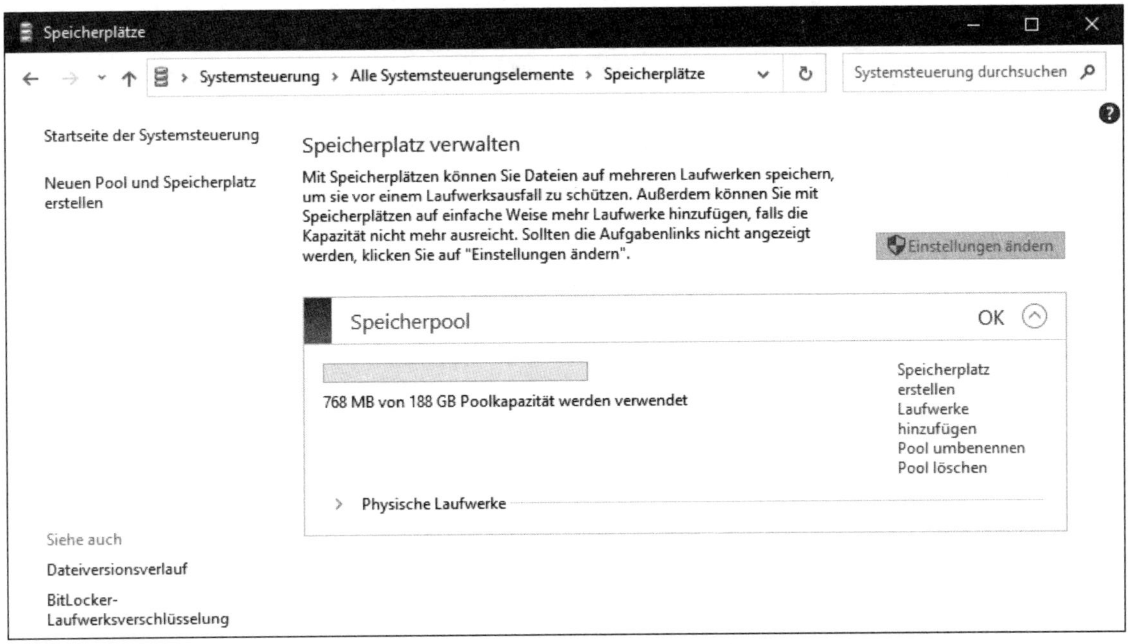

Abbildung 27.17 Bevor ein Speicherpool gelöscht werden kann, müssen alle Speicherplätze entfernt werden.

Kapitel 28
Energie sparen in Windows 10

Den Energieverbrauch eines Computers möglichst gering zu halten ist nicht nur für Besitzer eines Mobilgeräts von Interesse. Windows 10 bietet einige Konfigurationsmöglichkeiten, mit denen sich der Stromverbrauch drosseln lässt.

Beim Kauf eines neuen Computers prüft man viele Faktoren, bevor man sich für ein bestimmtes Modell entscheidet. Im Falle eines Mobilgeräts spielt z. B. die Akkuleistung eine große Rolle, denn meist möchte man das Notebook oder Tablet auch unterwegs möglichst lange nutzen, ohne nach einer Steckdose Ausschau halten zu müssen. Aber auch daheim bzw. im Büro schadet es nicht, den Stromverbrauch des Computers möglichst gering zu halten. Hierzu können Sie selbst viel beitragen, etwa durch geschicktes Konfigurieren der Energieeinstellungen. Um entsprechende Sparmaßnahmen einleiten zu können, ist es natürlich hilfreich, die eigentlichen Stromfresser zu kennen. Windows 10 hält einige Tools bereit, mit denen sich der Energieverbrauch und die Akkuleistung in Erfahrung bringen lassen.

28.1 Akkulaufzeit und Stromverbrauch ermitteln

Wer mit seinem Notebook oder Tablet unterwegs ist, hat nicht immer eine Steckdose in erreichbarer Nähe. Möchten Sie trotzdem nicht aufs Filmegucken oder das Surfen im Internet verzichten, sollten Sie die Akkulaufzeit Ihres Geräts immer gut im Blick behalten, denn sonst ist das Vergnügen schon in kürzester Zeit vorbei. Im Folgenden erfahren Sie, wie sich der Energiestatus schnell ermitteln lässt und wie Sie den Stromfressern auf Ihrem Windows 10-Mobilgerät auf die Spur kommen.

28.1.1 Akkulaufzeit und Stromfresser im Blick behalten

Reicht die Kapazität noch aus, um sich einen Film vollständig anzusehen, oder ist der Akku bereits in wenigen Minuten leer? Ein Klick auf das Akkusymbol im Infobereich der Taskleiste verschafft schnell Klarheit. Anhand der Prozentangabe sehen Sie, wie viel Akkuleistung noch vorhanden ist. Hängt das Notebook an der Steckdose, erfahren Sie, wie lange die Ladezeit noch andauern wird, bis der Akku wieder die 100 %, also volle Leistung, erreicht hat.

Bereits in diesem kleinen Menü haben Sie über den Schieberegler die Möglichkeit, die Akkulaufzeit in Relation zur Leistung anzupassen. Führen Sie z. B. gerade eine ressourcenintensive Aufgabe durch, bei der Ihnen die volle Leistungsfähigkeit wichtiger ist als eine lange Akkulaufzeit, ziehen Sie den Regler nach rechts. Soll der Akku hingegen möglichst lange durchhalten, setzen Sie den Regler ganz nach links. Diese Einstellung aktiviert automatisch den Stromsparmodus. Auf dem Akkusymbol ist dieser gut an dem nun zusätzlich eingeblendeten kleinen Blatt erkennbar. Im Stromsparmodus werden z. B. die nicht sicherheitsrelevanten Updates blockiert und die Synchronisation von Apps wie OneDrive, Mail oder auch Kalender gestoppt.

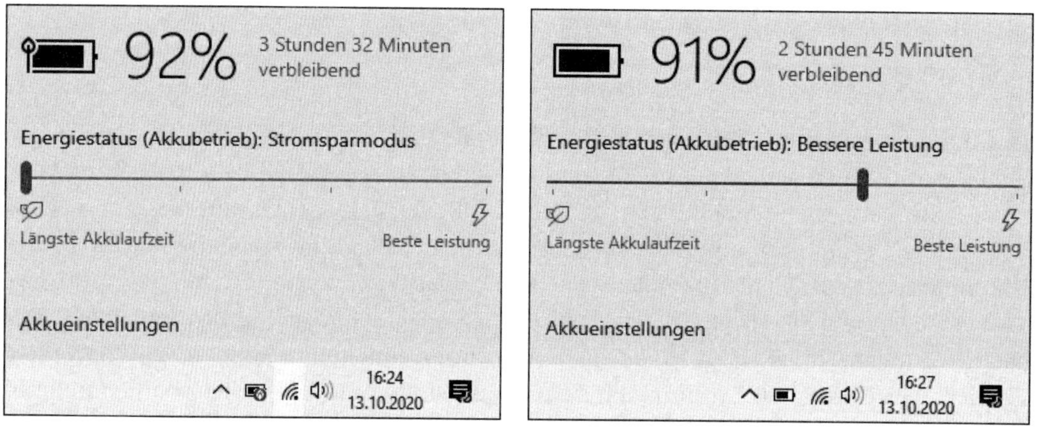

Abbildung 28.1 Ein Vergleich der Akkulaufzeit bei aktiviertem Stromsparmodus (links) und einer Einstellung zugunsten der besseren Leistung (rechts)

Reicht Ihnen die schnelle Anpassung der Einstellungen über das Akkusymbol noch nicht aus, klicken Sie im Menü auf Akkueinstellungen. Es öffnet sich die Einstellungen-App mit der Kategorie System • Akku. Zu Beginn der Seite wird auch hier die verbleibende Akkulaufzeit in Prozent eingeblendet. Über den Regler Stromsparmodus können Sie diesen manuell ein- bzw. ausschalten. Wie Abbildung 28.1 zeigt, lässt sich durch den Stromsparmodus die Akkulaufzeit deutlich verlängern. Nicht immer denkt man aber an diesen praktischen Mechanismus. Damit Ihnen zum Ende des Ladezustands hin noch genügend Zeit bleibt, Ihre Arbeit zu speichern und zu beenden, wird der Stromsparmodus standardmäßig automatisch bei einem Ladestand von 20 % aktiviert (siehe Abbildung 28.2). Ist Ihnen dieser Zeitpunkt zu spät, stellen Sie eine höhere Prozentzahl ein.

Einer der größten Akkufresser ist der Bildschirm. Je heller er eingestellt ist, desto mehr Energie kostet dies. Können Sie auch mit etwas geringerer Bildschirmhelligkeit arbeiten, sollten Sie das Kontrollkästchen Bildschirmhelligkeit im Stromsparmodus verringern mit einem Häkchen versehen.

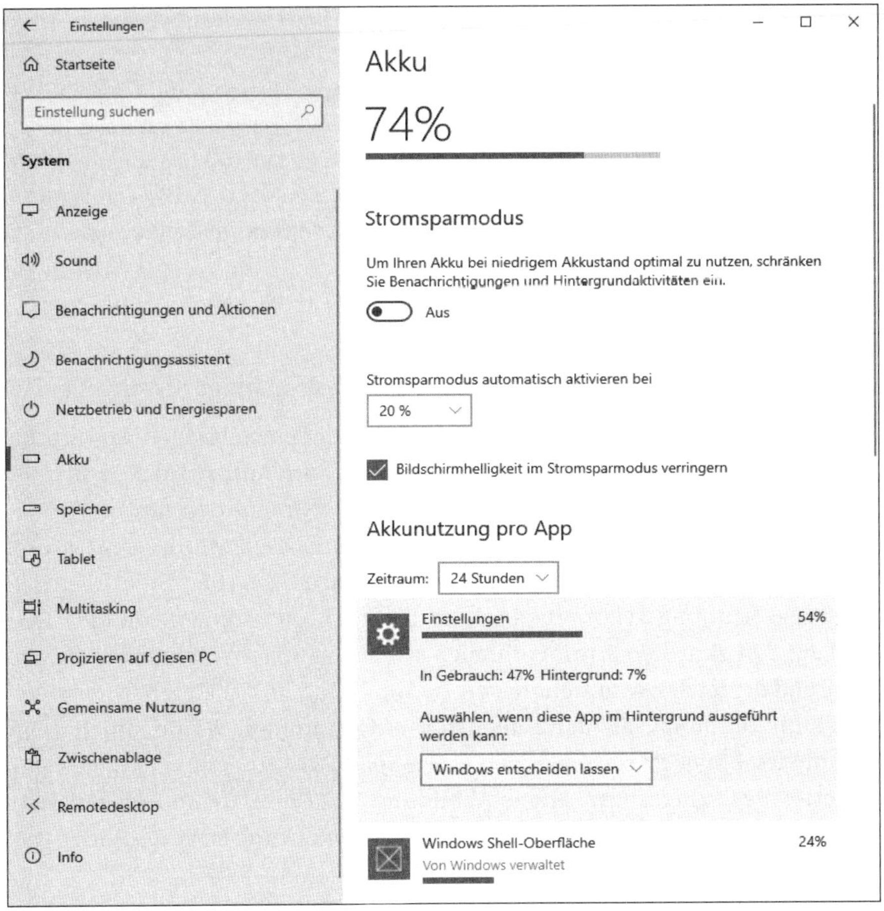

Abbildung 28.2 Auf der Seite »Akku« der Einstellungen-App legen Sie fest, wann der Stromsparmodus automatisch aktiviert werden soll. Im unteren Bereich erfahren Sie, welche App zu den Akkufressern zählt.

Hängt das Notebook oder Tablet am Stromnetz, spielt es keine Rolle, welche Anwendung Sie gerade nutzen. Im Akkubetrieb sieht dies anders aus. Unterwegs vergisst man dies allerdings meist. Und schon läuft im Hintergrund das E-Mail-Programm, und das Browserfenster ist auch noch geöffnet, obwohl man beides gar nicht mehr benötigt. Diese zwei Beispiele zählen zu den klassischen Akkufressern. Wenn Sie erfahren möchten, wie viel Energie die von Ihnen genutzten Apps verbraucht haben, blättern Sie auf der Seite AKKU der Einstellungen-App nach unten bis zum Bereich AKKUNUTZUNG PRO APP. Der standardmäßig eingestellte ZEITRAUM von 24 STUNDEN lässt sich auf eine Woche erweitern. Klicken Sie eine App an, werden weitere Details zum Akkuverbrauch angezeigt. Manche Anwendungen werden im Hintergrund ausgeführt, ohne dass Sie etwas davon mitbekommen. Über das Feld AUSWÄHLEN, WENN DIESE APP IM HINTERGRUND AUSGEFÜHRT WERDEN KANN können Sie die Entscheidung hierüber weiterhin Windows überlassen oder alternativ IMMER bzw. NIE festlegen.

Bildschirmhelligkeit und Stromsparmodus im Info-Center anpassen

Die Bildschirmhelligkeit beeinflusst maßgeblich die Akkulaufzeit. Blenden Sie auf Ihrem Notebook oder Tablet per Klick auf das Benachrichtigungssymbol [⎕] am rechten Rand der Taskleiste das Info-Center ein, finden Sie am unteren Rand einen Regler zum Regulieren der Helligkeit. Über die Schaltfläche STROMSPARMODUS können Sie diesen schnell aktivieren bzw. deaktivieren. Sollte die Schaltfläche nicht zu sehen sein: In Abschnitt 6.3.1, »Schnelle Aktionen geschickt nutzen«, erfahren Sie, wie Sie sie einblenden.

28.1.2 Stromverbrauch von Apps und Diensten über den Task-Manager ermitteln

Die Stromfresser unter den Apps lassen sich nicht nur mithilfe der Einstellungen-App ermitteln, wie gerade gezeigt, sondern auch über den Task-Manager. Zum Aufruf drücken Sie z. B. die Tastenkombination [⊞] + [X] und wählen im Schnellzugriffsmenü den Eintrag TASK-MANAGER. Klicken Sie im Fenster des Task-Managers gegebenenfalls auf MEHR DETAILS, um die Register einzublenden, und wechseln Sie in das Register PROZESSE. Hier finden Sie nun zwei Spalten mit der Bezeichnung STROMVERBRAUCH, die die Auswirkungen von CPU, Datenträger und GPU auf den aktuellen Stromverbrauch sowie den Stromverbrauch im Laufe der Zeit, sprich während der letzten Minuten, zeigen. In Abbildung 28.3 ist zu sehen, dass der Windows-Explorer zum Zeitpunkt, als der Screenshot aufgenommen wurde, einen sehr hohen Verbrauch aufwies. Einige Prozesse werden in der Spalte STATUS mit einem Blatt gekennzeichnet, wie etwa die Einstellungen-App in Abbildung 28.3. Dieses Symbol signalisiert, dass der Prozess automatisch angehalten wurde, um die Systemleistung zu verbessern.

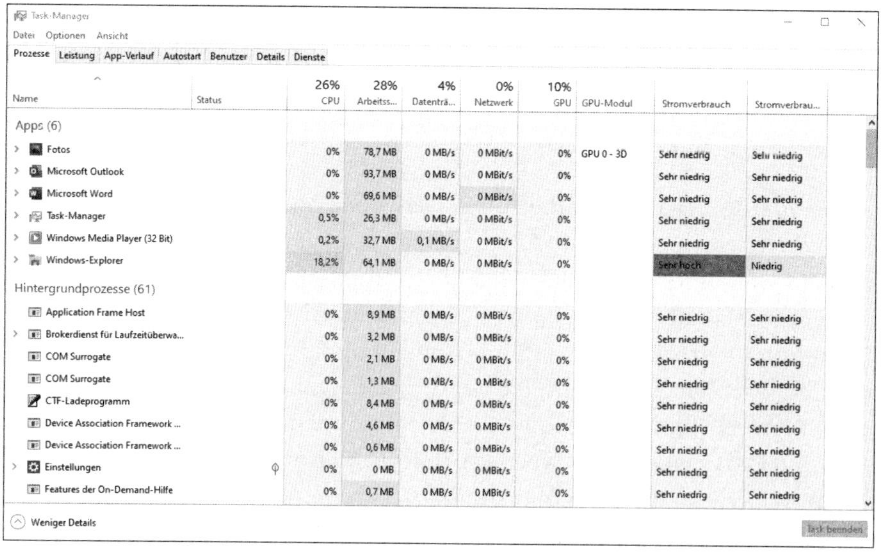

Abbildung 28.3 Der Task-Manager zeigt den Stromverbrauch von Apps und Hintergrundprozessen zum aktuellen Moment sowie während der letzten Minuten an.

28.2 Energieeinstellungen anpassen

Bei Notebooks und Tablets ist ein geringer Energieverbrauch im Akkubetrieb essenziell. Doch auch Besitzer eines Desktop-PCs, der immer an der Steckdose hängt, werden sich freuen, wenn die Stromrechnung nicht ganz so hoch ausfällt. Windows 10 bietet hierfür eine Vielzahl an Konfigurationsmöglichkeiten an, die im Folgenden kurz vorgestellt werden.

28.2.1 Allgemeine Energie- und Netzbetriebeinstellungen

Von Version zu Version verlagert Microsoft immer mehr Einstellungen von der Systemsteuerung in die Einstellungen-App. Bei den Energieeinstellungen hält sich der Wechsel allerdings noch im Rahmen, denn bisher bietet die Einstellungen-App nur sehr überschaubare Konfigurationen an. Um sie sich anzusehen, rufen Sie die App z. B. über die Tastenkombination [Win] + [I] auf und wechseln dann in die Kategorie SYSTEM • NETZBETRIEB UND ENERGIESPAREN.

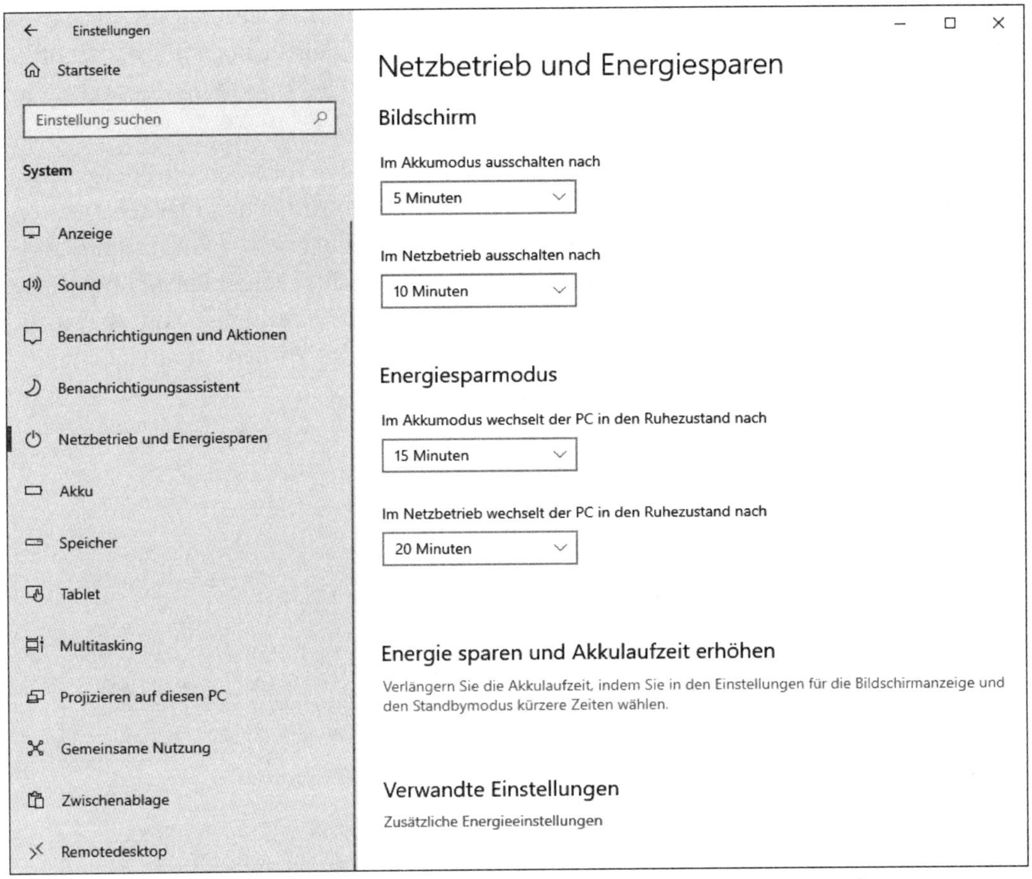

Abbildung 28.4 Die Konfigurationsmöglichkeiten zum Energiesparen sind in der Einstellungen-App sehr überschaubar.

Im Bereich BILDSCHIRM der Seite NETZBETRIEB UND ENERGIESPAREN legen Sie fest, nach wie viel Minuten Leerlaufzeit der Bildschirm ausgeschaltet werden soll. Handelt es sich bei Ihrem Computer um ein Mobilgerät, lassen sich die Einstellungen für den Akkumodus und den Netzbetrieb getrennt voneinander vornehmen. Bei einem Desktop-PC steht nur das Feld IM NETZBETRIEB AUSSCHALTEN NACH zur Verfügung. Das Gleiche gilt auch für den Bereich ENERGIESPARMODUS, in dem Sie bestimmen, nach welchem Zeitintervall der Inaktivität der Computer in den *Ruhezustand* (auch *Standbymodus* oder *Energiesparmodus* genannt) wechseln soll. Die Einstellungsmöglichkeiten reichen hier jeweils von einer Minute bis hin zu niemals.

28.2.2 Energiesparpläne konfigurieren

Detailliertere Konfigurationen bezüglich des Energieverbrauchs werden unter Windows 10 nach wie vor in der Systemsteuerung vorgenommen. Den entsprechenden Dialog ENERGIEOPTIONEN erreichen Sie z. B. aus der Einstellungen-App heraus, indem Sie auf der Seite NETZBETRIEB UND ENERGIESPAREN auf den Link ZUSÄTZLICHE ENERGIEEINSTELLUNGEN klicken (siehe Abbildung 28.4). Nutzen Sie ein Mobilgerät, können Sie auch mit der rechten Maustaste auf das Akkusymbol im Infobereich der Taskleiste klicken und im Kontextmenü den Befehl ENERGIEOPTIONEN wählen.

Im Dialog ENERGIEOPTIONEN finden Sie einen oder auch mehrere vordefinierte Energiesparpläne vor. Der Energiesparplan AUSBALANCIERT (EMPFOHLEN) ist bei den meisten Geräten vorhanden und häufig auch der einzig verfügbare. Er bietet einen guten Kompromiss zwischen Energiesparen und Leistung und stellt damit für den alltäglichen Betrieb meist die richtige Wahl dar. Falls auf Ihrem Gerät weitere Energiesparpläne verfügbar sind, aber nicht angezeigt werden, klicken Sie auf WEITERE ENERGIESPARPLÄNE EINBLENDEN. Manche PC-Hersteller ergänzen hier z. B. auch eigene Energiesparpläne.

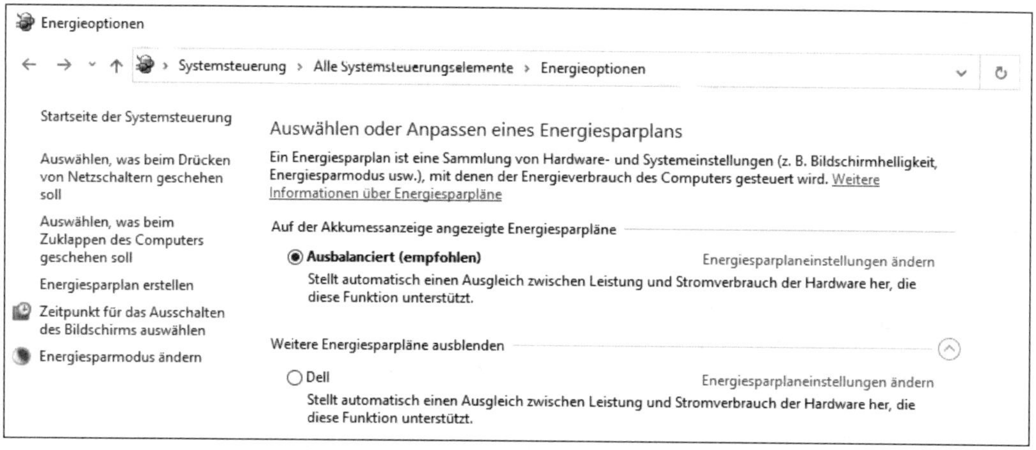

Abbildung 28.5 Detaillierte Einstellungen der Energieoptionen werden auch unter Windows 10 noch über die Systemsteuerung vorgenommen.

Den gewünschten Modus aktivieren Sie per Mausklick. Klicken Sie neben dem ausgewählten Energiesparplan auf den Link ENERGIESPARPLANEINSTELLUNGEN ÄNDERN, erfahren Sie, wann der Bildschirm ausgeschaltet wird und der Computer in den Energiesparmodus wechselt. Diese Einstellungen entsprechen der Seite NETZBETRIEB UND ENERGIESPAREN. Sie erreichen den Dialog ENERGIESPARPLANEINSTELLUNGEN BEARBEITEN auch, indem Sie im Dialog ENERGIEOPTIONEN in der linken Spalte auf ZEITPUNKT FÜR DAS AUSSCHALTEN DES BILDSCHIRMS AUSWÄHLEN oder ENERGIESPARMODUS ÄNDERN klicken (siehe Abbildung 28.5).

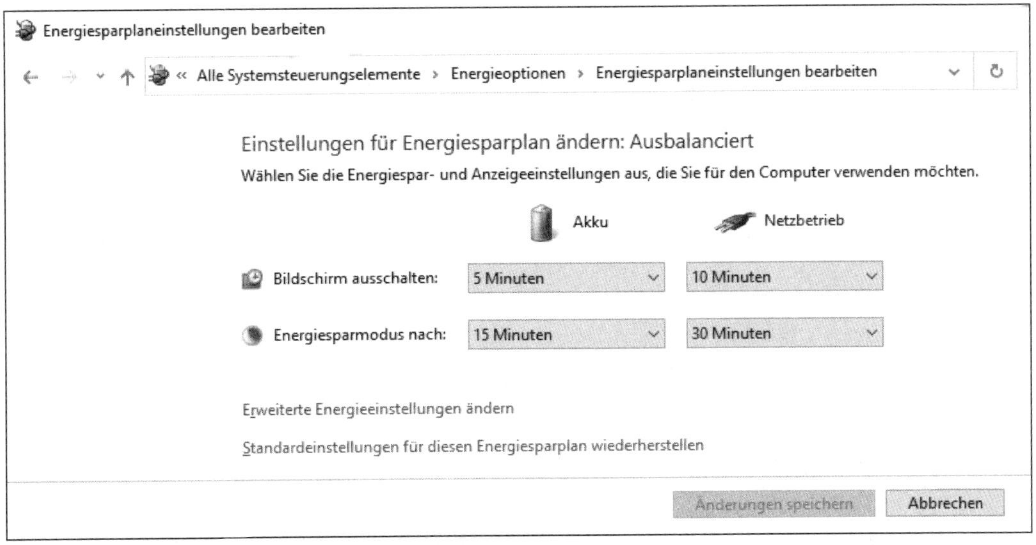

Abbildung 28.6 Die Energiesparpläne können auch angepasst werden.

Weitere Konfigurationsdetails lassen sich über den Link ERWEITERTE ENERGIEEINSTELLUNGEN ÄNDERN im Dialog ENERGIESPARPLANEINSTELLUNGEN BEARBEITEN einblenden. Statt die vordefinierten Energiesparpläne bis ins Detail zu ändern, ist es allerdings meist praktischer, gleich einen eigenen Energiesparplan zu erstellen, wie im folgenden Abschnitt gezeigt.

28.2.3 Eigenen Energiesparplan erstellen

Die Energiesparplaneinstellungen sind nicht nur auf das Ausschalten des Bildschirms und Einschalten des Energiesparmodus begrenzt, sondern lassen bei Weitem mehr Konfigurationen zu. Um die für Ihre Einsatzzwecke perfekten Einstellungen zu erhalten, legen Sie am besten einen eigenen Energiesparplan an. Rufen Sie hierzu den Dialog ENERGIEOPTIONEN auf, wie im vorherigen Abschnitt gezeigt. Klicken Sie dann in der linken Spalte auf ENERGIESPARPLAN ERSTELLEN (siehe Abbildung 28.7). Im folgenden Dialog werden Ihnen die drei vordefinierten Pläne AUSBALANCIERT (EMPFOHLEN), ENERGIESPARMODUS und HÖCHSTLEISTUNG angeboten. Markieren Sie denjenigen Energiesparplan, der Ihren Wünschen am nächsten kommt. Er dient als Basis für die folgenden Einstellungen. Im Feld Energiesparplanname geben Sie eine kurze, aussagekräftige Bezeichnung für Ihren Plan ein. Bestätigen Sie die Angaben mit Weiter.

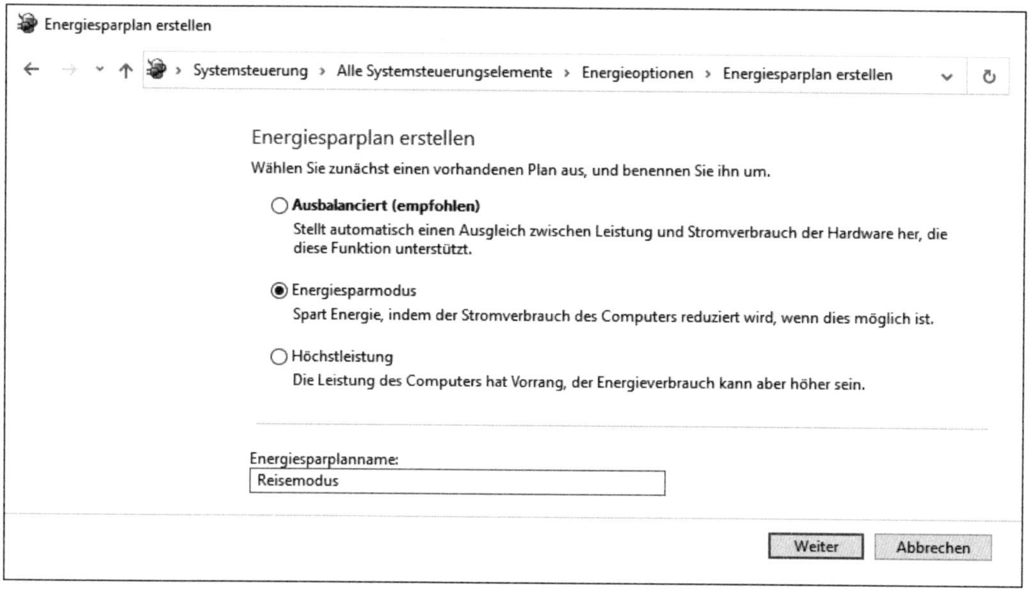

Abbildung 28.7 Der markierte Energiesparplan dient als Basis für weitere Einstellungen.

Auf der nächsten Seite legen Sie fest, wann der Bildschirm jeweils im Akku- und im Netzbetrieb ausgeschaltet und wann der Energiesparmodus wiederum eingeschaltet werden soll. Der Akkubetrieb wird Ihnen natürlich nur bei einem Mobilgerät angezeigt. Sichern Sie diese Einstellungen mit Erstellen. Ihr eigener Energiesparplan wird nun ebenfalls im Dialog Energieoptionen aufgeführt. Stellen Sie sicher, dass er aktiviert ist, und klicken Sie dann in der linken Spalte auf Auswählen, was beim Drücken von Netzschaltern geschehen soll bzw. Auswählen, was beim Zuklappen des Computers geschehen soll. Beide Links führen Sie gleichermaßen zum Dialog Verhalten des Netzschalters definieren und Kennwortschutz einschalten. Hier können Sie sowohl für den Akku- als auch für den Netzbetrieb festlegen, welche Aktion beim Drücken des Netzschalters und beim Drücken der Energiespartaste ausgeführt werden soll. Zur Wahl stehen jeweils:

- Nichts unternehmen
- Energie sparen
- Ruhezustand
- Bildschirm ausschalten

Beim Zuklappen des Notebookdeckels wird das Ausschalten des Bildschirms durch Herunterfahren ersetzt. Letzteres steht Ihnen auch als Option beim Drücken des Netzschalters zur Verfügung.

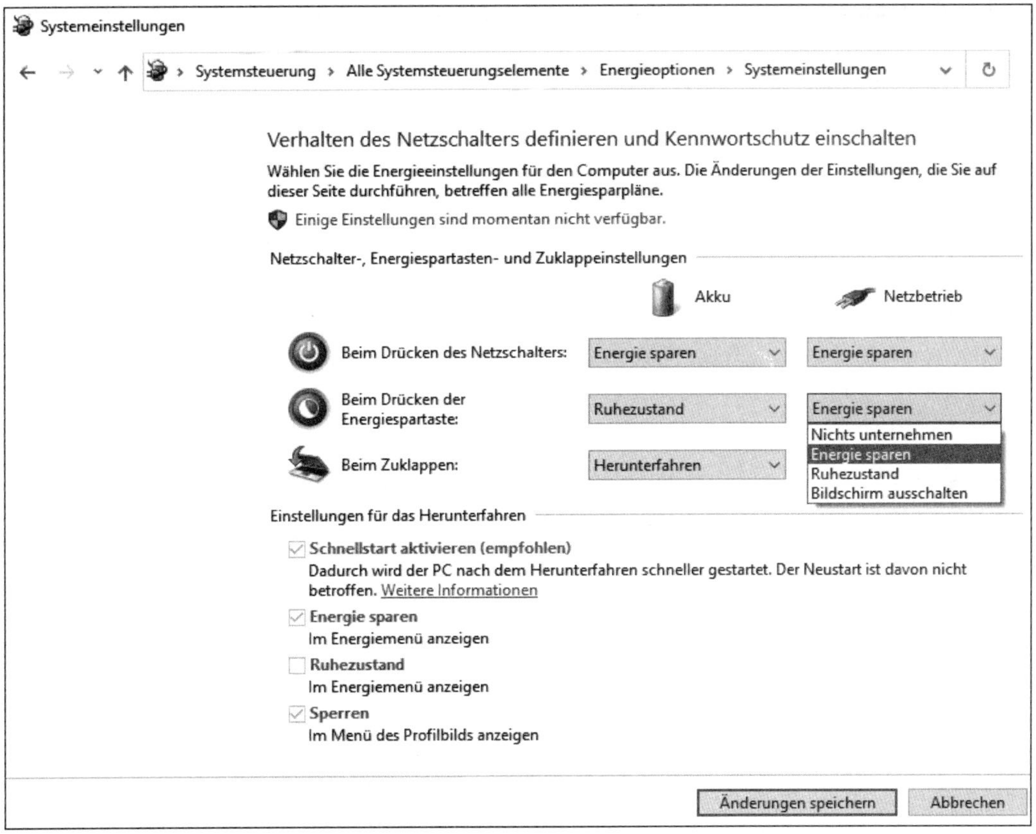

Abbildung 28.8 Bestimmen Sie selbst, was beim Drücken des Netzschalters, beim Drücken der Energiespartaste und beim Zuklappen des Notebookdeckels passieren soll.

Um die vier Kontrollkästchen im Bereich EINSTELLUNGEN FÜR DAS HERUNTERFAHREN aktivieren bzw. deaktivieren zu können, müssen Sie zunächst am oberen Rand der Dialogs auf EINIGE EINSTELLUNGEN SIND MOMENTAN NICHT VERFÜGBAR klicken. Die vier Einstellungen haben folgende Bedeutung:

- **Schnellstart aktivieren (empfohlen)**: Dieses Kontrollkästchen ist per Standardeinstellung aktiviert. Der Systemstart erfolgt hierdurch deutlich schneller, genauso aber auch das Herunterfahren. Erreicht wird dies, indem beim Herunterfahren die wichtigsten Systemdateien auf der Festplatte gespeichert werden. Sollten Sie eine *SSD*-Festplatte (Abkürzung für *Solid State Drive*) einsetzen, bringt diese Funktion nur geringe Vorteile, da die SSD bereits von Haus aus sehr schnell ist. Der Schnellstart kann bei Dual-Boot-Systemen zu Problemen führen, wenn Sie also z. B. parallel zu Windows 10 eine ältere Windows-Version oder Linux installiert haben. In einem solchen Fall ist es meist besser, auf den Schnellstart zu verzichten und das entsprechende Häkchen zu entfernen.

- **Energie sparen**: Blenden Sie das Startmenü per Klick auf das Windows-Logo ein und klicken dann in der Schnellstartleiste auf EIN/AUS, wird Ihnen standardmäßig neben NEU STARTEN und HERUNTERFAHREN auch die Option ENERGIE SPAREN angezeigt. Wünschen Sie dies nicht, entfernen Sie das Häkchen.
- **Ruhezustand**: Die Option RUHEZUSTAND fehlt standardmäßig im Startmenü. Durch Setzen eines Häkchens wird sie zusätzlich zu den gerade erwähnten Optionen eingeblendet.
- **Sperren**: Rufen Sie das Startmenü auf und klicken in der Schnellstartleiste links auf Ihr Profilbild, klappt ein kleines Menü auf, in dem per Standardeinstellung auch der Befehl SPERREN erscheint. Die Klickfolge ist aber recht umständlich, weitaus schneller lässt sich der Computer über die Tastenkombination [Win] + [L] sperren. Dieser Befehl im Menü ist somit im Grunde genommen überflüssig und kann durch Entfernen des Häkchens auch deaktiviert werden.

Haben Sie alle Einstellungen im Dialog VERHALTEN DES NETZSCHALTERS DEFINIEREN UND KENNWORTSCHUTZ EINSCHALTEN vorgenommen, bestätigen Sie diese mit einem Klick auf ÄNDERUNGEN SPEICHERN.

Was ist der Unterschied zwischen Energie sparen und Ruhezustand?

Die Optionen NICHTS UNTERNEHMEN, BILDSCHIRM AUSSCHALTEN und HERUNTERFAHREN sind unmissverständlich. Doch was unterscheidet die beiden Optionen ENERGIE SPAREN und RUHEZUSTAND? Während beim Energiesparen der Computer in einen Schlafmodus versetzt wird, in dem das Betriebssystem noch im Hauptspeicher (RAM) geladen bleibt, wird das Gerät bei Anwendung des Ruhezustands komplett heruntergefahren. Im Gegensatz zum normalen Herunterfahren wird hier aber ein vollständiges Abbild des flüchtigen Speichers auf die Festplatte geschrieben. Nach dem Hochfahren des PCs aus einem Ruhezustand heraus erscheinen damit sämtliche gestarteten Apps, die geöffnet waren, an genau der Stelle wieder, an der sie sich zuvor befunden haben. Sie können also Ihre komplette Arbeitsumgebung mit allen geöffneten Dokumenten konservieren, was nach dem Einschalten des PCs viel Zeit spart. Im Vergleich zum Energiesparmodus spart der Ruhezustand außerdem mehr Energie, da der PC komplett ausgeschaltet wird.

Zurück im Dialog ENERGIEOPTIONEN, sollten Sie nun auf den Link ENERGIESPARPLANEINSTELLUNGEN ÄNDERN rechts von Ihrem selbst erstellten Energiesparplan klicken. Im Dialog ENERGIESPARPLANEINSTELLUNGEN BEARBEITEN klicken Sie dann auf ERWEITERTE ENERGIEEINSTELLUNGEN ÄNDERN. Die Konfigurationsmöglichkeiten, die Ihnen im Register ERWEITERTE EINSTELLUNGEN angeboten werden, hängen von der auf Ihrem Gerät zur Verfügung stehenden Hardware und Software ab. Per Klick auf die Plussymbole blenden Sie die Unterpunkte eines Eintrags ein. Alle Einstellungen lassen sich hier aus Platzgründen nicht vorstellen, daher greife ich die drei interessantesten heraus.

Zu den großen Stromfressern zählt u. a. die Festplatte. Die voreingestellten Zeitangaben sollten Sie allerdings mit Vorsicht ändern. Bedenken Sie, dass der meiste Strom beim Anfahren der Festplatte verbraucht wird. Davon abgesehen schadet ein zu häufiges Ein- und Ausschalten die mechanischen Festplatten. Weitaus energieeffizienter als mechanische Festplatten sind übrigens SSD-Festplatten.

Eine weitere Schraube, an der es sich bezüglich des Energiesparens zu drehen lohnt, sind die Drahtlosadaptereinstellungen. Denn gerade WLAN-Adapter stellen sich häufig als wahre Stromfresser heraus. Probieren Sie aus, ob die Umgebung wirklich die Höchstleistung des Adapters und damit beste Sendeleistung erfordert oder ob nicht auch einer der Energiesparmodi ausreicht. Noch besser ist es natürlich, wenn Sie ganz auf das WLAN verzichten können und stattdessen z. B. ein Ethernet-Kabel für das Herstellen einer Internetverbindung einsetzen.

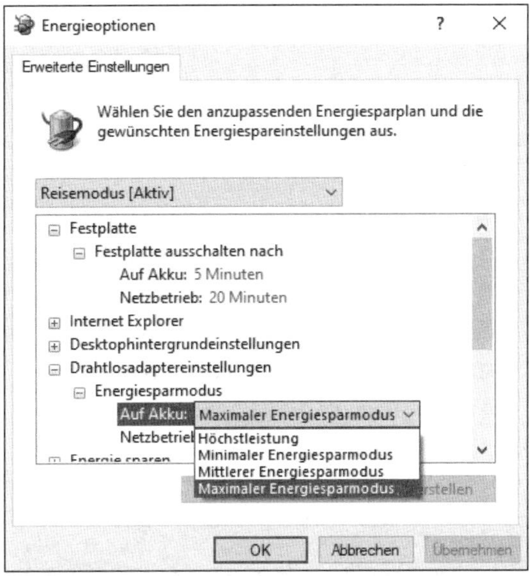

Abbildung 28.9 Festplatte und WLAN-Adapter zählen zu den großen Stromfressern.

Für Besitzer eines mobilen Computers ist eine weitere Einstellung im Register Erweiterte Einstellungen von Interesse: der *hybride Standbymodus*. Ist dieser Modus aktiviert, wird der Inhalt des flüchtigen Speichers (des RAM) wie beim regulären Ruhezustand auf der Festplatte gesichert, aber darüber hinaus trotzdem weiterhin mit Strom versorgt. Sie können somit sofort wieder an derselben Stelle weiterarbeiten, auch dann, wenn Sie den Notebookdeckel z. B. zu- und danach wieder aufgeklappt haben. Der hybride Standbymodus sollte standardmäßig aktiviert sein. Um dies zu überprüfen, klicken Sie jeweils auf die Pluspunkte vor Energie sparen • Hybriden Standbymodus zulassen. In den beiden Feldern Auf Akku und Netzbetrieb sollten Sie jeweils ein Ein finden. Ist dies nicht der Fall, korrigieren Sie die Einstellung von Aus auf Ein.

Sehen Sie sich auch die weiteren Einstellungen in Ruhe an, und entscheiden Sie dann, welche Angaben für Ihre Zwecke sinnvoll sind. Haben Sie alle gewünschten Einstellungen vorgenommen, schließen Sie den Dialog mit ÜBERNEHMEN und OK. Der eigene Energiesparplan ist damit fertig konfiguriert. Über den Dialog ENERGIEOPTIONEN können Sie nun jederzeit abhängig von der vorherrschenden Situation zwischen diesem Plan und den vordefinierten Energiesparplänen wechseln.

28.3 Energieeinstellungen per Befehlszeilentool anpassen

Für Administratoren stellt Windows 10 ein spezielles Befehlszeilentool zur Verfügung, mit dem sich die Energieeinstellungen konfigurieren und verwalten lassen: *Powercfg.exe*. Besonders interessant dürfte für viele die Möglichkeit sein, mit diesem Tool den Energieverbrauch des Rechners zu ermitteln und einen entsprechenden Bericht zu erstellen. Hierzu gehen Sie folgendermaßen vor:

1. Drücken Sie die Tastenkombination [Win] + [X], und wählen Sie im Schnellzugriffsmenü den Eintrag WINDOWS POWERSHELL (ADMINISTRATOR) aus. Bestätigen Sie den Dialog der Benutzerkontensteuerung mit JA.
2. Geben Sie im Dialog der Windows PowerShell nun den Befehl `powercfg /energy` ein.
3. Das Tool überwacht den Computer jetzt über einen Zeitraum von 60 Sekunden und erstellt dann einen Bericht in Form einer HTML-Datei. Wo diese Datei gespeichert wird, wird Ihnen im Dialog angezeigt. Meist handelt es sich um den Pfad *C:\WINDOWS\system32\energy-report.html*. Kopieren Sie diesen Pfad inklusive HTML-Datei einfach, rufen Sie dann den Browser auf, klicken Sie dort ins Adressfeld, und fügen Sie den kopierten Pfad ein.

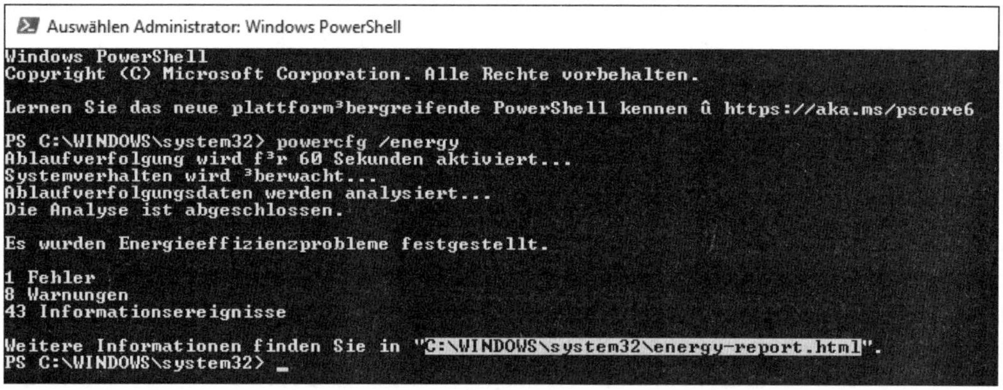

Abbildung 28.10 Der Pfad zum Energiereport lässt sich im Dialog der Windows PowerShell bequem kopieren und dann über den Explorer öffnen.

Der Energiereport liefert einen ausführlichen Statusbericht Ihres PCs bezüglich der Energiesparfunktionen und -einstellungen. Auf diese Weise können Sie die Komponenten ausfindig machen, die Probleme verursachen. In den Analyseergebnissen sind diese Fehler rot markiert, während Warnungen gelb hervorgehoben werden.

Auf ähnliche Weise können Sie herausfinden, wie es um die Leistungsfähigkeit des Akkus Ihres Mobilgeräts bestellt ist. Der Befehl hierfür, den Sie ebenfalls über die Windows PowerShell (Administrator) starten, lautet `powercfg /batteryreport`. Das Ergebnis der Analyse wird auch hier in einer HTML-Datei zusammengefasst, die Sie sich wieder über den Browser ansehen können. Der Bericht enthält viele Informationen über den Akku des Mobilgeräts. Auf diese Weise bringen Sie auch gleich die Modellbezeichnung des Akkus in Erfahrung für den Fall, dass Sie diesen austauschen möchten. Bevor Sie diesen Schritt gehen, sollten Sie natürlich zuvor prüfen, ob dies überhaupt nötig ist. Einen ersten Anhaltspunkt liefern die beiden Einträge DESIGN CAPACITY und FULL CHARGE CAPACITY, die die Maximalkapazität im Neuzustand und die aktuelle Maximalkapazität anzeigen. Diese beiden Werte sollten im Idealzustand möglichst nicht allzu weit auseinanderliegen. Dies gilt auch für die Zeitangaben im Bereich BATTERY CAPACITY HISTORY und BATTERY LIFE ESTIMATES, die im weiteren Verlauf des Berichts aufgeführt werden.

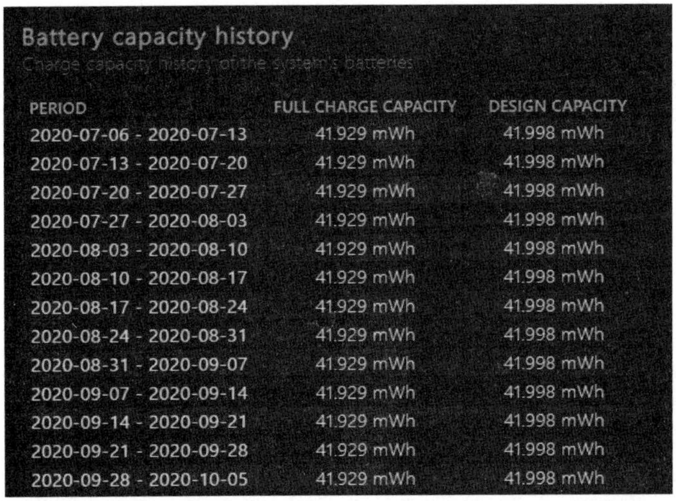
Battery capacity history

Charge capacity history of the system's batteries

PERIOD	FULL CHARGE CAPACITY	DESIGN CAPACITY
2020-07-06 - 2020-07-13	41.929 mWh	41.998 mWh
2020-07-13 - 2020-07-20	41.929 mWh	41.998 mWh
2020-07-20 - 2020-07-27	41.929 mWh	41.998 mWh
2020-07-27 - 2020-08-03	41.929 mWh	41.998 mWh
2020-08-03 - 2020-08-10	41.929 mWh	41.998 mWh
2020-08-10 - 2020-08-17	41.929 mWh	41.998 mWh
2020-08-17 - 2020-08-24	41.929 mWh	41.998 mWh
2020-08-24 - 2020-08-31	41.929 mWh	41.998 mWh
2020-08-31 - 2020-09-07	41.929 mWh	41.998 mWh
2020-09-07 - 2020-09-14	41.929 mWh	41.998 mWh
2020-09-14 - 2020-09-21	41.929 mWh	41.998 mWh
2020-09-21 - 2020-09-28	41.929 mWh	41.998 mWh
2020-09-28 - 2020-10-05	41.929 mWh	41.998 mWh

Abbildung 28.11 Die ermittelten Werte zwischen dem aktuellen Zeitpunkt (»Full Charge Capacity«) und dem Neuzustand (»Design Capacity«) des Akkus sollten möglichst nahe beieinanderliegen, wie es bei diesem Beispiel der Fall ist.

Mit den beiden vorgestellten Beispielen ist das Potenzial des Befehlszeilentools *Powercfg.exe* natürlich längst nicht ausgeschöpft. Unter der Webadresse *https://docs.microsoft.com/de-de/windows-hardware/design/device-experiences/powercfg-command-line-options* erhalten Sie eine ausführliche Liste der Befehlszeilenoptionen für dieses Tool.

28.4 Das Windows-Mobilitätscenter

Wer viel mit dem Notebook oder Tablet unterwegs ist, findet sicherlich Gefallen an einem Tool, das es bereits in älteren Windows-Versionen gab und das auch unter Windows 10 noch mit an Bord ist: das *Windows-Mobilitätscenter*. Über das Mobilitätscenter erreichen Sie schnell alle wichtigen Einstellungen, die Sie im Mobilbetrieb benötigen. Der Aufruf erfolgt z. B. über das Schnellzugriffsmenü, das Sie per rechten Mausklick auf das Windows-Logo oder über die Tastenkombination [Win] + [X] aufrufen. Alternativ hierzu können Sie auch im Suchfeld der Taskleiste »Mobilitätscenter« eingeben. Meist reicht schon die Eingabe weniger Buchstaben, bis der Treffer WINDOWS-MOBILITÄTSCENTER angezeigt wird. Die dritte Variante: ein rechter Mausklick auf das Akkusymbol im Infobereich der Taskleiste und dann Auswahl des WINDOWS-MOBILITÄTSCENTERS.

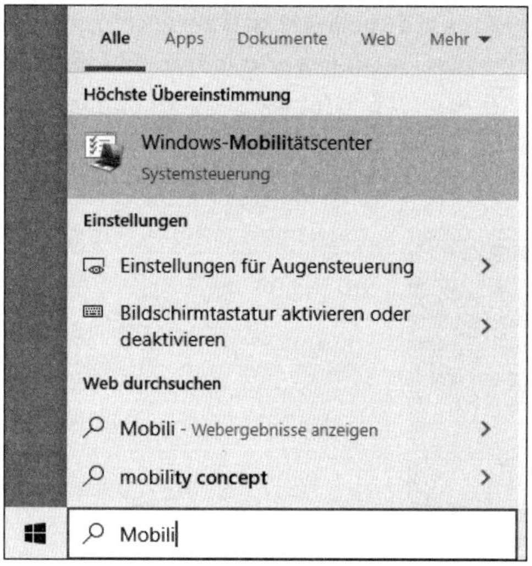

Abbildung 28.12 Das Windows-Mobilitätscenter kann über das Suchfeld der Taskleiste aufgerufen werden.

Die Einstellungen, die Ihnen im Windows-Mobilitätscenter angeboten werden, hängen von Ihrem Windows 10-Computer ab. Manche Hersteller ergänzen hier eigene Konfigurationsmöglichkeiten. Auf den meisten Geräten sollten aber folgende Einstellungen verfügbar sein:

- **Helligkeit**: Über diesen Regler passen Sie schnell die Bildschirmhelligkeit an. Klicken Sie auf die kleine Sonne, gelangen Sie in den Dialog ENERGIEOPTIONEN der Systemsteuerung.
- **Lautstärke**: Dient der Anpassung der Lautstärke. Um den Lautsprecher ganz stumm zu schalten, setzen Sie ein Häkchen vor TON AUS. Ein Klick auf das Lautsprechersymbol führt Sie in den Dialog SOUNDS der Systemsteuerung.
- **Akkustatus**: Hier wird der gerade aktive Energiesparplan angezeigt, den Sie aber per Klick in das Feld schnell durch einen anderen austauschen können. Der Klick auf das Batteriesymbol führt Sie wie im Falle der Helligkeit zum Dialog ENERGIEOPTIONEN.

- **Externer Monitor**: Hier haben Sie die Möglichkeit, einen externen Bildschirm an den Computer anzuschließen. Klicken Sie auf das Bildschirmsymbol, gelangen Sie zur Seite ANZEIGE in der Kategorie SYSTEM der Einstellungen-App. Klicken Sie im Windows-Mobilitätscenter hingegen auf MONITOR ANSCHLIESSEN, wird am rechten Bildschirmrand die Spalte PROJIZIEREN eingeblendet, über die Sie einstellen, auf welchem Monitor welcher Bildschirminhalt angezeigt werden soll. Diese Spalte lässt sich alternativ auch über die Tastenkombination [Win] + [P] einblenden.
- **Synchronisierungscenter**: Hierüber können Sie Synchronisierungseinstellungen festlegen. Ein Klick auf das Synchronisierungssymbol führt Sie zum Dialog SYNCHRONISIERUNGSCENTER in der Systemsteuerung.
- **Präsentationseinstellungen**: Halten Sie gerade eine Präsentation, können Sie hierüber die Präsentationseinstellungen EINSCHALTEN. Sind diese aktiviert, werden im Benachrichtigungsbereich keine Meldungen mehr angezeigt (z. B. von neu eingetroffenen E-Mails). Ein Klick auf das Beamersymbol öffnet den Dialog PRÄSENTATIONSEINSTELLUNGEN, in dem Sie den Bildschirmschoner ausschalten können. Windows wechselt damit nicht mehr in den Energiesparmodus. Außerdem können Sie eine feste Lautstärke einstellen und ein Hintergrundbild auswählen, das während Ihres Vortrags auf dem Bildschirm erscheint.
- **Bildschirmausrichtung**: Lässt sich der Bildschirm Ihres Windows 10-Geräts drehen, können Sie die Ausrichtung HOCHFORMAT oder QUERFORMAT fest vorgeben.

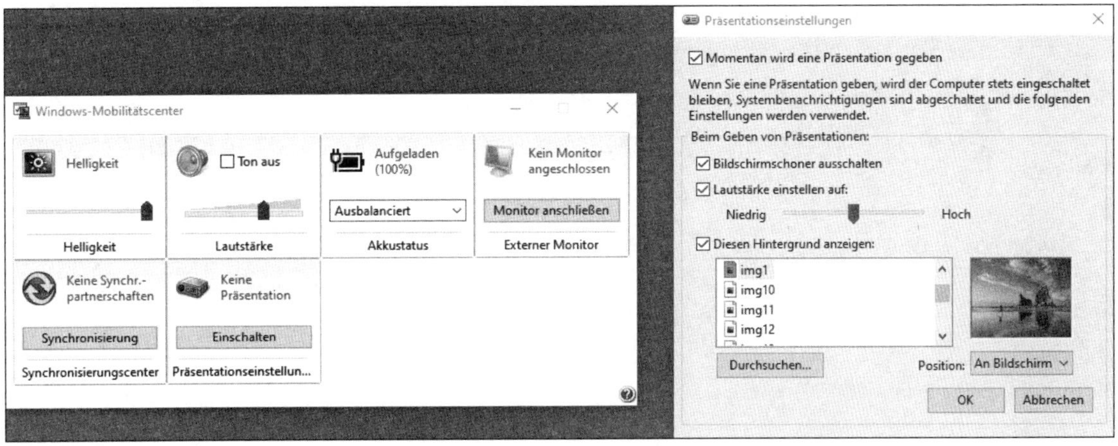

Abbildung 28.13 Das Windows-Mobilitätscenter und die Präsentationseinstellungen

Kapitel 29
Problemen und Fehlern auf die Spur kommen

Die Fehlersuche auf einem Windows-Computer kann manchmal eine nervenaufreibende Aktion werden. Mit den richtigen Tools lassen sich Probleme aber schnell eingrenzen und in vielen Fällen auch gleich beseitigen.

Irgendwann passiert es auch beim besten Computer: Eine Anwendung stürzt ab, und das Programmfenster verschwindet wie auf magische Weise vom Bildschirm. Oder es erscheint eine kryptische Fehlermeldung, die man nicht zuordnen kann. Die Probleme mit dem Computer können vielfältig sein und ebenso leider auch ihre Ursachen. Windows 10 bietet einige Tools an, mit denen sich Fehler analysieren und teilweise sogar gleich korrigieren lassen.

In diesem Kapitel lernen Sie u. a. die Problembehandlung kennen, mit der sich recht einfache Probleme aufspüren lassen. Genau deshalb sollte man sie auch nicht außer Acht lassen, denn häufig sieht man in einem Fehlerfall den Wald vor lauter Bäumen nicht mehr und übersieht die einfachsten Lösungsansätze.

Für die Profianalyse steht unter Windows 10 die Ereignisanzeige parat, die über jedes aufgetretene Ereignis informiert. Dabei kann es sich lediglich um eine Information handeln, dass z. B. ein Update erfolgreich installiert wurde, oder auch um eine ernst zu nehmende Warnung, falls eine Funktion nicht korrekt ausgeführt wurde und die Stabilität des Systems somit gefährdet ist. Wie Sie dieses leistungsfähige Tool am geschicktesten einsetzen, erfahren Sie in Abschnitt 29.3.

29.1 Die Problembehandlung von Windows 10

Läuft der Computer von einem Tag auf den anderen nicht mehr rund, ist es gar nicht so einfach, der Ursache auf die Spur zu kommen. Wer gar keine Idee hat, wo er mit der Suche anfangen soll, beginnt am besten mit der Problembehandlung von Windows 10. Sie hilft vor allem dann, wenn es gilt, Standardprobleme aufzudecken und zu lösen. Denn nicht immer sind schwerwiegende Fehler der Grund, warum ein Drucker den Dienst verweigert, sich das Handy nicht per Bluetooth mit dem Computer verbinden lässt oder die Internetverbindung streikt. Manchmal wurde auch einfach nur versehentlich ein Gerät ausgeschaltet, eine Funktion nicht aktiviert oder ein Kabel bei der letzten größeren Säuberungsaktion im Büro gelockert. An diese simplen Ursachen denkt man aber häufig erst nach langer vergeblicher Fehlersuche. Die Problembehandlung setzt hingegen genau an diesen Stellen an und kreist ein Problem dann weiter ein.

Der Aufruf der Problembehandlung kann unterschiedlich erfolgen. So finden Sie z. B. häufig in einem Dialog, der auf einen Fehler hinweist, einen entsprechenden Link, wie in Abbildung 29.1 zu sehen. In diesem Beispiel wird versucht, in einem Browser eine Webseite zu öffnen, obwohl keine Internetverbindung besteht. Mit einem Klick auf Windows-Netzwerkdiagnose ausführen wird das entsprechende Skript der Problembehandlung gestartet. Dieses erkennt das Problem korrekt und bietet auch gleich eine Lösung an, nämlich eine Verbindung zum WLAN herzustellen. Hierzu reicht ein Klick auf Diesen Fix anwenden.

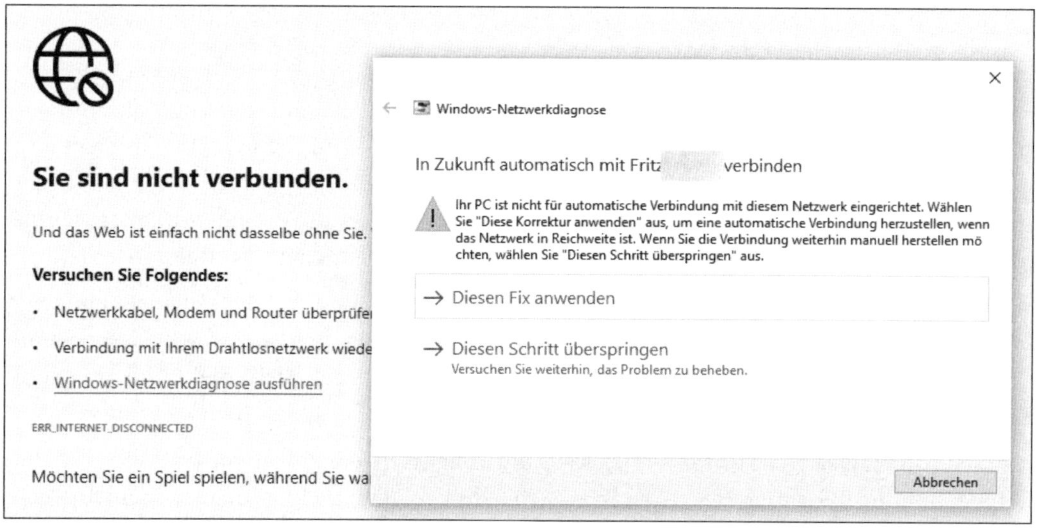

Abbildung 29.1 Die Windows-Netzwerkdiagnose ist Teil der Windows-Problembehandlung.

Können Sie keinen Link zur Problembehandlung entdecken, lässt sich diese auch direkt über die Einstellungen-App aufrufen. Wechseln Sie in die Kategorie Update und Sicherheit • Problembehandlung. Auf der Seite Problembehandlung sollten Sie zunächst eine Einstellung überprüfen: Damit Windows 10 nicht eigenmächtig, sprich ohne Sie zu informieren, mit der Problembehandlung beginnt, sollte unterhalb von Empfohlene Problembehandlung der Eintrag Vor dem Ausführen von Problembehandlungen nachfragen eingestellt sein.

Klicken Sie dann auf Zusätzliche Problembehandlungen. Sie erhalten nun eine Übersicht über klassische Themen, bei denen Probleme auftauchen können, etwa Internetverbindungen, Windows Update oder auch Bluetooth. Markieren Sie ein Thema, erscheint die Schaltfläche Problembehandlung ausführen. Ein Klick hierauf, und die Problemanalyse beginnt. In einigen Fällen wird das Problem sofort behoben, etwa wenn es um die

Aktivierung einer Funktion (z. B. Bluetooth) geht. Konnte ein Problem nicht gelöst werden, sind weitere Schritte Ihrerseits nötig, bei denen Ihnen aber meist ein Assistent zur Seite steht.

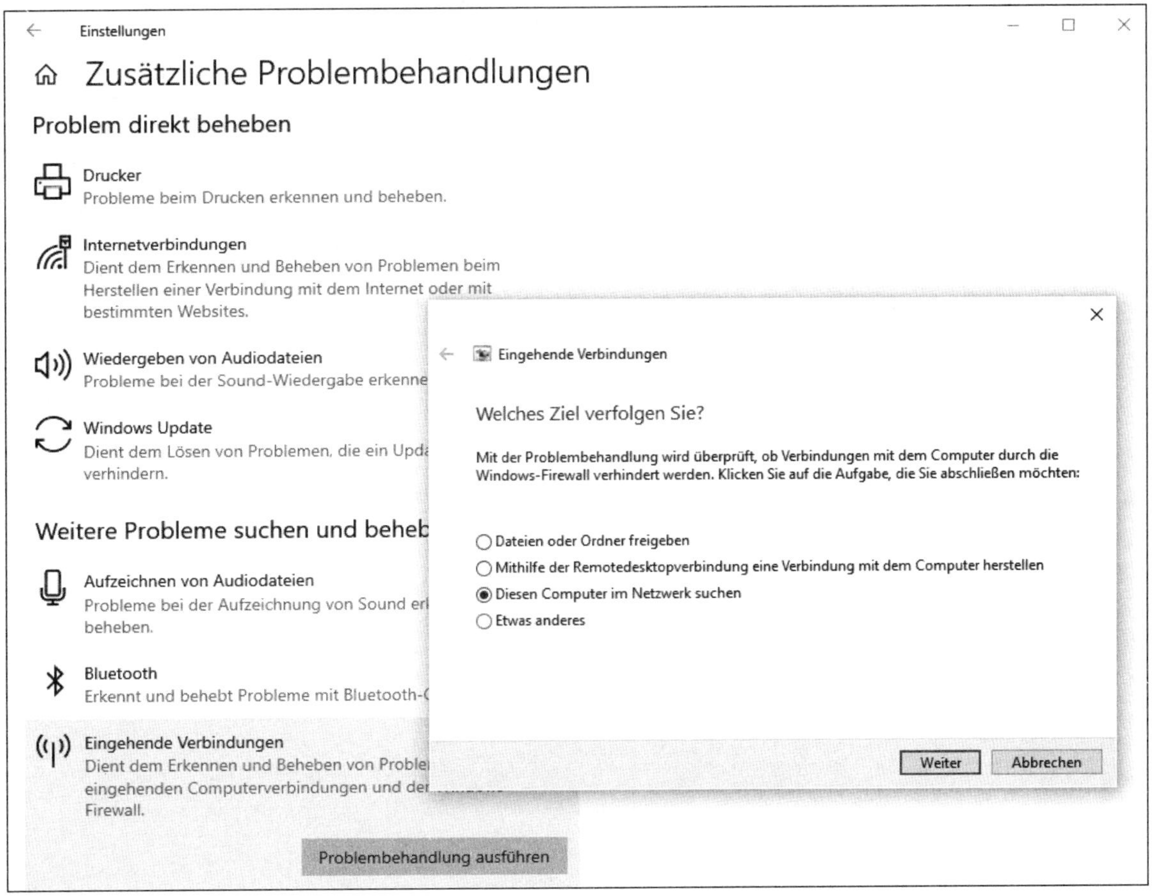

Abbildung 29.2 Bei manchen Problemen sind weitere Angaben Ihrerseits erforderlich.

29

29.2 Der Zuverlässigkeitsverlauf

Ist ein Programm abgestürzt, ist dies zwar ärgerlich, doch in den meisten Fällen lässt es sich anschließend wieder starten, und Sie können problemlos weiterarbeiten. Taucht das Problem nicht allzu häufig auf, geraten solche Momente auch schnell wieder in Vergessenheit. Zumindest beim Anwender, denn Windows 10 vergisst sie nicht. Sie können sich all diese kritischen Ereignisse, aber auch Informationen zu Updates und mehr im sogenannten *Zuverlässigkeitsverlauf* anzeigen lassen. Auf diese Weise erfahren Sie, wie zuverlässig, sprich stabil, sich Ihr Computer im Verlauf der letzten Tage und Wochen verhalten hat. Zum Aufruf des Zuverlässigkeitsverlaufs geben Sie im Suchfeld der Taskleiste »Zuverlässigkeit« ein und wählen dann den Treffer ZUVERLÄSSIGKEITSVERLAUF ANZEIGEN aus. Alternativ hierzu drücken Sie die Tastenkombination [Win] + [R] und geben im Ausführen-Dialog »perfmon /rel« ein.

Es dauert meist nur wenige Sekunden, bis Windows 10 den Bericht generiert und im Dialog ZUVERLÄSSIGKEITSÜBERWACHUNG einblendet. Das Liniendiagramm in der oberen Hälfte des Dialogs zeigt den Verlauf der Systemstabilität seit dem Kauf des PCs bzw. der Installation von Windows 10. Der Zeitraum wird in der horizontalen Achse eingeblendet. Bei der Anzeige können Sie zwischen TAGE und WOCHEN wählen, indem Sie links oberhalb des Diagramms die gewünschte Darstellung markieren. Die vertikale Achse ist zweigeteilt. In der oberen Hälfte befindet sich eine Skala, die von 1 bis 10 reicht, wobei 10 »keine Fehler, System läuft sehr zuverlässig« bedeutet. Die Linie sollte sich im Idealfall immer auf Höhe der 10 befinden. Kommt es allerdings zu einem Programmabsturz oder einem anderen Fehler, führt sie kurzzeitig nach unten und im Normalfall anschließend wieder nach oben.

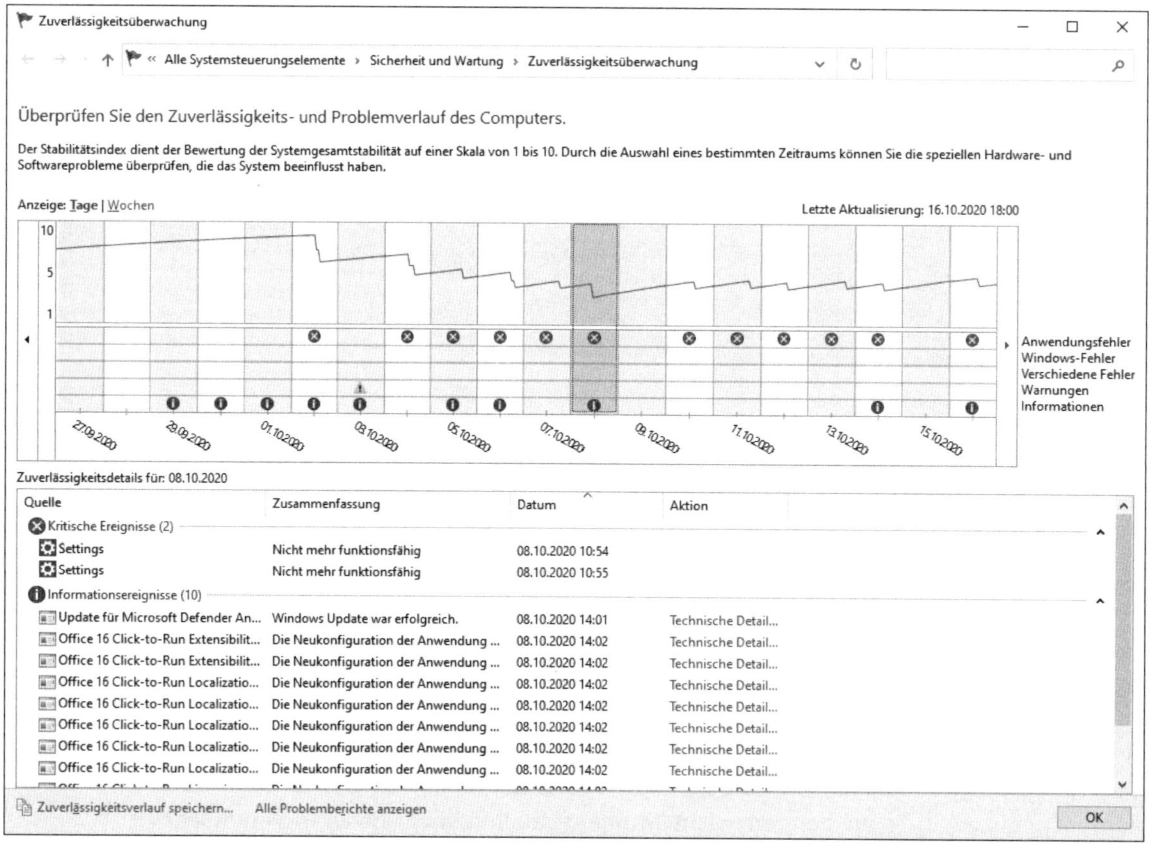

Abbildung 29.3 Der Zuverlässigkeitsverlauf zeigt, wie es um die Stabilität Ihres Computers im Verlauf der letzten Tage und Wochen bestellt war.

Ein besonderes Augenmerk sollten Sie auf die Zeilen unterhalb der Linie werfen. Ihre Beschriftung finden Sie am rechten Diagrammrand. Jedes weiße X in einem roten Kreis innerhalb der oberen drei Zeilen zeigt, dass an diesem Tag mindestens ein kritischer Fehler aufgetreten ist. Ein Symbol mit Ausrufezeichen in einem gelben Dreieck in der Zeile WARNUNGEN kennzeichnet hingegen Ereignisse, die sich nicht auf die Stabilität ausgewirkt haben. Tage, an denen z. B. Updates installiert wurden, werden in der Zeile INFORMATIONEN durch ein weißes »i« in einem blauen Kreis angezeigt.

Sind Sie an weiteren Informationen zu einem der Ereignisse interessiert, markieren Sie den entsprechenden Tag. Reichen Ihnen die sogenannten *Zuverlässigkeitsdetails*, die nun unterhalb des Diagramms eingeblendet werden, noch nicht aus, können Sie ein Ereignis auch doppelt anklicken. Hierdurch öffnet sich die Seite PROBLEMDETAILS, die aufgrund ihrer teilweise recht kryptischen Informationen allerdings nur selten für eine wirkliche Aufklärung sorgt.

Der Eintrag DER BERICHT WURDE GESENDET in der Spalte STATUS gibt an, dass der Diagnosebericht an Microsoft gesendet wurde. Das Senden der Diagnosedaten lässt sich unter Windows 10 nicht ganz unterbinden. Wie in Kapitel 22, »Windows 10 und der Datenschutz«, bereits beschrieben, können Sie über die Datenschutzeinstellungen lediglich festlegen, dass nur die wirklich erforderlichen Daten verschickt werden.

Über den Pfeil oben links kehren Sie zur Zuverlässigkeitsüberwachung zurück.

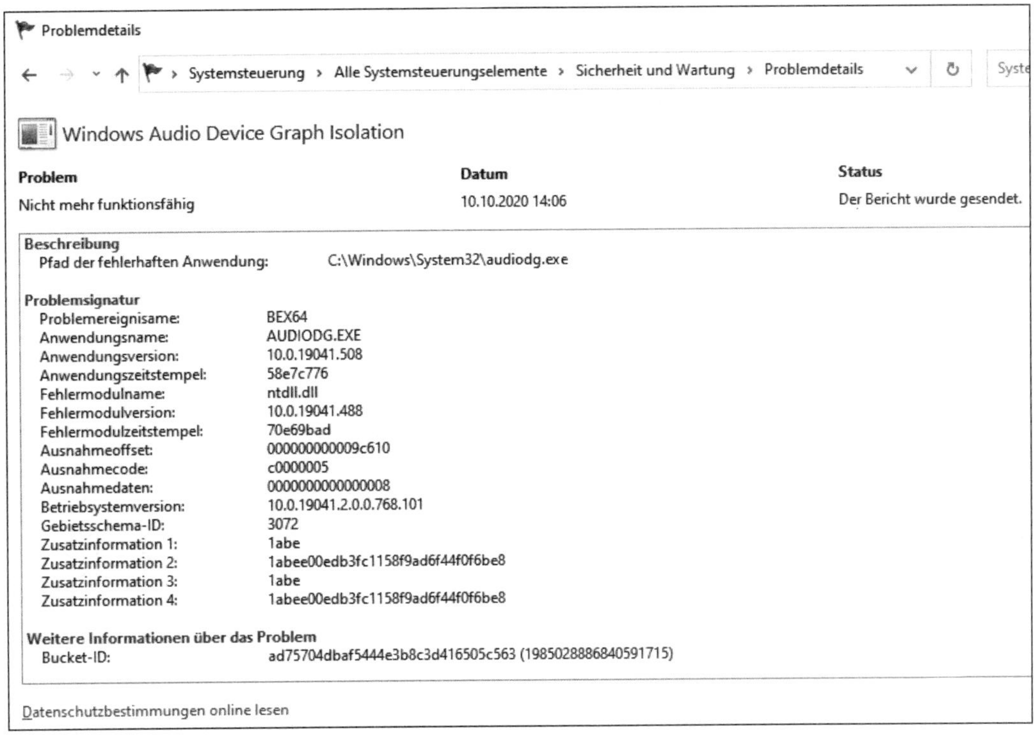

Abbildung 29.4 Die Problemdetails sind für den Anwender meist nicht sonderlich informativ. Der Diagnosebericht wurde an Microsoft verschickt, wie der Status-Spalte zu entnehmen ist.

29

Sorgt ein Programm oder ein Treiber nur ab und an für eine Fehlermeldung, ist dies nicht als kritisch einzustufen. Passiert es allerdings häufiger, sollten Sie dem Problem doch nachgehen. Eventuell lässt es sich durch die Installation einer aktuellen Version der Software oder des Treibers schnell beheben.

Übersicht über gesendete Problemberichte anzeigen

Interessiert es Sie, welche Fehlerberichte erstellt und an Microsoft gesendet wurden? Geben Sie im Suchfeld der Taskleiste »Problembericht« ein und wählen dann den Treffer ALLE PROBLEMBERICHTE ANZEIGEN aus, erhalten Sie eine Übersicht über die Fehlerberichterstattung. Die Ereignisse werden zunächst nach ihrer jeweiligen Quelle gruppiert. Nach einem Rechtsklick auf eine Spaltenüberschrift können Sie eine andere Gruppierung auswählen oder die Gruppierung auch ganz aufheben. Klicken Sie ein Ereignis doppelt an, gelangen Sie zur Seite PROBLEMDETAILS, die auch in Abbildung 29.4 zu sehen ist. Da Sie diese Seite in diesem Fall über die Problemberichte aufgerufen haben, führt Sie der Pfeil oben links auch wieder zu den Problemberichten zurück.

29.3 Fehlersuche per Ereignisanzeige

Mit der *Ereignisanzeige* bietet Windows 10 ein ausgesprochen mächtiges Werkzeug, um Probleme mit Hardware, Anwendungen, aber auch dem Betriebssystem selbst ausfindig zu machen. Wann immer auf Ihrem Computer ein Ereignis stattfindet, wird dieses vom Windows-Ereignisprotokolldienst aufgezeichnet und in einer Ereignisprotokoll-Datei gespeichert. Diese Ereignisprotokolle können Sie sich über die *Ereignisanzeige* ansehen, einem Snap-In der *Microsoft Management Console* (kurz *MMC*).

29.3.1 Übersicht über die Ereignisanzeige

Um alle Protokolle einsehen und somit möglichst viel Nutzen aus der Ereignisanzeige ziehen zu können, sollten Sie als Administrator am Computer angemeldet sein. Für den Aufruf der Ereignisanzeige stehen Ihnen verschiedene Möglichkeiten zur Auswahl. Der schnellste Weg erfolgt über das Schnellzugriffsmenü, indem Sie die Tastenkombination [Win] + [X] drücken und dann die EREIGNISANZEIGE auswählen. Sie erreichen sie aber auch über die COMPUTERVERWALTUNG, die Sie wiederum ebenfalls über das Schnellzugriffsmenü starten. Wer lieber den Ausführen-Dialog nutzt, der über die Tastenkombination [Win] + [R] eingeblendet wird, gibt dort »eventvwr« ein. Das Suchfeld der Taskleiste soll als weiterer Weg natürlich auch nicht außer Acht gelassen werden. Hier reicht bereits die Eingabe von »Ereignis«, und schon erscheint der Treffer EREIGNISANZEIGE.

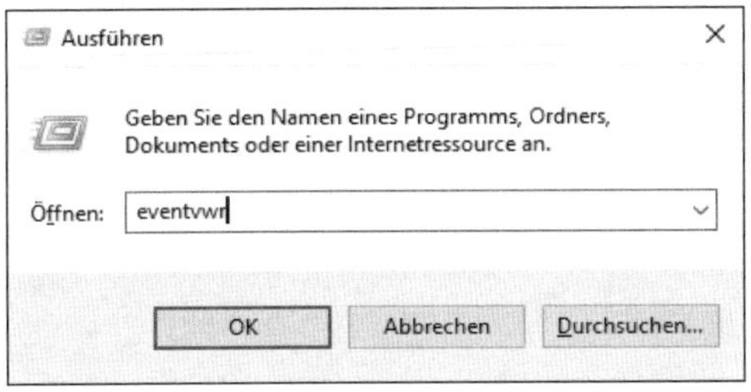

Abbildung 29.5 Die Ereignisanzeige kann über den Ausführen-Dialog durch Eingabe von »eventvwr« aufgerufen werden.

Nach dem Aufruf des Konsolenfensters ist am oberen Rand der linken Spalte der Knoten EREIGNISANZEIGE markiert.

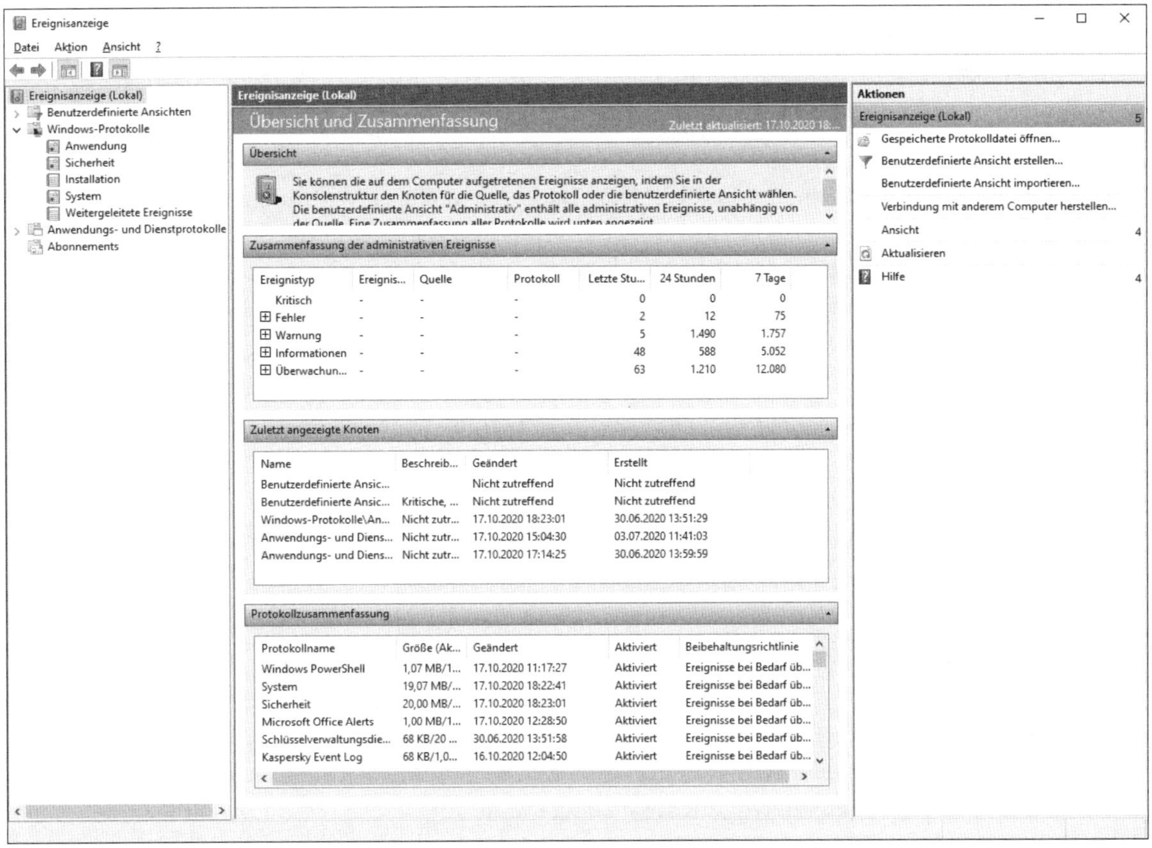

Abbildung 29.6 Übersicht und Zusammenfassung der Ereignisanzeige

In der mittleren Spalte sehen Sie somit eine Zusammenfassung der Ereignisse der letzten Stunde, der letzten 24 Stunden und der letzten sieben Tage. Die Ereignisse werden dabei dem Schweregrad nach in verschiedene Ereignistypen unterteilt:

- **Kritisch**: Ereignisse, bei denen schwerwiegende Probleme aufgetreten sind, die sogar zu Systemausfällen führen können, werden als kritisch eingestuft.
- **Fehler**: Fehlerereignisse weisen auf eine Instabilität des Systems hin. Diese kann z. B. durch einen Programmabsturz ausgelöst werden.
- **Warnung**: Die als Warnung eingestuften Ereignisse haben zwar noch nicht zu einer Systeminstabilität geführt, könnten aber zukünftig problematisch werden. Sie sollten deshalb genauer untersucht werden.
- **Informationen**: Wurde z. B. ein Update installiert oder eine erfolgreiche Änderung an einer Komponente vorgenommen, erscheint dieses Ereignis lediglich als Information.
- **Überwachung**: Sogenannte *Überwachungseinträge* werden im Sicherheitsprotokoll gespeichert. Beispiele hierfür sind etwa das Starten oder auch Herunterfahren des Computers und die Anmeldung am System.

Bei den Ereignisprotokoll-Dateien wird zwischen zwei verschiedenen Kategorien unterschieden: die *Windows-Protokolle* und die *Anwendungs- und Dienstprotokolle*. Klicken Sie in der linken Spalte auf das Pfeilsymbol vor WINDOWS-PROTOKOLLE, werden folgende Unterpunkte eingeblendet:

- **Anwendung**: Die hier erfassten Ereignisse werden von Anwendungen erzeugt. Dazu zählen die bereits in Windows 10 integrierten Apps, Programme, die Sie selbst installiert haben, und Betriebssystemdienste. Ob ein Ereignis in diesem Anwendungsprotokoll aufgezeichnet wird oder unter ANWENDUNGS- UND DIENSTPROTOKOLLE erscheint, wird von den Entwicklern festgelegt.
- **Sicherheit**: Hier werden alle Überwachungsereignisse wie das An- oder Abmelden am System erfasst. Die Einstufung der Sicherheitsereignisse erfolgt nicht in den zuvor erwähnten Ereignistypen KRITISCH, WARNUNG etc., sondern in ÜBERWACHUNG ERFOLGREICH und ÜBERWACHUNG GESCHEITERT.
- **Installation**: Alle Ereignisse, die von Windows während eines Setups oder einer Installation generiert werden, erscheinen hier.
- **System**: Das wohl wichtigste Protokoll ist das Systemprotokoll, denn hier sind alle Ereignisse enthalten, die von Windows-Systemkomponenten ausgelöst wurden. Schlägt z. B. das Laden eines Treibers fehl, wird dieses Ereignis im Systemprotokoll festgehalten.
- **Weitergeleitete Ereignisse**: Dieses Protokoll zeichnet Ereignisse auf, die von anderen Computern übermittelt wurden. Voraussetzung hierfür ist, dass Sie ein entsprechendes Ereignisabonnement eingerichtet haben. Dieser Vorgang ist recht aufwendig und deshalb meist nur in einem größeren Netzwerk sinnvoll. In einem privaten Netzwerk mit nur wenigen Geräten steht der Aufwand hingegen in keinem Verhältnis zum Gewinn, den Sie daraus erzielen könnten.

Die Protokolldateien werden im Ordner *%SystemRoot%\System32\Winevt\Logs* gespeichert und tragen die Dateiendung .evtx. Während die gerade aufgeführten Protokolle der Kategorie WINDOWS-PROTOKOLLE systemweite Ereignisse aufzeichnen, handelt es sich bei den Protokollen aus der Kategorie ANWENDUNGS- UND DIENSTPROTOKOLLE um anwendungs- und dienstspezifische Ereignisse, die keine systemweiten Auswirkungen haben. Letztere umfasst Hunderte von Protokollen, die meisten davon finden Sie unter MICROSOFT/WINDOWS.

29.3.2 Ereignisprotokolle richtig interpretieren

Markieren Sie in der linken Spalte des Konsolenfensters EREIGNISANZEIGE einen Knoten – z. B. den Unterpunkt SYSTEM der Kategorie WINDOWS-PROTOKOLLE –, werden in der mittleren Spalte alle dazugehörigen Ereignisse aufgelistet. Die Liste ist zunächst chronologisch sortiert und beginnt mit den neuesten Einträgen. Anhand der Angaben in der Spalte EBENE sehen Sie sofort, wie ein Ereignis eingestuft wurde. Um die Liste nach diesem Kriterium zu sortieren, klicken Sie einfach auf die Spaltenüberschrift EBENE. Nun befinden sich die kritischen Ereignisse zu Beginn der Liste, gefolgt von den Fehlermeldungen, Warnungen etc. Analog lassen sich auch die anderen Spaltenüberschriften zur Sortierung einsetzen.

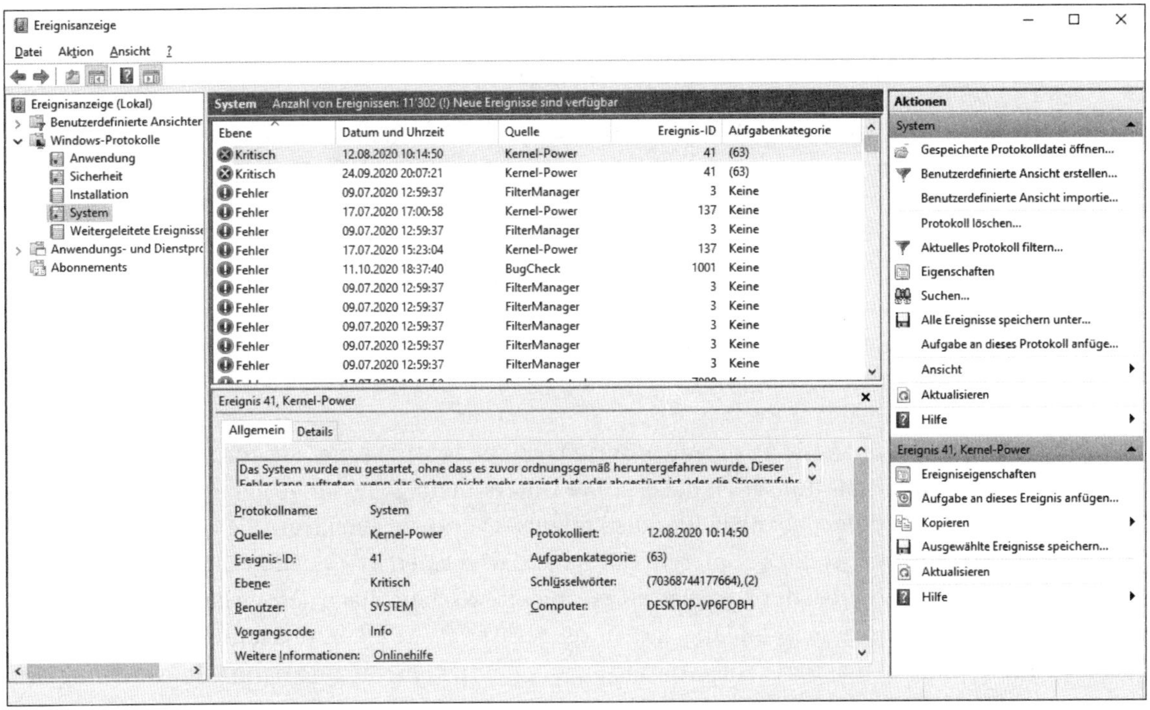

Abbildung 29.7 Sie können die Ereignisliste z. B. nach Datum und Uhrzeit, Ebene, Quelle oder auch Ereignis-ID sortieren.

Markieren Sie einen Protokolleintrag, werden am unteren Rand der mittleren Spalte Details zu diesem Ereignis eingeblendet. Reicht der Platz nicht aus, um die Details vollständig anzuzeigen, klicken Sie das Ereignis im oberen Abschnitt der mittleren Spalte doppelt an. Hierdurch wird der Eigenschaften-Dialog des Ereignisses geöffnet.

Den Angaben im Register ALLGEMEIN können Sie einige Informationen entnehmen, die zur Fehleranalyse wichtig sind. Die Quelle gibt z. B. an, von wem ein Ereignis geschrieben wurde. Dabei kann es sich beispielsweise um einen Dienst, eine Windows-Komponente oder auch eine Anwendung handeln. Auch der Beschreibungstext gibt häufig einen Anhaltspunkt, von wem das Ereignis ausgelöst wurde und um welche Art von Problem es sich handeln könnte. Die wichtigste Information stellt allerdings die eher unscheinbar wirkende Ereignis-ID dar, denn mit ihr können Sie sich gezielt im Web auf Fehlersuche begeben.

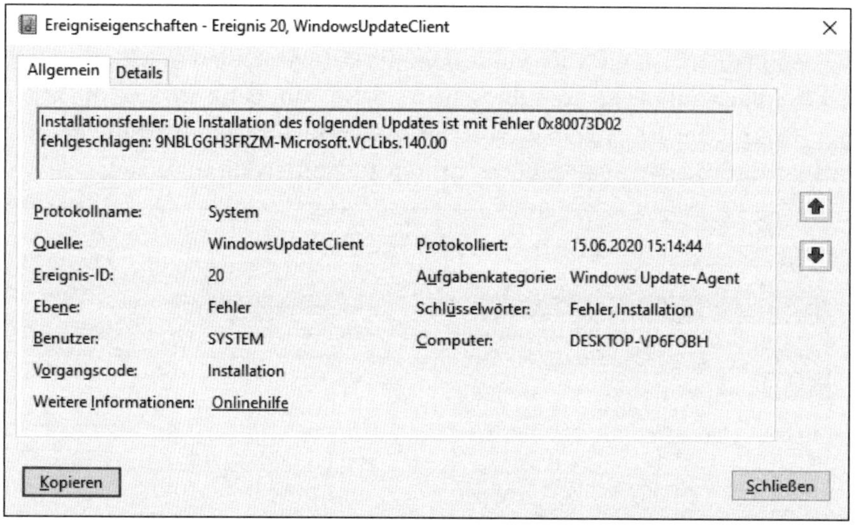

Abbildung 29.8 Der kurze Beschreibungstext und die Quelle liefern bereits einen kleinen Anhaltspunkt, die wichtigste Angabe ist allerdings die Ereignis-ID.

Der im Eigenschaften-Dialog aufgeführte Link ONLINEHILFE, der Sie zur Microsoft-Website führt, bringt leider nur selten die erhoffte Unterstützung. Besser geeignet ist eine Suchmaschine wie Google. Geben Sie hier die Ereignis-ID und die Quelle an. Sie können auch Teile des Beschreibungstextes kopieren. Die Schaltfläche KOPIEREN erledigt dies zwar für Sie, allerdings wird hierbei der komplette Text in der Zwischenablage gespeichert. Für eine Suchanfrage ist dieser meist zu lang. Zielführender ist es, nur einen relevanten Part (z. B. einen Fehlercode) zu markieren, diesen mit `Strg` + `C` zu kopieren und dann mit `Strg` + `V` im Suchfeld der Suchmaschine einzugeben. Als Ergebnis erhalten Sie zahlreiche Links zu Foren oder auch Blogs, in denen bereits andere Anwender und Profis sich über den Fehler ausgetauscht und zahlreiche Tipps publiziert haben.

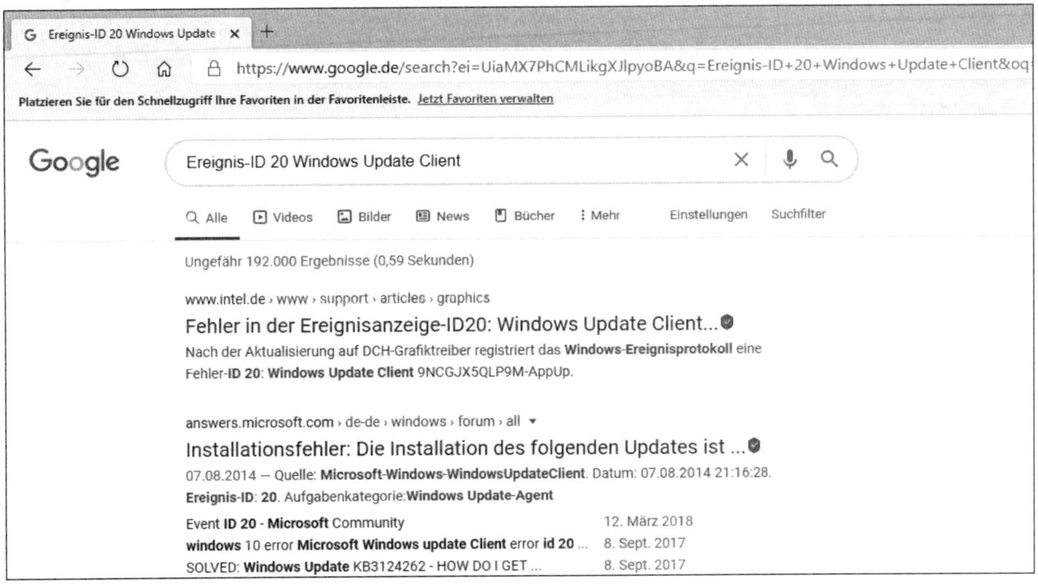

Abbildung 29.9 Die Internetrecherche nach einer Ereignis-ID und der dazugehörigen Quelle bringt zahlreiche Treffer, die zur Fehleranalyse beitragen.

29.3.3 Benutzerdefinierte Ansicht erstellen

Alle Protokolle nach Fehlern zu durchsuchen würde einen immensen Zeitaufwand bedeuten. Dank der benutzerdefinierten Ansichten ist dies zum Glück nicht nötig. Denn mit ihrer Hilfe lassen sich schnell die wirklich relevanten Ereignisse herausfiltern, um die Sie sich als Erstes kümmern sollten. Klicken Sie in der linken Spalte auf den Pfeil vor Benutzerdefinierte Ansichten, finden Sie bereits das Protokoll Administrative Ereignisse vor. Es enthält ausschließlich Ereignisse, die den Ereignistypen Kritisch, Fehler oder Warnung zugeordnet wurden. Sie können aber auch eigene Ansichten definieren. Dies ist z. B. dann ratsam, wenn Sie herausfinden möchten, wie häufig ein bestimmtes Ereignis (etwa ein Programmabsturz) auftritt. Um eine benutzerdefinierte Ansicht zu erstellen, gehen Sie folgendermaßen vor:

1. Klicken Sie in der rechten Spalte Aktionen des Konsolenfensters Ereignisanzeige auf Benutzerdefinierte Ansicht erstellen. Der gleichnamige Dialog wird geöffnet.
2. Versehen Sie im Register Filter im Bereich Ereignisebene die Kontrollkästchen Kritisch und Fehler mit einem Häkchen.
3. Um beispielsweise herauszufinden, welche Anwendungen immer wieder abstürzen, aktivieren Sie die Option Per Quelle. Nach einem Klick auf das Symbol am rechten Rand des Feldes Quellen wählen Sie in der aufklappenden Liste für das Beispiel Application Hang aus. Mit einem Klick außerhalb des Feldes übernehmen Sie die Auswahl. Im Feld

Protokolle wird nun automatisch Anwendung angezeigt. Mit einem Klick auf OK übernehmen Sie die Einstellungen.

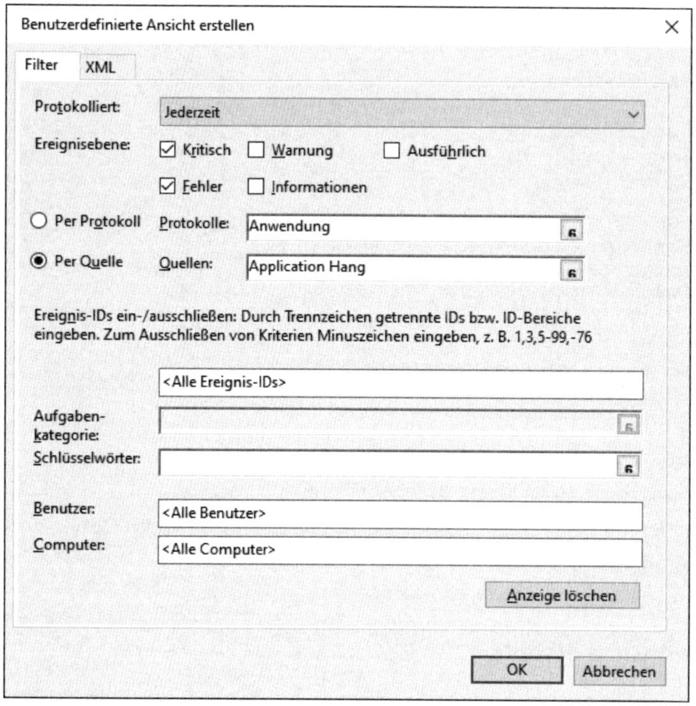

Abbildung 29.10 Mithilfe dieser benutzerdefinierten Ansicht wird ein Filter erzeugt, der alle Programmabstürze auflistet.

4. Sie werden anschließend aufgefordert, einen Namen für die benutzerdefinierte Ansicht zu vergeben. Schließen Sie den Dialog Filter in benutzerdefinierter Ansicht speichern anschließend mit OK.

Ihre gerade erstellte Ansicht wird nun unter dem von Ihnen vergebenen Namen in der linken Spalte der Ereignisanzeige als Unterpunkt des Knotens Benutzerdefinierte Ansicht eingeblendet. Der Filter wird sofort angewendet, sodass Sie direkt das Ergebnis in der mittleren Spalte begutachten können.

Falls Sie die Filterkriterien einer benutzerdefinierten Ansicht ändern möchten (etwa weitere Quellen hinzufügen), klicken Sie die Ansicht in der linken Spalte mit der rechten Maustaste an und wählen im Kontextmenü den Befehl Aktuelle benutzerdefinierte Ansicht filtern. Nehmen Sie nun die gewünschten Änderungen oder auch Ergänzungen vor, die Sie dann mit OK übernehmen. Benötigen Sie eine benutzerdefinierte Ansicht nicht mehr, wählen Sie im Kontextmenü den Befehl Löschen.

> **Abbruchfehlern auf der Spur**
>
> Ihr Computer stürzt häufig ab, auf dem Bildschirm erscheint der berühmt-berüchtigte *Blue Screen of Death* (kurz *BSOD* oder auch *blauer Todesbildschirm* genannt)? Auch solche Ereignisse tauchen natürlich in der Ereignisanzeige auf. Um die Anzeige entsprechend zu filtern, bietet es sich an, eine entsprechende benutzerdefinierte Ansicht zu erstellen, wie in Abschnitt 29.3.3 gezeigt. Im Feld QUELLEN wählen Sie in diesem Fall BUGCHECK aus.

29.3.4 Über Ereignisse benachrichtigen lassen

Ein bestimmtes Ereignis in der Ereignisanzeige hat Ihre Aufmerksamkeit erregt, und Sie möchten es besonders im Auge behalten. In einem solchen Fall können Sie natürlich regelmäßig selbst die Ereignisanzeige aufrufen und prüfen, ob das Problem erneut aufgetaucht ist. Weitaus bequemer ist es allerdings, sich automatisch informieren zu lassen. Dies geschieht, indem eine entsprechende Aufgabe an das Ereignis angefügt wird. Und so gehen Sie hierfür vor:

1. Klicken Sie in der mittleren Spalte das gewünschte Ereignis mit der rechten Maustaste an, und wählen Sie im Kontextmenü AUFGABE AN DIESES EREIGNIS ANFÜGEN.

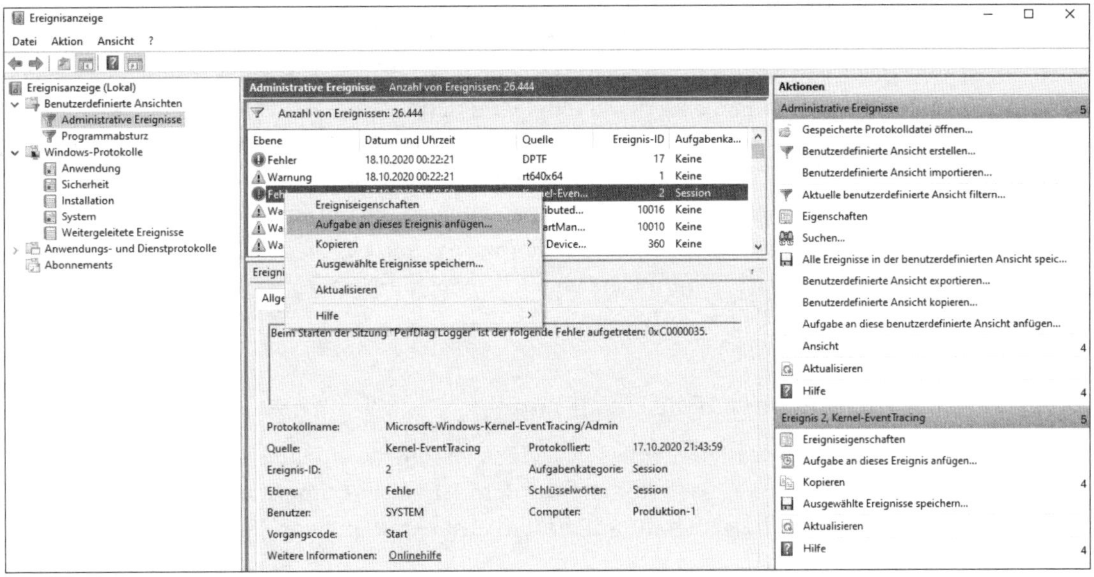

Abbildung 29.11 Haben Sie einem Ereignis eine Aufgabe angefügt, werden Sie sofort benachrichtigt, wenn dieses Ereignis erneut stattfindet.

2. Im Dialog ASSISTENT FÜR DAS ERSTELLEN EINFACHER AUFGABEN geben Sie auf der Seite EINFACHE AUFGABE ERSTELLEN zunächst einen aussagekräftigen Namen ein. Bestätigen Sie diese Seite und die folgende jeweils mit WEITER.

3. Auf der Seite AKTION wählen Sie die Option MELDUNG ANZEIGEN (VERALTET) aus. Auch wenn Microsoft die Meldung für veraltet hält, stellt dies für den Anwender den praktischsten Weg dar. Nach einem Klick auf WEITER geben Sie einen TITEL und den Text ein, den die Meldung auf dem Bildschirm ausgeben soll, sobald das Ereignis erneut eintritt. Bestätigen Sie mit WEITER und FERTIG STELLEN.

Die Benachrichtigungen lassen sich übrigens nicht nur für einzelne Ereignisse einrichten, sondern auch für benutzerdefinierte Ansichten und Protokolle. Markieren Sie hierzu einfach den gewünschten Eintrag in der linken Spalte (z. B. eine selbst erzeugte benutzerdefinierte Ansicht), und klicken Sie dann in der rechten Spalte AKTIONEN auf AUFGABE AN DIESE BENUTZERDEFINIERTE ANSICHT ANFÜGEN (siehe Abbildung 29.11) bzw. im Falle eines markierten Protokolls auf AUFGABE AN DIESES PROTOKOLL ANFÜGEN. Die weiteren Schritte erfolgen analog zu der zuvor im Zusammenhang mit einem Ereignis beschriebenen Vorgehensweise.

Ausgewählte Ereignisse speichern und weiterleiten

Manche Probleme lassen sich allein nur schwer lösen. Kommen Sie bei der Fehleranalyse nicht weiter, kann es hilfreich sein, die Informationen rund um ein Ereignis in eine Datei zu exportieren und diese dann an einen Fachmann (z. B. einen Support-Mitarbeiter) weiterzuleiten. Markieren Sie das Ereignis hierzu in der Ereignisanzeige. Wenn Sie mehrere Ereignisse zusammenfassen möchten, halten Sie die Taste `Strg` gedrückt, während Sie alle Ereignisse per Mausklick auswählen. Klicken Sie dann in der rechten Spalte auf AUSGEWÄHLTE EREIGNISSE SPEICHERN. Im Dialog SPEICHERN UNTER wählen Sie den Speicherort aus und geben einen aussagekräftigen Namen ein. Als Dateityp wird automatisch das EVTX-Format angegeben. Eine Datei dieses Formats lässt sich aber nur in der Ereignisanzeige öffnen. Wählen Sie stattdessen besser eines der anderen angebotenen Formate aus. Eine Textdatei (Dateiendung .txt) lässt sich z. B. auch mit dem Textverarbeitungsprogramm Word oder einem einfachen Texteditor öffnen. Schließen Sie den Dialog mit SPEICHERN. Die Datei können Sie nun beispielsweise per E-Mail an eine andere Person weiterleiten.

29.3.5 Remotezugriff auf die Ereignisanzeige

Möchten Sie sich gerne die Ereignisse anzeigen lassen, die auf einem anderen Computer innerhalb Ihres Netzwerkes protokolliert wurden? Ist dieser Computer eingeschaltet, können Sie aus der Ereignisanzeige heraus auf dieses Remotesystem zugreifen. Hierzu gehen Sie folgendermaßen vor:

1. Öffnen Sie auf dem Computer, mit dem Sie gerade arbeiten, die Ereignisanzeige. Klicken Sie zu Beginn der linken Spalte mit der rechten Maustaste auf EREIGNISANZEIGE (LOKAL). Im Kontextmenü wählen Sie den Befehl VERBINDUNG MIT ANDEREM COMPUTER HERSTELLEN.

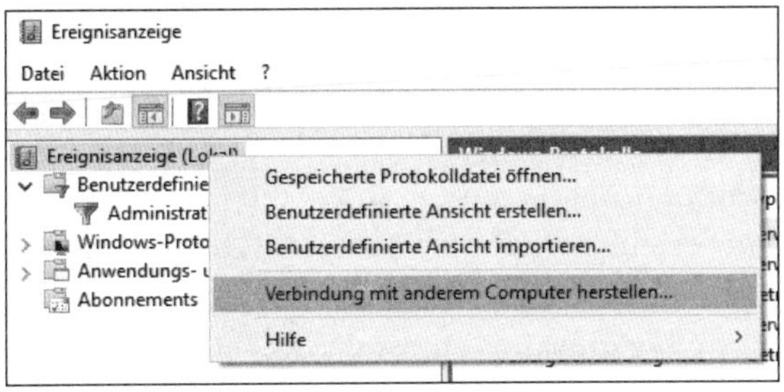

Abbildung 29.12 Sie können aus der Ereignisanzeige heraus eine Verbindung zu einem anderen Computer herstellen.

2. Im Dialog COMPUTER AUSWÄHLEN ist die Option ANDERER COMPUTER bereits aktiviert. Geben Sie den Namen oder auch die IP-Adresse des Computers an. Nach einem Klick auf DURCHSUCHEN können Sie das gewünschte Gerät auch im Netzwerk suchen.
3. Versehen Sie im Dialog COMPUTER AUSWÄHLEN das Kontrollkästchen VERBINDUNG UNTER ANDEREM KONTO HERSTELLEN mit einem Häkchen, falls Sie auf dem Remotesystem nicht die gleichen Anmeldeinformationen nutzen wie an dem Gerät, an dem Sie gerade sitzen. Nach einem Klick auf BENUTZER wählen Sie das gewünschte Benutzerkonto aus und geben das dazugehörige Kennwort ein.
4. Nach einem Klick auf OK wird die Verbindung zum Remotecomputer hergestellt.

Bis dies erfolgreich geschehen ist, kann ein Moment vergehen. Sollten Sie eine Fehlermeldung erhalten, prüfen Sie die dort aufgeführten Angaben. Eventuell verhindert eine Einstellung der Windows-Firewall den Zugriff auf den Computer. Stellen Sie in diesem Fall sicher, dass auf dem Remotesystem in der WINDOWS DEFENDER FIREWALL MIT ERWEITERTER SICHERHEIT bei den EINGEHENDEN REGELN die Regel REMOTE-EREIGNISPROTOKOLLVERWALTUNG aktiviert ist. Ist dies nicht der Fall, klicken Sie mit der rechten Maustaste auf die Regel und wählen den Befehl REGEL AKTIVIEREN. Weitere Informationen zur Windows Defender Firewall mit erweiterter Sicherheit erhalten Sie in Abschnitt 25.3.

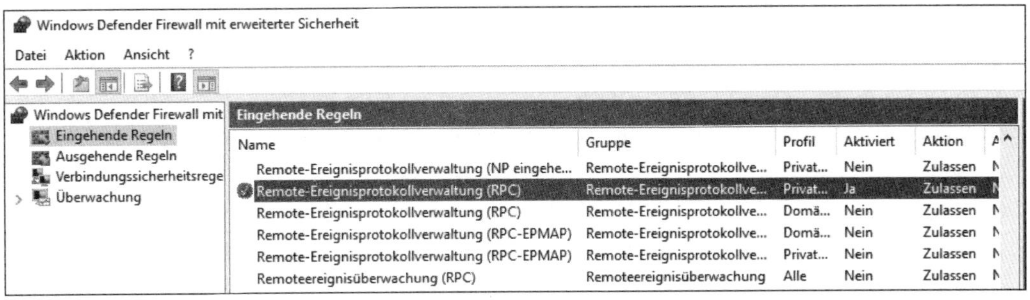

Abbildung 29.13 Um über die Ereignisanzeige auf einen Remotecomputer zugreifen zu können, muss auf diesem in der Windows-Firewall die »Remote-Ereignisprotokollverwaltung (RPC)« aktiviert sein.

29.3.6 Ereignisanzeige aufräumen und Protokolle leeren

Je länger Sie mit dem Computer arbeiten, desto umfangreicher und damit auch unübersichtlicher werden die Ereignisprotokolle. Bei so manch einem Anwender kommt daher der Wunsch auf, hier einmal gründlich aufzuräumen. Sie haben durchaus die Möglichkeit, alte Einträge zu löschen, dies umfasst aber immer ein komplettes Protokoll. Bevor Sie diesen Schritt gehen, sollten Sie zuvor den aktuellen Stand des jeweiligen Protokolls speichern. Damit können Sie jederzeit einen Blick auf alte Ereignisse werfen, falls dies einmal nötig sein sollte. Und so gehen Sie zum Speichern und Leeren eines Protokolls vor:

1. Markieren Sie in der linken Spalte der Konsole EREIGNISANZEIGE das gewünschte Protokoll. In der rechten Spalte AKTIONEN finden Sie nun den Befehl PROTOKOLL LÖSCHEN, den Sie per Mausklick auswählen.
2. Im folgenden Dialog klicken Sie auf SPEICHERN UND LEEREN. Wählen Sie den gewünschten Speicherort aus, und geben Sie einen aussagekräftigen Namen an. Dies kann z. B. eine Kombination aus dem Protokollnamen und dem aktuellen Datum sein (etwa *Ereignisanzeige_Sicherheit_191020*). Als Dateityp können Sie die Voreinstellung .evtx beibehalten.

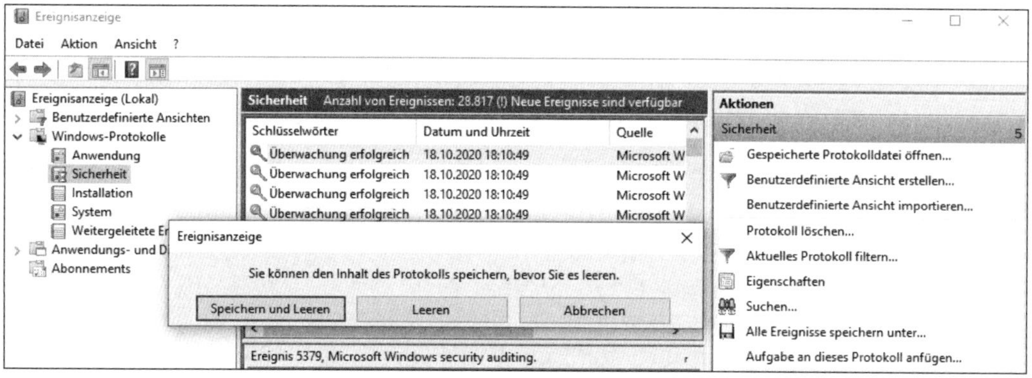

Abbildung 29.14 Bevor Sie ein Protokoll löschen, sollten Sie seinen Inhalt speichern.

Sollten Sie zu einem späteren Zeitpunkt auf die alten Ereignisse zurückgreifen müssen, gehen Sie so vor:

1. Klicken Sie in der Konsole EREIGNISANZEIGE in der rechten Spalte AKTIONEN auf GESPEICHERTE PROTOKOLLDATEI ÖFFNEN. Navigieren Sie zum Speicherort der Datei, und doppelklicken Sie darauf.
2. Im folgenden Dialog wählen Sie aus, wo die als externes Protokoll bezeichnete Datei angezeigt werden soll. Die Voreinstellung GESPEICHERTE PROTOKOLLE können Sie hier mit OK übernehmen.
3. In der rechten Spalte der Konsole erscheint nun ein weiterer Knoten mit der Bezeichnung GESPEICHERTE PROTOKOLLE. Als Unterpunkt wird die Protokolldatei angezeigt, und sie ist auch bereits markiert, sodass Sie in der mittleren Spalte deren Inhalt sehen.

Kapitel 30
Leistung überwachen mit Windows 10

Ist der Computer im Laufe der Zeit wirklich immer langsamer geworden, oder empfindet man dies nur so? Mit den in diesem Kapitel vorgestellten Tools können Sie dem System gründlich auf den Zahn fühlen.

Sie haben den Eindruck, dass Ihr Computer in letzter Zeit an Leistung eingebüßt hat und nicht mehr so flott läuft wie zu Beginn? Die Ursache hierfür zu finden ist manchmal gar nicht so einfach. Ist eine bestimmte Anwendung oder ein Prozess schuld daran, dass das System immer langsamer wird? Und welche Systemressource kommt dabei an ihre Leistungsgrenze? Ist es vielleicht der Prozessor, der Arbeitsspeicher oder doch der Grafikprozessor? Windows 10 bringt mit dem Task-Manager, dem Ressourcenmonitor und der Leistungsüberwachung ein paar interessante Tools mit, mit denen Sie den Leistungsfressern auf die Spur kommen können. Zuvor erfahren Sie aber, wie Sie an ausführliche Informationen rund um Ihren Computer gelangen.

30.1 Detaillierte Systeminformationen anzeigen

Können Sie aus dem Stegreif sagen, welcher Prozessor in Ihrem Computer verbaut ist und über wie viel Arbeitsspeicher das Gerät verfügt? Direkt nach dem Kauf sind einem diese Angaben noch gegenwärtig, doch im Laufe der Zeit geraten sie meist in Vergessenheit. Windows 10 bietet verschiedene Möglichkeiten, wie Sie sich die wichtigsten Systeminformationen schnell wieder in Erinnerung rufen können.

Ein Weg führt über die Einstellungen-App. Starten Sie diese über die Tastenkombination [Win] + [I], und rufen Sie die Kategorie SYSTEM • INFO auf. Alternativ hierzu drücken Sie die Tastenkombination [Win] + [X] und wählen im Schnellzugriffsmenü SYSTEM aus. Die Seite INFO, zu der Sie geführt werden, enthält wichtige Angaben zu Gerätenamen, Prozessor, RAM und Systemtyp. Auch die auf dem Computer installierte Windows-Edition und -Version können Sie dieser Seite entnehmen.

Mehr oder weniger die gleichen Informationen werden auch in der Systemsteuerung auf der Seite BASISINFORMATIONEN ÜBER DEN COMPUTER ANZEIGEN aufgeführt. Um zur entsprechenden Seite zu gelangen, können Sie z. B. in der Einstellungen-App am unteren Rand der Seite INFO auf SYSTEMINFO klicken. Eine Alternative führt über den Explorer: Klicken Sie hier im Navigationsbereich mit der rechten Maustaste auf DIESER PC, und wählen Sie im Kontextmenü den Befehl EIGENSCHAFTEN.

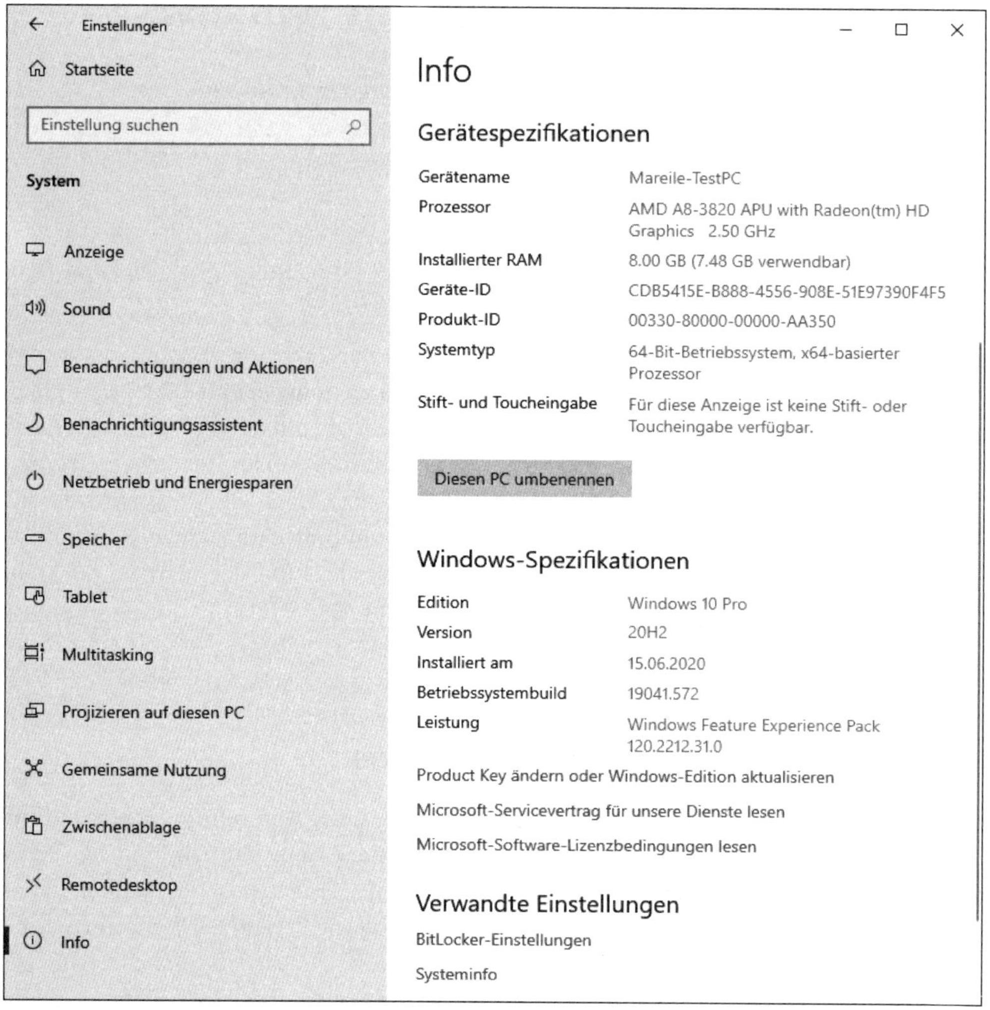

Abbildung 30.1 Die Seite »Info« in der Einstellungen-App

Wie der Seitentitel in der Systemsteuerung bereits deutlich macht, handelt es sich bei den Systemangaben tatsächlich nur um Basisinformationen. Wer sich intensiver mit der Hard- und Software seines Computers auseinandersetzen möchte, kommt weder mit den Informationen der Einstellungen-App noch denen der Systemsteuerung wirklich weiter. Hierfür ist ein Tool wie die *Systeminformationen* erforderlich. Manch einem Anwender mag das Tool eher unter dem Namen seiner ausführbaren Datei geläufig sein: *msinfo32.exe*. Zum Aufruf des Tools drücken Sie z. B. die Tastenkombination [Win] + [R] und geben im Ausführen-Dialog »msinfo32.exe« ein. Sobald Sie den Dialog mit JA bestätigt oder die [↵]-Taste gedrückt haben, wird das Programmfenster der SYSTEMINFORMATIONEN geöffnet. Alternativ hierzu können Sie »msinfo« auch im Suchfeld der Taskleiste eingeben und dann den Treffer SYSTEMINFORMATIONEN auswählen.

Abbildung 30.2 Die Seite »Basisinformationen über den Computer anzeigen« in der Systemsteuerung

Das Tool wird zunächst mit einer SYSTEMÜBERSICHT gestartet, die aber bereits bei Weitem mehr Informationen enthält als die beiden zuvor vorgestellten Seiten der Einstellungen-App und der Systemsteuerung. Richtig spannend wird es, wenn Sie sich die HARDWARERESSOURCEN, KOMPONENTEN und SOFTWAREUMGEBUNG ansehen, die Sie – wie die SYSTEMÜBERSICHT selbst auch – jeweils in der linken Spalte auswählen können. Wie beim Explorer blenden Sie mit einem Klick auf das Plussymbol vor einem Eintrag die Unterpunkte ein. Benötigen Sie z. B. detaillierte Informationen zum Grafikprozessor, markieren Sie unter KOMPONENTEN die Kategorie ANZEIGE.

Eine Übersicht über alle installierten Systemtreiber erhalten Sie unter SOFTWAREUMGEBUNG • SYSTEMTREIBER. Die Angaben beinhalten Treiber- und Dateiname ebenso wie Typ (Kerneltreiber oder Dateisystemtreiber), Startmodus und die Information, ob der Treiber gestartet wurde oder nicht. Sehen Sie sich selbst in Ruhe die verschiedenen Komponenten an. Sie werden staunen, welche Informationen sich hier verstecken.

Sollten Sie eine bestimmte Systeminformation suchen, aber nicht fündig werden, nutzen Sie am besten die Suchfunktion des Tools. Geben Sie hierzu am unteren Fensterrand im Feld SUCHEN NACH den gewünschten Suchbegriff ein. Soll lediglich die linke Spalte mit den Kategorienamen durchsucht werden, versehen Sie das Kontrollkästchen NUR KATEGORIENAMEN DURCHSUCHEN mit einem Häkchen. Falls Sie eine bestimmte Kategorie durchforsten möchten, stellen Sie zunächst sicher, dass diese in der linken Spalte markiert ist. Versehen Sie dann das Kontrollkästchen NUR AUSGEWÄHLTE KATEGORIE DURCHSUCHEN MIT EINEM HÄKCHEN.

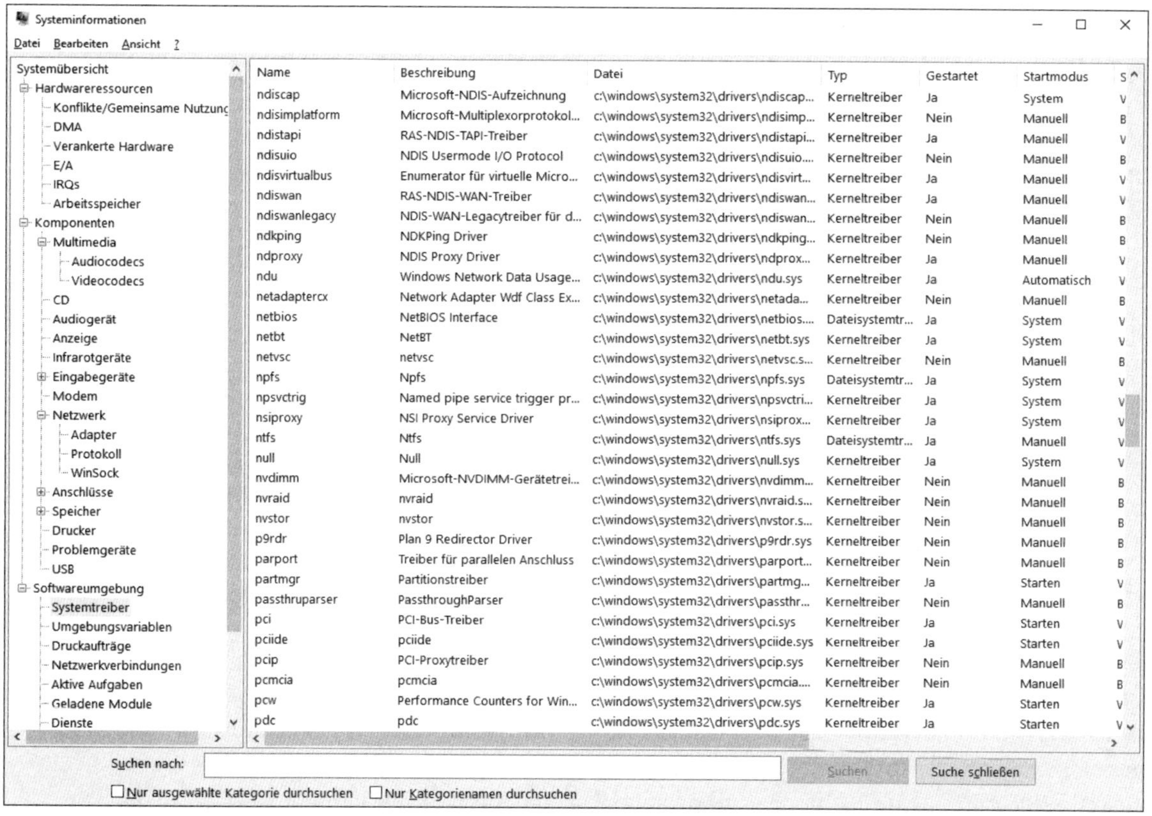

Abbildung 30.3 Das Tool »Systeminformationen« mit einer Übersicht über die installierten Systemtreiber

Alle in der rechten Fensterhälfte aufgeführten Informationen lassen sich auch ausdrucken. Markieren Sie hierzu zunächst in der linken Spalte die gewünschte Kategorie, sodass die Informationen hierzu rechts zu sehen sind. Rufen Sie dann im Menü DATEI den Befehl DRUCKEN auf, und bestätigen Sie den folgenden Dialog mit DRUCKEN. Möchten Sie die rechts angezeigten Informationen als Textdatei speichern, wählen Sie DATEI • EXPORTIEREN. Legen Sie dann den gewünschten Speicherort fest, vergeben Sie einen Dateinamen, und bestätigen Sie mit SPEICHERN. Eine Textdatei können Sie über einen beliebigen Texteditor öffnen. Eine weitere Möglichkeit des Speicherns ergibt sich über den Befehl SPEICHERN im Menü DATEI. Hierbei werden die Systeminformationen im Dateiformat .nfo gespeichert. Eine solche Datei lässt sich nur im Tool *Systeminformationen* über DATEI • ÖFFNEN wieder öffnen.

Systeminformationen als PDF-Datei speichern

In den Systeminformationen wird eine Vielzahl an Informationen zu Ihrem Computer erfasst. Über den Befehl DRUCKEN im Menü DATEI können Sie diese wunderbar in einer einzigen PDF-Datei speichern. Damit wirklich alle Informationen gesichert werden, markieren Sie in der linken Spalte der Systeminformationen zunächst die SYSTEMÜBERSICHT. Rufen Sie dann DATEI • DRUCKEN auf. Wählen Sie den Drucker MICROSOFT PRINT TO PDF aus, und bestätigen Sie die Auswahl mit einem Klick auf DRUCKEN. Nach einem kurzen Moment werden Sie aufgefordert, einen Speicherort für die PDF-Datei auszuwählen und einen Dateinamen anzugeben. Schließen Sie den Dialog SPEICHERN UNTER anschließend mit SPEICHERN. Der Drucker *Microsoft Print to PDF* wird Ihnen übrigens in jedem Drucken-Dialog angeboten, egal, aus welcher Anwendung heraus Sie ihn aufrufen.

30.2 Die Leistung im Blick behalten mit dem Task-Manager

Haben Sie den Eindruck, Ihr Computer wird immer langsamer, sollte Ihr erster Blick dem Task-Manager gelten. Er hält viele Informationen rund um das laufende System parat. So lässt sich mithilfe des Task-Managers z. B. in Erfahrung bringen, welche aktive Anwendung die CPU am stärksten in Anspruch nimmt oder wie es um die Auslastung des Arbeitsspeichers bestellt ist.

In den vorherigen Kapiteln wurden bereits einige Teilaspekte des Task-Managers vorgestellt. Auch wenn es hierdurch zu Themenüberschneidungen kommt, möchte ich an dieser Stelle die Gelegenheit nutzen, den Task-Manager im Ganzen vorzustellen, denn jeder seiner Bereiche bietet Ihnen einen besonderen Blickwinkel auf Ihren Computer und die damit verbundene Systemleistung.

30.2.1 Den Task-Manager aufrufen

Um den Task-Manager zu starten, stehen Ihnen viele Möglichkeiten zur Auswahl. Wer sich diverse Mausklicks sparen möchte, drückt die Tastenkombination [Strg] + [⇧] + [Esc], und schon wird der Task-Manager direkt geöffnet. Wer die Hand lieber nicht von der Computermaus nimmt, klickt mit der rechten Maustaste auf das Windows-Logo und wählt im Schnellzugriffsmenü den TASK-MANAGER aus. Nach einem rechten Mausklick auf das Cortana-Symbol oder einen freien Bereich der Taskleiste finden Sie im anschließend aufklappenden Kontextmenü ebenfalls den Eintrag TASK-MANAGER. Tippen Sie lieber, statt zu klicken, drücken Sie zunächst die Windows-Taste, um das Suchfeld der Taskleiste zu aktivieren. Geben

Sie dann im Suchfeld »Task-Manager« ein. Sobald dieser als erster Treffer aufgeführt wird, reicht das Drücken der [↵]-Taste, um den Task-Manager zu starten.

Falls Sie den Task-Manager das erste Mal aufrufen, finden Sie im Programmfenster nur eine Liste der gerade aktiven Programme vor. Diese Ansicht reicht aus, falls Sie eine abgestürzte Anwendung, die auf keinerlei Eingaben mehr reagiert, beenden möchten. Sie müssen hier lediglich das entsprechende Programm markieren und dann auf TASK BEENDEN klicken.

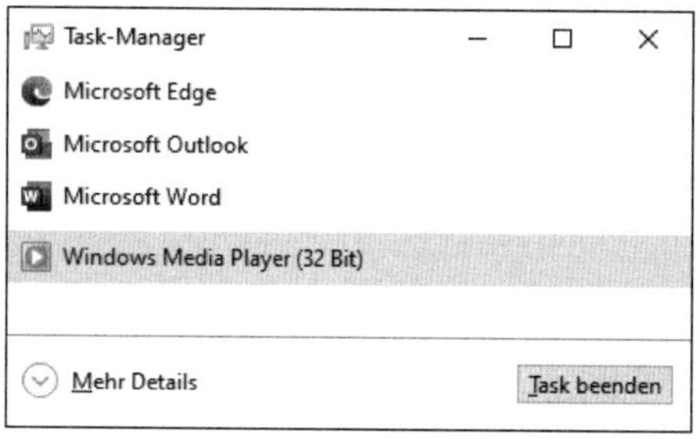

Abbildung 30.4 In der Standardansicht sehen Sie zunächst nur eine Übersicht über die laufenden Programme.

Möchten Sie nicht nur die laufenden Anwendungen, sondern auch alle aktiven Prozesse mit ihrer jeweiligen Auswirkung auf die Systemleistung unter die Lupe nehmen, klicken Sie in der Standardansicht des Task-Managers auf MEHR DETAILS. Das Programmfenster des Task-Managers wird nun erweitert und zeigt die sieben Register PROZESSE, LEISTUNG, APP-VERLAUF, AUTOSTART, BENUTZER, DETAILS und DIENSTE an, die ich Ihnen in den folgenden Abschnitten näher vorstellen werde.

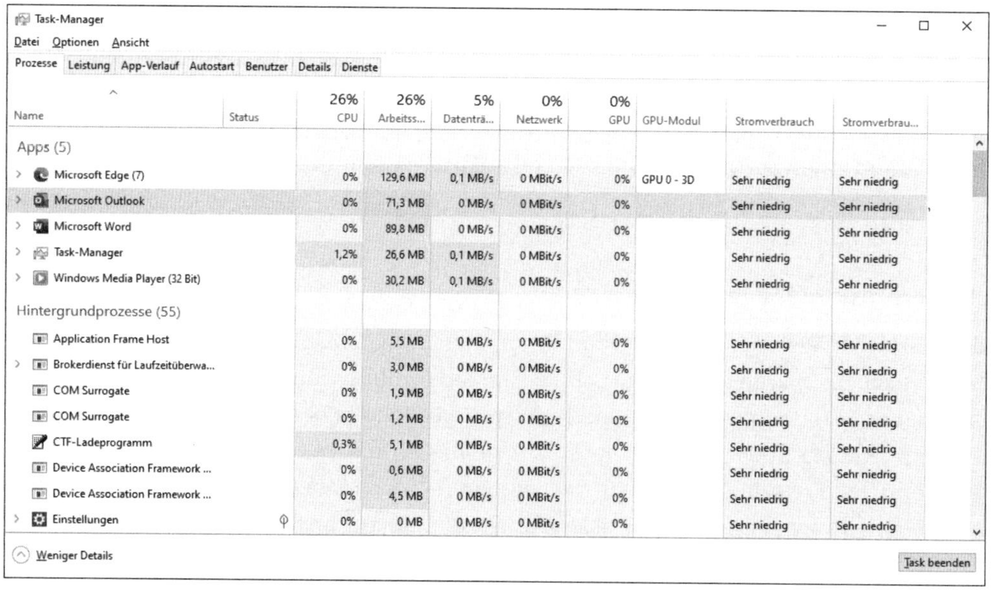

Abbildung 30.5 Der Task-Manager mit der erweiterten Ansicht

30.2.2 Das Register »Prozesse«

Im Register PROZESSE, das sich nach dem Wechsel zur erweiterten Ansicht direkt im Vordergrund befindet, werden alle laufenden Anwendungen und Hintergrundprozesse aufgeführt. Finden Sie links von einer Anwendung oder einem Prozess einen Pfeil, lassen sich per Klick darauf die dazugehörigen Instanzen einblenden. Haben Sie z. B. zwei Word-Dokumente geöffnet, werden diese nach dem Klick auf den Pfeil angezeigt. Auch in der erweiterten Ansicht können Sie eine Anwendung bzw. auch nur eine Instanz oder einen Prozess beenden, indem Sie den entsprechenden Eintrag zunächst markieren und dann unten rechts auf TASK BEENDEN klicken (siehe Abbildung 30.5).

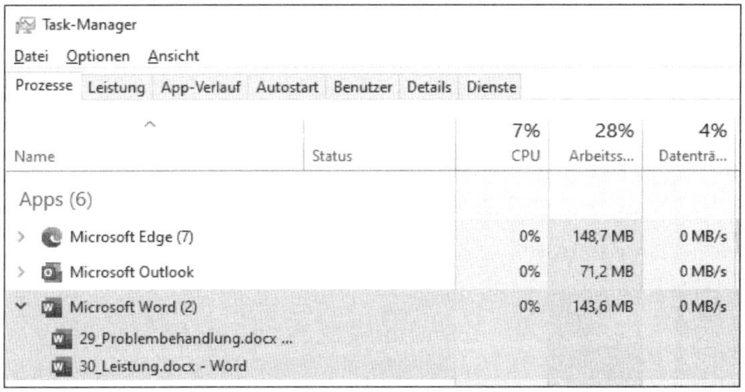

Abbildung 30.6 Nach einem Klick auf den Pfeil vor »Microsoft Word« werden die beiden geöffneten Instanzen, sprich in diesem Fall Dokumente, angezeigt.

Die rechte Fensterhälfte des Registers PROZESSE zeigt, wie stark eine Anwendung die zur Verfügung stehenden Ressourcen beansprucht. Die unterschiedliche Farbgebung erleichtert es, besonders ressourcenintensive Kandidaten sofort ausfindig zu machen. Die Farbskala reicht dabei von einem zarten Gelbton (niedrige Auslastung) bis hin zu einem kräftigen Rot (hohe Auslastung).

Per Standardeinstellung werden die Auslastung auf die CPU, den Arbeitsspeicher, die Datenträger, das Netzwerk und die GPU angezeigt sowie der Stromverbrauch der einzelnen Anwendungen. Klicken Sie einen der Spaltenköpfe an, wird die Tabelle nach dem ausgewählten Kriterium sortiert. Interessiert es Sie z. B., welche Anwendung gerade den höchsten Bedarf an Arbeitsspeicher hat, klicken Sie auf den Spaltenkopf ARBEITSSPEICHER.

Klicken Sie eine der Spaltenköpfe der Tabelle mit der rechten Maustaste an, lassen sich noch weitere Ressourcen auswählen. Möchten Sie die Tabelle lieber schlank halten, entfernen Sie das Häkchen vor einem Kontextmenüeintrag. Die dazugehörige Spalte wird somit ausgeblendet. Für Arbeitsspeicher, Datenträger und Netzwerk lassen sich die Ressourcenwerte in Prozent oder als Wert (MB beim Arbeitsspeicher und MB/s bei Datenträger und Netzwerk) anzeigen. Die entsprechende Auswahl treffen Sie im Kontextmenü über den Eintrag RESSOURCEWERTE.

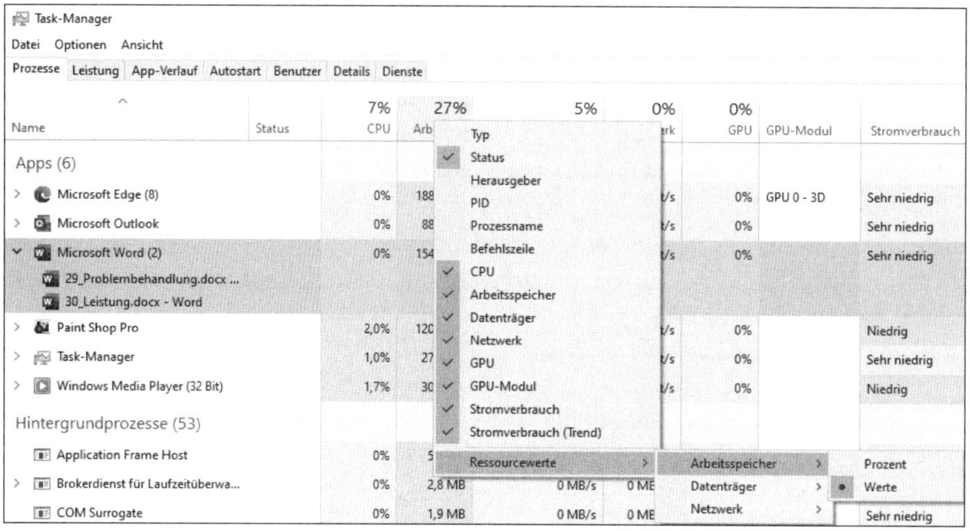

Abbildung 30.7 Über das Kontextmenü, das Sie per rechten Mausklick auf einen Spaltenkopf einblenden, lässt sich festlegen, welche Ressourcen in der Tabelle erscheinen und welche Ressourcenwerte angezeigt werden sollen.

30.2.3 Das Register »Leistung«

Wechseln Sie in das Register LEISTUNG, wird Ihnen die Ressourcenauslastung während der letzten 60 Sekunden als Grafik angezeigt. Neben den Daten der CPU, des Arbeitsspeichers, des Datenträgers und des Netzwerkes (Ethernet oder auch WLAN) können Sie sich seit Windows 10 Version 1709 auch über die Auslastung des Grafikprozessors (auf Englisch »Graphics Processor Unit«, kurz *GPU*) informieren. Seit Windows 10 Version 2004 zeigt der Task-Manager außerdem bei den aufgeführten Datenträgern an, ob es sich um eine Festplatte oder eine schnellere SSD handelt.

Klicken Sie in der linken Fensterhälfte auf die Miniaturansicht einer Ressource, wird das entsprechende Diagramm rechts in größerer Darstellung eingeblendet. Unterhalb des Diagramms werden weitere Informationen zur ausgewählten Ressource eingeblendet. Im Falle des Arbeitsspeichers erfahren Sie so z. B., wie viel Speicher belegt und wie viel frei ist. Bewegen Sie den Mauszeiger über die verschiedenen Abschnitte der Diagramme, wird in einer QuickInfo jeweils deren Bedeutung eingeblendet.

Markieren Sie links die CPU, wird rechts zunächst die Gesamtleistung des Prozessors präsentiert. Interessiert Sie die Auslastung der einzelnen Kerne, klicken Sie die CPU-Grafik mit der rechten Maustaste an. Im Kontextmenü wählen Sie dann GRAPH ÄNDERN IN/LOGISCHE PROZESSOREN. Nun wird die Auslastung der einzelnen Kerne angezeigt (siehe Abbildung 30.9). Die logischen Prozessoren beziehen sowohl die echten Kerne mit ein als auch die virtuellen Hyper-Threading-Kerne. Beim Hyper-Threading kann ein CPU-Kern zwei Threads gleichzeitig ausführen.

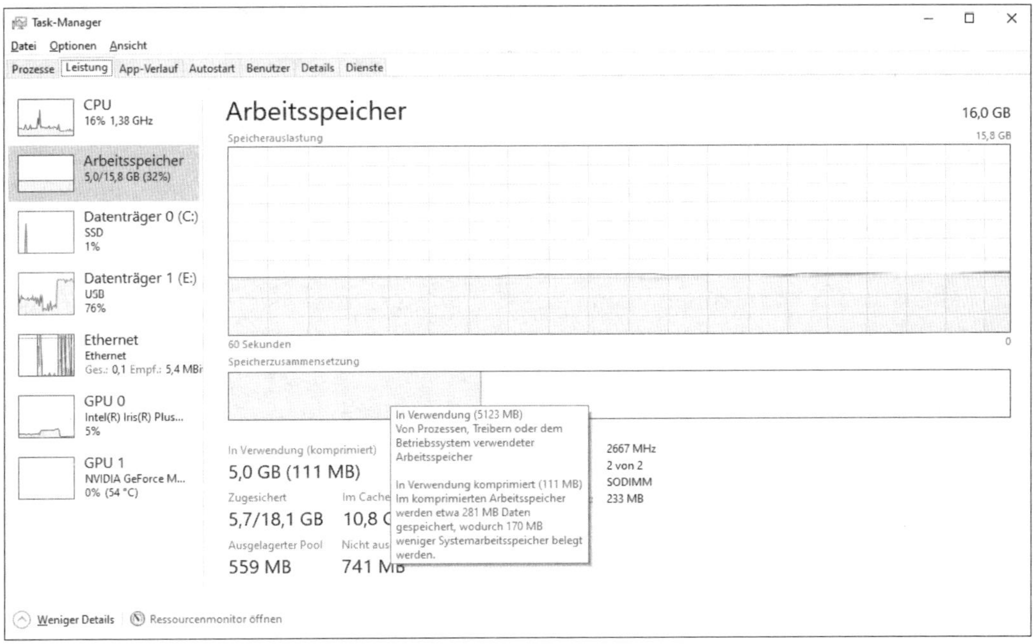

Abbildung 30.8 Die QuickInfo zeigt im Falle des Arbeitsspeichers, wie viel Speicher gerade von Prozessen, Treibern oder dem Betriebssystem genutzt wird.

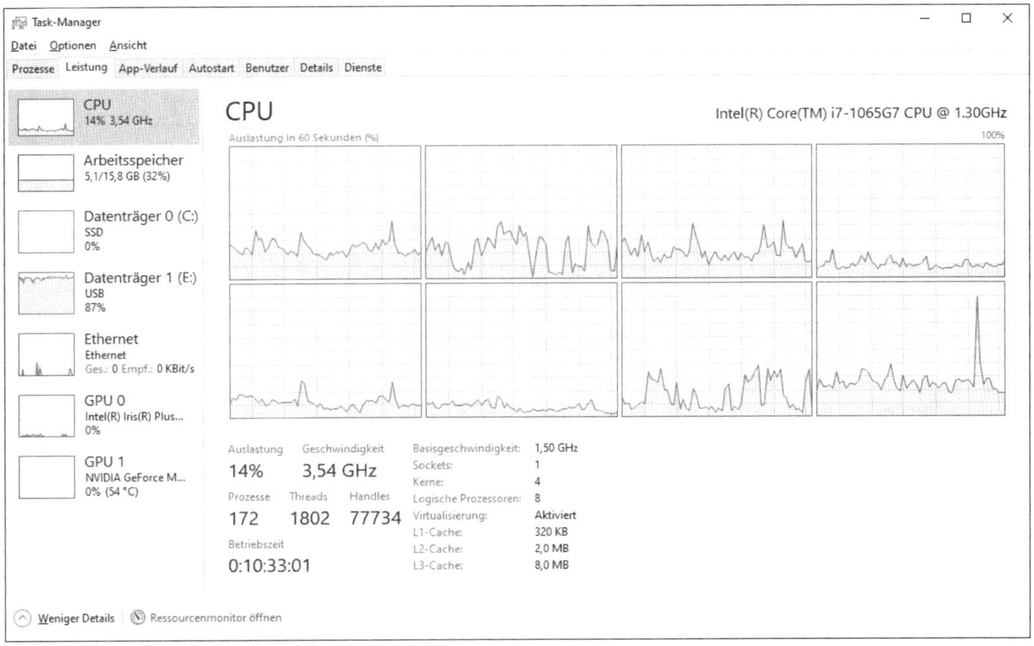

Abbildung 30.9 Das Register »Leistung« des Task-Managers zeigt hier die Auslastung der einzelnen CPU-Kerne.

Interessant wird das Register LEISTUNG vor allem dann, wenn Sie hier die Auswirkungen einer Anwendung auf die einzelnen Ressourcen beobachten. Mit einem Blick auf die einzelnen Diagramme links lässt sich so häufig die Komponente ausfindig machen, die die Leistungsbremse verursacht. Gut geeignet für solch einen Ressourcentest ist z. B. ein Videoschnittprogramm. Ist ein solches nicht zur Hand, tut es aber auch ein 4K-Video, das Sie sich z. B. über den Browser ansehen können (die Webseite YouTube ist hierfür eine gute Anlaufstelle). Stört Sie das große Programmfenster des Task-Managers, lässt sich dies übrigens geschickt verkleinern: Klicken Sie mit der rechten Maustaste auf eines der Diagramme links, und wählen Sie im Kontextmenü dann ZUSAMMENFASSUNGSANSICHT. Es wird nun nur noch die linke Spalte des Fensters angezeigt. Um wieder zur großen Darstellung zu gelangen, doppelklicken Sie auf eines der kleinen Diagramme.

Eine noch intensivere Untersuchung der Leistung ermöglicht der *Ressourcenmonitor*, den Sie über den Link RESSOURCENMONITOR ÖFFNEN starten können. Den Link finden Sie am unteren Fensterrand. In Abschnitt 30.3 erhalten Sie weitere Informationen zu diesem Tool.

30.2.4 Das Register »App-Verlauf«

Das Register APP-VERLAUF zeigt eine Übersicht über alle auf dem Computer installierten UWP-Apps mit ihrem jeweiligen Ressourcenverbrauch. Oberhalb der Tabelle erfahren Sie, seit welchem Tag die Daten erfasst werden. Über den Link AUSLASTUNGSVERLAUF LÖSCHEN können Sie die bisher gespeicherte Historie löschen.

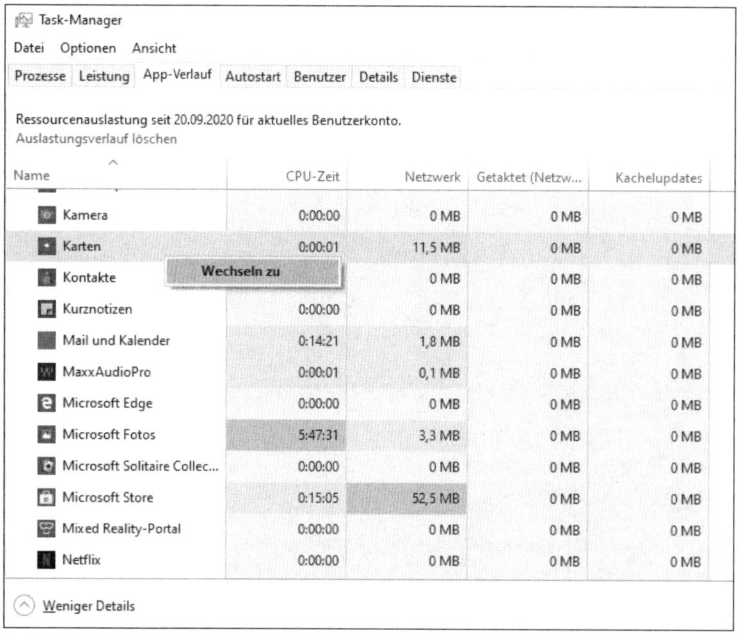

Abbildung 30.10 Das Register »App-Verlauf« zeigt eine Übersicht über alle auf dem Computer installierten UWP-Apps an. Über das Kontextmenü einer App können Sie direkt zu dieser wechseln.

UWP-Apps sind recht ressourcenschonend, wie Sie der Tabelle entnehmen können. Auch hier hilft die Farbskala, schnell diejenigen Apps zu identifizieren, die eine Ressource besonders intensiv beansprucht haben. Klicken Sie eine der Apps mit der rechten Maustaste an, können Sie sie mit dem Befehl WECHSELN ZU direkt aus dem Task-Manager heraus öffnen.

30.2.5 Das Register »Autostart«

Beim Start von Windows 10 werden auch einige Anwendungen automatisch gestartet. Diese werden im Register AUTOSTART des Task-Managers aufgelistet. Der Spalte STARTAUSWIRKUNGEN können Sie entnehmen, wie stark die Ressourcenauslastung einer App ist. Die Einstufung reicht hier von KEINER, NIEDRIG, MITTEL bis hin zu HOCH. Zu viele Programme mit einer zu hohen Startauswirkung verlangsamen den Systemstart erheblich. Programme, die nicht zwingend bereits beim Hochfahren des Systems aktiv sein müssen, sollten Sie deaktivieren. Den entsprechenden Befehl erreichen Sie über das Kontextmenü, das Sie per rechten Mausklick auf die entsprechende Anwendung einblenden.

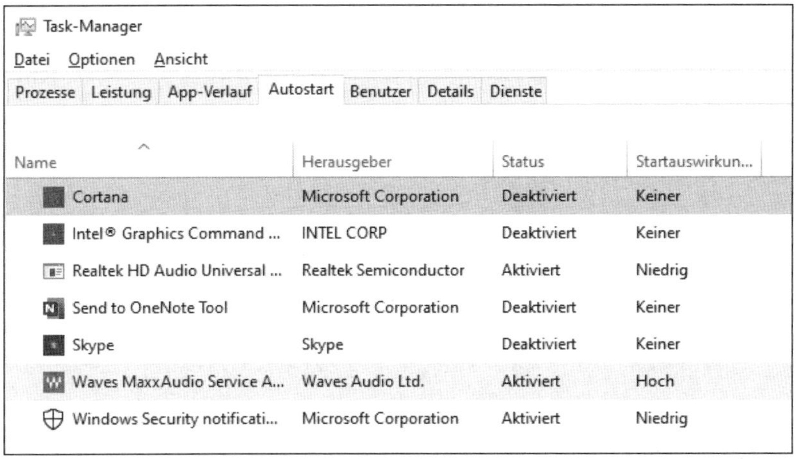

Abbildung 30.11 Automatische Programmstarts beim Hochfahren des Computers lassen sich im Register »Autostart« deaktivieren.

30.2.6 Das Register »Benutzer«

Im Register BENUTZER erfahren Sie, welche Benutzer gerade direkt oder per Remotezugriff am Computer angemeldet sind. Klicken Sie auf den Pfeil vor Ihrem Benutzernamen (im Falle eines Microsoft-Kontos handelt es sich dabei um die E-Mail-Adresse), werden alle gerade ausgeführten Prozesse aufgelistet. Sind Sie mit einem Administratorkonto am System angemeldet, können Sie sich auch die Prozesse der anderen Benutzer ansehen. Für jeden Prozess wird der Ressourcenverbrauch angezeigt. So lässt sich z. B. in Erfahrung bringen, welcher Benutzer mit welchem Prozess den Arbeitsspeicher besonders in Beschlag nimmt. Jeder Prozess kann aus diesem Register heraus beendet werden, indem Sie ihn mit der rechten Maustaste anklicken und dann den Befehl TASK BEENDEN wählen. Als Administrator haben Sie auch die Möglichkeit, einen Benutzer vom System abzumelden. Hierzu wählen Sie nach einem rechten Mausklick auf den Benutzernamen den Befehl TRENNEN.

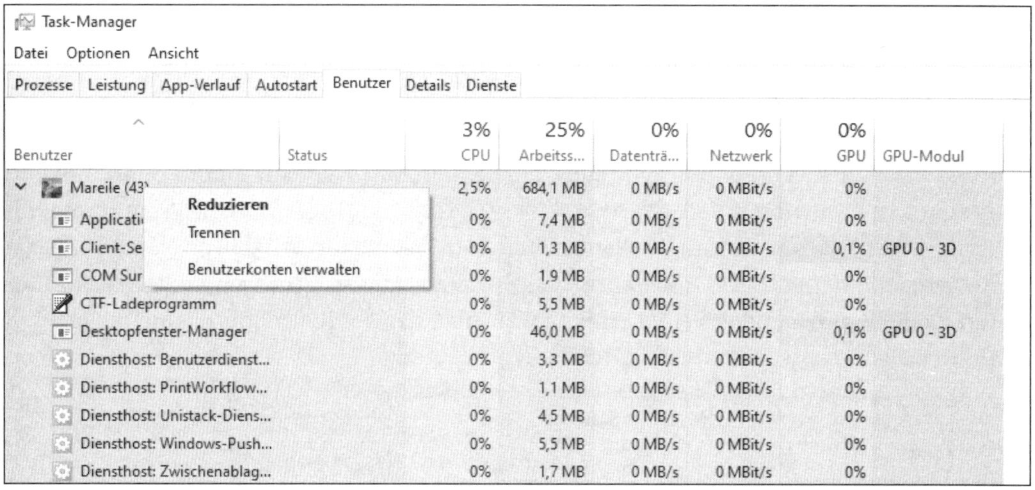

Abbildung 30.12 Über den Kontextmenübefehl »Trennen« kann ein Benutzer direkt aus dem Task-Manager heraus vom System abgemeldet werden.

30.2.7 Das Register »Details«

Das Register DETAILS zeigt eine Liste aller aktuell im System laufenden Prozesse. Neben der CPU- und der Arbeitsspeicherauslastung werden hier für jeden Prozess die Prozess-ID (kurz *PID*), der Status, der Name des Benutzers und die UAC-Virtualisierung angezeigt.

Über das Kontextmenü eines Prozesses lässt sich z. B. der Dateipfad einblenden, die Priorität des Prozesses hoch- oder herunterstufen und der Task beenden. Hier sollte man allerdings mit großer Vorsicht vorgehen, da eine falsche Aktion schnell zu großen Problemen führen kann.

Interessant hingegen ist der Befehl WARTESCHLANGE ANALYSIEREN: Sollte eine Anwendung oder ein Dienst hängen geblieben sein, können Sie so in Erfahrung bringen, ob der Prozess in der Warteschlange hängt und das Problem somit durch einen oder auch mehrere andere Prozesse verursacht wurde.

Benötigen Sie mehr Informationen zu einem Prozess, rufen Sie im Kontextmenü den Befehl ONLINE SUCHEN auf, um eine entsprechende Websuche zu starten. Wählen Sie den Kontextmenübefehl ZU DIENST(EN) WECHSELN, werden Sie zum dazugehörigen Dienst im Register DIENSTE geführt.

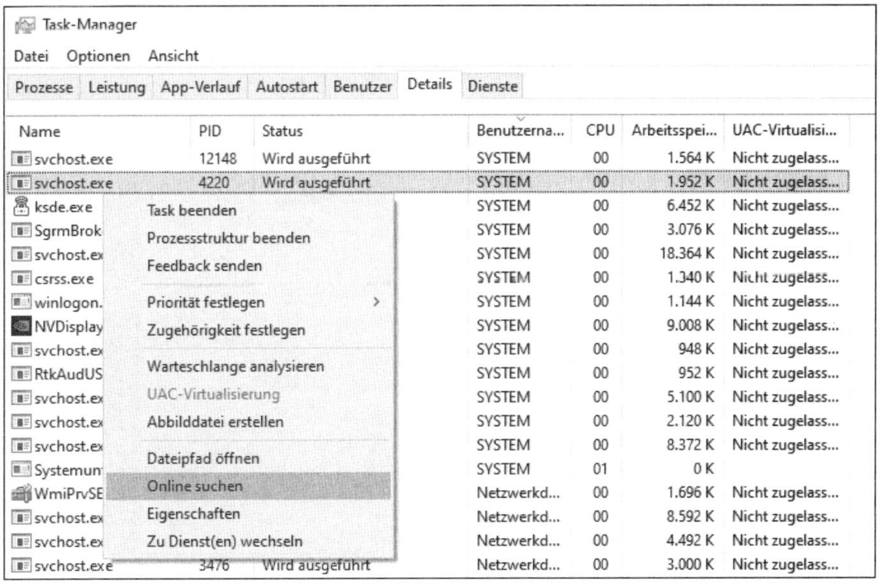

Abbildung 30.13 Im Register »Details« lassen sich über das Kontextmenü eines Prozesses viele Aufgaben aufrufen.

30.2.8 Das Register »Dienste«

Das Register DIENSTE zeigt eine Übersicht über alle auf dem Computer verfügbaren Dienste, unabhängig davon, ob sie gerade ausgeführt werden oder beendet wurden. Dienste werden sowohl von Windows selbst als auch von Programmen und Treibern genutzt und können unabhängig von einer Benutzeranmeldung laufen. Viele Dienste arbeiten im Hintergrund, sodass der Benutzer sie gar nicht wahrnimmt. Zu ihren Aufgaben zählen etwa die Steuerung von Hardware oder auch das Durchführen von Updates.

Klicken Sie mit der rechten Maustaste auf einen Dienst, finden Sie im Kontextmenü die Befehle zum Starten, Anhalten und Neustarten. Über den Link DIENSTE ÖFFNEN, der am unteren Fensterrand eingeblendet wird, gelangen Sie zur Konsole DIENSTE, über die sich erweiterte Einstellungen vornehmen lassen.

Immer wieder liest man Tipps, die empfehlen, überflüssige Dienste zu beenden, um so das System zu beschleunigen. Bevor man blauäugig beginnt, irgendwelche Dienste zu deaktivieren, sollte man sich allerdings genau informieren, welche Bedeutung ein Dienst für das System hat. Denn eine falsche Entscheidung kann fatale Folgen haben. Unter der Webadresse *www.file.net* können Sie ausführliche Informationen zu einem Dienst einholen. Klicken Sie einen Dienst im Register DIENSTE des Task-Managers an, finden Sie den Befehl ONLINE SUCHEN, über den Sie eine Internetrecherche starten können.

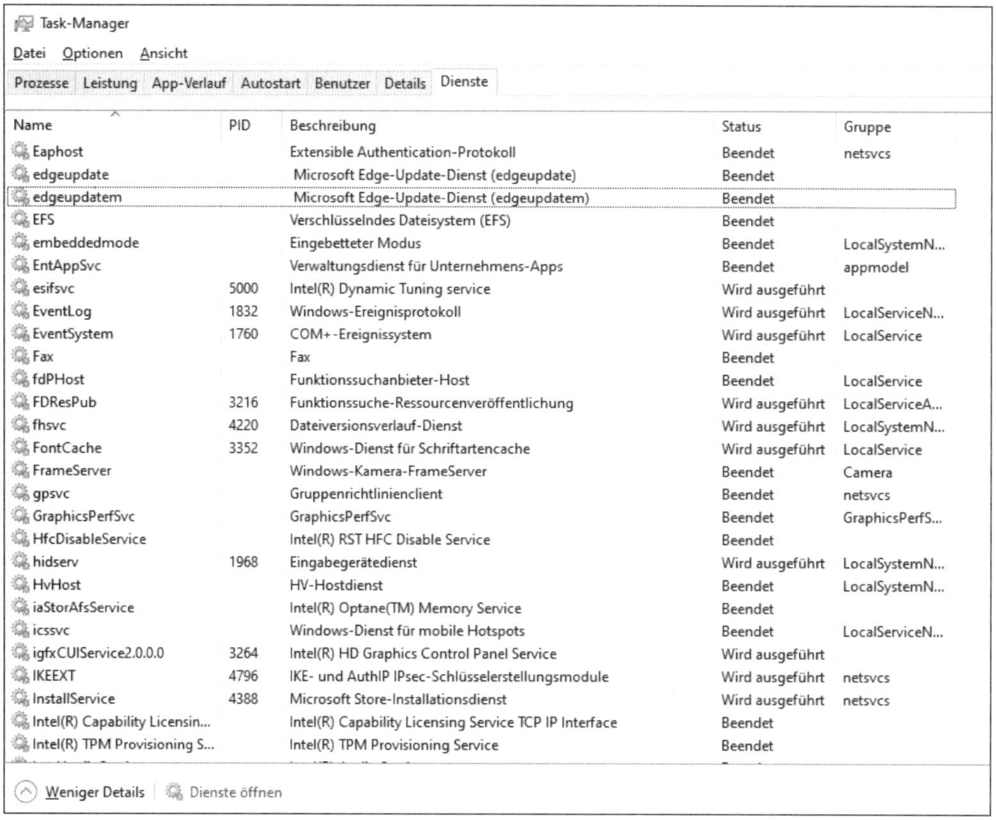

Abbildung 30.14 Das Register »Dienste« bietet eine Übersicht über alle auf dem Gerät verfügbaren Dienste.

Auch wenn Ihre Recherche ergeben sollte, dass ein Dienst unwichtig ist und somit ohne Risiko beendet werden kann, sollten Sie sich von dieser Maßnahme nicht allzu viel erhoffen. Bei modernen Computern, die über schnelle SSD-Laufwerke und ausreichend Arbeitsspeicher verfügen, hat die Deaktivierung nur eine geringe positive Auswirkung auf die Systemleistung.

Welche Dienste gehören zum Betriebssystem, welche stammen von Drittherstellern?

Viele Dienste sind fester Bestandteil von Windows 10, manche stammen aber auch von Drittherstellern, wie etwa Anbietern von Sicherheitssoftware oder auch Hardwareproduzenten. Diese Dritthersteller-Dienste über den Task-Manager ausfindig zu machen ist ob der Vielzahl an Diensten kaum realisierbar. Weitaus einfacher gelingt dies über die *Systemkonfiguration*, denn hier lassen sich die Microsoft-Dienste bequem ausblenden. Zum Öffnen der Systemkonfiguration drücken Sie die Tastenkombination [⊞] + [R] und geben im Ausführen-Dialog »msconfig« ein. Im Programmfenster der Systemsteuerung wechseln Sie in das Register

DIENSTE. Die Liste zeigt auch hier zunächst alle auf dem Gerät verfügbaren Dienste an. Versehen Sie am unteren Fensterrand das Kästchen ALLE MICROSOFT-DIENSTE AUSBLENDEN mit einem Häkchen, bleiben nur noch die Dienste der Dritthersteller übrig. Die Tatsache, dass diese Dienste kein fester Bestandteil von Windows 10 sind, bedeutet aber nicht zwangsläufig, dass sie überflüssig sind. Auch hier sollten Sie sich gründlich informieren, welche Bedeutung einem Dienst zukommt.

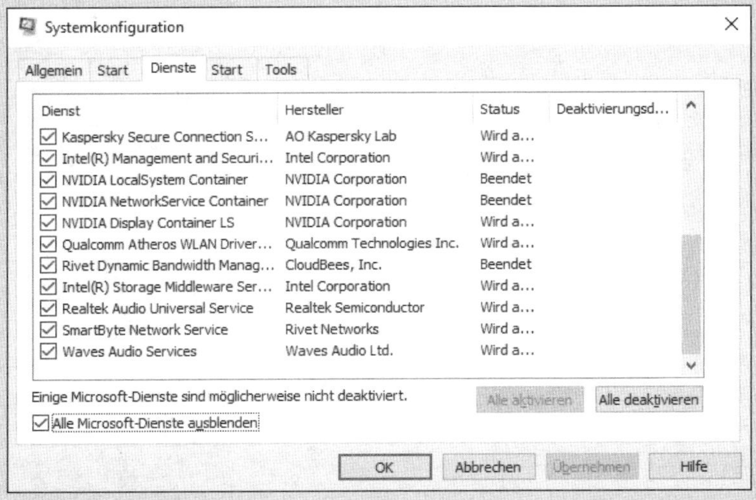

Abbildung 30.15 In der Systemkonfiguration lassen sich Microsoft-Dienste ausblenden.

30.3 Mit dem Ressourcenmonitor die Leistung überwachen

Der Task-Manager bietet bereits einen guten Überblick über die Auslastung der einzelnen Ressourcen wie CPU, Arbeitsspeicher und mehr. Noch detaillierter lassen sich Leistungsprobleme mit dem Ressourcenmonitor analysieren. Sie können ihn entweder per Klick auf den Link RESSOURCENMONITOR ÖFFNEN im Register LEISTUNG des TASK-MANAGERS öffnen, oder Sie geben im Suchfeld der Taskleiste »Ressourcen« ein und wählen in den Treffern dann den RESSOURCENMONITOR aus. Ziehen Sie den Weg über den Ausführen-Dialog vor, den Sie über die Tastenkombination [Win] + [R] einblenden, geben Sie hier den Namen der ausführbaren Datei des Ressourcenmonitors ein: »resmon.exe«.

Nach dem Start erhalten Sie im Register ÜBERSICHT zunächst einen Überblick über die verschiedenen Komponenten Ihres Systems. Den Diagrammen am rechten Fensterrand können Sie die aktuelle Auslastung von CPU, Datenträger, Netzwerk und Arbeitsspeicher entnehmen. Die tabellarische Übersicht links listet die Anwendungen und Prozesse auf, die die jeweilige Ressource gerade in Anspruch nimmt. Über den nach unten bzw. nach oben weisenden Pfeil am rechten Rand der Tabelle blenden Sie die Details ein bzw. wieder aus.

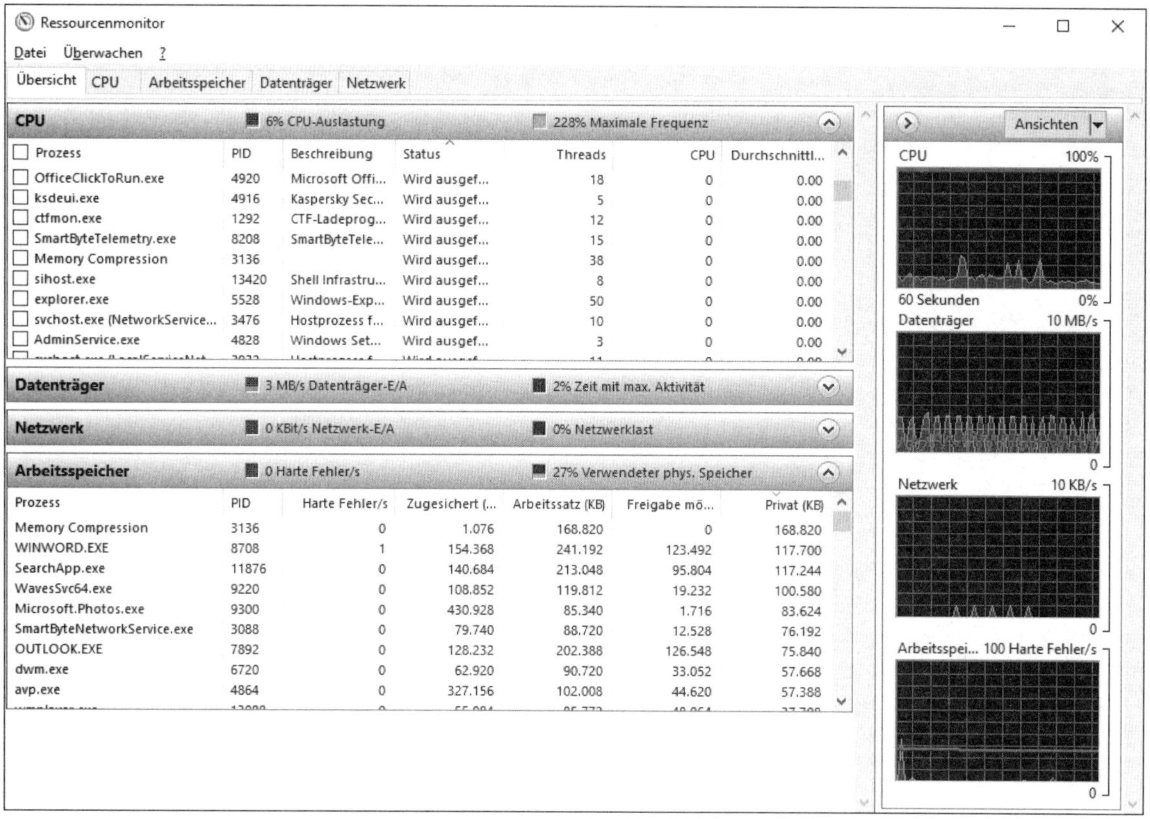

Abbildung 30.16 Der Ressourcenmonitor mit einer Übersicht über die Ressourcenauslastung

Über die vier weiteren Register CPU, ARBEITSSPEICHER, DATENTRÄGER und NETZWERK können Sie sich weitere Details zur jeweiligen Ressource anzeigen lassen. Die Sortierung der tabellarischen Darstellung lässt sich in allen Registern wie üblich per Klick auf einen Spaltenkopf ändern.

Interessant ist der Ressourcenmonitor vor allem dann, wenn Sie die Auswirkung eines bestimmten Prozesses genauer analysieren möchten. Wechseln Sie hierzu in das Register CPU, und versehen Sie das Kontrollkästchen vor dem entsprechenden Prozess mit einem Häkchen. Sie können auch mehrere Prozesse markieren, falls gewünscht. Werfen Sie nun einen Blick auf das oberste Diagramm CPU – GESAMT in der rechten Spalte. Zusätzlich zu der blauen Linie, die die Taktfrequenz in Prozent anzeigt, und der grünen Linie, anhand derer Sie die CPU-Auslastung in Prozent beurteilen können, erscheint hier nun auch eine orangefarbige Linie. Diese zeigt, wie groß der Anteil der ausgewählten Prozesse an der gesamten CPU-Last ist.

Betrachten Sie auch die anderen Register ARBEITSSPEICHER, DATENTRÄGER und NETZWERK, um die Wirkung der ausgewählten Prozesse auf diese Ressourcen zu prüfen.

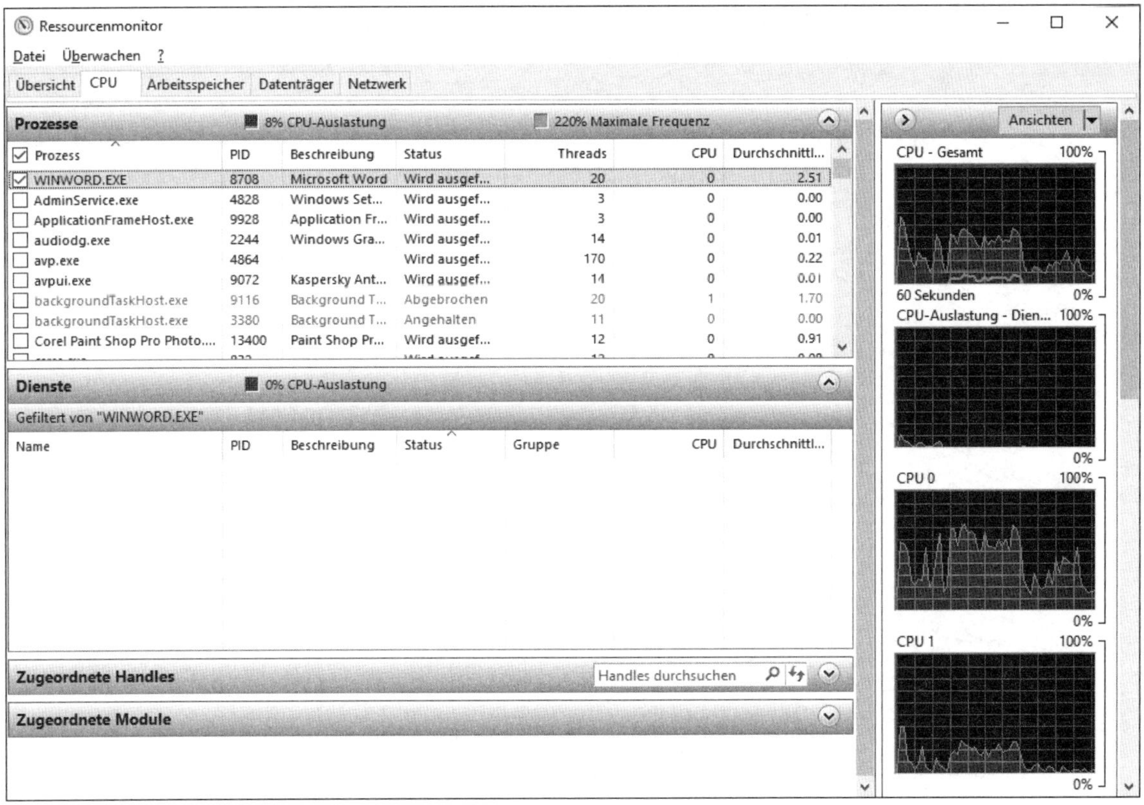

Abbildung 30.17 Die orangefarbige Linie im Diagramm »CPU – Gesamt« zeigt, wie groß der Anteil des markierten Prozesses (hier in der Abbildung das Programm Microsoft Word) im Vergleich zur Gesamtauslastung ist.

30.4 Die Leistungsüberwachung

Sowohl Task-Manager als auch Ressourcenmonitor zeigen jeweils die aktuelle Ressourcenauslastung an. Um die Ursache für besonders hartnäckige Probleme zu finden, kann es hilfreich sein, die aktuelle Leistung mit früheren Werten zu vergleichen. Möglich macht dies das MMC-Snap-In (Abkürzung für *Microsoft Management Console*) *Leistungsüberwachung*. Dieses Tool ist ein mächtiges und auch nicht ganz einfach zu bedienendes Werkzeug, für das es eine Vielzahl an Einsatzszenarien gibt. Eine vollständige Beschreibung würde den Rahmen dieses Buches sprengen.

Selbstverständlich ermöglicht die Leistungsüberwachung, wie die beiden zuvor beschriebenen Tools auch, eine Echtzeitüberwachung. Ich beschränke mich in diesem Abschnitt aber darauf, Ihnen zu zeigen, wie sich mithilfe der Leistungsüberwachung vorgegebene Leistungsparameter protokollieren lassen. Ein solches Protokoll lässt sich später jederzeit wieder öffnen und mit Protokollen, die zu einem anderen Zeitpunkt erstellt wurden, vergleichen.

1. Geben Sie im Suchfeld der Taskleiste »perfmon« ein, und wählen Sie in den Treffern die LEISTUNGSÜBERWACHUNG aus. Hierdurch wird die Konsole LEISTUNGSÜBERWACHUNG geöffnet.
2. Klicken Sie in der linken Spalte auf den Pfeil vor dem Knoten DATENSAMMLERSÄTZE, um die Unterpunkte einzublenden. Nach einem rechten Mausklick auf BENUTZERDEFINIERT wählen Sie im Kontextmenü den Befehl NEU • DATENSAMMLERSATZ. Damit wird der Assistent NEUEN DATENSAMMLERSATZ ERSTELLEN gestartet.

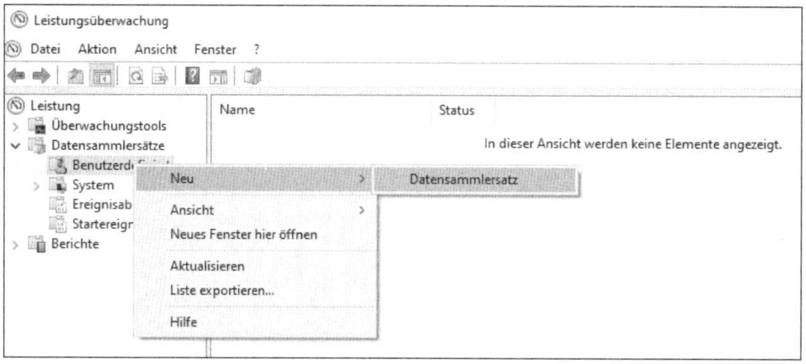

Abbildung 30.18 Wählen Sie über das Kontextmenü den Befehl »Neu • Datensammlersatz« aus.

3. Vergeben Sie für den Datensammlersatz einen Namen, unter dem Sie ihn später gut wiederfinden, etwa »BasisProtokoll«. Die Option AUS VORLAGE ERSTELLEN (EMPFOHLEN) behalten Sie bei. Bestätigen Sie mit WEITER.
4. Auf der folgenden Seite des Assistenten werden Ihnen vier Vorlagen angeboten, mit denen sich unterschiedliche Leistungsdaten erfassen lassen. Markieren Sie eine Vorlage, wird rechts ein kurzer Beschreibungstext eingeblendet. Für ein erstes Protokoll liegen Sie mit der Vorlage BASIS richtig. Klicken Sie nach Auswahl der Vorlage auf FERTIG STELLEN.

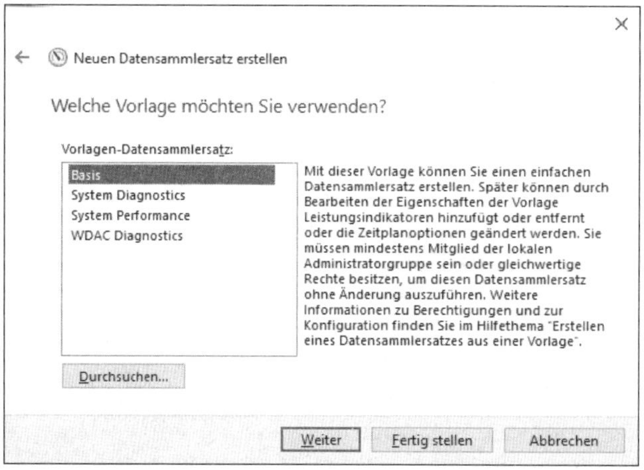

Abbildung 30.19 Für jede Vorlage lässt sich ein kurzer Beschreibungstext einblenden.

5. Der gerade erstellte Datensammlersatz erscheint in der rechten Spalte, sofern links weiterhin DATENSAMMLERSÄTZE • BENUTZERDEFINIERT ausgewählt ist. Um nun die Systemaktivitäten ein erstes Mal aufzuzeichnen, markieren Sie den Datensammlersatz. Klicken Sie dann in der Symbolleiste auf das grüne Pfeilsymbol STARTET DEN DATENSAMMLERSATZ. Die Leistungsüberwachung zeichnet jetzt über einen Zeitraum von 60 Sekunden hinweg Daten auf. Während dieser Zeit ist das Dreieck schwarz gefärbt. Ist wieder das grüne Dreieck zu sehen, ist die Aufzeichnung abgeschlossen.
6. Ihr Protokoll wird in der linken Spalte unter BERICHTE • BENUTZERDEFINIERT aufgeführt. Markieren Sie es per Mausklick, wird der gerade erstellte Bericht angezeigt. Ein Klick hierauf, und Sie können die erfassten Daten in der rechten Fensterhälfte einsehen. Über die Pfeilsymbole am rechten Rand des Berichts blenden Sie die Abschnitte zu CPU, Datenträger, Konfiguration und Berichtsstatistik ein.

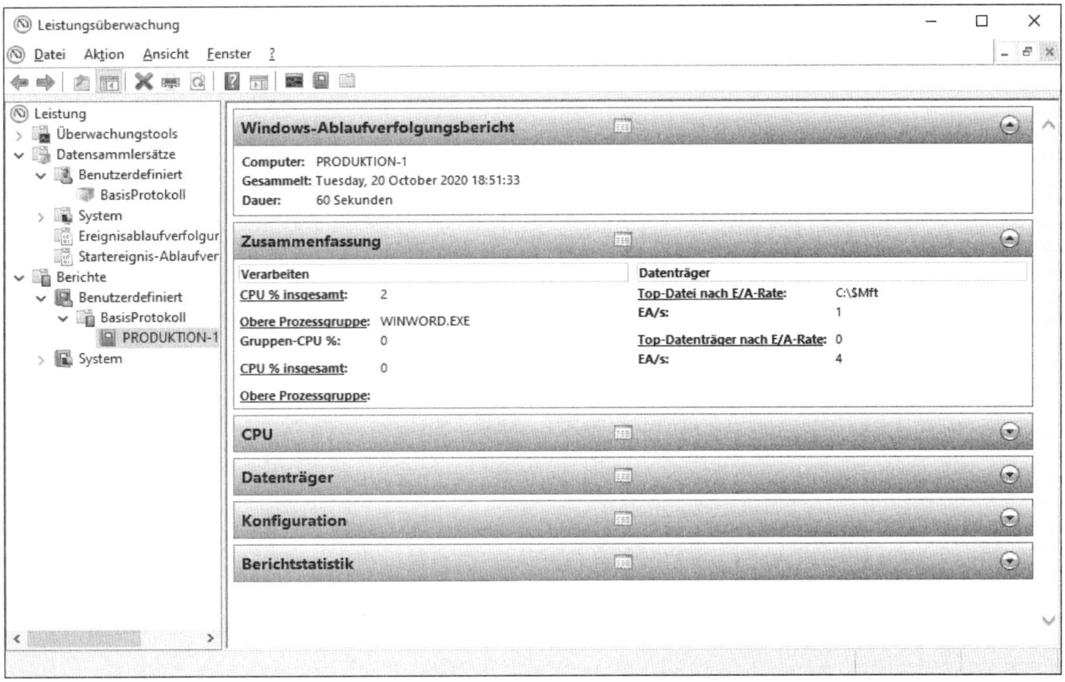

Abbildung 30.20 Der erste Leistungsbericht

7. Statt als Bericht können Sie sich das Protokoll auch als Diagramm anzeigen lassen. Stellen Sie sicher, dass in der linken Spalte der gewünschte Bericht markiert ist, und klicken Sie dann in der Symbolleiste auf das Symbol DATEN IN LEISTUNGSÜBERWACHUNG ANZEIGEN. Die Detailinformationen, die Sie nun zu sehen bekommen, wirken zunächst erschreckend. Über die Kontrollkästchen in der Tabelle unterhalb des Diagramms lässt sich festlegen, welche Daten im Programm angezeigt werden sollen. Entfernen Sie einfach die Häkchen vor den Leistungsindikatoren, die Sie nicht interessieren.

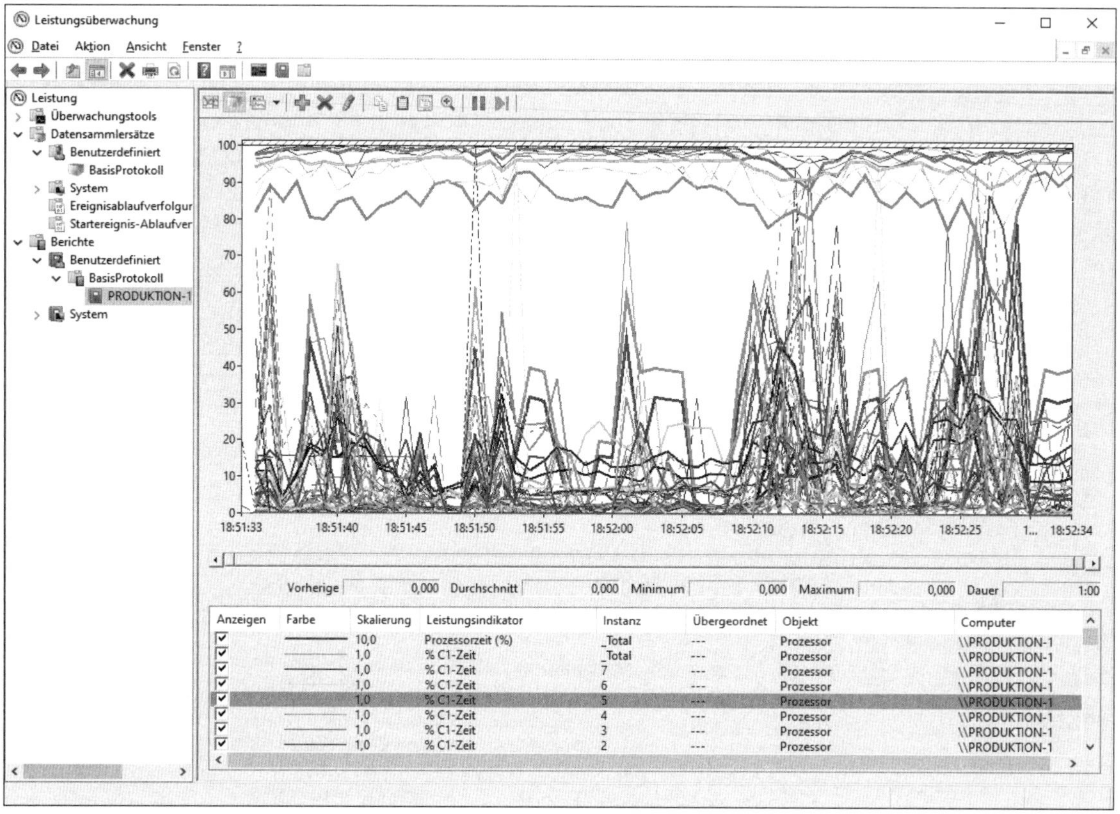

Abbildung 30.21 Grafische Darstellung der erfassten Daten

8. Möchten Sie wieder zur Berichtdarstellung zurückkehren, klicken Sie auf das grüne Symbol DATEN ALS BERICHT ANZEIGEN.

Sie können jederzeit eine neue Aufzeichnung starten. Hierzu gehen Sie einfach vor wie in Schritt 5 gezeigt. Jeder neu erstellte Bericht wird mit einem Zeitstempel versehen, sodass Sie ihn leicht identifizieren und unter BERICHTE • BENUTZERDEFINIERT auswählen können.

Kapitel 31

Startprobleme beheben mit der Wiederherstellungsumgebung

Kommt es beim Start von Windows 10 zu Problemen, schlägt die Stunde der Windows-Wiederherstellungsumgebung. Sie bringt nicht nur interessante Problembehandlungswerkzeuge mit, sondern ermöglicht auch, Windows 10 im abgesicherten Modus zu starten.

Bei der Windows-Wiederherstellungsumgebung (auf Englisch »Windows Recovery Environment«, kurz *Windows RE*) handelt es sich um eine einfache, da stark reduzierte Version von Windows 10. Sie basiert auf dem *Windows Preinstallation Environment* (kurz *Windows PE*), das sich auf dem Installationsmedium befindet und zur Betriebssysteminstallation verwendet wird.

Die Windows-Wiederherstellungsumgebung bietet einige hilfreiche Tools zur Diagnose und Reparatur von Betriebssystemproblemen. Sie können diese nicht nur nutzen, wenn Windows beim Start Probleme bereitet, sondern auch zum Zurücksetzen des Systems, zur Systemwiederherstellung oder auch zur automatischen Reparatur von Laufwerken, Dateisystem und mehr.

31.1 Kurze Übersicht über die Windows-Wiederherstellungsumgebung

Die Wiederherstellungsumgebung lässt sich aus dem laufenden Betrieb heraus, vom Windows-Installationsmedium oder auch von einem Systemreparaturdatenträger starten. Manchmal erfolgt der Start von Windows RE sogar automatisch, nämlich dann, wenn der eigentliche Systemstart fehlschlägt. Nach dem Start von Windows RE können Sie direkt auf die Reparaturwerkzeuge zugreifen.

31

31.1.1 Die Wiederherstellungsumgebung starten

Während des Systemstarts setzt Windows ein Statusflag, sprich eine Markierung, in der Datei *bootstat.dat*, das vor der eigentlichen Anmeldung am System wieder gelöscht wird. Bricht der Startprozess ab, wird das Flag nicht entfernt. Auf diese Weise kann die Anzahl der Fehlversuche vom Bootloader mitgezählt werden. Schlägt auch der folgende Startversuch fehl, wird automatisch die Reparaturfunktion der Windows-Wiederherstellungsumgebung gestartet (siehe auch Abschnitt 31.2). Dieser als *automatisches Failover* bezeichnete Vorgang geschieht auch, wenn Windows innerhalb von zwei Minuten nach dem Systemstart unerwartet herunterfährt. Fehler bei BitLocker oder Secure Boot können ebenfalls zu einem automatischen Start von Windows RE führen.

Die Wiederherstellungsumgebung lässt sich aber auch aus dem laufenden Betrieb heraus aufrufen. Hier drei mögliche Varianten:

- Geben Sie im Suchfeld der Taskleiste »Wiederherstellungsoptionen« ein, und klicken Sie den gleichnamigen Treffer an. Sie werden damit automatisch zur Seite Wiederherstellung in der Kategorie Update und Sicherheit der Einstellungen-App geführt. Klicken Sie hier im Bereich Erweiterter Start auf Jetzt neu starten.
- Rufen Sie das Startmenü auf, und klicken Sie in der Schnellstartleiste auf Ein/Aus. Halten Sie nun die [⇧]-Taste gedrückt, während Sie auf Neu starten klicken.
- Rufen Sie über das Suchfeld der Taskleiste die Eingabeaufforderung auf, in der Sie den Befehl `shutdown /r /o /t 0` eingeben. Bestätigen Sie die Eingabe durch Drücken der [↵]-Taste.

In allen drei Fällen wird der Computer heruntergefahren und anschließend mit Windows RE gestartet.

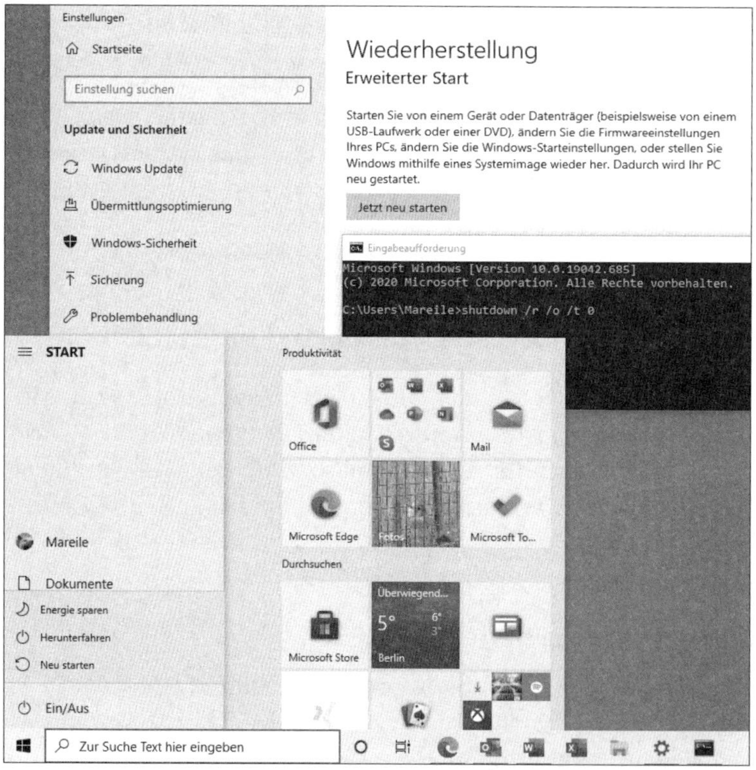

Abbildung 31.1 Sowohl über die Einstellungen-App als auch per Eingabeaufforderung oder auch über das Startmenü: Windows RE lässt sich auf vielfältige Weise starten.

Schneller Aufruf der Wiederherstellungsumgebung per Verknüpfung

Falls Sie die Windows-Wiederherstellungsumgebung häufiger starten müssen, bietet es sich an, eine entsprechende Verknüpfung auf dem Desktop anzulegen. Um die Verknüpfung zu erstellen, klicken Sie mit der rechten Maustaste auf einen freien Bereich des Desktops und wählen dann NEU • VERKNÜPFUNG. Im Dialog VERKNÜPFUNG erstellen geben Sie als Speicherort den Pfad *%windir%\system32\shutdown.exe -r -o -f -t 0* ein. Nach einem Klick auf WEITER tragen Sie einen Namen für die Verknüpfung ein, z. B. »Startoptionen«. Bestätigen Sie mit FERTIG STELLEN. Ein Doppelklick auf das Desktopsymbol reicht dann, um Windows RE zu starten. Sie bekommen anschließend den Dialog aus Abbildung 31.4 zu sehen.

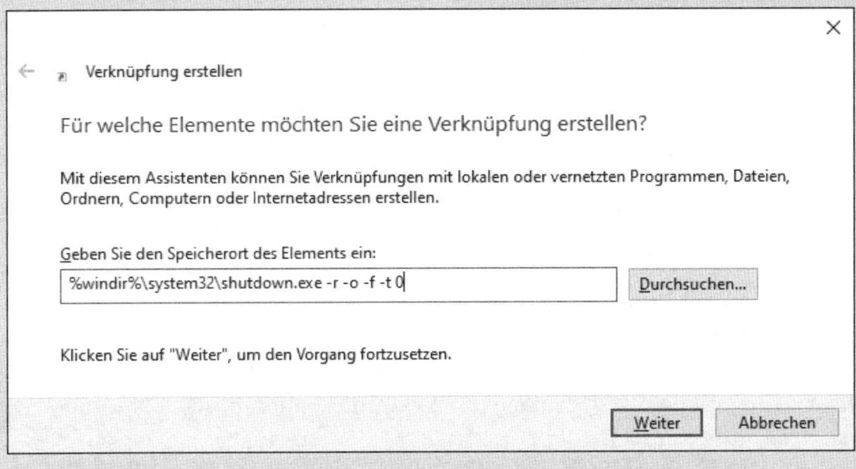

Abbildung 31.2 Über eine Desktopverknüpfung lässt sich die Windows-Wiederherstellungsumgebung noch schneller starten.

Ist ein Start im laufenden Betrieb nicht möglich, ist derjenige gut dran, der zu Zeiten, in denen das System noch rundlief, ein Rettungsmedium (z. B. einen Recovery-Stick oder auch eine Recovery-CD bzw. -DVD) erstellt hat. Wie Sie hierzu vorgehen, wird in Abschnitt 3.5 gezeigt. Um von diesem Medium direkt in die Wiederherstellungsumgebung starten zu können, müssen Sie gegebenenfalls in den BIOS-Optionen die Booteinstellungen anpassen.

Alternativ zum Rettungsmedium lässt sich auch der Windows-Installationsdatenträger nutzen. In Kapitel 33, »Windows 10 installieren«, erfahren Sie, wie Sie eine Installations-DVD oder einen USB-Stick mit den entsprechenden Installationsdateien erzeugen, falls ein solcher nicht zum Lieferumfang des Computers zählte.

Booten Sie von dem Installationsdatenträger, startet automatisch das Windows Setup. Den ersten Dialog, in dem die Spracheinstellungen vorgenommen werden, bestätigen Sie mit WEITER. Im folgenden Dialog wird Ihnen unten links die Schaltfläche COMPUTERREPARATUROPTIONEN angezeigt. Ein Klick hierauf, und schon wird die Wiederherstellungsumgebung gestartet.

Abbildung 31.3 Windows RE lässt sich auch über das Windows Setup starten.

Den Schnellstart deaktivieren

Falls Sie zusätzlich zu Windows 10 noch eine ältere Windows-Version oder eine Linux-Distribution auf dem Computer installiert haben, kann der sogenannte *Schnellstart* (unter Windows 8 noch *Fast Boot* genannt) Startprobleme verursachen. Der Schnellstart sorgt dafür, dass der Computer nicht vollständig heruntergefahren wird. Stattdessen werden die Daten des Windows-Kernels in der Datei *hiberfil.sys* gespeichert. Beim nächsten Start muss lediglich dieser gesicherte Systemstatus geladen werden, was den gesamten Startprozess beschleunigt. Um zu überprüfen, ob der Schnellstart auf Ihrem System die Startprobleme verursacht, sollten Sie ihn probeweise deaktivieren. Rufen Sie hierzu über die Tastenkombination [⊞] + [R] den Ausführen-Dialog auf, und geben Sie hier »powercfg.cpl« ein. Damit wird die Systemsteuerung mit der Seite Energieoptionen geöffnet. Klicken Sie links auf Auswählen, was beim Drücken von Netzschaltern geschehen soll. Auf der Seite Systemeinstellungen klicken Sie auf Einige Einstellungen sind momentan nicht verfügbar. Anschließend lässt sich das Häkchen vor Schnellstart aktivieren (empfohlen) entfernen. Sichern Sie die Einstellung mit Änderungen speichern, und starten Sie den PC probeweise neu. Wird Schnellstart aktivieren bei Ihnen nicht angezeigt, wird er entweder vom BIOS und der Hardware Ihres Geräts nicht unterstützt, oder der *hybride Standbymodus Schnellstart* ist deaktiviert. Der Computer wird somit immer komplett heruntergefahren. Öffnen Sie die Eingabeaufforderung oder alternativ die Windows PowerShell mit Administratorrechten, und geben Sie den Befehl `powercfg /a` ein, um zu überprüfen, ob der Standbymodus auf Ihrem System verfügbar ist. Ist dies der Fall, lässt sich der Modus mit dem Befehl `powercfg -h on` aktivieren. Nun sollte auch die Schnellstartoption in den Systemeinstellungen erscheinen.

31.1.2 Die erweiterten Optionen der Wiederherstellungsumgebung im Überblick

Nach dem Start von Windows RE erscheint zunächst eine Übersicht mit drei oder vier Optionen. Falls Sie die Wiederherstellungsumgebung nur probeweise gestartet haben, lässt sich diese mit einem Klick auf FORTSETZEN beenden. Anschließend wird Windows 10 wie gewohnt gestartet. Wenn Sie den Computer komplett herunterfahren möchten, wählen Sie PC AUSSCHALTEN. Falls am Computer ein bootfähiges Medium gefunden wurde, wie etwa ein Installations-Stick oder eine Installations-DVD, wird Ihnen die Option EIN GERÄT VERWENDEN angeboten. Ein Klick hierauf, und der PC bootet direkt von diesem Medium. Das ist praktisch, falls Sie ansonsten erst in das BIOS-Bootmenü wechseln müssten, um die Bootreihenfolge festzulegen. Die wichtigste und sicherlich auch am häufigsten zum Einsatz kommende Option ist die PROBLEMBEHANDLUNG, denn über sie gelangen Sie zu den eigentlich wichtigen Reparaturtools.

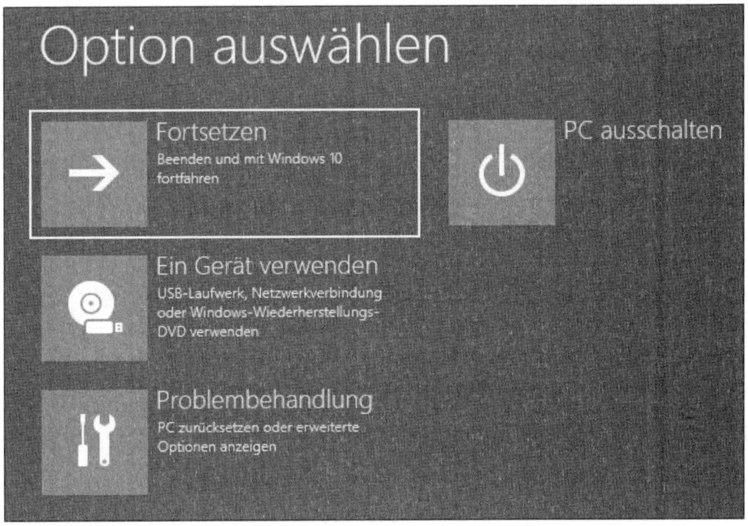

Abbildung 31.4 Die Seite »Option auswählen« wird direkt nach dem Start von Windows RE angezeigt.

Auf der Seite PROBLEMBEHANDLUNG finden Sie mindestens zwei Optionen. Mit DIESEN PC ZURÜCKSETZEN lässt sich der Computer in den Auslieferungszustand zurücksetzen. Welche Möglichkeiten Ihnen für das Zurücksetzen zur Verfügung stehen und was Sie hierbei beachten sollten, wird in Kapitel 32, »Den PC wiederherstellen oder zurücksetzen«, beschrieben. Die zweite Option ERWEITERTE OPTIONEN führt Sie zur gleichnamigen Seite, auf die gleich näher eingegangen wird. Manch ein Computerhersteller bietet auf der Seite PROBLEMBEHANDLUNG noch eigene Optionen an. Auf den Microsoft Surface-Geräten finden Sie z. B. AUS DER CLOUD WIEDERHERSTELLEN, mit der ein Systemabbild von den Microsoft-Servern geladen und der Computer in den ursprünglichen Systemzustand zurückgesetzt wird.

Auf der Seite ERWEITERTE OPTIONEN werden zunächst sechs Optionen aufgeführt. Sind mehr Optionen vorhanden, finden Sie unterhalb der Optionen den Link WEITERE WIEDERHERSTELLUNGSOPTIONEN ANZEIGEN. Hier eine kurze Übersicht über die erweiterten Optionen aus Abbildung 31.5:

- **Starthilfe**: Über die Starthilfe wird die automatische Reparatur von Windows 10 gestartet. Was es damit auf sich hat, erfahren Sie gleich in Abschnitt 31.2.
- **Updates deinstallieren**: Falls das zuletzt installierte Qualitäts- oder Funktionsupdate Probleme bereitet, kann es nach einem Klick auf UPDATES DEINSTALLIEREN wieder entfernt werden. Welche anderen Möglichkeiten Ihnen zum Entfernen von Updates zur Verfügung stehen, lesen Sie in Kapitel 23, »Windows 10 auf dem aktuellsten Stand halten«.
- **Starteinstellungen**: Über die STARTEINSTELLUNGEN lässt sich das Startverhalten von Windows 10 ändern. Hier finden Sie z. B. die Optionen, um den Computer im abgesicherten Modus zu starten. Nähere Informationen hierzu erhalten Sie in Abschnitt 31.3.
- **UEFI-Firmwareeinstellungen**: Die Option UEFI-FIRMWAREEINSTELLUNGEN wird nur auf Computern angeboten, die UEFI unterstützen. Ist sie vorhanden, stellt sie einen bequemen Weg dar, um direkt in die BIOS-Einstellungen zu gelangen, ohne beim Bootvorgang im richtigen Moment die passende Taste drücken zu müssen. Denn aufgrund der Vielzahl an Möglichkeiten (vielleicht `F2`, `F8`, `F12` oder doch `Entf`?) gestaltet sich genau dies meist als ein wenig munteres »Versuch und Irrtum«-Prinzip.
- **Eingabeaufforderung**: Die Eingabeaufforderung führt Sie zur Eingabeaufforderung von Windows RE und stellt ein wichtiges, allerdings auch anspruchsvolles Werkzeug zur erweiterten Problembehandlung dar. Einen kurzen Abriss über ihre Möglichkeiten erhalten Sie in Abschnitt 31.4.
- **System wiederherstellen**: Über diese Option lässt sich Windows über einen Systemwiederherstellungspunkt in einen Zustand zurückversetzen, zu dem es noch stabil war. Voraussetzung hierfür ist natürlich, dass ein entsprechender Wiederherstellungspunkt verfügbar ist. In Abschnitt 32.1 erhalten Sie weitere Informationen zur Systemwiederherstellung.

Der Klick auf WEITERE WIEDERHERSTELLUNGSOPTIONEN ANZEIGEN führt bei diesem Testgerät zu der Option SYSTEMIMAGE-WIEDERHERSTELLUNG. Auf manch einem Gerät mag diese auch bereits auf der vorherigen Seite angeboten werden. Falls Sie, wie in Abschnitt 12.2, »Eine Komplettsicherung des Systems vornehmen«, gezeigt, mithilfe der aus früheren Windows-Versionen bekannten Funktion SICHERN UND WIEDERHERSTELLEN (WINDOWS 7) ein Systemabbild erzeugt haben, lässt sich dieses über diese Option zurückspielen.

Auf jeder der zuvor aufgeführten Seiten finden Sie oben links einen Pfeil, mit dem Sie zur jeweils zuvor besuchten Seite zurückkehren. Auf diese Weise können Sie bis zur Seite OPTION AUSWÄHLEN zurückkehren, um dort gegebenenfalls über FORTSETZEN Windows 10 normal zu starten oder auch den PC auszuschalten, wie in Abbildung 31.4 zu sehen.

Sollte die Windows-Wiederherstellungsumgebung übrigens längere Zeit in Betrieb sein, wird Windows RE nach 72 Stunden zwangsweise neu gestartet.

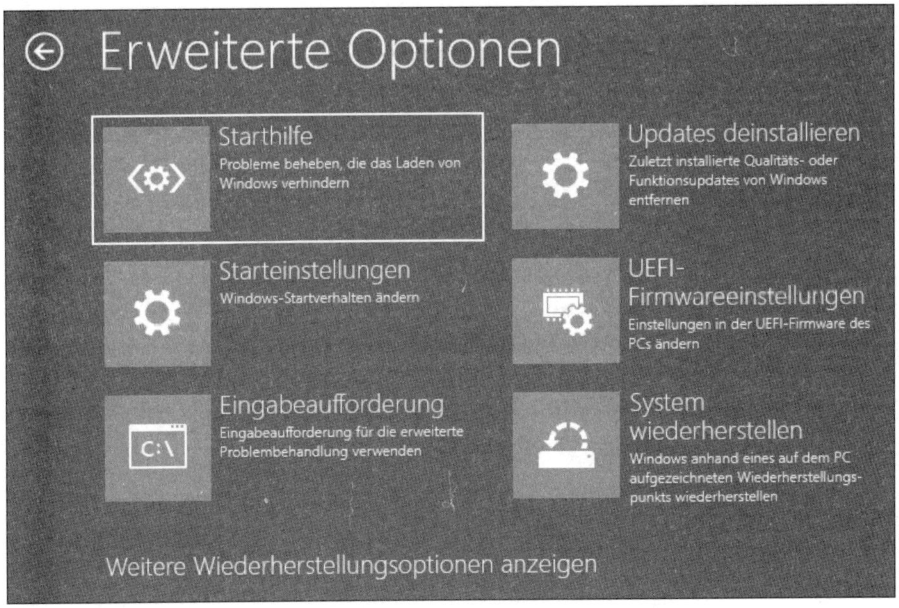

Abbildung 31.5 Die erweiterten Optionen von Windows RE

31.2 Die automatische Reparatur von Windows 10

Falls der Startvorgang von Windows 10 fehlschlägt, wird, wie im vorherigen Abschnitt bereits erwähnt, automatisch ein Failover zu Windows RE durchgeführt. Die automatische Reparatur, die hierdurch gestartet wird, versucht den Schaden zu diagnostizieren und anschließend auch gleich zu reparieren.

Die automatische Reparatur lässt sich auch direkt aus der Windows-Wiederherstellungsumgebung anstoßen. Das ist vor allem dann praktisch, wenn Sie Windows RE z. B. über den Installationsdatenträger oder ein Recovery-Medium starten mussten. Zum Aufruf der automatischen Reparatur starten Sie wie im vorherigen Abschnitt gezeigt die Windows-Wiederherstellungsumgebung. Klicken Sie dann nacheinander auf Problembehandlung • Erweiterte Optionen • Starthilfe (siehe Abbildung 31.5). Als Nächstes werden alle auf dem Computer eingerichteten Administratorkonten angezeigt. Wählen Sie das gewünschte aus, und melden Sie sich mit den entsprechenden Anmeldeinformationen an. Nun wird die automatische Reparatur ausgeführt. Sie versucht nun, folgende Probleme aufzuspüren und zu lösen:

- Registrierungsschäden
- fehlende oder beschädigte System- und Treiberdateien
- Beschädigung von Datenträgermetadaten, wie etwa dem MBR (Abkürzung für *Master Boot Record*), der Partitionstabelle oder dem Bootsektor

- Beschädigung der Metadaten im Dateisystem
- Installation problematischer oder inkompatibler Treiber
- beschädigte Startkonfigurationsdaten

Sollte eine fehlerhafte Firmware, eine beschädigte Hardwarekomponente, ein Windows-Anmeldefehler oder gar Malware das Startproblem verursacht haben, ist auch die automatische Reparatur machtlos.

Sobald die automatische Reparatur beendet wurde, wird ein Protokoll mit wichtigen Diagnose- und Reparaturinformationen erzeugt. Sie können diese Textdatei über *%WINDIR%\System32\LogFiles\Srt\SrtTrail.txt* öffnen und ansehen. Der Ordner *Srt* existiert übrigens nur dann, wenn auf Ihrem Gerät die automatische Reparatur ausgeführt wurde.

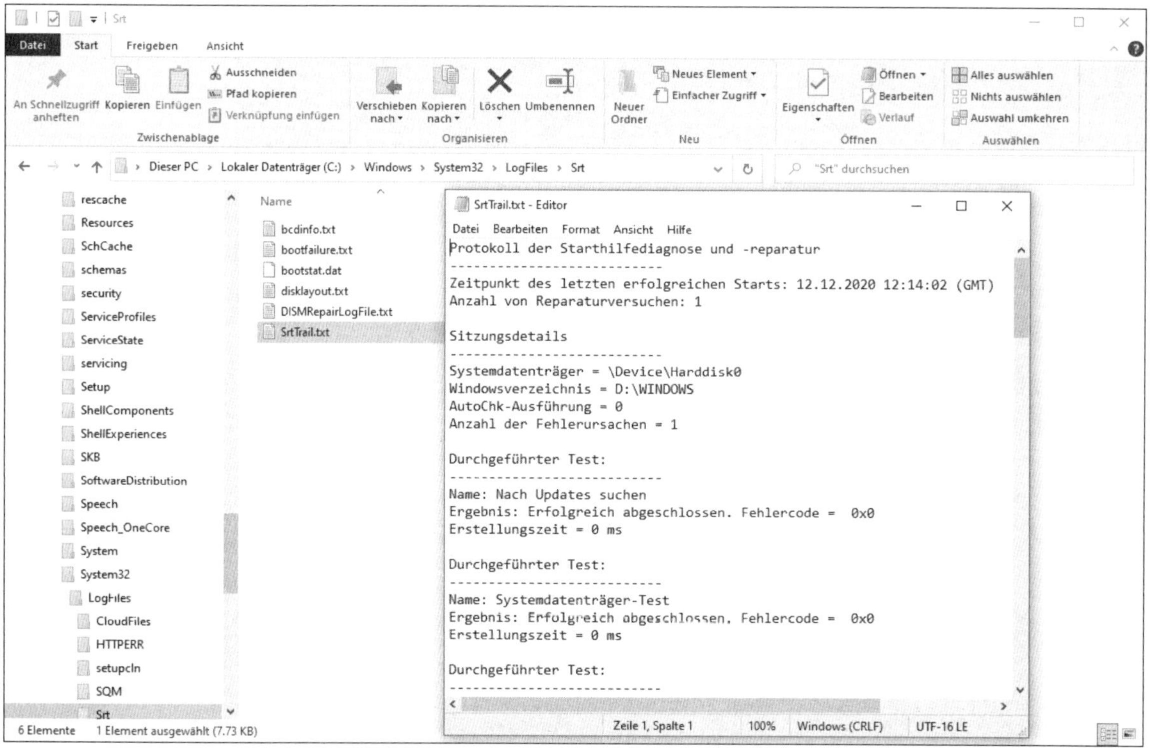

Abbildung 31.6 Wurde die automatische Reparatur auf Ihrem Computer ausgeführt, können Sie sich über den Pfad »%WINDIR%\System32\LogFiles\Srt\SrtTrail.txt« das Protokoll ansehen.

Wenn die automatische Reparatur in einer Endlosschleife festhängt

Die automatische Reparatur ist eine sehr nützliche Funktion, allerdings verursacht sie manchmal auch selbst Probleme, nämlich dann, wenn sie in einer Endlosschleife festhängt. Jeder Versuch, Windows normal zu starten, führt in diesem Fall zu einer erneuten Durchführung der automatischen Reparatur. Hier hilft nur noch eines: die Deaktivierung der automatischen Reparatur. Starten Sie hierzu die Windows-Wiederherstellungsumgebung über ein Wiederherstellungslaufwerk oder einen Installationsdatenträger, wie in Abschnitt 31.1.1 gezeigt. Rufen Sie dann nacheinander PROBLEMBEHANDLUNG • ERWEITERTE OPTIONEN • EINGABEAUFFORDERUNG auf. Wählen Sie Ihr Konto aus, und melden Sie sich an. In der Eingabeaufforderung geben Sie nun den Befehl `bcdedit` ein und drücken die [↵]-Taste. Suchen Sie in der Liste nun die Zeile RESUMEOBJECT. Markieren Sie die dahinter angezeigte Zeichenkette mit der Maus, und kopieren Sie sie mit [Strg] + [C].

Nun geben Sie zunächst `bcdedit /set` ein, fügen die markierte Zeichenkette über [Strg] + [V] ein und fahren mit der Eingabe `recoveryenabled NO` fort. Der eingegebene Befehl sollte vollständig also so aussehen (wobei die Angabe in Klammern bei Ihnen eine andere sein sollte):

```
bcdedit /set {01282432-af00-11ea...} recoveryenabled NO
```

Drücken Sie nun die [↵]-Taste. Es sollte anschließend der Hinweis DER VORGANG WURDE ERFOLGREICH BEENDET angezeigt werden. Schließen Sie nun die Eingabeaufforderung über das Schließen-Symbol oben rechts, und klicken Sie auf der Seite OPTION AUSWÄHLEN auf FORTSETZEN. Falls Sie die automatische Reparatur später doch wieder aktivieren möchten, drücken Sie die Tastenkombination [⊞] + [X], um das Schnellzugriffsmenü zu öffnen. Wählen Sie hier WINDOWS POWERSHELL (ADMINISTRATOR). Geben Sie anschließend den Befehl `bcdedit /set recoveryenabled YES` ein, und drücken Sie die [↵]-Taste.

31.3 Über die Starteinstellungen zum abgesicherten Modus und mehr

Wer bereits mit älteren Windows-Versionen gearbeitet hat, dem ist der abgesicherte Modus sicherlich vertraut. Wird der Computer in diesem Modus gestartet, werden lediglich die wichtigsten Treiber und Dienste geladen. Autostart-Programme werden hingegen nicht gestartet. Tools wie der Geräte-Manager, der Registrierungs-Editor oder auch die Ereignisanzeige stehen Ihnen im abgesicherten Modus aber weiterhin zur Verfügung. Tritt ein Problem nach dem Start im abgesicherten Modus nicht mehr auf, können Sie davon ausgehen, dass die Standardeinstellungen und grundlegenden Gerätetreiber und -dienste nicht die Ursache des Problems sind. Im abgesicherten Modus haben Sie die Möglichkeit, z. B. problematische Treiber zurückzusetzen oder zu deinstallieren, Programme zu entfernen und mehr.

In älteren Windows-Versionen musste der Anwender während des Startprozesses einfach nur die Taste [F8] gedrückt halten, um in den abgesicherten Modus zu gelangen. Unter Windows 10 funktioniert dies nicht mehr. Der Systemstart erfolgt hier aufgrund des Schnellstarts so flott, dass die Zeit zum Drücken der Taste nicht ausreicht. Der Weg führt Sie stattdessen über die Starteinstellungen der Windows-Wiederherstellungsumgebung. Doch nicht nur der abgesicherte Modus lässt sich über diese aufrufen. Sie hat noch einige andere Optionen zu bieten.

Welche Möglichkeiten Sie zum Aufruf der Wiederherstellungsumgebung haben, wurde in Abschnitt 31.1.1 beschrieben. Ist die Seite Option auswählen zu sehen, klicken Sie nacheinander auf Problembehandlung • Erweiterte Optionen • Starteinstellungen und auf der folgenden Seite dann auf Neu starten. Auf der Seite Starteinstellungen werden Ihnen nun verschiedene Startoptionen angeboten.

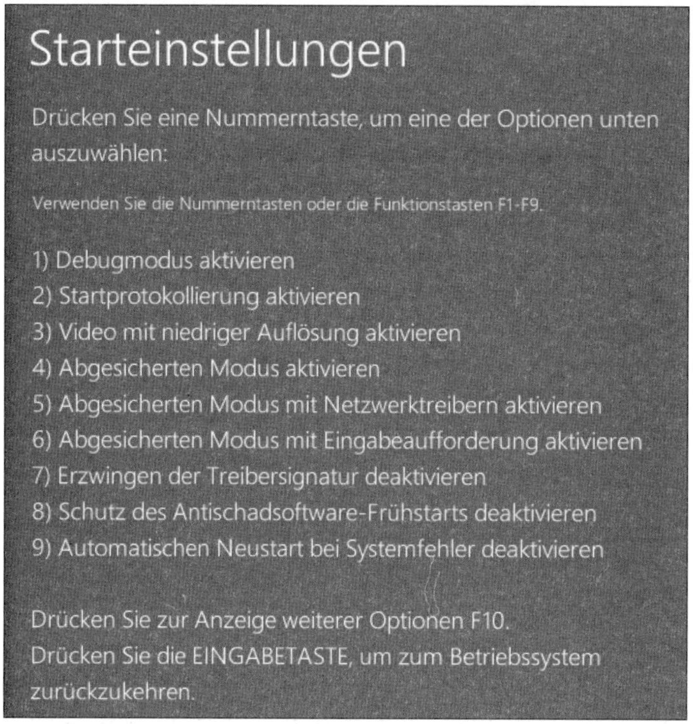

Abbildung 31.7 Die Starteinstellungen der Windows-Wiederherstellungsumgebung

Vor jeder Option wird eine Ziffer angezeigt. Zur Auswahl der gewünschten Option drücken Sie die entsprechende Ziffer [1] bis [9] auf den Nummerntasten oder die entsprechenden Funktionstaste [F1] bis [F9]. Hier eine kurze Übersicht über die verfügbaren Optionen:

- **Debugmodus aktivieren**: Falls Sie spezielle Debugging-Werkzeuge installiert haben, ist diese Option interessant. Windows 10 wird hierdurch im Debugmodus gestartet, in dem sich z. B. Probleme mit Gerätetreibern analysieren lassen. Dieser Modus sollte allerdings nur von IT-Experten genutzt werden.
- **Startprotokollierung aktivieren**: Wählen Sie diese Startoption aus, wird während des Systemstarts eine Protokolldatei erzeugt, in der alle installierten und während des Startprozesses geladenen Gerätetreiber aufgeführt werden. Um sich die Datei anzusehen, rufen Sie im Explorer den Ordner %SystemRoot% auf und öffnen dann die Datei *Ntbtlog.txt* (siehe Abbildung 31.8).

- **Video mit niedriger Auflösung aktivieren**: Sollten Änderungen an den Anzeigeeinstellungen dazu geführt haben, dass alles nur noch stark vergrößert oder kaum mehr erkennbar dargestellt wird, kann diese Option hilfreich sein. Windows wird hierdurch zwar mit dem aktuellen Grafiktreiber gestartet, allerdings mit einer niedrigen Auflösung.
- **Abgesicherten Modus aktivieren**: Mit dieser Option wird Windows nur mit den nötigsten Treibern, Diensten und Anwendungen geladen.
- **Abgesicherten Modus mit Netzwerktreibern aktivieren**: Benötigen Sie im abgesicherten Modus die Netzwerkverbindung, ist diese Option die richtige. In diesem Fall werden zusätzlich zu den wichtigen Treibern und Diensten auch die notwendigen Netzwerktreiber und -dienste geladen.
- **Abgesicherten Modus mit Eingabeaufforderung aktivieren**: Nach Auswahl dieser Option startet Windows mit den wichtigsten Treibern und Diensten sowie einem Konsolenfenster der Eingabeaufforderung. Diese Option einzusetzen macht allerdings nur dann Sinn, wenn es ein Problem mit der grafischen Benutzeroberfläche (auf Englisch »Graphical User Interface«, kurz *GUI*) gibt. Benötigen Sie das Kommandozeilenfenster im klassischen abgesicherten Modus, rufen Sie einfach über die Tastenkombination [⊞] + [R] den Ausführen-Dialog auf und geben hier »cmd.exe« ein.
- **Erzwingen der Treibersignatur deaktivieren**: Mit dieser Option können Sie veranlassen, dass auch Gerätetreiber ohne digitale Signatur geladen werden. Sie kommt dann zum Tragen, wenn Windows nicht startet, falls Sie einen unsignierten Benutzermodustreiber installiert haben.
- **Schutz des Antischadsoftware-Frühstarts deaktivieren**: Der Antischadsoftware-Frühstart (auf Englisch »Early Launch Anti-Malware« oder kurz *ELAM*) sorgt dafür, dass von Microsoft zertifizierte und signierte Anti-Malware-Programme ihre Treiber vor allen anderen Treibern und Programmen anderer Hersteller laden können. Hierdurch sind Anti-Malware-Programme in der Lage, Malware frühzeitig zu erkennen und das Laden des Schadcodes zu verhindern. Haben Sie die Vermutung, dass die Probleme beim Systemstart mit dem Antischadsoftware-Frühstart zusammenhängen, lässt sich mit dieser Option der ELAM-Treiber deaktivieren. Die Anti-Malware-Programme werden damit nicht mehr direkt beim Systemstart aktiv. Da die Sicherheitsüberprüfung ausgesprochen wichtig ist, sollte sie nur im äußersten Notfall und von Profis deaktiviert werden.
- **Automatischen Neustart bei Systemfehler deaktivieren**: Diese Option verhindert, dass Windows 10 nach einem Systemfehler (z. B. wegen eines fehlerhaften Treibers) automatisch neu gestartet wird. Sie sollte dann gewählt werden, wenn Windows in einer Endlosschleife festhängt, in der es immer wieder abstürzt, neu startet und wieder abstürzt. Sie erhalten damit die Möglichkeit, sich die Fehlermeldung auf dem Bildschirm anzusehen.

Drücken Sie die Taste [F10], wird Ihnen die Option WIEDERHERSTELLUNGSUMGEBUNG STARTEN angeboten. Über Sie können Sie wieder zur Seite OPTION AUSWÄHLEN zurückkehren (siehe Abbildung 31.4), die direkt nach dem Start der Windows-Wiederherstellungsumgebung eingeblendet wird. Falls Sie keine der angebotenen Starteinstellungen auswählen möchten, drücken Sie die Taste [↵]. Windows 10 wird damit wie gewohnt gestartet.

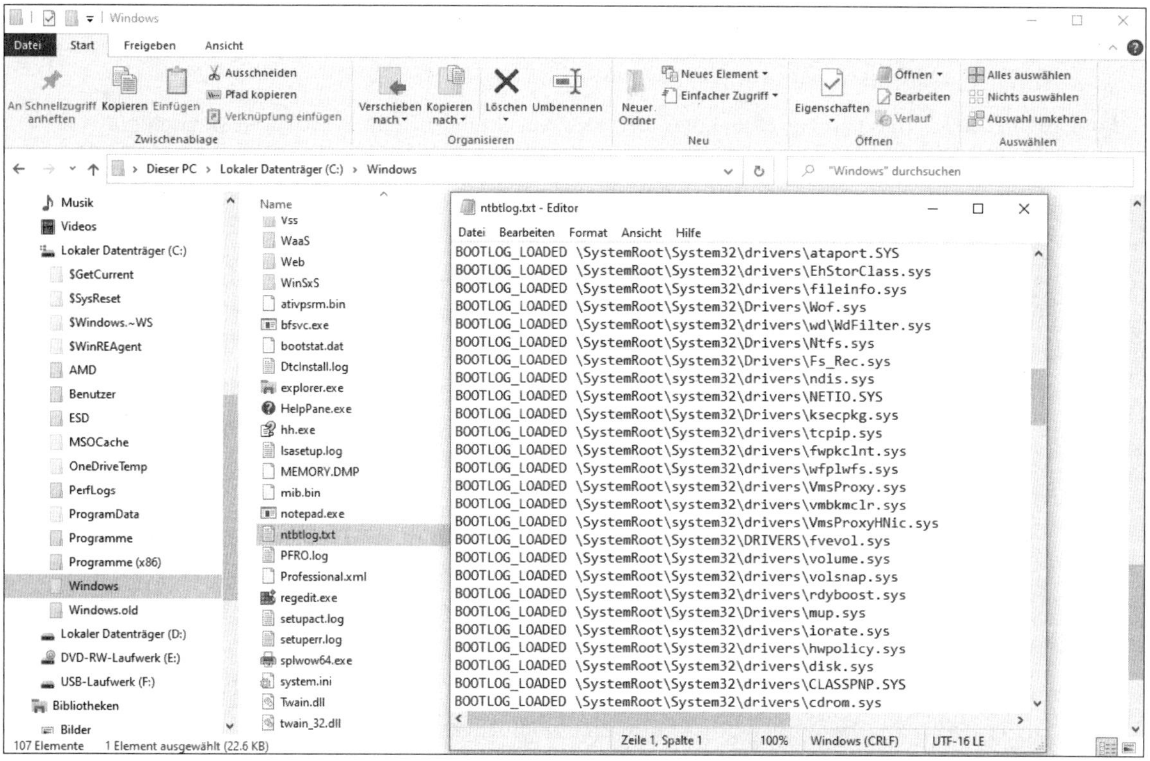

Abbildung 31.8 Der Datei »ntbtlog.txt« können Sie alle während des Startvorgangs geladenen Gerätetreiber entnehmen.

31.4 Eingabeaufforderung für die erweiterte Problembehandlung

Haben die zuvor vorgestellten Reparaturtools und Starteinstellungen nicht die erhoffte Lösung gebracht, bleibt noch der Weg über die Eingabeaufforderung der Windows-Wiederherstellungsumgebung. Über sie haben Sie die Möglichkeit, auf System- und Konfigurationsdateien zuzugreifen und vor allem wichtige Dateien zu sichern, bevor Sie z. B. eine Neuinstallation von Windows vornehmen.

Bei all diesen Aktionen sollten Sie allerdings sehr vorsichtig vorgehen. Wer bisher im normalen Betrieb einen respektvollen Bogen um das Kommandozeilentool gemacht hat, sollte nicht ausgerechnet in einer kritischen Situation anfangen, sich mit ihm auseinanderzusetzen.

Um die Windows-Wiederherstellungsumgebung direkt mit der Eingabeaufforderung zu starten (nicht zu verwechseln mit dem abgesicherten Modus mit Eingabeaufforderung, der im vorherigen Abschnitt erwähnt wurde), starten Sie Windows RE zunächst wie in Abschnitt 31.1.1 gezeigt. Klicken Sie auf der Seite OPTION AUSWÄHLEN auf PROBLEMBEHANDLUNG und auf der folgenden Seite auf ERWEITERTE OPTIONEN. Auf der gleichnamigen Seite, die hierdurch geöffnet wird, wählen Sie die EINGABEAUFFORDERUNG. Sie werden als Nächstes aufgefordert, ein Konto auszuwählen und das Kennwort hierfür einzugeben. Nach einem Klick auf FORTSETZEN startet die Eingabeaufforderung.

Abbildung 31.9 Zum Aufruf der Eingabeaufforderung aus Windows RE heraus ist die Auswahl eines Administratorkontos und die Eingabe des Kennwortes nötig.

Als Erstes sollten Sie einen Blick auf die Pfadangabe werfen, mit der die Eingabeaufforderung gestartet wird. Statt der klassischen Angabe des Laufwerkes *C:*, auf dem sich üblicherweise die Installationsdateien von Windows 10 befinden, wird hier nun die Laufwerksangabe *X:* eingeblendet. Dabei handelt es sich um das Laufwerk, auf dem Windows RE ausgeführt wird. Berücksichtigen Sie dies unbedingt bei allen Befehlen, die Sie über die Eingabeaufforderung von Windows RE ausführen. Hier ein paar wichtige Befehle als Beispiel:

- Um vom Laufwerk X: zum Laufwerk C: zu wechseln, geben Sie `C:` ein und drücken die Taste [↵].
- Möchten Sie sich den Inhalt eines Laufwerkes anzeigen lassen, erreichen Sie dies über die Befehlseingabe `dir`. Systemordner werden in der Eingabeaufforderung mit ihrer englischen Bezeichnung angezeigt, was wiederum für den folgenden Befehl relevant ist.
- Um zu einem bestimmten Ordner zu wechseln, geben Sie den Befehl `cd` (für »change directory«) ein, gefolgt vom Ordnernamen. Um z. B. zum Unterordner *Users* zu wechseln, geben Sie `cd users` ein. Der Befehl `cd..` führt Sie zum übergeordneten Verzeichnis.
- Falls Sie die Eingabeaufforderung der Windows-Wiederherstellungsumgebung wieder verlassen möchten, geben Sie den Befehl `exit` ein. Anschließend wird wieder die Seite OPTION AUSWÄHLEN der Wiederherstellungsumgebung angezeigt, über die Sie den PC ausschalten oder ganz normal Windows 10 starten können.

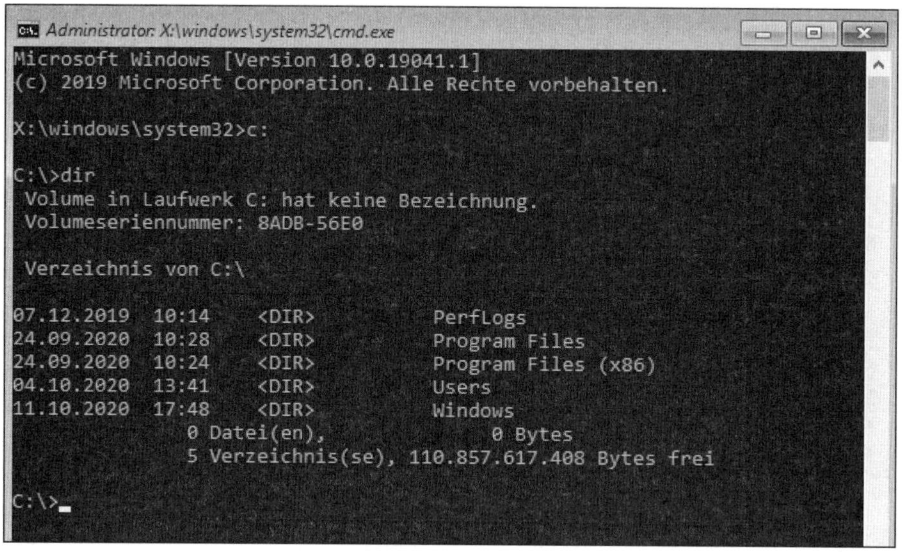

Abbildung 31.10 Achten Sie bei der Eingabeaufforderung darauf, auf welchem Laufwerk ein Befehl ausgeführt wird.

Tabelle 31.1 enthält eine kleine Übersicht über Befehle, die Sie in der Eingabeaufforderung von Windows RE nutzen können.

Befehl	Funktion
assoc	Mit dem Befehl assoc wird der einer bestimmten Dateierweiterung zugeordnete Dateityp angezeigt oder geändert.
bcdedit	Dient der Konfiguration der Startkonfigurationsdaten (auf Englisch »Boot Configuration Data«, kurz *BCD*).
cd	Wechselt das Verzeichnis.
chkdsk	Der häufig auch als *check disk* bezeichnete Befehl dient der Erkennung und Behebung von Festplattenfehlern.
copy	Kopiert einzelne Dateien in ein anderes Verzeichnis.
del	Löscht die anschließend angegebene(n) Datei(en) oder den Ordner.
dir	Zeigt den Inhalt des aktuellen Verzeichnisses an; sollen auch die Unterverzeichnisse aufgeführt werden, geben Sie den Befehl dir /s ein.
diskpart	Startet das Kommandozeilenprogramm *Diskpart* zur Festplattenpartitionierung.

Tabelle 31.1 Übersicht über wichtige Konsolenbefehle unter Windows RE

Befehl	Funktion
`exit`	Dient dem Beenden der Eingabeaufforderung.
`format`	Formatiert den anschließend angegebenen Datenträger.
`move`	Dient dem Verschieben von Dateien und Ordnern.
`mkdir`	Erstellt ein neues Verzeichnis.
`rename`	Benennt Dateien oder Ordner um.
`rmdir`	Entfernt den anschließend angegebenen Ordner.

Tabelle 31.1 Übersicht über wichtige Konsolenbefehle unter Windows RE (Forts.)

Kapitel 32
Den PC wiederherstellen oder zurücksetzen

Wünschen Sie sich auch manchmal, die Zeit zurückdrehen zu können? Bei Ihrem Windows 10-Computer ist dies tatsächlich möglich. Läuft das System nicht mehr rund, können Sie z. B. nur die letzten Änderungen rückgängig machen oder auch den PC komplett zurücksetzen.

Im Vergleich zu seinen Vorgängern ist Windows 10 ein ausgesprochen stabiles Betriebssystem. Doch auch hier kann es zu Problemen kommen, wie in den vorherigen Kapiteln bereits beschrieben wurde. Haben die bisher vorgestellten Tools zum Analysieren von Fehlern und zur Problembehandlung zu keinem zufriedenstellenden Ergebnis geführt, hilft manchmal nur noch eines: das Zurücksetzen des Computers.

In diesem Kapitel lernen Sie zwei Funktionen kennen, die beim Zurücksetzen zwei sehr unterschiedliche Ansätze verfolgen. Bei dem ersten Tool handelt es sich um die *Systemwiederherstellung*, die bereits seit Windows XP Bestandteil des Betriebssystems ist. Dabei setzen Sie den Computer auf einen Wiederherstellungspunkt zurück, der zu einem Zeitpunkt erstellt wurde, als das System noch stabil lief. Bei der Systemwiederherstellung werden nur die Anwendungen und Treiber entfernt, die in der Zwischenzeit installiert wurden, ältere Apps und Treiber bleiben hingegen erhalten.

Bei der zweiten Funktion, die den etwas ungelenken Namen *Diesen PC zurücksetzen* trägt, wird Windows 10 neu installiert und der Computer somit in den Originalzustand zurückgesetzt. Sie haben dabei die Wahl, Ihre persönlichen Dateien beizubehalten oder alles entfernen zu lassen. Im Gegensatz zu einer Neuinstallation, wie sie in Kapitel 33 beschrieben wird, sind für das Zurücksetzen des PCs nur wenige Mausklicks nötig.

Systemabbildsicherung unter Windows 10

Auch unter Windows 10 haben Sie noch die Möglichkeit, mit dem Programm *Sichern und Wiederherstellen (Windows 7)* ein Systemabbild zu erstellen, das alle Einstellungen, Anwendungen und Daten enthält.

Wie Sie hierzu vorgehen und wie sich ein Systemimage wiederherstellen lässt, erfahren Sie in Abschnitt 12.2, »Eine Komplettsicherung des Systems vornehmen«.

32.1 Die Systemwiederherstellung

Die *Systemwiederherstellung* existiert bereits seit Windows XP und wird auch unter Windows 10 noch fleißig genutzt. Mit ihrer Hilfe lässt sich ein Computer in einen früheren Zustand zurückversetzen, zu dem das System noch korrekt funktionierte. Die Systemwiederherstellung ist nur auf Laufwerken verfügbar, die mit NTFS formatiert sind. Sobald sie aktiviert ist, erstellt der Volumeschattenkopie-Dienst in bestimmten Zeitabständen oder auch Situationen einen *Snapshot* (sprich Schnappschuss) wichtiger System- und Programmdateien sowie der Registrierungsdatenbank. Diese Informationen werden als sogenannte *Wiederherstellungspunkte* gespeichert. Sollte der Computer nicht mehr rundlaufen, können Sie ihn auf einen der erstellten Wiederherstellungspunkte zurückführen.

Die Systemwiederherstellung ist nicht gleichzusetzen mit einer Datensicherung, geschweige denn, dass sie diese ersetzen kann. Es ist also nicht möglich, mit ihr gelöschte Daten wiederherzustellen. Die Aufgabe der Systemwiederherstellung ist es stattdessen, eine misslungene Treiber- oder auch Softwareinstallation rückgängig oder eine fehlgeschlagene Konfiguration ungeschehen zu machen. Für die Datensicherung und -wiederherstellung sieht Windows 10 den Dateiversionsverlauf vor, der in Abschnitt 12.1 vorgestellt wird.

32.1.1 Systemwiederherstellung konfigurieren

Ist die Systemwiederherstellung aktiviert, wird z. B. automatisch vor jeder Installation eines Windows Updates ein Wiederherstellungspunkt erzeugt. Installieren Sie ein neues Programm auf dem Computer, ist ebenfalls der Moment für einen neuen Wiederherstellungspunkt gekommen. Voraussetzung hierfür ist allerdings, dass die Installationsroutine der Anwendung kompatibel mit der Systemwiederherstellung ist. Statt sich ausschließlich auf den Automatismus zu verlassen können Sie auch selbst einen Wiederherstellungspunkt erstellen.

Aktivierung der Systemwiederherstellung prüfen

Die Systemwiederherstellung ist per Standardeinstellung auf jedem Computer aktiviert. Zur Sicherheit sollten Sie diese Einstellung aber überprüfen. Wie bereits in früheren Versionen ist hierfür ein Blick in die Systemsteuerung nötig.

1. Geben Sie im Suchfeld der Taskleiste »Systemsteuerung« ein, und wählen Sie den gleichnamigen Treffer aus. In der Systemsteuerung klicken Sie auf SYSTEM. Ist bei Ihnen als Anzeige die KATEGORIE eingestellt, müssen Sie zuvor noch SYSTEM UND SICHERHEIT auswählen.
2. Klicken Sie in der linken Spalte auf COMPUTERSCHUTZ, um den Dialog SYSTEMEIGENSCHAFTEN mit dem Register COMPUTERSCHUTZ zu öffnen.

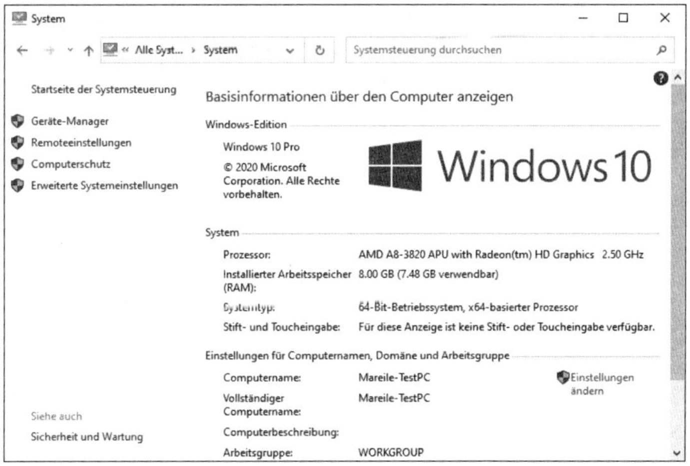

Abbildung 32.1 Die Systemwiederherstellung rufen Sie über den »Computerschutz« in der Systemsteuerung auf.

3. Im Feld SCHUTZEINSTELLUNGEN werden alle verfügbaren Laufwerke aufgelistet, für die sich der Computerschutz aktivieren lässt. Um die Einstellungen für das Systemlaufwerk zu überprüfen, markieren Sie das Laufwerk (z. B. LOKALER DATENTRÄGER (C:) (SYSTEM)) und klicken dann auf KONFIGURIEREN.
4. Stellen Sie sicher, dass unter EINSTELLUNGEN WIEDERHERSTELLEN die Option COMPUTERSCHUTZ AKTIVIEREN ausgewählt ist. Über den Regler MAXIMALE BELEGUNG legen Sie fest, wie viel Speicherplatz für die Wiederherstellungspunkte reserviert werden soll. Mit fünf Prozent liegen Sie meist recht gut. Schließen Sie die geöffneten Dialoge nun mit OK.

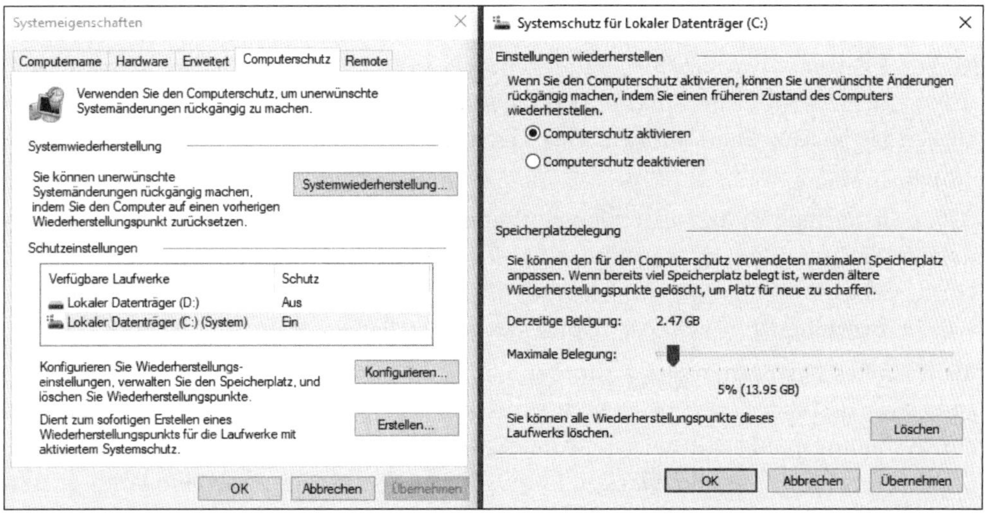

Abbildung 32.2 Stellen Sie sicher, dass der Computerschutz aktiviert ist und genügend Speicherplatz für die Wiederherstellungspunkte zur Verfügung stehen.

Sollte der Speicherplatz irgendwann nicht mehr ausreichen, werden ältere Wiederherstellungspunkte automatisch gelöscht. Falls Sie sich sicher sind, dass Sie die bereits erstellten Wiederherstellungspunkte nicht benötigen, können Sie diese auch selbst über die Schaltfläche LÖSCHEN im Dialog SYSTEMSCHUTZ FÜR ... entfernen.

Manuellen Systemwiederherstellungspunkt setzen

Wie bereits erwähnt, kümmert sich die Systemwiederherstellung in bestimmten Situationen automatisch darum, einen Wiederherstellungspunkt zu erstellen, etwa wenn ein Windows Update installiert wird. Manchmal ist es aber auch sinnvoll, selbst einen Wiederherstellungspunkt zu setzen, z. B. vor der Installation einer neuen Software oder eines Treibers. Hierzu rufen Sie wie zuvor beschrieben den Dialog SYSTEMEIGENSCHAFTEN auf und klicken auf die Schaltfläche ERSTELLEN (siehe Abbildung 32.2). Geben Sie im Dialog WIEDERHERSTELLUNGSPUNKT ERSTELLEN einen aussagekräftigen Namen ein, den Sie mit ERSTELLEN übernehmen. Windows 10 erzeugt nun einen entsprechenden Wiederherstellungspunkt.

Systemwiederherstellung per Aufgabenplanung steuern

Manchmal vergisst man ausgerechnet dann das Setzen eines Wiederherstellungspunkts, wenn es angesagt wäre. Damit Ihnen dies gar nicht erst passiert, können Sie über die *Aufgabenplanung* veranlassen, dass die Wiederherstellungspunkte nach einem von Ihnen vorgegebenen Zeitplan erstellt werden. Bevor Sie eine solche Aufgabe einrichten, sollten Sie sicherstellen, dass die Systemwiederherstellung aktiviert ist. Ist dies der Fall, führen Sie folgende Schritte aus:

1. Klicken Sie mit der rechten Maustaste auf das Windows-Logo, oder drücken Sie die Tastenkombination [Win] + [X], um das Schnellzugriffsmenü zu öffnen. Wählen Sie in diesem die COMPUTERVERWALTUNG aus.
2. Klicken Sie in der linken Spalte der Computerverwaltung auf den Pfeil vor AUFGABENPLANUNG und dann auf AUFGABENPLANUNGSBIBLIOTHEK. In der rechten Spalte AKTIONEN klicken Sie anschließend auf AUFGABE ERSTELLEN. Es wird der gleichnamige Dialog geöffnet.
3. Geben Sie im Register ALLGEMEIN einen Namen für den Wiederherstellungspunkt ein. Aktivieren Sie außerdem die Option UNABHÄNGIG VON DER BENUTZERANMELDUNG AUSFÜHREN. Das Kästchen MIT HÖCHSTEN PRIVILEGIEN AUSFÜHREN sollten Sie mit einem Häkchen versehen. Im Feld KONFIGURIEREN FÜR stellen Sie WINDOWS 10 ein.
4. Als Nächstes bestimmen Sie, wann der Wiederherstellungspunkt erzeugt werden soll. Hierzu wechseln Sie in das Register TRIGGER und klicken dort auf NEU. Soll ein neuer Wiederherstellungspunkt z. B. bei jeder Anmeldung erstellt werden, wählen Sie im Feld AUFGABE STARTEN den entsprechenden Eintrag aus. Alternativ lässt sich ein Wiederherstellungspunkt auch NACH EINEM ZEITPLAN erstellen. Entscheiden Sie sich hierfür, stellen Sie

den Zeitplan anschließend Ihren Wünschen entsprechend ein, also etwa TÄGLICH um 10 Uhr. Stellen Sie sicher, dass das Kästchen AKTIVIERT mit einem Häkchen versehen ist, bevor Sie den Dialog NEUER TRIGGER mit OK schließen.

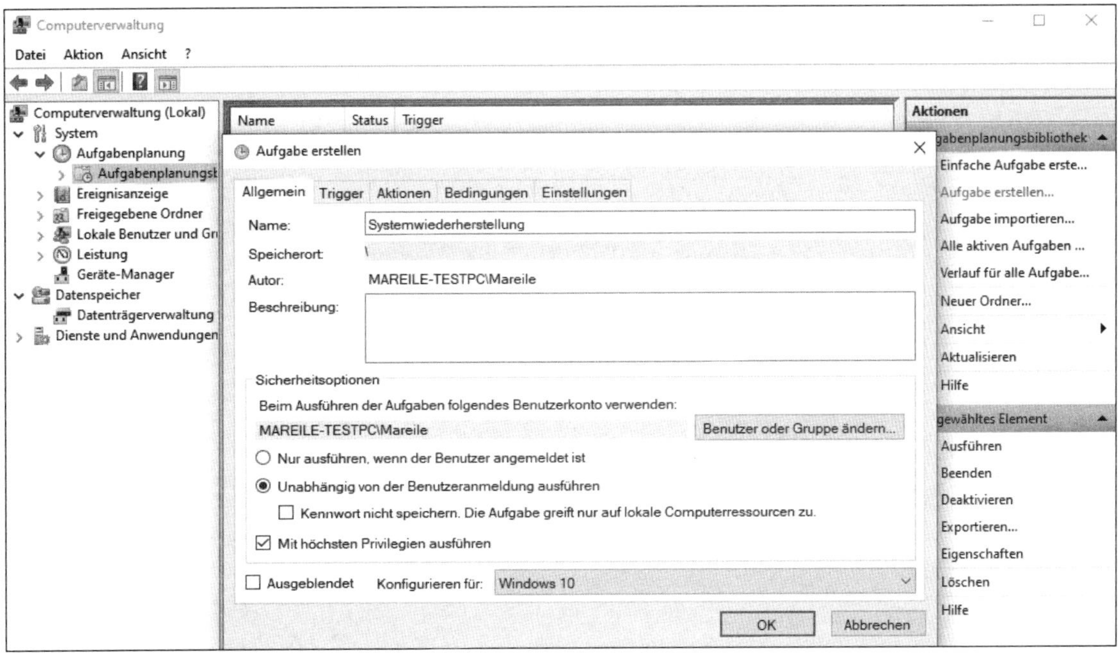

Abbildung 32.3 Das Erstellen von Wiederherstellungspunkten lässt sich über die Aufgabenplanung steuern.

5. Im Dialog AUFGABE ERSTELLEN rufen Sie jetzt das Register AKTIONEN auf und klicken auf NEU. Im Feld AKTION sollte PROGRAMM STARTEN eingestellt sein. Geben Sie im Feld PROGRAMM/SKRIPT den Befehl »%SystemRoot%\system32\WindowsPowerShell\v1.0\powershell.exe« ein. Im Feld ARGUMENTE HINZUFÜGEN (OPTIONAL) ergänzen Sie »checkpoint-computer "Systemwiederherstellung"«, wobei Sie den Text »Systemwiederherstellung« auch durch eine eigene Angabe ersetzen können. Schließen Sie den Dialog mit OK.
6. Damit der Wiederherstellungspunkt auch im Akkubetrieb erstellt wird, entfernen Sie im Register BEDINGUNGEN das Häkchen vor AUFGABE NUR STARTEN, FALLS COMPUTER IM NETZBETRIEB AUSGEFÜHRT WIRD. Mit einem Klick auf OK beenden Sie den Dialog AUFGABE ERSTELLEN. Den folgenden Hinweis bestätigen Sie durch Eingabe des Kennwortes Ihres Benutzerkontos.

Die gerade erstellte Aufgabe wird nun in der mittleren Spalte der Computerverwaltung aufgeführt, vorausgesetzt, rechts ist die AUFGABENPLANUNGSBIBLIOTHEK markiert. Sie können die Computerverwaltung nun schließen.

Wiederherstellungspunkte per Gruppenrichtlinie erzeugen

Nutzen Sie das bordeigene Windows-Antivirenprogramm, sprich den Microsoft Defender Antivirus? Dann haben Sie unter Windows 10 Pro die Möglichkeit, per Gruppenrichtlinie das Erstellen eines Wiederherstellungspunkts zu veranlassen. Der Wiederherstellungspunkt wird damit automatisch erstellt, bevor der Microsoft Defender den täglichen Scan des Systems durchführt. Um die Gruppenrichtlinie zu bearbeiten, drücken Sie die Tastenkombination [⊞] + [R] und geben im Ausführen-Dialog »gpedit.msc« ein. Navigieren Sie im Editor für lokale Gruppenrichtlinien zum Pfad *Computerkonfiguration/Administrative Vorlagen/ Windows-Komponenten/Microsoft Defender Antivirus/Scan*. Doppelklicken Sie in der mittleren Spalte auf ERSTELLEN EINES SYSTEMWIEDERHERSTELLUNGSPUNKTS. Aktivieren Sie die Option AKTIVIERT, und bestätigen Sie mit ÜBERNEHMEN und OK. Von nun an wird täglich vor der Ausführung des Scans automatisch ein Wiederherstellungspunkt gesetzt.

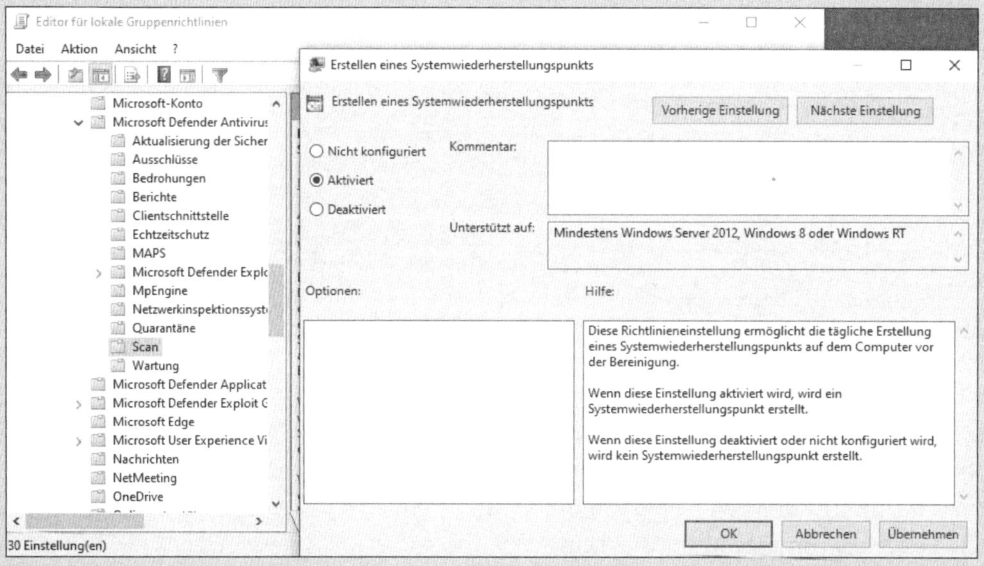

Abbildung 32.4 Wer den Microsoft Defender Antivirus als Antivirenprogramm einsetzt, kann per Gruppenrichtlinie das Setzen von Wiederherstellungspunkten veranlassen.

32.1.2 Das System wiederherstellen

Die Installation einer Software oder eines Treibers ist fehlgeschlagen, und Sie möchten das System nun auf einen früheren Wiederherstellungspunkt zurücksetzen? Hierfür stehen Ihnen zwei verschiedene Wege zur Auswahl: Lässt sich der Computer noch ganz normal starten, können Sie die Systemwiederherstellung über den Computerschutz durchführen, den Sie über die Systemsteuerung aufrufen.

Ist eine normale Anmeldung am System hingegen nicht mehr möglich, führt Sie der Weg zur *Windows-Wiederherstellungsumgebung* (*Windows Recovery Environment*, kurz *Windows RE*). Beide Varianten werden im Folgenden kurz beschrieben.

Systemwiederherstellung via Computerschutz

Falls Sie sich wie gewohnt am Computer anmelden können, sollten Sie die Systemwiederherstellung über das Register COMPUTERSCHUTZ im Dialog SYSTEMEIGENSCHAFTEN starten. Wie Sie diesen über die Systemsteuerung aufrufen, wurde im vorherigen Abschnitt beschrieben. Zur Systemwiederherstellung gehen Sie dann folgendermaßen vor:

1. Ist der Dialog SYSTEMEIGENSCHAFTEN mit dem Register COMPUTERSCHUTZ geöffnet, klicken Sie auf SYSTEMWIEDERHERSTELLUNG und bestätigen den nächsten Dialog mit WEITER.
2. Auf der Seite WIEDERHERSTELLUNG DES COMPUTERZUSTANDS ZUM ANGEGEBENEN ZEITPUNKT werden die zuletzt angefertigten Wiederherstellungspunkte aufgelistet. Benötigen Sie noch ältere Wiederherstellungspunkte, aktivieren Sie das Kontrollkästchen WEITERE WIEDERHERSTELLUNGSPUNKTE ANZEIGEN.

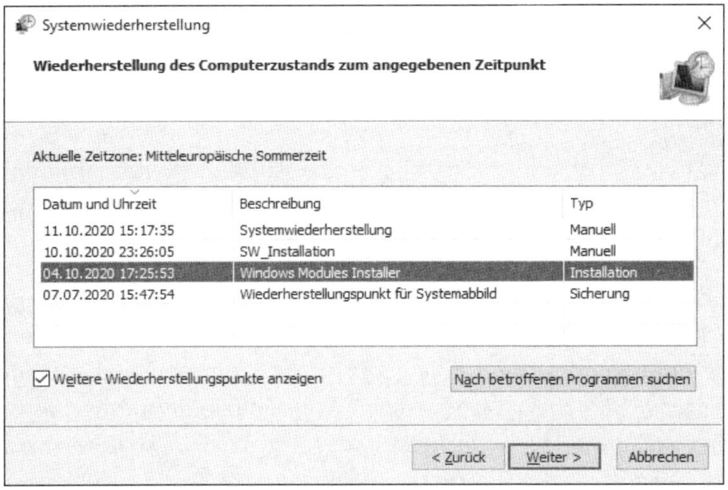

Abbildung 32.5 Auswahl eines Wiederherstellungspunkts

3. Suchen Sie nun den gewünschten Wiederherstellungspunkt anhand des Datums sowie des Beschreibungstextes aus, und markieren Sie ihn. Um zu erfahren, welche Anwendungen und Treiber im Rahmen der Systemwiederherstellung gelöscht werden, klicken Sie auf NACH BETROFFENEN PROGRAMMEN SUCHEN. Die folgende Liste zeigt (siehe Abbildung 32.6), welche Programme und Treiber seit dem Erstellen des ausgewählten Wiederherstellungspunkts installiert wurden und nun durch die Systemwiederherstellung gelöscht werden. Mit einem Klick auf SCHLIESSEN blenden Sie den Dialog aus.

Abbildung 32.6 Liste der betroffenen Programme und Treiber, die im Rahmen der Systemwiederherstellung gelöscht werden

4. Zurück im Dialog SYSTEMWIEDERHERSTELLUNG, klicken Sie auf WEITER und auf der folgenden Seite auf FERTIG STELLEN. Den Hinweis, dass eine einmal gestartete Systemwiederherstellung nicht mehr unterbrochen werden kann, bestätigen Sie mit JA.

Bevor die Systemwiederherstellung nun startet, wird automatisch ein weiterer Wiederherstellungspunkt gesetzt. Das ist durchaus praktisch, denn sollten Sie feststellen, dass die Systemwiederherstellung nicht den erhofften Erfolg gebracht hat, könnten Sie die Wiederherstellung des Systems damit wieder rückgängig machen. Während der Systemwiederherstellung werden die Systemdateien und Einstellungen in der Registrierungsdatenbank auf den im Wiederherstellungspunkt gespeicherten Zustand zurückgesetzt. Der Vorgang nimmt einige Zeit in Anspruch. Anschließend wird der Computer neu gestartet, und Sie können sich wieder bei Windows 10 anmelden. Sie erhalten nun eine Zusammenfassung des Wiederherstellungsstatus, die Sie mit SCHLIESSEN ausblenden.

Sollten Sie die gerade durchgeführte Systemwiederherstellung rückgängig machen wollen, rufen Sie erneut den Dialog SYSTEMWIEDERHERSTELLUNG auf. Auf der ersten Seite des Dialogs erscheint nun die Option SYSTEMWIEDERHERSTELLUNG RÜCKGÄNGIG MACHEN. Sollten Sie einen anderen Wiederherstellungspunkt auswählen wollen, markieren Sie entsprechend die zweite Option und fahren dann wie zuvor beschrieben fort.

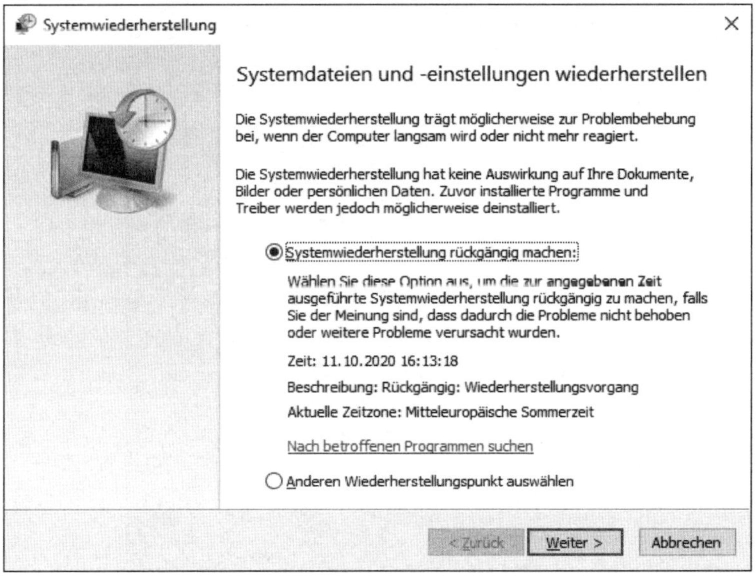

Abbildung 32.7 Die Systemwiederherstellung lässt sich auch rückgängig machen.

Systemwiederherstellung über die Windows-Wiederherstellungsumgebung

Sollte der Computer nicht mehr ordnungsgemäß starten, können Sie versuchen, die Systemwiederherstellung über die Windows-Wiederherstellungsumgebung durchzuführen. Hierzu benötigen Sie einen Wiederherstellungsdatenträger. Wie Sie eine solche Rettungs-DVD oder auch einen entsprechenden USB-Stick erstellen, wird in Abschnitt 3.5, »Vorsorge treffen mit Rettungsmedien«, gezeigt. Im Gegensatz zum zuvor beschriebenen Weg über den Computerschutz wird während der Systemwiederherstellung über Windows RE kein neuer Wiederherstellungspunkt gesetzt. Die Systemwiederherstellung lässt sich also nicht ungeschehen machen.

1. Die Wiederherstellungsumgebung rufen Sie auf, indem Sie den Computer von der DVD oder dem USB-Stick starten. Wählen Sie dann die PROBLEMBEHANDLUNG und anschließend die ERWEITERTEN OPTIONEN aus. Auf der gleichnamigen Seite klicken Sie auf SYSTEM WIEDERHERSTELLEN.
2. Es dauert nun einen Moment, bis der Dialog SYSTEM WIEDERHERSTELLEN eingeblendet wird. Wählen Sie in diesem das Konto aus, mit dem Sie fortfahren möchten. Im folgenden Dialog werden Sie aufgefordert, das Kennwort des Kontos einzugeben.
3. Erst jetzt erscheint der Dialog SYSTEMWIEDERHERSTELLUNG. Bestätigen Sie die erste Seite mit WEITER. Auf der folgenden Seite können Sie sich weitere Wiederherstellungspunkte anzeigen lassen und nach betroffenen Programmen suchen, wie bereits zuvor für die Systemwiederherstellung via Computerschutz gezeigt. Markieren Sie den gewünschten Wiederherstellungspunkt, und bestätigen Sie mit WEITER, FERTIG STELLEN und einem abschließenden Klick auf JA.

Abbildung 32.8 Auch über die Wiederherstellungsumgebung lässt sich das System wiederherstellen.

Der Computer wird nun auf den von Ihnen ausgewählten Wiederherstellungspunkt zurückgesetzt. Dieser Vorgang nimmt einige Zeit in Anspruch. Nach dem Neustart können Sie sich, wenn alles reibungslos verlaufen ist, wieder bei Windows 10 anmelden.

32.2 Diesen PC zurücksetzen

Je länger Sie mit Ihrem Windows 10-Computer arbeiten, desto mehr Zipperlein bekommt er. Das kann sich in Form eines langsameren Startvorgangs zeigen, in Fehlermeldungen und mehr. Seit Windows 8 gibt es die Möglichkeit, den Computer mit wenig Aufwand quasi wieder in den Originalzustand zu versetzen. Während des Zurücksetzens des PCs können Sie entscheiden, ob Sie Ihre persönlichen Dateien beibehalten möchten oder ob alles entfernt werden soll. Letzteres ist vor allem praktisch, wenn Sie den Computer verkaufen, einer anderen Person schenken oder schlicht entsorgen möchten.

In beiden Fällen werden alle Anwendungen vom Computer entfernt, mit Ausnahme der Apps, die bereits in Windows 10 an Bord sind. Beim Zurücksetzen des PCs wird das Betriebssystem neu installiert. Hierfür stehen Ihnen seit Windows 10 Version 2004 zwei Varianten zur Auswahl: der Cloud-Download und die lokale Neuinstallation. Letzteres stellt den von früher bereits bekannten Weg dar, bei dem die lokal gespeicherten Sicherungsdateien verwendet werden. Beim Cloud-Download werden die Windows-Installationsdateien inklusive

Updates hingegen direkt von den Servern von Microsoft heruntergeladen. Dieser Download kann durchaus 4 GB oder mehr umfassen.

Auch wenn Sie sich beim Zurücksetzen des PCs für die Beibehaltung Ihrer Daten entscheiden: Führen Sie zuvor sicherheitshalber trotzdem ein Backup durch. Für die Datensicherung können Sie z. B. den Dateiversionsverlauf von Windows 10 nutzen, der in Abschnitt 12.1 vorgestellt wird. Um den PC zurückzusetzen, gehen Sie folgendermaßen vor:

1. Rufen Sie z. B. über die Tastenkombination [Win] + [I] die Einstellungen-App auf. Wechseln Sie in die Kategorie UPDATE UND SICHERHEIT • WIEDERHERSTELLUNG.
2. Klicken Sie rechts unterhalb von DIESEN PC ZURÜCKSETZEN auf LOS GEHT'S.
3. Im Dialog OPTION AUSWÄHLEN müssen Sie sich entscheiden, ob Sie die eigenen Dateien beibehalten möchten oder ob alles – also persönliche Dateien, Anwendungen und Einstellungen – entfernt werden soll. Die gewünschte Option wählen Sie per Mausklick aus.

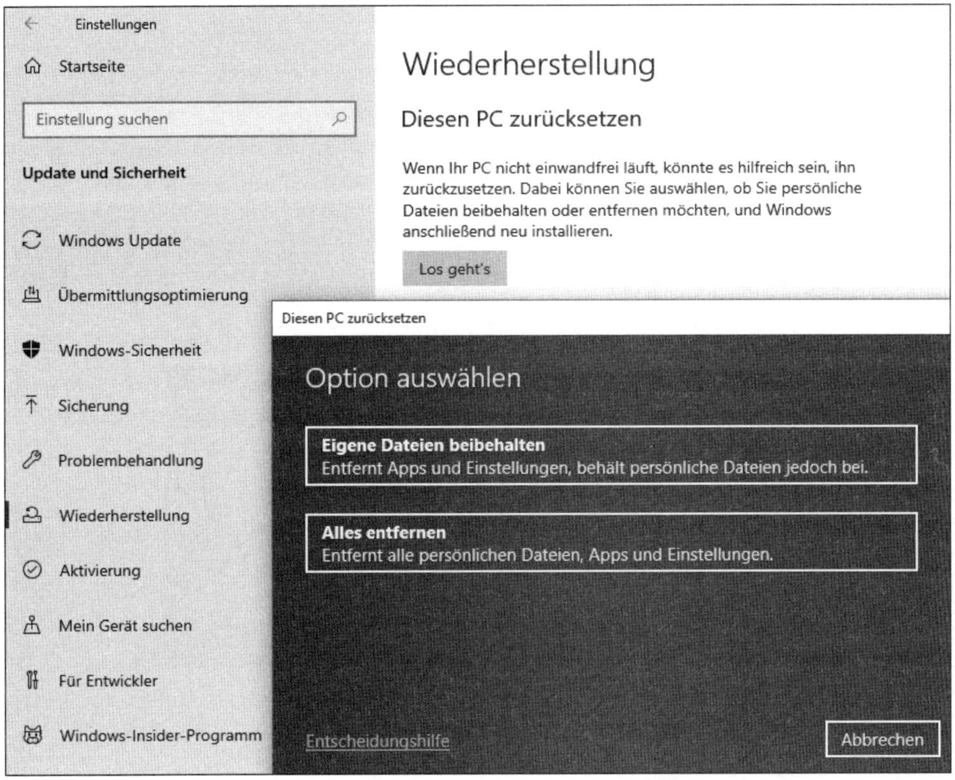

Abbildung 32.9 Beim Zurücksetzen stehen Ihnen zwei Optionen zur Auswahl.

4. Bestimmen Sie als Nächstes, ob ein CLOUD-DOWNLOAD durchgeführt werden soll oder eine LOKALE NEUINSTALLATION.

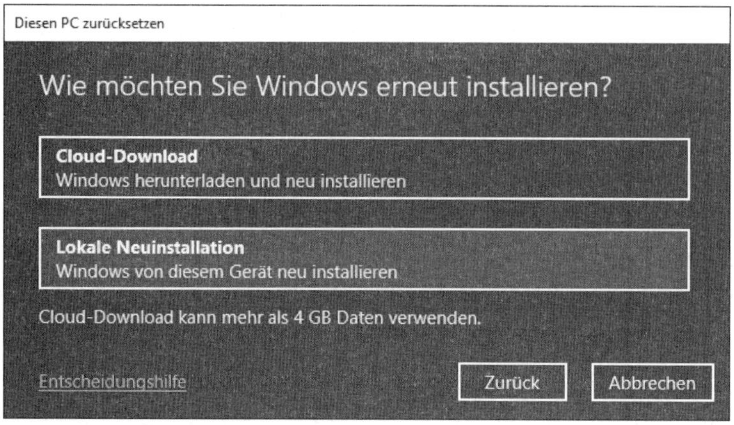

Abbildung 32.10 Für die Neuinstallation können die Windows-Installationsdateien aus der Cloud geladen oder die lokal gespeicherten Daten verwendet werden.

5. Falls Sie sich in Schritt 3 für EIGENE DATEIEN BEIBEHALTEN entschieden haben, wird Ihnen nach Auswahl der Installationsmethode eventuell der Dialog ZUSÄTZLICHE EINSTELLUNGEN angezeigt. Ist dies der Fall, klicken Sie auf EINSTELLUNGEN ÄNDERN. Über den Regler VORINSTALLIERTE APPS WIEDERHERSTELLEN? legen Sie fest, ob die vom Hersteller mitgelieferten Apps und Einstellungen nach dem Zurücksetzen wiederhergestellt werden sollen oder nicht. Benötigen Sie diese Apps nicht unbedingt, sollten Sie den Regler auf NEIN setzen. Mit BESTÄTIGEN übernehmen Sie die Einstellung.

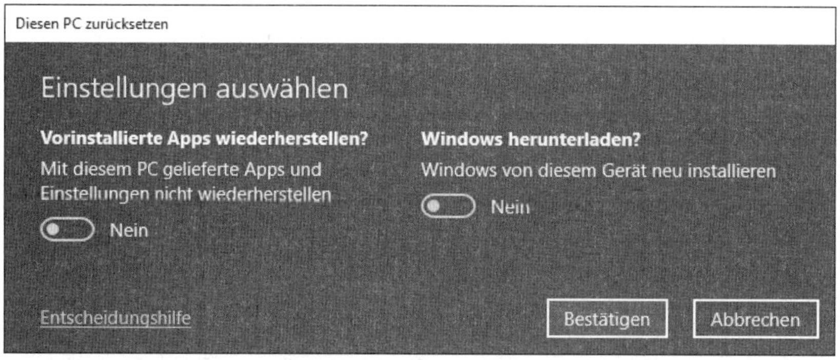

Abbildung 32.11 Dieser Dialog erscheint nur, falls auf dem System vom Hersteller vorinstallierte Apps vorhanden sind.

6. Nach einem Klick auf WEITER erhalten Sie eine Zusammenfassung, welche Aktionen beim Zurücksetzen ausgeführt werden. Nach einem Klick auf den Link APPS ANZEIGEN, DIE ENTFERNT WERDEN werden alle Anwendungen aufgelistet, die nicht wiederhergestellt werden. Mit ZURÜCK kehren Sie zum vorherigen Dialog zurück. Sind Sie sich sicher, dass Sie den PC zurücksetzen möchten, starten Sie den Vorgang mit ZURÜCKSETZEN.

7. Haben Sie in Schritt 3 ALLES ENTFERNEN gewählt, müssen Sie sich ebenfalls, wie in Schritt 4 gezeigt, zwischen Cloud-Download und lokaler Neuinstallation entscheiden. Anschließend erscheint der Dialog ZUSÄTZLICHE EINSTELLUNGEN, in dem Sie auf EINSTELLUNGEN ÄNDERN klicken.
8. Im Dialog EINSTELLUNGEN AUSWÄHLEN sollte der Regler DATEN LÖSCHEN? auf NEIN gesetzt sein, da Sie sich für das Entfernen aller Dateien entschieden haben (siehe Abbildung 32.12). Haben Sie zuvor den Cloud-Download gewählt, ist der Regler WINDOWS HERUNTERLADEN? eingeschaltet, bei der lokalen Neuinstallation hingegen ausgeschaltet. Sind auf Ihrem Computer mehrere Laufwerke verfügbar, wird ein dritter Regler angezeigt: DATEIEN VON ALLEN LAUFWERKEN LÖSCHEN?. Ist dieser Regler auf NEIN gesetzt, werden die Daten lediglich von dem Laufwerk gelöscht, auf dem Windows installiert ist. Sollen die Dateien von allen Laufwerken entfernt werden, setzen Sie den Regler auf JA. Mit BESTÄTIGEN übernehmen Sie Ihre Einstellungen.

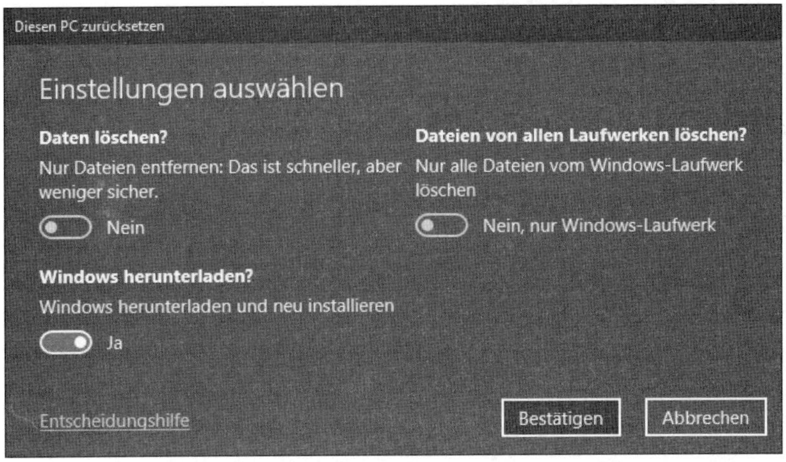

Abbildung 32.12 Sie haben die Wahl, ob die Dateien nur auf dem Windows-Laufwerk oder auf allen Laufwerken gelöscht werden sollen.

9. Im Dialog ZUSÄTZLICHE EINSTELLUNGEN klicken Sie auf WEITER. Sie erhalten nun eine Zusammenfassung der Einstellungen. Falls Sie den Vorgang doch nicht durchführen möchten, haben Sie hier noch die Möglichkeit, ihn abzubrechen. Mit einem Klick auf ZURÜCKSETZEN starten Sie das Zurücksetzen des PCs. Dies nimmt nun einen längeren Zeitraum in Anspruch.

Haben Sie sich beim Zurücksetzen für das Beibehalten Ihrer persönlichen Daten entschieden, können Sie sich direkt nach Abschluss des Vorgangs am System anmelden. Gegebenenfalls müssen Sie die Anwendungen, die deinstalliert wurden, wieder neu installieren. Nach dem erfolgreichen Zurücksetzen, bei dem alles entfernt wurde, müssen Sie Ihren Computer wieder neu einrichten. Hierzu zählen das Anpassen der Einstellungen ebenso wie die Installation aller benötigten Apps.

Wie die in diesem Kapitel ebenfalls vorgestellte *Systemwiederherstellung* lässt sich auch die Funktion *Diesen PC zurücksetzen* über die Windows-Wiederherstellungsumgebung starten. Sollten Sie sich nicht mehr wie gewohnt am Computer anmelden können, ist es einen Versuch wert, das Zurücksetzen über Windows RE zu versuchen. Hierzu starten Sie den Computer z. B. über den Wiederherstellungsdatenträger. Klicken Sie auf PROBLEMBEHANDLUNG und anschließend auf DIESEN PC ZURÜCKSETZEN. Folgen Sie dann den weiteren Anweisungen, um das Zurücksetzen vorzunehmen.

Abbildung 32.13 Der PC lässt sich auch über die Windows-Wiederherstellungsumgebung zurücksetzen.

Der saubere Neustart

Bis Windows 10 Version 1909 stand Ihnen noch eine weitere Möglichkeit zur Auswahl, um das System zurückzusetzen: der *saubere Neustart*. Er ließ sich über die Kategorie GERÄTELEISTUNG UND -INTEGRITÄT des Windows-Sicherheit-Centers aufrufen. Der Unterschied zwischen den Funktionen *Sauberer Neustart* und *Diesen PC zurücksetzen* lag im Umgang mit Bloatware, also z. B. den vom PC-Hersteller vorinstallierten Programmen. Diese blieben in den älteren Windows 10-Versionen beim Zurücksetzen des PCs erhalten, während sie beim sauberen Neustart entfernt wurden. Mit Version 2004 wurde der saubere Neustart in den Bereich DIESEN PC ZURÜCKSETZEN verschoben (siehe Abbildung 32.11).

TEIL VIII

Windows für Fortgeschrittene

Kapitel 33
Windows 10 installieren

Für die Installation von Windows 10 stehen Ihnen verschiedene Varianten zur Auswahl. So können Sie von Windows 7 oder 8.1 nach wie vor ein Upgrade auf die neueste Version durchführen, Windows 10 komplett neu installieren oder auch parallel zu einem bereits vorhandenen System. In diesem Kapitel erfahren Sie, wie Sie hierzu jeweils vorgehen und wie die Aktivierung von Windows 10 erfolgt.

Wer sich einen neuen Computer mit bereits vorinstalliertem Windows 10 spendiert hat, wird sich höchstwahrscheinlich lange Zeit nicht mit dem Thema »Windows installieren« auseinandersetzen müssen. Es sei denn, er möchte parallel zu dieser Windows-Installation noch ein weiteres Betriebssystem auf dem Computer einrichten. Wie einfach sich dies umsetzen lässt, zeigt Abschnitt 33.5, »Multi-Boot-System konfigurieren«.

Vielleicht haben Sie aber auch noch einen älteren PC mit Windows 7 oder 8.1, den Sie nun endlich doch auf Windows 10 hochrüsten möchten. Entgegen vielen Behauptungen ist dies auch heute noch kostenlos möglich. Die App, die Microsoft hierfür die ersten Monate nach Veröffentlichung von Windows 10 zur Verfügung gestellt hat, lässt sich hierfür zwar nicht mehr nutzen. Das Media Creation Tool erledigt diese Aufgabe aber mindestens ebenso gut, wie Sie in Abschnitt 33.4, »Upgrade auf Windows 10«, nachlesen können. Das Tool kommt auch zum Einsatz, wenn Sie Windows 10 auf einem Computer neu installieren möchten. Außerdem lässt sich mithilfe des Media Creation Tools ein bootfähiger USB-Stick oder auch eine DVD zur Installation von Windows 10 vorbereiten. Beides – Erstellen eines Installationsmediums und Neuinstallation von Windows 10 – wird im Verlauf dieses Kapitels beschrieben. Zuvor werfen wir aber einen Blick auf die Voraussetzungen, die ein Computer erfüllen sollte, um fit für Windows 10 zu sein.

33.1 Vorbereitungen für eine Windows 10-Installation

Bevor Sie eine Neuinstallation von Windows 10 oder ein Upgrade von einer älteren Version auf die neueste starten, sollten Sie ein paar Minuten in die Vorbereitung investieren. Dazu zählen z. B. eine Überprüfung der Hardwarevoraussetzungen und das Vornehmen einer Datensicherung.

33.1.1 Hardwareanforderungen von Windows 10

Die Liste der Systemvoraussetzungen, die laut Microsoft erfüllt sein sollten, damit Windows 10 stabil läuft, wird den ein oder anderen Anwender vielleicht erstaunen. Denn im Vergleich zu seinen beiden Vorgängern Windows 7 und Windows 8.1 hat sich hier nichts verändert: Auch Windows 10 übt sich in Bescheidenheit. Für eine bessere Performance schadet es aber nicht, wenn Ihr Computer diese Anforderungen überbietet:

- **Prozessor**: 1-GHz-Prozessor oder schneller
- **Arbeitsspeicher**: 1 GB RAM (32-Bit-Version) oder 2 GB RAM (64-Bit-Version)
- **Festplattenspeicher**: 16 GB verfügbarer Festplattenspeicher bei 32-Bit-Rechnern bzw. 32 GB bei 64-Bit-Rechnern
- **Grafikkarte**: DirectX-9-fähige Grafikkarte mit 128 MB RAM und WDDM-1.0- oder höherem Treiber

Eine Internetverbindung wird heutzutage schon fast als selbstverständlich erachtet. Sie wird nicht nur zum Herunterladen der Installationsdateien benötigt, sondern auch von vielen Funktionen innerhalb Windows 10, allen voran dem Onlinespeicher OneDrive. Möchten Sie Funktionen wie BitLocker oder Hyper-V nutzen, müssen zusätzliche Anforderungen erfüllt sein. Welche dies im Einzelnen sind, erfahren Sie in Abschnitt 13.2, »Festplatten verschlüsseln mit BitLocker« und in Abschnitt 35.2, »Virtualisierung mit Hyper-V«.

33.1.2 Bevor Sie starten: Wichtiges sichern, Überflüssiges entfernen

Unabhängig davon, ob eine Neuinstallation von Windows 10 ansteht oder ein Upgrade von einer älteren Windows-Version aus: Erstellen Sie vorab unbedingt ein Backup Ihrer Daten, sofern Sie diese denn beibehalten möchten. Eine Variante zur Datensicherung stellen heutzutage Cloud-Lösungen wie Microsofts OneDrive dar. Die auf den Onlinespeicher übertragenen Daten lassen sich nach dem Upgrade bzw. der Neuinstallation bequem mithilfe der Synchronisierungsfunktion von Windows 10 von der Cloud auf den PC zurückspielen. Nähere Informationen hierzu erhalten Sie in Abschnitt 12.3, »Daten in der Cloud OneDrive speichern«.

Wer große Datenmengen sichern möchte, sollte allerdings eher auf althergebrachte Mechanismen setzen, wie etwa auf die Datensicherung auf einer ausreichend großen externen Festplatte. Rüsten Sie Ihren Computer von Windows 7 auf Windows 10 hoch, können Sie für das Backup sogar die Funktion *Sichern und Wiederherstellen* verwenden, da diese auch unter Windows 10 noch unterstützt wird. Ein Zurückspielen der Daten ist somit ein Leichtes. Wie Sie mit diesem Werkzeug eine Komplettsicherung des Systems vornehmen, wird in Abschnitt 12.2 näher beschrieben.

Falls Sie ein Upgrade von Windows 7 oder 8.1 auf Windows 10 durchführen möchten, sollten Sie zuvor Programme von Drittanbietern deinstallieren. Dies gilt vor allem für Sicherheitslösungen, da diese den Upgradeprozess empfindlich stören können. Wollen Sie die Programme später weiterhin nutzen, sollten Sie alle nötigen Lizenzschlüssel in greifbarer Nähe haben. Es kann sich aber auch rentieren, einen Blick auf die Websites der Hersteller zu werfen und zu prüfen, ob diese nicht eine speziell für Windows 10 entwickelte Programmversion anbieten. Eine solche Version läuft meist nicht nur stabiler, sondern verfügt auch über interessante neue Funktionen.

Gerätetreiber vor einer erneuten Installation von Windows 10 sichern

Windows 10 bietet, wie in Abschnitt 32.2, »Diesen PC zurücksetzen«, gezeigt, die Möglichkeit, das System komplett auf den Auslieferungszustand zurückzusetzen. Wem stattdessen eine komplette Neuinstallation lieber ist, sollte zuvor die Gerätetreiber auf einem Wechseldatenträger (z. B. einem USB-Stick) sichern. Die Gerätetreiber und alle dazugehörigen Daten werden unter Windows 10 im Ordner *FileRepository* gespeichert. Starten Sie den Explorer, und rufen Sie über die Adresszeile den Pfad *%SystemRoot%\System32\DriverStore* auf. Klicken Sie den Ordner FILEREPOSITORY mit der rechten Maustaste an, und kopieren Sie ihn mithilfe des Befehls SENDEN AN auf den Wechseldatenträger. Nach der Neuinstallation von Windows 10 müssen Sie die Treiber nur noch über den Geräte-Manager aktualisieren, wie in Abschnitt 21.6.1 gezeigt. Als Speicherort geben Sie dann den *FileRepository*-Ordner auf dem Wechseldatenträger an.

33.2 Installationsmedium erzeugen

Die Zeiten, in denen man beim Kauf einer neuen Windows 10-Lizenz einen Installationsdatenträger z. B. in Form einer DVD erhalten hat, gehören fast schon der Vergangenheit an, auch wenn Ausnahmen natürlich wie immer die Regel bestätigen. Für die Neuinstallation von Windows 10 oder einem Upgrade ist dies auch gar nicht mehr nötig. Denn Sie können sich ein solches Installationsmedium – sei es DVD oder USB-Stick – bequem selbst erstellen. Microsoft bietet hierfür das *Media Creation Tool* an, mit dem Sie die Installationsdateien der aktuellsten Windows 10-Version aus dem Internet herunterladen können. Der große Vorteil gegenüber einem käuflich erworbenen Installationsmedium: Windows 10 ist damit sofort auf dem neuesten Stand, Sie müssen also nicht erst zeitaufwendige Funktionsupdates durchführen, wie es womöglich beim erworbenen Installationsdatenträger notwendig wäre.

Mithilfe des Media Creation Tools können Sie einen Computer von einer älteren Windows-Version auf Windows 10 upgraden sowie Windows 10 von Grund auf neu installieren. Um das Media Creation Tool von der Microsoft-Webseite herunterzuladen, rufen Sie im Browser die Webadresse *https://www.microsoft.com/de-de/software-download/windows10* auf. Zu Beginn der Webseite bietet Ihnen Microsoft an, den Computer, mit dem Sie gerade arbeiten, mithilfe des Update-Assistenten auf die neueste Windows 10-Version zu aktualisieren. Dies stellt quasi das Pendant zum Ausführen eines Funktionsupdates dar. Nähere Informationen hierzu finden Sie in Abschnitt 33.4.

Uns interessiert an dieser Stelle das Media Creation Tool, dessen Download etwas weiter unten auf der Webseite angeboten wird. Klicken Sie auf die Schaltfläche TOOL JETZT HERUNTERLADEN. Je nach gewähltem Browser sowie Download-Einstellungen wird das Speichern der Installationsdatei automatisch vorgenommen, oder Sie müssen es selbst initiieren. Die Datei ist recht klein, sodass das Herunterladen schnell erledigt ist.

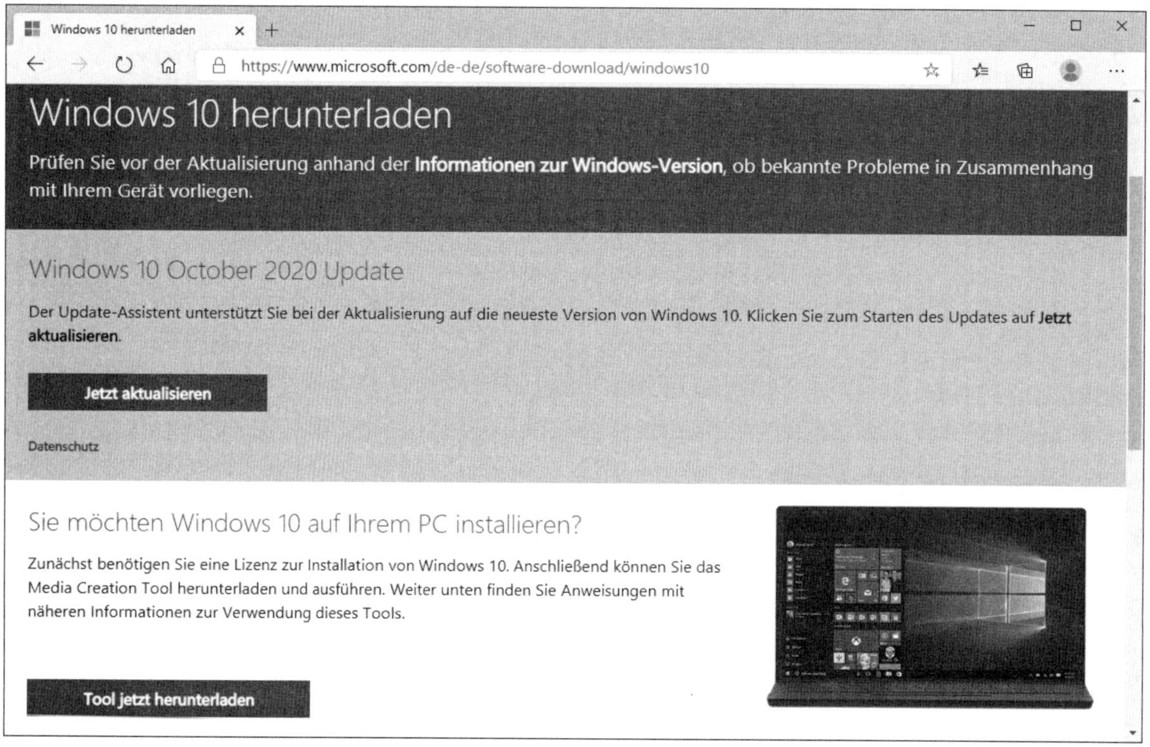

Abbildung 33.1 Über die Webseite können Sie den Computer, mit dem Sie gerade arbeiten, aktualisieren oder das Media Creation Tool herunterladen.

Nach erfolgreichem Download rufen Sie über den Explorer den Ordner auf, in dem die Datei abgelegt wurde. Per Standardeinstellung handelt es sich dabei um den Ordner DOWNLOADS. Die Installationsdatei trägt den Namen *MediaCreationTool*, gefolgt von der Windows-Versionsnummer, die sich mit dem Tool installieren lässt (z. B. *MediaCreationTool20H2.exe*). Klicken Sie die ausführbare Datei doppelt an, und bestätigen Sie die folgende Frage der Benutzerkontensteuerung mit JA. Als Nächstes werden Sie aufgefordert, die Lizenzbedingungen zu akzeptieren. Haben Sie dies erledigt, werden Ihnen auf der Seite WIE MÖCHTEN SIE VORGEHEN? zwei Optionen angeboten: Zum einen können Sie auf dem aktuell verwendeten Computer ein Upgrade vornehmen, zum anderen ein Installationsmedium für einen anderen PC erstellen. Mit dem Thema »Upgrade« werden wir uns in Abschnitt 33.4 näher beschäftigen. An dieser Stelle geht es um das Erstellen eines Installationsmediums, mit dem Sie Windows 10 dann später auf beliebigen Geräten neu installieren können. Nachdem Sie die entsprechende Option ausgewählt haben, bestätigen Sie mit WEITER.

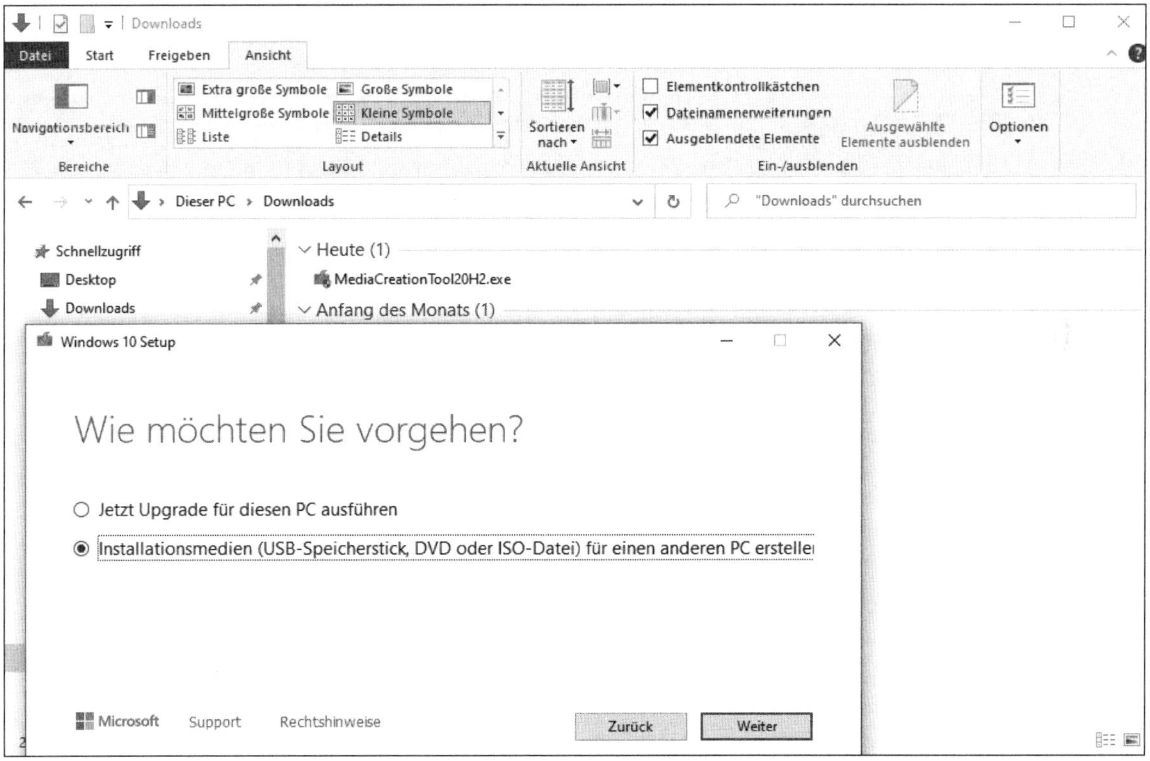

Abbildung 33.2 Mithilfe des Media Creation Tools lässt sich ein Upgrade ausführen oder ein Installationsmedium erstellen.

Als Nächstes wählen Sie die gewünschte Sprache, Edition und Architektur aus. In den einzelnen Feldern werden bereits die für Ihren Computer passenden Einstellungen angezeigt. Falls Sie diese ändern möchten, entfernen Sie das Häkchen vor EMPFOHLENE OPTIONEN FÜR DIESEN PC VERWENDEN.

In den Anfängen von Windows 10 hatten Sie im Feld EDITION noch die Möglichkeit, zwischen Windows 10 Home und Windows 10 Pro zu wählen. Das ist mittlerweile nicht mehr nötig, da sich mit ein und denselben Installationsdateien beide Versionen gleichermaßen installieren lassen. Bei der Architektur liegen Sie mit der 64-Bit-Version von Windows 10 meist richtig, denn auch 32-Bit-Programme lassen sich hierauf im Normalfall problemlos ausführen. Im Zweifel können Sie im Feld ARCHITEKTUR aber auch BEIDE auswählen. Damit werden Ihnen später bei der Neuinstallation beide Architekturvarianten zur Auswahl angeboten.

Nach einem Klick auf WEITER wählen Sie das gewünschte Installationsmedium aus. Zur Auswahl stehen der USB-SPEICHERSTICK und die ISO-DATEI, die Sie später selbst auf DVD brennen müssen (siehe auch den Kasten »ISO-Datei brennen«). Ich empfehle dringend, den USB-Stick zu wählen, da es mit diesem am wenigsten Schwierigkeiten gibt: Nach Durchlaufen der folgenden Schritte halten Sie einen USB-Stick in den Händen, mit dem Sie sowohl auf älteren BIOS-basierten Systemen als auch auf modernen UEFI-Systemen booten können.

ISO-Datei brennen

Windows bietet bereits seit Version 7 die Möglichkeit, ISO-Imagedateien auf CD, DVD oder Blu-ray Discs zu brennen. Das Vorgehen ist einfach: Klicken Sie die .iso-Datei im Explorer mit der rechten Maustaste an. Wählen Sie dann im Kontextmenü den Befehl DATENTRÄGERABBILD BRENNEN aus. Alternativ hierzu können Sie auch im Register DATENTRÄGERIMAGETOOLS auf BRENNEN klicken. Legen Sie einen Rohling in den Brenner, und wählen Sie im folgenden Dialog gegebenenfalls das gewünschte Laufwerk aus. Aktivieren Sie außerdem das Kästchen DATENTRÄGER NACH DEM BRENNEN ÜBERPRÜFEN. Mit einem Klick auf BRENNEN starten Sie den Brennvorgang. Ist dieser erfolgreich abgeschlossen, sollten Sie nicht vergessen, den Rohling mit allen wichtigen Angaben zu beschriften.

Nicht nur das unproblematische Erstellen eines bootfähigen USB-Sticks ist ein Argument für diese Option: Auf vielen Computern steht heutzutage gar kein DVD-Laufwerk mehr zur Verfügung, sodass zwangsläufig ein USB-Speicherstick als Installationsmedium gewählt werden muss. Der verwendete USB-Stick muss über mindestens 8 GB freien Speicherplatz verfügen. Beachten Sie bitte, dass im Verlauf der nächsten Schritte alle noch auf dem Stick vorhandenen Daten gelöscht werden. Sobald Sie den Speicherstick mit dem Computer verbunden haben und dieser korrekt erkannt wurde, klicken Sie auf der Seite ZU VERWENDENDES MEDIUM AUSWÄHLEN auf WEITER. Wird auf der Seite USB-SPEICHERSTICK AUSWÄHLEN der korrekte Wechseldatenträger angezeigt, bestätigen Sie mit WEITER. Windows 10 wird nun heruntergeladen und auf dem USB-Stick gespeichert. Den Dialog des Setup-Assistenten können Sie abschließend mit einem Klick auf FERTIG STELLEN beenden.

Einen bootfähigen USB-Stick erstellen

Sollten Sie bereits eine ISO-Datei zur Verfügung haben, können Sie die Installationsdateien nicht einfach auf einen USB-Stick kopieren, um Windows 10 dann vom USB-Stick aus zu installieren. Damit Windows PE (*PE* ist die Abkürzung für *Preinstallation Environment*, auf Deutsch »Vor-Installationsumgebung«) vom USB-Stick booten kann, muss dieser das richtige Partitionsschema (*MBR* oder *GPT*) und die richtige Formatierung (*FAT32* oder *NTFS*) aufweisen. Computer können heutzutage aber meist auf zweierlei Weise booten: per modernem UEFI oder klassischem BIOS. Falls Sie Windows 10 z. B. auf einem UEFI-System installieren möchten, müssen sich die Startdateien auf einer FAT32-Partition des USB-Sticks befinden, ältere BIOS-Systeme benötigen beispielsweise das MBR-Partitionsschema. Wer sich keine Gedanken über diese Besonderheiten machen möchte, nutzt am besten das Windows-eigene Tool *Wiederherstellungslaufwerk*, mit dem sich ein universell startfähiger USB-Stick einrichten lässt. Auf diesen kopieren Sie dann die Installationsdateien. Um das Tool zu starten, geben Sie im Suchfeld der Taskleiste »Wiederherstellungslaufwerk« ein und klicken den gleichnamigen Treffer an. Nach Bestätigen der Benutzerkontensteuerung entfernen Sie im Dialog WIEDERHERSTELLUNGSLAUFWERK ERSTELLEN das Häkchen vor SICHERT DIE SYSTEMDATEIEN AUF DEM WIEDERHERSTELLUNGSLAUFWERK. Nach einem Klick auf WEITER stellen Sie auf der folgenden Seite sicher, dass der richtige Laufwerksbuchstabe des USB-Sticks ausgewählt ist. Nach einem erneuten Klick auf WEITER beginnt das Tool, den USB-Stick zu partitionieren und zu formatieren. Die Ordner, die dabei auf dem Stick gespeichert werden, benötigen Sie nicht. Wichtig sind lediglich das Partitionsschema und der Bootloader, der sich auf der ersten primären aktiven Partition des FAT32-formatierten Dateisystems befindet. Sie können die Daten auf dem USB-Stick also löschen. Ist dies erledigt, doppelklicken Sie im Explorer auf die ISO-Datei, um diese als virtuelle DVD zu mounten (sprich einzubinden). Markieren Sie alle im virtuellen Laufwerk befindlichen Dateien und Ordner, und kopieren Sie sie auf den USB-Stick.

Haben Sie die ISO-Datei mithilfe des Media Creation Tools auf Ihren Computer heruntergeladen, wird das gerade vorgestellte Verfahren problemlos funktionieren, da diese ISO-Dateien zur Nutzung auf einem USB-Stick ausgelegt sind. Bei ISO-Dateien, die aus anderen Quellen bezogenen wurden, können allerdings Schwierigkeiten auftauchen. Häufig überschreiten die in den Installationsdateien enthaltenen .wim-Dateien (dabei handelt es sich um Dateien im Windows Image-Format) die Größe von 4 GB. Dies ist aber die maximale Dateigröße eines mit FAT32 formatierten USB-Sticks. Diese FAT32-Partition ist wiederum, wie zuvor beschrieben, Voraussetzung, um Windows 10 auf einem UEFI-System installieren zu können. Die Lösung dieses Problems ist nicht ganz einfach. Unter der Webadresse *https://bit.ly/2WFtpDv* werden einige Möglichkeiten skizziert.

33.3 Windows 10 neu installieren

Im vorherigen Abschnitt haben Sie erfahren, wie Sie mithilfe des Media Creation Tools von Microsoft ein geeignetes Installationsmedium erzeugen. Als Nächstes erfahren Sie, wie Sie eine Neuinstallation von Windows 10 vornehmen. Dies kann auf einem leeren Datenträger geschehen oder auf einem System, auf dem bereits eine Windows-Version installiert ist.

Partitionen für die Installation vorbereiten

Möchten Sie Windows 10 parallel zu einer bereits vorhandenen Windows-Installation einrichten, sollten Sie bereits vor der Installation dafür sorgen, dass eine entsprechend große Primärpartition zur Verfügung steht. Falls eine bereits vorhandene Partition ausreichend freien Speicherplatz bietet, können Sie diese entsprechend aufteilen. Hierzu wird die Partition verkleinert. Der hierdurch freigegebene Speicherplatz kann als zusätzliches Laufwerk genutzt werden. In Abschnitt 27.2.2 erfahren Sie, wie Sie Laufwerke mithilfe der Datenträgerverwaltung nachträglich verkleinern können.

Um die Neuinstallation zu starten, schließen Sie den USB-Installationsstick am Computer an bzw. legen die Installations-DVD in das Laufwerk. Stellen Sie außerdem sicher, dass der Computer von diesem Installationsmedium booten kann. Lesen Sie gegebenenfalls im Handbuch Ihres Geräts nach, durch Drücken welcher Taste Sie in das Bootmenü gelangen, um die Bootreihenfolge anzupassen. Auf neueren Geräten führt meist die Taste [F12] zu den UEFI-Einstellungen, auf älteren Geräten erreichen Sie die BIOS-Einstellungen durch Drücken der Taste [Entf] oder auch [F2]. Abbildung 33.3 zeigt ein Beispiel für einen UEFI-Bootmanager.

Abbildung 33.3 Im Bootmanager wird die Bootreihenfolge festgelegt.

Ist die Bootreihenfolge angepasst, starten Sie den Computer mit dem Installationsmedium. Anschließend stehen folgende Schritte an:

1. Nach dem Start des Windows Setups werden Sie zunächst aufgefordert, die künftige Systemsprache auszuwählen. Passen Sie gegebenenfalls Installationssprache, Uhrzeit und Währungsformat sowie Tastatur oder Eingabemethode an, bevor Sie auf WEITER klicken.
2. Klicken Sie auf der folgenden Seite auf JETZT INSTALLIEREN, um das Setup zu starten. Auf dieser Seite finden Sie übrigens auch den Link COMPUTERREPARATUROPTIONEN, über den Sie die Windows-Wiederherstellungsumgebung starten können, falls der normale Start des Windows-Systems nicht funktioniert (siehe hierzu auch Kapitel 31, »Startprobleme beheben mit der Wiederherstellungsumgebung«).
3. Als Nächstes wird eventuell der Produktschlüssel von Windows 10 abgefragt. Dies ist allerdings nur dann der Fall, wenn Windows Setup diesen nicht automatisch ermitteln kann. Bei OEM-Systemen wird dieser z. B. im BIOS/UEFI abgelegt. Auf das Thema »Produktaktivierung« wird noch ausführlich in Abschnitt 33.6 eingegangen. Sie können den Produktschlüssel auch später eingeben, wie im besagten Abschnitt beschrieben wird. In diesem Fall klicken Sie auf der Seite WINDOWS AKTIVIEREN einfach auf den Link ICH HABE KEINEN PRODUCT KEY. Nur in diesem Fall müssen Sie auf der folgenden Seite das zu installierende Betriebssystem auswählen. Dieses sollte zum erworbenen Produktschlüssel passen. Falls Sie den Schlüssel bereits eingegeben haben oder Windows Setup diese selbst ermittelt hat, findet die Auswahl der passenden Windows-Edition automatisch statt.
4. Nun steht die Aktivierung der Lizenzbedingungen an. Sobald Sie das Häkchen im entsprechenden Kontrollkästchen gesetzt haben, bestätigen Sie mit WEITER.
5. Für die Auswahl der Installationsart bietet Ihnen das Windows Setup ein Upgrade sowie die benutzerdefinierte Installation an. Ein Upgrade ließe sich allerdings nur ausführen, wenn Sie das Setup direkt aus Windows heraus aufrufen, wie in Abschnitt 33.4 gezeigt wird. An dieser Stelle würde die Auswahl hingegen zu einer Fehlermeldung führen. Um eine komplette Neuinstallation durchzuführen, entscheiden Sie sich für BENUTZERDEFINIERT: NUR WINDOWS INSTALLIEREN (FÜR FORTGESCHRITTENE BENUTZER).

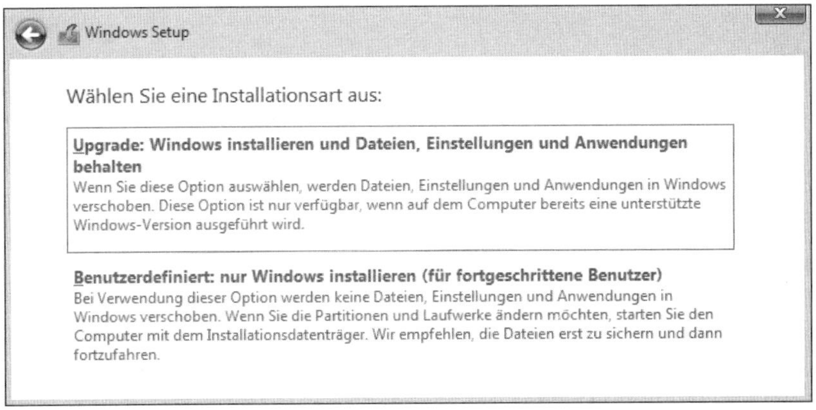

Abbildung 33.4 Für eine Neuinstallation von Windows 10 müssen Sie die Installationsart »Benutzerdefiniert« wählen.

6. Die Seite WO MÖCHTEN SIE WINDOWS INSTALLIEREN? zeigt eine Liste mit allen verfügbaren Datenträgern und Volumes. Falls lediglich eine einzelne Festplatte existiert, auf der noch keine Partition eingerichtet wurde, finden Sie hier nur den Eintrag NICHT ZUGEWIESENER SPEICHERPLATZ ..., wie in Abbildung 33.5 zu sehen. Werden Ihnen bereits mehrere Partitionen angezeigt, markieren Sie die gewünschte Partition. Falls Sie eine 64-Bit-Version von Windows 10 installieren, sollte die Partition über mindestens 20 GB freien Speicherplatz verfügen, es dürfen aber gerne auch weitaus mehr sein. Sollte sich auf der Partition bereits eine Windows-Installation befinden, werden die Daten der alten Windows-Version in den Ordner *Windows.old* auf dem gleichen Laufwerk verschoben. Auch hierfür muss natürlich ausreichend freier Speicherplatz verfügbar sein. Über die am unteren Rand der Seite WO MÖCHTEN SIE WINDOWS INSTALLIEREN? eingeblendeten Schaltflächen können Sie zuvor markierte Partitionen löschen oder in einem nicht zugewiesenen Speicherplatz eine neue Partition erzeugen. Falls eine Partition nicht ausreichend Speicherplatz bietet, lässt sich diese auch erweitern. Voraussetzung hierfür ist allerdings, dass sich direkt anschließend an die gewünschte Partition ein nicht zugewiesener Speicherplatz befindet. Solche Aktionen während einer Neuinstallation durchzuführen ist nicht ganz unproblematisch. Sicherer ist es, die Festplatte bereits im Vorfeld mit einem Tool wie etwa der Datenträgerverwaltung vorzubereiten. Wie sich mit diesem Werkzeug Partitionen verkleinern oder auch vergrößern lassen, erfahren Sie in Kapitel 27. Haben Sie die gewünschte Zielpartition ausgewählt, bestätigen Sie mit WEITER.

Abbildung 33.5 Auf einer neuen Festplatte finden Sie lediglich einen Eintrag.

Nun beginnt die eigentliche Installation von Windows 10. Falls Sie zuvor einen nicht zugewiesenen Speicherbereich ausgewählt haben, nimmt das Windows Setup die Partitionierung selbst vor. Lesen Sie hierzu auch den Kasten »Die Festplattenpartitionierung«. Sobald die Installation beendet ist, wird der Computer neu gestartet. Anschließend erscheint der Konfigurationsassistent für die erste Einrichtung von Windows 10. Dieser Prozess, bei dem Sie u. a. das erste Benutzerkonto einrichten, eine Netzwerkverbindung erstellen und wichtige Datenschutzeinstellungen vornehmen, wird ausführlich in Abschnitt 2.2., »Die ersten Schritte in Windows 10«, vorgestellt und soll an dieser Stelle deshalb nicht erneut erläutert werden.

Die Festplattenpartitionierung

Während der Neuinstallation müssen Sie u. a. die Partition auswählen, auf der Windows 10 eingerichtet werden soll. Findet die Installation auf einem nicht zugewiesenen Speicherplatz statt (z. B. einer leeren Festplatte), nimmt Windows Setup die Partitionierung selbst vor. Welches Partitionsschema hierbei angewendet wird, hängt vom Systemtyp ab. Handelt es sich um ein BIOS-System, ist dies automatisch das *MBR*-Schema (Abkürzung für *Master-Boot-Record*), im Falle eines UEFI-Systems wird hingegen ein *GPT*-Schema (Abkürzung für *Globally Unique Identifier Partition Table*) gewählt. Während der Partitionierung wird u. a. eine Wiederherstellungspartition angelegt, die den Bootmanager, die Windows-Startdateien und die Windows-Wiederherstellungsumgebung enthält. Diese Partition wird beispielsweise benötigt, wenn das Systemlaufwerk mit BitLocker verschlüsselt wird (siehe Abschnitt 13.2, »Festplatten verschlüsseln mit BitLocker«). Die Wiederherstellungspartition ist bei Windows 10 450 MB groß. Findet die Partitionierung auf einem UEFI-System statt, wird des Weiteren eine EFI-Systempartition mit einer Größe von 100 MB angelegt. Diese Partition enthält neben dem Bootloader auch die Treiber, die für den Systemstart benötigt werden. Die NTFS-formatierte primäre Partition ist die größte Partition, die erzeugt wird. Auf dieser Partition befinden sich die Auslagerungsdatei, das Absturzabbild, die Systemdateien und die Benutzerprofile. Auf UEFI-Systemen wird außerdem eine versteckte *MSR-Partition* (*Microsoft Reserved Partition*) angelegt. In der Datenträgerverwaltung wird diese nicht angezeigt.

33.4 Upgrade auf Windows 10

Microsoft stellte im Januar 2020 den Support von Windows 7 ein. Zwar wechselten anschließend viele Nutzer zu Windows 10, aber es laufen immer noch genügend Computer mit dem alten Betriebssystem. Das gilt auch für das nicht ganz so beliebte Windows 8.1. Offiziell beendete Microsoft bereits im Juli 2016 die kostenlose Möglichkeit, von einer dieser beiden älteren Windows-Versionen auf Windows 10 umzusteigen. Mithilfe des Media Creation Tools ist ein Gratis-Upgrade aber auch weiterhin möglich. Selbst eine ältere Version von Windows 10 lässt sich mit dem Tool bequem auf die aktuellste Version hochrüsten. Denn im Grunde genommen handelt es sich bei jedem Funktionsupdate von Windows 10 um ein Upgrade.

Windows aktualisieren per Update-Assistent

Um von einer älteren Windows 10-Version zur aktuellsten Version zu gelangen, können Sie auch den Update-Assistenten nutzen, der Ihnen auf der Webseite *https://www.microsoft.com/de-de/software-download/windows10* angeboten wird. Klicken Sie auf der Seite auf JETZT AKTUALISIEREN, wird die Datei WINDOWS10UPGRADE.EXE heruntergeladen. Per Doppelklick auf die Datei starten Sie den Update-Assistenten. Er prüft zunächst, ob eine neuere Version von Windows 10 als die bereits installierte verfügbar ist. Ist dies der Fall, erhalten Sie eine entsprechende Meldung. Nach einem Klick auf JETZT AKTUALISIEREN wird diese Version installiert.

Während des Upgrade-Prozesses prüft Windows Setup, ob auf dem Computer ein gültiger Lizenzschlüssel vorhanden ist. Falls die alte Windows-Version ordnungsgemäß aktiviert wurde, wird der Setup-Assistent im Normalfall auch fündig. Sollte dies in Ausnahmefällen aber nicht klappen, müssen Sie den Lizenzschlüssel selbst angeben. Auf einem Windows 7-Computer finden Sie diesen meist noch auf einem Aufkleber direkt am Gehäuse, bei einem Windows 8.1-System müssen Sie wahrscheinlich in Ihren Kaufunterlagen nachsehen. Welche Windows 10-Version Sie nach dem Upgrade auf Ihrem Computer vorfinden, können Sie Tabelle 33.1 entnehmen.

Aktuelle Windows-Version	Windows 10-Version
Windows 7 Starter	Windows 10 Home
Windows 7 Home Basic	Windows 10 Home
Windows 7 Home Premium	Windows 10 Home
Windows 7 Professional	Windows 10 Pro
Windows 7 Ultimate	Windows 10 Pro
Windows 8.1	Windows 10 Home
Windows 8.1 Pro	Windows 10 Pro
Windows 8.1 Pro für Studenten	Windows 10 Pro

Tabelle 33.1 Direktes Upgrade von Windows

Das Upgrade auf Windows 10 wird aus dem laufenden Betrieb heraus vorgenommen. Zuvor sollten Sie zur Sicherheit die Daten sichern, wie in Abschnitt 33.1.2 bereits erwähnt. Führen Sie auf dem bisherigen Windows-System außerdem ein Update durch, um es auf den neuesten Stand zu bringen. Das ist sinnvoll, damit das Upgrade z. B. nicht aufgrund veralteter Treiber abgebrochen wird. Sollten Sie ein Antivirenprogramm eines Drittanbieters auf dem Computer installiert haben, entfernen Sie es bitte vor dem Start des Upgrades.

Das Upgrade lässt sich via Media Creation Tool unterschiedlich starten:

- Laden Sie das Media Creation Tool auf den Computer herunter, auf dem das Upgrade durchgeführt werden soll. Wie Sie hierzu vorgehen, wurde in Abschnitt 33.2 gezeigt. Nach einem Doppelklick auf die heruntergeladene ausführbare Datei und Akzeptieren der

Lizenzbestimmungen wird Ihnen auf der Seite WIE MÖCHTEN SIE VORGEHEN? des Windows Setup-Dialogs die Option JETZT UPDATE FÜR DIESEN PC VORNEHMEN angeboten (siehe auch Abbildung 33.2). Nach Auswahl der Option und einem Klick auf WEITER wird das Upgrade gestartet. Hierzu gleich noch ein paar Worte.

- Haben Sie, wie ebenfalls in Abschnitt 33.2 gezeigt, mithilfe des Media Creation Tools ein Installationsmedium erzeugt (z. B. einen USB-Stick oder auch eine DVD), können Sie dies ebenfalls für das Upgrade nutzen. Verbinden Sie hierzu den Stick einfach mit dem Computer, bzw. legen Sie die DVD in das entsprechende Laufwerk. Wichtig ist, dass Sie den Computer nicht über das Installationsmedium booten, sondern die nächsten Schritte aus dem laufenden Betrieb heraus vornehmen. Hierzu öffnen Sie den Explorer, und wechseln Sie zum Installationsmedium. Doppelklicken Sie nun auf die Datei SETUP.EXE. Es startet nun ebenfalls der Upgrade-Assistent.

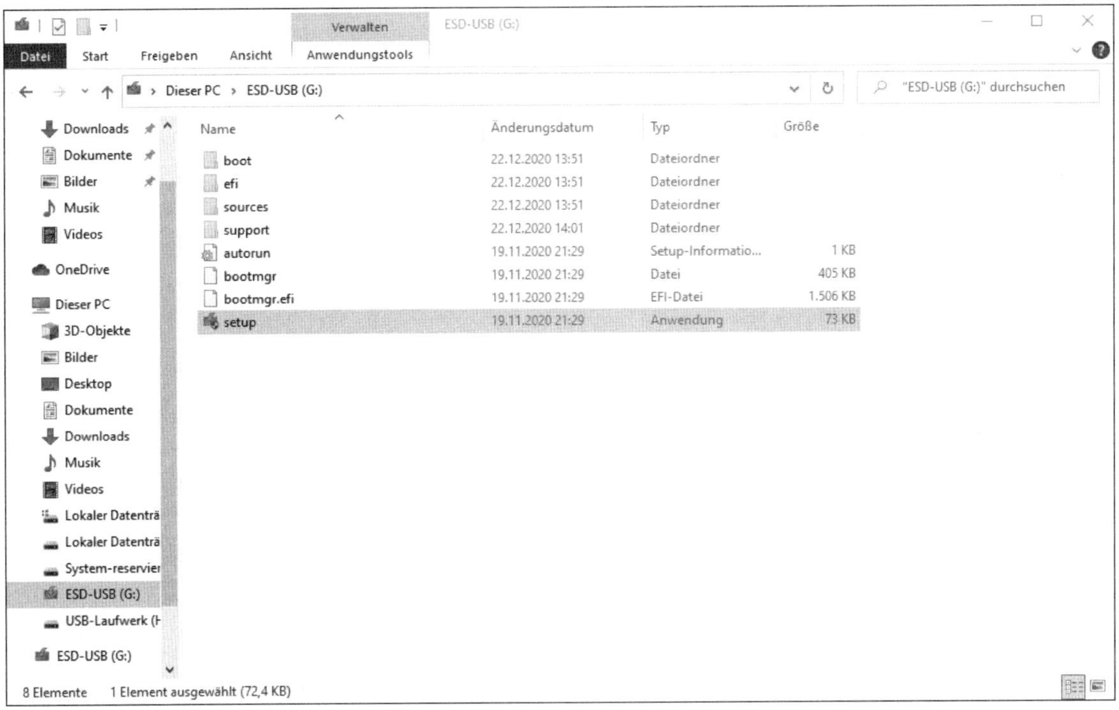

Abbildung 33.6 Das Upgrade muss aus dem laufenden Betrieb heraus gestartet werden.

Nach dem Start des Upgrades überprüft Windows Setup, ob Anwendungen auf dem System installiert sind, die nicht kompatibel mit Windows 10 sind. Wird es fündig, erhalten Sie eine entsprechende Mitteilung. Bevor Sie weiter fortfahren, sollten Sie diese Programme deinstallieren. Nach der Kompatibilitätsprüfung beginnt der Setup-Assistent Windows 10 herunterzuladen. Folgen Sie hier den entsprechenden Anweisungen. Erscheint der Dialog BEREIT FÜR DIE INSTALLATION, klicken Sie auf ÄNDERN DER ZU BEHALTENDEN ELEMENTE.

Wählen Sie nun aus, ob Sie persönliche Daten und Apps, nur persönliche Daten oder nichts behalten möchten. Letzteres läuft im Grunde genommen auf eine Neuinstallation von Windows 10 hinaus. Die vorhandenen Daten werden allerdings nicht wirklich gelöscht, sondern in den Ordner *Windows.old* verschoben. Sie können später über den Explorer auf den Ordner unter dem Dateipfad *C:\Windows.old* zugreifen. Nach einem Klick auf Weiter folgen Sie den weiteren Anweisungen. Zum Abschluss des erfolgreichen Upgrades steht auch hier die Ersteinrichtung des Systems an, wie sie in Abschnitt 2.2, »Die ersten Schritte in Windows 10«, beschrieben wurde.

Abbildung 33.7 Bei einem Upgrade haben Sie die Möglichkeit, persönliche Dateien und Apps vom alten System beizubehalten oder alles löschen zu lassen.

Ein Upgrade der Windows-Edition vornehmen

Nach dem Upgrade einer älteren Windows-Version erhalten Sie jeweils die Windows 10-Edition, die der älteren Version entspricht (siehe hierzu auch Tabelle 33.1). Bei vielen Standardcomputern wird es sich hierbei um Windows 10 Home handeln. Welche Edition auf Ihrem Computer installiert wurde, können Sie schnell in Erfahrung bringen, indem Sie im Suchfeld der Taskleiste »Systeminformationen« eingeben und den gleichnamigen Treffer auswählen. Wünschen Sie eine höhere Edition, also statt Windows 10 Home beispielsweise Windows 10 Pro, können Sie eine entsprechende Lizenz z. B. über den Store kaufen. Rufen Sie hierzu die Einstellungen-App auf, und wechseln Sie in die Kategorie Update und Sicherheit • Aktivierung. Per Klick auf Store aufrufen gelangen Sie direkt zur entsprechenden Seite mit dem Angebot für die nächsthöhere Edition, im Beispiel also Windows 10 Pro. Falls Sie bereits im Besitz eines Product Keys für die gewünschte Edition sind, reicht auf der Seite Aktivierung ein Klick auf Product Key ändern. Geben Sie den Schlüssel ein, und klicken Sie auf Weiter. Es wird nun überprüft, ob es sich um eine gültige Lizenz handelt. Folgen Sie anschließend der weiteren Anleitung. Hierbei wird der Computer mehrfach neu gestartet.

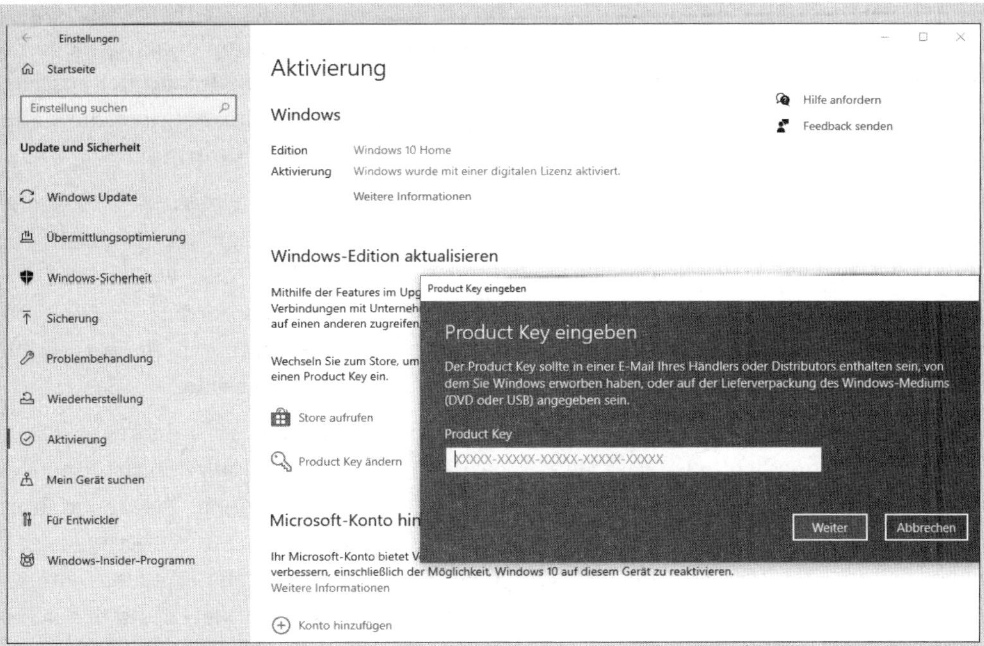

Abbildung 33.8 Verfügen Sie bereits über einen gültigen Product Key, können Sie diesen direkt eingeben. Anschließend wird das Editions-Upgrade durchgeführt.

33.5 Multi-Boot-System konfigurieren

Wer auf den Einsatz einer älteren Windows-Version genauso wenig verzichten möchte wie auf Windows 10, dem stehen hierfür mehrere Möglichkeiten zur Auswahl. So können Sie z. B. ein virtuelles System einrichten, auf dem Sie dann die ältere Windows-Version installieren (oder natürlich auch eine Linux-Distribution). Windows 10 Pro bringt hierfür bereits die Virtualisierungslösung *Hyper-V* mit, die Sie in Abschnitt 35.2, »Virtualisierung mit Hyper-V«, näher kennenlernen werden. Eine weitere Möglichkeit besteht darin, ein Multi-Boot-System einzurichten. Hierbei werden zwei oder auch mehr Betriebssysteme parallel installiert. Nach dem Hochfahren des Computers erscheint ein Dialog, in dem Sie das gewünschte Betriebssystem auswählen.

Um ein zweites Betriebssystem parallel zum bereits vorhandenen installieren zu können, muss für das zweite Betriebssystem entweder eine eigene Festplatte vorhanden sein oder eine zusätzliche Partition, die über ausreichend Speicherplatz verfügt. Diese Partition kann sich auf der gleichen Festplatte befinden wie die Partition des bereits installierten Betriebssystems, das beibehalten werden soll, oder auf einer anderen Festplatte. Ist lediglich eine Partition vorhanden, auf der sich bereits die Systemdateien des aktuellen Betriebssystems befinden, können Sie diese verkleinern (genügend freier Speicherplatz auf der Partition natürlich vorausgesetzt). Der hierdurch frei werdende Speicherplatz kann anschließend zur Installation des zweiten Betriebssystems genutzt werden. Wie Sie zum Verkleinern einer bereits vorhandenen Partition vorgehen, erfahren Sie in Kapitel 27. Sollte auf der Festplatte eine Partition existieren, auf der sich bereits eine Windows-Installation befindet, die Sie aber nicht weiter benötigen, können Sie diese selbstverständlich ebenfalls nutzen.

Ist der Platz geschaffen, kann es mit der Installation des zweiten Betriebssystems losgehen. Die Vorgehensweise ist bis auf Kleinigkeiten identisch mit der einer Neuinstallation von Windows 10, wie sie in Abschnitt 33.3 beschrieben wurde. Sie benötigen auch hier ein Windows 10-Installationsmedium in Form eines entsprechend präparierten USB-Sticks oder einer DVD. Wie bei der Neuinstallation starten Sie den Computer nun von diesem Medium. Gegebenenfalls müssen Sie hierfür wieder die Bootreihenfolge anpassen.

Führen Sie nun Schritt für Schritt die Installation des Betriebssystems durch, wie in Abschnitt 33.3 gezeigt. Wichtig ist, dass Sie sich bei der Auswahl der Installationsart für die Option BENUTZERDEFINIERT: NUR WINDOWS INSTALLIEREN entscheiden. Bei den weiteren Schritten sollte Ihr besonderes Augenmerk der Seite WO MÖCHTEN SIE WINDOWS INSTALLIEREN? gelten. Hier ist es wichtig, die richtige Partition für die Installation des zweiten Betriebssystems auszuwählen. Falls Sie versehentlich die Partition markieren, auf der sich bereits das erste Betriebssystem befindet, das Sie eigentlich beibehalten möchten, wird es durch das zweite Betriebssystem ersetzt. Sie erhalten am Ende also keine Parallelinstallation, sondern ein neu installiertes Windows. Haben Sie hingegen bewusst eine Partition gewählt, auf der sich bereits eine Windows-Installation befindet, können Sie die folgende Warnung ignorieren und mit der Installation des zweiten Betriebssystems fortfahren. Die Dateien der Windows-Installation werden in diesem Fall in den Ordner *Windows.old* verschoben.

Wurde die Installation des zweiten Betriebssystems erfolgreich beendet und der Computer neu gestartet, erscheint das neue Bootmenü. Sie können hier nun entweder selbst das gewünschte Betriebssystem anklicken oder abwarten, bis automatisch das zuletzt installierte Betriebssystem ausgewählt wird. Reicht Ihnen die Zeit zur Auswahl nicht aus oder ist sie Ihnen zu lang, klicken Sie am unteren Rand des Bootmenüs auf STANDARDEINSTELLUNGEN ÄNDERN ODER ANDERE OPTIONEN AUSWÄHLEN.

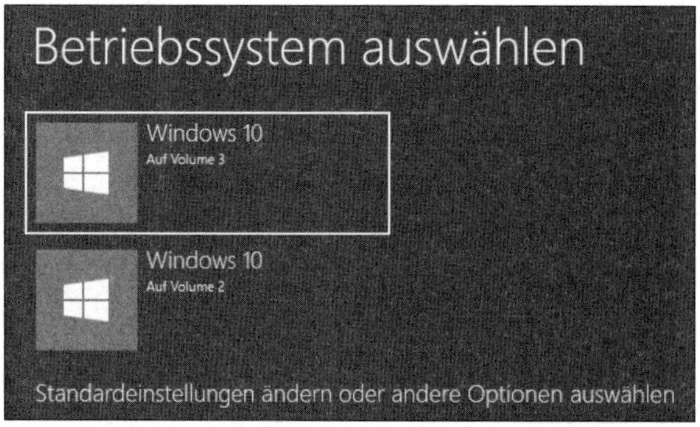

Abbildung 33.9 Im Bootmenü wählen Sie das gewünschte Betriebssystem aus.

Auf der folgenden Seite OPTIONEN klicken Sie auf TIMER ÄNDERN. Es stehen Ihnen nun die drei Zeiten 5 MINUTEN, 30 SEKUNDEN und 5 SEKUNDEN zur Auswahl, die der Bootmanager wartet, bis er automatisch das Standardbetriebssystem startet. Sobald Sie den gewünschten Wert markiert haben, wird wieder die Seite OPTIONEN angezeigt.

Das zuletzt installierte Betriebssystem wird vom Bootmanager automatisch auch als Standardbetriebssystem angesehen. Möchten Sie lieber das erste (also quasi ältere) Betriebssystem hierfür wählen, klicken Sie auf der Seite OPTIONEN auf STANDARDBETRIEBSSYSTEM AUSWÄHLEN. Markieren Sie in der folgenden Liste das gewünschte Betriebssystem. Auch hier führt Sie die Auswahl automatisch wieder zurück zur Seite OPTIONEN, auf der Sie nun auf WEITERE OPTIONEN AUSWÄHLEN klicken.

Abbildung 33.10 Falls Ihnen die Standardeinstellungen nicht zusagen, ändern Sie den Timer oder auch das Standardbetriebssystem.

Die folgende Seite bietet Ihnen die Möglichkeit, mit der gerade als Standardbetriebssystem festgelegten Windows-Version per Klick auf FORTSETZEN fortzufahren oder über ANDERES BETRIEBSSYSTEM eine andere installierte Windows-Version auszuwählen.

Statt die Starteinstellungen über den Bootmanager vorzunehmen, können Sie hierfür auch die Systemsteuerung nutzen. Die Einstellung lässt sich in beiden Betriebssystemen vornehmen. Geben Sie im Suchfeld der Taskleiste »Erweiterte Systemeinstellungen« ein, und wählen Sie den gleichnamigen Treffer aus. Hierdurch wird der Dialog SYSTEMEIGENSCHAFTEN mit dem Register ERWEITERT gestartet. Klicken Sie im Bereich STARTEN UND WIEDERHERSTELLEN auf EINSTELLUNGEN. Im Dialog STARTEN UND WIEDERHERSTELLEN stellen Sie im Feld STANDARDBETRIEBSSYSTEM das gewünschte Betriebssystem ein. Die ANZEIGEDAUER DER BETRIEBSSYSTEMLISTE belassen Sie aktiviert. Geben Sie dann rechts davon die Zeit in Sekunden an, die der Bootmanager zukünftig warten soll, bis er automatisch das Standardbetriebssystem startet.

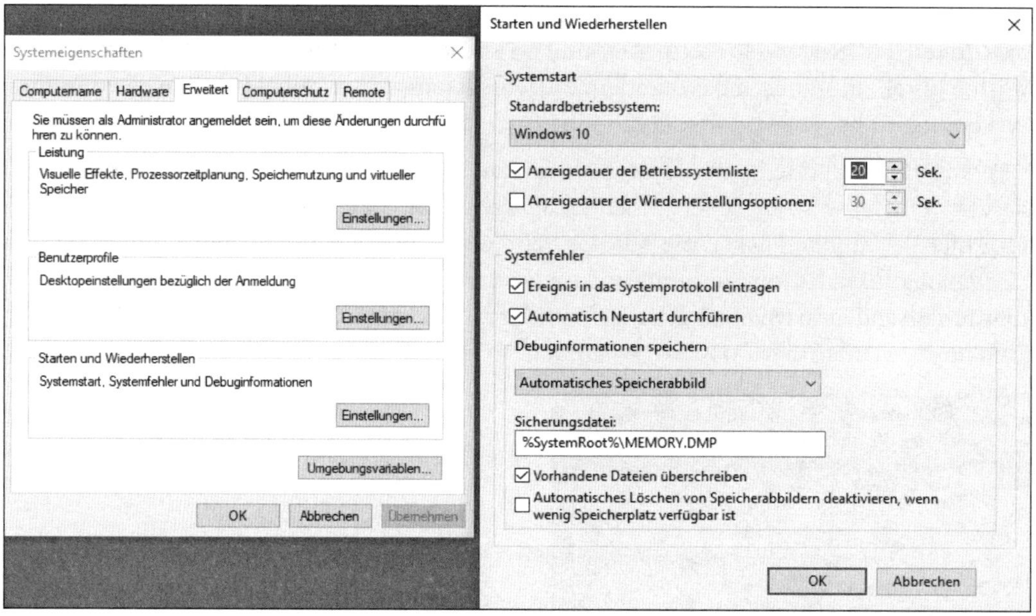

Abbildung 33.11 Die Anzeigedauer der Betriebssystemliste und die Auswahl des Standardbetriebssystems können auch über die Systemsteuerung erfolgen.

33.6 Windows 10 aktivieren

Wer in Ruhe ohne nervtötende Warnungen mit Windows 10 arbeiten und natürlich in den Genuss der vollen Funktionalität kommen möchte, muss das Betriebssystem aktivieren. Für die Aktivierung wird ein gültiger Product Key benötigt. Dieser Schlüssel muss zur installierten Windows-Edition passen. Haben Sie z. B. eine Lizenz für Windows 10 Home erworben, lässt sich damit auch nur Windows 10 Home aktivieren und nicht Windows 10 Pro.

Windows 10 wird in verschiedenen Lizenztypen angeboten. Die gängigste Variante ist die OEM-Lizenz (die Abkürzung steht für *Original Equipment Manufacturer*). Microsoft verkauft diese Lizenzen an die Hersteller von Computern, die Windows 10 dann selbst auf den PC aufspielen und das Gerät damit verkaufen. Haben Sie einen solchen Computer erworben, müssen Sie sich über die Aktivierung von Windows auf diesem Gerät also keine Gedanken machen. Eine OEM-Lizenz ist allerdings an den Computer gebunden, auf dem sie installiert wurde, d. h., Sie können den entsprechenden Product Key nicht zur Aktivierung eines weiteren Geräts verwenden. Auch wenn OEM-Lizenzen eigentlich nur für Hersteller gedacht sind, werden sie trotzdem häufig auch separat verkauft. Ihr Preis liegt meist weit unter dem einer Vollversion. Beim Kauf einer OEM-Lizenz ist unbedingt Vorsicht geboten. Gerade vermeintliche Schnäppchen stellen sich häufig als Reinfall heraus, etwa wenn die Lizenz mehrfach verkauft wurde, obwohl sie sich nur für ein Gerät nutzen lässt. Die Aktivierung mit einer solchen Lizenz schlägt damit fehl, und das Geld ist letztendlich zum Fenster rausgeschmissen.

Wer beim Kauf einer Windows 10-Lizenz auf Nummer sicher gehen möchte, setzt auf eine Volllizenz. Sie ist im Vergleich zur OEM-Version allerdings erheblich teurer (die Lizenz für Windows 10 Pro kostet um die 250 €). Sie benötigen eine solche Lizenz, wenn Sie Windows 10 z. B. in einem Multi-Boot-System einrichten oder auf einem Computer installieren möchten, auf dem sich noch kein Betriebssystem befindet. Auch auf einem virtuellen Computer ist eine entsprechende Lizenz notwendig. Der Vorteil einer Volllizenz: Sie können sie auf einen anderen Computer übertragen, sofern Sie die Lizenz auf dem alten Gerät zuvor löschen.

Sollten Sie Ihren Computer von Windows 7 oder Windows 8.1 auf Windows 10 hochrüsten, wird während des Upgrades überprüft, ob für die ältere Windows-Version ein gültiger Schlüssel existiert. Ist dies der Fall, wird dieser automatisch auch für Windows 10 akzeptiert. Die Lizenz wird mit der Hardware Ihres Computers verknüpft und auf den Microsoft-Aktivierungsservern als sogenannte *digitale Lizenz* gespeichert. Sollten Sie Windows 10 auf dem gleichen Gerät erneut installieren, überprüft der Aktivierungsserver, ob eine digitale Lizenz vorliegt und nimmt im positiven Fall automatisch die Aktivierung vor. Sie selbst müssen also keinerlei Produktschlüssel eingeben.

Um den Aktivierungsstatus Ihres Computers zu überprüfen, rufen Sie die Einstellungen-App auf und wechseln in die Kategorie UPDATE UND SICHERHEIT • AKTIVIERUNG. Sollte Windows 10 noch nicht aktiviert sein, erhalten Sie hier einen entsprechenden Hinweis. Falls Sie, wie zuvor beschrieben, z. B. ein Multi-Boot-System einrichten oder Windows erstmalig auf einem Computer ohne vorinstalliertem Betriebssystem installieren, müssen Sie die Aktivierung nun vornehmen. Nur dann können Sie Windows 10 personalisieren (z. B. Sperrbildschirm oder Desktophintergrund anpassen oder die Synchronisierungseinstellungen nutzen). Den Produktschlüssel geben Sie nach einem Klick auf PRODUCT KEY ÄNDERN ein. Zur Aktivierung ist eine Internetverbindung nötig.

Abbildung 33.12 Um Windows zu aktivieren, geben Sie nach einem Klick auf »Product Key ändern« den gültigen Produktschlüssel ein.

Digitale Lizenz mit dem Microsoft-Konto verknüpfen

Falls Sie aufwendige Hardwareänderungen am Gerät planen, wie z. B. den Austausch des Motherboards, sollten Sie zuvor die digitale Lizenz mit Ihrem Microsoft-Konto verknüpfen. Damit haben Sie später die Möglichkeit, Windows mithilfe der Aktivierungsproblembehandlung wieder zu reaktivieren. Um die Verknüpfung herzustellen, melden Sie sich mit Ihrem Microsoft-Konto am Computer an. Bei diesem Konto muss es sich außerdem um ein Administratorkonto handeln. Rufen Sie dann in der Einstellungen-App die Kategorie UPDATE UND SICHERHEIT • AKTIVIERUNG auf. Klicken Sie am unteren Seitenrand auf KONTO HINZUFÜGEN, und geben Sie Ihr Microsoft-Konto sowie das Kennwort ein. Zu Beginn der Seite erscheint nun der Hinweis WINDOWS WURDE DURCH EINE MIT IHREM MICROSOFT-KONTO VERKNÜPFTE DIGITALE LIZENZ AKTIVIERT. Nachdem Sie die Hardwareänderungen vorgenommen haben, lässt sich die Aktivierungsproblembehandlung auf der Seite AKTIVIERUNG per Klick auf PROBLEMBEHANDLUNG starten. Sie erhalten nun die Meldung, dass Windows auf Ihrem Gerät nicht aktiviert werden kann. Wählen Sie ICH HABE KÜRZLICH DIE GERÄTEHARDWARE GEÄNDERT, und bestätigen Sie mit WEITER. Sie werden nun aufgefordert, sich mit dem Microsoft-Konto anzumelden. Sie erhalten nun eine Liste mit allen Geräten, die mit diesem Microsoft-Konto verknüpft sind. Versehen Sie das Kontrollkästchen neben DIES IST DAS AKTUELL VERWENDETE GERÄT mit einem Häkchen, und klicken Sie auf AKTIVIEREN.

Kapitel 34

Am Windows-Insider-Programm teilnehmen

Wer neugierig und experimentierfreudig ist, kann bereits vor der Veröffentlichung einen Blick auf die neuen Funktionen des nächsten Feature-Updates von Windows 10 werfen und diese ausprobieren. Möglich macht dies das Windows-Insider-Programm.

Früher verstrichen einige Jahre, bis eine neue Windows-Version veröffentlicht wurde. Mit Windows 10 hat sich dies geändert, nun kommt man bereits ein- bis zweimal jährlich in den Genuss neuer Funktionen. Für manch einen Anwender ist dies immer noch zu selten. Wer es gar nicht erwarten kann, die neuen Features zu inspizieren, kann am Windows-Insider-Programm teilnehmen. Das Testprogramm, das 2014 von Microsoft ins Leben gerufen wurde, gibt Anwendern die Möglichkeit, Vorabversionen von Windows 10 auszuprobieren. Die Teilnahme am Programm ist kostenlos, Sie benötigen lediglich ein Microsoft-Konto, mit dem Sie sich beim Insider-Programm registrieren.

Während Privatanwender auf diese Weise ihre Neugier bezüglich der weiteren Entwicklung von Windows 10 befriedigen können, stellt das Windows-Insider-Programm für IT-Entwickler eine gute Möglichkeit dar, ihre Anwendungen bereits vorab für die anstehenden Windows-Versionen zu optimieren. Microsoft selbst profitiert selbstverständlich ebenfalls davon, dass Millionen von Testern die Vorabversionen gründlich prüfen. Dabei kann das Unternehmen nicht nur auf das Feedback setzen, das die Anwender an Microsoft weiterreichen. Vor allem die zahlreichen Telemetriedaten, die automatisch erfasst, analysiert und auch an Dritte weitergereicht werden, sind für das Unternehmen von großem Interesse. Der Sammlung und Auswertung dieser Daten stimmt jeder Anwender automatisch in dem Moment zu, in dem er sich beim Windows-Insider-Programm registriert und die entsprechenden Bedingungen akzeptiert.

Die Wissbegierde Microsofts ist für die Entwicklung von Windows 10 von Vorteil, für den Anwender kann dies aber auch Risiken mit sich bringen. Im Folgenden erfahren Sie, welche Vorkehrungen Sie vor der Teilnahme am Insider-Programm treffen sollten. Im weiteren Verlauf des Kapitels zeige ich Ihnen, wie Sie dem Programm beitreten, die Vorabversionen von Windows 10 installieren und sich mit anderen Nutzern über neue Funktionen, aber auch Fehler und Kritikpunkte austauschen können.

34.1 Das Windows-Insider-Programm im Überblick

Frühere Windows-Versionen wurden von Microsoft ausschließlich intern entwickelt und getestet. Lediglich kurz vor Ende der Entwicklungsphase wurden ab und an Technical Previews veröffentlicht. Mit Windows 10 hat sich dieses Vorgehen geändert. Nachdem die Vorabversionen von den Entwicklern innerhalb Microsofts getestet wurden, werden sie recht schnell als sogenannte *Insider Preview Builds* über Windows Updates an die Windows-Insider-Community weitergereicht. Millionen von Anwendern, die sich beim Insider-Programm angemeldet haben, erhalten so die Gelegenheit, die neuen Features der nächsten Windows 10-Version auszuprobieren.

34.1.1 Die Risiken der Insider Preview Builds

Bei den Insider Preview Builds handelt es sich, wie gesagt, um Vorabversionen von Windows 10. Ziel der Testphase ist es, Fehler aufzuspüren und diese zu beheben, bevor die neuen Funktionen im Rahmen der Feature-Updates an alle Windows 10-Geräte weitergereicht werden. Diese Fehler – auch *Bugs* genannt – tauchen je nach Entwicklungsphase mehr oder weniger reichhaltig auf. Programmabstürze bis hin zu Datenverlust sind quasi vorprogrammiert. Dieses Risiko muss jedem bewusst sein, bevor er sich für das Insider-Programm registriert.

Auf einem Produktivsystem, auf dem Sie Ihre Arbeit erledigen, private Fotos und Dokumente archivieren, Onlinebanking oder -shopping durchführen und wichtige Daten (etwa für die Steuererklärung) speichern, hat eine Vorabversion nichts zu suchen. Und das nicht nur wegen der drohenden Abstürze und des damit verbundenen Datenverlustes, sondern auch aufgrund der Tatsache, dass Microsoft all Ihre Daten sammelt, auswertet und gegebenenfalls an Dritte weiterreicht. Sollte es also beispielsweise beim Zusammenstellen der Steuerbelege zu einem Programmabsturz kommen, wird nicht nur das Absturzprotokoll als solches an Microsoft weitergereicht, sondern in manchen Fällen auch die Datei, die Sie gerade bearbeitet haben.

Wer Mitglied der Windows-Insider-Community werden möchte, sollte für die Insider Preview Builds einen eigenen Testrechner nutzen, der für keinerlei andere Tätigkeiten des täglichen Lebens verwendet wird. Wer keinen Testrechner zur Verfügung hat, kann auch einen virtuellen Computer hierfür einrichten. Windows 10 Pro bietet z. B. die Virtualisierungslösung Hyper-V an, die Sie im folgenden Kapitel kennenlernen werden. Ansonsten bietet sich auch ein älteres Gerät an, das sonst nur noch als Staubfänger dient und nicht mehr produktiv genutzt wird.

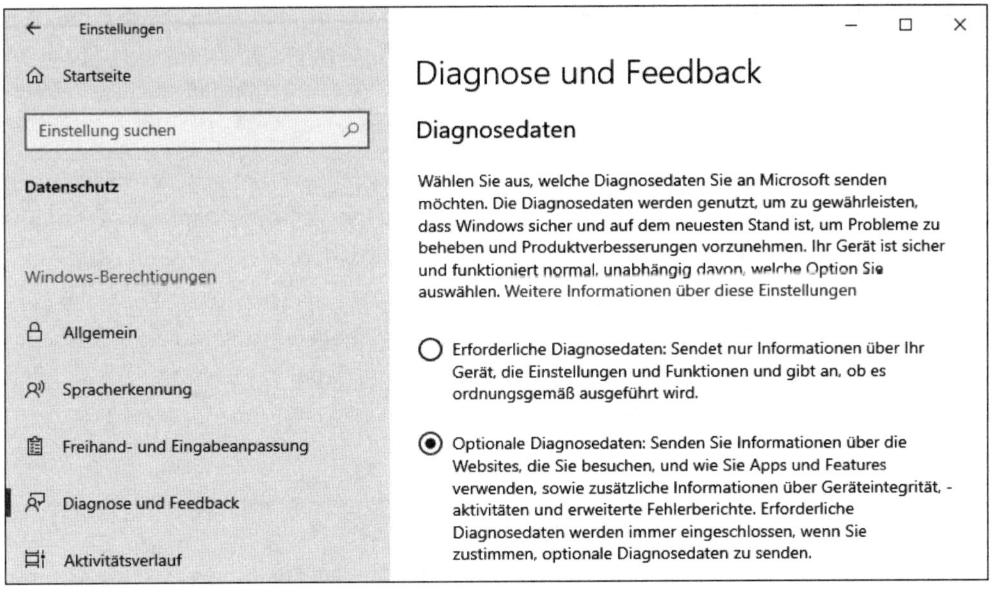

Abbildung 34.1 Wer am Windows-Insider-Programm teilnehmen möchte, muss der vollständigen Übermittlung von Diagnosedaten zustimmen. In der Kategorie »Datenschutz • Diagnose und Feedback« der Einstellungen-App muss entsprechend »Optionale Diagnosedaten« aktiviert sein.

34.1.2 Überblick über die Insider Channels

Die Insider Preview Builds gelangen als Update auf Ihren Computer. Je nach Einstellung, die Sie gewählt haben, kann dies mehrmals pro Woche oder auch nur einmal im Monat geschehen. Zur Auswahl stehen drei verschiedene Kanäle (auf Englisch »Channels«), früher noch *Ringe* genannt:

- *Dev-Kanal* (ehemals *Fast-Ring*): Sobald Features reif sind, um an die Windows-Insider-Community weitergereicht zu werden, gelangen sie in den Dev-Kanal. Entscheiden Sie sich während des Einrichtens der Insider Previews für diesen Kanal, zählen Sie damit zu den Ersten, die die neuen Funktionen testen können. Damit gehören Sie aber womöglich auch zu den Ersten, die Fehler aufspüren. Denn die in diesem Kanal veröffentlichten Insider Preview Builds gelten als die instabilsten. Funktionen, die hier vorgestellt werden, können, müssen aber nicht in der nächsten Version von Windows 10 erscheinen. Updates im Dev-Kanal erfolgen ein- bis zweimal pro Woche.
- *Beta-Kanal* (ehemals *Slow-Ring*): Wurden die Insider Preview Builds über einen gewissen Zeitraum hinweg im Dev-Kanal getestet, werden sie an den Beta-Kanal weitergeleitet. Die Updates kommen ca. zwei bis drei Mal im Monat und zeigen sich bereits deutlich stabiler. Alle Funktionen, die in den Insider Preview Builds des Beta-Kanals enthalten sind, erscheinen mit sehr großer Wahrscheinlichkeit auch in der nächsten Windows 10-Version.

- *Release Preview-Kanal* (ehemals *Release Preview-Ring*): Zeigt sich eine Insider Preview Build nach einer längeren Testphase im Beta-Kanal als ausreichend stabil, gelangt sie in den Release Preview-Kanal. Wer sich für diesen Kanal entscheidet, erhält auch Vorabversionen von Qualitätsupdates.

Die Insider Preview Builds sind ähnlich umfangreich wie die halbjährlichen Feature-Updates. Der Download und die Installation nehmen also entsprechend Zeit in Anspruch. Auch dies sollten Sie bei der Auswahl des gewünschten Kanals berücksichtigen.

Wer nicht zu den absoluten Profis zählt, aber durchaus etwas experimentierfreudig ist, dem empfehle ich die Teilnahme am Beta-Kanal. Möchten Sie hingegen nur vorab einen Blick auf die kommenden Funktionen werfen, ist der Release Preview-Kanal das Passende für Sie. Den gewünschten Kanal stellen Sie während der Einrichtung des Windows-Insider-Programms so ein, wie im nächsten Abschnitt gezeigt.

Installation von Vorabversionen verhindern

Insider Preview Builds sind Ihnen zu riskant, Sie möchten deshalb keinesfalls, dass diese auf dem Computer installiert werden? Mithilfe einer Gruppenrichtlinieneinstellung können Sie unter Windows 10 Pro, Enterprise und Education verhindern, dass andere Benutzer genau dies versuchen. Starten Sie hierzu den Editor für lokale Gruppenrichtlinien, indem Sie die Tastenkombination [Win] + [R] drücken, im Ausführen-Dialog »gpedit.msc« eingeben und mit OK bestätigen. Im Editor navigieren Sie zum Pfad *Computerkonfiguration/Administrative Vorlagen/Windows-Komponenten/Windows Update/Windows Update für Unternehmen*. Doppelklicken Sie auf VORABVERSIONEN VERWALTEN, und aktivieren Sie im gleichnamigen Dialog die Option AKTIVIERT. Nun können Sie im Bereich OPTIONEN die Einstellung VORABVERSIONEN DEAKTIVIEREN auswählen. Schließen Sie den Dialog mit ÜBERNEHMEN und OK.

34.2 Dem Windows-Insider-Programm beitreten

Sie sind sich bewusst, welche durchaus fatalen Folgen die Installation von Insider Preview Builds haben kann, trauen sich aber durchaus zu, diese in den Griff zu bekommen? Dann müssen Sie für die Teilnahme am Windows-Insider-Programm nur noch wenige Schritte erledigen. Wie ich Ihnen bereits empfohlen habe, sollten Sie die Vorabversionen von Windows 10 nur auf einem Testcomputer installieren, den Sie ausschließlich für diese Zwecke nutzen. Auf diesem Gerät muss eine lizenzierte Windows 10-Version installiert sein.

Sie sollten am Testcomputer außerdem mit einem Microsoft-Konto angemeldet sein, das Sie nur zu Testzwecken verwenden. Denn denken Sie daran: Mit dem Beitritt zum Windows-Insider-Programm erteilen Sie Microsoft automatisch die Genehmigung, auf all Ihre Daten zuzugreifen und diese auszuwerten. Reale und vor allem sensible Daten sollten deshalb aus

Datenschutz- und Sicherheitsgründen keinesfalls mit den im Testbetrieb ermittelten Daten gemischt werden. Wie Sie ein neues Microsoft-Konto anlegen, erfahren Sie in Kapitel 26, »Windows 10 sicher mit mehreren Benutzern nutzen«. Zum Einrichten des Windows-Insider-Programms benötigen Sie außerdem Administratorrechte.

Das für das Windows-Insider-Programm verwendete Microsoft-Konto muss zunächst für das Programm registriert werden. Wie Sie hierzu vorgehen, erfahren Sie im nächsten Abschnitt. Im darauffolgenden Abschnitt zeige ich Ihnen, wie Sie Ihr Windows 10-Gerät für den Erhalt der Insider Preview Builds vorbereiten.

34.2.1 Beim Windows-Insider-Programm registrieren

Um am Windows-Insider-Programm teilnehmen zu können, müssen Sie sich zunächst mit dem Microsoft-Konto beim Programm registrieren. Dies ist zwar theoretisch aus der Einstellungen-App heraus möglich, gelingt in der Praxis aber nicht immer. Der sichere Weg führt über die englischsprachige Webseite *https://insider.windows.com*:

1. Nach dem Aufruf der Webseite klicken Sie auf REGISTER und auf der folgenden Seite auf SIGN IN NOW.

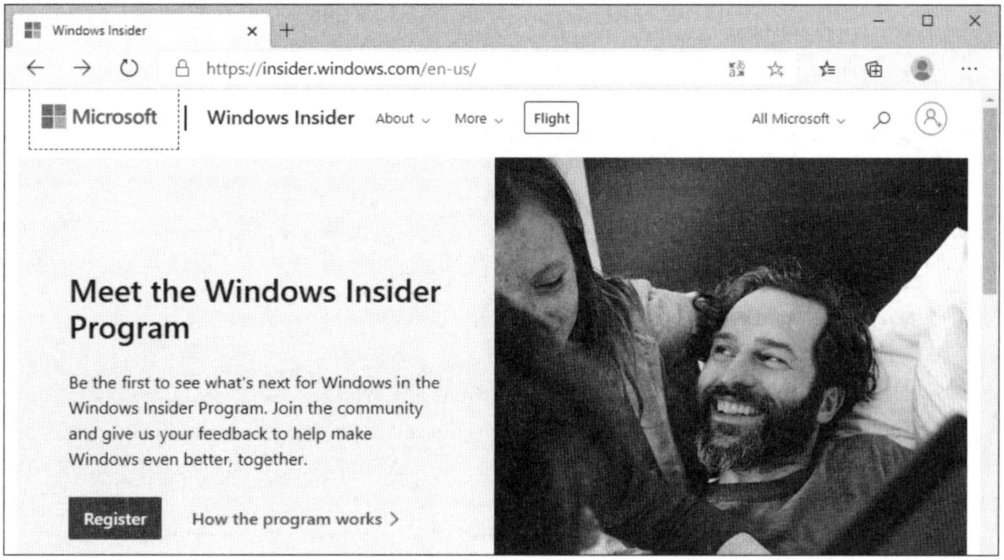

Abbildung 34.2 Die Registrierung am Windows-Insider-Programm nehmen Sie am besten über die Webseite vor.

2. Geben Sie die E-Mail-Adresse des Microsoft-Kontos an, das Sie für das Windows-Insider-Programm nutzen möchten. Anschließend wird das Kennwort des Microsoft-Kontos abgefragt.

3. Auf der folgenden Seite lesen Sie sich die Programmvereinbarungen durch, bevor Sie diesen durch Setzen des Häkchens vor I ACCEPT THE TERMS OF THIS AGREEMENT (REQUIRED) zustimmen.
4. Mit einem Klick auf REGISTER NOW schließen Sie die Registrierung ab.

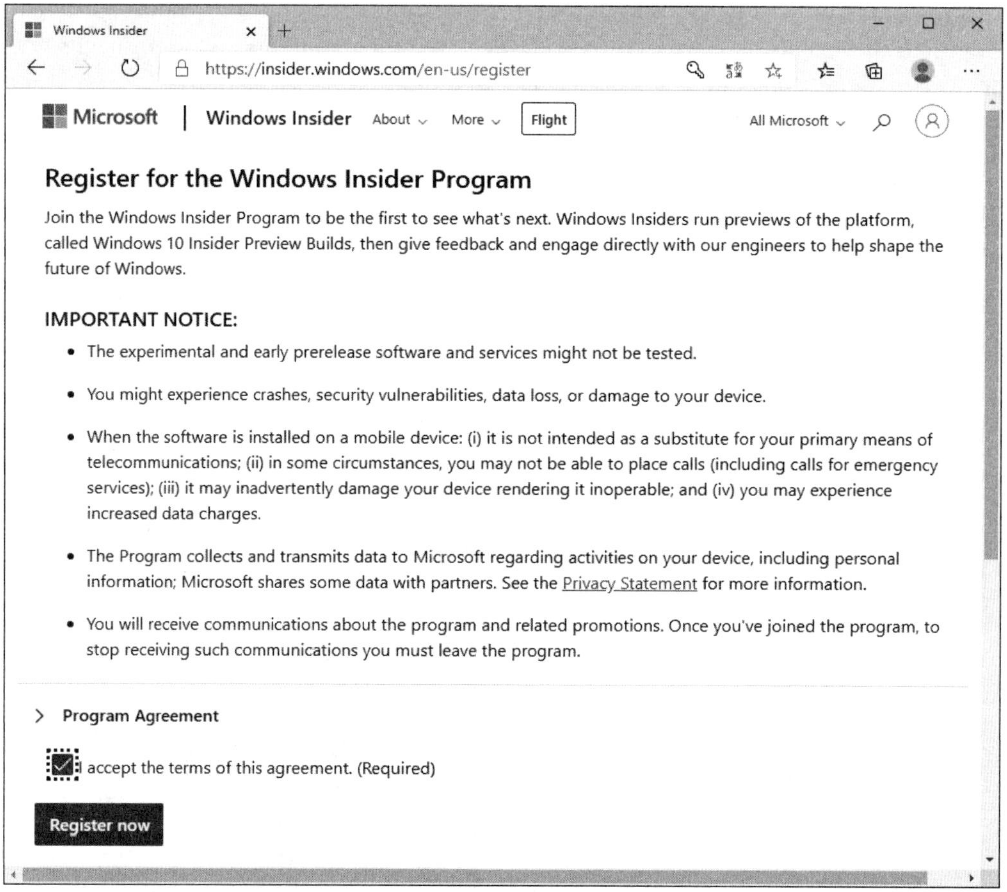

Abbildung 34.3 Den Programmvereinbarungen müssen Sie zustimmen, um die Registrierung abschließen zu können.

5. Auf der folgenden Seite werden Sie beim Windows-Insider-Programm willkommen geheißen. Klicken Sie auf FLIGHT NOW, erfahren Sie, welche weiteren Schritte auf dem Windows 10-Computer nötig sind, um die Insider Preview Builds zu erhalten. Sie können sich aber an dieser Stelle auch auf der Webseite abmelden und der Anleitung im folgenden Abschnitt folgen. Zur Abmeldung klicken Sie in der rechten oberen Seitenecke auf das Profilbild Ihres Microsoft-Kontos. Im aufklappenden Dialog wählen Sie SIGN OUT.

34.2.2 Windows-Insider-Programm auf dem Windows 10-Computer einrichten

Sobald Sie sich beim Windows-Insider-Programm registriert haben, können Sie mit der Einrichtung auf dem Windows 10-Computer fortfahren, auf dem die Insider Preview Builds installiert werden sollen. Rufen Sie auf diesem Gerät über die Tastenkombination [Win] + [I] die Einstellungen-App auf, und wechseln Sie in die Kategorie UPDATE UND SICHERHEIT • WINDOWS-INSIDER-PROGRAMM. Sollten Sie die Ermittlung der Diagnosedaten noch nicht auf OPTIONALE DIAGNOSEDATEN umgestellt haben (siehe Abbildung 34.1), werden Sie hierzu auf der Seite WINDOWS-INSIDER-PROGRAMM aufgefordert. Sobald Sie die Einstellung in der Kategorie DATENSCHUTZ • DIAGNOSE UND FEEDBACK korrigiert haben, wird Ihnen auf der Seite WINDOWS-INSIDER-PROGRAMM die Schaltfläche ERSTE SCHRITTE angeboten, die Sie nun anklicken.

Nach einem Klick auf KONTO VERKNÜPFEN wählen Sie das zuvor für das Windows-Insider-Programm registrierte Microsoft-Konto aus. Sind Sie mit diesem Konto am Computer angemeldet, sollte es Ihnen bereits angezeigt werden.

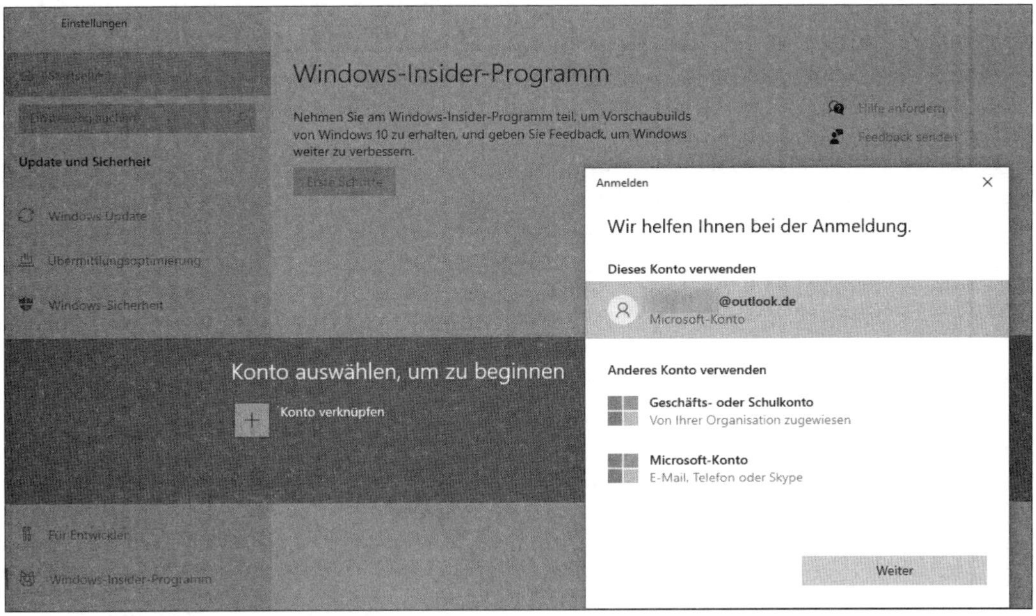

Abbildung 34.4 Wählen Sie das Microsoft-Konto aus, mit dem Sie sich zuvor beim Windows-Insider-Programm registriert haben.

Als Nächstes legen Sie in den Insider-Einstellungen fest, wie häufig Sie Insider Preview Builds erhalten möchten. Zur Auswahl stehen die drei Kanäle DEV-KANAL, BETA-KANAL und RELEASE PREVIEW-KANAL, die ich Ihnen in Abschnitt 34.1.2, »Überblick über die Insider Channels«, bereits kurz vorgestellt habe. Bestätigen Sie Ihre Auswahl.

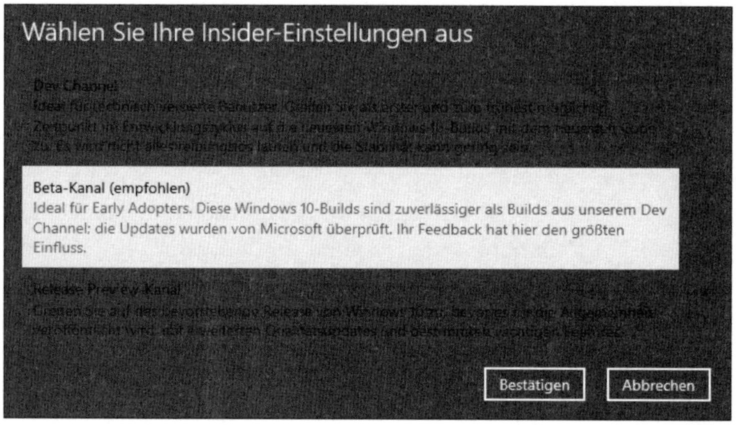

Abbildung 34.5 In den Insider-Einstellungen stehen Ihnen die drei Kanäle »Dev-Kanal«, »Beta-Kanal« und »Release Preview-Kanal« zur Auswahl.

Im folgenden Dialog haben Sie über die beiden Links DATENSCHUTZBESTIMMUNGEN FÜR MICROSOFT-INSIDER LESEN und VEREINBARUNG ZUM MICROSOFT-INSIDER-PROGRAMM LESEN nochmals die Gelegenheit, sich ausführlich über das Windows-Insider-Programm zu informieren, bevor Sie den Dialog mit BESTÄTIGEN schließen.

Abschließend ist ein Neustart des Computers notwendig, den Sie mit JETZT NEU STARTEN gleich ausführen können. Nach dem Neustart kann es sein, dass Sie sich noch etwas in Geduld fassen müssen, bevor Ihnen die erste Insider Preview Build in der Einstellungen-App unter UPDATE UND SICHERHEIT • WINDOWS UPDATE angeboten wird. Sehen Sie einfach immer mal wieder auf der Seite nach, und klicken Sie auf NACH UPDATES SUCHEN. Die Vorabversion wird Ihnen wie ein Funktionsupdate angeboten. Den Download und die Installation starten Sie mit einem Klick auf HERUNTERLADEN UND INSTALLIEREN.

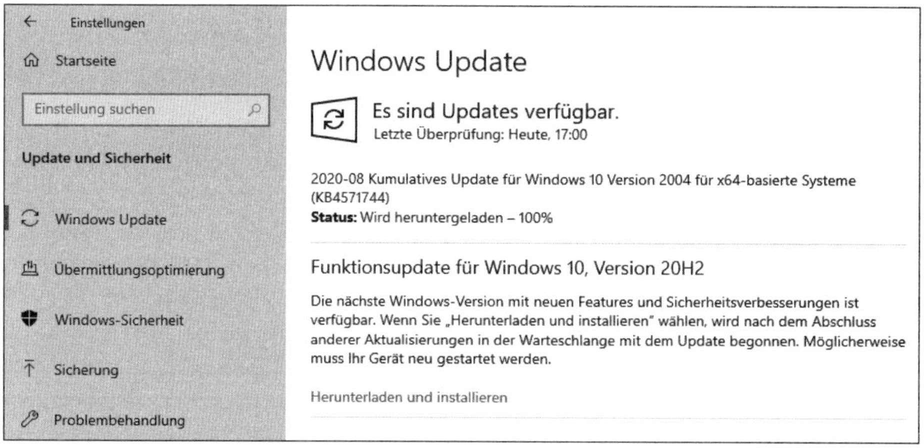

Abbildung 34.6 Eine Insider Preview Build wird Ihnen wie ein Funktionsupdate über das Windows Update zur Verfügung gestellt.

Nach der Installation einer Insider Preview Build wird oberhalb des Infobereichs der Taskleiste der Hinweis »Evaluierungskopie« sowie die aktuelle Build-Nummer angezeigt. Neigt sich der Entwicklungsprozess dem Ende zu, verschwindet die Anzeige wieder. Möchten Sie die Versionsnummer der installierten Vorabversion in Erfahrung bringen, geben Sie im Suchfeld der Taskleiste »winver« ein und wählen in der Trefferliste den entsprechenden Befehl aus. Im Dialog INFO erhalten Sie nun die entsprechende Information. Alternativ hierzu können Sie auch in der Einstellungen-App in die Kategorie SYSTEM • INFO wechseln und einen Blick in den Bereich WINDOWS-SPEZIFIKATIONEN werfen.

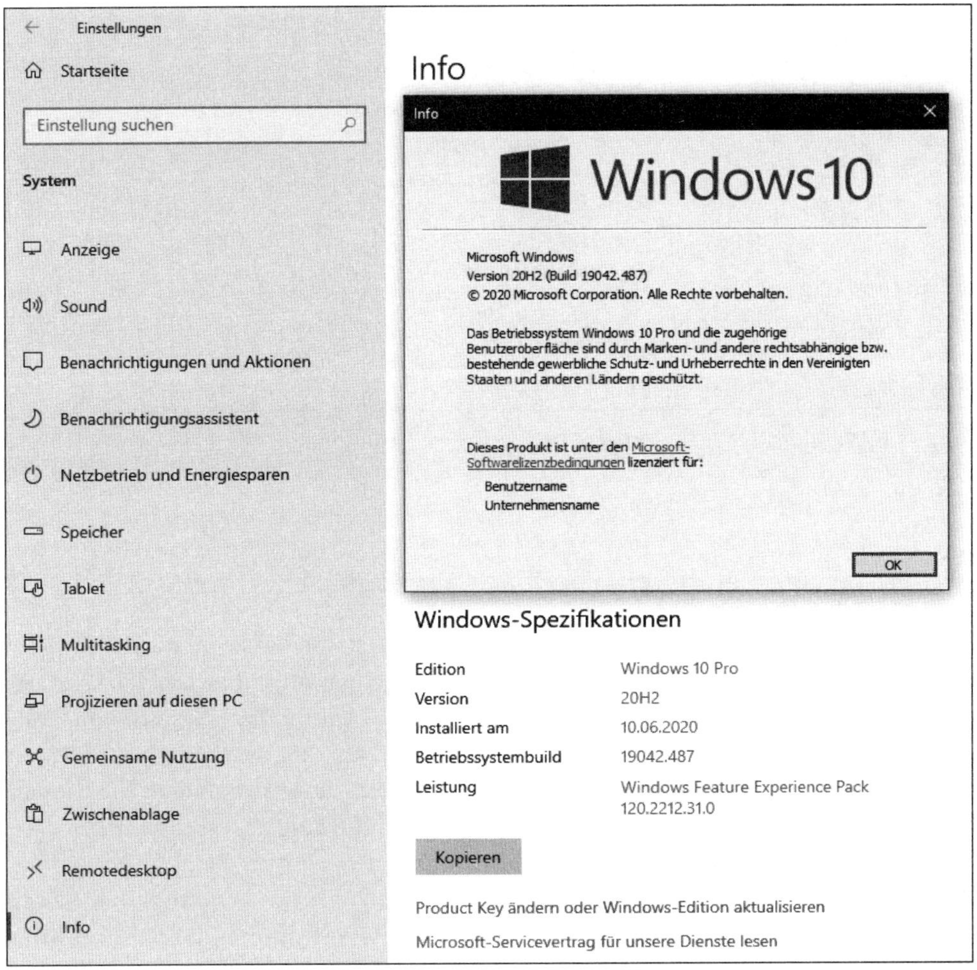

Abbildung 34.7 Sowohl in der Einstellungen-App als auch im Dialog Info können Sie die aktuelle Version der Insider Preview in Erfahrung bringen.

Je nach gewähltem Kanal erhalten Sie mehr oder weniger häufig die nächsten Insider Preview Builds. Für Teilnehmer am Windows-Insider-Programm gilt die Dauer von 35 Tagen, die Sie Updates maximal aussetzen können, nicht. Hier sind es lediglich sieben Tage. Möchten

Sie tatsächlich etwas warten, bis die nächste Insider Preview auf Ihrem Gerät installiert wird, rufen Sie die Einstellungen-App auf und wechseln in die Kategorie UPDATE UND SICHERHEIT • WINDOWS UPDATE. Nach einem Klick auf ERWEITERTE OPTIONEN wählen Sie im Bereich UPDATES AUSSETZEN im Feld DATUM AUSWÄHLEN den gewünschten Termin aus.

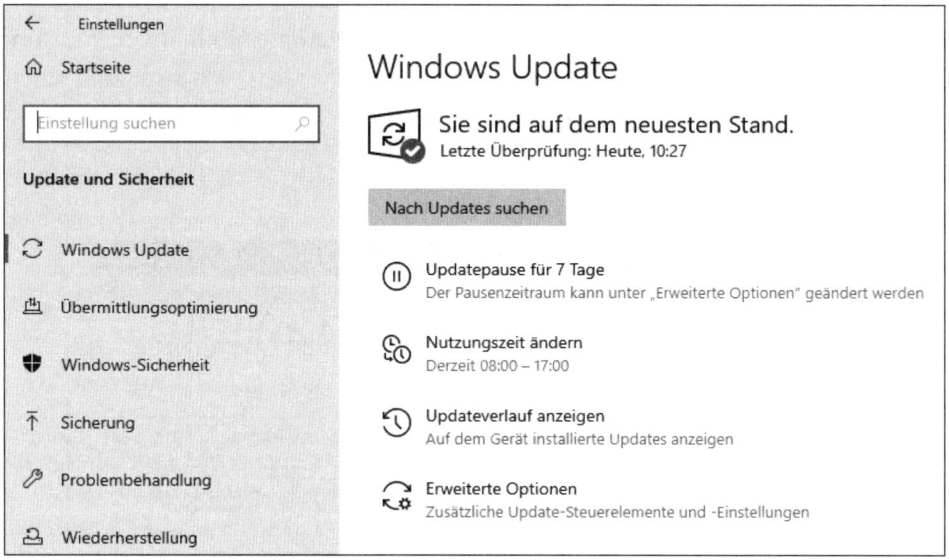

Abbildung 34.8 Während der Teilnahme am Windows-Insider-Programm können Updates für maximal sieben Tage pausiert werden.

34.3 Informationen einholen, Feedback abgeben

Manche neuen Funktionen springen einem sofort ins Auge, kaum dass eine Insider Preview Build installiert ist. Das gilt z. B. dann, wenn das äußere Erscheinungsbild wie etwa das Startmenü geändert wurde. Andere Aktualisierungen hingegen sind tief im System versteckt. Wer sich nicht selbst umständlich auf die Suche begeben möchte, wirft am besten einen Blick in den Windows-Insider-Blog, in dem Microsoft sowohl Hinweise auf neue Funktionen als auch Fehlermeldungen bzw. Fehlerkorrekturen (sogenannte *Bugfixes*) veröffentlicht. Den englischsprachigen Blog erreichen Sie unter der Webadresse *https://blogs.windows.com*. Blättern Sie auf der Webseite nach unten bis zum Abschnitt WINDOWS INSIDER PROGRAM, und wählen Sie Ihre Insider Preview Build aus. Wie Sie die Build-Nummer in Erfahrung bringen, haben Sie im vorherigen Abschnitt erfahren. Ein besonderes Augenmerk sollten Sie im Blog auf die »Known Issues« legen, in denen die bereits bekannten Fehler aufgeführt werden, die Microsoft zu beheben versucht.

Ein wichtiges Ziel des Windows-Insider-Programms ist es, Fehler frühzeitig zu entdecken und zu korrigieren, bevor eine neue Windows-Version der Allgemeinheit zur Verfügung gestellt wird. Dass dies nicht immer gelingt, zeigte sich Ende 2018, als Microsoft die kurz zuvor veröffentlichte Version 1809 wieder zurückziehen musste, da ein gravierender Fehler übersehen worden war, der auf einigen Systemen zu Datenverlust führte.

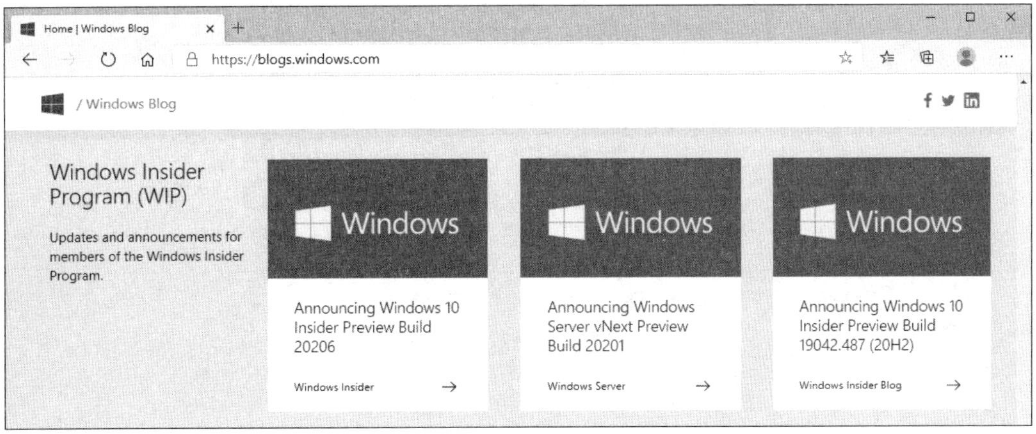

Abbildung 34.9 Über den Windows-Insider-Blog können Sie sich über die neuesten Funktionen, aber auch über bereits korrigierte sowie neu entdeckte Fehler informieren.

Dieses Beispiel macht deutlich, dass nicht nur die Auswertung von Diagnosedaten wichtig ist, sondern auch das Feedback der Anwender. Die Erfahrungen, die Sie mit den Insider Preview Builds machen, können Sie Microsoft über die *Feedback-Hub-App* mitteilen. Zum Öffnen der App wählen Sie den gleichnamigen Eintrag in der App-Liste des Startmenüs. Die Nutzung der App erfordert die Anmeldung mit Ihrem Microsoft-Konto. Auch in der Feedback-Hub-App können Sie sich über die Aktualisierungen in den neuesten Insider Preview Builds informieren. Klicken Sie hierzu links auf die Kategorie ANKÜNDIGUNGEN. Werden die Kategoriebeschriftungen nicht angezeigt, blenden Sie sie per Klick auf das Hamburger-Menü ☰ oben links ein.

Sind Sie zunächst etwas ratlos, was Sie in der Insider Preview testen sollten, hilft Ihnen die Kategorie AUFTRÄGE weiter (siehe Abbildung 34.10). In der rechten Fensterhälfte werden nun einige Aufgaben aufgelistet, die getestet werden sollten. Wählen Sie eine aus, und folgen Sie der Anleitung. Haben Sie den Auftrag erfüllt, klicken Sie in der Feedback-Hub-App auf FERTIG. Anschließend werden Sie aufgefordert, Ihre Erfahrung mit der getesteten Funktion an Microsoft zu übermitteln.

Interessiert es Sie, welche Erfahrungen andere Mitglieder der Windows-Insider-Community gemacht und welche Fehler sie gegebenenfalls entdeckt haben, wechseln Sie in der Feedback-Hub-App in die Kategorie FEEDBACK (siehe Abbildung 34.11). Sie können hier die Bewertungen anderer Anwender sortieren, Filter setzen und die Sprache sowie den verwendeten Gerätetyp auswählen. Über das Feld KATEGORIE lässt sich die Feedbackanzeige auch auf bestimmte Themen eingrenzen. Benötigen Sie gezielte Informationen zu einem Problem, geben Sie das Stichwort einfach im Suchfeld ein. Das ist vor allem dann interessant, wenn Sie auf einen Fehler gestoßen sind und feststellen möchten, ob dieser bereits per Feedback-Hub an Microsoft übermittelt wurde. Haben Sie die gleichen Erfahrungen gemacht wie ein anderer Teilnehmer, können Sie dies über die Schaltfläche ZUSTIMMEN an Microsoft weiterreichen. Bedarf es eines Kommentars hierzu, fügen Sie ihn einfach hinzu.

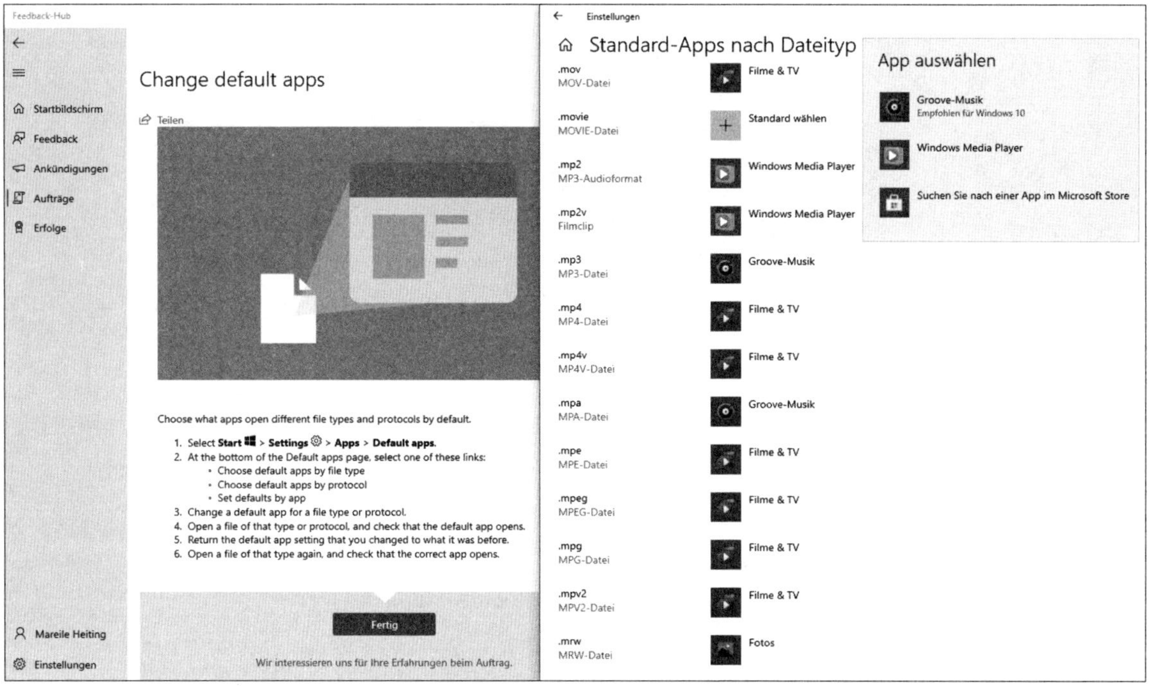

Abbildung 34.10 Mithilfe der »Aufträge« können Sie die Funktionen der Vorabversion testen und Ihre Erfahrungen dann an Microsoft weiterleiten.

Abbildung 34.11 In der Kategorie »Feedback« können Sie sich über die Erfahrungen der anderen Teilnehmer informieren.

Möchten Sie der Community und natürlich auch Microsoft Ihre eigenen Erfahrungen mitteilen, klicken Sie auf die Schaltfläche NEUES FEEDBACK HINZUFÜGEN und füllen den Fragebogen aus.

34.4 Das Windows-Insider-Programm beenden

Für eine gewissen Zeit fanden Sie das Testen der Vorabversionen ganz interessant, doch jetzt würden Sie das Windows-Insider-Programm gerne verlassen? Das ist selbstverständlich möglich. Den entsprechenden Regler hierfür finden Sie in der Einstellungen-App in der Kategorie UPDATE UND SICHERHEIT • WINDOWS-INSIDER-PROGRAMM.

Setzen Sie den Regler ERHALT VON VORABVERSIONEN BEENDEN auf EIN, hängt es von der aktuellen Entwicklungsphase und der auf Ihrem System installierten Build ab, ob Sie sofort aus dem Programm aussteigen können oder auch weiterhin noch mit Updates versorgt werden. Steht das Entwicklungsende und damit die Veröffentlichung des nächsten Funktionsupdates kurz bevor, können Sie den Regler problemlos auf EIN setzen. In diesem Fall erhalten Sie vorab nur noch die kumulativen Updates für die anstehende Version. Wurde der Entwicklungszyklus hingegen gerade erst begonnen, ist das Verlassen des Windows-Insider-Programms nicht ganz so einfach. Sie können durch Einschalten des Reglers zwar veranlassen, dass keine weiteren Updates mehr auf Ihrem Gerät installiert werden, eine Möglichkeit, zu einer früheren finalen Version von Windows 10 zurückzukehren, gibt es allerdings nicht. Es sei denn, Sie nehmen eine komplette Neuinstallation von Windows 10 vor. Hinweise hierzu erhalten Sie in Kapitel 33, »Windows 10 installieren«.

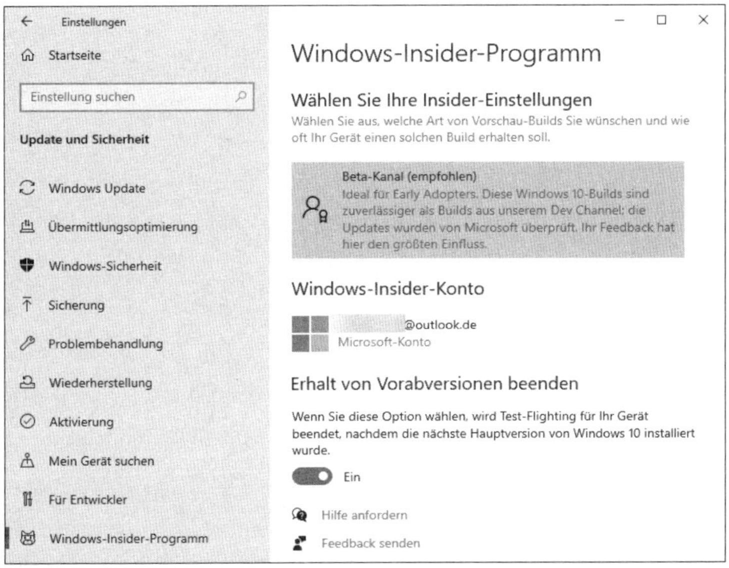

Abbildung 34.12 Der Erhalt von Vorabversionen kann auch beendet werden. Um seltener Updates zu erhalten, reicht die Auswahl eines anderen Kanals aus.

Wer vor diesem Schritt zurückschreckt, für den ist es eventuell sinnvoller, den Kanal und damit die Häufigkeit zu ändern, mit der Sie die Insider Preview Builds erhalten. Die entsprechende Korrektur können Sie ebenfalls auf der Seite WINDOWS-INSIDER-PROGRAMM im Bereich WÄHLEN SIE IHRE INSIDER-EINSTELLUNGEN vornehmen. Waren Sie bisher z. B. Teilnehmer des Dev-Kanals, lässt sich die Updatehäufigkeit mit der Auswahl des Beta-Kanals bereits erheblich minimieren.

Kapitel 35
Virtualisierung mit Hyper-V und Alternativen

Virtuelle Computer sind eine ideale Lösung, um ohne Risiko Programme oder Vorabversionen eines Betriebssystems auszuprobieren. Windows 10 Pro bietet mit Hyper-V und der Windows-Sandbox zwei Virtualisierungslösungen, die sehr unterschiedlichen Ansprüchen gerecht werden. Ebenfalls Thema dieses Kapitels: das Windows-Subsystem für Linux.

Bei der Virtualisierung dient ein physischer Computer als Wirt (auch *Host* genannt), auf dem ein oder auch mehrere virtuelle Computer ausgeführt werden. Auf jedem virtuellen Computer lässt sich z. B. eine andere Windows-Version oder auch eine der Linux-Distributionen installieren. Das Gastsystem ist dabei komplett vom Wirt abgeschottet. Änderungen, die Sie innerhalb des virtuellen Computers vornehmen, wirken sich also nicht auf das Hostsystem aus. Eine *virtuelle Maschine*, wie der virtuelle Computer auch genannt wird, eignet sich damit z. B. hervorragend zum Ausprobieren von Programmen.

In den Editionen Pro, Enterprise und Education von Windows 10 lässt sich ein virtueller Computer mit der Virtualisierungstechnologie *Hyper-V* anlegen. Diese besteht aus dem Hypervisor, Hyper-V-Diensten und diversen Verwaltungstools. Der Hypervisor ist eine Systemsoftwareschicht, die die Aufteilung von Arbeitsspeicher, CPU, Festplatten- und Netzwerkkapazität zwischen dem Host und dem virtuellen Computer koordiniert.

Um Hyper-V nutzen zu können, muss ein Computer nicht nur einige hardwaretechnische Voraussetzungen erfüllen. Auch seitens des Anwenders sind einige Schritte notwendig, um Hyper-V einzurichten und anschließend natürlich das Gastbetriebssystem zu installieren. Welche Anforderungen Hyper-V stellt und wie Sie bei der Einrichtung und Verwaltung vorgehen, erfahren Sie in Abschnitt 35.2, »Virtualisierung mit Hyper-V«. Hyper-V eignet sich u. a. sehr gut, um etwa Vorabversionen von Windows 10, die sogenannten *Insider Preview Builds*, auszuprobieren (siehe hierzu auch Kapitel 34, »Am Windows-Insider-Programm teilnehmen«).

Wer lediglich ein nicht vertrauenswürdiges Programm testen möchte, für den bietet Windows 10 die *Windows-Sandbox*. Auch sie stellt einige Anforderungen an die Hardware des Computers. Werden diese jedoch erfüllt, sind nur wenige Mausklicks nötig, und schon steht ein virtueller Windows-Computer zur Verfügung. Nähere Informationen hierzu finden Sie gleich im nächsten Abschnitt.

Möchten Sie unter Windows 10 nicht auf die Vorteile von Linux verzichten, wollen deshalb aber nicht extra eine virtuelle Maschine einrichten? Für diesen Fall bietet sich das *Windows-Subsystem für Linux* (kurz *WSL*) als interessante Lösung an. In Abschnitt 35.3 erfahren Sie Näheres hierzu.

35.1 Die einfache Lösung: Windows-Sandbox

Sie haben aus dem Internet ein Programm heruntergeladen, bei dem Sie sich nicht ganz sicher sind, ob es wirklich frei von Malware ist? In solch einer Situation bietet es sich an, die Anwendung in einem vom restlichen System abgeschotteten Bereich zu testen. Seit der Version 1903 bietet Windows 10 mit der Windows-Sandbox eine virtuelle Maschine an, die genau dies ermöglicht. Stark vereinfacht ausgedrückt könnte man die Sandbox als ein abgespecktes Windows 10 innerhalb von Windows 10 bezeichnen. Das Besondere an der Windows-Sandbox: In dem Moment, in dem Sie die Sandbox beenden, werden alle in der Zwischenzeit vorgenommenen Änderungen gelöscht. Beim nächsten Start der Windows-Sandbox erhalten Sie wieder eine frische Windows 10-Installation ohne jegliche Anwendungen. Die Sandbox eignet sich damit hervorragend, um Programme ohne großes Risiko und vor allem ohne Auswirkungen auf das eigentliche System zu testen. Wer Programme über einen längeren Zeitraum ausprobieren möchte, während dessen der Computer nicht immer läuft, muss auf eine Virtualisierungslösung wie Hyper-V setzen, die in Abschnitt 35.2 vorgestellt wird.

35.1.1 Die Systemvoraussetzungen von Windows-Sandbox

Die Windows-Sandbox steht nur in den 64-Bit-Versionen von Windows 10 Pro und Windows 10 Enterprise zur Verfügung. Der Computer sollte außerdem über mindestens 4 GB Arbeitsspeicher verfügen, noch besser sind aber 8 GB. Auf der Festplatte wird mindestens 1 GB freier Speicherplatz benötigt. Die CPU sollte mindestens zwei Kerne haben, ein Prozessor mit vier Kernen ist laut Microsoft von Vorteil.

Im BIOS muss außerdem die Virtualisierung aktiviert sein. Ob dies der Fall ist, lässt sich schnell über den Task-Manager prüfen. Drücken Sie hierzu die Tastenkombination [Win] + [X], und wählen Sie den TASK-MANAGER im Schnellzugriffsmenü aus. Wechseln Sie in das Register LEISTUNG, und markieren Sie links die CPU. Unterhalb des Auslastungsgraphen finden Sie den Eintrag VIRTUALISIERUNG. Sollte rechts davon NICHT FÄHIG angezeigt werden, ist die Hardware Ihres Computer zu alt, und Sie kommen leider nicht in den Genuss der Windows-Sandbox.

Ist die Virtualisierung DEAKTIVIERT, müssen Sie sie im BIOS aktivieren. Hierzu starten Sie den Computer neu und halten während des Starts die für Ihr Gerät eingeblendete Taste gedrückt (häufig [F2] oder auch [Esc]), um so ins BIOS zu gelangen. Suchen Sie hier nach einer Funktion namens VIRTUALISIERUNG oder VIRTUALIZATION TECHNOLOGY. Meist findet sie sich in Registern mit der Bezeichnung ERWEITERT oder auch SYSTEM CONFIGURATION (SYSTEMKONFIGURATION). Aktivieren Sie die Virtualisierungsfunktion, und speichern Sie Ihre Änderungen. Nach dem Neustart des Systems sollte nun auch bei Ihnen im Task-Manager neben VIRTUALISIERUNG der Hinweis AKTIVIERT eingeblendet werden. Damit steht der Verwendung der Windows-Sandbox nur noch eine Kleinigkeit im Weg: Sie muss einmalig aktiviert werden, wie im nächsten Abschnitt gezeigt.

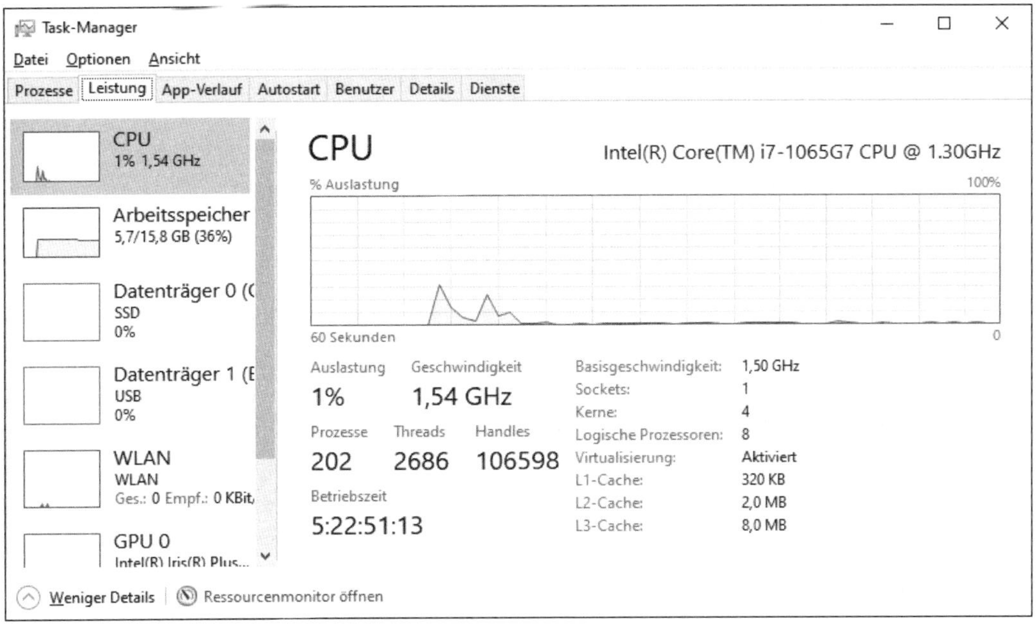

Abbildung 35.1 Der Task-Manager bestätigt es: Die Virtualisierung ist im BIOS aktiviert, die Windows-Sandbox kann also genutzt werden.

35.1.2 Windows-Sandbox aktivieren

Werden die Hardwarevoraussetzungen für die Windows-Sandbox erfüllt, muss sie noch einmalig aktiviert werden, bevor Sie sie verwenden können. Das ist aber schnell erledigt:

1. Geben Sie im Suchfeld der Taskleiste »Windows-Feature« ein, und wählen Sie den Treffer WINDOWS-FEATURES AKTIVIEREN ODER DEAKTIVIEREN SYSTEMSTEUERUNG aus.
2. Im folgenden Dialog blättern Sie recht weit nach unten bis zum Eintrag WINDOWS-SANDBOX. Versehen Sie ihn mit einem Häkchen, und bestätigen Sie mit OK.

Nach der Aktivierung sucht Windows 10 die erforderlichen Daten. Dies kann einen Moment dauern. Anschließend werden Sie aufgefordert, den Computer neu zu starten.

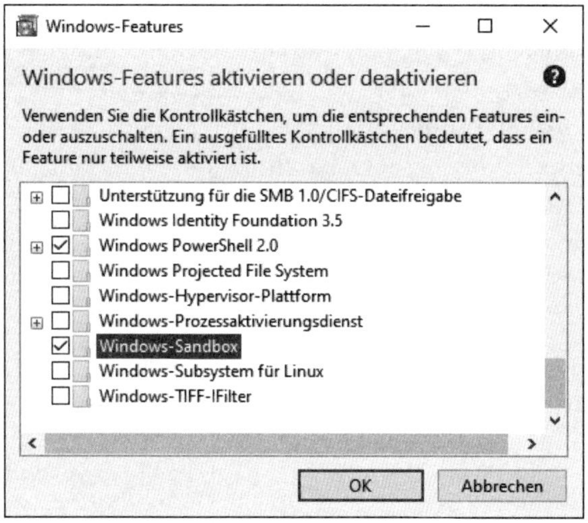

Abbildung 35.2 Die Aktivierung der Windows-Sandbox muss einmalig vor dem ersten Aufruf durchgeführt werden.

35.1.3 Windows-Sandbox im Einsatz

Wurde die Windows-Sandbox erfolgreich aktiviert, finden Sie in der App-Liste des Startmenüs den gleichnamigen Eintrag. Ein Klick darauf, und die Sandbox wird gestartet. Auch hier ist wieder etwas Geduld gefordert. Zum Start der Sandbox sind übrigens keine Administratorrechte erforderlich, auch Standardbenutzer können sie also zum Testen von Programmen verwenden.

Abbildung 35.3 Nach der Aktivierung finden Sie im Startmenü einen eigenen Eintrag für die Windows-Sandbox.

Nach dem Start finden Sie im Programmfenster der Windows-Sandbox ein virtuelles Windows 10-System vor, wie es nach einer Neuinstallation von Windows 10 der Fall ist. Es werden weder Programme noch Dateien vom Hostsystem übernommen. Auch die Einstellungen, die Sie bereits auf dem Host vorgenommen haben, gelten nicht innerhalb der Windows-Sandbox.

Wenn Sie ausführbare Dateien testen möchten, können Sie diese über den Browser Edge aus dem Internet herunterladen, installieren und ausprobieren. Programme, die nach der Installation einen Neustart des Computers erfordern, lassen sich innerhalb der Windows-Sandbox übrigens nicht testen. Dies liegt daran, dass die Sandbox keinerlei Daten speichert.

Um Daten zwischen dem realen System und der Sandbox auszutauschen, müssen Sie die Zwischenablage nutzen. Dateien, die Sie also auf der realen Festplatte des Computers gespeichert haben, kopieren Sie einfach über die Tastenkombination `Strg` + `C` in die Zwischenablage. Mit der Tastenkombination `Strg` + `V` fügen Sie sie dann im virtuellen System, also im Programmfenster der Windows-Sandbox, z. B. auf dem Desktop, ein (siehe Abbildung 35.4). Umgekehrt funktioniert dies zwar auch, sollte aber nur mit Vorsicht umgesetzt werden. Denn der Sinn der Sandbox ist es, ein abgeschottetes System zu bieten, ohne dass infizierte Daten aus diesem System heraus auf das reale System gelangen.

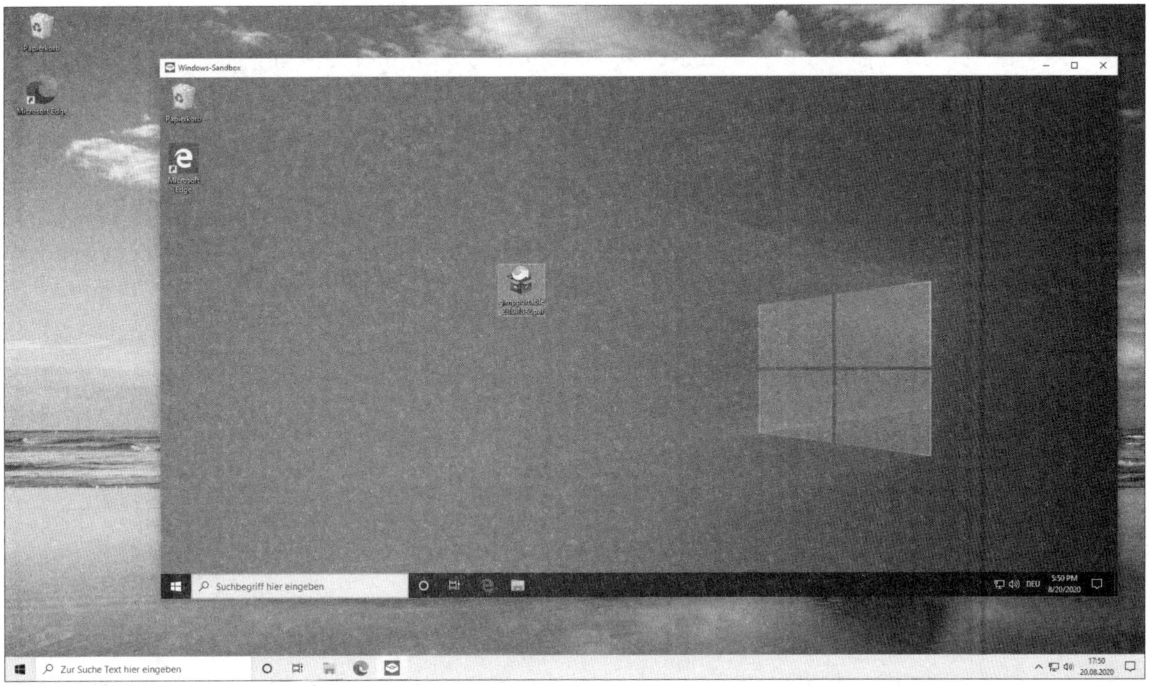

Abbildung 35.4 Dateien lassen sich per Copy & Paste vom Wirtssystem in das virtuelle System kopieren.

Das Programmfenster der Windows-Sandbox nimmt nur einen Teil des Bildschirms ein. Wenn Sie für Ihre Arbeit den Vollbildmodus bevorzugen, können Sie diesen per Klick auf das

Symbol MAXIMIEREN in der rechten oberen Fensterecke einstellen. Am oberen Bildschirmrand erscheint nun eine kleine Verbindungsleiste, die allerdings nach einem kurzen Moment ausgeblendet wird. Um sie wieder einzublenden, bewegen Sie den Mauszeiger an den oberen Bildschirmrand. Über das Symbol VERKLEINERN deaktivieren Sie den Vollbildmodus wieder.

Benötigen Sie die Windows-Sandbox nicht mehr, schließen Sie das Programmfenster einfach über das Schließen-Symbol oben rechts. Hierdurch werden alle Daten innerhalb der Sandbox gelöscht. Den entsprechenden Hinweis bestätigen Sie mit OK. Starten Sie die Sandbox das nächste Mal, finden Sie wieder eine frische Windows 10-Installation vor.

35.1.4 Die Windows-Sandbox konfigurieren

Seit Windows 10 Build 18342 ist es möglich, vor dem Start der Windows-Sandbox ein paar einfache Einstellungen vorzunehmen. So lassen sich z. B. das Netzwerk oder auch die virtualisierte *GPU* (Abkürzung für *Graphics Processing Unit*, auf Deutsch »Grafikprozessor«) deaktivieren, Befehle beim Start der Sandbox ausführen, Drucker vom Hostsystem in der Sandbox freigeben oder auch Ordner vom Hostsystem in der Sandbox einbinden. Falls Sie schädliche Programme testen, ist das Einbinden der Ordner allerdings keine gute Idee, da hierdurch keine klare Abgrenzung mehr zwischen virtuellem System und Hostsystem besteht.

Die Konfigurationsdateien werden in XML formatiert und über die WSB-Dateierweiterung der Windows-Sandbox zugeordnet. Wie Sie hierzu vorgehen, zeigt das folgende einfache Beispiel der Deaktivierung der virtualisierten GPU. Ist die vGPU deaktiviert, nutzt die Windows-Sandbox die Windows-erweiterte Raster-Plattform (auf Englisch »Windows Advanced Rasterization Platform«, kurz *WARP* genannt).

1. Rufen Sie das Startmenü auf, und öffnen Sie den EDITOR, den Sie über den Ordner WINDOWS-ZUBEHÖR erreichen.
2. Geben Sie im Editor den folgenden Text ein:

```
<Configuration>
<vGPU>Disable</vGPU>
</Configuration>
```

3. Rufen Sie das Menü DATEI und dann den Befehl SPEICHERN UNTER auf. Im Feld DATEITYP des Dialogs SPEICHERN UNTER stellen Sie ALLE DATEIEN (*.*) ein. Geben Sie einen Dateinamen mit dem Postfix ».wsb« ein, in unserem Beispiel also etwa »ohne_vGPU.wsb«. Als Speicherort wählen Sie den DESKTOP. Sichern Sie die Datei nun mit SPEICHERN.
4. Auf dem Desktop erscheint nun das Symbol der Windows-Sandbox mit der soeben vergebenen Bezeichnung (siehe Abbildung 35.6). Ein Doppelklick hierauf startet die Sandbox mit der entsprechenden Konfiguration, in unserem Beispiel also mit deaktivierter virtualisierter GPU.

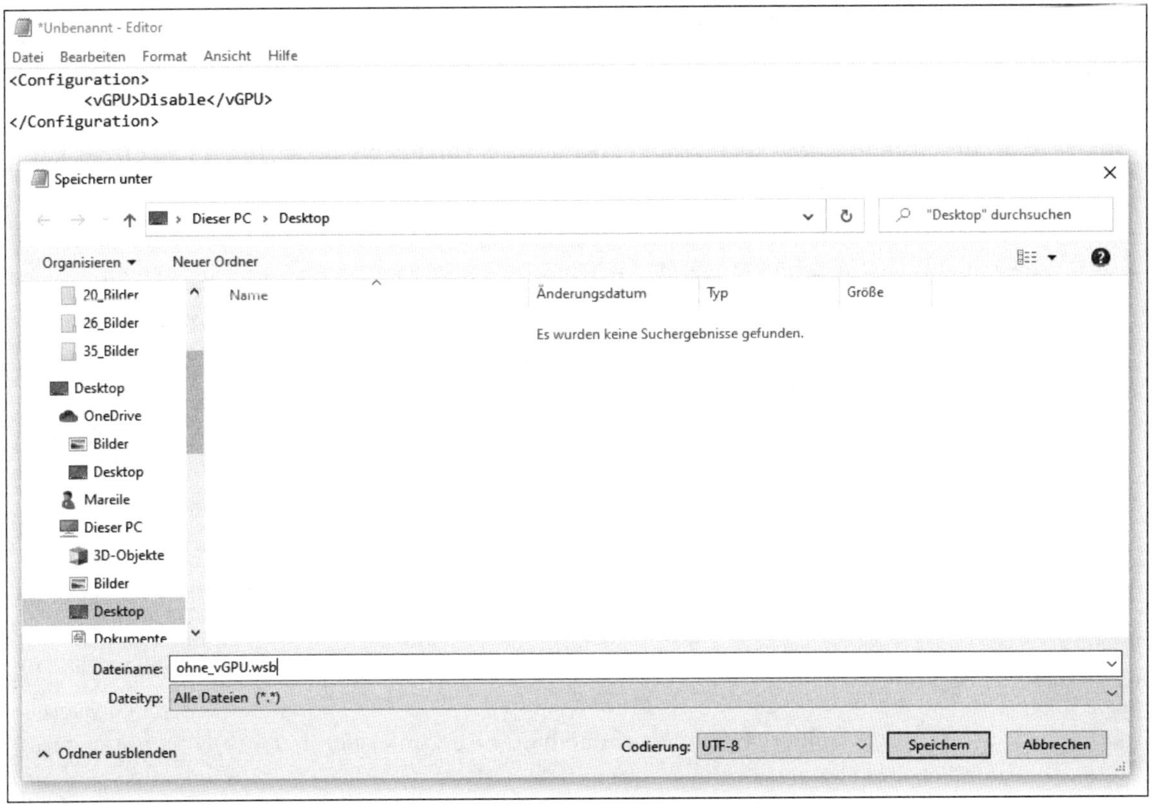

Abbildung 35.5 Achten Sie beim Speichern der Datei darauf, dass der Dateityp »Alle Dateien (*.*)« ausgewählt ist und der Dateinamen das Postfix ».wsb« erhält.

Abbildung 35.6 Die Windows-Sandbox ohne virtualisierte GPU lässt sich blitzschnell über dieses Desktopsymbol starten.

Auf die beschriebene Weise lassen sich beliebig viele Konfigurationen für die Sandbox erstellen und in eigenen Dateien abspeichern. Weitere Informationen und Beispiele zur Windows-Sandbox-Konfiguration finden Sie in den Microsoft-Dokumentationen unter *https://tinyurl.com/y66qaz4a*.

Über die Microsoft TechNet Gallery können Sie einen *Windows Sandbox Editor* herunterladen, der beim Erstellen der Konfigurationsdateien nützlich ist. Der Link hierfür lautet *https://tinyurl.com/yykoga27*.

35.2 Virtualisierung mit Hyper-V

Nachdem Hyper-V zunächst nur für die Serverbetriebssysteme von Windows verfügbar war, hielt es mit Windows 8 auch auf den Desktopbetriebssystemen Einzug. Der offizielle Name der Virtualisierungstechnologie lautet hier *Hyper-V für Clients*, im weiteren Verlauf des Kapitels der Einfachheit halber aber nur kurz *Hyper-V* genannt.

Der Einsatz von Hyper-V ist nicht nur für IT-Spezialisten und Entwickler interessant, sondern im Prinzip für jeden Anwender, wie die folgenden möglichen Szenarien zeigen:

- Mit Hyper-V lassen sich Anwendungen vor der Veröffentlichung auf virtuellen Computern mit unterschiedlichen Windows-Versionen in jeweils anderer Konfiguration testen.
- Nutzen Sie noch Programme, die für eine ältere Windows-Version entwickelt wurden, können Sie diese Version auf dem virtuellen Computer installieren und so weiterhin mit den alten Schätzen arbeiten. Als Gastbetriebssystem werden unter Hyper-V alle Windows Client-Versionen ab Windows XP mit Service Pack 2 sowie alle Windows Server-Versionen ab Windows Server 2000 mit Service Pack 4 unterstützt.
- Diejenigen, die es nicht erwarten können, bis eine neue Windows-Version veröffentlicht wird, haben auf einer virtuellen Maschine die Möglichkeit, eine Insider Preview Build zu installieren und gefahrlos auszuprobieren. Auch die Installation von Linux-Distributionen ist unter Hyper-V natürlich möglich.
- Für das Testen von Programmen zweifelhafter Herkunft oder den Besuch von fragwürdigen Websites eignet sich Hyper-V ebenfalls.

Von der fortwährenden Weiterentwicklung von Windows 10 hat auch Hyper-V profitiert. So ist mit der Version 1703 z. B. die Funktion *Schnellerstellung* hinzugefügt worden, mit der Sie in kürzester Zeit einen virtuellen Computer erstellen können. Die Funktion wird in Abschnitt 35.2.2, »Virtuellen Computer per Schnellerstellung«, näher vorgestellt. Sollte es während des Testens und Ausprobierens von Betriebssystemversionen oder Anwendungen zu Problemen kommen, lässt sich der virtuelle Computer schnell wieder in einen früheren, stabilen Zustand zurückversetzen. Möglich machen dies die sogenannten *Prüfpunkte*, die Sie in Abschnitt 35.2.7, »Prüfpunkte erstellen«, kennenlernen werden.

Um Hyper-V verwenden zu können, muss der Computer einige Voraussetzungen erfüllen. Welche dies im Einzelnen sind und wie Sie überprüfen können, ob sie für Ihr Gerät gelten, erfahren Sie im folgenden Abschnitt.

35.2.1 Anforderungen überprüfen, Hyper-V aktivieren

Hyper-V steht nur auf den 64-Bit-Versionen der Editionen Pro und Enterprise von Windows 10 zur Verfügung. Dies sind aber nicht die einzigen Voraussetzungen, die erfüllt sein müssen, um die Virtualisierungslösung einsetzen zu können. Auch an die Hardware werden einige Ansprüche gestellt:

- Der Computer muss über einen 64-Bit-Prozessor der Hersteller Intel oder AMD verfügen. Dieser muss die Adressübersetzung der zweiten Ebene (auf Englisch »Second Level Address Translation«, kurz *SLAT*) beherrschen. Außerdem muss die CPU die Datenausführungsverhinderung (auf Englisch »Data Execution Prevention«, kurz *DEP*) unterstützen. Die Virtualisierungsfunktion im BIOS muss aktiviert sein (wie Sie dies prüfen, haben Sie in Abschnitt 35.1.1, »Die Systemvoraussetzungen von Windows-Sandbox«, erfahren).
- Die Mindestanforderung an den Arbeitsspeicher lautet 4 GB RAM, wer wirklich Freude mit dem virtuellen Computer haben möchte, fährt mit 8 GB RAM deutlich besser.
- Der benötigte Platz auf dem Festplattenspeicher hängt zum einen vom installierten Gastbetriebssystem ab, zum anderen von der Konfiguration des virtuellen Computers. Für jede virtuelle Maschine, die Sie einrichten, sollten mindestens 20 GB freier Speicherplatz verfügbar sein, auch hier schadet mehr Platz keineswegs.

Ob die CPU Ihres Computers die Voraussetzungen erfüllt, lässt sich am besten mithilfe des Programms *Systeminformationen* überprüfen. Drücken Sie hierzu die Tastenkombination [Win] + [R], und geben Sie im Ausführen-Dialog »msinfo32.exe«ein. Nach Drücken der [↵]-Taste wird das Programm SYSTEMINFORMATIONEN gestartet. Alternativ hierzu können Sie natürlich auch den Weg über das Suchfeld der Taskleiste gehen, indem Sie dort entweder »Systeminformationen« oder »msinfo32.exe« eingeben und dann den jeweils gleichnamigen Treffer markieren.

Das Programm wird mit der Startseite SYSTEMÜBERSICHT geöffnet, auf der Sie ganz nach unten bis zum Bereich HYPER-V blättern. Erscheint hier der Hinweis ES WURDE EIN HYPERVISOR ERKANNT, läuft der Hypervisor bereits. Dies kann durchaus der Fall sein, denn unter Windows 10 nutzen auch andere Funktionen den Hypervisor. Dazu zählt etwa der *Windows Defender Application Guard* (kurz *WDAG*), der dafür sorgt, dass Browsersitzungen in Microsoft Edge mit Hyper-V vom Rest des Betriebssystems isoliert, also quasi in einer Sandbox ausgeführt werden.

Läuft der Hypervisor noch nicht, finden Sie am Ende der Seite SYSTEMÜBERSICHT vier Elemente, die jeweils mit Hyper-V beginnen:

- HYPER-V – VM-MONITORMODUSERWEITERUNGEN,
- HYPER-V – SLAT-ERWEITERUNGEN (SECOND LEVEL ADDRESS TRANSLATION),
- HYPER-V – VIRTUALISIERUNG IN FIRMWARE AKTIVIERT und
- HYPER-V – DATENAUSFÜHRUNGSVERHINDERUNG.

Ist allen vier Elementen der Wert JA zugewiesen, kann Hyper-V auf Ihrem Computer problemlos aktiviert werden.

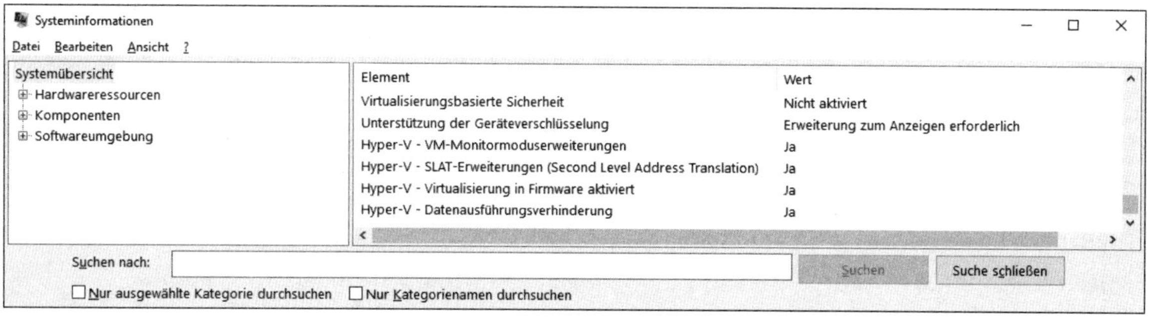

Abbildung 35.7 Der Hypervisor läuft zwar noch nicht, einer Aktivierung von Hyper-V steht aber nichts im Wege.

Für die Aktivierung von Hyper-V gehen Sie folgendermaßen vor:

1. Geben Sie im Suchfeld der Taskleiste »Windows-Features« ein, und wählen Sie in der Trefferliste den Eintrag WINDOWS-FEATURES AKTIVIEREN ODER DEAKTIVIEREN SYSTEMSTEUERUNG aus. Der Dialog WINDOWS-FEATURES wird geöffnet.
2. Versehen Sie das Kontrollkästchen vor HYPER-V mit einem Häkchen. Hierdurch werden alle Untereinträge von Hyper-V ebenfalls aktiviert. Überprüfen Sie dies, indem Sie die Untereinträge mit einem Klick auf das Plussymbol vor dem Eintrag einblenden. Sollte das Kontrollkästchen HYPER-V-PLATTFORM nicht aktivierbar sein, deutet dies darauf hin, dass Sie lediglich eine 32-Bit-Version von Windows 10 Pro oder Enterprise nutzen. Damit lassen sich nur die Verwaltungstools von Hyper-V installieren, die aber zumindest einen Zugriff auf eine virtuelle Maschine auf einem anderen Hyper-V-fähigen Wirtssystem erlauben. Übernehmen Sie die Einstellung mit OK.

Abbildung 35.8 Aktivieren von Hyper-V über den Dialog »Windows-Features«

Nach einigen Sekunden werden Sie aufgefordert, den Computer neu zu starten. Anschließend steht Ihnen Hyper-V zur Verfügung, und Sie können damit beginnen, die erste virtuelle Maschine zu erstellen. Das Programm, das Sie bei der Einrichtung, Konfiguration und Verwaltung der virtuellen Computer unterstützt, nennt sich *Hyper-V-Manager*. Nach der Aktivierung von Hyper-V wird es in der App-Liste des Startmenüs im Ordner WINDOWS-VERWALTUNGSPROGRAMME aufgeführt (siehe Abbildung 35.9). Wenn Sie intensiver mit virtuellen Computern arbeiten, bietet es sich an, dem Hyper-V-Manager einen Platz in der Taskleiste zu spendieren. Klicken Sie hierzu den Eintrag im Startmenü mit der rechten Maustaste an, und wählen Sie dann im Kontextmenü MEHR • AN TASKLEISTE ANHEFTEN.

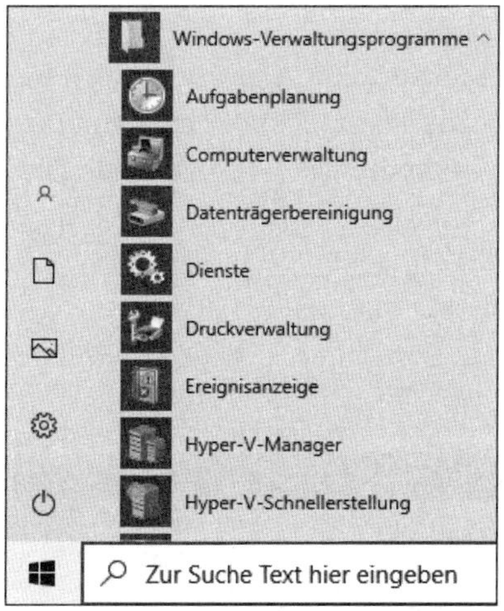

Abbildung 35.9 Den Hyper-V-Manager finden Sie im Startmenü im Ordner »Windows-Verwaltungsprogramme«.

Für die Erstellung eines virtuellen Computers können Sie z. B. die zuvor erwähnte Schnellerstellung nutzen, die im nächsten Abschnitt beschrieben wird. Wer die Konfiguration des virtuellen Computers selbst in die Hand nehmen möchte, für den ist allerdings die Erstellung per Assistent die bessere Wahl. Dies gilt auch dann, wenn Sie auf dem virtuellen Computer eine Windows-Version installieren möchten, die älter als Windows 8 ist (also Windows 7 oder älter). Wie Sie hierzu vorgehen, wird in Abschnitt 35.2.3, »Virtuellen Computer per Assistent einrichten«, vorgestellt. In beiden Fällen benötigen Sie auf jeden Fall Administratorrechte.

Hyper-V-Aktivierung über die Windows PowerShell

Statt den Weg über den Dialog WINDOWS-FEATURES zu gehen, können Sie Hyper-V auch über die Windows PowerShell aktivieren. Drücken Sie hierzu die Tastenkombination [Win] + [X], und wählen Sie im Schnellzugriffsmenü die WINDOWS POWERSHELL aus. Hier geben Sie das Cmdlet `Enable-WindowsOptionalFeature -Online -FeatureName Microsoft-Hyper-V -All` ein. Anschließend dürfen Sie es nicht versäumen, den Computer neu zu starten.

35.2.2 Virtuellen Computer per Schnellerstellung

Mit nur wenigen Mausklicks einen virtuellen Computer erzeugen? Die Schnellerstellung von Hyper-V macht es möglich. Allerdings mit einer kleinen Einschränkung, was die Wahl des Gastbetriebssystems angeht: Bei der Schnellerstellung richtet Hyper-V immer einen virtuellen Computer der sogenannten *Generation 2* ein. Auf einer virtuellen Maschine dieses Typs lassen sich lediglich die Desktopbetriebssysteme ab Windows 8 und die Serverbetriebssysteme ab Windows Server 2012 installieren. Wer eine ältere Windows-Version installieren möchte, muss einen virtuellen Computer der Generation 1 erstellen. Dies ist nur mithilfe des Assistenten von Hyper-V möglich, der in Abschnitt 35.2.3, »Virtuellen Computer per Assistent einrichten«, vorgestellt wird.

Die Schnellerstellung lässt sich bequem über das Startmenü aufrufen, sofern wie im vorherigen Abschnitt beschrieben Hyper-V aktiviert ist. Blättern Sie in der App-Liste des Startmenüs nach unten bis zum Ordner WINDOWS-VERWALTUNGSTOOLS. In diesem finden Sie den Eintrag HYPER-V-SCHNELLERSTELLUNG (siehe Abbildung 35.9). Ein Klick hierauf, und der Dialog VIRTUELLEN COMPUTER ERSTELLEN wird geöffnet. Falls Sie den Hyper-V-Manager geöffnet haben, lässt sich die Schnellerstellung auch über diesen starten. Markieren Sie hierzu in der linken Spalte der Konsole das Wirtssystem, sprich den lokalen Computer. Klicken Sie dann in der rechten Spalte unterhalb von Aktionen auf SCHNELLERSTELLUNG.

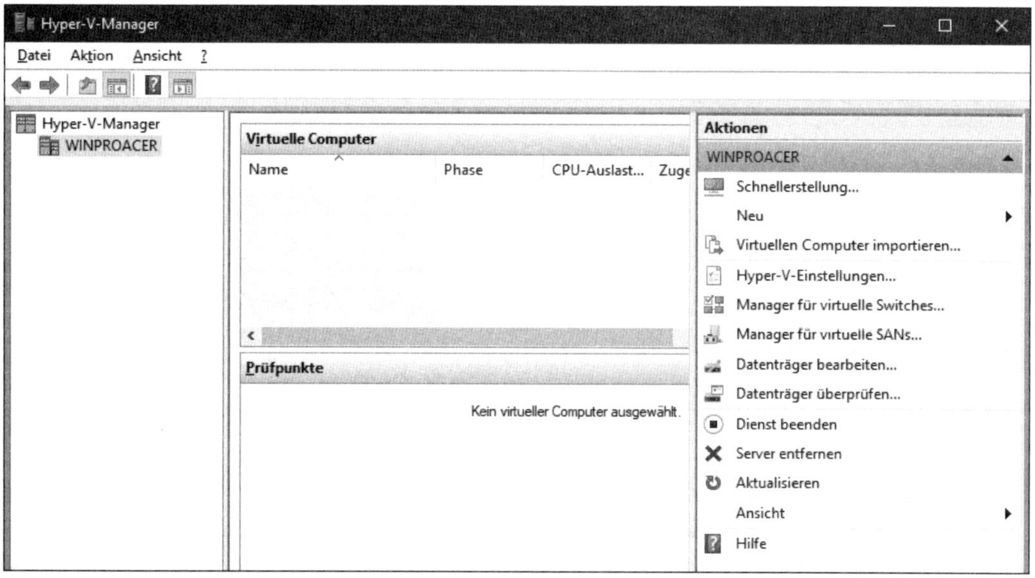

Abbildung 35.10 Die Schnellerstellung lässt sich auch über das Konsolenfenster des Hyper-V-Managers aufrufen.

Im Dialog VIRTUELLEN COMPUTER ERSTELLEN wird Ihnen links ein Katalog mit Betriebssystemen angeboten. Der Katalog wird stetig erweitert. Über die verschiedenen Ubuntu-Einträge können Sie einen virtuellen Computer mit der jeweiligen Version der Linux-Distribution erzeugen. Hinter dem *MSIX Packaging Tool Environment* verbirgt sich eine englischsprachige Evaluierungsversion von Windows 10 Enterprise. Bei der *Windows 10-Entwicklungsumgebung* handelt es sich ebenfalls um eine Evaluierungsversion von Windows 10 Enterprise, allerdings inklusive Visual Studio. Nach Auswahl eines Betriebssystems aus dem Katalog übernimmt ein Assistent den Download des Images. Die Größe des Downloads erfahren Sie, sobald Sie das Betriebssystem im Katalog markieren. Mit einem Klick auf VIRTUELLEN COMPUTER ERSTELLEN starten Sie dann den Assistenten. Er übernimmt die Zusammenstellung des virtuellen Computers und startet die Installation des Betriebssystems. Letzteres ist im Vergleich zum Download und Einrichten des virtuellen Computers schnell erledigt.

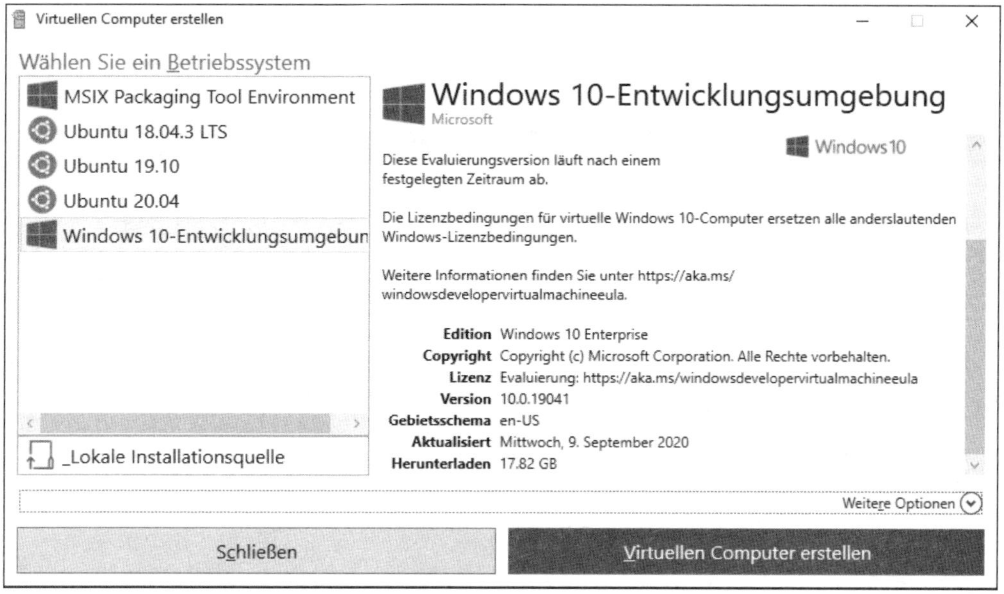

Abbildung 35.11 Im Katalog stehen zwei Evaluierungsversionen von Windows 10 Enterprise zur Auswahl sowie verschiedene Versionen der Linux-Distribution Ubuntu.

Falls Sie keines der angebotenen Betriebssysteme installieren möchten, können Sie auch ein Installationsmedium aus einer lokalen Installationsquelle auswählen. Im folgenden Beispiel wird hierfür die ISO-Datei einer Windows Insider Preview Build gewählt, die zuvor über die Webadresse *https://www.microsoft.com/en-us/software-download/windowsinsiderpreview-advanced?wa=wsignin1.0* heruntergeladen wurde. Für den Download müssen Sie beim Windows-Insider-Programm angemeldet sein, wie in Kapitel 34, »Am Windows-Insider-Programm teilnehmen«, beschrieben.

1. Zum Einbinden einer ISO-Datei klicken Sie unterhalb der Katalogliste auf die Schaltfläche _LOKALE INSTALLATIONSQUELLE und dann rechts auf INSTALLATIONSQUELLE ÄNDERN.
2. Navigieren Sie zu dem Ordner, in dem sich die ISO-Datei befindet, markieren Sie die Datei, und bestätigen Sie mit ÖFFNEN. Versehen Sie das Kontrollkästchen AUF DIESEM VIRTUEL-

LEN COMPUTER WIRD WINDOWS AUSGEFÜHRT mit einem Häkchen, wenn das Feature *Sicherer Start* für den virtuellen Computer genutzt werden soll.

3. Nach einem Klick auf WEITERE OPTIONEN geben Sie im Feld NAME einen aussagekräftigen Namen für den virtuellen Computer an.
4. Im Feld NETZWERK legen Sie fest, ob der virtuelle Computer mit dem Netzwerk verbunden sein soll oder nicht. Wünschen Sie eine Netzwerkverbindung, können Sie im Rahmen der Schnellerstellung die Voreinstellung DEFAULT SWITCH BELASSEN. DIE EINSTELLUNG LÄSST SICH JEDERZEIT SPÄTER KORRIGIEREN. NÄHERE INFORMATIONEN RUND UM virtuelle Netzwerk-Switches erhalten Sie in Abschnitt 35.2.5, »Virtuellen Netzwerk-Switch per Assistent erstellen«.
5. Bestätigen Sie abschließend alle Einstellungen mit einem Klick auf VIRTUELLEN COMPUTER ERSTELLEN.

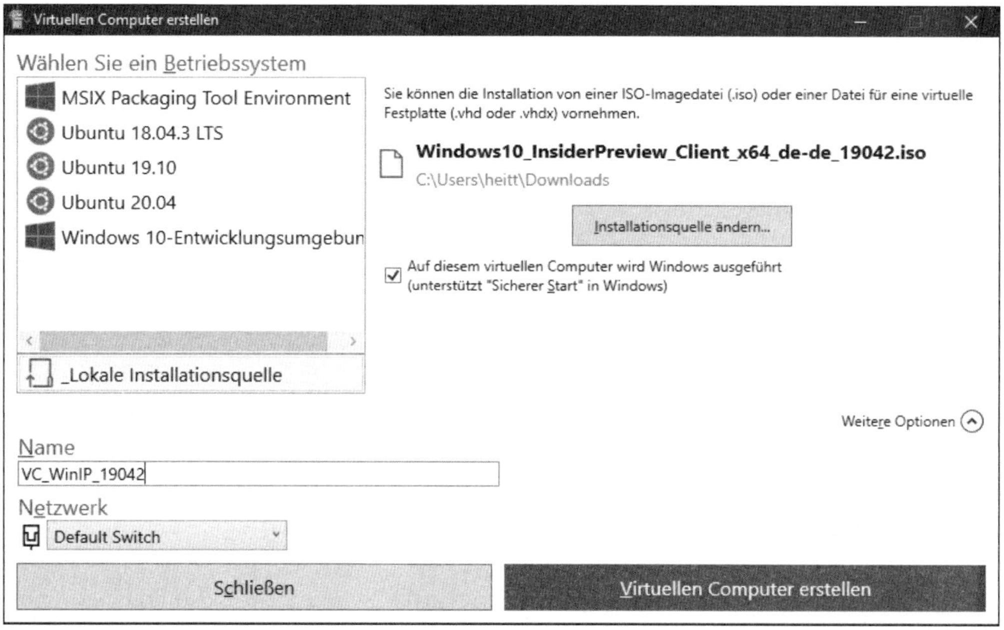

Abbildung 35.12 Statt sich für eines der angebotenen Betriebssysteme zu entscheiden, können Sie auch eine ISO-Datei wählen, die für die Installation auf dem virtuellen Computer verwendet werden soll.

Wurde der virtuelle Computer erfolgreich erstellt, wird ein Dialog mit zwei Schaltflächen eingeblendet. Möchten Sie die von Hyper-V automatisch für die virtuelle Maschine vorgenommenen Einstellungen prüfen, gelangen Sie mit einem Klick auf EINSTELLUNGEN BEARBEITEN zum entsprechenden Dialog. Die Einstellungsmöglichkeiten werden Sie in Abschnitt 35.2.6, »Einstellungen anpassen«, noch näher kennenlernen.

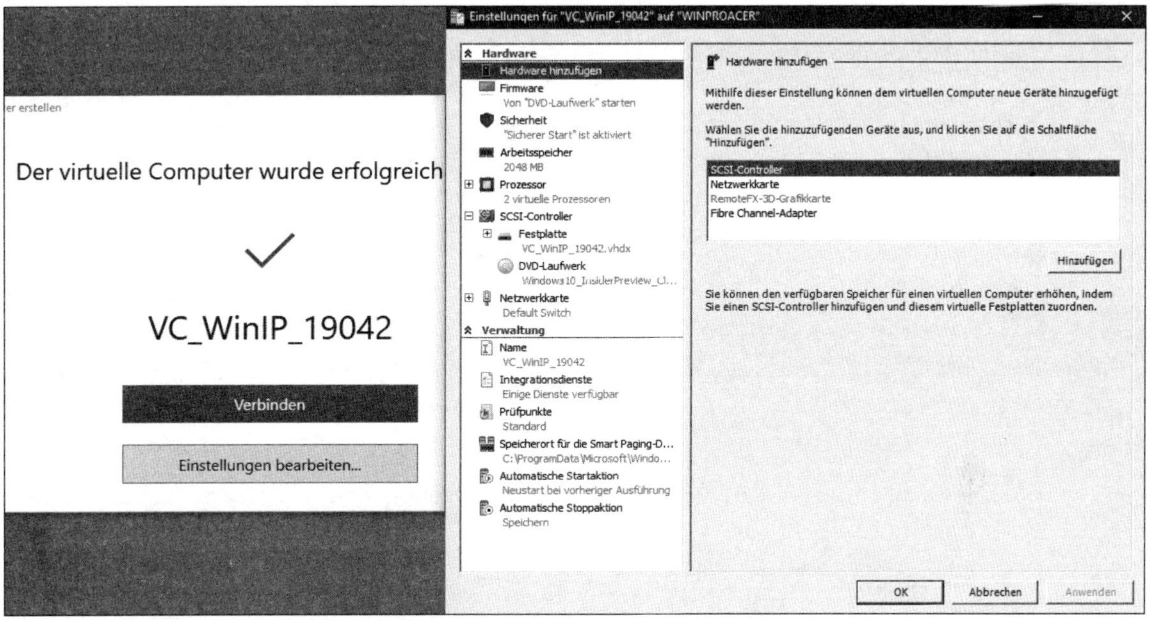

Abbildung 35.13 Ist der virtuelle Computer erzeugt, können Sie direkt eine Verbindung herstellen oder zuvor noch die Einstellungen bearbeiten.

Mit einem Klick auf VERBINDEN stellen Sie eine Verbindung zum virtuellen Computer her. Wenn Sie selbst ein Installationsmedium ausgewählt haben, müssen Sie anschließend die Installation des gewünschten Betriebssystems eigenhändig vornehmen. Weitere Informationen hierzu finden Sie in Abschnitt 35.2.4, »Virtuellen Computer verwenden«. Falls Sie eines der angebotenen Betriebssysteme gewählt haben, nimmt Hyper-V die Installation nach einem Klick auf VERBINDEN automatisch vor.

35.2.3 Virtuellen Computer per Assistent einrichten

Mithilfe der Schnellerstellung steht ein virtueller Computer in kürzester Zeit zur Verfügung. Hyper-V nimmt dabei eine Standardkonfiguration vor, deren Einstellungen Sie später größtenteils ändern können, wie Sie in Abschnitt 35.2.6, »Einstellungen anpassen«, sehen werden. Diese Arbeit im Nachhinein zu verrichten ist allerdings meist eher mühsam. Werden Sie die virtuelle Maschine intensiver nutzen, tun Sie gut daran, die Konfiguration von Anfang an selbst in die Hand zu nehmen. Es nimmt zwar etwas mehr Zeit in Anspruch, ist dank der Unterstützung eines Assistenten aber nicht sehr kompliziert. Der Aufruf des Assistenten erfolgt über den HYPER-V-MANAGER, den Sie über den gleichnamigen Eintrag im Ordner WINDOWS-VERWALTUNGSPROGRAMME des Startmenüs öffnen, wie zuvor bereits beschrieben (siehe Abbildung 35.9).

Um den Assistenten zu starten, markieren Sie im Hyper-V-Manager in der linken Spalte zunächst den lokalen Computer, der als Wirtssystem für den virtuellen Computer dient. In Abbildung 35.14 lautet der Name dieses Computers MAREILE-TESTPC. Klicken Sie dann in der rechten Spalte AKTIONEN auf NEU • VIRTUELLER COMPUTER. Alternativ rufen Sie im Menü AKTION den Befehl NEU • VIRTUELLER COMPUTER auf. In beiden Fällen wird der Dialog ASSISTENT FÜR NEUE VIRTUELLE COMPUTER GESTARTET.

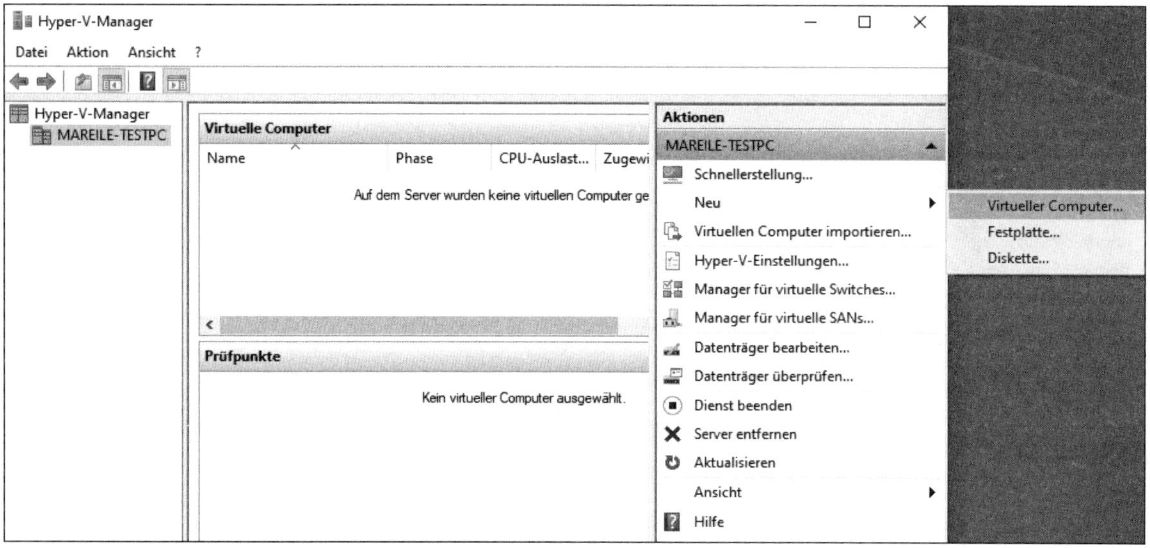

Abbildung 35.14 Der Assistent lässt sich über das Menü »Aktion« oder die Spalte »Aktionen« starten.

Die erste Seite VORBEMERKUNGEN enthält nur einige Informationen. Damit sie nicht bei jedem Aufruf des Assistenten erneut angezeigt wird, versehen Sie das Kästchen DIESE SEITE NICHT MEHR ANZEIGEN mit einem Häkchen, bevor Sie mit WEITER zur nächsten Seite wechseln.

Speicherort für virtuellen Computer festlegen

Auf der Seite NAME UND PFAD ANGEBEN geben Sie zunächst einen Namen für den virtuellen Computer ein. Falls Sie planen, mehrere virtuelle Maschinen einzurichten, sollten Sie die Namen jeweils so wählen, dass Sie diese gut voneinander unterscheiden können. Hyper-V übernimmt den Namen auch als Bezeichnung für die virtuelle Festplatte, die Sie in den weiteren Schritten noch erstellen werden.

Die Konfiguration eines virtuellen Computers wird in einer Binärdatei mit der Dateierweiterung .vmcx gespeichert. Per Standardeinstellung werden alle Dateien der virtuellen Maschinen unter *%ProgramData%\Microsoft\Windows\Hyper-V* abgelegt. Die Umgebungsvariable *%ProgramData%* verweist im Normalfall auf *C:\ProgramData*. Bereits ein einziger virtueller

Computer nimmt einige Gigabyte Speicherplatz in Anspruch. Mit jedem Prüfpunkt, den Sie erstellen (hierzu mehr in Abschnitt 35.2.7), wächst der Speicherbedarf. Sollte der verfügbare Platz im Standardordner begrenzt sein, können Sie auch einen anderen Speicherort auswählen. Versehen Sie hierzu das Kontrollkästchen VIRTUELLEN COMPUTER AN EINEM ANDEREN SPEICHERORT SPEICHERN mit einem Häkchen. Nach einem Klick auf DURCHSUCHEN legen Sie dann einen neuen Speicherort fest. Mit WEITER gelangen Sie zur nächsten Seite des Assistenten.

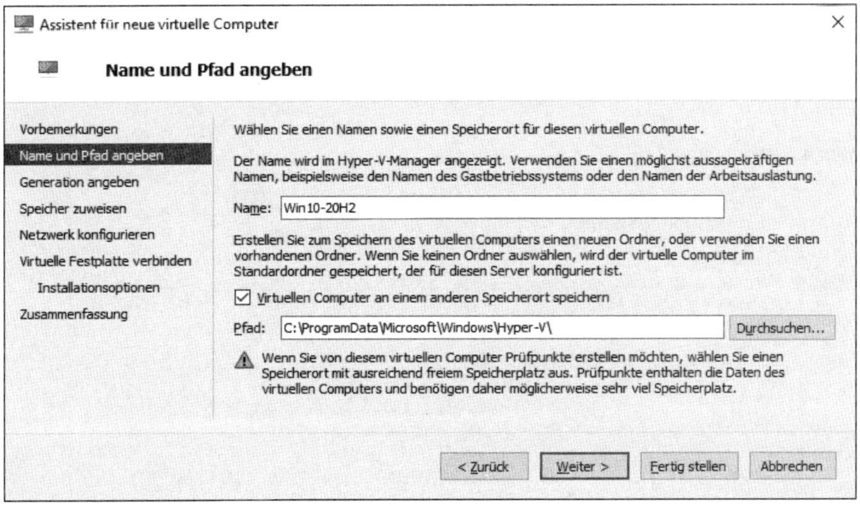

Abbildung 35.15 Steht im Standardordner ausreichend freier Speicherplatz für die Dateien des virtuellen Computers zur Verfügung, können Sie die Standardeinstellung beibehalten.

Generation angeben

Hyper-V für Clients unterstützt unter Windows 10 zwei verschiedene Generationen von virtuellen Computern. Auf der Seite GENERATION ANGEBEN müssen Sie sich entscheiden, welche Generation Sie wählen möchten. Diese Entscheidung ist bindend, d. h., sobald der virtuelle Computer erstellt ist, lässt sie sich nicht mehr ändern. Hier ein paar Merkmale der beiden Generationstypen, die Sie bei Ihrer Wahl berücksichtigen sollten:

- **Generation 1**: Virtuelle Computer der Generation 1 unterstützen sowohl 32-Bit- als auch 64-Bit-Gastbetriebssysteme. Das Booten des Gastbetriebssystems kann nur über Legacy-BIOS erfolgen. An einen Generation 1-Computer lassen sich physische DVD-Laufwerke anschließen.
- **Generation 2**: Auf virtuellen Computern der Generation 2 können nur 64-Bit-Gastbetriebssysteme ausgeführt werden. Dafür unterstützt diese Generation *UEFI* (Abkürzung für *Unified Extensible Firmware Interface*), den Nachfolger des Legacy-BIOS. UEFI erlaubt den sicheren Start, das Booten von einem SCSI-Laufwerk oder von einem virtuellen DVD-Laufwerk.

Klicken Sie auf der Seite GENERATION ANGEBEN auf den Link WEITERE INFORMATIONEN ZUR UNTERSTÜTZUNG FÜR GENERATIONEN VON VIRTUELLEN COMPUTERN, gelangen Sie zu einer Webseite mit ausführlichen Informationen, inwiefern sich die beiden Generationen unterscheiden. Sie können die Seite auch direkt über die Webadresse aufrufen: *https://docs.microsoft.com/de-de/windows-server/virtualization/hyper-v/plan/should-i-create-a-generation-1-or-2-virtual-machine-in-hyper-v*. Den dort aufgeführten Listen können Sie auch entnehmen, welche Generation welches Betriebssystem unterstützt. Haben Sie sich für eine Generation entschieden, markieren Sie sie auf der Seite GENERATION ANGEBEN. Bestätigen Sie die Auswahl mit einem Klick auf WEITER.

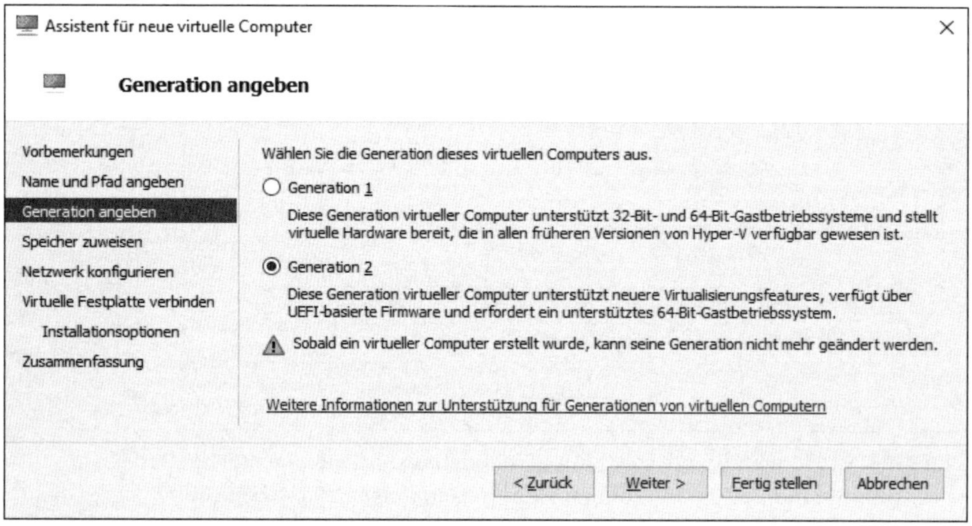

Abbildung 35.16 Nehmen Sie die Einstellung auf der Seite »Generation angeben« mit Bedacht vor, denn sie kann im Nachhinein nicht mehr korrigiert werden.

Arbeitsspeicher zuweisen

Als Nächstes bestimmen Sie, wie viel RAM dem virtuellen Computer zugewiesen wird. Voreingestellt sind 1024 MB, hier dürfen Sie aber gerne auch mehr vergeben, z. B. 4096 MB, also 4 GB. Das Häkchen vor DYNAMISCHEN ARBEITSSPEICHER FÜR DIESEN VIRTUELLEN COMPUTER VERWENDEN sollten Sie beibehalten. Damit ist es Hyper-V möglich, die Menge an Arbeitsspeicher entsprechend dem tatsächlichen Bedarf des virtuellen Computers anzupassen. Als minimalen Wert weist Hyper-V der virtuellen Maschine 512 MB zu, als maximalen Wert 1.048.576 MB. Diese Einstellung lässt sich erst anpassen, wenn Sie den Assistenten für neue virtuelle Computer beendet haben (siehe Abschnitt 35.2.6). Deaktivieren Sie die Funktion DYNAMISCHEN ARBEITSSPEICHER ..., reserviert Hyper-V immer die fest zugewiesene Menge an Arbeitsspeicher. Dies gilt auch dann, wenn der virtuelle Computer diesen gar nicht nutzt. Dem Wirtscomputer steht dieser Arbeitsspeicher somit nicht zur Verfügung.

Klicken Sie auf WEITER, um zur Seite NETZWERK KONFIGURIEREN zu gelangen.

Abbildung 35.17 Behalten Sie die Aktivierung des dynamischen Arbeitsspeichers bei.

Netzwerk konfigurieren

Soll der virtuelle Computer Zugang zum Internet oder zu anderen Geräten innerhalb des lokalen Netzwerks erhalten oder nicht? Die entsprechende Einstellung legen Sie auf der Seite NETZWERK KONFIGURIEREN fest. Per Standardeinstellung sieht Hyper-V NICHT VERBUNDEN vor. Damit ist der virtuelle Computer weder mit dem Internet noch mit einem Computer innerhalb des Netzwerkes verbunden. Wählen Sie stattdessen die Einstellung DEFAULT SWITCH, erhält die virtuelle Maschine auf all das Zugriff, auf das auch das Wirtssystem zugreifen kann. Sie haben in Hyper-V die Möglichkeit, selbst einen virtuellen Netzwerk-Switch zu erstellen, in dem Sie detaillierter festlegen, wie der Zugriff auf das Netzwerk erfolgen soll. Wie Sie hierzu vorgehen, erfahren Sie in Abschnitt 35.2.5. Sollten Sie solch einen virtuellen Switch bereits eingerichtet haben, lässt er sich ebenfalls im Feld VERBINDUNG auswählen. Der virtuelle Netzwerk-Switch kann aber auch später noch zugeordnet werden. Mit einem Klick auf WEITER fahren Sie mit dem Assistenten für neue virtuelle Computer fort.

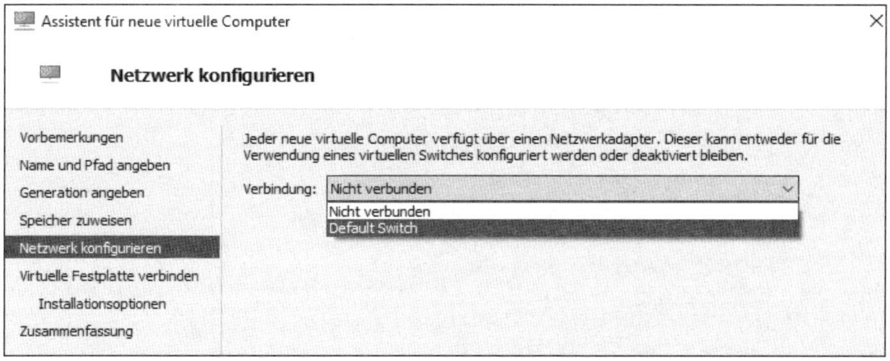

Abbildung 35.18 Wählen Sie »Default Switch«, wenn der virtuelle Computer den gleichen Zugriff auf Internet und das lokale Netzwerk erhalten soll wie das Wirtssystem.

Virtuelle Festplatte verbinden

Als Nächstes geht es daran, dem virtuellen Computer eine virtuelle Festplatte zuzuordnen. Diese Festplatte wird an einen virtuellen Controller angeschlossen. Bei einem Generation 1-Computer handelt es sich dabei um einen IDE-Controller, virtuelle Computer der Generation 2 setzen dagegen auf SCSI-Controller.

Auf der Seite Virtuelle Festplatte verbinden ist die Option Virtuelle Festplatte erstellen per Standardeinstellung markiert. In diesem Fall wird eine neue Festplatte im VHDX-Format erstellt. Festplatten dieses Formats haben eine Speicherkapazität bis maximal 64 TB. VHDX-Dateien sind dynamisch erweiterbar, ohne den virtuellen Computer herunterfahren zu müssen. Weitere Details hierzu erhalten Sie in Abschnitt 35.2.6. Als Namen für die neue Festplatte gibt der Assistent den Namen des virtuellen Computers vor, den Sie aber auch mit einer neuen Bezeichnung überschreiben können. Bei dem Speicherort handelt es sich um den Ort, den Sie ebenfalls auf der Seite Name und Pfad für den virtuellen Computer festgelegt haben. Ziehen Sie für die neue virtuelle Festplatte einen anderen Pfad vor, wählen Sie diesen nach einem Klick auf Durchsuchen aus.

Geben Sie für die neue virtuelle Festplatte außerdem die gewünschte Größe an. Die vom Assistenten vorgeschlagenen 127 GB sind ein guter Wert, vorausgesetzt natürlich, dass auf der physischen Festplatte des Wirtscomputers auch entsprechend freier Speicherplatz verfügbar ist. Zu Beginn nimmt die virtuelle Festplatte hier nur wenige MB in Anspruch, was sich im Verlauf der Zeit natürlich ändern wird, je mehr Daten im virtuellen Computer gespeichert werden.

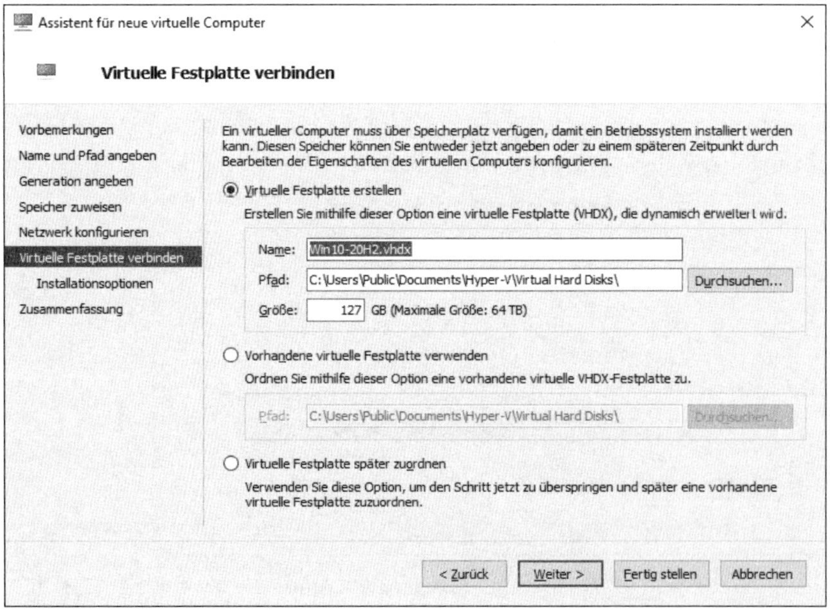

Abbildung 35.19 Der Assistent schlägt das Erstellen einer neuen virtuellen Festplatte im VHDX-Format vor.

Falls Sie für die virtuelle Festplatte das ältere VHD-Format wählen möchten, lässt sich dies nicht mit dem Assistenten erledigen. In diesem Fall müssen Sie die Option Virtuelle Festplatte später zuordnen aktivieren. Dies gilt auch, falls Sie eine virtuelle Festplatte mit einer festen Größe erstellen möchten. Wie Sie hierfür vorgehen, erfahren Sie in Abschnitt 35.2.6. Virtuelle Festplatten im VHD-Format sind auf eine Größe von maximal 2 TB beschränkt.

Falls Sie bereits eine virtuelle Festplatte erstellt haben, die Sie nun auch für den neuen virtuellen Computer nutzen möchten, aktivieren Sie die Option Vorhandene virtuelle Festplatte verwenden. Nach einem Klick auf Durchsuchen navigieren Sie zum Speicherort dieser Festplatte und markieren sie. Übernehmen Sie Ihre Einstellungen mit Weiter.

Installationsoptionen bestimmen

Die Einrichtung des virtuellen Computers ist nun fast abgeschlossen. Sie müssen lediglich noch die Installationsoptionen festlegen. Möchten Sie das Betriebssystem erst zu einem späteren Zeitpunkt installieren, wählen Sie die erste Option. Haben Sie bereits eine ISO-Datei des Betriebssystems, wählen Sie die Option Betriebssystem von einer startbaren Imagedatei installieren und geben dann den Pfad des Speichermediums an. Diese Option wird meistenteils im privaten Umfeld die richtige Wahl darstellen. In einem Unternehmen, in dem ein Netzwerkserver mit der nötigen Netzwerkfreigabe und den Bereitstellungstools zur Verfügung steht, aktivieren Sie die Option Betriebssystem von einem netzwerkbasierten Installationsserver installieren.

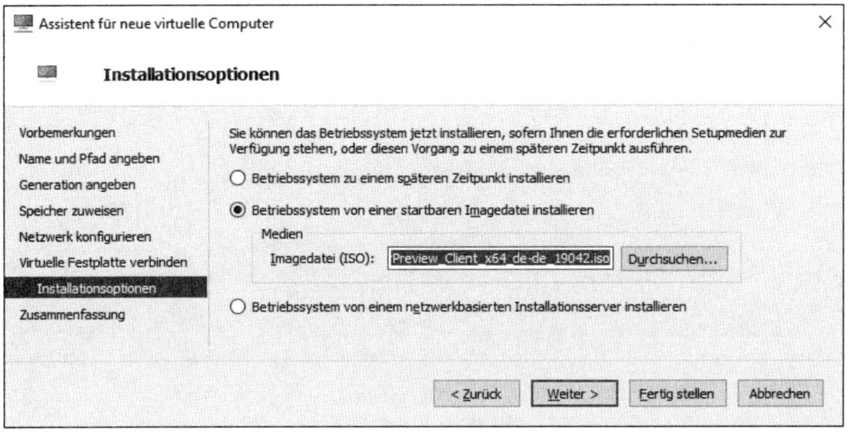

Abbildung 35.20 Installationsoptionen für einen virtuellen Computer der Generation 2

Die gerade erwähnten Installationsoptionen gelten für einen virtuellen Computer der Generation 2. Haben Sie sich für eine virtuelle Maschine der Generation 1 entschieden, stehen Ihnen zusätzlich zwei weitere Optionen zur Auswahl. So können Sie das Betriebssystem z. B. von einer startbaren CD/DVD-ROM installieren, die sich im physischen CD/DVD-Laufwerk des Wirtscomputers befindet, oder von einer startfähigen virtuellen Diskette.

Ist die gewünschte Option für das Installationsmedium ausgewählt, klicken Sie auf WEITER. Sie befinden sich nun auf der letzten Seite des Assistenten, die eine Zusammenfassung aller vorgenommenen Einstellungen zeigt. Überprüfen Sie diese nochmals, und beenden Sie den Assistenten dann mit einem Klick auf FERTIG STELLEN. Wie Sie sicherlich bemerkt haben, steht Ihnen diese Schaltfläche bereits während des gesamten Einrichtungsprozesses zur Verfügung. Klicken Sie darauf, ohne sich jeweils die zuvor beschriebenen Seiten mit WEITER angesehen zu haben, erstellt der Assistent einen virtuellen Computer mit den jeweiligen Voreinstellungen. Der virtuelle Computer ist so zwar schnell erzeugt, Sie verzichten aber damit auf die Chance, die Konfiguration individuell anpassen zu können.

Gastbetriebssystem installieren

Mit dem Abschluss des Assistenten haben Sie einen virtuellen Computer mit all seinen virtuellen Komponenten wie Arbeitsspeicher oder auch Festplatte erstellt. Werfen Sie nun einen Blick auf die mittlere Spalte im Konsolenfenster des Hyper-V-Managers, sehen Sie seinen Namen im Bereich VIRTUELLE COMPUTER. Was jetzt noch fehlt, ist die Installation des Betriebssystems. Hierzu klicken Sie den Namen des virtuellen Computers doppelt an. Alternativ hierzu können Sie den Namen in der mittleren Spalte auch markieren und dann in der rechten Spalte AKTIONEN unterhalb des Namens des virtuellen Computers auf VERBINDEN klicken In beiden Fällen wird der Dialog VERBINDUNG MIT VIRTUELLEN COMPUTERN geöffnet. Zusätzlich erscheinen in der Titelleiste der Name des virtuellen Computers und der Name des Wirtscomputers. Dieser Verbindungsdialog wird auch angezeigt, wenn Sie den virtuellen Computer per Schnellerstellung eingerichtet und am Ende des Prozesses auf VERBINDEN geklickt haben (siehe Abbildung 35.13 in Abschnitt 35.2.2).

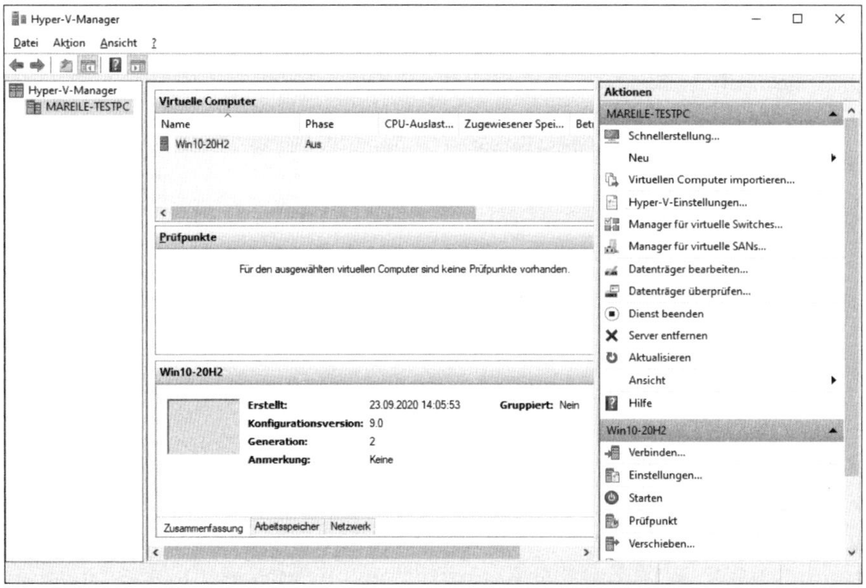

Abbildung 35.21 Der gerade erstellte virtuelle Computer wird im Hyper-V-Manager aufgeführt.

Um nun mit der Installation des Betriebssystems zu beginnen, klicken Sie in der Symbolleiste des Dialogs auf das Symbol Starten oder rufen über das Menü Aktion den Befehl Starten auf. Erscheint anschließend die Aufforderung, eine beliebige Taste zu drücken, tun Sie genau dies. Warten Sie damit allerdings nicht zu lange. Erscheint der Hinweis >>Start PXE over IPv4, schalten Sie den virtuellen Computer mit einen Klick auf das Symbol Ausschalten in der Symbolleiste wieder aus und wiederholen dann das Starten.

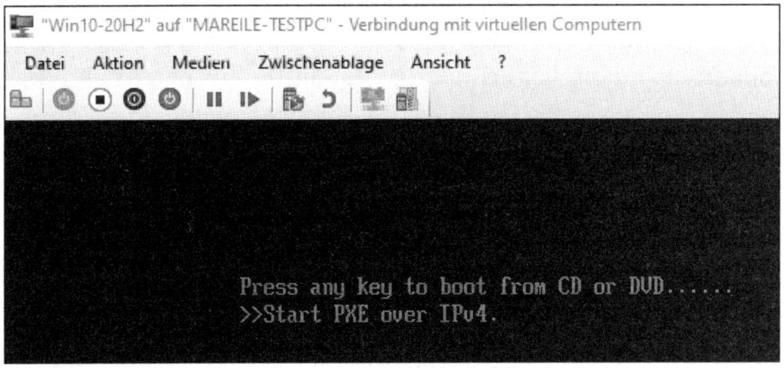

Abbildung 35.22 Das Drücken einer beliebigen Taste muss schnell erfolgen.

Waren Sie schnell genug, beginnt nun der Installationsvorgang des Betriebssystems. Folgen Sie einfach den weiteren Anweisungen der Installationsroutine. Geht es bei der Installation an die Einrichtung des ersten Benutzerkontos, überprüfen Sie, ob der Num-Block der Tastatur eingeschaltet ist. Dies ist insofern wichtig, da der Block während der Einrichtung des virtuellen Computers immer wieder deaktiviert wird. Die Eingabe eines Kennwortes mit Zahlen kann so schnell zu einer unerwünschten Fehlermeldung führen. Installieren Sie ein Windows-Betriebssystem auf dem virtuellen Computer, benötigen Sie für dieses auch eine gültige Lizenz. Den Product Key des Wirtssystems oder eines anderen bereits genutzten Betriebssystems können Sie hierfür nicht verwenden. Für Linux-Distributionen ist keine Lizenz nötig.

Unterstützt das installierte Gastbetriebssystem den erweiterten Sitzungsmodus, erscheint zum Abschluss der Installation der Dialog Anzeigekonfiguration. Im erweiterten Sitzungsmodus (*Enhanced Session Mode*) ist ein Zugriff über das Remote Desktop Protocol (kurz *RDP*) auf den virtuellen Computer möglich. Damit können Sie z. B. über die Zwischenablage Daten zwischen virtuellem Computer und Wirtscomputer übertragen, Audio auf den Lautsprecher oder Kopfhörer des Wirts ausgeben sowie am Wirtscomputer angeschlossene Plug-and-Play-Geräte und Drucker nutzen. Auch die Verwendung mehrerer Monitore ist möglich, sofern natürlich beim Wirt vorhanden. Im einfachen Sitzungsmodus stehen dem virtuellen Computer hingegen weder Drucker noch Sound zur Verfügung. Der erweiterte Sitzungsmodus wird von Windows 8.1 und Windows 10 jeweils in den Editionen Pro, Enterprise und Education sowie Windows Server 2012 R2 oder höher unterstützt. Auch aktuelle Linux-Distributionen erlauben den Modus.

Klicken Sie im Dialog Anzeigekonfiguration auf Optionen anzeigen, werden die zwei Register Anzeige und Lokale Ressourcen eingeblendet, in denen Sie die Bildschirmeinstellungen und die Nutzung der lokalen Ressourcen wie etwa Drucker konfigurieren können. Per Standardeinstellungen erscheint der Dialog Anzeigekonfiguration bei jedem Start des virtuellen Computers. Wünschen Sie dies nicht, versehen Sie das Kontrollkästchen Die Einstellungen sollen für zukünftige Verbindungen mit diesem virtuellen Computer gespeichert werden mit einem Häkchen (lesen Sie hierzu auch den Kasten »Kontrollkästchen zurücksetzen«). Mit einem Klick auf Verbinden stellen Sie die Verbindung zum virtuellen Computer her, in dem dann der erweiterte Sitzungsmodus bereits aktiviert ist.

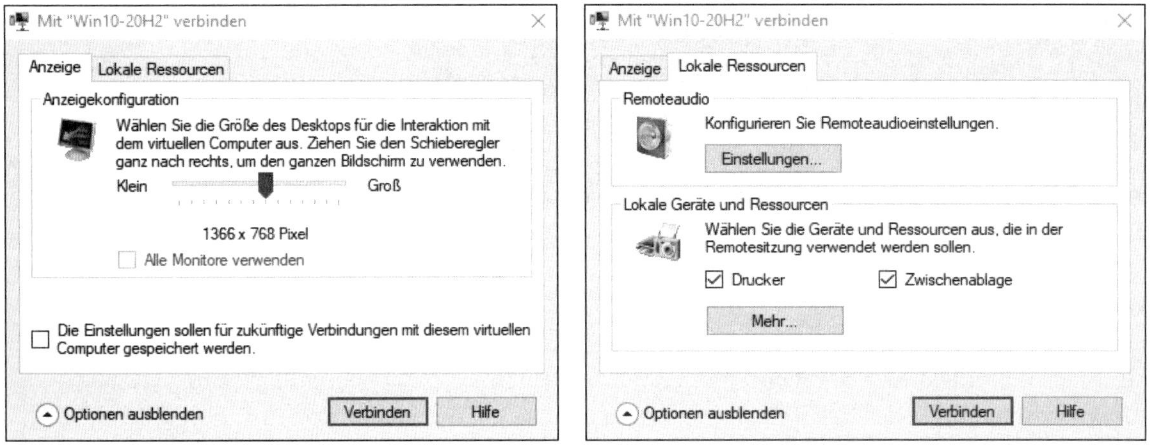

Abbildung 35.23 Das auf diesem virtuellen Computer installierte Windows 10 Pro unterstützt das Remote Desktop Protocol, mit dem eine erweiterte Sitzung möglich ist.

Während des Betriebs des virtuellen Computers lässt sich über das Menü Ansicht die Erweiterte Sitzung ausschalten, indem Sie das Häkchen vor dem Eintrag entfernen. Durch Setzen des Häkchens wechseln Sie wiederum von der einfachen zur erweiterten Sitzung. Der am Gastbetriebssystem angemeldete Benutzer muss übrigens über Administratorrechte verfügen, um den erweiterten Sitzungsmodus nutzen zu können. Im folgenden Abschnitt erfahren Sie, wie das weitere Arbeiten mit dem virtuellen Computer erfolgt.

Kontrollkästchen zurücksetzen

Manche Dialoge stören mit ihren ewigen Nachfragen. Da ist es praktisch, wenn man durch Setzen eines schlichten Häkchens dafür sorgen kann, dass diese zukünftig nicht mehr eingeblendet werden. Manchmal wünscht man sich im Nachhinein aber, eine Bestätigungsmeldung oder eine Assistentenseite würde doch wieder erscheinen, um vorgenommene Einstellungen anpassen zu können. Hyper-V bietet die Möglichkeit, derartige Kontrollkästchen wieder zu deaktivieren. Rufen Sie hierzu den Hyper-V-Manager auf, markieren Sie links den Wirtscomputer, für den Sie die Einstellungen anpassen möchten, und klicken Sie dann rechts in der Spalte AKTIONEN auf HYPER-V-EINSTELLUNGEN. Markieren Sie im folgenden Dialog in der linken Spalte unter BENUTZER den Eintrag KONTROLLKÄSTCHEN ZURÜCKSETZEN. Nun noch rechts ein Klick auf ZURÜCKSETZEN, und die Kontrollkästchen werden deaktiviert. Im gleichen Dialog lässt sich im Bereich SERVER u. a. festlegen, welchen Standardspeicherort Hyper-V zukünftig für die Dateien für virtuelle Festplatten und virtuelle Computer vorschlagen soll. Mit ANWENDEN und OK schließen Sie den Dialog HYPER-V-EINSTELLUNGEN.

35.2.4 Virtuellen Computer verwenden

Der Start eines virtuellen Computers erfolgt über den Hyper-V-Manager. Doppelklicken Sie auf den Namen des virtuellen Computers, wird der entsprechende Dialog VERBINDUNG MIT VIRTUELLEN COMPUTERN geöffnet. Sie haben diesen Dialog bereits zuvor im Zusammenhang mit der Installation des Betriebssystems kennengelernt. Mit einem Klick auf das Symbol STARTEN in der Symbolleiste des Dialogs wird der virtuelle Computer hochgefahren. Je nach installiertem Gastbetriebssystem und der am Ende der Installation des Betriebssystems vorgenommenen Einstellung haben Sie nach dem Start im Dialog ANZEIGEKONFIGURATION die Möglichkeit, die Bildschirmauflösung und weitere Konfigurationen für den erweiterten Sitzungsmodus festzulegen (siehe vorheriger Abschnitt). Nach einem Klick auf VERBINDEN wird die Verbindung zum virtuellen Computer hergestellt. Innerhalb des Verbindungsdialogs bekommen Sie nun den Startbildschirm des Gastbetriebssystems zu sehen. Handelt es sich dabei z. B. um Windows 10, erscheint der Anmeldebildschirm, über den Sie sich am virtuellen System anmelden. Ist der erweiterte Sitzungsmodus aktiviert, lässt sich nach der Anmeldung die Fenstergröße des Verbindungsdialogs übrigens wie jedes andere Programmfenster auch anpassen. Positionieren Sie hierzu den Mauszeiger auf dem Fensterrand, und verschieben Sie ihn dann mit gedrückter linker Maustaste. Im einfachen Sitzungsmodus funktioniert dies nicht. Hier können Sie aber über das Menü ANSICHT die VERGRÖSSERUNGSSTUFE ändern. Dies ist wiederum im erweiterten Sitzungsmodus nicht möglich.

Die Bedienung des Gastbetriebssystems erfolgt wie gewohnt. Die Computermaus können Sie dabei bequem innerhalb des Verbindungsfensters des virtuellen Computers nutzen, genauso aber auch außerhalb des Fensters. Bei älteren Betriebssystemversionen kann es passieren, dass der Mauszeiger innerhalb des Fensters gefangen wird. Mit der Tastenkombination [Strg] + [Alt] + [←] geben Sie ihn wieder frei. Sollte Ihnen diese Tastenkombination nicht zusagen: In den HYPER-V-EINSTELLUNGEN, die Sie über die gleichnamige Schaltfläche in der Spalte AKTIONEN des Hyper-V-Managers öffnen, können Sie unter MAUSFREIGABETASTE zwischen drei weiteren Alternativen wählen.

35

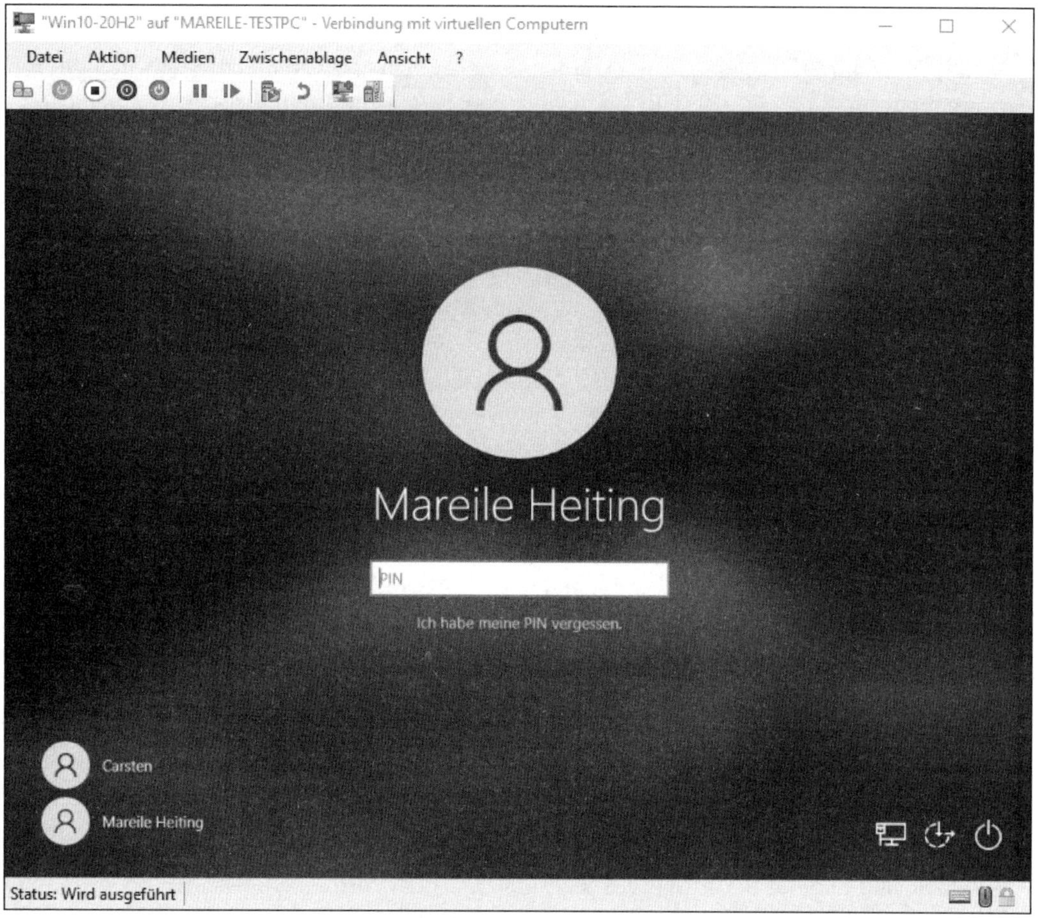

Abbildung 35.24 Innerhalb des Dialogs »Verbindung mit virtuellen Computern« erscheint der klassische Bildschirm, wie Sie ihn auch vom physischen PC gewohnt sind. Hier der Anmeldebildschirm von Windows 10.

Um den virtuellen Computer wieder auszuschalten, reicht es nicht, das Dialogfenster VERBINDUNG MIT VIRTUELLEN COMPUTERN zu schließen. Verglichen mit einem physischen Computer würden Sie hierdurch lediglich den Bildschirm ausschalten. Fahren Sie den virtuellen Computer stattdessen wie gewohnt herunter. Im Falle eines Windows-Gastbetriebssystems öffnen Sie also z. B. das Startmenü und klicken dann nacheinander auf EIN/AUS • HERUNTERFAHREN. Alternativ hierzu können Sie aber auch das Symbol HERUNTERFAHREN in der Symbolleiste des Verbindungsdialogs nutzen. Hier eine Liste aller Symbole der Symbolleiste und ihre Bedeutung:

- **Strg + Alt + Entf**: Der sogenannte *Klammeraffengriff*, also das zeitgleiche Drücken der Tasten `Strg`, `Alt` und `Entf`, wird immer an den Wirt weitergereicht. Möchten Sie die Tastenkombination auf dem Gastsystem ausführen, müssen Sie hierfür das entsprechende Symbol in der Symbolleiste verwenden. Alternativ hierzu können Sie auch die Tastenkombination [Strg] + [Alt] + [Ende] drücken, um den Task-Manager bzw. die Sicherheitsoptionen zu öffnen.

- **Starten**: Über dieses Symbol schalten Sie den virtuellen Computer ein.
- **Ausschalten**: Ein Klick auf dieses Symbol schaltet den virtuellen Computer aus. Dies entspricht dem Drücken des Powerschalters auf dem physischen Computer und ist deshalb mit Vorsicht zu verwenden, da dies wie beim physischen Pendant zu Datenverlust führen kann.
- **Herunterfahren**: Um das Gastbetriebssystem ordnungsgemäß herunterzufahren, verwenden Sie dieses Symbol.
- **Speichern**: Nach einem Klick auf dieses Symbol wird der aktuelle Zustand des virtuellen Computers gespeichert. Der Inhalt des Arbeitsspeichers wird dabei in einer Datei gespeichert und der virtuelle Computer anschließend ausgeschaltet. Beim nächsten Start finden Sie ihn im gleichen Zustand wieder vor, vergleichbar also mit dem Ruhezustand eines physischen Computers.
- **Anhalten/Fortsetzen**: Über dieses Symbol lässt sich der virtuelle Computer pausieren. Im Gegensatz zum Speichern bleibt der Arbeitsspeicher weiterhin reserviert und wird nicht freigegeben. Mit einem erneuten Klick auf das Symbol setzt der virtuelle Computer seine Arbeit fort.
- **Neu starten**: Ein Klick auf dieses Symbol ist gleichzusetzen mit dem Drücken der Reset-Taste des physischen Computers.
- **Prüfpunkt**: Mithilfe dieses Symbols erstellen Sie einen Prüfpunkt, sprich einen Wiederherstellungspunkt für den aktuellen Zustand und die Daten des virtuellen Computers. Weitere Informationen rund um Prüfpunkte erhalten Sie in Abschnitt 35.2.7.
- **Zurücksetzen**: Mit diesem Symbol setzen Sie den virtuellen Computer in den Zustand zurück, der beim Setzen des letzten Prüfpunkts gespeichert wurde. Der virtuelle Computer wird hierzu neu gestartet.
- **Einfache/erweiterte Sitzung**: Sofern das Gastbetriebssystem den erweiterten Sitzungsmodus unterstützt, wechseln Sie mit diesem Symbol zwischen dem einfachen und dem erweiterten Sitzungsmodus. Details hierzu haben Sie im vorherigen Abschnitt erfahren.
- **Teilen**: Über dieses Symbol lässt sich die gesamte Konfiguration inklusive Datendateien des virtuellen Computers in einer VMCZ-Datei speichern. Diese komprimierte Datei kann bequem auf einen anderen PC, der Hyper-V unterstützt, kopiert und dort in Hyper-V importiert werden. Das Teilen wird in Abschnitt 35.2.8 näher erläutert.

Werfen Sie einen Blick in die rechte Spalte des Konsolenfensters des Hyper-V-Managers, finden Sie unterhalb des Namens des virtuellen Computers ebenfalls die soeben aufgeführten Funktionen.

35.2.5 Virtuellen Netzwerk-Switch per Assistent erstellen

Auch wenn die Standardeinstellung beim Einrichten eines virtuellen Computers es so vorschlägt: Keinerlei Verbindung zu einem Netzwerk – egal, ob Internet oder lokales Netzwerk – wird für die wenigsten virtuellen Computer ein gewünschtes Szenario darstellen.

Um einen virtuellen Computer in Hyper-V mit einem Netzwerk verbinden zu können, wird ein virtueller Netzwerkadapter so konfiguriert, dass er mit einen virtuellen Switch verbunden wird, der dann wiederum eine Verbindung zum physischen Netzwerkadapter des Wirtscomputers erhält. Hyper-V bietet einen vorkonfigurierten Standard-Netzwerk-Switch, den sogenannten *Default Switch*. Erstellen Sie mithilfe des Assistenten einen neuen virtuellen Computer, können Sie den Default Switch auf der Seite NETZWERK KONFIGURIEREN bereits auswählen (siehe Abbildung 35.18). Der virtuelle Computer verfügt damit über die gleichen Zugriffsmöglichkeiten wie auch der Wirtscomputer.

Zusätzlich zum Default Switch können Sie auch eigene Netzwerk-Switches erstellen, die Sie dann dem virtuellen Computer zuweisen. In Hyper-V wird zwischen drei verschiedene Typen von Switches unterschieden:

- **Extern**: Bei einem externen Switch verhält sich der virtuelle Computer genauso wie ein physischer Computer im gleichen lokalen Netzwerk. Der Switch wird mit dem Netzwerkadapter des Wirtscomputers verbunden. Pro physischen Netzwerkadapter lässt sich immer nur ein externer Switch erstellen. Ein externer Switch kann aber wiederum mehreren virtuellen Computern zur Verfügung gestellt werden. Verfügt der Wirtscomputer über einen Internetzugang, kann auch der virtuelle Computer darauf zugreifen. Die Kommunikation zwischen Wirtscomputer, allen weiteren Computern im lokalen Netzwerk und dem virtuellen Computer ist möglich.
- **Intern**: Wird ein virtueller Computer mit einem internen Switch verbunden, bleibt ihm der Internetzugang verwehrt. Auch alle anderen Computer im lokalen Netzwerk sind für ihn nicht erreichbar. Die Kommunikation mit dem Wirtscomputer und allen auf diesem gestarteten virtuellen Computern, die an den gleichen virtuellen Switch angeschlossen sind, ist dagegen möglich.
- **Privat**: Wünschen Sie lediglich eine Vernetzung der virtuellen Computer untereinander, ist der private Switch der richtige. Virtuelle Computer, die am gleichen privaten Switch angeschlossen sind, können also untereinander kommunizieren, alle anderen Computer – sei es virtuell, im lokalen Netzwerk oder gar der eigene Wirtscomputer – sowie das Internet bleiben ihnen hingegen verwehrt.

Das Einrichten eines virtuellen Switches erfolgt über den Hyper-V-Manager. Klicken Sie hierzu in der rechten Spalte des Konsolenfensters unter AKTIONEN auf MANAGER FÜR VIRTUELLE SWITCHES. Der gleichnamige Dialog wird geöffnet. Stellen Sie sicher, dass in der linken Spalte NEUER VIRTUELLER NETZWERKSWITCH markiert ist. In der rechten Spalte wählen Sie dann den gewünschten Typ – also EXTERN, INTERN oder PRIVAT – für den virtuellen Switch aus. Bestätigen Sie die Auswahl mit VIRTUELLEN SWITCH ERSTELLEN.

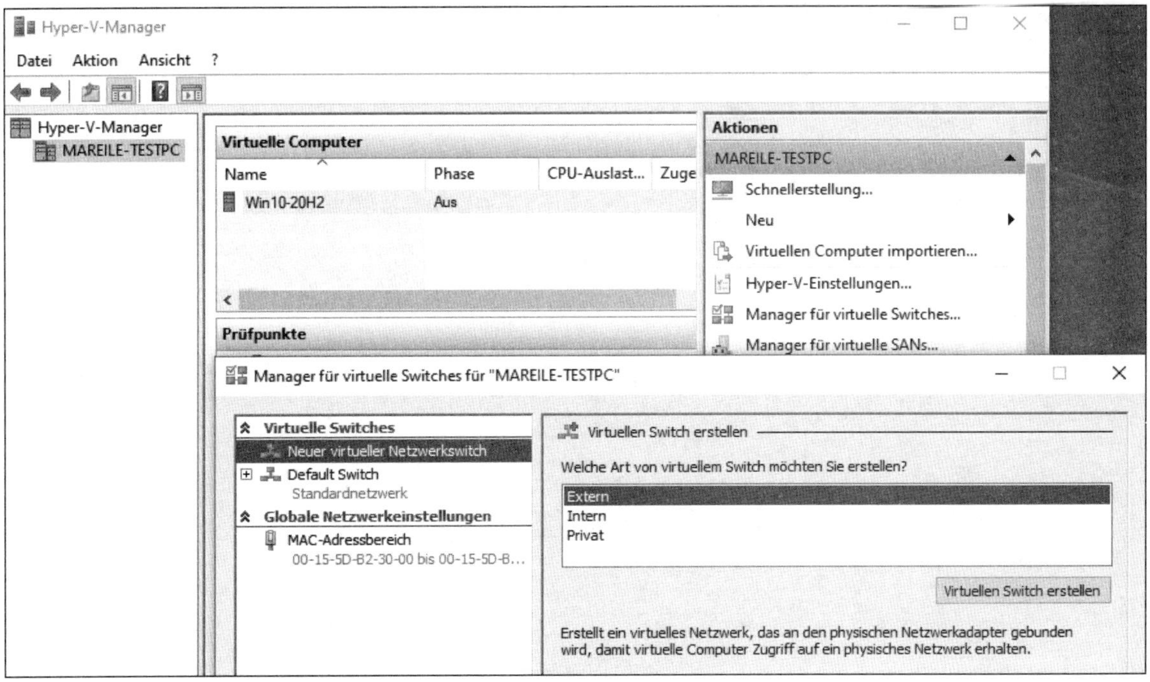

Abbildung 35.25 Sie können zwischen drei Typen von virtuellen Switches wählen.

Der Dialog, zu dem Sie daraufhin geführt werden, ist immer derselbe. Lediglich die hier bereits vorgenommenen Einstellungen unterscheiden sich. Eines sollten Sie hier als Erstes korrigieren: Um die selbst erstellten virtuellen Switches besser unterscheiden zu können, geben Sie dem Switch einen aussagekräftigen Namen.

Erstellen Sie gerade einen externen Switch und verfügt der Wirtscomputer über mehrere Netzwerkanschlüsse, wählen Sie im Feld unterhalb von EXTERNES NETZWERK den gewünschten Adapter aus. Damit auch der Wirt weiterhin den Netzwerkanschluss verwenden kann, muss das Kontrollkästchen GEMEINSAMES VERWENDEN DIESES NETZWERKADAPTERS FÜR DAS VERWALTUNGSBETRIEBSSYSTEM ZULASSEN mit einem Häkchen aktiviert sein. Würden Sie das Häkchen entfernen, wäre dem Wirt jeglicher Zugriff sowohl ins lokale Netzwerk als auch ins Internet verwehrt.

Haben Sie alle Eigenschaften des virtuellen Switches festgelegt, schließen Sie den Dialog MANAGER FÜR VIRTUELLE SWITCHES mit OK. Der virtuelle Switch kann nun jedem virtuellen Computer zugewiesen werden. Wie Sie hierzu vorgehen, erfahren Sie im nächsten Abschnitt. Sollten Sie später die Einstellungen eines Netzwerk-Switches ändern wollen, rufen Sie wieder den Manager für virtuelle Switches auf. Markieren Sie im Dialog links den entsprechenden Switch, um dann in der rechten Fensterhälfte die gewünschten Korrekturen vorzunehmen. Mit ENTFERNEN lässt sich der Switch auch löschen. Um die Änderungen zu übernehmen, klicken Sie auf ANWENDEN und schließen den Dialog dann mit OK.

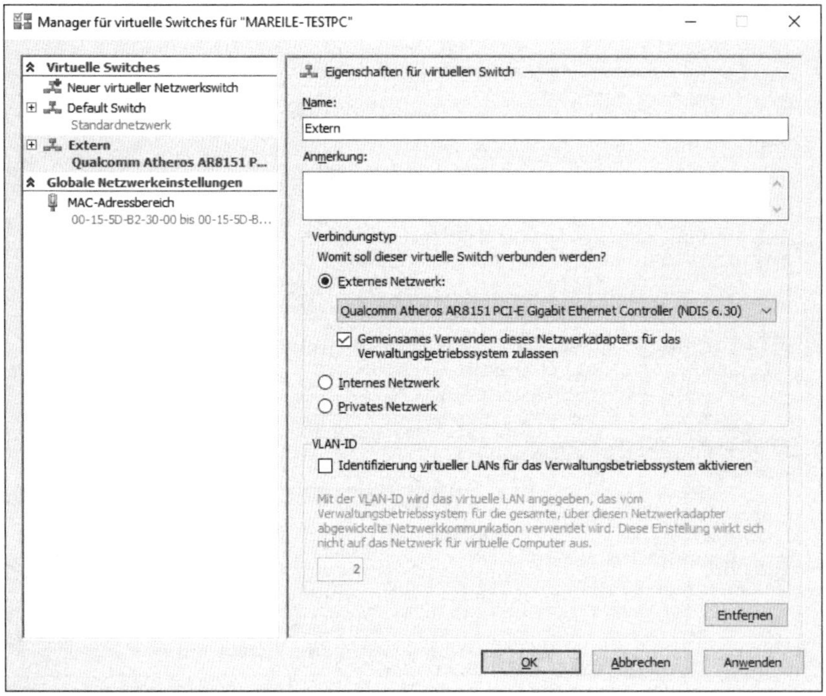

Abbildung 35.26 Soll auch der Wirt weiterhin Zugang zum Netzwerk haben, muss die gemeinsame Verwendung des Netzwerkadapters sichergestellt sein.

Virtuelle Netzwerkadapter in der Einstellungen-App

Die virtuellen Netzwerkadapter finden Sie auch in der Einstellungen-App wieder. Öffnen Sie diese auf dem Wirtscomputer, und wechseln Sie zur Kategorie NETZWERK UND INTERNET • STATUS. Nach einem Klick auf ADAPTEROPTIONEN ANZEIGEN erhalten Sie eine Übersicht über die eingerichteten physischen und virtuellen Netzwerkadapter. Letztere sind am vorangestellten »v« gut zu erkennen, wie in Abbildung 35.27 z. B. der Default Switch mit der Bezeichnung vETHERNET (DEFAULT SWITCH).

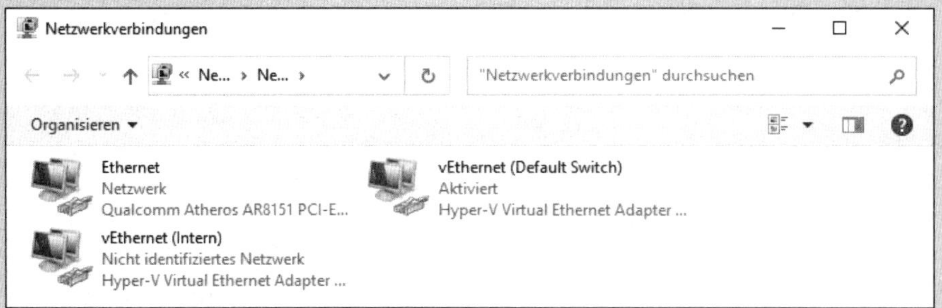

Abbildung 35.27 Der Dialog »Netzwerkverbindungen« zeigt sowohl die physischen als auch die virtuellen Netzwerkadapter.

35.2.6 Einstellungen anpassen

Die Einstellungen, die Sie für den virtuellen Computer während der Einrichtung gewählt haben, sind mit wenigen Ausnahmen nicht in Stein gemeißelt, sondern lassen sich auch wieder ändern. So können Sie dem virtuellen Computer z. B. eine weitere virtuelle Festplatte hinzufügen oder auch mehr Arbeitsspeicher gönnen. Nicht verändern lässt sich hingegen die Generation, die Sie für den virtuellen Computer gewählt haben.

Um die Konfiguration eines virtuellen Computers anzupassen, markieren Sie ihn im Hyper-V-Manager. Klicken Sie dann in der rechten Spalte AKTIONEN im Bereich des virtuellen Computers auf EINSTELLUNGEN. Gegebenenfalls müssen Sie in der Spalte etwas nach unten blättern, bis der Eintrag angezeigt wird. Manche der im Folgenden vorgestellten Einstellungen können Sie im laufenden Betrieb eines virtuellen Computers anpassen, für manche Einstellungen müssen Sie diesen aber auch zuvor herunterfahren. Welche Einstellungen Sie generell für den virtuellen Computer vornehmen können, hängt außerdem von der gewählten Generation ab.

Die Änderungen an den Einstellungen werden erst mit einem Klick auf ANWENDEN (bzw. OK, falls Sie den Einstellungen-Dialog zugleich schließen möchten) übernommen.

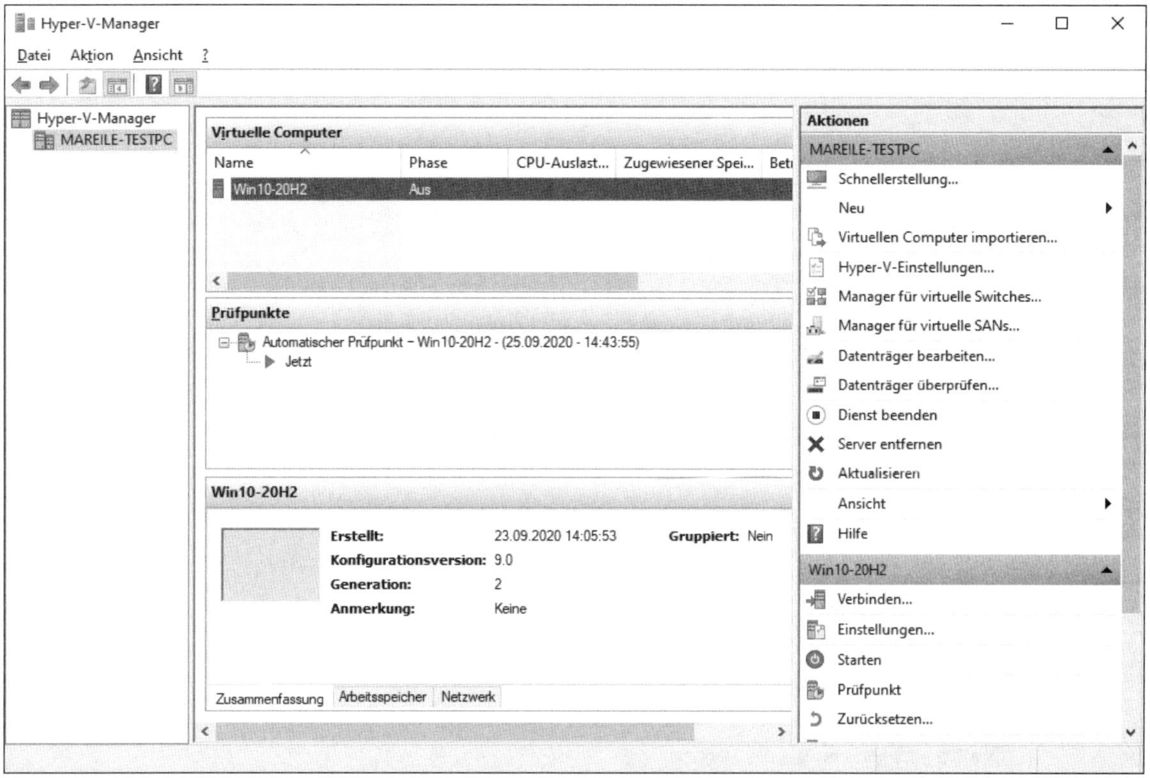

Abbildung 35.28 Die Einstellungen für den virtuellen Computer rufen Sie über den Hyper-V-Manager auf.

Sicherheitsoptionen anpassen

Virtuelle Computer der Generation 2 unterstützen UEFI, die der Generation 1 nur Legacy-BIOS. Haben Sie für den virtuellen Computer die 2. Generation gewählt, lässt sich auf diesem damit auch ein »sicherer Start« durchführen. Dies ist per Standardeinstellung bereits aktiviert. Wenn Sie ihn deaktivieren wollen, markieren Sie in der linken Spalte des Einstellungen-Dialogs SICHERHEIT. Rechts können Sie nun das entsprechende Kontrollkästchen deaktivieren. Falls Sie ihn beibehalten möchten: Handelt es sich bei dem Gastbetriebssystem um Windows, belassen Sie im Feld VORLAGE den Eintrag MICROSOFT WINDOWS. Für eine Linux-Distribution, die den sicheren Start unterstützt, wählen Sie MICROSOFT UEFI-ZERTIFIZIERUNGSSTELLE.

Falls Sie die virtuellen Festplatten des virtuellen Computers mit BitLocker verschlüsseln möchten, versehen Sie das Kontrollkästchen TRUSTED PLATFORM MODULE AKTIVIEREN mit einem Häkchen. Diese Einstellungen lassen sich übrigens nur dann vornehmen, wenn der virtuelle Computer ausgeschaltet ist. Dies gilt auch für die Anpassung des Arbeitsspeichers, die als Nächstes beschrieben wird.

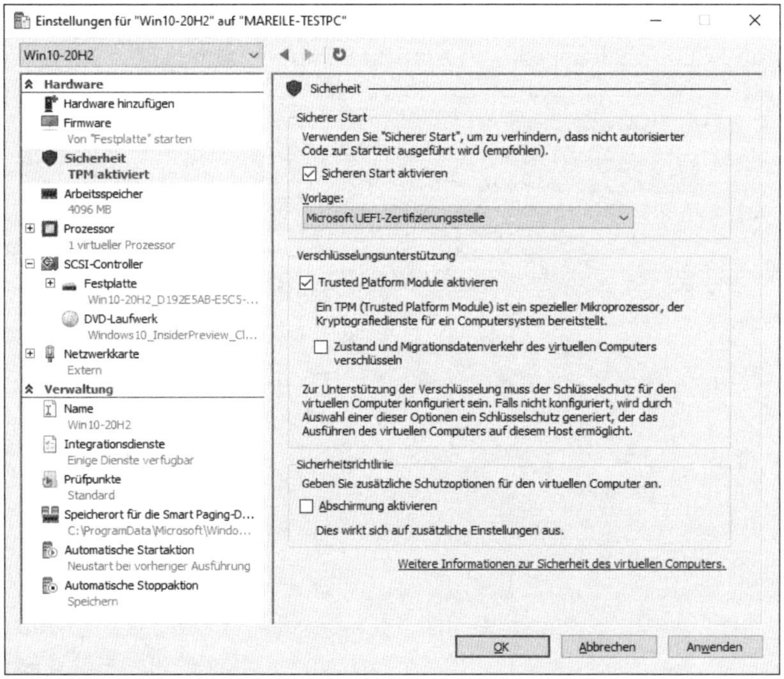

Abbildung 35.29 Für virtuelle Computer der Generation 2 lassen sich der sichere Start und das Trusted Platform Module aktivieren.

Die Bootreihenfolge anpassen

Ein virtueller Computer der Generation 2 kann über eine Datei, eine virtuelle DVD, eine virtuelle Festplatte oder einen Netzwerkadapter gebootet werden. Bei virtuellen Computern der

Generation 1 ist das Booten über eine virtuelle Festplatte oder ein virtuelles DVD-Laufwerk möglich. Zusätzlich lässt sich ein virtueller Computer der Generation 1 über einen Legacy-Netzwerkadapter oder ein virtuelles Diskettenlaufwerk starten. Die Bootreihenfolge können Sie im Einstellungen-Dialog eines virtuellen Computers anpassen. Bei einem Computer der Generation 2 wählen Sie hierfür den Eintrag FIRMWARE aus, im Falle eines Generation 1-Computers lautet der Eintrag BIOS.

Arbeitsspeicher anpassen

Sind Sie mit der Leistung des virtuellen Computers nicht zufrieden, kann es hilfreich sein, ihm mehr Arbeitsspeicher zu spendieren. Markieren Sie hierzu im Einstellungen-Dialog des virtuellen Computers links ARBEITSSPEICHER. Falls der dynamische Arbeitsspeicher aktiviert ist, weist Hyper-V dem virtuellen Computer mindestens 512 MB und maximal 1.048.576 MB zu. Erhöhen Sie den minimalen RAM-Wert auf beispielsweise 4096 MB. Falls Sie nicht nur mit dem virtuellen Computer arbeiten, sondern parallel hierzu auch mit dem Wirtscomputer, sollten Sie bei der Zuweisung des Arbeitsspeichers allerdings vorsichtig vorgehen, damit nun nicht der Wirt leistungsmäßig in die Knie geht. Haben Sie mehrere virtuelle Computer im Einsatz, können Sie mithilfe des Reglers ARBEITSSPEICHERUMFANG festlegen, mit welcher Priorität Hyper-V diesem virtuellen Computer Arbeitsspeicher zuweisen soll.

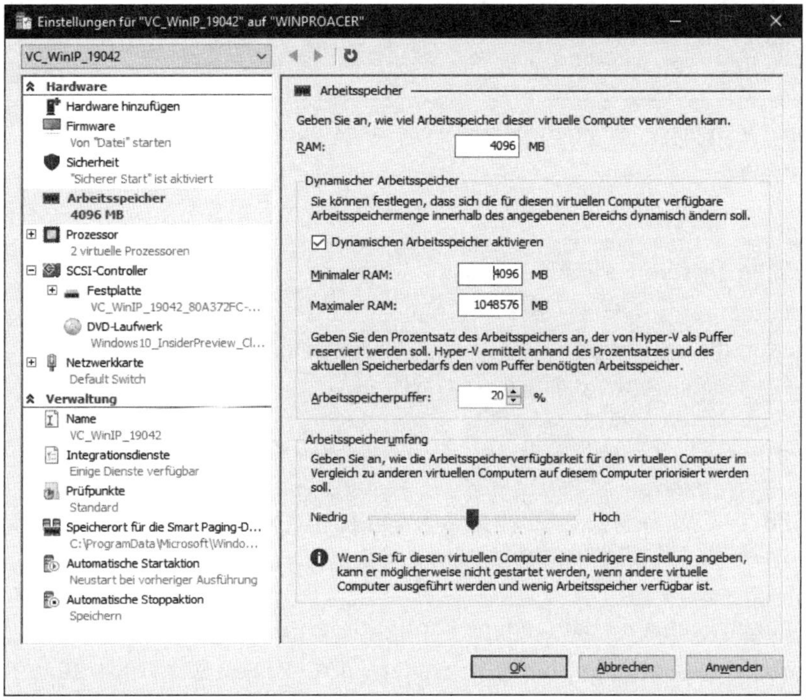

Abbildung 35.30 Der minimale Wert für den Arbeitsspeicher wurde von 512 MB auf 4096 MB für den virtuellen Computer erhöht.

Interessiert es Sie, wie viel Arbeitsspeicher der virtuelle Computer im laufenden Betrieb zugewiesen bekommt, werfen Sie einen Blick in das Konsolenfenster des Hyper-V-Managers. Markieren Sie hier in der mittleren Spalte den virtuellen Computer, und klicken Sie dann am unteren Rand der mittleren Spalte auf ARBEITSSPEICHER.

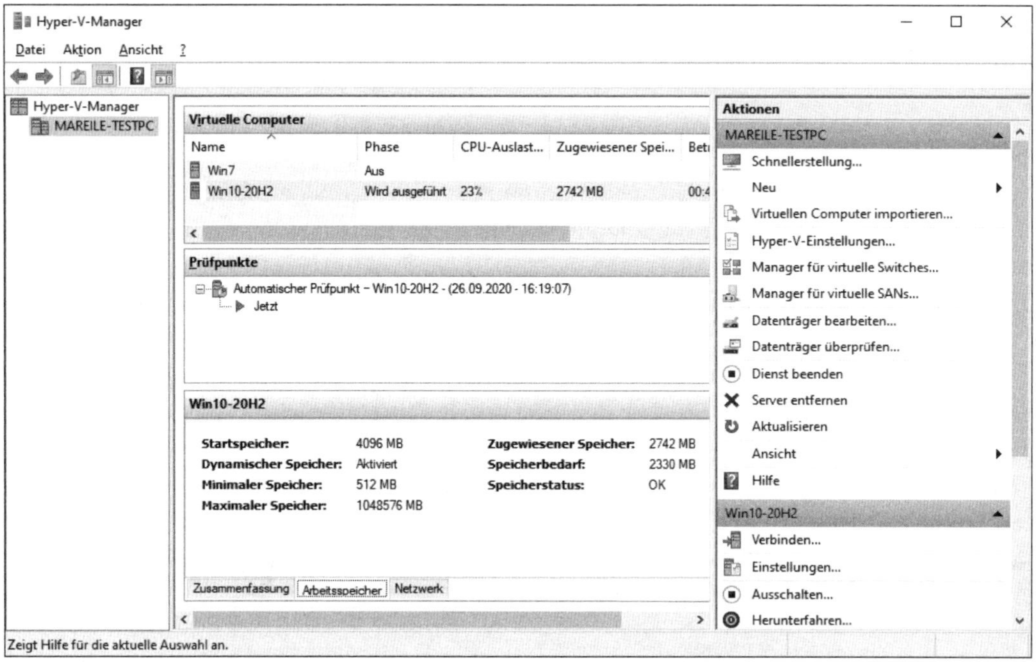

Abbildung 35.31 Im Hyper-V-Manager erfahren Sie, wie viel Arbeitsspeicher dem virtuellen Computer zugewiesen wurde.

Anzahl der virtuellen Prozessoren erhöhen

Sollte der physische Computer, auf dem Hyper-V läuft, über mehrere Prozessoren verfügen, können Sie auch beim virtuellen Computer die Anzahl der virtuellen Prozessoren erhöhen. Markieren Sie hierzu im Einstellungen-Dialog des virtuellen Computers in der linken Spalte PROZESSOR, und nehmen Sie dann die gewünschten Änderungen vor. Ist Ihr Computer lediglich mit einem Prozessor ausgestattet, macht es allerdings keinen Sinn, die Anzahl der virtuellen CPUs zu vergrößern, denn diese Angabe wird von Hyper-V ignoriert. Die meisten Windows 10-Computer verfügen über nur einen Prozessor mit mehreren Kernen.

Virtuelle Festplatten hinzufügen und vorhandene konfigurieren

Sie möchten einem virtuellen Computer gerne eine weitere virtuelle Festplatte hinzufügen? Bei einem Generation 1-Computer sollten Sie sich zuvor überlegen, welchen Festplattentyp Sie verwenden möchten: Für die Verbindung stehen Ihnen zwei IDE-Controller sowie vier

SCSI-Controller zur Verfügung. Bei einem Generation 2-Computer sind es lediglich vier SCSI-Controller. Pro IDE-Controller lassen sich maximal zwei IDE-Festplatten betreiben, während ein SCSI-Controller Platz für maximal 64 SCSI-Festplatten bietet. Die erste virtuelle Festplatte, die beim Erstellen des Generation 1-Computers hinzugefügt wird, wird automatisch mit einem IDE-Controller verbunden, bei einer virtuellen Maschine der Generation 2 entsprechend mit einem SCSI-Controller. Für eine bootfähige Festplatte muss bei einem Generation 1-Computer immer ein IDE-Controller gewählt werden.

Um eine IDE-Festplatte hinzufügen zu können, muss der virtuelle Computer ausgeschaltet sein, bei einer SCSI-Festplatte lässt sich dies auch im laufenden Betrieb erledigen. In beiden Fällen führt Sie ein Assistent durch die einzelnen Schritte. Der Aufruf des Assistenten erfolgt über den Einstellungen-Dialog der virtuellen Maschine. Klicken Sie hierzu zunächst in der linken Spalte bei einem Generation 2-Computer auf SCSI-CONTROLLER, bei einem Generation 1-Computer auf IDE-CONTROLLER oder SCSI-CONTROLLER. Markieren Sie nun in der rechten Fensterhälfte FESTPLATTE, klicken Sie auf HINZUFÜGEN und dann unterhalb der Option VIRTUELLE FESTPLATTE auf NEU.

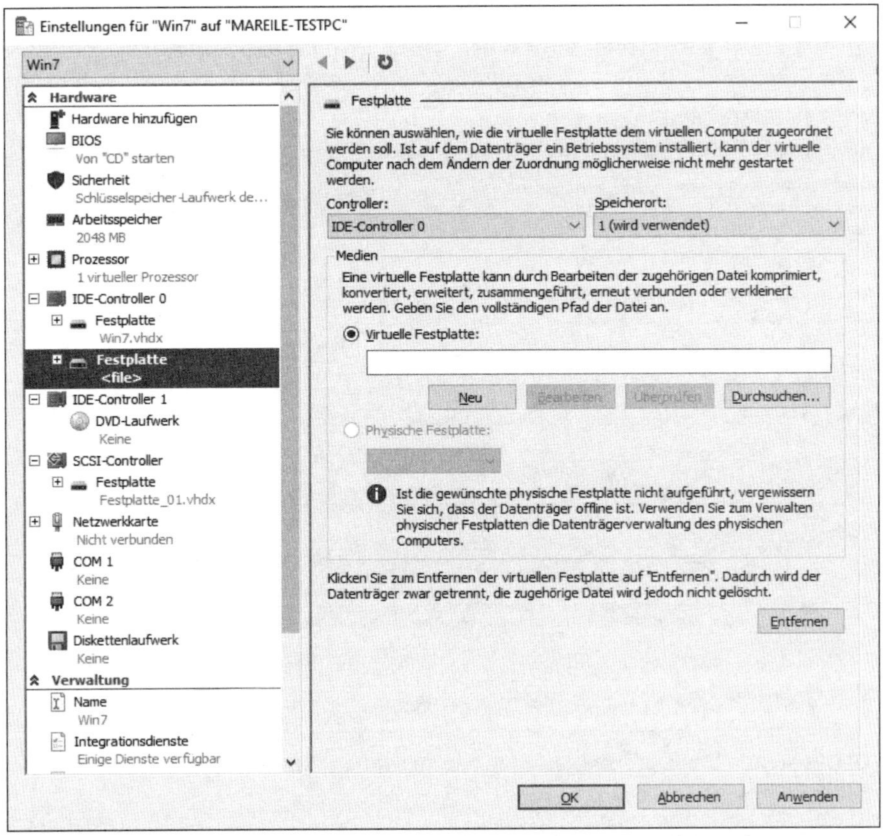

Abbildung 35.32 Bei einem Generation 1-Computer stehen, wie in dieser Abbildung zu sehen, IDE-Controller und SCSI-Controller zur Auswahl.

Der ASSISTENT FÜR NEUE VIRTUELLE FESTPLATTEN wird gestartet. Nun stehen folgende Schritte an:

1. Haben Sie einen IDE-Controller gewählt, müssen Sie zunächst das Datenträgerformat auswählen. Zur Auswahl steht das alte VHD-Format, das eine Speicherkapazität von maximal 2 TB erlaubt. Die Erweiterung des VHD-Formats, das VHDX-Format, bietet bis zu 64 TB. Bei einem SCSI-Controller ist das Standardformat für eine virtuelle Festplatte immer VHDX, sodass dieser Schritt entfällt.
2. Als Nächstes geht es daran, den Datenträgertyp auszuwählen. Voreingestellt ist DYNAMISCH ERWEITERBAR. Die Datei der virtuellen Festplatte ist damit anfangs noch klein, wächst aber mit den Daten, die Sie auf der virtuellen Festplatte speichern, bis zur festgelegten maximalen Größe. Diese Einstellung eignet sich, wenn Sie keine datenträgerintensiven Anwendungen ausführen und den physischen Speicherplatz auf dem Wirtscomputer nicht unnötig belegen möchten. Bei der alternativen Option FESTE GRÖSSE passiert genau dies: Hier wird die festgelegte Speicherkapazität auf der physischen Festplatte reserviert. Die Größe der VHD/VHDX-Datei bleibt unverändert, auch wenn Sie Daten auf der virtuellen Festplatte speichern oder wieder löschen. Beim dritten Datenträgertyp DIFFERENZIERUNG wird die virtuelle Festplatte einer übergeordneten Festplatte zugeordnet. Änderungen werden nur in die untergeordnete, differenzierte Festplatte geschrieben, die übergeordnete Festplatte bleibt unverändert. Da sich Änderungen hier problemlos rückgängig machen lassen, eignet sich dieser Datenträgertyp vor allem für Testszenarien.

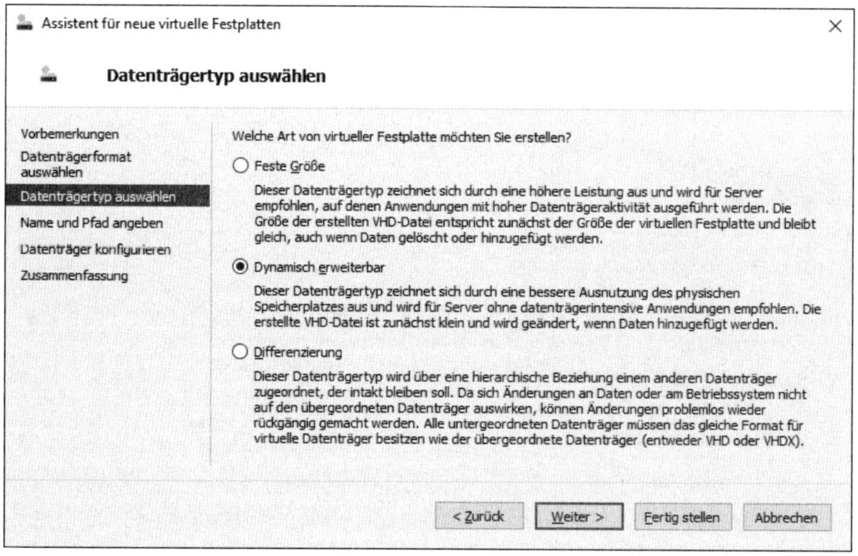

Abbildung 35.33 Es stehen drei Datenträgertypen zur Auswahl.

3. Nach Auswahl des Datenträgertyps vergeben Sie einen aussagekräftigen Namen für die neue virtuelle Festplatte und legen den Speicherpfad fest.

4. Nun geht es an die Konfiguration der Festplatte. Die Standardeinstellung sieht eine Festplatte ohne Inhalt vor. Die vorgegebene Größe von 127 GB können Sie natürlich ändern. Alternativ zur leeren Festplatte lässt sich der Inhalt einer physischen Festplatte oder auch der Inhalt einer angegebenen virtuellen Festplatte auf die virtuelle Festplatte kopieren. Entscheiden Sie sich für Letzteres, müssen Sie den Pfad angeben, unter dem die virtuelle Festplatte gespeichert ist. Falls Sie sich in Schritt 2 für den differenzierten Datenträgertyp entschieden haben, steht keine der drei Optionen zur Auswahl. Stattdessen geben Sie den Speicherpfad an, unter dem die übergeordnete Festplatte zu finden ist.
5. Abschließend können Sie die Zusammenfassung der Einstellungen prüfen, bevor Sie den Assistenten mit FERTIG STELLEN beenden.

Ist auf dem virtuellen Computer Windows installiert, müssen Sie die gerade neu erstellte virtuelle Festplatte noch dort einbinden. Auf einem Windows 10-Gastbetriebssystem klicken Sie hierzu mit der rechten Maustaste auf das Windows-Logo und wählen im Schnellzugriffsmenü die DATENTRÄGERVERWALTUNG aus. Diese zeigt direkt nach dem Start den Dialog DATENTRÄGERINITIALISIERUNG an, den Sie mit OK bestätigen.

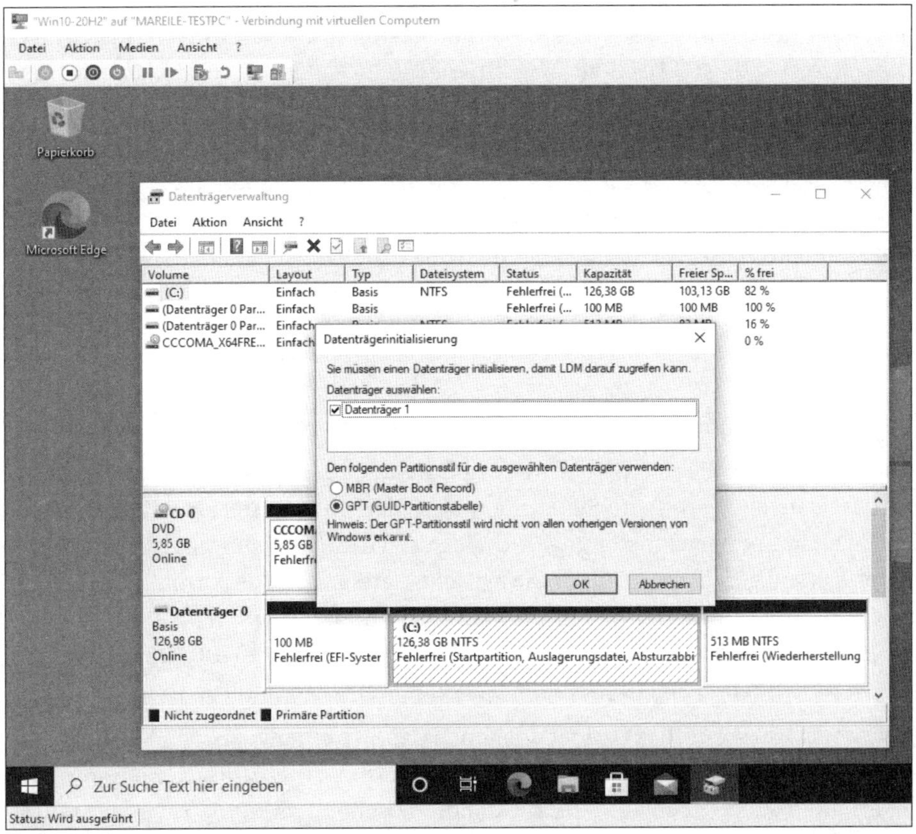

Abbildung 35.34 Die virtuelle Festplatte muss auf dem Windows-Gastsystem mithilfe der Datenträgerverwaltung eingebunden werden.

Klicken Sie den Datenträger in der unteren Fensterhälfte mit der rechten Maustaste an, und wählen Sie im Kontextmenü den Befehl NEUES EINFACHES VOLUME. Ein Assistent führt Sie nun durch die weiteren Schritte zum Erstellen eines neuen einfachen Volumes, in dem Sie die Größe festlegen, einen Laufwerksbuchstaben zuweisen und das Volume formatieren. Nach einem Klick auf FERTIG STELLEN steht die virtuelle Festplatte auf dem virtuellen Computer zur Verfügung.

Sollten Sie eine virtuelle Festplatte wieder aus einem virtuellen Computer entfernen wollen, ist dies schnell erledigt: Rufen Sie hierzu den Einstellungen-Dialog des virtuellen Computers auf, markieren Sie die virtuelle Festplatte links, und klicken Sie dann rechts auf ENTFERNEN (siehe Abbildung 35.32). Die VHD- bzw. VHDX-Datei der virtuellen Festplatte wird hierdurch nicht gelöscht. Dies müssen Sie über den Explorer des Wirtscomputers selbst erledigen.

ISO-Datei als virtuelles DVD-Laufwerk einbinden

Falls Sie auf dem virtuellen Computer z. B. ein neues Betriebssystem installieren möchten, können Sie die entsprechende ISO-Datei ganz bequem als virtuelles DVD-Laufwerk einbinden. Klicken Sie hierzu im Verbindungsdialog des virtuellen Computers auf das Menü MEDIEN, und wählen Sie dann nacheinander DVD-LAUFWERK • DATENTRÄGER aus. Navigieren Sie zum Ordner, in dem die ISO-Datei abgelegt ist, markieren Sie sie, und bestätigen Sie mit ÖFFNEN.

Möchten Sie dem virtuellen Computer ein virtuelles DVD-Laufwerk hinzufügen, rufen Sie über den Hyper-V-Manager den Einstellungen-Dialog des virtuellen Computers auf. Nachdem Sie links den SCSI-CONTROLLER markiert haben, wählen Sie rechts DVD-LAUFWERK aus und klicken dann auf HINZUFÜGEN. Wenn Sie möchten, können Sie gleich eine Imagedatei für das virtuelle Laufwerk angeben. Mit ANWENDEN und OK übernehmen Sie dann die Einstellungen.

Virtuelle Festplatte erweitern, konvertieren oder komprimieren

Sollten Sie feststellen, dass Sie der virtuellen Festplatte doch zu wenig Speicherplatz zugewiesen haben, ist dies kein Problem. Sie können sie jederzeit erweitern. Den Assistenten hierfür rufen Sie nicht über den Einstellungen-Dialog des virtuellen Computers auf, sondern über den Hyper-V-Manager. Um sich zuvor die aktuelle Dateigröße, das Format und den Typ einer virtuellen Festplatte anzeigen zu lassen, wählen Sie in der rechten Spalte AKTIONEN den Befehl DATENTRÄGER ÜBERPRÜFEN. Markieren Sie die gewünschte Festplatte, und bestätigen Sie mit ÖFFNEN, um den Eigenschaften-Dialog der Festplatte zu öffnen.

Bevor Sie die Datenträgergröße, das Format oder auch den Typ einer virtuellen Festplatte ändern, müssen Sie alle Prüfpunkte des virtuellen Computers entfernen. Informationen zu den Prüfpunkten erhalten Sie im nächsten Abschnitt. Zum Löschen markieren Sie in der mittleren Spalte des Hyper-V-Managers zunächst den virtuellen Computer. Im Bereich PRÜFPUNK-

TE werden nun alle gesetzten Prüfpunkte aufgelistet (siehe Abbildung 35.35). Nach einem rechten Mausklick auf einen Prüfpunkt lässt sich der PRÜFPUNKT LÖSCHEN. Mit PRÜFPUNKTUNTERSTRUKTUR LÖSCHEN entfernen Sie einen Prüfpunkt inklusive der folgenden Prüfpunkte.

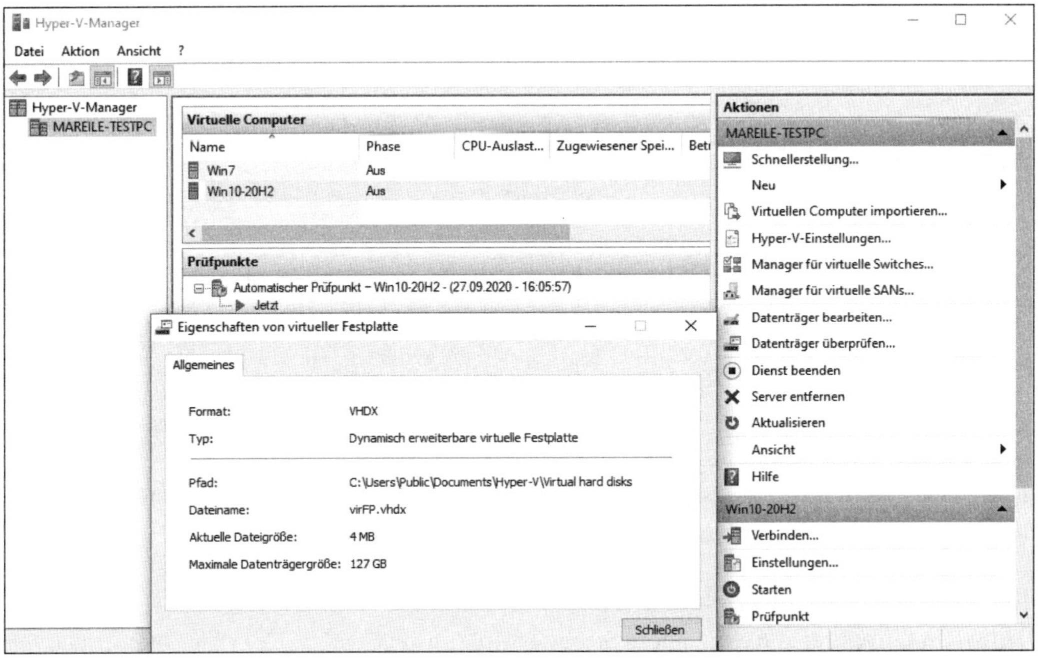

Abbildung 35.35 Über den Eigenschaften-Dialog einer virtuellen Festplatte lassen sich Format, Typ und Größe überprüfen.

Nun steht dem Bearbeiten der virtuellen Festplatte nichts mehr im Wege. Rufen Sie hierfür über die Spalte AKTIONEN des Hyper-V-Managers den Befehl DATENTRÄGER BEARBEITEN auf. Der ASSISTENT ZUM BEARBEITEN VIRTUELLER FESTPLATTEN wird gestartet und führt Sie durch die weiteren Schritte. Nachdem Sie die Vorbemerkungen mit WEITER bestätigt haben, wählen Sie auf der Seite VIRTUELLE FESTPLATTE SUCHEN nach einem Klick auf DURCHSUCHEN die gewünschte virtuelle Festplatte aus. Auf der Seite AKTION AUSWÄHLEN stehen Ihnen die Optionen KOMPRIMIEREN, KONVERTIEREN und ERWEITERN zur Auswahl. Die Option KOMPRIMIEREN, ALSO VERKLEINERN DER VIRTUELLEN FESTPLATTE, ist allerdings nur dann verfügbar, wenn es sich um eine dynamisch erweiterbare oder eine differenzierte Festplatte handelt. Entscheiden Sie sich für das Konvertieren, legen Sie anschließend fest, ob z. B. eine virtuelle Festplatte im VHDX-Format in das alte VHD-Format konvertiert werden soll und umgekehrt oder ob einer dynamisch erweiterbaren virtuellen Festplatte eine feste Größe zugewiesen wird. Möchten Sie der virtuellen Festplatte mehr Speicherkapazität spendieren, wählen Sie auf der Seite AKTION AUSWÄHLEN die Option ERWEITERN. Nach einem Klick auf WEITER geben Sie die neue Größe für die Festplatte an. Haben Sie jeweils die für die ausgewählte Aktion nötigen Einstellungen vorgenommen, schließen Sie den Assistenten mit FERTIG STELLEN.

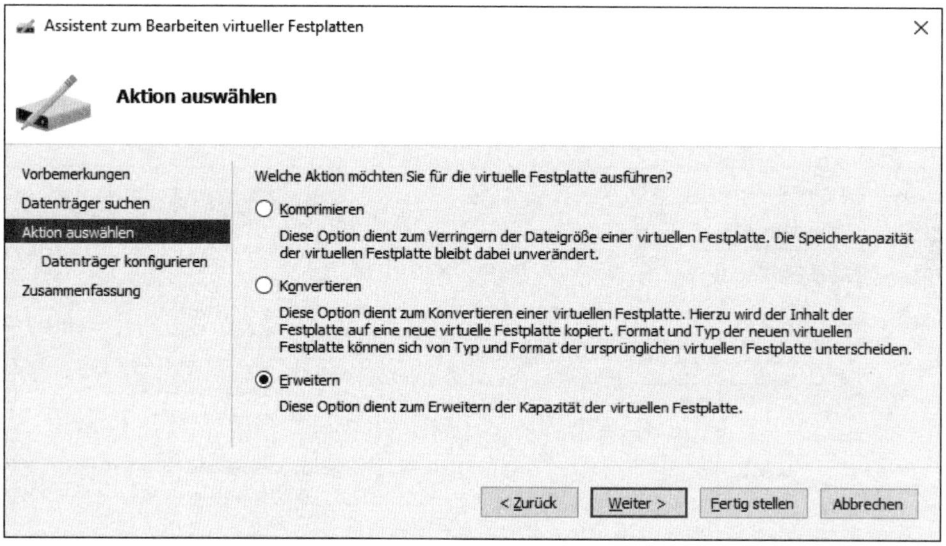

Abbildung 35.36 Die ausgewählte virtuelle Festplatte kann komprimiert, konvertiert oder auch erweitert werden.

Falls Sie die Speicherkapazität einer Festplatte erhöht haben, müssen Sie anschließend den virtuellen Computer starten, in dem Sie die Festplatte verwenden. Über die Datenträgerverwaltung erweitern Sie dann das Volume. Hierzu klicken Sie in der Datenträgerverwaltung das entsprechende Volume mit der rechten Maustaste an und wählen im Kontextmenü den Befehl VOLUME ERWEITERN. Ein Assistent führt Sie anschließend durch die weiteren Schritte.

Netzwerkkarte konfigurieren

In Abschnitt 35.2.5 haben Sie erfahren, wie Sie einen virtuellen Netzwerk-Switch erstellen. Um einen virtuellen Computer mit diesem zu verbinden, führt der Weg ebenfalls über den Einstellungen-Dialog der virtuellen Maschine. Markieren Sie hier in der linken Spalte NETZWERKKARTE, und wählen Sie dann rechts im Feld VIRTUELLER SWITCH die gewünschte Einstellung aus.

Falls Sie dem virtuellen Computer eine weitere Netzwerkkarte spendieren möchten, markieren Sie im Einstellungen-Dialog links HARDWARE HINZUFÜGEN und dann rechts NETZWERKKARTE. Bestätigen Sie die Auswahl mit HINZUFÜGEN. In der linken Spalte wird im Bereich HARDWARE nun eine weitere Netzwerkkarte aufgelistet. Wählen Sie sie per Mausklick aus, und nehmen Sie dann rechts die gewünschte Konfiguration vor. Um eine hinzugefügte Netzwerkkarte wieder zu entfernen, reicht ein entsprechender Klick auf ENTFERNEN.

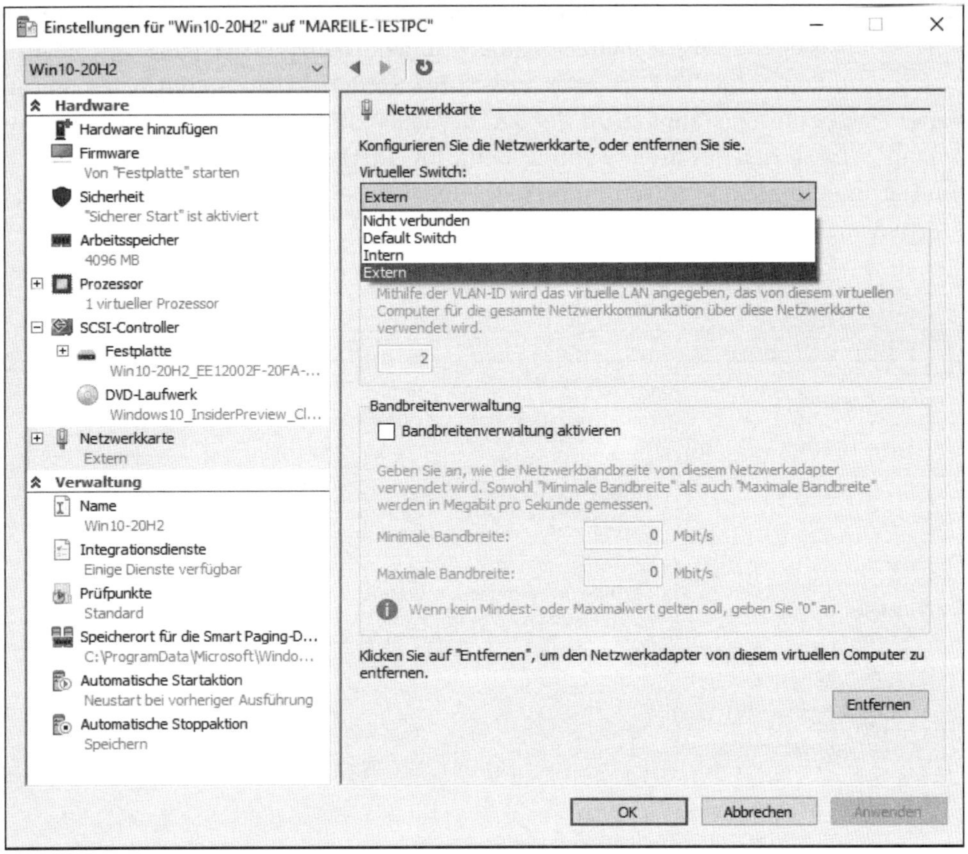

Abbildung 35.37 Im Einstellungen-Dialog eines virtuellen Computers lässt sich schnell der Netzwerk-Switch auswählen.

Verwaltungseinstellungen anpassen

Möchten Sie den Namen des virtuellen Computers ändern? Auch dies erledigen Sie über den Einstellungen-Dialog. Markieren Sie hierzu in der linken Spalte NAME. Geben Sie dann rechts einen neuen Namen ein und, wenn Sie möchten, auch eine Kurzbeschreibung. Mit einem Klick auf ANWENDEN wird der neue Name übernommen.

Der nächste Eintrag im Bereich VERWALTUNG des Einstellungen-Dialogs betrifft die INTEGRATIONSDIENSTE. Diese ermöglichen dem virtuellen Computer die Kommunikation mit dem Wirtscomputer. So übernimmt der Dienst ZEITSYNCHRONISIERUNG z. B. die Synchronisation der Uhr des Wirtscomputers mit der Uhr des virtuellen Computers. Ausführliche Informationen zu den Integrationsdiensten finden Sie unter

https://docs.microsoft.com/de-de/virtualization/hyper-v-on-windows/reference/integration-services.

Über die beiden Einträge AUTOMATISCHE STARTAKTION und AUTOMATISCHE STOPPAKTION, die Sie ebenfalls über die linke Spalte des Einstellungen-Dialogs erreichen, legen Sie fest, welche Aktion für den virtuellen Computer ausgeführt werden soll, wenn der Wirtscomputer gestartet bzw. heruntergefahren wird. Per Standardeinstellung wird der virtuelle Computer nur dann automatisch gestartet, wenn er beim Ausschalten des Wirtscomputers noch lief. Beim Herunterfahren des Wirtscomputers wird hierzu per Standardeinstellung der Status des virtuellen Computers gespeichert.

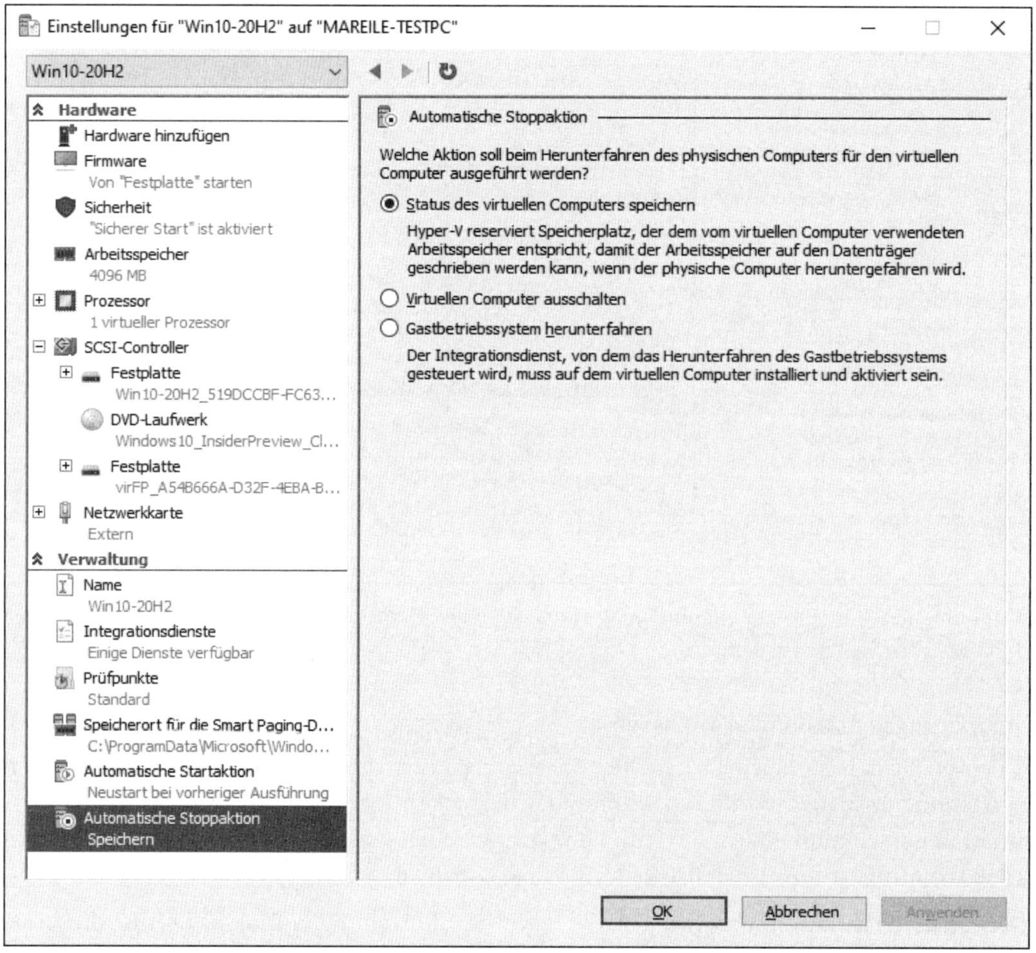

Abbildung 35.38 Sie können selbst bestimmen, was mit dem virtuellen Computer passieren soll, wenn Sie den Wirtscomputer herunterfahren.

35.2.7 Prüfpunkte erstellen

Wer den virtuellen Computer vor allem zu Testzwecken nutzt, wird die *Prüfpunkte* (auf Englisch »Checkpoints« genannt) schnell schätzen lernen. Ein Prüfpunkt hält in einer Momentaufnahme den aktuellen Zustand des virtuellen Computers fest. Dieser lässt sich später wiederherstellen, sodass sich die virtuelle Maschine wieder in genau diesem Zustand befindet. In einer Testumgebung ist es z. B. sinnvoll, einen Prüfpunkt vor der Installation einer Software oder dem Ausprobieren von Einstellungen zu setzen. Kommt es zu Problemen, lässt sich der virtuelle Computer schnell wieder auf den Prüfpunkt zurücksetzen.

Ein Prüfpunkt kann sowohl im laufenden Betrieb des virtuellen Computers erzeugt werden als auch im ausgeschalteten Zustand. Zum Erstellen eines Prüfpunkts stehen Ihnen mehrere Möglichkeiten zur Auswahl. So können Sie z. B. im Verbindungsdialog des virtuellen Computers einfach auf das Symbol PRÜFPUNKT klicken. Alternativ hierzu wählen Sie im Menü AKTION den Befehl PRÜFPUNKT aus oder drücken die Tastenkombination Strg + N. Auch im Konsolenfenster des Hyper-V-Managers selbst lässt sich ein Prüfpunkt setzen, indem Sie den virtuellen Computer in der mittleren Spalte mit der rechten Maustaste anklicken und dann im Kontextmenü PRÜFPUNKT wählen. Sie haben anschließend die Möglichkeit, dem Prüfpunkt einen Namen zu geben. Alle erstellten Prüfpunkte werden in der mittleren Spalte des Hyper-V-Managers aufgelistet, sobald Sie zu Beginn der Spalte den Namen des virtuellen Computers markiert haben. Der grüne Pfeil kennzeichnet den Punkt, an dem sich der virtuelle Computer aktuell befindet.

Um den virtuellen Computer in einen früheren Zustand zurückzuführen, klicken Sie den gewünschten Prüfpunkt im Konsolenfenster des Hyper-V-Managers mit der rechten Maustaste an und wählen den Befehl ANWENDEN. Der Befehl wird auch in der rechten Spalte AKTIONEN angezeigt, sobald Sie in der mittleren Spalte den gewünschten Prüfpunkt per Mausklick markiert haben. Nach Auswahl des Befehls erhalten Sie einen Warnhinweis, dass beim Anwenden des ausgewählten Prüfpunkts der aktuelle Zustand des virtuellen Computers verloren geht. Sie können nun entscheiden, ob Sie den Prüfpunkt direkt anwenden oder zuvor einen neuen Prüfpunkt erstellen und erst dann den ausgewählten anwenden möchten.

Falls Sie Prüfpunkte entfernen möchten, reicht im Hyper-V-Manager ein rechter Mausklick auf den Prüfpunkt und dann die Auswahl des Befehls PRÜFPUNKT LÖSCHEN. Mit dem Befehl PRÜFPUNKTUNTERSTRUKTUR LÖSCHEN entfernen Sie den markierten Prüfpunkt inklusive der folgenden Prüfpunkte in einem Rutsch. Auch diese beiden Befehle lassen sich über die Spalte AKTIONEN auswählen.

Unter Windows 10 wird in Hyper-V zwischen zwei Typen von Prüfpunkten unterschieden: die *Standardprüfpunkte* (früher auch *Snapshots* genannt) und die *Produktionsprüfpunkte*. Standardprüfpunkte erstellen eine Momentaufnahme des virtuellen Computers inklusive des Zustands des Arbeitsspeichers und der laufenden Anwendungen. Die Wiederherstellung eines solchen Prüfpunkts kann zu Problemen führen.

Bei einem Produktionsprüfpunkt hingegen werden nur der Status der virtuellen Festplatte und die Konfiguration des virtuellen Computers festgehalten, nicht aber der Inhalt des Arbeitsspeichers. Hierfür verwendet der Produktionsprüfpunkt über den Integrationsdienst den *Volumeschattenkopie-Dienst* (*Volume Shadow Copy Service* oder kurz *VSS*) im Gastbetriebssystem.

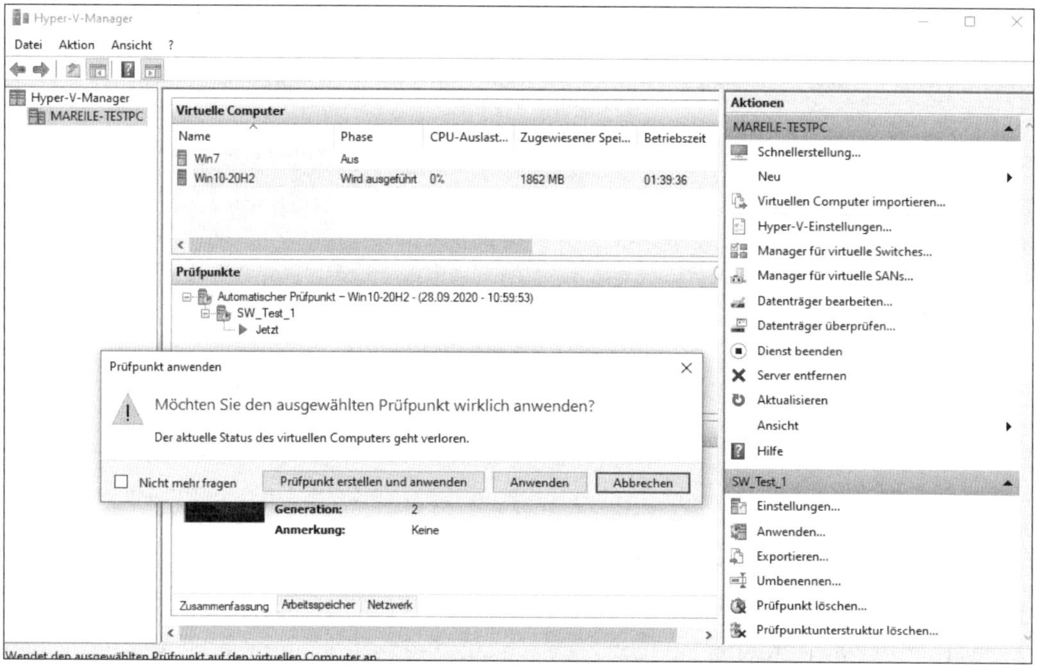

Abbildung 35.39 Bevor ein Prüfpunkt angewendet wird, haben Sie die Möglichkeit, einen neuen zu erstellen.

Produktionsprüfpunkte sind in Hyper-V per Standardeinstellung aktiviert. Die Nutzung von Standardprüfpunkten ist aber weiterhin möglich. Um sich die Einstellungen für die Prüfpunkte anzusehen, markieren Sie im Hyper-V-Manager den virtuellen Computer und klicken dann in der rechten Spalte AKTIONEN auf EINSTELLUNGEN. Im Einstellungen-Dialog markieren Sie in der linken Spalte im Bereich VERWALTUNG die PRÜFPUNKTE. In der rechten Fensterhälfte können Sie nun den gewünschten Prüfpunkttyp auswählen. Sollte das Gastbetriebssystem die Sicherungstechnologie VSS und damit das Erstellen von Produktionsprüfpunkten nicht ermöglichen, sieht die Standardeinstellung das Erstellen von Standardprüfpunkten vor. Wünschen Sie dies nicht, müssen Sie das Häkchen vor STANDARDPRÜFPUNKTE ERSTELLEN, WENN DER GAST KEINE ERSTELLUNG VON PRODUKTIONSPRÜFPUNKTEN UNTERSTÜTZT ENTFERNEN.

Ebenfalls standardmäßig aktiviert ist AUTOMATISCHE PRÜFPUNKTE VERWENDEN. In diesem Fall erstellt Hyper-V automatisch einen Prüfpunkt, sobald Sie einen virtuellen Computer starten. Wenn Sie den virtuellen Computer das nächste Mal herunterfahren und dann neu starten, erhalten Sie die Möglichkeit, zum vorherigen Prüfpunkt zurückzukehren. Wünschen Sie dies nicht, klicken Sie auf WEITER. Benötigen Sie die automatisch gesetzten Prüfpunkte nicht, können Sie die Funktion auch deaktivieren, indem Sie im Einstellungen-Dialog das Häkchen vor AUTOMATISCHE PRÜFPUNKTE VERWENDEN entfernen. Vergessen Sie nicht, die geänderten Einstellungen mit ANWENDEN und OK zu übernehmen.

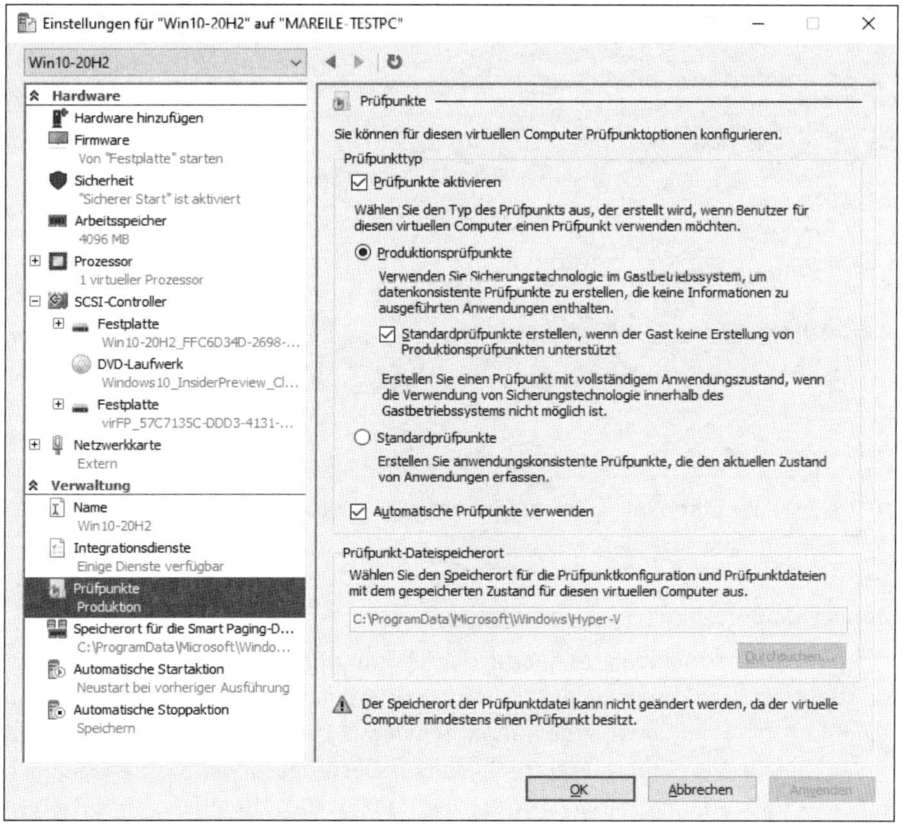

Abbildung 35.40 Unter Windows 10 können Sie in Hyper-V zwischen Produktionsprüfpunkten und Standardprüfpunkten wählen.

35.2.8 Virtuelle Computer exportieren, importieren und verschieben

Ein mit Hyper-V erstellter virtueller Computer lässt sich bequem exportieren und anschließend auf einem anderen Windows 10-Wirtscomputer mit Hyper-V importieren. Bevor Sie das Exportieren starten, sollten Sie den virtuellen Computer ausschalten.

Virtuellen Computer exportieren

Markieren Sie den virtuellen Computer im Konsolenfenster des Hyper-V-Managers. Rufen Sie nun über das Menü AKTION oder die rechte Spalte AKTIONEN den Befehl EXPORTIEREN auf. Im Dialog VIRTUELLEN COMPUTER EXPORTIEREN wählen Sie nach einem Klick auf DURCHSUCHEN den Speicherort (z. B. eine externe Festplatte) für die Dateien des virtuellen Computers aus. Bestätigen Sie mit ÖFFNEN und EXPORTIEREN. Je nach Größe des virtuellen Computers kann der nun folgende Exportvorgang einige Zeit andauern. Der Fortschritt lässt sich in der unteren Hälfte der rechten Spalte im Hyper-V-Manager beobachten.

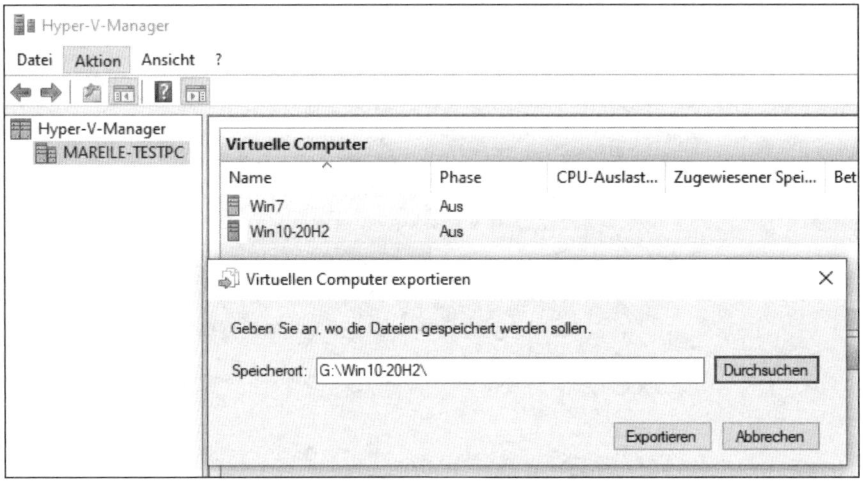

Abbildung 35.41 Der virtuelle Computer sollte ausgeschaltet sein, bevor Sie ihn z. B. auf eine externe Festplatte exportieren.

Virtuellen Computer importieren

Nach erfolgreichem Exportvorgang kann der virtuelle Computer auf einem anderen Wirtscomputer importiert werden. Öffnen Sie dort den Hyper-V-Manager, und rufen Sie im Menü AKTION den Befehl VIRTUELLEN COMPUTER IMPORTIEREN auf. Der gleichnamige Dialog wird geöffnet. Nachdem Sie die Vorbemerkungen mit WEITER bestätigt haben, wählen Sie nach einem Klick auf DURCHSUCHEN den Speicherort aus, in dem Sie die Dateien des exportierten virtuellen Computers abgelegt haben. Als Nächstes werden Sie aufgefordert, den virtuellen Computer auszuwählen. Anschließend werden Ihnen drei Importtypen angeboten:

- **Virtuellen Computer direkt registrieren (die vorhandene eindeutige ID verwenden)**: Mit dieser Option wird der virtuelle Computer direkt an seinem aktuellen Speicherort registriert und in Betrieb genommen. Diese Option bietet sich an, wenn Sie die exportierten Dateien zuvor von einer externen Festplatte in ein Verzeichnis auf dem neuen Wirtscomputer kopiert haben.
- **Virtuellen Computer wiederherstellen (die vorhandene eindeutige ID verwenden)**: Wählen Sie diese Option, werden alle Dateien des exportierten virtuellen Computers kopiert und in die Standardpfade oder an einem Speicherort Ihrer Wahl auf dem neuen Computer eingefügt. Die exportierten Dateien bleiben dabei unverändert an ihrem Platz.
- **Virtuellen Computer kopieren (neue eindeutige ID erstellen)**: Falls Sie den alten virtuellen Computer weiter verwenden möchten, lässt sich mit dieser Option eine unabhängige Kopie des Computers auf dem neuen Wirtscomputer erstellen.

Nach der Auswahl des Importtyps müssen Sie noch den Speicherort für die Dateien des virtuellen Computers und die virtuellen Festplatten festlegen. Mit einem Klick auf FERTIG STELLEN schließen Sie den Import ab.

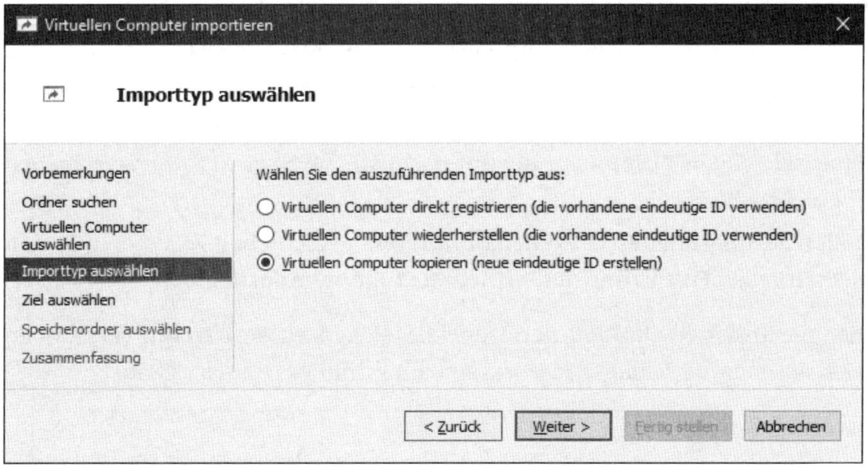

Abbildung 35.42 Es stehen drei Importtypen zur Auswahl.

Virtuellen Computer teilen

Mit der Funktion TEILEN bietet Ihnen Hyper-V eine weitere Möglichkeit an, einen virtuellen Computer quasi zu klonen. Im Gegensatz zur Export-Funktion wird sie nicht über den Hyper-V-Manager gestartet, sondern per Klick auf das Symbol TEILEN im Verbindungsdialog des virtuellen Computers selbst. Alternativ hierzu können Sie im Verbindungsdialog auch die Tastenkombination Strg + H drücken. Im Dialog SPEICHERN UNTER geben Sie einen Speicherort für die VMCZ-Datei an. In dieser komprimierten Datei werden alle Konfigurationsdateien und Daten des virtuellen Computers gespeichert. Kopieren Sie diese VMCZ-Datei auf den neuen Wirtscomputer, und klicken Sie sie dort im Explorer doppelt an. Nach Bestätigen der Benutzerkontensteuerung wird der virtuelle Computer nun in die Standardspeicherorte importiert.

Virtuellen Computer oder Festplatten verschieben

Falls Sie einen virtuellen Computer oder virtuelle Festplatten auf ein anderes Laufwerk verschieben möchten, etwa weil am bisherigen Speicherort der Platz knapp wird, lässt sich dies ebenfalls schnell bewerkstelligen. Ausgangspunkt für die Aktion ist in diesem Fall wieder der Hyper-V-Manager. Stellen Sie sicher, dass der virtuelle Computer ausgeschaltet ist. Klicken Sie ihn dann im Hyper-V-Manager mit der rechten Maustaste an, und wählen Sie im Kontextmenü den Befehl VERSCHIEBEN. Alternativ hierzu können Sie den Befehl auch in der Spalte AKTIONEN auswählen. Der ASSISTENT ZUM VERSCHIEBEN VON ... wird gestartet. Sowohl die Seite VORBEMERKUNGEN als auch die Seite VERSCHIEBUNGSTYP AUSWÄHLEN bestätigen Sie ohne eine erforderliche Aktion Ihrerseits jeweils mit WEITER.

Auf der Seite OPTIONEN FÜR VERSCHIEBEN AUSWÄHLEN müssen Sie sich für eine der drei Optionen entscheiden:

35

- **Alle Daten des virtuellen Computers an einen einzelnen Ort verschieben**: Hiermit verschieben Sie den kompletten virtuellen Computer an einen neuen Speicherort.
- **Daten des virtuellen Computers in andere Speicherorte verschieben**: Entscheiden Sie sich für diese Option, wenn Sie Elemente wie z. B. die Konfigurationsdatei oder virtuelle Festplatten eines virtuellen Computers an unterschiedliche Speicherorte verschieben möchten.
- **Nur die virtuellen Festplatten des virtuellen Computers verschieben**: Mit dieser Option werden nur die virtuellen Festplatten des virtuellen Computers verschoben.

Nach Auswahl der gewünschten Option legen Sie fest, welche Elemente wohin verschoben werden sollen. Den Assistenten schließen Sie wie gewohnt mit FERTIG STELLEN ab.

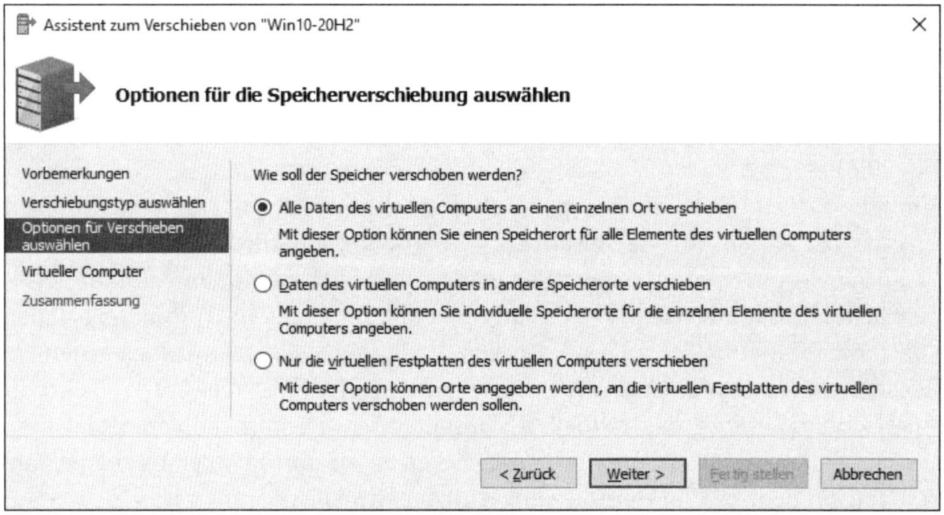

Abbildung 35.43 Für das Verschieben bietet Ihnen Hyper-V drei verschiedene Optionen an.

35.2.9 Hyper-V per Windows PowerShell steuern

Hyper-V mit seinen virtuellen Computern lässt sich auch hervorragend mit der Windows PowerShell steuern. Tabelle 35.1 zeigt eine wirklich minimale Auswahl an Hyper-V-Cmdlets. Zum Ausprobieren starten Sie die Windows PowerShell mit Administratorrechten. Drücken Sie hierzu die Tastenkombination [Win] + [X], und wählen Sie im Schnellzugriffsmenü WINDOWS POWERSHELL (ADMINISTRATOR).

Befehl	Wirkung
`Get-VM`	Gibt eine Liste der auf dem Wirtscomputer verfügbaren virtuellen Computer aus.

Tabelle 35.1 Beispiele für Hyper-V-Cmdlets

Befehl	Wirkung
`Get-VM | where {$_.State -eq 'Running'}`	Listet nur die eingeschalteten virtuellen Computer auf.
`Start-VM -Name <Name virtueller Computer>`	Startet den virtuellen Computer, dessen Namen Sie zwischen den beiden Zeichen < und > ergänzen.
`Get-VM | where {$_.State -eq 'Running'} | Stop-VM`	Fährt alle laufenden virtuellen Computer herunter.
`Get-VM -Name <Name virtueller Computer> | Checkpoint-VM -SnapshotName <Name für Prüfpunkt>`	Erstellt für den angegebenen virtuellen Computer einen Prüfpunkt.
`Get-Command -Module hyper-v | Out-GridView`	Gibt in einem eigenen Dialog eine durchsuchbare Liste mit PowerShell-Befehlen für Hyper-V aus.

Tabelle 35.1 Beispiele für Hyper-V-Cmdlets (Forts.)

Wie umfangreich die Liste der Hyper-V-Cmdlets tatsächlich ist, zeigt die Referenzliste, die Sie über die Webadresse *https://docs.microsoft.com/de-de/powershell/module/hyper-v/?view=win10-ps* aufrufen können.

35.3 Das Windows-Subsystem für Linux

Sie möchten unter Windows 10 nicht auf die Vorteile von Linux verzichten, möchten hierfür aber nicht extra einen virtuellen Computer mit Hyper-V oder gar ein Dual-Boot-System einrichten? Seit dem Creators Update von Windows 10 steht Ihnen mit dem *Windows-Subsystem für Linux* (kurz *WSL*) eine interessante Alternative zur Verfügung. Mit WSL haben Sie die Möglichkeit, gängige Linux-Tools wie *awk*, *grep*, *sed* oder andere ELF-64-Binärdateien, die Bash sowie viele Linux-First-Tools wie Ruby oder Python auszuführen.

Im Gegensatz zu einem virtuellen Computer, der erst hochgefahren werden muss, ist das Windows-Subsystem für Linux sofort einsatzbereit. Wenn es nicht genutzt wird, verbraucht es auch keinen Arbeitsspeicher. Mit Version 2004 führte Microsoft das Windows-Subsystem für Linux 2 (kurz *WSL2*) ein. Version 2004 war zunächst auch die Systemvoraussetzung für WSL2, mittlerweile steht es aber auch für die Versionen 1903 (ab Build 18632.1049) und 1909 zur Verfügung. Eine 64-Bit-Version von Windows 10 ist generell Voraussetzung, um das Windows-Subsystem für Linux nutzen zu können. Die folgenden Schritte zeigen, wie Sie WSL2 auf Ihrem Windows-Computer einrichten. Dabei wird zunächst das Windows-Subsystem für Linux 1 installiert und dieses dann auf WSL2 aktualisiert.

1. Starten Sie die Windows PowerShell mit Administratorrechten, indem Sie über die Tastenkombination [Win] + [X] das Schnellzugriffsmenü öffnen und dort den entsprechenden Eintrag auswählen.
2. Als Erstes muss das optionale Feature *Windows-Subsystem für Linux* aktiviert werden. Hierzu geben Sie in der Windows PowerShell folgenden Befehl ein:

   ```
   dism.exe /online /enable-feature /featurename:Microsoft-Windows-Subsystem-Linux /all
   /norestart
   ```

   Die Aktivierung des Features dauert nun einen Moment. Erscheint die Meldung DER VORGANG WURDE ERFOLGREICH BEENDET, können Sie fortfahren.

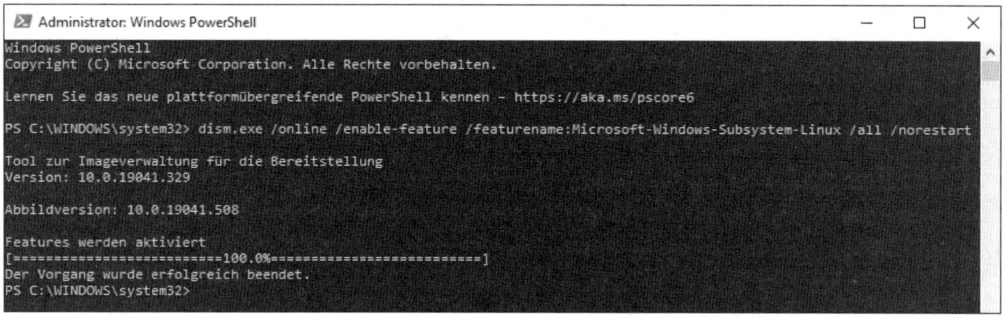

Abbildung 35.44 Als Erstes wird das Windows-Subsystem für Linux aktiviert.

3. Als Nächstes wird das optionale Feature *Plattform des virtuellen Computers* aktiviert. Dies erreichen Sie durch die Eingabe folgenden Befehls:

   ```
   dism.exe /online /enable-feature /featurename:VirtualMachinePlatform /all /norestart
   ```

   Die Aktivierung dieses Features erfolgt meist etwas flotter als die des Windows-Subsystems für Linux.
4. Nach erfolgreicher Aktivierung starten Sie den Computer neu. Für die weiteren Schritte wird wieder die Windows PowerShell mit Administratorrechten benötigt. Öffnen Sie diese also erneut.
5. Mit dem folgenden Befehl legen Sie fest, dass WSL2 als Standardversion bei der Installation einer neuen Linux-Distribution verwendet wird:

   ```
   wsl --set-default-version 2
   ```

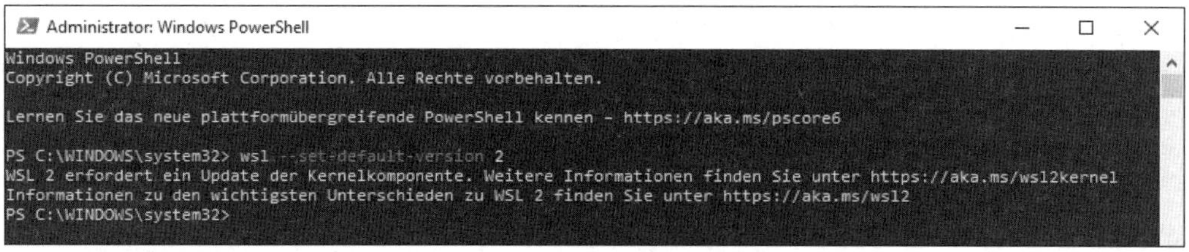

Abbildung 35.45 Der Hinweis zeigt, dass zunächst ein Update der Kernelkomponente durchgeführt werden muss.

6. Sollte nun die Meldung erscheinen, dass WSL2 ein Update der Kernelkomponente benötigt, rufen Sie den aufgeführten Link (*https://aka.ms/wsl2kernel*) zur Microsoft-Webseite auf. Laden Sie dort das *Updatepaket für den WSL2-Linux-Kernel für x64-Computer* herunter, und installieren Sie es. Ein Assistent führt Sie nach dem Öffnen der heruntergeladenen Datei durch die Schritte.

Die Vorbereitungen, sprich die Aktivierung des Windows-Subsystems für Linux und das Update auf WSL2, sind damit abgeschlossen. Als Nächstes wählen Sie die gewünschte Linux-Distribution im Microsoft Store aus.

1. Öffnen Sie den Microsoft Store z. B. über den entsprechenden Eintrag in der App-Liste des Startmenüs. Geben Sie im Suchfeld des Stores »Linux« ein. Als Ergebnis erhalten Sie eine durchaus sehenswerte Auswahl an Linux-Distributionen.

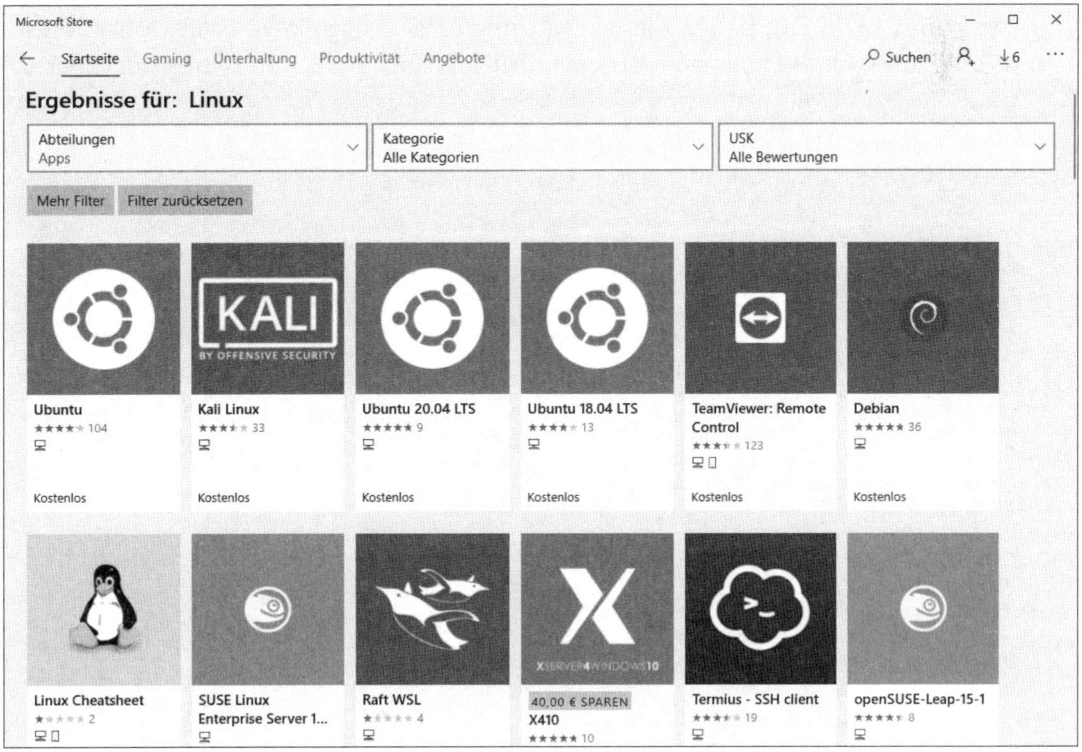

Abbildung 35.46 Die Auswahl an Linux-Distributionen im Microsoft Store ist nicht gerade klein. Hier ist nur ein Auszug daraus zu sehen.

2. Markieren Sie die gewünschte Distribution, und klicken Sie auf ihrer Detailseite auf HERUNTERLADEN. In diesem Beispiel verwende ich *Ubuntu 20.04 LTS*.
3. Nach erfolgreichem Download starten Sie die Distribution über die Schaltfläche STARTEN im Microsoft Store oder über den entsprechenden Eintrag in der App-Liste des Startmenüs.

4. Beim ersten Startvorgang wird ein Konsolenfenster mit dem Hinweis geöffnet, einen Moment zu warten, bis die Installation abgeschlossen ist. Meist ist dieser Vorgang schnell erledigt. Anschließend werden Sie aufgefordert, einen Benutzernamen (auf Englisch »username«) und ein Passwort anzugeben. Lassen Sie sich nicht irritieren, dass die Passworteingabe nicht wie bei Windows üblich durch Sternchen angezeigt wird.

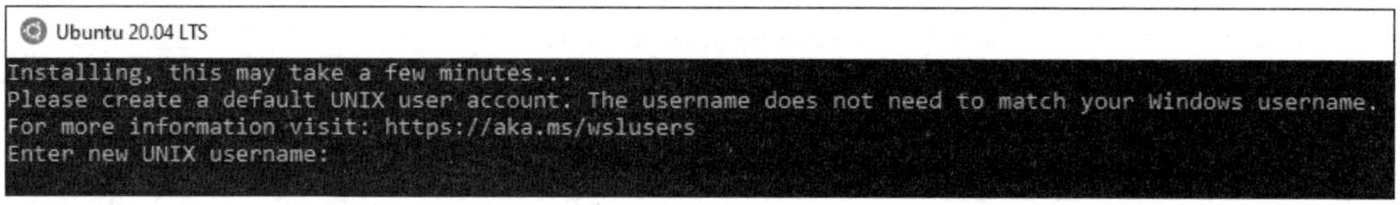

Abbildung 35.47 Nach der Installation werden Sie aufgefordert, einen Benutzernamen anzugeben.

Die Linux-Distribution steht nun zur Nutzung bereit. Einige interessante Anleitungen zur Verwendung des Windows-Subsystems für Linux finden Sie unter *https://docs.microsoft.com/de-de/windows/wsl/interop*.

Kapitel 36
Remote- und VPN-Verbindungen einrichten

Sie müssen aus der Ferne auf einen Computer zugreifen? Oder möchten Sie eine sichere Verbindung zum Netzwerk Ihrer Firma herstellen? Windows 10 bietet hierfür einige Werkzeuge, mit denen sich dies schnell umsetzen lässt.

Wie wichtig es sein kann, auch dann auf einen Computer zugreifen zu können, wenn man nicht vor Ort ist, hat spätestens die Corona-Pandemie verdeutlicht. Das gilt nicht nur für diejenigen, die im Homeoffice arbeiten und von dort aus eine Verbindung mit dem Firmennetzwerk herstellen müssen. Auch privat gibt es durchaus Situationen, in denen die Möglichkeit eines Remotezugriffs eine große Hilfe darstellt. Etwa dann, wenn man ein Problem mit seinem Computer hat und sich diejenigen, die einen unterstützen könnten, nicht in der Nähe befinden. Oder natürlich auch umgekehrt, wenn man selbst einem Freund oder Familienmitglied helfen möchte.

Unter Windows 10 stehen Ihnen verschiedene Werkzeuge zur Verfügung, mit denen sich ein Remotezugriff einrichten lässt. Jedes Tool eignet sich dabei für ein anderes Einsatzszenario. Mithilfe der *Remoteunterstützung* können Sie sich z. B. über das Netzwerk den Windows 10-Computer einer anderen Person ansehen bzw. umgekehrt einer anderen Person die Sicht auf Ihren Computer gestatten. Die helfende Person kann sogar die Kontrolle über den Computer übernehmen und somit selbst Funktionen auf dem Gerät ausführen. Eine Chatfunktion ermöglicht die Kommunikation zwischen beiden Personen.

Auch die in Windows 10 neu hinzugekommene *Remotehilfe*-App ermöglicht es zwei Personen, einen Computer über eine Remoteverbindung zu teilen. Wie bei der Remoteunterstützung kann der Helfer die Steuerung des Computers übernehmen. Um die Remotehilfe nutzen zu können, muss sich die Person, die Hilfe leistet, mit einem Microsoft-Konto bei der App anmelden.

Bei dem dritten Tool, das ich Ihnen in diesem Kapitel vorstellen werde, handelt es sich um den *Remotedesktop*, der es Ihnen ermöglicht, über das Netzwerk auf einen anderen Computer zuzugreifen. Sollte an diesem noch ein anderer Benutzer angemeldet sein, muss sich die Person zuvor abmelden, damit Sie sich wiederum anmelden können. Aufgrund der Tatsache, dass viele Unternehmen ihren Mitarbeitern mittlerweile ein Notebook zur Verfügung stellen, das diese dann mit nach Hause oder auf Reisen mitnehmen können, kommt der Remotedesktop allerdings immer seltener zum Einsatz.

Zum Abschluss dieses Kapitels beschäftigen wir uns mit dem Thema *virtuelles privates Netzwerk*, kurz *VPN* (auf Englisch »Virtual Private Network«), mit dem sich eine sichere Verbindung z. B. ins Firmennetzwerk erstellen lässt. Wie schnell Sie eine solche VPN-Verbindung unter Windows 10 einrichten, erfahren Sie in Abschnitt 36.4.

Die Firewall und die Remoteverbindung

Beim Herstellen einer Remoteverbindung wird das sogenannte *Remote Desktop Protocol* (kurz *RDP*) verwendet, das den TCP-Port 3389 zur Kommunikation nutzt. Setzen Sie die *Windows Defender Firewall* ein, wird diese beim Einrichten einer der drei in diesem Kapitel beschriebenen Remoteverbindungen automatisch so konfiguriert, dass die Kommunikation über den Port fehlerlos funktioniert. Falls Sie eine Sicherheitslösung eines anderen Anbieters verwenden, müssen Sie die Konfiguration gegebenenfalls selbst anpassen. Dies gilt auch für die im Router integrierte Firewall, falls diese die Remoteverbindung sperren sollte. Wie Sie in dieser den Port für die Fernsteuerung öffnen, entnehmen Sie bitte dem Handbuch Ihres Routers.

36.1 Fernzugriff per Remoteunterstützung

Sie benötigen Unterstützung bei einem Computerproblem oder möchten selbst einer anderen Person helfen? Häufig ist es schwierig, aus der Ferne die richten Tipps zu geben, wenn man keine Sicht auf die Benutzeroberfläche des Computers hat. Denn was dem Profi so einfach erscheint, stellt für den Laien häufig eine kaum zu bewältigende Hürde dar. Dank der Remoteunterstützung wird die Hilfeleistung fast schon zum Kinderspiel. Die Person, die Hilfe benötigt, muss lediglich z. B. per E-Mail eine Einladung an den Experten schicken. Sobald dieser die Einladung erhalten und geöffnet hat, ist der Zugriff aus der Ferne möglich. Lesen Sie hierzu bitte auch den Kasten »Vorsicht vor Anrufen vermeintlicher Microsoft-Mitarbeiter!«.

Vorsicht vor Anrufen vermeintlicher Microsoft-Mitarbeiter!

In den letzten Jahren mehren sich die Fälle, in denen ahnungslose Windows-Benutzer von angeblichen Microsoft-Mitarbeitern einen Anruf erhalten. Sollte auch Sie ein solcher Anruf erreichen, seien Sie bitte ausgesprochen vorsichtig! Meist behauptet der Anrufer, dass Ihr Windows-Computer aufgrund von Schadsoftware Teil eines illegalen Netzwerkes geworden sei. Sie werden aufgefordert, den Remotezugriff auf Ihren Computer zuzulassen, damit der Anrufer Ihnen die vermeintliche Schwachstelle zeigen und bei der Behebung helfen kann. Solchen Aufforderungen sollten Sie keinesfalls nachkommen! Denn auf diesem Weg erhält der Anrufer freien Zugriff auf Ihren Computer und ist somit in der Lage, tatsächlich gefährliche Schadsoftware zu installieren. Von all Ihren privaten Daten, die dem Anrufer hierdurch zugänglich sind, ganz zu schweigen. Geben Sie den Remotezugriff also nur für wirklich vertrauenswürdige Mitmenschen frei.

36.1.1 Remoteunterstützung anfordern und annehmen

Beginnen wir die Einrichtung der Remoteunterstützung zunächst aus Sicht des Ratsuchenden. Benötigen Sie die Hilfe eines Experten und möchten Ihren Computer deshalb für die Remoteunterstützung freigeben, müssen Sie als Erstes sicherstellen, dass die entsprechende Funktion aktiviert ist. Geben Sie hierzu im Suchfeld der Taskleiste den Begriff »Remoteunterstützung« ein, und wählen Sie den Treffer ERMÖGLICHT DAS SENDEN VON REMOTEUNTERSTÜTZUNGSANGEBOTEN. Der Dialog SYSTEMEIGENSCHAFTEN wird mit dem Register REMOTE geöffnet. Prüfen Sie, ob das Häkchen vor REMOTEUNTERSTÜTZUNGSVERBINDUNGEN MIT DIESEM COMPUTER ZULASSEN gesetzt ist. Ist dies nicht der Fall, holen Sie es nach. Klicken Sie dann auf ERWEITERT. Damit der Helfer Ihren Computer auch aus der Ferne steuern kann, sollte im Dialog REMOTEUNTERSTÜTZUNGSEINSTELLUNGEN das Häkchen vor REMOTESTEUERN DIESES COMPUTERS ZULASSEN gesetzt sein. Sie können außerdem festlegen, wie lange die Einladung, die Sie gleich dem Helfer schicken werden, gültig sein soll. Öffnet der Experte die Einladung nach Ablauf dieser Frist, ist ein Remotezugriff nicht mehr möglich. In diesem Fall müssen Sie ihm eine neue Einladung zukommen lassen. Schließen Sie die beiden geöffneten Dialoge mit OK.

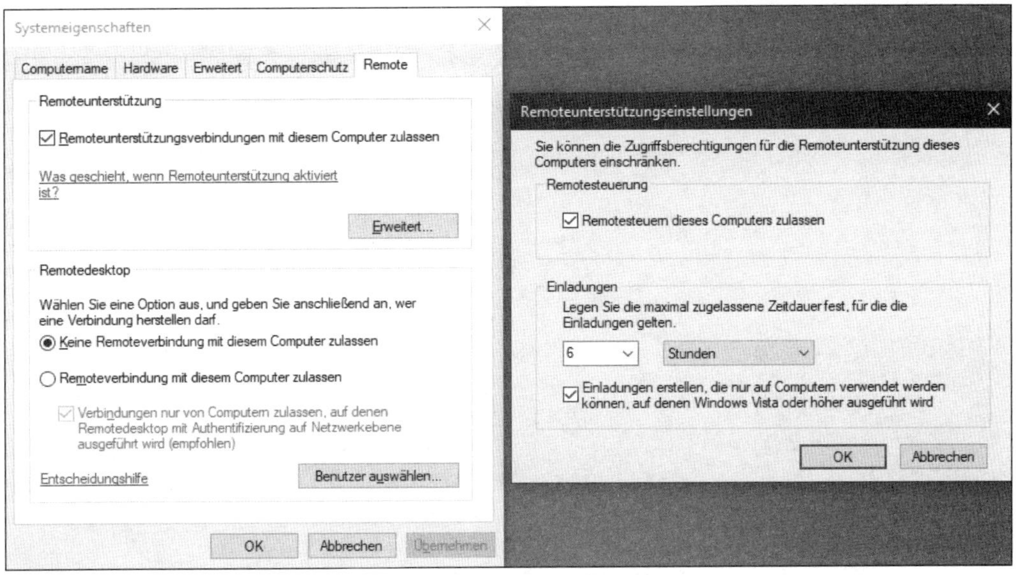

Abbildung 36.1 Die Remoteunterstützung muss in den Systemeigenschaften aktiviert sein. Nach einem Klick auf »Erweitert« lässt sich festlegen, ob der Helfer die Steuerung des Computers übernehmen darf und wie lange die Einladung ihre Gültigkeit behält.

Damit ein Experte auf Ihren Computer zugreifen kann, müssen Sie diesem eine entsprechende Einladung zukommen lassen. Dies geschieht folgendermaßen:

1. Drücken Sie die Tastenkombination [Win] + [R], um den Ausführen-Dialog zu öffnen. Geben Sie den Befehl »msra.exe« ein, und bestätigen Sie mit OK.

2. Im Dialog Windows-Remoteunterstützung klicken Sie auf Eine vertrauenswürdige Person zur Unterstützung einladen.
3. Als Nächstes bestimmen Sie, wie Sie die gewünschte Person einladen möchten. Sie können eine bestimmte Datei erzeugen, die Einladung inklusive der Datei als Mail verschicken oder *Easy Connect* (eine einfache Möglichkeit der Verbindung, die aber nicht von allen Windows-Versionen unterstützt wird) verwenden. Meist ist die Erstellung einer Datei die beste Variante, da es Ihnen dann überlassen ist, wie Sie diese an den Experten weiterleiten. Klicken Sie in diesem Fall auf Einladung als Datei speichern, und wählen Sie im Dialog Speichern unter den Ordner aus, in dem die Datei gespeichert werden soll. Als Dateinamen wird Ihnen Einladung vorgeschlagen. Bestätigen Sie mit Speichern. Die gespeicherte Datei kann nun entweder per Mail verschickt oder auch anderweitig (z. B. über einen Cloud-Speicher wie OneDrive) getauscht werden.

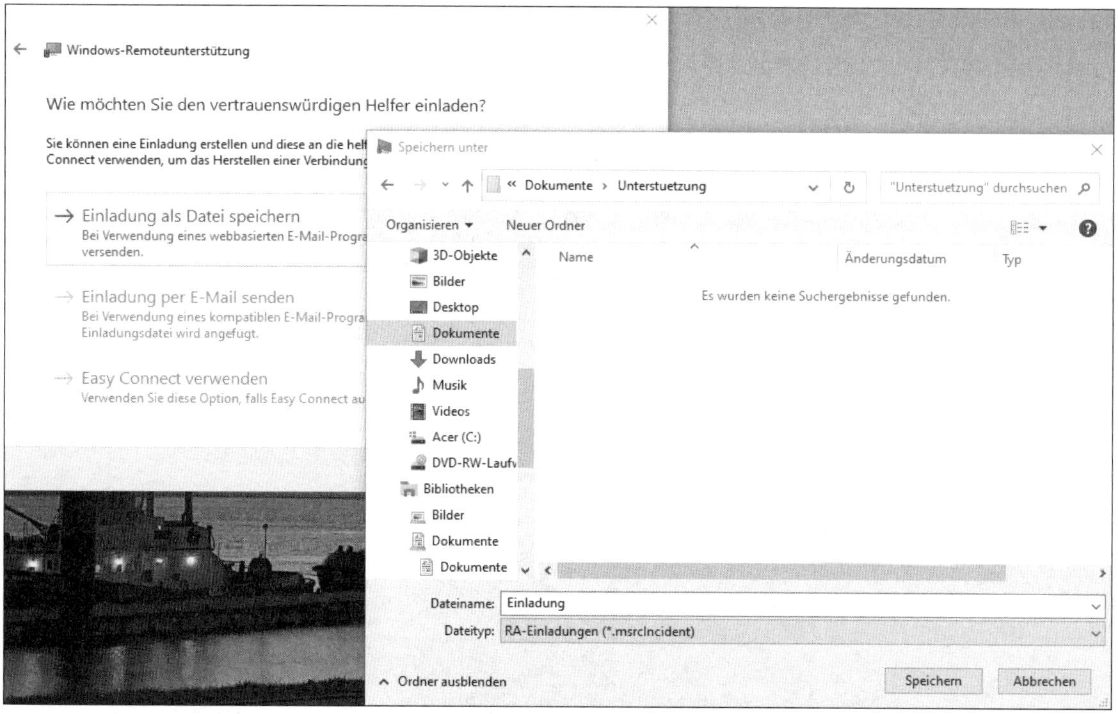

Abbildung 36.2 Speichern Sie die Einladung als Datei, steht es Ihnen anschließend frei, wie Sie diese an den Experten übermitteln.

4. Nach dem Speichern wird ein Kennwort angezeigt, das Sie der helfenden Person ebenfalls mitteilen müssen. Aus Gründen der Sicherheit sollten Sie hierfür einen anderen Weg der Übermittlung wählen als für die Datei selbst (z. B. das Telefon).

Für Sie als Ratsuchenden sind die Vorbereitungen damit zunächst abgeschlossen. Belassen Sie den Dialog Windows-Remoteunterstützung bitte weiterhin geöffnet.

Der Experte nimmt nun folgendermaßen Kontakt mit Ihnen auf:

1. Stellen Sie (also der Ratsuchende) zunächst sicher, dass auf Ihrem PC der Dialog für die Windows-Remoteunterstützung geöffnet ist. Sollten Sie den Dialog in der Zwischenzeit doch beendet haben, müssen Sie diesen neu starten. Damit ist aber auch ein erneutes Zuschicken der Einladung und des Kennwortes nötig.
2. Bitten Sie den Experten, die ihm zugeschickte Datei auf seinem Computer zu speichern und sie dann per Doppelklick zu öffnen. Haben Sie den Vorschlag von Windows 10 übernommen, heißt die Datei EINLADUNG. Die Datei wird im Explorer durch ein Bildschirmsymbol mit aufliegender Maus gekennzeichnet.

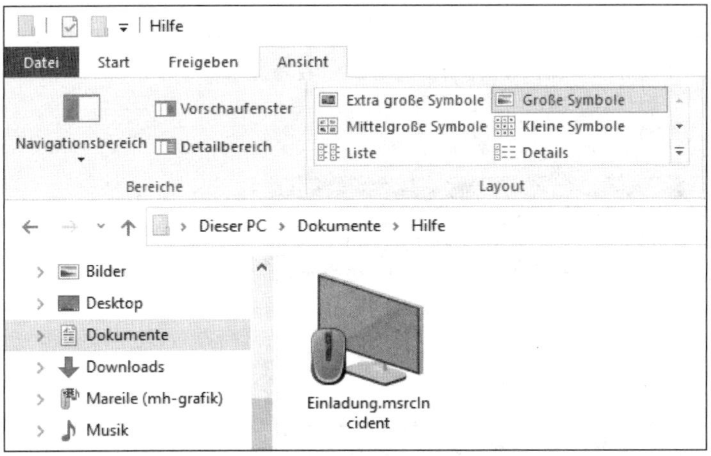

Abbildung 36.3 Die Einladung ist gut am Dateisymbol zu erkennen.

3. Der Experte wird nun aufgefordert, das auf Ihrem Bildschirm sichtbare Kennwort einzugeben, das Sie ihm bereits mitgeteilt haben.
4. Nun müssen Sie Ihrerseits den Zugriff auf Ihren Computer genehmigen, indem Sie im entsprechenden Dialog auf JA klicken. Bis dieser auf Ihrem Bildschirm erscheint, kann allerdings ein kurzer Moment vergehen.

Sobald Sie den Dialog bestätigt haben, wird die Verbindung zwischen Ihrem Computer und dem des Experten hergestellt. Auf Ihrem Gerät, also dem Computer des Ratsuchenden, wird der Bildschirmhintergrund schwarz gefärbt. Auf dem Bildschirm des Experten erscheint wiederum die Desktopoberfläche des Ratsuchenden. Welche Möglichkeiten dem Helfer nun zur Verfügung stehen, erfahren Sie im nächsten Abschnitt.

36.1.2 Probleme per Remoteunterstützung lösen

Sobald die Verbindung zwischen den beiden Computern wie im vorherigen Abschnitt beschrieben erfolgreich aufgebaut wurde, erscheint auf dem Bildschirm des Experten die Desktopoberfläche des Ratsuchenden. Zu diesem Zeitpunkt könnte der Experte allerdings nur

z. B. per Telefon oder auch über die Chatfunktion der Remoteunterstützung Ratschläge erteilen. Den anderen Computer selbst zu steuern ist ihm hingegen noch nicht möglich.

Möchte der Experte selbst auf dem PC des Ratsuchenden aktiv werden, muss er zunächst die Freigabe mit einem Klick auf STEUERUNG ANFORDERN beantragen. Der Befehl wird in der linken oberen Bildschirmecke angezeigt. Beim Experten ist der Dialog WINDOWS-REMOTEUNTERSTÜTZUNG übrigens doppelt zu sehen: Bei dem einen handelt es sich um den Dialog, der beim Ratsuchenden auf dem Bildschirm zu sehen ist. Er ist mit dem Zusatz HILFE VON ... versehen. Der andere Dialog ist das eigene Fenster der Remoteunterstützung und gut an dem Zusatz ... WIRD GEHOLFEN zu erkennen. Der Experte muss also etwas Vorsicht walten lassen, um die gewünschte Aktion im richtigen Dialog vorzunehmen. Auf dem Bildschirm des Ratsuchenden wird die Nachfrage MÖCHTEN SIE DIE STEUERUNG DES COMPUTERS FÜR ... FREIGEBEN? eingeblendet. Mit einem Klick auf JA erteilen Sie die Freigabe.

Abbildung 36.4 Da der Dialog »Windows-Remoteunterstützung« zweimal zu sehen ist, muss der Experte etwas vorsichtig bei der Auswahl des richtigen Dialogs sein.

Der Experte kann jetzt selbst auf dem Computer des Ratsuchenden aktiv werden und so z. B. Einstellungen ändern oder auch Apps installieren bzw. deinstallieren. Wenn sich beide Seiten austauschen möchten, kann dies per Telefon geschehen oder aber auch über die Chatfunktion der Remoteunterstützung. Um die Funktion zu aktivieren, reicht ein Klick auf CHAT im Dialog WINDOWS-REMOTEUNTERSTÜTZUNG. Beim Experten erscheint nun am linken Bildschirmrand eine Spalte, in deren oberen Bereich der bisherige Chatverlauf angezeigt wird. Im unteren Feld wird die Nachricht an den Ratsuchenden eingegeben und mit SENDEN auf dessen Computer übertragen. Die gesendete Nachricht wird auf dem Computer des Ratsuchenden im Dialog WINDOWS REMOTEUNTERSTÜTZUNG eingeblendet. Für die Antwort dient auch hier das untere Feld.

Wenn Sie als Ratsuchender nicht mehr möchten, dass Ihr Freund oder Familienmitglied aktiv auf das Geschehen auf Ihrem Computer eingreifen darf, können Sie ihm mit einem Klick auf FREIGABE BEENDEN die Computersteuerung wieder entziehen. Die Schaltfläche steht auch dem Experten zur Verfügung, falls sich dieser nur noch auf die Beobachtung beschränken möchte.

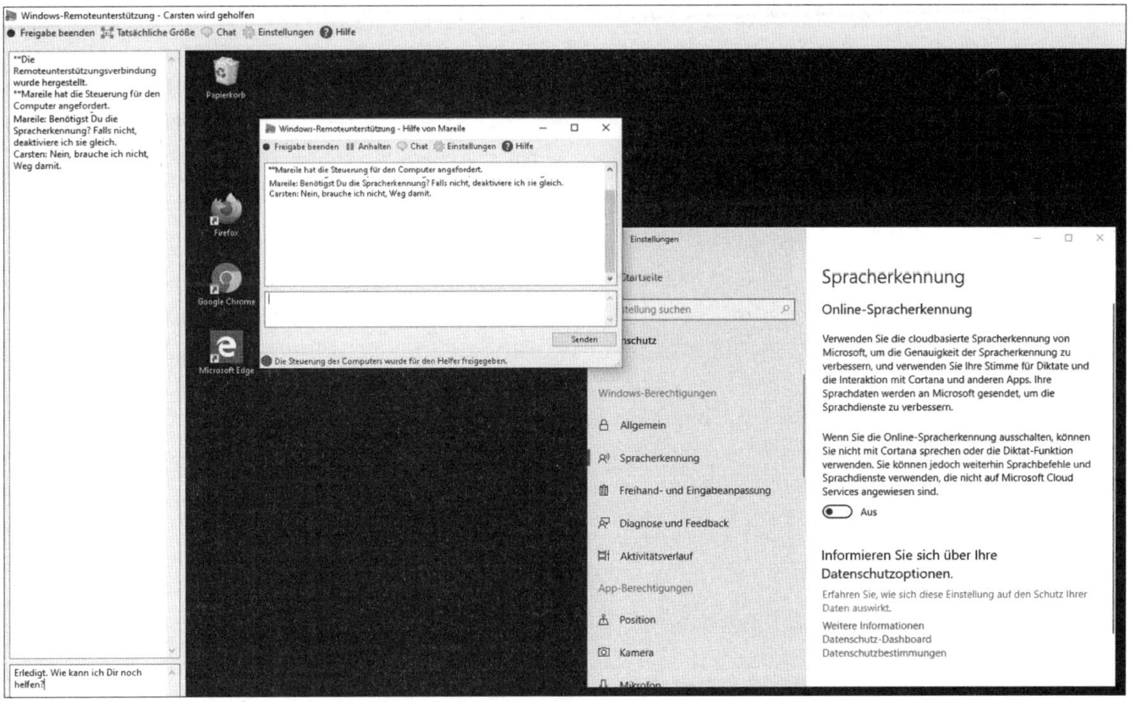

Abbildung 36.5 Mithilfe der Chatfunktion können Experte und Ratsuchender miteinander kommunizieren.

Soll der Fernzugriff ganz beendet werden, reicht ein Klick auf das Schließen-Symbol in der rechten oberen Ecke des Dialogs WINDOWS-REMOTEUNTERSTÜTZUNG. Auf dem Bildschirm des Ratsuchenden erscheint nun wieder das gewohnte Hintergrundbild.

36.2 Remotezugriff per Remotehilfe

Eine Alternative zur zuvor vorgestellten Remoteunterstützung stellt die *Remotehilfe*-App dar, die Windows 10 bereits mit an Bord hat. Mithilfe der App können Sie als Experte einer Person, die Probleme mit ihrem Computer hat, aus der Ferne helfen. Um die Remoteverbindung herzustellen, reicht der Austausch eines sechsstelligen Sicherheitscodes aus. Der Experte muss außerdem über ein Microsoft-Konto verfügen, mit dem er sich bei der App anmeldet. Die Oberfläche der Remotehilfe-App ist etwas moderner und übersichtlicher gestaltet.

36.2.1 Remotezugriff herstellen

Um einen Freund oder ein Familienmitglied bei einem Computerproblem mithilfe der Remotehilfe-App unter die Arme greifen zu können, muss auf beiden Computern – also sowohl beim Helfer als auch beim Ratsuchenden – jeweils die App gestartet werden. Am schnellsten gelingt dies, indem Sie im Suchfeld der Taskleiste »Remotehilfe« eingeben und dann den gleichnamigen Treffer auswählen. Alternativ hierzu können Sie in der App-Liste des Startmenüs auch nacheinander WINDOWS-ZUBEHÖR • REMOTEHILFE anklicken. Nach dem Start der App muss zunächst der Experte aktiv werden. Als Helfer gehen Sie folgendermaßen vor, um eine Remoteverbindung herzustellen:

1. Sind Sie der Experte, klicken Sie im Fenster REMOTEHILFE unterhalb von UNTERSTÜTZUNG GEWÄHREN auf UNTERSTÜTZUNG EINER ANDEREN PERSON. Anschließend werden Sie aufgefordert, sich mit einem Microsoft-Konto bei der App anzumelden. Geben Sie hierzu zunächst die E-Mail-Adresse des Kontos an und nach einem Klick auf WEITER dann das Kennwort.

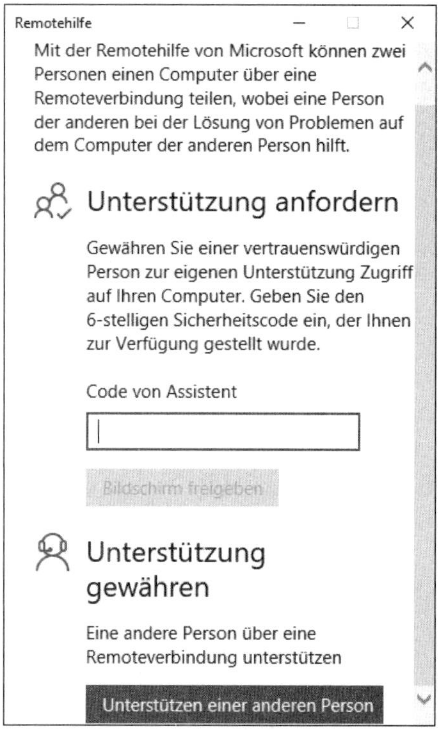

Abbildung 36.6 Der Experte beginnt mit der Einrichtung der Remoteverbindung, indem er im Fenster »Remotehilfe« auf »Unterstützen einer anderen Person« klickt.

2. Nach der erfolgreichen Anmeldung wird ein Sicherheitscode eingeblendet, den Sie nun dem Ratsuchenden z. B. telefonisch oder auch per E-Mail mitteilen müssen.
3. Der Ratsuchende gibt diesen Code nun wiederum bei sich im Fenster Remotehilfe im Feld CODE VON ASSISTENT ein und bestätigt die Eingabe mit einem Klick AUF BILDSCHIRM FREIGEBEN. Für die Weitergabe und anschließende Codeeingabe stehen Ihnen insgesamt

zehn Minuten zur Verfügung. Benötigen Sie länger, wird der Code ungültig, und Sie müssen einen neuen erzeugen.

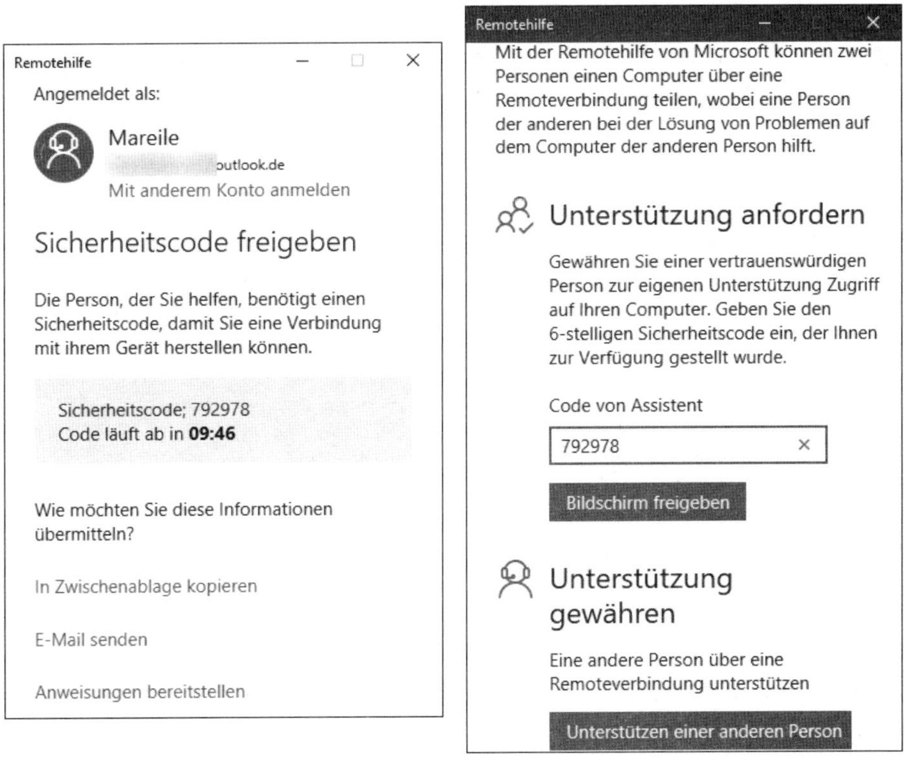

Abbildung 36.7 Links ist das Fenster »Remotehilfe« des Experten zu sehen. Der dort eingeblendete Sicherheitscode muss an den Ratsuchenden weitergereicht werden, damit dieser ihn wiederum bei sich im Feld »Code von Assistent« eintragen kann (rechts in der Abbildung zu sehen).

4. Ist dies erfolgt, werden Ihnen im Fenster Remotehilfe zwei Optionen angeboten: Vollzugriff oder Bildschirm anzeigen. Möchten Sie den Computer des Ratsuchenden selbst steuern, wählen Sie den Vollzugriff. Sollte es bereits ausreichend sein, nur einen Blick auf den Bildschirm werfen zu können, aktivieren Sie die Option Bildschirm anzeigen. Bestätigen Sie Ihre Auswahl mit Weiter.
5. Der Ratsuchende wird nun aufgefordert, den Bildschirm freizugeben. Dies sollte natürlich nur dann per Klick auf Zulassen geschehen, wenn sichergestellt ist, dass die helfende Person vertrauenswürdig ist.

Nach einem kurzen Moment wird beim Experten im Fenster Remotehilfe die Desktopoberfläche des Ratsuchenden eingeblendet. Beim Ratsuchenden erscheint hingegen nur eine kleine Symbolleiste am oberen Bildschirmrand. Welche Möglichkeiten dem Experten nun zur Steuerung des Remotecomputers zur Verfügung stehen, erfahren Sie im folgenden Abschnitt.

36.2.2 Die Remotehilfe nutzen

Sobald die Remoteverbindung zwischen den beiden Computern steht, kann der Experte einen Blick auf den Bildschirm des Ratsuchenden werfen, der auf seinem Computer im Fenster REMOTEHILFE angezeigt wird. Der Ratsuchende selbst bekommt den Remotezugriff nur anhand der kleinen Symbolleiste am oberen Bildschirmrand mit. Er kann aber selbstverständlich alle Handlungen des Experten verfolgen und, falls erwünscht oder erforderlich, auch eingreifen. Per Klick auf das Pausensymbol ⏸ in der kleinen Symbolleiste kann er die Übertragung des Bildschirminhalts sogar unterbinden. Das könnte z. B. erforderlich sein, wenn der Ratsuchende ein Kennwort eingeben muss, das der Experte aber nicht zu Gesicht bekommen soll. Während die Bildschirmfreigabe angehalten wird, erscheint im Remotefenster des Experten ein entsprechender Hinweis. Mit einem Klick auf den nun anstelle des Pausensymbols sichtbaren Wiedergabepfeil schaltet der Ratsuchende die Bildschirmfreigabe wieder ein.

Abbildung 36.8 Auf dem Bildschirm des Ratsuchenden erscheint lediglich diese kleine Symbolleiste.

Verfügt der Experte über den Vollzugriff, kann er den Computer des Ratsuchenden mit seiner eigenen Tastatur und Computermaus steuern. Hierfür stehen ihm in der Symbolleiste am oberen Rand des Fensters REMOTEHILFE einige interessante Funktionen zur Verfügung. Um den Ratsuchenden z. B. auf ein bestimmtes Bildschirmelement hinzuweisen, klicken Sie auf das Symbol KOMMENTIEREN. Nun können Sie mit gedrückter linker Maustaste quasi auf dem Bildschirm zeichnen. Gefällt Ihnen der standardmäßig ausgewählte Rotton nicht, stehen nach einem Klick auf das Stiftsymbol oben links weitere Farben zur Auswahl. Um eine Zeichnung wieder zu entfernen, aktivieren Sie den Radiergummi und fahren dann einmal mit gedrückter linker Maustaste über die Zeichnung hinweg, die Sie wegradieren möchten. Mit einem Klick auf BEENDEN kehren Sie aus dem Zeichenmodus wieder zum normalen Modus zurück.

Um einem Problem auf die Spur zu kommen, ist der Task-Manager ein wirkungsvolles Werkzeug. Er lässt sich direkt per Klick auf das gleichnamige Symbol öffnen. Auch für den Neustart des Computers finden Sie in der Symbolleiste ein eigenes Symbol. Klicken Sie am rechten Rand der Symbolleiste auf die drei kleinen Punkte, wird übrigens für jedes Symbol eine Beschriftung eingeblendet.

Ein Telefonat zwischen Ratsuchendem und Helfer ist sicherlich der beste Weg, um sich über das Problem und mögliche Lösungen auszutauschen. Zur Not tut es aber auch die Chatfunktion der Remotehilfe, die auf beiden Computern per Klick auf das Symbol KANAL MIT ANWEISUNGEN EIN-/AUSSCHALTEN eingeblendet werden kann. Hier können Sie nun Ihre Kurznachrichten eingeben und mit einem Klick auf SENDEN an die andere Person schicken. Wobei der Helfer die Eingabe des Ratsuchenden natürlich bereits auf seinem Bildschirm verfolgen kann. Mit einem erneuten Klick auf das Symbol wird der Chat wieder ausgeblendet.

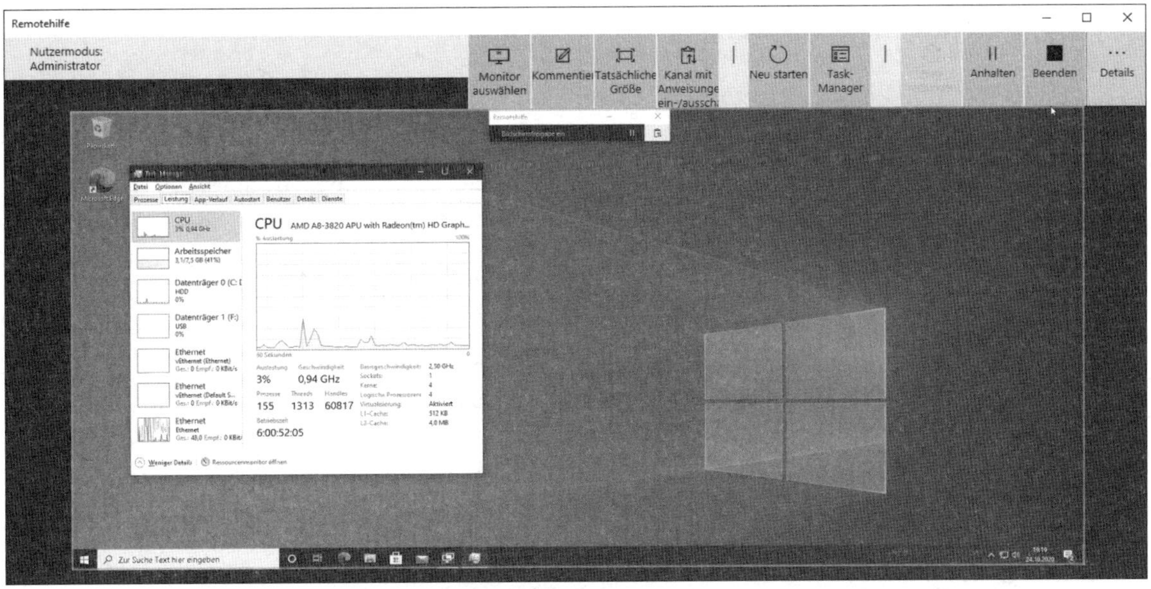

Abbildung 36.9 Diese Abbildung zeigt das Fenster Remotehilfe auf dem Computer des Experten. Nach einem Klick auf das Drei-Punkte-Symbol ganz rechts wird zu jedem Symbol die Beschriftung eingeblendet. So lässt sich schnell das richtige Symbol zum Aufruf des Task-Managers finden.

Über das Symbol BEENDEN kann der Helfer die Bildschirmfreigabe beenden. Ein Klick auf NEU VERBINDEN reicht, um sie wiederherzustellen. Wird die Remotehilfe nicht mehr benötigt, lässt sich die Remoteverbindung ganz einfach mit einem Klick auf das klassische Schließen-Symbol in der rechten oberen Fensterecke und der Bestätigung der Schaltfläche SCHLIESSEN beenden. Diese Möglichkeit steht sowohl dem Helfer als auch dem Ratsuchenden zur Verfügung.

36.3 Die Remotedesktopverbindung

Müssen Sie immer mal wieder auf Daten oder Programme zugreifen, die sich auf einem anderen Computer befinden? Ist auf diesem Gerät Windows 10 Pro oder Windows 10 Enterprise installiert, lässt es sich so konfigurieren, dass Sie aus der Ferne über das *Remote Desktop Protocol* auf den Computer zugreifen können. Der Computer, den Sie per Remoteverbindung steuern, wird als *Remotecomputer* bezeichnet. Das Gerät, an dem Sie sich tatsächlich befinden, trägt die Bezeichnung *Clientcomputer* oder auch *Remoteclient*. Für den Remoteclient gibt es keine Einschränkung bezüglich der Windows Edition. Sie können hierfür also durchaus ein Gerät mit Windows 10 Home oder gar einer älteren Windows-Version nutzen. Selbst vom iPhone, iPad oder von einem Android-Gerät aus ist die Fernsteuerung möglich. Entsprechende Remotedesktop-Apps finden Sie im jeweiligen Store. Auch für macOS ist ein Remotedesktop-Client verfügbar.

36.3.1 Den Remotedesktop aktivieren

Um einen Windows 10-Computer aus der Ferne steuern zu können, muss auf diesem Gerät zunächst der Remotedesktop aktiviert werden. Stellen Sie sicher, dass Sie an diesem Computer mit einem Administratorkonto angemeldet sind. Rufen Sie dann z. B. über das Startmenü oder die Tastenkombination [Win] + [I] die Einstellungen-App auf. Wechseln Sie in die Kategorie SYSTEM • REMOTEDESKTOP. Setzen Sie nun rechts den Regler REMOTEDESKTOP AKTIVIEREN per Mausklick auf EIN. Wie zuvor erwähnt, ist dies nur unter Windows 10 Pro oder Windows 10 Education möglich. Bestätigen Sie die folgende Nachfrage, ob der Remotedesktop tatsächlich aktiviert werden soll. Die erweiterten Einstellungen behalten Sie im Normalfall bei. Sollte es wider Erwarten zu Problemen beim Herstellen einer Verbindung kommen, können Sie diese Einstellungen später immer noch näher unter die Lupe nehmen.

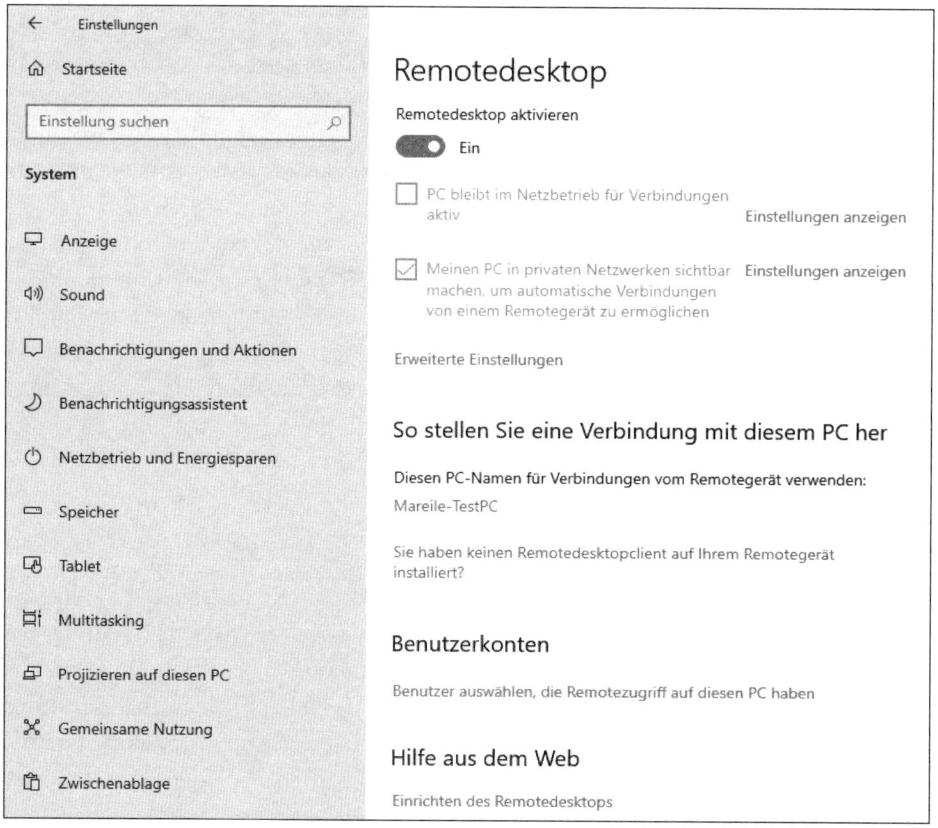

Abbildung 36.10 Der Remotedesktop muss auf dem Remotecomputer zunächst aktiviert werden.

Ist die Funktion REMOTEDESKTOP aktiviert, können sowohl Sie als auch alle anderen Benutzer, die über ein Administratorkonto auf dem Computer verfügen, eine Remotedesktopverbindung zum Remotecomputer aufbauen. Falls Sie dies auch Anwendern mit einem Standardbenutzerkonto ermöglichen wollen, klicken Sie auf der Seite REMOTEDESKTOP im Bereich BENUTZERKONTEN auf BENUTZER AUSWÄHLEN, DIE REMOTEZUGRIFF AUF DIESEN PC HABEN. Klicken Sie dann im Dialog REMOTEDESKTOPBENUTZER auf HINZUFÜGEN. Geben Sie die Namen des Benutzers bzw. seines Benutzerkontos ein, und klicken Sie auf NAMEN ÜBERPRÜFEN. Schließen Sie die beiden geöffneten Dialoge mit OK.

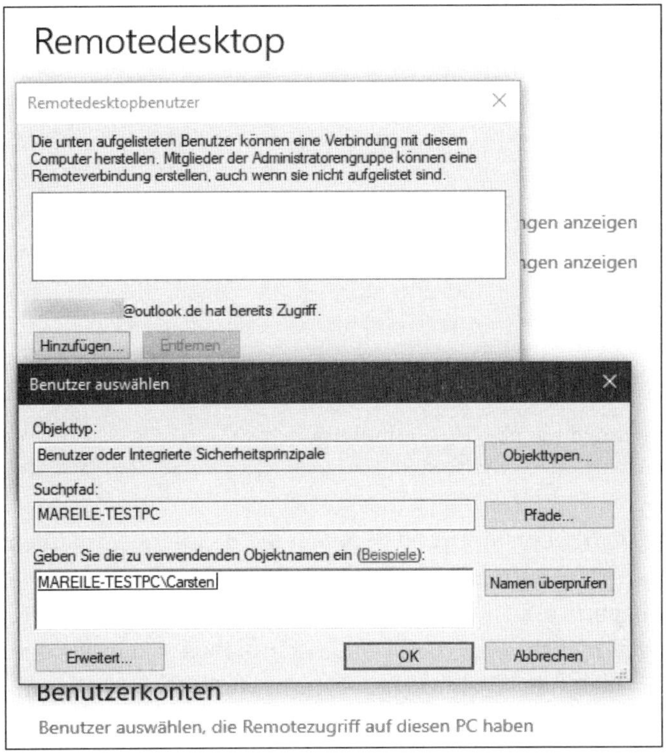

Abbildung 36.11 Benutzer, die über ein Administratorkonto auf dem Remotecomputer verfügen, können automatisch eine Remoteverbindung herstellen. Alle anderen müssen explizit hinzugefügt werden.

Um von einem anderen Gerät aus die Verbindung zum Remotecomputer herstellen zu können, müssen Sie entweder den Computernamen kennen oder seine IP-Adresse. Der Computername wird Ihnen auf der Seite REMOTEDESKTOP im Bereich SO STELLEN SIE EINE VERBINDUNG MIT DIESEM PC HER angezeigt. Um die IP-Adresse zu ermitteln, drücken Sie die Tastenkombination [Win] + [X]. Wählen Sie im Schnellzugriffsmenü die Windows PowerShell aus, und geben Sie dort den Befehl `ipconfig` ein. Notieren Sie sich die nun eingeblendete IPv4-Adresse. Damit sind auch schon alle Vorbereitungen auf dem Remotecomputer abgeschlossen.

36.3.2 Die Remotedesktopverbindung herstellen

Wie zuvor erwähnt, können Sie von vielen Geräten aus eine Verbindung zu einem Remotecomputer aufbauen. In der folgenden Anleitung gehe ich davon aus, dass es sich dabei um einen Windows 10-Computer handelt. Die darauf installierte Edition ist unerheblich. Die Verbindung lässt sich mithilfe des Programms *Remotedesktopverbindung* herstellen. Der Remotecomputer muss erreichbar, sprich eingeschaltet sein.

Um das Programm zu starten, geben Sie im Suchfeld der Taskleiste »Remotedesktopverbindung« ein und wählen dann den gleichnamigen Treffer aus. Im Dialog REMOTEDESKTOPVERBINDUNG tragen Sie im Feld COMPUTER den Computernamen oder die IP-Adresse des Remotecomputers ein. Klicken Sie dann auf VERBINDEN.

Abbildung 36.12 Die Verbindung kann durch Angabe des Computernamens oder der IP-Adresse hergestellt werden.

Im folgenden Dialog ANMELDEINFORMATIONEN EINGEBEN geben Sie den Benutzernamen und das Kennwort des Benutzerkontos an, unter dem Sie sich am Remotecomputer anmelden möchten. Bestätigen Sie die Angaben mit OK. Eventuell erhalten Sie nun den Hinweis, dass die Identität des Remotecomputers nicht überprüft werden kann. Da der Remotecomputer das Sicherheitszertifikat selbst ausgestellt hat, wird er als nicht vertrauenswürdig eingestuft. Wenn es sich um Ihren eigenen Computer handelt, der sicherlich als vertrauenswürdig angesehen werden kann, bestätigen Sie den Dialog mit JA (siehe Abbildung 36.13).

Sie werden nun am Remotecomputer angemeldet. Sollte an diesem Gerät aktuell eine andere Person angemeldet sein, erhalten Sie einen entsprechenden Hinweis (siehe Abbildung 36.14). Falls Sie auf die Verbindung verzichten möchten, klicken Sie auf NEIN. Müssen Sie hingegen dringend auf den Computer zugreifen, wählen Sie JA. Der Benutzer erhält nun ebenfalls einen Hinweis, der ihn darüber informiert, dass Sie versuchen, eine Remotedesktopverbindung herzustellen. Er hat nun die Möglichkeit, die Aufforderung mit ABBRECHEN abzulehnen oder sich mit einem Klick auf OK sofort vom System abzumelden. Trifft er innerhalb von 30 Sekunden keine Entscheidung, wird die Verbindung automatisch getrennt, und Sie müssen später erneut einen Versuch starten.

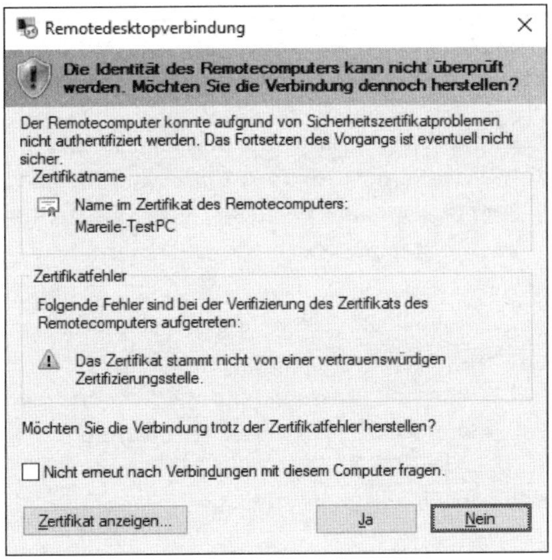

Abbildung 36.13 Handelt es sich bei dem Computer um Ihr eigenes Gerät, bestätigen Sie den Sicherheitshinweis mit »Ja«.

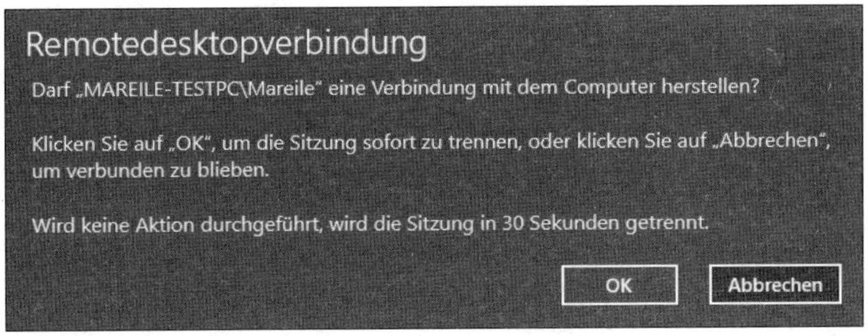

Abbildung 36.14 Ist noch eine andere Person am Remotecomputer angemeldet, erhält diese die Aufforderung, sich abzumelden.

Konnte die Verbindung erfolgreich herstellt werden, erscheint auf Ihrem Bildschirm der Bildschirminhalt des Remotecomputers. Das Fenster der Remotedesktopverbindung wird zunächst im Vollbildmodus angezeigt. Am oberen Fensterrand erscheint die Verbindungsleiste mit dem Namen des Remotecomputers oder der IP-Adresse. Über die drei Symbole MINIMIEREN, VERKLEINERN (bzw. MAXIMIEREN, falls das Fenster verkleinert ist) und SCHLIESSEN, die am rechten Rand der Leiste angezeigt werden, können Sie die Anzeige des Remotefensters wie gewohnt beeinflussen (siehe auch den Kasten »Anzeigeoptionen anpassen«).

Anzeigeoptionen anpassen

Beim Verkleinern des Fensters der Remotedesktopverbindung wird der Bildschirminhalt weiterhin in der Originalauflösung des Remotecomputers angezeigt, was zu einem lästigen

Scrollen im Fenster führt. Falls Sie dies nicht wünschen, müssen Sie die Anzeige bereits vor dem Herstellen der Verbindung konfigurieren. Geben Sie hierzu nach dem Start des Programms *Remotedesktopverbindung* zunächst den Computernamen oder auch die IP-Adresse ein (siehe Abbildung 36.12). Klicken Sie dann auf OPTIONEN EINBLENDEN, und wechseln Sie in das Register ANZEIGE. Hier können Sie nun die Größe des Remotedesktops anpassen. Falls Sie nicht jedes Mal, wenn Sie eine Verbindung zum Remotecomputer herstellen, Ihre Anmeldeinformationen angeben möchten, können Sie im Register ALLGEMEIN durch Setzen eines Häkchens das SPEICHERN DER ANMELDEINFORMATIONEN ZULASSEN. Per Standardeinstellung ist es möglich, den am Remotecomputer angeschlossenen Drucker auch in der Remotesitzung zu verwenden. Wünschen Sie dies nicht, wechseln Sie in das Register LOKALE RESSOURCEN und entfernen das Häkchen vor DRUCKER. Ist die ZWISCHENABLAGE aktiviert, können Sie den Inhalt der Zwischenablage zwischen dem Remotecomputer und dem Clientcomputer austauschen. Haben Sie alle Einstellungen für die Remotedesktopverbindung vorgenommen, klicken Sie auf VERBINDEN.

Abbildung 36.15 Die Größe des Remotedesktops muss vor dem Herstellen der Verbindung angepasst werden.

Schließen Sie das Fenster, bleiben Sie trotzdem am Remotecomputer angemeldet. Auch die dort ausgeführten Programme bleiben weiterhin geöffnet. Sie können die Sitzung jederzeit zu einem späteren Zeitpunkt fortsetzen. Möchten Sie sich tatsächlich am Remotecomputer abmelden, öffnen Sie im Fenster der Remotedesktopverbindung das Startmenü auf dem Remotecomputer, klicken auf Ihr Benutzerprofil und wählen dann ABMELDEN. Zum Beenden der Verbindung schließen Sie das Fenster der Remotedesktopverbindung einfach.

36.4 VPN unter Windows 10

Wer vom Homeoffice aus arbeitet, muss besondere Vorsicht walten lassen, wenn er eine Verbindung zum Firmennetzwerk herstellt. Denn bei einer klassischen Verbindung werden die Daten unverschlüsselt durch das Internet übertragen und können somit abgegriffen werden. Viele Firmen setzen deshalb ein *virtuelles privates Netzwerk* (*Virtual Private Network*, kurz *VPN*) ein, bei dem alle Daten per Ende-zu-Ende-Verschlüsselung übertragen werden und somit nicht mehr lesbar sind. Die Daten werden von Ihrem Computer, dem VPN-Client, bis zum VPN-Server quasi durch einen speziellen Tunnel geschickt, weshalb häufig auch von einem *VPN-Tunnel* die Rede ist. Im Folgenden wird beschrieben, wie Sie auf Ihrem Windows 10-Computer eine Verbindung zu einem VPN-Server einrichten können. Die Zugangsdaten zu diesem Server (z. B. die IP-Adresse, über die der Server erreichbar ist), erhalten Sie beim Netzwerkadministrator Ihrer Firma.

Mit VPN sicher und anonym surfen

Virtuelle private Netzwerke sind nicht nur im Zusammenhang mit dem Homeoffice interessant, sondern auch privat beim Surfen im Internet. Wann immer ein Gerät – sei es ein Computer, Tablet oder auch Smartphone – mit dem Internet verbunden wird, bekommt es vom Provider eine IP-Adresse zugewiesen. Diese Adresse ermöglicht eine Lokalisierung des Geräts. Viele Unternehmen wie z. B. Netflix nutzen diese Möglichkeit, um Ländersperren im Internet zu realisieren. Wenn Sie etwa einen Streamingdienst in Amerika nutzen möchten, kann dieser anhand der IP-Adresse feststellen, dass Sie sich in Deutschland befinden und Ihnen so die Nutzung des Dienstes verbieten. Mithilfe eines VPN-Dienstes lässt sich solch eine Sperrung umgehen. Der Dienst stellt hierzu eine verschlüsselte Internetverbindung zu einem VPN-Server her, über den der gesamte Datenverkehr sicher geschützt übertragen wird. Nach außen hin – also etwa für den Anbieter des Streamingdienstes – ist lediglich der VPN-Server sichtbar. Nur sein Standort kann ermittelt werden, Sie selbst bleiben anonym. Die Anbieter von VPN-Diensten bieten eine Vielzahl weltweit verteilter VPN-Server an, aus denen Sie sich den gewünschten auswählen können. Sie können damit natürlich nicht nur von Deutschland aus auf ausländische Streamingangebote zugreifen, sondern auch umgekehrt im Ausland eine Internetzensur umgehen, indem Sie einen VPN-Server in Deutschland auswählen. Empfehlenswerte VPN-Dienste sind *NordVPN* (*https://nordvpn.com/de*), *CyberghostVPN* (*www.cyberghostvpn.com/de_DE*), *ExpressVPN* (*https://www.expressvpn.com/de*), *TorGuard* (*https://torguard.net*) oder auch *ProtonVPN* (*https://protonvpn.com/de*). Viele VPN-Anbieter bieten auch spezielle VPN-Lösungen für Unternehmen an.

Unter Windows 10 ist eine VPN-Verbindung schnell eingerichtet. Falls es sich dabei um ein Firmennetzwerk handelt, sollten Sie zuvor die notwendigen Daten wie Servername oder IP-Adresse in Erfahrung bringen. Haben Sie diese Informationen zur Hand, gehen Sie folgendermaßen vor:

1. Rufen Sie die Einstellungen-App auf, und wechseln Sie hier zur Kategorie NETZWERK UND INTERNET • VPN. Alternativ hierzu können Sie auch im Suchfeld der Taskleiste »VPN« eingeben und dann den Treffer VPN-EINSTELLUNGEN auswählen.
2. Klicken Sie auf der Seite VPN auf VPN-VERBINDUNG HINZUFÜGEN.
3. Nach einem Klick in das Feld VPN-ANBIETER markieren Sie WINDOWS (INTEGRIERT). Nun sind auch die restlichen Felder freigeschaltet.
4. Geben Sie im Feld VERBINDUNGSNAME eine frei wählbare Bezeichnung für die VPN-Verbindung ein. Im Feld SERVERNAME ODER IP-ADRESSE tragen Sie die entsprechenden Daten ein, also Servername oder alternativ die IP-Adresse.
5. Klicken Sie nun in das Feld VPN-TYP, und wählen Sie die Art der Verbindung aus. Windows 10 unterstützt die Protokolle POINT-TO-POINT-TUNNELING-PROTOKOLL (PPTP), LAYER 2 TUNNELING PROTOCOL (L2TP), SECURE SOCKET TUNNELING PROTOCOL (SSTP) und INTERNET KEY EXCHANGE VERSION 2 (IKEv2). Sind Sie sich nicht sicher, welcher VPN-Typ der richtige ist, belassen Sie die Voreinstellung AUTOMATISCH. In diesem Fall versucht Windows 10 selbst, den passenden VPN-Typ zu erkennen.
6. Im Feld ANMELDEINFORMATIONSTYP wird die Voreinstellung BENUTZERNAME UND KENNWORT wahrscheinlich bereits die passende sein. Den Benutzernamen und das Kennwort können Sie direkt in den beiden Feldern darunter eintragen. Als alternative Anmeldeoptionen stehen die Smartcard und das Einmalkennwort zur Auswahl.
7. Bestätigen Sie die Angaben mit SPEICHERN.

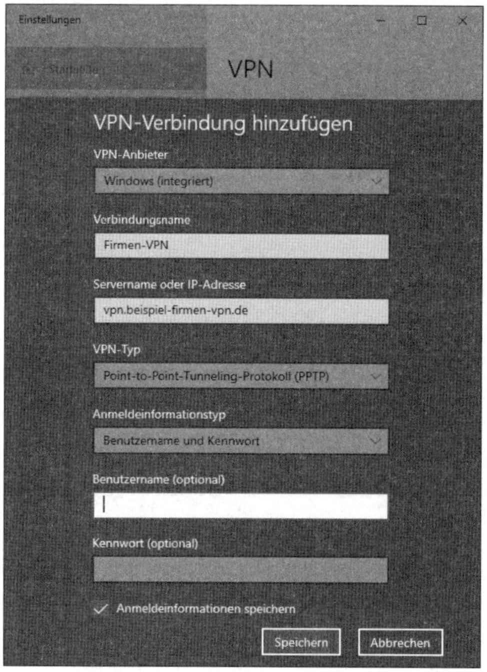

Abbildung 36.16 Die VPN-Verbindung lässt sich schnell über die Einstellungen-App einrichten.

Die gerade eingerichtete VPN-Verbindung wird nun direkt auf der Seite VPN angezeigt. Möchten Sie gleich eine Verbindung herstellen, klicken Sie auf den VPN-Namen und dann auf VERBINDEN. Je nachdem, ob Sie den Benutzernamen und das Kennwort bereits während der Einrichtung der Verbindung angegeben haben oder nicht, werden diese Daten eventuell abgefragt, bevor die Verbindung hergestellt wird. Wem der Weg über die Einstellungen-App zukünftig zu umständlich ist, klickt im Infobereich der Taskleiste einfach auf das Netzwerksymbol. In der aufklappenden Liste wird nun auch die VPN-Verbindung aufgeführt. Markieren Sie sie, und klicken Sie dann auf VERBINDEN.

Wurde die Verbindung erfolgreich hergestellt, wird der Name der VPN-Verbindung mit dem Hinweis VERBUNDEN versehen, wie Sie nach einem Klick auf das Netzwerksymbol überprüfen können. Um die Verbindung zu trennen, klicken Sie ebenfalls das Netzwerksymbol im Infobereich der Taskleiste an und markieren dann die VPN-Verbindung. Mit einem Klick auf das nun sichtbare TRENNEN beenden Sie die Verbindung.

Sollten sich die Daten der VPN-Verbindung geändert haben, können Sie diese über die Seite VPN in der Einstellungen-App korrigieren. Markieren Sie hierzu wieder den VPN-Namen, und klicken Sie dann auf die Schaltfläche ERWEITERTE OPTIONEN. Auf der folgenden Seite haben Sie nun die Möglichkeiten, die Verbindungseigenschaften nach einem Klick auf BEARBEITEN zu ändern. Über den Pfeil oben links kehren Sie wieder zur Seite VPN zurück.

Benötigen Sie die VPN-Verbindung nicht mehr, sollten Sie sie über den entsprechenden Befehl aus der Liste entfernen, der nach einem Klick auf den VPN-Namen eingeblendet wird. Auf der Seite VPN können Sie übrigens auch festlegen, ob Sie eine VPN-Verbindung über getaktete Netzwerke und beim Roaming zulassen möchten. Sollten Sie die Datenverbindung über ein Mobilfunknetz aufbauen und Ihr Vertrag sieht dafür die Abrechnung nach übertragener Datenmenge vor, kann die VPN-Verbindung schnell zu einer hohen Rechnung führen.

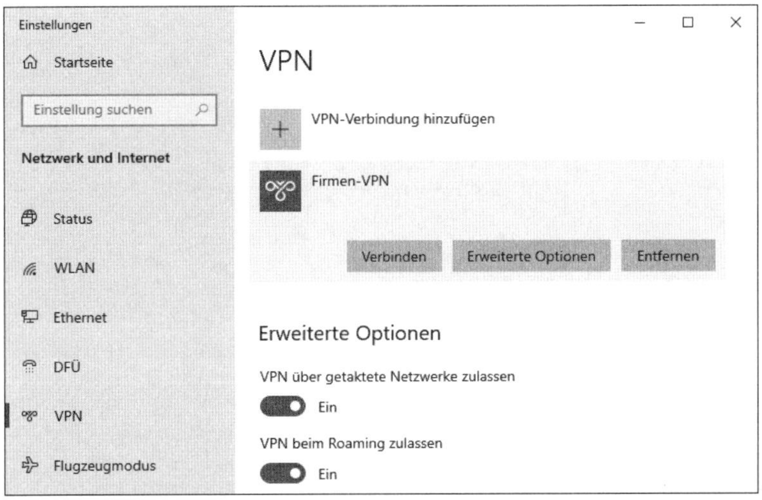

Abbildung 36.17 Über die Einstellungen-App können Sie die Verbindung zum VPN herstellen, die erweiterten Optionen aufrufen oder eine nicht mehr benötigte VPN-Verbindung entfernen.

Kapitel 37
Verwaltungstools für Profis

Windows lässt sich auf vielfältige Weise konfigurieren. In diesem Kapitel lernen Sie die Profitools wie etwa die Windows-Registry, den Editor für lokale Gruppenrichtlinien, die Verwaltungskonsole Dienste sowie die Aufgabenplanung kennen.

Für klassische Einstellungen, die jeder Anwender mal zwischendurch vornimmt, stellt Windows 10 die Einstellungen-App zur Verfügung. Manche Konfigurationen befinden sich auch noch in der Systemsteuerung, auch wenn diese immer weniger werden. Wer tiefer ins System einsteigen muss, kommt mit der App und der Systemsteuerung allerdings nicht weit. Dann schlägt die Stunde der Verwaltungstools, die auf der Microsoft Management Console basieren. Dazu zählen z. B. die Verwaltungskonsole *Dienste*, die *Aufgabenplanung* oder auch der *Editor für lokale Gruppenrichtlinien*. Alle diese Tools werden auf den folgenden Seiten kurz vorgestellt. Zum Abschluss des Kapitels erfahren Sie, wie Sie außerdem sich eine eigene Konsole mit den von Ihnen häufig genutzten Snap-Ins zusammenstellen können. Begonnen wird das Kapitel aber mit einer Übersicht über die Windows-Registry.

37.1 Die Windows-Registry

Die *Windows-Registry* (meist nur kurz *Registry* oder auf Deutsch »Registrierung« genannt) ist das Herzstück für alle Einstellungen innerhalb von Windows. Die hierarchische Datenbank enthält alle Informationen zur Systemkonfiguration, zu Gerätetreibern, Diensten, installierten Anwendungen, benutzerspezifischen Einstellungen und vielem mehr.

In den folgenden Abschnitten erfahren Sie, wie die Registry aufgebaut ist und wie Sie sich mithilfe des Registrierungs-Editors ihren Inhalt ansehen und bearbeiten können. Einer Sache sollten Sie sich hierbei von Anfang an bewusst sein: Wer Änderungen an der Registry vornimmt, sollte ausgesprochen vorsichtig vorgehen. Denn bereits ein kleiner Fehler kann gravierende Folgen für das gesamte System haben, die im schlimmsten Fall sogar eine Neuinstallation von Windows 10 nötig machen.

37.1.1 Die Struktur der Registry im Überblick

Die Inhalte der Registry sind auf mehrere Strukturdateien (auf Englisch auch »Hives« genannt) sowie auf Protokoll- und Hilfsdateien verteilt. Zu den Strukturdateien von Windows zählen z. B. *SAM* (die Sicherheitskontenverwaltung zur Speicherung lokaler Kennwörter), *Security*, *Software*, *System* und *Default*, die im Ordner *%systemroot%\system32\Config* gespeichert werden. Die Strukturdateien für die benutzerspezifischen Einstellungen werden in den jeweiligen Benutzerprofilen abgelegt und erst dann in den Arbeitsspeicher geladen, wenn sich der Benutzer am System anmeldet. Lesen Sie hierzu auch den Kasten »Wo werden die Strukturdateien der Registry gespeichert?«.

Wo werden die Strukturdateien der Registry gespeichert?

Wer den genauen Speicherort der Strukturdateien der Registry in Erfahrung bringen möchte, wirft am besten einen Blick in die Registry selbst. Rufen Sie hierzu den Registrierungs-Editor auf, und navigieren Sie zu *HKEY_LOCAL_MACHINE\SYSTEM\CurrentControlSet\Control\hivelist*. Hier können Sie nun anhand der in der rechten Spalte eingeblendeten Werte ermitteln, wo die Strukturdateien abgelegt werden. Die Strukturdatei des Netzwerkdienstes finden Sie z. B. unter *%SystemRoot%\ServiceProfiles\NetworkService*, die Strukturdatei des lokalen Dienstes wiederum unter *%SystemRoot%\ServiceProfiles\LocalService*. Die Startkonfigurationsdaten (auf Englisch »Boot Configuration Data«, kurz *BCD*) werden auf dem Startlaufwerk gespeichert. Bei der Strukturdatei für die Hardwarekonfiguration handelt es sich um eine temporäre Datei, die bei jedem Neustart des Computers neu erzeugt wird.

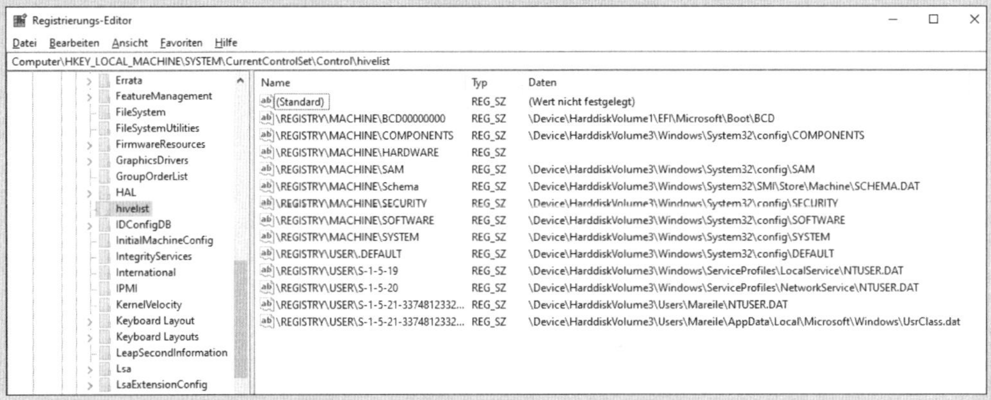

Abbildung 37.1 Der Speicherort der Strukturdateien lässt sich in der Registry selbst ermitteln.

Wer sich die Speicherorte im Explorer ansehen möchte, benötigt hierfür Administratorrechte. Per Standardeinstellung blendet der Explorer Systemdateien allerdings aus. Um die Einstellung anzupassen, klicken Sie im Register ANSICHT auf OPTIONEN. Im Dialog ORDNEROPTIONEN wechseln Sie ebenfalls in das Register ANSICHT. Entfernen Sie nun jeweils das Häkchen vor ERWEITERUNGEN BEI BEKANNTEN DATEIEN AUSBLENDEN sowie GESCHÜTZTE SYSTEMDATEIEN

AUSBLENDEN. Blättern Sie etwas weiter nach unten, und aktivieren Sie die Option AUSGEBLENDETE DATEIEN, ORDNER UND LAUFWERKE ANZEIGEN unterhalb von VERSTECKTE DATEIEN UND ORDNER. Sobald Sie den Dialog mit OK geschlossen haben, werden die Systemdateien angezeigt.

Sobald Sie ein Programm installieren, eine Hardware hinzufügen oder eine Systemeinstellung per Einstellungen-App bzw. Systemsteuerung anpassen, nimmt Windows automatisch die notwendigen Änderungen in der Registry vor. Im Normalfall ist es also nicht nötig, dass der Anwender selbst die Registry aktualisiert. Falls Sie die Registry doch einmal selbst bearbeiten müssen oder einfach nur einen Blick auf ihren Inhalt werfen möchten, lässt sich dies bequem über den bereits in Windows integrierten Registrierungs-Editor erledigen.

Den Registrierungs-Editor aufrufen

Ein Tipp vorab: Zur Bearbeitung der Registry sind in den meisten Fällen Administratorrechte erforderlich. Sollten Sie Änderungen an der Registry vornehmen wollen, ist es daher empfehlenswert, für die Anmeldung am Computer ein Benutzerkonto zu wählen, das über die erforderlichen erhöhten Rechte verfügt. Welche Einschränkungen es für Standardbenutzer gibt und welche Besonderheiten bei diesem Kontotyp zu beachten sind, erfahren Sie in Abschnitt 37.1.4, »Die Registry im Registrierungs-Editor bearbeiten«.

Zum Öffnen des Registrierungs-Editors stehen Ihnen verschiedene Wege zur Auswahl. Einer davon führt z. B. über das Startmenü: Blättern Sie in der App-Liste des Startmenüs bis zum Ordner WINDOWS-VERWALTUNGSPROGRAMME, klicken Sie diesen an und dann den Eintrag REGISTRIERUNGS-EDITOR. Alternativ rufen Sie den Ausführen-Dialog über die Tastenkombination [Win] + [R] auf und geben »regedit« ein. Nach Drücken der [↵]-Taste oder Bestätigen mit OK wird der Editor gestartet. Auch das Suchfeld der Taskleiste lässt sich zum Aufruf nutzen. Geben Sie hier ebenfalls »regedit« ein, und wählen Sie dann den Treffer REGISTRIERUNGS-EDITOR aus.

Der Inhalt der Registry ist hierarchisch organisiert und besteht aus fünf Hauptschlüsseln, die wiederum Unterschlüssel enthalten. Die sich daraus entwickelnde Baumstruktur zeigt sich auch im Registrierungs-Editor: In der linken Spalte werden unterhalb des Knotens COMPUTER zunächst die fünf Hauptschlüssel angezeigt, die jeweils mit dem Präfix HKEY beginnen. Um die Unterschlüssel sowie deren Unterschlüssel einzublenden, klicken Sie – wie vom Explorer gewohnt – auf das vorangestellte Symbol [>]. Jeder Schlüssel enthält einen oder auch mehrere Werte. Diese werden in der rechten Spalte des Registrierungs-Editors eingeblendet, sobald Sie links einen Schlüssel markiert haben. Jeder Wert besitzt einen Namen, einen Typ sowie Daten. Der vollständige Pfad eines ausgewählten Schlüssels lässt sich in der Adressleiste oberhalb der beiden Spalten ablesen.

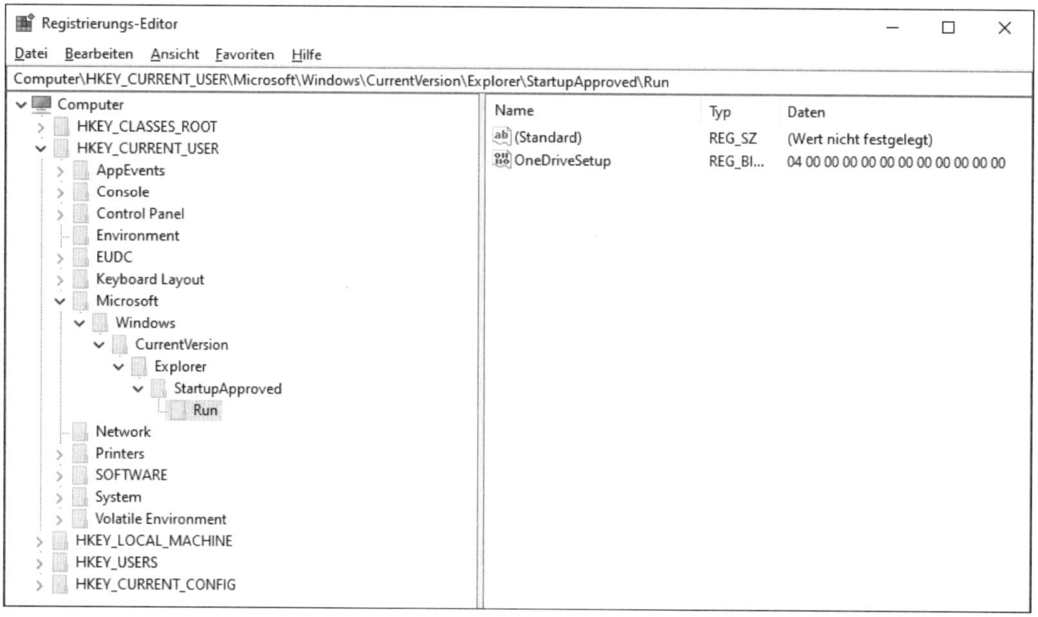

Abbildung 37.2 In der linken Spalte des Registrierungs-Editors werden die Schlüssel aufgeführt, rechts die Werte des links markierten Schlüssels.

Übersicht über die fünf Hauptschlüssel

Die Registry besteht aus den fünf Hauptschlüsseln `HKEY_CLASSES_ROOT`, `HKEY_CURRENT_USER`, `HKEY_LOCAL_MACHINE`, `HKEY_USERS` und `HKEY_CURRENT_CONFIG`. Alle Einstellungen für Windows, Anwendungen, Dienste, Hardware und mehr werden in den Unterschlüsseln dieser Hauptschlüssel gespeichert. Die Informationen werden dabei folgendermaßen auf den Hauptschlüsseln verteilt:

- `HKEY_CLASSES_ROOT`: In diesem Hauptschlüssel werden die Informationen zu Dateierweiterungen und ihrer Zuordnung zu Anwendungen gespeichert. Ein Beispiel hierfür ist die Dateiendung .xlsx, die in der Regel dem Programm Microsoft Excel zugeordnet wird. Streng genommen handelt es sich bei dem Hauptschlüssel `HKEY_CLASSES_ROOT` um Verknüpfungen zu den Unterschlüsseln `HKEY_LOCAL_MACHINE\Software\Classes` und `HKEY_CURRENT_USER\Software\Classes`.
- `HKEY_CURRENT_USER`: In diesem Hauptschlüssel finden Sie die Benutzereinstellungen des aktuell angemeldeten Benutzers wieder (z. B. Einstellungen zum Hintergrundbild). Die Informationen dieses Schlüssels stammen tatsächlich aus `HKEY_USERS\<SID>`, wobei `<SID>` für *Security Identifier* steht. Anhand dieser Sicherheitskennung lässt sich jedes Benutzerkonto eindeutig identifizieren. Weitere Informationen zur SID erhalten Sie in Abschnitt 26.1.2, »Was passiert beim Anlegen des Benutzerprofils?«.
- `HKEY_LOCAL_MACHINE`: Dieser Hauptschlüssel umfasst alle Konfigurationseinstellungen Ihres Computers, also Informationen zur Hardware und Software.

- HKEY_USERS: In diesem Hauptschlüssel werden die Konfigurationseinstellungen gespeichert, die alle Benutzer betreffen. Sie finden hier für jedes Benutzerkonto einen eigenen Unterschlüssel, wobei die einzelnen Benutzerkonten, wie zuvor erwähnt, anhand der jeweiligen SID identifiziert werden.
- HKEY_CURRENT_CONFIG: Hier werden aktuelle Informationen über die im Computer eingebaute Hardware angezeigt. Bei dem Hauptschlüssel handelt es sich um eine Verknüpfung zum Unterschlüssel HKEY_LOCAL_MACHINE\System\CurrentControlSet\Hardware Profiles\Current.

Die meisten Änderungen, die ein Benutzer selbst in der Registry vornimmt, betreffen die beiden Hauptschlüssel HKEY_LOCAL_MACHINE und HKEY_CURRENT_USER. Die Groß- und Kleinschreibung spielt bei der Registry übrigens keine Rolle. Die in diesem Buch gewählte Großschreibung eines Hauptschlüssels dient lediglich der besseren Übersicht. Die fünf Hauptschlüssel werden häufig auch abgekürzt: Der Schlüssel HKEY_CLASSES_ROOT wird mit HKCR abgekürzt, HKCU bedeutet HKEY_CURRENT_USER, HKLM steht für HKEY_LOCAL_MACHINE, HKU für HKEY_USERS, und HKEY_CURRENT_CONFIG trägt das Kürzel HKCC.

Werte und Datentypen

Jeder Hauptschlüssel enthält weitere Schlüssel, die ebenfalls über Unterschlüssel verfügen. Jeder Schlüssel besitzt mindestens einen, häufig aber auch mehrere Werte, die zur Konfiguration des Systems dienen. Der immer vorhandene Standardwert wird im Registry-Editor als (STANDARD) aufgeführt. Der Standardwert ist meist leer, sprich, sein Wert ist nicht festgelegt.

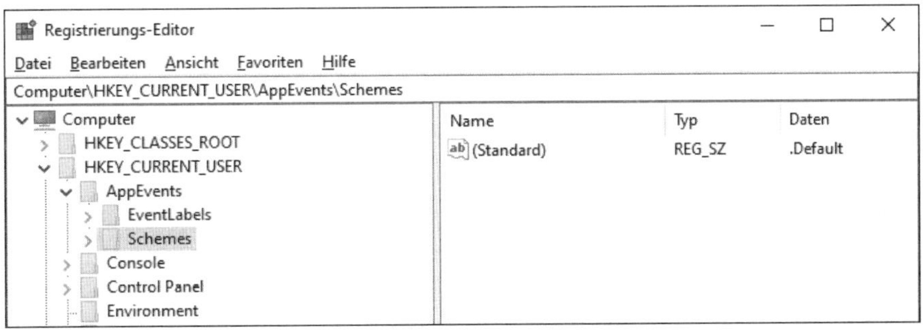

Abbildung 37.3 Jeder Schlüssel verfügt mindestens über einen Wert, den sogenannten »Standardwert«.

Alle anderen Werte eines Schlüssels (sofern denn vorhanden) bestehen jeweils aus den drei Elementen *Name*, *Datentyp* und *Daten*. In der Registry kommen folgende Datentypen zum Einsatz:

- *REG_BINARY*: Dieser Datentyp enthält binäre Daten, die im Registrierungs-Editor als Hexadezimalzahlen dargestellt werden.

- *REG_SZ*: Bei diesem Typ handelt es sich um eine Zeichenfolge fester Länge.
- *REG_MULTI_SZ*: Dieser Datentyp enthält mehrere Zeichenfolgen, die durch sogenannte *Nullbytes* voneinander getrennt werden.
- *REG_EXPAND_SZ*: Hierbei handelt es sich um eine Datenzeichenfolge variabler Länge. Der Datentyp enthält Variablen, die dann aufgelöst werden, wenn ein Programm oder Dienst die Daten verwendet. Ein Beispiel hierfür sind Umgebungsvariablen wie *%userprofile%* oder *%windir%*. (Wer an weiteren Informationen zu Umgebungsvariablen interessiert ist, wird in Abschnitt 11.3.2, »Schneller navigieren mithilfe von Umgebungsvariablen«, fündig.)
- *REG_DWORD*: Bei diesem Datentyp handelt es sich um Daten, die durch eine 32-Bit-Zahl dargestellt werden. Informationen über Gerätetreiber und Dienste werden als solche Werte gespeichert. Die Darstellung im Registrierungs-Editor erfolgt im Binär-, Hexadezimal- oder Dezimalformat.
- *REG_QWORD*: Dieser Datentyp dient zur Aufnahme einer 64-Bit-Zahl, die im Registrierungs-Editor als Binärwert dargestellt wird.

Im Registrierungs-Editor erscheinen der Name, der Datentyp sowie die Daten eines Wertes jeweils in der rechten Fensterhälfte, sobald links ein Schlüssel markiert wurde.

37.1.2 Tipps zum Umgang mit dem Registrierungs-Editor

Die Registry umfasst eine Unmenge von Schlüsseln und Werten. Hier einen Eintrag zu finden kann schnell nervenaufreibend werden. Die folgenden Tricks helfen Ihnen, im Registrierungs-Editor schneller zum gewünschten Ziel zu gelangen.

Schlüsselpfade über die Adressleiste eingeben

Ist Ihnen ein Schlüsselpfad bekannt, müssen Sie sich im Navigationsbereich des Registrierungs-Editors nicht mühselig von Schlüssel zu Schlüssel hangeln, um zum gewünschten Schlüssel zu gelangen. Weitaus bequemer gelingt das Ansteuern über die Adressleiste. Markieren Sie hier zunächst die aktuelle Adresse per Mausklick. Anschließend überschreiben Sie den markierten Pfad mit den neuen Angaben. Bereits während der Eingabe eines Schlüssels blendet Ihnen Windows Vorschläge für die Fortsetzung des Pfades ein. Ein Mausklick auf den gewünschten Schlüsselnamen reicht, um ihn in die Adressleiste zu übernehmen.

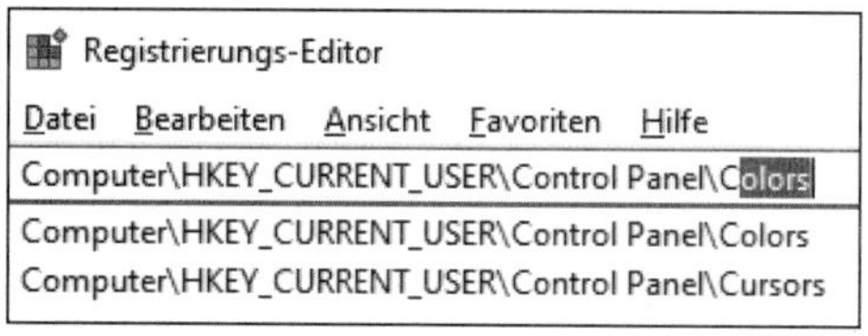

Abbildung 37.4 Komplizierte Schlüsselpfade lassen sich bequem über die Adressleiste eingeben.

Die Suchfunktion des Registrierungs-Editors

Der Registrierungs-Editor verfügt über eine starke Suchfunktion, über die sich nicht nur bestimmte Schlüssel, sondern auch Werte oder Daten in der Registry aufspüren lassen. Wenn Sie bereits eine grobe Ahnung haben, in welchem Haupt- bzw. Unterschlüssel sich der gesuchte Eintrag befindet, sollten Sie diesen links im Navigationsbereich des Registrierungs-Editors markieren. Sind Sie sich unsicher, markieren Sie am besten am oberen Rand des Navigationsbereichs den Eintrag COMPUTER. Somit wird die komplette Registry durchsucht, was allerdings auch entsprechend Zeit in Anspruch nimmt.

Rufen Sie über das Menü BEARBEITEN den Befehl SUCHEN auf. Alternativ hierzu können Sie auch die Tastenkombination [Strg] + [F] drücken. Im Feld SUCHEN NACH des Dialogs SUCHEN geben Sie den Suchbegriff ein. Unterhalb von SUCHOPTIONEN können Sie durch Setzen der entsprechenden Häkchen festlegen, ob Sie nach Schlüsseln, Werten (hiermit sind die Namen der Werte gemeint) und bzw. oder Daten suchen. Ist das Häkchen vor GANZE ZEICHENFOLGE VERGLEICHEN gesetzt, wird die Registry nach Einträgen durchsucht, die genau dem Suchbegriff entsprechen. Mit WEITERSUCHEN starten Sie die Suche. Um zu überprüfen, ob der eingegebene Suchbegriff in der Registry mehrfach auftaucht, drücken Sie die Taste [F3] oder wählen im Menü BEARBEITEN den Befehl WEITERSUCHEN.

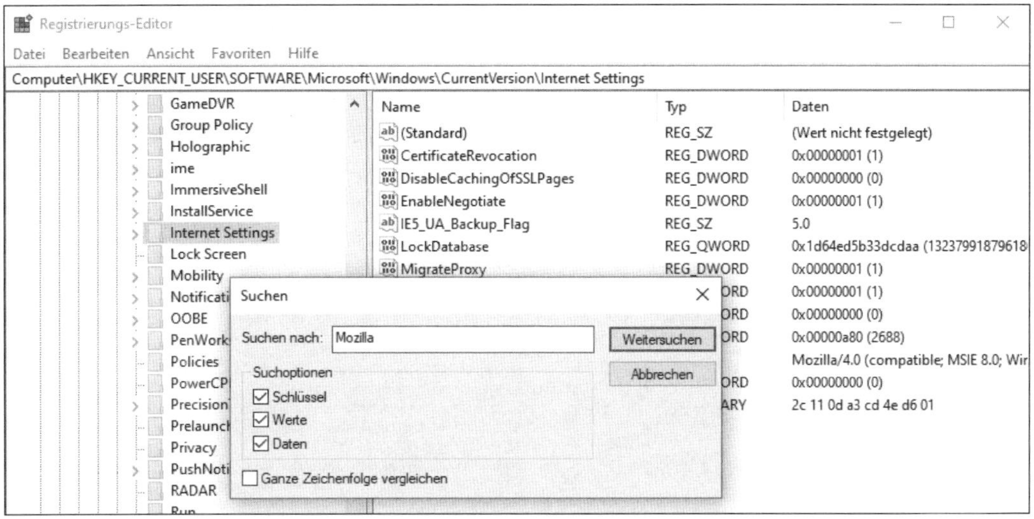

Abbildung 37.5 Mithilfe der Suchfunktion lassen sich Schlüssel, Werte und Daten in der Registry aufspüren.

Häufig besuchte Schlüssel als Favoriten speichern

Der Registrierungs-Editor merkt sich, welchen Schlüssel Sie als Letztes markiert haben, bevor der Editor geschlossen wurde. Rufen Sie das Programm das nächste Mal auf, wird genau dieser Schlüsselpfad wieder ausgewählt. Müssen Sie immer wieder auf einen bestimmten Schlüssel zugreifen, können Sie diesen auch als Favorit speichern. Navigieren Sie hierzu zunächst zum gewünschten Schlüssel, und markieren Sie diesen. Rufen Sie dann im Menü FAVORITEN den Befehl ZU FAVORITEN HINZUFÜGEN auf. Im folgenden Dialog haben Sie die Möglichkeit, den Namen des Favoriten zu ändern, falls Ihnen der Vorschlag in Form des Schlüsselnamens nicht zusagt. Mit OK übernehmen Sie Ihre Eingabe. Um den gerade gespeicherten Favoriten später anzusteuern, klicken Sie im Menü FAVORITEN auf den zuvor festgelegten Namen. Benötigen Sie einen Favoriteneintrag nicht mehr, wählen Sie im Menü FAVORITEN den Befehl FAVORITEN ENTFERNEN. Markieren Sie im folgenden Dialog in der Liste den zu löschenden Eintrag. Bestätigen Sie dann mit OK.

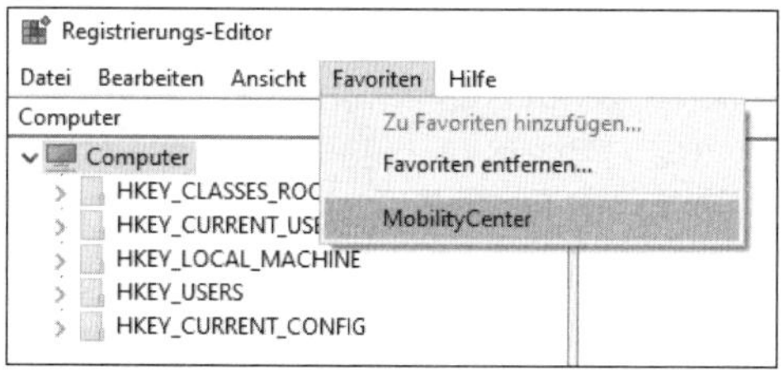

Abbildung 37.6 Häufig benötigte Schlüssel fügen Sie am besten als Favorit hinzu.

Die Ansicht des Registrierungs-Editors individuell optimieren

Die Standardansicht des Registrierungs-Editors ist nicht für jedermann optimal. Wem beispielsweise die Textgröße zu klein ist, kann diese bequem anpassen. Rufen Sie hierzu im Menü ANSICHT den Befehl SCHRIFTART auf. Hier können Sie nun die SCHRIFTART, den SCHRIFTSCHNITT und die GRÖSSE festlegen. Übernehmen Sie Ihre Einstellungen mit OK.

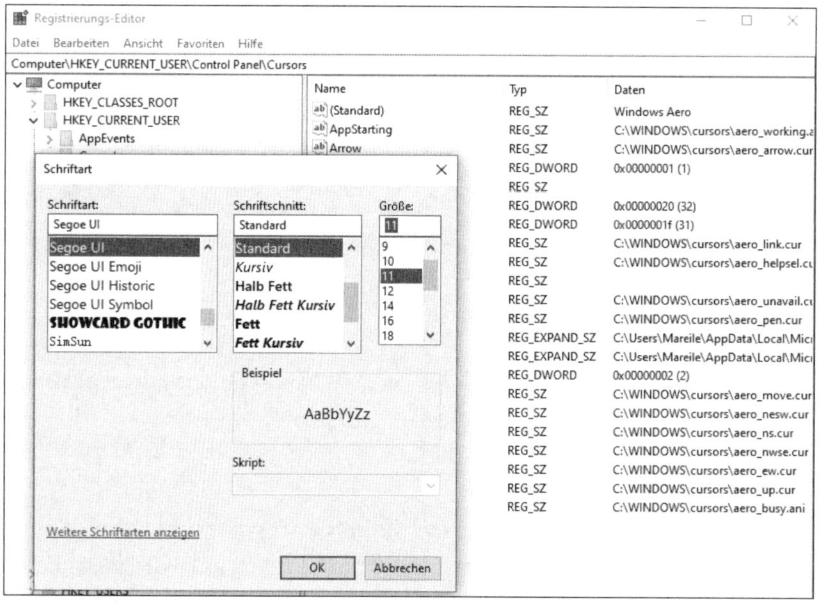

Abbildung 37.7 Wer die Einträge im Registrierungs-Editor nur schwer lesen kann, kann die Textgröße bequem anpassen.

Falls die Einträge innerhalb einer Spalte des Registrierungs-Editors nicht vollständig lesbar sind, verbreitern Sie die Spalte einfach. Positionieren Sie hierzu den Mauszeiger auf der Trennungslinie zwischen zwei Spalten, und ziehen Sie ihn dann mit gedrückter linker Maustaste in die gewünschte Richtung. Auf diese Weise lassen sich sowohl die Breite des Navigationsbereichs und des Detailbereichs anpassen als auch die Spalten NAME, TYP und DATEN innerhalb des Detailbereichs.

Navigation per Tastenkombination

Um die Unterschlüssel eines Schlüssels einzublenden, reicht ein Klick auf das vorangestellte Symbol [>]. Alternativ hierzu können Sie auch die Taste [→] auf Ihrer Tastatur drücken. Einmal eingeblendete Unterschlüssel bleiben auch dann sichtbar, wenn Sie zu anderen Schlüsseln navigieren. Der Navigationsbereich wird hierdurch schnell unübersichtlich. Um Unterschlüssel wieder auszublenden, können Sie entweder auf das Symbol [v] klicken oder einfach die Taste [←] drücken. Werden keine Unterschlüssel angezeigt, führt Sie die Taste [←] eine Schlüsselebene nach oben. Möchten Sie eine Ebene nach oben navigieren, ohne sichtbare Unterschlüssel auszublenden, drücken Sie die Tastenkombination [Alt] + [↑]. Falls Sie z. B. für eine Suchanfrage den Knoten COMPUTER zu Beginn des Navigationsbereichs markieren möchten, klicken Sie zunächst auf ein beliebiges Element im Navigationsbereich, um den Eingabefokus hierauf zu legen. Drücken Sie dann die Taste [POS1]. Liegt der Eingabefokus auf dem Detailbereich, wird durch Drücken der Taste [POS1] das erste Element in diesem Bereich markiert.

37.1.3 Sichern und Wiederherstellen der Registry

Alle Änderungen an der Registry sollten mit äußerster Vorsicht vorgenommen werden. Bereits ein kleiner Fehler kann Ihren Computer im schlimmsten Fall derart beschädigen, dass Sie eine Neuinstallation von Windows vornehmen müssen. Bevor Sie die Registry bearbeiten, sollten Sie diese deshalb unbedingt sichern. Hierzu können Sie entweder ein Backup der gesamten Registrierungsdatenbank anlegen oder auch nur den Teil sichern, an dem Sie Änderungen vornehmen.

Für ein komplettes Backup bietet sich die *Systemwiederherstellung* an, mit deren Hilfe Sie einen sogenannten *Wiederherstellungspunkt* anlegen. Hierbei wird u. a. eine Kopie der Registry erstellt. Sollte beim Bearbeiten der Registry tatsächlich ein Problem auftauchen, lässt sich das System auf diesen Wiederherstellungspunkt zurücksetzen. Wie dies im Einzelnen funktioniert, erfahren Sie in Abschnitt 32.1.

Statt die komplette Registry zu sichern, können Sie auch nur den Teilzweig exportieren, den Sie tatsächlich bearbeiten. Falls die Änderungen an der Registry zu Schwierigkeiten führen, importieren Sie den exportierten Zweig einfach wieder in die Registry. Achten Sie beim Exportieren bitte unbedingt darauf, möglichst nur einen kleinen Teil der Registry zu sichern, sprich wirklich nur den Unterschlüssel, den Sie bearbeiten, und keinesfalls einen der Hauptschlüssel. Bei Letzteren sowie bei einigen Unterschlüsseln besteht die Gefahr, dass diese bereits beim Start des Computers von Windows selbst oder von einem anderen Prozess geöffnet werden. Geöffnete Elemente lassen sich aber nicht ändern und somit auch nicht wiederherstellen. Ein entsprechender Versuch führt zu einer Fehlermeldung, ohne dass die Wiederherstellung erfolgreich durchgeführt werden kann.

Einen Teilzweig der Registry exportieren

Um den Teil der Registry zu sichern, den Sie bearbeiten möchten, markieren Sie den entsprechenden Unterschlüssel im Navigationsbereich des Registrierungs-Editors. Falls Sie einen Schlüssel löschen möchten, wählen Sie zur Sicherheit den Schlüssel eine Ebene höher aus. Rufen Sie dann im Menü Datei den Befehl Exportieren auf. Alternativ hierzu können Sie den markierten Schlüssel auch mit der rechen Maustaste anklicken und dann im Kontextmenü den Befehl Exportieren wählen. Im Dialog Registrierungsdatei exportieren legen Sie den Ordner fest, in dem die Registrierungsdatei gespeichert werden soll. Geben Sie außerdem einen aussagekräftigen Namen für die Datei an. Stellen Sie sicher, dass im Feld Dateityp der Eintrag Registrierungsdateien (*.reg) eingestellt und unterhalb von Exportbereich die Option Ausgewählte Teilstruktur markiert ist. Mit einem Klick auf Speichern sichern Sie die Registrierungsdatei.

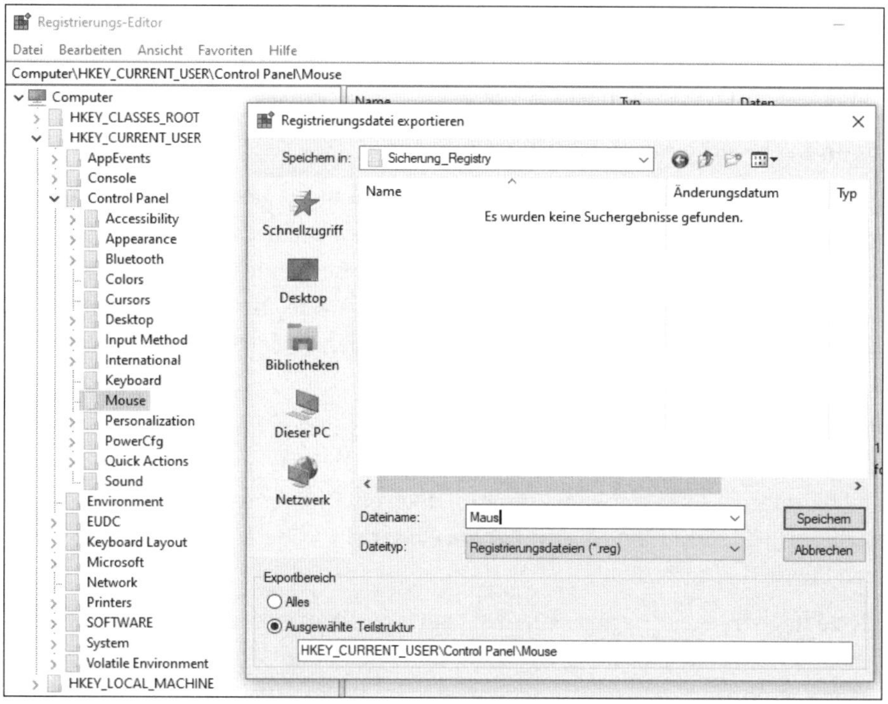

Abbildung 37.8 Bevor Sie Änderungen an der Registry vornehmen, sollten Sie den entsprechenden Zweig in einer Registrierungsdatei sichern.

Bei den Registrierungsdateien handelt es sich um Textdateien, die Sie mit jedem beliebigen Texteditor öffnen, ansehen und bearbeiten können. Wie Sie eine solche .reg-Datei selbst erzeugen, erfahren Sie in Abschnitt 37.1.5. Wenn Sie die gerade exportierte Registrierungsdatei zur Sicherheit überprüfen möchten, öffnen Sie im Explorer den Ordner, in dem die Datei gespeichert wurde. Klicken Sie die Registrierungsdatei dann mit der rechten Maustaste an, und wählen Sie im Kontextmenü den Befehl ÖFFNEN MIT. Im aufklappenden Dialog wählen Sie den Eintrag WEITERE APPS und in der folgenden Auswahlliste den EDITOR. Wer Änderungen an der Registrierungsdatei vornehmen möchte, sollte sehr genau wissen, was er tut. Sind Sie sich unsicher, lassen Sie lieber die Finger davon.

Eine Registrierungsdatei importieren

Falls die vorgenommene Änderung an der Registry nicht den gewünschten Erfolg hatte, können Sie schnell wieder den ursprünglichen Zustand herstellen, indem Sie die zuvor exportierte Registrierungsdatei wieder in die Registry importieren. Ist der Registrierungs-Editor bereits geöffnet, wählen Sie hierzu im Menü DATEI den Befehl IMPORTIEREN aus. Navigieren Sie zu dem Speicherort, in dem Sie die Registrierungsdatei gespeichert haben. Markieren Sie die gewünschte .reg-Datei, und bestätigen Sie die Auswahl mit ÖFFNEN. Der exportierte Schlüssel der Registry wird nun wieder in seiner ursprünglichen Form hergestellt. Den folgenden Hinweis bestätigen Sie mit OK.

Alternativ zum Registrierungs-Editor können Sie zum Importieren auch den Explorer nutzen, indem Sie die Registrierungsdatei dort doppelt anklicken. Die Wiederherstellung der Schlüssel und Werte erfolgt automatisch am Originalort.

37.1.4 Die Registry im Registrierungs-Editor bearbeiten

Zum Bearbeiten der Registry bietet Windows 10 den Registrierungs-Editor an. Sind Sie mit einem Administratorkonto am Computer angemeldet, wird der Registrierungs-Editor nach dem Start automatisch mit administrativen Rechten ausgeführt. Sie müssen nach dem Aufruf (z. B. durch Eingabe von »regedit« im Ausführen-Dialog) nur noch die Benutzerkontensteuerung bestätigen. Als Standardnutzer können Sie den Registrierungs-Editor zwar ebenfalls öffnen, allerdings fehlen dann die Administratorrechte, die aber zum Bearbeiten einiger Schlüssel erforderlich sind. Zu diesen Schlüsseln zählen z. B. einige Unterschlüssel von `HKEY_CLASSES_ROOT`, `HKEY_CURRENT_USER` sowie `HKEY_LOCAL_MACHINE`.

Um auch als Standardnutzer Änderungen an diesen Schlüsseln vornehmen zu können, starten Sie den Registrierungs-Editor mit Administratorrechten. Hierzu geben Sie z. B. im Suchfeld der Taskleiste »regedit« ein. Wird der Treffer REGISTRIERUNGS-EDITOR angezeigt, klicken Sie diesen mit der rechten Maustaste an und wählen im Kontextmenü ALS ADMINISTRATOR AUSFÜHREN. Als Nächstes werden Sie aufgefordert, die Anmeldeinformationen eines Administratorkontos anzugeben. Anschließend können Sie alle Änderungen im Registrierungs-Editor mit Administratorrechten vornehmen. Bedenken Sie hierbei allerdings eines: Alle Einstellungen, die Sie im Folgenden im Hauptschlüssel HKEY_CURRENT_USER vornehmen, wirken sich auf das gewählte Administratorkonto aus, nicht auf Ihr Standardkonto. Falls die Änderungen für das Standardkonto gelten sollen, müssen Sie diese im entsprechenden Zweig des Hauptschlüssels HKEY_USERS ausführen. Lesern Sie hierzu auch den Kasten »Das gewünschte Konto im Hauptschlüssel HKEY_USERS ermitteln«.

Das gewünschte Konto im Hauptschlüssel »HKEY_USERS« ermitteln

Alle auf dem Computer angelegten Benutzerkonten werden als Unterschlüssel unter HKEY_USERS aufgeführt. Die Identifizierung des gewünschten Kontos ist aber gar nicht so einfach, da hier nicht der Name des Benutzerkontos erscheint, sondern seine Sicherheitskennung. Sind Sie als Standardnutzer am System angemeldet, haben den Registry-Editor aber mit Administratorrechten gestartet, müssen Sie also die SID des Standardkontos ermitteln. Rufen Sie hierzu das Schnellzugriffsmenü über die Tastenkombination [Win] + [X] auf, und wählen Sie hier die WINDOWS POWERSHELL. Nach dem Start des Kommandozeilentools geben Sie den Befehl `whoami /user` ein. Nach einem kurzen Moment wird zusätzlich zum Benutzernamen die SID des Kontos eingeblendet. Diese SID taucht auch als Unterschlüssel von HKEY_USERS auf.

Die doch recht lange Zahlenkombination der SID kann man sich meist nur schwer merken. Sollten Sie häufiger Änderungen in der Registry für das Standardkonto vornehmen müssen, können Sie zur Identifizierung des Kontos einen kleinen Trick anwenden: Starten Sie den Registrierungs-Editor einmal ohne Administratorrechte. Markieren Sie im Navigationsbereich den Hauptschlüssel HKEY_CURRENT_USER. Klicken Sie mit der rechten Maustaste auf einen freien Bereich des Detailbereichs, und wählen Sie im Kontextmenü den Befehl NEU • ZEICHENFOLGE. Überschreiben Sie den Text NEUER WERT #1 mit dem Namen des Benutzerkontos, mit dem Sie gerade am Computer angemeldet sind, und bestätigen Sie die Eingabe durch Drücken der [↵]-Taste.

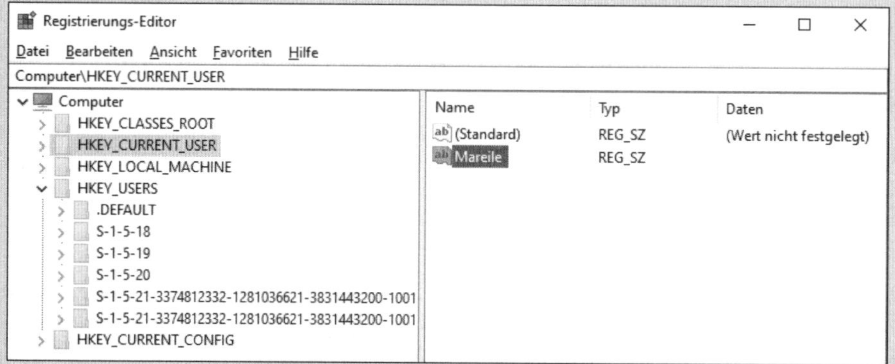

Abbildung 37.9 Zur leichteren Identifizierung eines Kontos legen Sie direkt im Schlüssel »HKEY_CURRENT_USER« einen Zeichenfolgenwert mit dem Namen Ihres Benutzerkontos an.

Blenden Sie nun die Unterschlüssel unter HKEY_USERS ein. Klicken Sie die Unterschlüssel nacheinander an. Bei dem Schlüssel, bei dem rechts im Detailbereich der gerade angelegte Wert mit dem Namen des Benutzerkontos auftaucht, handelt es sich um Ihr Benutzerkonto.

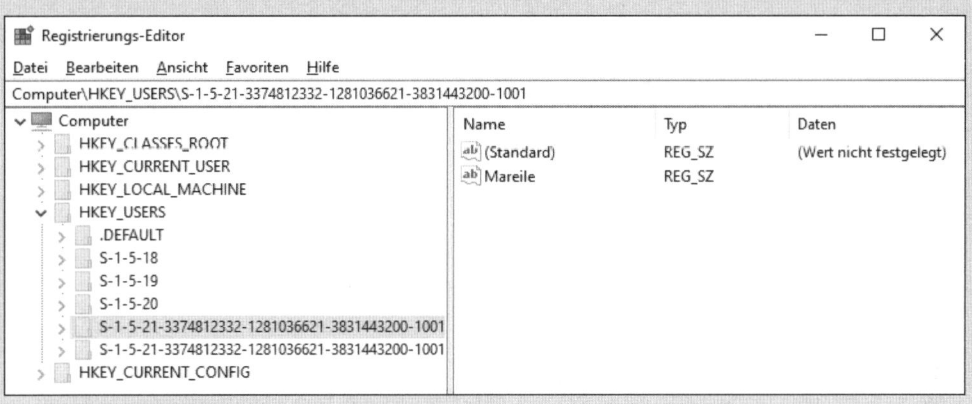

Abbildung 37.10 Markieren Sie dann die Schlüssel unter »HKEY_USERS«, bis der Name rechts eingeblendet wird.

Vorhandene Registry-Einträge ändern

Die meisten Konfigurationen lassen sich in der Einstellungen-App oder über die Systemsteuerung vornehmen. Von daher wird es nur selten nötig sein, dass Sie Änderungen an bereits vorhandenen Registry-Einträgen durchführen müssen. Kommen Sie dennoch nicht umhin, gehen Sie folgendermaßen vor:

1. Navigieren Sie im Registrierungs-Editor zu dem Schlüssel, der den zu ändernden Eintrag enthält.
2. Klicken Sie im Detailbereich des Editorfensters doppelt auf den gewünschten Eintrag. Im folgenden Dialogfenster werden der Wertname sowie seine Werte, sprich Daten, angezeigt. Das Aussehen des Dialogfensters hängt vom Datentyp des Wertes ab.
3. Überschreiben Sie den Inhalt im Feld WERT mit den neuen Angaben, und bestätigen Sie die Änderungen mit einem Klick auf OK. Sollten Sie den Dialog nur testweise geöffnet haben, klicken Sie auf ABBRECHEN. Der Dialog wird damit geschlossen, ohne eventuell vorgenommene Änderungen zu übernehmen.

Sie können einen Wert übrigens auch umbenennen, indem Sie ihn im Detailbereich des Registrierungs-Editors mit der rechten Maustaste anklicken und dann den Befehl UMBENENNEN wählen. Sobald Sie Änderungen an der Registry vorgenommen haben, ist anschließend meist ein Neustart des Computers notwendig, um diese auch zu übernehmen.

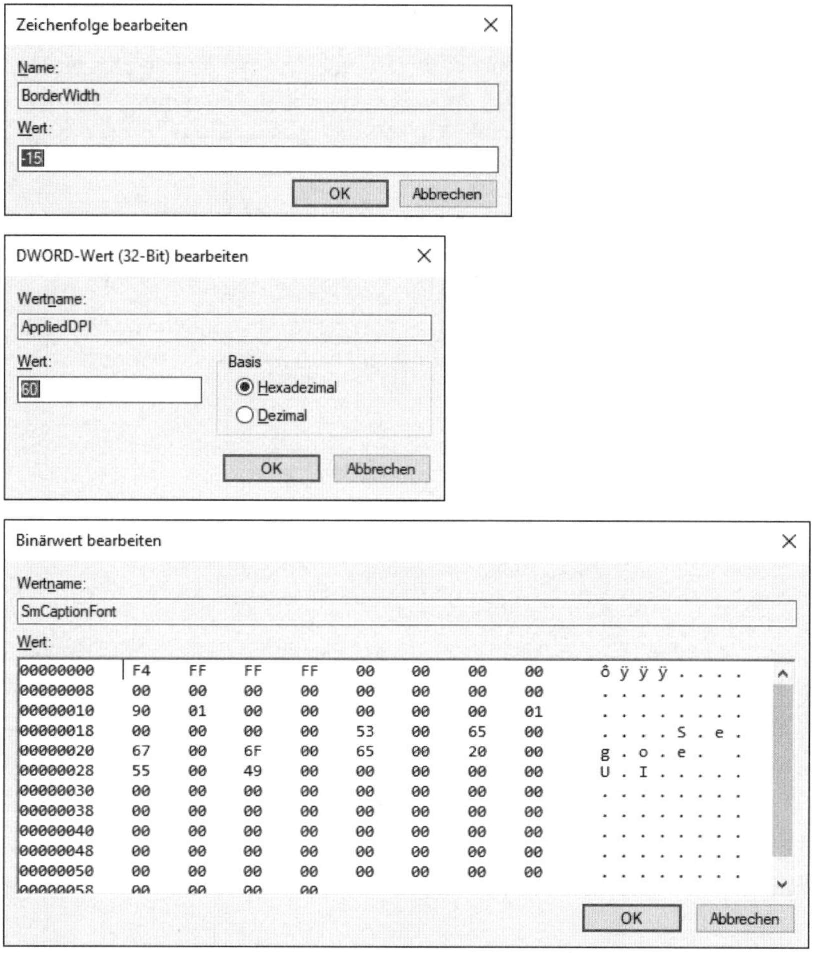

Abbildung 37.11 Drei verschiedene Dialogfenster zum Bearbeiten von Werten

Berechtigungen zum Bearbeiten der Registry anpassen

Zum Bearbeiten der Registry sind meistenteils Administratorrechte notwendig. Verfügt ein Anwender nicht über die entsprechenden Rechte, führt der Versuch, einen Registry-Eintrag zu ändern, zu einer Fehlermeldung. Administratoren haben die Möglichkeit, für jeden Schlüssel der Registry die Berechtigung anzupassen. Hierzu reichen ein rechter Mausklick auf den Schlüssel und dann im Kontextmenü die Auswahl des Befehls BERECHTIGUNGEN. Im folgenden Dialog können Sie nun den Benutzer auswählen und anschließend über die Kontrollkästchen in der unteren Fensterhälfte die Zugriffsrechte erteilen oder auch entziehen. Das Erteilen von Berechtigungen ist eine ausgesprochen heikle Angelegenheit und sollte deshalb nur von Profis durchgeführt werden.

Einen neuen Schlüssel oder Wert anlegen

Falls Sie einen neuen Schlüssel hinzufügen müssen, markieren Sie im Navigationsbereich des Registrierungs-Editors zunächst den übergeordneten Schlüssel. Rufen Sie dann im Menü BEARBEITEN nacheinander NEU • SCHLÜSSEL aus. Alternativ hierzu können Sie den übergeordneten Schlüssel auch mit der rechten Maustaste anklicken und dann im Kontextmenü NEU • SCHLÜSSEL wählen. Überschreiben Sie die Standardbezeichnung NEUER SCHLÜSSEL … nun mit dem gewünschten neuen Namen.

Um einem Schlüssel einen neuen Wert hinzuzufügen, führen Sie im Navigationsbereich des Registrierungs-Editors auf dem Schlüssel einen rechten Mausklick aus. Wählen Sie im Kontextmenü ebenfalls den Befehl NEU aus und anschließend den gewünschten Datentyp, z. B. ZEICHENFOLGE oder auch DWORD-WERT (32-BIT). Im Detailbereich erscheint nun ein neuer Wert. Überschreiben Sie seinen blau markierten Namen mit dem gewünschten neuen Namen. Bestätigen Sie diesen durch Drücken der [↵]-Taste. Ein erneutes Drücken der [↵]-Taste öffnet den Dialog, in dem Sie jetzt die Daten des Wertes eingeben. Alternativ lässt sich der Dialog auch per Doppelklick auf den gerade hinzugefügten Wertnamen öffnen. Wenn Sie die Daten des Wertes eingegeben haben, schließen Sie den Dialog mit OK.

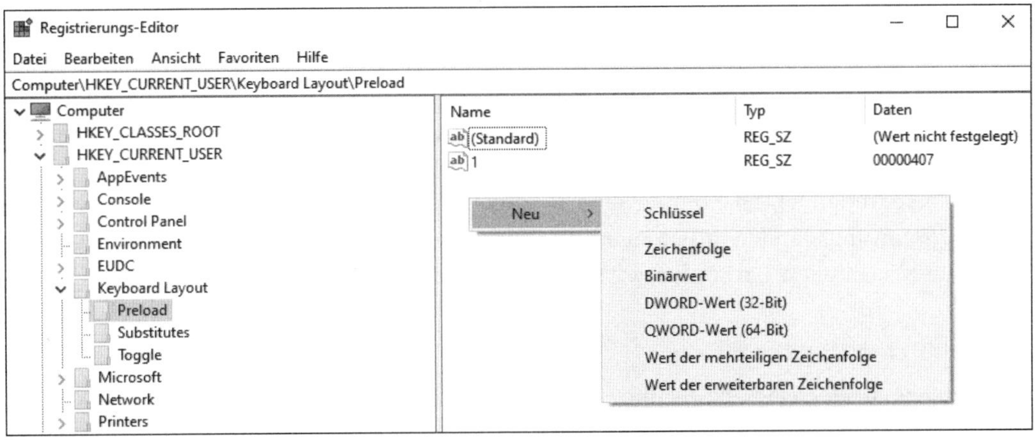

Abbildung 37.12 Über den Befehl »Neu« des Kontextmenüs können Sie einen neuen Schlüssel oder auch neue Werte erzeugen. Für einen Wert wählen Sie den gewünschten Datentyp aus.

Einen Schlüssel oder Wert löschen

Ein Schlüssel oder Wert ist schnell gelöscht: Einfach den Schlüssel bzw. Wert mit der rechten Maustaste anklicken und dann im Kontextmenü den Befehl LÖSCHEN wählen. Beantworten Sie die folgende Sicherheitsfrage mit JA, wenn der Eintrag wirklich entfernt werden soll. Handelt es sich bei dem zu löschenden Eintrag um einen Schlüssel, werden nicht nur der Schlüssel selbst, sondern auch alle seine Unterschlüssel sowie Werte entfernt. Bedenken Sie bei dieser Aktion unbedingt eines: Der Registrierungs-Editor verfügt über keine Rückgängig-Funktion. Ein einmal gelöschter Eintrag ist somit wirklich weg, es sei denn, Sie haben zuvor

37

eine Sicherung des entsprechenden Zweigs vorgenommen, wie in Abschnitt 37.1.3, »Sichern und Wiederherstellen der Registry«, empfohlen.

Finger weg von Optimierungswerkzeugen für die Registry!
Im Web, aber auch in der Literatur taucht immer wieder der Tipp auf, mithilfe von sogenannten *Registry-Cleanern* die Registry aufzuräumen und alte Registry-Einträge zu entfernen. Angeblich lässt sich hierdurch die Systemgeschwindigkeit verbessern. Die positive Wirkung eines solchen Tools hält sich allerdings ausgesprochen in Grenzen. Ganz im Gegensatz zu den teils fatalen Folgen, die das Löschen von eigentlich noch benötigten Registry-Einträgen mit sich bringt. Nicht selten führt der Einsatz eines solchen Tools sogar zu einem nicht mehr startfähigen System. Lassen Sie also besser die Finger von solchen Programmen.

37.1.5 Eine eigene .reg-Datei erzeugen

In Abschnitt 37.1.3 haben Sie erfahren, wie Sie einen Zweig der Registry sichern, sprich exportieren können. Hierbei wird eine .reg-Datei erzeugt, die sich z. B. mit nur einem Doppelklick auf die Datei im Explorer auch wieder bequem in die Registry zurückspielen (also importieren) lässt. Solch eine Registrierungsdatei ist auch dann praktisch, wenn Sie dieselben Änderungen an der Registry auf mehreren Computern vornehmen müssen. Statt die Bearbeitung auf jedem Gerät einzeln durchzuführen, importieren Sie die einmal erzeugte .reg-Datei auf den anderen PCs einfach. Wenn Sie Freunden oder Familienmitgliedern das Bearbeiten der Registry ersparen möchten, können Sie eine Registrierungsdatei natürlich auch weiterleiten. Eine Registrierungsdatei lässt sich nicht nur durch das Exportieren aus dem Registrierungs-Editor heraus erstellen, Sie können sie auch direkt erzeugen, wie im Folgenden gezeigt wird.

Die Syntax einer .reg-Datei

Um vom Registrierungs-Editor ausgewertet werden zu können, müssen .reg-Dateien immer folgende Syntax aufweisen:

```
Windows Registry Editor Version 5.00

[<Hauptschlüsselname>\<Schlüsselname>\<Unterschlüsselname>]
"Wertname" =<Datentyp>:<Datenwert>
```

Bei der Syntax sollten Sie folgende Punkte beachten:

- Die erste Zeile (auch *Kopfzeile* genannt) enthält die Signatur. Sie ist Pflicht, denn anhand dieser Angaben erkennt der Registrierungs-Editor, dass die .reg-Datei Registrierungsdaten enthält.

- Nach einer Leerzeile folgen die Schlüsselnamen, die in eckigen Klammern gesetzt werden. Der Pfad muss vollständig angegeben werden. Der Hauptschlüssel darf zudem nicht abgekürzt werden.
- Auf die Schlüsselangaben folgen die Werte. Falls einem Schlüssel mehrere Werte zugewiesen werden, wird jeder einzelne Wert in einer eigenen Zeile aufgeführt.
- Der Wertname wird in Anführungszeichen gesetzt, anschließend folgt ein Gleichheitszeichen. Der Datentyp des Wertes wird durch ein Schlüsselwort angegeben. Nach einem Doppelpunkt erscheinen dann die Daten. Für einen Wert namens »Beispielwert« mit dem Datentyp `REG-DWORD` und dem Datenwert `00000000` lautet die entsprechende Zeile in der .reg-Datei somit:

  ```
  "Beispielwert"=dword:00000000
  ```

- Handelt es sich bei den Daten um eine Pfadangabe, müssen die Backslash-Zeichen »\« doppelt aufgeführt werden. Der Pfad *C:\Programme\MicrosoftOffice* wird in der .reg-Datei also *C:\\Programme\\MicrosoftOffice* geschrieben.
- Eine besondere Stellung kommt dem Datentyp `REG_SZ` zu. Im Gegensatz zu den anderen Datentypen muss bei ihm kein Schlüsselwort ergänzt werden. Seine Daten erscheinen stattdessen direkt nach dem Gleichheitszeichen.
- Jeder Schlüssel besitzt mindestens einen Wert, den sogenannten *Standardwert*. Meist ist dieser nicht definiert und erscheint somit auch nicht in der .reg-Datei. Ist er definiert, erscheint in der .reg-Datei statt des Wertnamens das Sonderzeichen @. Der `REG_SZ`-Standardwert wird nach dem Gleichheitszeichen in Anführungszeichen gesetzt. Lautet der Standardwert etwa *Beispieltext*, erscheint in der .reg-Datei somit die Zeile:

  ```
  "@"="Beispieltext"
  ```

- Falls Sie einen Kommentar ergänzen möchten, beginnen Sie eine neue Zeile zunächst mit einem Strichpunkt, gefolgt vom Kommentartext, also etwa:

  ```
  ;ein Beispiel für einen Kommentar
  ```

Meistens wird eine .reg-Datei verwendet, um Einträge der Registry zu ändern. Ist ein Wert bereits vorhanden, werden seine bisherigen Daten durch die neuen ersetzt. Existiert ein aufgeführter Schlüssel oder Wert noch nicht, wird er hinzugefügt. Werte und Schlüssel können natürlich auch über die .reg-Datei gelöscht werden. Dies funktioniert folgendermaßen:

- Falls Sie einen vorhandenen Schlüssel löschen möchten, fügen Sie vor dem Hauptschlüsselnamen ein Minuszeichen ein. Um also den Schlüssel `HKEY_LOCAL_MACHINE\Software\Beispielapp` mit all seinen Unterschlüsseln und Werten zu löschen, lautet der Eintrag in der .reg-Datei:

  ```
  [-HKEY_LOCAL_MACHINE\Software\Beispielapp]
  ```

- Auch Werte lassen sich über die .reg-Datei löschen. In diesem Fall wird nach dem Wertnamen und dem Gleichheitszeichen anstelle der Daten ein Minuszeichen angegeben. Um den Wert *Beispielwert* innerhalb des Schlüssels `HKEY_LOCAL_MACHINE\Software\Beispielschlüssel` zu entfernen, sind in der .reg-Datei die folgenden zwei Zeilen einzutragen:

```
[HKEY_LOCAL_MACHINE\Software\Beispielschlüssel]
"Beispielwert"=-
```

Im Folgenden lernen Sie anhand zweier Beispiele, wie Sie eine .reg-Datei selbst erzeugen können.

Beispiel 1: Websuche in Taskleiste unterbinden

Das Suchfeld in der Taskleiste ist durchaus praktisch, wenn es darum geht, Programme, Einstellungen oder auch Dateien auf dem Computer zu finden. Nicht jedem Anwender gefällt es allerdings, dass die Suchanfrage automatisch auch auf das Web ausgedehnt wird. Durch eine kleine Korrektur in der Registry lässt sich dies aber schnell unterbinden. Und so gehen Sie hierzu ab Windows 10 Version 2004 vor (für ältere Versionen von Windows 10 gilt dieses Vorgehen nicht):

1. Rufen Sie zunächst den Explorer auf, und wechseln Sie in den Ordner, in dem die .reg-Datei abgespeichert werden soll. Klicken Sie dann im Detailbereich mit der rechten Maustaste auf eine freie Stelle. Im Kontextmenü wählen Sie NEU • TEXTDOKUMENT.
2. Geben Sie einen Namen für die Datei an, etwa »Websuche«. Die bereits vorgegebene Dateiendung .txt behalten Sie zunächst bei. Doppelklicken Sie die Datei an. Hierdurch wird automatisch der Editor geöffnet.
3. Geben Sie im Editor nun folgende Zeilen ein:

   ```
   Windows Registry Editor Version 5.00
   [HKEY_CURRENT_USER\Software\Policies\Microsoft\Windows\Explorer]
   "DisableSearchBoxSuggestions"=dword:00000001
   ```

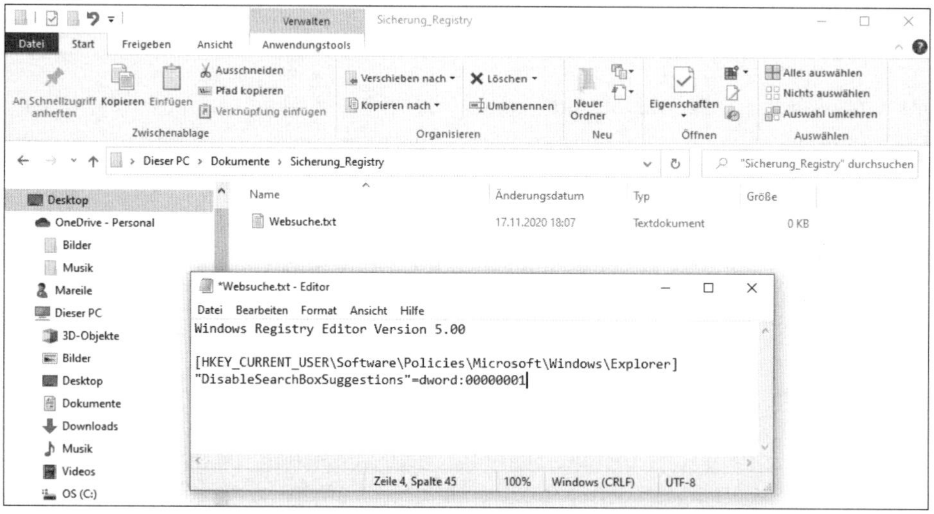

Abbildung 37.13 Beispiel für eine ».reg«-Datei

4. Speichern Sie die Datei über DATEI • SPEICHERN oder durch Drücken der Tastenkombination [Strg] + [S]. Schließen Sie die Datei anschließend.
5. Klicken Sie die Datei im Explorer mit der rechten Maustaste an, und wählen Sie im Kontextmenü den Befehl UMBENENNEN. Ändern Sie die Dateiendung nun von .txt in .reg. Übernehmen Sie die Änderung durch Drücken der [↵]-Taste, und bestätigen Sie den folgenden Hinweis.
6. Doppelklicken Sie die Datei nun im Explorer an, wird sein Inhalt automatisch der Registry hinzugefügt. Die folgenden Hinweise bestätigen Sie jeweils mit JA und OK. Starten Sie den Computer anschließend neu, um die Änderungen zu übernehmen.

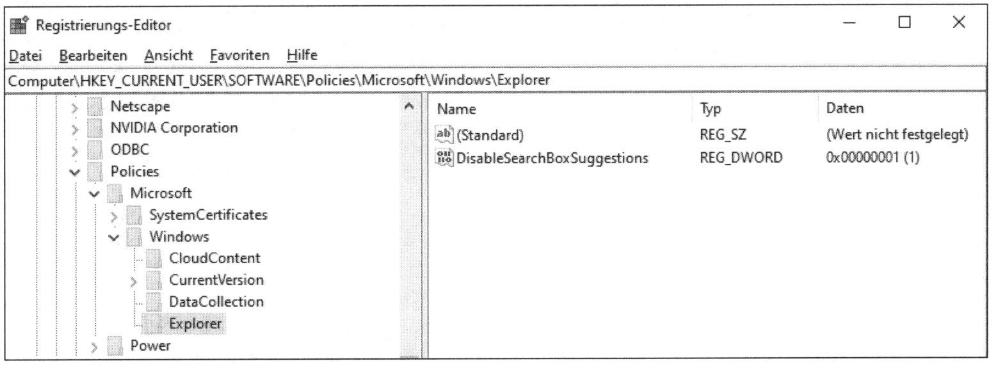

Abbildung 37.14 Der in der ».reg«-Datei angegebene Schlüssel und sein Wert wurden automatisch der Registry hinzugefügt, wie ein Blick in den Registrierungs-Editor zeigt.

Führen Sie nun eine Suchanfrage über das Suchfeld der Taskleiste durch, findet keine Websuche mehr statt. Die Schnellsuche, über die Sie im Suchdialog direkt nach aktuellen Wettermeldungen oder Top-Nachrichten suchen konnten, ist hierdurch ebenfalls verschwunden. Sollten Sie die Websuche doch irgendwann wieder wünschen, entfernen Sie über den Registrierungs-Editor einfach den Wert DISABLESEARCHBOXSUGGESTIONS im Schlüsselpfad `HKEY_CURRENT_USER\Software\Policies\Microsoft\Windows\Explorer`.

Beispiel 2: Dialog zur »Einrichtung Ihres Geräts« deaktivieren

Wenn es nach Microsoft geht, sollten Anwender zur Anmeldung am Computer ausschließlich ein Microsoft-Konto verwenden. Auch das Verknüpfen von Smartphone und PC sowie die Datensicherung auf OneDrive wären ganz im Sinne des Unternehmens. Verzichtet der Anwender darauf oder arbeitet sogar mit einem lokalen Benutzerkonto, erscheint seit Version 2004 von Windows 10 immer wieder der Dialog LASSEN SIE UNS DIE EINRICHTUNG IHRES GERÄTS ABSCHLIESSEN. Mit einem Klick auf ERINNERE MICH IN 3 TAGEN lässt sich der Dialog lediglich für diesen überschaubaren Zeitraum ausblenden. Stört Sie der Dialog, müssen Sie eine Einstellung in der Einstellungen-App ändern. Alternativ hierzu können Sie aber auch eine .reg-Datei erstellen, die die entsprechende Konfiguration in der Registry übernimmt.

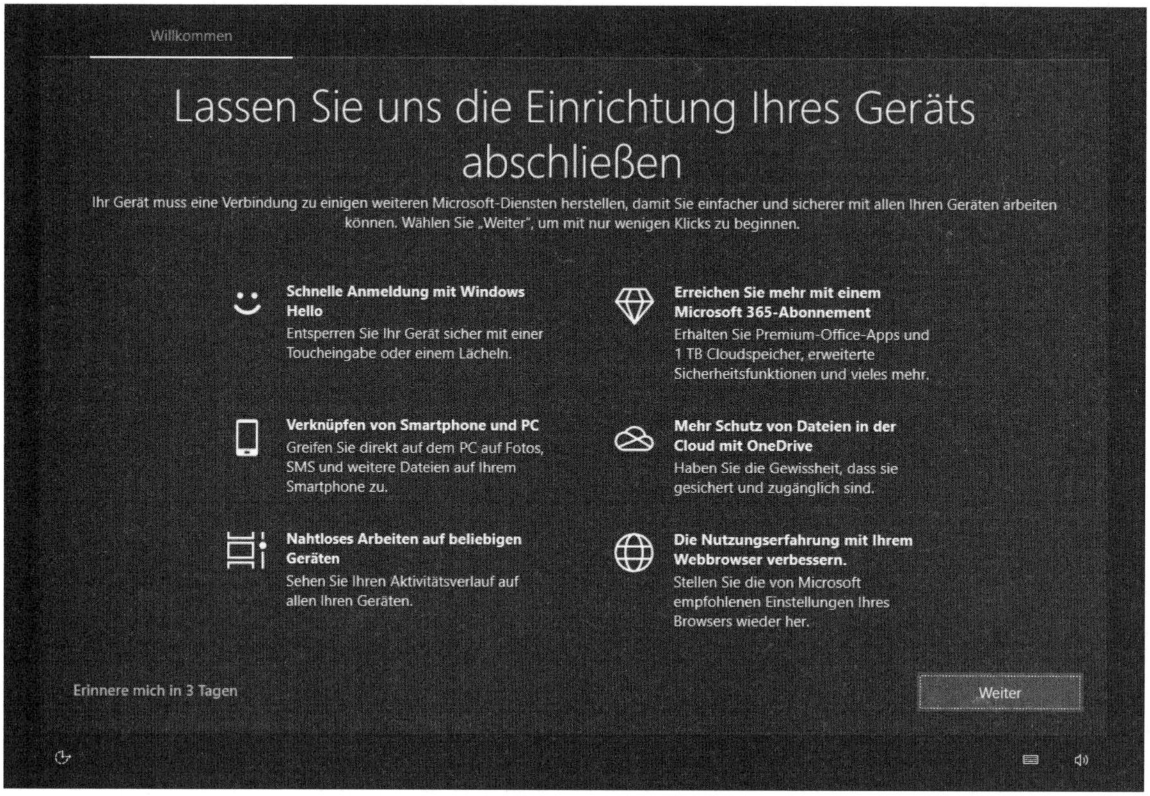

Abbildung 37.15 Erscheint dieser Dialog immer wieder, kann das auf Dauer durchaus nerven.

Ziehen Sie den Weg über die Einstellungen-App vor, rufen Sie dort die Kategorie System • Benachrichtigungen und Aktionen aus. Entfernen Sie in der rechten Fensterhälfte unterhalb von Benachrichtigungen das Häkchen vor Möglichkeiten zum Abschliessen der Einrichtung meines Geräts für die optimale Nutzung von Windows vorschlagen.

Der andere Weg führt über die Registry. Der Inhalt einer entsprechenden .reg-Datei ist nicht umfangreich. Erstellen Sie zunächst wie im vorherigen Beispiel beschrieben eine .txt-Datei, der Sie z. B. den Namen »Willkommensdialog« geben. Öffnen Sie die Datei dann im Editor. Geben Sie nun folgende Zeilen ein:

```
Windows Registry Editor Version 5.00
[HKEY_CURRENT_USER\SOFTWARE\Microsoft\Windows\CurrentVersion\UserProfileEngagement]
"ScoobeSystemSettingEnabled"=dword:00000000
```

Speichern Sie die Datei, und schließen Sie sie. Ändern Sie dann wie im vorherigen Beispiel beschrieben die Dateiendung in .reg. Nach einem Doppelklick auf die Registrierungsdatei werden die Einträge der Registry entsprechend geändert. Starten Sie auch hier den Computer neu.

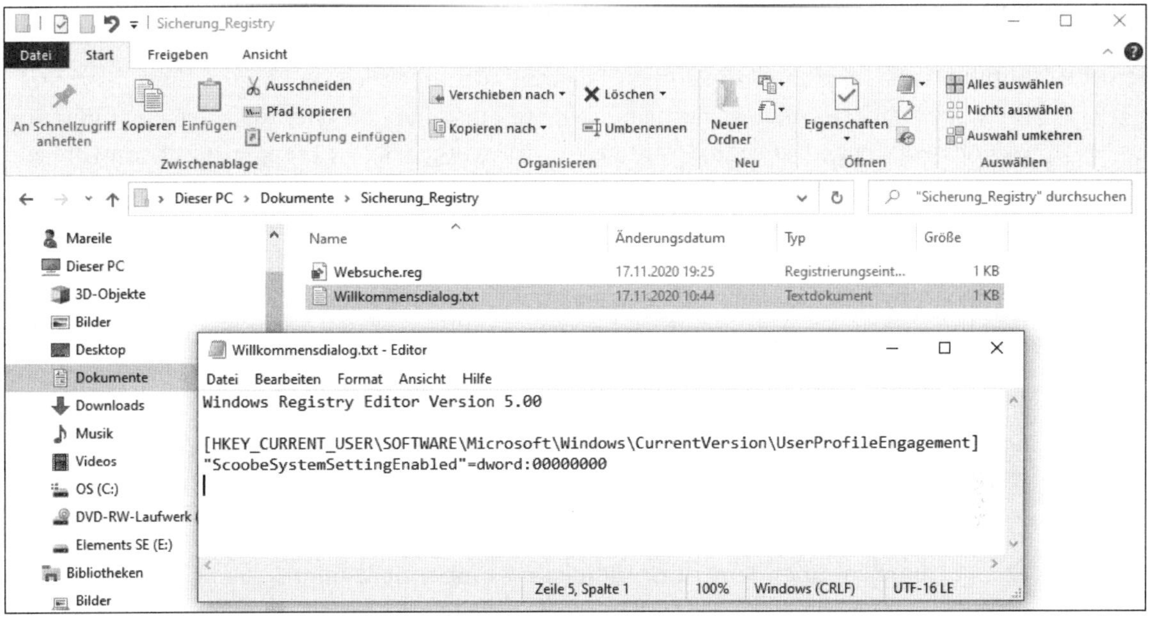

Abbildung 37.16 Der Inhalt dieser ».reg«-Datei sorgt dafür, dass der Willkommensdialog nicht mehr alle drei Tage eingeblendet wird.

Registry-Hacks im Internet

Im Web findet sich eine Vielzahl von Tipps zur Bearbeitung der Registry. Bevor Sie einen solchen Tipp umsetzen, sollten Sie allerdings ganz genau hinsehen. Denn nicht jede Anleitung ist für die jeweils vorliegende Version von Windows 10 geeignet, da Microsoft die Struktur der Registry häufig ändert. Sollten Sie auf der Suche nach einem speziellen Registry-Hack sein, empfiehlt es sich, bei einer entsprechenden Websuche die Ergebnisse auf Treffer des letzten Jahres zu beschränken. Nutzen Sie für die Suche z. B. Google, klicken Sie nach Eingabe des Suchbegriffs und Start der Suche auf die Schaltfläche SUCHFILTER. Nach einem Klick auf BELIEBIGE ZEIT begrenzen Sie den Suchzeitraum auf LETZTES JAHR. Haben Sie einen Tipp für die von Ihnen verwendete Windows-Version entdeckt, denken Sie daran, vor dem Ausprobieren den entsprechenden Pfad der Registry zu sichern oder einen Systemwiederherstellungspunkt zu setzen. So können Sie Ihre Änderungen immer wieder rückgängig machen, falls es doch zu Schwierigkeiten kommen sollte. Von einem Download von .reg-Dateien, die Sie im Internet finden, sollten Sie übrigens die Finger lassen, es sei denn, Sie können die Quelle zu hundert Prozent als zuverlässig einstufen. Die Gefahr, sich über solch eine Datei ein Schadprogramm einzufangen, ist sehr groß.

37.2 Gruppenrichtlinien verwalten

Mithilfe von *Gruppenrichtlinien* (auf Englisch »Group Policies«) können Administratoren Desktopkonfigurationen, sicherheitsrelevante Einstellungen oder auch die Konfiguration von Anwendungen festlegen. So können Sie z. B. vorgeben, wie komplex das Kennwort sein muss, das ein Benutzer zur Anmeldung auswählt. Auch Systemeinstellungen, wie etwa die Deaktivierung der Websuche über das Suchfeld der Taskleiste (siehe auch Beispiel 1 in Abschnitt 37.1.5), lassen sich per Gruppenrichtlinie vorgeben. In einer Domänenumgebung stellen die Gruppenrichtlinien einen bequemen Weg dar, alle in einer Domäne eingebundenen Computer zentral zu verwalten. Die Konfigurationseinstellungen können aber auch auf einem einzelnen Gerät vorgenommen werden, wie Sie im Verlauf des Buches bereits anhand einiger Beispiele sehen konnten. Die Verwaltung erfolgt über den *Editor für lokale Gruppenrichtlinien*, einem Snap-In der *Microsoft Management Console* (kurz *MMC*). Der Editor steht allerdings nur in den Windows 10-Editionen Pro und Enterprise zur Verfügung.

37.2.1 Übersicht über den Editor für lokale Gruppenrichtlinien

Um Gruppenrichtlinien über den Editor für lokale Gruppenrichtlinien zu bearbeiten, benötigen Sie Administratorrechte. Sind Sie bereits als Administrator am Computer angemeldet, kann der Aufruf des Editors z. B. über den Ausführen-Dialog erfolgen, den Sie über die Tastenkombination [Win] + [R] einblenden. Geben Sie im Dialog »gpedit.msc« ein, und bestätigen Sie durch Drücken der [↵]-Taste oder mit einem Klick auf OK. Sind Sie mit einem Standardnutzerkonto am System angemeldet, führt Sie der Weg zum Start des Editors über das Suchfeld der Taskleiste. Auch hier geben Sie »gpedit.msc« ein. Klicken Sie den gleichnamigen Treffer mit der rechten Maustaste an, und wählen Sie im Kontextmenü ALS ADMINISTRATOR AUSFÜHREN. Sie werden nun aufgefordert, die Anmeldeinformationen eines Administratorkontos anzugeben.

Nach dem Öffnen des Editors für lokale Gruppenrichtlinien bekommen Sie das klassische Fenster eines Snap-Ins der Microsoft Management Console zu sehen. Im Navigationsbereich links werden zunächst die beiden Hauptkategorien COMPUTERKONFIGURATION und BENUTZERKONFIGURATION angezeigt. Die unter COMPUTERKONFIGURATION zusammengefassten Richtlinien beziehen sich auf den gesamten Computer. Die Einstellungen, die unter BENUTZERKONFIGURATION vorgenommen werden, werden hingegen nur auf die Profile der Benutzer angewendet, sobald sich diese am Computer anmelden.

Klicken Sie auf das Symbol [>] links von einem der beiden Kategorienamen, werden jeweils diese drei Unterkategorien eingeblendet:

- **Softwareeinstellungen**: Über diese Unterkategorie können Administratoren Software per MSI-Dateien (Abkürzung für *Microsoft Software Installation*) automatisch auf mehreren Computern verteilen, die in einer Domänenumgebung eingebunden sind. Auf Einzelplatzrechnern ist diese Kategorie im Normalfall leer.

- **Windows-Einstellungen**: Diese Unterkategorie umfasst vor allem lokale Sicherheitseinstellungen.
- **Administrative Vorlagen**: In der Unterkategorie ADMINISTRATIVE VORLAGEN finden Sie eine Vielzahl an Gruppenrichtlinien zum Anpassen des Desktops, Startmenüs, Netzwerkes, der Systemsteuerung und mehr.

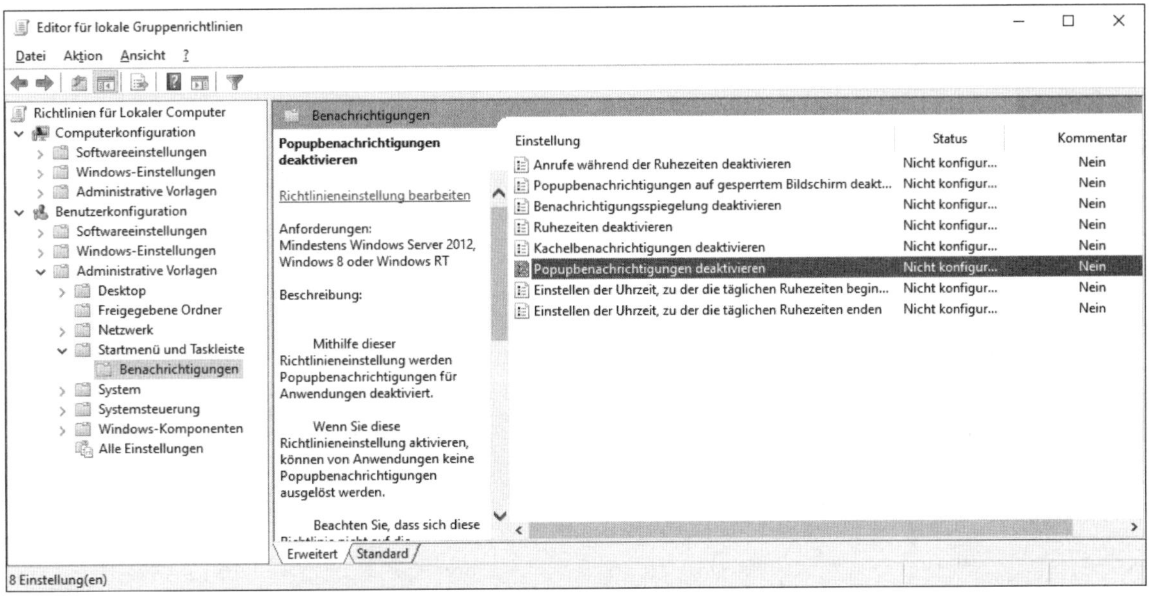

Abbildung 37.17 Übersicht über den Editor für lokale Gruppenrichtlinien

Sowohl in den Windows-Einstellungen als auch in den administrativen Vorlagen lassen sich weitere Zweige per Klick auf das Symbol [>] einblenden. Markieren Sie im Navigationsbereich einen Eintrag, werden im Detailbereich rechts die für diese Kategorie definierten Gruppenrichtlinien aufgeführt. Manche Gruppenrichtlinien tauchen sowohl in der Kategorie COMPUTERKONFIGURATION als auch in der Kategorie BENUTZERKONFIGURATION auf. Sollten die jeweils vorgenommenen Einstellungen nicht identisch sein, werden die Einstellungen der Computerkonfiguration angewendet.

Die im Zweig *Computerkonfiguration\Windows-Einstellungen\Sicherheitseinstellungen* aufgeführten Sicherheitsrichtlinien lassen sich übrigens auch über die Konsole *Lokale Sicherheitsrichtlinie* anpassen. Hierfür benötigen Sie wie beim Editor für lokale Gruppenrichtlinien Administratorrechte. Zum Aufruf der Konsole rufen Sie den Ausführen-Dialog über die Tastenkombination [Win] + [R] auf und geben »secpol.msc« ein. Nach Drücken der [↵]-Taste oder Bestätigen mit OK wird die Konsole LOKALE SICHERHEITSRICHTLINIE geöffnet.

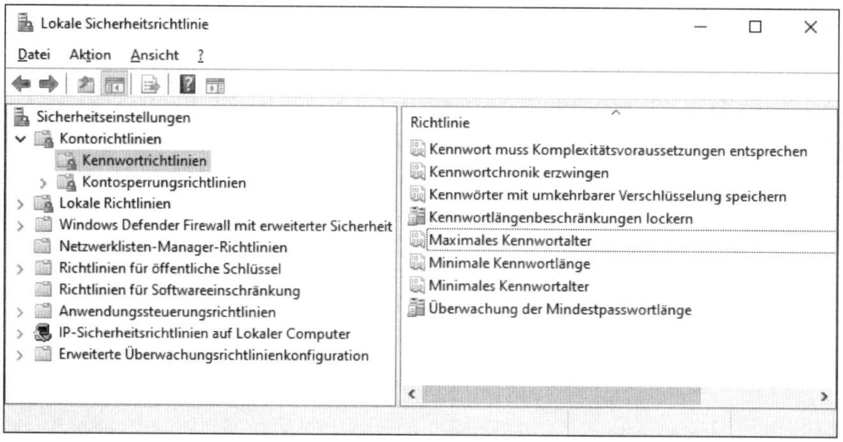

Abbildung 37.18 Sicherheitseinstellungen wie Kennwortrichtlinien lassen sich auch über die Konsole »Lokale Sicherheitsrichtlinie« bearbeiten.

Übersicht über Gruppenrichtlinien zum Download

Die Gruppenrichtlinien werden mit jedem Funktionsupdate überarbeitet. Dabei fallen manche Gruppenrichtlinien weg, andere kommen hinzu. Nachdem Microsoft längere Zeit darauf verzichtet hat, bietet das Unternehmen mit der Veröffentlichung von Windows 10 Version 20H2 wieder eine Excel-Datei mit einer Übersicht über alle Gruppenrichtlinien für die Computer- und Benutzerverwaltung an. In dieser englischsprachigen Tabelle werden die Bezeichnungen der Gruppenrichtlinien aufgeführt, eine kurze Erklärung, was die Richtlinie bewirkt, und es werden die .admx-Dateien, in denen die jeweilige Richtlinien definiert werden, genannt. Zusätzlich erfahren Sie, welcher Registrierungsschlüssel durch eine Gruppenrichtlinie verändert wird. Die tabellarische Übersicht ist ausgesprochen umfangreich. Setzen Sie daher am besten die Excel-Filter ein, um gezielt nach Einstellungen zu suchen. Die Excel-Datei für Windows 10 Version 20H2 können Sie über den Link *https://www.microsoft.com/en-us/download/details.aspx?id=102158* herunterladen.

37.2.2 Gruppenrichtlinien bearbeiten

Markieren Sie im Navigationsbereich des Editors für lokale Gruppenrichtlinien eine Kategorie, werden im Detailbereich die dazugehörigen Gruppenrichtlinien aufgeführt. Für die Darstellung des Detailbereichs empfiehlt sich die Ansicht ERWEITERT, die Sie über den gleichnamigen Registerreiter unterhalb der rechten Spalte auswählen (siehe Abbildung 37.17). Markieren Sie nun eine der Gruppenrichtlinien, wird in einer zusätzlichen Spalte rechts vom Navigationsbereich eine kurze Beschreibung der Richtlinie eingeblendet.

Um eine Gruppenrichtlinie zu bearbeiten, klicken Sie sie doppelt im Detailbereich an. Ist die Ansicht ERWEITERT eingestellt, können Sie die Richtlinie auch markieren und dann oberhalb des Beschreibungstextes auf Richtlinieneinstellungen bearbeiten klicken. In beiden Fällen öffnet sich der Dialog zur Konfiguration der Richtlinie. Für die meisten Richtlinien finden Sie in diesem Dialog drei Optionen zur Auswahl vor:

- **Nicht konfiguriert**: Bei dieser Option handelt es sich um die Standardeinstellung von Richtlinien, d. h., die meisten Gruppenrichtlinien sind zunächst nicht konfiguriert.
- **Aktiviert**: Wird die Option Aktiviert ausgewählt, wird die entsprechende Konfiguration, die über die Richtlinie vorgenommen wird, angewendet und die Einstellung in der Registry vorgenommen.
- **Deaktiviert**: Die Option Deaktiviert bewirkt, dass die Richtlinie nicht angewendet wird.

Wurde die Option Aktiviert ausgewählt, werden innerhalb des Dialogs im Bereich Optionen meist noch weitere Konfigurationsmöglichkeiten für die Richtlinie eingeblendet. Welche Bedeutung diese im Einzelnen haben, erfahren Sie im Bereich Hilfe. Das Feld Kommentar bietet Platz für eine kleine Erinnerungsstütze, um auch später noch zu wissen, warum Sie eine bestimmte Einstellung vorgenommen haben. Über die Schaltflächen Vorherige Einstellung und Nächste Einstellung können Sie sich durch alle Richtlinieneinstellungen arbeiten. Haben Sie alle gewünschten Einstellungen vorgenommen, übernehmen Sie die Änderungen mit OK.

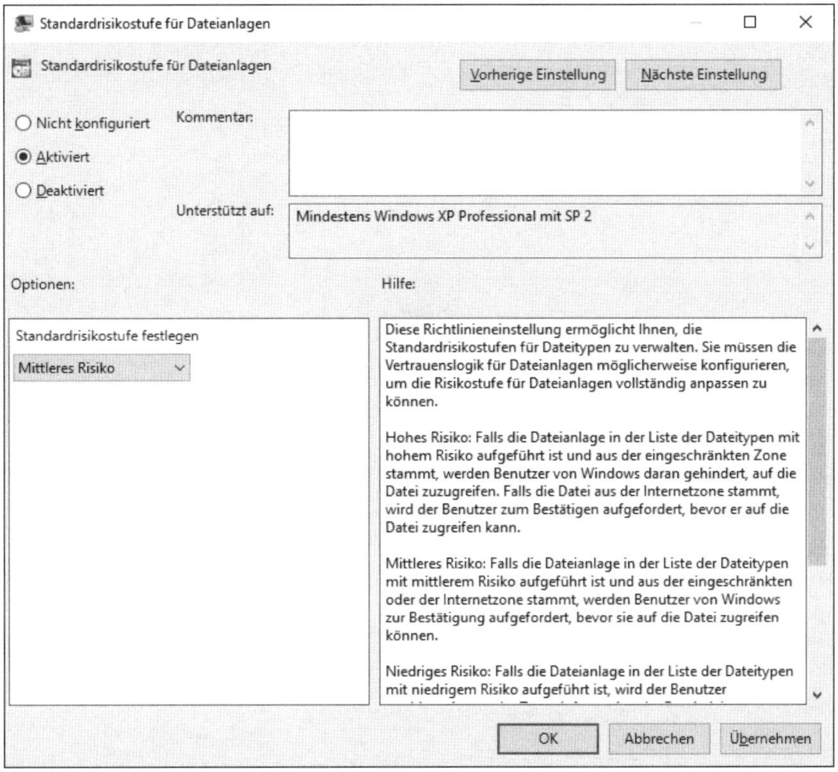

Abbildung 37.19 Dialog zur Konfiguration einer Gruppenrichtlinie

Mehr Übersicht dank Filteroptionen

Es gibt eine Vielzahl an Gruppenrichtlinien. Hier die gewünschte zu finden, ist gar nicht so einfach. Mithilfe von Filtern lässt sich die Anzeige aber zum Glück auf relevante Themen einschränken. Markieren Sie hierzu zunächst die gewünschte Kategorie, etwa ADMINISTRATIVE VORLAGEN. Rufen Sie dann im Menü AKTION den Befehl FILTEROPTIONEN auf. Sollen z. B. nur die Richtlinieneinstellungen angezeigt werden, die Sie bereits bearbeitet haben, wählen Sie im Feld KONFIGURIERT die Einstellung JA aus. Ist Ihnen der Name einer Richtlinie bekannt, versehen Sie SCHLÜSSELWORTFILTER AKTIVIEREN mit einem Häkchen und geben den Namen dann im Feld ein. Falls Sie nach Einstellungen zu bestimmten Anwendungen oder Windows-Versionen suchen, versehen Sie ANFORDERUNGSFILTER AKTIVIEREN mit einem Häkchen und aktivieren dann das gewünschte Element. Mit OK übernehmen Sie die Filtereinstellungen. Der Filter wird sofort angewendet, sodass Sie nur noch die Einstellungen angezeigt bekommen, die den Filterkriterien entsprechen. Möchten Sie den Filter wieder deaktivieren, rufen Sie das Menü AKTION auf und entfernen per Mausklick das Häkchen vor FILTER AKTIVIEREN. Um den Filter erneut anzuwenden, wählen Sie wieder AKTION • FILTER AKTIVIEREN. Über den Befehl FILTEROPTIONEN im Menü AKTION können Sie jederzeit neue Filterkriterien festlegen.

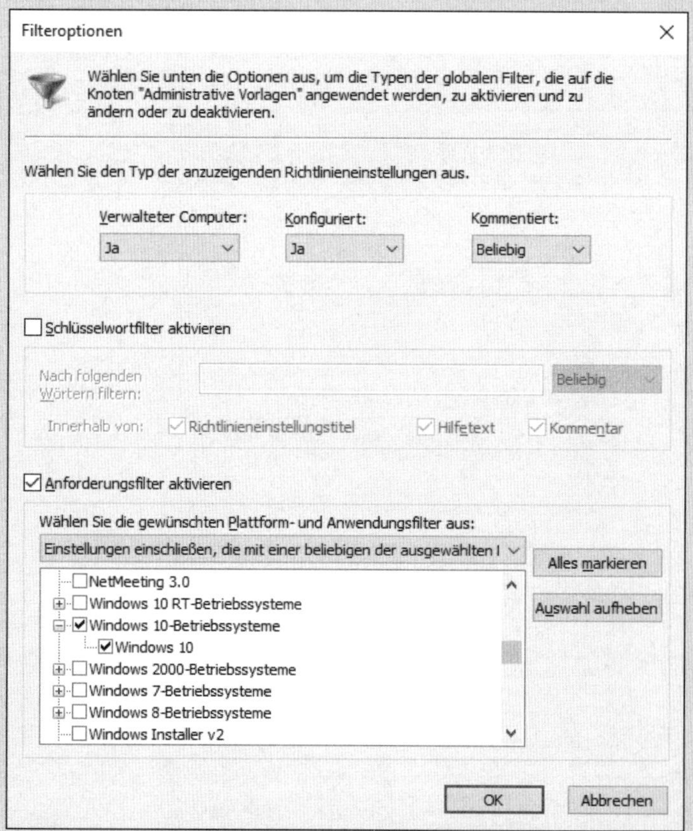

Abbildung 37.20 Filteroptionen für die Anzeige von Gruppenrichtlinien

37.3 Microsoft-Dienste verwalten

Microsoft-Dienste (auch *Services* oder nur *Dienste* genannt) stellen einen zentralen Bestandteil des Betriebssystems dar. Die Dienstprogramme laufen im Hintergrund, ohne dass eine Benutzeraktion nötig wäre. Sie verfügen daher weder über ein Programm- noch über ein Dialogfenster. Dienste werden meistens automatisch beim Start des Systems, bei einem Ereignis oder zu einem bestimmten Zeitpunkt gestartet. Die Aufgaben von Diensten sind vielfältig. So sind manche z. B. für Updates zuständig, andere vermitteln zwischen Software- und Hardwareebene, etwa wenn Anwender über Apps eine bestimmte Anforderung an Hardwareressourcen (etwa an den Drucker) stellen. In Abschnitt 30.2.8 lesen Sie, wie Sie sich im Register DIENSTE des Task-Managers einen Überblick über alle verfügbaren Dienste verschaffen können. Ähnliches erlaubt auch das Snap-In *Dienste* der Microsoft Management Console, das nun in diesem Abschnitt vorgestellt wird.

Das Snap-In *Dienste* der Microsoft Management Console ermöglicht eine einfache Verwaltung der Windows-Dienste. Zum Aufruf der Verwaltungskonsole geben Sie im Suchfeld der Taskleiste »Dienste« ein und klicken den gleichnamigen Treffer an. Um den Status eines Dienstes zu ändern, benötigen Sie Administratorrechte. Sollten Sie mit einem Standardnutzerkonto am System angemeldet sein, ist ein rechter Mausklick auf den Treffer nötig, dem die Auswahl des Befehls ALS ADMINISTRATOR AUSFÜHREN folgt. Die Übersicht über die Dienste, die nach Aufruf der Konsole angezeigt wird, lässt sich auch über die Computerverwaltung einblenden, die sich über das Schnellzugriffsmenü aufrufen lässt. Drücken Sie hierzu die Tastenkombination [Win] + [X], und wählen Sie dann die COMPUTERVERWALTUNG aus. In der Computerverwaltung markieren Sie im Navigationsbereich DIENSTE UND ANWENDUNGEN • DIENSTE.

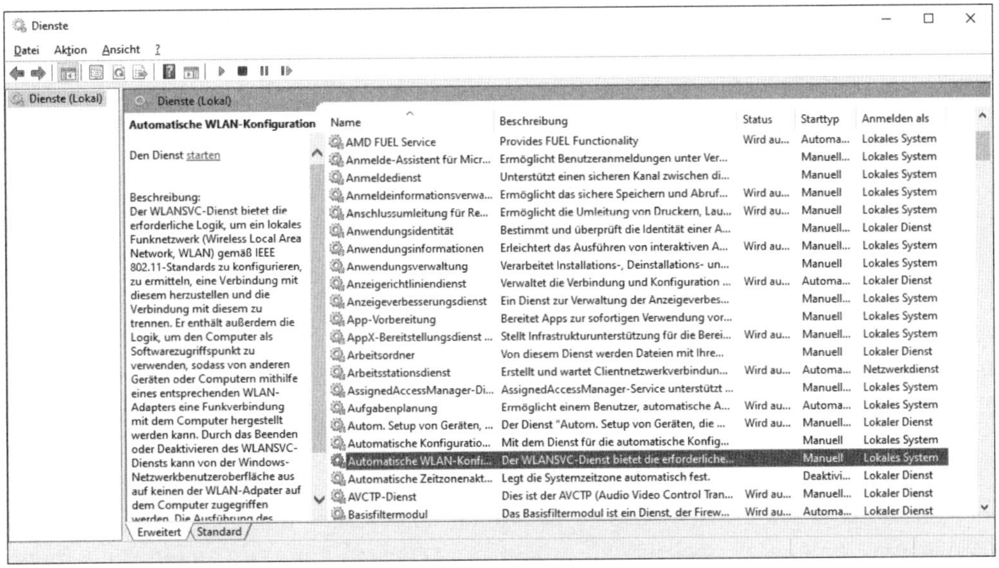

Abbildung 37.21 Die Verwaltungskonsole »Dienste«

Rechts im Detailbereich des Konsolenfensters werden nun alle registrierten Dienste aufgelistet. Zusätzlich zum Namen erscheinen hier für jeden Dienst eine kurze Beschreibung, der Status, der Starttyp sowie ein Hinweis, wie ein Dienst angemeldet wird. Aktivieren Sie am unteren Rand des Detailbereichs das Register Erweitert, wird, sobald Sie einen Dienst markiert haben, links von der Namensspalte eine Beschreibung eingeblendet. Noch ausführlicher wird es allerdings, wenn Sie einen Dienst doppelt anklicken. Hierdurch öffnet sich der Dialog Eigenschaften des Dienstes. Alternativ hierzu klicken Sie einen Dienst mit der rechten Maustaste an und wählen im Kontextmenü den Befehl Eigenschaften. Der Eigenschaften-Dialog enthält folgende vier Register:

- **Allgemein**: In diesem Register wird neben dem Anzeigenamen auch der Dienstname aufgeführt, also der Name, den Windows dem Dienst zuweist. Diese Bezeichnung ist z. B. dann relevant, wenn Sie über die Windows PowerShell auf den Dienst verweisen möchten. Zusätzlich wird der Pfad zur .exe-Datei des Dienstes angegeben. Im Feld Starttyp lässt sich das Startverhalten des Dienstes festlegen. Zur Auswahl stehen hier Automatisch (Verzögerter Start), Automatisch, Manuell und Deaktiviert. Der Dienststatus gibt den aktuellen Status des Dienstes an. Über die Schaltflächen darunter lässt sich der Status ändern. Erfordert ein Dienst Startparameter, werden diese im gleichnamigen Feld eingetragen.

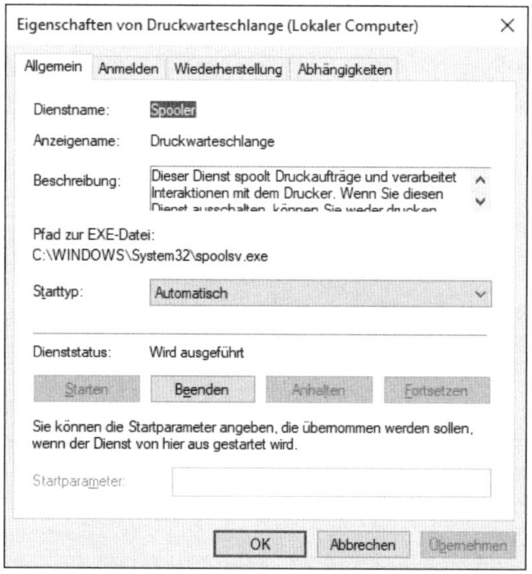

Abbildung 37.22 Das Register »Allgemein« im Eigenschaften-Dialog des Dienstes »Druckwarteschlange«

- **Anmelden**: Die meisten Dienste laufen unter dem lokalen Systemkonto. Manche müssen aber auch so konfiguriert werden, dass sie ein spezielles Konto verwenden. Hierzu zählen z. B. Dienste, die über das Netzwerk mit anderen Diensten kommunizieren. Sie können auch lokale Benutzerkonten erstellen und diese dann bestimmten Diensten zuweisen.

Wählen Sie die Option Dieses Konto, müssen Sie auch das zum Konto gehörige Kennwort angeben. Sollten Sie das Kennwort einmal ändern, vergessen Sie nicht, es auch im Eigenschaften-Dialog der Dienste anzupassen, die dieses Konto nutzen.

- **Wiederherstellung**: Auch Dienste arbeiten nicht immer reibungslos. Im Register Wiederherstellung wird definiert, was passieren soll, falls der Start eines Dienstes nicht funktioniert. Zur Auswahl stehen Keine Aktion durchführen, Dienst neu starten, Ein Programm ausführen und Computer neu starten. Die Einstellungen können für bis zu drei Fehlversuche vorgegeben werden.
- **Abhängigkeiten**: Manche Dienste können nur dann gestartet werden, wenn bestimmte andere Dienste bereits ausgeführt werden. Im Register Abhängigkeiten erfahren Sie, ob ein Dienst von anderen Diensten abhängig ist und umgekehrt andere Dienste diesen Dienst benötigen. Dieses Register ist u. a. dann interessant, wenn es beim Start von Diensten zu Problemen kommt, die eventuell durch Abhängigkeiten von anderen Diensten verursacht werden.

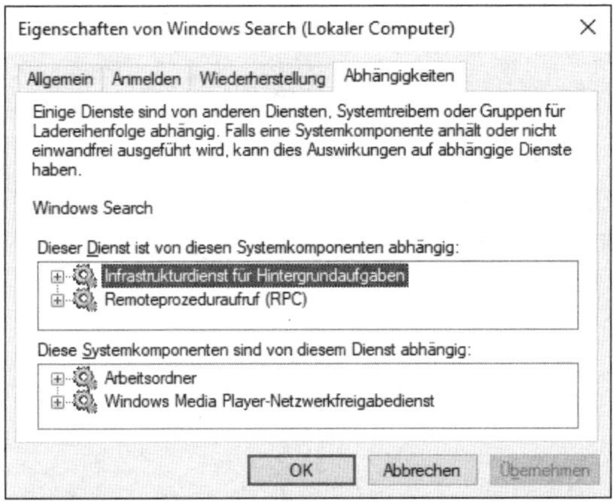

Abbildung 37.23 Das Register »Abhängigkeiten« im Eigenschaften-Dialog des Dienstes »Windows Search«

Sollte ein Dienst nicht laufen, obwohl er eigentlich ausgeführt werden sollte, können Sie versuchen, ihn selbst zu starten. Rufen Sie hierzu per rechten Mausklick auf den Dienstnamen in der Verwaltungskonsole das Kontextmenü auf, und wählen Sie dort Starten. Umgekehrt lässt sich ein Dienst über den entsprechenden Befehl des Kontextmenüs auch beenden. Soll die Ausführung eines Dienstes nur vorübergehend unterbrochen werden, wählen Sie im Kontextmenü den Befehl Anhalten. Der Befehl Fortsetzen bewirkt wiederum, dass ein angehaltener Dienst wieder ausgeführt wird. Der von Ihnen eingestellte Status gilt nur für die aktuelle Windows-Sitzung. Wird das System heruntergefahren und später wieder neu gestartet, gilt wieder der Starttyp, der sich über das Register Allgemein des Eigenschaften-Dialogs eines Dienstes anpassen lässt.

Es hält sich leider das hartnäckige Gerücht, dass das Deaktivieren unwichtiger Dienste die Systemleistung verbessert. Deaktivierte Dienste können von Windows nicht mehr automatisch gestartet werden. Auf aktuellen Computern, die meist über ausreichend Arbeitsspeicher sowie über schnelle SSD-Laufwerke verfügen, ist die Performancesteigerung allerdings nur minimal. Die negativen Folgen, die solch eine Deaktivierung mit sich bringen kann, wiegen sie keinesfalls auf. Eine negative Begleiterscheinung wird z. B. durch das Register ABHÄNGIGKEITEN im Eigenschaften-Dialog eines Dienstes deutlich: Viele Dienste hängen von anderen Diensten ab. Wird ein Dienst, der vermeintlich unwichtig ist, deaktiviert, führt dies häufig dazu, dass auch die abhängigen Dienste nicht mehr funktionieren. Und diese können durchaus wichtig für das System sein. Vom Abschalten eines Dienstes ist somit dringend abzuraten.

Eine eventuelle Option zur Deaktivierung stellen lediglich die Dienste dar, die nicht zu den Microsoft-Diensten zählen, sondern z. B. von Softwareherstellern auf dem Computer hinzugefügt wurden. Wie Sie diese Dienste ermitteln und wie Sie ganz generell wichtig Informationen über Dienste einholen, erfahren Sie in Abschnitt 30.2.8.

37.4 Die Aufgabenplanung

Manche Aufgaben müssen immer wieder zu einem bestimmten Zeitpunkt oder in Abhängigkeit eines speziellen Ereignisses ausgeführt werden. Mithilfe der Aufgabenplanung, einem Snap-In der Microsoft Management Console, lässt sich festlegen, dass solche Aktionen automatisch durchgeführt werden. Windows nutzt sie z. B. für Wartungsarbeiten, Sie können aber auch selbst Aufgaben erstellen, wie in diesem Abschnitt gezeigt wird.

37.4.1 Aufruf der Aufgabenplanung und Überblick

Die Aufgabenplanung (auf Englisch »Task Scheduler«) lässt sich unterschiedlich starten. Ein Weg führt z. B. über die App-Liste des Startmenüs, in der Sie den Ordner WINDOWS-VERWALTUNGSPROGRAMME öffnen und auf AUFGABENPLANUNG klicken. Wer den Ausführen-Dialog vorzieht, der sich über die Tastenkombination [Win] + [R] einblenden lässt, gibt hier »taskschd.msc« ein und bestätigt mit OK. Den gleichen Namen können Sie natürlich auch im Suchfeld der Taskleiste eintragen und dann den entsprechenden Treffer auswählen. Durch die Eingabe »Aufgabenplanung« im Suchfeld der Taskleiste und einen Klick auf den gleichnamigen Treffer lässt sich das Konsolenfenster AUFGABENPLANUNG ebenfalls öffnen. Um auf alle Aufgaben zugreifen zu können, sollten Sie die Aufgabenplanung immer mit Administratorrechten starten.

Wie jedes MMC-Snap-In weist auch die Aufgabenplanung die klassische Konsolenstruktur auf. Per Klick auf das Symbol [>] in der linken Spalte blenden Sie die Unterzweige eines Knotens ein. In der Spalte rechts davon werden im oberen Abschnitt die Aufgaben des links markierten Zweigs aufgelistet. Neben dem Namen der Aufgabe erfahren Sie hier den Status, den Trigger (also die Bedingungen, die für die Ausführung einer Aufgabe festgelegt wurden), die nächste sowie letzte Laufzeit und das Ergebnis der letzten Ausführung. Markieren Sie eine Aufgabe, werden Details hierzu in der unteren Spaltenhälfte über sechs Register verteilt angezeigt. Per Klick auf einen Registerreiter können Sie sich die entsprechenden Informationen ansehen.

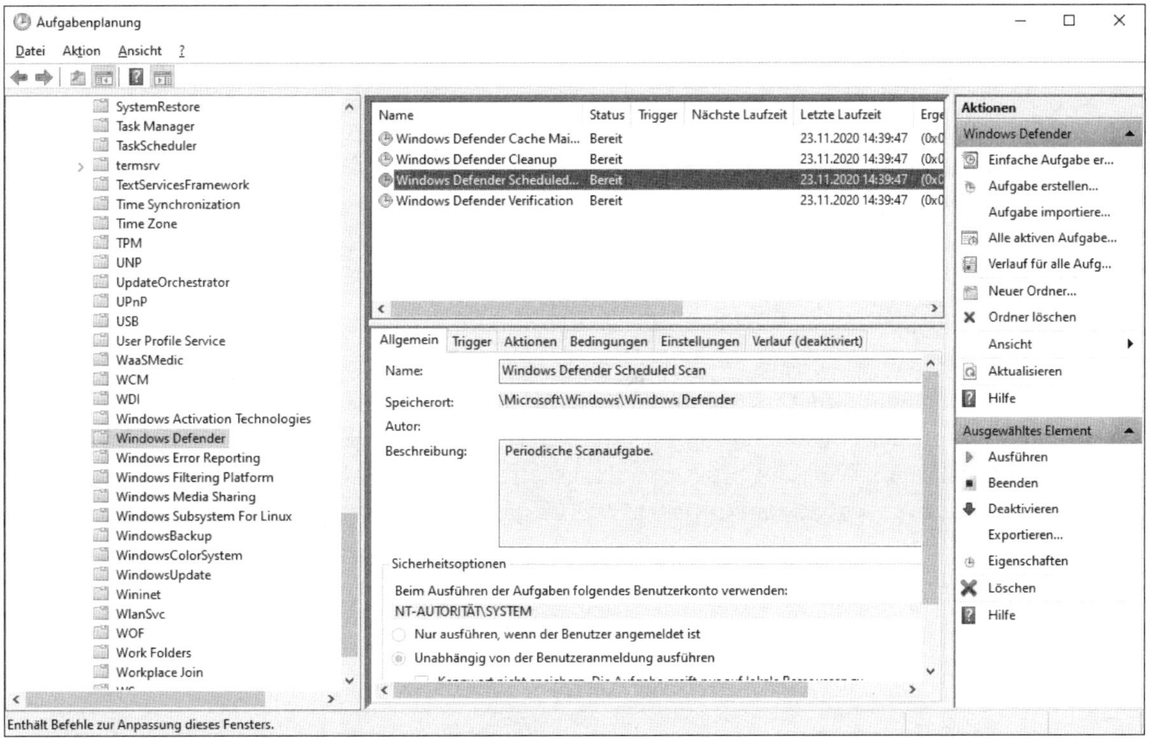

Abbildung 37.24 Das Konsolenfenster »Aufgabenplanung« mit dem markierten Zweig »Aufgabenplanungsbibliothek\Microsoft\Windows\Windows Defender«

Ist in der Symbolleiste das Symbol AKTIONSBEREICH EIN-/AUSBLENDEN aktiviert, wird im Konsolenfenster rechts eine dritte Spalte namens AKTIONEN eingeblendet. Hier finden Sie die Befehle, um z. B. eine neue Aufgabe zu erstellen und eine zuvor markierte Aufgabe auszuführen, zu beenden oder auch zu löschen. Letzteres sollten Sie allerdings nur bei einer selbst erstellten Aufgabe vornehmen, bei der Sie sich sicher sind, dass Sie sie nicht mehr benötigen.

37.4.2 Eigene Aufgaben erstellen

Mithilfe der Aufgabenplanung können Sie steuern, dass z. B. Programme oder auch selbst erzeugte PowerShell-Skripte automatisch zu einem ganz bestimmten Zeitpunkt ausgeführt werden. Handelt es sich bei der Aufgabe um eine einfache Aktion, lässt sie sich schnell per

Assistenten erzeugen. Für komplexere Aufgaben (z. B. Aktionen, die durch ein bestimmtes Ereignis ausgelöst werden) sollten Sie besser die Aktion Aufgabe erstellen wählen. Beide Varianten werden im Folgenden kurz vorgestellt.

Einfache Aufgabe per Assistent erstellen

Um eine einfache Aufgabe handelt es sich z. B. dann, wenn ein Programm regelmäßig zu einem bestimmten Zeitpunkt (etwa jeden Tag um 18:00 Uhr) ausgeführt werden soll. Nicht nur die Aufgabe selbst ist einfach, sondern auch das Erstellen, wie die folgenden Schritte zeigen:

1. Rufen Sie die Aufgabenplanung wie im vorherigen Abschnitt beschrieben auf. Klicken Sie in der linken Spalte mit der rechten Maustaste auf Aufgabenplanungsbibliothek und im Kontextmenü auf Einfache Aufgabe erstellen. Alternativ hierzu können Sie den Befehl auch über die Spalte Aktionen aufrufen. Der Assistent für das Erstellen einfacher Aufgaben wird geöffnet.
2. Geben Sie auf der Seite Einfache Aufgabe erstellen zunächst einen Namen für die Aufgabe an sowie eine kurze Beschreibung. Bestätigen Sie Ihre Angaben mit Weiter.
3. Auf der Seite Aufgabentrigger legen Sie anhand von Bedingungen fest, wann die Aufgabe ausgeführt werden soll. Zur Auswahl stehen Täglich, Wöchentlich, Monatlich, Einmal, Beim Start des Computers, Beim Anmelden und Bei Protokollierung eines bestimmten Ereignisses. Wählen Sie die gewünschte Option aus, und bestätigen Sie mit Weiter.

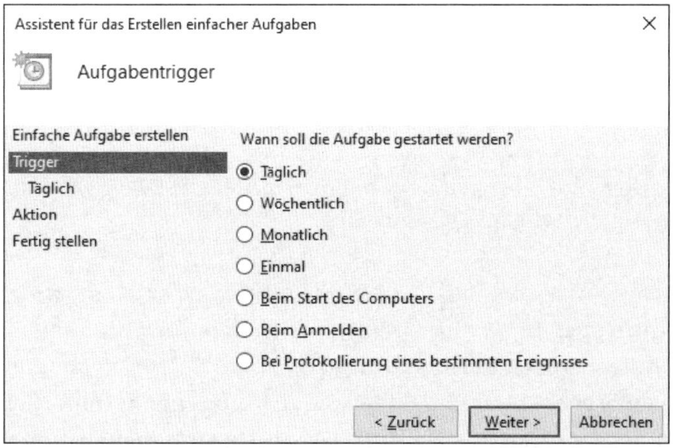

Abbildung 37.25 Auf der Seite »Aufgabentrigger« wird die Bedingung bestimmt, die erfüllt sein muss, damit eine Aufgabe ausgeführt wird.

4. Falls Sie sich für einen der Zeittrigger entschieden haben, werden Sie nun aufgefordert, den Zeitpunkt genauer festzulegen. Die Felder, die Ihnen angeboten werden, hängen von der zuvor markierten Option ab. Haben Sie z. B. Täglich gewählt, geben Sie das ge-

wünschte Startdatum sowie die Uhrzeit an und bestimmen, nach wie vielen Tagen die Aufgabe erneut ausgeführt werden soll. Klicken Sie auf Weiter, um zur nächsten Seite zu gelangen.

5. Auf der Seite Aktion behalten Sie die Option Programm starten bei und bestätigen mit Weiter.
6. Es erscheint nun die Seite Programm starten, auf der Sie auf Durchsuchen klicken. Navigieren Sie zu dem Speicherort des gewünschten Programms, markieren Sie es, und klicken Sie auf Öffnen. Falls nötig, können Sie für Ihr Programm noch Befehlszeilenargumente hinzufügen. Bestätigen Sie Ihre Auswahl mit Weiter.

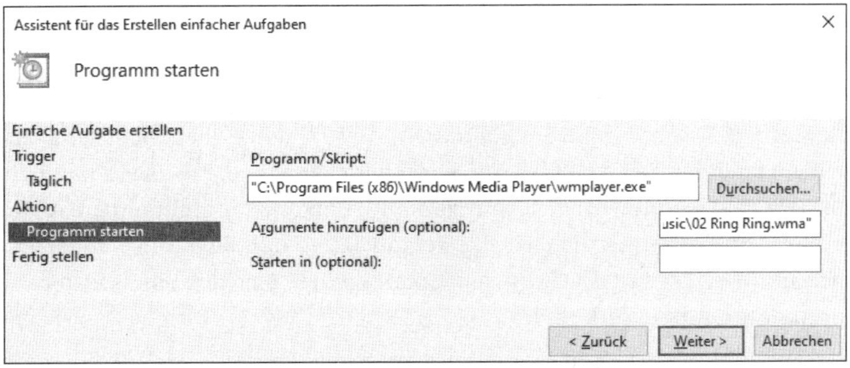

Abbildung 37.26 Auf der Seite »Programm starten« können zusätzlich zum Programm auch Argumente hinzugefügt werden.

7. Die Seite Zusammenfassung zeigt Ihnen nochmals alle festgelegten Details der Aufgabe. Mit einem Klick auf Fertig stellen beenden Sie den Assistenten.

Die fertige Aufgabe wird nun in der mittleren Spalte aufgeführt, sobald Sie links die Aufgabenplanungsbibliothek markieren. Sollten Sie später Änderungen an der Aufgabe vornehmen wollen (etwa den Zeitplan anpassen), doppelklicken Sie die Aufgabe in der mittleren Spalte an. Hierdurch öffnet sich der Eigenschaften-Dialog mit den sechs Registern, und Sie können nun die gewünschten Korrekturen vornehmen. Was sich hinter den einzelnen Registern verbirgt, erfahren Sie auf den folgenden Seiten.

Für mehr Übersicht in der Aufgabenplanung: Ordner erstellen

Erstellen Sie mit der Aufgabenplanung häufiger eigene Aufgaben, bietet es sich an, diese in Ordnern zu sortieren. Markieren Sie hierzu in der linken Spalte den gewünschten Knoten, in dem Sie den Ordner erzeugen möchten, z. B. direkt die Aufgabenplanungsbibliothek. Klicken Sie dann in der Spalte Aktionen auf Neuer Ordner. Geben Sie einen Namen für den Ordner an, und bestätigen Sie mit OK. Um zukünftig alle neu erstellten Aufgaben in diesem Ordner abzulegen, markieren Sie den Ordner und wählen dann den gewünschten Befehl zum Erstellen einer Aufgabe in der Spalte Aktionen aus.

Aufgaben bis ins Detail planen

Für das Erstellen einfacher Aufgaben eignet sich der gerade vorgestellte Assistent hervorragend. Sobald jedoch mehr Details festgelegt werden sollen, sollten Sie den Weg über den Befehl AUFGABE ERSTELLEN in der Spalte AKTIONEN wählen. Hierdurch wird der gleichnamige Dialog AUFGABE ERSTELLEN geöffnet. Der Aufbau dieses Dialogs ist identisch mit dem Eigenschaften-Dialog einer Aufgabe, den Sie nach einem Rechtsklick auf eine Aufgabe und der Auswahl des Befehls EIGENSCHAFTEN aufrufen. Erstellen Sie eine neue Aufgabe, besteht der Dialog aus fünf Registerkarten, in denen Sie alle Einstellungen der Aufgabe detailliert vorgeben. Im Eigenschaften-Dialog findet sich eine weitere Registerkarte mit der Bezeichnung VERLAUF.

Register »Allgemein«

Der wichtigste Eintrag im Register ALLGEMEIN ist der Name der Aufgabe. Die Angabe eines Beschreibungstextes ist zwar optional, Sie sollten auf diese Chance aber nicht verzichten, damit Sie auch nach längerer Zeit noch wissen, welche Bedeutung die Aufgabe hat. Unterhalb von SICHERHEITSOPTIONEN wird das Benutzerkonto angezeigt, unter dem die Aufgabe ausgeführt werden soll. Hier wird zunächst das gerade aktive Benutzerkonto zugewiesen. Nach einem Klick auf BENUTZER ODER GRUPPE ÄNDERN können Sie auch einen anderen Benutzer oder eine andere Gruppe festlegen.

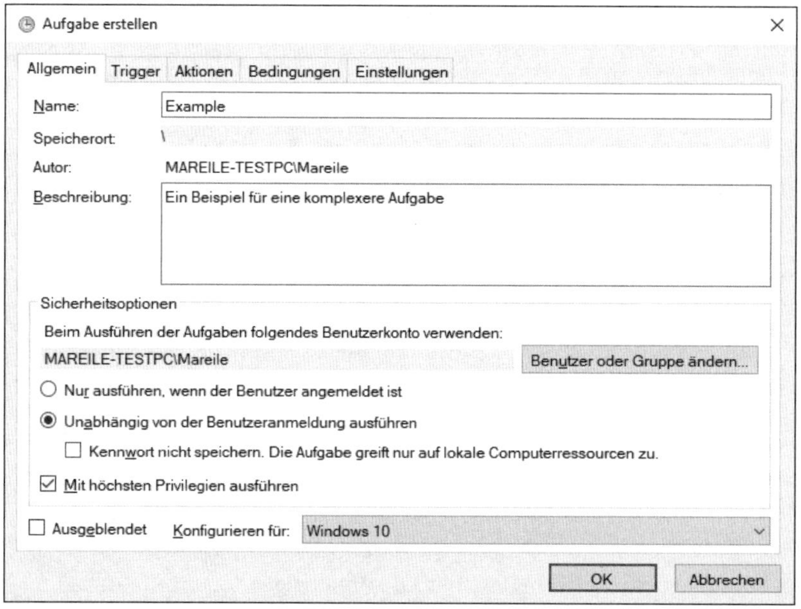

Abbildung 37.27 Das Register »Allgemein« des Dialogs »Aufgabe erstellen«. Im Eigenschaften-Dialog einer bereits vorhandenen Aufgabe finden Sie die identischen Einstellungen.

Per Standardeinstellung ist die Option NUR AUSFÜHREN, WENN DER BENUTZER ANGEMELDET IST aktiviert. Soll die Aufgabe unabhängig von einer Benutzeranmeldung ausgeführt werden, markieren Sie entsprechend UNABHÄNGIG VON DER BENUTZERANMELDUNG AUSFÜHREN. Sind für die Ausführung Administratorrechte notwendig, versehen Sie MIT HÖCHSTEN PRIVILEGIEN AUSFÜHREN mit einem Häkchen. Im Feld KONFIGURIEREN FÜR sollten Sie die aktuelle Windows-Version, also WINDOWS 10, auswählen. Soll die Aufgabe nicht in der Aufgabenliste der Aufgabenplanung erscheinen, aktivieren Sie das Kästchen AUSGEBLENDET. Falls Sie sich die ausgeblendeten Aufgaben später doch einmal anzeigen lassen möchten, versehen Sie im Menü ANSICHT des Konsolenfensters AUFGABENPLANUNG den Befehl AUSGEBLENDETE AUFGABEN EINBLENDEN per Klick mit einem Häkchen. Haben Sie alle gewünschten Angaben im Register ALLGEMEIN vorgenommen, wechseln Sie zum Register TRIGGER.

Register »Trigger«

Im Register TRIGGER werden die Kriterien festgelegt, die erfüllt werden müssen, damit eine Aufgabe ausgeführt wird. Sollten Sie gerade die Einstellungen einer bereits vorhandenen Aufgabe bearbeiten, finden Sie hier bereits einen oder auch mehrere Trigger. Um Änderungen an den Einstellungen vorzunehmen, markieren Sie den gewünschten Trigger und klicken dann auf BEARBEITEN. Um einen neuen Trigger hinzuzufügen, klicken Sie auf NEU. Im folgenden Dialog wählen Sie im Feld AUFGABE STARTEN die Bedingungen aus, die zur Ausführung einer Aufgabe nötig sind.

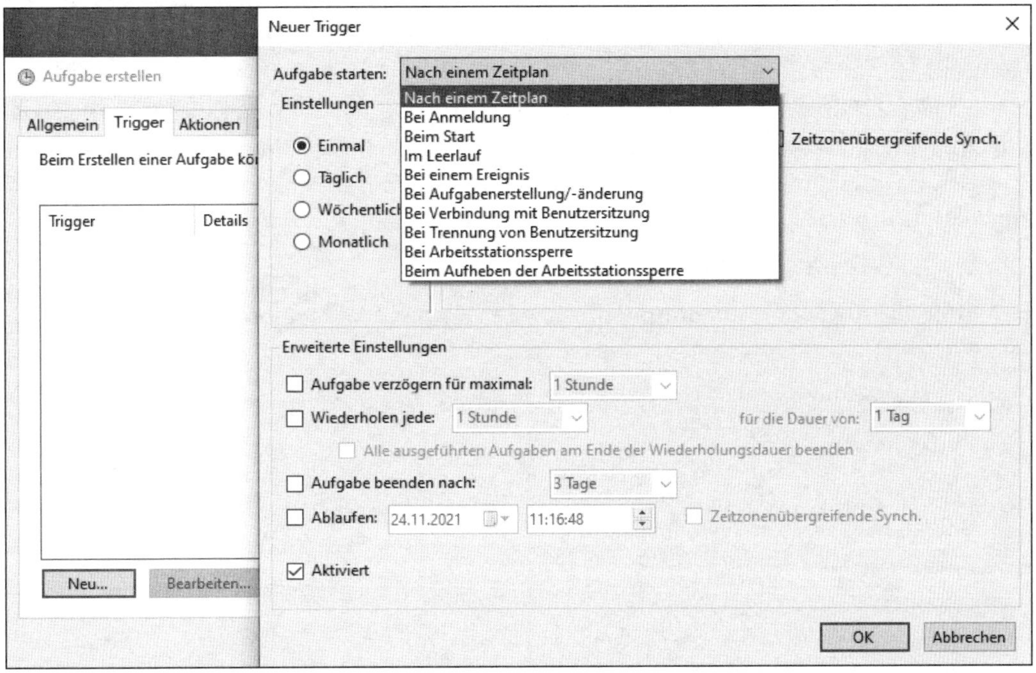

Abbildung 37.28 Das Register »Trigger« und der Dialog »Neuer Trigger«, in dem die Bedingungen zur Ausführung einer Aufgabe festgelegt werden

Die am häufigsten eingesetzten Varianten sind hier NACH EINEM ZEITPLAN, BEI ANMELDUNG, BEIM START, IM LEERLAUF sowie BEI EINEM EREIGNIS. Je nach getroffener Auswahl werden Ihnen anschließend weitere Optionen angezeigt. Haben Sie sich z. B. für den Zeitplan entschieden, müssen Sie den Ausführungstermin festlegen. Soll ein bestimmtes Ereignis eine Aufgabe auslösen, geben Sie in den dafür vorgesehenen Feldern das entsprechende Protokoll, die Quelle und die Ereignis-ID an. Im Bereich ERWEITERTE EINSTELLUNGEN haben Sie die Möglichkeit, eine Verzögerung oder auch eine Wiederholung der Aufgabe zu veranlassen und einen Termin anzugeben, zu dem die Aufgabe aktiviert bzw. ablaufen soll. Per Standardeinstellung ist die Aufgabe sofort AKTIVIERT, wie das Häkchen im entsprechenden Kontrollkästchen zeigt. Haben Sie alle Bedingungen festgelegt, schließen Sie den Trigger-Dialog mit OK.

Register »Aktionen«

Im Register AKTIONEN bestimmten Sie, welche Aktion beim Start einer Aufgabe ausgeführt werden soll. Um eine neue Aktion hinzuzufügen, klicken Sie auf NEU. Belassen Sie im Feld AKTION die Voreinstellung PROGRAMM STARTEN. Die beiden anderen Varianten E-MAIL SENDEN sowie MELDUNG ANZEIGEN gelten als veraltet und sollten nicht mehr verwendet werden. Im Feld PROGRAMM/SKRIPT geben Sie den Namen inklusive Pfad zum auszuführenden Programm ein. Viele Anwender nutzen die Aufgabenplanung gerne, um automatisch ein selbst erstelltes Windows PowerShell-Skript ausführen zu lassen. In diesem Fall muss im Feld PROGRAMM/SKRIPT der Pfad zur ausführbaren Datei der Windows PowerShell angegeben werden. Auf den meisten Systemen lautet dieser *%SystemRoot%\system32\WindowsPower Shell\v1.0\powershell.exe*. Den Pfad zum Skript, das automatisch gestartet werden soll, tragen Sie im Feld ARGUMENTE HINZUFÜGEN (OPTIONAL) ein. Die Eingabe beginnt dann mit `-command`, nach einem Leerzeichen folgt dann in Anführungszeichen der vollständige Pfad zum Skript, also z. B.:

```
-command "C:\Skripts\MeinSkript.ps1"
```

Haben Sie alle Angaben vorgenommen, schließen Sie den Dialog mit OK.

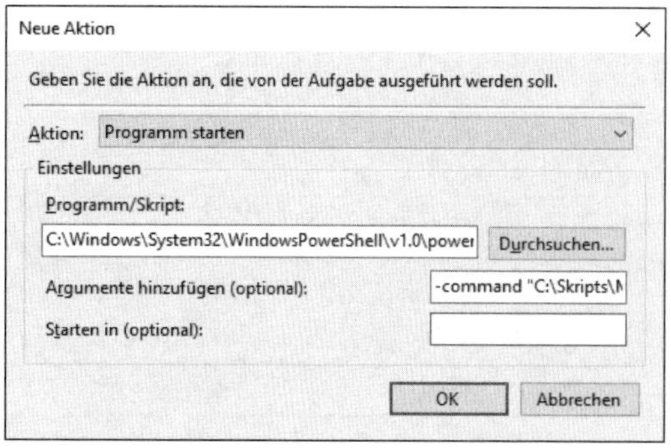

Abbildung 37.29 Für die Ausführung eines Windows PowerShell-Skripts wird im Feld »Programm/Skript« der Pfad zur ausführbaren Datei »powershell.exe« angegeben, der Pfad zum Skript selbst wiederum im Feld »Argumente hinzufügen (optional)«.

Register »Bedingungen«

Im Register BEDINGUNGEN bestimmen Sie, unter welchen Bedingungen eine Aufgabe ausgeführt werden darf. So können Sie z. B. festlegen, dass eine Aufgabe nur dann gestartet werden darf, wenn sich der Computer im Leerlauf befindet. Dies ist vor allem für Aufgaben interessant, die sehr viel Ressourcen in Anspruch nehmen. Wer den Akku des Mobilgeräts schonen möchte, veranlasst im Bereich ENERGIE, dass die Aufgabe nur im Netzbetrieb ausgeführt wird. Im Bereich NETZWERK lässt sich das Ausführen einer Aufgabe an eine bestimmte Netzwerkverbindung koppeln.

Register »Einstellungen«

Was soll passieren, wenn eine Aufgabe nicht ausgeführt oder beendet werden kann? Im Register EINSTELLUNGEN finden Sie hierfür diverse Vorschläge, die jeweils durch Setzen eines Häkchens im entsprechenden Kontrollkästchen übernommen werden können. Die Einstellung AUFGABE SO SCHNELL WIE MÖGLICH NACH EINEM VERPASSTEN START AUSFÜHREN ist z. B. für zeitgesteuerte Aufgaben interessant, die nur dann ausgeführt werden können, wenn der Computer zum festgelegten Termin auch läuft. Ist dies nicht der Fall, erreichen Sie mit der aktivierten Einstellung, dass die Aufgabe beim nächsten Systemstart durchgeführt wird.

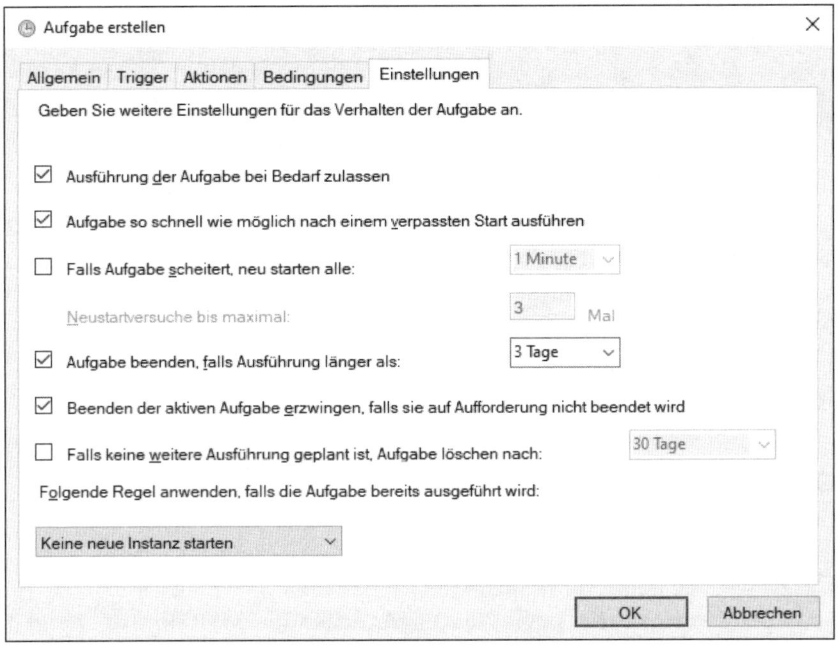

Abbildung 37.30 Im Register »Einstellungen« legen Sie fest, was geschehen soll, wenn eine Aufgabe nicht korrekt gestartet oder beendet wird.

Mit dem letzten Register EINSTELLUNGEN sind Sie im Dialog AUFGABE ERSTELLEN am Ende der Konfiguration der Aufgabe angelangt. Sie können den Dialog damit mit OK schließen.

Register »Verlauf«

Falls Sie die Eigenschaften einer Aufgabe bearbeiten, finden Sie ein weiteres Register mit der Bezeichnung VERLAUF vor. Hier erfahren Sie, ob eine Aufgabe korrekt ausgeführt wurde oder ob Fehler aufgetaucht sind. Die Informationen basieren auf den entsprechenden Einträgen der Ereignisanzeige. Per Standardeinstellung ist der Verlauf in der Aufgabenplanung allerdings deaktiviert. Um ihn zu aktivieren, müssen Sie im Konsolenfenster AUFGABENPLANUNG in der Spalte AKTIONEN auf VERLAUF FÜR ALLE AUFGABEN AKTIVIEREN klicken. Die Option lässt sich anschließend jederzeit wieder über VERLAUF FÜR ALLE AUFGABEN DEAKTIVIEREN ausschalten.

Aufgaben planen per Kommandozeilentool

Wer lieber mit Kommandozeilen arbeitet, dem steht zur Planung und Verwaltung von Aufgaben das Tool *Schtasks.exe* zur Verfügung. Geben Sie in der Windows PowerShell oder in der Eingabeaufforderung `schtasks /query /?` ein, erhalten Sie eine Liste aller Parameter von *Schtasks* sowie einige Beispiele. Ausführliche Informationen zum Tool finden Sie auf der Webseite *https://docs.microsoft.com/de-de/windows-server/administration/windows-commands/schtasks*.

37.5 Die Microsoft Management Console und ihre Snap-Ins

Im Verlauf dieses Kapitels haben Sie bereits den *Editor für lokale Gruppenrichtlinien*, die Verwaltungskonsole *Dienste* sowie die *Aufgabenplanung* kennengelernt. Bei allen drei handelt es sich um sogenannte *Snap-Ins* der *Microsoft Management Console*, kurz *MMC* genannt oder auf Deutsch auch »Microsoft-Verwaltungskonsole«. Die MMC ist eine Anwendung, die eine grafische Oberfläche zur Verwaltung von Windows-Computern bietet. Sie selbst kann keine Verwaltungsaufgaben ausführen, sondern dient nur als Framework, in dem die eigentlichen Verwaltungstools, sprich die Snap-Ins, verankert werden. Im Folgenden erfahren Sie, wie Sie Snap-Ins aufrufen, aber auch, wie Sie Snaps-Ins, die Sie häufig nutzen, in einer eigenen Konsole zusammenfassen können.

37.5.1 Snap-Ins der Microsoft Management Console aufrufen

Der Aufruf eines Snap-Ins (oder genauer gesagt der entsprechenden MMC-Konsolendatei) kann auf unterschiedliche Weise erfolgen. Für manche Snap-Ins finden Sie z. B. einen Eintrag im Schnellzugriffsmenü, das Sie über die Tastenkombination [Win] + [X] einblenden. Hierzu zählen der *Geräte-Manager*, die *Datenträgerverwaltung* oder auch die *Ereignisanzeige*. Alternativ hierzu können Sie den Namen der MMC-Konsolendatei auch direkt im Ausführen-Dialog eingeben, den Sie über die Tastenkombination [Win] + [X] aufrufen. Die Snap-Ins tragen die Dateiendung .msc und werden standardmäßig unter *%windir%\System32* gespeichert. Die

Tabelle zeigt eine kleine Auswahl interessanter Snap-Ins und ihre jeweiligen Dateinamen. Einige der Snap-Ins sind nur unter den Windows 10-Editionen Pro und Enterprise verfügbar, wie etwa der Gruppenrichtlinien-Editor oder auch der Hyper-V-Manager, andere lassen sich auch unter Windows 10 Home aufrufen (z. B. die Aufgabenplanung oder auch die Ereignisanzeige). Die meisten Snap-Ins erfordern Administratorrechte, wenn die volle Funktionalität genutzt werden soll.

Snap-In-Name	Dateiname	Beschreibung
Aufgabenplanung	taskschd.msc	Dient der Verwaltung von Aufgaben, die automatisch ausgeführt werden sollen.
Computerverwaltung	compmgmt.msc	Umfasst die Snap-Ins Aufgabenplanung, Ereignisanzeige, Freigegebene Ordner, Leistung, Geräte-Manager, Datenträgerverwaltung, Dienste und WMI-Steuerung.
Datenträgerverwaltung	diskmgmt.msc	Über die Datenträgerverwaltung können Festplatten formatiert, Laufwerke partitioniert sowie die Größen von Partitionen oder auch Laufwerksbuchstaben geändert werden.
Dienste	services.msc	Dient der Verwaltung aller unter Windows vorhandenen Dienste.
Druckerverwaltung	printmanagement.msc	Mit diesem Snap-In verwalten Sie die Drucker und Druckaufträge.
Ereignisanzeige	ventvwr.msc	Zeigt die Überwachungs- und Problembehandlungsmeldungen von Windows und anderen Programmen an.
Freigegebene Ordner	fsmgmt.msc	Bietet eine Übersicht über alle freigegebenen Ordner, aktuelle Sitzungen und geöffnete Dateien.
Geräte-Manager	devmgmt.msc	Dient der Verwaltung aller angeschlossenen Hardwaregeräte und ihrer Treiber.
Gruppenrichtlinien-Editor	gpedit.msc	Ermöglicht die Bearbeitung der lokalen Gruppenrichtlinien.
Hyper-V-Manager	virtmgmt.msc	Dient der Erstellung, Verwaltung und Ausführung von virtuellen Computern.
Leistungsüberwachung	perfmon.msc	Bietet Tools zur Analyse der PC-Auslastung

Tabelle 37.1 Auswahl interessanter Snap-Ins der Microsoft Management Console

Snap-In-Name	Dateiname	Beschreibung
Lokale Benutzer und Gruppen	lusrmgr.msc	Über dieses Snap-In lassen sich lokale Benutzerkonten und Sicherheitsgruppen verwalten.
TPM-Verwaltung	tpm.msc	Ermöglicht die Verwaltung und Konfiguration von TPM-Sicherheitshardware.
Windows Defender Firewall mit erweiterter Sicherheit	wf.msc	Dient der Konfiguration der Windows Defender Firewall mit erweiterter Sicherheit.

Tabelle 37.1 Auswahl interessanter Snap-Ins der Microsoft Management Console (Forts.)

Zum Aufruf eines Snap-Ins können Sie seinen Dateinamen übrigens auch im Adressfeld des Explorers eingeben. Sobald Sie die Taste [↵] drücken, wird das dazugehörige Konsolenfenster geöffnet. Die Eingabe des Dateinamens im Suchfeld der Taskleiste und die anschließende Auswahl des entsprechenden Treffers sind ebenfalls eine Möglichkeit, ein Snap-In zu starten.

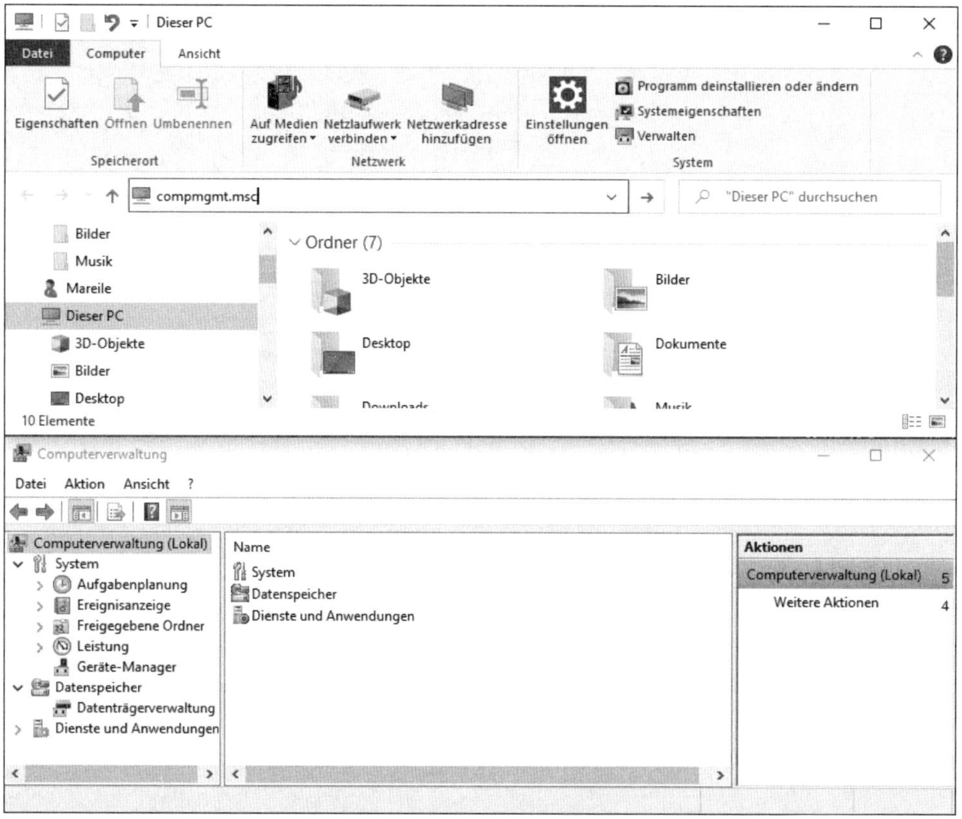

Abbildung 37.31 Der Dateiname des Snap-Ins kann auch direkt im Adressfeld des Explorers eingegeben werden, um die entsprechende Konsole zu starten.

37.5.2 Eine eigene Konsole zusammenstellen

Wenn Sie immer wieder die gleichen Snap-Ins nutzen und diese auch häufig aufrufen, bietet es sich an, diese in einer eigenen Konsole zusammenzufassen – also quasi mehrere Snap-Ins innerhalb eines Snap-Ins. Ein bekanntes Beispiel hierfür ist das MMC-Snap-In Computerverwaltung, das wiederum die Snap-Ins Aufgabenplanung, Ereignisanzeige, Freigegebene Ordner, Leistung, Geräte-Manager, Datenträgerverwaltung, Dienste und WMI-Steuerung enthält. Um eine eigene Konsole zusammenzustellen, gehen Sie folgendermaßen vor:

1. Drücken Sie die Tastenkombination ⊞ + R, um den Ausführen-Dialog zu öffnen, in dem Sie »mmc.exe« eingeben. Nach Bestätigung der Benutzerkontensteuerung mit Ja wird ein Konsolenfenster mit der Bezeichnung Konsole1 geöffnet.
2. Rufen Sie im Menü Datei den Befehl Snap-In hinzufügen/entfernen auf. Alternativ hierzu können Sie auch die Tastenkombination Strg + M drücken.
3. Im Dialog Snap-In hinzufügen bzw. entfernen markieren Sie in der Liste Verfügbare Snap-Ins das erste gewünschte Snap-In und klicken dann auf Hinzufügen. Bei vielen Snap-Ins wird nun der Dialog Computer auswählen angezeigt, in dem Sie festlegen, ob das Snap-In den lokalen Computer, auf dem die Konsole ausgeführt wird, verwalten soll oder einen Remotecomputer. Für den eigenen Computer belassen Sie die Voreinstellung Lokaler Computer und bestätigen den Dialog mit OK. Wiederholen Sie den Schritt für alle weiteren Snap-Ins, die Sie der Konsole hinzufügen möchten.
4. Alle hinzugefügten Snap-Ins werden in der Liste Ausgewählte Snap-Ins angezeigt. Falls Sie die Reihenfolge ändern möchten, markieren Sie ein Snap-In und klicken dann auf Nach oben bzw. Nach unten. Ein markiertes Snap-In kann auch wieder aus der Liste entfernt werden.

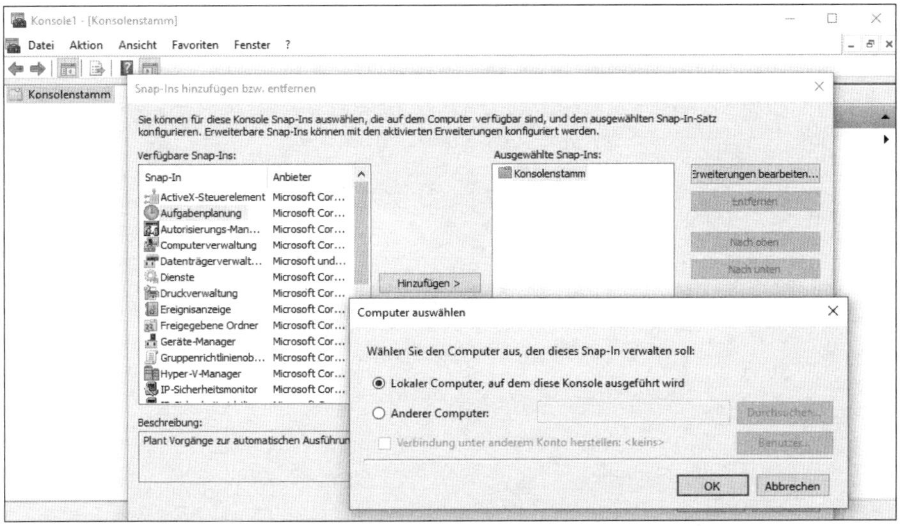

Abbildung 37.32 Für manche hinzugefügte Snap-Ins müssen Sie festlegen, ob sie den lokalen Computer oder einen Remotecomputer verwalten sollen.

5. Haben Sie alle gewünschten Snap-Ins ergänzt, schließen Sie den Dialog SNAP-INS HINZUFÜGEN BZW. ENTFERNEN mit OK. Die Snap-Ins werden nun im Dialog KONSOLE1 in der linken Spalte unterhalb von KONSOLENSTAMM aufgeführt.
6. Rufen Sie im Menü DATEI den Befehl SPEICHERN UNTER auf, um die Konsole zu sichern. Geben Sie einen aussagekräftigen Namen für die Konsole ein, und wählen Sie, falls gewünscht, einen anderen Speicherort aus. Hier bietet sich z. B. der DESKTOP an: Ein Klick auf SPEICHERN, und auf dem Desktop erscheint ein Desktopsymbol, über das sich die Konsole bequem aufrufen lässt.

Sie können die Konsole nun bereits nutzen. Sobald Sie das Konsolenfenster schließen, wird die Nachfrage KONSOLENEINSTELLUNGEN IN ... SPEICHERN eingeblendet. Wenn Sie keine Einstellungen an der Konsole selbst geändert haben (z. B. weitere Snap-Ins hinzugefügt haben), können Sie den Dialog mit NEIN schließen. Stört Sie die Nachfrage auf Dauer, lässt sie sich mit einer kleinen Einstellung verhindern. Rufen Sie im Konsolenfenster im Menü DATEI den Befehl OPTIONEN auf. Im folgenden Dialog ist im Feld KONSOLENMODUS der AUTORENMODUS eingestellt. Dieser ermöglicht es Ihnen beispielsweise, in der Konsole über DATEI • SNAP-IN HINZUFÜGEN/ENTFERNEN weitere Snap-Ins zu ergänzen oder bereits hinzugefügte zu entfernen. Wenn keine weiteren Änderungen an der Konsole vorgenommen werden sollen, benötigen Sie den Autorenmodus nicht. Wählen Sie stattdessen im Feld KONSOLENMODUS den Eintrag BENUTZERMODUS – VOLLZUGRIFF aus. Entfernen Sie dann das Häkchen vor ANPASSEN VON ANSICHTEN DURCH BENUTZER ZULASSEN, und schließen Sie den Dialog mit OK. Beim Schließen des Konsolenfensters erscheint nun noch einmal die Nachfrage, die Sie mit JA beantworten. Zukünftig bleibt die Nachfrage aber aus.

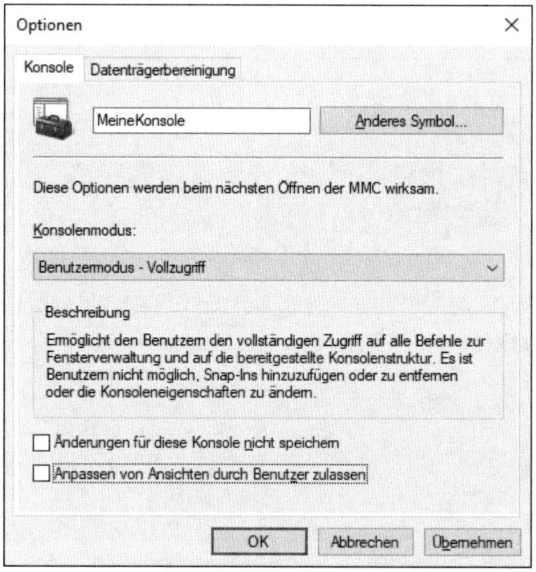

Abbildung 37.33 Wählen Sie als »Konsolenmodus« den »Benutzermodus – Vollzugriff«, werden Sie zukünftig von der Nachfrage verschont, ob die Konsoleneinstellungen gespeichert werden sollen.

Möchten Sie die Zusammenstellung der Snap-Ins in der Konsole später doch einmal anpassen, müssen Sie die Konsole über folgenden Kommandozeilenbefehl aufrufen, den Sie z. B. entweder in der Eingabeaufforderung oder auch in der Windows PowerShell eingeben:

```
mmc <Pfad zu Ihrer Konsole\DateinameIhrerKonsole.msc> /a
```

Die Angaben innerhalb der Klammer < > ersetzen Sie durch den Pfad und den Dateinamen Ihrer Konsole. Der Parameter /a sorgt dafür, dass die Konsole im Autorenmodus geöffnet wird, sodass Sie sie bearbeiten können. Speichern Sie dic Konsole anschließend über DATEI • SPEICHERN, und schließen Sie das Konsolenfenster wieder.

Kapitel 38
Eingabeaufforderung und Windows PowerShell

Viele Konfigurationen lassen sich über die Systemsteuerung oder die Einstellungen-App vornehmen. IT-Experten schätzen aber besonders zwei andere Werkzeuge: die Eingabeaufforderung und die Windows PowerShell.

Die grafische Benutzeroberfläche (kurz *GUI* genannt, die Abkürzung für *Graphical User Interface*) verwöhnt uns Anwender, denn die meisten Konfigurations- und Administrationsaufgaben lassen sich so bequem durch Mausklicks bzw. je nach Gerät auch per Fingergesten erledigen. Manchmal kommt man aber doch nicht um die textbasierten Shells (kurz *CLI* für *Command Line Interpreter*) herum. Windows 10 bringt hier die bereits etwas in die Jahre gekommene *Eingabeaufforderung* mit sowie ihren Nachfolger, die *Windows PowerShell*. Als Synonym für die Eingabeaufforderung hat sich auch ihr Programmname *cmd.exe* eingebürgert, während die Windows PowerShell einfach nur kurz *PowerShell* genannt wird. Im Verlauf des Buches wurde bereits anhand einiger Beispiele gezeigt, wie sich komplexe Aufgaben ohne großen Aufwand mithilfe der beiden Shells lösen lassen. In diesem Kapitel finden Sie einige Tipps, wie sich die Bedienung der Eingabeaufforderung und der PowerShell noch komfortabler gestalten lässt.

38.1 Die Eingabeaufforderung

Interessiert es Sie, welche Anwendungen und Dienste gerade auf Ihrem Computer laufen? Geben Sie in der Eingabeaufforderung den Befehl `tasklist` ein, erhalten Sie in Sekundenschnelle eine entsprechende Liste. Wer sich alle installierten Treiber auflisten lassen möchte, erzielt dies in der Eingabeaufforderung mit dem Befehl `driverquery`. Einer der bekanntesten Kommandozeilenbefehle ist `ipconfig`, mit dem Sie sich Informationen über die IP-Konfiguration Ihres Netzwerkes anzeigen lassen können. Diese drei kleinen Beispiele zeigen bereits, wie praktisch und vor allem zeitsparend der Einsatz von cmd.exe sein kann.

Die Eingabeaufforderung in das Schnellzugriffsmenü zurückholen

Bis Windows 10 Version 1607, dem sogenannten *Anniversary Update* von Windows 10, konnte man die Eingabeaufforderung noch über das Schnellzugriffsmenü aufrufen, das sich bequem per rechten Mausklick auf das Windows-Logo oder über die Tastenkombination [Windows] + [X] öffnen lässt. Mittlerweile hat Microsoft die Eingabeaufforderung im Schnellzugriffsmenü durch die Windows PowerShell ersetzt. Nutzen Sie die Eingabeaufforderung häufiger, können Sie diese Einstellung auch wieder rückgängig machen. Klicken Sie hierzu mit der rechten Maustaste auf einen freien Bereich der Taskleiste, und wählen Sie im Kontextmenü den Befehl TASKLEISTENEINSTELLUNGEN. Sie gelangen automatisch auf die Seite TASKLEISTE der Einstellungen-App. Setzen Sie hier den Regler BEIM RECHTSKLICK AUF DIE SCHALTFLÄCHE »START« ... auf AUS. Nun erscheint wie früher wieder die Eingabeaufforderung im Schnellzugriffsmenü.

38.1.1 Eingabeaufforderung starten und anpassen

Microsoft sieht mittlerweile die Windows PowerShell als das Universalwerkzeug für IT-Experten und Administratoren an. Die Eingabeaufforderung rückt dadurch immer stärker in den Hintergrund. Das zeigt sich auch daran, wie der Zugang zum Tool versteckt wurde. Um die Eingabeaufforderung aufzurufen, können Sie folgendermaßen vorgehen:

- Rufen Sie z. B. über die Tastenkombination [Windows] + [R] den Ausführen-Dialog auf, und geben Sie »cmd« ein. Bestätigen Sie die Eingabe mit OK.
- Im Startmenü finden Sie im Ordner WINDOWS-SYSTEM den Eintrag EINGABEAUFFORDERUNG.
- Geben Sie im Suchfeld der Taskleiste entweder »cmd« oder »Eingabeaufforderung« ein, und wählen Sie dann den entsprechenden Treffer aus.

Für Ihre Arbeiten mit der Eingabeaufforderung gelten die gleichen Einschränkungen der Benutzerkontensteuerung wie für alle anderen Aufgaben. Um die Eingabeaufforderung mit erhöhten Rechten zu starten, klicken Sie den Treffer Ihrer Suchanfrage oder auch den Startmenüeintrag mit der rechten Maustaste an und wählen dann MEHR • ALS ADMINISTRATOR AUSFÜHREN.

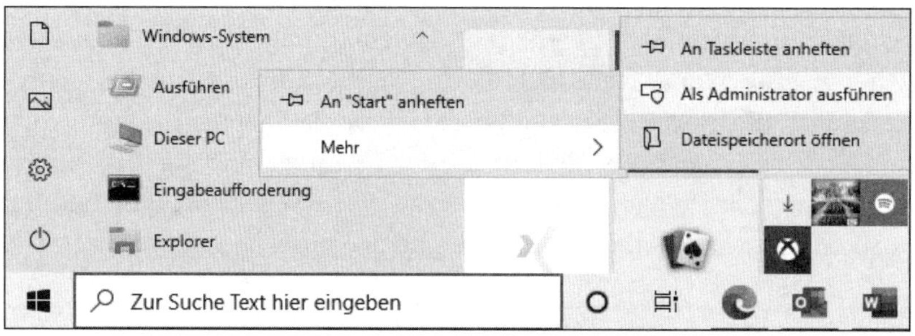

Abbildung 38.1 Über den entsprechenden Kontextmenübefehl rufen Sie die Eingabeaufforderung mit Administratorrechten auf.

Die Eingabeaufforderung direkt mit einem Befehl starten

Erst die Eingabeaufforderung starten, dann den Befehl eingeben? Warum nicht beides zusammenfassen? Die beiden Parameter `/c` und `/k` machen dies möglich. Soll nach dem Aufruf der Eingabeaufforderung z. B. der Befehl `ipconfig` ausgeführt werden, geben Sie im Ausführen-Dialog oder auch im Suchfeld der Taskleiste direkt »cmd /k ipconfig« ein. Der Parameter `/k` bewirkt, dass das Fenster der Eingabeaufforderung nach Abarbeiten des Befehls geöffnet bleibt. Soll es stattdessen geschlossen werden, nutzen Sie den Parameter `/c`. Falls Sie einem Befehl noch weitere Parameter zuweisen, achten Sie darauf, dass sich die Parameter `/c` bzw. `/k` direkt vor dem Befehlsnamen befinden (im Beispiel also vor dem Befehl `ipconfig`).

Öffnen Sie die Eingabeaufforderung ohne explizite Administratorrechte, zeigt sie das Benutzerverzeichnis *C:\Users\<Benutzername>* an, mit Administratorrechten startet *cmd.exe* hingegen mit dem Pfad *%SystemRoot%\System32*.

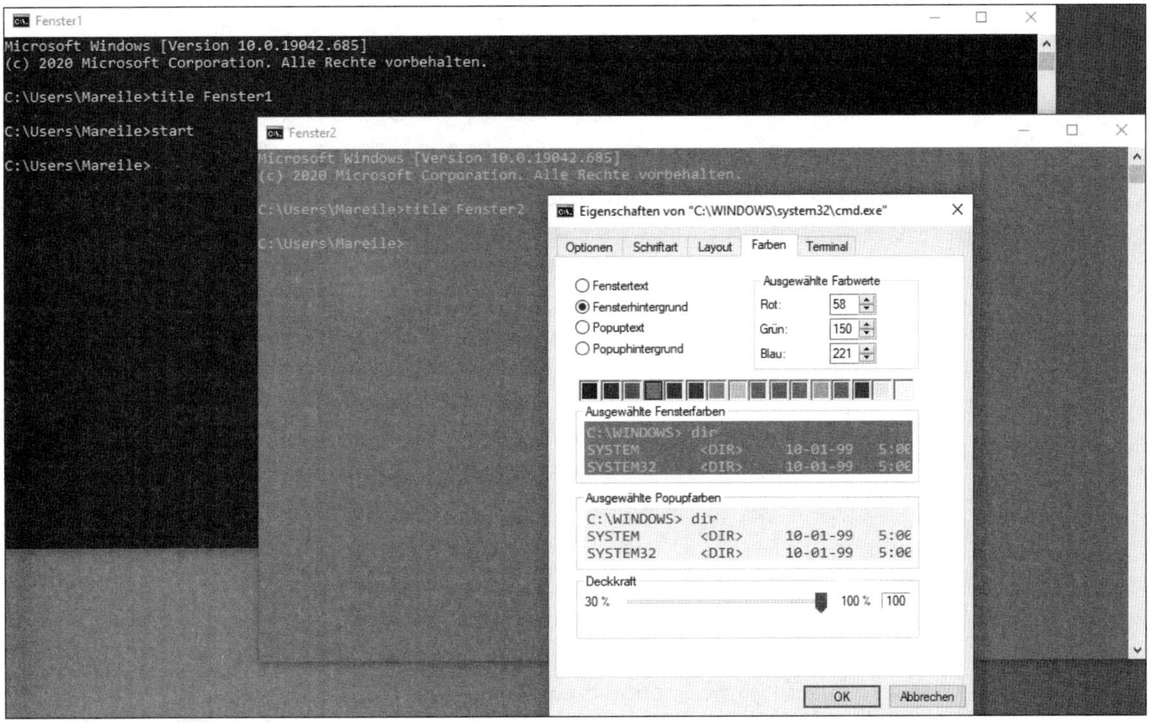

Abbildung 38.2 Jedes Fenster der Eingabeaufforderung kann einen eigenen Titel erhalten. Wem die weiße Schrift auf schwarzem Grund nicht zusagt, passt sie über den Eigenschaften-Dialog an.

Während im ersten Fall in der Titelleiste schlicht EINGABEAUFFORDERUNG erscheint, wird ein Fenster der Eingabeaufforderung mit erhöhten Rechten um den Zusatz ADMINISTRATOR ergänzt. Falls Sie mehrere Fenster der Eingabeaufforderung geöffnet haben, ist es praktisch, jedem einen eigenen aussagekräftigen Titel zuzuweisen. Geben Sie hierzu in der jeweiligen Eingabeaufforderung den Befehl `title <titelname>` ein, wobei Sie `<titelname>` durch den gewünschten Titel ersetzen. Sobald Sie die [↵]-Taste drücken, wird dieser Titel in der Titelleiste eingeblendet. Ein neues Fenster der Eingabeaufforderung lässt sich aus einer Eingabeaufforderung heraus übrigens über den Befehl `start` öffnen.

Das Fenster der Eingabeaufforderung zeigt sich klassischerweise mit weißer Schrift auf schwarzem Hintergrund (siehe Abbildung 38.3). Wer es lieber etwas farbenfroher mag, kann das Farbschema schnell umstellen. Klicken Sie hierzu mit der rechten Maustaste auf die Titelleiste, und wählen Sie den Befehl EIGENSCHAFTEN. Wechseln Sie im Eigenschaften-Dialog in das Register FARBEN. Markieren Sie zunächst die gewünschte Option, etwa FENSTERHINTERGRUND, und wählen Sie dann einen neuen Farbton aus. Wiederholen Sie dies mit den anderen drei Optionen. Über die weiteren Register lassen sich Schriftart, Layout und mehr ändern. Beenden Sie den Dialog abschließend mit OK. Die geänderten Einstellungen werden nicht auf das aktuelle Fenster angewendet, sondern erst wirksam, wenn Sie das nächste Fenster der Eingabeaufforderung öffnen. Analog lässt sich übrigens auch das Farbschema eines PowerShell-Fensters ändern.

38.1.2 Tipps und Informatives rund um die Eingabeaufforderung

Geben Sie Befehle in der Eingabeaufforderung ein, achten Sie bitte unbedingt auf die korrekte Schreibweise. Im günstigen Fall wird ein Befehl bei falscher Eingabe nicht ausgeführt, im schlimmsten Fall kann ein Tippfehler aber auch fatale Folgen haben. Dies gilt natürlich auch für die Parameter, mit denen Sie einen Befehl erweitern. Viele Argumente werden nur durch einen einzelnen Buchstaben bzw. ein Zeichen angegeben. Meist wird dieses hinter einem Slash (/) ergänzt oder hinter einem Minus- (-) bzw. Pluszeichen (+).

Hilfe anfordern

Sind Sie sich nicht sicher, welche Parameter ein Befehl benötigt, tippen Sie nach Eingabe des Befehls ein Leerzeichen, gefolgt von `/?`, ein. Benötigen Sie beispielsweise nähere Informationen zum Befehl *robocopy*, mit dem sich Dateien von einem Speicherort in einen anderen kopieren lassen, geben Sie in der Eingabeaufforderung `robocopy /?` ein.

Alternativ hierzu können Sie auch den Befehl `help` eingeben, gefolgt vom Befehlsnamen, zu dem Sie weitere Informationen benötigen, also etwa `help robocopy`. Geben Sie nur `help` ein, erhalten Sie eine durchaus stattliche Liste an Kommandozeilenbefehlen mit kurzen Hinweisen dazu. Die Fenstergröße der Eingabeaufforderung reicht nicht aus, um alle auf einer Seite darzustellen. Geben Sie `help | more` ein, wird das Ergebnis seitenweise angezeigt. Durch Drücken eines beliebigen Zeichens auf der Tastatur gelangen Sie zur folgenden Seite.

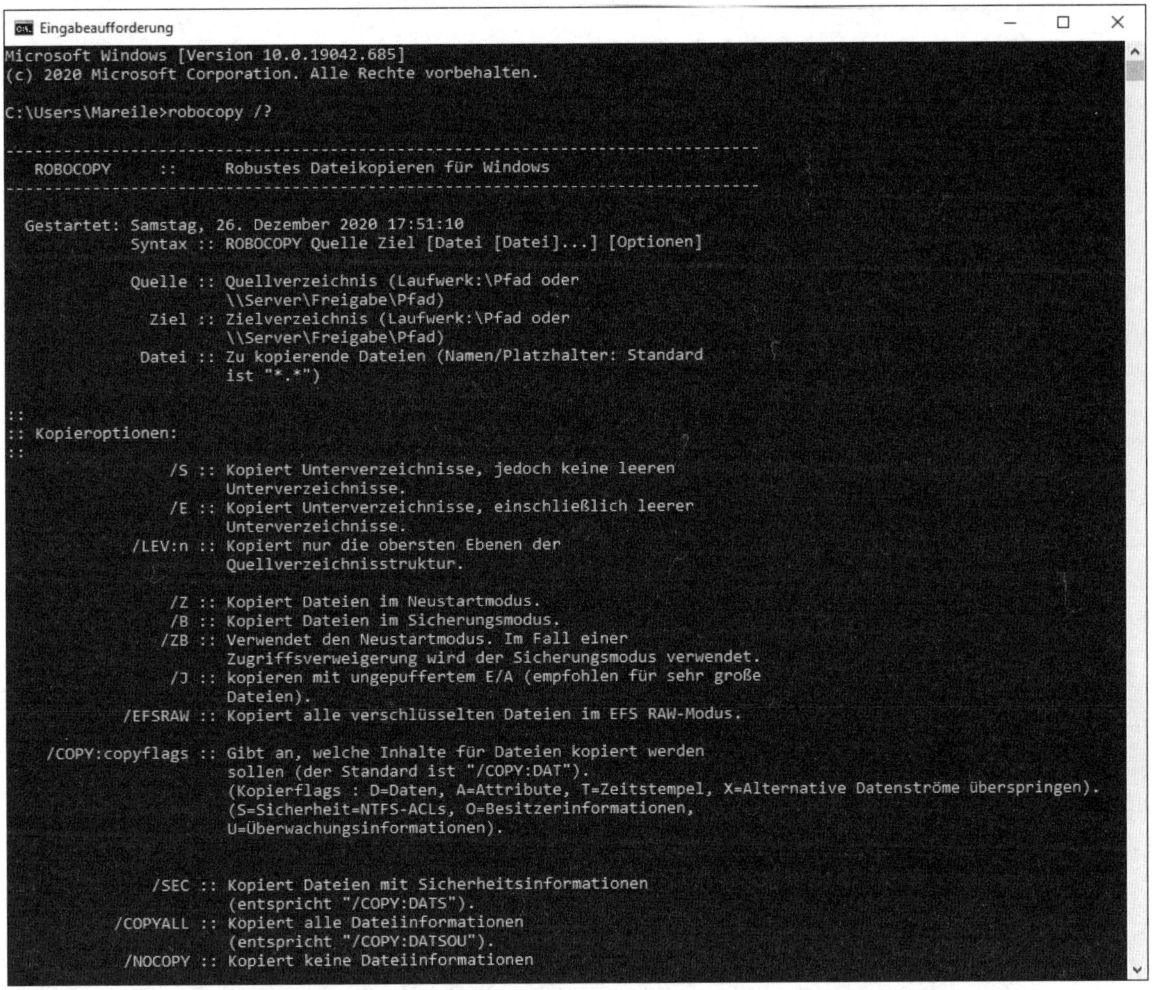

Abbildung 38.3 Benötigen Sie zu einem Befehl zusätzliche Informationen, ergänzen Sie nach dem Befehl ein Leerzeichen sowie »/?«.

Praktische Eingabehilfen

Wenn Sie intensiv mit der Eingabeaufforderung arbeiten, kommen im Laufe einer Sitzung schon einige Befehle zusammen. Manche Befehle wiederholen sich dabei auch. Um diese nicht immer wieder erneut eintippen zu müssen, bietet die Eingabeaufforderung interessante Tastenkombinationen an, die die Arbeit erleichtern:

- Drücken Sie die Taste [↑] bzw. [↓], wird jeweils der zuletzt eingegebene Befehl in der Befehlszeile angezeigt. Haben Sie den gewünschten Befehl gefunden, drücken Sie die Taste [↵], um ihn auszuführen.
- Noch bequemer geht es mithilfe der Funktionstaste [F7]. In der Eingabeaufforderung wird nun eine Liste mit den zuletzt verwendeten Befehlen eingeblendet. Zum Blättern in

38

der Liste nutzen Sie die Pfeiltasten ↑ und ↓. Ist der gewünschte Befehl markiert, drücken Sie die Taste ↵.

- Durch Drücken der Tastenkombination Alt + F7 wird der Befehlsverlauf gelöscht.
- Sollten Sie sich bei der Eingabe eines komplexen Kommandozeilenfehls vertippt haben, können Sie den Cursor über die Taste ← nach links bewegen. Geben Sie an der Position des Cursors Text ein, wird dieser im Normalfall zusätzlich eingefügt. Drücken Sie zuvor die Taste Einfg, wird hingegen der Text rechts vom Cursor durch die neu eingegebenen Zeichen überschrieben. Wurde die Taste Einfg nur versehentlich gedrückt, können Sie den Einfügemodus durch erneutes Drücken der Taste wieder deaktivieren.

Bis auf die Taste F7 und die Tastenkombination Alt + F7 funktionieren die Eingabetipps übrigens auch in der Windows PowerShell.

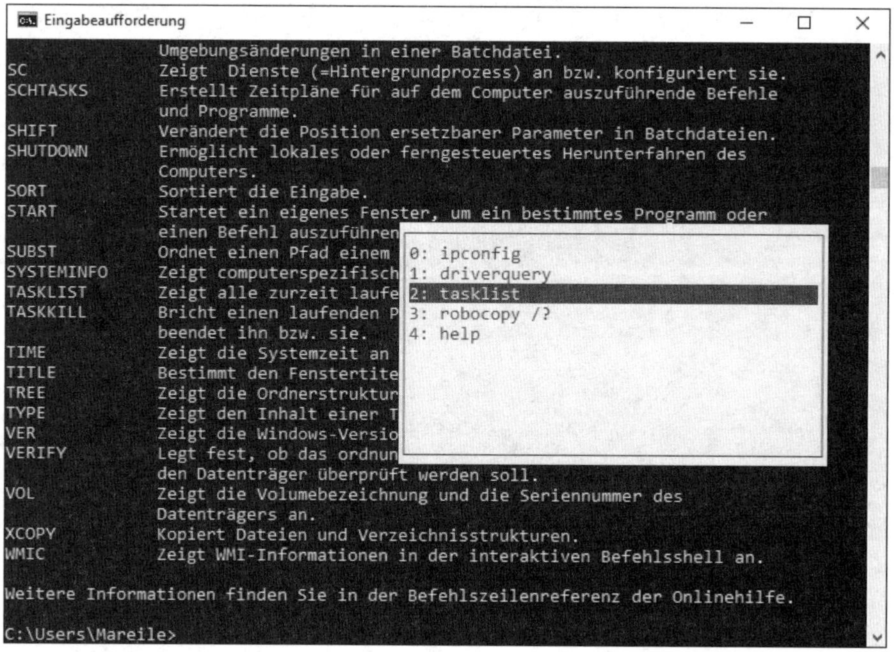

Abbildung 38.4 Über die Funktionstaste »F7« können Sie sich eine Liste der zuletzt verwendeten Befehle anzeigen lassen.

Befehle miteinander kombinieren

Kommandozeilenbefehle können miteinander kombiniert werden. Soll z. B. die Ausgabe eines Befehls als Eingabe des folgenden Befehls dienen, nutzen Sie den senkrechten Strich (|), das sogenannte *Pipe-Symbol* oder auch *vertical bar* genannt. Ein Beispiel hierfür haben Sie bereits zuvor im Zusammenhang mit dem Befehl `help` kennengelernt. Ein weiteres häufig eingesetztes Szenario ergibt sich aus der Kombination des Pipe-Symbols mit dem Tool *Clip*, das die aus dem vorherigen Befehl empfangenen Daten in die Zwischenablage kopiert. Geben Sie z. B. `dir | clip` ein, wird der Inhalt des aktuellen Verzeichnisses, sprich eine Liste seiner Dateien und Ordner, in die Zwischenablage kopiert. Der Inhalt der Zwischenablage lässt sich dann beispielsweise mit der Tastenkombination [Strg] + [V] in ein anderes Programm einfügen.

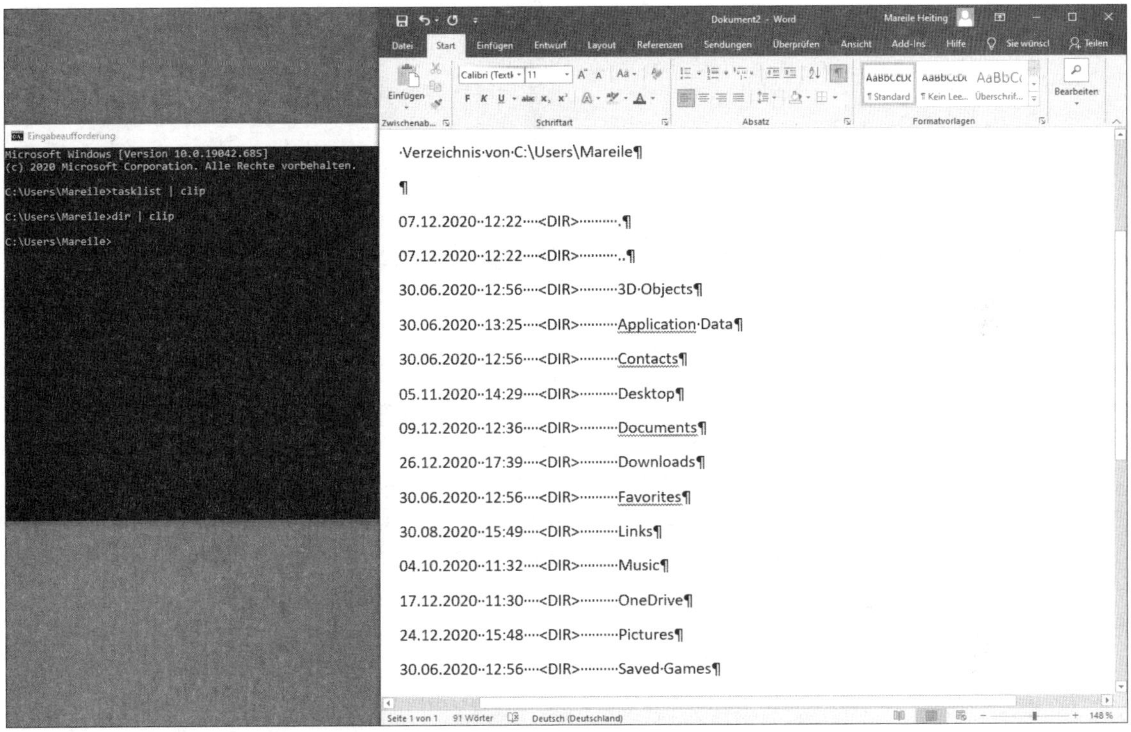

Abbildung 38.5 Über »dir | clip« lässt sich eine Liste der Dateien und Ordner des aktuell ausgewählten Ordners in die Zwischenablage kopieren und von dort z. B. in Word einfügen.

Soll die Ausgabe eines Befehls in eine Datei umgeleitet werden, nutzen Sie hierfür das Größer-als-Symbol (>). Mit dem Befehl `tasklist > beispielliste.txt` wird eine Liste der aktuell aktiven Anwendungen und Dienste an die Datei *beispielliste.txt* übertragen. Diese Datei wird hierfür neu erstellt. Soll die Ausgabe des Befehls in einer bereits vorhandenen Datei eingefügt werden, geben Sie das Größer-als-Symbol doppelt ein (>>). Soll umgekehrt der Inhalt einer Datei als Eingabe für einen Befehl genutzt werden, tippen Sie nach dem Befehl das Kleiner-als-Zeichen (<), gefolgt von dem Dateinamen. Beide Umleitungssymbole lassen sich auch miteinander kombinieren, wie folgendes Beispiel zeigt:

```
sort < Eingabe.txt > Ausgabe.txt
```

Der Inhalt der Datei EINGABE.TXT dient als Eingabe für den Befehl `sort`, der das Ergebnis (nämlich die Sortierung des Inhalts der Datei EINGABE.TXT) an die Datei AUSGABE.TXT liefert. Die Datei EINGABE.TXT existiert bereits, wird also vom Anwender erzeugt.

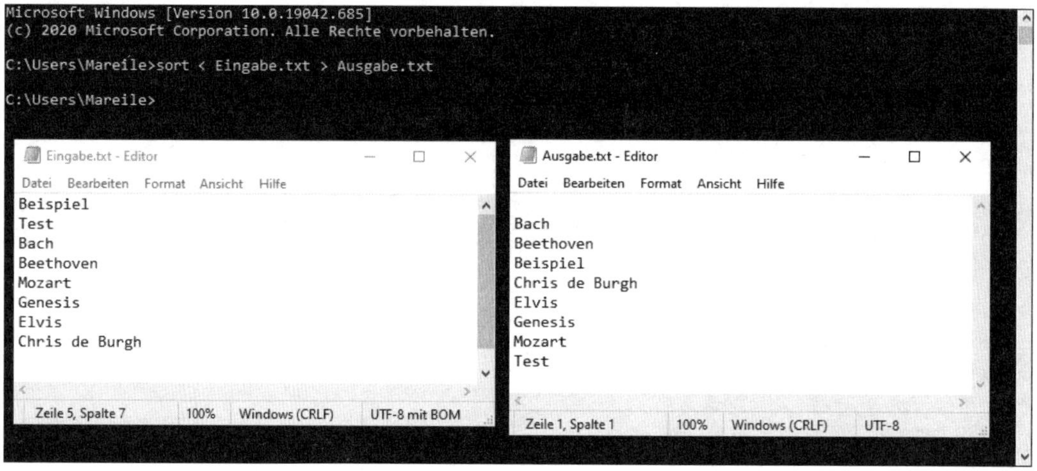

Abbildung 38.6 Der Befehl »sort« liest den Inhalt der Datei »Eingabe.txt« aus und gibt ihn sortiert in der Datei »Ausgabe.txt« aus.

Möchten Sie, dass zwei Befehle direkt nacheinander ausgeführt werden, fügen Sie zwischen den beiden Befehlen das &-Zeichen ein. Falls der zweite Befehl nur dann ausgeführt werden soll, wenn der erste Befehl erfolgreich durchgeführt wurde, ergänzen Sie zwischen den beiden Befehlen zweimal das &-Symbol. Die Syntax lautet also `Befehl1 && Befehl2`. Soll der zweite Befehl hingegen nur dann ausgeführt werden, wenn der erste nicht erfolgreich war, wählen Sie als Symbol zwischen den beiden Befehlen zwei senkrechte Striche (||), also `Befehl1 || Befehl2`. Wer es richtig kompliziert mag, wird an der If-when-Kombination Spaß haben: `Befehl 1 && Befehl2 || Befehl3` heißt, dass der zweite Befehl nur dann ausgeführt wird, wenn der erste Befehl erfolgreich war. Ist dies nicht der Fall, kommt der dritte Befehl zum Einsatz.

38.1.3 Ein einfache Batch-Datei erstellen

Wenn Sie immer wieder mehrere Befehle hintereinander ausführen oder auch komplexe Befehle eingeben müssen, bietet es sich an, hierfür eine Batch-Datei zu erstellen. Bei einer Batch-Datei (manchmal auch nur kurz *Bat-Datei* oder *Batch-Skript* genannt) handelt es sich um eine Textdatei, die von der Eingabeaufforderung als Stapelverarbeitung ausgeführt wird. Batch-Dateien tragen entweder die Dateiendung .bat oder .cmd.

Am folgenden, bewusst sehr simpel aufgebauten Beispiel zeige ich Ihnen, wie Sie selbst eine Batch-Datei erstellen. In diesem Beispiel soll der Inhalt eines Ordners inklusive Unterverzeichnisse auf einer externen Festplatte gesichert werden. Der Einfachheit halber wird die Batch-Datei auf dem Desktop gespeichert, wo sie einfach per Doppelklick gestartet wird. Falls die Befehle einer Batch-Datei automatisch ausgeführt werden sollen, bietet es sich an, diese als Aufgabe in der Aufgabenplanung hinzuzufügen. Die Aufgabenplanung wird in Abschnitt 37.4 vorgestellt. Zum Erstellen der Batch-Datei gehen Sie folgendermaßen vor:

1. Klicken Sie mit der rechten Maustaste auf einen freien Bereich des Desktops. Wählen Sie im Kontextmenü NEU • TEXTDOKUMENT. Überschreiben Sie den kompletten Dateinamen »Neues Textdokument.txt« mit einer neuen Bezeichnung, etwa »Datensicherung.bat«. Wichtig ist, dass Sie auch die Dateiendung .txt ändern. Drücken Sie die [↵]-Taste, und bestätigen Sie den folgenden Hinweis mit JA.

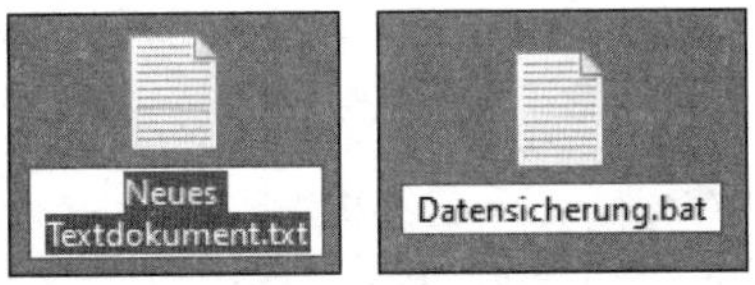

Abbildung 38.7 Überschreiben Sie nicht nur den Dateinamen, sondern ändern Sie auch die Dateiendung.

2. Um die gerade erzeugte Batch-Datei bearbeiten zu können, klicken Sie sie mit der rechten Maustaste an und wählen den Kontextmenübefehl BEARBEITEN. Hierdurch wird der Editor geöffnet.
3. In meinem Beispiel soll der Inhalt des Ordners MANUSKRIPT, der sich im Standardordner DOKUMENTE befindet, in den Ordner DATENSICHERUNG auf der externen Festplatte kopiert werden. Die Festplatte trägt den Laufwerksbuchstaben F:\. Im Editor wird hierzu folgende Anweisung eingegeben:

```
@echo off
xcopy C:\Users\<Benutzername>\Documents\Manuskript F:\Datensicherung /M /E /Y
pause
```

Abbildung 38.8 Ein einfaches Beispiel einer Datensicherung

Die Zeile `@echo off` zu Beginn sorgt dafür, dass der ausgeführte Befehl im Fenster der Eingabeaufforderung nicht angezeigt wird. In der zweiten Zeile folgt der Befehl `xcopy` mit der Angabe des Ausgangsordners und dann des Zielordners. Die drei Parameter haben folgende Bedeutung:

- `/M` sorgt dafür, dass nur aktualisierte Dateien kopiert werden. Bereits kopierte Dateien werden bei der nächsten Datensicherung nicht berücksichtigt.
- `/E` sorgt dafür, dass auch die Unterordner mitkopiert werden.
- `/Y` unterdrückt die Aufforderung zur Bestätigung, dass eine vorhandene Zieldatei, die seit der letzten Datensicherung geändert wurde, überschrieben werden soll.

Durch den Befehl `pause` in der letzten Zeile wird nach Abarbeitung der vorherigen Befehle das Fenster der Kommandozeile nicht sofort wieder geschlossen. Stattdessen wird der Anwender aufgefordert, zuvor eine beliebige Taste zu drücken.

4. Haben Sie die drei Zeilen im Editor eingegeben, drücken Sie die Tastenkombination [Strg] + [S], um die Batch-Datei zu speichern. Anschließend können Sie den Editor schließen.

Per Doppelklick auf das Symbol der Batch-Datei lässt sich nun schnell eine Datensicherung erstellen – eine entsprechend angeschlossene externe Festplatte natürlich vorausgesetzt. Wurden alle Dateien kopiert, schließen Sie das Fenster der Eingabeaufforderung, das während der Durchführung der Befehle eingeblendet wurde, mit einem Klick auf eine beliebige Taste der Tastatur. Dieses sehr einfache Beispiel lässt sich natürlich noch weitaus komplexer aufbauen. So wäre es z. B. möglich, mithilfe von Schleifen die Dateien nach Dateityp zu sortieren, also etwa Videodateien während des Kopiervorgangs in einen Ordner FILME zu verschieben und Bilddateien in einen Ordner FOTOS.

38.2 Die Windows PowerShell

Die zweite textbasierte Shell und zugleich auch Skriptsprache, die Windows 10 mit an Bord hat, ist die *Windows PowerShell*. Wenn möglich soll sie irgendwann die in die Jahre gekommene Eingabeaufforderung ganz ablösen. Fast alle Befehle, die in der Eingabeaufforderung eingesetzt werden, lassen sich auch in der PowerShell nutzen. Ihr Befehlsvorrat reicht aber noch bei Weitem darüber hinaus, womit sie vor allem für Administratoren interessant ist. Die Windows PowerShell bietet neben der klassischen Kommandozeile eine grafische Oberfläche, die das Erstellen und Debuggen von Skripts noch komfortabler gestaltet: die *Windows PowerShell ISE* (*ISE* ist die Abkürzung für *Integrated Scripting Environment*). Die PowerShell ist ein ausgesprochen mächtiges, allerdings auch nicht einfach zu beherrschendes Werkzeug. Ihr im Rahmen eines Windows 10 Pro-Buches gerecht zu werden ist ein Ding der Unmöglichkeit. Die folgenden Seiten können daher nur einen sehr kleinen Einblick ermöglichen.

38.2.1 Windows PowerShell starten

Der Aufruf der Windows PowerShell erfolgt am schnellsten über das Schnellzugriffsmenü: Klicken Sie mit der rechten Maustaste auf das Windows-Logo, oder drücken Sie die Tastenkombination [Win] + [X], finden Sie hier die beiden Einträge WINDOWS POWERSHELL und WINDOWS POWERSHELL (ADMINISTRATOR). Wie bei der Eingabeaufforderung gelten auch bei der PowerShell die gleichen Einschränkungen bezüglich der Benutzerkontensteuerung.

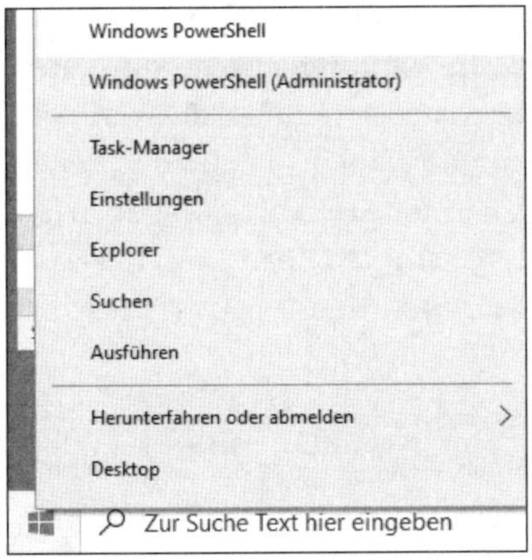

Abbildung 38.9 Der schnellste Aufruf der Windows PowerShell erfolgt über das Schnellzugriffsmenü.

Alternativ können Sie im Suchfeld der Taskleiste auch »PowerShell« eingeben und direkt den Treffer auswählen. Benötigen Sie eine PowerShell mit erhöhten Rechten, klicken Sie den Treffer mit der rechten Maustaste an und wählen dann ALS ADMINISTRATOR AUSFÜHREN. Über den gleichen Suchbegriff im Suchfeld der Taskleiste erreichen Sie auch die *Windows PowerShell ISE*. Sie wird in Abschnitt 38.2.3, »Windows PowerShell und Skripte«, kurz vorgestellt.

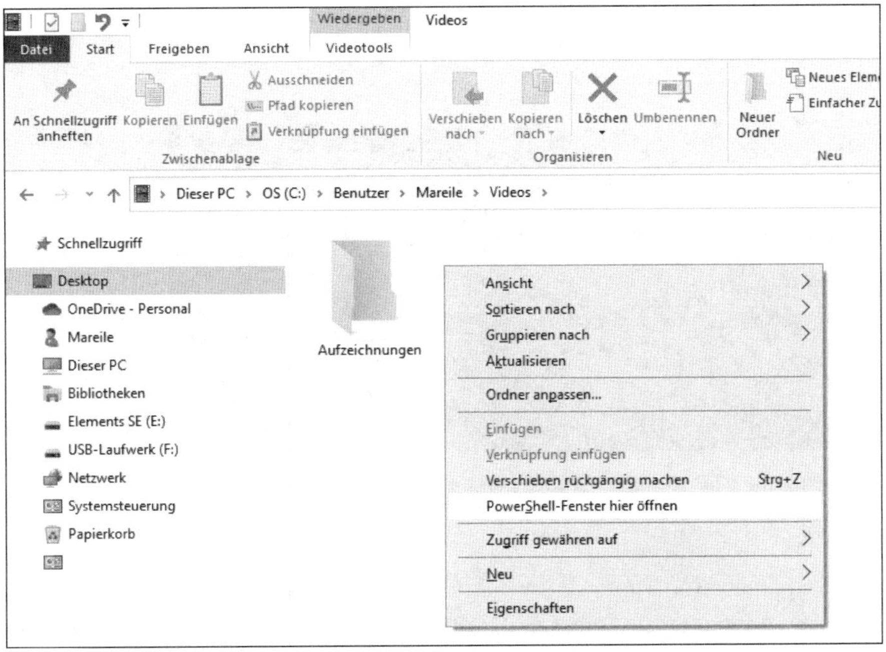

Abbildung 38.10 Die PowerShell lässt sich über den Explorer gezielt mit einem bestimmten Verzeichnis öffnen.

Falls Sie die PowerShell mit einem ganz bestimmten Verzeichnis öffnen möchten, rufen Sie sie am besten über den Explorer auf. Navigieren Sie hierzu im Explorer zum gewünschten Ordner. Klicken Sie dann im Inhaltsbereich mit der rechten Maustaste und dabei gedrückt gehaltener [⇧]-Taste auf einen freien Bereich. Im Kontextmenü wählen Sie nun den Befehl POWERSHELL-FENSTER HIER ÖFFNEN aus. Alternativ hierzu können Sie im Explorer auch das Menü DATEI aufrufen und dann WINDOWS POWERSHELL ÖFFNEN wählen. Anschließend haben Sie die Auswahl zwischen WINDOWS POWERSHELL ÖFFNEN und WINDOWS POWERSHELL ALS ADMINISTRATOR ÖFFNEN.

Die Bedienung der PowerShell erfolgt nach dem gleichen Prinzip wie die der Eingabeaufforderung: Sie geben einen Befehl ein und drücken zur Bestätigung die [↵]-Taste. Befehle werden in der PowerShell übrigens *Cmdlets* genannt (gesprochen »Commandlets«, auf Deutsch »Befehlchen«). Die Syntax eines Befehls folgt dabei immer dem gleichen Schema: Nach einem Verb folgen ein Bindestrich und dann ein Substantiv im Singular. Das Verb beschreibt, was getan werden soll, während das Substantiv angibt, womit die Aktion durchgeführt werden soll. Mit dem Cmdlet `Stop-Process` lässt sich z. B. ein Prozess beenden. Die Groß- und Kleinschreibung spielt hierbei zwar keine Rolle, der besseren Übersicht halber werden bei den Anfangsbuchstaben von Verb und Substantiv aber meist jeweils Großbuchstaben gewählt.

Für Parameter gilt die Vorgabe `-Parameter [Wert]`. Um beispielsweise Informationen rund um die laufenden Prozesse des Browsers Microsoft Edge zu erhalten, geben Sie Folgendes ein:

```
Get-Process -Name msedge
```

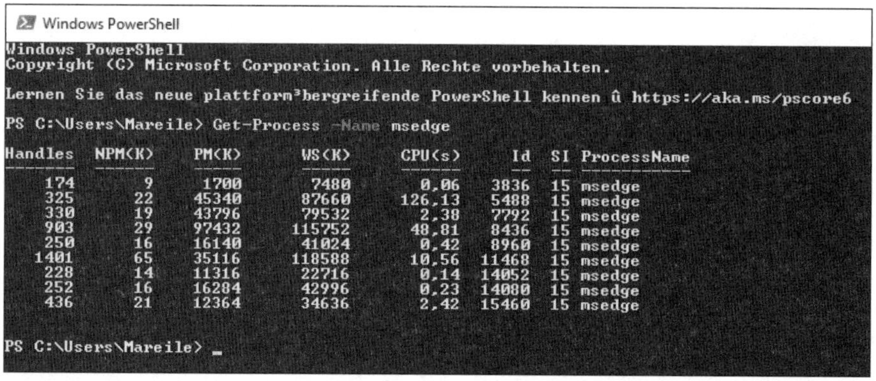

Abbildung 38.11 Die Eingabe »Get-Process -Name msedge« zeigt Informationen zu den laufenden Prozessen des Browsers Edge an.

Die Cmdlets sind in sogenannten *Modulen* enthalten, die bestimmte Oberthemen (z. B. das Druck- oder Netzwerkmanagement) umfassen. Um sich einen Überblick zu verschaffen, wie viele Module zugänglich sind, geben Sie in der PowerShell den folgenden Befehl ein:

```
Get-Module -ListAvailable
```

Es werden nun sämtliche Module aufgelistet, die aktuell auf Ihrem Windows-System verfügbar sind. Die Cmdlets sind Untermengen der aufgeführten Module. Möchten Sie noch einen Schritt weitergehen und sich einen Eindruck von der Anzahl der zur Verfügung stehenden Cmdlets verschaffen, geben Sie diesen Befehl ein:

```
Get-Command -CommandType Cmdlet
```

Wie Befehle in der Eingabeaufforderung lassen sich übrigens auch Cmdlets miteinander verketten, wobei die Ausgabe eines Befehls als Eingabe eines anderen Befehls verwendet wird. Auch hier kommt das Pipe-Symbol (|) zum Einsatz. Soll z. B. der Inhalt des aktuellen Verzeichnisses nach dem letzten Änderungsdatum sortiert angezeigt werden, geben Sie Folgendes ein:

```
Get-ChildItem | Sort-Object -Property LastWriteTime
```

Der Inhalt wird aufsteigend sortiert. Wünschen Sie eine absteigende Reihenfolge, ergänzen Sie den Befehl um den Parameter `-Descending`.

Abbildung 38.12 Der Inhalt eines Ordners einmal aufsteigend und anschließend absteigend sortiert

Wem nun der Befehlsaufbau eines Cmdlets doch recht komplex erscheint, der sei ein wenig beruhigt. Zum einen lassen sich in der Windows PowerShell einige Tricks anwenden, die die Befehlseingabe sehr erleichtern. Zum anderen unterstützt die PowerShell aber auch viele bereits aus der Eingabeaufforderung gewohnten Befehle, wie Sie im folgenden Abschnitt sehen werden.

38.2.2 Tipps rund um Cmdlets

Wie bei der Eingabeaufforderung müssen Sie auch bei der PowerShell darauf achten, dass Ihnen kein Tippfehler unterläuft. Wenn Sie Glück haben, führt dieser nur zu einer Fehlermeldung. Er kann aber auch weitreichende und vor allem fatale Folgen haben. Manche Cmdlets sind allerdings so lang, dass die korrekte Eingabe gar nicht so einfach gelingt.

Die Nutzung von Aliasses

Dank des Alias-Mechanismus, bei dem ein Cmdlet durch einen alternativen Namen, den sogenannten *Alias*, ersetzt wird, müssen Sie die Befehle häufig auch gar nicht vollständig eingeben. Besonders interessant sind Aliasse im Zusammenhang mit Befehlen, die Sie gegebenenfalls aus der Eingabeaufforderung kennen. So funktioniert der Befehl `cd` zum Wechseln eines Ordners in der Eingabeaufforderung genauso wie in der PowerShell. Das korrekte Cmdlet hierfür heißt `Set-Location`. In Tabelle 38.1 finden Sie eine Liste häufig eingesetzter Befehle der Eingabeaufforderung, die als Alias weiterhin in der PowerShell genutzt werden können, sowie ihr jeweiliges Pendant, sprich das Cmdlet in der PowerShell.

Alias	Cmdlet	Funktion
`cd`	`Set-Location`	Wechselt das Verzeichnis.
`copy`	`Copy-Item`	Kopiert eine oder mehrere Dateien an eine andere Position.
`del`	`Remove-Item`	Löscht eine oder mehrere Dateien.
`dir`	`Get-ChildItem`	Listet die Dateien und Unterverzeichnisse eines Verzeichnisses auf.
`echo`	`Write-Output`	Zeigt Meldungen an.
`move`	`Move-Item`	Verschiebt Dateien.
`ren`	`Rename-Item`	Benennt Dateien um.
`rmdir`	`Remove-Item`	Entfernt ein Verzeichnis.

Tabelle 38.1 Häufig genutzte Aliasse, ihre Cmdlets sowie ihre Funktion

Nicht jeder Alias steht für einen Befehl der Eingabeaufforderung. Manche dienen auch nur dazu, sich viel Tipparbeit in der PowerShell zu sparen. Geben Sie in der PowerShell das Cmdlet `Get-Alias` ein, erhalten Sie eine Liste aller verfügbaren Aliasse.

Die Hilfefunktion

Möchten Sie wissen, ob es für ein Cmdlet einen Alias gibt oder welche Bedeutung ein Cmdlet hat, ist die Hilfefunktion der PowerShell eine große Unterstützung. Benötigen Sie z. B. Informationen bezüglich Parameter und Aliasse zum Cmdlet `Remove-Item`, geben Sie Folgendes ein:

```
Remove-Item -?
```

Alternativ hierzu funktioniert auch folgende Eingabe:

```
Get-Help Remove-Item
```

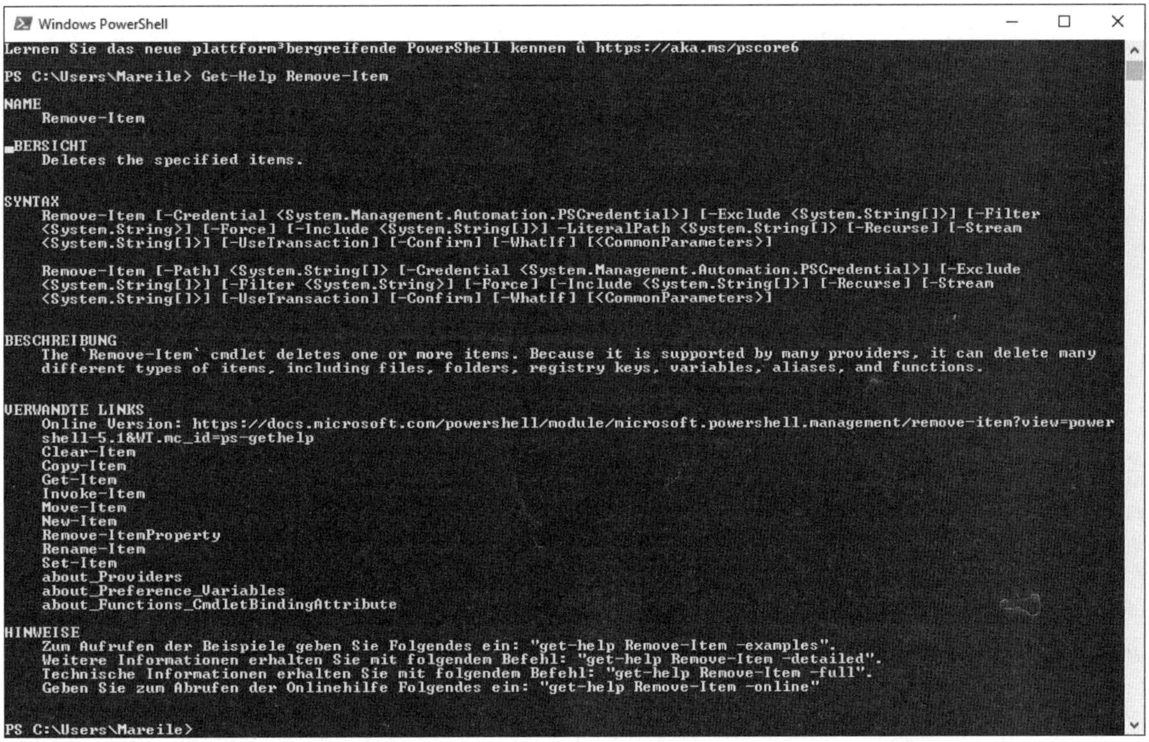

Abbildung 38.13 Benötigen Sie Hilfe, können Sie sich zu jedem Cmdlet Informationen anzeigen lassen, hier beispielsweise zum Cmdlet »Remove-Item«.

Eventuell werden Sie darauf hingewiesen, dass für das Cmdlet auf dem Computer keine Hilfedateien gefunden werden konnten. Um die Hilfedateien herunterzuladen, starten Sie die Windows PowerShell mit Administratorrechten und geben dann das Cmdlet `Update-Help` ein. Es werden nun die Hilfedateien aktualisiert. Falls Sie an Beispielen zu einem Cmdlet interessiert sind, nutzen Sie den Parameter `-Examples`. Die vollständige Eingabe lautet damit:

```
Get-Help Remove-Item -Examples
```

Details zu Parametern, Syntax und Beschreibungen erhalten Sie mit dem Parameter `-Detailed`:

```
Get-Help Remove-Item -Detailed
```

Tipparbeit sparen

Manche Cmdlets sind sehr lang geraten, was leicht dazu führen kann, dass man sich versehentlich vertippt. Mithilfe der *Tab-Vervollständigung* lassen sich solche Stolperfallen aber hervorragend umgehen. Tippen Sie hierfür einfach das Verb und den darauf folgenden Bindestrich eines Cmdlets ein. Drücken Sie nun die [Tab]-Taste, zeigt die PowerShell die erste mögliche Vervollständigung des Cmdlets an. Durch erneutes Drücken der Taste [Tab] folgt der zweite Vorschlag etc.

38.2.3 Windows PowerShell und Skripte

Wer Aufgaben automatisch oder zu einem bestimmten Zeitpunkt ausführen lassen möchte, kommt um die Erstellung von Skripten nicht herum. Eine PowerShell-Skriptdatei ist eine reine Textdatei mit der Endung .ps1. Sie können ein solches Skript zwar mit jedem Editor schreiben, weitaus bequemer ist es aber mit der *Windows PowerShell ISE*. Die Entwicklungsumgebung bietet vor allem für Programmierer komfortable Funktionen, wie etwa eine ausgefeilte Hilfe und die Möglichkeit, Befehle automatisch ergänzen zu lassen. Zum Start der Windows PowerShell ISE geben Sie im Suchfeld der Taskleiste »powershell« ein und klicken dann den Treffer WINDOWS POWERSHELL ISE an.

Um ein neues Skript zu erstellen, rufen Sie im Fenster der ISE im Menü DATEI den Befehl NEU auf. Oberhalb der PowerShell wird nun der Bereich zur Erstellung eines Skripts eingeblendet. Am rechten Fensterrand finden Sie eine Liste aller zur Verfügung stehenden Cmdlets und Funktionen. Über das Feld MODULE können Sie die Darstellung auf einzelne Module reduzieren. Wird der Bereich BEFEHLE nicht angezeigt, blenden Sie das Menü ANSICHT ein und versehen den Eintrag BEFEHLS-ADD-ON ANZEIGEN mit einem Häkchen. Die Befehle Ihres Skripts schreiben Sie nun entweder direkt in den Skriptbereich, oder Sie wählen sie im rechten Fensterbereich aus. Dabei lassen sich auch mögliche Parameter in einem Unterfenster auflisten.

Um an einem ausgesprochen einfachen Beispiel, das vielen geläufig sein wird, zu zeigen, wie das Speichern und Ausführen eines PowerShell-Skripts erfolgt, geben Sie im oberen Bereich des Fensters nun folgenden Text ein:

```
Write-Host "Hello, World!"
```

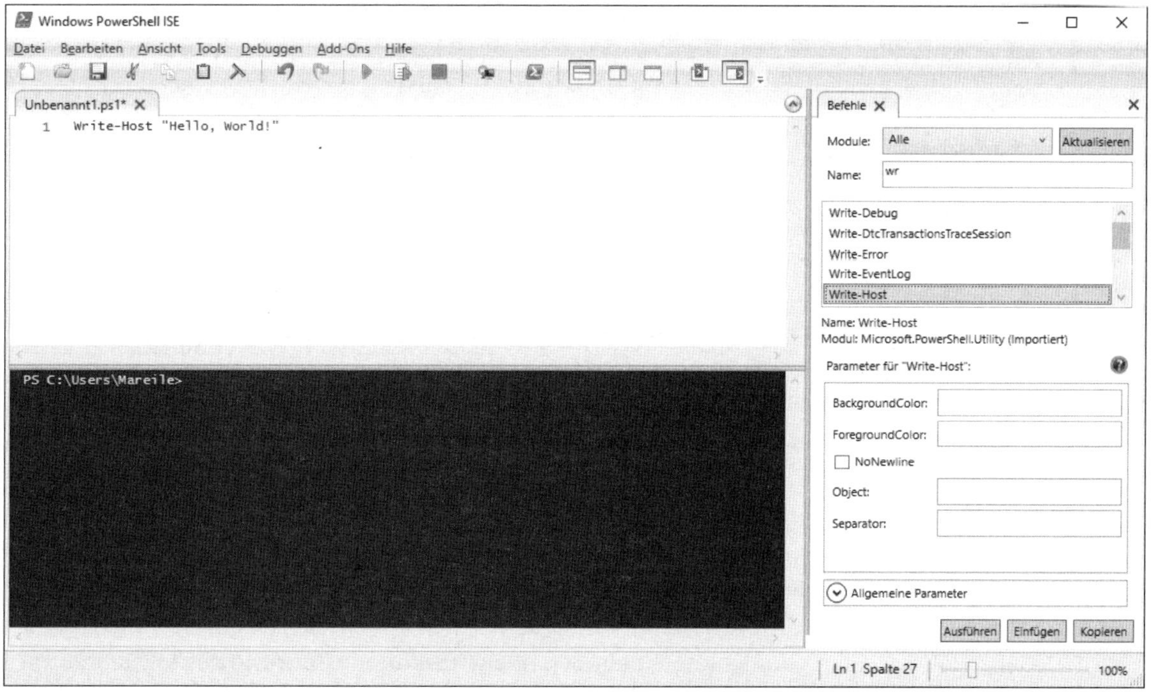

Abbildung 38.14 Übersicht über das Fenster der Windows PowerShell ISE

Speichern Sie die Datei anschließend über DATEI • SPEICHERN unter einem aussagekräftigen Namen in einem Ordner, den Sie selbst festlegen. Um das Skript noch innerhalb der PowerShell ISE zu testen, drücken Sie entweder die Taste F5 oder klicken in der Symbolleiste auf das SKRIPT AUSFÜHREN-Symbol in Form eines grünen Dreiecks. In der unteren Fensterhälfte wird das Skript nun ausgeführt.

Im Gegensatz zu einer .bat-Datei oder .cmd-Datei, wie Sie sie im Rahmen der Eingabeaufforderung kennengelernt haben, lässt sich eine .ps1-Datei nicht per Doppelklick aus dem Explorer heraus starten. Probieren Sie dies aus, wird lediglich der Editor gestartet, über den Sie Änderungen am Skript vornehmen könnten. Versuchen Sie das Skript direkt in einer PowerShell auszuführen, wird dieser Versuch ebenfalls scheitern. Klicken Sie die .ps1-Datei hingegen im Explorer mit der rechten Maustaste an, finden Sie im Kontextmenü den Befehl MIT POWERSHELL AUSFÜHREN.

Das Ausführen des Skripts wird durch die Ausführungsrichtlinien verhindert. Dies soll als Schutz dienen, um z. B. nicht versehentlich Dateien auszuführen, die einem per E-Mail zugeschickt wurden. Tabelle 38.2 zeigt eine Übersicht über die zur Verfügung stehenden Ausführungsrichtlinien.

Ausführungsrichtlinie	Auswirkung
Restricted	Die Skriptausführung ist deaktiviert. Dies ist die Standardrichtlinie.
AllSigned	Nur Skripte, die von einem vertrauenswürdigen Herausgeber signiert wurden, dürfen ausgeführt werden.
RemoteSigned	Stammt das Skript aus vertrauenswürdiger Quelle, darf es ausgeführt werden. Dies gilt auch, wenn es aus einer lokalen Quelle stammt.
Unrestricted	Alle Skripte dürfen ausgeführt werden.

Tabelle 38.2 Ausführungsrichtlinien und ihre Auswirkungen

Falls Sie die aktuell gültige Ausführungsrichtlinie in Erfahrung bringen möchten, geben Sie in der PowerShell das Cmdlet `Get-ExecutionPolicy` ein. Um die Ausführungsrichtlinie zu ändern, benötigen Sie die PowerShell mit erhöhten Rechten. Drücken Sie hierzu z. B. die Tastenkombination [Win] + [X], und wählen Sie dann WINDOWS POWERSHELL (ADMINISTRATOR). Geben Sie anschließend den folgenden Befehl ein, um die Ausführung des lokalen PowerShell-Skripts zu gestatten:

```
Set-ExecutionPolicy RemoteSigned
```

Sobald Sie die [↵]-Taste gedrückt haben, erscheint eine Nachfrage, die Sie mit [J] bestätigen.

Nun können Sie Ihr Skript direkt aus einer PowerShell heraus starten. Damit dies funktioniert, müssen Sie übrigens immer den vollständigen Pfad zur .ps1-Datei angeben, selbst wenn sich die Datei im aktuellen Verzeichnis befindet. Für diesen Fall reicht aber auch die Eingabe .\<Dateiname.ps1>, wobei Sie <Dateiname.ps1> durch den Namen Ihres Skripts ersetzen.

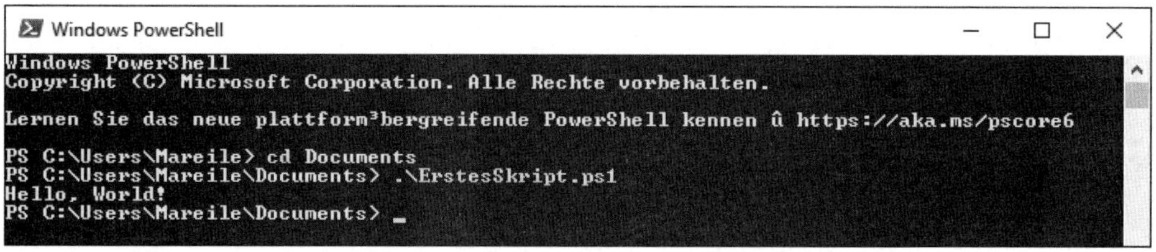

Abbildung 38.15 Auch wenn sich die Skriptdatei im aktuellen Verzeichnis befindet, müssen Sie den vollständigen Pfad angeben oder diesen durch die Angabe ».\<Dateiname.ps1>« abkürzen.

Falls Sie die Ausführungsrichtlinien nur zum Testen geändert haben, sollten Sie diese anschließend aus Sicherheitsgründen wieder zurücksetzen. Hierzu rufen Sie wieder eine PowerShell mit erhöhten Rechten auf und geben den folgenden Befehl ein:

```
Set-ExecutionPolicy Restricted
```

Die folgende Sicherheitsfrage bestätigen Sie wieder mit [J].

Weiterführende Literatur im Internet

Der Umgang mit der Windows PowerShell und PowerShell-Skripten ist anfangs eher ungewohnt. Hier hilft es meist, sich einige Beispiele anzusehen. Im Internet finden sich interessante Adressen, die weiterführende Informationen zu Skripten, aber auch zur Windows PowerShell selbst liefern. Hier eine kleine Auswahl empfehlenswerter Websites:

- *https://docs.microsoft.com/de-de/powershell*
- *https://gallery.technet.microsoft.com/ScriptCenter*
- *https://devblogs.microsoft.com/scripting*
- *https://docs.microsoft.com/de-de/powershell/scripting/overview?view=powershell-7.1*
- *https://docs.microsoft.com/de-de/powershell/scripting/samples/sample-scripts-for-administration?view=powershell-7.1*

Anhang – Tastenkombinationen

Tastenkombinationen erleichtern das Aufrufen von Funktionen. Im Folgenden finden Sie die wichtigsten Shortcuts rund um Windows 10 und ihre Anwendungen.

Windows 10 allgemein

Tastenkombination	Wirkung
Win	Startmenü öffnen bzw. schließen
Win + A	Info-Center öffnen
Win + D	Desktop anzeigen bzw. ausblenden
Win + Alt + D	Kalender im Infobereich der Taskleiste ein- bzw. ausblenden
Win + E	Explorer öffnen
Win + F	Feedback-Hub-App öffnen
Win + G	Spieleleiste bei geöffnetem Spiel öffnen
Win + H	Diktat beginnen
Win + I	Einstellungen-App öffnen
Win + K	Schnelle Aktion »Verbinden« öffnen
Win + L	Computer sperren
Win + M	Alle Fenster minimieren
Win + ⇧ + M	Minimierte Fenster wiederherstellen
Win + O	Geräteausrichtung auf einem Tablet sperren
Win + P	Anzeigemodus für Präsentationen wählen
Win + Strg + Q	Remotehilfe-App öffnen
Win + R	Den Ausführen-Dialog öffnen

Tabelle A.1 Allgemeingültige Tastenkombinationen für Windows 10

Tastenkombination	Wirkung
⊞ + S	Suchfenster öffnen
⊞ + ⇧ + S	»Ausschneiden und Skizzieren« zur Screenshotaufnahme starten
⊞ + T	Zwischen Apps auf der Taskleiste umschalten
⊞ + U	Center für erleichterte Bedienung öffnen
⊞ + X	Schnellzugriffsmenü öffnen
⊞ + . (Punkt)	Den Emoji-Dialog öffnen
⊞ + , (Komma)	Desktop anzeigen, solange Shortcut gedrückt wird
⊞ + ⭾	Aktive Anwendungen öffnen
⊞ + Leertaste	Eingabesprache und Tastaturlayout wechseln
⊞ + +	Bildschirmlupe öffnen
⊞ + ↑	Fenster maximieren
⊞ + ↓	Vorherige Größe eines maximierten Fensters herstellen
⊞ + →	Fenster in der rechten Bildschirmhälfte andocken
⊞ + ←	Fenster in der linken Bildschirmhälfte andocken

Tabelle A.1 Allgemeingültige Tastenkombinationen für Windows 10 (Forts.)

Virtueller Desktop

Tastenkombination	Wirkung
⊞ + Strg + D	Erzeugt einen neuen virtuellen Desktop.
⊞ + Strg + ←	Zum vorherigen virtuellen Desktop wechseln
⊞ + Strg + →	Zum nächsten virtuellen Desktop wechseln
⊞ + Strg + F4	Den aktuellen virtuellen Desktop schließen
⊞ + ⭾	Taskansicht öffnen

Tabelle A.2 Tastenkombinationen zur Bedienung von virtuellen Desktops

Explorer

Tastenkombination	Wirkung
[Windows] + [E]	Öffnet den Explorer.
[Alt] + [↵]	Öffnet den Eigenschaften-Dialog von zuvor markierten Dateien oder Ordnern.
[Alt] + [D]	Öffnet das Menü DATEI.
[Alt] + [P]	Blendet das Vorschaufenster am rechten Rand des Programmfensters ein bzw. aus.
[Alt] + [←]	Wechselt zu einem zuvor geöffneten Ordner.
[Alt] + [↑]	Führt in der Ordnerhierarchie eine Stufe nach oben.
[Strg] + [E]	Aktiviert das Suchfeld rechts oben.
[Strg] + [N]	Öffnet ein weiteres Programmfenster des Explorers.
[Strg] + [⇧] + [N]	Erzeugt einen neuen Ordner im aktuellen Ordner.
[Strg] + Mausrad nach oben bzw. unten	Vergrößert bzw. verkleinert Symbole in der aktuellen Ansicht.
[Strg] + [A]	Markiert alle Elemente innerhalb eines zuvor ausgewählten Ordners.
[Strg] + [C]	Kopiert zuvor markierte Elemente.
[Strg] + [V]	Fügt die zuvor kopierten Elemente ein.
[Strg] + [X]	Schneidet zuvor markierte Elemente aus.
[⇧] + [Entf]	Löscht zuvor markierte Dateien oder Ordner permanent.
[⇧] + [F10]	Blendet das erweiterte Kontextmenü ein.
[Windows] + [V]	Öffnet den Dialog ZWISCHENABLAGE, sofern zuvor der Zwischenablageverlauf über START • EINSTELLUNGEN • SYSTEM • ZWISCHENABLAGE aktiviert wurde.
[F2]	Benennt ein markiertes Element um.
[F4]	Zeigt die Adressleiste an.
[F11]	Wechselt zwischen Normal- und Vollbildmodus.

Tabelle A.3 Tastenkombinationen zur Bedienung des Explorers

Microsoft Edge

Tastenkombination	Wirkung
Strg + D	Aktuelle Webseite als Favoriten speichern
Strg + E	Suchabfrage in der Adressleiste öffnen
Strg + F	Auf der aktuellen Seite suchen
Strg + G	Zum nächsten Treffer der Suchleisten-Suchanfrage wechseln
Strg + H	VERLAUF in einer neuen Registerkarte öffnen
Strg + J	DOWNLOADS in einer neuen Registerkarte öffnen
Strg + L	URL zur Bearbeitung in der Adressleiste markieren
Strg + N	Neues Fenster öffnen
Strg + O	Eine Datei in Edge öffnen
Strg + P	Aktuelle Seite drucken
Strg + R	Aktuelle Seite neu laden
Strg + S	Aktuelle Seite speichern
Strg + ⇧ + I	Entwicklertools öffnen
Strg + ⇧ + M	Als anderer Benutzer anmelden oder als Gast surfen
Strg + ⇧ + N	Neues InPrivate-Fenster öffnen
Strg + ⇧ + O	Favoritenverwaltung öffnen
Strg + ⇧ + P	Systemdialog DRUCKEN öffnen
Strg + ⇧ + T	Zuletzt geschlossene Registerkarte erneut öffnen und aufrufen
Strg + ⇧ + W	Aktuelles Fenster schließen
Strg + T	Neue Registerkarte öffnen und aufrufen
Strg + U	Quelle anzeigen
Strg + W	Aktuelle Registerkarte schließen
Strg + 0	Zoomfaktor zurücksetzen
Strg + 1, 2, … 8	Zur ersten, zweiten … Registerkarte wechseln

Tabelle A.4 Tastenkombinationen für Microsoft Edge

Tastenkombination	Wirkung
Strg + 9	Zur letzten Registerkarte wechseln
Strg + ⇧ + Entf	Optionen für BROWSERDATEN LÖSCHEN öffnen
Strg + ⇆	Zur nächsten Registerkarte wechseln
Strg + ⇧ + ⇆	Zur vorherigen Registerkarte wechseln
Strg + +	Vergrößern
Strg + -	Verkleinern
In einem PDF: Strg + \	PDF zwischen den Layouts AN SEITE ANPASSEN/AN BREITE ANPASSEN umschalten
In einem PDF: Strg + [	PDF um 90° gegen den Uhrzeigersinn drehen
In einem PDF: Strg +]	PDF um 90° im Uhrzeigersinn drehen
Alt + D	URL zur Bearbeitung in der Adressleiste markieren
Alt + F	Menü EINSTELLUNGEN UND MEHR (...) öffnen
Alt + ←	Zurück
Alt + →	Weiter
Alt + POS1	Startseite in der aktuellen Registerkarte öffnen
Bild ↓	Auf einer Seite nach unten scrollen
Bild ↑	Auf einer Seite nach oben scrollen
POS1	An den Anfang der Seite springen
Ende	An das Ende der Seite springen

Tabelle A.4 Tastenkombinationen für Microsoft Edge (Forts.)

Fenster bewegen

Tastenkombination	Wirkung
⊞ + ↑	Fenster maximieren
⊞ + ↓	Vorherige Größe eines maximierten Fensters herstellen
⊞ + →	Fenster in der rechten Bildschirmhälfte andocken

Tabelle A.5 Tastenkombinationen zur Anordnung von Fenstern

Tastenkombination	Wirkung
Windows + ←	Fenster in der linken Bildschirmhälfte andocken
Windows + M	Alle Fenster minimieren
Windows + ⇧ + M	Alle minimierten Fenster wiederherstellen

Tabelle A.5 Tastenkombinationen zur Anordnung von Fenstern (Forts.)

Index

D

E

R

S

T

U

V

W

X

Z

Das umfassende Handbuch zu Excel-VBA

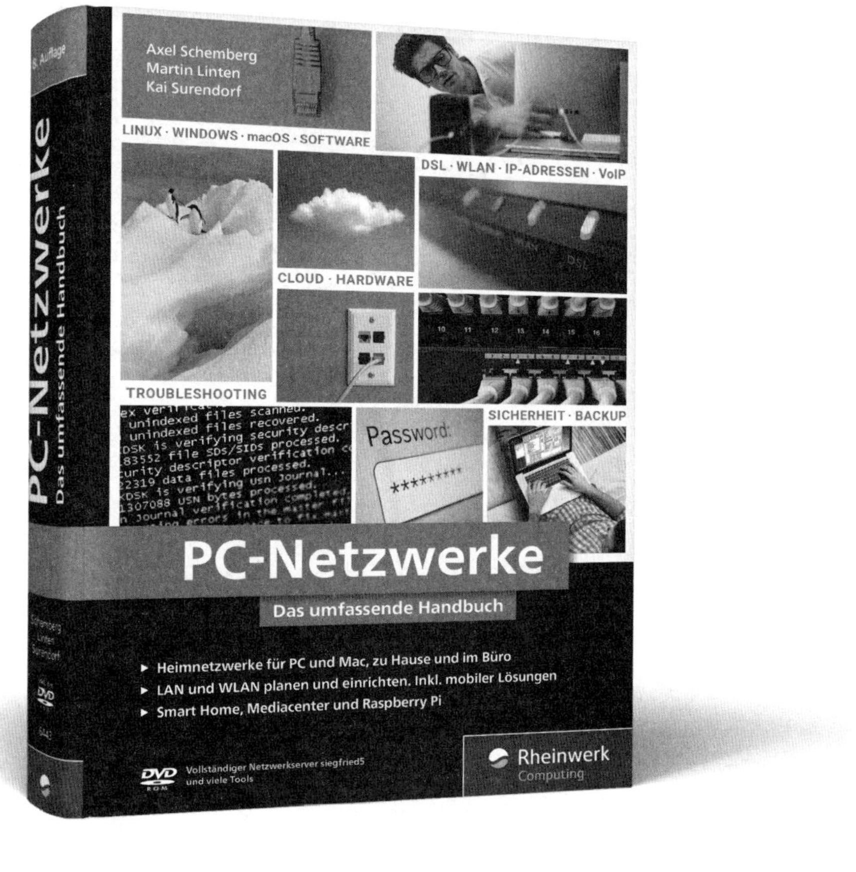

Smart Home, Streaming, Cloud-Computing, Virtualisierung: Das heutige Kommunikationszeitalter ist ohne Netzwerke nicht mehr denkbar. Daher ist es hilfreich, dass Sie wissen, was sich hinter den Begriffen verbirgt und wie Sie die neuen Netzwerk-Technologien praktisch umsetzen. Dieses Buch wird regelmäßig aktualisiert und gilt Kennern als Standardwerk bei der Einrichtung und Verwaltung von Heimnetzwerken. Mit zahlreichen Praxisprojekten: Netzwerkserver, Heimautomation, Virtualisierung, Home Cloud und Media Server.

772 Seiten, gebunden, mit DVD, 29,90 Euro, ISBN 978-3-8362-6443-3
www.rheinwerk-verlag.de/4696